대용량 데이터 처리를 위한 Real

MongoDB

대용량 데이터 처리를 위한 Real
MongoDB

지은이 **이성욱**

펴낸이 **박찬규** | 엮은이 **윤가희** | 디자인 **북누리** | 표지디자인 **아로와 & 아로와나**

펴낸곳 **위키북스** | 전화 031-955-3658, 3659 | 팩스 031-955-3660

주소 경기도 파주시 문발로 115 세종출판벤처타운 311호

가격 **48,000** | 페이지 **920** | 책규격 **188 x 240**

1쇄 발행 2018년 01월 30일
2쇄 발행 2021년 01월 03일
ISBN 979-11-5839-092-1 (93000)

등록번호 제406-2006-000036호 | 등록일자 2006년 05월 19일
홈페이지 wikibook.co.kr | 전자우편 wikibook@wikibook.co.kr

이 도서의 국립중앙도서관 출판시도서목록 CIP는
서지정보유통지원시스템 홈페이지(http://seoji.nl.go.kr)와
국가자료공동목록시스템(http://www.nl.go.kr/kolisnet)에서 이용하실 수 있습니다.
CIP제어번호 2018001998

대용량 데이터 처리를 위한 Real

MongoDB

이성욱 지음

위키북스

저자가 "Real MySQL"을 출판했던 2012년쯤, MySQL 서버는 최고의 전성기를 맞이할 준비를 하고 있었다. 그리고 그때부터 MySQL 서버는 포탈 서비스를 벗어나 게임과 커머스 서비스를 포함해서 다양한 비즈니스 분야의 중심 데이터베이스로 활용되기 시작했다. 더구나 최근에는 신뢰성과 안정성을 인정받아서, 뱅킹 시스템을 위한 데이터베이스로도 활용되고 있다. 하지만 이런 MySQL 서버도 처음에는 많은 DBA와 개발자로부터 외면받던 시기가 있었다. 지금의 성공은 이런 외면과 멸시의 시간을 참고 이겨냈기 때문일 것이다.

MySQL 서버가 최고의 전성기를 맞이할 즈음에 출사표를 던진 많은 DBMS 서버들이 있었다. 대부분 NoSQL 데이터베이스였으며, 그중에는 이 책의 주제인 MongoDB 서버도 있었다. 처음에는 많은 개발자의 관심을 끌어모았지만, 대부분 지속적인 사용자의 관심을 끌어들이는 데 실패했다. 대부분 사라지고 그나마 남은 일부는 소수의 사용자들에 의해서 명맥만 유지되고 있다. MongoDB 서버도 처음에는 많은 개발자들의 관심을 받았지만, 독특한 작동 방식이나 버그들로 인해서 개발자로부터 외면받기 시작했다. 하지만 2017년 지금, MongoDB 서버는 장점은 더 개선하고 부족한 부분은 새로운 기술을 도입하면서, 예전의 껍질을 벗고 새로 태어난 DBMS 서버가 되었다.

MongoDB 서버는 관계형 데이터베이스가 아니고 SQL을 지원하지는 않지만, 내부적인 아키텍처에 있어서는 MySQL 서버와 많은 공통점이 있다. 그래서 많은 경우 MongoDB 서버를 MySQL 서버의 대체재로 활용할 수 있다. 하지만 그보다 MongoDB는 MySQL 서버의 단점을 보완하고, 반대로 MySQL 서버는 MongoDB의 단점을 보완할 수 있는 상호보완적인 관계라고 볼 수 있다. 물론 최근에는 오라클에서 "JSON 지원"이나 "MySQL Group Replication"과 같은 기능을 MySQL 서버에 구현해서, MongoDB의 장점을 직접 구현하려고 많은 노력을 하고 있다. 하지만 MongoDB 서버의 장점이 단순히 이것만은 아니라는 것을 많은 개발자가 이미 잘 알고 있을 것이다.

MySQL 서버는 트랜잭션을 이용해서 정교한 데이터 처리에 능숙하지만, 이런 정교함은 큰 데이터를 관리하는 데는 걸림돌이 된다. 비록 개발자와 DBA의 많은 관심과 노력을 필요로 하지만, MongoDB 서버는 심플(Simple)하면서도 자가 치유(Self Healing)를 포함한 많은 자동화된 기능이 있다. 많은 개발자나 DBA들이 자체적인 MySQL 샤딩 솔루션이나 HA 도구들이 있으니 MongoDB 서버의 장점은 없다고들 이야기한다. 하지만 초기 구축 이후 오랜 시간 동안 MySQL 서버를 운영해본 개발자나 DBA라면 MySQL 서버의 샤딩과 HA 솔루션이 얼마나 부족하고 많은 노력과 고민을 필요로 하는지 잘 알 것이다. 저자는 이런 작업들이 개발자와 DBA에게 얼마나 큰 고통인지 절실히 경험해왔다.

저자는 이런 고통과 시간 소모적인 작업을 해결해줄 솔루션이 MongoDB 서버라고 자신하고 있다. 앞으로 MongoDB 서버는 여러분의 서비스에서 더욱더 큰 역할을 담당하게 될 것으로 생각한다. 이 책은 MongoDB 서버(특히 MongoDB 1.x와 2.x 버전)에 실망했던 독자들에게 다시 한번 MongoDB 서버의 가능성을 보여주고, 새로운 DBMS 솔루션을 찾고 있는 독자들에게 대안을 제시해 줄 것이다.

또한 저자는 "Know-How"보다 "Know-Why"를 독자에게 전달하기 위해서 많은 노력을 기울였다. 이 책의 "Know-Why"를 통해서 독자들만의 "Know-How"를 만들어갈 수 있기를 기대한다.

컴퓨터 과학을 전공하고, 금융권의 CRM/DW 프로젝트 리더로 참여했으며, 2년여간 DW를 위한 ETL 솔루션 개발도 추진했다. 이후 네이버와 라인의 DBA로 근무했으며 현재 카카오에서 DB운영과 트러블슈팅 그리고 신기술 벤치마킹과 DBMS 엔진 최적화를 수행하고 있다. 또한 지금까지 배운 내용과 경험한 것들을 전파하기 위해서 저술 활동과 세미나를 진행하고 있다.

- PHP 5 웹 프로그래밍
- MySQL 성능 최적화
- Real MySQL
- Real MariaDB

03 장

복제

04장

샤딩

05장
인덱스

08장

**쿼리 개발과
튜닝**

09장

**실행 계획 및
쿼리 최적화**

01

MongoDB

1.1 데이터베이스 트렌드

MongoDB에 대해서 본격적으로 살펴보기 전에 최근 데이터베이스의 트렌드 변화와 국내 데이터베이스 시장에 대해서 좀 살펴보면 MongoDB에 대한 이해를 높일 수 있을 것이다.

불과 5~6년 전까지만 해도 데이터베이스는 관계형 데이터베이스와 동의어로 사용될 정도로 대부분 기업용 데이터베이스 관리 시스템은 관계형 데이터베이스(Relational DBMS)가 중심이었다. 하지만 구글이나 페이스북과 같은 글로벌 서비스를 제공하는 회사가 늘어나면서 방대한 양의 데이터를 충분히 빠른 속도로 처리할 수 있는 데이터베이스에 대한 필요성이 대두되기 시작했다. 이런 대용량 데이터 서비스에서는 오라클 RDBMS나 마이크로소프트사의 SQL Server와 같은 상용 DBMS는 선택할 수가 없었다. 기존의 RDBMS에서 하나의 테이블에 저장되던 데이터를 수십에서 수백 대의 서버로 쪼개야만 처리할 수 있을 정도로 커져 버렸는데, 이렇게 많은 서버에 오라클 RDBMS를 설치한다면 엄청난 라이선스 비용에 시달리게 될 것이 불 보듯 뻔했기 때문이다.

MySQL 서버는 이때부터 페이스북과 구글 그리고 트위터와 같은 글로벌 기업들에 의해서 엄청난 발전을 거듭하기 시작하게 된다. 또한 이런 기업들에게도 MySQL 서버가 단기적으로는 유일한 해결책이었다. MySQL 서버는 오픈 소스 데이터베이스이므로 별도의 라이선스 비용이 없을 뿐만 아니라, 기술력을 가진 글로벌 기업들에게는 더없이 좋은 해결책이었다. 얼마든지 필요한 기능들을 자체적으로 구현해서 사용하고, 그와 동시에 오픈 소스 커뮤니티로부터 얻은 버그 리포트와 성능 이슈들을 활용할 수 있기 때문이다.

한동안은 MySQL 서버가 대용량 데이터를 전담하는 DBMS로 활용됐지만, 여전히 부족한 부분은 많았다. 구글은 이미 BigTable이라는 대용량 DBMS(NoSQL DBMS)를 가지고 있었지만, 트랜잭션의 처리는 만족스럽지 못했다. 이때(2012년)부터 구글은 Spanner라는 분산 트랜잭션을 지원하는 데이터베이스에 대한 논문을 발표하고 개발을 시작하게 된다. 하지만 페이스북은 주축으로 개발하던 카산드라(Cassandra) DBMS를 포기하고 트위터, 링크드인과 함께 MySQL 서버를 활용한 분산 처리로 방향을 설정하게 되고, 2014년 페이스북과 트위터가 주축이 되어서 WebScaleSQL을 발표하게 된다. WebScaleSQL(https://en.wikipedia.org/wiki/WebScaleSQL, https://github.com/webscalesql)은 MySQL 커뮤니티 버전의 포크(Fork) 버전으로 누구나 사용할 수 있는 오픈 소스로 공개됐다. 현재 페이스북과 트위터, 링크드인과 구글 그리고 중국의 알리바바 그룹이 WebScaleSQL 프로젝트에 참여하고 있다. 참여한 회사들이 개발한 새로운 기능 중에서 서로 공유해서 공통으로 사용할 수 있는 기능은 WebScaleSQL로 커밋하고, 각 회사는 WebScaleSQL을 베이스 코드로 해서 필요한 기능을 추가로 얹어서 사용하는 방식으로 협업하고 있다. WebScaleSQL 이외에도 MySQL 서버를 기술 지원하면서 퍼코나 서버(Percona Server)를 배포하는 퍼코나와 MySQL의 창시자인 마이클 와이드니어스 에 의해서 시작된 마리아DB(MariaDB)도 이 시기에 MySQL 커뮤니티에 큰 영향을 미치게 된다.

2012년경부터 HBase와 카산드라를 포함한 여러 NoSQL DBMS들이 오픈 소스 기반으로 급성장하면서 DBMS의 춘추 전국 시대가 시작됐으며, 많은 개발자가 분산 처리에 취약한 기존의 RDBMS에서 눈을 돌려 다양한 NoSQL DBMS 솔루션을 도입하기 위한 시도를 시작하게 된다.

HBase는 2003년에 발표된 GFS(Google File System) 논문과 2006년에 발표된 구글의 BigTable 논문을 기반으로 구현된 오픈 소스 NoSQL DBMS인데, 호튼웍스(Hortonworks)와 클라우데라(Cloudera)에 의해서 엔터프라이즈 버전의 HBase와 기술 지원을 받을 수 있다. 카산드라는 2007년부터 페이스북을 주축으로 개발이 시작된 NoSQL DBMS다. 하지만 페이스북은 카산드라를 두고 HBase 서버를 자체 메시징 시스템의 백 엔드 데이터베이스로 선택하면서 사실상 카산드라와 페이스북의 관계는 끝나게 된다. 현재 카산드라는 Datastax를 통해서 엔터프라이즈 버전의 다운로드 및 기술 지원을 받을 수 있다.

하지만 2000년대 후반부터 시작된 NoSQL DBMS의 유행에는 한가지 치명적인 문제점이 있었다. 상용 RDBMS나 오랜 시간 동안 성숙해 온 MySQL 서버와는 달리 유리 구두와 같은 솔루션이거나 덜 성숙한 경우가 많았다. 이런 NoSQL DBMS를 소개하거나 기술 블로그를 운영하는 사람 또는 회사는 NoSQL DBMS의 문제점을 찾고 고칠 수 있는 능력을 갖추고 있지만, 그 블로그를 접하고 시도하는 대부분 사용자는 그럴 여유나 능력이 없다는 것이다. 저마다 새로운 트렌드인 NoSQL DBMS를 이용해서 자사의 대용량 서비스를 구현했다는 블로그를 앞다투어 게재했지만, 사실은 그렇지 않았다. 실제 레디스(Redis)가 데이터베이스 및 캐시 역할을 하면서 대부분의 트래픽을 처리하고, NoSQL DBMS는 그 뒤에서 백업 역할만 수행하는 경우도 있었다.

또한 이런 NoSQL의 춘추 전국 시대에 이 책의 주제인 MongoDB 서버도 조금씩 자리를 잡아가기 시작했다. MongoDB는 2007년 클라우드 플랫폼 서비스를 제공하는 10gen이라는 이름으로 시작됐다. 이때 10gen에서는 자바 기반의 클라우드 플랫폼을 위한 하나의 컴포넌트로 MongoDB를 개발했으며, 2009년에 MongoDB를 오픈 소스로 전환했다. 그런데 10gen의 주력인 클라우드 플랫폼보다 MongoDB가 더 많은 인기를 누리게 되면서 10gen은 MongoDB를 회사의 주력 솔루션으로 전환하게 됐으며, 2013년 사명을 10gen에서 MongoDB Inc.로 변경했다. 그렇지만 오픈 소스로 전환된 초기 시점의 MongoDB도 성숙하지 못했던 것은 다른 NoSQL DBMS와 다르지 않았다. 게다가 MongoDB는 트랜잭션이나 동기화 처리 등에 관한 기본적인 개념마저 RDBMS와 달랐다. 그래서 많은 MongoDB 사용자들은 많은 실망감과 좌절을 경험했을 것이다. 이런 분위기는 구글에서 "Why You Should Never Use MongoDB"라는 키워드로 검색해보기만 해도 쉽게 실감할 수 있다. 하지만 이런 나쁜 경험들은 MongoDB만의 문제는 아니었다. MongoDB를 접한 많은 사용자가 MongoDB의 사용법이나 특성에 대해서 아무런 지식 없이 다른 DBMS와 똑같이 작동할 것이라고 생각한 것도 어느 정도 책임은 있다고 생각된다.

이 책의 저술을 시작한 2016년 중반을 기준으로 보면, 2010년대 초반에 유행을 주도했던 NoSQL DBMS 중에서 자기만의 틈새를 찾은 DBMS는 HBase가 유일한 것처럼 보인다. 실제 카산드라나 카우치베이스(Couchbase)와 같은 NoSQL DBMS는 일 년에 한두 번 적용 사례가 들릴 정도로 뜸한 것으로 보인다. 국내의 대용량 서비스들은 아직도 MySQL 서버로 구현된 경우가 대부분이었다. 저자가 경험했던 HBase나 카산드라의 한계는 개발 언어인 자바로부터 기인한 것이었다. 참고로 저자는 카산드라에 1~2년 그리고 HBase에 대략 1.5년 정도의 시간을 투자했다. 물론 회사의 업무와 병행했기 때문에 모든 시간을 투자하지는 못했지만, 적어도 전체 업무 시간의 반절 이상은 HBase와 카산드라를 고민했었다. 자바로 웹 서버나 애플리케이션 서버를 개발하는 경우와는 달리, 자바로 개발된 데이터베이스는 장시간 메모리에 유지해야 하는 데이터들이 많았으며, 이는 자바의 가비지 컬렉션에게 많은 부담이 되는 것으로 보였다. 아키텍처 특성상 사용자의 요청을 3배로 처리해야 하는 카산드라에게는 가비지 컬렉션이 더 큰 부담이었다. 때로는 NoSQL DBMS 개발자가 고민해야 할 문제들을 운영을 담당하는 DBA에게 전가한 것 같은 느낌이 들 때도 많았다. 물론 지금의 HBase는 Off-Heap 캐시 개념이 도입되면서 이런 문제들이 많이 완화된 것으로 보인다. 하지만 HBase는 클러스터 구축을 위해서 필요한 컴포넌트(Hadoop Name node, Data node, Journal node, Failover control node, Zookeeper, HBase Master, HBase RegionServer, …)가 너무 많아서 관리 및 트러블 슈팅이 상대적으로 어렵다는 문제점을 가지고 있다.

MongoDB는 사실 우연한 기회로 시작하게 됐다. 저자가 예전 HBase에서 보았던 가능성을 MongoDB가 가지고 있었기 때문도 아니었고, 그동안 MongoDB를 공부해왔기 때문도 아니었다. MySQL 서버를 주 데이터베이스로 사용하고 있다고 알려진 서비스를 맡게 됐는데, 사실 그 서비스는 MongoDB가 주요 데이터베이스였으며 MySQL 서버는 통계 분석용으로 1~2대만 사용하고 있었다. 덕분에 샌프란시스코를 오가는 비행기와 호텔에서 MongoDB 공부는 원 없이 하게 됐다. 처음에는 주위의 지인들로부터 전해 들은 MongoDB에 대한 선입견이 내 머리를 떠나지 않았다. 샌프란시

스코의 서비스 개발자들 또한 "많은 사람이 MongoDB를 싫어하는데, …"라고 말을 시작할 정도였다. 하지만 이 프로젝트가 저자에겐 아주 좋은 기회라는 것을 깨닫는 데 오랜 시간이 걸리지는 않았다. 아마도 사내에서 새로 시작하는 프로젝트였다면 절대 MongoDB를 선택하지 않았을 것이므로 저자가 MongoDB를 시작할 기회는 오지 않았을 것이다. 그때 그 기회가 지금 이 책을 독자들에게 소개할 수 있는 시작점이 됐다고 생각한다.

저자가 MongoDB를 이렇게 긍정적으로 접근하는 이유는 Spanner라는 구글의 분산 데이터베이스 솔루션이 가진 특성과도 일맥상통한다고 볼 수 있다. 아마도 Spanner 데이터베이스는 우리가 경험해볼 기회가 올지는 잘 모르겠지만, 적어도 Spanner가 가진 기능들이 분산 처리 데이터베이스가 가야 할 방향이라고 생각된다. Spanner가 가진 가장 큰 특징은 다음과 같다.

- 관계형 데이터베이스^(정확히는 반 관계형이라고 하지만, 이런 부분은 무시하도록 하자)
- 트랜잭션 지원
- 분산 처리
- 재해 복구(Disaster Recovery)
- Sharding & Re-Balancing
- 데이터 복제 & 자동 복구

Spanner가 가진 특징 중 처음 하나를 제외하면 MongoDB가 제공하는 기능과 모두 일치한다. 첫 번째와 두 번째 특징은 Spanner의 가장 중요한 특징인데, 사실 이 기능들은 TrueTime이라는 API로 구현됐다. TrueTime은 말 그대로 손목시계나 벽시계로 매일 확인하는 그 시간을 의미한다. 즉 Spanner의 트랜잭션과 격리 수준은 CPU Time을 근간으로 구현된 것이 아니라 우리가 사용하는 시간을 근간으로 구현됐다. 그래서 Spanner 데이터베이스의 마스터 서버는 모두 GPS 수신기를 장착하고 있으며, GPS 타이머로 분산 처리를 수행하는 데이터베이스 서버 간 동기화를 수행한다. 이는 Spanner를 오픈 소스로 공개하지 못하는 이유 중 하나이기도 하다. 그래서 Spanner의 이런 기능들은 MongoDB와 같은 오픈 소스에서는 아직 구현되기 쉽지 않아 보인다.

그런데 여기에서 한 가지 재미있는 것은 Spanner의 나머지 4가지 특징들은 MySQL 서버가 지원하지 못하는 한계점이기도 하다. 물론 MHA나 MMM과 같은 솔루션으로 HA를 구현하고 응용 프로그램에서 수동으로 직접 샤딩을 구현하고 있기는 하지만, MySQL 서버가 이런 기능들을 내장해서 가지고 있지는 않다. 서드 파티(3rd-Party) 도구들이라도 이렇게 사용할 수 있다는 것은 MySQL 커뮤니티의 큰 장점이다. 하지만 이런 서드 파티 도구들도 사용하려면 큰 노력과 준비가 필요하며, 이런 서드 파티 도구들이 불완전한 부분이 많다는 것은 누구나 다 경험해 봤을 것이다. 그리고 자동 샤딩이나 데이터의 재분산은 웬만큼 큰 규모의 회사라도 쉽지 않을 것이다. 물론 페이스북이나 트위터와 같은 회사들은 자동 샤딩과 노드 추가 및 삭제에 대한 데이터 재분산 기능을 자체적으로 구현하고 있다고 한다. 하지만 페이스북이 하고 있으니 우리도 할 수 있다는 생각은 조금 무리한 기대일지도 모른다. 소규모 스타트업이나 인프라 데브옵스(DevOps) 인력을 갖추지 못한 회사에서는 Spanner나 MongoDB가 가지고 있는 기능들을 자체 구축하기는 쉽지 않은 일일 것이다.

많은 사용자가 MySQL 서버를 사용하기 위한 샤딩 솔루션을 가지고 있기 때문에 MongoDB의 강점이 없다고들 이야기한다. 실제 MySQL 기반의 샤딩 솔루션을 구축하기는 그다지 어려운 일이 아닐 수도 있다. 하지만 자체적으로 개발한 샤딩 솔루션을 사용할 때, 이미 샤딩된 클러스터를 통합하거나 로드를 분산하는 것은 초기 샤딩 솔루션을 구축할 때보다 훨씬 더 큰 노력과 고민이 필요할 것이다. 아마도 자체적으로 개발한 MySQL 기반의 샤딩 솔루션으로는 실시간 데이터 분산이 불가능할지도 모른다. 그뿐만 아니라 자체적으로 개발한 샤딩 솔루션을 고도화하고 MySQL 서버의 버전에 맞게 유지 보수하는 작업은 또 다른 고민거리로 남게 될 것이다. 포크레인이 없던 시절에는 맨손 삽질이 힘들다고 느끼기 어렵지만, 포크레인을 경험해본 사람은 맨손으로 하는 삽질이 얼마나 힘들고 큰 노력이 필요한 일인지 절실히 느낄 것이다.

대용량 데이터베이스로 NoSQL 데이터베이스를 도입하기 위해서 공부하고 벤치마킹하면서 짧지 않은 시간 동안 HBase와 카산드라를 검토했지만, 이들이 MySQL 서버의 주요 부분을 대체할 수 있을 것이라는 생각은 해본 적이 없다. HBase와 카산드라는 로그나 이력 정보 저장과 같은 단순하면서 대용량의 데이터 저장용 데이터베이스 수준으로만 예상됐으며, 실제로 그런 용도로 HBase와 카산드라가 고려 대상이 되고 있는 것이 현실이다. 물론 HBase는 고유의 영역을 찾아서 안착한 NoSQL이라고 볼 수 있지만, 그 적용 범위가 넓지는 않다. 하지만 MongoDB를 공부하고 경험하면서 다른 여타의 NoSQL과는 지향점이나 적용 가능 범위가 조금 다르다는 느낌을 받았다. MongoDB는 온라인 서비스에 필요한 블록 캐시와 보조 인덱스 그리고 동시성 처리를 위한 스킵리스트(Skip-List)나 하자드 포인터(Hazard Pointer)와 같은 특성들을 많이 가지고 있다. MongoDB가 WiredTiger 스토리지 엔진을 장착한 시점부터 WiredTiger에 대한 투자가 확대되고 있으며, 또한 그만큼 WiredTiger 스토리지 엔진이 빠르게 안정화되고 있다는 것을 엿볼 수 있었다. 물론 아직은 조금 이른 감이 있지만 아마도 얼마 지나지 않아서 MongoDB의 WiredTiger 스토리지 엔진은 MySQL 서버의 InnoDB 스토리지 엔진만큼 성능과 안정성을 갖추게 될 것이며, 그때부터는 MySQL 서버만큼 MongoDB 서버를 사용하는 프로젝트가 많아질 것으로 예상된다.

1.2 MongoDB의 라이선스

MongoDB는 "MongoDB, Inc."에 의해서 개발 및 유지 보수되는 오픈 소스 데이터베이스다. MongoDB는 기본적인 기능을 모두 오픈 소스로 관리하며 누구든지 별도의 비용 없이 MongoDB 를 사용할 수 있다. 그리고 필요할 때에는 직접 소스 코드를 수정하여 MongoDB를 커스터마이징해 서 사용할 수 있는데, 이렇게 오픈 소스로 공개되는 버전을 커뮤니티 버전이라고 부르고 있다. 또한 MongoDB는 기술 지원과 추가 기능을 사용할 수 있는 유료 라이선스 모델인 MongoDB 프로페셔널 과 MongoDB 엔터프라이즈 서비스도 제공하고 있다. 즉 MongoDB는 MySQL 서버가 선택하고 있 는 오픈 코어(Open core) 라이선스 모델을 채택하고 있다.

MongoDB 프로페셔널 버전은 커뮤니티 버전의 MongoDB 서버를 사용하면서 추가로 MongoDB Cloud Manager나 기술 지원을 받을 수 있는 유료 라이선스 정책이며, MongoDB 엔터프라이즈는 MongoDB Cloud Manager나 기술 지원뿐만 아니라 별도의 엔터프라이즈 버전의 MongoDB를 사 용할 수 있는 라이선스 정책이다. MongoDB 프로페셔널과 엔터프라이즈 라이선스의 지원 사항은 다 음 표와 같다. 이 내용은 저술 시점에 확인한 사항이며, 언제든지 변경될 수 있는 부분이므로 정확한 내 용은 MongoDB 홈페이지를 확인하도록 하자(https://www.mongodb.com/products/mongodb-professional, https://www.mongodb.com/products/mongodb-enterprise-advanced).

	MongoDB 프로페셔널	MongoDB 엔터프라이즈
Cloud Manager Premium • Database Monitoring • Custom Alerts • Visual Query Profiler • Zero-downtime Upgrades • Automated Deployment • Automated Database Management • Cloud Backup Service	✓	✓
Kerberos & LDAP Authentication		✓
Auditing		✓
SNMP Support		✓
Encrypted Storage Engine		✓
In-Memory Storage Engine		✓
MongoDB Compass	✓	✓

	MongoDB 프로페셔널	MongoDB 엔터프라이즈
MongoDB Connector for BI		✓
On-Demand Training		✓
Support SLA	2시간	1시간
Support Availability	24시간 x 365일	24시간 x 365일
Emergency Patches		

또한 MongoDB 프로페셔널이나 엔터프라이즈 라이선스를 구매하지 않더라도, MongoDB Cloud Manager의 일부 기능은 일정 비용을 내고 사용할 수 있다. 단순 모니터링이나 백업 기능만 필요하다면 Cloud Manger Standard 계정을 검토해보는 것도 도움이 될 것이다. 이 내용 또한 저술 시점의 자료이므로 정확한 내용은 MongoDB 홈페이지(https://www.mongodb.com/cloud)를 참조하도록 하자.

	상세 기능	Standard	Premium
백업	Unlimited Restores	✓	✓
	Backup Pricing	2.5달러 / GB / 월 (1GB 미만 레플리카셋은 무료)	
모니터링	Data Retention	Full Historical Data	
	Granularity	2분	2분
	Custom Alerting	✓	✓
	APM Integration	✓	✓
자동화	Database Creation	✓	✓
	Database Modification	✓	✓
	Zero Downtime Upgrades and Downgrades	✓	✓
	RESTful API	✓	✓
쿼리 최적화	Visual Query Profiler		✓
	Index Suggestions		✓
	Automated Rolling Index Builds		✓

1.3 MongoDB 버전

배포되는 MongoDB의 버전은 일반 데이터베이스와 동일한 포맷으로 3개의 숫자로 구성된 버전 체계를 사용한다. 첫 번째 숫자는 메이저 버전(Major Version)이며 두 번째 숫자는 마이너 버전(Minor Version) 그리고 마지막 숫자는 패치 번호(Patch Version)를 의미하는데, 그림 1-1에서 보이는 바와 같이 MongoDB에서 마이너 버전은 다른 DBMS와는 조금 달리 홀수 번호는 개발 버전, 그리고 짝수 번호는 안정(릴리즈) 버전(Release version)을 의미한다.

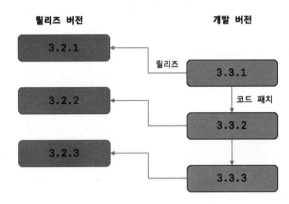

〈그림 1-1〉 MongoDB 버전 체계

현재 릴리즈 버전(Release version)이 3.2.3이라면 개발 버전(Development version)은 3.3.3이며 항상 개발 버전은 안정 배포판 버전보다는 큰 마이너 버전 번호가 할당된다. 즉 개발 버전인 3.3.3 버전에 기능을 추가해서 테스트하고, 패치된 기능이 안정적으로 작동하면 그 패치를 3.2.3 버전으로 백포트(Back-port)하는 형태로 개발 및 릴리즈되는 것이다. 그래서 MongoDB를 깃헙(GitHub)과 같은 소스 저장소에서 직접 빌드해서 사용하는 경우에는 3.3.3 버전을 사용해서는 안 되고 3.2.3 버전을 빌드해서 사용해야 한다.

1.3.1 setFeatureCompatibilityVersion 옵션

MongoDB 서버의 버전 업그레이드는 일반적으로 서비스를 중지하지 않고, 레플리카 셋의 멤버들을 순차적으로 업그레이드하는 "롤링 업그레이드(Rolling-upgrade)" 방식을 사용한다.

1. 레플리카 셋의 모든 세컨드리 멤버의 버전 업그레이드

2. 업그레이드된 세컨드리 멤버와 이전 버전의 프라이머리 스위칭(프라이머리 스텝 다운)

3. 세컨드리가 된 기존 프라이머리의 버전 업그레이드

이렇게 롤링 방식으로 순차적으로 업그레이드를 실행하는 동안, 하나의 레플리카 셋에 최소 2개 이상의 버전이 다른 멤버들이 공존하게 된다. 예를 들어, 1번과 2번 단계에서는 MongoDB 3.4 버전의 세컨드리와 MongoDB 3.2 버전의 프라이머리가 공존할 수 있다. 물론 이뿐만 아니라 3.4 버전의 프라이머리 멤버와 3.2 버전의 세컨드리 멤버도 공존할 수 있는데, 이렇게 하나의 레플리카 셋에 여러 버전이 공존하는 경우 MongoDB 3.4 버전에서만 지원하는 명령을 사용하면 세컨드리 멤버들의 복제는 영구적으로 깨져서 동기화되지 못할 수도 있다.

이런 문제를 해결하기 위해서 MongoDB에서는 하나의 레플리카 셋에서 MongoDB 3.2 버전과 3.4 버전이 공존하는 경우 MongoDB 3.4 버전이라 하더라도 3.2 버전과 같은 모드로 작동한다. 그래서 롤링 방식으로 업그레이드를 진행하는 도중에는 MongoDB 3.4의 기능이 작동하지 않도록 하여 복제가 멈추지 않게 보호해주는 것이다. 그리고 업그레이드가 완료되면 MongoDB 서버의 3.4 버전 기능들을 활성화해서 MongoDB 3.4 버전의 기능을 온전히 사용하도록 하면 된다. 이때 MongoDB 3.4 버전의 기능을 활성화해주는 옵션이 setFeatureCompatibilityVersion이다. 이 옵션은 MongoDB 3.2에서 3.4로 업그레이드될 때 처음 도입됐지만, 아마 향후 버전에서도 이 옵션이 차기 버전으로 업그레이드할 때 이전 버전과 새로운 버전 사이에서 임시 가교 역할을 하게 될 것으로 보인다.

MongoDB 서버의 버전 업그레이드가 완료되면 다음과 같이 관리자 명령을 실행해서 MongoDB 3.4의 기능을 활성화할 수 있다. 레플리카 셋에서는 프라이머리 멤버 그리고 샤딩된 클러스터 환경에서는 MongoDB 라우터(mongos)를 통해서 다음 명령을 실행하면 된다. 한번 이 명령을 실행하고 나면 업그레이드 이전 버전인 3.2 버전으로 되돌아갈 수 없다는 것에 주의하자.

```
mongo> use admin
mongo> db.adminCommand( { setFeatureCompatibilityVersion: "3.4" } )
```

그리고 현재 MongoDB 서버의 버전 호환성 정보를 확인하고자 한다면 다음과 같이 getParameter 명령을 사용하면 된다. 명령의 결과로 "3.2"가 반환되면 현재 MongoDB 3.2 버전의 기능만 활용하고 있는 것이고, "3.4"가 반환되면 현재 MongoDB 3.4의 기능을 모두 활용하고 있는 것으로 판단할 수 있다.

```
mongo> use admin
mongo> db.adminCommand( { getParameter: 1, featureCompatibilityVersion: 1 } )
```

> **참고**
> MongoDB 3.2 버전과 3.4 버전에서 크게 featureCompatibilityVersion 옵션의 영향을 받을 만한 기능은 다음과 같
> 다. 만약 MongoDB 3.4로 업그레이드 한 이후에도 다음 기능이 제대로 작동하지 않는다면 featureCompatibilityVersion
> 옵션의 값을 확인해보자.
>
> - 뷰(Views)
> - 콜레이션과 대소문자 구분 없는 인덱스
> - 데시멀(Decimal) 데이터 타입
> - 인덱스의 버전

1.4 MongoDB vs. RDBMS(MySQL)

데이터를 저장하는 자료 구조 관점에서 보면 MongoDB와 RDBMS는 많은 공통점이 있다. MongoDB에서는 컬렉션(Collection)이나 도큐먼트(Document)와 같이 객체의 이름이 조금 다를 뿐 RDBMS와 비슷한 역할을 한다.

MongoDB	RDBMS(MySQL)
데이터베이스(Database)	데이터베이스(Database)
컬렉션(Collection)	테이블(Table)
도큐먼트(Document)	레코드(Record 또는 Row)
필드(Field)	컬럼(Column)
인덱스(Index)	인덱스(Index)
쿼리의 결과로 "커서(Cursor)" 반환	쿼리의 결과로 "레코드(Record)" 반환

MongoDB는 쿼리 결과로 커서를 반환하는데, 응용 프로그램이나 MongoDB 클라이언트 프로그램(Mongo 셸)에서 커서를 통해 반복적으로 실제 도큐먼트(레코드)를 가져올 수 있다. MongoDB에서 쿼리의 결과로 커서를 반환하는 이유는 쿼리의 결과를 클라이언트 서버의 메모리에 모두 담아두지 않아도 처리할 수 있게 하기 위해서다. 물론 MongoDB에서 커서를 읽을 때마다 서버에서 그때그때 도

큐먼트를 가져오는 것은 아니고, 필요할 때마다 지정된 페이지 사이즈 단위로 서버로부터 전송받아 MongoDB 클라이언트 서버에 캐싱한 후에 유저에게 서비스하는 것이다.

많은 사람이 이야기하는 MongoDB의 특성으로는 다음과 같은 것들이 있다.

- NoSQL
- 스키마 프리(Schema-Free)
- 비 관계형 데이터베이스

MongoDB는 기본적으로 SQL을 사용하지 않기 때문에 MongoDB를 주로 NoSQL 데이터베이스로 분류하곤 한다. 물론 SQL 인터페이스를 사용하지 않는다는 것이 MongoDB의 특징이긴 하지만, MongoDB Connector for BI(Business Intelligence)나 Simba에서 개발한 MongoDB SQL Driver(http://www.simba.com/drivers/mongodb-odbc-jdbc/)를 이용하면 여타 RDBMS와 비슷하게 MongoDB와 통신할 수 있다. 또한 요즘은 MySQL 데이터베이스에서도 MongoDB와 동일한 NoSQL 인터페이스를 제공하기도 한다. 또한 MongoDB는 외래키를 명시적으로 지원하지는 않지만, 논리적으로 도큐먼트간의 관계를 만들어서 사용하는 데에는 아무런 문제가 없다. 그리고 RDBMS와 같지는 않지만 "$lookup"이라는 Aggregation 기능을 이용하면 RDBMS와 비슷한 형태의 조인 처리를 수행(샤딩 환경에서는 여러 제약이 있지만)할 수 있다. 이제는 SQL과 NoSQL 영역의 기능들을 조금씩 도입하고 있기 때문에 SQL과 NoSQL의 경계가 허물어지고 있는 것이 현재 추세인 것으로 보인다.

스키마 프리(Schema-Free)가 아마도 MongoDB와 RDBMS를 구분 지어줄 수 있는 가장 좋은 단어가 아닐까 생각된다. 여기에서 스키마 프리는 테이블의 컬럼 수준에만 적용되는데, 사용할 컬럼을 미리 정의하지 않고 언제든지 필요한 시점에 데이터를 저장할 수 있다는 것을 의미한다. 대부분의 NoSQL 데이터베이스는 컬럼의 메타 정보(컬럼의 이름과 데이터 타입 등)를 컬럼 값과 똑같이 사용자 데이터로 관리하므로 이런 자유로운 스키마 구성이 가능한 것이다. 하지만 MongoDB는 모든 부분에 있어서 스키마 프리라고 보기는 어렵다. MongoDB는 다른 NoSQL 데이터베이스와는 달리 보조 인덱스를 생성할 수 있는데, MongoDB의 보조 인덱스는 스키마 프리가 아니라 항상 먼저 인덱스를 구성하는 필드를 정의해야 한다.

MongoDB는 SQL 문법을 지원하지 않고 자바스크립트 기반의 명령을 이용하는데, 간단하게 다음 예제에서와같이 MongoDB 명령들은 기본적으로 JSON 도큐먼트를 인자로 사용한다.

MongoDB	MySQL

db.users.insert({
  user_id: 'bcd001',
  age: 45,
  status: 'A'
})
	INSERT INTO users (user_id, age, status)
	  VALUES ('bcd001', 45, 'A')

db.users.update(
  { age: { $gt: 25 } },
  { $set: { status: 'C' } },
  { multi: true }
)
	UPDATE users
	  SET status = 'C'
	  WHERE age > 25

db.users.remove(
  { user_id : 'bcd001'}
)
	DELETE
	  FROM users
	  WHERE user_id='bcd001'

db.users.find(
  { user_id : 'bcd001'}
)
	SELECT *
	  FROM users
	  WHERE user_id='bcd001'

1.5 MongoDB vs. NoSQL(HBase)

일반적으로 NoSQL DBMS라는 부류에 HBase나 카산드라와 함께 MongoDB를 묶어서 표현하곤 하는데, MongoDB와 HBase는 기본적인 데이터 저장 포맷에서 큰 차이가 있다. HBase는 저장소 포맷으로 구분할 때 주로 컬럼 스토어(Column Store)라는 표현을 사용하지만, 더 정확하게는 컬럼 패밀리 스토어(Column Family Store)라고 볼 수 있다. 즉, 각 컬럼을 별도의 파일로 저장하는 것이 아니라, 하나의 테이블 안에서도 관련된 컬럼들을 묶어서 여러 개의 컬럼 패밀리를 만들고, 이 컬럼 패밀리 단위로 데이터 파일을 생성하여 관리하게 된다. 하지만 MonogDB는 컬럼이나 컬럼 패밀리 단위의 그룹 개념이 없으며, 한 테이블의 데이터(Document)는 하나의 데이터 파일로 저장된다. MongoDB와 HBase 모두 스키마를 별도로 정의하지 않는 DBMS이므로 여기에서 언급하는 컬럼이나 필드에 대한 정보는 모두 각각의 레코드에 사용자 데이터와 함께 저장된다.

HBase

RowKey	Column Family	Column Qualifier	Timestamp	Value
1234	basic	name	1368394583	"이성욱"
1234	basic	joined_at	1368394583	"2016-06-26 18:10:25"
1234	relationship	contacts	1368394583	"000-000-0000,111-111-1111"
1234	relationship	friends	1368394583	"123,187,291,221"
1234	security	role	1368394583	"Administrator"
1234	security	permission	1368394583	"Create,Modify,Remove"

MongoDB

Document Id	Value

1234	`{`
	`  "name" : "이성욱",`
	`  "joined_at" : "2016-06-26 18:10:25"`
	`  "relationship" : {`
	`    "contacts" : ["000-000-0000", "111-111-1111"],`
	`    "friends" : [123, 187, 291, 221]`
	`  }`
	`  "security" : {`
	`    "role" : "Administrator",`
	`    "permission" : ["Create", "Modify", "Remove"]`
	`  }`
	`}`

HBase에서는 로우 키(Row Key)를 어떻게 설계하느냐에 따라서 하나의 로우(Row)에 필요한 모든 데이터를 모아서 저장하거나 각각의 필드를 다른 로우 키로 저장할 수 있다. 전자를 와이드 로우(Wide Row), 그리고 후자를 톨 로우(Tall Row)라고 한다. HBase는 하나의 로우 키에 할당된 Value에 대해서는 데이터 타입이나 길이 제한이 없으므로(실제 HBase는 필드의 값이나 타입에 대해서는 전혀 관여하지 않음) 모델링 관점에 따라서 완전히 다른 테이블 구성이 될 수도 있다.

MongoDB에서는 로우 키라는 표현보다는 도큐먼트 Id라는 표현이 일반적이며, 도큐먼트에서 "_id"라는 이름의 필드가 자동으로 그 도큐먼트의 프라이머리 키로 선정된다. 그리고 MongoDB에서는 Value의 JSON 값을 문자열로 그대로 저장하는 것이 아니라 문자열 기반의 JSON 텍스트를 BSON(Binary

JSON)으로 변환해서 저장하므로 공백이나 마크업(Mark-up) 문자로 인해 부가적으로 저장 공간이 낭비되지는 않는다.

1.6 MongoDB 아키텍처

그림 1-2는 MongoDB 서버가 작동하는 간단한 아키텍처를 보여주고 있다. 응용 프로그램은 각 프로그래밍 언어별로 적절한 클라이언트 드라이버를 이용해서 MongoDB 서버와 통신한다. 그리고 MongoDB 서버의 네트워크 모듈은 클라이언트의 요청을 받아서 MongoDB 서버의 쿼리 프로세서 모듈로 전달한다. 쿼리 프로세서 모듈은 여러 과정을 거쳐서 사용자 데이터를 지정된 스토리지 엔진으로 주고받는다. MongoDB 서버의 구성 요소에서 가장 아래에 위치한 스토리지 엔진은 사용자 데이터를 디스크에 저장하거나 디스크로부터 읽어서 쿼리 프로세서 모듈로 전달한다.

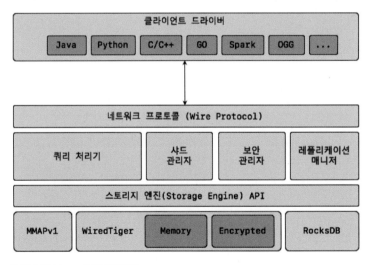

〈그림 1-2〉 MongoDB의 아키텍처

MongoDB 서버의 아키텍처는 "2.1 플러그인 스토리지 엔진"에서 더 자세히 살펴보도록 하자.

1.7 MongoDB 배포 형태

MongoDB도 HBase나 카산드라와 같이 클러스터 형태로 서비스할 수 있도록 구현된 데이터베이스 서버다. 하지만 MongoDB는 반드시 클러스터 형태로 구성해야만 사용할 수 있는 것은 아니다. MongoDB의 배포 형태는 여타의 NoSQL보다는 오히려 MySQL 서버의 구조와 매우 비슷하다. MySQL 서버와 같이 단일 서버로도 서비스에 사용할 수 있을 뿐만 아니라 복제 또는 샤딩된 구조로도 활용할 수 있다. 여기에서는 MongoDB의 개괄적인 내용을 이해하기 위해서 간단히 복제 구조를 살펴보고, 자세한 내용은 부분적으로 다시 살펴보겠다.

1.7.1 단일 노드(Standalone)

단일 노드로 MongoDB를 사용할 때에는 아무런 관리용 컴포넌트도 필요하지 않다. 마치 기존의 RDBMS가 작동하는 방식으로 MongoDB를 사용하는 형태라고 볼 수 있다. 이 배포 형태의 MongoDB는 복제를 위한 로그(OpLog)를 별도로 기록하지 않으며, 다른 노드와의 통신도 필요하지 않다.

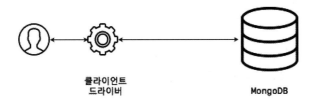

클라이언트
드라이버

MongoDB

〈그림 1-3〉 단일 노드 구성

그림 1-3에서 보이는 바와 같이 단일 노드 구성에서는 응용 프로그램의 MongoDB 드라이버(Driver)가 MongoDB 서버로 직접 연결하게 되며, 별도의 레플리카 셋을 가지지 않으므로 MongoDB 서버가 응답 불능 상태라 하더라도 자동 페일오버(Fail-over)나 HA 기능이 작동할 수가 없다. 주로 이 형태는 개발 서버의 구성에 사용된다.

1.7.2 단일 레플리카 셋(Single Replica-set)

단일 레플리카 셋 구조에서도 별도의 관리용 컴포넌트가 필요하지는 않지만, 레플리카 셋(Replica-set)의 구축을 위해서 추가로 MongoDB 서버가 필요하다. 레플리카 셋은 특정 서버에 장애가 발생했을 때 자동 복구를 위한 최소 단위이므로 자동 복구가 필요하다면 항상 레플리카 셋으로 MongoDB를 배포해야 한다. MongoDB 드라이버는 직접 MongoDB 서버로 접속하지만, 단일 노드로 접속할 때와는 달리 레플리카 셋(replicaSet) 옵션을 사용해야 한다. 그림 1-4에서 보이는 바와 같이 하나의 레플리카 셋에는 항상 하나의 프라이머리 노드와 1개 이상의 세컨드리 노드로 구성되며, 프라이머리 노드는 사용자의 데이터 변경 요청을 받아서 처리하고, 세컨드리 노드는 프라이머리 노드로부터 변경 내용을 전달받아서 서로의 데이터를 동기화한다. 읽기 쿼리는 프라이머리 노드뿐만 아니라 필요하면 세컨드리 노드로 요청할 수도 있다.

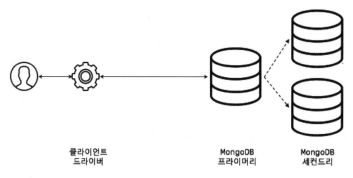

클라이언트   MongoDB   MongoDB
드라이버   프라이머리   세컨드리

〈그림 1-4〉 단일 레플리카 셋 구성

MongoDB 레플리카 셋은 항상 레플리카 셋(Replica-set)에 포함된 노드 간 투표를 통해서 프라이머리(Primary) 노드를 결정하므로 가능하면 홀수 개의 노드로 구성하는 것이 좋다. 짝수 개의 노드로도 레플리카 셋을 구축할 수 있지만, 실제 레플리카 셋의 가용성은 홀수 개의 노드로 구성했을 때와 다르지 않아서 서버의 낭비로 연결될 수도 있기 때문이다. 또한 짝수 멤버로 레플리카 셋을 구성하면 쿼럼(Quroum) 구성이 어려울 수도 있다. 레플리카 셋의 멤버(노드)가 과반수 이상 통신할 수 있는 상태여야만 투표를 실행할 수 있기 때문에 투표할 수 있는 최소 노드는 다음과 같다고 볼 수 있다. 결국, 3개의 노드로 구성한 경우와 4개의 노드로 구성한 경우 모두 2개 이상의 노드가 응답 불능 상태가 되면 레플리카 셋은 투표를 실행하지 못해서 프라이머리 노드를 선출하지 못하므로 노드 장애에 대한 내구성은 같은 것이다.

전체 노드 수	투표를 위한 최소 노드 수
2	2
3	2
4	3

전체 노드 수	투표를 위한 최소 노드 수
5	3
6	4
7	4

레플리카 셋을 3대의 서버로 구축하는 것은 때로는 서버의 낭비로 보일 수 있다. 이런 경우를 위해서 MongoDB 서버를 아비터 모드로 실행할 수도 있다. 아비터 모드로 시작된 MongoDB는 레플리카 셋의 노드들과 하트비트만 주고받으며, 프라이머리 노드가 불능일 때 프라이머리 노드의 선출에만 참여한다. 아비터는 로컬 디스크에 데이터를 저장하지 않고 프라이머리로부터 데이터를 주고받지 않기 때문에 고 사양의 장비가 필요하지는 않다. 또한 아비터는 데이터를 가지고 있지 않으므로 프라이머리 노드로 선출될 수도 없다. 하나의 레플리카 셋에 여러 개의 아비터가 존재할 수는 있지만, 실제 정상적인 상태에서 하나 이상의 아비터는 필요하지 않다.

> **(!) 주의**
>
> 단일 레플리카 셋으로 구축된 MongoDB 서버에 접속할 때, 응용 프로그램에서는 레플리카 셋을 구성하는 멤버들의 목록을 Connection String에 사용해야 한다. 이때 많은 사용자가 Connection String에 나열된 목록의 MongoDB 서버들만 접속할 것이라고 생각한다. 하지만 실제 MongoDB 클라이언트 드라이버는 목록에 나열된 서버들을 시드(seed) 노드로 사용할 뿐이다. 즉 MongoDB 클라이언트 드라이버는 Connection String에 나열된 멤버 중에서 가용 멤버에 접속해서 레플리카 셋을 구성하는 멤버들의 목록을 먼저 확인하게 된다. 그리고 필요에 따라서 레플리카 셋을 구성하는 모든 멤버들에 적절히 접속하게 된다.
>
> 그래서 MongoDB 클라이언트 드라이버를 이용해서 MongoDB 서버에 접속할 때, 반드시 Connection String에 모든 레플리카 셋의 멤버들을 나열해야 하는 게 아니라는 것을 기억하자. Connection String에는 필요에 따라서 일부 멤버들만 나열해도 무방하다.

1.7.3 샤딩된 클러스터(Sharded Cluster)

그림 1-5의 구성과 같이 샤딩된 클러스터 구조에서는 하나 이상의 레플리카 셋이 필요하며, 각 레플리카 셋은 자신만의 파티션 된 데이터를 가지게 된다. 샤딩된 클러스터에 참여하고 있는 각각의 레플리카 셋을 샤드라고 하는데, 이 샤드들이 어떤 데이터를 가지는지에 대한 정보는 MongoDB 컨피그(Config) 서버가 관리한다.

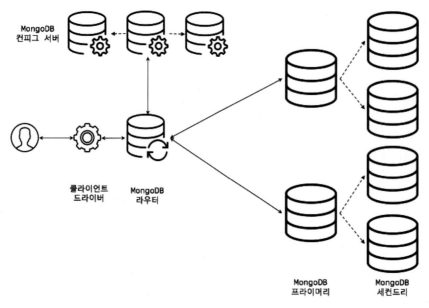

<그림 1-5> 샤드 클러스터 구성

샤딩된 클러스터 구조에서는 응용 프로그램의 MongoDB 드라이버가 직접 MongoDB 서버로 연결하도록 해서는 안 된다. 샤딩된 클러스터에서 MongoDB 드라이버는 MongoDB 라우터 (mongos)로 연결하고, MongoDB 라우터는 자동으로 MongoDB 컨피그 서버로부터 각 샤드가 가지고 있는 데이터에 대한 메타 정보들을 참조하여 쿼리를 실행한다. MongoDB 라우터는 이름 그대로 사용자로부터 요청된 쿼리를 실제 데이터를 가지고 있는 샤드로 전달하는 역할을 수행하는 것이다. 그뿐만 아니라 MongoDB 라우터는 사용자를 대신해서 모든 샤드로 쿼리를 요청하고 결과를 정렬 및 병합해서 반환하는 처리도 수행한다. MongoDB 라우터는 각 샤드간의 데이터가 재분배되는 시점에도 동일한 역할을 수행하여 사용자나 응용 프로그램이 알아채지 못하게 투명하게(Transparent) 데이터 밸런싱 작업을 처리한다.

02

스토리지 엔진

2.1 플러그인 스토리지 엔진

스토리지 엔진은 사용자의 데이터를 디스크와 메모리에 저장하고 읽어오는 역할을 담당한다. 그림 2–1 은 MongoDB 서버를 구성하는 컴포넌트를 도식화한 것이다.

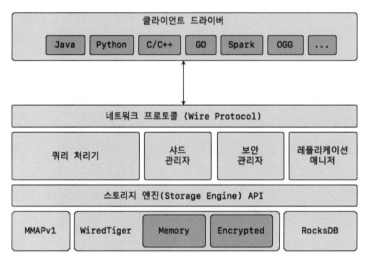

〈그림 2–1〉 MongoDB 아키텍처

그림 2–1에서 가장 하위에 위치한 "MMAPv1"과 "WiredTiger" 등을 스토리지 엔진이라고 하며, 이 스토리지 엔진들은 사용자의 데이터를 디스크에 영구적으로 기록하거나 다시 읽어와서 메모리에 적재하는 역할을 담당한다. MongoDB 서버도 MySQL 서버와 동일하게 다양한 스토리지 엔진을 사용할 수 있도록 스토리지 엔진이 플러그인 형태로 구현돼 있다. 하지만 MongoDB 스토리지 엔진은 MySQL 서버의 스토리지 엔진과는 달리 하나의 인스턴스에서 동시에 여러 개의 스토리지 엔진을 사용할 수는 없다. 즉 하나의 MongoDB 서버에서 MMAPv1 스토리지 엔진과 WiredTiger 스토리지 엔진을 동시에 사용할 수는 없다.

사용자가 데이터를 저장하거나 조회하면 MongoDB 서버는 그 쿼리를 분석해서 어떻게 처리하면 효율적일지 판단한다. 흔히 우리가 옵티마이저(Optimizer)라고 부르는 컴포넌트가 처리를 담당하는데, 옵티마이저의 가장 중요한 역할은 최적화된 실행 계획을 수립하는 것이다. 옵티마이저가 실행 계획을 수립하면 실제 그 실행 계획에 맞게 디스크에서 데이터를 읽어오고 저장하는 작업을 해야 한다. 이때 디스크에서 데이터를 어떻게 가져오고 어떻게 최적으로 저장할 것인지 결정하는 부분이 스토리지 엔진이다. 즉 MongoDB 서버가 사람의 머리 역할을 한다면, 각 스토리지 엔진은 손과 발의 역할을 맡은 형태다.

2.1.1 MongoDB 스토리지 엔진

현재 MongoDB 서버에서는 다음과 같이 다양한 스토리지 엔진을 사용할 수 있다. 각 스토리지 엔진이 가진 장단점이 있지만, 일반적으로 사용자들이 실행하는 쿼리나 데이터 변경을 위한 DML 문장들은 스토리지 엔진과는 투명하게 작동한다. 즉 MMAPv1 스토리지 엔진을 사용하는 서비스를 WiredTiger 스토리지 엔진을 사용하는 MongoDB 서버로 바꾸어도 응용 프로그램은 거의 변경하지 않아도 된다.

- MMAPv1
- WiredTiger
- In-Memory
- RocksDB
- TokuDB

MMAPv1 스토리지 엔진은 MongoDB가 처음 출시됐을 때부터 사용되던 스토리지 엔진이며, Wired Tiger 스토리지 엔진은 MongoDB 3.0부터 도입된 새로운 스토리지 엔진이다. 그리고 In-Memory 스토리지 엔진은 WiredTiger 스토리지 엔진의 변형으로, 데이터를 디스크에 기록하지 않고 메모리에만 보관하는 스토리지 엔진이다. RocksDB 스토리지 엔진은 페이스북에서 LevelDB를 커스터마이징하여 개선한 스토리지 엔진이며, TokuDB는 Percona(초기 개발은 TokuTek이며 Percona가 인수함)에서 개발 중인 스토리지 엔진이다.

현재 공식적으로 암호화 기능과 In-Memory 스토리지 엔진은 엔터프라이즈 버전의 MongoDB 서버에서만 사용할 수 있다. 하지만 MongoDB 서버의 코드를 조금만 커스터마이징하면 암호화 기능과 In-Memory 스토리지 엔진을 커뮤니티 버전의 MongoDB 서버에서도 사용할 수 있다.

다음 표는 각 스토리지 엔진의 특성을 비교한 것이다. 이 표에서 In-Memory 스토리지 엔진은 WiredTiger로 분류해서 비교했으며, Percona MongoDB 서버에서 주로 사용되는 TokuDB 스토리지 엔진도 하나의 스토리지 엔진으로 비교했다.

기능	MMAPv1	WiredTiger	RocksDB	TokuDB
잠금 수준	컬렉션	도큐먼트	도큐먼트	도큐먼트
데이터 구조	B-Tree	B-Tree	LSM	Fractal-Tree
빌트인 캐시	X (운영체제 캐시)	O	O	O

기능	MMAPv1	WiredTiger	RocksDB	TokuDB
세컨드리 인덱스	O	O	O	O
데이터 압축	X	O	O	O
인덱스 압축	X	O	O	O
암호화	X	O	X	X
In-Memory 지원	X	O	X	X
컬렉션 파티션	X	X	X	O

MMAPv1 스토리지 엔진을 제외한 모든 스토리지 엔진은 도큐먼트 수준의 잠금을 지원하기 때문에 대부분 스토리지 엔진의 동시성 처리는 우수하다고 볼 수 있다. 또한 MMAPv1 스토리지 엔진을 제외한 대부분의 스토리지 엔진에서 데이터 파일이나 인덱스의 압축도 지원한다. 단, 암호화 기능이나 In-Memory 스토리지 엔진의 기능은 WiredTiger에서만 지원한다. 그리고 유일하게 TokuDB 스토리지 엔진에서는 컬렉션의 파티션 기능도 제공한다. 여기에서 파티션 기능은 컬렉션을 샤드 서버별로 분산하는 것을 의미하는 것이 아니라, 주로 RDBMS에서 사용하는 파티션 기능을 의미한다. MongoDB와 같이 자동으로 샤딩되고 분산되는 DBMS에서 파티션 기능은 불필요한 기능이라고 생각할 수도 있지만, MongoDB 서버에서도 오래된 데이터를 빠르게 삭제하거나 데이터의 접근을 특정 영역으로 제한할 때에는 여전히 파티션 기능이 필요하다.

> ⓘ **주의**
>
> MongoDB 서버에서 많이 사용되는 MMAPv1 스토리지 엔진이나 WiredTiger 스토리지 엔진을 사용할 때, 데이터베이스 단위로 디스크의 파티션을 다르게 할당할 방법은 아직(MongoDB 3.4) 없다. 다행히 MongoDB에서는 데이터베이스 단위로 디렉터리를 구분해서 관리하게 되는데, 디스크 파티션을 분리하고자 한다면 컬렉션을 데이터베이스 단위로 구분하고 각 데이터베이스 디렉터리를 리눅스의 심볼릭 링크로 연결시키면 디스크의 여러 파티션을 동시에 사용할 수 있도록 구현할 수 있다.

2.1.2 스토리지 엔진 혼합 사용

하나의 MongoDB 서버(인스턴스)에서 동시에 여러 스토리지 엔진을 사용할 수는 없다. 그래서 만약 WiredTiger를 디폴트 스토리지 엔진으로 설정해서 MongoDB 서버를 기동했다면 같은 인스턴스에서 RocksDB 스토리지 엔진이나 TokuDB 스토리지 엔진을 같이 사용할 수는 없다. 하지만 인스턴스만 다르면 스토리지 엔진을 선택하는 데 있어서 다른 제약은 없다. 즉 하나의 클러스터에서 1번 샤드는 WiredTiger 스토리지 엔진을 사용하고 2번 샤드에서는 RocksDB 스토리지 엔진을 사용해도 무방하

다. 또한 하나의 레플리카 셋에서 프라이머리 멤버는 WiredTiger 스토리지 엔진을 사용하고, 세컨드
리 멤버에서는 RocksDB를 사용하는 것도 가능하다.

그림 2-2와 같이 하나의 클러스터에 있는 레플리카 셋들에 대해서 프라이머리와 세컨드리(프라이머리
페일 오버용) 멤버는 In-Memory 스토리지 엔진으로 구성하고, 백업 용도의 멤버는 디스크에 데이터
를 기록하도록 WiredTiger 스토리지 엔진으로 구성해서 사용할 수 있다. In-Memory 스토리지 엔진
은 모든 데이터 파일이 메모리상에만 존재하기 때문에 In-Memory 스토리지 엔진으로만 구성된 레플
리카 셋에서는 모든 멤버가 셧다운되면 OpLog와 데이터 파일들이 모두 사라지게 된다. 이렇게 레플리
카 셋의 모든 멤버가 셧다운되는 경우에도 데이터 복구가 필요하다면 레플리카 셋의 일부 멤버는 디스
크 기반의 스토리지 엔진을 적용하는 구성이 도움이 될 수도 있다.

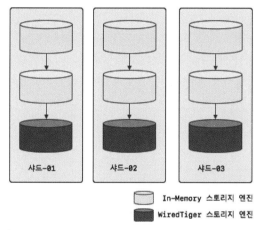

〈그림 2-2〉 레플리카 셋에서 다양한 스토리지 엔진 활용

뿐만 아니라 그림 2-3과 같이 하나의 클러스터에서 일부 샤드는 RocksDB로 구성하고 일부 샤드는
WiredTiger 스토리지 엔진을 사용할 수도 있다. MongoDB의 존 샤딩(Zone-Sharding)과 같이 클
러스터에서 각 샤드가 저장하는 데이터가 다르거나 용도가 다른 경우에는 이렇게 각 샤드(레플리카 셋)
를 다른 스토리지 엔진으로 구성해서 각각의 데이터 특성에 맞게 스토리지 엔진을 선택할 수도 있다.

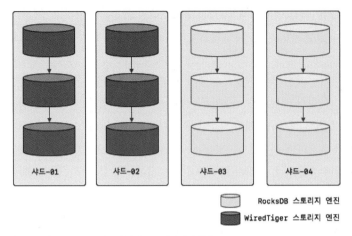

〈그림 2-3〉 레플리카 셋별로 다양한 스토리지 엔진 활용

하지만 이런 구성은 사실 그다지 효율적이지 않거나 클러스터의 관리가 번거로워질 수도 있으므로, 선택할 때 많은 고려와 주의가 필요하다. MongoDB의 각 샤드와 레플리카 셋에서 멤버들은 OpLog에 의해서 동기화되므로 실제 클러스터의 각 멤버들이 스토리지 엔진에 의존하지 않는다. 이는 다양한 서비스 요건들을 고려하면 향후 서로 다른 스토리지 엔진을 채택함으로써 새로운 가능성을 제시해줄 수도 있다.

2.2 MMAPv1 스토리지 엔진

MMAPv1 스토리지 엔진은 MongoDB의 초창기부터 MongoDB 3.0까지 주로 사용되던 스토리지 엔진으로 MongoDB 2.6까지는 데이터베이스의 단위의 잠금을 사용했었다. 그래서 DML(INSERT, UPDATE, DELETE) 문장의 동시 처리 성능이 좋지 않았는데, MongoDB 3.0으로 업그레이드되면서 컬렉션 수준의 잠금으로 개선됐다. 하지만 컬렉션 수준의 잠금 또한 여전히 동시성 처리에 많은 걸림돌이 되고 있다.

MMAPv1 스토리지 엔진은 자체적으로 내장된 캐시 기능이 없어서 운영체제의 캐시를 활용한다. 이는 리눅스나 윈도우의 캐시를 사용하기 때문에 커널이 제공하는 시스템 콜(System call)을 거치게 되므로 오버헤드가 상대적으로 큰 편이다. 또한 운영체제의 캐시 기능은 자주 사용되는 페이지의 관리나 더티 페이지(Dirty Page)의 관리가 데이터베이스보다는 안정적이지 않은 편이다. 아마도 예전부터 MongoDB를 사용했던 사용자라면 MongoDB 서버가 상당히 많은 문제점이 있다는 것을 잘 알고 있을 것이다. 그런데 MongoDB 3.0 이전까지의 경험자들이 느끼는 대부분의 MongoDB 문제점이 MMAPv1 스토리지 엔진이 가지고 있었던 단점일 것으로 보인다.

MongoDB 서버가 업그레이드되면서 조금씩 MMAPv1 스토리지 엔진의 사용 비율이 줄어들고 있다. 그만큼 MMAPv1 스토리지 엔진이 가진 단점이 많고, MongoDB에서도 MMAPv1 스토리지 엔진보다는 MongoDB 서버의 디폴트 스토리지 엔진인 WiredTiger의 기능과 안정성에 집중하고 있기 때문이기도 하다. 여기에서도 MMAPv1 스토리지 엔진은 중요한 부분 위주로 살펴보고, 자세한 이야기는 생략하도록 하겠다.

2.2.1 MMAPv1 스토리지 엔진 설정

MongoDB 서버에서 MMAPv1 스토리지 엔진을 사용하려면 MongoDB 서버의 설정 파일에서 storage 섹션의 engine 옵션을 "mmapv1"으로 설정하고, mmapv1 섹션에서 MMAPv1 스토리지 엔진의 옵션을 설정해주면 된다. 그런데 MongoDB 서버의 설정 파일에서 결정하는 옵션 대부분은 MongoDB 서버의 성능을 좌우할 만큼 큰 영향력을 가진 것이 별로 없다. MMAPv1 스토리지 엔진은 자체 내장된 공유 캐시가 없고 리눅스의 페이지 캐시를 사용하므로 사실 MongoDB 서버 차원에서의 성능 튜닝 옵션이 거의 없다고 볼 수 있다.

아래 예제는 MMAPv1 스토리지 엔진을 사용하는 MongoDB 서버의 기본 설정 포맷이다. 여기에서 storage 섹션은 모든 스토리지 엔진에 공통으로 적용되는 내용이며, mmapv1 섹션에 정의된 내용만 MMAPv1 스토리지 엔진과 직접적으로 관련된 옵션이라고 볼 수 있다. storage 섹션의 옵션은 "2.3.1 WiredTiger 스토리지 엔진 설정"에서 자세히 살펴보기로 하고, 여기에서는 mmapv1 섹션의 내용만 살펴보겠다.

```
...
storage:
  dbPath: <string>
  indexBuildRetry: <boolean>
  repairPath: <string>
  directoryPerDB: <boolean>
  syncPeriodSecs: <int>
```

```
journal:
    enabled: <boolean>
    commitIntervalMs: <num>

engine: <string>

mmapv1:
    preallocDataFiles: <boolean>
    nsSize: <int>
    quota:
        enforced: <boolean>
        maxFilesPerDB: <int>
    smallFiles: <boolean>
    ...
```

preallocDataFiles는 빈 데이터 파일을 미리 생성해서 데이터가 사용할 공간을 미리 예약해 둘 것인지 결정하는 옵션인데, 디스크의 공간이 항상 여유가 있는 상태라면 굳이 미리 빈 데이터 파일을 생성해 두는 것은 좋지 않다. 그만큼 백업해야 할 데이터의 양만 늘리는 것이 될 수도 있다. nsSize는 네임스 페이스 파일(*.ns)의 크기를 설정하는 옵션으로, 네임스페이스 파일의 크기가 작으면 하나의 데이터베 이스에서 생성할 수 있는 컬렉션의 개수가 적어지게 된다. 기본 값은 16MB다. 이 정도면 대략 24,000 개 정도의 컬렉션과 인덱스를 생성할 수 있으므로, 이 정도면 대부분의 경우에는 충분한 값이다. quota 옵션은 데이터베이스 단위로 디스크의 사용 공간을 제약하는 옵션이며, smallFiles는 MMAPv1 스토 리지 엔진에 컬렉션 단위로 생성하는 데이터 파일의 초기 크기를 작게 만들고 데이터 파일의 최대 크 기도 512MB로 제한한다. smallFiles 옵션은 작은 테이블이나 데이터베이스들이 많거나 컨피그 서버 (Config server) 또는 아비터(Arbiter)에서 불필요하게 많은 디스크 공간을 사용하지 않도록 제한하는 용도로 사용된다.

MMAPv1 스토리지 엔진을 위한 몇 가지 옵션을 살펴봤는데, 사실 이 옵션들은 성능 튜닝을 위한 옵션 이 아니라 디스크 데이터 파일의 경로나 초기 크기 등을 결정하는 옵션이다. 일반적인 서비스에서는 smallFiles 옵션으로 디스크에 생성되는 데이터 파일의 크기 정도만 결정하면 MMAPv1 스토리지 엔 진의 옵션에서는 더이상 설정할 만한 내용이 없다. 사실 MMAPv1 스토리지 엔진을 사용하는 경우에는 MongoDB 서버 자체의 설정보다는 리눅스의 커널의 파라미터 튜닝이 더 많이 필요하다.

2.2.2 데이터 파일 구조

MMAPv1 스토리지 엔진을 사용하는 경우 데이터 파일은 데이터베이스 단위로 생성된다. 이때 컬렉션의 데이터는 하나의 데이터베이스 파일에만 저장되는 것이 아니라, 데이터의 크기에 따라서 여러 개의 데이터 파일로 나뉘어서 저장된다. 데이터베이스의 이름이 데이터 파일의 이름으로 사용되며, 각 파일은 자동으로 증가하는 순번을 확장자로 가지게 된다. 또한 최초 데이터 파일은 64MB 크기로 생성되며, 두 번째 데이터 파일의 용량은 64MB의 배수인 128MB, 그리고 세 번째 데이터 파일은 다시 배수인 256MB로 할당된다. 데이터 파일이 2GB 이상까지 증가하면 그 이후부터는 더 이상 증가하지 않고 2GB 크기를 유지하게 된다. 이는 MMAPv1 스토리지 엔진의 데이터 파일이 디스크 공간을 효율적으로 사용할 수 있도록 고안된 방법이다.

```
$ ls -alh data/blog/blog.*
-rw------- 1 matt dba    64M 7 2 18:21 blog.0
-rw------- 1 matt dba   128M 7 2 18:21 blog.1
-rw------- 1 matt dba   256M 7 2 18:21 blog.2
-rw------- 1 matt dba   512M 7 2 18:21 blog.3
-rw------- 1 matt dba  1024M 7 2 18:21 blog.4
-rw------- 1 matt dba  2048M 7 2 18:21 blog.5
-rw------- 1 matt dba  2048M 7 2 18:21 blog.6
-rw------- 1 matt dba  2048M 7 2 18:21 blog.7
...
```

컬렉션의 데이터는 많지 않지만, 데이터베이스의 개수가 많은 경우에 이렇게 처음부터 64MB씩 할당되는 것은 매우 공간 낭비가 심할 수 있다. 그래서 MongoDB에서는 storage.smallFiles 옵션을 이용해서 생성되는 파일들의 크기를 작게 만들 수 있다. storage.smallFiles 옵션이 활성화되면 데이터 파일의 크기는 16MB부터 시작해서 최대 512MB까지만 증가할 수 있으며 MongoDB의 Journal 파일도 128MB로 제한된다(디폴트 Journal 파일의 크기는 1GB). storage.smallFiles 옵션을 활성화한 상태에서 하나의 데이터베이스의 크기가 커지게 되면 상대적으로 데이터 파일의 개수가 많아지는데, MongoDB 서버가 관리해야 할 파일의 정보가 많아지면 일부 운영체제에서는 디렉터리 내의 파일 개수가 너무 많아서 문제가 되기도 한다. storage.smallFiles 옵션은 일반적인 서비스용 MongoDB 서버보다는 주로 컨피그 서버(Config Server)나 아비터(Arbiter) 또는 개발 테스트용 MongoDB 서버에서 자주 사용되는 옵션이다. 또한 디스크 공간의 효율적인 사용을 위해서 데이터베이스를 너무 잘게 분리하는 형태의 모델링은 자제하는 것이 좋다.

MongoDB에서는 storage.directoryPerDB 옵션을 이용해서 디스크의 데이터 파일을 데이터베이스 단위로 별도의 디렉터리에 저장할 것인지 결정할 수 있다. 데이터 파일들이 데이터베이스 단위로 별도의 디렉터리를 사용하도록 한 것은 데이터베이스 단위로 서로 다른 디스크 파티션을 최적으로 사용할 수 있도록 지원하기 위함이다. 물론 각각의 데이터베이스가 서로 다른 디스크 파티션을 사용하지 않더라도 관리의 편의성을 위해서 storage.directoryPerDB 옵션을 활성화하는 것도 도움이 될 수 있다.

storage.directoryPerDB=true (데이터베이스별로 디렉터리 관리)

```
$ ls -alh data/
drwxr-xr-x  4 matt  dba   136B  7  2 18:18 journal
drwxr-xr-x  5 matt  dba   170B  7  2 18:16 local
drwxr-xr-x  5 matt  dba   170B  7  2 18:18 blog
-rwxr-xr-x  1 matt  dba     5B  7  2 18:16 mongod.lock
-rw-r--r--  1 matt  dba   4.6K  7  2 18:21 mongod.log
-rw-r--r--  1 matt  dba     5B  7  2 18:16 mongod.pid


$ ls -alh data/local
drwxr-xr-x  2 matt  dba    68B  7  2 18:16 _tmp
-rw-------  1 matt  dba    64M  7  2 18:16 local.0
-rw-------  1 matt  dba    16M  7  2 18:16 local.ns


$ ls -alh data/blog
drwxr-xr-x  2 matt  dba    68B  7  2 18:18 _tmp
-rw-------  1 matt  dba    64M  7  2 18:21 blog.0
-rw-------  1 matt  dba    16M  7  2 18:21 blog.ns
```

storage.directoryPerDB=false (데이터베이스별 디렉터리 구분 없이 관리)

```
$ ls -alh data/
drwxr-xr-x  2 matt  dba    68B  7  2 18:23 _tmp
drwxr-xr-x  5 matt  dba   170B  7  2 18:16 local
drwxr-xr-x  4 matt  dba   136B  7  2 18:23 journal
drwxr-xr-x  5 matt  dba   170B  7  2 18:18 blog
-rw-------  1 matt  dba    64M  7  2 18:23 blog.0
-rw-------  1 matt  dba    16M  7  2 18:23 blog.ns
-rw-------  1 matt  dba    64M  7  2 18:22 local.0
```

```
-rw-------  1 matt  dba   16M  7  2 18:22 local.ns
-rw-r--r--  1 matt  dba    5B  7  2 18:22 mongod.pid
-rwxr-xr-x  1 matt  dba    5B  7  2 18:22 mongod.lock
-rw-r--r--  1 matt  dba  3.3K  7  2 18:23 mongod.log
```

MongoDB 2.6 버전에서 MMAPv1 스토리지 엔진을 사용할 때의 데이터 디렉터리 구조인데, local과 blog 데이터베이스에 대한 디렉터리가 생성된 것을 확인할 수 있다. 각 데이터베이스 디렉터리에는 "_tmp" 디렉터리가 있는데, 이는 MongoDB가 RepairDatabase 명령을 실행할 때 사용하는 임시 작업 디렉터리다. 이 디렉터리의 이름을 변경하고자 한다면 스토리지 엔진 섹션의 repairPath 옵션에 적절한 디렉터리 이름을 설정하면 된다.

그리고 데이터베이스별로 "데이터베이스.ns" 파일을 확인할 수 있는데, 이 파일은 MongoDB 서버에 생성된 데이터베이스와 컬렉션 그리고 인덱스의 정보를 저장하고 있다. MongoDB에서는 데이터베이스와 컬렉션 이름의 조합("database.collection")을 네임스페이스라고 하는데, 하나의 네임스페이스는 628 바이트를 사용하며 네임스페이스 파일은 16MB의 고정된 크기로 초기화된다. 그래서 기본적으로 하나의 데이터베이스에서 컬렉션과 인덱스의 총 개수는 26,715개 정도까지만 생성할 수 있다. 만약 이보다 많은 컬렉션이나 인덱스가 필요하다면 storage.nsSize 옵션으로 네임스페이스 파일의 크기를 최대 2GB까지 확장해서 MongoDB를 초기화할 수 있다.

pid 파일과 lock 파일 그리고 log 파일들도 같은 데이터 디렉터리에 존재하는데, 이 파일들은 systemLog.path 옵션과 processManagement.pidFilePath 옵션을 이용해서 생성될 디렉터리를 변경할 수 있다. 실제 pid 파일과 lock 파일은 모두 현재 실행 중인 MongoDB 서버 프로세스의 번호를 저장하고 있으며, MongoDB 서버에서 데몬 프로그램의 프로세스를 관리하는 데 사용된다. lock 파일은 추가로 MongoDB 서버의 비정상적인 종료를 체크하고 복구를 수행할 것인지 판단하는 용도로도 활용되므로, 강제로 lock 파일을 삭제하거나 조작하는 작업은 주의하도록 하자. 그리고 MongoDB 서버의 로그 파일은 다른 RDBMS에 비해서 상당히 자세하고 많은 내용들이 출력되므로, 로그를 저장하는 디렉터리의 공간을 충분히 확보해 두는 것이 좋다.

2.2.3 MongoDB 서버 상태 확인

MongoDB는 서버의 상태를 확인할 수 있는 mongostat이라는 도구를 제공한다. mongostat 도구는 현재 MongoDB 서버의 쿼리 처리량과 메모리 사용량 등과 같은 MongoDB의 전체적인 상태를 한눈에

에 확인할 수 있도록 정보를 출력하는데, 여기에 출력되는 내용이 스토리지 엔진과 MongoDB 서버의
버전에 따라서 조금씩 다르다.

```
$ mongostat
insert    query   update   delete   ...   flushes   mapped   vsize    res    faults   locked db       ...
     3      415        7        5    ...         1    1110g    2222g   63.5g       95   users:6.6%      ...
     4      391       11        8    ...         0    1110g    2222g   63.4g       73   users:7.6%      ...
     8      430       13        9    ...         1    1110g    2222g   63.5g      238   users:7.2%      ...
     6      395       12       13    ...         0    1110g    2222g   63.5g      596   users:6.7%      ...
     6      409       10        5    ...         1    1110g    2222g   63.5g      244   users:6.8%      ...
     5      448       10        7    ...         0    1110g    2222g   63.5g      419   users:6.8%      ...
     2      383        9        5    ...         1    1110g    2222g   63.5g      147   users:6.6%      ...
     7      497       18       15    ...         0    1110g    2222g   63.5g      228   users:6.8%      ...
     9      451       10        8    ...         1    1110g    2222g   63.5g      280   users:7.1%      ...
    11      522       11        7    ...         0    1110g    2222g   63.5g      290   users:6.7%      ...
     8      492       13       14    ...         1    1110g    2222g   63.5g      175   users:7.1%      ...
     4      467       13       11    ...         0    1110g    2222g   63.5g      521   users:6.8%      ...
```

- 플러시(flush)는 MMAPv1 스토리지 엔진이 데이터 파일의 변경 내용을 디스크에 동기화하는 과정을 의미하는데,
  mongostat의 flushes 메트릭은 몇 번이나 데이터 파일이 디스크에 동기화됐는지 보여준다.

- mapped는 MMAPv1 스토리지 엔진에서만 보여지는 메트릭으로, MongoDB의 데이터 파일이 리눅스의 페이지 캐
  시에 얼마나 맵핑돼 있는지 보여준다. 여기에서 맵핑이란 디스크의 데이터 파일을 리눅스의 페이지 캐시 메모리에
  직접 맵핑(Mapping)시켜서 읽고 쓰는 방식을 의미한다. 이를 리눅스에서는 "Memory mapped file"이라고도 한다.
  이렇게 메모리 맵핑된 파일은 별도의 디스크 읽고 쓰기 API를 사용하지 않고 메모리에서 읽기만 하면 리눅스 커널
  이 디스크의 데이터 파일에서 필요한 부분을 메모리로 적재해서 사용자 프로세스(MongoDB 프로세스)가 읽고 쓸
  수 있도록 해준다.

- vsize는 리눅스의 가상 메모리 시스템에서 나온 용어로 MongoDB 서버 프로세스가 현재 사용 중인 가상 메모리 공
  간의 크기를 의미한다. 이는 가상 메모리 시스템의 주소 사용 범위일 뿐, 실제 이만큼의 물리적인 메모리를 사용한다
  는 것을 의미하지는 않는다. 이 예제에서는 2TB 정도의 가상 메모리 주소 공간을 사용하고 있지만, 실제 이 모든 영
  역이 물리 메모리와 맵핑(연결)된 것은 아니며 실제 사용 중인 물리 메모리는 "res" 컬럼에 보여지는 64GB 정도 수
  준이다. 일반적으로 MMAPv1 스토리지 엔진을 사용하는 MongoDB 서버에서 vsize나 mapped 컬럼의 값은 디스
  크의 데이터 파일 크기에 따라서 서버마다 그 값이 상당히 차이를 보인다.

- faults 컬럼의 값은 리눅스의 페이지 폴트(Page Fault)라는 개념에서 나온 값이다. 만약 MongoDB 서버가 메모리
  맵으로 연결된 파일에서 특정 주소의 데이터를 읽으려고 하는데, 이 데이터가 아직 물리적으로 메모리에 적재되지
  않은 경우에는 리눅스 커널이 "페이지 폴트" 시그널을 발생시켜서 디스크의 데이터를 물리 메모리에 적재하게 된다.
  여기에서 faults 컬럼의 값은 1초에 몇 번이나 이런 페이지 폴트가 발생했는지 보여주며, 실제 이 값은 디스크에서 데
  이터 페이지를 읽은 횟수와 거의 비슷한 값이다. faults 컬럼의 값이 클수록 디스크에서 데이터를 자주 읽는다는 의

미이며, 그만큼 현재 사용자의 요청을 처리하기에 메모리가 부족하다는 것을 의미하기도 한다. 그렇다고 이 값이 항상 0에 가까워야 한다는 것은 아니다.

- locked db 컬럼은 현재 MongoDB 서버의 데이터베이스 중에서 가장 잠금이 심한 데이터베이스를 보여준다. 지금은 users 데이터베이스의 잠금이 6~7% 정도임을 보여주는데, 이 잠금 비율이 높을수록 많은 DML(INSERT, UPDATE, DELETE) 문장들이 동일 데이터베이스의 컬렉션 데이터를 변경하기 위해서 잠금을 기다리거나 점유하는 시간이 길다는 것을 의미한다.

2.2.4 운영체제 캐시

MMAPv1 스토리지 엔진은 자체적으로 내장된 캐시 기능이 없다. 또한 캐시 기능이 없기 때문에 더티 페이지(DML 문장들에 의해서 데이터가 변경된 블록 또는 페이지)를 효율적으로 관리하는 기능이 없다. 그래서 MMAPv1 스토리지 엔진은 리눅스나 윈도우 서버가 제공하는 페이지 캐시 기능에 의존하게 된다. 저자는 아직 윈도우 서버에서 DBMS를 운영해본 경험이 없어서 윈도우의 페이지 캐시나 더티 페이지 관리 기능에 관해서는 설명을 생략하겠다. 리눅스 서버의 페이지 캐시도 일반적인 DBMS 서버들이 가지고 있는 캐시와 거의 비슷한 기능들을 가지고 있다. 하지만 리눅스 서버의 페이지 캐시는 DBMS 서버가 캐시를 관리하는 방식보다는 조금 단순하고 불안정하게 처리되는 경우가 많다.

그림 2-4는 MMAPv1 스토리지 엔진을 사용하는 MongoDB 서버에서 빈번하게 발생하는 문제점 중 하나인, 리눅스 서버의 페이지 캐시 삭제(Cache Invalidation) 현상을 보여주고 있다.

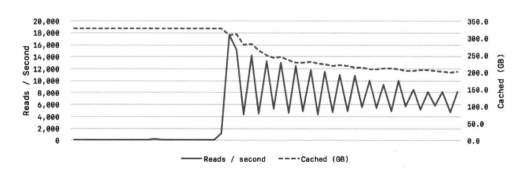

〈그림 2-4〉 리눅스 서버의 페이지 캐시 무효화

이 서버는 MongoDB 2.4 버전에서 MMAPv1 스토리지 엔진을 사용하고 있으며, 전체 400GB 정도의 물리 메모리를 장착하고 있다. 그림 2-4에서 전체 디스크 데이터의 크기는 대략 1.5TB인데, 평상시에는 잘 작동하다가 갑자기 130GB 정도의 페이지 캐시가 사라져 버리는 현상을 확인할 수 있다. 리눅스의 페이지 캐시에 로딩돼 있던 130GB의 데이터가 한 번에 사라지면서 MongoDB 서버가 필요로 하는 데이터가 메모리에서 사라져 버린 것이다. 이로 인해서 MongoDB 서버는 많은 데이터를 디스크에서 다시 읽어 들여야 하고, 이때 디스크 읽기가 한 번에 매우 많이 실행되는 것이다. 그림 2-4의 그래프를 보면 4KB 페이지를 초당 16,000개씩 읽어 들인 것을 확인할 수 있다. 이런 현상이 발생하게 되면 상당히 많은 쿼리들의 처리가 지연되고 그로 인해서 서버의 부하는 급상승하게 된다. 그리고 조금씩 조금씩 상태가 나아지면서 디스크 읽기가 줄어드는 것도 확인할 수 있다.

이런 현상은 리눅스 서버에 실행 중인 응용 프로그램(MongoDB 서버 포함)들이 더 많은 메모리를 필요로 하는 경우에 리눅스 서버가 추가로 여유 메모리를 더 준비하면서 발생한다. 리눅스 서버가 페이지 캐시로 사용되는 메모리 공간을 대량으로 비워서 미리 여유 공간을 만드는 과정에서 발생하는 오작동 케이스다.

문제는 이렇게 리눅스의 페이지 캐시가 한 번에 사라지는 현상을 초래한 근본적인 원인이 무엇인지, 그리고 이 현상을 막기 위해서 어떻게 해야 하는지 확인하기가 쉽지 않다. 물론 리눅스 서버의 페이지 캐시가 작동하는 방식의 소스 코드를 분석하면서 확인할 수 있을 것이다. 하지만 리눅스 서버의 페이지 캐시와 관련된 코드를 확인하려면 리눅스 커널 소스 코드 전반적으로 사용되는 자료 구조들을 먼저 알고 있어야 한다. 물론 이렇게 급작스럽게 리눅스 서버가 페이지 캐시를 비우고 메모리의 여유 공간을 확보한 것은 어떤 프로세스가 메모리를 많이 요구했기 때문일 가능성이 높다. 하지만 리눅스의 페이지 캐시는 그 리눅스 서버에서 실행되고 있는 모든 응용 프로그램이 필요로 하는 메모리 공간을 준비해야 한다. 그래서 연관된 프로세스가 너무 많고 조사해야 할 것들이 상당히 많다.

그리고 MongoDB의 MMAPv1 스토리지 엔진이 리눅스의 페이지 캐시에 의존한다는 것은 MongoDB를 최적으로 운영하기 위해서 리눅스 커널의 작동 방식과 파라미터 튜닝이 필수적이라는 것을 의미한다. 그만큼 리눅스에 대해서 많은 지식을 필요로 한다. 그 중에서도 가장 중요한 것이 리눅스의 페이지 캐시이며, 그 중에서도 디스크의 페이지를 읽어 들이는 방식과 페이지 캐시가 가지고 있는 더티 페이지(Dirty Page)가 디스크를 동기화하는 방식이다.

2.2.4.1 페이지 캐시의 데이터 읽기

MongoDB의 MMAPv1 스토리지 엔진은 리눅스의 페이지 캐시를 거쳐서 데이터를 MongoDB 서버로 읽어 들인다. 그래서 항상 MongoDB 서버가 필요로 하는 데이터는 먼저 리눅스의 페이지 캐시에 적재하고 그 데이터를 MongoDB 서버가 가져가며, 만약 다시 그 데이터를 읽어야 하는 경우 MongoDB

서버는 디스크에서 읽지 않고 리눅스 페이지 캐시에 적재된 페이지를 가져가서 쿼리를 처리하게 된다. 그런데 리눅스의 디스크 읽기는 주변의 일부 페이지들을 같이 읽어 들이는 경우가 많다. 이를 "Read-Ahead"라고 하는데, 리눅스는 데이터 파일에서 필요로 하는 페이지 주변의 페이지들 일부가 페이지 캐시에 이미 적재돼 있으면 리눅스의 Read-Ahead 알고리즘이 작동하게 된다. Read-Ahead 알고리즘이 작동하면 리눅스는 MongoDB 서버가 필요로 하지 않더라도 주변의 데이터를 페이지 캐시로 읽어 들이게 된다.

리눅스의 Read-Ahead 알고리즘은 일반적으로 대량의 데이터를 읽어야 할 때, 성능을 획기적으로 높여준다. 하지만 MongoDB 서버는 일반적인 DBMS와 같이 랜덤 읽기 위주의 처리를 필요로 한다. 그래서 꼭 필요한 페이지만 메모리로 적재하면 된다. 일반적으로 리눅스의 Read-Ahead 설정은 128~256 정도로 설정돼 있다. Read Ahead에 설정된 값은 512 바이트 섹터를 한 번에 몇 개까지 디스크에서 읽을 것인지 결정하는 옵션인데, 이는 한 번 디스크에서 데이터를 읽었을 때 Read Ahead 알고리즘이 작동하면 무조건 64~128KB의 데이터를 읽도록 만든다. MongoDB의 MMAPv1 스토리지 엔진은 4KB나 8KB의 데이터를 읽으면 되는데, 4KB 페이지 하나를 위해서 128KB의 데이터를 읽어 들이게 되는 것이다.

리눅스 서버에서 디스크의 Read Ahead 설정을 확인하는 명령은 다음과 같다. 여기에서는 Read Ahead 값으로 256이 설정돼 있는데, 이는 한번 디스크를 읽을 때마다 (Read Ahead 알고리즘이 작동하게 되면) 한 번에 128KB를 읽게 된다. 하지만 이 128KB 중에서 사실 필요한 데이터는 4~8KB뿐이다. 여기에서는 "Read Ahead 알고리즘이 작동하게 되면"이라는 조건을 계속 붙여서 설명하고 있지만, 실제 MongoDB의 MMAPv1과 같이 리눅스의 페이지 캐시를 통해서 메모리에 맵핑된 데이터 파일을 읽을 때에는 거의 100%의 확률로 리눅스의 Read Ahead가 동시에 작동한다.

```
# blockdev --getra /dev/sda
256
```

그림 2-5는 256으로 설정돼 있던 Read Ahead 설정값을 16으로 변경했을 때 나타나는 변화를 그래프로 그려본 것이다. Read Ahead 설정 값이 256일 때에는 대략 초당 60~80MB의 데이터를 읽어 들이고 있는 것을 확인할 수 있다. 그런데 Read Ahead 설정 값을 16으로 변경한 후에는 초당 읽어 들이는 데이터의 양이 초당 10MB 수준으로 떨어졌다.

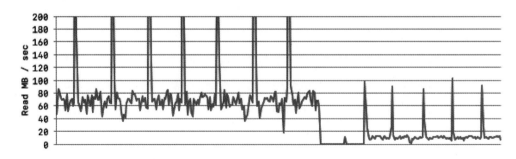

〈그림 2-5〉 Read-Ahead 설정값의 변경에 따른 초당 읽기 량 변화

그림 2-6의 그래프는 동일한 시간 동안 디스크의 데이터 읽기 회수를 그래프로 그려본 것이다. Read Ahead 설정값을 변경하기 전과 변경한 후의 디스크 읽기 회수는 거의 변화가 없다는 것을 확인할 수 있다. 실제 디스크 읽기 회수가 거의 비슷하기 때문에 (특히 랜덤 디스크 읽기 환경에서는) Read Ahead 설정 변경으로 디스크의 부하를 경감시키지 못하는 것처럼 보인다.

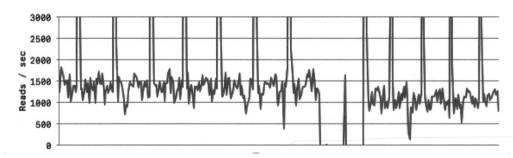

〈그림 2-6〉 Read-Ahead 설정값 변경에 따른 초당 읽기 회수의 변화

하지만 그림 2-7의 그래프를 보면 Read Ahead 설정값을 256에서 16으로 변경한 후에 디스크 읽기의 응답 속도가 0.3 밀리초에서 0.1 밀리초 수준으로 떨어진 것을 확인할 수 있다. Read Ahead 설정값이 256일 때에는 한번 디스크 읽기를 할 때마다 평균 56KB 정도의 데이터를 읽었고, Read Ahead 설정 값을 16으로 변경한 이후에는 한번 디스크 읽기를 할 때마다 평균 9KB 정도의 데이터를 읽었다. 데이터를 읽는 것도 그만큼 시간이 걸리지만, 디스크에서 메모리로 데이터를 전송하는 시간이 조금이라도 더 걸린 것이다.

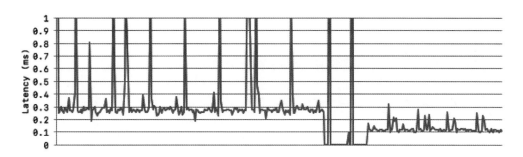

〈그림 2-7〉 Read-Ahead 설정값 변경에 따른 디스크 레이턴시의 변화

하지만 Read Ahead 설정값을 변경함으로써 얻은 더 큰 효과는 메모리의 효율적인 사용이라고 볼 수 있다. Read Ahead 설정값이 256일 때에는 평균적으로 초당 70MB 정도의 데이터를 읽었고, Read Ahead 설정값을 16으로 변경한 이후에는 평균적으로 초당 10MB 정도의 데이터를 읽었다. 즉 Read Ahead가 256인 경우에는 리눅스 커널이 매초 페이지 캐시에서 70MB 정도의 여유 공간을 확보하고 빈 공간에 70MB의 새로운 데이터를 읽어서 복사한 것이다. 페이지 캐시에서 제거하는 70MB 중에는 더티 페이지가 있을 수도 있는데, 이런 경우에는 디스크 쓰기까지 수반돼야 한다. 불필요한 데이터 읽기와 쓰기 그리고 메모리상에서 페이지 캐시의 제거 과정도 필요한 것이다.

리눅스의 Read Ahead 옵션은 필요한 디스크 데이터 읽기의 크기가 얼마인지에 따라 최적으로 설정해야 한다. 대표적으로 순차 읽기가 많이 실행되는 시스템에서는 리눅스의 기본 설정값인 256이 좋은 성능을 발휘할 것이다. 하지만 MongoDB 서버와 같이 "DIRECT-IO"(운영체제의 페이지 캐시를 경유하지 않는 디스크 읽고 쓰기를 DIRECT-IO라고 한다)를 사용하지 않는 DBMS에서는 Read Ahead 옵션 설정을 필요한 디스크 읽기 크기에 맞춰야 한다. 그렇다면 MongoDB 서버의 MMAPv1 스토리지 엔진이 실행하는 데이터 읽기는 주로 어떤 크기일까? MMAPv1 데이터 파일의 읽기는 리눅스의 페이지 캐시의 블록 크기에 맞춰서 실행되므로 MMAPv1 데이터 파일 읽기는 항상 4KB 단위로 작동한다. 그런데 MMAPv1 스토리지 엔진의 인덱스는 8KB 단위의 페이지를 사용한다. 따라서 MongoDB의 MMAPv1 스토리지 엔진을 위한 디스크 읽기는 8KB 크기에 맞춰야 한다.

결론적으로 MMAPv1 스토리지 엔진에서 랜덤으로 데이터 읽기를 위주로 하는 MongoDB 서버에서는 리눅스의 Read Ahead 옵션을 16이나 32 정도 수준으로 유지하는 것이 좋다. 그래야만 디스크의 데이터 읽기와 페이지 캐시의 삭제(Invalidation) 및 복사 작업을 최소화하고 그만큼의 자원 소모도 회피할 수 있다. 리눅스 서버에서 디스크의 Read Ahead 옵션 변경은 다음과 같이 "blockdev --setra" 명령을 사용한다.

```
# blockdev --setra 16 /dev/sda
```

> **(!) 주의**
>
> blockdev 명령으로 Read Ahead 옵션을 변경하는 경우에는 반드시 MongoDB 서버나 다른 응용 프로그램을 재시작해야
> 만 변경된 Read Ahead 옵션이 응용 프로그램에 적용된다. 즉 MongoDB 서버를 실행 중인 상태에서 Read Ahead 옵션만
> 변경하는 것은 아무런 효과가 없다.

2.2.4.2 페이지 캐시의 데이터 쓰기

사용자가 데이터를 변경하게 되면 MongoDB의 MMAPv1 스토리지 엔진은 리눅스의 페이지 캐시 내
용을 변경한다. 이렇게 데이터가 변경되면 리눅스의 페이지 캐시는 변경된 내용에 대한 이력을 별도로
관리한다. 이렇게 메모리상의 데이터는 변경됐지만, 아직 디스크로 동기화되지 않은 페이지를 더티 페
이지(Dirty Page)라고 한다. 그림 2-8은 3개의 데이터 페이지를 가진 페이지 캐시에서 MongoDB 서
버가 하나의 페이지에 대해서 내용을 변경한 상태를 보여주고 있다. 실제 디스크는 "A"라는 내용을 가
지고 있지만, 리눅스의 페이지 캐시는 더 최신 상태인 "A'"를 가지고 있다.

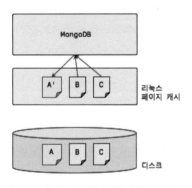

〈그림 2-8〉 리눅스 페이지 캐시 변경 프로세스

이렇게 데이터가 동기화되지 않은 상태에서 전원 공급이 중단된다거나 하는 이유로 리눅스 서버가 비
정상 종료를 하게 되면 A'로 변경된 내용은 영구적으로 손실된다. 그래서 MongoDB 서버를 포함한
대부분의 데이터베이스는 WAL(Write Ahead Log) 로그를 별도로 기록하여 서버가 다시 시작되면 손
실된 데이터를 복구할 수 있도록 준비한다.

MongoDB 서버의 MMAPv1 스토리지 엔진이 변경된 내용을 즉시 디스크로 기록해서 동기화하지 않
는 이유는 조금 더 많은 쓰기를 모아서 한 번에 배치(Write Batch)로 기록하기 위함이며, 이렇게 쓰기

를 모았다가 한 번에 배치로 기록함으로써 서버 시스템의 자원을 최대한 효율적으로 사용할 수 있게 해준다. 또한 리눅스의 페이지 캐시를 거쳐서 쓰기를 실행하면 비동기 모드로 디스크 쓰기를 실행할 수 있게 된다. 즉 사용자의 쿼리가 데이터 변경이 디스크에 동기화될 때까지 기다리지 않아도 되는 것이다.

이제 리눅스 페이지 캐시는 자신이 가지고 있는 더티 페이지를 디스크에 기록하여 동기화 해야 하는데, 이런 더티 페이지들이 너무 자주 디스크에 동기화되면 불필요하게 시스템 자원을 많이 사용하게 된다. 반대로 너무 동기화를 하지 않으면 리눅스 페이지 캐시가 더티 페이지를 너무 많이 가지게 되며, 그로 인해서 의도하지 않게 데이터 손실이 발생하거나 DBMS의 데이터 복구 시간을 길게 만들 수도 있다. 그뿐만 아니라 너무 많은 더티 페이지 때문에 디스크에서 새로운 데이터 페이지를 읽어 들이는 과정을 더 복잡하고 느리게 만들 수도 있다. 그래서 리눅스 커널은 데이터 동기화를 얼마나 자주 실행할 것인지 조정할 수 있도록 몇 개의 파라미터를 제공하고 있다.

```
vm.dirty_writeback_centisecs = 500
vm.dirty_expire_centisecs = 3000

vm.dirty_ratio = 20
vm.dirty_background_ratio = 10

vm.dirty_bytes = 0
vm.dirty_background_bytes = 0
```

dirty_writeback_centisecs와 dirty_expire_centisecs 설정값은 페이지 캐시의 더티 페이지를 얼마나 자주 어떤 기준으로 디스크에 기록할 것인지 결정하는 옵션이며, dirty_ratio와 dirty_background _ratio 그리고 dirty_bytes와 dirty_background_bytes는 페이지 캐시가 디스크로 기록되지 않은 더티 페이지를 얼마나 보유하도록 허용할 것인지 결정한다.

dirty_writeback_centisecs는 페이지 캐시의 더티 페이지를 디스크에 기록(이를 플러시하고 하며, 이렇게 더티 페이지를 디스크로 기록하는 리눅스 커널 데몬을 pdflush 또는 bdflush라고 함)하는 작업을 얼마나 자주 실행할 것인지 결정한다. 이 값은 1/100초 단위로 설정하는데, 500으로 설정하면 5초마다 페이지 캐시의 더티 페이지를 디스크에 기록한다. 그리고 dirty_expire_centisecs는 더티 페이지를 디스크로 기록할 때 얼마나 오래된 더티 페이지들을 디스크로 기록할 것인지 결정한다. 이 값 또한 1/100초 단위로 설정하며, 3000으로 설정하면 더티 페이지로 마킹된지 30초가 지난 더티 페이지들을 디스크에 기록한다.

dirty_ratio와 dirty_background_ratio 파라미터는 전체 메모리 대비 지정된 비율로 더티 페이지의 허용치를 결정하는 옵션이며, dirty_bytes와 dirty_background_bytes 파라미터는 바이트 단위로 더티 페이지의 허용치를 결정하는 옵션이다. dirty_background_ratio가 10이라면 전체 메모리 크기의 10% 이상 더티 페이지가 생기면 더티 페이지를 디스크에 기록하는 작업을 시작한다. 그런데 페이지 캐시의 더티 페이지가 전체 메모리 대비 dirty_ratio 설정값의 비율을 넘어서게 되면 응용 프로그램의 디스크 쓰기를 모두 막고 더티 페이지를 디스크로 기록한다. dirty_background_bytes와 dirty_bytes도 동일한 방식으로 작동한다. 예를 들어, dirty_background_bytes가 100MB이고 dirty_bytes가 200MB라면 페이지 캐시에서 더티 페이지의 크기가 100MB를 넘으면 조금씩 더티 페이지를 디스크에 기록하기 시작한다. 물론 이 시점에는 응용 프로그램의 디스크 쓰기가 전혀 블로킹되지 않는다. 그런데 전체 더티 페이지의 크기가 200MB를 넘어서면 응용 프로그램의 쓰기를 모두 막고 더티 페이지를 디스크에 기록하기 시작한다.

dirty_ratio와 dirty_background_ratio 그리고 dirty_bytes와 dirty_background_bytes는 셋으로 설정되는 옵션이며, 두 옵션 셋을 동시에 사용할 수는 없다. 그래서 dirty_ratio와 dirty_background_ratio를 사용하는 경우에는 dirty_bytes와 dirty_background_bytes 옵션은 0으로 설정해야 한다. 물론 그 반대로도 마찬가지다.

많은 쓰기를 처리해야 하는 MongoDB 서버에서는 더티 페이지의 디스크 동기화와 관련된 커널 파라미터를 적절히 조정해서 페이지 캐시에 너무 많은 더티 페이지가 보관되는 것을 막아야 할 수도 있다. 아마도 MMAPv1 스토리지 엔진을 사용하는 MongoDB 서버를 한번이라도 관리해 본 경험이 있다면, MongoDB 서버 설정 파일의 syncPeriodSecs 옵션(mongod 시작시 사용하는 syncdelay 옵션과 동일)을 설정해본 적이 있을 것이다. 이 옵션은 지정된 시간에 한 번씩 MongoDB의 MMAPv1 스토리지 엔진이 사용하는 모든 파일을 디스크로 동기화하는 작업을 수행한다. 아마도 많은 사용자들이 이 옵션으로 인해서 과도하게 한 번에 디스크 쓰기가 많이 발생해서 서버의 처리 성능이 저하되는 현상을 경험해봤을 것이다.

MongoDB 서버의 매뉴얼에서는 서비스용 데이터베이스에서 이 옵션을 설정하지 않도록 권장하고 있다. 실제로 많은 디스크 쓰기를 유발하기 때문인데, 이 옵션을 사용하지 않으면 전적으로 모든 더티 페이지의 쓰기를 리눅스의 커널에 맡기는 것이 된다. 그런데 문제는 리눅스 커널도 페이지 캐시의 더티 페이지를 그다지 효율적이고 안정적으로 디스크에 플러시하지 못한다는 것이다. 때로는 몇백 MB씩 더티 페이지를 한 번에 기록하기도 한다. 리눅스 커널의 이런 문제점 때문에 MMAPv1 스토리지 엔진에서는 울며 겨자먹기로 MongoDB 서버의 syncPeriodSecs 옵션(syncdelay mongod 시작 옵션)을
사용하고 있는 것이다.

이런 문제점을 최대한 회피하려면 앞서 살펴본 리눅스 페이지 캐시의 더티 페이지 플러시와 관련된 커
널 파라미터를 튜닝하여 최대한 페이지 캐시에 더티 페이지가 오래 머물지 않도록 유도하는 것이 좋다.
물론 더티 페이지가 빨리빨리 디스크로 플러시 되면 그만큼 쓰기 배치 효과는 감소한다. 하지만 이렇게
라도 하는 것이 그나마 서비스에 미치는 악영향을 최소화하는 방법이다. 리눅스의 커널 파라미터를 변
경하는 방법은 다음과 같이 "sysctl -w" 명령을 사용하거나 /etc/sysctl.conf 파일을 직접 수정(파일
수정 시 반드시 sysctl -p 옵션으로 설정 파일의 내용을 리로드해야 한다)하면 된다.

```
# sysctl -w vm.dirty_writeback_centisecs = 500
# sysctl -w vm.dirty_expire_centisecs = 3000

# sysctl -w vm.dirty_ratio = 20
# sysctl -w vm.dirty_background_ratio = 10

# sysctl -w vm.dirty_bytes = 0
# sysctl -w vm.dirty_background_bytes = 0
```

> **⚠ 주의**
>
> 리눅스 페이지 캐시에서 더티 페이지들이 생성된 시점을 기준으로 dirty_expire_centisecs에 설정된 시간보다 오래된 더티
> 페이지만 디스크에 기록할 것이라고 기대한다. 하지만 대부분의 경우 리눅스 서버는 dirty_expire_centisecs 시간보다 오래
> 된 더티 페이지를 가진 파일의 모든 더티 페이지를 디스크로 기록한다. 즉 하나의 데이터 파일에 대해서 동기화해야 할 더티
> 페이지가 100개인데, 그중에서 단 하나의 페이지만 dirty_expire_centisecs 설정값보다 오래됐다고 가정해보자. 이때 리눅스
> 서버는 dirty_expire_centisecs보다 오래된 하나의 페이지만 디스크에 기록하는 것이 아니라, dirty_expire_centisecs 보다
> 오래된 더티 페이지를 가진 데이터 파일을 통째로 디스크에 동기화한다.
>
> 그래서 특정 컬렉션이 매우 빈번하게 변경되는 경우에는 리눅스 페이지 캐시가 더 긴 시간 동안의 성능 저하를 유발할 수도
> 있다. 그래서 가능하면 리눅스 커널의 더티 페이지 플러시 커널 파라미터를 조정하여 가능한 한 빨리빨리 더티 페이지를 디스
> 크로 플러시하도록 해주는 것이 좋다.

2.2.5 데이터 파일 프레그멘테이션

MMAPv1 스토리지 엔진은 도큐먼트가 저장되는 순서대로 데이터 파일에 기록한다. 만약 중간에 도큐
먼트가 삭제되면 MMAPv1 스토리지 엔진은 도큐먼트 삭제로 인해서 생긴 빈 공간의 정보를 모두 기

록해 두고, 나중에 새로운 도큐먼트가 저장되면 이 빈 공간 정보를 이용해서 도큐먼트를 저장할 위치를 찾는다. 문제는 도큐먼트의 크기가 계속 증가하면 기존의 작은 공간들은 재활용하지 못하고 계속 빈 공간으로 남아있게 된다. 이런 현상이 반복되면 데이터 파일에서 사용하지 못하는 공간이 늘어나게 되고, 그만큼 데이터 파일의 크기가 실제 저장된 도큐먼트보다 훨씬 커지게 된다. 이를 프레그멘테이션 (Fragmentation)이라고 한다.

데이터 파일에 프레그멘테이션이 많으면 많을수록 디스크 공간의 낭비뿐만 아니라, 캐시 메모리의 효율도 같이 떨어지게 된다. 다음 두 가지 경우를 살펴보자.

	디스크 데이터 파일 크기	저장된 도큐먼트들의 크기
CASE-1	20GB	15GB
CASE-2	16GB	15GB

첫 번째 케이스는 실제 도큐먼트의 크기는 15GB인데, 이를 저장하고 있는 디스크의 데이터 파일은 20GB까지 늘어났다. 이런 현상은 문자열 타입이나 바이너리 데이터 타입과 같이 길이가 고정되지 않은 가변 필드의 길이가 계속 늘어나면서 도큐먼트가 빈번하게 업데이트되는 경우에 발생한다. 두 번째 케이스는 똑같이 도큐먼트의 실제 크기는 15GB인데, 이를 저장하는 디스크의 데이터 파일은 16GB다. 만약 응용 프로그램에서 이 데이터를 골고루 읽어야 한다면 첫 번째 케이스는 최소 20GB 정도의 메모리(리눅스의 페이지 캐시가 활용할 수 있는 공간)를 확보해야 디스크의 성능과 관계없이 빠른 서비스를 할 수 있다. 하지만 두 번째 케이스는 16GB의 메모리만 확보하면 된다. 이는 설명을 위해서 단순화한 예제인데, 실제 데이터 파일의 크기가 2TB라고 하더라도 데이터 파일의 프레그멘테이션이 많다면 도큐먼트가 저장되는 데이터 파일의 각 블록(4KB 페이지)에 저장되는 도큐먼트의 개수가 줄어들게 된다. 그래서 프레그멘테이션이 많은 경우에는 똑같이 디스크에서 4KB 블록 하나를 읽어도 가져올 수 있는 도큐먼트의 개수가 달라지므로 메모리 효율성이 달라지고 그만큼 성능도 차이가 나게 되는 것이다.

MMAPv1 스토리지 엔진을 사용하는 컬렉션이 얼마나 프레그멘테이션을 가졌는지는 다음과 같이 컬렉션의 상태(Collection Stats)를 확인해보면 된다. 다음 두 명령은 동일하게 users 컬렉션의 상태 정보를 출력한다.

```
mongo> db.runCommand( { collStats : "users" } )
mongo> db.users.stats()
```

```
{
        "ns" : "users.users ",
        "count" : 25359,
        "size" : 14721552,
        "avgObjSize" : 580,
        "storageSize" : 22507520,
        "paddingFactor" : 1,
        ...
}
```

출력되는 내용은 MongoDB 서버의 버전에 따라서 조금씩 다를 수 있는데, 여기에서 관심있게 봐야 할 부분은 예시에 있는 정도다. 이 결과에서 각 필드에 보여지는 수치는 현재 users 컬렉션의 도큐먼트 건수나 전체 저장 공간의 크기 등에 대한 정보다.

- **count**: 컬렉션이 가진 도큐먼트의 건수로, 샤딩되지 않은 MongoDB 서버에서 count 값은 거의 정확한 수치다. MongoDB 서버는 컬렉션의 메타 정보에 도큐먼트의 정확한 건수를 관리하고 있어서 모든 컬렉션을 디스크에서 읽지 않아도 정확한 건수를 알 수 있다.

- **size**: 컬렉션의 전체 도큐먼트 크기로, 이 값은 도큐먼트에 패딩된 바이트까지 합한 값이다. 인덱스가 저장된 공간의 크기는 포함하지 않는다.

- **storageSize**: 컬렉션을 위해서 할당된 전체 디스크 데이터 파일의 크기다. 여기에는 인덱스의 저장 공간은 포함되지 않는다.

- **avgObjSize**: 도큐먼트 하나의 평균 크기로, 이 값은 의도적으로 추가된 패딩 바이트까지 포함한 평균값이다. 이 값은 size(14721552) 필드의 값을 count(25359) 필드의 값으로 나누어서 산출한다.

- **paddingFactor**: MMAPv1 스토리지 엔진을 사용하는 컬렉션에서만 패딩이 사용되는데, paddingFactor 필드의 값은 도큐먼트를 저장할 때 처음부터 일정 크기의 여유 공간을 만들어서 저장하는데 이때 빈 공간을 얼마나 덧붙일지 결정하는 값이다.

컬렉션의 데이터 파일에 얼마나 프레그멘테이션이 있는지는 storageSize 필드 값과 size 필드 값의 차이를 계산하면 쉽게 확인할 수 있다. 예제에서 살펴본 컬렉션에서는 대략 7MB 정도의 프레그멘테이션이 있다는 것을 알 수 있다. 일반적으로 실제 서비스 환경에서는 이렇게 작은 값은 크게 고려할 대상은 아니다. 예를 들어, 500GB의 데이터 파일에서 프레그멘테이션이 1~200GB정도 된다면 이런 컬렉션은 다시 빌드하거나 컴팩션해서 공간을 줄이는 것이 좋다.

프레그멘테이션이 심각한 경우에는 디스크의 데이터 파일 크기를 줄이기 위해서 컴팩션하거나 세컨드리 멤버의 데이터를 덤프한 다음 다시 적재하기도 한다. 컴팩션을 수행하는 경우에는 paddingFactor나 paddingBytes 옵션을 추가해서 수행할 수도 있다. paddingFactor는 저장되는 도큐먼트의 전체 크기에 대비해서 비율로 패딩의 크기를 결정하며, paddingBytes는 저장되는 도큐먼트의 크기와는 상관없이 지정된 크기의 패딩을 추가하는 방식이다.

```
db.runCommand ( { compact: 'users' } )
db.runCommand ( { compact: 'users', paddingFactor: 1.1 } )
db.runCommand ( { compact: 'users', paddingBytes: 100 } )
```

> **(!) 주의**
>
> 컬렉션을 컴팩션하는 동안에는 대상 컬렉션이 저장된 데이터베이스의 모든 오퍼레이션이 블로킹(Blocking)된다. 즉 컴팩션이 실행되는 동안에는 쿼리와 DML을 실행할 수 없다. 그래서 컴팩션은 반드시 점검 시간이나 복제에서 뺀 여유 서버에서 수행해야 한다.
>
> MMAPv1 스토리지 엔진을 사용하는 MongoDB에서 컴팩션은 데이터 파일의 프레그멘테이션을 줄이는 명령이지, 디스크의 데이터 파일 크기를 줄이는 명령은 아니다. 즉 500GB의 데이터 파일을 사용하는 컬렉션에 대해서 컴팩션을 수행해서 데이터 파일의 빈 공간이 100GB가 만들어진다 하더라도, 100GB만큼 데이터 파일의 크기가 줄어드는 것은 아니다. 만들어진 100GB의 빈 공간은 나중에 새로 INSERT 되거나 UPDATE 되는 도큐먼트들을 위해서 사용된다. 즉 컴팩션은 프레그멘테이션으로 인한 메모리 효율이나 성능 저하를 방지하기 위한 것이지, 디스크 공간을 확보하기 위한 것이 아니다. 만약 디스크 공간까지 확보하고자 한다면 데이터를 덤프한 다음 다시 적재하거나 세컨드리 멤버를 새로 구축(Initial Sync – https://docs.mongodb.com/manual/core/replica-set-sync/#replica-set-initial-sync)하는 것이 좋다.

MMAPv1 스토리지 엔진의 프레그멘테이션에 대해서는 "7장 데이터 모델링"에서 자세한 내용을 설명하고 있으니 참조하도록 하자.

2.3 WiredTiger 스토리지 엔진

WiredTiger는 Berkeley DB 개발자들에 의해서 개발된 임베디드 데이터베이스 엔진으로 2014년 12월 MongoDB로 인수되어 지금은 MongoDB의 디폴트 스토리지 엔진으로 도입됐다. MongoDB가 WiredTiger 스토리지 엔진을 도입하기 전에는 MMAPv1 스토리지 엔진을 사용했는데, 실제 MMAPv1 스토리지 엔진은 범용적으로 사용하기에는 상당히 많은 문제점(이미 MMAPv1 스토리지 엔진 절에서 살펴본 내용)이 있었다. 그래서 MongoDB는 MMAPv1 스토리지 엔진의 문제점을 해결하기 위해서 WiredTiger를 인수하고 MongoDB 서버의 스토리지 엔진으로 내장한 것이다.

WiredTiger 스토리지 엔진은 내부적인 잠금 경합 최소화(Lock-free Algorithm)를 위해서 "하자드 포인터(Hazard-Pointer)"나 "스킵 리스트(Skip-List)"와 같은 많은 신기술을 채택하고 있으며, 최신 RDBMS 서버들이 가지고 있는 MVCC(잠금 없는 데이터 읽기)와 데이터 파일 압축 그리고 암호화 기능들을 모두 가지고 있다. MongoDB 서버는 WiredTiger 스토리지 엔진을 내장함으로써 단번에 상용 RDBMS가 가지고 있는 고급 기능들을 모두 지원할 수 있게 된 것이다. 사실 아직 WiredTiger 스토리지 엔진이 MongoDB 서버와 결합한지 그다지 오래되지는 않았기 때문에 아직도 WiredTiger 스토리지 엔진이 최적화해야 할 부분이 적지는 않다. 하지만 현재 MongoDB는 한 달에 한 번씩 마이너 패치 버전이 출시(MySQL 서버는 3~4개월에 한번씩 마이너 패치가 출시됨)될 정도로 매우 활발하게 움직이고 있다. 아마도 머지않아 WiredTiger 스토리지 엔진이 MySQL 서버의 InnoDB 스토리지 엔진과 같이 안정되고 빠른 성능을 보여줄 것으로 기대된다.

2.3.1 WiredTiger 스토리지 엔진 설정

MongoDB 서버의 설정 파일에서 설정할 수 있는 내용은 사실 그다지 많지 않다. WiredTiger 스토리지 엔진을 위한 설정 자체도 단순해서 성능과 연관된 설정은 2~3개 수준밖에 되지 않는다. 그리고 이 옵션들을 설정한다고 하더라도 기본으로 설정되는 옵션 값과 엄청난 성능 차이를 보이지는 않으며, 일반적으로 표준 설정을 그대로 사용해도 충분한 경우가 더 많다.

다음 내용은 MongoDB 설정 파일에서 WiredTiger 스토리지 엔진과 관련된 부분만 발췌한 것이다. 사실 아래에 있는 내용이 모두 WiredTiger 스토리지 엔진과 관련된 설정은 아니며, wiredTiger 섹션의 하위에 있는 5~6개의 설정만 WiredTiger 스토리지 엔진의 전용 설정이다. 상위의 데이터 디렉터리나 저널 설정 등은 모든 스토리지 엔진에 공통으로 설정되는 내용이다.

```
...
storage:
  dbPath: <string>
  indexBuildRetry: <boolean>
  repairPath: <string>
  directoryPerDB: <boolean>
  syncPeriodSecs: <int>

  journal:
    enabled: <boolean>
```

```
    commitIntervalMs: <num>

engine: wiredTiger

wiredTiger:
  engineConfig:
    cacheSizeGB: <number>
    journalCompressor: <string>
    directoryForIndexes: <boolean>
  collectionConfig:
    blockCompressor: <string>
  indexConfig:
    prefixCompression: <boolean>
...
```

"storage" 섹션의 설정은 스토리지 엔진 공통 영역의 설정이다. 주로 dbPath 또는 journal과 관련된 설정만 자주 사용되고, 그 외의 옵션들은 자주 사용되지는 않는다.

- **dbPath**: 데이터 파일을 저장할 경로를 설정한다. 다른 RDBMS와는 달리 MongoDB 서버는 저널 로그나 OpLog 가 모두 이 디렉터리의 하위에 저장된다. 만약 저널 로그나 OpLog를 다른 디스크나 파티션에 저장하고자 할 때에는 디렉터리 단위로 심볼릭 링크(Symbolic Link)를 사용하는 것이 좋다. 물론 OpLog를 분리하고자 할 때에는 directoryPerDB 옵션을 true로 설정해서 데이터베이스 단위로 디렉터리가 생성되게 하는 것이 좋다.

- **indexBuildRetry**: 인덱스 생성이 비정상적으로 중단된 상태로 MongoDB 서버가 재시작될 때 인덱스 생성을 자동으로 시작할 것인지 결정한다.

- **repairPath**: MongoDB 서버를 --repair 옵션과 함께 시작할 때 데이터베이스 복구(Repair) 쓰레드가 사용하는 임시 디렉터리를 설정한다.

- **directoryPerDB**: MongoDB 서버가 데이터베이스 단위로 디렉터리를 생성할지, 아니면 dbPath에 설정된 디렉터리에 모든 데이터 파일을 저장할지 결정한다. true나 false로 설정하는데, true로 설정하면 데이터베이스 단위로 디렉터리를 생성한다.

- **syncPeriodSecs**: MongoDB의 대부분 스토리지 엔진은 DIRECT-IO를 사용하지 않기 때문에 MongoDB의 데이터 쓰기는 일반적으로 운영체제의 캐시 메모리에 남아있을 가능성이 크다. 그래서 MongoDB 서버는 주기적으로 캐시의 더티 페이지(디스크로 기록되지 않은 데이터)를 디스크로 플러시(동기화)하는데, syncPeriodSecs는 동기화를 어느 주기로 실행할 것인지 결정한다. 일반적으로 저널 로그를 활성화한 경우에는 데이터 파일이 손실되더라도 자동 복구가 가능하므로 이 설정 자체는 중요한 역할을 하지는 않는다.

- **journal**: MongoDB 서버의 저널 로그를 활성화할 것인지 결정한다. journal.enabled를 false로 설정하면 저널 로그(트랜잭션 로그)를 디스크에 기록하지 않는다. journal.commitIntervalMs 옵션은 저널 로그를 어느 주기로 디스크

에 동기화할 것인지 결정한다. MongoDB 서버에서는 트랜잭션 단위로 저널 로그를 디스크에 동기화하지 않기 때문에 트랜잭션과 상관없이 commitIntervalMs 옵션에 설정한 밀리초 단위로 저널 로그를 디스크에 동기화한다.

- **engine**: 일반적으로 MongoDB 서버에서는 하나의 MongoDB 인스턴스에서 여러 종류의 스토리지 엔진을 동시에 사용할 수 없다. MongoDB 3.0에서는 MMAPv1과 WiredTiger를 동시에 사용할 수 있는데, 이는 MongoDB 3.0이 과도기적인 버전이기 때문이다.

storage.engine 항목은 MongoDB의 기본 스토리지 엔진으로 WiredTiger 엔진을 사용하겠다는 설정인데, storage.egine 항목의 설정에 따라서 "wiredTiger" 설정이나 "mmapv1" 설정 등을 선택적으로 명시해야 한다. wiredTiger 섹션에서는 engineConfig와 collectionConfig 그리고 indexConfig 옵션으로 오브젝트의 범위별로 설정할 수 있다. engineConfig는 WiredTiger 스토리지 엔진의 전역 설정이며, collectionConfig와 indexConfig는 각각 컬렉션과 인덱스에만 설정되는 옵션들을 명시할 수 있다. 주로 변경하는 옵션은 engineConfig의 cacheSizeGB와 indexConfig의 prefixCompression 그리고 collectionConfig의 blockCompressor 정도다.

- **engineConfig.cacheSizeGB**: WiredTiger 스토리지 엔진의 공유 캐시가 어느 정도의 메모리를 사용하게 할 것인지 설정한다. 기본적으로는 서버에 장착된 메모리의 약 50~60% 정도 수준으로 선택한다. 공유 캐시의 크기에 관한 자세한 내용은 "공유 캐시" 절에서 자세히 살펴보겠다.

- **collectionConfig.blockCompressor**: WiredTiger 스토리지 엔진의 데이터 파일을 압축할 것인지, 그리고 압축한다면 어떤 알고리즘을 사용할 것인지 결정한다. 현재는 zlib와 snappy로 압축 알고리즘을 설정할 수 있고, 압축하지 않으려면 "none"으로 설정하면 된다. 아마도 머지않아서 LZ4나 Zstandard 압축 알고리즘도 사용할 수 있을 것으로 보인다.

- **indexConfig.prefixCompression**: WiredTiger의 인덱스는 기본적으로 데이터 블록(페이지) 단위의 압축은 지원하지 않고 프리픽스 압축을 지원하는데, 인덱스의 프리픽스 압축을 사용할 것인지 결정한다. 물론 인덱스에서도 페이지 기반의 압축을 사용할 수 있는데, 이는 "압축" 절에서 더 자세히 살펴보겠다.

2.3.2 WiredTiger 스토리지의 저장 방식

WiredTiger 스토리지 엔진은 다음과 같은 3가지 타입의 저장소를 가지고 있다.

- 레코드(Row, Record) 스토어
- 컬럼 스토어
- LSM(Log Structured Merge Tree) 스토어

레코드 스토어는 일반적인 RDBMS가 사용하는 저장 방식으로, 테이블의 레코드를 한꺼번에 같이 저장하는 방식이다. 이 방식은 범용의 데이터베이스 저장 방식으로 다양한 서비스 패턴에 적절하게 대응할 수 있는 구조이며, 기본적으로는 B-Tree 알고리즘을 사용한다.

컬럼 스토어는 대용량의 분석(OLAP이나 Data WareHouse) 용도로 자주 사용되는데, 테이블의 레코드와 상관없이 각 컬럼 단위 또는 컬럼의 그룹 단위(컬럼 패밀리 또는 컬럼 그룹이라고 함)로 데이터 파일을 관리한다. 컬럼 스토어는 특정 컬럼 단위로 데이터 파일을 생성하므로 데이터 파일의 크기가 작아지고, 테이블의 전체 데이터를 읽어 들이는 속도도 매우 빨라서 대용량 분석에 적합한 방식이다.

마지막으로 LSM은 HBase나 카산드라와 같은 NoSQL 데이터베이스에서 자주 사용하는 저장 방식으로, 데이터 읽기보다는 데이터의 쓰기 능력에 집중한 저장 방식이다. LSM은 내부적으로 B-Tree 알고리즘을 사용하지 않고 순차 파일 형태로 데이터를 저장하는데, 이런 순차 파일들이 시간 순서대로 1개 이상이 관리되는 방식이다. 그림 2-9는 LSM-Tree의 간단한 구조와 작동 방식을 보여주고 있다.

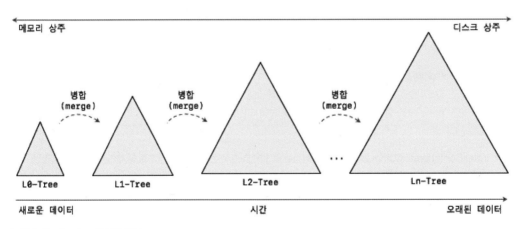

〈그림 2-9〉 LSM-Tree의 작동 방식

LSM-Tree는 메모리에 저장 가능한 크기의 조각(이를 Memtable이라고 함)으로 데이터 파일을 관리하는데, 데이터가 계속 저장되면서 메모리에 저장 가능한 한계를 넘어서면 이를 디스크에 저장한다. 이렇게 메모리에서 디스크로 갓 저장된 파일은 Level-0 파일이 되고, Level-0 데이터 파일 조각이 많아지면 이들을 모아서 Level-1 데이터 파일 조각을 만든다. 이렇게 로그처럼 계속해서 기록되는 파일들을 병합하여 Level-n까지의 데이터 파일로 계속 성장하는 방식으로 작동하므로 이를 로그 기반의 병합 트리(Log Structured Merge Tree)라고 부른다.

일반적으로 LSM-Tree에서는 레벨이 낮을수록 최신 데이터이며, 레벨이 높을수록 오래된 데이터로 구성된다. 그런데 일반적으로 응용 프로그램에서는 최신의 데이터를 자주 참조하기 때문에 레벨이 낮은 최근의 데이터 파일이 크기도 작고 메모리에 상주할 가능성이 크며, 레벨이 높은 데이터 파일일수록 데이터 파일의 크기가 크고 오래된 데이터로 구성되므로 잘 참조되지 않아서 디스크에만 상주할 가능성이 크다.

LSM-Tree는 조각 파일 단위로 인덱스를 가지지만, 일반적인 RDBMS에서 사용하는 복잡한 형태의 B-Tree 알고리즘을 사용하지는 않는다. LSM-Tree는 일반적으로 데이터 파일을 구성하는 각 블록(페이지) 단위로 키를 샘플링하여 바이너리 트리를 사용하며, 이 인덱스를 이용하여 검색하고자 하는 데이터가 저장된 블록까지만 찾고 그 블록 내에서는 전체 데이터를 스캔하면서 데이터를 검색한다. 물론 각 블록에서는 데이터가 정렬돼 있어서 다시 바이너리 서치(Search)를 통해서 데이터를 검색하기도 하지만 이는 모든 LSM-Tree의 공통 방식은 아니다.

B-Tree 알고리즘이 대세이던 DBMS에 LSM-Tree가 도입된 이유는 서비스의 패턴이 변경되면서 대용량의 INSERT를 문제없이 처리할 수 있는 솔루션이 필요해졌기 때문인데, 이러한 대용량 INSERT 처리에 대한 요건이 커지면서 HBase나 카산드라와 같은 NoSQL DBMS가 도입되기 시작했다. LSM-Tree는 데이터를 저장(INSERT 위주)하는 데 있어서 기존의 데이터 크기와 관계없이 거의 동일한 수준의 INSERT 성능을 보장한다. B-Tree 알고리즘을 사용하는 데이터베이스에서는 레코드가 저장될 때마다 B-Tree를 계속 유지해야 하는 비용이 필요하고, 갈수록 B-Tree가 커지기 때문에 INSERT 성능이 기존 데이터가 크면 클수록 저장 비용이 더 커지게 되는 구조다. 하지만 LSM-Tree는 새로운 데이터는 메모리에 저장하고, 메모리에 저장된 데이터가 충분히 커지면 이 데이터 파일만 메모리에서 디스크로 저장하면 된다. 그림 2-10은 B-Tree와 LSM-Tree의 INSERT 성능 비교를 간단하게 도식화한 것이다.

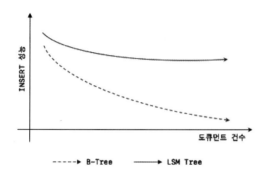

〈그림 2-10〉 B-Tree와 LSM-Tree의 INSERT 성능 비교

하지만 LSM-Tree 알고리즘을 사용하는 테이블에서 데이터를 읽어야 하는 경우에는 매우 심각한 문제가 발생하게 된다. LSM-Tree는 앞서 그림에서도 살펴봤듯이 N개의 데이터 조각이 각각의 파일로 관리된다. 그래서 데이터 하나를 검색하려면 N개의 데이터 파일을 모두 검색해야만 원하는 데이터를 찾을 수 있다. 즉 B-Tree 알고리즘에서는 데이터 파일이 하나이며, 이 하나의 트리만 검색하면 되는데, LSM-Tree에서는 N개의 데이터 파일을 더 느린 속도로 검색하게 되는 것이다. 그래서 LSM-Tree에서는 검색해야 하는 데이터 파일의 개수를 최소화하기 위해서 계속해서 백그라운드(Background, Asynchronous)로 조각화된 데이터 파일들을 병합하는 작업(NoSQL DBMS에서는 이 작업을 컴팩션이라고 함)을 실행해야 한다. 문제는 이 백그라운드 병합 작업은 한 번에 매우 많은 디스크와 CPU 자원을 필요로 하는데, 이 작업으로 인해서 사용자의 데이터 저장이나 읽기 속도는 많은 영향을 받게 된다.

LSM-Tree는 읽기 성능을 포기하고 그만큼의 저장 성능을 향상시킨 솔루션인 것이다. 그래서 LSM-Tree의 쿼리 성능은 B-Tree보다 아주 느린 편인데, 이렇게 느린 읽기 성능을 보완하기 위해서 대부분 NoSQL은 내부적으로 "블룸 필터(Bloom Filter)"와 같은 기능을 가지고 있다. 그리고 일부 LSM-Tree 알고리즘을 사용하는 데이터베이스에서는 데이터 파일을 생성하는 시점뿐만 아니라 데이터의 키가 되는 값을 이용해서 범위를 정하고 범위별로 데이터 파일을 조각화하는 알고리즘도 채용하고 있다. 페이스북에서 개발 중인 RocksDB는 오픈 소스 데이터베이스인 LevelDB를 개선하여 만든 스토리지 엔진인데, RocksDB는 이렇게 데이터의 키 범위로 데이터 파일을 조각화하여 검색 성능을 향상시킨 스토리지 엔진 중 하나다.

WiredTiger 스토리지 엔진은 이렇게 3가지의 저장 방식을 가지고 있는데, 아직 MongoDB에 내장된 WiredTiger 스토리지 엔진에서는 레코드 기반의 저장소만 사용되고 있다. 아마도 WiredTiger와 MongoDB의 결합이 안정화되면 컬럼 스토어나 LSM 스토어도 사용할 수 있게 개선될 것으로 보인다. 하지만 중요한 것은 모든 기능이 획기적으로 향상되는 솔루션은 더이상 나오기 어려울 것으로 보인다. 즉 다른 알고리즘에 비해서 어떤 기능은 떨어지지만, 대신 다른 성능이 향상된 형태의 솔루션이라는 것이다. 그래서 컬럼 스토어나 LSM-Tree 등을 WiredTiger 스토리지 엔진에서 사용할 수 있게 된다 하더라도 그에 대한 기본 지식을 습득하고 각 솔루션의 장단점을 분석하여 서비스 패턴에 맞는 솔루션을 선택하는 것이 중요하다.

2.3.3 데이터 파일 구조

WiredTiger 스토리지 엔진을 사용하는 MongoDB 서버는 MMAPv1 스토리지 엔진과는 완전히 다른 디렉터리와 데이터 파일 구조를 사용한다. 하지만 WiredTiger 스토리지 엔진에서도 storage. directoryPerDB 옵션을 이용해 데이터베이스별로 디렉터리를 구분할 수 있다.

storage.directoryPerDB = true

```
$ ls -alh data/
-rw-r--r--  1 matt  dba   4.0K  7  2 18:26 sizeStorer.wt
-rw-r--r--  1 matt  dba    95B  7  2 18:26 storage.bson
-rw-r--r--  1 matt  dba    46B  7  2 18:26 WiredTiger
-rw-r--r--  1 matt  dba    21B  7  2 18:26 WiredTiger.lock
-rw-r--r--  1 matt  dba   908B  7  2 18:27 WiredTiger.turtle
-rw-r--r--  1 matt  dba    24K  7  2 18:27 WiredTiger.wt
-rw-r--r--  1 matt  dba   4.0K  7  2 18:26 WiredTigerLAS.wt
-rw-r--r--  1 matt  dba    16K  7  2 18:27 _mdb_catalog.wt
-rw-r--r--  1 matt  dba    16K  7  2 18:27 collection-0--3772121296868418991.wt
-rw-r--r--  1 matt  dba   4.0K  7  2 18:26 collection-2--3772121296868418991.wt
-rw-r--r--  1 matt  dba   4.0K  7  2 18:26 collection-4--3772121296868418991.wt
drwxr-xr-x  4 matt  dba   136B  7  2 18:27 diagnostic.data
-rw-r--r--  1 matt  dba    16K  7  2 18:27 index-1--3772121296868418991.wt
-rw-r--r--  1 matt  dba   4.0K  7  2 18:26 index-3--3772121296868418991.wt
-rw-r--r--  1 matt  dba   4.0K  7  2 18:26 index-5--3772121296868418991.wt
drwxr-xr-x  5 matt  dba   170B  7  2 18:26 journal
-rw-r--r--  1 matt  dba     5B  7  2 18:26 mongod.lock
-rw-r--r--  1 matt  dba   2.6K  7  2 18:27 mongod.log
-rw-r--r--  1 matt  dba     5B  7  2 18:26 mongod.pid
```

storage.directoryPerDB = true

```
$ ls -alh data/
-rw-r--r--  1 matt  dba   4.0K  7  2 18:52 sizeStorer.wt
-rw-r--r--  1 matt  dba    95B  7  2 18:52 storage.bson
-rw-r--r--  1 matt  dba    46B  7  2 18:52 WiredTiger
-rw-r--r--  1 matt  dba    21B  7  2 18:52 WiredTiger.lock
-rw-r--r--  1 matt  dba   764B  7  2 18:52 WiredTiger.turtle
```

```
-rw-r--r--   1 matt   dba    4.0K   7  2 18:52 WiredTiger.wt
-rw-r--r--   1 matt   dba    4.0K   7  2 18:52 WiredTigerLAS.wt
-rw-r--r--   1 matt   dba    4.0K   7  2 18:52 _mdb_catalog.wt
drwxr-xr-x   6 matt   dba    204B   7  2 18:52 db_test
drwxr-xr-x   4 matt   dba    136B   7  2 18:53 diagnostic.data
drwxr-xr-x   5 matt   dba    170B   7  2 18:52 journal
drwxr-xr-x   4 matt   dba    136B   7  2 18:52 local
-rw-r--r--   1 matt   dba      5B   7  2 18:52 mongod.lock
-rw-r--r--   1 matt   dba    2.6K   7  2 18:53 mongod.log
-rw-r--r--   1 matt   dba      5B   7  2 18:52 mongod.pid


$ ls -alh data/local
-rw-r--r--   1 matt   dba     16K   7  2 18:53 collection-0--7711412751615011449.wt
-rw-r--r--   1 matt   dba     16K   7  2 18:53 index-1--7711412751615011449.wt


$ ls -alh data/db_test
-rw-r--r--   1 matt   dba    4.0K   7  2 18:52 collection-2--7711412751615011449.wt
-rw-r--r--   1 matt   dba    4.0K   7  2 18:52 collection-4--7711412751615011449.wt
-rw-r--r--   1 matt   dba    4.0K   7  2 18:52 index-3--7711412751615011449.wt
-rw-r--r--   1 matt   dba    4.0K   7  2 18:52 index-5--7711412751615011449.wt
```

storage.directoryPerDB 옵션에 따라서 생성되는 파일의 목록이나 내용에는 차이가 없으며 단지 컬렉션의 데이터 파일이 생성되는 위치가 전용 디렉터리를 사용하는지 아닌지만 차이가 있다. 차례대로 WiredTiger 메타 데이터 파일들을 간단히 살펴보자.

WiredTiger

별도의 확장자를 가지지 않는 "WiredTiger" 파일은 텍스트 파일로, 현재 실행 중인 WiredTiger 스토리지 엔진의 버전을 저장하고 있다. 간단히 파일의 내용을 살펴보면 다음과 같다. 이 정보로 WiredTiger 스토리지 엔진의 버전은 MongoDB 서버와는 별도의 버전을 가진다는 것을 알 수 있다.

```
$ cat WiredTiger
WiredTiger
WiredTiger 2.8.1: (March 24, 2016)
```

storage.bson

storage.bson 파일은 BSON 포맷(Binary Structured Object Notation, JSON 도큐먼트의 바이너리 전환 포맷)으로 생성되며, 이 파일은 WiredTiger의 디렉터리 구조를 설정하는 옵션의 내용이 저장돼 있다. storage.bson 파일은 MongoDB 서버의 데이터 파일을 처음 생성했던 시점의 storage.directoryPerDB 옵션과 storage.wiredTiger.directoryForIndexes 옵션의 값을 저장하고 있다. 이 두 옵션은 WriedTiger 스토리지 엔진이 컬렉션의 데이터 파일과 인덱스 저장 파일을 어느 디렉터리에 위치시킬지 결정하는데, 한번 데이터 파일이 초기화되면 변경할 수 없다. 즉 일부 컬렉션은 storage.directoryPerDB=true 설정으로 생성하고, 나머지 데이터 컬렉션은 storage.directoryPerDB=false 설정으로 생성할 수 없다는 것을 의미한다. 만약 이미 데이터 디렉터리에 컬렉션이 있는 상태에서 이 두 옵션을 변경하려고 하면 MongoDB 서버는 다음과 같은 에러 메시지를 출력하고 중지하게 된다.

```
2016-07-03T18:00:15.700+0900 I STORAGE  [initandlisten] exception in initAndListen: 72 Requested
option conflicts with current storage engine option for directoryForIndexes; you requested true
but the current server storage is already set to false and cannot be changed, terminating
```

storage.bson 파일의 내용은 MongoDB 유틸리티로 배포되는 bsondump 도구를 사용해서 확인할 수 있다. 다음 예제에서는 storage.directoryPerDB 옵션은 활성화 상태로 그리고 storage.wiredTiger.directoryForIndexes 옵션은 비활성화 상태로 데이터 디렉터리가 초기화됐음을 알 수 있다.

```
$ ./bin/bsondump data/storage.bson
{
  "storage":{
    "engine":"wiredTiger",
    "options":{
      "directoryPerDB":true,
      "directoryForIndexes":false
    }
  }
}
```

sizeStorer.wt

sizeStorer.wt 메타 데이터 파일은 WiredTiger 스토리지 엔진을 사용하는 컬렉션의 전체 도큐먼트 건수와 각 컬렉션의 데이터 파일 크기를 저장한다. 이 파일은 WiredTiger 스토리지 엔진을 사용하는 일반 사용자 컬렉션과 동일하게 하나의 컬렉션으로 관리되므로 파일의 내용을 간단한 도구로 살펴보기는 어렵다. 단지 메타 데이터 파일의 내용을 문자열로만 출력하도록 해서 확인해보면 sizeStorer.wt 메타 데이터 파일의 내용이 어떤 것들로 채워져 있는지는 살펴볼 수 있다. 하지만 바이너리 포맷의 값들은 확인할 수 없으며, 단순히 ASCII 문자로 저장된 내용만 살펴볼 수 있다.

```
$ cat sizeStorer.wt ¦ strings
table:_mdb_catalog
numRecords
dataSize
table:db_test/collection-2--7711412751615011449
numRecords
dataSize
table:db_test/collection-4--7711412751615011449
numRecords
dataSize
table:local/collection-0--7711412751615011449
numRecords
dataSize
...
```

sizeStorer.wt 메타 데이터 파일의 내용은 대략 어떤 컬렉션이 어느 정도 용량의 데이터 파일 사이즈를 사용하고 있으며, 컬렉션의 도큐먼트 건수가 어느 정도인지 등의 정보를 가지고 있다는 것을 예측할 수 있다. 참고로 MongoDB 서버는 각 컬렉션의 도큐먼트 건수를 메타 정보로 저장하고 있어서, 컬렉션의 전체 도큐먼트 건수를 확인하는 쿼리(db.articles.count() 쿼리)는 매 도큐먼트를 디스크에서 읽지 않고 메타 정보만 조회하므로 아주 빠르게 결과를 보여준다. 하지만 이는 다음과 같은 환경이나 이유로 인해서 정확한 컬렉션의 도큐먼트 건수를 보여주지 않을 수도 있다.

- 샤딩된 클러스터 환경
- 샤드간 데이터 재분산(청크 마이그레이션)이 실행 중인 경우
- 고아가 된 도큐먼트가 있는 경우(https://docs.mongodb.com/manual/reference/glossary/#term-orphaned-document)
- MongoDB 서버가 비정상으로 종료된 경우

만약 정확한 도큐먼트 건수가 필요하다면 조건 없는 count() 명령보다는 조건을 포함하는 count() 명령으로 MongoDB 서버가 컬렉션의 도큐먼트를 읽어서 카운트한 결과를 출력하도록 해야 한다.

WiredTiger.lock

WiredTiger.lock 파일은 MongoDB 서버가 사용하는 데이터 파일들에 대해서 다른 MongoDB 서버 인스턴스가 동시에 사용하지 못하도록 잠금 역할을 하기 위한 파일이다. 또한 이 파일은 MongoDB의 WiredTiger 스토리지 엔진이 정상적으로 셧다운 됐는지 판단하는 데 참조되는 파일이다. 다음과 같이 실제 파일의 내용은 중요한 내용을 포함하고 있지는 않다.

```
$ cat WiredTiger.lock
WiredTiger lock file
```

MongoDB가 재시작되면서 WiredTiger 스토리지 엔진이 초기화될 때 WiredTiger.lock 파일이 남아 있다면 WiredTiger는 MongoDB 서버가 비정상적으로 종료됐다고 판단하고 복구 모드를 시작한다. WiredTiger가 복구 모드로 시작되면 로그 파일에는 다음과 같은 메시지가 출력된다.

```
...
2016-07-03T18:22:42.100+0900 W -        [initandlisten] Detected unclean shutdown - /data/mongod.
lock is not empty.
2016-07-03T18:22:42.100+0900 W STORAGE  [initandlisten] Recovering data from the last clean
checkpoint.
...
```

만약 WiredTiger.lock 파일을 강제로 삭제해버리면 MongoDB 서버가 비정상으로 종료되더라도 WiredTiger 스토리지 엔진이 복구 모드를 실행하지 않아서 데이터가 손실될 수 있으니 주의하도록 하자.

WiredTiger.turtle

WiredTiger.turtle 파일은 WiredTiger 스토리지 엔진의 설정 내용을 담고 있다. WiredTiger 스토리지 엔진의 옵션을 어떻게 설정했는지 또는 설정을 변경한 내용이 적용됐는지 확인하고자 할 때도 간단히 이 파일의 내용을 화면에 출력해서 확인해볼 수 있다(물론 WiredTiger 스토리지 엔진의 설정 내용은 db.serverStatus 명령으로 서버의 상태 정보를 조회해서도 확인할 수 있다). 파일의 이름에서도 알 수 있지만, 이 파일은 WiredTiger 스토리지 엔진이 작동하기 위한 가장 기본적인 설정을 담고 있는 메타 데이터 파일이므로 반드시 백업에 같이 포함하고 변경되거나 삭제되지 않도록 주의하자.

```
$ cat WiredTiger.turtle
WiredTiger version string
WiredTiger 2.8.1: (March 24, 2016)
WiredTiger version
major=2,minor=8,patch=1
file:WiredTiger.wt
allocation_size=4KB,app_metadata=,block_allocation=best,block_compressor=,cache_resident=0,ch
eckpoint=(WiredTigerCheckpoint.6=(addr="018581e44c50cd008681e40b1949758781e4cb2d463c808080e2a
fc0e26fc0",order=6,time=1467536395,size=36864,write_gen=11)),checkpoint_lsn=(2,10880),checksum
=uncompressed,collator=,columns=,dictionary=0,encryption=(keyid=,name=),format=btree,huffman_
key=,huffman_value=,id=0,internal_item_max=0,internal_key_max=0,internal_key_truncate=,internal_
page_max=4KB,key_format=S,key_gap=10,leaf_item_max=0,leaf_key_max=0,leaf_page_max=32KB,leaf_
value_max=0,log=(enabled=),memory_page_max=5MB,os_cache_dirty_max=0,os_cache_max=0,prefix_
compression=0,prefix_compression_min=4,split_deepen_min_child=0,split_deepen_per_child=0,split_
pct=75,value_format=S,version=(major=1,minor=1)
```

WiredTiger.wt

WiredTiger.wt 파일도 WiredTiger 스토리지 엔진의 메타 데이터를 저장하는 컬렉션의 데이터 파일이다. 이 파일의 내용도 간단히 확인할 수 있는 방법은 없으며, cat 명령으로 화면에 출력해서 간략히어떤 내용들이 저장되는지 살펴보자.

```
$ cat WiredTiger.wt | strings
...

table:blog/collection-2—7711412751615011449
app_metadata=(formatVersion=1),colgroups=,collator=,columns=,key_format=q,value_format=u

table:blog/collection-4—7711412751615011449
app_metadata=(formatVersion=1),colgroups=,collator=,columns=,key_format=q,value_format=u

table:blog/index-3—7711412751615011449
2app_metadata=(formatVersion=6,infoObj={ "v" : 1, "key" : { "_id" : 1 }, "name" : "_id_", "ns" :
"blog.articles" }),colgroups=,collator=,columns=,key_format=u,value_format=u
```

table:blog/index-5—7711412751615011449
2app_metadata=(formatVersion=6,infoObj={ "v" : 1, "key" : { "_id" : 1 }, "name" : "_id_", "ns" : "blog.users" }),colgroups=,collator=,columns=,key_format=u,value_format=u

file:blog/collection-2—7711412751615011449.wt
allocation_size=4KB,app_metadata=(formatVersion=1),block_allocation=best,block_compressor=snappy,cache_resident=0,checkpoint=(WiredTigerCheckpoint.2=(addr="018181e4d4d349cb82 81e4f2e09da0808080808080e21fc0dfc0",order=2,time=1467536394,size=8192,write_gen=2)),checkpoint_lsn=(2,4096),checksum=on,collator=,columns=,dictionary=0,encryption=(keyid=,name=),format=b tree,huffman_key=,huffman_value=,id=6,internal_item_max=0,internal_key_max=0,internal_key_truncate=,internal_page_max=4KB,key_format=q,key_gap=10,leaf_item_max=0,leaf_key_max=0,leaf_page_max=32KB,leaf_value_max=64MB,log=(enabled=),memory_page_max=10m,os_cache_dirty_max=0,os_cache_max=0,prefix_compression=0,prefix_compression_min=4,split_deepen_min_child=0,split_deepen_per_child=0,split_pct=90,value_format=u,version=(major=1,minor=1)

file:blog/collection-4—7711412751615011449.wt
allocation_size=4KB,app_metadata=(formatVersion=1),block_allocation=best,block_compressor=snappy,cache_resident=0,checkpoint=(WiredTigerCheckpoint.2=(addr="018181e42f90cf0382 81e4f2e09da0808080808080e21fc0dfc0",order=2,time=1467536394,size=8192,write_gen=2)),checkpoint_lsn=(2,4096),checksum=on,collator=,columns=,dictionary=0,encryption=(keyid=,name=),format=b tree,huffman_key=,huffman_value=,id=8,internal_item_max=0,internal_key_max=0,internal_key_truncate=,internal_page_max=4KB,key_format=q,key_gap=10,leaf_item_max=0,leaf_key_max=0,leaf_page_max=32KB,leaf_value_max=64MB,log=(enabled=),memory_page_max=10m,os_cache_dirty_max=0,os_cache_max=0,prefix_compression=0,prefix_compression_min=4,split_deepen_min_child=0,split_deepen_per_child=0,split_pct=90,value_format=u,version=(major=1,minor=1)

file:blog/index-3—7711412751615011449.wt
allocation_size=4KB,app_metadata=(formatVersion=6,infoObj={ "v" : 1, "key" : { "_id" : 1 }, "name" : "_id_", "ns" : "blog.articles" }),block_allocation=best,block_compressor=,cache_resident=0,chec kpoint=(WiredTigerCheckpoint.2=(addr="018181e4a73807648281e4f2e09da0808080808080e21fc0dfc0",ord er=2,time=1467536394,size=8192,write_gen=2)),checkpoint_lsn=(2,4096),checksum=on,collator=,column s=,dictionary=0,encryption=(keyid=,name=),format=btree,huffman_key=,huffman_value=,id=7,internal_item_max=0,internal_key_max=0,internal_key_truncate=,internal_page_max=16k,key_format=u,key_gap=10,leaf_item_max=0,leaf_key_max=0,leaf_page_max=16k,leaf_value_max=0,log=(enabled=),memory_page_max=5MB,os_cache_dirty_max=0,os_cache_max=0,prefix_compression=0,prefix_compression_min=4,split_deepen_min_child=0,split_deepen_per_child=0,split_pct=75,value_format=u,version=(major=1,minor=1)

```
file:blog/index-5--7711412751615011449.wt
allocation_size=4KB,app_metadata=(formatVersion=6,infoObj={ "v" : 1, "key" : { "_id" : 1 }, "name"
: "_id_", "ns" : "blog.users" }),block_allocation=best,block_compressor=,cache_resident=0,checkpo
int=(WiredTigerCheckpoint.2=(addr="018181e48410f7fe8281e4f2e09da0808080808080e21fc0dfc0",order
=2,time=1467536394,size=8192,write_gen=2)),checkpoint_lsn=(2,4096),checksum=on,collator=,columns
=,dictionary=0,encryption=(keyid=,name=),format=btree,huffman_key=,huffman_value=,id=9,internal_
item_max=0,internal_key_max=0,internal_key_truncate=,internal_page_max=16k,key_format=u,key_
gap=10,leaf_item_max=0,leaf_key_max=0,leaf_page_max=16k,leaf_value_max=0,log=(enabled=),memory_
page_max=5MB,os_cache_dirty_max=0,os_cache_max=0,prefix_compression=0,prefix_compression_
min=4,split_deepen_min_child=0,split_deepen_per_child=0,split_pct=75,value_format=u,version=(major
=1,minor=1)
  ...
```

위 내용은 실제 화면에 출력된 내용을 조금 보기 좋게 가공한 것이므로 직접 확인할 때에는 쓰레기 문
자들이 조금 더 포함될 수도 있다. MMAPv1 스토리지 엔진과는 달리 WiredTiger 스토리지 엔진은 모
든 컬렉션과 인덱스에 대해서 별도의 데이터 파일을 할당하도록 구현됐다. 이렇게 함으로써 데이터베
이스나 컬렉션을 통째로 삭제하지 않고, 개별 인덱스만 삭제해도 해당 인덱스가 사용하던 디스크 공간
을 운영체제로 반납해서 다른 용도로 활용할 수 있게 한 것이다.

그리고 WiredTiger 스토리지 엔진은 데이터베이스나 컬렉션 그리고 개별 인덱스의 이름과 무관하게
WiredTiger 스토리지 엔진이 자동으로 할당한 데이터 파일명이 부여되기 때문에 각각의 데이터 파일
이 어떤 컬렉션을 위한 것인지 파악하기 어렵다. 실제 각 데이터 파일이 어떤 오브젝트(컬렉션이나 인
덱스)와 연관된 파일인지 확인하려면 다음과 같이 컬렉션의 상태를 자세히 조회해보면 확인할 수 있다.

```
mongo> db.orders.stats({indexDetails:true})
{
  "ns" : "test.orders",
  "size" : 10400,
  "count" : 200,
  "avgObjSize" : 52,
  "storageSize" : 32768,
  "capped" : false,
  "wiredTiger" : {
    "metadata" : {"formatVersion" : 1},
    "creationString" : "access_pattern_hint=none,allocation_size=4KB,app_metadata=(formatVersion=1
),block_allocation=best,block_compressor=snappy,...",
    "type" : "file",
```

```
      "uri" : "statistics:table:test/collection/0—4556545771673889514",
      ...
   },
   "nindexes" : 3,
   "indexDetails" : {
     "_id_" : {
       "metadata" : {
         "formatVersion" : 8,
         "infoObj" : "{ \"v\" : 2, \"key\" : { \"_id\" : 1 }, \"name\" : \"_id_\", \"ns\" : \"test.
orders\" }"
       },
       "creationString" : "access_pattern_hint=none,allocation_size=4KB,app_metadata=(formatVers
ion=8,infoObj={ \"v\" : 2, \"key\" : { \"_id\" : 1 }, \"name\" : \"_id_\", \"ns\" : \"test.orders\"
}),block_allocation=best,block_compressor=,...",
       "type" : "file",
       "uri" : "statistics:table:test/index/1—4556545771673889514",
       ...
     },
     "qty_1" : {
       "metadata" : {
         "formatVersion" : 8,
         "infoObj" : "{ \"v\" : 2, \"key\" : { \"qty\" : 1 }, \"name\" : \"qty_1\", \"ns\" : \"test.
orders\" }"
       },
       "creationString" : "access_pattern_hint=none,allocation_size=4KB,app_metadata=(formatVersi
on=8,infoObj={ \"v\" : 2, \"key\" : { \"qty\" : 1 }, \"name\" : \"qty_1\", \"ns\" : \"test.orders\"
}),block_allocation=best,block_compressor=,...",
       "type" : "file",
       "uri" : "statistics:table:test/index/2—4556545771673889514",
       ...
     }
   },
   "totalIndexSize" : 98304,
   "indexSizes" : {
     "_id_" : 32768,
     "qty_1" : 32768
   },
   "ok" : 1
}
```

컬렉션의 상태 정보는 아주 상세한 내용이 많이 출력되는데, 그중에서 컬렉션과 각 인덱스의 상세 정보에서 "uri" 필드에 그 컬렉션이나 인덱스의 데이터 파일 경로가 표시된다. 그리고 MongoDB의 WiredTiger 스토리지 엔진에서 컬렉션이나 인덱스 단위로 다른 옵션을 적용할 수 있는데, 이때는 creationString 필드를 참조해서 각 컬렉션이나 인덱스가 사용하는 옵션을 확인할 수 있다.

_mdb_catalog.wt

MongoDB 서버가 가지고 있는 WiredTiger 스토리지 엔진 컬렉션과 인덱스의 목록 그리고 각 인덱스나 컬렉션이 사용하는 데이터 파일의 목록을 관리하는 메타 데이터를 관리하는 파일이다. 물론 그 이외에도 여러 정보를 관리하지만, WiredTiger 스토리지 엔진의 데이터 파일이어서 전용 도구가 아닌 이상 모든 내용을 확인하기는 어려운 상태다.

```
$ cat _mdb_catalog.wt | strings
...
blog.articles
options
indexes
spec
name
_id_
blog.articles
ready
multikey
head
idxIdent
_id_
blog/index-3—7711412751615011449
blog.articles
ident
blog/collection-2—7711412751615011449

...

blog.users
options
indexes
```

```
spec
name
_id_
blog.users
ready
multikey
head
idxIdent
_id_
blog/index-5—7711412751615011449
blog.users
ident
blog/collection-4—7711412751615011449
...
```

_mdb_catalog.wt 파일과 WiredTiger.wt 파일의 내용을 간략히 연결해보면 대략 다음과 같이 각각
의 컬렉션이 어떤 인덱스를 가지는지 그리고 어떤 데이터 파일을 사용하고 있는지 확인할 수 있다.

컬렉션	인덱스	데이터 파일
blog.articles		blog/collection-2—7711412751615011449
blog.articles	_id_	blog/index-3—7711412751615011449
blog.users		blog/collection-4—7711412751615011449
blog.users	_id_	blog/index-5—7711412751615011449

WiredTigerLAS.wt

WiredTiger 스토리지 엔진의 캐시에서 재활용할 수 있는 공간이 부족하면 WiredTiger 스토리지 엔진
의 이빅션 서버(Eviction server thread)는 필요한 만큼의 여유 공간을 만들어야 사용자 요청 쿼리를
원활하게 처리할 수 있다. 그런데 캐시에서 제거해야 하는 데이터 페이지들이 더티 페이지 상태(Dirty
page)여서 디스크에 기록해야 할 때 필요다하면 임시로 WiredTigerLAS.wt 데이터 파일을 사용하
게 된다. 이렇게 임시로 기록된 더티 페이지는 나중에 다시 원래 데이터 파일로 기록되거나 쿼리를 처
리할 때 다시 캐시로 읽어와야 하는데, 이런 특성 때문에 이 컬렉션의 이름이 Look Aside Table(LAS
Table)이라고 붙여진 것이다.

> **(!) 주의**
>
> MongoDB 3.2.2 이하의 버전에서는 가끔 WiredTigerLAS.wt 데이터 파일이 몇십 GB까지 이유 없이 증가하는 버그가 있었
> 다. 혹시 MongoDB의 처리량이 그렇게 많지 않거나 디스크 읽고 쓰기가 많지 않은 서버에서 WiredTigerLAS.wt 파일이 비
> 대해져 있다면 MongoDB를 최신 버전으로 업그레이드 하는 것을 고려해보자.

diagnostic.data

MongoDB 서버는 내부적으로 다음 정보들과 함께 추가로 내부 정보를 1초에 한번씩 모아서 별도의
파일로 기록한다.

- 운영체제의 상태 정보(/proc/stats, /proc/meminfo, /sys/block/*/stat)

- serverStatus

- replSetGetStatus

- local.oplog.rs.stats 컬렉션의 collStas

- buildInfo

- getCmdLineOpts

- hostInfo

수집된 정보는 MongoDB의 데이터 디렉터리 하위에 있는 diagnostic.data 디렉터리에 저장하며, 일
정 용량을 초과하면 새로운 파일로 기록하는 형태로 로테이션 된다.

```
$ ls -alh data/diagnostic.data/
-rw-r--r--  1 matt  dba  434K  7  2 19:10 metrics.2016-07-03T10-10-12Z-00000
```

이렇게 수집되는 진단 데이터를 FTDC(Full Time Data Capture)라고 하는데, FTDC와 관련된 옵션
은 MongoDB가 시작될 때 setParameter로 지정하거나 MongoDB 서버가 실행 중인 상태에서 변경
할 수 있다.

```
- MongoDB 서버 시작 시 옵션 설정
$ mongod --setParameter diagnosticDataCollectionEnabled=true
$ mongod --setParameter diagnosticDataCollectionDirectorySizeMB=100
$ mongod --setParameter diagnosticDataCollectionFileSizeMB=10
$ mongod --setParameter diagnosticDataCollectionPeriodMillis=1000
```

```
- MongoDB 서버가 실행 중인 상태에서 옵션 설정
mongo> db.runCommand({setParameter:1, diagnosticDataCollectionEnabled: true})
mongo> db.runCommand({setParameter:1, diagnosticDataCollectionDirectorySizeMB: 100})
mongo> db.runCommand({setParameter:1, diagnosticDataCollectionFileSizeMB: 10})
mongo> db.runCommand({setParameter:1, diagnosticDataCollectionPeriodMillis: 1000})
```

MongoDB 서버의 진단 데이터를 저장하는 개별 데이터 파일의 크기는 diagnosticDataCollectionFileSizeMB로 제한하며, 데이터 파일의 크기가 제한된 크기를 초과하면 새로운 파일을 만들어서 다시 기록하게 된다. 그리고 전체 진단 데이터 파일의 크기는 diagnosticDataCollectionDirectorySizeMB를 넘지 않도록 오래된 파일을 삭제하는 방식으로 관리된다. 진단 데이터는 초 단위로 아주 상세하게 수집되며, 필요하다면 FTDC 디코더(https://github.com/10gen/ftdc-utils) 또는 FTDC 명령을 이용해서 로그 파일의 내용을 JSON 파일로 변환할 수 있다.

ftdc-utils 유틸리티는 Go 언어로 개발된 작은 프로그램인데, ftdc-utils 유틸리티를 이용하면 수집된 메트릭이 저장된 diagnostic.data 파일을 디코딩해서 JSON 포맷으로 데이터를 덤프할 수 있다. ftdc-utils 유틸리티는 개발된 지 조금 오래됐으며, MongoDB 3.4 버전의 diagnostic.data 파일에 대해서는 "메트릭의 개수가 다르다"는 경고 메시지를 출력하는 것으로 보아 완전히 디코딩하지 못하는 것으로 보인다.

```
# ./ftdc-utils decode metrics.2017-09-07T02-44-02Z-00000 --out=decoded.txt
...
Warning: metrics mismatch. Expected 974, got 929
chunk in file 'metrics.2017-09-07T02-44-02Z-00000' with 929 metrics and 299 deltas on Thu Sep  7
21:09:03 KST 2017
found 34086 samples
```

하지만 일단 ftdc-utils 프로그램으로 디코딩해보면 다음과 같이 메트릭별로 초깃값과 변화 값(Delta)의 목록을 보여준다. 물론 다음 내용은 보기 쉽게 JSON 파일의 내용을 포맷팅 한 것이다.

```
[
  {"Metrics":[
    {"Key":"start","Value":1504752243000,"Deltas":[1000,1000,1000,1000,1000,1000,...
    {"Key":"serverStatus.start","Value":1504752243000,"Deltas":[1000,1000,1000,...
    {"Key":"serverStatus.pid","Value":30120,"Deltas":[0,0,0,0,0,0,0,0,0,0,0,0,0,...
    {"Key":"serverStatus.uptime","Value":3629782,"Deltas":[1,1,1,1,1,1,1,1,1,1,...
```

```
{"Key":"serverStatus.uptimeMillis","Value":3629782517,"Deltas":[987,996,997,...
{"Key":"serverStatus.wiredTiger.LSM.application work units currently queued","Value":0,"Delt
as":[-2093608,-2205456,-2595680,-606280,...
{"Key":"serverStatus.wiredTiger.block-manager.mapped bytes read","Value":0,"Delt
as":[0,1380352,59031552,...
```

디코딩된 파일의 제일 첫 번째에는 "Key":"start" 메트릭이 표시되는데, 이는 메트릭 값이 수집된 시간을 의미한다. 여기에서 "Value" 값은 제일 초깃값을 의미하며, "Deltas"의 배열 값은 초깃값과 그다음 메트릭의 변화된 값들을 의미한다. "Value" 값의 1504752243000은 "2017-09-07 11:44:03"의 유닉스 타임스탬프를 밀리초 단위로 나타낸 값이며, Deltas의 값 1000은 1초 단위로 값이 수집됐음을 보여준다. 그 이후 메트릭의 "Key" 필드는 MongoDB 서버 메트릭의 이름이며, Value에는 초기 메트릭 측정값이 저장된다. 그리고 Deltas 값은 "start" 메트릭의 Deltas에 기록된 시간 단위(1초)로 변화된 값을 배열로 저장해둔 것이다.

ftdc-utils 유틸리티는 메트릭 값을 5분 단위로(300초간의 메트릭 값) 묶어서 저장하며(이를 내부적으로 청크라고 함), 이런 묶음이 여러 개의 배열 형태로 저장된 구조다. 이 값들을 추출해서 MongoDB 서버의 변화를 1초 단위로 그래프로 그려보거나 다른 서버의 메트릭과 비교해볼 수 있다. 대부분의 모니터링 시스템은 1~5분 단위의 변화를 그래프로 표시해주는데, 실제 DBMS 서버에 문제가 발생하면 1분 단위의 그래프로는 문제의 원인을 찾는데 상당히 제약이 크다. 그래서 이런 경우에는 MongoDB 서버가 수집하는 diagnostic.data를 활용하면 많은 도움이 될 것이다.

MongoDB 3.2 버전부터는 diagnostic.data의 메트릭 값을 MongoDB 서버에서 즉시 확인할 수 있도록 "getDiagnosticData" 명령을 제공한다.

```
mongo> db.adminCommand("getDiagnosticData")
{
  "data" : {
    "start" : ISODate("2017-09-08T15:23:21Z"),
    "serverStatus" : {
      "start" : ISODate("2017-09-08T15:23:21Z"),
      "host" : "service01-mongo2",
      "version" : "3.4.4",
      "process" : "mongod",
      "pid" : NumberLong(30120),
```

```
      "uptime" : 3761740,
      "uptimeMillis" : NumberLong("3761740516"),
      "uptimeEstimate" : NumberLong(3761740),
      "localTime" : ISODate("2017-09-08T15:23:21Z"),
      "asserts" : {
        "regular" : 0,
        "warning" : 0,
        "msg" : 0,
        "user" : 12,
        "rollovers" : 0
      },
      "connections" : {
        "current" : 24,
        "available" : 51176,
        "totalCreated" : 150078
      },
      "extra_info" : {
        "note" : "fields vary by platform",
        "page_faults" : 20984
      },
      "globalLock" : {
        "totalTime" : NumberLong("3761740521000"),
        "currentQueue" : {
          "total" : 0,
          "readers" : 0,
          "writers" : 0
        },
        "activeClients" : {
          "total" : 65,
          "readers" : 0,
          "writers" : 0
        }
      },
  ...
```

하지만 "getDiagnosticData" 명령은 마지막 메트릭만 화면에 표시해준다. 물론 MongoDB의 FTDC 모듈이 매우 상세한 메트릭을 수집하므로 이 명령의 결과를 1~5분 단위로 수집해서 모니터링 서버로 전달하는 데 도움이 될 수 있을 것이다. 하지만 이를 이용해서는 1초 단위로 세세하게 수집된 메트릭을 확인할 수가 없다. 그래서 공식 MongoDB 서버에는 아직 포함되지 않았지만, diagnostic.data 파일의 상세한 내용을 디코딩해서 볼 수 있도록 다음 2개 명령의 구현이 "풀리퀘스트(Pull-Request)"로 진행 중이다.

- db.adminCommand("getDiagnosticDataFiles")
  diagnostic.data 디렉터리의 ftdc 아카이브 파일의 목록 조회

- db.adminCommand("getDiagnosticDataFromFile")
  ftdc 아카이브 파일의 내용을 덤프

만약 이 명령이 꼭 필요하다면 다음 풀리퀘스트를 참조해서 MongoDB 서버에 직접 기능을 구현해볼 수도 있을 것이다.

https://github.com/mongodb/mongo/pull/1134/

MongoDB 진단 데이터(diagnostic.data)는 원래 MongoDB 기술 지원이나 버그 리포트를 처리할 때 MongoDB 엔지니어가 사용자의 MongoDB 서버 상태를 분석하기 위해서 도입된 기능이었다. 그래서 MongoDB JIRA 사이트(https://jira.mongodb.org)에서 버그 리포트를 하면 MongoDB 엔지니어는 일반적으로 이 데이터 파일의 업로드를 요청한다.

2.3.4 WiredTiger의 내부 작동 방식

WiredTiger 스토리지 엔진은 트랜잭션을 지원하는 대부분의 RDBMS와 거의 흡사한 내부 구조로 되어 있다. MongoDB 서버가 트랜잭션을 지원하지 않기 때문에 일반적으로 WiredTiger 스토리지 엔진도 트랜잭션을 지원하지 않는 단순한 저장소 개념으로 생각할 수도 있다. 하지만 WiredTiger 스토리지 엔진은 MongoDB에 인수되기 이전부터 트랜잭션을 지원하는 임베디드 데이터베이스 엔진으로 사용되고 있었으며, MySQL 서버의 InnoDB 스토리지 엔진과 같이 RDBMS 데이터 처리용 스토리지 엔진으로 개발됐다. 그림 2-11은 WiredTiger 스토리지 엔진의 내부 작동 방식을 간소화해서 표현한 것인데, 아마도 RDBMS 경험이 있는 사용자라면 아주 익숙한 그림일 것이다.

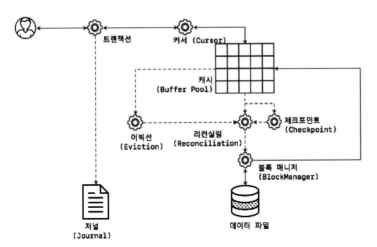

〈그림 2-11〉 WiredTiger 스토리지 엔진의 내부 작동 방식

WiredTiger 스토리지 엔진은 다른 DBMS와 동일하게 B-Tree 구조의 데이터 파일과 서버 크래시(비정상 종료)로부터 데이터를 복구하기 위한 저널 로그(WAL, Write Ahead Log)를 가지고 있다. WiredTiger의 저널 로그는 데이터 디렉터리 하위에 있는 journal이라는 디렉터리에 저장되며, 다른 RDBMS의 리두 로그(WAL)처럼 로테이션되면서 로그 파일의 로그 슬롯이 재활용되는 방식이 아니라 새로운 로그 파일이 계속 생성된다. 그리고 체크포인트 시점 이전의 저널 로그는 더이상 필요하지 않으므로 체크포인트 이후 시점의 저널 로그만 남기고 이전 저널 로그는 자동으로 삭제한다. 일반적으로 WiredTiger 스토리지 엔진은 미리 3~10개 정도의 로그 파일을 미리 만들어두고, 기존 저널 로그 파일(WiredTigerLog.000000N)을 다 사용하면 미리 만들어 둔 로그 파일(WiredTigerPreplog.000000N)의 이름을 WiredTigerLog.000000N으로 변경하여 트랜잭션 로그를 기록한다.

```
-rw-r--r-- 1 root root  355 2016-07-09 14:53 104,857,600 WiredTigerLog.0000000006

-rw-r--r-- 1 root root  355 2016-07-09 10:06 100M WiredTigerPreplog.0000000002
-rw-r--r-- 1 root root  355 2016-07-09 10:06 100M WiredTigerPreplog.0000000003
-rw-r--r-- 1 root root  355 2016-07-09 14:48 100M WiredTigerPreplog.0000000004
```

WiredTiger 스토리지 엔진의 저널 로그를 설정하는 여러 가지 옵션이 있는데, MongoDB 설정 파일을 이용해서 저널 로그를 활성화할 것인지 비활성화할 것인지 설정할 수 있다.

```
storage:
  journal:
    enabled: true
```

WiredTiger 스토리지 엔진의 저널 로그 아카이빙이나 로그 파일의 크기는 MongoDB의 설정 파일로
는 제어할 수 없으며, 다음과 같이 WiredTiger 설정 옵션을 MongoDB에 명시해야 한다.

```
storage:
  ...
  engine: wiredTiger
  wiredTiger:
    engineConfig:
      cacheSizeGB: 10
      configString: "log=(archive=true,enabled=true,file_max=100MB,path=/log/journal)"
    collectionConfig:
      blockCompressor: snappy
```

WiredTiger 스토리지 엔진의 configString 옵션에서 저널 로그와 관련된 설정 변수는 다음과 같다.

enabled	WiredTiger 스토리지 엔진의 저널 로그를 활성화할 것인지 설정한다. true 또는 false 값으로 설정한다.
archive	WiredTiger 스토리지 엔진에서는 체크포인트 이전의 저널 로그는 자동으로 삭제하는데, 이렇게 삭제된 저널 로그를 아카이빙하여 다른 용도로 사용하고자 하는 경우에는 archive 옵션을 true로 설정한다.
file_max	저널 로그 파일의 최대 크기를 설정한다.
path	MongoDB는 기본적으로 저널 로그를 데이터 디렉터리의 journal 디렉터리에 저장하는데, 만약 저널 로그를 다른 디스크 볼륨에 저장하고자 한다면 path 옵션에 새로운 저널 로그의 디렉터리 경로를 설정한다.

> **(!) 주의**
>
> MongoDB 설정 파일의 WiredTiger 스토리지 엔진과 관련된 설정에서 configString 옵션을 설정하는 방법은 WiredTiger 스토리지 엔진으로 옵션 내용을 바로 전달하는 것이다. 이 방법은 MongoDB 공식 매뉴얼에는 명시돼 있지 않은 내용이므로 이 방법이 언제까지 지원될지 그리고 언제 옵션의 이름이 변경될지는 알 수 없다. 또는 configString 옵션으로 설정해도 MongoDB 서버가 시작되면서 명시적으로 설정된 WiredTiger 옵션을 새로운 값으로 덮어쓸 수도 있다.
>
> 또한 configString 옵션을 이용해서 WiredTiger 스토리지 엔진의 옵션을 변경하는 방법을 추천하지는 않는다. MongoDB 서버가 시작되면서 WiredTiger 스토리지 엔진을 초기화할 때 WiredTiger 스토리지 엔진이 필요한 옵션은 기본 값으로 설정하는데, 이렇게 설정되는 기본 값이 대부분의 경우에는 충분하다. 어떤 방법으로도 해결되지 않는 아주 특수한 경우에만 이렇게 직접 옵션을 조정해서 MongoDB 서버의 상태를 모니터링해보는 방법을 추천하며, 이런 취지에서 WiredTiger 스토리지 엔진의 옵션을 소개하는 것이다.

MMAPv1 스토리지 엔진과는 달리 WiredTiger 스토리지 엔진은 내장된 공유 캐시(버퍼 풀)를 가지고 있다. WiredTiger의 내장된 공유 캐시는 디스크의 인덱스나 데이터 파일을 메모리에 캐시하여 빠르게 쿼리를 처리할뿐만 아니라, 데이터의 변경을 모아서 한번에 디스크로 기록하는 쓰기 배치 기능을 모두 가지고 있다. 그림 2-11에서 점선으로 된 화살표는 데이터 변경으로 발생한 더티 페이지를 디스크로 기록하는 과정을 보여주고 있으며, 실선으로 된 화살표는 디스크의 데이터 파일이나 인덱스를 공유 캐시로 읽어 들이는 과정을 보여주고 있다.

사용자가 쿼리를 실행하면 WiredTiger 스토리지 엔진은 블록 매니저(Block Manager)를 통해서 필요한 데이터 블록을 디스크에서 읽어서 공유 캐시에 적재하여 쿼리를 처리한다. 만약 사용자가 데이터를 변경하면 WiredTiger 스토리지 엔진은 트랜잭션을 시작하고 커서를 이용해서 원하는 도큐먼트의 내용을 변경한다. 도큐먼트의 변경 내용은 먼저 공유 캐시에 적용되는데, WiredTiger 스토리지 엔진은 변경된 데이터가 디스크에 기록되는 과정을 기다리지 않고 변경 내용을 저널 로그에 기록한 다음 사용자에게 작업 처리 결과를 리턴한다. 물론 WriteConcern 옵션에 따라서 조금 달라질 수도 있지만, 기본적으로 사용자에게 작업 처리 결과를 반환하는 시점은 저널 로그의 기록이 완료되는 시점이다. 이렇게 공유 캐시가 어느 정도 쌓이면 WiredTiger 스토리지 엔진은 체크포인트를 발생시켜서 공유 캐시의 더티 페이지를 모아 디스크에 기록한다. 이때 메모리의 더티 페이지는 디스크에 기록하기 전에 가공 작업(원본 레코드와 변경된 정보의 병합)을 거쳐야 하는데, WiredTiger 스토리지 엔진의 리컨실리에이션(Reconciliation) 모듈이 이 작업을 담당한다.

사용자 요청 쿼리가 실행되면서 블록 매니저는 디스크의 새로운 데이터 페이지들을 계속 공유 캐시로 읽어 들여야 하는데, WiredTiger 스토리지 엔진의 공유 캐시는 사용자가 설정한 크기의 메모리 범위 내에서 처리가 수행돼야 한다. 만약 공유 캐시에 더 이상 데이터 페이지를 읽어 들일 공간이 없으면 사용자 쿼리를 처리할 수 없게 되므로 WiredTiger의 이빅션(Eviction) 모듈은 공유 캐시가 적절한 메모리 사용량을 유지하도록 공유 캐시에서 자주 사용되지 않는 데이터 페이지들을 제거하는 작업을 수행한다. 만약 제거해야 하는 데이터 페이지가 더티 페이지라면 리컨실리에이션 모듈을 이용해 디스크에 데이터를 기록하고 공유 캐시에서 제거한다. 이런 과정 중에서 어느 한 곳이라도 처리가 느려지거나 문제가 생기면 쿼리의 처리가 느려지게 된다.

WiredTiger 스토리지 엔진의 데이터 블록(페이지)은 모두 가변 사이즈다. 오라클 RDBMS나 MySQL 서버와 같은 RDBMS 서버는 모두 고정된 크기의 데이터 블록 사이즈를 사용한다. 하지만 WiredTiger 스토리지 엔진의 블록 크기는 상한선은 있지만, 저장되는 실제 데이터 블록의 크기는 고정적이지 않다. 고정 크기와 가변 크기 데이터 블록 규칙은 각각 장단점이 있지만, 고정 크기인 경우에는 데이터 파일의 압축 기능을 구현하기가 어렵다. 예를 들어, 16KB 데이터 페이지를 압축하면 압축된 결과의 크기는 데이터의 내용에 따라서 가변적일 수밖에 없는데, 이 가변적인 결과를 어떤 고정된 크기의 데이터 블록에 저장해야 하므로 오히려 압축 효율이 떨어질 가능성이 높다. 그래서 가변 크기의 블록을 사용하는 WiredTiger 스토리지 엔진에서는 데이터 파일의 압축이 선택 사항이라기보다는 디폴트 옵션처럼 자주 사용되고 있다. 그런데 가변 크기의 블록을 사용하면 변경된 데이터 블록을 데이터 파일에 다시 기록할 때 적절히 빈 공간을 찾아서 저장하는 알고리즘이 중요하다.

WiredTiger 스토리지 엔진의 블록 매니저(Block Manager)는 변경된 데이터 블록을 기록할 때, 프레그멘테이션을 최소화하면서 기록되는 데이터 블록의 크기에 최적인 위치를 찾아서 저장하는 역할을 담당한다. 그뿐만 아니라 블록 매니저는 데이터 블록의 압축과 암호화 등과 같이 응용 프로그램에 투명하게 작동하는 기능을 모두 내장하고 있다. 압축과 암호화에 관한 내용은 나중에 다시 자세히 살펴보겠다.

2.3.5 공유 캐시

WiredTiger 스토리지 엔진에서 사용자의 쿼리는 공유 캐시를 거치지 않고 처리할 수 없으며, 때로는 하나의 쿼리를 처리하기 위해 수천에서 수만 번 공유 캐시의 데이터 페이지를 참조해야 할 수도 있다. 그래서 공유 캐시의 최적화는 MongoDB의 처리 성능에 있어서 매우 중요한 역할을 담당한다.

공유 캐시의 사용량은 WiredTiger 스토리지 엔진을 모니터링하는데 있어서 필수적인 부분이다. 그림 2-12의 그래프는 WiredTiger 공유 캐시가 현재 몇 % 정도 데이터 페이지로 채워져 있는지, 그리고 그 중에서 몇 % 정도가 디스크에 기록되지 않은 상태(더티 페이지)인지 보여주는 그래프다.

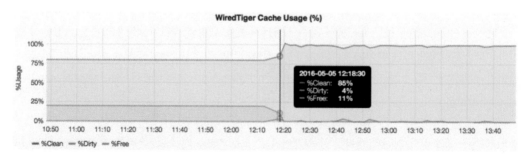

〈그림 2-12〉 WiredTiger 스토리지 엔진의 공유 캐시 사용량

```
Total Cache Bytes =
        db.serverStatus().wiredTiger.cache."maximum bytes configured"
Used Cache Bytes =
        db.serverStatus().wiredTiger.cache."bytes currently in the cache"
Dirty Cache Bytes =
        db.serverStatus().wiredTiger.cache."tracked dirty bytes in the cache"
```

WiredTiger 스토리지 엔진의 처리가 뭔가 원활하지 못한 경우에는 WiredTiger의 공유 캐시 사용량 그래프에 변화를 보이는 경우가 많다. 물론 그렇지 않은 경우라도 하더라도 WiredTiger 공유 캐시의 사용률은 중요한 모니터링 포인트다.

MongoDB 3.2 버전 내장된 WiredTiger 스토리지 엔진의 공유 캐시 크기는 장착된 메모리의 60% - 1GB이며, 만약 이 값이 1GB보다 적으면 1GB로 설정된다. 그리고 MongoDB 3.4 버전부터 WiredTiger 스토리지 엔진의 공유 캐시는 기본적으로 전체 장착된 메모리의 50% - 1GB로 설정된다. 만약 이 값이 256MB보다 적은 경우에는 256MB로 설정된다. 만약 공유 캐시의 크기를 변경하고자 한다면 다음과 같이 MongoDB 설정 파일에 재설정할 수 있다. MongoDB 3.2 버전까지는 cacheSizeGB 설정 옵션에 정수 값만 사용할 수 있었지만, MongoDB 3.4부터는 소수점 값으로도 설정할 수 있다. 즉 MongoDB 3.2 버전에서는 최소 1GB까지 설정할 수 있었는데, MongoDB 3.4부터는 1GB 미만으로도 설정할 수 있다.

```
wiredTiger:
        engineConfig:
            cacheSizeGB: 20
```

공유 캐시는 MongoDB 서버를 재시작하지 않고도 크기를 조정할 수 있다. 하지만 공유 캐시의 크기를 조정하는 작업은 WiredTiger 스토리지 엔진의 많은 내부 동시 처리 작업들을 멈추고 크기를 변경하게 되므로 쿼리 처리량이나 부하가 높을 때에는 주의가 필요하다. 특히 공유 캐시의 크기를 줄이는 작업은 테스트 후 사용량이 낮은 시점을 선택해서 실행하도록 하자.

```
db.adminCommand( { "setParameter": 1,
                    "wiredTigerEngineRuntimeConfig": "cache_size=25G"})
```

공유 캐시의 페이지는 매우 빈번하게 참조되므로 B-Tree의 각 페이지에 접근하는 방법에 따라서 쿼리의 성능도 많은 영향을 받는다. 일반적인 RDBMS는 디스크에 저장된 데이터 페이지 이미지를 그대로 공유 캐시로 적재한다. 그래서 공유 캐시에 적재된 B-Tree 노드를 통해서 자식 노드를 찾아갈 때도 B-Tree 상의 주소를 사용한다. 그림 2-13은 B-Tree의 일부분을 보여주고 있는데, 실제 디스크의 데이터 페이지가 RDBMS의 공유 캐시 메모리에 적재돼도 다음과 같은 구조를 그대로 유지한다.

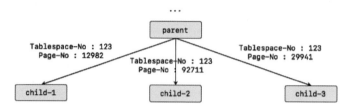

〈그림 2-13〉 RDBMS의 공유 캐시 활용

그래서 부모 노드를 통해서 자식 노드를 찾아가는 과정이 모두 테이블 스페이스와 데이터 페이지 번호를 통해서 계속 찾아가게 된다. 결과적으로 트리를 찾아가는 과정(Tree-Traversal)에서 계속 페이지 주소와 실제 메모리상의 주소로 맵핑(일반적으로 DBMS에서는 이 과정을 위해서 별도의 해시맵을 유지)을 참조하게 된다. 하지만 WiredTiger 스토리지 엔진은 디스크의 데이터 페이지를 공유 캐시 메모리에 적재하면서 메모리에 적합한 트리 형태로 재구성하면서 적재한다. 그림 2-14는 WiredTiger 스토리지 엔진의 공유 캐시에 적재된 데이터 페이지를 찾아가는 방법을 보여주고 있다.

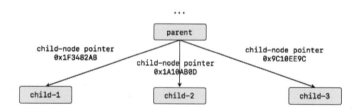

〈그림 2-14〉 WiredTiger의 공유 캐시 활용

WiredTiger 스토리지 엔진의 공유 캐시에서 메모리에 적재된 페이지를 찾아가는 과정은 모두 별도의 맵핑 과정 없이 메모리 주소(C/C++ Pointer)를 이용해서 바로 검색할 수 있기 때문에 맵핑 테이블의 경합이나 오버헤드가 없다.

일반적인 RDBMS에서는 하나의 데이터 페이지 내에 저장된 레코드들의 인덱스를 별도로 관리한다. 이는 하나의 데이터 페이지에 저장된 수백 건의 레코드를 처음부터 끝까지 스캔하지 않기 위해서 필요한데, WiredTiger 스토리지 엔진은 디스크에 저장되는 데이터 페이지의 레코드 인덱스를 별도로 관리하지 않고 저장한다. 그리고 데이터 페이지를 공유 캐시 메모리에 적재할 때 레코드 인덱스를 새롭게 생성해서 메모리에 적재한다. 이렇게 디스크의 데이터 페이지를 메모리에 적재하는 과정에서 WiredTiger 스토리지 엔진은 여러 가지 변환 과정을 거치기 때문에 데이터 페이지를 디스크에서 공유 캐시로 읽어 들이는 과정이 기존 RDBMS보다는 느리게 처리된다. 하지만 한번 공유 캐시 메모리에 적 재된 데이터 페이지에서 필요한 레코드를 검색하고 변경하는 작업은 기존의 RDBMS보다 훨씬 빠르고 효율적으로 작동한다.

짧은 시간에 수많은 쿼리를 처리해야 하는 OLTP(On-Line Transaction Processing) 시스템에서는 많은 쿼리들이 공유 캐시에 있는 하나의 데이터 페이지를 동시에 참조하기 위해서 경합하는 경우도 많 기 때문에 공유 캐시의 객체에 대한 잠금 경합이 성능에 많은 영향을 미치게 된다. WiredTiger 스토리 지 엔진은 공유 캐시의 잠금 경합(Mutex Contention)을 최소화하기 위해서 Lock-Free 알고리즘을 채용하고 있다. 일반적으로 Lock-Free 알고리즘은 잠금을 전혀 사용하지 않는 시스템을 의미하는 것 이 아니라 잠금 경합을 최소화하는 알고리즘을 의미하는데, WiredTiger 스토리지 엔진에서는 대표적 으로 "하자드 포인터"와 "스킵 리스트" 자료 구조를 활용하여 Lock-Free 콘셉을 구현하고 있다.

2.3.5.1 하자드 포인터(Hazard Pointer)

그림 2-15는 하자드 포인트의 작동 원리를 간단하게 보여주고 있다. "사용자 쓰레드"는 사용자의 쿼리 를 처리하기 위해서 WiredTiger 캐시를 참조하는 쓰레드이며, "이빅션 쓰레드(Eviction Thread)"는 캐시가 다른 데이터 페이지를 읽어 들일 수 있도록 빈 공간을 만들어주는 역할을 담당하는 쓰레드다.

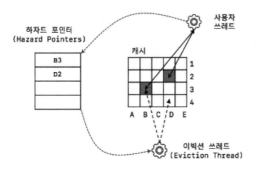

〈그림 2-15〉 하자드 포인트 작동 방식

WiredTiger 스토리지 엔진의 모든 "사용자 쓰레드"는 WiredTiger 캐시의 데이터 페이지를 참조할 때, 먼저 하자드 포인터에 자신이 참조하는 페이지를 등록한다. 위 그림에서는 "사용자 쓰레드"가 참조 하고 있는 페이지인 "B3"와 "D2"를 하자드 포인터에 등록했다. 그리고 "사용자 쓰레드"가 쿼리를 처리하는 동안 "이빅션 쓰레드(Eviction Thread)"는 동시에 캐시에서 제거해야 할 데이터 페이지를 골라서 캐시에서 삭제하는 작업을 실행하게 된다. 이때 "이빅션 쓰레드"는 적절히 제거해도 될 만한 페이지(자주 사용되지 않는 페이지)를 골라서 먼저 하자드 포인터에 등록돼 있는지 확인한다. 그림 2–15에서 "이빅션 쓰레드"는 "B3"와 "D4" 페이지를 삭제하려고 하는데, 이때 "B3"는 하자드 포인터에 등록돼 있으므로 "B3" 페이지는 무시하고 "D4" 페이지만 캐시에서 제거한다.

여기에서 설명하고자 하는 것은 WiredTiger에서 이런 복잡한 신기술을 사용한다는 것보다는 이런 기술 덕분에 WiredTiger 스토리지 엔진의 다양한 쓰레드들이 캐시의 데이터 페이지들에 대해서 잠금 대기 없이 각자의 임무를 수행할 수 있다는 것이다.

> **참고**   하자드 포인터의 설명에 사용한 예시는 하자드 포인터의 가장 기본적인 형태를 이용해서 설명을 간소화한 것이다. 때로는 하자드 포인터가 가리키는 페이지의 내용을 다른 쓰레드가 변경하여 원래의 하자드 포인터를 설정한 쓰레드가 끊김 없이 작업을 처리하기도 한다. 실제 하자드 포인터는 이 뿐만 아니라 더 복잡한 형태로 다양하게 활용될 수 있다.
>
> 이 책에서 하자드 포인터를 설명하는 이유는 WiredTiger 스토리지 엔진의 상태를 보여주는 메트릭에서 하자드 포인터와 관련된 메트릭이 있기 때문인데, 여기에서는 하자드 포인터의 기본적인 작동 방식을 이해하는 수준으로 생각하고, 하자드 포인터에 관련된 더 자세한 내용은 위키나 포털 사이트에서 더 살펴보도록 하자.

WiredTiger 스토리지 엔진에서 사용할 수 있는 하자드 포인터의 최대 개수는 기본적으로 1,000개로 제한돼 있다. 만약 하자드 포인터의 개수가 부족해서 WiredTiger 스토리지 엔진의 처리량이 느려진다면 WiredTiger 스토리지 엔진의 옵션을 변경하여 하자드 포인터의 최대 개수를 1,000개 이상으로 설정할 수 있다.

hazard_max	WiredTiger 스토리지 엔진이 사용할 수 있는 하자드 포인터의 개수를 설정한다. 최소 설정값은 15이며, 기본값은 1,000이다.

MongoDB 서버의 설정 파일을 이용해서 하자드 포인터의 개수를 변경하려면 다음과 같이 config String 옵션에 hazard_max 옵션을 설정한다.

```
storage:
    ...
    engine: wiredTiger
    wiredTiger:
        engineConfig:
```

```
cacheSizeGB: 10
configString: "hazard_max=2000"
```

2.3.5.2 스킵 리스트(Skip-List)

WiredTiger 스토리지 엔진에서 Lock-Free를 구현하기 위한 또 다른 기술이 스킵 리스트 자료 구조다. 그림 2-16은 스킵 리스트의 내부 자료 구조를 간단하게 표현한 것이다. 그림 2-16의 첫 번째 그림은 일반적으로 우리가 잘 알고 있는 링크드 리스트(Linked-List)이며, 그림 2-16의 두 번째 그림은 4개의 레벨로 구성된 스킵 리스트를 표현한 것이다.

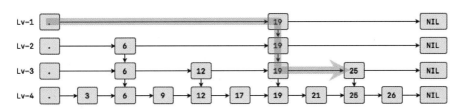

〈그림 2-16〉 링크드 리스트와 스킵 리스트의 작동 방식 비교

단순 링크드 리스트에서 25라는 값을 가진 노드를 검색하려면 링크드 리스트를 따라서 8번의 노드 검색을 거쳐야 한다. 하지만 스킵 리스트에서는 4번의 노드 검색만 거치면 된다. 이 예제에서는 스킵 리스트의 내부 구현을 소개하기 위해서 리스트의 노드 개수를 몇 개만 포함했지만 실제 WiredTiger 내부에서는 스킵 리스트에 저장되는 노드의 개수가 수백에서 수천 개가 넘을 수도 있으므로 실제 검색의 성능은 훨씬 더 큰 차이를 보이게 될 것이다.

단순 링크드 리스트의 검색 성능은 $\Theta(n)$인 반면, 스킵 리스트의 평균 검색 성능은 B-Tree와 같은 $\Theta(\log(n))$이다. 스킵 리스트는 B-Tree에 비해서 검색 성능이 조금 떨어지긴 하지만, 구현이 간단하고 메모리 공간도 많이 필요로 하지 않는다. 그뿐만 아니라 WiredTiger 스토리지 엔진에 사용된 스킵 리스트는 새로운 노드를 추가하기 위해서 별도의 잠금을 필요로 하지 않으며, 검색 또한 별도의 잠금을 필요로 하지 않는다. 스킵 리스트의 노드 삭제는 잠금을 필요로 하지만, B-Tree 자료 구조보다는 잠금을 덜 필요로 하므로 그다지 큰 성능 저하 이슈는 아니다. 그래서 여러 쓰레드가 동시에 하나의 스킵 리스트에 노드를 저장하거나 검색한다고 하더라도 서로 전혀 잠금 경합을 하지 않는다.

WiredTiger 스토리지 엔진도 여타의 RDBMS와 동일하게 변경되기 전 레코드(언두 로그, Undo Log)를 별도의 저장 공간에 관리한다. 이렇게 언두 로그를 관리하는 이유는 트랜잭션이 롤백(Rollback)될 때 기존 데이터를 복구하기 위함인데, 많은 RDBMS에서는 언두 로그를 잠금 없는 데이터 읽기(MVCC) 용도로도 같이 사용한다. WiredTiger 스토리지 엔진에서는 언두 로그를 스킵 리스트로 관리하는데, 조금 독특하게 데이터 페이지의 레코드를 직접 변경하지 않고 변경 이후의 데이터를 스킵 리스트에 추가한다.

```
mongo> db.users.update( {record_id: "record-2"}, {$set: {...}} )
mongo> db.users.update( {record_id: "record-1"}, {$set: {...}} )
mongo> db.users.update( {record_id: "record-2"}, {$set: {...}} )
mongo> db.users.update( {record_id: "record-4"}, {$set: {...}} )
mongo> db.users.update( {record_id: "record-4"}, {$set: {...}} )
```

예를 들어, 위와 같은 순서대로 users 컬렉션의 각 도큐먼트를 변경할 때, WiredTiger 공유 캐시의 변경 이력(언두 로그)이 어떻게 관리되는지 살펴보자.

〈그림 2-17〉 공유 캐시의 변경 이력 관리

그림 2-17의 "데이터 페이지"는 디스크에서 공유 캐시 메모리로 읽어 들인 데이터 페이지를 의미하는데, WiredTiger 스토리지 엔진에서는 데이터가 변경돼도 디스크에서 읽어 들인 데이터 페이지에 변경된 내용을 직접적으로 변경하지 않는다. 대신 데이터가 변경되면 변경된 내용을 스킵 리스트에 차곡차곡 기록해 둔다. 그리고 사용자 쿼리가 데이터를 읽을 때에는 변경 이력이 저장된 스킵 리스트를 검색해서 원하는 시점의 데이터를 가져간다. 이렇게 변경된 내용을 직접 데이터 페이지에 덮어쓰지 않고 별도의 리스트로 관리하는 이유는 쓰기 처리를 빠르게 하기 위함이다.

기존 RDBMS에서는 데이터가 변경되면 기존의 레코드보다 데이터의 크기가 더 커져서 데이터 페이지 내에서 레코드의 위치를 옮겨야 할 수도 있는데, 이런 일련의 과정을 데이터 페이지 내에서 처리하면 이를 처리하는 동안 사용자가 기다려야 한다. 하지만 WiredTiger 스토리지 엔진에서는 변경되는 내용을 스킵 리스트에 추가하기만 하면 된다. 또한 스킵 리스트에 변경된 데이터를 추가하는 작업은 매우 빠르게 처리되므로 사용자의 응답 시간도 훨씬 빨라진다. 그리고 일부 RDBMS에서 데이터 페이지는 한 시점에 하나의 쓰레드만 사용(읽고 쓰기)할 수 있다. 하지만 WiredTiger 스토리지 엔진은 이런 관리 방식의 도움으로 여러 쓰레드가 하나의 페이지를 동시에 읽거나 쓸 수 있어서 동시 처리 성능이 매우 향상되는 것이다.

> **참고**
>
> MongoDB 서버에서는 사용자의 쿼리를 빠르게 처리하기 위해서 디스크의 데이터 파일을 미리 메모리에 로딩시켜 둘 수 있도록 다음과 같이 touch 명령을 제공한다.
>
> ```
> db.runCommand({ touch: "users", data: true, index: true })
> ```
>
> 하지만 안타깝게도 이 명령은 MMAPv1 스토리지 엔진을 사용하는 MongoDB 서버에서만 사용할 수 있으며, WiredTiger 스토리지 엔진에서는 이 명령을 지원하지 않는다. 그래서 WiredTiger 스토리지 엔진을 사용하는 MongoDB 서버에서 디스크의 데이터 파일이나 인덱스를 공유 캐시로 미리 적재(이를 캐시 워밍업이라고 함)해 두려면 다음과 같이 컬렉션의 도큐먼트나 인덱스를 한 번씩 읽어줘야 한다. 컬렉션 데이터 워밍업은 존재하지 않는 필드나 인덱스되지 않은 필드를 검색하는 쿼리를 실행하면 된다. 그리고 인덱스 워밍업은 인덱스 된 필드를 풀 스캔하는 조건의 쿼리를 실행해주면 커버링 인덱스로 처리되면서 인덱스를 WiredTiger 스토리지 엔진으로 적재한다. 물론 일치된 결과가 있더라도 클라이언트로 가져오지 않으려면 find()의 마지막에 count()를 사용하면 된다.
>
> ```
> — // 컬렉션의 도큐먼트 워밍 업
> db.users.find({NOT_EXIST_FIELD: 'dummy'}).count()
>
> — // 인덱스 워밍 업
> db.users.find({indexed_int_field:{$ne:0}})
> db.users.find({indexed_str_field:{$ne:'dummy'}})
> ```
>
> 하지만 이 작업은 그렇게 쉬운 작업이 아니다. 예를 들어, 2개의 컬렉션이 있고, 각 컬렉션이 3개의 인덱스를 가지는데 각 인덱스의 크기가 30GB라고 가정해보자. 이때 WiredTiger 스토리지 엔진의 공유 캐시가 30GB라면 6개의 인덱스 중에서 1개밖에 적재하지 못한다. 이런 경우 인덱스 6개를 차례대로 모두 워밍업을 하더라도 마지막 인덱스만 WiredTiger 공유 캐시에 남게되므로 WiredTiger 공유 캐시 메모리가 디스크의 데이터 파일보다 많이 부족할 때에는 가장 자주 사용되는 인덱스에 대해서만 워밍업 해주는 것이 좋다.
>
> MySQL 서버와 같은 오픈 소스 RDBMS에서도 그랬듯이 아마도 MongoDB 서버에도 WiredTiger 공유 캐시의 워밍업된 내용을 덤프하고, MongoDB 서버가 재시작되면서 그 내용을 자동으로 다시 로딩해주는 자동 워밍업 기능이 언젠가는 도입될 것이다. 하지만 당장 다음 버전에 도입될 가능성은 희박하므로 아주 많은 쿼리를 처리하는 MongoDB 서버라면 WiredTiger의 공유 캐시 워밍업에 대한 전략도 고려하는 것이 좋다.

2.3.6 캐시 이빅션(Cache Eviction)

WiredTiger 스토리지 엔진의 공유 캐시에서 또 하나 중요한 것은 이빅션(Eviction) 서버다. Wired
Tiger 스토리지 엔진은 공유 캐시를 위해서 지정된 크기의 메모리 공간만 사용해야 하는데, 이를 위해
서는 공유 캐시 내에 새로운 디스크 데이터 페이지를 읽어서 적재할 수 있도록 빈 공간을 항상 적절히
유지해야 한다. 그렇지 않으면 쿼리가 필요한 데이터 페이지를 디스크에서 가져오지 못하기 때문에 쿼
리의 응답 속도가 느려진다.

WiredTiger 스토리지 엔진은 공유 캐시에 적절한 빈 공간을 유지하기 위해서 이빅션 모듈을 가지고
있으며, 이를 "이빅션 서버(Eviction Server)"라고도 표현한다. 이빅션 서버는 사용자의 요청을 처리하
는 쓰레드(이를 유저 쓰레드 또는 포그라운드 쓰레드라고도 함)와는 별개로 백그라운드 쓰레드로 실행
되는데, 공유 캐시에 적재된 데이터 페이지 중에서 자주 사용되지 않는 데이터 페이지 위주로 공유 캐
시에서 제거하는 작업을 수행한다. WiredTiger 스토리지 엔진은 공유 캐시에 적재된 데이터 페이지를
스캔하면서 자주 사용되지 않는 페이지를 제거하는데, 이 과정에서 공유 캐시 스캔을 상당히 많이 수행
하게 된다. 또한 WiredTiger 캐시는 자주 접근되는 비율과 관계없이 가능하면 B-Tree의 브랜치 노드
는 공유 캐시에 남겨두려고 하는 경향이 있다.

그런데 최근에는 SSD와 같이 매우 빠르게 읽고 쓰기를 처리할 수 있는 저장 매체가 출시되면서 한번
에 읽어 들일 수 있는 데이터 페이지 수가 매우 많아졌다. 이렇게 빠른 SSD를 사용하는 경우에는 그만
큼 빠르게 공유 캐시의 불필요한 데이터 페이지가 제거돼야 하는데, WiredTiger 스토리지 엔진은 가
끔 캐시의 데이터 페이지 삭제가 데이터 페이지를 읽어 들이는 속도를 따라가지 못하는 이슈도 있었다.
그림 2-18은 이와 같은 문제점이 발생했을 때의 WiredTiger 상태 메트릭 그래프를 캡처한 것이다.

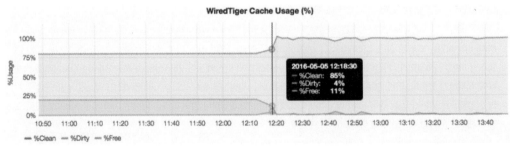

〈그림 2-18〉 WiredTiger 스토리지 엔진의 공유 캐시 사용량

Total Cache Bytes

    = db.serverStatus().wiredTiger.cache."maximum bytes configured"

Used Cache Bytes

    = db.serverStatus().wiredTiger.cache."bytes currently in the cache"

Dirty Cache Bytes

    = db.serverStatus().wiredTiger.cache."tracked dirty bytes in the cache"

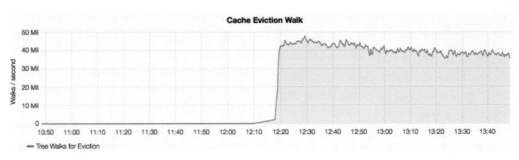

〈그림 2-19〉 WiredTiger 스토리지 엔진의 캐시 이빅션

Tree Walks for Eviction

    = db.serverStatus().wiredTiger.cache."pages walked for eviction"

그림 2-18의 그래프에서 WiredTiger 스토리지 엔진의 캐시 이빅션이 데이터 페이지 읽기 속도를 따라가지 못하기 때문에 공유 캐시의 메모리 사용량이 많아지는 모습을 확인할 수 있다. WiredTiger 스토리지 엔진의 공유 캐시는 기본적으로 80% 정도의 사용량을 유지하는데, 어느 순간 캐시 사용률이 95~100%까지 증가한 상태로 유지되고 있다. 2-19 그림의 그래프를 보면 이 시점에 이빅션 모듈이 공유 캐시 스캔을 매우 많이 수행하는 것을 확인할 수 있다. 실제 문제 시점에 캐시를 초당 5천만 번 가까이 검색(Walk)하고 있는 것을 알 수 있다. 이 현상은 MongoDB 3.2의 초반 버전 대에서 자주 발생했는데, 지금(MongoDB 3.2 후반 버전 또는 MongoDB 3.4 버전)은 많이 나아진 것으로 확인됐다 (https://jira.mongodb.org/browse/SERVER-23778). 하지만 완전히 해결된 문제는 아닌 것으로 보이며, 여전히 MongoDB에서는 관심을 가지고 개선을 진행하고 있는 것으로 보인다.

이렇게 WiredTiger 스토리지 엔진의 백그라운드 이빅션 쓰레드가 적절히 공유 캐시의 여유 공간을 확보하지 못하면 WiredTiger 스토리지 엔진에서는 사용자의 쿼리를 처리하는 포그라운드 쓰레드에서 직접 캐시 이빅션을 실행한다. 이런 상황이 되면 쿼리를 처리해야 할 쓰레드들이 캐시 이빅션까지 처리해야 하기 때문에 MongoDB의 쿼리 처리 성능은 현저하게 떨어진다. 그림 2-20의 그래프는 공유 캐시의 데이터 페이지를 어느 쓰레드가 얼마나 삭제하는지에 대한 메트릭을 수집한 그래프다.

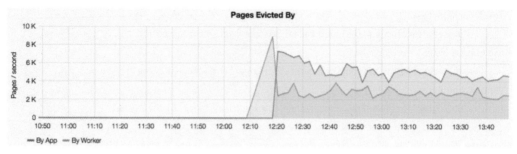

〈그림 2-20〉 WiredTiger 스토리지 엔진의 캐시 이빅션 실행 쓰레드

```
Evicted by Application Thread =
        db.serverStatus().wiredTiger.cache."pages evicted by application threads"
Evicted by Worker Thread =
        db.serverStatus().wiredTiger.cache."eviction worker thread evicting pages"
```

그림 2-20의 그래프를 보면 "By Worker" 그래프보다 "By App"에 의해서 삭제되는 데이터 페이지가 훨씬 많은 것을 확인할 수 있다. 만약 정상적인 상황이라면 "By App"의 수치는 0에 가깝고 "By Worker" 그래프의 수치만 보여야 한다.

이 책에서 WiredTiger 스토리지 엔진의 모든 메트릭을 소개할 수는 없지만, MongoDB의 상태를 제대로 파악하려면 MongoDB 서버의 db.serverStatus()에서 출력하는 WiredTiger 스토리지 엔진과 관련된 메트릭은 가능하면 모두 그래프화해서 모니터링하는 것이 좋다. 의미를 모른다 하더라도 서버의 상태와 메트릭의 움직임만으로도 많은 것을 배울 수 있을 것이다.

WiredTiger 스토리지 엔진의 이빅션 모듈의 작동 방식을 튜닝할 수 있는 옵션으로는 다음과 같은 것들이 있다.

threads_max	공유 캐시에서 사용되지 않는 데이터 페이지를 제거하는 이빅션 쓰레드를 최대 몇 개까지 사용할 것인지 설정. 쓰레드는 최소 1개부터 20개까지 설정 가능.
threads_min	공유 캐시에서 사용되지 않는 데이터 페이지를 제거하는 이빅션 쓰레드를 최소 몇 개부터 사용할 것인지 설정. 쓰레드는 최소 1개부터 20개까지 설정 가능. 처음에는 threads_min에 설정된 개수의 이빅션 쓰레드로 작동하다가 데이터 페이지를 더 빨리 공유 캐시에서 제거해야 하면 최대 threads_max에 설정된 개수까지 쓰레드를 생성한다.
eviction_dirty_target	공유 캐시에서 더티 페이지의 비율이 eviction_dirty_target에 설정한 비율을 넘지 않도록 유지한다. 비율은 전체 캐시 크기 대비 더티 페이지의 비율로 설정한다. 기본값은 80%다.

eviction_target	공유 캐시에서 데이터 페이지의 비율(전체 캐시 대비 사용률)이 eviction_dirty_target에 설정한 비율을 넘지 않도록 유지한다. 비율은 전체 캐시 크기 대비 데이터 페이지가 사용 중인 크기의 비율로 설정된다. 기본값은 80%다.
eviction_trigger	전체 공유 캐시 크기 대비 데이터 페이지의 사용률이 eviction_trigger를 넘어서면 사용자 쓰레드의 이빅션을 시작한다. 이빅션 쓰레드(백그라운드)의 페이지 제거 작업은 eviction_trigger 설정값과 무관하게 항상 작동한다.

WiredTiger 스토리지 엔진의 이빅션과 관련된 MongoDB의 표준 설정 방법은 없으며, 매뉴얼에서도 별도로 소개하고 있지 않다. 그래서 이 값들은 engineConfig 섹션의 configString 옵션을 사용해서 명시해야 한다.

```
...
storage:
    engine: wiredTiger
    wiredTiger:
        engineConfig:
            cacheSizeGB: 10
                configString: "eviction=(threads_max=10,threads_min=1),eviction_dirty_
target=80,eviction_target=80,eviction_trigger=95"
...
```

2.3.7 체크포인트(Checkpoint)

WiredTiger 스토리지 엔진도 사용자의 요청을 빠르게 처리하면서 커밋된 트랜잭션의 영속성을 보장하기 위해서 트랜잭션 로그(WAL, 저널 로그)를 먼저 기록하고, 데이터 파일에 기록하는 작업은 사용자의 트랜잭션과 관계없이 뒤로 미뤄서 처리한다. 이런 트랜잭션 DBMS들은 모두 체크포인트(Checkpoint)라는 개념을 가지고 있는데, 체크포인트는 데이터 파일과 트랜잭션 로그가 동기화되는 시점을 의미한다. 체크포인트는 주기적으로 실행되는데, 체크포인트가 실행돼야만 오래된 트랜잭션 로그를 삭제하거나 새로운 트랜잭션 로그로 덮어쓸 수 있게 된다.

그림 2-21은 데이터 파일과 트랜잭션 로그에 기록된 마지막 트랜잭션의 번호를 시간별로 예시를 만들어 본 것이다.

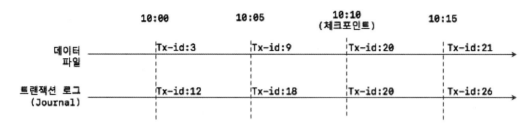

〈그림 2-21〉 트랜잭션 로그와 데이터 파일의 데이터 동기화

10:00 시점에 데이터 파일에 기록된 마지막 트랜잭션은 3번이지만, 트랜잭션 로그는 12번까지 기록됐다. 즉 이 시점에는 트랜잭션 로그가 훨씬 빠르게 디스크로 동기화되고 있는 것이다. 그리고 10:05 시점에도 동일하게 트랜잭션 로그가 더 빨리 동기화되고 있는 것을 확인할 수 있다. 그런데 10:10 시점에는 체크포인트가 실행되면서 데이터 파일과 트랜잭션 로그에 기록된 마지막 트랜잭션이 동일하게 20번으로 동기화됐다. 하지만 10:15 시점에는 다시 체크포인트가 없기 때문에 데이터 파일과 트랜잭션 로그에서 마지막으로 저장된 트랜잭션이 다른 것을 확인할 수 있다.

체크포인트는 DBMS 서버가 크래시되거나 서버가 응답 불능으로 인해서 비정상 종료됐다가 재시작됐을 때, 복구를 시작할 시점을 결정하는 기준이 된다. 그래서 체크포인트의 간격이 너무 길면 DBMS 서버의 복구 시간이 길어지게 되고, 너무 빈번하게 체크포인트가 발생하면 DBMS 서버가 쿼리를 처리하는 능력이 떨어진다. 오라클 DBMS나 MySQL 서버의 InnoDB 스토리지 엔진은 퍼지(Fuzzy) 체크포인트 방식을 사용한다. 퍼지 체크포인트는 강제적으로 데이터 파일과 트랜잭션 로그를 최근 시점의 트랜잭션으로 동기화하는 것이 아니라, 조금 오래전 시점에 발생했던 트랜잭션을 체크포인트 기준점으로 선택하는 방식을 말한다. 이런 퍼지 체크포인트 방식은 문제가 발생했을 때 복구 시간이 조금 더 길어지지만, 체크포인트 실행 시점에 과다한 디스크 쓰기(더티 페이지의 데이터 파일 동기화)를 피할 수 있다. 하지만 WiredTiger 스토리지 엔진은 샤프 체크포인트(Sharp checkpoint) 방식을 채택하고 있다. 샤프 체크포인트 방식은 평상시에는 디스크 쓰기가 별로 많지 않지만, 체크포인트가 실행되는 시점에 한번에 모아서 더티 페이지를 기록하는 패턴을 보인다.

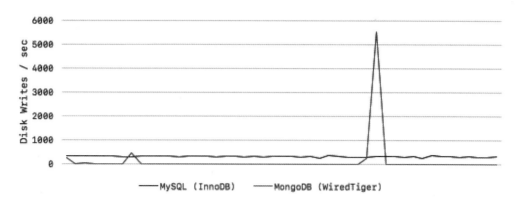

〈그림 2-22〉 MySQL(InnoDB)와 MongoDB(WiredTiger)의 디스크 쓰기 패턴 비교

그림 2-22는 퍼지 체크포인트(Fuzzy checkpoint)를 사용하는 InnoDB(MySQL) 스토리지 엔진
과 WiredTiger(MongoDB) 스토리지 엔진의 디스크 데이터 파일의 쓰기 패턴을 비교한 것이다.
InnoDB 스토리지 엔진은 체크포인트와 무관하게 초단위로(때로는 10초 단위로) 일정하게 디스크 쓰
기를 실행하고, WiredTiger 스토리지 엔진은 평상시에는 쓰기를 거의 하지 않고 체크포인트가 발생하
는 시점에 상당히 많은 쓰기가 순간적으로 발생한다. 이렇게 순간적으로 많은 쓰기가 발생하면 동일 시
점에 디스크의 데이터 파일에 데이터 페이지를 읽어야 하는 쿼리들은 처리가 지연되고 이로 인해서 시
스템의 부하가 높아질 수도 있다. 하지만 안타깝게도 아직 WiredTiger 체크포인트 시점의 쓰기 양을
제어할 수 있는 옵션은 제공되지 않고 있다.

WiredTiger 스토리지 엔진의 체크포인트(더티 페이지 플러시 과정)는 기존의 RDBMS와는 조금 독특
하게 실행된다. 그림 2-23의 예시와 같은 B-Tree를 가진 컬렉션이 응용 프로그램의 데이터 변경으로
A와 B 그리고 E 데이터 페이지가 변경됐고, B 브랜치 노드 하위에 새로운 페이지(F)가 추가됐다고 가
정해보자.

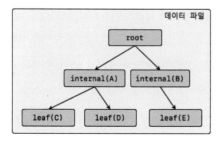

〈그림 2-23〉 B-Tree 예시

이때 체크포인트가 실행되면 WiredTiger 스토리지 엔진은 그림 2-24와 같이 새로 변경되고 추가된 페이지 중에서 리프 노드만 먼저 기록한다.

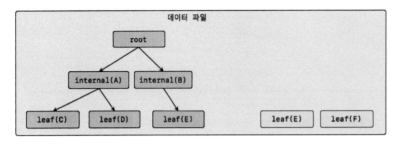

〈그림 2-24〉 변경된 리프 페이지가 디스크에 기록된 상태의 B-Tree 예시

이때 F 페이지는 새로 생성됐기 때문에 데이터 파일 내에 새로운 페이지 공간을 할당받아서 기록한다. 그런데 E 페이지와 같이 기존에 있던 페이지의 내용이 변경된 경우에도 WiredTiger 스토리지 엔진은 기존의 데이터 페이지를 덮어쓰지 않고 새로운 페이지 공간을 할당받아서 저장한다. 이렇게 리프 페이지의 데이터 파일의 저장이 완료되면 그림 2-25와 같이 WiredTiger 스토리지 엔진은 변경된 B-Tree의 브랜치(Internal) 노드를 데이터 파일에 기록한다.

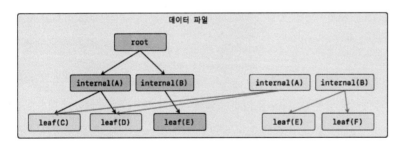

〈그림 2-25〉 인터널(브랜치) 페이지가 디스크에 기록된 상태의 B-Tree 예시

브랜치(Branch) 노드가 디스크의 데이터 파일로 기록되면서 변경되지 않은 리프 노드(C와 D)는 기존의 데이터 파일에 있던 데이터 페이지를 가리키도록 한다. 이 시점에 리프 노드 C와 D는 두 개의 B-Tree에서 동시에 사용 중인 상태가 된다. 이렇게 B-Tree의 브랜치 노드가 모두 디스크에 기록되면 마지막으로 그림 2-26과 같이 새로 만들어진 B-Tree의 루트(root) 노드를 디스크에 기록한다.

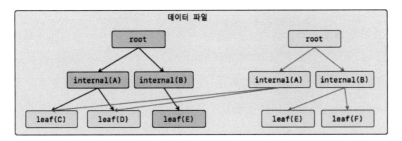

〈그림 2-26〉 루트 페이지가 디스크에 기록된 상태의 B-Tree 예시

이렇게 B-Tree의 루트 노드가 디스크의 데이터 파일에 기록되면 최종적으로 하나의 컬렉션에 대해서 두 개의 B-Tree가 남게 된다. 변경된 모든 데이터의 디스크 기록이 완료되면 WiredTiger 스토리지 엔진은 컬렉션의 메타 데이터가 새로운 루트 노드를 가리키도록 변경한다. 컬렉션의 메타 정보가 가리키는 B-Tree의 루트 노드가 변경되면 이때부터는 모든 사용자가 새로운 B-Tree에서 데이터를 조회하게 된다.

> ⓘ 주의
>
> "새로운 B-Tree에서 데이터를 조회하게 된다"는 설명이 사용자의 쿼리가 체크포인트 이전 시점의 데이터만 볼 수 있다가, 체크포인트가 실행된 후에는 체크포인트 이후 시점만의 데이터를 볼 수 있다는 것을 의미하지는 않는다. 체크포인트와 사용자가 참조하는 데이터의 가시 범위는 전혀 무관하다. 사용자의 데이터 가시 범위에 대해서는 MVCC나 트랜잭션에서 다시 살펴보겠다.

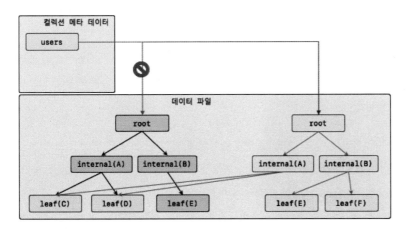

〈그림 2-27〉 최종 메타 데이터 변경이 디스크에 기록된 상태의 B-Tree 예시

이런 과정을 거쳐서 WiredTiger 스토리지 엔진의 체크포인트 작업은 마무리된다. 체크포인트 작업이 마무리되면 WiredTiger 스토리지 엔진은 기존 B-Tree의 루트 노드 하위에 있는 모든 노드를 삭제한다. 이때 두 개의 리프 노드(C와 D)는 새로운 B-Tree의 루트 노드도 사용 중이므로 삭제하지 않고 남겨둔다. 그림 2-28은 기존의 B-Tree를 삭제하고, 새로운 B-Tree만 남겨진 데이터 파일의 구조를 보여주고 있다. 이때 삭제된 B-Tree가 사용하던 데이터 페이지 공간은 모두 B-Tree의 빈 공간으로 반납된다.

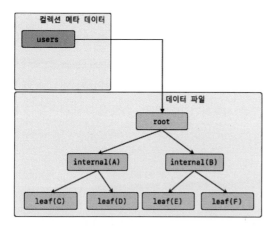

〈그림 2-28〉 사용되지 않은 페이지들이 삭제된 상태의 B-Tree 예시

WiredTiger의 체크포인트 과정은 조금 난해할 수도 있다. WiredTiger 스토리지 엔진의 체크포인트는 절대 기존의 B-Tree 구조를 덮어 쓰지 않는다. 체크포인트가 이런 과정을 거치므로 WiredTiger 스토리지 엔진의 데이터 파일은 어떤 상태로 크래시되더라도 트랜잭션 로그의 복구 과정 없이 마지막 체크포인트의 데이터 상태를 유지할 수 있다. 또한 WiredTiger의 체크포인트는 데이터베이스의 스냅샷처럼 사용되기도 한다. 하지만 현재 MongoDB 서버에서는 스냅샷을 활용할 수 있는 기능이 없으므로 스냅샷에 대한 설명은 생략하겠다.

WiredTiger의 체크포인트는 앞서 살펴본 장점도 있지만, 데이터 파일의 공간 활용 면에서 보면 조금 불리한 부분도 있다. 예를 들어, B-Tree의 모든 페이지가 변경됐다고 가정하면 WiredTiger 스토리지 엔진은 체크포인트 시점에 모든 B-Tree 노드를 디스크 데이터 파일에 모두 기록해서 완전히 새로운 B-Tree를 만들게 된다. 그래서 최악의 경우에 체크포인트가 실행되면 기존 데이터 파일의 2배가 될 수도 있다. 하지만 이는 공간적인 측면에서 불리한 점이지, WiredTiger 스토리지 엔진의 체크포인트 방식으로 인해서 더 많은 디스크 쓰기가 발생하는 것은 아니다.

WiredTiger 스토리지 엔진은 체크포인트를 제어할 수 있도록 다음과 같은 옵션을 제공하고 있다.

log_size	WiredTiger 스토리지 엔진이 얼마나 자주 체크포인트를 실행할 것인지 결정하는 옵션으로 log_size 옵션에 설정된 크기만큼 트랜잭션 로그 쓰기가 발생하면 체크포인트를 실행한다. 기본값은 0으로, WiredTiger 스토리지 엔진이 체크포인트 시점을 결정하도록 한다.
wait	WiredTiger 스토리지 엔진이 지정된 시간 동안 대기했다가 주기적으로 체크포인트를 실행하도록 설정한다. wait 옵션에는 체크포인트를 실행할 주기를 초 단위로 설정한다. 기본값은 0으로, WiredTiger 스토리지 엔진이 체크포인트 시점을 결정하도록 한다.
name	체크포인트의 이름을 설정한다. 체크포인트의 이름을 명시적으로 설정하는 작업은 WiredTiger 스토리지 엔진을 임베드해서 사용하는 응용 프로그램에서만 필요하며, MongoDB 서버의 스토리지 엔진으로 사용하는 경우에는 별도로 설정하지 않는 것이 좋다.

WiredTiger 스토리지 엔진의 체크포인트 설정은 다음과 같이 명시적으로 변경할 수 있다.

```
...
storage:
    engine: wiredTiger
    wiredTiger:
        engineConfig:
            cacheSizeGB: 10
            configString: "checkpoint=(log_size=2G,wait=0)"
...
```

참고 WiredTiger 스토리지 엔진의 옵션 설정에서 정수값(파일의 크기나 메모리 사이즈 등)은 숫자로만 값을 설정할 수도 있지만, 다음과 같이 접미어를 붙여서 표현할 수도 있다.

접미어	의미	
B 또는 b	Byte	
K 또는 k	Kilo Byte	2^{10} = 1024
M 또는 m	Mega Byte	2^{20} = 1024 x 1024
G 또는 g	Giga Byte	2^{30} = 1024 x 1024 x 1024

예를 들어, 500B는 접미어를 붙이지 않고 입력한 500과 같으며, 500K는 512,000 그리고 500GB는 536,870,912,000과 같은 값을 의미한다.

MongoDB 서버가 시작되면서 WiredTiger 스토리지 엔진을 초기화할 때, "checkpoint=(log_size=2G,wait=60)" 옵션으로 WiredTiger 스토리지 엔진을 시작한다. 그래서 MongoDB 서버에 내장된 WiredTiger 스토리지 엔진은 마지막 체크포인트 시점으로부터 60초 주기 또는 저널 로그가 2GB를 넘으면 체크포인트를 실행하게 된다.

MongoDB 3.2 버전부터는 레플리카 셋의 데이터 일관성과 빠른 페일 오버(프라이머리 선출)를 위해서 세컨드리(투표권을 가진 세컨드리)의 데이터가 디스크에 영구적으로 보관(Durability 강화)되도록 강제하고 있다. 그런데 WiredTiger 스토리지 엔진의 저널 로그가 활성화되지 않은 경우(storage 옵션의 journal.enabled 옵션이 false로 설정)에는 데이터의 영구적인 보관을 위해 변경된 데이터를 항상 파일에 동기화해두어야 한다. 이를 위해서 MongoDB 3.2 버전부터 레플리카 셋에 투입된 세컨드리 멤버가 저널 로그가 없는 경우에는 계속해서 체크포인트를 실행하도록 작동한다. 그로 인해서 체크포인트가 끊임없이 발생하게 되고, 그만큼 디스크 쓰기가 계속해서 많이 발생할 수도 있다. 그림 2-29와 그림 2-30의 그래프는 저널 로그가 비활성화 상태일 때와 활성화 상태일 때, 체크포인트가 실행된 주기를 보여주고 있다.

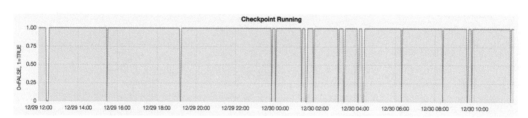

〈그림 2-29〉 저널 로그가 비활성화된 WiredTiger의 체크포인트 실행

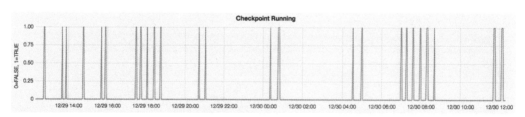

〈그림 2-30〉 저널 로그 활성화된 WiredTiger의 체크포인트 실행

그림 2-29에서 저널 로그가 비활성인 경우에는 체크포인트 그래프가 항상 1(체크포인트 실행 중)인 것을 확인할 수 있다. 반면 그림 2-30에서는 저널 로그가 활성화되면서부터 체크포인트가 일정 주기(데이터 쓰기량 기준)로 가끔씩 실행되는 것을 확인할 수 있다. 만약 의도적으로 저널 로그를 비활성화 한

레플리카 셋에서는 writeConcern이 {w:2, j:true} 이상으로 설정되면 복제의 각 멤버는 저널 로그가 없기 때문에 저널 로그까지의 데이터 동기화를 달성할 수가 없다. 그래서 이런 경우 에러가 발생하는데, 이 에러를 막기 위해서는 레플리카 셋 설정에서 writeConcernMajorityJournalDefault 옵션을 false로 설정해야 한다.

그렇다면 저널 로그가 활성화된 세컨드리 멤버(투표권을 가진 세컨드리)에서는 어떤 현상이 발생하게 될까? 그림 2-31에서는 프라이머리 멤버와 세컨드리 멤버의 디스크 쓰기 횟수를 그래프로 그려본 것이다.

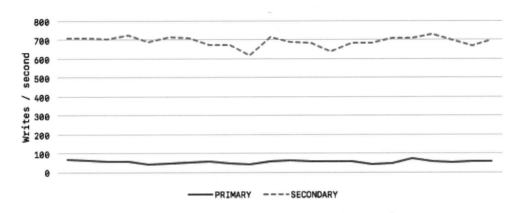

〈그림 2-31〉 저널 로그가 활성화된 레플리카 셋의 디스크 쓰기 횟수

MongoDB 3.2 버전부터 저널 로그가 활성화되면 레플리카 셋에서 투표권을 가진 세컨드리 멤버는 체크포인트가 빈번하게 실행되는 대신 저널 로그를 매우 빈번하게 디스크로 동기화하도록 변경됐다. MongoDB 설정 파일의 storage.journal.commitIntervalMs 옵션에 설정된 시간과는 무관하게 매우 빈번하게 디스크 쓰기가 발생하는 것이다. 그래서 프라이머리 멤버에서는 storage.journal.commitIntervalMs 옵션에 따라 실행되므로 디스크 쓰기가 거의 발생하지 않는 반면, 세컨드리 멤버는 상당한 디스크 쓰기가 발생한다. 세컨드리 멤버의 디스크 쓰기는 INSERT와 UPDATE 그리고 REMOVE 명령이 실행되는 횟수에 따라서 더 증가하거나 줄어들 수도 있다. 이렇게 과도한 쓰기는 서버의 디스크 구성에 따라서 서비스 영향도가 커질 수도 있고 작아질 수도 있다. 하지만 평상시에 디스크 읽고 쓰기가 많은 서버에서는 어느 정도 사용자 쿼리 처리의 영향도는 피할 수 없을 것이다.

2.3.8 MVCC(Multi Version Concurrency Control)

MVCC(Multi Version Concurrency Control)는 하나의 레코드(도큐먼트)에 대해서 여러 개의 버전을 동시에 관리하면서 필요에 따라 적절한 버전을 사용할 수 있게 해주는 기술이다. 간단히 데이터가 변경되면 여러 개의 버전이 어떻게 관리되고, 어떻게 사용하는지 한번 살펴보자. 그림 2-32는 디스크의 데이터 페이지가 WiredTiger 스토리지 엔진의 공유 캐시에 적재된 초기 상태를 보여주고 있다. 적재된 초기 상태에서는 아직 아무도 데이터를 변경하지 않았기 때문에 "변경 이력(Change history)"은 비어있다. 그리고 각 도큐먼트의 "Trx-id" 값은 그 도큐먼트를 변경한 최종 트랜잭션 아이디를 의미한다.

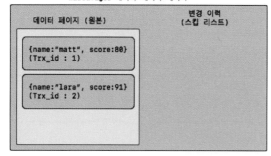

〈그림 2-32〉 공유 캐시의 초기 상태

이때 새로운 컨넥션에서 트랜잭션 아이디 12로 새로운 트랜잭션을 시작하고, 다음과 같은 UPDATE 명령으로 name 필드의 값이 "matt"인 도큐먼트를 변경해보자.

```
db.users.update( {name:"matt"}, {$set: {score: 84}} )
```

그러면 WiredTiger 스토리지 엔진은 디스크에서 읽어 온 데이터 페이지(Data Page Image)의 도큐먼트를 직접 변경하지 않고, 그림 2-33과 같이 변경 이력에 새로운 변경 데이터를 기록한다. 이때 트랜잭션 아이디 12에 의해서 변경됐다고 같이 기록한다.

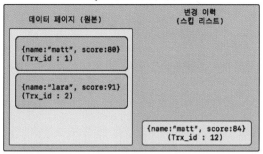

〈그림 2-33〉 변경된 내용이 스킵 리스트에 기록된 상태의 공유 캐시

이제 트랜잭션 아이디 17과 21에서 다음과 같이 도큐먼트를 변경해보자.

```
db.users.update( {name:"lara"}, {$set: {score: 97}} )
db.users.update( {name:"matt"}, {$set: {score: 78}} )
```

이번에도 동일하게 디스크에서 읽어온 데이터 페이지는 그대로 유지하고, 그림 2-34와 같이 새롭게 변경된 데이터를 변경 이력에 추가한다. WiredTiger 스토리지 엔진은 메모리상에서 도큐먼트의 변경 이력을 저장하기 위해서 스킵 리스트를 사용하는데, 최근의 변경은 스킵 리스트의 앞쪽으로 정렬해서 최근의 데이터를 더 빠르게 검색할 수 있도록 유지한다.

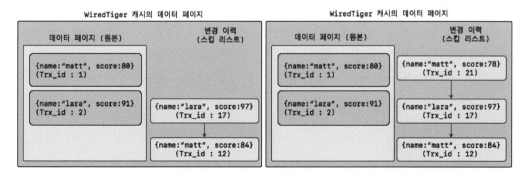

〈그림 2-34〉 추가로 변경된 내용이 스킵 리스트에 기록된 상태의 공유 캐시

WiredTiger 스토리지 엔진은 디스크 데이터를 직접 덮어쓰지 않고, 새롭게 변경되는 데이터를 리스트로 관리하면서 각각의 도큐먼트에 대해서 여러 개의 버전이 관리되도록 유지한다. 그런데 이렇게 새로운 버전을 계속 리스트에 추가하기만 하면 상당히 많은 메모리가 추가로 필요하게 될 것이다. 그래서

WiredTiger 스토리지 엔진은 변경 이력이 늘어나서 memory_page_max 설정 값보다 큰 메모리를 사용하는 페이지를 찾아서 자동으로 디스크에 기록하는 작업(Eviction)을 수행한다. 이때 리컨실리에이션(Reconciliation) 과정을 거치면서 원래의 데이터 페이지 내용과 변경된 내용이 병합돼서 디스크에 기록되는데, 데이터가 너무 큰 경우에는 2개 이상의 페이지로 나뉘어서 디스크에 기록되기도 한다.

memory_page_max 설정값 또한 다음과 같이 MongoDB 설정 파일에 명시적으로 설정할 수 있다. 원래 memory_page_max 옵션의 초기값은 100MB였는데, 이렇게 하면 리컨실리에이션(Reconciliation) 과정의 시간이 오래 걸리는 문제가 있어서 현재 버전의 WiredTiger 스토리지 엔진에서는 초기값으로 10MB가 설정되고 있다. 만약 도큐먼트의 크기가 크고 주로 하나의 페이지에 속한 도큐먼트가 자주 변경될 가능성이 높다면 (그래서 WiredTiger 스토리지 엔진의 처리가 가끔씩 지연되는 현상이 발생한다면) memory_page_max를 조금 더 크게 설정해서 확인해볼 필요가 있다.

```
...
storage:
    engine: wiredTiger
    wiredTiger:
        engineConfig:
            cacheSizeGB: 10
            configString: "memory_page_max=20m"
...
```

하지만 서비스에 특별히 서비스의 성능을 저해하는 문제가 없다면 굳이 이 설정을 변경해서 서비스를 시작하는 방법은 권장하지 않는다. 일반적인 크기의 도큐먼트에서 변경 데이터가 골고루 저장되는 환경이라면 굳이 이 설정을 변경할 필요는 없다. 또한 앞에서도 언급했듯이 WiredTiger 스토리지 엔진의 configString 옵션으로 설정을 변경하는 방법은 MongoDB 매뉴얼에서 소개하는 방법이 아니므로 언제 변경되거나 사라질지 모르기 때문이다.

이제 사용자의 데이터 변경을 변경 이력에 저장하는 과정에서 쿼리가 실행됐을 때 어떻게 작동하는지 간단하게 살펴보자. 그림 2-35는 설명의 편의를 위해서 마지막 UPDATE가 실행됐을 때의 캐시의 페이지 상태를 도식화한 것이다.

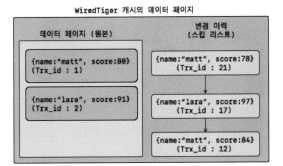

〈그림 2-35〉 변경된 내용이 스킵 리스트에 기록된 상태의 공유 캐시

마지막 UPDATE 문장까지 실행돼서 3개의 변경 이력을 가지게 됐다. 이때 name 필드의 값이 "matt"인 도큐먼트를 찾는 쿼리가 실행됐다고 가정해보자. 그러면 WiredTiger 스토리지 엔진은 어떤 도큐먼트를 반환해야 할까? 이때 반환해야 하는 도큐먼트를 결정하는데 있어서 중요한 것이 데이터를 쿼리하는 컨넥션의 트랜잭션 아이디다. 아래 표는 쿼리를 실행하는 트랜잭션의 번호에 따른 반환 결과를 보여주고 있다.

반환 데이터	검색 수행 컨넥션의 트랜잭션 아이디
{name:"matt", score:80}	1 <= Trx_id <12
{name:"matt", score:84}	12 <= Trx_id < 21
{name:"matt", score:78}	21 <= Trx_id

반드시 검색을 실행하는 컨넥션은 자신의 트랜잭션 번호보다 낮은 트랜잭션이 변경한 마지막 데이터만 볼 수가 있다. 자신보다 트랜잭션 번호가 높은 변경은 자신이 트랜잭션을 시작한 이후의 변경이기 때문에 미래의 데이터가 되는 것이여서 보이면 안되는 것이다. 이는 REPEATABLE-READ 격리 수준과 동일한 형태의 처리 방법이다. WiredTiger 스토리지 엔진은 READ_UNCOMMITTED와 READ_COMMITTED 그리고 SNAPSHOT 3가지의 격리 수준을 제공하는데, MongoDB 서버에 내장된 WiredTiger 스토리지 엔진은 SNAPSHOT 격리 수준을 기본 격리 수준으로 선택하고 있다. WiredTiger 스토리지 엔진의 SNAPSHOT 격리 수준은 REPEATABLE-READ와 동일한 격리 수준이다.

> **참고**
>
> WiredTiger 스토리지 엔진에서 변경 이력을 원래 페이지에 병합하는 작업은 사실 변경 이력이 차지하는 메모리 사용량만으로 결정되는 것은 아니다. 예를 들어, 그림 2-35에서 트랜잭션 아이디 1에 의해서 변경된 도큐먼트는 트랜잭션 아이디 12보다 작은 번호의 트랜잭션에 의해서 참조된다. 만약 12보다 작은 트랜잭션 아이디를 가진 트랜잭션이 현재 활성 상태라면 트랜잭션 1번에 의해서 변경된 데이터는 아직 참조될 가능성이 있는 것이다. 그래서 트랜잭션 12번에 의해서 변경된 데이터를 트랜잭션 1번에 의해서 변경된 데이터 공간에 덮어쓰지 못하는 것이다. 따라서 장시간 실행되는 트랜잭션이 있다면 페이지의 원본 이미지와 변경 내용을 병합하지 못하게 될 수도 있다.
>
> 이런 현상은 트랜잭션을 지원하는 RDBMS에서 흔히 발생하는 현상이며, 자주 서버의 부하를 유발하는 문제가 되곤 한다. WiredTiger 스토리지 엔진도 원래 초기 설계에 트랜잭션을 고려했기 때문에 같은 문제가 있었다. 하지만 MongoDB 서버는 트랜잭션을 그다지 엄격하게 유지하지는 않는다. MongoDB 서버는 큰 트랜잭션을 다시 작은 트랜잭션으로 분리해서 실행하므로 기존 RDBMS들의 트랜잭션처럼 장시간 실행되는 트랜잭션의 문제는 발생하지 않는다. 이는 장점이 될 수도 있고 단점이 될 수도 있는데, 그 이유는 "잠금과 트랜잭션"에서 다시 살펴보겠다.

2.3.9 데이터 블록(페이지)

WiredTiger 스토리지 엔진은 데이터를 저장하기 위해서 고정된 크기의 블록(페이지)을 사용하지는 않는다. 하지만 하나의 페이지가 너무 커지는 것을 막기 위해서 하나의 페이지에 대해서 최대 크기에 대한 제한은 하고 있다. 다른 DBMS와는 조금 달리 WiredTiger 스토리지 엔진은 B-Tree의 인터널 노드(브랜치 노드)와 리프 노드의 페이지 크기를 다르게 설정할 수 있다. 이렇게 인터널 페이지와 리프 페이지의 크기를 다르게 설정하는 이유는 인터널 노드는 리프 노드를 구분하는 인덱스 키만 가지기 때문에 저장되는 데이터가 그다지 많지 않아도 되기 때문이다. 그래서 WiredTiger 스토리지 엔진의 자체적인 기본값은 인터널 페이지의 최대 크기는 4KB이며, 리프 페이지의 최대 크기는 32KB다.

> **참고**
>
> 사실 WiredTiger 스토리지 엔진은 컬렉션별로 데이터 페이지의 크기를 조정할 수도 있다. 하지만 너무 미세하게 설정을 변경하는 것은 시스템의 운영 비용을 높이는 결과를 낳는다. 그리고 시스템이 이렇게 디테일한 설정에 맞춰서 풀-파워로 작동하고 있다면 이는 관리 작업으로 인한 실수를 쉽게 유발하게 되고, 그로 인해서 시스템의 과부하 문제를 자주 경험하게 될 가능성이 높다. 서비스의 패턴에 맞게 최적화해서 사용하는 것은 좋지만, 1~2% 정도의 성능 향상을 위해서 생산성이나 관리성을 포기하는 것은 잘못된 선택일 수도 있다는 것이다. 물론 이런 미세한 최적화로 인해서 시스템의 성능이 10~20% 향상된다면 이런 최적화를 포기할 이유가 없지만 말이다.

WiredTiger 스토리지 엔진에서 하나 더 독특한 점은 컬렉션의 데이터 페이지 크기와 인덱스의 페이지 크기를 다르게 설정할 수 있다는 것이다. 사실 WiredTiger 스토리지 엔진에서 이렇게 용도별로 페이지의 크기를 다양화할 수 있는 것은 WiredTiger 스토리지 엔진이 내부적으로는 고정된 페이지 사이즈를 사용하지 않기 때문이다. WiredTiger 스토리지 엔진의 컬렉션과 인덱스에 대해서 페이지 크기를 변경하려면 다음과 같이 설정 파일에서 collectionConfig와 indexConfig 옵션을 변경하면 된다.

```
...
    wiredTiger:
        engineConfig:
            cacheSizeGB: 20
        collectionConfig:
            configString: "internal_page_max=4K,leaf_page_max=64K"
        indexConfig:
            configString: "internal_page_max=4K,leaf_page_max=64K"
...
```

위 설정은 컬렉션의 데이터를 저장하는 B-Tree에서 인터널 노드는 4KB 그리고 리프 페이지는 64KB로, 그리고 인덱스를 저장하는 B-Tree의 인터널 노드는 4KB 그리고 리프 페이지는 16KB로 설정하고 있다. 인덱스와 컬렉션의 페이지 사이즈를 조정할 때는 응용 프로그램이 데이터를 어떤 패턴으로 읽고 변경하는지 확인이 필요하다. 만약 대량의 INSERT와 분석이나 배치 작업을 위한 대량의 조회가 주요 접근 패턴이라면 가능하면 페이지의 크기를 크게 가져가는 것이 좋다. 그리고 사용자가 주로 소규모의 도큐먼트를 아주 빈번하고 랜덤하게 데이터를 읽고 변경하는 응용 프로그램에서는 가능하면 페이지의 크기를 작게 설정하는 것이 좋다.

> **(!) 주의**
>
> 배치나 분석 용도로 사용되는 MongoDB 서버라고 하더라도 인덱스 페이지의 크기는 크게(기본값 이상) 설정하지 않는 것이 좋다. 간단히 다음과 같이 2개의 인덱스를 가지는 컬렉션을 한번 생각해보자.
>
> ```
> db.createCollection("access_log")
> db.access_log.createIndex( {client_ip: 1} )
> db.access_log.createIndex( {access_dttm: 1} )
> ```
>
> 물론 당연히 페이지가 16KB일 때보다 64KB일 때 데이터의 읽기 성능은 나아질 것이다. 그런데 데이터를 INSERT하거나 UPDATE 또는 DELETE하는 경우에는 어떨까?
>
> 일반적으로 대용량의 분석이나 배치 작업용의 데이터는 저장도 한꺼번에 벌크로 적재된다. 이때 access_dttm 필드의 값은 시간 순서대로 access_log가 저장되기 때문에 결과적으로 정렬돼서 INSERT되는 효과를 내게 된다. 그래서 access_dttm 은 거의 B-Tree의 마지막 리프 페이지에만 키 엔트리 추가 작업이 발생한다. 그런데 client_ip는 의도적으로 정렬해서 적재하지 않는 이상, 매우 랜덤하게 인덱스 키 엔트리가 추가될 가능성이 높다. 그렇다면 access_log 컬렉션에 INSERT가 실행될 때마다 client_ip 필드의 B-Tree 인덱스 모든 페이지들이 메모리에 적재돼야 한다. 그런데 client_ip 필드의 인덱스가 WiredTiger 공유 캐시보다 큰 경우에는 아주 많은 디스크 읽고 쓰기가 발생할 것이다. 이때 읽고 쓰는 데이터가 64KB 정도라면 디스크 읽고 쓰기는 더 부담스러워지고 WiredTiger 스토리지 엔진의 공유 캐시는 더 비효율적으로 작동하게 된다.

그림 2-36은 WiredTiger 스토리지 엔진의 데이터 페이지 크기를 128KB로 했을 때와 16KB로 했을 때의 차이를 비교한 그래프다. 데이터 페이지의 크기가 128KB인 경우에는 도큐먼트의 한 건 또는 인덱스 엔트리 하나를 변경하기 위해서 매번 128KB를 읽어야 하므로 WiredTiger 스토리지 엔진의 공유 캐시가 매우 많이 낭비될 것이다. 그로 인해서 디스크에서 데이터 페이지를 읽는 횟수도 많이 발생할 뿐만 아니라, 실제 읽어야 하는 데이터의 크기도 훨씬 크다. 그에 반해서 16KB일 때는 공유 캐시가 훨씬 효율적으로 사용되며, 그만큼 읽고 쓰기도 적게 발생한다는 것을 확인할 수 있다.

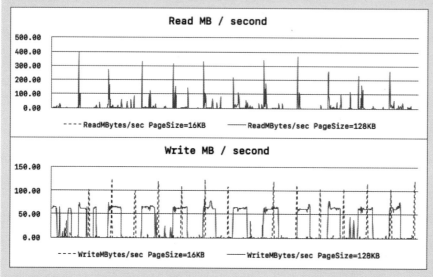

〈그림 2-36〉 페이지 크기에 따른 디스크 읽고 쓰기량

데이터 페이지의 크기가 16KB일 때 일시적으로 디스크 쓰기 용량이 높아지는 것은 WiredTiger 스토리지 엔진이 그만큼 작은 크기의 페이지를 빠르게 처리했다는 의미이며, 더 많은 쓰기를 해야 한다는 의미는 아니다. 실제 그래프에서도 페이지의 크기가 16KB일 때에는 아주 짧게 디스크 쓰기가 완료된 반면, 128KB일 때에는 상당히 오랜 시간 동안 쓰기를 지속하고 있어서 크기가 128KB인 페이지의 비효율적인 부분을 설명해주고 있다. 그림 2-36의 첫 번째 그래프에서 점선("PageSize=16KB"인 경우)이 거의 보이지 않는 이유는 리눅스의 페이지 캐시가 효율적으로 작동하면서 디스크 읽기가 "PageSize=128KB"인 경우보다 훨씬 적게 실행되었기 때문이다.

2.3.10 운영체제 캐시(페이지 캐시)

WiredTiger 스토리지 엔진은 내장된 공유 캐시를 가지고 있다. 그런데 MongoDB에 내장된 WiredTiger 스토리지 엔진은 운영체제의 캐시를 경유하는 Cached IO를 기본으로 옵션으로 사용하고 있다. 즉 그림 2-37과 같이 WiredTiger 스토리지 엔진이 참조하고자 하는 데이터 페이지는 리눅스 커널이 먼저 디스크에서 읽어서 자신의 페이지 캐시에 저장하고, WiredTiger 스토리지 엔진은 리눅스 페이지 캐시에 있는 데이터를 다시 자신의 내장 캐시에 복사하는 것이다. 그래서 결국 지금 참조하고자 하는 데이터는 리눅스의 페이지 캐시에도 있고, WiredTiger 스토리지 엔진에도 그대로 같은 데이터가 복사돼 있는 것이다. DBMS에서는 이를 더블 버퍼링(Double Buffering)이라고 한다.

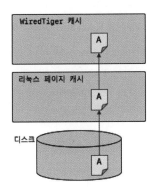

〈그림 2-37〉 운영체제의 페이지 캐시를 거친 디스크 읽기

많은 DBMS(주로 RDBMS)에서는 이런 더블 버퍼링 문제를 해결하기 위해서 리눅스의 페이지 캐시를 거치지 않는 Direct IO 방식을 사용한다. Direct IO를 사용하면 더블 버퍼링 문제도 없어지지만 그와 동시에 리눅스 서버의 페이지 캐시 사용량도 줄일 수 있다. 리눅스에서 페이지 캐시가 사용하는 메모리 공간으로 인한 여러 가지 문제점이 있는데, 이 문제점을 이해하려면 우선 리눅스의 메모리 사용 방식에 대한 이해가 필요하다. 그림 2-38은 리눅스의 메모리의 사용을 크게 3부분으로 나눠본 것이다.

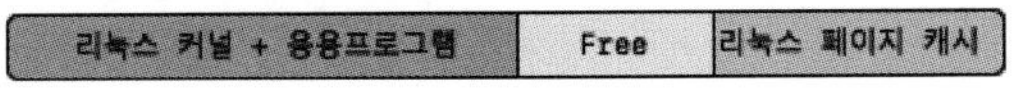

| 리눅스 커널 + 응용프로그램 | Free | 리눅스 페이지 캐시 |

〈그림 2-38〉 리눅스의 메모리 사용

리눅스는 먼저 물리적으로 장착된 전체 메모리에서 리눅스 커널에 필요한 메모리 공간을 예약한다. 그리고 남은 메모리 공간에서 응용 프로그램이 요구할 때마다 조금씩 할당해주는 방식으로 메모리를 활용한다. 그런데 메모리의 미사용 공간(Free space)이 많다면 리눅스 서버는 이 메모리 공간을 디스크의 데이터 파일의 캐시 용도로 사용한다. 이때 사용되는 메모리 공간을 리눅스 페이지 캐시라고 하며, 페이지 캐시는 다양한 형태의 디스크 읽고 쓰기 작업의 버퍼링을 담당하게 된다. MMAPv1 스토리지 엔진에서 사용하는 메모리 맵(MMAP) 방식의 디스크 읽고 쓰기 방식도 페이지 캐시를 활용하게 된다.

그리고 리눅스 서버는 미사용 공간(Free)의 크기가 줄어들면 페이지 캐시로 사용되고 있는 공간을 반납받아서 미사용 공간으로 확보하게 된다. 즉 메모리 공간이 충분할 때에는 페이지 캐시 공간을 디스크의 읽고 쓰기 작업을 빠르게 처리하는 캐시와 버퍼로 활용하다가, 메모리 공간이 부족해지면 페이지 캐시 공간을 줄이고 그만큼의 메모리를 응용 프로그램이 더 활용할 수 있게 해주는 것이다. 그래서 대부분 리눅스 관리자는 페이지 캐시 공간도 응용 프로그램이 언제든지 활용할 수 있는 미사용 공간(Free space)으로 간주한다. 그런데 문제는 리눅스 커널의 입장에서는 페이지 캐시도 사실 프로그램(리눅스 커널)이 사용하는 공간이라는 것이다. 물론 페이지 캐시가 사용하는 메모리 공간은 우선순위가 낮아서 정상적인 경우에는 언제든지 응용 프로그램이 활용할 수 있다. 그렇지만 가끔은 리눅스 서버가 페이지 캐시 공간을 너무 중요하게 생각해서 메모리가 부족한 경우에 일부 메모리 공간을 디스크로 스왑-아웃(Swap-out)시켜 버리는 경우도 있다.

그림 2-39는 32GB의 물리 메모리를 장착한 서버에서 25GB정도의 메모리를 응용 프로그램이 사용하는 상태에서 23시 45분까지 안정적으로 작동하다가 갑자기 응용 프로그램이 사용중인 메모리를 10GB씩이나 디스크로 스왑-아웃시켜 버린 것을 확인할 수 있다.

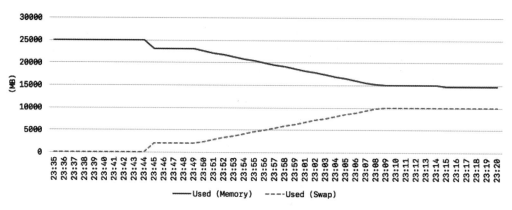

〈그림 2-39〉 리눅스의 스왑 사용

그런데 아직 가용할 수 있는 메모리가 7GB나 남아있는데, 응용 프로그램이 사용 중인 메모리를 왜 디스크로 스왑 아웃시켰을까? 사실 그림 2-39에는 표시돼 있지 있지 않지만, 5~6GB 정도를 리눅스의 페이지 캐시로 사용하고 있었는데 리눅스 서버는 이 페이지 캐시 공간을 반납받아서 응용 프로그램이 사용할 수 있게 만들지 않고 오히려 반대로 응용 프로그램이 사용 중인 메모리를 빼앗아 버린 것이다. 이런 현상은 다양한 원인이 있지만, 사실 이 문제를 100% 해결할 수 있는 해결책은 없다. 그래서 많은 RDBMS에서는 리눅스의 페이지 캐시 사용량을 최소화하기 위해서 다양한 방법을 동원하고 있다. 이런 문제점은 "linux page cache insanity"라는 키워드로 검색해보면 다양한 원인과 결과를 살펴볼 수 있다.

리눅스 페이지 캐시가 다양한 문제점이 있는 것은 사실이지만, 현재로서는 이를 100% 피할 수 있는 방법은 없다. 그리고 리눅스의 페이지 캐시를 사용하지 않으려면 Direct IO를 사용해야 하는데, 이는 DBMS가 지원하지 않는 이상 선택할 수 있는 옵션이 아니다. WiredTiger 스토리지 엔진은 Direct IO를 사용할 수 있도록 지원하고 있다. 하지만 Direct IO를 사용하려면 데이터 읽고 쓰기 작업이 4KB 크기에 맞춰져야(Block size alignment) 한다. 즉 WiredTiger 스토리지 엔진에서 Direct IO를 사용하려면 가변 크기의 페이지를 포기하게 되는 것이다. 만약 WiredTiger 스토리지 엔진에서 Direct IO 옵션을 활성화하게 되면 가변 크기의 데이터 페이지는 4KB 또는 4KB의 배수 크기로 변환돼서 저장된다. 이는 결국 디스크 공간의 낭비를 초래하게 되는 것이다.

물론 WiredTiger에서 Direct IO 옵션을 지원하고 있지만, MongoDB 서버에서 WiredTiger 스토리지 엔진을 내장하면서는 검증되지 않은 디스크 읽고 쓰기 방식이며, 이를 변경하는 것을 권장하지도 않는다. 그래서 MongoDB에서 공식적으로 Direct IO에 대한 지원을 언급하기 전에는 MongoDB의 기본 읽고 쓰기 방식(Cached IO)을 그대로 사용하는 것이 좋다. Direct IO 읽고 쓰기 모드에서는 데이터 페이지 크기가 정확하게 디스크 블록의 크기와 일치하지 않으면 데이터가 손실되거나 오히려 성능상 역효과가 발생할 수도 있다.

Direct IO와 Cached IO의 선택에서 또 하나 중요한 것은 리눅스의 페이지 캐시는 Write-back 모드로 작동한다는 것이다. 그림 2-40은 Cached IO를 사용하는 WiredTiger 스토리지 엔진의 디스크 데이터 쓰기 과정을 보여주고 있다.

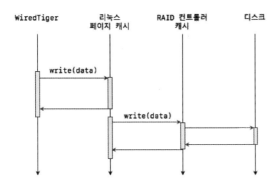

〈그림 2-40〉 리눅스 페이지 캐시를 경유한 디스크 읽기

그림 2-40에서도 볼 수 있듯이 WiredTiger 스토리지 엔진에서 데이터 쓰기를 실행하면 리눅스 서버는 자신의 페이지 캐시에 기록하고 즉시 WiredTiger 스토리지 엔진으로 성공 여부를 반환한다. 하

지만 실제 데이터는 아직 디스크에 완전하게 기록되지 않은 상태다. 그래서 이 상태에서 리눅스 서버가 크래시되거나 응답 불능 상태가 되면 디스크에 완전히 기록되지 못한 데이터는 손실되는 것이다.^하

_{지만 이것이 WiredTiger 스토리지 엔진이 커밋된 데이터를 잃게 된다는 의미는 아니다. 이를 위해서 WiredTiger 스토리지 엔진은 트랜잭션 내용을 항상 저널 로그에 먼저 기록해두기 때문에 비정상으로 종료된 후에는 저널 로그를 이용해서 데이터 파일에 기록되지 못한 데이터를 자동으로 복구한다.} 그리고 리눅스 서버는 WiredTiger 스토리지 엔진과는 전혀 무관하게 적절한 시점에 데이터를 디스크에 기록한다. 이렇게 WiredTiger 스토리지 엔진의 디스크 쓰기 과정이 리눅스 페이지 캐시까지만 저장되면 완료되므로 데이터 쓰기가 매우 빠르게 처리되는 것이다.

이제는 WiredTiger 스토리지 엔진이 Direct IO 방식으로 실행된다고 가정하고, 쓰기 과정을 한번 살펴보자. 그림 2-41은 버퍼링 기능(내장 캐시)을 가진 RAID 컨트롤러와 연결된 디스크에서의 Direct IO 쓰기 과정을 보여주고 있다.

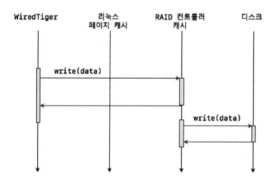

〈그림 2-41〉 리눅스 페이지 캐시를 경유하지 않는 디스크 읽기(Direct IO)

Direct IO는 리눅스의 페이지 캐시를 거치지 않고 즉시 디스크로 쓰기를 전달한다. 그런데 내장 캐시를 가진 RAID 컨트롤러도 Write-back 모드로 작동하면서 응용 프로그램의 쓰기를 자신의 캐시에 복사하는 즉시 성공 여부를 반환한다. 그리고 RAID 컨트롤러는 자체적으로 버퍼링된 데이터를 실제 디스크에 기록한다. 만약 이 상태에서 서버가 크래시되거나 응답 불능 상태가 되면 RAID 컨트롤러에 내장된 배터리가 캐시 메모리에 전원을 공급하면서 데이터가 손실되지 않도록 유지해준다. 그리고 서버에 다시 전원이 제공되고 작동이 시작되면 RAID 컨트롤러의 캐시에 남아있는 데이터를 자동으로 디스크에 기록하게 된다.

> **참고**　최근 출시되는 기업용 SSD(PCI-e 또는 NVME 인터페이스를 사용하는)는 모두 SSD 카드에 내장 배터리를 장착하고 있다. 이 배터리는 RAID 컨트롤러와는 다르게 서버의 전원이 비정상적으로 차단되면 즉시 배터리 전력을 이용해서 캐시의 데이터를 SSD로 바로 내려 쓰기 한다. 즉 SSD에서는 다시 서버 전원이 공급되기를 기다리지 않고, 장착된 배터리가 SSD 캐시 메모리의 데이터 실제 NAND 칩으로 기록하는 역할을 하는 것이다.

많은 사람들이 Direct IO가 Cached IO보다 성능이 빠를 것이라고 기대하고 사용하는 경우가 많다. 하지만 실제 Cached IO는 리눅스 서버의 메모리까지만 데이터가 전송되지만, Direct IO는 리눅스 서버의 메모리를 넘어서서 RAID 컨트롤러까지 데이터가 전송돼야 하므로 훨씬 더 많은 전송 매체를 거치게 된다. 그래서 절대 Direct IO가 Cached IO보다 성능이 빠를 수가 없다. 그런데도 Direct IO를 사용하는 이유는 리눅스의 페이지 캐시를 건너뛰면서 더블 버퍼링을 피하고 응용 프로그램에서 데이터의 동기화를 제어할 수 있기 때문이다. 그런데 요즘은 SSD 드라이브가 많이 사용되면서 RAID 컨트롤러를 장착하지 않는 경우가 많아졌다. PCI-e 인터페이스나 NVME 인터페이스의 SSD를 많이 사용하면서 RAID 컨트롤러를 장착할 수 없게 된 것도 이유이지만, SSD가 빠르게 작동하기 때문에 굳이 말썽을 많이 일으키면서 비싼 RAID 컨트롤러를 장착할 필요성이 많이 떨어진 것이다.

그림 2-42는 내장 캐시를 가지지 않는 RAID 컨트롤러를 장착한 서버에서 Direct IO가 작동하는 방식을 보여주고 있다.

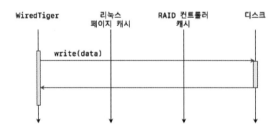

〈그림 2-42〉 리눅스 페이지 캐시를 경유하지 않는 디스크 읽기(Direct IO) - RAID 컨트롤러가 없는 경우

당연한 이야기지만, 내장된 캐시를 가지지 않는 RAID 컨트롤러는 데이터를 캐시할 수 없기 때문에 응용 프로그램의 쓰기 요청을 디스크로 전달하는 역할만 수행한다. 또는, RAID 컨트롤러가 장착되지 않은 서버에서도 동일한 과정으로 처리된다. 그래서 RAID 컨트롤러가 없거나 RAID 컨트롤러가 장착돼 있어도 내장된 캐시가 없는 경우에는 Direct IO와 Cached IO의 성능 차이가 훨씬 더 커지게 된다. 실제 RAID 컨트롤러 없이 서버에 직접 장착된 SSD에서 Direct IO는 300 마이크로초가 걸리는 반면 Cached IO는 4~5 마이크로초 정도 시간이 걸렸다. 실제 60~70배 정도의 성능 차이가 발생하는 것이

다. 그래서 만약 MongoDB에 내장된 WiredTiger 스토리지 엔진에서 Direct IO를 공식적으로 사용할 수 있게 된다 하더라도 캐시를 장착한 RAID 컨트롤러가 없는 경우에는 Direct IO를 사용하기 전에 반드시 성능 테스트를 진행해 볼 필요가 있다.

> **(!) 주의**
>
> Cached IO를 사용하는 경우에는 리눅스 서버가 디스크의 데이터 쓰기를 전담해서 처리한다. 그런데 페이지 캐시의 처리도 가끔씩 문제를 유발하는 경우가 있다. 때로는 Cached IO를 사용하는 데이터 읽고 쓰기 처리가 평상시보다 훨씬 오래 걸린다거나 심한 경우에는 서버가 응답 불능 상태가 되기도 한다. 하지만 이런 상황에서도 Direct IO는 아무런 문제없이 처리되는 경우를 여러 번 경험했다. 실제 그만큼 Direct IO보다 Cached IO는 말썽을 일으키는 경우가 많았다.
>
> 그래서 WiredTiger의 Cached IO를 사용하는 버전(현재 MongoDB 3.4까지는 모두 Cached IO임)에서는 리눅스 서버가 가진 페이지 캐시의 상태를 모니터링하면서 더티 페이지의 비율이나 쓰기 빈도를 적절히 튜닝하는 것이 도움이 될 때도 있다. 관련된 리눅스 커널 파라미터는 "2.2.4 운영체제 캐시"에서 설명했으므로 참조하도록 하자.

2.3.11 압축

WiredTiger 스토리지 엔진의 또 다른 장점 중 하나는 압축 기능이다. WiredTiger 스토리지 엔진이 가지는 장점은 다른 RDBMS와 비교했을 때 크게 3가지 장점이 있다.

- 가변 사이즈의 페이지 사용
- 데이터 입출력 레이어에서의 압축 지원
- 다양한 압축 알고리즘 지원

앞서 살펴본 것과 같이 WiredTiger는 가변 크기의 페이지를 사용하므로 압축으로 인해서 줄어든 만큼의 공간을 절약할 수 있다. 현재 업계에서 상당히 많이 사용되고 있는 MySQL 서버의 InnoDB 스토리지 엔진은 고정된 크기의 페이지를 사용하는데, 데이터 페이지를 압축하는 경우에도 고정된 크기의 페이지만 사용할 수 있다. 그래서 InnoDB 스토리지 엔진에서는 16KB의 페이지를 압축하는 경우 압축된 페이지의 크기가 4KB 또는 8KB 크기 이하로 떨어져야 한다. 그렇지 않은 경우에는 그림 2-43과 같이 16KB 페이지를 2개의 16KB 페이지로 나눈 후 다시 압축하는 과정을 거쳐야 한다. 이런 과정은 처리 성능을 상당히 떨어뜨리고, InnoDB 스토리지 엔진에서는 이런 처리 지연을 회피하려고 일부러 16KB 페이지를 비워(Padding)두는 전략까지 사용하고 있다.

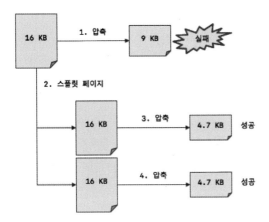

〈그림 2-43〉 MySQL(InnoDB) 서버의 데이터 압축

하지만 WiredTiger 스토리지 엔진은 16KB 페이지의 데이터를 압축했을 때 4KB나 8KB 이하의 사이즈가 아니라 하더라도 굳이 페이지를 스플릿해서 다시 압축하는 과정을 거칠 필요가 없다. 모든 페이지가 가변 사이즈이기 때문에 압축 결과 페이지를 그대로 디스크에 기록하면 되기 때문이다.

WiredTiger 스토리지 엔진의 압축이 가지는 두번째 장점은 그림 2-44와 같이 WiredTiger 스토리지 엔진이 데이터를 읽고 쓰는 시점에서 데이터의 압축과 해제가 처리된다는 것이다.

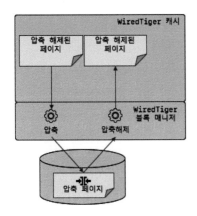

〈그림 2-44〉 MongoDB(WiredTiger)의 데이터 압축

MySQL 서버를 포함한 일부 RDBMS에서는 공유 캐시에 압축 상태와 압축이 해제된 상태의 페이지 2개가 공존하게 되면서 공유 캐시의 페이지를 참조하는 경우에도 압축 해제와 압축 작업이 계속 반복해서 수행될 수 있다. 또한 이렇게 압축된 상태와 압축 해제된 페이지가 공존하면 공유 캐시의 메모리 효율도 떨어지게 된다. 하지만 WiredTiger 스토리지 엔진에서는 블록 매니저(Block Manager)가 디스

크의 데이터 페이지를 읽어 오면서 압축을 해제한 상태로만 공유 캐시에 적재한다. 그리고 공유 캐시에서 디스크로 기록되는 페이지에 대해서만 압축을 실행해서 저장한다. 즉 압축이 WiredTiger 스토리지 엔진 자체에 대해서 투명하게 작동하는 것이다. 이로 인해서 WiredTiger 스토리지 엔진의 소스 코드도 압축된 페이지에 대한 처리가 블록 매니저에만 존재한다. 이는 사용자에게는 큰 장점을 제공하진 않는다 하더라도 WiredTiger 스토리지 엔진의 소스 코드가 간결해지고, 그만큼 관련된 코드의 추가 및 변경이 용이하다는 것을 의미한다.

WiredTiger 스토리지 엔진에서 압축이 가지는 세 번째 장점은 다양한 형태의 압축 기능이 제공된다는 것이다. WiredTiger 스토리지 엔진은 네 가지 형태의 압축 기능을 제공하고 있다.

- 블록 압축(Block Compression)
- 인덱스 프리픽스 압축(Key Prefix Compression)
- 사전 압축(Dictionary Compression)
- 허프만 인코딩(Huffman Encoding)

현재 MongoDB에 내장된 WiredTiger 스토리지 엔진에서 사용할 수 있는 압축 형태는 블록 압축과 인덱스 프리픽스 압축이다. 그 중에서도 블록 압축은 가장 일반적인 압축 형태인데, 블록 압축은 데이터가 저장된 페이지(블록) 단위로 압축을 실행하는 방식을 의미한다. 블록 압축은 LZ4와 snappy 그리고 zlib와 최신의 Zstandard 등 다양한 압축 알고리즘을 지원하고 있지만, 현재 MongoDB 3.4 버전의 서버에 내장된 WiredTiger 스토리지 엔진에서는 zlib와 snappy 압축 알고리즘만 사용할 수 있는 상태다. 아마도 얼마 지나지 않아서 LZ4와 Zstd(Z standard) 압축 알고리즘도 사용할 수 있을 것으로 보인다. 다음 표는 각 압축 알고리즘별로 압축률(Compression Ratio)과 압축 및 압축 해제 성능을 보여주고 있다. 다음 표는 Zstd 압축 알고리즘을 개발한 페이스북에서 테스트한 자료(https://github.com/facebook/zstd)다.

	압축률	압축 속도(MB/sec)	압축해제 속도(MB/sec)
Zstd	2.9	330	940
zlib	2.7	95	360
QuickLZ	2.2	510	605
LZO	2.1	610	870
LZ4	2.1	620	3100
Snappy	2.1	480	1600

일반적으로 압축 및 압축 해제의 속도가 중요한 경우에는 LZ4를 많이 선택하며, 압축의 효율이 중요한 경우에는 주로 zlib 알고리즘을 선택하고 있다. 하지만 zlib의 사용에 있어서 한가지 문제점은 압축 효율은 좋지만 너무 성능이 떨어진다는 것이었다. 그런데 최근 Zstd 알고리즘이 소개되면서 zlib 압축 알고리즘의 훌륭한 대안으로 떠오르고 있다. 아마도 조만간 이런 훌륭한 압축 알고리즘을 WiredTiger 스토리지 엔진에서 서비스 요건에 따라 골라서 사용할 수 있을 것으로 보인다.

WiredTiger 스토리지 엔진에서는 압축 알고리즘뿐만 아니라 컬렉션과 인덱스 그리고 저널 로그에 대해서 각각 압축을 적용할 것인지 결정할 수 있다. 다음 설정 예시는 저널 로그와 컬렉션 데이터 파일은 snappy 알고리즘으로 압축하고, 인덱스는 프리픽스 압축을 적용한 것이다.

```
wiredTiger:
    engineConfig:
        cacheSizeGB: 20
        journalCompressor: snappy
        collectionConfig:
            blockCompressor: snappy
        indexConfig:
            prefixCompression: true
```

일반적으로 MongoDB의 컬렉션에 저장되는 도큐먼트는 키와 값의 쌍으로 저장되므로 하나의 페이지에서 반복되는 키 값이 상당히 많이 포함된다. 그래서 MongoDB 데이터베이스에서는 압축이 필수적인 요소 중 하나다. 그런데 MongoDB의 인덱스는 키와 값의 쌍으로 저장되지 않고, 일반적인 RDBMS와 동일한 형태의 인덱스 키 엔트리로 인덱스가 구성된다. 즉 MongoDB에서도 인덱스는 snappy나 zlib 압축 알고리즘이 그다지 큰 효과가 없을 수도 있다는 의미다. 그래서 WiredTiger 스토리지 엔진에서는 컬렉션의 데이터 파일은 기본 압축이 적용되지만, 인덱스 파일에는 압축이 적용되지 않는다.

대신 WiredTiger 스토리지 엔진에서는 인덱스 파일의 압축을 위해서 프리픽스 압축 기능이 제공된다. WiredTiger 스토리지 엔진의 프리픽스 압축은 이름 그대로 인덱스 키에서 왼쪽 부분의 중복 영역을 생략하는 압축 방식을 의미한다. 그림 2-45는 프리픽스 압축이 적용되지 않은 경우의 인덱스 페이지 내용과 프리픽스 압축이 적용된 경우의 페이지 내용을 보여주고 있다. 그림 2-44에서 "*"은 내부적으로 생략된 부분을 의미하는데, 실제로는 이진 값으로 몇 바이트까지 동일하며 몇 바이트가 다른지 등의 정보를 가지고 있다.

Index Key	Record-Id
Faa	...
Faaas	...
Faabia	...
Faabienne	...
Gael	...
Gaetan	...
Gaetano	...

프리픽스(Prefix) 압축 : false

Index Key	Record-Id
Faa	...
*as	...
*bia	...
*enne	...
Gael	...
*tan	...
*o	...

프리픽스(Prefix) 압축 : true

〈그림 2-45〉 인덱스의 프리픽스(Prefix) 압축

이 경우에는 "Faa"를 축소해서 그다음 인덱스 키 엔트리들은 모두 "Faa" 이후의 문자열만 저장한다. 그리고 완전히 새로운 인덱스 키인 "Gael"은 완전한 값을 가지고 있다. 그렇지만 그 이후의 인덱스 키 엔트리는 중복된 "Gae" 부분을 생략하여 저장하고 있다. 하지만 공통되는 부분의 길이가 너무 짧을 때에는 압축의 효율이 없기 때문에 프리픽스 압축을 생략하기도 한다. 그림 2-45 예제에서는 공통되는 문자열의 길이가 3개였는데, 만약 최소 압축 길이가 3글자 이상으로 설정된 경우에 공통된 데이터가 3글자 미만인 경우도 있다면 그림 2-46과 같은 결과로 압축된다.

Index Key	Record-Id
Fa	...
Faas	...
Fabia	...
Fabienne	...
Gael	...
Gaetan	...
Gaetano	...

프리픽스(Prefix) 압축 : false

Index Key	Record-Id
Fa	...
Faas	...
Fabia	...
*enne	...
Gael	...
*tan	...
*o	...

프리픽스(Prefix) 압축 : true

〈그림 2-46〉 인덱스 프리픽스(Prefix) 압축(최소 압축 길이가 3글자 이상으로 설정)

이 예제에서는 "Fa" 두 글자가 공통되는 부분인데, 이 예제에서도 알 수 있듯이 "Fa"는 압축되지 않고 그대로 인덱스 키에 저장된 것을 확인할 수 있다. 그래서 프리픽스 압축의 경우에는 압축 후 데이터가 더 커질 가능성은 없다.

프리픽스 인덱스는 인덱스에 대해서만 적용할 수 있는데, 프리픽스 압축은 블록 압축(Block Compression)과는 달리 WiredTiger 스토리지 엔진의 공유 캐시에서도 압축 상태를 유지한다. 즉 디스크의 데이터 파일에서 페이지가 3.4KB였다면 WiredTiger의 공유 캐시에 적재된 상태에서도 3.4KB의 메모리를 사용한다. 그래서 프리픽스 압축은 디스크뿐만 아니라 메모리 사용량까지 절약할 수 있다. 하지만 프리픽스 압축은 데이터를 읽을 때, 항상 완전한 키 값을 얻기 위해서 조립 과정을 거쳐야 한다. 만약 운이 나쁜 경우에는 페이지의 제일 첫 번째에 있는 인덱스 키부터 재조립 과정을 거쳐

야 할 수도 있다. 아이러니하게도 압축률이 좋으면 좋을수록 특정 인덱스 키를 읽는 속도가 떨어지는 현상도 발생할 수 있다. 그리고 프리픽스 압축의 이런 오버헤드는 인덱스를 역순으로 읽을 때는 더 심해지게 된다.

사전 압축(Dictionary Compression)과 허프만 인코딩(Huffman Encoding)은 디스크와 메모리에서 압축된 형태로 사용된다. 그래서 디스크의 데이터 파일 용량뿐만 아니라, 메모리에서도 공간을 절약하는 효과를 얻을 수 있는 압축 방식이다. 하지만 MongoDB에서는 아직 지원되지 않고 있으며 범용적인 형태의 압축도 아니므로 이 책에서는 설명을 생략하겠다.

> **참고**   물론 디스크로부터 데이터를 매우 빈번하게 읽고 기록해야 하는 경우라면 다음과 같이 설정을 변경해서 WiredTiger 스토리지 엔진의 데이터 파일과 저널 로그 그리고 인덱스 모두 압축을 적용하지 않을 수도 있다.
>
> ```
> wiredTiger:
>     engineConfig:
>         cacheSizeGB: 20
>         journalCompressor: none
>         collectionConfig:
>             blockCompressor: none
>         indexConfig:
>             prefixCompression: false
> ```

"2.3.10 운영체제 캐시(페이지 캐시)" 절에서 WiredTiger 스토리지 엔진의 공유 캐시와 리눅스 서버의 페이지 캐시가 디스크에서 읽은 페이지를 동일하게 캐싱하기 때문에 더블 버퍼링으로 인해 발생하는 메모리의 비효율을 살펴봤었다. 그런데 압축을 적용하는 경우에는 더블 버퍼링으로 인해 완전히 비효율만 있는 것은 아니다. 그림 2-47은 리눅스 서버의 페이지 캐시와 WiredTiger 스토리지 엔진의 캐시에 저장되는 데이터 페이지의 압축 상태를 보여주고 있다.

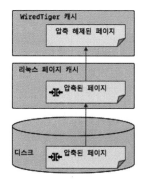

〈그림 2-47〉 데이터 압축 사용 시 리눅스 페이지 캐시와 WiredTiger 공유 캐시 활용

데이터 페이지가 압축되는 경우에 리눅스 페이지 캐시는 디스크의 데이터 파일을 그 상태로 캐시하므로 데이터 파일의 각 페이지가 압축된 상태로 캐싱된다. 하지만 WiredTiger 스토리지 엔진이 페이지를 공유 캐시에 저장하기 전에 항상 압축을 해제하므로 WiredTiger 스토리지 엔진의 공유 캐시는 압축을 해제한 상태의 페이지만 캐싱하게 된다. 즉 WiredTiger 공유 캐시의 내용은 압축을 해제할 필요가 없고, 리눅스 페이지 캐시는 압축을 해제해야 하지만 압축된 상태이기 때문에 더 많은 페이지를 캐시할 수 있는 것이다. 이렇게 데이터 파일이 압축되는 경우에는 리눅스 페이지 캐시가 레벨-2 캐시의 역할을 할 수도 있다.

> **참고** 다음 표는 WiredTiger 스토리지 엔진의 압축 효율에 대한 테스트 결과를 나열한 것이다. 물론 응용 프로그램이 저장하는 데이터의 특성에 따라서 블록 압축(Block Compression)과 프리픽스 압축(Prefix Compression)의 압축 효율은 완전히 달라질 것이다. 여기에서는 WiredTiger 스토리지 엔진의 압축 효율이 MMAPv1 스토리지 엔진보다 얼마나 나아졌는지 그리고 프리픽스 압축의 효율이 얼마나 공간 절약에 도움이 되는지에 대한 자료로만 참조하도록 하자. 다음 표에서 "Snappy"와 "Zlib"는 블록 압축이며, "Prefix"는 프리픽스 압축을 의미한다. 그리고 "No-Prefix"는 프리픽스 압축을 적용하지 않은 경우를 의미한다.
>
> | | MMAPv1 | WiredTiger (Snappy + Prefix) | WiredTiger (Zlib + Prefix) | WiredTiger (Zlib + No-Prefix) |
> | --- | --- | --- | --- | --- |
> | Collection Size(MB) | 5,052 | 988 | 430 | 430 |
> | Index_1 (MB) | 606 | 127 | 121 | 220 |
> | Index_2 (MB) | 285 | 161 | 168 | 222 |
> | Index_3 (MB) | 287 | 168 | 176 | 257 |
> | Index_4 (MB) | 766 | 32 | 32 | 316 |
> | Index_5 (MB) | 742 | 32 | 32 | 316 |
> | Index_6 (MB) | 782 | 32 | 32 | 316 |

2.3.12 암호화

MongoDB에서도 데이터 파일과 인덱스 데이터의 암호화를 위한 기능을 지원하고 있다. 주로 RDBMS에서 데이터 암호화는 TDE(Transparent Data Encryption)라고 불린다. TDE는 WiredTiger 스토리지 엔진의 압축과 같은 방식으로 작동하는데, 실제 디스크에서 데이터 페이지를 읽어오는 순간 암호화된 내용을 복호화해서 메모리(공유 캐시)에 적재한다. 즉 WiredTiger나 MongoDB 엔진의 대부분 처리 내용에서는 데이터 파일이 암호화되어 있다는 것을 알아채지 못하며 그럴 필요도 없는 구조로 투명하게 암호화와 복호화가 진행된다는 것을 의미한다.

현재 MongoDB 서버에서는 엔터프라이즈 버전에서만 암호화 기능을 사용할 수 있는데, 한 가지 재미있는 것은 커뮤니티 버전의 WiredTiger 스토리지 엔진의 소스 코드에도 데이터 암호화를 처리하기 위한 인터페이스가 그대로 남아있다는 것이다. 그래서 실제 간단하게 플러그인 형태의 모듈만 개발하면 커뮤니티 버전의 MongoDB 서버에서도 데이터 암호화 기능을 사용할 수 있다. "10장 보안"에서 간단하게 데이터 파일의 암호화와 복호화를 위한 플러그인을 개발해서 적용하는 방법을 살펴보겠다.

2.4 메모리 스토리지 엔진

MongoDB 서버는 메모리 기반의 스토리지 엔진을 같이 제공하고 있다. 그러나 MongoDB의 메모리 스토리지 엔진(inMemory 스토리지 엔진)은 MongoDB 엔터프라이즈 버전에서만 제공되고 있기 때문에, 커뮤니티 버전의 MongoDB 서버에서는 메모리 스토리지 엔진을 사용할 수 없다. 하지만 최근 퍼코나(https://www.percona.com)에서 릴리즈하고 있는 Percona MongoDB 서버에서도 메모리 스토리지 엔진을 제공하고 있으며, Percona MongoDB의 메모리 스토리지 엔진은 별도의 라이센스 제약 없이 메모리 스토리지 엔진을 사용할 수 있다. 이 책에서는 MongoDB의 메모리 스토리지 엔진 대신 Percona MongoDB의 메모리 스토리지 엔진에 대해서 살펴보겠다.

2.4.1 Percona MongoDB의 메모리 스토리지 엔진 설정

우선 MongoDB에서 메모리 스토리지 엔진을 사용하려면 Percona MongoDB 서버를 설치해야 한다.

Percona MongoDB 3.2 버전부터 메모리 스토리지 엔진을 사용할 수 있는데, 간단하게 메모리 스토리지 엔진을 실행해보고자 한다면 다음과 같이 MongoDB 서버를 시작할 때 명령행 파라미터로 메모리 스토리지를 사용하도록 하면 된다. "⟨data_directory⟩" 옵션은 MongoDB 서버가 기록하는 모든 로그나 진단 정보가 기록되는 경로다.

```
mongod —storageEngine=inMemory \
    —dbpath ⟨data_directory⟩ \
    —inMemorySizeGB=40 \
    —inMemoryStatisticsLogDelaySecs=0
```

만약 영구적으로 메모리 스토리지 엔진이 작동하도록 MongoDB 서버의 설정 파일을 변경하고자 할 때는 다음과 같이 inMemory 스토리지 엔진과 관련된 옵션을 설정해서 사용할 수 있다. 다음 설정은 메모리 스토리지 엔진이 사용할 수 있는 메모리 크기를 40GB로 제한해서 설정해본 것이다.

```
storage:
    engine: inMemory

    inMemory:
        engineConfig:
            inMemorySizeGB: 40
            statisticsLogDelaySecs: 0
```

만약 메모리 스토리지 엔진이 사용할 수 있는 메모리 크기를 설정하지 않으면 기본적으로 WiredTiger 스토리지 엔진의 공유 캐시 설정 값과 동일한 규칙으로 설정된다. 즉 MongoDB 3.2 버전까지는 1GB~(전체 메모리 크기의 60% – 1GB)로 설정되며, MongoDB 3.4 버전부터는 256MB~(전체 메모리 크기의 50% – 1GB)로 설정된다. 그리고 statisticsLogDelaySecs 옵션은 메모리 스토리지 엔진의 진단 정보를 얼마 주기로 수집해서 디스크에 기록할 것인지 설정하는 옵션인데, 0으로 설정하면 진단 정보를 수집하지 않는다.

2.4.2 Percona 메모리 스토리지 엔진의 특성

MongoDB 엔터프라이즈 버전에서 제공되는 메모리 스토리지 엔진은 소스 코드가 공개되지 않아서 정확한 특성을 설명하기는 어렵다. 하지만 Percona MongoDB 서버에서 제공되는 메모리 스토리지 엔진은 사실 WiredTiger 스토리지 엔진이 제공하는 메모리 기반 데이터 파일 관리 기능을 활성화한 것이다. 즉 Percona에서 메모리 기반의 새로운 스토리지 엔진을 개발한 것이 아니라, WiredTiger 스토리지 엔진이 메모리 기반으로 작동할 수 있게 MongoDB 설정이나 인터페이스를 개발해서 MongoDB 소스 코드에 포함시킨 것이다. 다음 내용은 Percona MongoDB 서버에서 메모리 기반의 스토리지 엔진을 활성화하는 소스 코드 부분인데, 실제 Percona MongoDB의 메모리 스토리지 엔진에서 거의 전부라고 할 수 있다.

```
const bool durable = false;
const bool ephemeral = true;
WiredTigerKVEngine* kv = new WiredTigerKVEngine(
                        getCanonicalName().toString(),
                        params.dbpath,
```

```
wiredTigerGlobalOptions.engineConfig,
cacheMB,
durable,
ephemeral,
params.repair,
true);
```

이런 이유로 Percona MongoDB 서버의 메모리 스토리지 엔진은 실제 WiredTiger 스토리지 엔진과 거의 동일하게 작동하는데, 디스크 기반의 WiredTiger 스토리지 엔진과 가장 큰 차이는 다음 2가지다.

- 메모리 스토리지 엔진은 체크포인트가 없음

- 공유 캐시의 페이지 이빅션(Eviction)이 없음

이 두 가지 이외에는 디스크 기반 WiredTiger 스토리지 엔진과 메모리 스토리지 엔진은 거의 다른 바가 없다. 그래서 메모리 스토리지 엔진은 컬렉션의 데이터와 OpLog를 디스크에 기록하는 대신 공유 캐시에 저장한다.

Percona MongoDB 메모리 스토리지 엔진의 가장 큰 문제점은 OpLog를 디스크로 기록하지 않고 공유 캐시 메모리에 저장한다는 것이다. 그래서 메모리 스토리지 엔진을 사용하는 경우에는 OpLog의 크기를 너무 크게 설정하면 메모리 부족으로 MongoDB 서버가 실패할 수도 있다. 메모리 스토리지 엔진을 사용하는 MongoDB에서 또 하나 고려해야 할 점은 모든 데이터가 메모리에 저장되므로 복제 구조와 관련된 메타 정보까지 메모리에 저장해야 한다. 그래서 레플리카 셋이나 샤드 클러스터 전체를 한 번에 종료했다가 다시 시작하게 되면 메모리 스토리지 엔진을 사용하는 MongoDB 클러스터는 기존의 클러스터 관련 메타 정보가 없기 때문에 샤드 클러스터 셋이나 레플리카 셋의 정보를 복구하지 못하게 된다.

> **(!) 주의**
>
> Percona MongoDB는 MongoDB에서 공식으로 배포되는 소스 코드에 자체적인 기능이나 패치를 추가해서 배포되는 MongoDB 브랜치 버전이다. 그래서 대부분 기능이 MongoDB 공식 배포 버전과 거의 문제 없이 호환될 것이다. 하지만 그렇다고 모든 것이 같지는 않다. 대표적으로 MonogDB 3.2 이전 버전까지의 Percona MongoDB 서버는 OpLog가 멱등(Idempotent)의 원칙을 준수하지 않는다. 즉 MongoDB 공식 배포 버전은 OpLog를 이미 실행했던 위치의 이전의 위치에서 다시 실행해도 최종 결과 데이터가 달라지지 않는다. 하지만 Percona MongoDB 서버는 성능 향상을 위해서 멱등 원칙을 준수하지 않고 OpLog를 기록하므로 최종 결과가 달라질 수도 있다. 하지만 Percona의 MongoDB 3.2 버전부터는 OpLog의 포맷이 오리지날 버전과 동일한 방식으로 되돌아왔다.
>
> 만약 Percona MongoDB를 선택해야 한다면 먼저 오리지날 버전과 Percona MongoDB가 어떤 차이점이 있는지 그리고 Percona MongoDB의 특성과 장점을 명확히 이해하도록 하자.

많은 사람이 지목했던 WiredTiger 스토리지 엔진의 불안 요소 중 하나는 체크포인트의 처리였다. 체크포인트는 한 번에 많은 데이터를 디스크에 기록하고, 그와 동시에 체크포인트와 관련된 잠금이 장시간 체크포인트 쓰레드에 의해서 점유될 수 있는데, 이로 인해서 서비스의 안정성이 흔들릴 수도 있기 때문이다. 그래서 체크포인트의 불안 요소를 고려한다면 Percona MongoDB의 메모리 스토리지 엔진의 장점이 실질적인 효과가 있을 것으로 보인다. 하지만 최근에는 WiredTiger 스토리지 엔진의 체크포인트 처리 과정이 많이 세분화되고 잠금 점유의 시간도 많이 최적화되고 있어서 아주 독특한 케이스가 아니라면 크게 문제 되지 않는 것으로 보인다. 그렇다면 지금으로서는 메모리 스토리지 엔진이 그다지 큰 매력이 없는 것처럼 느껴지기도 한다.

아마도 많은 독자들이 메모리 스토리지 엔진이기 때문에 디스크 기반의 WiredTiger 스토리지 엔진보다 엄청나게 빠른 성능을 기대할지도 모르겠다. 하지만 동일한 크기의 메모리를 가진 서버에서 메모리 스토리지 엔진과 디스크 기반의 WiredTiger 스토리지 엔진의 성능을 비교해보면 기대만큼 큰 성능 효과가 보이지 않을 수도 있다. WiredTiger 스토리지 엔진에서 체크포인트가 문제되는 경우는 매우 큰 공유 캐시를 사용할 때인데, 만약 2~300GB 이상의 메모리가 장착된 서버에서 공유 캐시를 크게 해서 사용할 수 있다면 메모리 스토리지 엔진은 도움이 될 수도 있을 것이다. 그렇지 않고 50~60GB의 내외의 WiredTiger 공유 캐시 수준이라면 큰 성능 차이는 없을 수도 있다. 반드시 성능 테스트를 먼저 진행하고, 솔루션을 선택할 것을 권장한다.

> **참고**
>
> 만약 Percona MongoDB 서버가 아닌 MongoDB의 공식 배포 버전을 사용하면서 메모리 스토리지 엔진을 사용하고자 한다면 다음의 깃헙 커밋 내용을 직접 MongoDB 소스 코드에 넣어서 새롭게 빌드해서 사용해도 크게 어려움없이 적용할 수 있다. 코드가 그다지 어렵지 않으면서 기존 소스 코드 파일을 변경해야 하는 것도 많지 않으므로 크게 시간들이지 않고 직접 수동으로 패치해도 된다.
>
> https://github.com/percona/percona-server-mongodb/pull/60

2.5 기타 스토리지 엔진

지금까지 소개한 스토리지 엔진 이외에도 MongoDB 서버에서 사용할 수 있는 스토리지 엔진은 여러 가지가 있는데, 현재 사용할 수 있는 스토리지 엔진으로는 페이스북에서 개발해서 배포 중인 RocksDB 스토리지 엔진과 퍼코나에서 배포하는 PerconaFT 스토리지 엔진이 있다. PerconaFT 스토리지 엔진은 최초 TokuTek에서 Fractal Tree 인덱스를 이용한 MySQL 서버의 스토리지 엔진(예전 이름은

TokuDB 스토리지 엔진임)을 퍼코나에서 인수하여 현재 MySQL 서버와 MongoDB 서버에서 사용할 수 있게 배포한 스토리지 엔진이다.

PerconaFT 스토리지 엔진은 Fractal Tree 인덱스의 구조적인 장점(트리의 각 노드들이 자체적인 버퍼를 가짐)으로 인해서 빠른 INSERT 성능이 강점이다. 하지만 이 장점은 반대로 단점이 되기도 하는데, 인덱스 트리의 각 노드가 가지는 버퍼로 인해서 비동기 처리 방식이 되고, 이런 비동기 처리가 한번에 몰리게 되면 심각한 성능 저하로 연결되기도 한다. 최근에는 페이스북의 RocksDB 스토리지 엔진이 출시되면서 PerconaFT 스토리지 엔진의 빠른 INSERT 성능이 그다지 큰 관심을 끌지 못하게 됐다. 그래서 Percona에서는 PerconaFT 스토리지 엔진을 자사의 주요 스토리지 엔진으로 지원하지는 않을 것으로 보인다. 대신 Percona에서도 페이스북에서 개발 중인 RocksDB에 같이 많은 부분 참여하고, Percona MongoDB 서버에서도 PerconaFT 대신 RocksDB를 주 스토리지 엔진으로 지원할 것으로 보인다.

페이스북에서는 LevelDB를 커스터마이징하고 보완하여 현재 RocksDB 스토리지 엔진으로 개발 중이다. RocksDB 스토리지 엔진도 PerconaFT와 마찬가지로 MySQL 서버와 MongoDB 서버에서 공통으로 사용할 수 있는 스토리지 엔진이다. PerconaFT 스토리지 엔진은 먼저 MySQL 서버에 플러그인할 수 있게 개발됐지만, RocksDB 스토리지 엔진은 MongoDB용 스토리지 엔진으로 개발됐다. RocksDB 스토리지 엔진은 MongoDB와 MySQL 서버에서 모두 사용할 수 있지만, MongoDB 서버용 RocksDB는 이제 조금씩 안정 단계에 접어들고 있으며 MySQL 서버용 RocksDB는 아직 개발 단계 수준인 것으로 보인다.

RocksDB 스토리지 엔진은 LSM 기반의 데이터 저장소를 가지는데, RocksDB는 LSM의 느린 쿼리 성능을 보완하기 위해서 로우 키(Row Key)를 기준으로 여러 범위로 나누고 각 범위별로 LSM-Tree를 구성한다. 이렇게 함으로써 RocksDB는 LSM의 검색 속도를 보완하고 LSM의 메이저 컴팩션(전체 데이터 파일 컴팩션)의 디스크 용량 제한과 디스크 사용량 과다 등의 문제를 해결할 수 있게 된 것이다. 하지만 RocksDB의 레인지와 레벨 기반 컴팩션은 도리어 더 많은 디스크 병목을 일으키기도 한다. 그래서 서비스 패턴별로 유니버설 컴팩션(Universal compaction)과 레벨 컴팩션(Level compaction)을 취사선택해서 사용하기도 한다. 하지만 여전히 컴팩션 성능은 디스크의 과다한 읽고 쓰기를 필요로하고, 이로 인해서 서비스 쿼리의 처리량이 불안정한 모습을 보일 때가 많다.

그림 2-48의 그래프는 2016년 10월 페이스북의 마크 캘러한(Mark Callahan)이 WiredTiger와 RocksDB의 INSERT 성능을 테스트한 결과다. 실제 LSM 방식의 최대 장점인 INSERT 성능 자체가

WiredTiger보다 떨어지는 것을 보면, 아직은 RocksDB 스토리지 엔진이 그만큼 성숙하지 못했음을 보여주고 있다.

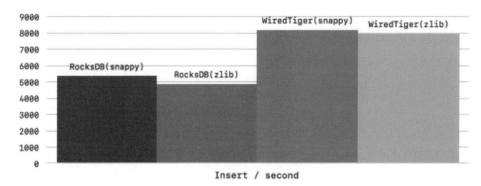

〈그림 2-48〉 WiredTiger와 RocksDB 스토리지 엔진의 성능 비교

그림 2-49의 그래프는 RocksDB의 INSERT 성능을 테스트한 결과인데, RocksDB 스토리지 엔진의 INSERT 처리 성능이 안정적이지 않고 계속 불규칙적으로 그래프가 흔들리는 모습을 확인할 수 있다. WiredTiger 스토리지 엔진과의 비교가 아닌데도 여기에서 이 그래프를 소개하는 이유는 MySQL 서버의 InnoDB 스토리지 엔진의 안정적인 처리량을 소개하는 것이 아니라 RocksDB의 INSERT 처리량이 안정적이지 않음을 보여주기 위함이다.

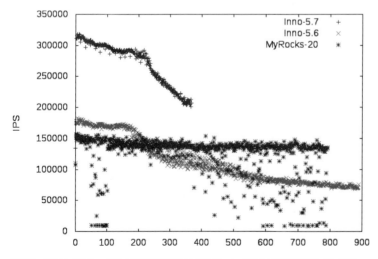

〈그림 2-49〉 MySQL(InnoDB) 스토리지 엔진과 MySQL(RocksDB) 스토리지 엔진의 성능 비교

위에서 살펴본 2개의 그래프는 서로 다른 테스트 환경과 시나리오로 진행된 결과다. 따라서 이 두 그래 프로 MongoDB의 WiredTiger 스토리지 엔진과 MySQL 서버의 InnoDB 스토리지 엔진 성능을 비 교하는 자료로는 사용되면 안 된다는 것에 주의하자.

> **참고**
>
> RocksDB의 성능 그래프는 페이스북에서 RocksDB 스토리지 엔진의 개발을 담당하고 있는 마크 캘러한의 블로그 (http://smalldatum.blogspot.kr)에서 가져왔다. 저자도 RocksDB의 테스트를 여러 번 진행했으나 DML이나 QUERY의 처 리량이 너무 불안정해서 WiredTiger 스토리지 엔진과의 성능 비교 자체가 별로 의미가 없어 보였다. 그래서 RocksDB를 개 발하고 튜닝하고 있는 마크 캘러한의 테스트 결과를 참조한 것이다. 하지만 여전히 이 테스트에서도 RocksDB의 안정되지 않은 성능 그래프를 확인할 수 있다.
>
> 하지만 페이스북의 데이터베이스 엔지니어들은 RocksDB에 많은 기대를 하고 있으며, 그만큼 성능 개선과 기능을 보완하기 위해서 노력하고 있다는 것을 여러 블로그나 커뮤니티를 통해서 느낄 수 있다. RocksDB 스토리지 엔진이 조금이라도 빨리 안정화돼서 다양한 스토리지 엔진을 취사선택할 수 있기를 기대한다.

03

복제

MongoDB에서는 마스터-슬레이브 복제와 레플리카 셋 복제라고 하는 두 가지 방식의 복제를 지원한다. 마스터-슬레이브 복제는 MongoDB 서버가 만들어졌던 초기에 사용하던 복제 방식으로, 현재 MongoDB 3.2 버전에서는 권장하지 않는(Deprecated) 방식이다. 또한 마스터-슬레이브 복제 방식은 마스터의 장애에 대한 페일 오버(Fail-over)를 관리자가 수동으로 처리해야 하며, 최근 버전의 MongoDB에서는 거의 기능이 개선되거나 보완되지 않고 있다. 그에 반해서 레플리카 셋 복제는 MongoDB 1.6 버전부터 도입됐으며 안정되고 많은 부분이 자동화되어 처리될 수 있게 개발됐다. 물론 지금도 계속해서 기능이 개선되고 보완되고 있는 복제 방식이다.

지금은 MongoDB의 마스터-슬레이브 복제 방식보다는 레플리카 셋 복제 방식을 사용하며, 마스터-슬레이브 복제 방식은 MongoDB 3.4 버전부터는 없어질 예정이다. 여기에서는 마스터-슬레이브 복제 방식은 별도로 언급하지 않고 레플리카 셋 방식의 복제에 대해서만 살펴보겠다.

3.1 복제란?

복제(Replication)는 여러 서버가 서로의 데이터를 동기화하는 것을 의미하는데, 서로 주고받는 데이터에 따라서 논리 복제와 물리 복제로 나눌 수 있다. DRBD(Distributed Replicated Block Device)와 같이 리눅스 서버가 데이터의 내부를 전혀 모르는 상태에서 디스크의 블록만 복제하는 형태를 물리적 복제라고 한다. 그리고 MySQL 서버나 MongoDB 서버와 같이 데이터베이스 서버가 직접 서버 간의 데이터를 동기화하는 방식을 논리적 복제라고 한다. 물리적 복제는 데이터베이스 서버가 전혀 관여하지 않으므로 운영체제 차원에서 응용 프로그램에 투명하게 복제를 처리할 수 있지만, 응용 프로그램(데이터베이스 서버)의 캐시나 내부 처리 로직에서 변경된 데이터를 사용하지 못하는 문제점도 있다. 특히 데이터베이스 서버와 같이 복잡한 처리를 수행하는 응용 프로그램에서는 물리적인 복제 방식이 장점보다 단점이 더 많은 편이다.

최근의 데이터베이스 서버들은 대부분 자체적으로 논리적인 복제 수단을 가지고 있는데, 대표적으로 MySQL 서버는 초창기 버전부터 지금의 대부분 데이터베이스 서버가 사용하는 복제 방식을 도입해서 사용했다. 이 덕분에 이러한 논리적인 수준의 복제 방식을 현재 많은 데이터베이스에서 범용적으로 활용할 수 있었던 게 아닐까 생각된다. MongoDB 또한 MySQL 서버의 복제와 아주 비슷한 형태의 복제 기능을 제공하고 있는데, 더불어서 프라이머리 노드의 선출과 네트워크 단절로 인한 스플릿 브레인(Split-Brain) 현상을 막을 수 있는 기능까지 내장하고 있다.

3.1.1 컨센서스 알고리즘(Consensus Algorithm)

여러 서버가 복제에 참여해서 서로 같은 데이터를 동기화하는데, 이렇게 데이터를 공유하는 그룹을 레플리카 셋 또는 레플리카 셋(Replica-set)이라고 한다. 그리고 하나의 레플리카 셋에는 프라이머리와 세컨드리로 각자의 역할이 나누어진다. 레플리카 셋에 참여하는 각 멤버들은 각자의 역할에 맞게 작동하면서 서로의 데이터를 동기화하고, 특정 노드가 응답 불능 상태가 됐을 때 어떻게 대처할 것인지 등을 결정한다. 이때 어떻게 작동할지 결정하는 것을 컨센서스 알고리즘(Consensus Algorithm)이라고 하는데, MongoDB 서버는 확장된 형태의 Raft 컨센서스 모델을 사용한다.

> **참고**
> 무 장애 분산 시스템(Fault Tolerent Distributed Systems)에서 서로가 가진 데이터가 같다고 결정하는 절차를 컨센서스(Consensus)라고 하는데, 대표적으로 Paxos와 Raft 컨센서스 알고리즘이 있다. MySQL 갤러라 클러스터(MySQL Galera Cluster)와 같이 동일한 데이터를 레플리카 셋의 아무 멤버나 변경할 수 있는 형태가 일반적으로 Paxos 알고리즘을 사용한 것이다. 그리고 MonogDB 서버에 기본으로 내장된 복제 방식과 같이 하나의 데이터를 레플리카 셋에서 특정 멤버만 변경할 수 있는 형태가 Raft 알고리즘에 속한다. 하지만 MongoDB 서버가 사용하는 컨센서스 알고리즘이 Raft 컨센서스 알고리즘과 항상 동일하게 작동하는 것은 아니다. Raft 알고리즘을 채택한 것이지 Raft 컨센서스 알고리즘의 표준 코드를 채택한 것이 아니기 때문에, 구현은 MongoDB의 서버 개발자들에 의해서 변형될 수 있는 것이다.

Raft 컨센서스 알고리즘의 가장 큰 특징은 리더 기반의 복제(Leader-based Replication)와 각 멤버 노드가 상태를 가진다는 것이다. 하나의 레플리카 셋에는 반드시 하나의 리더(Leader)만 존재할 수 있고, 리더는 사용자의 모든 데이터 변경 요청을 처리한다. 그리고 리더는 사용자의 요청 내용(데이터 변경)을 로그에 기록하고, 모든 팔로워(Follower)는 리더의 로그를 가져와서 동기화를 수행한다. Raft 컨센서스 알고리즘의 리더(Leader)를 MongoDB에서는 프라이머리(Primary) 노드라고 하며, 팔로워(Follower)는 세컨드리(Secondary) 노드라고 한다. 그리고 로그를 MongoDB에서는 OpLog(Operation Log)라고 한다.

> **⚠ 주의**
> 많은 RDBMS에 익숙한 사용자는 리두 로그(Redo Log, WAL, Write Ahead Log)에 익숙할 것이다. 하지만 MongoDB의 OpLog는 복제를 위한 로그이지 RDBMS에서 이야기하는 리두 로그에 속하지는 않는다. 이는 MySQL 서버에서 InnoDB 스토리지 엔진의 리두 로그와 바이너리 로그(Binary log)가 별도로 분리돼 있는 것과 같은 개념이다. MongoDB에서 리두 로그는 OpLog와는 별도로 기록되는데, 이를 저널 로그(Journal Log)라고 한다.
> 이렇게 리두 로그와 복제 로그가 이중으로 사용되는 가장 큰 이유는 MongoDB의 OpLog는 컬렉션의 레코드 형태로 저장되기 때문이다. 그뿐만 아니라 OpLog와 저널 로그가 도입된 시점과 관리 주체가 다르기 때문이다. 즉 MongoDB도 스토리지 엔진 아키텍처를 채용하고 있는데, OpLog는 MongoDB 엔진이 처리하는 부분이며 저널 로그는 각 스토리지 엔진이 처리해야 하는 부분이기 때문이다.

3.1.2 복제의 목적

복제의 가장 큰 목적은 동일한 데이터를 이중 삼중으로 유지함으로써 레플리카 셋의 특정 멤버에서 데이터 손실이 발생하더라도 다른 멤버의 데이터로 대체할 수 있도록 하기 위함이다. 즉 고가용성(High Availability)을 위해서 중복(Data Redundancy)된 데이터 셋을 준비하는 것이다.

"1.7 MongoDB 배포 형태"에서 살펴본 것과 같이 MongoDB는 3가지 배포 형태로 서비스에 적용할 수 있다. 여기에서 단일 레플리카 셋과 샤딩된 클러스터 구조에서는 MongoDB의 고가용성을 활용할 수 있다. 즉 MongoDB 서버가 샤딩된 클러스터 구조에서만 HA(High Availability)를 사용할 수 있는 것으로 생각할 수 있지만, MongoDB의 고가용성은 레플리카 셋 내부에서 처리된다. 샤딩이 돼야만 고가용성이 보장되는 것은 아니다. 고가용성을 위해서 MongoDB 레플리카 셋의 각 멤버는 서로 다른 멤버가 살아있는지 계속 확인 메시지를 주고받는데, 이를 하트비트(Heartbeat) 메시지라고 한다. 만약 특정 멤버(프라이머리 멤버)가 통신이 되지 않으면, 다른 멤버들이 새로운 프라이머리 멤버를 선출해서 서비스가 지속적으로 처리될 수 있게 해주는 것이다. 이렇게 새로운 프라이머리 멤버를 선출하는 과정은 MongoDB 샤딩이나 MongoDB 컨피그 서버와 무관하게 진행된다.

복제의 또 다른 목적으로는 데이터 조회 쿼리의 로드 분산을 생각해볼 수 있다. MongoDB 레플리카 셋에서 고가용성을 위해 레플리카 셋에 너무 많은 멤버를 투입할 필요는 없다. 일반적으로 고가용성만을 위한 레플리카 셋은 3대 정도의 서버로 구성하는데, 만약 데이터 조회 쿼리가 아주 많은 서비스에서는 복제 멤버를 더 추가할 수도 있다. MongoDB 서버의 레플리카 셋에서 쓰기 쿼리를 처리할 수 있는 프라이머리 멤버는 한 시점에 단 하나만 존재할 수 있다. 그래서 레플리카 셋에 멤버를 추가한다고 해서 쓰기 쿼리의 처리를 확장할 수는 없다. 하지만 세컨드리 멤버가 늘어나면 늘어난 멤버의 수만큼 읽기 쿼리를 분산시킬 수 있다. 읽기 쿼리를 프라이머리에서 수행할지 아니면 세컨드리에서 수행할지 결정할 수 있도록 MongoDB 클라이언트 드라이버들은 Read Preference 옵션을 제공한다.

MongoDB 서버는 아직 서비스 도중에 가능한 물리적인 백업 기능(온라인 물리 백업)을 제공하지는 않는다. mongoexport와 같은 도구를 이용해서 서비스 도중이라 하더라도 논리적인 백업은 가능하다. 하지만 논리적인 백업은 데이터를 복구하기 위한 시간이 상대적으로 오래 걸리기 때문에 긴급하게 데이터를 복구해야 하는 시점에는 도움이 되지 못할 수도 있다. 그래서 MongoDB에서는 세컨드리 멤버를 멈추고 데이터 파일을 복사해야 할 수도 있다.

> **(!) 주의**
>
> 물론 리눅스의 LVM과 같은 파일 시스템 스냅샷 도구를 활용해 서비스 도중이라도 물리적인 백업이 가능할 수 있다. 하지만
> LVM은 스냅샷을 생성한 시점에 파일의 쓰기와 읽기 처리가 상당히 느려지는 단점이 있고, 별도의 관리 비용도 필요하다. 물
> 론 리눅스의 LVM을 잘 활용할 수 있는 경우라면 현재로서는 적절한 MongoDB 서버의 온라인 백업 솔루션이 될 것으로 보
> 인다.

3.2 레플리카 셋 멤버

하나의 MongoDB 레플리카 셋에는 최대 50개(MongoDB 3.0 이전 버전까지는 최대 12개)까지의 멤
버가 복제에 참여할 수 있다. MongoDB 서버의 레플리카 셋에서 각 멤버는 하트비트(Heartbeat) 메
시지로 서로의 상태를 수집(감시)하게 된다. 이때 하트비트 메시지는 레플리카 셋의 모든 멤버에게 전
송돼야 하므로 레플리카 셋에 멤버가 많으면 많을수록 서로의 상태 모니터링에 더 큰 비용이 필요해지
게 된다. 그래서 불필요하게 많은 멤버를 추가하지는 않는 것이 좋다.

그리고 최대 50개의 멤버가 레플리카 셋에 참여했다고 하더라도 프라이머리 멤버 선출에 참여할 수 있
는 멤버는 7개까지만 가능하다. 프라이머리 선출 작업 또한 복잡한 과정을 거쳐야 하므로 너무 많은 멤
버 간의 조율이 필요하지 않도록 7개로 제한해 둔 것이다. 그래서 레플리카 셋의 멤버가 7개 이상이라
면 반드시 추가되는 멤버들은 Non-Voting 멤버(프라이머리 선출에 대해서 투표권이 없는 멤버)로 설
정돼야 한다.

3.2.1 프라이머리(Primary)

프라이머리 멤버는 레플리카 셋에서 데이터 변경을 처리할 수 있는 유일한 멤버다. 프라이머리 멤버는
사용자의 데이터 변경 요청을 처리하고, 변경된 데이터를 OpLog에 기록하여 레플리카 셋의 멤버들이
자신의 데이터를 동기화할 수 있도록 한다. 데이터 조회 쿼리는 프라이머리뿐만 아니라 세컨드리 멤버
도 처리할 수 있지만, 기본적으로 MongoDB에서는 데이터 조회 쿼리도 프라이머리로 요청하게 된다.
만약 특정 데이터 조회 쿼리를 세컨드리로 요청하고자 한다면 Read Preference 옵션을 조정해서 쿼리
를 실행하면 된다.

만약 프라이머리 멤버가 네트워크 단절이나 서버 과부하로 응답 불가능 상태가 되면 해당 레플레카 셋
은 프라이머리 멤버를 잃게 되며, 사용자의 데이터 변경 요청을 처리할 수 없게 된다. 하지만 레플리카

셋의 세컨드리 멤버들이 프라이머리 멤버의 상태를 계속 하트비트 메시지로 체크하고 있기 때문에 프라이머리 멤버가 없어진 것을 즉시 알아차리고 새로운 프라이머리를 선출하기 위한 투표를 시작한다.

3.2.2 세컨드리(Secondary)

세컨드리 멤버는 프라이머리 멤버가 처리한 변경 데이터를 실시간으로 가져와서 프라이머리와 동일한 데이터 셋을 유지한다. 하나의 레플리카 셋에서 세컨드리 멤버는 1개 이상 존재할 수 있으며, 프라이머리 멤버가 응답 불능 상태가 되면 투표를 통해서 세컨드리 멤버 중 하나가 프라이머리 멤버가 된다. 이렇게 세컨드리 멤버가 프라이머리 멤버로 역할이 변경되는 것을 프로모션(Promotion) 또는 스텝 업(Step-up)이라고 한다.

세컨드리 멤버는 사용자의 데이터 변경 요청을 직접 처리할 수는 없다. 하지만 데이터 읽기 요청은 세컨드리 멤버도 직접 처리할 수 있기 때문에 읽기 쿼리의 부하를 분산하는 용도로 세컨드리 멤버를 활용할 수도 있다. 사용자는 Read Preference 옵션을 이용해서 읽기 쿼리를 프라이머리 멤버와 세컨드리 멤버로 선택적으로 실행할 수도 있다. 하지만 읽기 쿼리의 Read Preference 옵션으로 특정 세컨드리 멤버를 선택해서 요청하는 것은 불가능하다. 물론 세컨드리 멤버의 "hidden" 레플리카 셋 옵션을 이용해서 응용 프로그램이 특정 세컨드리로 접속(쿼리 실행 포함)하지 못하게 막을 수는 있다.

세컨드리 멤버는 고가용성과 읽기 쿼리의 부하를 분산하는 등의 용도로 활용될 수 있지만, 데이터 백업의 용도와는 거리가 조금 멀다고 볼 수 있다. 세컨드리는 프라이머리의 변경 내용을 실시간으로 동기화하므로 사용자의 실수 등으로 인해서 프라이머리 멤버에서 유실된 경우에는 세컨드리 멤버에서도 동일하게 유실되기 때문이다. MongoDB는 이런 경우를 위해서 세컨드리의 복제 동기화를 일정 시간 지연시켜서 처리할 수도 있다. 하지만 그렇다 하더라도 실시간으로 프라이머리의 변경 데이터가 동기화되지 않는 오프라인 상태의 백업은 필수다.

3.2.3 아비터(Arbiter)

아비터는 레플리카 셋의 멤버로 참여해서 프라이머리 선출에는 관여하지만, 실제 사용자의 데이터를 전혀 가지지 않고 프라이머리 멤버로부터 OpLog를 가져오지도 않는다. MongoDB의 레플리카 셋은 특정 조건을 갖춰야 프라이머리 멤버를 선출할 수 있고, 사용자의 데이터 변경 요청을 처리할 수 있다. 즉 정족수(Quorum)를 채우기 위해서 추가로 멤버가 필요한 경우에는 아비터를 사용한다.

하나의 레플리카 셋은 반드시 과반수(Majority) 이상의 멤버가 투표에 참여해서 승인을 얻어야 프라이머리 멤버를 선출할 수 있다. 즉 과반수 이상의 멤버가 살아있어야 사용자의 쓰기 요청을 처리할 수 있음을 의미한다. 만약 과반수 이상의 멤버가 응답 불가능한 상태에서는 프라이머리를 선출할 수 없으며, 레플리카 셋의 모든 멤버가 세컨드리로 남게 된다. 이런 긴급한 상황에 레플리카 셋의 멤버를 투입하는 것은 (레플리카 셋이 가진 데이터의 크기에 따라 상이하겠지만) 상당히 많은 시간이 필요하다. 이런 경우에 아비터는 빠르게 투표에 참여할 수 있는 멤버를 추가 투입하는 데 아주 유용하다.

MongoDB 서버에서 고가용성(HA)를 보장하기 위해서는, 하나의 레플리카 셋은 최소 3개 이상의 멤버가 필요하다. 하지만 때로는 레플리카 셋에 3대의 서버를 투입하는 것이 비용적으로 부담스러울 수도 있다. 이런 경우에는 프라이머리와 프라이머리 스탠바이 멤버(Stand-by Member) 용의 세컨드리 서버는 데이터를 가지는 멤버로 기동하고, 나머지 한대는 가상 서버나 공용 서버를 이용해서 아비터를 투입하여 3개의 멤버(프라이머리, 세컨드리, 아비터)로 레플리카 셋을 구성할 수도 있다. 이런 형태는 3개 서버 모두 데이터를 가지는 레플리카 셋보다는 비용은 저렴하지만 비슷한 수준의 가용성을 보장할 수 있다.

> **⚠ 주의**
>
> 물론 레플리카 셋은 하나의 멤버(하나의 MongoDB 서버)로만 구성될 수도 있다. 하지만 이는 고가용성(High Availability)을 제공하지 않기 때문에 프로덕션 환경의 배포 형태로는 적합하지 않다. MongoDB 매뉴얼에서도 단일 멤버로 구성된 레플리카 셋은 개발 및 테스트용 환경으로만 추천하며, 실제 서비스 환경에서는 최소 3개 이상의 멤버로 레플리카 셋을 구성할 것을 권장하고 있다.

만약 프로덕션 환경에 아비터를 사용하는 경우에는 반드시 아비터를 위한 전용 서버를 고려하는 것이 좋다. 아비터는 별도로 사용자의 데이터를 보관하거나 처리하지 않기 때문에 높은 사양의 하드웨어를 필요로 하지는 않는다. 그러므로 낮은 사양의 물리 서버나 가상 서버와 같은 전용 서버이면 아비터로 활용하기에 최적이다. 만약 가상 서버를 활용하기 어려운 환경이라면 그림 3-1과 같이 별도의 서버를 준비해서 아비터 인스턴스를 여러 개 실행(서로 다른 레플리카 셋에 참여하는 아비터들)하기 위한 공용 장비로 활용할 수도 있다.

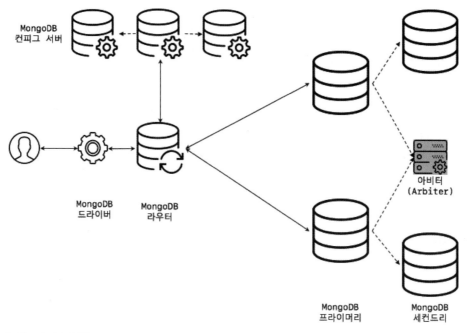

MongoDB
컨피그 서버

MongoDB
드라이버

MongoDB
라우터

아비터
(Arbiter)

MongoDB
프라이머리

MongoDB
세컨드리

〈그림 3-1〉 아비터 활용

하지만 하나의 레플리카 셋에 여러 아비터가 있는 경우, 하나의 레플리카 셋에 소속된 여러 아비터를 하나의 서버에서 실행하는 형태는 반드시 피해야 한다. 만약 동일 레플리카 셋의 프라이머리 멤버와 아비터를 동일 서버에 기동하거나 세컨드리 멤버와 아비터를 동일 서버에서 기동한다면 프라이머리나 세컨드리 서버 중 하나가 응답 불능 상태가 됐을 때 결국 레플리카 셋 자체가 서비스 할 수 없는 상태가 될 것이다.

3.3   프라이머리 선출(Primary Election)

레플리카 셋이 새로운 프라이머리를 선출해야 하는 이유는 단 한 가지인데, 해당 레플리카 셋에 현재 프라이머리 멤버가 없기 때문이다. 물론 프라이머리 멤버가 없어진 또는 연결되지 않는 이유는 매우 다양할 수 있다. 어찌됐거나 해당 레플리카 셋에 프라이머리 멤버가 없으면 사용자의 데이터 변경 요청을 처리할 수 없게 되며, Read Preference 옵션에 따라서 때로는 읽기 쿼리조차도 불가능 할 수 있다. 그래서 레플리카 멤버들은 자기가 포함된 레플리카 셋에서 프라이머리가 없어진 것을 알아채면 즉시 새로운 프라이머리를 선출하는 로직을 실행한다.

MongoDB 레플리카 셋에서 새로운 프라이머리 선출은 각 멤버의 동기화 문제가 매우 중요한데, MongoDB 3.0 버전까지는 각 서버가 인지하고 있는 시각(Wall Clock)에 의존했다. 하지만 실제 운영체제의 시각은 서버마다 차이가 있을 수 있고 정확하지 않을 수 있는데, 이런 문제를 해결하기 위해서 MongoDB 3.0 버전까지는 프라이머리 선출을 일정 시간 주기로 한 번만 실행할 수 있도록 설계했었다. 하지만 이런 방식은 많은 문제점을 안고 있는데, 이를 해결하기 위해서 MongoDB 3.2 버전부터는 새롭게 논리적인 시간을 도입했다. MongoDB 3.0 버전까지의 프라이머리 선출 방식을 "Protocol Version 0"으로 칭하고 있으며, MongoDB 3.2 버전부터 도입된 방식을 "Protocol Version 1"이라고 한다.

3.3.1 프라이머리 텀(Primary Term)

MongoDB 3.0까지의 레플리카 셋은 프라이머리 텀(Term)이라는 개념이 없었다. 그래서 여러 멤버가 동시에 투표를 하면 중복 투표의 위험이 있었으며, 이를 막기 위해서 MongoDB 3.2 이전 버전에서는 프라이머리 선출 투표(Protocol Version 0)는 30초에 한 번만 실행될 수 있게 설계됐다. 즉 프라이머리 선출을 위한 투표가 한번 실패하면 그 레플리카 셋은 30초 동안은 프라이머리가 없는 상태로 대기해야 하며, 이는 그동안 사용자의 데이터 변경 요청을 처리할 수 없다는 의미다 클라이언트의 ReadPreference 설정에 따라서 데이터 변경뿐만 아니라 데이터 읽기도 불가능할 수도 있다.

MongoDB 3.2 이전 버전까지는 이런 중복 투표나 30초 대기 시간이 최대한 발생하지 않게 실제 내부적으로는 2단계 투표(Two-Phase Election)를 실행하도록 설계됐다. 프라이머리 선출 과정은 크게 사전 투표(Speculative-election)와 본 투표(Authoritative-election) 두 단계(Two-Phase)로 나뉘어서 진행된다. 즉 프라이머리가 되고자 하는 세컨드리는 먼저 다른 세컨드리 멤버들에게 자기 자신이 프라이머리가 되려고 한다면 반대하지 않을 것인지 확인하고, 다른 세컨드리 멤버들이 반대하지 않으면 그때 본 선거를 시작하는 것이다. 즉 사전 선거를 통해서 본 선거의 실패 상황(프라이머리를 선출하지 못하는 상황)을 최소화하고자 한 것이다.

MongoDB 3.0까지의 복잡한 프라이머리 선출 과정을 해결하기 위해서 MongoDB 3.2(Protocol Version 1)부터는 프라이머리 텀(논리적인 시간의 의미로 사용됨)이라는 개념이 도입됐다. 프라이머리 텀은 사실 투표 식별자이며, 레플리카 셋의 각 멤버들이 프라이머리 선출을 시도할 때마다 1씩 증가하는 논리적인 시간(Logical Time) 값이다. 그래서 각 멤버들은 투표 요청이 오면 30초 동안 기다리는 것이 아니라, 그 투표의 식별자를 기준으로 자기가 이미 투표를 했는지 아니면 다시 투표에 참여해야 하는지 결정할 수 있게 된 것이다. 그래서 프라이머리 텀(Term)은 투표 식별자(Vote Identifier)라고도 불린다. 또한 프라이머리 텀은 단순히 투표할 때만 사용되는 것이 아니라 프라이머리 멤버가 사용자의 데이터 변경 요청을 실행한 다음 변경 내용을 OpLog에 기록할 때마다 현재 텀(Term) 식별자를 같이 기록한다. 그 정보를 이용해 특정 OpLog가 어느 멤버가 프라이머리였을 때의 로그인지 식별할 수 있게 해준다.

그림 3-2는 어떤 이유로 인해서 기존의 프라이머리가 사라지고, 새로운 투표가 시작되는 시점에 프라이머리 텀이 시작되고 그 텀이 유지되는 것을 보여주고 있다.

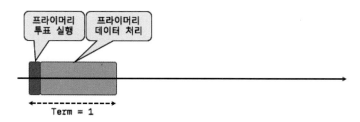

〈그림 3-2〉 프라이머리 텀(Term)의 시작

그림 3-3은 프라이머리 텀이 1로 유지되다가 이 프라이머리 멤버가 네트워크 문제나 서버 장애로 연결할 수 없게 되면 투표가 시작되고, 새로운 프라이머리를 선출하게 된다. 이때부터는 프라이머리 텀이 1 증가한 2가 되는 것을 보여주고 있다.

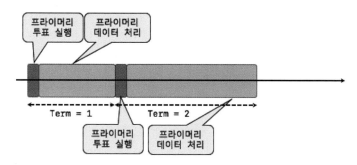

〈그림 3-3〉 새로운 프라이머리 텀(Term)의 시작

하지만 프라이머리 선출을 위한 투표가 항상 성공하는 것은 아니다. 즉 새로운 프라이머리를 뽑지 못하고 투표에 실패할 수도 있는데, 이런 경우에는 프라이머리 텀 값만 증가하고 끝나게 된다. 그림 3-4는 이렇게 투표가 실패했을 때의 프라이머리 텀이 처리되는 과정을 보여주고 있다.

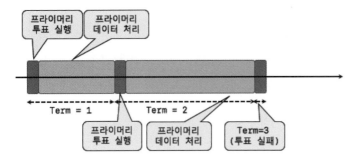

〈그림 3-4〉 투표 실패 시 프라이머리 텀(Term) 처리

이렇게 투표가 실패하면 레플리카 셋의 멤버들은 텀 아이디(Term)를 1 증가시켜서 다시 새로운 투표를 시작하게 된다. 그리고 새로운 프라이머리가 선출되면 그때부터 프라이머리 텀은 4가 되는 것이다. 그림 3-5는 이 과정을 보여주고 있다.

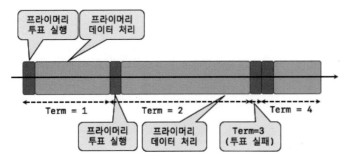

〈그림 3-5〉 투표에 실패하고 새로운 투표를 한 프라이머리 텀(Term)

3.3.2 프라이머리 스텝 다운(Primary Step Down)

레플리카 셋에서 프라이머리가 보이지 않으면 다른 세컨드리 멤버들은 모두 자신의 레플리카 셋에 프라이머리 멤버가 없다고 판단하게 된다. 물론 일반적인 서비스 상황에서 이렇게 프라이머리가 연결되지 않는 것은 네트워크에 문제가 있거나 서버에 장애가 있는 상황일 것이다. 만약 프라이머리가 레플리카 셋 설정에 명시된 electionTimeoutMillis(protocolVersion이 0인 경우에는 heartbeatTimeoutSecs 옵션이 사용됨) 내에 응답이 없으면 레플리카 셋의 각 멤버는 프라이머리가 없어졌다고 판단하고 즉시 새로운 프라이머리를 선출하기 위한 투표를 시작하게 된다.

이렇게 강제적으로 프라이머리가 없어지는 상황뿐만 아니라 다음 명령을 이용해 관리자가 의도적으로
기존의 프라이머리를 세컨드리로 내리는(Step down) 것도 가능하다. 이 둘은 관리 작업을 위해서 프
라이머리를 세컨드리로 전환하기 위해 사용하는 명령이기도 하다.

- rs.stepDown() 명령으로 프라이머리를 스텝 다운
- rs.reconfig() 명령으로 레플리카 셋 멤버의 우선순위(Priority) 변경

rs.stepDown() 명령은 다음과 같이 2개의 인자를 사용할 수 있다.

```
rs.stepDown(stepDownSecs, secondaryCatchUpPeriodSecs)
```

rs.stepDown() 명령은 현재 프라이머리인 멤버에서만 실행할 수 있는데, 이 명령이 실행되면 명령을
요청받은 프라이머리는 즉시 프라이머리를 내려놓고 stepDownSecs 파라미터에 지정된 시간 동안 다
시 프라이머리가 될 수 없다. 즉 다른 세컨드리 멤버가 프라이머리가 될 수 있는 여유 시간을 설정하는
것이다. 만약 stepDownSecs 시간 동안 다른 세컨드리 중에서 새로운 프라이머리가 선출되지 못하면
원래 프라이머리였던 멤버가 다시 프라이머리로 선출될 가능성이 높은 것이다.

그리고 프라이머리 멤버가 스텝 다운되면 그 레플리카 셋은 일시적으로 프라이머리가 없는 상태
가 될 것이다. 물론 프라이머리가 없는 시간을 최소화하면 최소화할수록 사용자의 요청을 빨리 처리
할 수 있을 것이다. 하지만 기존의 프라이머리가 스텝 다운되는 시점에 다른 세컨드리가 기존 프라이
머리의 OpLog에서 모든 변경 사항을 가져왔다는 보장을 하기는 어렵다. 만약 데이터 변경이 많아
서 복제가 지연된 상태라면 밀린 복제를 동기화하기 위해서 더 많은 시간이 필요할 수도 있다. 그래서
rs.stepDown() 명령은 두 번째 인자로 주어진 secondaryCatchUpPeriodSecs 파라미터의 시간 동
안 새로운 프라이머리를 선출하지 않고 기다리면서 밀려있던 복제가 동기화되기를 기다린다. 그렇다
고 무조건 프라이머리 선출을 secondaryCatchUpPeriodSecs 시간 동안 미루는 것이 아니라, 최대
secondaryCatchUpPeriodSecs 시간 동안 기다린다는 의미다. 만약 복제 동기화가 2~3초만에 완료
된다면 레플리카 셋은 secondaryCatchUpPeriodSecs 시간만큼 기다리지 않고 2~3초 이후에 새로운
프라이머리 선출을 시작할 것이다.

rs.reconfig() 명령은 사실 세컨드리를 프라이머리로 전환하는 등의 레플리케이션 역할(Role)을 변경
하는 직접적인 명령은 아니다. 하지만 rs.reconfig() 명령으로 레플리카 셋 멤버의 priority를 변경하면
기존의 프라이머리가 즉시 세컨드리로 전환된다. 예를 들어, 다음과 같이 3개의 멤버로 구성된 레플리
카 셋을 가정해보자.

호스트명	레플리케이션 역할	Priority
service—mogno1	PRIMARY	1
service—mongo2	SECONDARY	1
service—mongo3	SECONDARY	1

이 레플리카 셋의 프라이머리에 접속해서 다음과 같이 service—mongo2 멤버의 priority를 2로 변경하고 rs.reconfig() 명령으로 레플리카 셋의 설정을 변경해보자.

```
var cfg = rs.conf()
cfg.members[1].priority = 2
rs.reconfig(cfg)
```

rs.reconfig() 명령으로 레플리카 셋의 설정이 변경되면 현재 프라이머리인 service—mongo1 멤버는 자기 자신보다 높은 우선순위(Priority)를 가진 멤버가 레플리카 셋에 나타난 것을 눈치채고 즉시 프라이머리 롤을 버리고(Step down) 세컨드리로 전환하게 된다. 그러면 레플리카 셋의 세컨드리들은 프라이머리가 없어졌기 때문에 다시 프라이머리 선출을 시도할 것이다. 그런데 이번에는 service—mongo1이 아니라 우선순위가 더 높은 service—mongo2가 프라이머리로 선출될 것이다.

사실 MongoDB 서버 내부적으로는 rs.reconfig() 명령으로 priority를 변경하는 것과 rs.stepDown() 명령의 처리 로직(소스 코드상)은 동일하다. 단 하나의 차이가 있다면 rs.reconfig() 명령으로 Priority가 변경되는 경우에는 rs.stepDown(60, 10, true)을 실행하는 것이다. 여기에서 rs.stepDown()의 첫 번째 인자인 60은 stepDownSecs의 기본값이며 두 번째 인자인 10은 secondaryCatchUpPeriodSecs의 기본값이다. 그리고 rs.stepDown()의 마지막 인자는 강제 모드(force 옵션)를 활성화할 것인지 결정하는 옵션이다. rs.stepDown() 명령에 앞에 있는 2개의 인자만 사용하는 경우에는 강제(force) 모드는 false로 실행되지만, rs.reconfig() 명령은 강제(force) 모드를 true로 실행하게 된다.

문제는 rs.reconfig() 명령으로 Priority를 변경해서 프라이머리를 스위칭하는 작업(이 방식을 MongoDB 매뉴얼에서는 Priority Takeover라고 함)은 secondaryCatchUpPeriodSecs를 무시한다는 것이다. 즉 rs.reconfig() 명령으로 프라이머리를 스위칭하면 프라이머리가 될 세컨드리가 복제를 동기화 할 시간을 주지 않고 바로 프라이머리 선출이 수행된다. 그래서 데이터 변경이 빈번한 경우에는 데이터의 롤백이 발생할 가능성이 높다. 이 문제는 아마도 MongoDB 3.6 버전에서 고쳐질 것으로 예상된다.

> **참고** 혹시 rs.reconfig() 명령으로 priority를 조정해서 프라이머리를 세컨드리로 조정하는 경우에 데이터의 롤백을 막기 위해서 복제 동기화 여유 시간을 추가하는 부분이 보완됐는지 확인하고자 한다면 다음 JIRA 사이트를 확인해보자.
>
> https://jira.mongodb.org/browse/SERVER-26211
>
> https://jira.mongodb.org/browse/SERVER-23663

> **⊘ 주의**
>
> 위에서도 살펴봤듯이 MongoDB 3.2 버전 이상의(protocolVersion을 1로 사용하는) 레플리카 셋에서는 멤버의 priority를 0 또는 1만 사용할 것을 권장한다. 그렇지 않으면 프라이머리 스위칭을 위해서 rs.stepDown() 명령을 사용하지 못하고 rs.reconfig() 명령으로 Priority를 더 높혀가면서 프라이머리 스위칭을 해야 하는데, 이런 방식으로는 현재 프라이머리의 복제되지 못한 데이터 변경이 롤백되기 때문이다.

3.3.3 프라이머리 선출 시나리오

MongoDB 레플리카 셋에서 프라이머리 멤버가 하드웨어 장애나 네트워크 문제로 인해서 다른 멤버와 통신이 되지 않을 경우(하트비트 메시지를 정상적으로 주고받지 못할 경우)에 MongoDB 레플리카 셋은 고가용성을 보장하기 위해서 세컨드리 멤버가 자동으로 새로운 프라이머리를 선출하기 위한 투표를 실행하도록 설계돼 있다. 물론 서버나 네트워크 폴트(Fault)로 인한 자동 페일 오버(Failover)뿐만 아니라 rs.stepDown()과 같이 프라이머리 멤버가 세컨드리로 강등(Demotion)되는 경우도 같은 과정을 거치게 된다.

정상적인 상태의 레플리카 셋에서 각 세컨드리들은 프라이머리가 처리한 데이터 변경 내역을 복제하면서 데이터를 동기화한다. 그리고 다른 한편으로 레플리카 셋의 각 멤버들은 서로 하트비트 메시지를 주고받으면서 레플리카 셋의 각 멤버가 정상적으로 연결돼 있는지 주기적으로 확인한다. 이때 그림 3-6과 같이 레플리카 셋의 모든 멤버에게 하트비트 메시지를 전송하고 응답 메시지를 받는다. 즉 레플리카 셋이 3개의 멤버로 구성돼 있다면 한 주기에 6개의 하트비트 메시지(3개의 멤버가 나머지 2개의 멤버에서 메시지 전송하므로 3x2개의 메시지)가 오고 가는 것이다. 그리고 7개의 멤버로 구성돼 있다면 42개의 하트비트 메시지(7개의 멤버가 6개의 하트비트 메시지를 전송)가 오고 가게 된다. 그래서 MongoDB의 레플리카 셋에 너무 많은 멤버가 투표에 참여하게 되면 부담이 커지는 것이다.

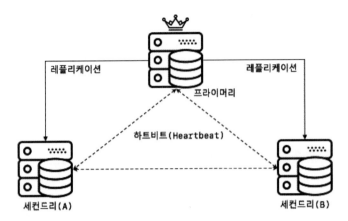

〈그림 3-6〉 레플리카 셋 멤버 간의 하트비트(Heartbeat) 교환

세컨드리 멤버는 다른 멤버로 전송한 하트비트 메시지에 대해서 지정된 시간(electionTimeoutMillis) 동안 응답을 기다린다. 만약 이 시간동안 다른 세컨드리 멤버가 응답이 없다면 그냥 그 멤버가 응답 불능 상태라고 인지만 하게 된다. 하지만 그림 3-7과 같이 프라이머리 멤버가 응답이 없다면 세컨드리 멤버는 즉시 새로운 프라이머리를 선출해야 한다는 것을 알고 새로운 투표를 시작하게 된다.

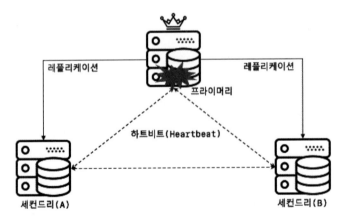

〈그림 3-7〉 프라이머리 멤버의 응답 불능

만약 프라이머리 멤버의 하드웨어와 MongoDB 서버는 정상적으로 작동하고 있지만, 멤버 간의 네트워크 연결에만 문제가 있을 때에는 프라이머리 멤버는 여전히 사용자의 데이터 변경 요청을 처리할 수 있는 상태일 수도 있다. 하지만 이렇게 멤버 간에 네트워크 연결이 끊어졌는데 프라이머리가 여전히 사용자의 요청을 처리하게 되면 스플릿 브레인(Split-brain) 현상이 발생할 수 있다. 그래서 MongoDB

에서는 그림 3-8에서 보이는 것과 같이 스플릿 브레인 현상을 막기 위해서 전체의 과반수 멤버와 통신이 되지 않으면 자동으로 프라이머리에서 세컨드리 멤버로 강등(Demotion)되게 설계돼 있다.

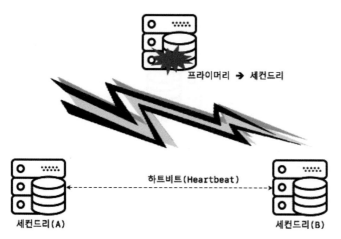

〈그림 3-8〉 과반수 멤버와 통신 불가 시 세컨드리로 전이

멤버 간의 네트워크에 문제가 발생했거나 프라이머리 멤버 서버에 문제가 있어서 기존 프라이머리 멤버는 두 세컨드리로부터 연결이 불가능한 상태가 됐다. 그러면 이제 레플리카 셋에 남은 두 세컨드리는 둘 중 하나를 프라이머리로 선출하게 된다. MongoDB의 프라이머리 선출 과정에서 중요한 부분은 그림 3-9에서 보이는 바와 같이 "Self-Election"이다. "Self-Election"은 자가 선출로 해석할 수 있는데, MongoDB의 프라이머리 선출 알고리즘에서는 절대 다른 세컨드리 멤버를 프라이머리 후보로 추천하지는 않는다. 즉 레플리카 셋에서 프라이머리가 없어지면 기본적인 요건만 채워지면 자기 자신이 바로 프라이머리 선출 투표를 개시하게 되는데 이때 후보는 반드시 자기 자신인 것이다. MongoDB가 Self-Election 방식을 채택한 이유는 프라이머리 선출 과정이 복잡하지 않고, 그만큼 쉽게 구현할 수 있으며 직관적으로 작동하기 때문이다.

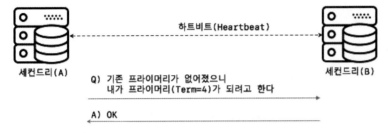

〈그림 3-9〉 새로운 프라이머리 선출

먼저 세컨드리 (A)가 프라이머리 선출을 시작하면 세컨드리 (A)는 세컨드리 (B)로 "내(세컨드리 A)가 이번 텀(Term=4)의 프라이머리가 되고자 한다. 당신은 내가 프라이머리가 되는 데 찬성하는가?"라는 메시지를 전달한다. 그러면 세컨드리 (B)는 몇 가지 현재 상태를 체크하고 세컨드리 (A)가 프라이머리가 돼도 괜찮을지 결과를 전달한다. 이때 세컨드리 (B)가 체크하는 사항으로는 다음과 같은 것들이 있다.

- 세컨드리 (A)가 현재 나(세컨드리 B)와 같은 레플리카 셋에 소속된 멤버인가?
- 세컨드리 (A)의 우선순위(Priority)가 현재 레플리카 셋에 있는 모든 멤버의 우선순위와 같거나 더 큰 값을 가지고 있는가?
- 세컨드리 (A)가 요청한 투표의 텀(Term)이 내(세컨드리 B)가 지금까지 참여했던 투표의 텀(Term)보다 큰 값인가?
- 세컨드리 (A)가 요청한 투표의 텀(Term)에 내(세컨드리 B)가 투표한 적이 없는가?
- 세컨드리 (A)가 내(세컨드리 B)보다 더 최신 데이터를 가지고 있거나 동등한 데이터를 가지고 있는가?(OpLog의 OpTime이 더 최신이거나 동등한 시점인가?)

위 5개의 체크 사항이 모두 참(True)이면 그림 3-10과 같이 세컨드리 (B)는 세컨드리 (A)에게 "찬성" 메시지를 보내고, 세컨드리 (A)는 Term=4 기간 동안 새로운 프라이머리가 된다.

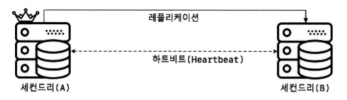

〈그림 3-10〉 새로운 프라이머리 선출 완료

하지만 만약 5개의 체크 사항에 대해서 하나라도 거짓(False)이면 세컨드리 (B)는 세컨드리 (A)의 투표 요청에 "거부(Veto)" 의사를 표시하게 된다. MongoDB의 프라이머리 선출에서는 "찬성" 또는 "거부"만 가능한데, 레플리카 셋의 멤버 중에서 과반수 이상의 멤버가 통신이 가능한 상태에서만 투표를 실시할 수 있고, 그 멤버들 중에서 하나라도 "거부"하게 되면 프라이머리 선출은 실패하게 된다. MongoDB 3.0 버전까지는 프라이머리 선출에 "Protocol Version 0"이 사용됐는데, 이때는 레플리카 셋의 멤버가 투표에 대해서 "거부"를 실행할 수 있었다. 하지만 "Protocol Version 1"을 사용하는 MongoDB 3.2 버전부터는 레플리카 셋의 멤버가 "거부"를 실행할 필요가 없어졌다. "Protocol Version 0"에서는 투표가 30초에 한 번만 실행될 수 있었기 때문에 멤버의 거부권 행사가 필요했다. 하지만 "Protocol Version 1"에서는 프라이머리 선출 텀(Term)만 증가(Term=5)시키면 지연 없이 얼마든지 새로운 투표를 시작할 수 있으므로 투표에 참여하는 멤버는 굳이 거부권을 행사할 필요가 없다. 즉 지금 프라이머리가 되고자 하는 멤버가 새로운 프라이머리 멤버로 적절하지 않다고 판단되면 투표에 참여하는 멤버는 언제든지 새로운 투표를 시작해버리기만 하면 거부권이 행사됨과 동시에 새로운 투표를 시작하게 되는 것이다.

> **(!) 주의**
>
> 레플리카 셋에서 프라이머리 서버의 문제가 아니라 네트워크 문제로 인해서 레플리카 셋이 둘로 쪼개지는 경우도 발생할 수 있다. 예를 들어, 그림 3-11과 같이 6개의 멤버를 하나의 레플리카 셋으로 구성했는데, 각각 서브 네트워크에 3개씩 분산시켰다고 가정해 보자. 이 구성에서 만약 서브 네트워크를 연결하는 네트워크에 문제가 발생하면 레플리카 셋은 2개의 그룹으로 스플릿(Split) 될 것이다. 이때 서브 네트워크 1에 소속된 레플리카 셋 멤버의 수는 3개이므로 과반수를 충족하지 못하고, 서브 네트워크 2에 속한 멤버 그룹 역시 과반수를 충족하지 못한다.

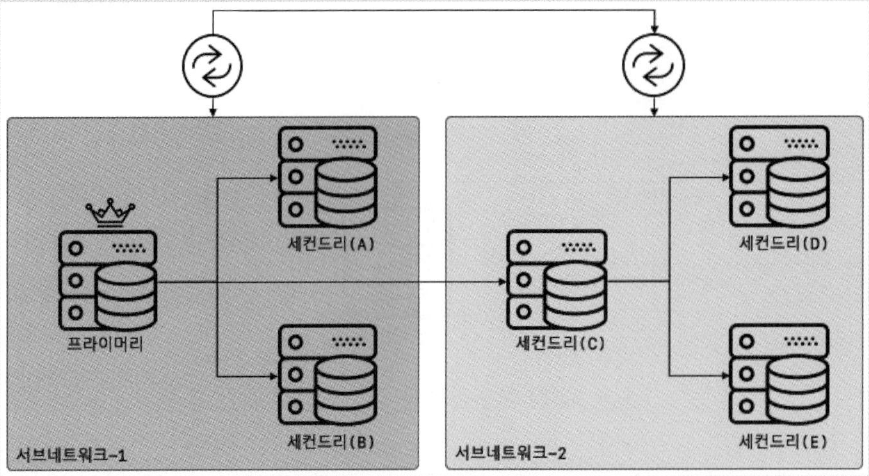

〈그림 3-11〉 동일 개수의 멤버가 각각 서브 네트워크로 배포된 복제 상황

MongoDB 레플리카 셋에서는 서로 연결된 상태의 멤버 수가 전체 멤버의 과반수를 충족해야만 기존의 프라이머리가 계속 프라이머리 역할을 유지하거나 새로운 프라이머리를 선출할 수 있다. 그래서 이 경우에는 서브 네트워크 1번에 소속돼 있던 기존 프라이머리는 프라이머리 역할을 유지하지 못하고 세컨드리로 강등된다. 또한 서브 네트워크 2번에 소속된 멤버들은 기존의 프라이머리가 없어졌지만, 여전히 3개의 멤버로는 자체적으로 새로운 프라이머리를 선출할 수 없어서 결국 사용자의 요청을 처리할 수 없는 상태가 된다.

따라서 레플리카 셋을 구성할 때는 서버의 장애뿐만 아니라 네트워크 장비의 장애로 레플리카 멤버들이 스플릿되는 상황도 함께 고려해야 한다. MongoDB 서버의 레플리카 셋에서 정족수(Quorum)는 과반수이며, 과반수는 전체 멤버의 50%를 초과해야 한다는 것에 주의하자. 그래서 MongoDB로 레플리카 셋을 구성할 때에는 짝수 개의 멤버보다는 홀수 개의 멤버를 선호하는 것이다. 예를 들어, 4개의 멤버로 구성된 레플리카 셋의 최소 정족수는 3개이며, 3개의 멤버로 구성된 레플리카 셋의 정족수는 2개다. 즉 4대로 구성된 레플리카 셋이나 3대로 구성된 레플리카 셋 모두 장애 허용 범위(Fault tolerance)는 1대인 것이다.

3.3.4 프라이머리 선출 시 정족수(Quorum)의 의미

MongoDB 레플리카 셋의 각 멤버는 votes 옵션의 값으로 0 또는 1을 가질 수 있다. votes 옵션의 값이 0인 멤버는 Non-Voting 멤버라고 표현하는데, Non-Voting 멤버는 프라이머리 선출 시 정족수(Quorum)를 판단하는 기준에 포함되지 않는다. 예를 들어, 다음과 같이 구성된 레플리카 셋을 가정해 보자.

호스트 명	레플리케이션 역할	Votes(voting 멤버 여부)
service-mogno1	프라이머리	1
service-mongo2	세컨드리	1
service-mongo3	세컨드리	0

실제 레플리카 셋 멤버는 3개로 구성돼 있지만 service-mongo3 멤버는 votes 옵션의 값이 0으로 투표권을 가지지 않은 멤버(Non-voting 멤버)다. 이때 service-mongo2 멤버가 응답 불능 상태가 되면 service-mongo1은 투표권을 가진 멤버 중에서 정족수를 채우지 못하기 때문에 자동으로 세컨드리로 스텝 다운된다. 하지만 운 좋게도 service-mongo3 멤버가 응답 불능 상태가 된다면 service-mongo1 멤버는 프라이머리 역할을 계속 수행할 수 있게 된다.

하지만 투표권을 가지고 있다고 해서, 모든 멤버가 프라이머리 선출에 참여할 수 있는 것은 아니다. 레플리카 셋의 모든 멤버는 데이터 복제의 동기화 상태에 따라서 여러 상태를 가질 수 있다. 그중에서 아래 상태의 투표권을 가진 멤버만 투표에 참여할 수 있다.

- PRIMARY
- SECONDARY
- RECOVERING
- ARBITER
- ROLLBACK

대표적으로 레플리카 멤버가 시작되면서 데이터를 가지지 않은 경우에는 초기 동기화를 수행하는데, 이때 초기 동기화를 수행하는 레플리카 멤버는 STARTUP 상태가 된다. STARTUP 멤버는 투표권(votes=1)을 가진 멤버라 하더라도 실제 프라이머리 선출에는 참여할 수 없다. 예를 들어, 다음과 같은 복제 상태를 가진 레플리카 셋을 가정해보자.

호스트 명	레플리케이션 역할	투표권(voting 멤버 여부)	레플리카 상태
service-mogno1	프라이머리	1	PRIMARY
service-mongo2	세컨드리	1	Unreachable
service-mongo3	세컨드리	1	STARTUP

service-mongo2 멤버의 Unreachable 상태는 현재 하트비트 통신이 되지 않는 상태를 의미한다. 그리고 service-mongo3 멤버의 STARTUP 상태는 현재 초기 동기화 상태임을 보여주고 있다. 이 상태에서 service-mongo3 멤버는 실제 투표에 참여할 수는 없지만, 여전히 투표권을 가진 살아있는 멤버로 인식된다. 그래서 service-mongo1 멤버는 프라이머리 멤버로 남아있을 수 있는 것이다. 이 예제는 해당 레플리카 셋에서 프라이머리가 유지되기 위한 최소 투표권을 가진 멤버의 수를 결정하는 기준과 실제 투표에 참여할 수 있는 멤버의 수가 동일하지 않다는 것을 보여준다.

그리고 한가지 주의해야 할 점은 투표권을 가지지 않은 레플리카 멤버라 하더라도 프라이머리 선출 투표에서 "거부권(Veto)"을 행사할 수는 있다는 것이다. 즉 투표권을 가지지 않은 멤버라 하더라도 프라이머리 후보 이외의 다른 멤버가 더 높은 우선순위(Priority)를 가지고 있다거나 더 최신의 데이터를 가지고 있다는 것을 알게 되면 바로 프라이머리 선출을 취소할 수 있다. 이는 잘못된 멤버가 프라이머리로 선출되는 것을 방지하기 위함이다.

3.3.5 롤백(Rollback)

트랜잭션을 지원하는 관계형 데이터베이스에 익숙한 사용자에게는 조금 혼란스러운운 표현일 수 있겠지만, MongoDB의 롤백(Rollback)은 관계형 데이터베이스에서 트랜잭션 커밋(Commit)의 반대 표현인 롤백(Rollback)과는 전혀 다른 의미다. 더구나 MongoDB 서버에서는 트랜잭션이라는 개념이 없기 때문에 트랜잭션 롤백(Transaction Rollback)은 있을 수도 없는 기능이다. 간단히 설명하면 MongoDB의 롤백(Rollback)은 레플리카 셋의 각 멤버끼리 데이터를 동기화하는 과정에서 이미 저장된(디스크에 영구적으로 기록됐었거나 저널 로그까지만 기록됐었거나) 데이터를 다시 삭제하는 과정을 말한다.

롤백은 언제 발생할 수 있는지 그리고 롤백은 어떻게 실행되는지 예제로 한번 살펴보자. 3개의 멤버로 구성된 레플리카 셋이 그림 3-12와 같은 상태의 데이터를 가지고 있다고 가정해보자. 이 시점에 세컨드리 멤버 (service-mngo2)는 아직 마지막 OpLog인 5번을 프라이머리로부터 동기화하지 못한 상태이며, 세컨드리 멤버 (service-mongo3)는 아직 4번과 5번 OpLog를 동기화하지 못한 상태라는 것에 주의하자.

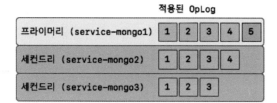

〈그림 3-12〉 복제 진행 상태

이때 갑자기 프라이머리 멤버가 네트워크 장애로 인해서 연결 불가 상태가 됐다고 가정해보자. 그러면
두 개의 세컨드리 멤버끼리 새로운 프라이머리를 선출하는 과정을 거칠 것이며, 그 결과 그림 3-13과
같이 더 최신의 데이터를 가진 세컨드리 멤버 (service-mongo2)가 새로운 프라이머리로 선출될 것이
다.

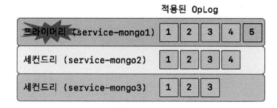

〈그림 3-13〉 새로운 프라이머리 선출

이제 service-mongo2 멤버가 새로운 프라이머리로 선출됐기 때문에 사용자의 데이터 변경 요청
을 새로운 프라이머리 멤버 (service-mongo2)가 처리할 수 있게 됐다. 그래서 그림 3-14와 같이
service-mongo2는 자신의 OpLog에 새로운 데이터 변경 이력들을 기록할 것이다.

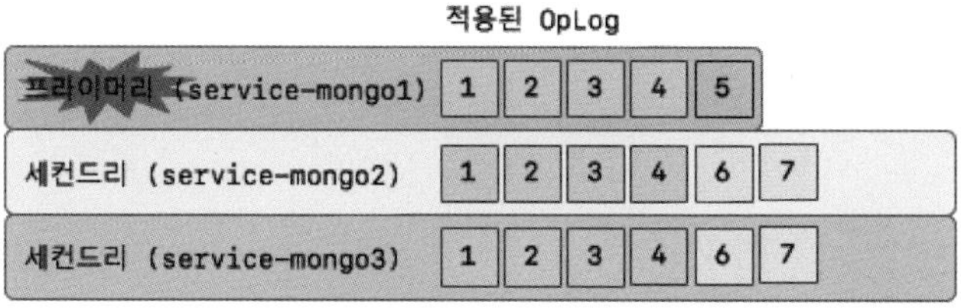

적용된 OpLog

프라이머리 (service-mongo1)	1	2	3	4	5		
세컨드리 (service-mongo2)	1	2	3	4	6	7	
세컨드리 (service-mongo3)	1	2	3	4	6	7	

〈그림 3-14〉 새로운 사용자 요청 처리

이렇게 새로운 프라이머리인 service-mongo2 멤버가 사용자의 데이터 변경 요청을 처리하고 있기
때문에 service-mongo2와 service-mongo3 멤버는 새로운 OpLog인 6번과 7번을 가지게 된다. 이
때 이전 프라이머리 멤버였던 service-mongo1의 네트워크가 살아난다면 service-mongo1 멤버가

이 레플리카 셋으로 다시 참여하게 될 것이다. service-mongo1 멤버가 다시 레플리카 셋에 참여하려면 우선 자신의 OpLog와 새로운 프라이머리인 service-mongo2 멤버와 OpLog의 내용을 동기화할 수 있어야 한다. 즉 service-mongo1 멤버는 프라이머리 스위칭이 발생하기 전까지의 OpLog 마지막 시점을 service-mongo2를 기준으로 맞춰야 한다. 그렇지 않고 새로운 프라이머리 멤버인 service-mongo2로부터 새로 쌓이기 시작한 OpLog를 가져오기만 하면 서로 OpLog에 담긴 데이터가 달라질 것이다.

그래서 service-mongo1 멤버는 자신의 OpLog를 마지막부터 시작해서 다음과 같이 검색 비교 작업을 수행한다. 참고로 다음 코드는 이해를 돕기 위한 의사 코드일 뿐 실제 작동하는 코드는 아니다.

```
var cursor = "service-mongo1".OpLog.find().sort({$natural:-1});
while(cursor.hasNext()){
  oplog = cursor.next();
  remote_oplog = "service-mongo2".OpLog.find(oplog);
  if( exist(remote_oplog) ){
    "service-mongo1".Oplog.remove({$gt:oplog})
    break;
  }
}
```

이 코드의 내용대로 예제를 살펴보면 우선 service-mongo1 멤버는 자신이 가진 OpLog를 시간 역순으로 정렬해서 읽어온다. 그리고 시간 역순의 OpLog를 한 건씩 가져와서 새로운 프라이머리인 service-mongo2 멤버의 OpLog에 있는지 없는지 확인한다. service-mongo2 멤버의 OpLog에 없다면 무시하고 다음 OpLog로 넘어간다. 그리고 어느 순간에 공통되는 OpLog를 찾으면(service-mongo1의 OpLog에도 있고, service-mongo2 멤버의 OpLog에도 존재하는 OpLog) service-mongo1 멤버는 자기 자신의 OpLog에서 공통으로 있는 OpLog 이후의 모든 OpLog를 삭제한다.

이 과정에서 service-mongo1 멤버는 단순히 OpLog의 기록만 삭제하는 것이 아니라, OpLog의 내용을 참조해 실제 컬렉션의 도큐먼트를 찾아서 같이 삭제하거나 변경 전 데이터로 되돌리는 작업을 한다. 즉 OpLog 내용을 기반으로 이전 데이터 상태로 되돌리는 작업(롤백)을 수행하는 것이다. 하지만 롤백을 수행하는 "service-mongo1" 서버가 가진 OpLog의 데이터만으로는 복구가 불가능할 수도 있다. 예를 들어, 도큐먼트를 삭제한 경우에는 OpLog에 삭제된 도큐먼트의 "_id"만 보관돼 있는데, 이것만으로는 삭제된 도큐먼트의 값을 알 수 없기 때문에 삭제된 도큐먼트를 복구할 수 없다. 그래서 롤백을 수행하는 MongoDB 서버는 롤백 대상인 OpLog에서 변경된 모든 도큐먼트의 프라이머리 키("_

id")를 기준으로 다른 레플리카 셋 멤버가 가진 최종 버전의 도큐먼트를 가져와서 롤백 작업을 완료하게 된다. 이렇게 롤백 과정을 거치면서 삭제되거나 변경된 도큐먼트들은 MongoDB의 데이터 디렉터리의 "rollback"이라는 디렉터리에 기록된다. 데이터베이스 관리자나 개발자는 이 롤백 디렉터리의 데이터를 이용해서 필요한 재처리 작업을 수동으로 실행할 수 있다.

일단 service-mongo1 멤버가 자신의 OpLog를 새로운 프라이머리인 service-mongo2와 마지막 공통 지점까지 정리(롤백)하고 나면 일반 다른 세컨드리 멤버와 같이 OpLog를 가져와서 재생함으로써 데이터를 동기화한다. 그림 3-15는 이렇게 동기화된 상태를 보여주고 있다.

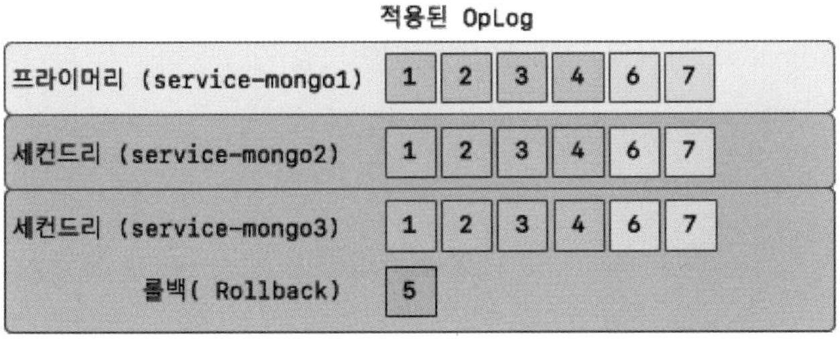

〈그림 3-15〉 롤백 후 동기화된 상태

MongoDB의 롤백은 최대 300MB까지만 가능하다. 만약 세컨드리로 동기화되지 못한 데이터가 300MB를 넘을 정도로 많은 상태에서 프라이머리 스텝 다운이 발생하면 이 레플리카 셋 멤버는 새로운 프라이머리 멤버와의 동기화 지점을 찾지 못하고 다음과 같은 메시지를 에러 로그에 출력하고 중간에 복구를 멈춰버린다. 이런 경우에는 직접 수동으로 동기화 작업을 처리해야 한다.

```
replSet syncThread: 13410 replSet too much data to roll back
```

또한 이렇게 자동 롤백에 실패한 경우에는 복구해야 할 데이터가 rollback 디렉터리에 기록되지 않으므로 향후 복구를 위해서 잊지 말고 전체 데이터 파일을 백업하도록 하자.

3.3.6 롤백(Rollback) 데이터 재처리

롤백 데이터는 MongoDB 서버의 데이터 디렉터리 하위에 "rollback"이라는 이름으로 생성된다. MongoDB는 롤백으로 인해서 취소된 변경 데이터를 컬렉션 단위로 BSON 파일 형식으로 기록한다. 그래서 롤백 데이터 파일의 이름은 다음과 같은 규칙으로 생성된다.

```
<database>.<collection>.<timestamp>.bson
```

```
예제) mydb.mycoll.2016-10-30T20-02-00.0.bson
```

생성된 롤백 데이터 파일은 BSON 포맷으로 기록돼 있어서 bsondump 유틸리티를 이용해 JSON 포맷으로 변환할 수 있다. JSON 파일의 내용을 좀 더 읽기 편하게 만들고자 한다면 bsondump 명령에 "--pretty" 옵션을 사용하면 된다.

```
$ bsondump mydb.mycoll.2016-10-30T20-02-00.0.bson > rollback_mycoll.json
```

만약 아무런 검증 절차 없이 그냥 MongoDB 서버에 그대로 롤백 데이터를 재적용하고자 한다면 bsondump의 출력 내용을 mongoimport를 이용해 MongoDB로 저장할 수 있다.

```
## bsondump의 출력을 mongoimport의 입력으로 전달
$ bsondump mydb.mycoll.2016-10-30T20-02-00.0.bson | \
    mongoimport --db mydb --collection mycoll

## bsondump의 결과를 파일에 저장하고, 저장된 파일을 mongoimport를 이용해서 MongoDB에 저장
$ bsondump mydb.mycoll.2016-10-30T20-02-00.0.bson > rollback_mycoll.json
    $ mongorestore --db mydb --collection mycoll --file ./rollback_mycoll.json
```

> **⚠ 주의**
>
> 굳이 JSON으로 변환하지 않고 다음과 같이 mongorestore 유틸리티로 적재하는 방법도 생각할 수 있다.
>
> ```
> $ mongoimport --db mydb --collection mycoll \
>     mydb.mycoll.2016-10-30T20-02-00.0.bson
> ```
>
> mongoimport나 mongorestore 유틸리티의 차이는 적재하는 데이터 파일이 JSON 파일인지 BSON 파일인지의 차이만 있을 뿐이다. 이렇게 롤백 된 데이터를 적재할 때는 rollback 파일에 저장된 데이터를 검증하면서 원본 데이터에 병합해야 한다. 만약 INSERT만 수행하는 MongoDB 서버였다면 rollback 파일을 그냥 원본 컬렉션에 INSERT 하면 될 것이다. 하지만 UPDATE와 DELETE 등 복잡한 구문을 사용한다면 반드시 임시 컬렉션으로 롤백 데이터를 로드하여 원본 컬렉션과 비교하면서 병합하는 것이 좋다.

3.4 복제 아키텍처

MongoDB의 복제는 하나의 프라이머리와 여러 개의 세컨드리 멤버로 구성되며, 실시간으로 변경되는 데이터는 세컨드리 멤버들이 프라이머리의 OpLog를 가져온 다음 재생하면서 동기화한다. 그림 3-16과 같이 세컨드리는 프라이머리로 접속해서 OpLog를 복제할 수도 있지만, 세컨드리 멤버는 다른 세컨드리 멤버의 OpLog를 재생할 수도 있다.

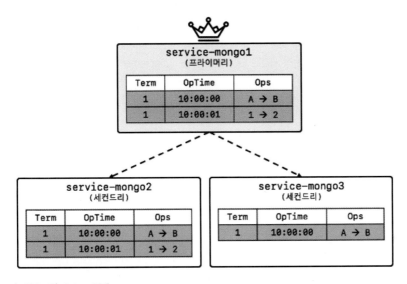

〈그림 3-16〉 OpLog 복제

하지만 OpLog의 재생은 실시간으로 변경되는 데이터에 동기화하는 것인데, 실제 MongoDB의 복제 동기화는 초기 동기화(Initial Sync)와 실시간 복제(Replication) 두 단계로 나누어서 생각해볼 수 있다.

3.4.1 복제 로그(OpLog) 구조

MongoDB 레플리카 셋에서 사용자의 데이터 변경 요청은 프라이머리 멤버만 처리할 수 있으며, 프라이머리 멤버는 처리된 변경 내용을 별도의 컬렉션에 기록한다. 레플리카 셋의 모든 세컨드리 멤버는 프라이머리 멤버로부터 그 로그를 가져와서 재생함으로써 프라이머리와의 데이터를 동기화한다. 이 복제용 로그를 MongoDB에서는 OpLog(Operation Log)라고 하는데, 다른 DBMS와는 달리 MongoDB는 이 로그를 데이터베이스 서버의 "oplog.rs"라는 이름의 테이블(컬렉션)로 기록한다. "oplog.rs" 컬렉션은 다음과 같은 필드들을 가지는데, 모든 필드가 항상 존재하는 것은 아니며 필요한 경우에만 저장되는 필드도 있다.

- ts(Timestamp)

  이 필드는 OpLog의 저장 순서를 결정하는 기준이 되는 필드이며 다른 레플리카 셋들이 OpLog 동기화를 잠깐 멈추거나 새로 동기화를 재시작할 때 기준으로 삼는 필드다. MongoDB의 Timestamp 필드는 2개의 값으로 구성돼 있는데, 첫 번째 값은 초 단위의 Unix Epoch을 표현하며, 두 번째 값은 동일 시간(초)에 발생된 이벤트의 논리 시간을 표현한다. 여기에서 논리 시간을 표현하는 두 번째 값은 그 자체로 현실 세계의 시간 의미를 가지지 않고, 각 이벤트의 순서만 결정하는 기준이라는 의미다. 즉 동일 시점(2016년 11월 12일 10시 10분 00초)에 OpLog 컬렉션에 저장된 도큐먼트가 3개 있었다고 가정해보자. 그러면 첫 번째 도큐먼트의 논리 시간은 1이며 그다음 저장된 도큐먼트는 2, 그리고 마지막은 3이라는 값을 가진다. 이 논리 시간은 단순히 증가하는 값(Increment)일뿐 밀리초나 마이크로 초 단위의 의미를 가지지는 않는다.

- t(Primary Term)

  이 값도 Timestamp와 같이 계속 증가하기만 하는 값이다. 하지만 이 값은 현실 세계의 시간과는 무관하게 MongoDB 레플리카 셋의 프라이머리를 선출하는 투표가 실행될 때마다 증가하는 값이다. 즉 이 값은 프라이머리 텀(Term)을 의미하는데, MongoDB 레플리카 셋의 프라이머리 선출을 위한 투표가 아주 짧은 시간에 여러 번 발생하더라도 레플리카 셋의 멤버들이 정확히 어떤 선출에 대한 투표(응답)인지 식별할 수 있게 해주는 값이다. 현재 예제에서는 이 값이 1인데, 이는 지금이 첫 번째 프라이머리로 선출된 것이라는 의미다.

- h(Hash)

  OpLog의 각 도큐먼트는 프라이머리 멤버에서 실행된 데이터 변경 작업을 의미하며, 각각의 작업에는 OpLog의 해시 값을 이용해서 식별자가 할당되는데 이 식별자를 h 필드에 저장한다.

- v(Version)

  OpLog 도큐먼트의 버전을 의미하며, MongoDB 3.2에서는 기본적으로 버전 2를 사용한다.

- op(Operation Type)

  프라이머리 멤버에서 실행된 오퍼레이션 종류(Operation)를 저장하며, op 필드에 저장될 수 있는 값으로는 "i"(Insert), "d"(Delete), "u"(Update), "c"(Command), "n"(No Operation) 등이 있다. 여기에서 "c"(Command)는 데이터베이스나 컬렉션의 생성 또는 삭제 그리고 컬렉션의 속성 변경 등을 위한 것이며, "n"(No Operation)은 단순 정보성 메시지들을 저장하는 경우에 사용된다.

- ns(Namespace)

  데이터가 변경된 대상 컬렉션의 네임스페이스(데이터베이스 이름과 컬렉션의 이름 조합)가 저장된다. 만약 op 필드가 "c"(Command)인 경우에는 "db_name.$cmd"가 저장되며, op 필드가 "n"(No Operation)인 경우에는 빈 값(Empty string)으로 저장된다.

- o(Operation)

  op 필드에 저장된 오퍼레이션 타입별로 실제 변경된 정보가 저장된다. 즉 실제 컬렉션의 도큐먼트가 변경된 값을 저장하는 필드다.

- o2(Operation 2)

  "o" 필드에는 변경될 값들을 저장하는데, 오퍼레이션이 변경인 경우(op 필드가 "u" 인 경우)에는 변경될 대상 도큐먼트에 대한 정보가 필요하다. 그래서 op 필드가 "u"인 경우에만 "o2" 필드가 존재하며, 업데이트될 대상 도큐먼트의 프라이머리 키인 "_id" 필드의 정보를 저장한다.

이제 실제 MongoDB의 새로운 레플리카 셋이 만들어지고 컬렉션에 데이터가 저장 또는 변경될 때 OpLog가 어떤 정보를 저장하게 되는지 간단한 예제를 통해 살펴보자. 우선 다음과 같이 "--replSet shard01" 옵션을 이용해서 MongoDB를 레플리카 셋으로 시작하고, rs.initiate() 명령으로 새로운 레플리카 셋을 초기화한 상태에서 MongoDB 서버의 OpLog를 확인한 결과다.

```
$ mongod --replSet shard01
$ mongo
MongoDB shell version: 3.2.10
connecting to: test

> rs.initiate()
{
  "info2" : "no configuration specified. Using a default configuration for the set",
  "me" : "mongo-shard01:27017",
  "ok" : 1
}

shard01:PRIMARY > use local
switched to db local

shard01:PRIMARY> db.oplog.rs.find().pretty()
{
  "ts" : Timestamp(1478933370, 1),
  "h" : NumberLong("-7245703749144916702"),
  "v" : 2,
  "op" : "n",
  "ns" : "",
  "o" : {
```

```
      "msg" : "initiating set"
    }
  }
  {
    "ts" : Timestamp(1478933371, 1),
    "t" : NumberLong(1),
    "h" : NumberLong("-3260295429608416396"),
    "v" : 2,
    "op" : "n",
    "ns" : "",
    "o" : {
      "msg" : "new primary"
    }
  }
```

MongoDB의 모든 컬렉션은 기본적으로 프라이머리 키 역할을 하는 "_id" 필드가 같이 저장돼야 한다. 하지만 OpLog 컬렉션은 특별한 형태(Capped Collection)의 컬렉션이기 때문에, "_id" 필드를 가지지 않으며 또한 별도의 인덱스도 가질 수 없다. OpLog의 내용을 조회해보면 2개의 도큐먼트가 저장된 것을 확인할 수 있다. 첫 번째 도큐먼트는 레플리카 셋이 초기화됐다는 내용(initiating set)이며, 두 번째 도큐먼트는 현재 레플리카 멤버가 새로운 프라이머리가 됐다는 내용(new primary)이다.

이제 test 데이터베이스로 이동하여 user 컬렉션에 새로운 데이터를 저장, 변경, 삭제하는 테스트를 실행하고 OpLog의 변화를 확인해보자.

```
shard01:PRIMARY> use test
switched to db test

shard01:PRIMARY> db.user.insert({_id:1, name:"matt"})
WriteResult({ "nInserted" : 1 })

shard01:PRIMARY> db.user.update({_id:1}, {$set:{addr:"Seoul Korea"}})
WriteResult({ "nMatched" : 1, "nUpserted" : 0, "nModified" : 1 })

shard01:PRIMARY> db.user.find()
{ "_id" : 1, "name" : "matt", "addr" : "Seoul Korea" }
```

```
shard01:PRIMARY> db.user.remove({_id:1})
WriteResult({ "nRemoved" : 1 })

shard01:PRIMARY> db.user.find()
shard01:PRIMARY>
```

위 예제의 중간 중간에 "db.user.find()" 명령을 실행하고 있는데, 이는 단지 저장 및 변경된 데이터를 확인해보기 위한 것이다. 그리고 find() 명령은 컬렉션의 도큐먼트를 변경하는 명령이 아니기 때문에 OpLog에 저장되는 변경 이력과는 아무런 관계가 없다.

```
shard01:PRIMARY> db.oplog.rs.find().sort({$natural:1}).pretty()
{
  "ts" : Timestamp(1478933459, 1),
  "t" : NumberLong(1),
  "h" : NumberLong("-7740778472827216880"),
  "v" : 2,
  "op" : "c",
  "ns" : "test.$cmd",
  "o" : {
    "create" : "user"
  }
}
{
  "ts" : Timestamp(1478933459, 2),
  "t" : NumberLong(1),
  "h" : NumberLong("1219114829438080232"),
  "v" : 2,
  "op" : "i",
  "ns" : "test.user",
  "o" : {
    "_id" : 1,
    "name" : "matt"
  }
}
{
  "ts" : Timestamp(1478933492, 1),
  "t" : NumberLong(1),
  "h" : NumberLong("6942526860680108898"),
  "v" : 2,
```

```
      "op" : "u",
      "ns" : "test.user",
      "o2" : {
        "_id" : 1
      },
      "o" : {
        "$set" : {
          "addr" : "Seoul Korea"
        }
      }
    }
    {
      "ts" : Timestamp(1478933515, 1),
      "t" : NumberLong(1),
      "h" : NumberLong("-4070330283846340064"),
      "v" : 2,
      "op" : "d",
      "ns" : "test.user",
      "o" : {
        "_id" : 1
      }
    }
```

첫 번째 op 필드가 "c"인 OpLog 도큐먼트는 test 데이터베이스에서 user 컬렉션이 생성됐음을 의미한다. 그리고 OpLog의 두 번째 도큐먼트인 INSERT 이벤트는 첫 번째 이벤트와 실행된 시간 (Timestamp)이 동일(초 단위까지 동일)하며 단지 타임스탬프의 논리 시간만 다른 것을 확인할 수 있는데, 이는 db.user.insert() 명령으로 두 OpLog 이벤트가 한번에 저장된 것으로 추측할 수 있다. 그리고 세 번째 OpLog 이벤트는 다른 이벤트들과 달리 "o" 필드와 "o2" 필드를 동시에 가지고 있는데, 여기에서 "o" 필드에는 변경할 값을 가지고 있고 "o2" 필드는 변경할 도큐먼트를 찾기 위한 조건이 저장돼 있다.

참고 다음은 MongoDB에서 실행될 수 있는 명령의 종류별로 OpLog 컬렉션에 저장되는 내용을 간단하게 나열해본 것이다. 물론 이 내용이 전부는 아니며, 또한 MongoDB가 버전 업그레이드를 지속할수록 더 새로운 명령과 OpLog가 추가될 수도 있다.

오퍼레이션	OpLog 내용
레플리카 셋 초기화	{"msg" : "initiate set"}
프라이머리 선출	{"msg" : "new primary"}
세컨드리 멤버 추가 version 필드는 레플리카 셋의 Configuration이 변경될 때마다 증가하는 버전을 의미한다.	{"msg" : "Reconfig Set", "version":2}
세컨드리 멤버 추가	{"msg" : "Reconfig Set", "version":3}
세컨드리 멤버 삭제	{"msg" : "Reconfig Set", "version":4}
컬렉션 생성	{ "create" : "mycollection" }
컬렉션 삭제	{ "drop" : "mycollection" }
데이터베이스 삭제	{ "dropDatabase" : 1 }
컬렉션 도큐먼트 저장/삭제	{"_id":1, "name":"matt"}
컬렉션 도큐먼트 변경	{ "$set" : { "addr" : "Seoul, Korea" } }

MongoDB의 OpLog는 Cap 컬렉션(Capped Collection)으로 생성되는데, Cap 컬렉션의 경우 Tailable Cursor를 이용해서 OpLog에 기록되는 내용을 조회하면서 MongoDB 서버의 모든 데이터의 변경을 추적할 수 있다. 그래서 Tailable Cursor를 이용해서 MongoDB 서버에서 특정 컬렉션의 변경 내용을 멤캐시(Memcache)나 레디스 서버로 업데이트한다거나 전문 검색 엔진으로 전달해서 전문 검색을 가능하도록 할 수도 있다.

```
DBCollection col = mongoClient.getDB("oplog.rs");
BasicDBObject query = new BasicDBObject("ts", new BasicDBObject("$gt", pLast));
DBCursor tailableCursor = col.find(query).sort(new BasicDBObject("$natural", 1)).addOption(Bytes.
QUERYOPTION_TAILABLE).addOption(Bytes.QUERYOPTION_AWAITDATA);

while (tailableCursor.hasNext()){
    BasicDBObject oplogDocument = (BasicDBObject)cur.next();
    // oplogDocument를 전문 검색 서버로 저장
    storeFulltextSearchEngine(oplogDocument);
}
```

MongoDB 3.6 버전부터는 Change Stream 기능을 이용하면 Tailable Cursor보다 더 쉽고 유연하게 데이터의 변경을 추적해서 다른 서버로 전달하거나 별도로 아카이빙을 할 수 있다.

3.4.2 local 데이터베이스

MongoDB의 복제 로그는 oplog.rs라는 컬렉션을 통해서 세컨드리 멤버로 전달된다. 그런데 oplog.rs 컬렉션도 결국 데이터베이스에 존재하는 하나의 테이블에 속하는데, oplog.rs 컬렉션에 저장되는 INSERT 처리까지 세컨드리 멤버로 전달돼 버리면 이중으로 데이터가 전달되는 것이 된다. 즉 그림 3-17에서 보이는 바와 같이 사용자가 도큐먼트 1건을 INSERT하면 실제 프라이머리 멤버는 대상 컬렉션에서 1건의 INSERT를 수행하고, 세컨드리로 전달하기 위해서 oplog.rs 컬렉션에도 1건의 INSERT를 하게 된다. 그런데 프라이머리 멤버는 사용자 컬렉션에 저장되는 도큐먼트는 oplog.rs 컬렉션에도 복사해서 저장하지만, 정작 oplog.rs 컬렉션 자신에게 INSERT되는 데이터는 중복해서 저장하지 않는다.

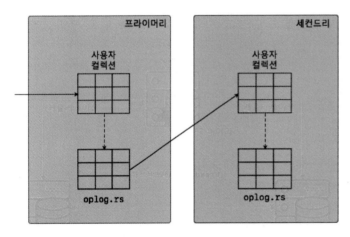

〈그림 3-17〉 oplog.rs 컬렉션의 용도

그리고 세컨드리 멤버는 프라이머리 멤버의 oplog.rs 컬렉션에 저장되는 데이터만 가져가므로 2건의 도큐먼트 INSERT가 세컨드리로 전달되지 않는 것이다.

그러면 MongoDB 프라이머리 멤버는 어떻게 사용자 컬렉션과 복제를 위한 컬렉션을 구분해서 이런 처리를 하는 것일까? MongoDB를 처음 시작하면 기본적으로 local이라는 이름의 데이터베이스를 생성하는데, local 데이터베이스는 oplog.rs를 포함해서 몇 개의 MongoDB 서버 자신을 위한 컬렉션을 생성한다. 그리고 MongoDB는 local이라는 이름의 데이터베이스에 저장된 컬렉션의 변경 내용은 oplog.rs에 기록하지 않기 때문에 세컨드리로 전달되지도 않는다. 또한 local은 시스템 데이터베이스 이므로 사용자는 동일하게 "local"이라는 이름의 데이터베이스를 생성할 수 없다.

local 데이터베이스가 시스템 데이터베이스이긴 하지만, 사용자가 특별한 목적을 위해서 local 데이터 베이스내에 다른 컬렉션을 만들어서 사용할 수도 있다. MongoDB 자신이나 운영체제의 모니터링과 관련된 데이터를 MongoDB 서버에 수집할 때에도 local 데이터베이스에 별도의 컬렉션을 만들어서 저장할 수 있고, 필요하다면 백업과 관련된 이력도 local 데이터베이스를 활용할 수 있다. 즉 굳이 세컨 드리 멤버로 복제할 필요가 없는 데이터는 local 데이터베이스를 활용할 수 있다. 물론 이런 관리 성격 의 데이터를 사용자 컬렉션과 동일하게 local 데이터베이스가 아닌 다른 데이터베이스에 저장할 수도 있다. 하지만 local 데이터베이스가 아닌 경우에는 위에서 살펴본 것과 같이 두 번의 INSERT를 유발하 므로 서버의 자원을 2배로 사용하게 된다. 그뿐만 아니라 local 데이터베이스의 컬렉션은 세컨드리 멤 버도 INSERT나 UPDATE 그리고 DELETE를 수행할 수 있다.

> **참고**
>
> 모니터링이나 백업과 같이 관리 성격의 데이터를 local 데이터베이스에 저장할 때에는 Cap 컬렉션(Capped Collection)을 사용하는 것이 좋다. 관리 성격의 데이터는 인덱스를 생성해서 복잡한 검색 형태를 필요로 하지도 않으며, 사용자의 데이터보다 중요하지 않기 때문에 이런 데이터들로 인해서 사용자 데이터를 위한 디스크 공간을 무한대로 사용하는 것은 좋은 선택이 아닐 것이다.

3.4.3 초기 동기화(Initial Sync)

MongoDB 서버를 처음 설치하고 데이터 디렉터리가 완전히 비어 있는 상태로 레플리카 셋에 투입하 면 MongoDB 서버는 이미 투입돼 있던 멤버로부터 모든 데이터를 일괄로 가져오는데, 이 과정을 초기 동기화(Initial Sync)라고 한다. 이런 초기 동기화 작업은 레플리카 셋에 처음 추가되거나 기존에 투입 돼 있던 멤버를 다시 재시작하면서 레플리카 셋에 투입되면 실행된다. 다만 레플리카 셋에 투입되는 멤 버의 데이터 디렉터리가 완전히 비어있는 경우에는 초기 동기화를 수행하고, 데이터 디렉터리에 이미 데이터가 있다면 초기 동기화 과정을 건너뛴다. 이렇게 이미 데이터를 가지고 있는 MongoDB 서버를 복제의 새로운 멤버로 투입하는 것을 부트스트랩(Bootstrap)이라고 한다.

MongoDB의 복제 초기 동기화 과정에 대해서 다음 2가지 사항은 꼭 기억해 두고, 데이터 초기 동기화 가 필요할 때에는 주의하도록 하자.

- 초기 동기화 작업은 단일 쓰레드로 진행되기 때문에 상당한 시간이 필요하다. 데이터의 복제(Clone)도 단일 쓰레드이지만 인덱스 생성도 하나씩 단일 쓰레드로 생성되므로 다른 DBMS에서의 경험보다 더 많은 시간을 예상해야 한다.

- 초기 동기화 작업은 중간에 멈췄다가 다시 시작하는 경우 처음부터 다시 시작해야 한다. 실제 초기 동기화 작업을 멈추고 다시 시작하는 명령은 없다. 따라서 초기 동기화를 멈추려면 MongoDB 서버를 종료해야 하며, MongoDB 서버를 다시 시작하면 초기 동기화를 시작하게 된다.

> **참고**   이 책을 집필 중인 MongoDB 3.4 버전에서는 아직 초기 동기화의 병렬 처리(멀티 쓰레드)와 초기 동기화의 멈춤/재개 기능은 제공되고 있지 않다. 이 기능이 언제 MongoDB 서버에 구현될지 모르겠지만, 혹시 이 기능들의 구현 시점이 궁금하다면 아래 JIRA 사이트를 참조하면 확인할 수 있을 듯하다.
>
> - https://jira.mongodb.org/browse/SERVER-21068
> - https://jira.mongodb.org/browse/SERVER-18565
> - https://jira.mongodb.org/browse/SERVER-18041

MongoDB의 복제에서 초기 동기화(Initial Sync)는 "수동"과 "자동" 2가지 방법으로 실행할 수 있다.

3.4.3.1 수동 초기 동기화

첫 번째는 다른 정상적인 레플리카 멤버의 데이터 파일을 그대로 복사해서 새로운 멤버의 데이터 디렉터리로 복사하는 수동 초기 동기화 방법이다. 이렇게 데이터 파일을 수동으로 복사하고 초기 동기화를 수행하는 방식을 부트스트랩이라고 한다. 물론 데이터 파일을 물리적으로 복사하려면 기존 멤버의 MongoDB 서버를 종료하고 데이터가 변경되지 않는 상태에서 복사해야 한다, 따라서 데이터 파일을 복사하는 동안 일시적으로 레플리카 셋의 멤버가 통신할 수 없는 상태가 된다는 것에 주의해야 한다. 물론 LVM과 같이 스냅샷 백업이 있다면 그 백업을 사용해서 새로운 멤버의 데이터 디렉터리를 초기화할 수도 있다. 이렇게 수동적인 초기 동기화 방법을 사용하는 경우에는 반드시 기존 멤버의 데이터 디렉터리에 있는 모든 데이터 파일(특히 local 데이터베이스 포함)을 그대로 가져와야 한다. 여분의 레플리카 셋 멤버나 백업으로부터 데이터 파일을 가져올 수 있다면 다음과 같은 과정을 거치면 빠르게 데이터 동기화를 수행할 수 있다.

1) 데이터 파일 복사

레플리카 셋 멤버로부터 데이터 파일을 직접 복사하는 경우에는 반드시 해당 레플리케이션 멤버(MongoDB 서버)를 셧다운하고 데이터 파일이 변경되지 않는 상태에서 파일을 복사해야 한다. 또한 데이터 파일을 수동으로 직접 복사하는 경우에는 원본의 데이터 디렉터리에 있는 모든 파일(MongoDB 에러 로그 파일 제외)을 변경하거나 삭제하지 않고 모두 가져와야 한다.

2) MongoDB 서버 시작

데이터 파일을 모두 복사했다면 데이터 디렉터리의 권한을 적절하게 변경하고 MongoDB 서버를 재시작한다. MongoDB 서버는 재시작되면서 레플리카 셋의 다른 멤버로부터 복사나 백업 시점 이후의 OpLog를 동기화할 수 있는지 확인하고, 특별히 문제가 없다면 SECONDARY로 상태를 전환하고 OpLog를 가져와서 동기화를 시작한다.

> **(!) 주의**
>
> 데이터 파일을 수동으로 복사하는 방법으로 초기 동기화를 수행하는 경우에는 반드시 레플리카 셋의 멤버 중에서 최소 하나 이상의 멤버는 백업된 시점의 OpLog를 가지고 있어야 한다.
>
> 만약 그림 3-18과 같이 10월 28일 새벽 4시에 실행된 "백업-1"과 30일 새벽 4시에 실행된 두 개의 백업을 가지고 있고 가정해보자. 그리고 현재 레플리카 셋의 모든 멤버들이 2016년 10월 29일 오전 10시 이후부터의 OpLog를 가진 상태라면 복사하는 백업 파일은 최소 2016년 10월 29일 오전 10시 이후에 실행된 것이어야 한다. 만약 그 이전의 백업이라면 데이터 파일을 복사해서 MongoDB 서버를 재시작하더라도 새로 시작된 레플리카 셋 멤버는 그 이후의 데이터를 동기화할 수 있는 멤버를 찾을 수 없기 때문에 동기화할 수 없게 된다. 그래서 이 경우에는 10월 29일 오전 10시 이전에 실행된 "백업-1"은 초기 동기화에 사용할 수 없으며, 10월 30일 백업은 초기 동기화에 활용할 수 있다.

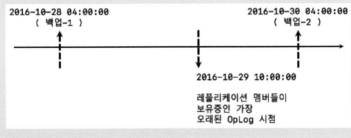

〈그림 3-18〉 백업 복구 시 OpLog 보관 시간 확인

3.4.3.2 자동 초기 동기화

두 번째 초기 동기화 방법은 MongoDB 서버가 자동으로 다른 멤버로부터 데이터베이스를 복사하는 방법이다. 이 방법은 관리자가 데이터를 복사하는 것이 아니라, MongoDB 서버가 자동으로 데이터를 복제하는 것이기 때문에 초기 동기화를 위해서 별도의 관리자 오퍼레이션을 필요로 하지 않는다. 자동 동기화는 다음과 같은 과정을 거쳐서 다른 멤버가 가진 데이터를 복사하게 된다.

1) 데이터베이스 복제(Clone)

새로 추가되는 멤버는 레플리카 셋의 특정 멤버를 복제 소스(Sync Source)로 선택하고, 그 멤버로 접속하여 모든 데이터베이스의 모든 컬렉션을 쿼리해서 읽어온 다음 자기 자신의 데이터베이스 컬렉션에 저장한다. 이렇게 초기 데이터를 가져오는 시점에는 컬렉션의 프라이머리 인덱스(_id)만 생성한 다음 복사를 실행하게 된다. 인덱스가 많으면 많을수록 INSERT 성능이 느려지므로 데이터베이스를 복제(Clone)하는 시간이 오래 걸리게 된다. 그래서 이 시점에는 프라이머리 인덱스만 생성하고 나머지 인덱스는 생성하지 않는 것이다.

2) OpLog를 이용한 일시적인 데이터 동기화

데이터베이스를 복제(Clone)하는 과정은 상당히 오랜 시간이 필요하다. 하지만 OpLog의 용량은 제한적이기 때문에 너무 오랜 시간이 걸리면 초기 동기화에 실패하게 된다. 그래서 인덱스를 생성하지 않은 상태에서 데이터만 복제하고, 이 작업이 완료되면 즉시 밀려있던 OpLog를 동기화한다.

3) 인덱스 생성

일단 초기 데이터베이스 복제(Clone)를 수행하는 시간 동안 밀려있던 OpLog를 모두 재생하고 나면 다시 필요한 모든 인덱스를 생성하는 작업을 수행하여 초기 동기화 작업을 마무리한다.

> **(!) 주의**
>
> 자동으로 초기 동기화를 수행하는 경우 새로운 멤버를 투입하는 절차상에서 관리자가 직접 수동으로 오퍼레이션을 해야 할 필요가 거의 없기 때문에 관리 비용이 많이 들지 않는 편이다. 하지만 자동 초기 동기화 작업은 새로운 멤버가 동기화 대상(Sync Source) 멤버로부터 모든 데이터를 읽어와서 자신의 컬렉션에 저장하고 모든 인덱스를 생성해야 하므로 데이터 파일이 크다면 상당히 오랜 시간이 필요하다. 디스크의 데이터가 1~2TB를 넘고 각 컬렉션의 도큐먼트가 아주 많다면 (또는 도큐먼트의 개수보다 몇 배나 많은 멀티 키(Multi-Key) 인덱스를 가지는 컬렉션이 많다면) 초기 동기화에 필요한 시간이 1~2주 정도는 훌쩍 넘어설 수도 있다. 그래서 만약 가용한 백업이 있다면 자동 동기화보다는 수동 초기 동기화 방법을 권장한다.
>
> 또한 자동 동기화는 동기화 대상으로부터 데이터를 모두 읽어야 하므로 동기화 대상 멤버의 많은 시스템 자원(특히 디스크 읽기)을 사용하게 된다. 만약 동기화 대상이 사용자의 쿼리를 처리 중이라면 처리 성능에 악영향을 미칠 수도 있다. 그래서 가능하면 새롭게 멤버를 자동 동기화로 투입하는 경우에는 다음과 같이 동기화 대상 멤버로 사용자의 쿼리를 처리하지 않는 여유로운 멤버를 직접 설정해주는 것이 좋다. 다음 두 명령은 MongoDB 내부적으로 동일한 명령이므로 둘 중 하나만 실행하면 된다.
>
> ```
> mongo> db.adminCommand( { replSetSyncFrom: "not-busy-member.domain.com:27017" } );
> mongo> rs.syncFrom("not-busy-member.domain.com:27017");
> ```
>
> 그런데 초기 동기화(Initial Sync)에 사용할 동기화 대상(Sync Source) 멤버를 설정하는 것은 초기 동기화를 실행하기 전에만 가능하다. 안타깝게도 아직 동기화 대상 멤버를 설정 파일로 지정할 수 있는 방법은 없다. 하지만 MongoDB의 초기 동기화는 MongoDB 서버가 시작되고 자기 자신이 가진 데이터가 없어서 초기 동기화를 해야겠다고 결정하는 즉시 시작되기 때문에 위 명령을 실행할 시점을 결정하기가 어렵다. 그래서 다음과 같이 간단한 스크립트를 이용해 1초 간격으로 rs.syncFrom() 명령이 반복 실행되게 해 두고 다른 터미널에서 MongoDB 서버를 시작하는 방법을 주로 사용한다.
>
> ```
> • 터미널 1>
> while :
> do
>     echo "rs.syncFrom('not-busy-member.domain.com:27017');" | mongo
>     sleep 1
> done
> ```

> ■ 터미널 2>
>
> MongoDB 서버의 재시작 또는 레플리카 셋 투입 명령 실행
>
> ---
>
> 두 번째 터미널에서 MongoDB 서버가 정상적으로 시작되면 첫 번째 터미널의 rs.syncFrom() 명령이 정상적으로 실행되고, 동기화 대상(Sync Source)이 변경됐다는 메시지가 출력될 것이다. 그러면 첫 번째 터미널의 무한 반복 while 루프는 Ctrl+C 로 강제 종료해주면 된다.
>
> 일단 초기 동기화가 시작되면 복제 동기화 대상 서버를 변경할 수 없다. 따라서 만약 초기 동기화가 프라이머리 멤버로부터 데이터를 복사하도록 시작돼 버렸다면 (이로 인해서 프라이머리 멤버의 부하가 심해질 것이 예상된다면) 새로 추가한 멤버는 강제 종료해서 복제를 다시 시작하도록 하는 것이 좋다. 데이터 동기화 중에 프라이머리 멤버의 부하가 심해지고 그때 동기화 를 멈춘다면 지금까지 시간을 투자해서 데이터를 복사한 것이 허사가 될 것이기 때문이다.

3.4.4 실시간 복제(Replication)

사용자로부터의 변경 요청은 레플리카 셋에서 프라이머리 멤버만 처리할 수 있는데, 프라이머리 멤버는 사용자의 요청을 처리하고 그 내용을 다시 OpLog에 기록한다. 세컨드리 멤버는 초기 동기화(Initial Sync)가 완료되면 프라이머리나 다른 더 최신의 변경 정보를 가지고 있는 세컨드리 멤버로 연결한 다음 OpLog를 가져와서 재생하고, 자기 자신의 OpLog에 기록한다. 이러한 방식으로 MongoDB의 레플리카 셋은 변경되는 데이터를 동기화하는데, 이렇게 언젠가는 프라이머리와 세컨드리의 데이터가 동기화되는 것을 최종 일관성(eventual consistency)라고도 표현한다.

3.4.4.1 복제 아키텍처

그림 3-19는 MongoDB의 복제 아키텍처를 간단하게 도식화한 것이다.

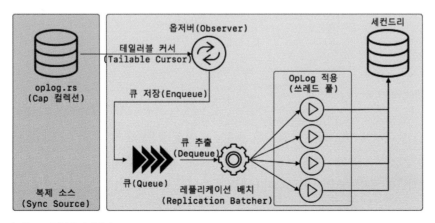

〈그림 3-19〉 복제 아키텍처

MongoDB 서버가 처리한 모든 데이터 변경 내용은 Cap 컬렉션 구조의 oplog.rs 컬렉션에 저장된다. Cap 컬렉션은 일반적인 범용 컬렉션(테이블)과는 달리 큐(Queue) 형태로 데이터가 저장되며, 데이터를 조회하는 작업 또한 큐와 동일한 형태로 처리된다. 그리고 Cap 컬렉션(Capped Collection)의 가장 큰 특징 중 하나는 "테일러블 커서(Tailable cursor)" 기능인데, 리눅스에서 로그 파일에 추가되는 내용을 실시간으로 보여주는 tail 명령과 비슷한 형태로 작동하는 커서(Cursor)다. Tailable Cursor는 Cap 컬렉션에서만 사용할 수 있는 커서로, OpLog가 저장되는 oplog.rs 컬렉션에 대해서 Tailable Cursor를 생성하면 MongoDB 서버는 oplog.rs 컬렉션에 데이터가 추가될 때마다 커서를 통해서 최신 데이터를 보내주는 형태로 작동한다.

세컨드리 멤버의 OpLog 수집을 위한 백그라운드 쓰레드(Observer)는 복제 소스(동기화 원본 멤버, Sync Source)로부터 OpLog를 가져와서 로컬 MongoDB의 메모리 큐(Queue)에 저장한다. 백그라운드로 OpLog를 수집하는 쓰레드인 옵저버(Observer)는 동기화 대상 멤버로부터 OpLog를 가져와서 큐에 담는 역할만 수행한다. 여기에서 OpLog가 저장되는 큐는 최대 256MB를 넘어설 수 없다. 그래서 큐에 쌓인 OpLog를 OpLog 적용(Applier) 쓰레드가 빠르게 가져가지 못하면 옵저버(Observer) 쓰레드는 큐에 여유 공간이 생길 때까지 기다리게 된다.

레플리케이션 배치(Replication Batcher) 쓰레드는 큐(Queue)에서 일정 개수의 OpLog를 가져와서 OpLog 적용(Applier) 쓰레드 개수에 맞게 작업량을 나눈 다음 OpLog 적용 쓰레드들에게 작업을 요청한다. 별도의 설정을 하지 않으면 OpLog 적용 쓰레드는 기본적으로 16개를 사용한다. 그리고 OpLog 적용 쓰레드는 각각 5,000개 정도의 OpLog 아이템을 담을 수 있는 자체 캐시 메모리가 있으며, 각 OpLog 아이템의 도큐먼트 크기가 너무 클 경우에 과도한 메모리의 사용을 막기 위해서 각 OpLog 적용 쓰레드는 최대 512MB의 메모리만 사용할 수 있게 제한돼 있다. 그래서 16개의 OpLog 적용 쓰레드 전체적으로 최대 8GB의 자체 캐시 메모리를 활용할 수 있다. 만약 이 쓰레드의 개수를 변경하고자 한다면 다음과 같이 setParameter 명령을 사용하면 된다.

```
## MongoDB 설정 파일 변경
setParameter:
    replWriterThreadCount: 8
```

지금까지는 MongoDB 복제의 개괄적인 아키텍처를 살펴봤다. 이제 세컨드리 멤버에서 OpLog가 적용되는 자세한 과정과 프라이머리와 세컨드리의 동기화 정보 교환 과정을 살펴보자. 그림 3-20은 그림을 단순하게 표현하기 위해서 3개 멤버로 구성된 레플리카 셋 중에서 프라이머리와 세컨드리 멤버 1

개만 표현했다. 또한 같은 이유로 OpLog는 타임스탬프 정보만 표시했으며, 각 OpLog 이벤트는 유닉스 타임스탬프(Epoch)와 논리적인 시간(Logical Clock)을 순번으로 대체해서 표시했다.

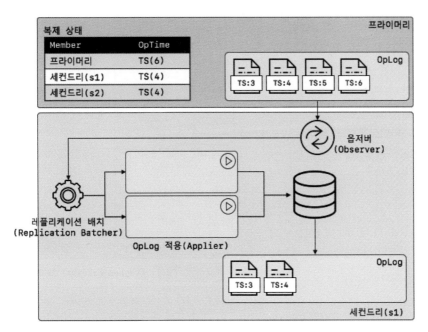

〈그림 3-20〉 복제 동기화 중인 레플리카 셋

프라이머리 멤버는 모든 멤버의 복제 상태(각 멤버가 OpLog의 어디까지 동기화했는지에 관한 정보)를 가지고 있으며, 현재 프라이머리는 타임스탬프 6번까지의 OpLog를 가지고 있는 상태이고, 나머지 세컨드리 멤버 2대는 타임스탬프 4번까지만 동기화된 상태다. 그리고 세컨드리 멤버의 복제 쓰레드는 프라이머리 멤버의 OpLog에 대해서 Tailable Cursor를 생성하여 프라이머리의 OpLog에 새로운 데이터가 기록됐는지 모니터링하고 있다.

그림 3-20의 상태에서 Tailable Cursor는 프라이머리의 oplog.rs 컬렉션에 5번과 6번 OpLog 이벤트가 기록된 것을 확인하고 세컨드리의 복제 쓰레드로 결과를 내려준다. 세컨드리의 복제 쓰레드는 큐(Queue)에 프라이머리로부터 가져온 OpLog를 저장하고 다시 프라이머리의 OpLog 이벤트를 대기한다. 단순하게 설명하기 위해서 그림에서 큐는 생략했다. 큐(Queue)에 OpLog 이벤트가 저장되면 레플리케이션 배치(Replication Batcher) 쓰레드는 큐에서 OpLog 이벤트를 가져와서 OpLog 적용 쓰레드들에게 적절하게 작업을 분산시킨다. 그림 3-21은 이렇게 OpLog 이벤트가 멀티 쓰레드로 분산 처리(재생)되는 과정을 보여주고 있다.

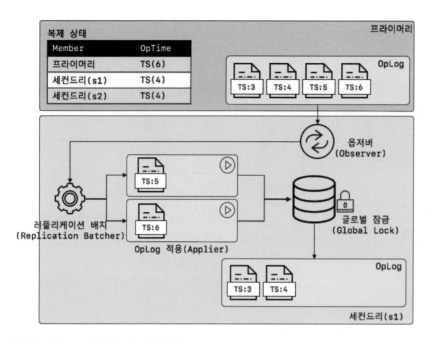

〈그림 3-21〉 OpLog의 멀티 쓰레드 처리(재생)

세컨드리 멤버가 OpLog 이벤트를 가져왔지만 프라이머리의 복제 상태 정보(Replication Status)에는 세컨드리 (s1)의 복제 동기화 상태가 여전히 타임스탬프 4로 유지된다. OpLog 적용 쓰레드는 각자 자기 자신에게 부여된 OpLog 이벤트를 서로 간섭없이 실행한다. 이때 OpLog 적용 쓰레드가 실제 작업을 처리하기 직전에 세컨드리 MongoDB 서버의 레플리케이션 배치(Replication Batcher) 쓰레드는 사용자의 쿼리 요청을 처리하지 못하도록 글로벌 쓰기 잠금을 건다. 그리고 OpLog 적용 쓰레드가 할당받은 OpLog 이벤트를 모두 처리하면 글로벌 쓰기 잠금을 해제하여 사용자의 쿼리 요청을 처리할 수 있게 한다. 세컨드리 멤버에서 이렇게 OpLog가 재생될 때마다 글로벌 쓰기 잠금을 걸면 이 순간 동안은 읽기 쿼리가 처리되지 못하고 잠금 해제를 기다리게 된다. 이렇게 세컨드리 멤버의 읽기 쿼리 처리 성능을 떨어뜨리면서까지 글로벌 쓰기 잠금을 걸고 OpLog를 재생하는 이유에 대해서는 조금 있다가 다시 살펴보겠다.

그림 3-22에서 보이는 바와 같이 세컨드리 멤버의 OpLog 적용 쓰레드는 OpLog의 재생 처리가 완료되면 처리된 내용을 자기 자신의 OpLog 컬렉션에 저장하고 글로벌 쓰기 잠금을 해제한다.

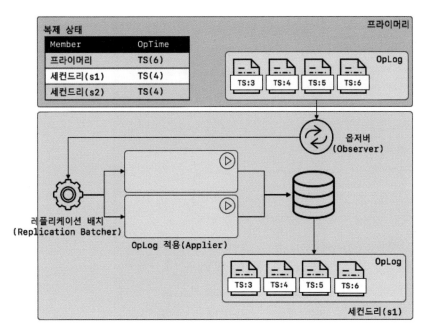

〈그림 3-22〉 OpLog 재생이 완료된 상태

일정 단위의 OpLog 재생이 완료되면 그림 3-23에서 보이는 바와 같이 세컨드리는 즉시 자기 자신이 OpLog를 어디까지 처리했는지 프라이머리 멤버에게 통보한다. 프라이머리는 세컨드리 멤버(s1)의 OpLog 동기화 위치(타임스탬프) 정보를 복제 상태 정보에 업데이트해서 세컨드리 멤버들의 동기화 정보를 최신 상태로 갱신한다. 이렇게 한 싸이클이 지나면 다시 프라이머리의 복제 OpLog를 Tailable Cursor로 모니터링하다가 새롭게 저장된 OpLog를 세컨드리의 큐로 가져오고, 레플리케이션 배치(Replication Batcher) 쓰레드는 큐의 내용을 다시 OpLog 적용 쓰레드에게 처리를 맡겨 데이터가 동기화되게 한다.

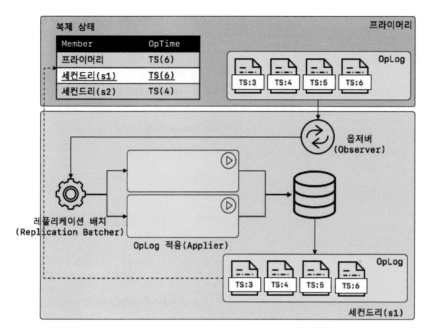

〈그림 3-23〉 처리 결과를 프라이머리에게 통보

여기에서 또 하나 중요한 것은 프라이머리 멤버가 세컨드리 멤버들이 어느 OpLog까지 재생(동기화)했는지를 추적하는 이유다. 이 이유는 이번 절의 주제와는 조금 맞지 않으므로 나중에 "Read Concern" 절에서 다시 살펴보겠다.

3.4.4.2 세컨드리 멤버의 읽기 일관성

세컨드리 멤버에서 OpLog를 재생하는 시점에 이렇게 사용자의 쿼리를 블록킹(Blocking)하는 이유는 세컨드리의 읽기 쿼리 결과가 프라이머리에서 나타날 수 없는 상태를 세컨드리 멤버에서 보여주지 않기 위해서다. 즉 프라이머리에서는 멀티 쓰레드로 사용자의 데이터 변경이 적용되고, 변경이 적용된 순서대로 OpLog에 순차적으로 기록된다. 하지만 세컨드리 멤버의 복제 쓰레드는 프라이머리로부터 OpLog를 가져와서 다시 멀티 쓰레드로 실행하는데, 세컨드리에서 OpLog가 재생되는 순서와 프라이머리에서 실행된 데이터의 변경 요청 처리 순서를 동일하게 유지하는 것이 불가능하기 때문이다.

예를 들어, 그림 3-24처럼 프라이머리 멤버에서 쓰레드 6개가 사용자의 데이터 변경 요청을 동시에 처리한다고 가정해보자. 이때 Thread-1번이 가장 먼저 작업을 완료하고 그다음 2번, 그리고 3번이 사용자의 데이터 변경 요청을 완료했다고 가정해보자. 그렇다면 사용자가 특정 시점(세로 선)의 데이터를 조회하면 프라이머리에서는 OpLog 1번과 2번의 내용은 조회되지만 3번은 아직 처리를 완료하지 못했기 때문에 조회되지 않을 것이다.

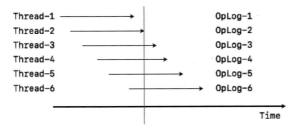

〈그림 3-24〉 프라이머리에서 쿼리의 병렬 처리

그런데 이 변경 내용들이 OpLog를 통해서 세컨드리로 전달돼 재생될 때는 프라이머리와 동일하게 1번, 2번, 3번 순서로 실행이 완료되는 것을 보장하기가 어렵다. 만약 세컨드리에서 멀티 쓰레드로 복제가 처리될 때 그림 3-25와 같은 순서로 실행됐다면 프라이머리와 동일한 결과를 조회할 수 없다. 즉 프라이머리 멤버와 동일한 데이터 상태를 만들 수 없다.

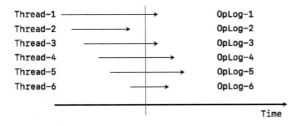

〈그림 3-25〉 세컨드리에서 쿼리의 병렬 처리

그래서 MongoDB에서는 세컨드리 멤버가 OpLog를 재생할 때 OpLog 이벤트를 특정 단위로 묶어서 한 번에 재생하는데, 이 순간에는 글로벌 쓰기 잠금을 이용해서 사용자의 쿼리 요청을 중단(블록킹)하는 것이다. 그리고 OpLog의 재생이 완료되고 잠금이 해제되면 최소한 이 시점은 프라이머리와 동일한 상태의 데이터를 보여주게 된다. 그림 3-26과 같이 세컨드리 멤버의 복제 쓰레드가 OpLog를 적용하는 동안 글로벌 쓰기 잠금을 걸게 되므로 데이터 읽기 쿼리가 유입돼도 글로벌 잠금이 해제돼야만 데이터를 읽고 사용자에게 결과를 내려줄 수 있게 된다. 그런데 글로벌 잠금이 해제되는 시점에는 이미 세컨드리의 OpLog 재생이 완료된 시점이므로 프라이머리에서와 동일한 상태의 데이터를 보여줄 수 있다.

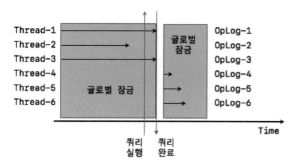

〈그림 3-26〉 세컨드리의 잠금 후 실행

이때 만약 프라이머리에서 쿼리를 실행하면 그 결과로 나올 수 있는 케이스는 다음과 같이 다양하다.

- OpLog 1번만 적용된 상태

- OpLog 1번과 2번만 적용된 상태

- OpLog 1번부터 3번까지만 적용된 상태

- …

만약 MongoDB 세컨드리가 OpLog를 적용할 때 글로벌 잠금을 걸지 않았다면 OpLog 1번과 OpLog 3번만 적용된 상태(OpLog 2번은 아직 적용되지 않은 상태)에서도 사용자가 읽을 수 있게 된다. 하지만 이 상태는 프라이머리에서는 나타날 수 없는 상태다. 그래서 글로벌 쓰기 잠금을 걸고 처리하게 되면 OpLog 1번과 2번까지만 적용된 상태는 세컨드리에서는 나타날 수 없다. 하지만 프라이머리에서 나타났던 OpLog 1번부터 3번까지만 적용된 상태는 나타날 수 있으며, 대신 OpLog 1번과 3번만 적용된 상태(프라이머리에서는 나타나지 않는 상태)는 나타나지 않는 것이다.

> **참고** 만약 세컨드리 멤버에서 OpLog를 단일 쓰레드로 처리한다면 프라이머리와 같은 순서로 데이터 변경을 수행하는 것을 보장할 수 있다. 하지만 단일 쓰레드로 복제 동기화를 수행하면 세컨드리 멤버의 동기화가 계속 지연될 가능성이 높다. 프라이머리에서는 데이터 변경을 멀티 쓰레드로 처리하는데, 세컨드리에서는 단일 쓰레드로 처리한다면 세컨드리 멤버의 OpLog 재생이 늦어지는 것은 당연하며, 초창기 버전의 MongoDB 서버에서는 복제 지연이 상당히 심각한 문제였다.

물론 이런 차이는 서비스의 특성에 따라서 사소한 차이일 수도 있지만, 때로는 매우 민감한 문제일 수도 있다. 그래서 MongoDB 서버는 이런 문제를 원천적으로 차단하기 위해서 OpLog를 청크 단위로 나눠서 각 청크를 멀티 쓰레드로 실행하며, 그동안은 글로벌 잠금을 걸어서 사용자가 읽어가지 못하게 하는 것이다. 하지만 OpLog가 재생되는 동안의 글로벌 잠금으로 인해서 세컨드리 멤버의 쿼리 성능은 떨어지게 된다. 세컨드리 멤버에서 OpLog의 재생을 위해서 글로벌 잠금을 거는 횟수와 시간은 db.serverStaus() 명령의 결과로 확인할 수 있다.

```
mongo> db.serverStatus()
    ...
    "apply" : {
      "attemptsToBecomeSecondary" : NumberLong(1),
      "batches" : {
        "num" : 750830482,
        "totalMillis" : 18504
      },
      "ops" : NumberLong(1504894911)
    }
```

db.serverStatus() 결과에서 다음 2개 필드의 의미는 다음과 같다.

- metrics.repl.apply.batches.num: 세컨드리 멤버에서 OpLog 재생은 몇 개의 OpLog를 소그룹으로 나눠서 실행하는데, 소그룹의 OpLog 재생 프로세스가 실행된 횟수(즉, 글로벌 잠금이 걸린 횟수로 간주할 수 있음)
- metrics.repl.apply.batches.totalMillis: OpLog 재생 프로세스가 실행되는데 소요된 시간의 합(즉 Oplog apply를 위해서 글로벌 잠금이 걸렸다가 풀린 시간의 합계 – 밀리초 단위)

현재 이렇게 세컨드리 멤버가 글로벌 잠금을 거는 부분은 MongoDB JIRA에 개선 요청이 등록된 상태이며, 아마도 WiredTiger 스토리지 엔진을 사용하는 경우에는 조만간 해결될 수 있을 것으로 보인다. 혹시 세컨드리 멤버의 글로벌 잠금 때문에 성능 제약을 경험하고 있다면 다음 MongoDB JIRA 사이트를 한번 방문해보자.

```
// 레플리케이션을 위해서 잠금대신 스냅샷 활용
https://jira.mongodb.org/browse/SERVER-20328
```

3.5 복제 로그(Operation Log) 설정

MongoDB의 OpLog는 파일이 아니라 큐(Queue)처럼 작동하는 Cap 컬렉션으로 관리되는데, 데이터가 컬렉션의 끝에 계속 추가되지만 세컨드리 멤버가 OpLog를 가져간다고 해서 컬렉션의 오래된

OpLog가 자동으로 지워지는 것은 아니다. 그래서 OpLog를 저장하는 컬렉션은 항상 최대 크기를 명시해야 한다. 이는 OpLog가 저장되는 컬렉션뿐만 아니라 Cap 컬렉션을 생성할 때 항상 필요한 옵션이다. OpLog가 저장되는 "oplog.rs" 컬렉션을 포함한 모든 Cap 컬렉션은 INSERT 이외의 데이터 변경은 허용하지 않으며, 컬렉션이 지정된 크기를 넘어서면 MongoDB 서버가 자동으로 가장 오래된 데이터를 삭제하면서 지정된 크기를 넘지 않도록 관리한다.

3.5.1 OpLog 컬렉션 크기 설정

특히 OpLog가 저장되는 "oplog.rs" 컬렉션의 크기가 중요한 이유는 이 컬렉션이 OpLog를 얼마나 담을 수 있느냐에 따라서 세컨드리가 허용 가능한 지연 시간이 결정되기 때문이다. 예를 들어, 프라이머리의 oplog.rs 컬렉션이 최대 하루 치의 변경을 저장할 수 있다고 하면 세컨드리들은 하루 이상 복제가 지연되면 OpLog 재생을 통한 데이터 동기화가 불가능해진다. 그림 3-27과 같이 프라이머리 멤버가 OpLog 1번부터 6번까지 가진 상태에서 세컨드리는 복제 지연이 발생하여 OpLog 2번까지만 동기화한 상태라고 가정해보자. 이 상태에서 프라이머리 멤버가 OpLog 컬렉션의 최대 용량 문제로 인해서 OpLog 1번부터 3번까지 삭제해버리면 세컨드리는 아직 동기화하지 못한 OpLog 3번을 동기화할 수 없게 된다. 그래서 세컨드리 멤버는 자신의 데이터 디렉터리에 있던 모든 데이터 파일을 버리고, 초기 동기화를 다시 할 수밖에 없는 상태가 된다.

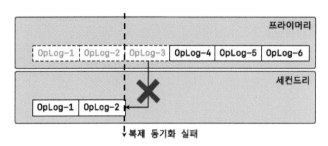

〈그림 3-27〉 세컨드리가 가져가지 못한 OpLog 삭제로 인한 복제 실패

만약 이때 OpLog 3번부터의 데이터를 가진 다른 세컨드리 멤버가 있다면 그 세컨드리 멤버로부터 OpLog를 동기화할 수도 있다.

OpLog 컬렉션의 크기를 명시적으로 설정하지 않으면 MongoDB는 디스크의 사용되지 않는 공간(Free Space)에서 5% 정도를 OpLog의 크기로 결정한다. 하지만 무조건 여유 공간의 5% 크기로 설정되는 것이 아니라, 최소 990MB에서 50GB 이내에서 여유 공간의 5%로 결정된다. 그래서 아무리 디스크 여유 공간이 크다 하더라도 50GB 이상을 사용할 수는 없다. 이 기본값은 운영체제의 종류와 MongoDB에서 사용되는 스토리지 엔진에 따라서 조금씩 차이가 있으므로 정확한 내용은 매뉴얼(https://docs.mongodb.com/v3.2/core/replica-set-oplog/)을 참조하도록 하자. 그리고 50GB 이상의 크기를 설정하고자 할 때에는 반드시 oplogSizeMB 옵션을 이용해서 명시적으로 설정하도록 하자.

```
replication:
   oplogSizeMB: 100000
```

현재 실행 중인 MongoDB의 OpLog 크기와 며칠 동안의 OpLog를 담고 있는지는 다음과 같이 db.getReplicationInfo() 명령으로 확인할 수 있다.

```
mongo> db.getReplicationInfo()
{
  "logSizeMB" : 200000,
  "usedMB" : 200910.19,
  "timeDiff" : 2660247,
  "timeDiffHours" : 738.96,
  "tFirst" : "Wed Oct 19 2016 16:37:07 GMT+0900 (KST)",
  "tLast" : "Sat Nov 19 2016 11:34:34 GMT+0900 (KST)",
  "now" : "Sat Nov 19 2016 11:34:34 GMT+0900 (KST)"
}
```

logSizeMB는 OpLog를 저장하는 oplog.rs 컬렉션의 최대 크기이며, usedMB는 현재 저장된 OpLog의 전체 크기를 의미한다. 여기에서 usedMB 필드의 값이 logSizeMB보다 약간 크게 표시됐는데, 이는 OpLog 사이즈가 logSizeMB에 설정된 크기보다 조금 커지면 OpLog의 오래된 부분을 잘라서 버리는 형태로 용량이 관리되기 때문이다. 그리고 tFirst는 oplog.rs 컬렉션에 저장된 첫 번째 OpLog의 생성 시각이며, tLast는 마지막 OpLog의 생성 시각이다. timeDiff는 tFirst와 tLsat의 시간 차이를 초 단위로 보여준 것이다. 그리고 timeDiffHours는 tFirst와 tLast의 시간 차이를 시간 단위로 표시한 것인데, 이 값들은 현재 oplog.rs 컬렉션이 얼마 동안의 OpLog를 저장할 수 있는지 빠르게 확인할 수 있도록 보여주는 것이다. db.getReplicationInfo() 명령으로 JSON 포맷의 결과를 가져올 수 있는데, db.printReplicationInfo() 명령을 이용하면 단순 텍스트 포맷으로도 결과를 확인할 수 있다.

```
mongo> db.printReplicationInfo()
configured oplog size:      200000MB
log length start to end:    2660263secs (738.96hrs)
oplog first event time:     Wed Oct 19 2016 16:37:07 GMT+0900 (KST)
oplog last event time:      Sat Nov 19 2016 11:34:50 GMT+0900 (KST)
now:                        Sat Nov 19 2016 11:34:50 GMT+0900 (KST)
```

그리고 현재 MongoDB(3.2 버전)에서는 한번 설정한 OpLog의 크기는 쉽게 변경할 수 없다. MongoDB 매뉴얼에서 공식적으로 권장하는 OpLog 컬렉션의 크기를 변경하는 방법은, 다음과 같이 레플리카 셋에서 제거하고 데이터를 복사한 다음 다시 레플리카 셋에 투입하는 방법이다. 참고로 MongoDB 3.6 버전부터는 MongoDB 서버의 설정 변경만으로 OpLog 파일의 크기를 재설정할 수 있도록 개선됐다.

1. MongoDB 서버 셧다운

2. MongoDB 서버를 레플리카 셋이 아닌 싱글 모드(StandAlone 모드)로 기동

3. MongoDB 서버 로그인 후, 기존 OpLog 컬렉션의 마지막 도큐먼트만 임시 컬렉션으로 복사

```
mongo> db.temp.save(
    db.oplog.rs.find( { }, { ts: 1, h: 1 } )
        .sort( {$natural : -1} ).limit(1).next()
)
```

4. 기존 OpLog 컬렉션 삭제

```
mongo> db.oplog.rs.drop()
```

5. 새로운 크기(100GB)의 OpLog 컬렉션 생성

```
mongo> db.runCommand( { create: "oplog.rs",
                capped: true, size: (100 * 1024 * 1024 * 1024) } )
```

6. 임시 테이블에 백업했던 마지막 OpLog 도큐먼트를 새로운 oplog.rs 컬렉션으로 복사

```
mongo> db.oplog.rs.save( db.temp.findOne() )
```

7. MongoDB 서버를 종료하고, 다시 복제 옵션을 이용해서 MongoDB 서버 시작

위 절차의 3번 항목에서 기존 OpLog 컬렉션의 모든 도큐먼트를 임시 테이블로 복사하지 않고 마지막 도큐먼트만 복사한 이유는 MongoDB 서버가 재시작될 때 자신의 OpLog 컬렉션에서 마지막 도큐먼트 하나만 읽고 그 이후 시점부터 복제를 동기화하기 때문이다. 또한 임시 테이블에 복사할 때 OpLog 의 다른 데이터 필드는 모두 무시하고 ts 필드와 h 두 필드만 복사한 것도 같은 이유다. MongoDB 서버는 단순히 ts와 h 필드만 가지고 어느 시점부터 동기화해야 할지 판단하기 때문에 이 두 필드만 있으면 된다.

> **⚠ 주의**
>
> 이와 같은 방식으로 기존 OpLog 컬렉션(oplog.rs 컬렉션)의 마지막 도큐먼트만 이용해서 새로운 OpLog 컬렉션을 생성하는 경우, 현재 레플리케이션 멤버가 다른 멤버로부터 OpLog를 가져와서 복제를 동기화하는 것은 문제가 없다. 하지만 다른 세컨드리 멤버가 OpLog를 새로 생성한 멤버보다 더 이전 시점까지만 동기화했다면 적어도 이 멤버가 OpLog를 지연된 멤버에게 제공해 줄 수는 없게 된다. 물론 레플리카 셋의 다른 멤버가 충분한 OpLog를 가지고 있다면 이는 문제 되지 않을 것이다.
>
> 그래서 한 번에 레플리카 셋의 모든 멤버에 대해서 이렇게 OpLog 컬렉션의 크기를 변경하는 작업을 수행하기보다는 레플리카 셋의 멤버를 하나씩 순차적으로 진행하는 것이 안전할 것이다.

3.5.2 복제 동기화 상태 확인

세컨드리 멤버가 프라이머리 멤버의 OpLog를 어디까지 동기화했는지 또는 복제가 지연이 발생하고 있는지 확인하려면 rs.printSlaveReplicationInfo() 명령을 활용하면 된다. rs.printSlaveReplication Info() 명령과 db.printSlaveReplicationInfo() 명령은 내부적으로는 모두 같은 명령이다.

```
mongo> rs.printSlaveReplicationInfo()
source: test-mongo2:27017
  syncedTo: Sat Nov 19 2016 11:34:57 GMT+0900 (KST)
  0 secs (0 hrs) behind the primary
source: test-mongo3:27017
  syncedTo: Sat Nov 19 2016 11:34:57 GMT+0900 (KST)
  1 secs (0 hrs) behind the primary
```

이 결과에서 test-mongo2 멤버는 프라이머리의 OpLog 동기화에서 지연이 0초이며, test-mongo3 멤버는 1초 정도의 지연이 있음을 보여주고 있다. 하지만 이 결과에서 보여지는 지연 시간은 초 단위이며 0초라고 표시돼도 실제로 모든 데이터가 동기화됐음을 의미하지는 않는다. 밀리초나 그 이하의 지연 시간은 0으로 표시되며, 만약 모든 OpLog가 동기화됐는지 확인해야 한다면 실제 oplog.rs 컬렉션의 최신 도큐먼트를 조회해서 "ts" 필드의 값을 서로 비교해 보는 것이 좋다.

```
mongo> use local
mongo> db.oplog.rs.find().sort({$natural:-1}).limit(1).pretty()
{
  "ts" : Timestamp(1478933459, 1),
  "t" : NumberLong(1),
  "h" : NumberLong("-7740778472827216880"),
  "v" : 2,
  "op" : "c",
  "ns" : "test.$cmd",
  "o" : {
    "create" : "user"
  }
}
```

그리고 하나의 레플리카 셋에 포함된 서버들이라 하더라도 각 서버의 시간 동기화 서비스(NTP 서비스) 작동 시점에 따라서 멤버 간의 시간 차이가 발생할 수 있다. 만약 세컨드리 멤버가 프라이머리 멤버보다 이전의 시간을 가진다면 rs.printSlaveReplicationInfo() 결과의 복제 지연 시간이 음수로 표시되는 경우도 생길 수 있다. 만약 복제 지연 시간에 큰 음수 값이 표시된다면 레플리카 셋의 각 멤버들의 시간을 동기화해주는 것이 좋다.

> **(!) 주의**
>
> 레플리카 셋에서 지연된 복제 옵션이 설정(레플리카 셋 설정에서 slaveDelay 값이 0보다 큰 값으로 설정)된 경우에는 실제로 복제가 지연됐다 하더라도 slaveDelay 시간 이내라면 복제 지연 시간은 0으로 표시된다. 그래서 rs.printSlaveReplicationInfo() 명령으로 복제 상태를 모니터링하는 경우에는 slaveDelay 설정을 고려해야 한다. 즉 지연된 복제가 설정된 경우라면 복제 지연은 0초로 표시되더라도 실제 데이터의 동기화는 slaveDelay 설정값만큼 늦게 복제 동기화가 진행 중 일 수도 있다.

3.5.3 OpLog 컬렉션과 백업

MongoDB의 OpLog는 실시간 복제 동기화를 위해서 프라이머리의 데이터 변경 내역을 기록하는 로그다. 복제가 가장 일반적으로 사용되는 MySQL 서버에서는 복제 로그를 별도의 로그 파일로 기록하고 있는데, 이를 MySQL 서버에서는 바이너리 로그라고 한다. 하지만 MongoDB는 복제를 위한 데이터 변경 로그를 단순 로그 파일이 아니라 MongoDB 내에서 하나의 컬렉션으로 관리하고 있다.

이렇게 컬렉션으로 관리함으로 인해서 MongoDB의 OpLog는 MongoDB의 스토리지 엔진이 제공하는 디스크 읽고 쓰기의 최적화 로직들을 모두 활용할 수 있다. 반면 MongoDB의 OpLog는 데이터 파일의 일부이기 때문에 OpLog 로그가 저장된 oplog.rs 컬렉션의 데이터 파일이 백업에 반드시 포함돼야 하는 단점도 있다. mongodump나 mongoexport와 같은 논리적인 백업 도구들로 MongoDB의 데이터를 백업한다면 이런 고민은 필요치 않다. 하지만 LVM과 같이 파일 시스템 스냅샷 기능을 활용한 백업을 사용한다면 반드시 OpLog가 저장되는 oplog.rs 컬렉션의 데이터 파일도 같이 백업해야한다.

여기에서 한가지 문제점은 OpLog 컬렉션의 최대 크기를 설정하는 부분이 백업과 허용 가능한 복제 지연 간의 상충 관계가 될 수 있다는 것이다. OpLog 컬렉션의 크기가 작으면 작을수록 백업해야 할 OpLog의 크기는 줄어들지만, 인덱스 생성과 같은 관리자 작업이나 과도한 복제 지연 시 세컨드리 멤버의 복제 쓰레드가 프라이머리 멤버의 OpLog를 제때 가져가지 못해서, 복제 동기화가 실패할 수도 있다. 하지만 OpLog가 커지면 관리 작업이나 복제 지연에 대해서는 고민거리가 줄어들겠지만 그만큼 백업해야 할 데이터 파일의 크기가 커진다. OpLog 컬렉션은 MongoDB 서버가 실제 가지고 있는 최종 데이터 파일의 크기와 무관하며, 얼마나 변경되는 데이터가 많은가에 따라서 그 크기가 커질 수도 작아질 수도 있다. 예를 들어, 카카오 택시나 우버(Uber)와 같은 서비스처럼 차량의 현재 위치만 관리하는 데이터베이스 서버는 최종 데이터의 크기가 크지 않지만, 아주 빈번하게 현재 위치를 업데이트하기 때문에 OpLog 컬렉션의 크기는 매우 커질 수도 있는 것이다. 그래서 실제 데이터 파일은 몇백 MB도 안 되지만, OpLog는 몇십에서 몇백 GB까지 커질 수도 있다.

LVM과 같이 파일 시스템 스냅샷을 이용한 물리 백업에서는 OpLog를 저장하는 컬렉션의 데이터 파일은 제외하고 백업하는 방법을 고려해볼 수 있다. 하지만 현재로서는 이는 적절한 방법이 아닐 수도 있다. 예를 들어, MMAPv1 스토리지 엔진을 사용하는 MongoDB 서버에서는 일부 컬렉션의 데이터 파일이 없어도 나머지 컬렉션에 대한 접근은 아무런 문제 없이 처리될 것이다. 하지만 WiredTiger 스토리지 엔진을 사용하는 MongoDB에서는 WiredTiger 스토리지 엔진이 초기화되는 시점에 자신의 딕셔너리 정보에 등록된 컬렉션 중에서 데이터 파일이 없거나 손상된 것을 알게 되면 즉시 WiredTiger 스토리지 엔진이 멈춰버린다. 즉 나머지 컬렉션의 데이터 파일에 아무 문제가 없다 하더라도 MongoDB 서버 자체가 시작하지를 못하는 것이다. 그래서 데이터 파일이 하나라도 누락되면 나머지 문제없는 컬렉션의 데이터를 덤프해서 재구축한다거나 하는 작업을 할 수가 없다.

> **참고**
>
> MongoDB 3.2에서는 WiredTiger 스토리지 엔진에 등록된 컬렉션의 데이터 파일이 하나라도 손상되거나 없어진 경우에는 MongoDB 서버를 시작할 수가 없다. 이는 심각한 디스크 장애로 인해서 (손상된 일부 데이터를 포기하더라도) 일부 데이터를 복구해야 하는 경우에는 치명적인 문제점이다. 그래서 MongoDB에서는 WiredTiger 스토리지 엔진이 딕셔너리에 등록된 컬렉션의 데이터 파일이 없거나 읽기에 실패하는 경우에는 무시하고 넘어갈 수 있도록 우회하기 위한 기능을 계획 중이다.
>
> 혹시 긴급하게 이 기능이 필요해서 기능이 구현됐는지, 구현됐다면 어느 버전에 기능이 포함됐는지 확인하고자 한다면 아래 JIRA의 내용을 살펴보도록 하자.
>
> https://jira.mongodb.org/browse/SERVER-19815

3.6 레플리카 셋 설정

MongoDB의 레플리카 셋 설정은 다음과 같이 rs.conf() 명령으로 확인할 수 있다. 복제와 관련된 설정은 MongoDB의 버전에 따라서 조금씩 차이가 있는데, 대략적인 설정 내용을 살펴보면 다음과 같다. 참고로 다음 내용은 MongoDB 3.2 버전에서 수집된 설정 내용이며, 혹시 다른 버전에서 확인한다면 내용이 조금 다를 수도 있다는 점에 주의하자.

```
shard01:PRIMARY> var cfg = rs.conf()

shard01:PRIMARY> rs.conf()
{
  "_id" : "shard01",
  "version" : 5,
  "protocolVersion" : NumberLong(1),
  "members" : [
    {
      "_id" : 0,
      "host" : service-mongo1:27017",
      "arbiterOnly" : false,
      "buildIndexes" : true,
      "hidden" : false,
      "priority" : 1,
      "tags" : {

      },
```

```
      "slaveDelay" : NumberLong(0),
      "votes" : 1
    },
    {
      "_id" : 1,
      "host" : "service-mongo2.dakao.io:27017",
      "arbiterOnly" : false,
      "buildIndexes" : true,
      "hidden" : false,
      "priority" : 2,
      "tags" : {

      },
      "slaveDelay" : NumberLong(0),
      "votes" : 1
    },
    {
      "_id" : 2,
      "host" : "service-mongo3:27017",
      "arbiterOnly" : false,
      "buildIndexes" : true,
      "hidden" : false,
      "priority" : 1,
      "tags" : {

      },
      "slaveDelay" : NumberLong(0),
      "votes" : 1
    }
  ],
  "settings" : {
    "chainingAllowed" : true,
    "heartbeatIntervalMillis" : 2000,
    "heartbeatTimeoutSecs" : 10,
    "electionTimeoutMillis" : 10000,
    "getLastErrorModes" : {

    },
    "getLastErrorDefaults" : {
```

```
      "w" : 1,
      "wtimeout" : 0
    },
    "replicaSetId" : ObjectId("578ee4c06059d7e76fcff3b7")
  }
}
```

```
shard01:PRIMARY> cfg.members[1].priority = 2
shard01:PRIMARY> rs.reconfig(cfg)
```

version 필드는 레플리카 셋 설정의 버전인데, 이 버전은 레플리카 셋 설정이 변경될 때마다 1씩 증가한다. 레플리카 셋에 새로운 멤버가 추가되거나 기존 멤버가 제거되는 경우 또는 각 멤버들의 설정이나 하트비트와 관련된 설정이 변경되는 경우 모두 version이 증가하게 된다. 레플리카 셋의 각 멤버는 이 버전을 이용해서 각자 최종의 레플리카 셋 정보를 동기화한다.

3.6.1 하트비트(Heartbeat) 메시지 주기와 프라이머리 선출 타임아웃

protocolVersion은 레플리카 셋의 각 멤버들이 프라이머리를 선출하는 데 사용하는 프로토콜의 버전을 의미하는데, 이 값은 현재 0 또는 1만 가능하다. MongoDB 3.2 버전부터 protocolVersion 1이 지원되며, 그 이전 버전에서는 이 값이 0이다. MongoDB 3.2 버전부터 레플리카 셋에 포함된 멤버들의 장애 감지와 프라이머리를 빠르게 선출할 수 있도록 하기 위한 개선 작업이 있었는데, 기존의 프라이머리 선출 방식과 호환되지 않아서 이렇게 별도의 protocolVersion 필드를 관리하게 된 것이다. 만약 rs.conf() 설정 내용에 protocolVersion 필드가 없다면 이는 protocolVersion이 0임을 의미한다. 또한 protocolVersion 1부터 electionTimeoutMillis 옵션을 이용해서 프라이머리의 장애 감지 시간을 사용자가 설정할 수 있게 됐다.

chaningAllowed 필드는 MongoDB의 복제를 체인 구조로 할 수 있는지 아닌지를 나타내는 필드다. 기존의 MongoDB 복제에서는 세컨드리가 항상 프라이머리 멤버로부터 OpLog를 가져와야 데이터를 동기화할 수 있었다. 하지만 이는 프라이머리 멤버의 부하를 높이며, 때로는 프라이머리 멤버보다 가까이 있는 세컨드리 멤버로부터 데이터를 동기화하는 것이 더 빠르게 동기화되는 경우도 있었다. 그래서 MongoDB 3.2 버전부터는 그림 3-28과 같이 세컨드리 멤버가 다른 세컨드리 멤버로부터 OpLog를 가져와서 데이터를 동기화할 수 있게 개선했는데, 이렇게 세컨드리 멤버가 다른 세컨드리 멤버로부터 데이터를 동기화하는 형태를 체인 구조(토폴로지)라고 한다.

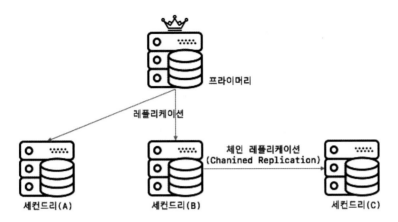

〈그림 3-28〉 체인 복제 구성

heartbeatIntervalMillis과 heartbeatTimeoutSecs 그리고 electionTimeoutMillis은 레플리카 셋의 멤버가 살아있는지 판단하는 기준과 프라이머리 선출을 언제 실행할 것인지 의미한다. 레플리카 셋의 모든 멤버들은 서로의 상태를 확인하기 위해서 주기적으로 모든 다른 멤버들에게 하트비트 메시지를 전송하는데, 이때 heartbeatIntervalMillis는 얼마나 자주 하트비트 메시지를 전송할 것인지 결정하는 옵션이다. 그리고 heartbeatTimeoutSecs는 전송한 하트비트 메시지에 대해서 몇 초 동안 응답이 없을 때 해당 멤버가 죽었다고 판단할 것인지 결정하는 옵션이다. heartbeatTimeoutSecs 옵션은 protocolVersion이 0인 경우에 사용되며, protocolVersion이 1이라면 heartbeatTimeoutSecs 옵션은 무시되고 electionTimeoutMillis 옵션이 사용된다. heartbeatTimeoutSecs와 electionTimeoutMillis 옵션의 값이 크면 클수록 프라이머리 선출이 늦어질 수 있지만, 네트워크의 영향에 덜 민감하게 반응한다. 반대로 값이 작으면 작을수록 프라이머리 선출은 빨라지지만, 그만큼 네트워크의 영향에 더 민감하게 반응한다.

만약 네트워크가 매우 안정적인 환경에서 MongoDB 레플리카 셋을 운영 중이라면 이 값을 낮춰서 최대한 빠르게 레플리카 셋 멤버의 상태를 판단하는 것이 좋다. 그렇지 않고 네트워크가 불안정한 상태라면 이 값을 기본값보다 더 늘려서 일시적인 하트비트 메시지 응답 지연이 빈번한 프라이머리 재선출로 연결되지 않도록 하는 게 좋다.

3.6.2 레플리카 셋 멤버 설정

rs.conf() 명령으로 레플리카 셋에 대한 설정뿐만 아니라 레플리카 셋에 포함된 각 멤버의 설정도 확인할 수 있다.

```
{
  ...
  members: [
    {
      _id: <int>,
      host: <string>,
      arbiterOnly: <boolean>,
      buildIndexes: <boolean>,
      hidden: <boolean>,
      priority: <number>,
      tags: <document>,
      slaveDelay: <int>,
      votes: <number>
    },
    ...
  ],
  ...
}
```

3.6.2.1 멤버 우선순위(Priority)

priority는 해당 멤버가 프라이머리 노드가 될 수 있는 우선순위를 의미한다. 예를 들어, 다음과 같이 3개 멤버로 구성된 레플리카 셋을 생각해보자.

현재 상태	호스트명	우선순위(Priority)
프라이머리	service-mongo1	1
세컨드리	service-mongo2	1
세컨드리	service-mongo3	1

이 레플리카 셋은 현재 service-mongo1 서버가 프라이머리이며, 나머지 두 멤버는 세컨드리 상태이고, 모두 동일한 우선순위(Priority) 값을 가지고 있다. 이때 만약 다음과 같이 service-mongo2 멤버의 priority 값을 2로 변경하면 MongoDB는 레플리카 셋의 멤버 중에서 priority가 가장 높은 멤버에게 프라이머리가 될 수 있는 우선권을 부여하려고 할 것이다.

```
shard01:PRIMARY> var cfg = rs.conf()

shard01:PRIMARY> rs.conf()
{
  "_id" : "shard01",
  "version" : 5,
  "protocolVersion" : NumberLong(1),
  "members" : [
    {
      "_id" : 0,
      "host" : service-mongo1:27017",
      "arbiterOnly" : false,
      "buildIndexes" : true,
      "hidden" : false,
      "priority" : 1,
      "tags" : {
      },
      "slaveDelay" : NumberLong(0),
      "votes" : 1
    },
    {
      "_id" : 1,
      "host" : "service-mongo2.dakao.io:27017",
      "arbiterOnly" : false,
      "buildIndexes" : true,
      "hidden" : false,
      "priority" : 2,
      "tags" : {

      },
      "slaveDelay" : NumberLong(0),
      "votes" : 1
    },
    {
      "_id" : 2,
      "host" : "service-mongo3:27017",
      "arbiterOnly" : false,
      "buildIndexes" : true,
      "hidden" : false,
```

```
        "priority" : 1,
        "tags" : {
        },
        "slaveDelay" : NumberLong(0),
        "votes" : 1
    }
  ],
  "settings" : {

    "chainingAllowed" : true,
    "heartbeatIntervalMillis" : 2000,
    "heartbeatTimeoutSecs" : 10,
    "electionTimeoutMillis" : 10000,
    "getLastErrorModes" : {

    },
    "getLastErrorDefaults" : {
      "w" : 1,
      "wtimeout" : 0
    },
    "replicaSetId" : ObjectId("578ee4c06059d7e76fcff3b7")
  }
}

shard01:PRIMARY> cfg.members[1].priority = 2
shard01:PRIMARY> rs.reconfig(cfg)
```

이 과정에서 service-mongo1 멤버는 프라이머리에서 세컨드리로 바뀌고, 그와 동시에 새로운 프라이머리를 선출한다. 여기에서는 priority가 가장 높은 service-mongo2 멤버가 새로운 프라이머리로 선출될 것이다. 레플리카 셋 멤버의 priority 값만 변경했을 뿐인데, 서비스 요청을 잘 처리하고 있던 프라이머리가 세컨드리로 바뀐 것이다.

레플리카 셋의 priority 값을 명시적으로 1이 아닌 값으로 재설정하는 방법은 그다지 추천하는 방법은 아니다. 예를 들어, 다음과 같은 레플리카 셋을 가정해보자.

현재 상태	호스트명	우선순위(Priority)
프라이머리	service-mongo1	2
세컨드리	service-mongo2	1
세컨드리	service-mongo3	1

현재 service-mongo1 멤버의 priority 값은 2로, 현재 레플리카 셋에서 가장 높은 우선순위를 가지고 있다. 그런데 service-mongo1 서버가 일시적인 네트워크 문제로 인해서 접속할 수 없는 상태가 되면 service-mongo2와 service-mongo3 멤버는 service-mongo1 서버가 죽었다고(Server Fail 또는 Unreachable 상태) 판단하고 서로 프라이머리가 되기 위한 투표를 시작한다. 그래서 service-mongo2 멤버가 새로운 프라이머리가 됐다고 가정해보자. 그런데 이때 예전 프라이머리였던 service-mongo1 멤버가 다시 네트워크에 연결되서 레플리카 셋에 참여하게 되면 service-mongo2 와 service-mongo3 멤버는 현재 프라이머리인 service-mongo2보다 더 높은 priority를 가진 멤버가 나타났다는 것을 알게 된다. 그러면 service-mongo2 멤버는 스스로 프라이머리 역할을 버리고 세컨드리가 될 것이고 새로운 투표가 실행되면서 그 결과 service-mongo1 멤버가 프라이머리 역할을 가져가게 된다.

레플리카 셋에서 특정 서버가 반드시 프라이머리가 돼야 할 필요가 있다면 이렇게 priority 값으로 강제하는 방법이 좋은 해결책이 될 것이다. 하지만 특별히 그럴 이유가 없다면 이렇게 프라이머리 역할이 여러 번 옮겨 다니는 것은 서비스 안정성에 악영향을 미치게 된다. 레플리카 셋에서 새로운 프라이머리를 선출하는 과정 동안 서비스 쿼리가 처리될 수 없기 때문이다. 더불어 새로운 멤버가 프라이머리가 되면 MongoDB 서버가 가지고 있는 캐시 영역이 사용자의 쿼리에 맞게 준비돼 있지 않을 수도 있어서 캐시 워밍업 시간 동안 쿼리의 처리가 상당히 느려질 수도 있다.

> **⚠ 주의**
>
> MongoDB 3.2 버전까지는 레플리카 셋 멤버의 priority 값을 변경하는 방식으로 프라이머리 역할을 스위칭하면 레플리카 셋은 멤버간의 복제 동기화를 고려하지 않고 즉시 새로운 프라이머리의 선출을 실행했다. 그로 인해서 이전 프라이머리 멤버만 처리하고 세컨드리 멤버들은 아직 수행하지 못한 데이터 변경 요청이 많이 발생할 수도 있었다. 이렇게 최신의 변경 정보를 수신 받지 못한 세컨드리 멤버가 새로운 프라이머리가 된다면 그만큼의 데이터는 잃어버리게 된다. 물론 이런 경우에 이전 프라이머리였던 멤버가 다시 복제에 참여하면서 자신만 가진 데이터를 별도의 디렉터리에 기록하긴 하지만 이는 수동적인 재처리 작업을 필요로 한다.

3.6.2.2 투표권(Votes)

레플리카 셋의 각 멤버가 가지는 투표권의 개수를 의미한다. MongoDB 3.0 이전의 버전에서는 투표권을 2개 이상 가지는 설정이 가능했었다. 하지만 이는 레플리카 셋의 프라이머리 선출 과정을 복잡하게 하고 예측하기 어렵게 만들기도 한다. 그래서 MongoDB 3.0부터 모든 레플리카 셋 멤버는 0 또는 1개의 투표권만 가진다.

MongoDB의 레플리카 셋은 최대 50개까지의 멤버를 가질 수 있다. 하지만 하나의 레플리카 셋에서 새로운 프라이머리를 선출하는 과정에 참여할 수 있는 멤버는 최대 7개까지만 허용되므로 모든 멤버가 투표권을 가질 수는 없다. 이런 경우에 투표권을 가지지 못하도록 하는 기능(votes 값이 0인 경우)이 필요한 것이다. 만약 레플리카 셋이 7개 이하의 멤버로 구성된다면 굳이 투표권을 조정할 필요는 없다.

> ⓘ 주의
>
> 레플리카 멤버의 투표권은 단지 새로운 프라이머리를 결정하는 투표에 참여할 수 있는지 없는지만 결정한다. 투표권이 없는 멤버라 하더라도 사용자의 쿼리 요청을 처리하는 데에는 아무런 제약이 없다. 그래서 만약 읽기 쿼리가 아주 많이 실행되는 클러스터라면 레플리카 셋의 멤버를 많이 추가해서 읽기 쿼리의 처리 능력을 최대 50개 멤버까지 확장할 수 있다.

3.6.2.3 히든 멤버(Hidden Member)

하나의 레플리카 셋에 포함된 각 멤버는 용도별로 나눠서 활용해야 할 수도 있다. 일반적으로 실시간으로 사용자 요청을 빠르게 처리해야 하는 경우와 배치나 통계용의 쿼리로 분류할 수 있으며, 관리자를 위한 백업이나 복구 용도의 레플리카 셋 멤버도 생각해볼 수 있다. 배치나 통계용 쿼리도 시스템의 많은 자원을 필요로 하지만, 백업이나 복구와 같은 관리자 작업은 더 많은 시스템 자원을 필요로 한다. 때로는 이런 관리성 작업들은 MongoDB 서버를 셧다운 해야 할 수도 있다.

이런 작업을 위해서 MongoDB 레플리카 셋은 특정 멤버를 클라이언트(End-user)로부터 숨길 수 있는 기능을 제공하는데, 이럴 때 레플리카 셋의 멤버 속성을 히든 멤버(Hidden member)로 설정하면 된다. 클라이언트가 MongoDB 서버로 쿼리를 실행할 때에는 자신의 쿼리를 처리해줄 서버로 프라이머리나 세컨드리만 선택할 수 있다. 즉 특정 멤버가 자신의 쿼리를 실행하도록 설정할 수 없다(물론 해당 서버에 직접 접속해서 쿼리를 실행하면 되지만, 이런 방법은 레플리카 셋이나 샤딩 환경에 맞지 않는 접근 방법이다). 그래서 클라이언트에게 해당 서버를 노출시키지 않기 위해 멤버를 히든 멤버로 설정하면 클라이언트는 그 멤버를 볼 수가 없기 때문에 쿼리를 실행할 수도 없게 되는 것이다.

히든 멤버는 사용자의 쿼리를 처리하지는 않지만, 프라이머리의 복제 로그는 계속해서 가져와서 재생하므로 항상 최신의 데이터를 가진다. 그래서 관리자가 대량의 데이터 검증이나 확인을 할 때도 유용하게 사용할 수 있다. 또한 사용자의 쿼리가 유입되지 않는 것이 보장되므로 서버를 셧다운해서 데이터 파일을 백업하는 작업도 개발자와의 협의 없이 언제든지 가능하다. 또한 MongoDB에서는 서비스 도중에 백그라운드 모드로 인덱스를 생성할 수 있지만, 이 또한 부담이 될 수도 있다. 이럴 때에도 히든 멤버에서 인덱스를 포그라운드 모드로 빠르게 생성하고, 다른 서비스 노드로 물리적인 데이터 파일을 복사하는 방식으로 빠르게 대처할 수도 있다.

3.6.2.4 지연된 복제

MongoDB와 같은 대부분의 NoSQL류의 데이터베이스 서버는 자체적인 데이터 복제 기능이 있다. 그래서 오프라인^(여기에서 오프라인은 복제로 실시간 데이터 변경이 적용되지 않는다는 의미다)으로 보관되는 백업을 수행하지 않는 경우가 많다. 하지만 엄밀하게 이야기하면 MongoDB를 포함한 NoSQL 데이터베이스에서 자가 복제하는 데이터는 백업이라고 보기에 어렵다. 이들이 가지는 복제는 모두 고가용성(High Availability)을 위한 것이지, 사용자나 관리자의 실수 또는 응용 프로그램의 오류로 인해서 데이터가 손상됐을 때 해결책을 제공하지는 않는다. 예를 들어, 관리자가 실수로 컬렉션을 삭제해 버렸거나 개발자가 잘못된 데이터를 업데이트했다면 복제로는 이런 실수를 복구할 수 없는 것이다.

그래서 MongoDB에서는 이러한 실수를 최소한으로 보호해줄 방법으로 지연된 복제 기능을 제공한다. 지연된 복제는 의미 그대로 MongoDB 서버가 관리자가 설정한 일정 시간 동안 데이터 복제를 지연시키는 것이다. 지연된 복제 처리는 레플리카 셋 설정에서 settings.slaveDelay 옵션에 지연시키고자 하는 시간만큼 초 단위로 설정하면 된다. 즉 settings.slaveDelay를 3600초(1시간)로 설정하면 그 멤버는 프라이머리로부터 1시간 이전의 복제 로그 중에서 자신이 재생하지 않은 것들만 처리한다.

이렇게 지연된 복제가 설정된 경우에는 관리자나 사용자의 실수를 1시간 이내에 알아채기만 하면 지연된 복제를 수행하고 있는 멤버의 데이터로 복구할 수 있다. 하지만 지연된 복제는 결국 프라이머리 멤버가 가진 복제 로그(OpLog)의 범위 내에서만 가능하므로 복제의 지연 처리를 몇 주에서 몇 달까지 지연시키는 것은 쉬운 일이 아니다. 만약 응용 프로그램의 에러를 복제 지연 시간보다 늦게 알아챘다면 그 데이터는 지연된 복제로도 되돌릴 수 없다. 따라서 가능하다면 오프라인 백업은 별도로 유지하는 것이 좋다. 만약 이런 오프라인 백업이 불가하다면 최소한의 복구 수단으로 지연된 백업을 고려하자.

3.7 레플리카 셋 배포

레플리카 멤버의 수는 레플리카 셋의 데이터 복사본(Redundancy)의 수를 결정하는 중요한 요소이 며, 데이터 복사본의 수는 레플리카 셋에서 최대 허용 가능한 장애 멤버의 수를 결정한다. 또한 레플 리카 멤버의 수가 많으면 많을수록 통계나 분석 또는 관리 작업을 위한 역할을 분담해서 처리할 수 있 기 때문에 서비스를 위한 전용 멤버를 보장할 수 있고 서비스의 품질을 더 향상시킬 수 있다. 또한 MongoDB에서는 레플리카 셋의 각 멤버가 프라이머리 선출을 위한 투표 멤버(Voting member)가 되기 때문에 멤버가 많고 다양한 위치(IDC나 랙 또는 연결된 스위치)에 분산될수록 클라이언트의 연결 을 더 안정적으로 보장할 수 있다.

3.7.1 레플리카 셋 멤버의 수

레플리카 셋에서 멤버의 수를 결정하는 데 있어서 다음과 같은 사항을 고려해야 서버에 장애가 생겼을 때 레플리카 셋의 잘못된 선택을 막을 수 있다.

3.7.1.1 투표 가능한 최대 멤버 수

레플리카 셋에서 멤버는 최대 50개까지 추가할 수 있다. MongoDB의 레플리카 셋에서 투표에 참여하 는 멤버는 반드시 하트비트 메시지를 이용해서 투표 대상 멤버들이 살아 있는지, 현재 연결이 가능한 상태인지 확인해야 한다. 하지만 MongoDB의 레플리카 셋은 멤버들이 살아있는지(연결되는지) 판단 하기 위해서 P2P(Peer-to-Peer) 방식의 통신을 사용하기 때문에 레플리카 셋의 멤버가 많아지면 너 무 많은 하트비트 메시지가 오고가야 한다. 그래서 레플리카 셋에 최대 50개의 멤버를 추가할 수 있어 도 실제 투표에 참여할 수 있는 멤버는 최대 7개까지만 가능하다. 그래서 7개 이상의 멤버를 하나의 레 플리카 셋에 투입하는 경우에는 어떤 멤버에게 투표권을 부여하고 어떤 멤버에게는 투표권을 부여하지 않을지 판단해야 한다.

> (!) 주의
>
> 항상 레플리카 셋에서 투표권은 서버의 성능이 나은 멤버에게 부여하는 것이 좋다. 서버의 성능이 떨어지면 복제 수행이나 무 거운 쿼리를 수행하면서 많은 시스템 자원을 소모하게 되는데, 서버의 컴퓨팅 자원이 넉넉하지 않으면 복제 지연도 심해지고 투표 수행 자체도 느려지게 된다. 결국 레플리카 셋에 이렇게 느리게 반응하는 멤버가 있다면 전체적인 프라이머리 선출 과정 도 느려져서 서비스 품질이 떨어지게 된다.

3.7.1.2 홀수 멤버 유지

레플리카 셋은 홀수 멤버로 유지하도록 하자. 레플리카 셋을 반드시 홀수 멤버로만 유지해야 하는 것은 아니다. 실제 짝수 멤버로 구성된 레플리카 셋도 (정상적인 상황에서는) 프라이머리 선출이나 서비스에 아무런 문제를 일으키지 않는다. 하지만 MongoDB 레플리카 셋에서 프라이머리 선출은 반드시 과반 수 이상의 멤버가 투표에 참여할 수 있어야 하는데, 네트워크 스플릿이 발생하면서 반반씩 나뉘어 버리면 어느 쪽도 프라이머리를 선출하지 못하게 된다. 물론 관리 작업을 위해서 일시적으로 레플리카 셋이 짝수 멤버가 되는 것은 문제가 되지 않지만, 그 이외에는 홀수 멤버를 유지하도록 하자. 만약 통계나 분석 등을 위해서 짝수 멤버가 필요한 경우라면 아비터(Arbiter)를 투입해서 투표 가능 멤버는 홀수가 되게 하자.

> **① 주의**
>
> 아비터(Arbiter)는 반드시 레플리카 셋의 다른 멤버가 실행 중인 서버를 재활용하지 않도록 한다. 아비터가 레플리카 셋의 다른 멤버와 동일한 서버에서 실행되도록 구성하면 실제 서버에 장애가 있을 때에는 레플리카 셋의 멤버가 2개일 때와 동일하게 작동할 것이다. 또한 세컨드리 멤버가 실행 중인 서버에서 아비터를 기동하면 세컨드리 멤버의 장애로 프라이머리가 사용자 요청을 처리하지 못하는 경우도 발생할 수 있다.

레플리카 셋을 홀수 멤버로 유지하는 것을 권장하는 이유는 동일 고가용성(High Availability) 수준을 유지하는 데 필요한 멤버의 수가 홀수일 때보다 짝수일 때 더 많이 필요하기 때문이다. 예를 들어, 2대로 구성된 레플리카 셋은 하나의 멤버만 장애가 발생해도 프라이머리를 선출하지 못하는데, 이는 1대로 구성된 레플리카 셋과 가용성 수준이 동일하다. 그리고 4개의 멤버로 구성된 레플리카 셋은 2개 이상의 멤버에 장애가 발생했을 때 레플리카 셋의 프라이머리 선출이 불가능한데, 3개의 멤버로 구성된 레플리카 셋도 4대로 구성된 레플리카 셋과 같이 최대 장애 허용 멤버 수가 2대다. 레플리카 셋의 장애 허용 멤버 수를 간단하게 표로 만들어보자. 아래 표에서 전체 멤버 수가 1개 또는 2개인 경우는 이해를 돕기 위해서 표시한 것일 뿐 실제 MongoDB의 고가용성을 위해서는 반드시 3개 이상의 멤버로 레플리카 셋을 구성해야 한다는 것을 기억하자.

전체 멤버 수	프라이머리 선출을 위한 과반수	장애 허용 멤버 수(Fault Tolerance)
1	1	0
2	2	0
3	2	1
4	3	1

전체 멤버 수	프라이머리 선출을 위한 과반수	장애 허용 멤버 수(Fault Tolerance)
5	3	2
6	4	2

레플리카 셋이 홀수 멤버일때보다 짝수 멤버일 때, 프라이머리 선출을 위한 과반수가 커지고 그만큼 장애 허용 멤버 수는 줄어든다는 것을 알 수 있다. 그래서 레플리카 셋에 멤버를 한대 더 추가했지만, 고가용성 수준은 똑같은 것이다.

3.7.1.3 읽기 쿼리 분산

레플리카 셋의 멤버를 추가하는 대표적인 이유 중 하나는 읽기 쿼리를 분산하기 위한 것이다. 예를 들어, 레플리카 셋의 전체 쿼리가 초당 20,000개 정도를 처리해야 하고, 하나의 서버당 초당 10,000개 정도 처리할 수 있다면 쿼리를 처리하기 위해서 최소한 2개의 멤버가 필요하다. 그러면 레플리카 셋에는 3개의 멤버를 구성하는 것이 최선일 것이다. 이렇게 세컨드리 멤버에서 데이터 읽기가 필요하다면 프라이머리에 변경된 데이터가 세컨드리로 동기화되는 지연 시간을 반드시 고려하자. 만약 세컨드리의 복제 지연이 허용되지 않는 서비스라면 프라이머리에서 데이터 변경 쿼리를 실행할 때 WriteConcern 옵션을 이용해서 세컨드리까지 변경이 완료돼야 프라이머리의 쿼리가 완료(사용자에게 쿼리의 결과 응답이 반환)되게 하자.

MongoDB 레플리카 셋을 구성하고, 응용 프로그램에서 읽기 쿼리는 세컨드리 멤버에서만 실행하고 데이터 변경 쿼리는 프라이머리에서만 실행되게 설정하는 경우가 자주 있다. 하지만 데이터를 세컨드리에서 읽게 되면 프라이머리에 변경된 데이터가 세컨드리에 미처 동기화되기 전에 최신 데이터로 갱신되지 못한 이전의 데이터를 읽게 될 가능성이 높다. 물론 MongoDB의 WriteConcern 옵션으로 세컨드리 동기화까지 설정해 이런 문제를 회피할 수는 있지만, 이는 일반적인 구성이 아니다. 그래서 충분히 프라이머리가 처리할 수 있을 정도의 읽기 쿼리는 굳이 세컨드리를 활용하지 않는 것이 좋다. 이는 레플리카 셋의 역할을 명확히 함으로써 관리 작업도 일관성 있고 용이하게 처리할 수 있도록 해준다.

3.7.1.4 레플리카 셋의 멤버 확장을 위한 여분의 멤버

일반적인 MongoDB 레플리카 셋에서 가장 이상적인 멤버의 수는 3개 정도인 것으로 보인다. 물론 멤버의 수가 많으면 많을수록 더 좋겠지만, 비용의 문제를 쉽게 무시할 수는 없다. 또한 MySQL 서버의 일반적인 레플리카 셋을 2대로 구성하는 것을 감안하면 레플리카 셋에 3대의 서버를 투입하는 것도 비용이 걱정될 수 있다. 어찌됐거나 레플리카 셋을 1대의 서버로 구성할 수는 없다. 그렇다면 2대나 3대로 하나의 레플리카 셋을 구성하는 것을 고려해야 하는데, 이때 각각의 장단점을 살펴보자.

2개의 멤버 + 아비터(Arbiter)

장점	**서버 비용 절감** ▪ 2대의 서버 투입으로 3대를 투입했을 때의 고가용성 유지 ▪ 아비터를 위한 장비가 필요하지만, 이는 가상 서버나 아비터 공용 서버 활용
단점	**백업을 위한 멤버 부족** ▪ 현재 MongoDB 서버는 공식적으로 물리적인 수준의 백업 도구를 제공하지 않는다. 그래서 물리적인 백업을 위해서는 세컨드리 멤버를 셧다운(Shutdown)하고 데이터가 변경되지 않는 상태에서 데이터 파일 복사로 백업을 수행해야 할 수도 있다. 하지만 백업을 수행하는 도중에 프라이머리 멤버에 장애가 발생하면 페일 오버(Fail over)는 실패하게 되고 서비스는 불가능하게 될 것이다.
	▪ mongodump나 mongoexport와 같은 논리적인 백업 도구를 고려해볼 수 있지만, 장애가 발생했을 때 복구에 너무 많은 시간이 소모(덤프 파일을 적재하고 새로이 모든 인덱스를 생성해야 함)되므로 이는 적절한 솔루션이 아닌 경우가 많다. ▪ 만약 비용 문제가 이슈라면 리눅스의 LVM과 같은 파일 시스템 스냅샷을 이용한 백업을 최대한 활용하도록 한다.
단점	**새로운 멤버를 추가할 때, 여유 멤버 부족** ▪ 프라이머리가 서비스 쿼리를 처리하고 세컨드리 멤버는 대기(Stand-by) 중이라면 새로운 멤버를 추가할 때 새로운 멤버가 대기 중인 세컨드리로부터 동기화할 수 있다. ▪ 데이터를 가진 두 개의 멤버 중에서 하나의 멤버가 장애로 데이터를 잃어버린 경우에는 프라이머리와 아비터(Arbiter)만 남은 상태가 된다. 이때 새로운 세컨드리 멤버를 투입하면 추가되는 세컨드리는 반드시 기존 멤버로부터 데이터를 동기화해야 한다. 하지만 이 경우에는 서비스 쿼리를 처리하는 프라이머리로부터 데이터를 동기화해야 하는데, 데이터 동기화 작업은 상당히 많은 시스템의 부하를 유발하므로 사용자의 쿼리를 느리게 만들 가능성이 높다(새로운 멤버의 초기 데이터로 사용할 수 있는 백업이 있다면 백업 시점 이후의 OpLog만 동기화함으로써 새로운 세컨드리 멤버를 구성할 수 있다).

3개의 멤버

3개의 멤버로 구성했을 때는 2개 멤버와 아비터(Arbiter)로 구성했을 때의 장단점과 반대가 된다. 백업이나 멤버의 추가 또는 관리 통계 분석 작업을 위한 여유 서버를 확보할 수 있는 반면 충분한 성능을 가진 서버가 필요하며 이로 인한 구축 비용이 증가한다. 하지만 중요한 서비스일수록 2개 멤버와 아비터로 구성하기보다는 3개 멤버로 구성하는 방향을 고려하자.

3.7.1.5 레플리카 셋의 이름

서비스의 특성에 따라서 규모는 작지만 여러 개로 구성된 MongoDB 레플리카 셋이 필요할 수도 있다. 이런 경우에는 응용 프로그램에서 여러 레플리카 셋의 MongoDB로 연결해야 하는데, 어떤 MongoDB 클라이언트 드라이버는 레플리카 셋의 이름을 컨넥션 식별자로 사용하기도 한다. 그래서 이런 요건이 필요한 경우에는 반드시 각 레플리카 셋의 이름을 유니크하게 부여하는 것이 좋다. 물론 일부 클라이언트 드라이버에서는 레플리카 셋의 이름이 중요하지 않을 수도 있다. 하지만 이는 다양한 개발 언어별로 드라이버의 매뉴얼을 살펴봐야만 확인할 수 있는 부분이므로 가능하다면 초기에 배포할 때 각 레플리카 셋의 이름을 유니크하게 부여하자.

3.7.2 DR(Disaster Recovery) 구성

DR(Disaster Recovery, 재해 복구)는 하나의 IDC가 재해로 인해서 완전히 사용할 수 없는 상황이 됐을 때, 다른 IDC에 복제된 서버들로 서비스를 재개할 수 있도록 복구하는 것을 의미한다. 여기서 재해란 IDC 내에서 개개 서버의 장애나 파손을 의미하는 것이 아니라, IDC 전체 또는 핵심 서버가 소실될 정도의 천재지변이나 전쟁 또는 화재 등을 의미한다. 재해 복구 시스템은 매우 큰 비용이 수반되므로 소규모 서비스에서는 고려하지 않는 것이 일반적이지만, 금융 시스템이나 각 회사의 핵심 서비스를 위한 데이터베이스 서버에서 재해 복구 시스템은 아주 중요한 요소다. 재해 복구 시스템은 하나의 IDC로는 구현할 수 없으며 최소 2개 이상의 IDC에 걸쳐서 데이터베이스 서버 데이터를 복제하고, 하나의 IDC가 작동할 수 없게 됐을 때, 다른 IDC를 활용하여 서비스를 복구하는 과정을 거치게 된다.

여기에서는 2개 또는 3개의 IDC에 걸쳐서 3개 또는 5개의 MongoDB 멤버로 구성된 레플리카 셋을 어떻게 배치할 수 있는지, 그리고 어떻게 배치해야 최고의 가용성을 확보할 수 있는지 살펴보겠다.

3.7.2.1 3개 멤버로 구성된 레플리카 셋

활용 가능한 IDC가 2개일 때, 3개의 레플리카 셋 멤버를 배포하는 방법은 그림 3-29와 같은 형태일 것이다. 물론 서울 IDC에 멤버를 하나만 두고, 부산 IDC에 2개의 멤버를 배포할 수도 있다. 하지만 이는 MongoDB 레플리카 셋의 가용성 측면에서는 아무런 차이가 없다.

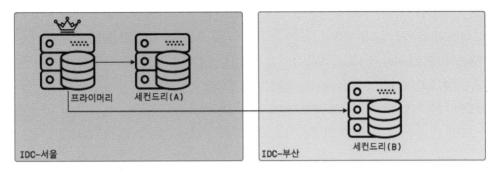

〈그림 3-29〉 2개의 IDC를 활용한 복제 구성

위 그림과 같이 레플리카 셋 멤버를 배포한 상태에서 부산 IDC가 연결할 수 없는 상태가 된다면 여전히 서울 IDC에 2개의 멤버가 살아있기 때문에 프라이머리가 서비스 요청을 처리하는 데에는 아무런 문제가 없다. 하지만 서울 IDC가 연결할 수 없는 상태가 되면 레플리카 셋에서 부산 IDC에 있는 세컨드리(B) 멤버만 남게 되면서 프라이머리 선출이 불가능해지게 된다. 레플리카 셋에서 프라이머리가 없어졌기 때문에 사용자의 데이터 변경 요청을 처리할 수 없으며, 읽기 쿼리만 처리할 수 있게 된다. 하지만 이 경우에도 클라이언트의 ReadPreference 옵션에 따라 읽기 쿼리를 유일하게 남은 세컨드리(B)가 읽기 쿼리를 처리하지 못할 수도 있다. 이런 현상은 레플리카 셋의 멤버 수를 늘려서 해결할 수 있는 문제가 아니라 가용할 수 있는 IDC를 더 늘려야만 해결할 수 있는 문제다.

이제 IDC가 3개이고 레플리카 멤버가 3개인 경우를 살펴보자. 그림 3-30은 3개의 레플리카 셋 멤버를 각각 다른 IDC에 배포한 복제 구성을 보여주고 있다.

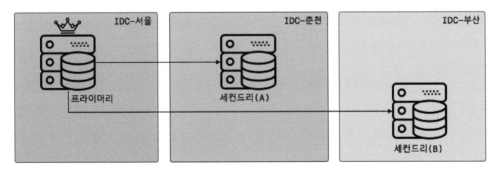

〈그림 3-30〉 3개의 IDC를 활용한 복제 구성

레플리카 셋의 3개 멤버를 IDC별로 하나씩 배포했다. 이 경우에는 춘천이나 부산 IDC 중 하나가 연결할 수 없는 상태가 되더라도 서울 IDC의 프라이머리 멤버가 여전히 남은 IDC의 세컨드리와 연결할 수 있으므로 프라이머리 역할을 계속 수행할 수 있다. 그리고 만약 서울 IDC가 소실된다면 춘천과 부산 IDC의 세컨드리 멤버가 투표를 통해서 새로운 프라이머리를 선출하게 된다. 새롭게 선출된 프라이머리는 사용자의 데이터 읽기 및 쓰기 요청을 모두 넘겨받아서 처리하게 될 것이므로 일시적인 장애를 겪은 후 다시 서비스가 재개될 것이다. MongoDB 서버를 이용한 재해 복구 시스템의 구성에서는 레플리카 셋의 멤버 개수뿐만 아니라, IDC의 개수도 중요한 역할을 한다.

3.7.2.2 5개의 멤버로 구성된 레플리카 셋

이제 조금 더 높은 가용성이나 처리 성능을 보장하기 위해서 그림 3-31과 같이 레플리카 셋 멤버를 5개로 구성하는 경우를 살펴보자. 사용할 수 있는 IDC가 2개라면 레플리카 셋이 3개일 때와 동일하게 불완전한 구성이 될 수밖에 없다. 이는 레플리카 셋의 멤버 개수를 늘린다고 해서 해결할 수 있는 문제는 아닐 것이다.

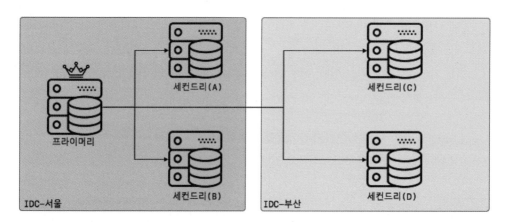

〈그림 3-31〉 2개의 IDC에서 5개 멤버의 복제 구성

그래서 그림 3-32와 같이 새로운 IDC를 준비해서 3개의 IDC에 걸쳐서 5개의 멤버로 재해 복구 시스템을 구성하는 경우를 생각해보자.

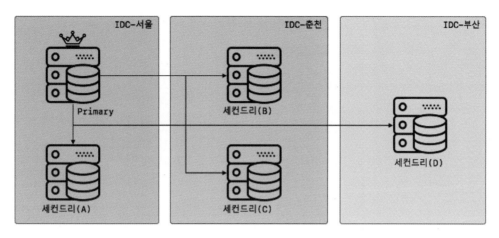

〈그림 3-32〉 3개의 IDC에서 5개 멤버의 복제 구성

위 그림과 같이 서울 IDC와 춘천 IDC에 2개씩 멤버를 배치하고 나머지 1개 멤버는 부산 IDC에 배치
했다. 이렇게 하면 3개 지역의 IDC 중에서 하나가 소실되더라도 여전히 레플리카 셋은 최소 3개(전체
5개 중 과반수)의 멤버를 확보할 수 있기 때문에 기존의 프라이머리가 StepDown되지 않거나 새로운
프라이머리를 선출할 수 있다. 여기에서 부산 IDC는 거의 중재자 역할을 하게 되므로 1개의 멤버만 배
치한 것이다. 만약 서비스의 응용 프로그램이 서울과 부산 IDC에 주로 구축돼 있다면 춘천 IDC에는 1
개의 멤버만 배치하고, 서울과 부산 IDC에 2개의 레플리카 셋 멤버를 구축하는 것이 좋은 선택이 될
것이다.

일반적인 재해 복구 시스템은 Active-Active 구성일 수도 있지만, Active-Standby 형태가 더 일반적
일 것이다. 그림 3-33과 같은 복제 구성에서 서울 IDC가 현재 Active IDC이고 부산 IDC는 Stand-
by IDC라고 가정해보자. 여기에서 Active와 Stand-By를 구분하는 기준은 웹/앱 서버에서 사용자의
요청을 처리 중인지 아닌 지다. 여기에서는 서울 IDC가 Active 상태로, 서울 IDC에 있는 웹/앱 서버가
사용자의 모든 요청을 처리하고 있다고 가정해보자. 이때 서울 IDC의 프라이머리 멤버가 서버나 네트
워크 장애로 인해서 레플리카 셋에서 연결할 수 없는 상태가 됐다고 가정해보자. 서울 IDC 자체가 재
해로 인해 연결할 수 없는 상태가 된 것은 아니라는 것에 주의하자.

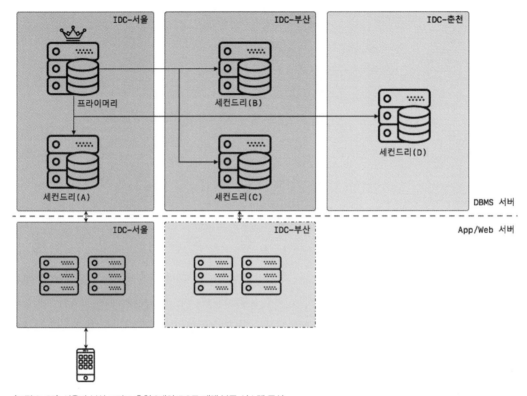

〈그림 3-33〉 서울과 부산 그리고 춘천 3개의 IDC로 재해 복구 시스템 구성

이때 4개의 세컨드리 중에서 어떤 멤버가 프라이머리로 선출될지 보장할 수 없다. 만약 부산 IDC에 있는 세컨드리(C)가 프라이머리로 선출된다면 서울 IDC에 있는 웹/앱 서버는 모두 부산 IDC에 있는 새로운 프라이머리로 접속해서 쿼리를 요청하고 결과를 받아야 할 것이다. 실제로 크지 않을 것 같지만, 서울과 부산 간의 네트워크 전송 시간(Round-Trip Time)은 서울 IDC 내에서만 주고받던 네트워크 통신과 비교하면 매우 큰 네트워크 전송 지연 시간을 발생시킨다.

예를 들어, 서울 IDC 내에서의 통신은 0.1밀리초가 걸리고 서울 IDC와 부산 IDC의 서버 간의 통신은 7밀리초가 걸린다고 가정해보자. 그리고 MongoDB 서버가 초당 7,000개의 쿼리를 처리하는데, 쿼리 하나당 서버에서 처리하는 시간이 1밀리초가 걸린다고 가정해보자. 그러면 서울 IDC의 웹/앱 서버가 부산 IDC에 있는 MongoDB로 요청을 전송하고 결과를 받는데 걸리는 시간은 1.1 밀리초 대비 6.5배나 느린 7.1 밀리초가 걸린다. 표현을 다르게 하면 MongoDB 서버와 웹/앱 서버에서 활성 쓰레드(Active Thread)가 6.5배나 더 생성돼야 한다는 의미다.

물론 다행히 서울 IDC에 있던 세컨드리(A)가 새로운 프라이머리로 선출되면 아무런 걱정을 할 필요가 없어진다. 하지만 운을 믿고 재해 복구 시스템을 구축할 수는 없는 것이다. 다행이 MongoDB 서버에서는 이런 경우를 대비해서 프라이머리 선출 우선순위(Priority)를 설정할 수 있는 기능을 가지고 있다. 이제 레플리카 셋의 각 멤버들에 대해서 아래와 같이 우선순위를 부여했다고 가정해보자.

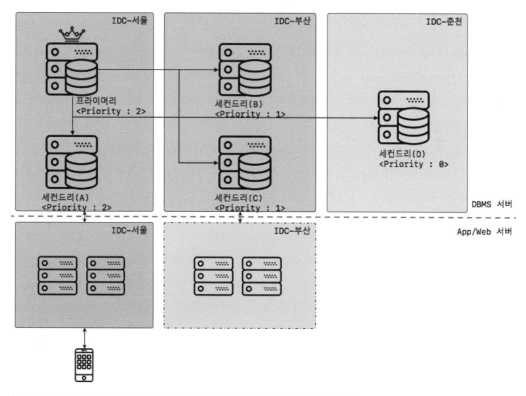

〈그림 3-34〉 서울과 부산 그리고 춘천 3개의 IDC로 재해 복구 시스템 구성(멤버 우선순위 설정)

만약 서울 IDC의 프라이머리가 연결할 수 없는 상태가 된다면 우선순위가 가장 높은 서울 IDC의 세컨드리(A)가 다음 프라이머리로 선출될 것이다. 이렇게 되면 서울 IDC에 있는 웹/앱 서버가 오랜 시간에 걸쳐서 부산에 있는 IDC까지 데이터 요청을 하지 않아도 된다. 만약 서울 IDC 자체가 소실된다면 그 다음 우선순위를 가진 부산 IDC의 두 멤버 중에서 하나가 새로운 프라이머리가 될 것이다. 그리고 춘천 IDC의 MongoDB 멤버는 우선순위를 0으로 설정했기 때문에 자신은 절대 프라이머리가 되려고 하지 않을 것이다. 단지 서울이나 부산 IDC에 있는 멤버들이 새로운 프라이머리가 되고자 할 때, 투표에 참여만 하고 누가 더 나은 프라이머리가 될 수 있을지 판단하는 중재자 역할만 할 것이다. 이런 구성에서는 실제 춘천 IDC의 멤버는 아비터(Arbiter)로 구성해도 무관하다.

3.7.3 레플리카 셋 배포 시 주의 사항

레플리카 셋을 구축할 때 주의해야 할 사항이 많이 있겠지만, 대표적으로 다음 두 가지는 MongoDB 레플리카 셋의 고가용성을 위해 반드시 고려하는 게 좋다.

3.7.3.1 세컨드리 멤버의 장비 사양

일반적인 서비스 환경의 레플리카 셋 구축에는 최소 3개의 멤버가 필요하다. 그 중에서 프라이머리와 스탠바이(대기) 세컨드리(Stand-by Secondary) 2개 멤버는 필수라고 볼 수 있다. 그래서 프라이머리 와 스탠바이 세컨드리 멤버에 대해서는 서버의 사양(스펙)을 거의 동일하게 투입하는 것이 일반적이다. 그런데 세 번째 멤버의 서버 사양은 항상 고민하게 만드는 부분이다. 데이터를 동기화하지 않고 투표만 참여하는 아비터(Arbiter)라면 큰 고민이 없겠지만, 백업이나 가끔 필요한 분석&통계의 전용 멤버로 투입하고자 한다면 세 번째 멤버의 서버 사양을 프라이머리와 동급으로 투입해야 할지 아니면 조금 저 렴한 사양의 서버로 투입해야 할지 고민거리가 된다.

그런데 아비터가 아닌 세 번째 멤버를 선택할 때는 단순히 백업이나 분석 통계 용 쿼리를 처리할 수 있 을 정도의 성능만 고려해서는 안 된다. 레플리카 셋에 포함되는 아비터가 아닌 모든 멤버(투표권을 가 진 멤버)는 프라이머리에서 변경된 데이터를 OpLog를 통해서 충분히 지연되지 않게 처리할 수 있을 정도의 서버 사양을 준비해야 한다. 그렇지 않은 경우 세 번째 멤버가 프라이머리의 변경 내용을 복제 하는데 많은 시스템 자원을 소모하게 되고, 그로 인해서 레플리카 셋 사이의 하트비트 메시지를 처리하 는 시간이 지연되며, 새로운 프라이머리 선출 과정 또한 지연되는 결과를 초래하게 될 것이다.

아마도 세컨드리 멤버가 프라이머리로부터 넘어오는 데이터 변경 작업을 단순히 복제하기만 하는데, 세컨드리 멤버가 시스템 자원을 많이 사용한다는 것이 이해되지 않을 수도 있을 것이다. 예를 들어, 1개 의 컬렉션에 5개의 인덱스가 있는 레플리카 셋을 가정해보자. 프라이머리에서 INSERT가 발생하면 데 이터 변경 작업 내용은 OpLog를 통해서 세컨드리로 전달된다. 그러면 세컨드리는 우선 컬렉션에 도큐 먼트 하나를 INSERT하게 되는데, 실제 MongoDB에서 도큐먼트 INSERT 작업 자체는 전혀 부담스러 운 작업이 아니다. 도큐먼트를 저장하는 작업은 저장될 위치를 검색하는 작업이 거의 필요하지 않기 때 문이다. 하지만 컬렉션이 가진 5개의 인덱스에 도큐먼트의 필드를 저장하는 작업은 전혀 그렇지 않다. 개개의 인덱스마다 인덱스 엔트리를 저장할 위치를 검색해야 하는데, 이 작업은 랜덤 디스크 검색을 해 야 하기 때문이다. 그래서 세컨드리 멤버의 디스크가 프라이머리 멤버보다 성능이 좋지 않다면 세컨드 리는 복제 지연을 피하기 어려울 수도 있다. 그뿐만 아니라 MongoDB 3.2 버전부터 세컨드리 멤버는 저널 로그의 디스크 동기화가 매우 빈번하게 실행된다. 그래서 세컨드리 멤버의 복제 동기화 지연을 피하기 위해서 디스크 성능도 가능하면 프라이머리 서버와 동등한 수준으로 유지하는 게 좋다.

그래서 반드시 복제에 참여하는 멤버 중에서 특별히 투표권을 가지는 멤버는 복제를 충분히 처리할 수 있을 정도의 성능을 반드시 고려해서 레플리카 셋을 구축해야 한다.

3.7.3.2 레플리카 셋 멤버의 네트워크 분산

서버 구성에서 가장 빈번하게 문제가 발생하는 부분은 아무래도 서버의 내장된 하드 디스크 드라이브(HDD)일 것이다. 이미 하드 디스크의 장애율은 악명이 높으며, 대부분 데이터베이스 서버는 RAID와 같은 디스크 드라이브의 이중화(Redundancy)를 기본으로 구축하는 경우가 많다. 그다음으로는 서버의 전원 공급 장치인데, 이 또한 최근에는 전원 공급 장치를 이중화해서 문제 되지 않게 하는 경우가 많다.

그렇다면 그다음으로 자주 문제를 일으키는 부분은 어디일까? 바로 컴퓨터 자체보다는 컴퓨터와 컴퓨터를 연결해주는 네트워크 장비들이다. 주로 이들은 네트워크 스위치(Network switch)라고 불리는데, 네트워크상에서 상위 레이어에 위치하는 스위치들은 상당의 고가 장비이긴 하지만 워낙 서비스 영향도가 크고 장비 대수가 많지 않아서 충분하게 이중화하여 구성하는 경우가 많다. 하지만 제일 하위에 위치하는 스위치는 그 숫자가 너무 많아서 일일이 이중화하기에는 너무 많은 비용과 복잡도를 수반하게 된다. 그래서 일반적으로 서버 바로 위에 연결된 네트워크 스위치는 이중화하지 않는 경우가 많은데, 이 네트워크 스위치의 장애가 의외로 빈번하게 발생한다.

만약 MongoDB 레플리카 셋이 3개의 멤버로 구성돼 있는데, 그 중에서 2개의 멤버가 동일한 스위치에 연결돼 있다고 가정해보자. 이 경우 네트워크 스위치가 재시작되거나 망가지면 3개의 멤버로 구성된 레플리카 셋이라 하더라도 가용성을 보장할 수 없다. 그래서 하나의 IDC 내에서 MongoDB 레플리카 셋을 구축하는 경우라 하더라도 반드시 레플리카 셋의 각 멤버가 서로 다른 네트워크 스위치로 연결되게 서버를 배포하는 것은 필수 사항이다. 이런 부분을 고려하지 않는다면 고가용성을 위해서 여러 대의 비싼 장비로 레플리카 셋 멤버를 구성한 것이 무용지물이 될 수도 있다.

04

샤딩

샤딩(Sharding)은 데이터를 여러 서버에 분산해서 저장하고 처리할 수 있도록 하는 기술을 말한다. MongoDB의 복제와 샤딩의 목적을 혼동하는 경우가 많은데, MongoDB의 복제는 고가용성을 위한 솔루션이며 샤딩은 분산 처리를 위한 솔루션이다. 그래서 MongoDB에서 고가용성과 대용량 분산 처리를 하려면 복제와 샤딩을 모두 적용해야 한다.

MongoDB에서 샤딩을 적용하려면 샤드 클러스터(Sharded Clsuter)를 구축해야 하는데, 이를 위해서는 파티션된 데이터의 범위와 샤드 위치 정보 등의 메타 정보를 저장하기 위한 컨피그 서버(Config Server)가 필요하다. 그리고 응용 프로그램이 필요한 데이터를 조회하거나 저장하려면 "mongos"라고 불리는 라우터(Router) 서버가 필요하다. 라우터(Router)는 쿼리 수행에 있어서 프록시(Proxy) 역할을 하는데, 컨피그 서버의 메타 정보를 참조하여 필요한 데이터가 저장된 샤드로 쿼리를 전달하고 그 결과를 다시 응용 프로그램으로 반환하는 역할을 한다. 그래서 라우터를 이용하면 응용 프로그램에서는 각 샤드의 메타 정보에 대해서 신경 쓸 필요가 없으며, 사용자가 필요로 하는 데이터에 접근하는 과정이 투명하게 처리된다.

여기에서는 샤드 클러스터의 구축에 필요한 컨피그 서버와 라우터에 대해서 자세히 살펴보고, MongoDB의 각 샤드와 컨피그 서버 그리고 라우터가 서로 어떻게 통신하고 어떠한 일을 담당하는지에 대해서 살펴보겠다.

4.1 샤딩(Sharding)이란?

샤딩의 효과는 서비스의 패턴에 따라서 많이 달라질 수 있으며, 어떻게 샤딩을 하느냐에 따라서도 완전히 다른 결과를 만들어 내기도 한다. 우선 여기에서는 가장 이상적인 형태의 샤딩 효과에 대해서 살펴보겠다.

그림 4-1은 스케일 업 방식으로 서버의 처리량을 늘렸을 때, 투자 비용 대비 향상되는 서버의 처리 용량을 간단하게 도식화한 그래프다. 이는 하나의 서버에서 사용자의 요청을 처리하는 쓰레드가 늘어난다고 해서 선형적으로 처리량이 늘어나지 않는 것과 같은 이치다.

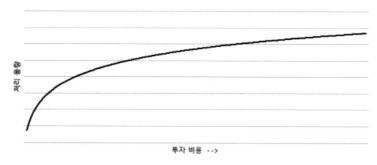

〈그림 4-1〉 서버 스케일 업과 처리 용량

그림 4-2는 서버의 사양을 늘리는 스케일 업 대신 샤딩(스케일 아웃, Scale-out)을 적용했을 때 기대할 수 있는 처리 용량의 증가 그래프다. 스케일 아웃은 하나의 서버가 처리할 수 있는 최대 용량으로 여러 대의 서버를 활용하는 것이다.

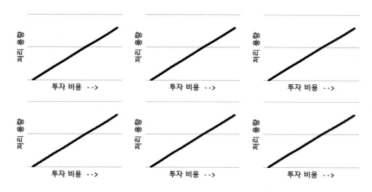

〈그림 4-2〉 서버 스케일 아웃과 처리 용량(6대 서버로 스케일 아웃했을때, 각 서버의 처리 용량)

이렇게 저렴한 서버를 여러 대 활용하여 각 서버가 처리할 수 있는 만큼의 사용자 요청만 전송함으로써 전체 샤드 클러스터의 처리 용량을 선형적으로 늘리는 것을 샤딩이라고 한다. 물론 이렇게 동작하도록 응용 프로그램을 개발하는 것은 상당히 번거로운 작업이며, 개발 생산성 또한 떨어지게 된다. 하지만 샤딩은 이제 더 이상 피할 수 없는 개발의 한 과정이 돼 버렸다.

4.1.1 샤딩의 필요성

기술이 발전하면서 인터넷이 가능한 단말기는 기하급수적으로 늘어나고 있다. 그만큼 각 단말기에서 사용할 수 있는 다양한 종류의 애플리케이션이 출시되고 있으며, 인기나 효용 가치를 인정받은 애플리케이션이 길지 않은 시간에 몇백만에서 몇천만의 사용자를 확보하는 것이 이제는 더이상 기적 같은 일이 아니다.

이런 성공에 대해서 많은 사람들이 애플리케이션 자체만 보고 있지만, 사실은 이런 성공을 떠받치려면 눈에 보이는 애플리케이션 자체보다는 그 뒤에 숨어서 보이지 않게 사용자의 데이터를 저장하고 처리하는 기술이 더 중요하다. 일반적으로 클라이언트 애플리케이션은 스마트폰이나 PC 등과 같은 단말기에서 하나의 인스턴스만 실행되기 때문에 시스템의 과부하를 걱정할 필요가 없다. 이는 성능 최적화가 불필요하다는 의미는 아니며, 사용자가 늘어난다고 해서 각 단말기에서 처리해야 할 내용이 늘어나지는 않는다는 의미다. 하지만 접속된 단말기가 늘어나면 서버 쪽에서는 그만큼 많은 요청을 처리할 수 있어야 한다. 일반적으로 서버 쪽 구성은 그림 4-3과 같이 웹 서버와 애플리케이션 서버 그리고 캐시 종류들이 혼재하며, 마지막에 데이터베이스가 위치한다.

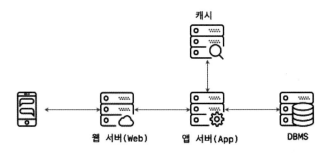

〈그림 4-3〉 대용량 서비스를 위한 일반적인 서버 구성

그런데 이러한 서버 구성에서 일반적으로 웹 서버와 애플리케이션 서버(때로는 두 서버를 하나로 통합해서 구현하기도 함)는 서버만 추가하면 처리량을 늘릴 수 있다. 웹 서버와 애플리케이션 서버는 특별히 상태(Stateless server)를 가지지 않기 때문에 이렇게 손쉽게 확장할 수 있는 것이다. 캐시 서버는 구성에 따라서 어려움이 있을 수도 있고, 없을 수도 있다. 하지만 마지막에 위치한 데이터베이스 서버는 응용 프로그램이 작동하는 데 필요한 모든 데이터를 영구적으로 가지고 있어야 하므로 단순히 서버만 투입한다고 해서 확장되지는 않는다. 데이터베이스 서버를 확장하려면 데이터베이스의 데이터가 여러 서버로 분산될 수 있게 미리 응용 프로그램을 설계하고 개발해야 하는데, 이를 샤딩(Sharding)이라고 한다.

물론 사용량이 많아지면 그만큼 서버의 사양을 높여서 처리 속도를 안정화하면 되지 않을까라는 생각을 할 수도 있다. 이렇게 서버의 사양을 계속 높이는 방법을 스케일 업(Scale-up)이라고 하는데, 서버의 사양을 높이는 방법은 상당히 빨리 그 한계에 이르게 될 가능성이 높다. 처음 서비스를 개발할 때에는 3~4백만원 가량의 서버를 사용하다가, 사용량이 늘어나서 서버의 사양을 높이려고 하면 똑같이 3~4백만원의 투입으로는 어려움이 있다. 서버의 사양을 늘리는 것은 결국 비용의 문제가 되는데, 실제 이렇게 스케일 업을 통한 해결 방법은 그만큼 성능이 향상되지 않는다. 즉 비용은 기존의 3~4배를 투입하지만, 실제 성능은 1.5~2배 정도의 향상에 그치는 것이 일반적이다. 그리고 이런 방식으로는 얼마 지나지 않아서 결국 몇억에서 몇십 억까지 하는 대형 엔터프라이즈 장비를 필요로 하게 될 것이 뻔하기 때문이다. 이런 대형 엔터프라이즈 장비는 단순히 장비만 구매하면 되는 것이 아니라는 것도 샤딩의 중요성을 부각시키는 부분이다. 엔터프라이즈 장비를 구매하면 그에 맞는 데이터베이스 서버 프로그램과 관리자를 필요로 하게 된다. 또한 은행이나 증권 등과 같은 금융업이 아니라 일반적인 소셜 네트워크 서비스나 포탈 서비스에서 데이터베이스에 이런 고가의 장비를 투자해야 할지는 더 큰 고민거리일 것이다.

그리고 데이터베이스의 샤딩을 위해서는 응용 프로그램의 코드를 상당히 많이 변경해야 하므로 서비스가 한번 시작되면 서비스를 중단하지 않고 이런 샤딩 작업을 투입하기는 매우 어렵다. 설령 응용 프로그램에서 그런 준비를 할 수 있다고 하더라도 하나의 서버에 모여 있던 데이터를 여러 서버로 분산하는 데에는 상당히 오랜 시간이 걸릴 가능성이 높다. 처음에 샤딩을 고려하지 않았던 서비스에서 샤딩의 필요성을 느낀다는 것은 이미 데이터베이스 서버의 처리량이 한계에 다다랐다는 것을 의미하며, 이는 샤딩되지 않은 데이터베이스 서버가 이미 상당한 데이터를 가지고 있다는 것을 말하기 때문이다.

그래서 항상 새로운 서비스를 설계하고 개발할 때, 가장 고민되는 사항은 샤딩을 고려해서 개발을 진행할 것인지 아니면 샤딩을 고려하지 않고 진행할 것인지다. 개발 생산성이 떨어지더라도 많은 사용량을 준비하여 샤딩을 적용해서 개발할지 아니면 데이터베이스 서버의 처리 한계는 고려하지 않고 우선 빠르게 개발해서 서비스를 오픈할지는 항상 딜레마다. 그만큼 샤딩에 대한 고려는 중요한 문제이고, 서비스의 개발 과정에 미치는 영향이 크다. 샤딩되지 않은 서비스를 샤딩하는 과정은 더 고민거리가 된다. 기존 RDBMS에서 하나의 데이터베이스 서버에 저장된 데이터를 서비스에 악영향을 끼치치 않고 지정된 샤딩 규칙에 따라서 데이터를 분산하는 것은 매우 어려운 작업이기 때문에 처음부터 샤딩을 적용할지에 대한 고려 사항은 피할 수 없는 설계 과정이다.

4.1.2 샤딩의 종류

샤딩(Sharding)은 데이터를 어떤 형태로 파티션할지에 따라서 수평(Horizontal) 샤딩 또는 수직(Vertical) 샤딩으로 구분할 수 있는데, 이를 수평 또는 수직 파티션이라고도 한다. 그림 4-4와 같이 수직 샤딩은 주로 기능별로 컬렉션을 그룹핑하여 그룹별로 샤드를 할당하는 방식을 의미한다. 주로 수직 샤딩 방법은 구현이 간단하며 응용 프로그램의 변화를 최소화할 수 있기 때문에 일반적으로 서비스 초기에 간단히 샤딩이 필요한 경우에 많이 사용한다. 하지만 컬렉션별로 쿼리 사용량이 같지는 않아서 이런 샤딩 방식은 샤드 간 부하의 불균형이 자주 발생한다.

〈그림 4-4〉 수직 샤딩

수평 샤딩은 하나의 컬렉션에 저장된 도큐먼트들을 영역별로 파티셔닝해서 1/N개씩 각 샤드가 나눠 가지는 방식이다. 수평 샤딩은 파티셔닝의 기준이 되는 필드(컬럼) 선정이 매우 중요하며, 이 파티션 키(이를 MongoDB에서는 샤드 키라고 함)에 따라서 각 샤드의 부하가 균등해질 수도 있고 그렇지 않을 수도 있다. 기존의 RDBMS에서는 이런 형태의 샤딩을 적용하려면 상당한 노력이 필요했다. 테이블 간의 조인이 불가한 문제뿐만 아니라 적절한 레코드를 찾기 위해서 그 레코드가 저장된 샤드 정보를 별도로 관리하고 매번 쿼리를 실행할 때마다 샤드 정보를 검색해서 선택적으로 쿼리를 실행해야 하기 때문이다.

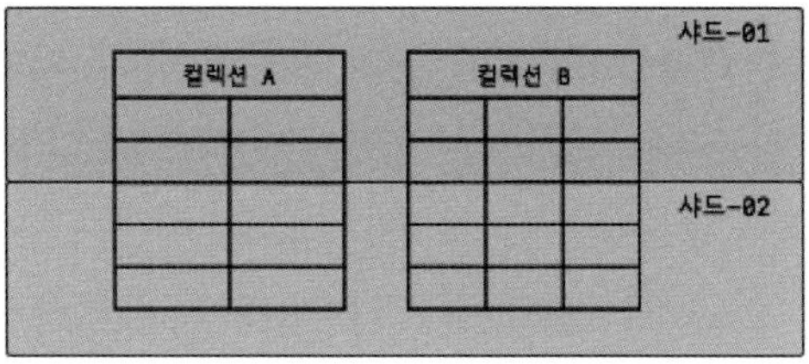

〈그림 4-5〉 수평 샤딩

파티션 키(샤드 키)를 선정하는 방법과 적절한 샤딩 알고리즘을 선택하는 방법은 나중에 다시 자세히 살펴보겠다.

일반적으로 초기 응용 프로그램이 개발되고, 그 응용 프로그램이 사용하는 데이터베이스의 사용량이 늘어날수록 그림 4-6부터 그림 4-8까지의 과정으로 샤딩 과정을 거치면서 데이터베이스가 진화한다.

물론 처음부터 최종 버전의 샤딩을 적용해서 개발할 수도 있지만, 이는 상당히 많은 시간과 개발 생산성의 저하를 동반한다. 처음에는 그림 4-6과 같이 모든 컬렉션과 데이터가 하나의 데이터베이스 서버에 저장된 형태로 서비스가 시작된다.

〈그림 4-6〉 모든 데이터를 하나의 서버에 저장

그리고 어느 정도 서비스 사용량이 늘어나면서 한대의 데이터베이스 서버로는 처리가 지연되고 문제가 발생하기 시작하면 최대한 빠르게 적용할 수 있는 방법인 수직 샤딩 방식을 고려하게 되면서 그림 4-7과 같이 컬렉션(테이블) 단위로 묶어서 샤드를 2~3개로 나눠서 구축하게 된다.

〈그림 4-7〉 주요 컬렉션에 대해서 수직 샤딩 적용

이렇게 수직 샤딩으로 어느 정도까지는 문제없이 서비스를 지속할 수 있다. 하지만 사용자가 더 늘어나고, 서비스의 기능도 추가되면서 저장되는 데이터가 기하급수적으로 늘어나는 컬렉션(테이블)들이 발생하기 시작하면 특정 샤드가 조금씩 처리 성능이 지연되는 현상이 발생하게 된다. 그러면 해당 샤드의 컬렉션에 대해서 수평 샤딩을 조금씩 적용하게 되면서 결국 그림 4-8과 같은 데이터베이스 구성으로 진화하게 된다.

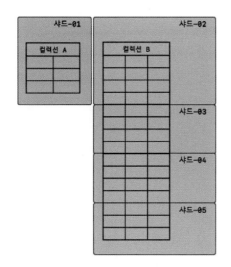

〈그림 4-8〉 컬렉션의 특성에 따라서 수직 및 수평 샤딩 적용

이런 과정을 거치는 것이 잘못된 것은 아니며 아주 자연스러운 과정이다. 그림 4-8에서 이야기하고 싶은 것은 모든 서비스에서 최종적으로 샤딩된 구조의 데이터베이스 모습이다. 모든 서비스는 아무리 적어도 10여 개 정도의 테이블로 구성되며, 모든 테이블이 사용자나 사용량이 늘어난다고 해서 아주 잘게 샤딩돼야 하는 건 아니다. 이렇게 데이터가 대용량으로 늘어날 가능성이 있는 경우는 (아주 대용량의 서비스가 아니라면) 일반적으로 전체 테이블의 5~10% 정도다. 그래서 위에서 살펴본 최종 진화 모습이 대개 일반적인 서비스의 데이터베이스 샤딩 구조다.

많은 사람이 "MongoDB가 MySQL 서버를 대체하게 될까요?"라는 궁금증을 가질 것이다. 하지만 MySQL 서버와 MongoDB는 각각의 (서로가 가지지 못한, 앞으로도 가지지 못할 수도 있는) 고유의 기능을 가지고 있다. 위에서 살펴본 것과 같이 샤딩을 필요로 하지 않고 정교한 트랜잭션이나 관리가 필요한 데이터는 MySQL 서버와 같은 RDBMS를 활용하고, 아주 대용량으로 증가할 수 있는 데이터는 MongoDB와 같은 분산 처리가 지원되는 DBMS를 활용하는 것이 아마도 앞으로 이상적인 형태의 데이터베이스 구성이 되지 않을까 생각한다.

MongoDB에서는 수직(Vertical)과 수평(Horizontal) 샤딩을 모두 적용할 수 있다. 일반적으로 MongoDB에서는 하나의 컬렉션을 여러 샤드로 분산하는 수평 샤딩이 적용된다. 하지만 데이터베이스 단위로 프라이머리 샤드(Primary Shard)가 각각 할당되고, 데이터베이스별로 프라이머리 샤드는 각 샤드별로 분산돼서 배치된다. 그래서 MongoDB에서는 컬렉션에 대해서 샤딩을 활성화하지 않으면 자동으로 수직 샤딩이 구현되는 것이다. 그리고 샤딩을 활성화하면 해당 컬렉션은 수평 샤딩이 적용된다.

> **⊘ 주의**
>
> 샤딩을 활성화하지 않은 컬렉션에 대해서는 수직 샤딩이 적용된다는 표현이 조금 모순처럼 보일 수 있다. 이는 MongoDB 에서 데이터베이스 단위로 각 샤드를 할당하는 형태의 샤딩(수직 샤딩)을 별도로 샤딩이라고 표현하지 않기 때문이다. 즉 MongoDB에서는 샤딩과 관련된 아무런 설정을 하지 않고 데이터베이스를 순서대로 생성하면 A 데이터베이스는 첫 번째 샤드에만 존재하고, B 데이터베이스는 두 번째 샤드에만 존재하는 형태로 생성된다. 프라이머리 샤드에 대한 내용은 나중에 조금 더 자세히 살펴보겠다.

4.2 MongoDB 샤딩 아키텍처

MongoDB 샤드 클러스터의 가장 중요한 3가지 컴포넌트는 샤드 서버(Shard Server)와 컨피그 서버 (Config Server) 그리고 라우터(Mongos)다. 하나의 샤드 클러스터에 샤드 서버는 레플리카 셋 형태로 1개 이상 존재할 수 있으며, 라우터(Mongos) 서버도 1개 이상 존재할 수 있다. 하지만 컨피그 서버는 하나의 샤드 클러스터에 단 하나의 레플리카 셋만 존재할 수 있다. 여기에서 샤드 서버와 컨피그 서버의 레플리카 셋이 몇 개의 멤버를 가질지는 아무런 제약이 없으며, 사용자가 필요에 따라 결정하면 된다.

4.2.1 샤드 클러스터(Sharded Cluster) 컴포넌트

샤드 클러스터의 3가지 컴포넌트 중에서 라우터(Mongos)는 영구적인 데이터를 가지지 않으며, 사용자의 쿼리 요청을 어떤 샤드로 전달할지 정하고, 각 샤드로부터 받은 쿼리 결과 데이터를 병합해서 사용자에게 되돌려 주는 역할을 한다. 하지만 샤드 서버와 컨피그 서버는 영구적인 데이터를 저장하는데, 샤드 서버는 실제 사용자의 데이터를 저장하는 반면 컨피그 서버는 샤드 서버에 저장된 사용자 데이터가 어떻게 스플릿 되어서 분산돼 있는지에 관한 메타 정보를 저장한다. 사용자의 데이터이든 아니든 관계없이 샤드 서버와 컨피그 서버의 데이터는 손실될 경우 치명적인 문제가 발생할 수 있다. 그래서 MongoDB에서는 프로덕션 서비스에 사용되는 샤드 서버와 컨피그 서버는 모두 레플리카 셋으로 구축할 것을 적극적으로 권장하고 있다.

그림 4-9는 샤드 클러스터로 배포된 MongoDB의 전체적인 아키텍처를 보여주고 있다. 단순하게 보여주기 위해 컨피그 서버와 샤드 서버 간의 통신은 그리지 않았지만, 실제 MongoDB 샤드 클러스터에서 모든 멤버들은 서로 통신이 필요하다.

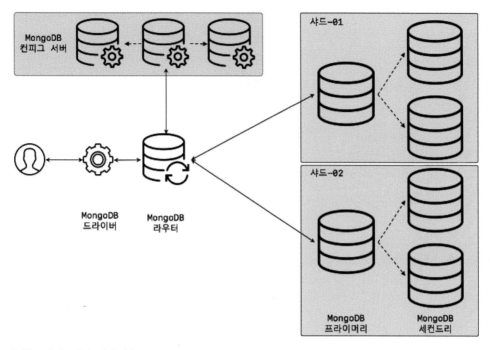

〈그림 4-9〉 샤드 클러스터의 전체 구조

라우터(Mongos) 서버는 사용자의 요청을 각 샤드로 전송하고 결과를 사용자에게 전달하는 역할도 수행하지만, 각 샤드가 균등하게 데이터를 가지고 있는지 모니터링하면서 데이터의 밸런싱 작업도 담당한다. 이 그림을 보면 MongoDB 샤드 클러스터가 상당히 복잡해 보이지만, 실제 컨피그 서버와 샤드 서버는 모두 동일하게 작동한다. 즉 컨피그 서버와 샤드 서버는 모두 "mongod"라는 프로그램으로 실행되며, 단 한 가지 차이는 컨피그 서버와 샤드 서버의 설정이 조금씩 다른 것뿐이다. 그래서 실제 샤드 클러스터 MongoDB를 운영하거나 관리하는 작업은 HBase나 다른 NoSQL DBMS와는 달리 여러 종류의 컴포넌트를 공부하고 학습해야 하는 부담이 없다.

4.2.2 샤드 클러스터의 쿼리 수행 절차(라우터와 컨피그 서버의 통신)

컨피그 서버는 샤드 클러스터에서 사용자가 생성한 데이터베이스와 컬렉션들의 목록(물론 컨피그 서버는 이 이외에도 많은 정보를 가지고 있는데, 나머지는 나중에 자세히 살펴보겠다)을 관리한다. 하지만 모든 데이터베이스와 컬렉션의 목록을 관리하는 것이 아니라, 샤딩이 활성화된 데이터베이스와 컬렉션의 정보만 관리한다. 실제 샤드 클러스터에 데이터베이스나 컬렉션을 생성해도 샤딩이 되지 않은 객체들은 컨피그 서버가 아니라 각 샤드 서버가 로컬로 관리한다.

그리고 각 컬렉션이 여러 샤드 서버로 분산될 수 있게 분산하기 위한 정보를 관리하는데, 이렇게 하나의 큰 컬렉션을 여러 조각으로 파티션하고 각 조각을 여러 샤드 서버에 분산해서 저장한다. 이때 이런 각 데이터 조각을 MongoDB에서는 청크(Chunk)라고 한다. 그림 4-10은 "A"라는 컬렉션을 가진 샤드 클러스터의 데이터 분산과 메타 정보를 청크 위주로 표시해 본 것이다.

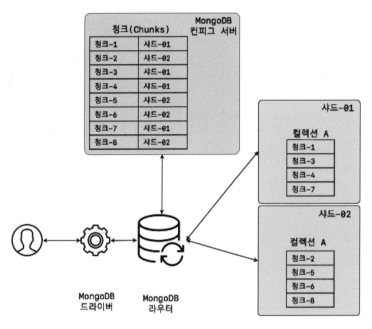

〈그림 4-10〉 샤드 클러스터의 청크 메타 정보

사용자가 MongoDB 라우터로 쿼리를 요청하면 라우터는 다음 과정을 거쳐서 최종 쿼리 결과를 사용자에게 반환한다.

1. 사용자 쿼리가 참조하는 컬렉션의 청크 메타 정보를 컨피그 서버로부터 가져와서 라우터의 메모리에 캐시

2. 사용자 쿼리의 조건에서 샤딩 키 조건을 찾음

   A. 쿼리 조건에 샤딩 키가 있으면 해당 샤딩 키가 포함된 청크 정보를 라우터의 캐시에서 검색하여 해당 샤드 서버로만 사용자 쿼리를 요청

      샤딩 키 조건에 포함된 청크가 여러 샤드에 걸쳐 있다면 대상이 되는 여러 샤드 서버에 쿼리를 요청

   B. 쿼리 조건에 샤딩 키가 없으면 모든 샤드 서버로 사용자의 쿼리 요청

3. 쿼리를 전송한 대상 샤드 서버로부터 쿼리 결과가 도착하면 결과를 병합하여 사용자에게 쿼리 결과를 반환

라우터가 쿼리를 실행하는 절차에서 1번 과정(컨피그 서버로부터 청크의 메타 정보를 가져오는 과정)은 라우터가 청크 메타 정보를 가지고 있지 않거나, 라우터가 가진 청크 메타 정보가 오래돼서 맞지 않을 때에만 수행된다. 그래서 라우터로 요청되는 쿼리가 많다고 해서 라우터가 매번 메타 정보를 조회하는 쿼리를 컨피그 서버로 요청하는 것은 아니며, 컨피그 서버는 일반적으로 서버의 부하가 거의 없는 상태를 유지하도록 설계됐다.

4.2.3 컨피그 서버

그림 4-11에서 보이는 바와 같이 컨피그 서버는 샤딩된 클러스터를 운영하는 데 있어서 필요한 모든 정보를 저장한다. 컨피그 서버의 데이터는 컨피그 서버로 직접 로그인해서 확인할 수도 있지만, 일반적으로 라우터(mongos)를 이용해서 MongoDB 클러스터에 로그인한 다음 config 데이터베이스로 이동하면 필요한 데이터를 조회할 수 있다. 즉 라우터(mogos)의 "config" 데이터베이스는 샤드 서버가 아니라 컨피그 서버로 접속해서 결과를 가져오게 되며, 그 이외의 모든 사용자 데이터베이스와 컬렉션은 샤드 서버로 쿼리를 요청한다.

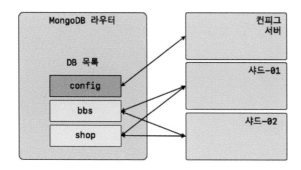

〈그림 4-11〉 컨피그 서버의 메타 정보 관리

컨피그 서버는 버전에 따라서 조금씩 차이가 있지만, 대부분 다음과 같은 컬렉션을 가지고 있다.

- databases
- collections
- chunks
- shards
- mongos

- settings

- version

- lockpings

- locks

- changelog

이 컬렉션들은 모두 컨피그 서버에만 저장되며, 전체 데이터 크기가 크지 않고 다른 레플리카 셋으로 샤딩돼서 저장되지 않는다. 또한 컨피그 서버가 가지는 메타 데이터는 모두 MongoDB 샤드 클러스터를 유지하는 데 필요로 하는 내부 관리 목적의 데이터이므로 사용자가 직접 변경하거나 삭제해서는 안된다. 만약 현재 컨피그 서버의 데이터 저장이 정상적으로 처리되는지 확인하고자 한다면 다음 명령으로 테스트해볼 수 있다. 다음 오퍼레이션이 정상적으로 처리되면 현재 컨피그 서버는 데이터 변경 작업을 정상적으로 처리하고 있는 것으로 생각할 수 있다.

```
use config
db.testConfigServerWriteAvail.insert( { a : 1 } )
```

이제 컨피그 서버가 가지는 메타 정보들에 대해서 하나씩 간략하게 살펴보자.

4.2.3.1 databases

샤드 클러스터가 가지고 있는 데이터베이스의 목록을 관리한다.

필드명	설명
_id	데이터베이스의 이름을 저장
partitioned	데이터베이스의 샤딩이 활성화됐는지 여부를 TRUE와 FALSE 값으로 저장
primary	샤드 클러스터 MongoDB에서는 모든 데이터베이스가 프라이머리 샤드를 가지는데, 이 데이터베이스의 프라이머리 샤드가 어느 샤드인지 저장

4.2.3.2 collections

샤드 클러스터가 가지고 있는 컬렉션의 목록을 관리한다. 샤드 클러스터에 존재하는 컬렉션이라 하더라도 만약 샤딩되지 않은 컬렉션이라면 컨피그 서버의 collections 컬렉션에 관리되지 않는다.

필드명	설명
_id	데이터베이스 이름과 컬렉션의 이름으로 구성된 네임스페이스를 저장
lastmod	컬렉션의 구조가 마지막으로 변경된 시점을 저장
dropped	삭제된 컬렉션인지 아닌지 TRUE 또는 FALSE 값으로 저장. 즉 컬렉션을 삭제한다고 해서 컨피그 서버의 메타 정보도 같이 삭제되는 것이 아니라, 삭제됐다고 마크되는 것이다. 컬렉션이 삭제되고 동일한 이름의 컬렉션을 새로 생성하면 컨피그 서버의 collections 컬렉션의 해당 도큐먼트는 덮어쓰기 된다.
key	컬렉션의 샤딩 키를 저장. 모든 컬렉션은 하나의 샤딩 키만 가질 수 있기 때문에 이 필드에 여러 개의 키 정보가 저장되지 않고 단 하나만 저장된다. 컬렉션의 인덱스가 아니라 샤딩 키가 저장되는 것에 주의하자.
unique	샤딩 키가 유니크한지 아닌지 TRUE 또는 FALSE 값으로 저장. 샤딩 키가 반드시 유니크해야 하는 것은 아니라는 점을 기억하자.
lastmodEpoch	컬렉션의 마지막 변경 일시를 MongoDB ObjectId 포맷으로 저장

4.2.3.3. chunks

샤딩된 컬렉션의 모든 청크 정보를 관리한다. Collections 컬렉션과 같이 샤딩된 컬렉션만 청크 정보가 관리된다.

필드명	설명
_id	청크의 아이디를 저장. 청크의 아이디는 네임스페이스(데이터베이스와 컬렉션 이름의 조합)로 시작해서 청크가 가지는 값의 범위 정보에서 시작 값을 포함해서 할당된다.
lastmod	청크 정보를 마지막으로 변경한 시점을 저장
lastmodEpoch	청크 정보의 마지막 변경 일시를 MongoDB ObjectId 포맷으로 저장
ns	청크가 포함된 컬렉션의 네임스페이스를 저장
min	청크가 가지는 값의 범위에서 시작 값을 저장. 청크의 시작 값은 청크의 범위에 포함(Inclusive)된다.
max	청크가 가지는 값의 범위에서 종료 값을 저장. 청크의 종료 값은 청크의 범위에 포함되지 않는다 (Exclusive). 그래서 청크의 범위를 표기할 때는 일반적으로 "[시작값, 종료값)"으로 표시하는데, 여기에서 대괄호 "]"는 값을 포함한다는 의미이고, 소괄호 ")"는 값을 포함하지 않는다는 의미다.
shard	청크가 현재 저장된 샤드의 이름(레플리카 셋 이름)을 저장

chunks 컬렉션의 예제 데이터는 다음과 같다.

```
{
    "_id" : "mydb.foo-a_\"cat\"",
    "lastmod" : Timestamp(1000, 3),
```

```
  "lastmodEpoch" : ObjectId("5078407bd58b175c5c225fdc"),
  "ns" : "mydb.foo",
  "min" : {
    "animal" : "cat"
  },
  "max" : {
    "animal" : "dog"
  },
  "shard" : "shard0004"
}
```

4.2.3.4 shards

shards 컬렉션은 샤드 클러스터에 등록된 모든 샤드 서버의 정보를 레플리카 셋 단위로 관리한다.

필드명	설명
_id	샤드의 레플리카 셋 이름을 저장
host	샤드의 연결 정보("레플리카 셋 이름" + "/" + "레플리카 셋 멤버 목록")를 저장
tags	Tag 기반의 샤딩(Tag aware sharding)일 때, 각 샤드의 태그 목록을 배열 형태로 저장

shards 컬렉션에 저장되는 도큐먼트의 예제는 다음과 같다.

```
## Tag 기반이 아닌 샤딩의 경우
{ "_id" : "shard01", "host" : "shard01/shard01-mongo1:27017,shard01-mongo2:27017" }

## Tag 기반의 샤딩인 경우
{ "_id" : "shard01", "host" : "shard01/shard01-mongo1:27017,shard01-mongo2:27017", "tags":
["KOREA"]}
```

4.2.3.5 mongos

클러스터에서 현재 실행 중인 라우터(mongos)를 파악할 수 있도록 각 라우터(mongos)는 매 30초 단위로 샤드 클러스터의 모든 멤버와 핑(ping) 메시지를 주고받는다. mongos 컬렉션은 현재 컨피그 서버와 한 번이라도 연결했던 모든 mongos의 목록을 저장하고 있으며, 라우터 인스턴스가 종료되거나 없어지더라도 mongos 컬렉션에서는 삭제되지 않는다.

다음은 mongos 컬렉션의 예제 데이터인데, 라우터(mongos) 인스턴스가 실행 중인 서버와 포트를
_id 필드에 저장한다. 그리고 현재 라우터(mongos)가 실행 중인지와 마지막으로 핑(ping) 메시지를
주고 받은 시점이 언제였는지 저장한다.

```
{
  "_id" : "example.com:30000",
  "ping" : ISODate("2012-10-12T17:08:13.538Z"),
  "up" : 13699,
  "waiting" : true
}
```

4.2.3.6 settings

settings 컬렉션에는 청크의 밸런싱과 관련된 작업의 설정이 저장된다. 이 컬렉션의 도큐먼트를 직접
변경해서 샤딩과 관련된 설정을 변경할 수도 있지만, 공식적으로 제공하는 명령이 있다면 그 명령을 이
용해서 조작할 것을 권장한다. settings 컬렉션은 다음과 같은 도큐먼트를 가질 수 있다. 이 이외의 다
른 _id 값은 허용하지 않으며, 저장된다 하더라도 아무런 의미를 가지지 않는다.

```
{ "_id" : "chunksize", "value" : 64 }
{ "_id" : "balancer", "stopped" : false }
{ "_id" : "autosplit", "enabled" : true }
```

{"_id" : "chunksize"}는 샤드 클러스터의 기본 청크 사이즈를 결정하는 옵션이다. 기본값은 64(MB)이
며, 필요에 따라 청크의 크기를 줄이거나 늘릴 수 있다. 청크의 크기를 조절하는 샤딩 명령은 아직 지원
하지 않으므로 다음과 같이 직접 도큐먼트를 변경해야 한다.

```
mongos> db.settings.save( { _id:"chunksize", value: 128 } )
```

{"_id" : "balancer"}는 샤드의 청크 밸런싱을 활성화할 것인지 결정하는 설정이다. 청크 밸런싱은 다음
명령을 이용해서 활성화하거나 비활성화 할 수 있다.

```
mongos> sh.setBalancerState(true)
mongos> sh.setBalancerState(false)
```

이때, 밸런서 옵션은 활성화와 비활성화뿐만 아니라 밸런싱 작업을 실행할 시각과 병렬 청크 이동 여부를 설정할 수도 있다. 다음 명령은 청크 밸런서가 새벽 2시부터 6시까지만 청크 이동(마이그레이션)을 실행하도록 설정한다.

```
mongos> db.settings.update(
    { _id: "balancer" },
    { $set: { activeWindow : { start : "02:00", stop : "06:00" } } },
    { upsert: true }
)
```

{"_id" : "autosplit"}은 샤드 서버가 저장하고 있는 청크의 크기가 지정된 크기를 넘어서면 2개의 새로운 청크로 분리(Split)하는 작업을 자동으로 실행할 것인지 여부를 결정한다.

```
mongos> sh.enableAutoSplit()
mongos> sh.disableAutoSplit()
```

4.2.3.7 version

version 컬렉션에는 컨피그 서버가 가지고 있는 샤드 클러스터의 메타 데이터 전체에 대한 버전 정보가 저장된다. 이는 MongoDB나 컨피그 서버 프로그램의 버전이 아니라 샤드 클러스터의 청크나 컬렉션 또는 데이터베이스 정보 등이 변경될 때마다 샤드 클러스터의 메타 정보도 같이 변경되는데, 이 메타 정보는 샤드 클러스터를 구성하는 모든 멤버가 동기화해야 하는 정보다. 클러스터의 모든 멤버들이 자신이 가진 정보가 최신인지 아닌지 판단하기 위해서 메타 정보가 변경될 때마다 버전을 증가시키는데, version 컬렉션은 이 메타 정보의 최종 버전 정보를 저장한다.

version 컬렉션을 확인할 일은 거의 없지만, 만약 version 컬렉션의 데이터를 확인하고자 한다면 다음과 같이 getCollection()을 이용한다.

```
config> db.getCollection("version").find()
{ "_id" : 1, "version" : 3 }
```

4.2.3.8 lockpings

샤드 클러스터의 각 멤버는 컨피그 서버와의 연결(Connectivity)을 계속해서 확인하는데, 어떤 멤버가 언제 연결 상태를 확인했는지 다음과 같이 정보가 저장된다.

```
{
  "_id" : "mongos1.matt.com:30000:1350047994:16807",
  "ping" : ISODate("2012-10-12T18:32:54.892Z")
}
```

4.2.3.9 locks

샤드 클러스터에서는 많은 샤드 서버나 라우터(mongos) 멤버들이 서로의 작업을 동기화하면서 처리한다. 이때 각 멤버들이 똑같은 작업을 동시에 시작하면서 충돌이 발생할 수도 있다. 따라서 각 멤버들은 컨피그 서버의 locks 컬렉션을 이용해서 이런 작업들을 동기화해서 처리하게 된다. 예를 들어, 2개의 라우터(monogs)가 동시에 하나의 청크를 이동(마이그레이션, Migration)시키는 작업을 시도할 수도 있는데, 이런 충돌을 막으려면 반드시 컨피그 서버의 locks 컬렉션에서 잠금을 획득한 후에만 청크 이동 작업을 실행할 수 있다. MongoDB 3.4 버전부터는 동시에 여러 개의 청크를 한번에 이동시킬 수 있게 병렬 청크 이동 기능이 추가됐으며, 이 예시는 MongoDB 3.2 버전에만 해당된다.

필드명	설명
_id	샤드 클러스터의 각 작업은 locks 컬렉션에서 필요한 잠금을 먼저 획득해야 하는데, 이때 필요한 잠금의 종류를 _id 필드 값으로 설정한다. 대표적으로 샤드 클러스터의 밸런싱과 관련된 작업은 { id:"balancer"} 잠금을 획득해야 한다.
state	현재 이 잠금의 상태를 저장. MongoDB 3.4 버전부터는 기존 버전의 mongos 밸런싱 작업을 수행하지 못하도록 state 필드의 값은 2만 사용한다.
ts	잠금을 획득 또는 해제된 시각을 저장
who	잠금을 획득한 클라이언트 프로세스의 정보로 클라이언트의 호스트와 포트 정보 그리고 클라이언트 프로세스의 작업(쓰레드) 종류를 같이 저장
process	잠금을 획득한 클라이언트 프로세스의 정보로 클라이언트 호스트와 포트 정보 등을 저장
when	MongoDB 3.2 버전까지는 잠금이 획득되거나 해제된 시각을 저장. MongoDB 3.4 버전부터는 컨피그 서버의 프라이머리가 언제 선출됐는지 저장.
why	잠금을 획득한 간단한 이유를 저장

locks 컬렉션의 간단한 예제 데이터는 다음과 같다.

```
{
    "_id" : "balancer",
    "state" : 2,
    "ts" : ObjectId("581178035b3b7dcb772022cd"),
    "who" : "ConfigServer:Balancer",
    "process" : "ConfigServer",
    "when" : ISODate("2016-10-27T03:44:03.007Z"),
    "why" : "CSRS Balancer"
}
```

4.2.3.10 changelog

changelog 컬렉션은 컨피그 서버의 메타 정보 변경을 유발한 이벤트에 관해 정보성 이력을 관리한다. 대표적으로 데이터베이스나 컬렉션의 생성 및 삭제 그리고 컬렉션의 청크가 스플릿되거나 이동(마이그레이션)되는 경우에 상세한 내용이 changelog 컬렉션에 기록된다.

changelog 컬렉션은 다음과 같은 필드를 가지고 있다.

필드명	설명
_id	"〈hostname〉-〈timestamp〉-〈increment〉" 형식으로 어떤 멤버가 언제 발생한 이벤트인지 식별할 수 있도록 _id 필드의 값이 구성된다.
server	changelog 이벤트의 대상 데이터를 어느 멤버가 가지고 있는지 알 수 있도록 멤버의 호스트명을 저장
clientAddr	이벤트를 발생시킨 클라이언트의 주소를 저장. 항상 메타 정보의 변경은 라우터(mongos)가 이벤트를 발생시키므로 여기에는 라우터의 주소가 저장된다.
time	이벤트가 발생한 시각을 저장.
what	어떤 이벤트가 발생했는지 이벤트의 종류를 저장. 대표적으로 다음과 같은 값이 저장된다. ■ dropCollection ■ dropCollection.start ■ dropDatabase ■ dropDatabase.start ■ moveChunk.start ■ moveChunk.commit ■ split ■ multi-split

필드명	설명
ns	이벤트의 대상 네임스페이스(데이터베이스와 컬렉션 명)를 저장
details	이벤트의 상세한 내용을 도큐먼트 형태로 저장. 이 도큐먼트의 형식은 이벤트의 종류(what 필드 값)에 따라 달라진다.

샤드 클러스터에서 청크의 스플릿이나 청크 마이그레이션 등의 작업은 전체 샤드의 성능이나 부하 변화에 많은 영향을 미친다. 만약 MongoDB의 성능 저하와 같은 장애에 대처할 때는 항상 청크의 변화를 먼저 살펴봐야 하는데, 이런 경우에 changelog 컬렉션을 이용하여 다음과 같이 각 청크의 변화를 시간대별로 확인할 수 있다.

```
config > db.changelog.find(
    {"what":{$in:["shardCollection.end",
                  "shardCollection.start",
                  "dropCollection",
                  "dropCollection.start"]}},
    {_id:0, what:1, ns:1, time:1}
).sort({$natural:-1}).limit(5).pretty()


{
    "time" : ISODate("2016-12-15T02:28:33.656Z"),
    "what" : "shardCollection.end",
    "ns" : "db_name.coll_name"
}
{
    "time" : ISODate("2016-12-15T02:28:33.618Z"),
    "what" : "shardCollection.start",
    "ns" : "db_name.coll_name"
}



config > db.changelog.find(
    {"what":{$in:["moveChunk.from",
                  "moveChunk.to",
                  "moveChunk.commit",
                  "moveChunk.start"]}},
    {_id:0, what:1, ns:1, time:1}
).sort({$natural:-1}).limit(5).pretty()
```

```
{
    "time" : ISODate("2016-12-17T00:02:54.065Z"),
    "what" : "moveChunk.from",
    "ns" : "db_name.coll_name"
}
{
    "time" : ISODate("2016-12-17T00:02:51.485Z"),
    "what" : "moveChunk.commit",
    "ns" : "db_name.coll_name"
}


config > db.changelog.find(
    {"what":{$in:["multi-split", "split"]}},
    {_id:0, what:1, ns:1, time:1}
).sort({$natural:-1}).limit(5).pretty()


{
    "time" : ISODate("2016-12-16T22:30:35.130Z"),
    "what" : "multi-split",
    "ns" : "db_name.coll_name"
}
{
    "time" : ISODate("2016-12-16T22:30:35.126Z"),
    "what" : "multi-split",
    "ns" : "db_name.coll_name"
}
```

changelog 컬렉션은 최대 저장 용량이 10MB인 Cap 컬렉션으로 생성되므로 샤드나 청크의 변화 로그가 너무 많이 저장되면 오래된 로그는 자동으로 삭제된다.

4.2.4 컨피그 서버의 복제 방식

컨피그 서버는 샤딩이 활성화된 유저 데이터베이스와 컬렉션의 정보 그리고 각 컬렉션이 가지는 수많은 청크(Chunk)에 대한 메타 정보를 가지고 있다. 클러스터의 메타 정보는 사용자 데이터의 일관성을 유지하기 위한 매우 중요한 정보이므로 MongoDB는 컨피그 서버를 반드시 3대 이상으로 복제할 것을 권장하고 있다.

MongoDB 3.2 이전 버전까지는 컨피그 서버가 미러링 된 형태의 데이터 복제 방식을 사용했다. 그리고 MongoDB 3.2 버전부터는 사용자 데이터와 동일하게 레플리카 셋으로 배포하는 방법이 제공되기 시작했으며, MongoDB 3.2 이상 버전으로 설치하면 기본적으로 레플리카 셋 형태의 컨피그 서버를 사용한다. 미러링된 형태의 컨피그 서버 방식을 SCCC(Sync Cluster Connection Config)라고 하며, 레플리카 셋 형태의 컨피그 서버 방식을 CSRS(Config Servers as Replica Sets)라고 한다.

4.2.4.1 SCCC(Sync Cluster Connection Config)

그림 4-12에서 보이는 구조와 같이 미러링 방식으로 컨피그 서버의 데이터를 동기화 방식을 SCCC(Sync Cluster Connection Config)라고 표현한다. 미러링 방식이란 서로 전혀 관계 없이 작동하는 컨피그 서버 3대를 각각 따로 설치하고 응용 프로그램에서 3대의 컨피그 서버에 모두 접속하여 각 서버의 데이터를 동기화하는 방식을 말한다. 여기에서 응용 프로그램은 컨피그 서버의 클라이언트인 MongoDB 서버와 라우터(mongos) 서버들을 의미한다. 그래서 SCCC 방식에서는 라우터 서버가 청크 정보를 변경하고자 할 때, 3개의 컨피그 서버에 접속하여 청크 정보를 변경(UPDATE)하는 문장을 각각 실행하고, 그 작업이 모두 성공적으로 완료되면 커밋을 수행하는 분산 트랜잭션(2-Phase Commit)을 실행하는 방식으로 처리된다.

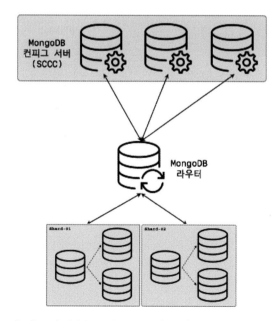

〈그림 4-12〉 미러링 구조의 컨피그 서버(SCCC)

하지만 이런 분산 트랜잭션 처리 방식은 컨피그 서버의 데이터가 복잡해지고, 변경 쿼리가 복잡해질수록 구현이 어려워짐과 동시에 컨피그 서버의 동기화 문제들을 자주 유발시키는 원인이 된다. 대표적으로 자주 발생하는 에러로 다음과 같이 잠금 테이블을 동기화하지 못해서 라우터 서버가 청크 스플릿이나 밸런싱을 실행하지 못하는 경우가 있다.

```
Thu Dec 10 01:11:22.468 warning: config servers mongo-config1.com:27019 and mongo-config3.
com:27019 differ

Thu Dec 10 01:11:22.658 [Balancer] warning: distributed lock 'balancer/mongo-rout
er1:27040:1447219156:1804289383 did not propagate properly. :: caused by :: 8017 update not
consistent  ns: config.locks query: { _id: "balancer", state: 0, ts: ObjectId('5668d139772e283bfb2
3a30e') } ...
```

라우터 서버의 에러 로그 파일에 위와 같은 메시지가 계속 기록되고 있다면 이는 잠금 테이블의 동기화 실패로 밸런서가 정상적으로 작동하지 못하고 있음을 의미한다. 이런 경우에는 3대의 컨피그 서버가 가진 데이터를 수동으로 모두 동기화해야 하는데, 일반적으로는 정상적으로 작동하는 컨피그 서버의 데이터를 덤프한 뒤 비정상적인 컨피그 서버로 적재한다. 하지만 누가 최신인지 파악하기 어려울 때는 직접 데이터의 날짜를 확인해야 할 수도 있다.

그리고 각 컨피그 서버의 데이터가 동일한지 확인하려면 다음과 같이 dbhash 명령으로 각 컬렉션의 해시를 확인해보면 된다.

```
configsvr> use config;
configsvr> db.runCommand("dbhash")
{
  "numCollections" : 15,
  "host" : "mongo-config1:27019",
  "collections" : {
    "changelog" : "511b9c62edb4b34693c20cf5ec1f0788",
    "chunks" : "e5137e4f54efc1645f0b14d9b5675453",
    "collections" : "60049ca5525be6c754ce8580d82a2c0e",
    "databases" : "b8559ce385a98a05ea0b08a6359e3f42",
    "lockpings" : "85e0c1e2bfb06c08bcae5420beafd66c",
    "locks" : "324ccb01509d69aeb016d9aa84b71720",
    "mongos" : "46cebd0ef034d2fa135693a53674f6f4",
    "settings" : "cf36efd5c2b828f1683577d7b09fb4fc",
```

```
    "shards" : "aa43de5375ef49bbf0048588f0ac4246",
    "tags" : "d41d8cd98f00b204e9800998ecf8427e",
    "version" : "0c49ab15a32f256a66f121a0d7ba89a6"
  },
  "md5" : "344dd2c8a80f16933b2087b0ba6408fe",
  "timeMillis" : 33,
  "fromCache" : [
    "config.chunks",
    "config.databases"
  ],
  "ok" : 1
}
```

3대의 컨피그 서버에서 동일하게 dbhash 명령을 실행한 다음 컬렉션별로 해시값을 서로 비교해보면 데이터가 동일한지 확인할 수 있다. 그리고 도큐먼트의 필드값으로 생성된 해시가 아니므로 각 컨피그 서버의 도큐먼트가 모두 동일하다고 하더라도 실제 해시값은 다를 수 있다.

SCCC 컨피그 서버 방식에서 동기화 문제를 주로 유발하는 원인은 locks와 lockpings 같은 라우터 간의 동기화를 위한 잠금 컬렉션인 경우가 많다. 이런 컬렉션들은 누가 최신인지 식별할 필요 없이 하나로 통일만 시켜주면 라우터 서버가 나머지는 다시 동기화됐다고 판단하고 밸런싱 작업을 재개할 수 있다. 그리고 때로는 다음과 같이 밸런서 프로세스를 멈췄다가 다시 실행해야 할 때도 있는데, 밸런서를 재시작하면 밸런서가 정상적으로 작동하기 시작했는지 확인하는 것도 좋다.

```
mongos> sh.setBalancerState(false)
mongos> sh.setBalancerState(true)


mongos> sh.isBalanacerRunning()
true
```

미러링 방식의 컨피그 서버 구성은 MongoDB 3.2 버전부터는 추천되지 않는(Deprecated) 방식이며, MongoDB 3.4 버전부터는 SCCC 방식의 컨피그 서버 구성은 완전히 없어졌다. 만약 MongoDB 3.2 버전에서 아직 미러링 방식의 컨피그 서버를 사용하고 있다면 매뉴얼(https://docs.mongodb.com/v3.4/tutorial/upgrade-config-servers-to-replica-set/)의 업그레이드 절차에 따라 레플리카 셋 방식의 컨피그 서버로 업그레이드하도록 하자.

> ⓘ **주의**
>
> 미러링 방식의 컨피그 서버 구성에서는 각 멤버가 모두 단독 서버로 작동하므로 각 컨피그 서버 간의 시간 동기화가 중요하다. 그래서 청크 마이그레이션이나 스플릿을 위한 분산 잠금이 안정적으로 작동하려면 각 컨피그 서버들 간의 시간 차이가 크게 나서는 안 된다. 그래서 미러링 방식의 컨피그 서버를 사용하는 경우에는 반드시 리눅스의 NTP(Network Time Protocol) 데몬을 활성화하는 것이 좋다.

MongoDB 3.0까지는 SCCC 방식의 컨피그 서버를 사용했으며, MongoDB 3.2 버전에서는 SCCC 방식과 CSRS 방식의 컨피그 서버 구성을 모두 지원하고 있다. 하지만 MongoDB 3.4 버전부터는 SCCC 방식의 컨피그 서버 구성은 지원하지 않으며, CSRS 방식으로 컨피그 서버를 구성해야 한다. SCCC 방식의 컨피그 서버 구성을 CSRS 방식으로 업그레이드하려면 MongoDB 매뉴얼(https://docs.mongodb.com/manual/tutorial/upgrade-config-servers-to-replica-set/)를 참조하도록 하자.

4.2.4.2 CSRS(Config Servers as Replica Sets)

미러링 방식의 복제는 클라이언트 프로그램의 메타 데이터 쿼리나 데이터 변경 절차를 복잡하게 만들면서 문제를 유발할 가능성이 높다. 그래서 MongoDB 3.2부터는 그림 4-13과 같이 컨피그 서버도 일반 사용자 데이터를 저장하는 샤드 서버처럼 레플리카 셋으로 구현할 수 있도록 개선됐다. 즉 컨피그 서버와 샤드 서버의 구성 방식이 같아진 것이며, 샤드 클러스터의 구축과 운용성이 많이 개선된 것이다.

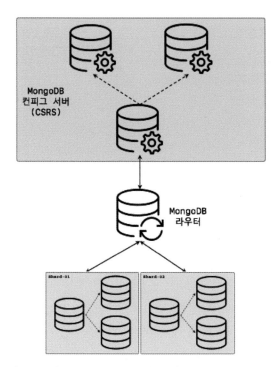

〈그림 4-13〉 복제 구조의 컨피그 서버(CSRS)

레플리카 셋으로 컨피그 서버를 구축하는 경우에는 다음과 같은 몇 가지 조건을 만족해야 한다.

- 컨피그 서버는 반드시 WiredTiger 스토리지 엔진을 사용해야 한다.
- 레플리카 셋은 아비터를 가질 수 없다.
- 레플리카 셋은 지연된 멤버를 가질 수 없다.
- 최소 3개 이상의 멤버로 구성해야 한다.(권장 사항)

레플리카 셋 방식으로 구축된 컨피그 서버에서는 클라이언트(MongoDB 서버나 라우터 서버)가 더 이
상 모든 멤버에게 직접 접속하여 쿼리를 실행하지 않는다. 클라이언트는 컨피그 서버의 프라이머리 멤
버로 접속하여 쿼리나 데이터 변경 명령을 실행하는데, 이때 ReadConcern이나 WriteConcern 레벨
을 "majority"로 설정하여 실행하게 된다. Read Concern이나 Write Concern에 대해서는 나중에 자
세히 살펴보겠지만, MongoDB 레플리카 셋에서 Read와 Write Concern을 "majority"로 설정하는
이유는 레플리카 셋의 프라이머리 멤버가 일시적인 장애로 복구됐을 때 롤백되는 데이터가 발생하지
않도록 하기 위함이다.

> **참고**　레플리카 셋 방식의 컨피그 서버에서는 각 컨피그 서버 간의 시간 동기화가 필수는 아니다. 매뉴얼에서는 실제 컨피그 서버의 시간 불일치가 컨피그 서버의 작동에 전혀 영향을 미치지 않는다고 소개되고 있다. 하지만 서버의 NTP(Network Time Protocol) 데몬은 가능하면 활성화해서 서버의 시간을 동기화하도록 하자.

4.2.5 컨피그 서버 가용성과 쿼리 실행

프로덕션 서비스에서 사용되는 컨피그 서버는 최소 3대 이상을 투입하는 게 좋다. 물론 1대로 컨피그 서버를 구성할 수도 있지만, 이는 개발 및 테스트 환경에서만 사용할 것을 권장한다.

컨피그 서버로 투입할 수 있는 멤버의 수는 컨피그 서버의 구성 방식에 따라서 달라진다. 미러링 방식의 컨피그 서버(SCCC)에서 컨피그 서버의 수는 반드시 1대 또는 3대만 허용되는데, 이는 컨피그 서버의 소스 코드 상에 고정된 상숫값이다. 그리고 레플리카 셋 방식의 컨피그 서버(CSRS)에서 컨피그 서버의 수는 MongoDB의 일반적인 레플리카 셋 구성에 필요한 멤버의 수와 같다. 하지만 레플리카 셋 방식의 컨피그 서버라 하더라도 최소 3개 이상의 멤버를 권장한다. 레플리카 셋 방식의 컨피그 서버에서는 모든 메타 정보 조회 및 변경 쿼리의 ReadConcern과 Write Concern을 "majority"로 설정하는데, 이는 전체 레플리카 셋 멤버의 과반수에 접근할 수 있어야만 쿼리를 수행할 수 있다는 것을 의미한다. 그래서 컨피그 서버가 2대일 때에는 멤버 중 하나만 연결되지 않아도 메타 정보 조회와 삭제를 할 수 없게 된다.

컨피그 서버가 샤드 클러스터의 중요한 메타 정보를 저장하고 있긴 하지만, MongoDB 서버가 사용자 데이터 쿼리를 처리하는 데 있어서 컨피그 서버가 항상 필요한 것은 아니다. 모든 사용자 쿼리는 라우터(mongos)를 통해서 처리돼야 하며, 라우터 서버는 처음 기동될 때 컨피그 서버의 메타 정보를 일괄적으로 로드해서 자신의 캐시 메모리에 적재해 둔다. 샤드 클러스터에 새로운 멤버가 추가되거나 삭제될 때 그리고 컬렉션의 생성 또는 삭제, 청크의 분리나 이동 시점에만 라우터 서버가 컨피그 서버에 데이터 변경 쿼리를 실행하는데, 컬렉션의 생성 및 삭제도 샤딩되지 않는 경우에는 실제 청크 변화를 유발하지 않아서 컨피그 서버의 메타 데이터 변경을 필요로 하지 않는다.

- **컨피그 서버의 데이터를 변경하는 경우**
  청크 마이그레이션 실행 시
  청크 스플릿 실행 시

- **컨피그 서버의 데이터를 조회하는 경우**

  라우터 서버가 새로 시작되는 경우(새로운 라우터 시작 또는 기존 라우터 서버 재시작)

  컨피그 서버의 메타 데이터가 변경된 경우

  사용자 인증 처리 시

샤드 클러스터에서 청크의 변화(스플릿이나 마이그레이션)가 없고 새로 라우터를 시작하지만 않는다면 실질적으로 컨피그 서버에 모두 연결할 수 없더라도 사용자의 쿼리를 처리하는 데는 아무런 문제가 없다. 그래서 하드웨어 교체나 관리 작업을 위해서 컨피그 서버를 재시작하는 작업은 (클러스터의 밸런스 작업만 피할 수 있다면) 크게 시간에 구애받지 않고 처리할 수 있다.

MongoDB 3.0 버전까지의 메뉴얼에서는 컨피그 서버가 모두 멈춰진 상태(또는 응답 불능 상태)에서도 클러스터는 정상적으로 서비스가 가능하다고 소개하고 있다. 하지만 샤딩된 MongoDB 서버에서 사용자의 인증 정보(사용자 아이디와 비밀번호)는 컨피그 서버에 저장되며, 이 정보를 읽을 수가 없으면 라우터(mongos)는 MongoDB 서버로의 새로운 커넥션을 생성할 수가 없다. 즉 컨피그 서버가 응답이 없으면 이미 생성된 커넥션은 쿼리를 실행할 수 있지만 새로운 커넥션은 더 이상 열수 없는 것이다. 이는 실제 서비스 상황에서 장애 상황이 될 수도 있다. 이러한 이유로 MongoDB 3.2 버전의 메뉴얼에서는 컨피그 서버가 모두 응답 불능 상태가 되면 MongoDB 클러스터도 서비스 불가한 상황이 된다고 설명이 변경됐다. 그러므로 안정적인 서비스를 위해서 컨피그 서버도 가용 상태를 유지하는 것이 좋다.

4.2.6 라우터(mongos)

라우터(Mongos) 서버는 사용자의 쿼리 요청을 샤드 서버로 전달하고, 샤드 서버로부터 쿼리 결과를 모아서 다시 사용자에게 반환하는 프록시(Proxy) 역할을 수행한다. 라우터 서버의 중요한 역할을 정리해 보면 다음과 같다.

- 사용자 쿼리를 전달해야 할 샤드 서버를 결정하고 해당 샤드로 쿼리 전송
- 샤드 서버로부터 반환된 결과를 조합하여 사용자에게 결과 반환
- 샤드간 청크 밸런싱 및 청크 스플릿 수행

라우터는 컨피그 서버로부터 클러스터의 메타 정보를 메모리에 캐시하고 있어서 사용자 쿼리를 받으면 그 쿼리를 어느 샤드 서버로 전달해야 할지 판단할 수 있다. 만약 쿼리를 특정 샤드 서버로만 전달해도

되는 경우에는 나머지 샤드로는 쿼리 요청을 하지 않기 때문에 샤드 서버가 꼭 필요한 일만 처리하도록 유도한다.

그리고 라우터 서버는 샤드 서버로부터 받은 결과를 병합하여 사용자에게 반환하는 작업을 수행하는데, 이 과정에서 라우터는 샤드 서버가 내려준 결과를 단순히 모아서 사용자에게 반환하기만 하는 것이 아니다. 라우터 서버는 각 샤드가 내려준 결과가 실제 그 샤드 서버가 가지지 말아야 할 데이터인지 판단하고, 가지지 말아야 할 데이터라면 그 데이터를 제거하는 작업도 수행한다. 예를 들어, 그림 4-14와 같은 샤드 클러스터를 가정해보자.

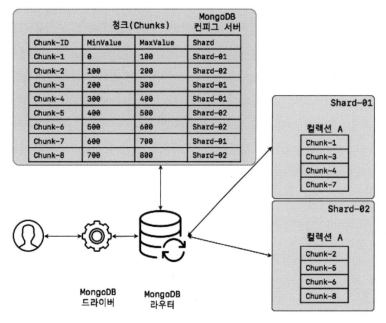

〈그림 4-14〉 샤드 클러스터의 청크 분산

사용자가 { "name" : "matt" }이라는 쿼리를 요청했을 때, 라우터 서버가 샤드 1번과 샤드 2번으로 모두 이 쿼리를 요청했고, 각 샤드가 다음과 같은 결과를 반환했다고 가정해보자.

{name : "matt", birth_date : "2001-01-23"}	{shard:"shard01", chunk:"chunk1"}
{name : "matt", birth_date : "1992-07-20"}	{shard:"shard01", chunk:"chunk2"}
{name : "matt", birth_date : "1983-12-02"}	{shard:"shard02", chunk:"chunk8"}

그런데 두 번째 도큐먼트는 "chunk2"에 소속된 데이터인데, 현재 "chunk2"는 1번 샤드가 아니라 2번 샤드가 관리하는 청크다. 즉 두 번째 도큐먼트는 잘못된 데이터라는 것을 알 수 있다. 이런 경우에 라우터는 두 번째 도큐먼트를 유효하지 않은 데이터라고 판단해서 버리고, 첫 번째와 세 번째 도큐먼트만 사용자에게 반환한다. 실제 이렇게 샤드 키 기준에 맞지 않는 도큐먼트(Orphaned document)는 청크 마이그레이션 중이거나, 청크 마이그레이션 도중에 실패했거나, 사용자가 각 샤드로 접속하여 강제로 샤드 키에 맞지 않는 데이터를 저장하는 경우에 충분히 발생할 수 있는데, 이런 필터링을 처리하지 않으면 중복된 데이터나 삭제된 데이터가 사용자에게 반환될 수도 있다. 그래서 라우터의 이런 필터링 역할은 매우 중요하며, 만약 샤드 클러스터 MongoDB에서 라우터를 거치지 않고 샤드 서버로 직접 쿼리를 수행하는 경우에는 이렇게 샤드 키 기준에 맞지 않는 도큐먼트를 보게 되는 문제가 발생할 수도 있다.

또한 라우터는 정렬이나 LIMIT 그리고 SKIP과 같은 특정 쿼리 옵션에 대해서 특수한 처리를 수행하기도 한다. 정렬이 필요하지 않은 쿼리일 때는 라우터가 각 샤드로부터의 결과를 라운드-로빈(Round-Robin) 방식으로 가져온 다음 사용자에게 결과를 반환한다. 하지만 쿼리를 정렬해야 할 때는 라우터가 쿼리를 요청하는 샤드 서버들 중에서 프라이머리 샤드를 결정하고, "$orderby" 옵션을 같이 쿼리에 전송한다. 그러면 프라이머리 샤드는 나머지 샤드로부터 쿼리의 결과를 전달받아서 먼저 정렬을 수행한 후에 최종 결과를 라우터 서버로 반환한다.

> **참고** MongoDB 2.x 버전까지는 정렬이 필요한 경우에 라우터가 모든 샤드로부터 결과를 전달받은 후에 직접 정렬 작업을 수행했다. 하지만 라우터 서버는 일반적으로 응용 프로그램과 같은 서버를 사용하면서 자원을 나눠서 사용하는 경우가 많으며, 때로는 처리 능력이 떨어지는 서버를 할당하기도 한다. 이런 이유로 인해서 라우터 서버가 데이터 정렬 작업을 수행하면 전체적으로 쿼리의 처리 성능이 떨어지고 사용자 쿼리의 응답 속도가 느려지는 문제가 자주 발생했다. 그래서 MongoDB 3.x부터는 정렬 작업과 같은 무거운 작업은 처리 성능이 뛰어난 샤드 서버가 직접 처리할 수 있도록 프라이머리 샤드를 선택하고, 프라이머리 샤드가 정렬 작업을 처리할 수 있게 개선된 것이다.

그리고 쿼리에 LIMIT이나 SKIP 옵션이 있을 때에도 라우터 서버가 샤드 서버로 쿼리를 전달하기 전에 수행해야 할 전처리 작업이 있다. 만약 쿼리에 LIMIT 옵션만 있을 때에는 LIMIT 옵션을 샤드 서버로 똑같이 전달하고, 샤드 서버로부터 받은 결과에 대해서 다시 LIMIT 처리를 수행하여 사용자에게 결과를 반환한다. 하지만 SKIP 옵션만 있는 쿼리에 대해서는 이런 작업을 수행할 수가 없다. 그래서 라우터는 SKIP 옵션을 제거하여 샤드 서버로 쿼리를 전달하고, 라우터는 샤드 서버로부터 받은 결과를 병합한 다음 SKIP을 적용해서 필요한 만큼 도큐먼트를 버리고 나머지 결과를 사용자에게 반환한다.

마지막 라우터 서버의 중요한 역할인 청크 스플릿이나 청크 마이그레이션과 관련된 내용은 나중에 자세히 살펴보겠다.

4.2.7 라우터의 쿼리 분산

라우터의 가장 기본적인 역할인 사용자의 쿼리를 샤드 서버로 전달하고, 결과를 병합해서 다시 사용자에게 반환하는 것은 이미 살펴봤다. 그런데 사용자의 쿼리를 샤드 서버로 전달할 때, 쿼리의 조건을 기준으로 특정 샤드에 쿼리를 요청할 것인지 전체 샤드로 쿼리를 요청할 것인지 판단하는 것도 라우터의 중요한 역할 중 하나다.

MongoDB 샤드 클러스터에서 컬렉션은 특정 필드의 값을 기준으로 샤딩될 수 있는데, 사용자의 쿼리가 이 샤딩 기준 키 값에 대한 조건을 가지고 있느냐에 따라서 라우터가 쿼리를 요청해야 할 샤드 서버를 결정하게 된다. 라우터가 사용자의 쿼리를 특정 샤드로만 요청하는 형태를 타겟 쿼리(Targeted Query)라고 하며, 모든 샤드 서버로 요청하는 경우를 브로드캐스트 쿼리(Broadcast Query)라고 한다. 타겟 쿼리와 브로드캐스트 쿼리가 효율적인 경우는 각각 상황에 따라서 다르다고 볼 수 있다.

소량의 도큐먼트를 아주 빈번하게 읽어가는 쿼리를 처리하는 MongoDB 서버에서는 타겟 쿼리가 효율적이지만, 아주 많은 도큐먼트를 한 번에 읽는 쿼리가 가끔 실행되는 MongoDB 서버에서는 타겟 쿼리보다 브로드캐스트 쿼리가 서버의 자원을 더 효율적으로 사용할 수 있다. 또한 데이터를 저장하거나 변경하는 쿼리에서는 또 다른 기준이 적용될 것이다. 이렇게 서비스 패턴에 맞게 타겟 쿼리를 유도할지 브로드캐스트 쿼리를 유도할지는 샤드 키를 어떻게 선정하느냐에 따라서 달라진다. 이런 부분을 최적화하는 것은 샤드 키 모델링과 샤딩 방법을 소개할 때 다시 살펴보겠다.

4.2.7.1 타겟 쿼리(Targeted Query)

샤드 키 조건을 가진 사용자 쿼리에 대해 라우터는 조건을 분석해서 사용자 쿼리가 원하는 데이터가 있는 샤드 서버들을 제한할 수 있다. 그리고 라우터는 실제 사용자의 쿼리를 원하는 데이터가 저장된 샤드로만 요청한다. 예를 들어, score라는 필드를 기준으로 범위에 따라 그림 4-15와 같이 샤딩(Range Sharding)된 컬렉션을 가정해보자.

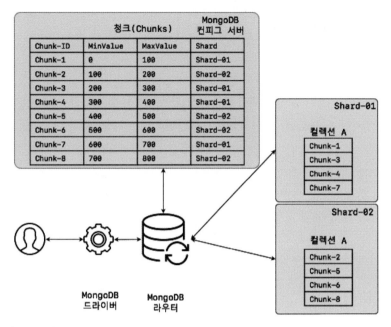

〈그림 4-15〉 샤드 클러스터의 청크 및 데이터 분산

이 컬렉션에 대해서 다음과 같은 사용자 쿼리를 요청하면 라우터는 쿼리 조건에서 컬렉션의 샤드 키 값에 대한 조건인 "score=700"을 확인하고 score=700인 도큐먼트를 저장하는 청크 목록을 확인한다. 클러스터 메타 정보에서 score가 700인 도큐먼트는 청크 "Chunk-8"에만 저장된 것을 확인하고, "Chunk-8"이 저장된 샤드인 "Shard-02"로만 쿼리를 요청한다.

```
mongos> db.coll.find({score : 700, country : "korea"})
```

타겟 쿼리는 반드시 대상 샤드 서버가 단 하나여야 한다는 제한은 없다. 예를 들어, 다음과 같이 IN이나 범위 조건이 샤드 키에 있는 쿼리에서도 타겟 쿼리를 할 수 있다.

```
mongos> db.coll.find({score : {$in : [600, 650, 700]}, country : "korea"})
mongos> db.coll.find({score : {$gte : 100, $lte : 120}, country : "korea"})
```

샤드 키에 대해서 IN 조건을 사용하는 첫 번째 쿼리는 score=500과 score=650인 도큐먼트를 가진 "Chunk-7"과 score=700인 도큐먼트를 가진 "Chunk-8"을 대상으로 쿼리를 수행하면 된다. 이 쿼리는 샤드 1번과 샤드 2번으로 쿼리를 요청하면 되는데, 이 클러스터는 두 개의 샤드가 전체이기 때문에 결국 쿼리를 모든 샤드로 요청하게 된다. 하지만 그렇다고 해서 타겟 쿼리의 의미가 사라지는 것은 아니다. 만약 나중에 샤드를 3개 이상으로 더 늘리는 경우에도 이 쿼리는 2개의 샤드만 조회하면 되기 때문에 여전히 타겟 쿼리의 장점을 보장할 것이다.

샤드 키에 대해서 BETWEEN 조건을 가진 두 번째 쿼리 또한 샤드 키에 대해서 범위로 검색하고 있기 때문에 score가 100부터 120까지인 도큐먼트를 가진 "Chunk-2"만 대상으로 검색하면 된다. 그래서 두 번째 쿼리는 샤드 2번으로만 쿼리를 요청한다. 여기에서 예제로 살펴본 클러스터는 레인지 샤딩을 가정했기 때문에 이 쿼리는 타겟 쿼리를 할 수 있는 것이다. 만약 이 클러스터가 score 필드에 대해서 해시 샤딩으로 구현됐다면 두 번째 쿼리와 같은 BETWEEN 조건은 타겟 쿼리로 처리하기 어렵다. 레인지 샤딩이나 해시 샤딩에 대해서는 나중에 조금 더 자세히 살펴보겠다.

방금 살펴본 예제는 샤드 키가 단일 필드로 구성된 경우인데, 샤드 키가 여러 개의 필드로 구성된 경우에도 라우터는 쿼리의 조건을 이용해서 쿼리를 요청할 샤드의 범위를 제한할 수 있다. 예를 들어, 다음과 같이 "date"와 "time" 정보를 각각의 필드로 가지고 있고, 이 두 개의 필드를 복합해서 샤드 키를 설정한 컬렉션을 가정해보자.

도큐먼트 데이터(샤드 키)	청크 메타 정보
{date:"2015-01-01", time:"11:12:00"}	{chunk:"chunk-1", shard:"shard-01"}
{date:"2015-12-21", time:"21:22:00"}	{chunk:"chunk-2", shard:"shard-01"}
{date:"2016-05-03", time:"02:04:00"}	{chunk:"chunk-3", shard:"shard-02"}

이 컬렉션에 대해서 다음과 같이 date 필드와 time 필드를 동시에 조건으로 가지는 쿼리와 date 필드만 조건으로 가지는 쿼리를 한번 생각해보자.

```
mongos> db.coll.find({date: "2015-01-01",
                      time:{$gte:"00:00:00", $lt:"13:00:00"}})
mongos> db.coll.find({date:{$gte:"2015-01-01", $lt:"2016-01-01"}})
```

첫 번째 쿼리는 샤드 키인 date 필드와 time 필드를 쿼리 조건이 모두 가지고 있기 때문에 당연히 라우터가 특정 샤드를 제한해서 쿼리를 요청할 수 있다. 여기에서는 2015년 1월 1일 데이터만 조회하면 되기 때문에 1번 샤드의 1번 청크만 조회하면 된다. 그런데 두 번째 쿼리는 쿼리 조건으로 샤드 키의 일부만 포함하고 있다. 그렇지만 이 경우에도 라우터는 샤드 키의 앞 부분을 이용해서 특정 샤드를 제한하여 쿼리를 요청할 수 있다. 두 번째 쿼리는 2015년도 데이터만 조회하면 되므로 라우터는 1번 샤드가 가진 1번과 2번 청크만 대상으로 쿼리를 실행하면 된다는 것을 예측할 수 있다.

샤드 키의 일부만으로 특정 샤드를 제한할 수 있는 것은 이렇게 선행 필드가 조건으로 주어질 때만 가능하다. 예를 들어, 다음 쿼리와 같이 샤드 키의 선행 필드인 date 필드 없이 후행 필드인 time 필드만으로 검색하는 쿼리일 때는 라우터가 특정 샤드를 제한할 수 없다. 그래서 복합 필드로 샤드 키를 구성하는 경우에는 반드시 많은 쿼리에서 사용하는 필드 순서로 샤드 키를 설정해야 한다.

```
mongos> db.coll.find({time:{$gte:"00:00:00", $lt:"13:00:00"}})
```

데이터를 조회하는 쿼리에 대해서만 타겟 쿼리가 작동하는 것은 아니다. 다음과 같이 UPDATE나 DELETE와 같은 데이터 변경 문장에 대해서도 조건이 샤드 키를 포함하기만 하면 타겟 쿼리로 작동할 수 있다.

```
mongos> db.coll.update({score : {$gte : 750}}, {$set:{winner : true}})
mongos> db.coll.delete({score : {$lte : 100}})
```

그리고 새로운 도큐먼트를 저장하는 INSERT의 경우 INSERT 되는 도큐먼트는 항상 샤드 키를 포함하고 있으므로 항상 타겟 쿼리로 작동한다. 만약 배치로 여러 도큐먼트를 저장하는 경우에는 라우터가 INSERT 문장을 요청받으면 먼저 배치 문장에 포함된 도큐먼트를 요청해야 할 샤드 단위로 분리하고, 분리된 도큐먼트를 모아서 각 샤드에 배치로 요청한다.

4.2.7.2 브로드캐스트 쿼리(Broadcast Query)

샤드 클러스터 MongoDB에서 샤드 키를 쿼리 조건으로 가지지 않는 경우에는 라우터가 작업 범위를 특정 샤드로 줄일 수가 없다. 그래서 이런 경우 라우터는 사용자의 쿼리를 모든 샤드로 요청해야 하고, 모든 샤드로부터 반환된 결과를 병합해서 사용자에게 반환해야 한다. 이와 같이 처리되는 쿼리를 브로드캐스트 쿼리(Broadcast Query)라고 한다.

그런데 어떤 쿼리는 샤드 키를 어떻게 가지는지 또는 샤드 키와 전혀 무관하게 항상 브로드캐스트 쿼리 방식으로만 처리되기도 한다.

- 다중 업데이트(Multi-Update)

  업데이트 대상 검색 조건에 샤드 키를 포함하든 그렇지 않든 항상 브로드캐스트 쿼리로 실행된다.

- UpdateMany()와 DeleteMany()

  업데이트 대상 검색 조건이 반드시 샤드 키를 모두 포함하는 경우에만 타겟 쿼리로 실행할 수 있다. 복합 필드를 샤드 키로 가지는 컬렉션에서는 샤드 키를 구성하는 모든 필드가 조건으로 사용돼야만 타겟 쿼리로 실행할 수 있다.

4.2.8 라우터 배포

MongoDB 라우터는 지금까지의 RDBMS에서는 없던 형태의 미들웨어다. 그림 4-16과 같이 하나의 라우터는 N개 이상의 클라이언트와 연결을 맺고, 그와 동시에 N개 이상의 샤드 서버와 연결을 맺는 서버다. 라우터는 샤드 서버가 새로이 추가되면 자동으로 그 샤드 서버와 컨넥션을 연결하므로 라우터 서버와 샤드 서버 간의 컨넥션 개수는 상당히 많아질 수 있다.

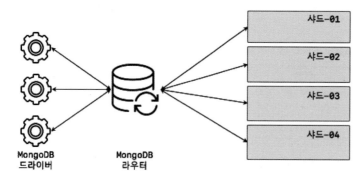

〈그림 4-16〉 MongoDB 라우터의 컨넥션 중개

MongoDB 라우터는 샤딩과 관련된 메타 정보를 이용해서 사용자 쿼리를 어느 샤드로 요청할 것인지 결정하는 것이 주요 역할이며, 이런 작업을 매우 빠르고 가볍게 처리할 수 있게 설계되고 개발됐다. MongoDB 2.x 버전에서는 라우터가 각 샤드로부터 전달받은 결과를 정렬하는 작업도 일부 수행했지만, MongoDB 3.x 버전으로 올라오면서부터는 정렬과 관련된 무거운 작업은 모두 샤드 서버로 옮겨졌다. 이는 라우터를 아주 가볍고 빠르게 구현하고자 하는 MongoDB의 방향성이 잘 보이는 부분이다.

MongoDB 클러스터를 구성하는 컴포넌트(샤드 서버와 컨피그 서버 그리고 라우터 서버) 중에서 샤드 서버와 컨피그 서버는 전용의 서버를 할당하여 다른 프로그램의 간섭을 피하는 것이 일반적이다. 하지만 라우터 서버는 특별히 많은 자원을 사용하지도 않고, 단독으로 전용 서버에서 실행해야 할 만큼 중요성을 가지지도 않는 컴포넌트다. 이는 라우터를 어떤 서버에 배포할 것인지는 많은 고민을 유발하는 원인이기도 하다. 또한 MongoDB 라우터는 지금까지 많이 사용되던 L4와 같은 솔루션과 결합해서 배포하는 방법도 고려할 수 있다. 하지만 모든 방법이 최선의 방법은 아닐 수도 있으므로 고려할 수 있는 몇 가지 배포 방법과 문제점을 살펴보자.

4.2.8.1 응용 프로그램 서버(Application Server)와 함께 라우터 배포

그림 4-17과 같이 응용 프로그램 서버에 MongoDB 라우터를 같이 실행하는 방법으로 MongoDB 매뉴얼에서 권장하는 가장 일반적인 형태의 배포 방식이다. 이 형태의 배포에서 가장 중요한 것은 각 응용 프로그램 서버에서 실행 중인 라우터는 로컬 서버에서 실행 중인 응용 프로그램 서버로부터의 연결만 처리한다는 것이다. 즉 응용 프로그램 서버 3대가 있을 때, 각 응용 프로그램에 포함된 MongoDB 클라이언트 드라이버는 원격에 실행 중인 MongoDB 라우터로는 연결하지 않고, 로컬에 설치된 라우터로만 연결한다.

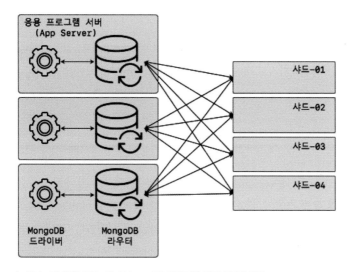

〈그림 4-17〉 응용 프로그램과 MongoDB 라우터를 동일 서버에 배포

그래서 이 경우 용응 프로그램의 MongoDB 드라이버가 사용하는 ConnectionString에는 로컬의 라우터로만 연결하도록 "127.0.0.1:27017"만 명시한다. 일반적으로 MongoDB 라우터는 많은 시스템 자원(CPU나 메모리)을 사용하지 않도록 설계됐기 때문에 응용 프로그램 서버가 많은 메모리와 CPU를 사용한다고 하더라도 MongoDB 라우터가 미치는 영향은 미미하다고 볼 수 있다.

이런 형태의 라우터 배포에서는 라우터 자체에 대한 고가용성(HA)은 그다지 큰 고민거리가 되지 않기 때문에 쉽게 선택할 수 있는 방법이다. 응용 프로그램 서버가 실행 중인 특정 서버에 하드웨어 문제가 생기면 그 서버에서 실행 중인 응용 프로그램 서버와 MongoDB 라우터만 작동이 멈추고, 나머지 서버들은 상호 간의 간섭없이 정상적으로 사용자의 요청을 처리할 수 있다. 그리고 만약 특정 응용 프로그램 서버에서 실행 중인 MongoDB 라우터가 비정상적으로 종료되거나 응답 불능 상태가 되면 동일 서버에서 실행중인 응용 프로그램은 사용자의 요청을 처리할 수 없는 상태가 될 것이다. 하지만 여전히 다른 서버들은 사용자의 요청을 문제없이 처리할 수 있다. 이 배포 형태의 또 다른 장점은 응용 프로그램 서버와 MongoDB 라우터가 같은 물리 서버에 위치하므로 네트워크 레이턴시(Round-Trip 시간)를 그나마 최소화할 수 있다는 것이다. 물론 네트워크 패킷이 거치는 홉(hop)의 수는 짧아지지 않지만, 응용 프로그램과 MongoDB 라우터 간은 로컬 컨넥션이므로 매우 빠르게 처리된다.

이 방법은 MongoDB 매뉴얼에서 권장하는 일반적인 방법이지만, 이 배포 형태에 전혀 문제가 없는 것은 아니다. 우선 응용 프로그램 서버의 대수가 늘어나면 늘어날수록 MongoDB 샤드 서버 입장에서는 컨넥션의 개수가 많이 늘어나게 된다. 예를 들어, 응용 프로그램 서버(MongoDB 라우터)가 100대가 있으며, 각 MongoDB 라우터가 각 MongoDB 샤드와 30개 정도의 컨넥션을 가진다고 가정하면 모든 샤드 서버는 평균적으로 3,000개 정도의 연결을 처리해야 하는 것이다. 또한 MongoDB 라우터가 많아서 MongoDB 샤드의 처리가 조금만 지연되더라도 MongoDB 샤드의 컨넥션이 순식간에 1~2만 개까지 증가할 위험도 있다.

이 배포 방법의 또 다른 걱정거리는 응용 프로그램 서버에서 실행 중인 MongoDB 라우터만 응답할 수 없는 상태가 되면 응용 프로그램 서버가 어떻게 처리해야 하는지에 대한 부분이다. 즉 MongoDB 라우터만 응답할 수 없는 상태라면 응용 프로그램 서버는 정상적으로 작동하기 때문에 사용자의 요청은 유입되지만 실제 처리는 하나도 완료하지 못할 것이다. 그래서 응용 프로그램 서버에서는 MongoDB 라우터가 응답 불능 상태인지에 대한 정보를 이용해서 어떻게 반응할 것인지 고려해야 한다. 즉 응용 프로그램 서버에서 실행 중이던 MongoDB 라우터가 응답할 수 없는 상태가 되면 응용 프로그램 서버를 자동으로 셧다운 시키거나 사용자 요청이 더이상 유입되지 않도록 하는 등의 처리가 필요하다. 물론 이 문제는 다른 RDBMS 서버를 사용하는 경우에도 충분히 발생할 수 있는 문제이지만, MongoDB 라우터라는 미들웨어로 인해서 조금 더 복잡한 문제가 될 수도 있기 때문에 조금 더 주의 깊은 고려가 필요해 보인다.

4.2.8.2 전용의 라우터 서버 배포

응용 프로그램 서버와 같은 물리 서버에서 MongoDB 라우터를 실행하는 방법은 앞서 살펴본 문제점 뿐만 아니라 개발자의 취향이나 회사의 정책적인 부분 등으로 인해 사용하지 못할 수도 있다. 그래서 그림 4-18과 같이 결국 MongoDB 라우터를 전용의 서버에서 실행하고, 응용 프로그램 서버는 하나 이상의 MongoDB 라우터 서버로 접속하여 쿼리를 실행하는 방법을 고려하게 되는 것이다.

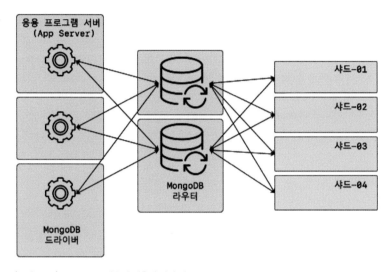

〈그림 4-18〉 MongoDB 라우터 전용의 서버 배포

이런 배포 형태에서는 응용 프로그램 서버의 수만큼의 MongoDB 라우터가 실행될 필요가 없으므로 MongoDB 라우터의 서버 수가 줄어들고 그로 인해서 MongoDB 샤드 서버와 맺어야 하는 컨넥션 의 수도 줄어들 것이다. 이때는 응용 프로그램에 내장되는 MongoDB 드라이버의 ConnectionString 에 1개 이상의 MongoDB 라우터 주소를 명시해야 한다. 여러 개의 MongoDB 라우터가 사용되면 MongoDB 드라이버는 명시된 라우터 서버 중에서 적절한 서버를 선택해야 하는데, 이는 사용하는 개 발 언어별로 클라이언트 드라이버에 따라서 조금씩 다르게 작동할 수 있다. 대표적으로 자바(Java) 드 라이버의 경우 자바 드라이버 2.x 버전에서는 가장 가까이 있는 라우터(가까이 있는 라우터의 기준은 네트워크 Round-trip 시간을 기준)를 선택해서 사용하도록 되어 있고, 자바 드라이버 3.x 버전에서는 매번 요청할 때마다 랜덤하게 선택하도록 구현돼 있다. 또한 특정 MongoDB 라우터가 응답할 수 없을 때에는 자동으로 해당 라우터를 블랙 리스트에 등록하고, 접속 목록에서 제외하도록 구현돼 있다.

이런 배포 방식의 가장 큰 걱정은 MongoDB에서 추천하는 방식이 아니라는 것이다. 즉 이 방식에서는 공유되는 라우터 간에 부하를 적절하게 분산해야 하며, 문제가 발생한 라우터에 대해서 요청을 중지하고 라우터가 되살아났을 때 요청을 다시 전달해야 하는 등의 문제점이 예상되는데, 이런 부분들이 MongoDB 서버에서 얼마나 테스트를 거쳐서 릴리즈되는지가 문제인 것이다. 이 배포 방식이 MongoDB에서 권장하는 방식이 아니기 때문에 이런 배포 방식에 대해서는 테스트가 소홀할 가능성이 높으며 사용자가 자주 사용하지 않아서 버그 레포팅도 적고 버그가 패치될 가능성도 작기 때문이다.

> **참고**
>
> 최근 MongoDB에서 서비스하는 Atlas 서비스(MongoDB 아마존 서비스)는 MongoDB 라우터(mongos)를 샤드 서버와 컨피그 서버에 배포하고, 응용 프로그램은 클라이언트 드라이버에 이 라우터들의 목록을 설정해서 사용하도록 배포하고 있다. 즉 클라이언트 드라이버가 여러 라우터를 접속하고 사용하는 데 있어서, 클라이언트 드라이버가 고가용성과 부하 분산을 담당해야 한다. 그러므로 라우터를 별도의 전용 서버 또는 샤드 서버와 공용으로 사용하는 배포 형태가 아틀라스에서도 사용되기 때문에, 이런 배포 방식의 안정성은 MongoDB에서도 충분히 검토하고 테스트를 진행할 것으로 보인다.

4.2.8.3 L4와 함께 라우터 배포

MongoDB 라우터가 많을 때에는 응용 프로그램의 MongoDB 드라이버에서 모든 MongoDB 라우터를 명시하기가 쉽지 않을 수도 있다. 그래서 그림 4-19와 같이 전용 서버에서 준비된 MongoDB 라우터를 L4 스위치로 묶어서 사용하는 방법을 고려해볼 수 있다.

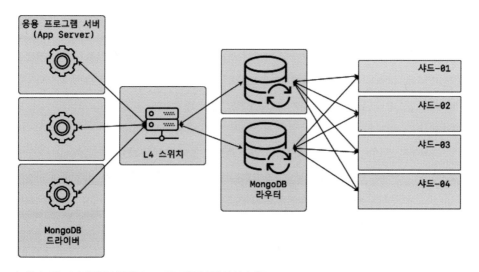

〈그림 4-19〉 L4 스위치를 이용해 MongoDB 라우터 전용의 서버 배포

하지만 이 방법은 L4 스위치가 추가되면서 전체적으로 네트워크 왕복 시간(Round-trip) 시간을 길게 만든다. 그리고 또 하나의 문제점은 Find 쿼리와 후속의 GetMore 명령이 서로 다른 MongoDB 라우터로 요청되는 경우가 발생할 수 있다는 것이다. 예를 들어, 다음과 같이 쿼리를 실행한 결과를 커서로 반환받고, 그 커서를 이용해서 쿼리 결과를 읽는 코드를 고려해보자.

```
Document query = new Document();
query.append("_id", new Document("$gt", new Document("w", workerID)));
MongoCursor<Document> cursor = coll.find(query).iterator();
while (cursor.hasNext()) {
    Document obj = cursor.next();

    ...
}
```

coll.find(query).iterator()가 실행되면 MongoDB 자바 드라이버는 실제 MongoDB 라우터로 쿼리를 전송하고, 쿼리의 결과를 커서(Cursor)로 반환받는다. 이때 MongoDB 라우터는 모든 쿼리 결과를 반환하는 것이 아니라 쿼리 결과를 가져올 수 있는 커서를 반환하며, 내부적으로 커서는 커서 Id로 식별된다. 그래서 MongoDB 자바 드라이버에서는 쿼리 결과가 필요할 때마다 cursor.next() 함수를 호출해서 결과를 가져온다. 이때 MongoDB 자바 드라이버는 일정 개수의 쿼리 결과를 가져와서 cursor.next() 함수 결과로 하나씩 반환하다가, 자바 드라이버가 캐시한 결과가 더 없으면 커서 ID를 이용해서 MongoDB 라우터로 다시 결과를 요청한다. 이때 쿼리는 1번 MongoDB 라우터로 요청하고, 추가로 쿼리 결과를 가져오는 요청은 2번 MongoDB 라우터로 요청하게 되면 다음과 같은 에러가 발생한다.

```
Query failed with error code -5 and error message 'Cursor 65042860450763356705 not found on server
mongos.com:27019' on server mongos.com:27019
```

여러 개의 MongoDB 라우터를 L4 스위치로 묶어서 사용하고자 한다면, 각 MongoDB 클라이언트 드라이버의 도큐먼트 페치 사이즈를 각 쿼리에서 조회하는 도큐먼트 수 만큼 크게 설정하거나 두 요청이 같은 MongoDB 라우터로 전송되도록 L4 스위치의 옵션을 조정해야 한다. 일반적으로 L4 스위치는 클라이언트가 요청을 전송할 때마다 세션에 무관하게 각 MongoDB 라우터로 랜덤하게 전송하게 된다. 하지만 MongoDB에서 쿼리 결과로 전달받은 커서(Cursor)는 MongoDB 라우터에 저장되기 때문에 이렇게 클라이언트의 요청이 랜덤하게 MongoDB 라우터로 전송되면 "커서를 찾을 수 없다"라는 에러를 받게 될 수도 있다.

4.2.8.4 샤드 서버나 컨피그 서버와 함께 라우터 배포

일반적인 배포 형태는 아니지만, 그림 4-20과 같이 MongoDB 라우터를 샤드 서버나 컨피그 서버에 배포할 수도 있다.

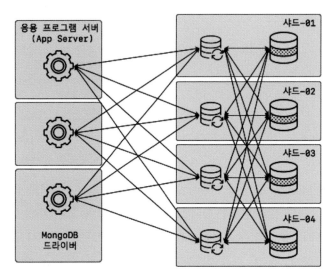

〈그림 4-20〉 MongoDB 라우터를 샤드 서버에 배포

MongoDB 라우터는 CPU나 메모리 자원을 많이 사용하지 않기 때문에 이렇게 샤드 서버에 라우터를 동시에 실행하는 것도 크게 문제가 되지는 않는다. 실제 MongoDB에서 서비스하는 Atlas 서비스(MongoDB 아마존 서비스)는 이렇게 라우터를 MongoDB 서버가 배포된 서버에 같이 설치해서 사용하도록 구성하고 있다. 하지만 한가지 고려해 할 것은 네트워크 사용량이 적절한지다. RDBMS와는 달리 MongoDB에서는 도큐먼트에 많은 데이터를 저장하고, 각 도큐먼트는 BSON 포맷이며 필드의 이름까지 포함하기 때문에 하나의 레코드(도큐먼트)가 큰 편이다. 그래서 MongoDB에서는 네트워크 사용량(Outbound network 사용량)이 RDBMS 대비 높은 것이 일반적이다. 그런데 각 샤드 서버에서 MongoDB 라우터를 실행하면 각 샤드 서버가 다른 샤드 서버에 구동 중인(또는 자신 서버에 구동 중인) 라우터로 결과를 반환하고, 라우터 서버가 다시 MongoDB 클라이언트로 결과를 보내야 하기 때문에 샤드 서버가 전송하는 네트워크의 사용량이 최대 2배가 될 수도 있다.

하지만 이렇게 샤드 서버나 컨피그 서버에서 MongoDB 라우터를 실행하는 것이 전혀 쓸모 없는 배포 형태는 아니다. 컨피그 서버와 같이 CPU나 메모리뿐만 아니라 네트워크 사용량까지 낮은 멤버에서는 MongoDB 라우터를 동시에 실행하는 방법이 그다지 서비스에 문제 되지 않을 것이다. 그리고 MongoDB 라우터는 여러 가지 역할을 담당하는데, 대표적으로 다음 2가지를 생각해볼 수 있다.

- 사용자의 쿼리 요청 및 처리 대행
- 데이터 밸런싱과 관련된 관리 작업(MongoDB 3.2 이하)

첫 번째 작업을 위해서는 MongoDB 라우터를 샤드 서버에 배포하는 방법을 권장하지 않지만, 두 번째와 같이 과도하게 네트워크나 시스템 자원을 사용하지 않는 관리성 작업을 위해서만 사용되는 MongoDB 라우터는 샤드 서버나 컨피그 서버에 얼마든지 배포해도 무방하다. MongoDB 라우터를 서비스 용도 별로 구분하지는 않지만, 관리 용도와 서비스 용도 수준으로는 구분해서 사용하는 것이 일반적이다. 그래서 저자의 경우에는 주로 사용자 쿼리를 처리하는 용도의 MongoDB 라우터와 관리자 및 밸런싱을 위한 MongoDB 라우터를 분리해서 배포하는데, 그림 4-21과 같이 관리자 및 밸런싱을 위한 MongoDB 라우터(MongoDB 3.2 버전까지는 MongoDB 라우터가 밸런싱 역할을 수행하지만, MongoDB 3.4 버전부터는 컨피그 서버가 밸런싱을 처리한다)는 컨피그 서버가 배포된 서버에 같이 배포하곤 한다.

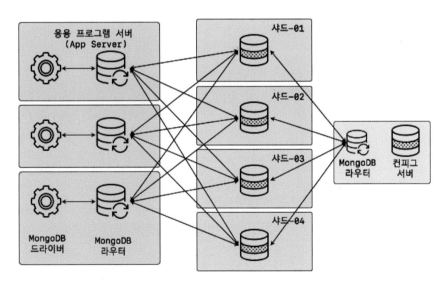

〈그림 4-21〉 관리자용 MongoDB 라우터를 컨피스 서버와 같이 배포

관리자가 대용량 덤프나 적재 작업을 하는 데에도 MongoDB 라우터가 필요한데, 이런 관리 작업을 서비스용 MongoDB 라우터를 같이 사용하는 것도 권장하지 않지만, 그렇다고 관리성 작업을 위해서 별도의 서버를 할당하는 것도 비용적인 문제가 있다. 그래서 컨피그 서버의 특정 멤버에 관리자를 위한 라우터를 동시에 할당해서 사용하자는 것이 이 배포 형태의 목적인 것이다.

4.2.9 컨넥션 풀 관리

MongoDB 라우터는 MongoDB 드라이버(Client Driver)와 MongoDB 샤드 서버를 중계하는 역할을 수행하므로 클라이언트와 서버 쪽의 컨넥션을 모두 가지고 있어야 한다. 하지만 클라이언트 쪽 컨넥션이 서버 쪽 컨넥션에 영향을 미치지 않고 독립적으로 컨넥션이 관리되기 때문에 컨넥션 풀에 유지되는 컨넥션의 개수를 제어하기는 쉽지 않다. 특히 MongoDB 3.2 버전까지는 MongoDB 라우터와 샤드 서버 간의 컨넥션을 제어할 수 있는 옵션이 전혀 없었기 때문에 컨넥션 풀에 문제가 있어도 해결하기가 쉽지 않았다.

4.2.9.1 MongoDB 클라이언트

MongoDB 클라이언트 드라이버를 이용해서 MongoDB 샤드 서버나 라우터로 연결할 때는 Connection String에 샤드 서버의 레플리카 셋 목록을 나열할 수도 있으며, 이때 여러 대의 MongoDB 라우터를 나열할 수도 있다. 간단하게 자바 드라이버를 이용해서 MongoDB 서버 연결하는 예제를 살펴보자.

단일 서버 접속

```
ServerAddress server = new ServerAddress("single-mongodb.com", 27017);
MongoClient mongoClient = new MongoClient(server);
```

레플리카 셋 접속

```
// 레플리카 셋의 시드 리스트 준비
List<ServerAddress> seedList = new ArrayList<ServerAddress>();
seedList.add(new ServerAddress("rs-mongodb1.com", 27017));
seedList.add(new ServerAddress("rs-mongodb2.com", 27017));

// 인증 정보 설정
List<MongoCredential> credentials = new ArrayList<MongoCredential>();
credentials.add(MongoCredential.createScramSha1Credential(username, DEFAULT_DB, password.
toCharArray()));

// 접속 옵션 설정
MongoClientOptions options = MongoClientOptions.builder()
```

```
        .requiredReplicaSetName(ReplSetName).build();

MongoClient client = new MongoClient(seedList, credentials, options);
```

MongoDB 라우터 접속

```
// MongoDB 라우터 리스트 준비
List<ServerAddress> mongosList = new ArrayList<ServerAddress>();
mongosList.add(new ServerAddress("mongos1.com", 27017));
mongosList.add(new ServerAddress("mongos2.com", 27017));

// 인증 정보 설정
List<MongoCredential> credentials = new ArrayList<MongoCredential>();
credentials.add(MongoCredential.createScramSha1Credential(username, DEFAULT_DB, password.
toCharArray()));

MongoClient client = new MongoClient(mongosList, credentials, options);
```

첫 번째 예제는 단일 MongoDB 서버에 접속하는 예제인데, 여기에 설정되는 "single-mongodb.com" 서버는 실제 MongoDB 샤드 서버일 수도 있고, MongoDB 라우터일 수도 있다. 이렇게 레플리카 셋 정보 없이 직접 접속하는 경우, MongoDB 클라이언트 드라이버는 주어진 서버로만 연결을 생성한다. 두 번째 예제는 레플리카 셋으로 구성된 MongoDB 서버로 접속하는 예제인데, 이때 자바 드라이버에 주어지는 서버 목록은 최종적으로 연결할 서버 목록들을 찾는 데 필요한 시드(Seed) 리스트다. 즉 MongoDB 클라이언트 드라이버는 주어진 ConnectionString에 포함된 서버가 레플리카 셋의 한 멤버라면 동일 레플리카 셋에 포함된 다른 멤버들까지 찾아서 연결을 맺는다. 이렇게 레플리카 셋으로 연결하는 경우에는 "requiredReplicaSetName(ReplSetName)"와 같이 반드시 MongoDB 레플리카 셋의 이름이 접속 정보에 포함돼야 한다. 레플리카 셋으로 접속할 때 레플리카 셋의 이름이 명시되지 않으면 클라이언트 드라이버는 최초 접속 시에 주어진 서버로만 접속하게 된다. 만약 기존 프라이머리가 응답 불능 상태가 되면서 새로운 프라이머리가 선출됐는데 그 서버가 연결 정보에 포함되지 않았다면 클라이언트 드라이버는 새로운 프라이머리 멤버로 접속하지 못하고 데이터 변경이나 조회를 못하게 될 수도 있다. 즉 클라이언트 드라이버가 접속 시에 레플리카 셋 이름이 명시되지 않으면 MongoDB 서버는 자동 페일오버(Auto Failover)가 됐다 하더라도 클라이언트 드라이버가 이를 인식하지 못할 수도 있는 것이다.

대표적으로 몇 가지 프로그래밍 언어별로 레플리카 셋 연결을 사용하는 방법을 살펴보자.

```
// PHP
# 서버 및 계정 정보
$seed1 = 'rs-mongodb1.com:27017';
$seed1 = 'rs-mongodb2.com:27017';
$replname = "replset_name";
$user = 'user';
$password = 'password';
$db = 'mysns';

# Connection String 준비
$uri = 'mongodb://' . $user . ':' . $password . '@' .
       $seed1 . ',' . $seed2 . '/' . $db . '?replicaSet=' . $replname;
$client = new MongoDBClient($uri);

// Python
# 서버 및 계정 정보
seed1 = 'rs-mongodb1.com:27017'
seed2 = 'rs-mongodb2.com:27017'
replname = 'replset_name'
user = 'user'
password = 'password'

# 서버 접속
client = MongoClient([seed1, seed2], replicaSet=replname)
```

> **(!) 주의**
>
> 클라이언트가 레플리카 셋 모드로 MongoDB 서버에 접속할 때, ConnectionString에 주어진 레플리카 셋 멤버를 이용해서 해당 레플리카 셋의 모든 멤버를 자동으로 찾는다 하더라도 시드(Seed) 리스트에 가능한 한 많은 서버를 넣어주는 것이 좋다. 시드(Seed) 리스트에 나열된 서버가 모두 접속 불가능한 상태가 되면 MongoDB 자바 드라이버는 대상 서버로 접속할 수 없게 되고, 당연히 레플리카 셋의 다른 멤버도 찾을 수가 없기 때문이다.

세 번째 예제(MongoDB 라우터 접속)는 MongoDB 서버로 접속하는 것이 아니라, MongoDB 라우터로 접속하는 방법을 보여주고 있다. 그런데 사실 세 번째 예제는 단일 서버로 접속하는 첫 번째 예제와 동일한 방식이다. 첫 번째와 세 번째 예제와 같이 클라이언트가 서버 접속 시에 레플리카 셋 이름을 명시하지 않으면 클라이언트 드라이버는 지정된 서버로만 연결을 생성하게 된다. 서버가 레플리카 셋이 아닌 것으로 간주되기 때문에 자동으로 다른 멤버를 찾아서 접속하지는 않는다. 물론 세 번째 예제와 같이 서버 접속 시에 여러 서버를 나열한 경우, 클라이언트 드라이버는 기본적인 서버들간의 부하분산이나 페일 오버처리를 수행하게 된다. 즉 쿼리를 서버로 전송할 때 주어진 서버들에게 균등하게 쿼리를 실행하고, 주어진 서버 중에서 응답이 불능인 서버가 있으면 해당 서버로는 쿼리를 전송하지 않도록 한다.

4.2.9.2 MongoDB 라우터 - MongoDB 샤드 서버

MongoDB 라우터는 클라이언트와의 컨넥션과는 별개로 MongoDB 샤드 서버와의 연결을 맺는다. 하지만 MongoDB 샤드 서버와의 컨넥션과 클라이언트와의 컨넥션은 직접적인 관계를 맺지는 않는다. 즉 클라이언트와 MongoDB 라우터 간의 컨넥션이 많이 생성된다고 해서, MongoDB 라우터와 MongoDB 샤드 간의 컨넥션도 그만큼 생성되는 것은 아니다. 실제 자바 드라이버에서 컨넥션 풀의 초기 컨넥션 개수를 100개로 설정해도, 실제 MongoDB 라우터와 MongoDB 샤드 서버의 연결은 100개까지 생성되지는 않고 10개 정도만 생성된다. 그림 4-22는 MongoDB 라우터가 생성하는 컨넥션 풀의 구조를 보여준다.

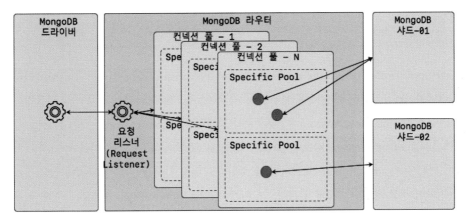

〈그림 4-22〉 MongoDB 라우터의 컨넥션 풀 관리

MongoDB 라우터는 MongoDB 클라이언트로부터 요청되는 쿼리들을 처리하기 위해서 내부적으로 TaskExecutorPool을 서버의 CPU 코어 개수만큼 준비한다. TaskExecutorPool은 일반적으로 우리가 알고 있는 쓰레드 풀(Thread Pool)과 동일한 개념으로 이해해도 된다. 그리고 TaskExecutorPool은 MongoDB 샤드 서버와의 연결 정보를 가지는 컨넥션 풀(ConnectionPool)을 하나씩 가지며, 컨

넥션 풀은 내부적으로 다시 서브-컨넥션 풀(Sub-ConnectionPool)을 가진다. 여기에서 서브-컨넥션 풀은 샤드 서버당 하나씩 생성된다. 그림에서는 샤드 서버가 2개(샤드-01과 샤드-02)이므로 하나의 컨넥션 풀은 2개씩의 서버-컨넥션 풀을 가지고 있는 모습을 볼 수 있다. 이 서브-컨넥션 풀을 MongoDB 소스 코드에서는 "Specific-Pool"이라고 표현한다.

MongoDB 라우터에서 기본적으로 생성되는 TaskExecutorPool은 서버에 장착된 CPU 코어의 개수만큼 생성되는데, 만약 TaskExecutorPool의 개수를 명시적으로 제한하고자 한다면 다음과 같이 서버 설정 파일에서 파라미터를 추가하면 된다. MongoDB 라우터가 전용의 서버에서 실행된다면 기본값을 그대로 사용하는 것이 좋겠지만, 만약 다른 응용 프로그램과 같은 서버에서 MongoDB 라우터가 실행되는데 응용 프로그램이 많은 자원을 사용할 것으로 예상된다면 TaskExecutorPool의 개수를 수동으로 조정하는 것이 도움될 것이다. 때로는 CPU 코어가 많은 서버에서(Hyper Threading 까지 활성화되면 더 많은 CPU 코어를 가진 것으로 인식되므로) 컨넥션이 너무 과도하게 생성되면 TaskExecutorPool의 개수를 조정해서 컨넥션의 개수를 제어할 수도 있다. 하지만 이 옵션은 MongoDB 라우터를 재시작해야만 적용할 수 있으며, "db.adminCommand({setParameter : 1}, { taskExecutorPoolSize : 5 });"와 같은 런타임 setParameter 명령으로는 변경할 수 없다.

```
## setParameter 항목 추가
setParameter :
  taskExecutorPoolSize : 5
```

서브 컨넥션 풀(SpecificPool)은 minConnections, maxConnections, hostTimeout이라는 옵션으로 컨넥션 풀의 컨넥션을 얼마나 보유할지 결정하는데, MongoDB 라우터의 기본값은 minConnections가 1개이고, hostTimeout은 5분으로 설정돼 있다. MongoDB 라우터는 각 서브 컨넥션 풀에 컨넥션이 minConnections 값보다 많으면 자동으로 그 컨넥션들을 끊어 버린다. 그리고 서브 컨넥션 풀에 컨넥션이 minConnections보다 적다 하더라도 일정 시간 동안 쿼리 요청이 없으면 서브 컨넥션 풀 자체를 종료하도록 설계돼 있는데, 그 시간이 hostTimeout이다. 즉 MongoDB 라우터를 실행하고 hostTimeout 시간인 5분 동안 아무런 쿼리를 실행하지 않으면 MongoDB 라우터는 MongoDB 샤드 서버와의 모든 연결을 끊어버린다.

그림 4-23은 MongoDB 서버에 갑자기 트래픽을 흘려보냈을 때, MongoDB 서버의 컨넥션 변화를 보여주는 그래프 예시다. 이 그래프는 MongoDB 샤드 서버가 15개 정도이며, MonogDB 라우터도 14대 정도인 상태에서 테스트한 결과다.

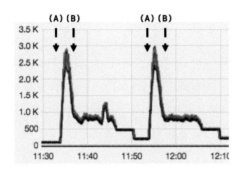

〈그림 4-23〉 초기 배포 시점의 컨넥션 개수 변화

이 그래프를 보면 처음에 아무런 요청이 없을 때는 MongoDB 샤드 서버가 100개 정도의 컨넥션을 가지고 있다. 즉 처음에는 MongoDB 라우터와 샤드 서버 사이에 대략 7개(100/14) 정도의 컨넥션을 맺고 있다(A). 이 상태에서 MongoDB 라우터로 갑자기 쿼리를 전송하기 시작하면 MongoDB 샤드 서버의 컨넥션이 3,000개까지 급작스럽게 증가하는 것(A-B 사이의 스파이크)을 확인할 수 있다. 그리고 어느 정도 시간이 지나면 1,000개 정도로 컨넥션이 안정화되는 모습(B)을 확인할 수 있다. 여기서 A-B 사이의 스파이크는 MongoDB 라우터가 초기에 가진 컨넥션이 너무 적어서 유입되는 요청을 모두 처리할 수 없기 때문에 쿼리 요청을 대기 상태로 만들고, 그때 컨넥션이 새롭게 생성되면서 많은 시간이 소모되고 이로 인해서 더 많은 컨넥션이 급작스럽게 만들어진 것이다. 그리고 일정 시간이 지나면서 불필요한 컨넥션이 정리되면서 최종적으로 1,000개 정도의 컨넥션만 남게 되는 것이다.

> **참고** 물론 이런 현상은 쿼리를 점진적으로 증가(Ramp-up)시키면서 MongoDB 라우터로 전송하면 이렇게 급작스럽게 컨넥션이 증가하는 현상은 막을 수 있을 것이다. 하지만 실제 프로덕션 환경에서 램프-업 형태로 트래픽을 MongoDB로 넘기는 것은 쉽지 않다. 또한 응용 프로그램의 배포 방식에 따라서도 이런 컨넥션 스파이크 현상이 문제가 될 수도 있고, 발생하지 않을 수도 있을 것으로 예상된다. 또한 사용자의 쿼리가 많지 않다면 이런 부분은 문제가 되지 않을 것이다.

문제는 이렇게 컨넥션이 급증하는 시점은 그만큼 사용자 쿼리의 처리가 지연되고, 클라이언트에서는 다음과 같이 쿼리 타임아웃이나 큐 타임아웃 등의 현상이 발생할 수 있다.

```
[ERROR] [c.k.s.m.g.r.RequestExecuteCallable] execute (71): Too many threads are already waiting
for a connection. Max number of threads (maxWaitQueueSize) of 400 has been exceeded.
com.mongodb.MongoWaitQueueFullException: Too many threads are already waiting for a connection.
Max number of threads (maxWaitQueueSize) of 400 has been exceeded.
```

이런 현상을 막으려면 MongoDB 라우터와 샤드 서버 간의 컨넥션을 미리 준비해두는 것이 유일한 방법이다. 하지만 MongoDB 드라이버에서 컨넥션을 많이 생성한다고 해서 MongoDB 라우터와 MongoDB 샤드 서버간의 컨넥션이 그만큼 많이 생성되는 것이 아니다. 그래서 라우터와 샤드 서버 간의 컨넥션을 미리 많이 만들어 두려면 무거운 쿼리를 많이 실행해야 하는데, 이 또한 쉬운 부분은 아니다. 설령 무거운 쿼리를 많이 실행해서 MongoDB 라우터와 샤드 서버 간의 컨넥션을 미리 생성했다 하더라도 이 컨넥션들은 모두 hostTimeout 시간인 5분만 지나면 모두 끊어져 버릴 것이다.

MongoDB 3.2.10 버전까지는 이 옵션들을 조정하려면 직접 MonogDB 코드를 수정해서 빌드해야 했다. 하지만 MongoDB 3.4부터는 MongoDB 라우터와 샤드 간의 컨넥션을 조정할 수 있는 옵션을 사용자가 직접 변경할 수 있도록 기능이 개선됐다. 그리고 이 기능들은 MongoDB 3.2.11 버전으로도 백포트됐다. MongoDB 3.2.11부터 MongoDB 라우터와 샤드 서버 간의 컨넥션을 제어할 수 있도록 추가된 옵션은 다음과 같다.

- ShardingTaskExecutorPoolHostTimeoutMS
- ShardingTaskExecutorPoolMaxSize
- ShardingTaskExecutorPoolMinSize
- ShardingTaskExecutorPoolRefreshRequirementMS
- ShardingTaskExecutorPoolRefreshTimeoutMS

옵션 중에서 ShardingTaskExecutorPoolHostTimeoutMS와 ShardingTaskExecutorPoolMinSize 그리고 ShardingTaskExecutorPoolMaxSize 옵션이 주로 사용될 것으로 보이며, 나머지 2개 옵션은 기본값을 그대로 유지해도 될 듯하다. ShardingTaskExecutorPoolHostTimeoutMS 옵션은 앞서 이야기했던 TaskExecutorPool의 컨넥션 풀에 있는 컨넥션의 hostTimeout 옵션을 밀리초 단위로 설정하는 옵션이며, ShardingTaskExecutorPoolMinSize와 ShardingTaskExecutorPoolMaxSize 는 서브 컨넥션 풀(SpecificPool)별로 최소, 최대 컨넥션의 개수를 지정하는 옵션이다. 네트워크가 안정적인 IDC 내에서 MongoDB 라우터와 샤드 서버를 운영하는 경우에는 ShardingTaskExecutorPoolHostTimeoutMS 값은 30분에서 1시간 정도가 적절할 것으로 보인다. 그리고 ShardingTaskExecutorPoolMinSize는 서브 컨넥션 풀 단위로 설정되는 값이므로 10 정도의 값도 충분히 큰 값일 것으로 보인다. 만약 CPU 코어가 24개이고 ShardingTaskExecutorPoolMinSize가 10인 경우 MongoDB 라우터가 가지는 컨넥션은 (24 x 10 x 샤드 서버 수)만큼이 될 것이다. 이 옵션을 변경하는 방법은 MongoDB 라우터 설정 파일의 가장 아래에 다음과 같이 setParameter 옵션을 추가해주면 된다.

```
setParameter :
    ShardingTaskExecutorPoolHostTimeoutMS : 1800000
    ShardingTaskExecutorPoolMaxSize : 20
    ShardingTaskExecutorPoolMinSize : 10
```

> **참고**
>
> MongoDB 라우터와 샤드 서버 간의 컨넥션이 얼마나 생성됐는지 간단하게 확인해보고자 한다면, 다음과 같이 MongoDB 라우터가 시작된 이후의 로그 파일을 grep으로 필터링해서 확인해 볼 수 있다.
>
> ```
> $ grep -R 'NetworkInterfaceASIO-TaskExecutorPool-1' mongos.log | \
>     sed 's/ [ ]*/ /g' | cut -d' ' -f7 | sed 's/,//g' | sort | uniq -c
>     45 shard01-mongo1.com:27017
>     45 shard01-mongo2.com:27017
>     45 shard01-mongo3.com:27017
>     45 shard02-mongo1.com:27017
>     45 shard02-mongo2.com:27017
>     45 shard02-mongo3.com:27017
>     45 shard03-mongo1.com:27017
>     45 shard03-mongo2.com:27017
>     45 shard03-mongo3.com:27017
>     45 shard04-mongo1.com:27017
>     45 shard04-mongo2.com:27017
>     45 shard04-mongo3.com:27017
>     45 shard05-mongo1.com:27017
>     45 shard05-mongo2.com:27017
>     45 shard05-mongo3.com:27017
> ```
>
> "NetworkInterfaceASIO-TaskExecutorPool-1"은 TaskExecutorPool 1번을 의미하는데, TaskExecutorPool은 1번부터 최대 CPU 코어 개수만큼 생성된다. 그래서 만약 TaskExecutorPool이 24개 생성된다면 1번 샤드(shard01-mongo1.com)에 45 x 24개가 생성된 것을 확인할 수 있다.

하지만 여전히 MongoDB 라우터와 샤드 서버 간의 컨넥션을 충분히 생성할 수 있는 워밍업 방법은 여의치가 않은 상태다. 현재 컨넥션 워밍업과 관련된 내용은 MongoDB JIRA로 기능 추가 요청을 해둔 상태다. 혹시 관련된 기능에 대해서 진행 상황이 궁금한 독자는 다음 JIRA 사이트를 참조해보자.

```
## MongoDB 라우터와 샤드 서버 간의 커넥션 옵션과 관련된 버그 리포트
https://jira.mongodb.org/browse/SERVER-25027

## Authentication이 활성화된 MongoDB에서 커넥션 스파이크 현상과 관련된 버그 리포트
https://jira.mongodb.org/browse/SERVER-26740

## MongoDB 라우터와 샤드 서버 간의 커넥션 워밍업과 관련된 기능 요청
https://jira.mongodb.org/browse/SERVER-26720
```

4.2.10 백업 복구 시 주의 사항

샤딩이 적용된 클러스터 멤버에서 백업된 데이터를 복구하는 경우에 주의해야 할 사항이 있다. 데이터를 백업할 때 세컨드리 멤버에서 LVM과 같은 스냅샷 도구를 이용해서 데이터 파일을 백업하거나 MongoDB 서버 자체를 셧다운하고 백업해둔 데이터 파일을 이용해서 복구하는 경우, 복구된 MongoDB 서버는 백업되기 전의 MongoDB 클러스터 컨피그 서버로 접속해서 샤딩 구성을 복구하려고 할 것이다. 만약 기존의 멤버를 대체하기 위해서 복구하는 경우라면 아무런 문제가 없다. 하지만 이미 없어진 클러스터이거나 컨피그 서버가 변경됐다면 백업된 데이터 파일을 이용해서 시작된 MongoDB 서버는 시작되지 못하고 기존 컨피그 서버의 응답을 계속 기다리게 될 것이다.

기존 샤드 클러스터와 무관하게 백업된 데이터 파일을 이용해서 새로운 MonogDB 서버를 시작하거나 기존의 컨피그 서버가 없어진 경우 MongoDB 3.2에서는 MongoDB 서버의 시작 옵션에 다음과 같이 recoverShardingState 옵션을 false로 설정해주면 기존 컨피그 서버의 응답을 무한으로 대기하는 현상을 회피할 수 있다.

```
## MongoDB 서버 시작 시 옵션 사용
$ mongod --setParameter=recoverShardingState=false -f mongod.conf

## MongoDB 설정 파일에 옵션 적용
setParameter:
  recoverShardingState: false
```

MongoDB 3.4 이상의 버전에서는 recoverShardingState 파라미터가 없어졌는데, 대신 MongoDB 서버가 시작될 때 레플리케이션 옵션을 명시하지 않으면 컨피그 서버 접속 및 클러스터 구성을 복구하는 작업을 건너뛰게 된다.

4.3 샤딩 알고리즘

MongoDB의 가장 큰 장점 중 하나는 바로 데이터의 분산 처리다. 여기에서 데이터 분산 처리의 근간은 바로 여러 샤드로 데이터를 분산시키는 기준이며, 데이터의 분산 기준을 샤딩 알고리즘이라고 한다. MongoDB에서 지원하는 샤딩 알고리즘은 3가지가 있는데, 그중에서 레인지 샤딩과 해시 샤딩은 MongoDB의 기본적인 샤딩 알고리즘이다. 태그 기반의 샤딩(Tag-Aware Sharding, MongoDB 3.4부터 지역 기반 샤딩으로 이름이 변경됨)은 해시 샤딩과 레인지 샤딩을 특정 샤드와 연결하는 복합적인 샤딩 알고리즘이다.

MongoDB의 샤딩은 사용자 데이터를 일정 기준으로 그룹핑해서 관리하는데, 이 그룹을 청크(Chunk)라고 한다. 레인지 샤딩과 해시 샤딩은 사용자의 각 데이터를 어떤 청크에 포함시켜야 할지 결정한다. 실제 각 청크를 어느 샤드 서버에서 관리할 것인지는 사용자가 결정할 수 없다. 즉 해시 샤딩과 레인지 샤딩에서 특정 청크를 특정 샤드 서버에서 처리하도록 설정할 수는 없다. 하지만 태그 기반의 샤딩은 조건을 만족하는 청크를 특정 샤드 서버에만 저장하고 처리하게 할 수 있다. 태그 기반의 샤딩은 해시나 레인지 샤딩 알고리즘에 청크의 분산 방식까지 포함하는 샤딩 알고리즘이다.

4.3.1 청크(Chunk)

MongoDB 샤드 클러스터에서 각 컬렉션은 샤드 키를 기준으로 아주 잘게 쪼개져서 여러 샤드에 분산되어 관리된다. 이렇게 잘게 쪼개진 컬렉션의 조각(파티션)들을 청크라고 하며, 각 청크는 샤드 키의 원본 값 또는 해시 값의 일정 범위(최소값 및 최대값)를 가진다. MongoDB 컬렉션의 샤드 키에서 가장 작은 값은 MinKey이며, 가장 큰 값은 MaxKey다. MinKey와 MaxKey는 도큐먼트의 필드가 가질 수 있는 최솟값과 최댓값을 지칭하는 가상의 값(Pseudo value)을 의미하는 예약어인데, 모든 청크는 MinKey와 MaxKey 사이의 각 영역을 담당하게 된다. 그림 4-24는 숫자 타입의 값을 가지는 샤드 키로 샤딩된 MongoDB 샤드 클러스터에서 각 청크와 샤드 간의 관계를 보여주고 있다.

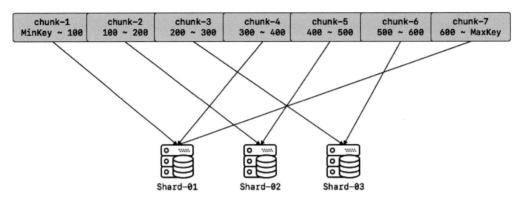

〈그림 4-24〉 샤드 키를 기준으로 여러 샤드 서버로 분산된 청크

그림 4-24에서는 설명의 편의를 위해서 샤드 키 값을 100 단위로 나눠서 각 청크를 표시했지만, 실제 청크의 최소값과 최대값을 이렇게 균등하게 나눌 필요는 없으며 실제 서비스에서 이렇게 규칙적인 간격의 청크는 거의 생성되지도 않는다. 또한 청크를 구분하는 샤드 키 값은 숫자뿐만 아니라 MongoDB 에서 지원하는 대부분의 데이터 타입을 지원한다.

MongoDB 샤드 클러스터에서 청크는 어떠한 물리적인 의미도 가지지 않으며, 청크는 논리적으로만 존재하는 개념이다. 즉 청크 단위로 데이터 파일이 생성되거나 데이터가 모여있지 않다. 실제 MongoDB 샤드 서버에서는 청크에 관계 없이 하나의 컬렉션에 속한 데이터는 하나의 데이터 파일에 서로 섞여서 존재한다. 물론 컬렉션의 각 인덱스는 개별 파일에 저장되기는 하지만, 청크 단위로 클러스터링 되거나 다른 파일로 분리돼서 저장되지는 않는다. 데이터 파일이나 인덱스 파일에서 서로 연속된 도큐먼트라 하더라도 서로 다른 청크에 속했을 수도 있고, 그렇지 않을 수도 있다.

MongoDB가 청크를 물리적으로 구분하지 않고 단지 논리적으로만 관리함으로써 엄청난 장단점을 만들어낸다. 만약 각 청크가 개별 데이터 파일(물리적)로 저장된다면 데이터 파일의 개수가 매우 많아질 것이고, 그로 인해서 데이터를 검색할 때 수많은 파일을 다 검색해야만 데이터를 찾을 수 있을 것이다. 실제 이렇게 물리적인 파일로 청크가 분리된다면 MongoDB는 세컨드리 인덱스에 대한 지원을 하지 못했을 것이다. 일반적으로 MongoDB 샤드 서버는 몇만 개에서 몇십만 개의 청크를 가지므로 수많은 청크를 다 검색하면서 사용자가 기대하는 시간 이내에 응답하기는 어려울 것이다.

청크의 실체는 컨피그 서버의 메타 데이터로만 존재하고, 실제 각 MongoDB의 샤드 서버는 청크라는 개념에 대해서 알 필요도 없다. 하지만 청크가 논리적으로만 존재하는 개념이기 때문에 샤드 간 청크 밸런싱 문제가 발생할 수 있다. MongoDB 밸런서에서 자세히 살펴보겠지만, 샤드 간의 청크 개수

불균형이 발생하면 청크가 다른 샤드로 옮겨지게 되고, 이로 인해서 MongoDB 샤드 서버에서는 실제 INSERT와 DELETE가 실행된다. MongoDB와 달리 물리적인 데이터 파티션을 사용하는 NoSQL 데이터베이스로는 대표적으로 HBase가 있으며, HBase에서는 샤드 서버(HBase에서는 샤드 서버를 Region Server라고 함) 간의 데이터 파티션 밸런싱 작업이 전혀 무거운 작업이 아니고 순식간에 처리된다. 물론 HBase의 방식이 MongoDB보다 나은 방식이라는 의미는 아니며, 서로가 선택한 방식의 장단점이 있고, 이는 상호 배타적(Mutual Exclusive)인 장단점이다.

MongoDB의 청크는 컬렉션의 도큐먼트 자체를 파티션하는 개념이지 컬렉션의 세컨드리 인덱스까지 파티션(구분)하는 개념은 아니라는 것에 주의하자. 샤딩 자체도 컬렉션의 도큐먼트 자체에 대한 내용이지 컬렉션이 가지는 세컨드리 인덱스에는 적용되지 않는 이야기다. 물론 세컨드리 인덱스는 도큐먼트가 다른 샤드로 옮겨지면 그 도큐먼트를 가리키는 인덱스 엔트리도 같이 다른 샤드로 옮겨진다. 여기에서 샤딩과 세컨드리 인덱스가 무관하다는 말은 세컨드리 인덱스 자체도 샤딩을 하거나 청크를 나누는 것은 불가능하며 적용되지도 않는다는 것을 의미한다. 즉 A 샤드 서버에 있는 세컨드리 인덱스 엔트리가 B 샤드 서버에 있는 도큐먼트를 가리킬 수는 없으며, 항상 세컨드리 인덱스 항목은 컬렉션의 도큐먼트에 종속돼서 샤드 서버에 저장된다. MongoDB 샤드 클러스터에서 세컨드리 인덱스는 항상 로컬 인덱스로 간주된다.

MongoDB의 청크는 기본적(Default)으로 64MB 정도까지 커질 수 있으며, 그 이상으로 커지면 밸런서에 의해서 자동으로 스플릿된다. 이렇게 청크가 빈번하게 스플릿되면 각 샤드 서버 간의 청크 개수가 불균형하게 될 가능성이 높은데, 청크의 균형이 맞지 않으면 밸런스가 청크를 이동시키면서 계속 균형된 상태를 유지한다. 청크의 최대 크기는 변경할 수 있지만, 청크 이동 자체는 매우 고비용이다. 따라서 청크가 커져서 하나의 청크가 많은 도큐먼트를 저장하게 되면 청크 이동이 발생했을 때 MongoDB 서버의 부하를 장시간 유발하게 된다. 또한 청크가 크면 클수록 샤드 간 부하를 조절하기가 어려우며, 청크가 작으면 작을수록 샤드 간 부하를 미세하게 분산할 수 있지만 청크 이동이 빈번하게 발생할 수도 있다.

> ⓘ **주의**
>
> MongoDB 3.2까지는 MongoDB 라우터의 설정 파일에 청크 사이즈(sharding.chunkSize 옵션)를 명시할 수 있었다. 그런데 MongoDB 3.4부터는 MongoDB 라우터의 설정 파일에서 "sharding.chunkSize" 옵션을 사용할 수 없게 됐다. 이는 MongoDB 3.2까지는 청크의 스플릿이나 분산을 위한 이동 등의 작업을 MongoDB 라우터가 전담하고 있었지만 MongoDB 3.4부터는 이런 청크 밸런싱 작업을 컨피그 서버가 전담하고, MongoDB 라우터는 사용자의 쿼리 요청을 핸들링하는데 집중하도록 아키텍처가 개선됐기 때문이다.

4.3.2 레인지 샤딩(Range Sharding)

레인지 샤딩은 샤드 키의 값을 기준으로 범위를 나누고, 사용자 데이터가 어느 청크에 포함될지 결정하는 샤딩 알고리즘이다. 레인지 샤딩은 샤드 키의 값을 변형하지 않은 상태에서 샤드 키 값의 구간에 따라 청크를 할당한다. 그림 4-25는 user_name이라는 필드의 값을 샤드 키로 사용하는 레인지 샤딩에서 각 청크가 저장할 데이터의 범위를 나누는 예제를 보여주고 있다.

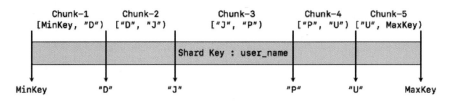

〈그림 4-25〉 user_name 필드를 기준으로 레인지 샤딩

참고 MongoDB에서 청크의 범위를 표시할 때는 대괄호("["와 "]")와 소괄호("("와 ")")를 구분해서 사용하는데, 이는 오타가 아니라 경계에 있는 값을 포함하는지 포함하지 않는지 표시하기 위함이다. 대괄호("["와 "]")는 경곗값이 현재 범위에 포함되는 것을 의미하며, 소괄호("("와 ")")는 경계 값이 현재 범위에 포함되지 않음을 의미한다.

```
[ "D", "J" )
( "D", "J" ]
```

위의 첫 번째 예제는 시작 값인 "D"는 대괄호 표기를 사용했고, 종료 값인 "J"는 소괄호를 사용했는데, 이는 "D"를 포함하며 "J"는 포함하지 않음을 의미한다. 즉 이 범위(청크)는 "D"나 "DA" 그리고 "IZ" 등과 같은 값은 포함하지만 "J"는 포함하지 않음을 의미한다. 그리고 두 번째 예제는 반대로 "D"는 포함하지 않지만 "DA"나 "J"와 같은 값은 범위에 포함한다는 의미다.

이런 범위에서 포함관계를 표기할 때, 대괄호와 소괄호는 MongoDB 이외의 다른 매뉴얼에서도 자주 사용되므로 기억해 두자.

MongoDB의 샤드 키 값은 MinKey보다 작을 수 없으며, MaxKey보다 클 수 없다. MinKey와 MaxKey는 MongoDB에서 범위를 표기하기 위해 만든 의사 값(Pseudo Value)인데, 실제 BSON 쿼리나 비교에서도 MinKey나 MaxKey라는 의사 값을 사용해서 비교할 수 있다. 그리고 MongoDB의 청크는 MinKey는 포함할 수 있지만, MaxKey는 포함할 수 없다. 실제 MinKey와 MaxKey는 존재하는 값이 아닌 가상의 최솟값과 최댓값이므로 청크의 범위에서 포함(Inclusive)인지 불포함(Exclusive)인지는 큰 의미를 가지지 않는다.

그림 4-25의 레인지 샤딩 예제에서 가장 중요한 부분은 샤드 키 값이 별도의 변형 과정을 거치지 않고 그 자체로 정렬돼서 각 청크의 범위가 결정된다는 것이다. 실제 각 청크가 어느 샤드 서버로 저장될지 는 레인지 샤딩의 목적이나 역할이 아니라는 것을 기억하자. 레인지 샤딩은 단순히 각 청크가 어떤 범 위의 값을 가지는지만 결정한다. 밸런서는 각 샤드의 청크가 균등하게 분산됐는지 관리하는데, 이때 밸 런서는 단순히 각 샤드 서버가 가진 청크의 개수만으로 균등하게 분산됐는지 판단하고 필요할 때 임의 의 샤드로 임의의 청크를 옮겨서 균등 분산을 수행한다. 즉 현재 MongoDB 서버의 밸런서는 쿼리 요 청이 많거나 부하가 높은 청크를 고려해서 샤드별로 청크를 분산하는 것까지는 고려하지 않는다.

레인지 샤딩의 가장 중요한 부분은 샤드 키로 선정된 필드의 값을 변형하지 않고 비교 정렬한다는 것인 데, 이런 특성으로 인해서 레인지 샤딩의 장점과 단점이 결정된다. 레인지 샤딩의 가장 큰 장점은 범위 검색 쿼리를 타겟 쿼리(Target Query)로 실행할 수 있다는 것이다. 다음 쿼리는 "B"보다 크거나 같고 "C"보다 작은 user_name을 가진 모든 도큐먼트를 찾는 쿼리다.

```
mongos> db.user.find({user_name:{$gte:'B', $lt:'C'}})
```

이 쿼리가 찾는 모든 데이터는 1번 청크(chunk-1)만 검색하면 된다. 그래서 MongoDB 라우터는 이 쿼리를 1번 청크를 가진 샤드로만 요청하므로 빠르게 처리될 것이며, 또한 다른 샤드로는 불필요한 처 리를 하지 않도록 해줄 것이다.

하지만 레인지 샤딩의 가장 큰 문제점은 각 샤드에 데이터가 균형 있게 분산되지 않을 가능성이 높다는 것이다. 예를 들어, 위 그림에서 사용자의 이름(user_name)이 대부분 "D"와 "M"으로만 시작된다면 청크 2(Chunk-2)번과 청크 3번(Chunk-3)만 데이터가 커지게 되고 나머지 청크는 아주 적은 데이터 만 가지게 될 것이다. 이런 데이터의 불균형은 점보 청크 문제와 샤드 서버의 자원을 균형 있게 사용하 지 못하는 문제를 잠재적으로 가지게 된다.

MongoDB에서 하나의 샤드 키 값은 반드시 하나의 청크에만 포함될 수 있다. 예를 들어, user_name 필드의 값이 "MATT"인 도큐먼트가 매우 많다고 가정(예를 들어 1천만 건)해보자. 그러면 user_name 필드가 "MATT"인 1천만 건의 도큐먼트가 모두 하나의 청크에만 포함될 수 있기 때문에 "MATT"라 는 데이터를 저장하는 청크는 매우 커질 것이다. 하지만 이 청크는 단 하나의 값을 가지는 도큐먼트 만 가지고 있어서 MongoDB는 매우 커진 이 청크를 쪼갤 수가 없다. 이렇게 과도하게 커진 청크를 MongoDB에서는 점보 청크(Jumbo Chunk)라고 하고, 이런 점보 청크에 대해서 MongoDB 서버는 모든 관리 작업(스플릿이나 청크 마이그레이션)을 포기하게 된다. 만약 특정 샤드 서버에 이런 점보 청크가 많이 생기면 해당 샤드 서버는 아주 바쁘게 사용자의 쿼리를 처리하고, 많은 시스템 자원을 사용하게 될 것이다. 하지만 이 샤드 서버가 가진 점보 청크를 다른 샤드로 이동시킬 방법이 없기 때문에 이런 현상이 발생하지 않게 주의해야 한다.

MongoDB 서버의 청크는 여러 샤드 서버의 성능이나 자원의 사용을 균등하게 분산시키는 근간이 된다. MongoDB 밸런서는 각 샤드 서버가 가진 청크의 개수를 기준으로 균등하게 분산됐는지 여부를 판단한다. 즉 샤드 서버가 2대이고, 첫 번째 샤드 서버가 1번과 2번 청크(Chunk-1, Chunk-2)를 가지고 있으며 두 번째 샤드 서버가 3번과 4번 그리고 5번 청크(Chunk-3, Chunk-4, Chunk-5)를 가진다고 가정해보자. 그러면 MongoDB 밸런서는 청크가 2대의 샤드 서버에 균등하게 나누어져 있다고 판단한다. 하지만 user_name 필드의 값이 "MATT"인 사용자가 과도하게 많다면 3번 청크를 가진 두 번째 샤드 서버는 매우 많은 일을 하게 될 것이다. 실제 각 샤드 서버의 자원 사용률은 엄청난 차이가 있지만, MongoDB 서버는 더 이상 균등하게 분산하기 위해서 할 수 있는 것이 없다.

일반적으로 레인지 샤딩을 사용하는 경우에 샤드 키의 값이 단순히 증가하는 방향인 경우가 많다. 가장 대표적으로 AutoIncrement와 같이 순서대로 증가하는 값을 저장하는 필드를 샤드 키로 설정하면 항상 INSERT는 특정 청크에만 저장될 것이다. 하나의 청크에만 저장된다는 것은 하나의 샤드 서버에서만 INSERT를 처리한다는 의미이다. 이는 INSERT 성능을 떨어뜨리는 주요 원인이 될 것이다. MongoDB 클러스터에 아무리 많은 샤드 서버가 있다 하더라도 INSERT 성능은 샤드 서버가 1개인 MongoDB 클러스터와 동일한 성능밖에 내지 못하는 것이다.

레인지 샤딩은 샤드 키 값이 아주 균등하게 분산돼 있지 않은 이상, 언젠가는 청크나 샤드 간 데이터의 불균형이 발생할 가능성이 높다. 이렇게 데이터 분산의 불균형이 발생하면 MongoDB는 청크를 스플릿하고, 그럼으로써 각 샤드 서버 간의 청크 개수가 불균형 상태가 된다. 이렇게 청크 개수가 불균형이 되면 MongoDB 밸런서는 청크를 다른 샤드 서버로 옮기는 작업을 계속 수행하는데, 이는 샤드 서버의 자원 사용률을 높이게 된다. 만약 이런 불균형이 심해지고 MongoDB 밸런스가 이를 해결하지 못할 정도로 심해지면 결국 아무리 샤드 서버를 투입해도 MongoDB 클러스터의 성능이 나아지지 않게 된다. MongoDB 밸런서는 MongoDB 클러스터 전체에서 단 하나만 실행(즉 한 시점에 하나의 청크만 이동될 수 있음)할 수 있고, 청크 이동은 많은 자원을 사용한다. 레인지 샤딩에서는 잘못 선택된 샤드 키로 인해서 데이터의 불균형과 샤드 간 청크 이동 문제가 발생하고, 제대로 사용자 쿼리를 처리하지 못하는 상황이 발생할 수도 있다.

> **⚠ 주의**
>
> MongoDB 3.4 버전부터는 밸런스 작업이 여러 청크가 동시에 이동될 수 있게 개선됐다. 하지만 동시에 실행되는 여러 개의 청크 이동 작업은 서로 원본 샤드(Source Shard)와 대상 샤드(Target Shard)가 서로 중복되지 않을 때만 가능하다. 예를 들어, 4개 샤드로 구성된 MongoDB 클러스터에 새로운 샤드를 하나 추가했다고 가정해보자. 그러면 MongoDB 밸런서에서는 멀티 쓰레드가 동시에 4개 샤드에서 새로 추가된 샤드로 서로 청크를 이동시키려고 할 것이다. 하지만 모든 이동 작업이 대상 샤드(Target shard)가 같기 때문에 동시에 청크 이동을 실행할 수 없다. 즉 새로운 샤드 서버를 1개만 추가하면 병렬 청크 이동이 효과를 보지 못하는 것이다. 그래서 빠르게 청크를 새로운 샤드로 분산해야 한다면 2개 이상의 샤드를 추가하는 것이 더 빠른 데이터 분산 효과를 얻을 수 있다. 하지만 병렬 청크 이동 또한 기존 MongoDB 3.2의 청크 이동과 동일한 작업을 수행하므로 여전히 시스템의 많은 자원을 필요로 한다는 것을 기억하자.

다른 DBMS의 데이터를 초기 마이그레이션한다거나 원래 INSERT 작업이 상당히 많은 MongoDB에서는 한꺼번에 많은 데이터가 저장될 수도 있다. 이런 경우에는 컬렉션이 단 하나의 청크만 가지고 있다면 계속해서 청크가 스플릿돼야 하며, 이렇게 스플릿된 청크를 MongoDB 밸런서가 적절히 다른 샤드로 분산시키지 못할 수도 있다. 결국 위에서 계속 언급했던 데이터 불균형 현상이 발생하는 것이다. 이런 상황을 막으려면 컬렉션의 청크를 미리 스플릿해서 여러 샤드로 분산시켜 두고 서비스를 시작하는 것이 좋다. 하지만 레인지 샤딩은 데이터가 없는 상태에서 어떤 기준으로 샤딩해야 할지 MongoDB 서버가 알 수가 없다. 그래서 레인지 샤딩의 경우에는 미리 청크를 스플릿하기 위해서 다음과 같이 수동으로 스플릿을 실행해야 할 수도 있다. 다음 스크립트는 사용자의 email_address 필드 값을 이용해서 레인지 샤딩을 할 때, email_address의 첫 번째 문자까지만 청크를 미리 생성해두는 자바스크립트 예제다.

```
use admin;
var email_chars = ["A", "B", "C", "D", "E", "F", "G", "H", "I", "J", "K", "L", "M", "N", "O", "P", "Q",
"R", "S", "T", "U", "V", "W", "X", "Y", "Z", "a", "b", "c", "d", "e", "f", "g", "h", "i", "j", "k", "l",
"m", "n", "o", "p", "q", "r", "s", "t", "u", "v", "w", "x", "y", "z", "0", "1", "2", "3", "4", "5", "6",
"7", "8", "9"];


for(var idx=0; idx<base64_chars.length; idx++){
  var prefix = base64_chars[idx];
  db.runCommand({split:"user_db.users", middle:{email_address:prefix}});
}
```

이 예제에서 이메일 주소는 영문 대소문자와 숫자만으로 시작한다고 가정하고 준비한 예시이므로 실제
서비스에 적용할 때는 더 정확한 email_address 스펙을 확인해서 변경한 다음 사용하도록 하자. 또한
email 주소의 아이디 부분에 대소문자를 허용할지 대문자나 소문자로 통일할 것인지에 대한 고려도 필
요하다. 실제 email 주소의 로컬 부분(email 주소의 아이디 부분)은 특수 문자("! # $ % & ' * + − / =
? ^ _ { | } ~")들을 대부분 포함할 수 있게 돼 있다. 하지만 이런 문자들의 비율을 생각해서 적절히 청
크를 스플릿해야 한다는 것도 기억하자.

때로는 컬렉션이 이미 해시된 값을 저장하는 필드가 있고, 그 필드로 레인지 샤딩을 해야 하는 경우도
있을 수 있다. 이런 경우에는 레인지 샤딩을 적용해도 데이터를 균형 있게 분산하는 데에는 특별히 문
제가 되지 않을 것이다. 필드에 저장된 해시값이 어떤 알고리즘으로 생성된 것인지에 따라서 분포도의
차이는 있겠지만, 여기에서는 암호화 해시(SHA나 MD5 또는 Murmur와 같은 해시 알고리즘)를 가정
한 것이다. 이렇게 암호화 해시 알고리즘을 이용해서 만들어진 필드라 하더라도 값이 어떤 형태로 저장
되느냐에 따라서 미리 청크를 스플릿하는 방법은 달라져야 한다. 예를 들어, 해시값을 BASE−64로 인
코딩해서 텍스트 형태로 저장한다면 다음과 같이 스플릿할 수 있다.

```
use admin;
var base64_chars = ["A", "B", "C", "D", "E", "F", "G", "H", "I", "J", "K", "L", "M", "N", "O", "P",
"Q", "R", "S", "T", "U", "V", "W", "X", "Y", "Z", "a", "b", "c", "d", "e", "f", "g", "h", "i", "j", "k",
"l", "m", "n", "o", "p", "q", "r", "s", "t", "u", "v", "w", "x", "y", "z", "0", "1", "2", "3", "4", "5",
"6", "7", "8", "9", "+", "/"];

for(var idx=0; idx<base64_chars.length; idx++){
  var prefix = base64_chars[idx];
  db.runCommand({split:"user_db.scrap_url", middle:{_id:prefix}});
}
```

만약 해시된 값을 정수(64비트 정수)나 이진 데이터로 저장하는 경우에는 그에 맞는 스플릿 방법을 고
려해야 할 것이다.

> **(!) 주의**
>
> 컬렉션의 청크를 미리 스플릿한다고 해서 이 청크들이 모든 샤드로 골고루 분산되는 것을 의미하지는 않는다. 처음 청크를 스플릿하면 MongoDB 밸런서의 상태에 따라서 그 청크들은 다른 샤드 서버로 즉시 옮겨질 수도 있고 아닐 수도 있다. 만약 이렇게 미리 스플릿했다 하더라도 MongoDB를 서비스에 투입하기 전에는 반드시 청크가 각 샤드 서버로 적절하게 분산됐는지 확인하는 것이 좋다. 청크의 분산 상태는 MongoDB 라우터로 접속하여 db.collection.getShardDistribution() 명령으로 확인할 수 있다. db.collection.getShardDistribution() 명령은 각 샤드 서버가 몇 개의 청크를 가졌는지, 그리고 그 청크들의 대략적인 크기가 얼마인지 출력해준다.
>
> ```
> mongos> db.users.getShardDistribution()
>
> Shard shard-a at shard-a/mongodb1-1.com:27017,mongodb1-2.com:27017,mongodb1-3.com:27017
>  data : 38.14Mb docs : 1000003 chunks : 2
>  estimated data per chunk : 19.07Mb
>  estimated docs per chunk : 500001
>
> Shard shard-b at shard-b/mongodb2-1.com:27017,mongodb2-2.com:27017,mongodb2-3.com:27017
>  data : 38.14Mb docs : 999999 chunks : 3
>  estimated data per chunk : 12.71Mb
>  estimated docs per chunk : 333333
>
> Totals
>  data : 76.29Mb docs : 2000002 chunks : 5
>  Shard shard-a contains 50% data, 50% docs in cluster, avg obj size on shard : 40b
>  Shard shard-b contains 49.99% data, 49.99% docs in cluster, avg obj size on shard : 40b
> ```
>
> 만약 청크들이 각 샤드 서버로 적절하게 분산되지 않았다면 수동으로 청크를 각 샤드로 옮긴 후에 서비스에 투입하는 것이 좋다. 청크가 불균형인 상태에서 일단 데이터가 저장되기 시작하면 청크 분산이나 밸런스 작업은 훨씬 더 많은 부하를 일으킴과 동시에 오랜 시간을 필요로 하는 작업이 될 것이다.

지금까지 레인지 샤딩으로 인해서 발생할 수 있는 문제점들을 살펴봤다. 그렇다면 레인지 샤딩을 언제 사용해야 할지 궁금할 것이다. 이 질문에 대한 가장 좋은 답은 가능하다면 해시 샤딩을 사용하고, 해시 샤딩을 사용할 수 없을 때 레인지 샤딩을 사용하라는 것이다. 해시 샤딩을 사용할 수 없는 경우는 "4.3.3 해시 샤딩"에서 자세히 살펴보겠다.

4.3.3 해시 샤딩(Hashed Sharding)

해시 샤딩은 레인지 샤딩과는 달리 샤드 키 값을 그대로 청크 할당에 사용하는 것이 아니라, 샤드 키 값의 해시값을 이용해서 청크를 할당하는 샤딩 방식이다. 일반적으로 DBMS에서 사용하는 해시 함수는 해시 결괏값이 전반적으로 골고루 분산될 수 있는 암호화 해시 함수를 주로 사용하는데, MongoDB에서는 MD5 해시 함수를 사용한다. 최근에는 MD5가 해시 결괏값 충돌(Collision)이 많이 발견되고 해시된 결괏값을 동일하게 만들어서 원문을 찾아주는 리버스 해시(Reverse hash) 계산 프로그램들이 많이 공개되면서 비밀번호 암호화 등에서는 MD5를 거의 사용하지 않는 편이다. 하지만 MongoDB의 샤드 키는 비밀번호의 암호화가 목적이 아니라 데이터의 분산이 주목적이기 때문에 MD5 해시 사용이 특별히 문제 되지 않는다.

MongoDB의 해시 샤딩은 샤드 키 값의 해시값을 계산한 다음 해시값의 앞쪽 64bit만 잘라서 64bit 정수형으로 사용한다. 그래서 해시 샤드 키가 가질 수 있는 값의 범위는 $-9,223,372,036,854,775,808(-2^{63})$부터 $9,223,372,036,854,775,807(2^{63}-1)$까지다. 그림 4-26은 해시 샤딩을 이용해서 6개의 청크로 스플릿된 컬렉션에서 각 청크의 값이 가지는 범위를 보여주고 있다.

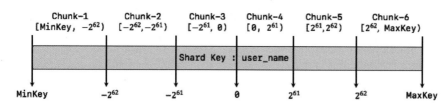

〈그림 4-26〉 user_name 필드를 기준으로 해시 샤딩

그림 4-26에서 중요한 것은 해시 샤딩도 결국 레인지 샤딩의 일종이라는 것이다. 그림 4-26의 6개 청크는 모두 64bit 정수가 가질 수 있는 값의 모든 범위를 커버하고 있으며, 각 청크는 64bit 정수의 연속된 값을 담당하고 있으므로 레인지 샤딩과 동일하다고 볼 수 있다. 하지만 해시 샤딩은 사용자가 설정한 샤드 키 값을 그대로 사용하는 것이 아니라, 샤드 키의 해시 결괏값으로 레인지 샤딩을 적용하는 것이다. MongoDB에서 사용하는 MD5를 포함한 대부분의 암호화 해시 함수는 지정된 범위 내에서 매우 균등하게 분포된 값을 반환하기 때문에 샤드 키 값이 비슷한 값을 가진다 하더라도 해시 함수의 결괏값은 매우 다른 값을 반환한다. 그래서 해시 함수를 거친 샤드 키 값은 전체 범위에 대해서 골고루 분산되는 효과를 내게 된다.

그림 4-27은 user_name 필드의 값이 "MATT1"과 "MATT2" 그리고 "MATT3"으로 비슷한 값일 때, 저장되는 각 청크의 위치를 보여주고 있다. 레인지 샤딩에서는 세 개의 도큐먼트 모두 세 번째 청크 (Chunk-3)에 저장된다. 그래서 특정 값에 근접한 범위의 값들이 비중이 높거나 액세스가 자주 발생하 면 특정 청크나 특정 샤드 서버만 부하가 높아질 가능성도 있다.

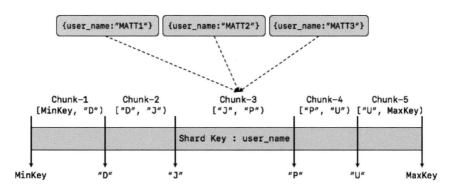

〈그림 4-27〉 레인지 샤딩의 핫 스팟 위험

하지만 해시 샤딩에서는 세 개의 도큐먼트가 모두 다른 청크에 저장되는 것을 확인할 수 있다. 다음 예 제는 "MATT1"과 "MATT2" 그리고 "MATT3"이라는 문자열의 MD5 해시 결괏값이다. MongoDB에 서는 16바이트(HexDecimal 문자열 32글자) 중에서 앞쪽의 8바이트만 사용하므로 세 번째 필드의 값 이 해시 샤드 키 값이 된다.

```
"MATT1" ⟹ 1b361e0fe59c4977265309966305b1de ⟹ 1b361e0fe59c4977
"MATT2" ⟹ 6ad45923b6a1e7f8507562db6455ea9c ⟹ 6ad45923b6a1e7f8
"MATT3" ⟹ cec6a4dc0a4411b981ac55e82813404e ⟹ cec6a4dc0a4411b9
```

그래서 그림 4-28과 같이 "MATT1" 샤드 키 값을 가진 도큐먼트는 4번째 청크(Chunk-4)에 그리고 "MATT2" 샤드 키 값의 도큐먼트는 6번째 청크에 저장될 것이다. 마지막 "MATT3" 샤드 키의 도큐먼 트는 2번째 청크(Chunk-2)에 저장될 것이다.

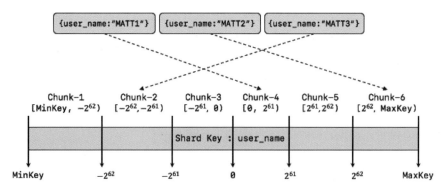

〈그림 4-28〉 해시 샤딩으로 핫 스팟 위험 제거

샤드 키의 원본 값은 거의 비슷하지만, 해시 함수의 결괏값은 엄청난 차이를 보여주며, 그 결과 저장되는 청크도 아주 랜덤하게 전체 청크에 골고루 저장된다. 그만큼 샤드 서버의 부하를 골고루 분산시켜줄 가능성이 높은 것이다. 이런 특성들로 인해서 해시 샤딩은 레인지 샤딩이 가지는 다음과 같은 대표적인 단점을 제거하는 효과가 있다.

- 샤드 키 값이 특정 범위에 집중돼 있을 때 발생하는 데이터 불균형
- 연속된 샤드 키 액세스로 인한 특정 샤드 서버의 부하 편중

하지만 해시 샤딩이라 하더라도 샤드 키의 원본 값이 같은 경우에는 해시 결괏값도 같다. 그래서 샤드 키 값의 다양성(Cardinality)이 떨어지면 아무리 해시 샤딩을 적용한다 하더라도 데이터가 특정 청크로 몰려서 저장되는 현상은 피할 수 없다. 기본적으로 MongoDB 서버의 청크는 크기가 64MB인데, 가능하다면 동일한 샤드 키 값을 가지는 도큐먼트의 수가 64MB보다는 작도록 샤드 키를 선택해야 한다. 즉 도큐먼트의 평균 크기가 512바이트라면 13만 건 이상이 같은 샤드 키를 가지지 않는 한도 내에서 샤드 키를 선택하는 것이 점보 청크를 예방하는 방법이 될 것이다.

```
64*1024*1024 / 512 = 131072
```

그런데 레인지 샤딩에 비해서 해시 샤딩은 사용할 때의 제약 사항이 많은 편이다.

- 범위 검색 쿼리는 브로드캐스트 쿼리(Broadcast Query)로 실행
- 샤드 키 필드에 대해서 해시 인덱스를 생성해야 함

첫 번째 제약 사항은 샤드 키의 원본 값으로 청크를 결정하는 것이 아니라 해시 함수의 결괏값으로 청크를 분산하기 때문에 원본값의 범위 검색을 할 때 특정 청크를 한정할 수 없어서 타겟 쿼리(Target Query)로 실행하지 못하는 것은 당연한 결과다. 그리고 두 번째 제약 사항은 샤드 키 필드에 해시 인덱스를 만들어야만 해시 샤딩을 사용할 수 있다는 의미인데, 이는 결국 해시 샤딩을 하고자 하는 경우에는 샤드 키에 대해서 해시 인덱스의 제약 사항이 동일하게 적용된다는 의미다. 다음은 해시 인덱스의 제약 사항을 간략하게 정리해 본 것이다.

- 단일 필드에 대해서만 해시 인덱스를 생성할 수 있음(복합 인덱스에는 해시 인덱스 생성 불가)
- 멀티 키 필드에 대해서는 해시 인덱스 생성 불가
- 부동 소수점 필드는 소수점 이하를 버리고 해시 함수 수행
- 2^{53}보다 큰 부동 소수점에 대해서는 해시 인덱스를 지원하지 않음

위의 제약 사항을 조금 자세히 살펴보자. 첫 번째 단일 필드에 대해서만 해시 인덱스를 생성할 수 있다는 제약 사항은 복합 필드 인덱스에는 해시 인덱스를 생성할 수 없다는 의미다. 간단한 예제를 살펴보자.

```
mongo> db.users.insert({
    name: "matt",
    country: "korea",
    composite_field: {name: "matt", country:"korea"},
    email_addr : "matt@matt.com",
    ...
    });

mongo> db.users.createIndex({name:"hashed", country:"hashed"});
mongo> db.users.find({compsite_field : "hashed"});
```

예제와 같이 name 필드와 country 필드를 가지는 users 컬렉션을 생각해보자. 이때 첫 번째 createIndex 명령과 같이 2개의 필드를 합쳐서 해시 인덱스(Composite 또는 Compound Index)를 생성하는 것은 불가능하다. 하지만 두 번째 createIndex와 같이 name 필드와 country 필드를 가지는 내장된 도큐먼트(Embeded Document)에 대해서 해시 인덱스를 생성하는 것은 가능하다. 하지만 두 번째 예제처럼 샤드 키를 위한 해시 인덱스를 생성하게 되면 항상 쿼리에서는 name 필드와 country 필드의 값을 동시에 검색하도록 조건을 사용해야만 타겟 쿼리로 작동할 수 있다.

```
mongo> db.users.find({key:{ "name" : "matt", "country" : "korea" }});
mongo> db.users.find({"key.name": "matt", "key.country": "korea"});
mongo> db.users.find({"key.name": "matt"});
```

위 예제에서 첫 번째와 두 번째 쿼리는 동일한 결과를 보여줄 것이며, 세 번째 쿼리도 거의 비슷한 결과
를 보여줄 것이다. 하지만 두 번째 쿼리와 세 번째 쿼리는 만들어진 해시 인덱스를 사용하지도 못할 뿐
만 아니라 특정 샤드로만 쿼리를 전송하는 타겟 쿼리(Target Query)로도 작동하지 못한다. 하지만 첫
번째 쿼리는 서브 도큐먼트의 내용을 모두 포함하고 있기 때문에 해시 인덱스를 사용할 수 있으며, 타
겟 쿼리로 처리할 수도 있다.

해시 인덱스의 두 번째 제약 사항은 멀티 키 필드에 대해서 해시 인덱스를 생성하지 못하는 것이다. 해
시 인덱스는 인덱스 키 필드의 모든 필드 값(Embed Document 포함)에 대한 해시 값을 산출해서 인
덱싱을 구현하는 것이므로 여러 개의 값을 가지는 배열(Array) 필드에 대한 멀티 키 인덱스는 지원할
수 없다. 해시 인덱스를 가진 필드에 배열 값을 저장하려고 하면 다음과 같이 에러가 발생한다.

```
mongo> db.users.insert({name:"matt", key:[1,2,3,4]})
WriteResult({
        "nInserted" : 0,
        "writeError" : {
                "code" : 16766,
                "errmsg" : "Error: hashed indexes do not currently support array values"
        }
})
```

해시 인덱스의 세 번째와 네번째 제약 사항은 부동 소수점에 대한 제약 사항이다. MongoDB의 해시
함수는 부동 소수점의 소수점 이하 부분은 버리고 해시 함수를 적용하는데, 이로 인해서 2.1과 2.2와
같이 정수부가 같은 경우에는 동일한 해시 결괏값을 보여주게 된다. 그래서 컬렉션의 모든 도큐먼트가
1.0부터 2.0 사이의 값을 가지는 필드에 대해서 해시 샤딩을 적용하면 모든 도큐먼트가 하나의 청크에
만 저장되는 결과를 초래하게 된다. 만약 부동 소수점에 대해서 해시 샤딩을 적용하거나 해시 인덱스를
꼭 생성해야 한다면 부동 소수점을 최대한 정수화(예를 들어, 필요한 만큼 10의 배수를 곱해서 최대한
정수화)한 다음에 샤딩이나 인덱스를 생성하는 것이 좋다. 만약 이 방법이 번거롭다면 MongoDB 3.4
부터 지원되는 Decimal 데이터 타입을 고려해보자.

또 하나 해시 샤딩에서 가끔 문제 되는 부분은 바로 로그 파일에 출력되는 메시지의 내용이다. MongoDB 에서 하나의 청크가 너무 커지면 다음과 같은 경고 메시지가 MongoDB 서버의 에러 로그에 출력된다. 다음 메시지는 특정 샤드 키 값을 가지는 도큐먼트가 너무 많아서 청크가 스플릿 되지 못하고 계속 커지고 있다는 것을 알려주는 메시지다.

```
Sat Sep 19 18:21:44.615 [conn3187327] warning: chunk is larger than 840675167792 bytes because of
key { user_name: -7557306873182659819 }
```

문제는 이 메시지에서 {user_name : −7557306873182659819} 샤드 키 때문이라고 출력돼 있지만, 사실 "−7557306873182659819" 값은 해시 함수의 결괏값이다. 그래서 이 해시 결괏값으로는 어떤 user_name 샤드 키 값이 문제인지 찾을 방법이 없다. 이를 찾으려면 다음과 같이 user_name 필드 값으로 집계(Aggregation) 쿼리를 실행해서 같은 user_name 필드 값을 가진 도큐먼트의 개수를 확인해봐야 한다.

```
mongo> db.users.aggregate(
    {$group: {_id: '$user_name', cnt: {$sum: 1}}},
    {$sort: {cnt: -1}},
    {$limit: 20}
);
```

또는 각 청크의 실제 사이즈를 다음과 같이 확인해볼 수도 있다. 하지만 다음 쿼리는 실제 청크의 사이즈를 확인하기 위해서 각 청크의 모든 도큐먼트를 확인해야 하므로 상당한 시간과 샤드 서버의 자원을 소모할 수도 있다.

```
var ns = "user.users"          // 컬렉션의 풀 네임스페이스
var key = {user_name : "hashed"}   // 컬렉션의 샤드 키

db.getSiblingDB("config").chunks.find({ns : ns}).forEach(
    function(chunk) {
        var ds = db.getSiblingDB(ns.split(".")[0]).runCommand(
                {datasize: chunk.ns,
                 keyPattern: key,
                 min: chunk.min,
                 max: chunk.max});
```

```
        print("Chunk: "+chunk._id +" has a size of "+ds.size+
                ", and includes "+ds.numObjects+
                " objects (took "+ds.millis+"ms)")
    }
)
```

만약 이미 컬렉션이 해시된 값을 저장하는 필드를 가지고 있다면 그 값으로 샤딩을 하고자 할 수도 있다. 해시된 값이 저장된 필드에 대해서 레인지 샤딩을 적용하면 MongoDB의 해시 샤딩과 흡사한 형태의 샤딩을 구현할 수 있다. 하지만 이런 샤딩 방식은 실제 값은 해시값이라 하더라도 결국 MongoDB는 레인지 샤딩이라고 인식하기 때문에 미리 청크를 스플릿해두고자 할 때에도 앞서 레인지 샤딩에서 살펴봤던 수동 방식의 스플릿을 사용해야 한다. 만약 샤딩을 위해서 MD5가 아닌 다른 암호화 해시 알고리즘을 사용하고자 할 때에도 이렇게 직접 해시 결괏값을 저장하는 필드를 추가하고, 그 필드에 대해서 레인지 샤딩을 적용하는 방식을 사용할 수 있다.

해시 샤딩에서 해시된 결괏값은 지정된 범위 내의 값이라는 것을 MongoDB는 이미 알고 있다. 그래서 레인지 샤딩과 달리 해시 샤딩은 아주 간단하게 청크를 미리 스플릿해둘 수 있다. 다음 명령은 컬렉션을 샤딩하면서 초기에 미리 스플릿해둘 청크의 개수를 지정하는 명령이다.

```
mongos> use admin;

mongos> db.runCommand({
    shardCollection: "user.users",
    key: {user_name : "hashed"},
    unique: false,
    numInitialChunks: 1000
};
```

numInitialChunks에는 미리 스플릿해 둘 청크의 개수를 지정한다. 이 명령은 지정된 컬렉션에 대해서 미리 스플릿하여 1,000개의 청크를 생성한 다음 각 청크를 샤드 서버에 골고루 이동시키는 형태로 처리된다. 그런데 만약 1,000개의 청크를 하나의 샤드 서버에서 생성하고, 청크를 이동하려고 할 때 실패한다면 1,000개의 청크가 하나의 샤드에만 남아있을 수도 있다. 그래서 반드시 shardCollection 명령을 실행한 다음 청크가 여러 샤드 서버에 골고루 분산됐는지 db.users.getShardDistribution() 명령으로 확인해 주는 것이 좋다.

> **⚠ 주의**
>
> numInitialChunks로 청크를 미리 스플릿(Pre-split)할 때, 생성된 청크가 각 샤드로 균등하게 분산되지 않는 이유는 동일한 시점에 이미 다른 클라이언트에 의해서 청크가 이동 중이기 때문일 가능성이 높다. MongoDB 3.2까지는 클러스터 전체적으로 한 시점에 하나의 청크 이동만 허용하기 때문에 이미 청크 이동이 실행 중인 상태에서 컬렉션이 샤딩되면 이 컬렉션의 청크는 제대로 분산되지 못하는 것이다. MongoDB 3.4에서는 다중 청크 이동을 허용하기 때문에 이런 제약은 많이 없어졌지만, 청크 이동의 소스 샤드와 타겟 샤드가 동일한 경우에는 여전히 실패할 가능성은 남아있다. 한번 만들어진 청크를 전체 샤드 서버에 수동으로 이동시키는 것은 매우 번거롭고 많은 시간을 소모하는 작업이 될 것이다. 초기 샤딩 적용과 동시에 청크를 미리 생성(Pre-Split)할 때는, MongoDB의 밸런서를 일시적으로 멈춰 두고 컬렉션을 샤딩하는 것이 좋다.

해시 샤딩은 MD5 함수를 이용해 샤드 키 필드의 값을 해시값으로 변환한 다음 도큐먼트를 각 청크로 분산 저장하는데, MD5와 같은 암호화 해시 함수를 거쳐서 생성되는 값은 분포도가 매우 균등하게 생성된다. 그래서 각 청크의 크기가 매우 균등하게 커지고 이로 인해서 각 샤드의 데이터가 매우 균등하게 분산되는 장점이 있지만, 각 청크가 스플릿되는 시점에 한 번에 몰릴 수 있다는 단점도 있다. 예를 들어, 100개의 청크를 미리 생성해서 2개 샤드로 분산했다고 가정하면 각 샤드는 50개의 청크를 가지게 된다. 그리고 나서 서비스를 시작한 다음 각 청크에 매우 균등하게 데이터가 늘어난다면 일정 시간이 지나면 50개의 청크가 동시에 스플릿을 실행하게 될 가능성이 높다. 이렇게 50개의 청크에서 한 번에 스플릿이 발생하면 MongoDB 서버는 50개의 청크를 한 번에 풀 스캔하면서 스플릿해야 할 지점을 찾게 된다. 이는 컬렉션을 풀 스캔하는 쿼리 50개가 동시에 실행되는 것과 동일한 결과를 초래한다. 물론 가능성이 높진 않을 수 있겠지만, 청크 스플릿 로그가 너무 한 번에 몰려서 기록된다면 수동으로 사용량이 낮은 시점에 청크를 조금씩 미리 스플릿해두는 것도 안정된 서비스를 운영하는 데 도움이 될 것이다.

4.3.4 지역 기반 샤딩(Zone Sharding)

MongoDB 3.2버전까지는 태그 기반 샤딩(Tag-Aware Sharding)이라고 명명됐는데, MongoDB 3.4버전부터는 지역 기반 샤딩(Zone-Aware Sharding)이라고 이름을 변경했다. 하지만 지역 기반 샤딩이나 태그 기반 샤딩 모두 목적은 같으며, 실제 MongoDB 3.2에서 3.4로 업그레이드되면서 큰 변화가 있었던 것은 아니다.

지역 기반 샤딩은 레인지 샤딩이나 해시 샤딩처럼 독립적으로 사용할 수 있는 샤딩 방식이 아니라 레인지 샤딩이나 해시 샤딩과 반드시 함께 사용해야 한다. 또한 레인지 샤딩이나 해시 샤딩은 샤딩 알고리즘이 모든 데이터를 커버할 수 있어야 하지만, 지역 기반 샤딩은 선택적으로 적용할 수 있다. 즉 지역 기반 샤딩은 관심 대상의 데이터에만 샤딩 알고리즘을 적용할 수 있다. 그래서 더더욱이 지역 기반 샤딩은 단독으로 사용할 수 없는 것이다. 지역 기반 샤딩은 레인지 샤딩이나 해시 샤딩을 적용한 상태에서 데이터를 저장할 샤드를 한 번 더 조정할 수 있는 옵션이라고 이해해도 된다. MongoDB 3.2에서 태그 기반 샤딩이 도입된 것도 MongoDB 3.4의 지역 기반의 샤딩과 동일하게 국가나 지역 기반으로 데이터의 저장소를 분리하기 위함이었다.

우리나라의 경우 부산과 서울에 각각 서버가 있을 때, 이 두 서버가 통신을 하면 네트워크 전송에만 대략 7밀리초가 소요된다. 사실 이 정도면 매우 민감하게 반응하는 응용 프로그램이 아니라면 크게 문제되지는 않을 것이다. 하지만 우리나라보다 땅이 넓거나 국가 간 통신이 필요할 때는 네트워크 전송에 걸리는 시간이 매우 중요한 문제가 된다. 다음은 한국 AWS 서버에서 각 지역의 AWS 서버까지 네트워크 왕복(Ping Latency) 시간을 밀리초 단위로 측정하여 나타낸 표다.

대상 지역	네트워크 왕복 시간 (밀리초)
미국 동부(버지니아)	225
미국 서부(캘리포니아)	155
유럽(프랑크푸르트)	368
유럽(아일랜드)	473
아시아(싱가포르)	338
아시아(시드니)	183
아시아(도쿄)	33

물론 어떤 네트워크 회선을 사용하느냐에 따라서 왕복 시간이 줄어들거나 더 늘어날 수도 있다. 하지만 중요한 것은 하나의 패킷을 주고받는데 이렇게 긴 시간이 걸리면 사용자가 체감하는 서비스의 수준은 상당히 떨어질 것이라는 점이다. 그림 4-29는 일반적인 서비스 구현에서 각 레이어 간의 호출 회수를 보여주고 있다. 물론 이 그림은 하나의 예시이지 모든 서비스가 그렇다는 것은 아니다. 물론 많은 서비스가 이보다 훨씬 복잡한 아키텍처를 가지고 있을 것이다.

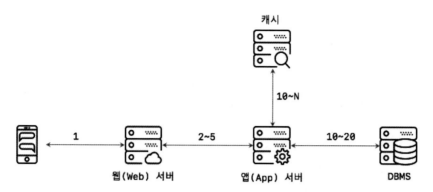

〈그림 4-29〉 일반적인 응용 프로그램의 구간별 호출 횟수

그림 4-29에서 중요한 것은 우리가 PC나 스마트폰으로 페이지를 하나를 요청하면 실제 웹 서버는 2~5번 정도의 앱 서버 API를 호출하게 된다는 것이다. 그러면 앱 서버는 다시 더 많은 횟수의 캐시 데이터를 요청하게 되며, DBMS 서버 또한 많은 쿼리를 호출하게 된다. 물론 모든 서비스에 대해서 이 호출 횟수가 맞는 것은 아닐 것이다. 단지 여기에서는 일반적인 응용 프로그램을 대상으로 고려한 것이며, 여기에서 중요한 것은 DBMS에 가까워질수록 호출 횟수가 많아진다는 것이다. 그림 4-29의 모든 레이어가 하나의 IDC나 근접한 IDC에 모여 있다면 각 레이어 간의 네트워크 전송 시간은 전혀 문제 되지 않을 것이다. 하지만 사용자의 대기 시간을 줄이기 위해서 웹 서버나 앱 서버를 해당 지역으로 옮긴다면 문제가 심각해진다. 여러분이 하나의 서비스를 개발했는데, 중국 사용자에게는 중국에 있는 웹 서버가, 미국에 있는 사용자에게는 미국의 웹 서버가 빠르게 응답을 내려줄 수 있게 설계하고자 한다고 가정해보자. 그러면 국가별로 웹 서버만 구축할지 웹 서버와 앱 서버까지 구축할지 고려하게 될 것이다. 만약 웹 서버와 앱 서버 그리고 캐시 서버까지 국가별로 구축하고 데이터베이스 서버는 한국에 집중해서 배포하기로 했다고 가정하면 중국과 미국에 있는 앱 서버는 사용자 요청마다 여러 번의 요청을 보내게 될 것이다. 그런데 미국과 한국의 네트워크 전송 시간은 최소 150밀리초가 넘는다. 따라서 쿼리를 20번 해야 한다면 2초 이상의 시간이 네트워크 전송에만 소모되는 것이다.

지역 기반의 샤딩은 이런 문제점을 보완하기 위해서 만들어진 샤딩 알고리즘이다. 그림 4-30은 MongoDB의 지역 기반의 샤딩이 어떻게 이런 문제를 보완할 수 있는지 보여준다. 즉 서울에 있는 사용자 정보는 서울 IDC에 있는 MongoDB 샤드 서버에 저장되고, 뉴욕에 있는 사용자의 정보는 뉴욕 IDC에 있는 MongoDB 샤드 서버에 저장되게 하는 것이다. 그리고 뉴욕 사용자가 필요로 하는 정보(친구 정보나 본인 또는 친구들의 컨텐츠)도 대부분 뉴욕 IDC에 저장되므로 뉴욕 IDC에 있는 앱 서버가 서울 IDC에 있는 MongoDB 샤드로 쿼리를 할 가능성은 희박한 것이다.

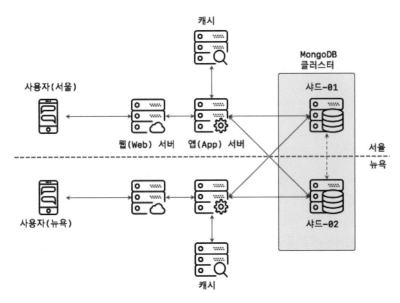

〈그림 4-30〉 지역 기반 샤딩

물론 뉴욕과 서울 IDC에 각각 데이터베이스를 구축하면 되지 않을까 생각할 수도 있다. 하지만 이런 방식은 조금만 더 생각해보면 엄청난 데이터 동기화 문제를 유발하게 된다는 것을 알 수 있다. MongoDB의 지역 기반 샤딩은 하나의 샤드 클러스터에서 일부 데이터는 뉴욕에 그리고 일부 데이터는 한국 IDC에 있는 샤드 서버에 저장하므로 이런 문제를 해결할 수 있다.

그림 4-31은 사용자의 아이디(user_id) 값을 이용해서 레인지 샤딩 알고리즘을 사용하는 MongoDB 클러스터의 청크 분산을 보여주고 있다. 여기에서는 사용자의 아이디가 1부터 600까지만 가질 수 있다고 가정하고, 각 청크의 범위를 100씩 스플릿해 두었다. 이는 이미 레인지 샤딩에서 살펴본 내용인데, 각 청크별로 지역(Zone) 정보가 추가된 것이다.

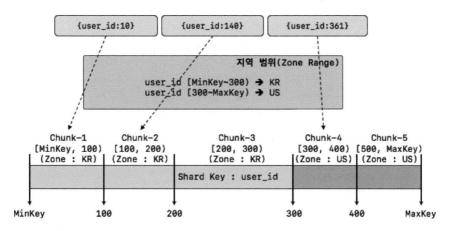

〈그림 4-31〉 지역 기반의 샤딩

이 서비스는 대부분 사용자는 한국에 있으며 나머지 일부 사용자는 미국에 있다는 것을 가정하여 5개의 청크 중에서 3개의 청크는 한국에 배치하고 나머지 청크는 미국에 배치하도록 설계한 것이다. 지역 기반 샤딩에서는 단순히 샤드 키(user_id)의 범위로만 청크를 식별하는 것이 아니라, 샤드 키(user_id)가 어느 지역에 속할지 결정하는 지역 범위(Zone Range)도 사용한다. 이 예제에서는 사용자 아이디가 MinKey ~ 300보다 작은 아이디는 "KR"이라는 태그(Tag)가 붙은 샤드에 저장하도록 했으며, 300보다 크거나 같고 MaxKey보다 작은 아이디는 "US"라는 태그(Tag)가 붙은 샤드에 저장하도록 지역 범위를 설정했다.

지역 기반 샤딩을 사용하려면 레인지 샤딩이나 해시 샤딩을 한 상태에서 추가로 두 가지 준비가 더 필요하다. 샤드별로 태그를 할당하고, 샤드 키 범위별로 태그를 할당하는 것이다. 샤드에 태그를 할당하는 것은 sh.addShardTag() 명령을 이용하며, 샤드 키 범위별로 태그를 할당하는 것은 sh.addTagRange() 명령을 이용한다. sh.addShardTag() 명령은 레플리카 셋의 이름(샤드 명)과 태그 인자를 필요로 하며, sh.addTagRange() 명령은 네임스페이스(데이터베이스와 컬렉션 이름)와 샤드 키의 최솟값, 최댓값 그리고 태그 인자를 필요로 한다.

샤드별로 태그(Tag) 할당

```
mongos> sh.addShardTag("shard-01", "KR")
mongos> sh.addShardTag("shard-02", "KR")
mongos> sh.addShardTag("shard-03", "US")
```

샤드 키 범위별로 태그(Tag) 할당

지역 기반 샤딩에서 지역 범위를 설정하는 방법은 다음과 같이 addTagRange() 명령을 이용한다.

```
mongos> sh.addTagRange("mysns.users", { user_id: MinKey }, { user_id: 300 }, "KR")
mongos> sh.addTagRange("mysns.users", { user_id: 300 }, { user_id: MaxKey }, "US")
```

결국 샤드와 사용자 데이터는 그림 4-32와 같이 태그(Tag)를 연결 고리로 서로 맵핑되는 것이다.

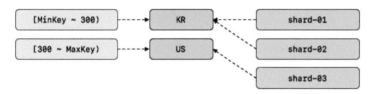

〈그림 4-32〉 태그를 이용한 지역 기반 샤드 맵핑

지역 기반(태그 기반) 샤딩에서 지역 범위(Zone Range)를 설정할 때, 샤드 키의 범위가 (이 예제처럼)
반드시 연속돼야 하는 것은 아니다. 예를 들어, 다음과 같이 청크의 범위별로 순서대로 할당할 수도
있다.

```
mongos> sh.addTagRange("mysns.users", { user_id: MinKey }, { user_id: 100 }, "KR")
mongos> sh.addTagRange("mysns.users", { user_id: 100 }, { user_id: 200 }, "US")
mongos> sh.addTagRange("mysns.users", { user_id: 200 }, { user_id: 300 }, "KR")
mongos> sh.addTagRange("mysns.users", { user_id: 300 }, { user_id: 400 }, "US")
mongos> sh.addTagRange("mysns.users", { user_id: 500 }, { user_id: MaxKey }, "KR")
```

또한 지역 범위가 반드시 MinKey부터 MaxKey까지 모든 영역을 커버해야 하는 것은 아니다. 다음과
같이 MinKey부터 300까지만 태그를 맵핑할 수도 있다. 하지만 이렇게 태그가 맵핑되지 않은 청크 범
위가 있을 때에는 태그가 맵핑되지 않은 샤드가 추가로 필요할 수도 있다.

```
mongos> sh.addTagRange("mysns.users", { user_id: MinKey }, { user_id: 100 }, "KR")

mongos> sh.addTagRange("mysns.users", { user_id: 100 }, { user_id: 200 }, "KR")
mongos> sh.addTagRange("mysns.users", { user_id: 200 }, { user_id: 300 }, "US")
```

그리고 각 샤드 서버는 어떤 태그와도 연결되지 않을 수 있으며, 1개 또는 그 이상의 태그와 다중으로 맵핑될 수도 있다. 다음 예제에서 "shard-02" 샤드는 KR 태그뿐만 아니라 US 태그와도 맵핑된 것을 확인할 수 있다.

```
mongos> sh.addShardTag("shard-01", "KR")
mongos> sh.addShardTag("shard-02", "KR")
mongos> sh.addShardTag("shard-02", "US")
mongos> sh.addShardTag("shard-03", "US")
```

> ⚠ **주의**
>
> 지역 기반 샤딩은 사실 밸런서와 연관된 부분이지 MongoDB 라우터가 쿼리를 실행할 때 어떤 샤드로 쿼리를 전송할지 결정하는 알고리즘과는 거의 무관하다. 즉 밸런서는 청크의 샤드 키 범위에 기반해서 태그를 알아내고, 그 태그를 담당하는 샤드 서버를 찾아서 그쪽 샤드 서버로 청크를 마이그레이션하는 것이 지역 기반 샤딩의 주 역할이다. 그리고 MongoDB 라우터가 쿼리를 실행할 때에는 지역 기반 샤딩에 대해서는 고려하지 않고 각 청크의 범위에 기반해서 필요한 샤드에 쿼리를 전송하게 된다.
>
> 그리고 태그(Tag)와 지역(Zone)이라는 용어를 혼동해서 사용하고 있지만, 사실 이 둘은 모두 같은 목적을 위한 것이다. MonogDB 3.2에서는 태그(Tag) 기반 샤딩이라고 했었는데, 태그라는 용어는 MongoDB 3.4의 지역(Zone) 개념을 모두 포함하는 용도로 생각할 수 있다. 태그 기반 샤딩을 MongoDB 3.4에서 지역 기반 샤딩으로 변경한 이유는 아마도 최근의 지역화된 IDC 구축(Localized Data Center)에 대한 트렌드와 이를 조금 더 직접적으로 표현할 수 있는 이름이 필요했기 때문이 아닐까 생각된다.

지역 기반 샤딩(Zone-Aware Sharding)은 단순히 샤드 서버의 지역에 기반해서 사용자의 데이터를 분산하는 용도로만 사용되는 것은 아니다. 지역 기반 샤딩의 주요 사용 목적으로 다음과 같은 것들을 생각해볼 수 있다.

- 지역 기반으로 사용자 데이터의 구분
- 특정 사용자 데이터를 지정된 샤드 서버로 구분해서 관리
- 샤드 서버의 클래스(샤드 서버의 처리 능력이나 저장 공간)별로 저장할 데이터를 구분

지역 기반 샤딩을 사용할 때 태그는 국가를 구분할뿐만 아니라 각 용도별로 할당할 수도 있다. 예를 들어, 샤드 서버의 스토리지 용량별로 구분한다면 "BIG" 또는 "SMALL" 그리고 샤드 서버의 처리 성능별로 구분한다면 "FAST" 또는 "SLOW" 등을 할당할 수 있다.

> **(!) 주의**
>
> 지역 기반 샤딩의 예제로 레인지 샤딩을 살펴봤는데, 해시 샤딩과 지역 기반 샤딩을 섞어서 사용할 수는 없을지 생각할 수도
> 있다. 물론 해시 샤딩과 지역 기반 샤딩을 섞어서 사용하지 못할 이유는 없다. 하지만 해시 샤딩을 사용하는 컬렉션에 대해서
> 지역 기반 샤딩을 적용하면 지역 범위(Zone Range)는 해시 함수를 적용하기 전의 원본 값이 아니라 해시 함수를 실행한 결
> 과로 만들어진 해시값으로 설정해야 한다.
>
> 샤드 키의 원본 값이 아니라 해시 함수로 랜덤하게 변형된 값을 기준으로 지역 기반 샤딩을 적용한다면 누구도 샤드 키의 해
> 시 함수 결괏값이 어떤 범위(Zone Range)에 포함될지 예측하기 쉽지 않을 것이다. 즉 지역 기반 샤딩은 샤딩의 기준이 되는
> 키 값을 예측할 수 있어야 하는데, 해시 샤딩은 해시 함수의 결괏값을 예측할 수 없다는 것이다. 그래서 특정 샤드 키가 지정
> 된 샤드로 저장되게 유도하는 것이 불가능하다. 결국 해시 샤딩과 지역 기반 샤딩을 혼합해서 사용하는 것은 사용자가 원하는
> 결과를 충족시킬 수가 없기 때문에 필요성이 없다. 물론 지금까지는 그렇다는 것이며, 앞으로 해시 샤딩과 지역 기반 샤딩의
> 조합이 어떤 특수한 목적을 위해서 활용될 수도 있을 것이다.

각 샤드에 연결된 태그나 지역 범위(Zone Range)를 확인하기 위한 별도의 명령은 아직 지원되지 않으
며, 다음과 같이 직접 config 데이터베이스의 tags 컬렉션을 통해서 확인할 수 있다.

```
## 샤드에 연결된 태그 확인
mongos> use config
mongos> db.shards.find({ tags: "KR" })

## 지역 범위(Zone Range) 확인
mongos> use config
mongos> db.tags.find({ tags: "KR" })
```

해시 샤딩이나 레인지 샤딩과는 달리, 지역 샤딩에서는 샤드에 연결된 태그나 지역 범위(Zone Range)
는 삭제할 수도 있다. 샤드의 태그를 삭제하는 것은 sh.removeShardTag() 명령을 이용하면 되지만,
지역 범위는 별도의 명령을 지원하지 않으므로 config 데이터베이스의 tags 컬렉션에서 도큐먼트를 직
접 삭제해야 한다.

```
## 샤드의 태그 삭제
mongos> sh.removeShardTag("shard-01", "KR")

## 지역 범위(Zone Range) 삭제
mongos> use config
mongos> db.tags.remove({ _id: { ns: "mysns.users", min: { user_id: 300 }}, tag: "US" })
```

4.3.5 샤드 키

MongoDB의 샤딩에서 가장 중요한 것은 데이터를 분산하는 기준인 샤드 키와 데이터를 어떤 방식으로 분산할 것인지 결정하는 샤딩 알고리즘이다. 샤드 키가 중요한 이유는 사용자 데이터를 여러 서버에 분산하는 방식을 결정하는 요소이기도 하지만, 더 중요한 이유는 한번 설정한 샤드 키는 컬렉션을 완전히 새로 생성하지 않는 이상 변경할 수 없기 때문이다. 때로는 디스크 용량이나 처리 능력의 한계로 인해서 완전히 새로운 클러스터를 구축해서 데이터를 하나씩 옮겨야 할 수도 있다.

샤드 키는 컬렉션 단위로 설정되며, 만약 샤딩을 하지 않는 컬렉션에 대해서는 샤드 키가 필요하지 않다. 샤드 키는 다음과 같은 두 가지 특성을 가진다.

- 샤드 키가 설정된 컬렉션에 대해서 새로운 샤드 키를 설정하는 것은 불가능하다.
- 컬렉션의 샤드 키가 되는 필드의 값은 NULL일 수 없으며, 변경할 수 없다.

샤드 키가 MongoDB 클러스터에 미치는 영향은 아래의 중요한 부분 몇 가지를 포함해서 매우 광범위하다.

- 타겟 쿼리와 브로드캐스트 쿼리 결정(쿼리의 처리 성능과 응답 시간)
- 각 샤드 서버의 부하 분산
- 청크 밸런스 작업

4.3.5.1 타겟 쿼리와 브로드캐스트 쿼리 결정(쿼리의 처리 성능과 응답 시간)

모든 서비스에서 타겟 쿼리는 좋고 브로드캐스트 쿼리는 나쁜 것은 아니다. 예를 들어, 소량의 데이터를 읽는 쿼리가 아주 빈번하게 유입되는 서비스에서는 가능하면 타겟 쿼리를 유도할 수 있도록 샤드 키를 설계하는 것이 좋다. 적은 데이터를 빠르게 읽어가는 가벼운 쿼리가 만약 모든 샤드로 전송되면 모든 샤드와 통신을 해야 하는만큼 느려지고, 그만큼 모든 샤드가 똑같은 수준의 부하를 받기 때문이다. 하지만 하나의 쿼리가 아주 대량의 데이터를 읽어가지만 빈번하지 않은 배치 형태의 프로그램에서는 가능하면 쿼리 하나하나가 모든 샤드를 골고루 활용할 수 있도록 유도하는 것이 좋다. 그림 4-33은 user_id로 샤딩된 컬렉션에서 {user_name:"matt"}인 사용자를 검색하는 쿼리의 실행 과정을 보여주고 있다.

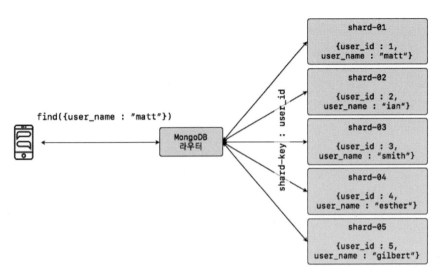

〈그림 4-33〉 브로드캐스트 쿼리의 작동 방식

5개의 샤드 중에서 {user_name:"matt"}인 도큐먼트를 저장하고 있는 샤드는 "shard-01"뿐이다. 하지만 MongoDB 라우터는 쿼리의 조건에 샤드 키가 없기 때문에 5개 샤드에 모두 쿼리를 요청해서 결과를 받아야 한다. 아마도 "shard-02"부터 "shard-05"까지의 샤드는 쿼리를 실행하지만, 일치하는 도큐먼트가 없기 때문에 부하가 없을 것으로 생각할 수도 있다. 하지만 MongoDB 서버는 자기가 가진 데이터 파일에서 {user_name:"matt"}인 데이터가 있는지 없는지 알 수 없기 때문에 일단 데이터 파일을 찾아봐야 한다. 쿼리가 빈번하게 실행될수록 존재하지 않는 데이터의 검색이라 하더라도 검색 작업은 MongoDB 서버에 더 큰 부담이 된다. 이 예제와 같이 단지 한 건의 도큐먼트를 검색하는 경우에는 "shard-01"~"shard-05" 샤드 서버가 받는 부하는 거의 비슷해지게 된다.

만약 분석이나 통계를 위해서 사용되는 MongoDB 서버에서 모든 쿼리가 타겟 쿼리로 작동한다면 이는 각 샤드의 부하 불균형을 초래할 것이다. 일반적으로 분석이나 통계 쿼리는 한 시점에 한두 개의 쿼리가 아주 많은 데이터를 처리하는 방식으로 실행되는 경우가 많다. 그런데 많은 도큐먼트를 처리하는 쿼리가 하나의 샤드에서만 실행된다고 생각해보자. 그러면 5개의 샤드 중에서 하나의 샤드만 일하고 나머지 샤드는 놀고 있는 결과가 된다. 그래서 분석이나 통계 쿼리는 가능하면 유입되는 쿼리가 모든 샤드를 사용하도록 샤드 키를 설계해야 한다.

4.3.5.2 각 샤드 서버의 부하 분산

타겟 쿼리나 브로드캐스트 쿼리도 각 샤드의 부하 분산에 많은 영향을 미치지만, 적절하지 못한 샤
드 키는 각 샤드 서버가 가지는 데이터의 불균형도 초래할 수 있다. 그림 4-34는 10개의 청크를 가진
MongoDB 클러스터에서 각 청크 간 균등하지 않은 도큐먼트 분포를 예시로 그려본 것이다.

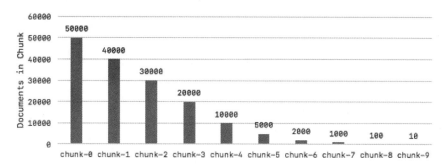

〈그림 4-34〉 적절하지 못한 샤드 키로 인한 데이터 불균형

MongoDB 클러스터에서 각 샤드 서버는 균등하게 데이터를 분산해서 가지게 된다. 그런데 이때 균
등한지 그렇지 않은지는 단순히 각 샤드 서버가 가진 청크의 개수로만 판단한다. 실제 각 청크가 가진
도큐먼트의 개수나 각각의 도큐먼트가 얼마나 빈번하게 읽히고 변경되는지는 전혀 고려 대상이 아니
다. 만약 첫 번째 샤드 서버가 "chunk-0"과 "chunk-1"을 가지고 마지막 샤드 서버가 "chunk-8"과
"chunk-9"를 가진다면 두 샤드 서버의 부하는 엄청난 차이를 보일 것이다. 전체 컬렉션에서 샤드 키
값이 골고루 분포되지 않은 값을 가질 경우에 이런 결과를 초래할 수 있는데, 이는 결국 샤드 서버 5개
를 가진 MongoDB 클러스터의 최대 성능이 샤드 서버 1~2개 정도의 성능밖에 내지 못하는 결과를 만
들어 낸다.

이 예제는 샤드 키뿐만 아니라 각 청크의 샤드 키 범위도 중요하다는 것을 알려주고 있다. 예를 들어,
컬렉션을 초기 생성하면서 청크를 미리 스플릿해서 준비할 때, 단순히 균등하게 청크의 범위를 결정하
는 것보다 데이터의 분포를 고려해서 각 청크의 범위를 결정하는 것이 중요하다. MonogDB 3.x 버전
에서는 미리 스플릿된 청크를 다른 청크(샤드 키 기준으로 연속된)와 병합하는 것이 가능하다. 하지만
이는 청크가 도큐먼트를 하나도 가지지 않을 때만 가능하다. 만약 잘못 스플릿된 청크들이 2~3개의 도
큐먼트만 가진다 하더라도 이 청크들은 하나로 병합할 수 없다.

4.3.5.3 청크 밸런스 작업

샤드 키는 각 쿼리(Find 명령)가 균등하게 모든 샤드를 사용할 수 있도록 설계해야 할 뿐만 아니라 저장되는 데이터도 모든 샤드에 균등하게 배포될 수 있게 고려해야 한다. 예를 들어, 그림 4-35와 같이 샤드 키를 값이 자동으로 증가하는 user_id로 선택하고, 레인지 샤딩 알고리즘을 선택했다고 가정해보자. 이때, MongoDB 클러스터는 2개의 샤드로 구성돼 있고, 첫 번째 샤드는 "chunk-1"과 "chunk-3"을 가지고 있으며 두 번째 샤드는 "chunk-2"와 "chunk-4"를 가지고 있다고 가정해보자.

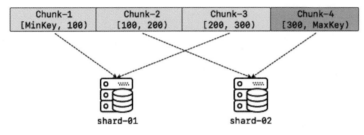

〈그림 4-35〉 자동으로 증가하는 값을 샤드 키로 이용한 샤딩

새로운 사용자가 서비스에 가입할 때마다 샤드 키인 user_id는 계속 증가된 값을 가지게 된다. 그래서 새로운 사용자는 항상 "chunk-4"에 저장될 것이다. 결과적으로 그림 4-36과 같이 마지막 청크만 계속해서 커지고 결국 최대 청크 크기보다 커지면 스플릿될 것이다. 이런 과정이 반복되면서 두 번째 샤드가 가진 청크의 개수가 많아지고, 각 샤드간 청크 개수의 불균등이 심해진다.

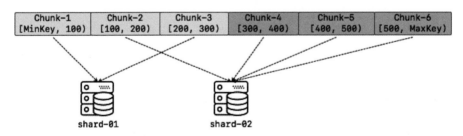

〈그림 4-36〉 자동으로 증가하는 값을 샤드 키로 이용한 샤딩에서 데이터 증가

MongoDB 밸런서는 각 샤드가 가진 청크의 개수를 비교해서 청크의 개수를 균등하게 유지하기 위해서 샤드 간 청크 이동을 실행한다. 그런데 샤드 간 청크 이동은 부하가 높은 작업이어서 사용자 쿼리의 성능에 악영향을 미친다. 또한 이런 형태의 샤딩에서 항상 INSERT는 마지막 청크를 가진 샤드 서버에서만 실행되므로 하나의 청크가 핫 존(Hot zone)이 되고 INSERT 성능은 아무리 많은 샤드를 추가한다 하더라도 빨라지지 않는다.

그래서 샤드 키를 선정할 때에는 쿼리(Find 명령)의 분산뿐만 아니라 도큐먼트의 INSERT도 여러 샤드와 청크로 골고루 분산돼서 저장될 수 있게 고려해야 한다. 그래야만 각 샤드가 가진 청크가 골고루 성장하게 되고, 용량이 커진 청크가 스플릿된다 하더라도 가능한 한 밸런서가 샤드 간 청크 이동을 최소화할 수 있도록 하는 것이 좋다.

4.4 프라이머리 샤드

MongoDB 샤드 클러스터의 모든 데이터베이스는 프라이머리 샤드(Primary Shard)를 가진다. 프라이머리 샤드는 샤드 클러스터에서 샤딩되지 않은 컬렉션들을 저장하는 샤드를 의미하는데, 레플리카 셋의 프라이머리와는 전혀 무관하다. 각 데이터베이스의 프라이머리 샤드는 다음과 같이 config 데이터베이스의 databases 컬렉션을 조회하면 확인할 수 있다. databases 컬렉션의 "primary"가 프라이머리 샤드 정보를 저장하는 필드다.

```
mongos> use config
mongos> db.databases.find()
{ "_id" : "db1", "primary" : "shard-01", "partitioned" : true }
{ "_id" : "db2", "primary" : "shard-02", "partitioned" : true }
{ "_id" : "db3", "primary" : "shard-03", "partitioned" : true }
{ "_id" : "db4", "primary" : "shard-01", "partitioned" : true }
{ "_id" : "db5", "primary" : "shard-02", "partitioned" : true }
{ "_id" : "db6", "primary" : "shard-03", "partitioned" : true }
...
```

샤드 클러스터에서 처음 데이터베이스가 생성되면 MongoDB 서버는 각 샤드 중에서 데이터를 가장 적게 가진 샤드를 선택해서 생성되는 데이터베이스의 프라이머리 샤드로 설정한다. MongoDB 샤드 클러스터라고 해서 모든 컬렉션이 샤딩돼야 하는 것은 아니다. 그런데 이렇게 샤딩되지 않은 컬렉션을 어느 샤드에 저장할지 결정해야 하는데, 이때 기준이 되는 정보가 각 데이터베이스의 프라이머리 샤드다.

프라이머리 샤드는 다른 샤드로 옮겨질 수 있는데, 이렇게 프라이머리 샤드를 옮기는 작업은 MongoDB 샤드 클러스터에서 특정 샤드를 제거하고자 할 때 필요하다. 예를 들어, "shard-01"~ "shard-05" 5개 샤드로 구성된 클러스터에서 "shard-05"를 제거하고자 할 때, "shard-05" 샤드가 샤딩된 컬렉션만 가지고 있다면 sh.removeShard() 명령으로 해당 샤드의 샤딩된 컬렉션 데이터를 다른 샤드로 이동시키고 최종적으로 서비스에서 샤드를 제거할 수 있다. 그런데 "shard-05"가 샤딩된 컬렉션뿐만 아니라 샤딩되지 않은 컬렉션을 같이 가지고 있다면 sh.removeShard() 명령으로 샤딩되지 않은 컬렉션을 다른 샤드로 옮길 수는 없다.

그래서 제거하고자 하는 샤드가 샤딩되지 않은 컬렉션을 가지고 있다면 먼저 프라이머리 샤드를 다른 샤드로 옮겨야 한다. 이때 이용하는 명령이 movePrimary 명령이다. movePrimary 명령은 두 개의 인자를 필요로 하는데, 첫 번째는 데이터베이스 이름이며 두 번째는 대상 샤드다. 샤딩과 관련된 모든 명령이 그렇듯이 movePrimary 명령도 MongoDB 라우터에서만 실행할 수 있다.

```
mongos> db.runCommand( { movePrimary : "mysns", to : "shard-04" } )
```

movePrimary 명령으로 옮겨지는 컬렉션(샤딩되지 않은 컬렉션)에 대해서는 데이터의 일관성 보장을 MongoDB가 책임지지 않는다. 즉 movePrimary로 "shard-05"에서 "shard-04"로 컬렉션을 옮기는 도중에 "shard-05" 컬렉션으로 INSERT나 UPDATE와 같은 DML이 실행됐을 때, MongoDB 서버가 중간에 변경된 데이터를 새로운 프라이머리 샤드인 "shard-04"로 적용해주지 않는다는 것이다. 실제 이 과정은 MongoDB에서도 결과를 알 수 없다고 매뉴얼에 명시하고 있다. 또한 샤딩되지 않은 컬렉션이 새로운 프라이머리 샤드인 "shard-04"로 모두 옮겨지고 난 이후에 해당 컬렉션의 인덱스 생성이 실행돼야 한다. 그런데 이 인덱스 생성은 백그라운드 모드가 아닌 포그라운드(Foreground) 모드로 생성되므로 인덱스가 생성되는 시간 동안은 해당 컬렉션과 그 컬렉션이 가진 데이터베이스에 대해서 읽기와 데이터 변경을 수행할 수 없다. 만약 프라이머리 샤드의 변경으로 옮겨져야 하는 컬렉션이 크고 많다면 해당 컬렉션이나 데이터베이스의 읽기나 변경 쿼리를 일시적으로 멈추거나 서비스 전체를 점검 모드로 전환해야 할 수도 있다.

프라이머리 샤드의 이동에서 또 하나 주의해야 할 점은 연결된 모든 MongoDB 라우터에게 특정 데이터베이스의 프라이머리 샤드가 변경됐다는 것을 알려줘야 한다. 그렇지 않으면 기존의 MongoDB 라우터는 샤딩되지 않은 컬렉션의 데이터를 읽고 변경하기 위해서 새로운 프라이머리 샤드인 "shard-04"로 연결하는 것이 아니라 기존의 프라이머리 샤드인 "shard-05"로 계속 접근하게 된다. 프라이머리 샤드가 변경된 것을 MongoDB 라우터가 새로 갱신하도록 하는 방법은 2가지가 있다.

- 모든 MongoDB 라우터 재시작
- 모든 MongoDB 라우터에서 flushRouterConfig 명령 실행

두 번째 방법인 flushRouterConfig 명령을 실행하는 예제는 다음과 같다. flushRouterConfig 명령은 각 데이터베이스의 프라이머리 샤드 정보만 갱신하는 것이 아니라 샤딩된 모든 컬렉션의 메타 정보(컬렉션의 청크 목록과 각 청크의 최솟값, 최댓값 정보)를 모두 갱신한다. 그래서 동시에 많은(수백 대의) MonogDB 라우터에서 실행할 때에는 컨피그 서버의 부하가 높아질 수도 있다.

```
db.adminCommand("flushRouterConfig")
```

샤딩되지 않은 컬렉션이 얼마나 많고 큰지에 따라 달라지겠지만, 프라이머리 샤드를 변경하는 작업은 서비스에 많은 영향을 미치는 작업이다. 샤딩되지 않은 컬렉션이 빈번하게 사용된다면 점검 모드를 고려하도록 하자. 그리고 샤드 클러스터 환경의 MongoDB에서 샤딩되지 않은 컬렉션은 보호받지 못하는 존재와 같다. 그래서 가능하다면 샤딩되지 않은 컬렉션에도 샤딩을 적용하는 것을 고려하자.

4.5 청크 밸런싱

MongoDB의 각 샤드 서버는 가능하다면 서로 균등한 수준의 데이터를 가지고 사용자의 요청을 처리하려고 노력한다. 샤드 클러스터의 모든 샤드가 동등한 부하의 사용자 요청을 처리할 때 그 샤드 클러스터가 최고의 성능을 발휘할 수 있기 때문이다. 하지만 각 컬렉션의 샤드 키나 사용자가 저장하는 데이터의 특성에 따라서 각 샤드가 가진 데이터의 불균형은 언제든지 발생할 수 있다.

MongoDB는 이러한 샤드 간 데이터 불균형 현상을 피하기 위해서 최대한 각 샤드가 가진 청크의 개수를 동일하게 만들려고 노력한다. 그뿐만 아니라 하나의 청크가 너무 커지면 MongoDB 샤드 서버는 청크 하나의 이동에 너무 많은 시스템 자원을 소모하게 된다. 그래서 이렇게 하나의 청크가 너무 비대해지는 것을 막기 위해서 각 청크에 데이터가 저장되거나 변경될 때마다 청크를 스플릿해야 할지 체크하는 작업을 수행한다.

4.5.1 샤드 클러스터 밸런서

밸런서는 MongoDB의 각 샤드간 청크의 개수를 모니터링하다가 각 샤드의 청크 개수가 일정 수치 이상 차이가 나면(불균등해지면) 적절히 청크를 옮겨서 샤드 간 부하의 균형을 맞춘다. 샤드 간 청크 개수의 불균형을 판단하는 기준은 청크를 가장 많이 가진 샤드와 청크를 가장 적게 가진 샤드의 청크 개수가 임계치(아래 표) 이상 차이가 나면 청크 이동을 실행한다.

전체 청크 수	기준 치(Threshold)
20개 미만의 청크를 가진 컬렉션	2
20개~79개 사이의 청크를 가진 컬렉션	4
80개 이상의 청크를 가진 컬렉션	8

MongoDB에서 이렇게 청크 이동이 시작되는 임계치를 정해둔 이유는 청크 이동이 비용이 매우 많이 드는 작업이기 때문이다. MongoDB에 데이터가 저장되고 삭제되면서 청크는 계속 커질 수 있고, 이로 인해 청크가 스플릿돼서 전체적으로 샤드의 청크 개수가 늘어날 수 있다. 그런데 모든 샤드의 청크가 항상 동일 시점에 스플릿되는 것은 아니기 때문에 일시적으로 2~3개 이상의 차이가 발생할 수도 있다. 그런데 이렇게 작은 차이가 일시적으로 발생할 때마다 청크를 이동하는 것은 샤드 서버에 너무 많은 부담을 주기 때문에 컬렉션이 가진 청크의 개수를 기준으로 임계치를 설정해둔 것이다.

일단 밸런서는 한번 시작되면 각 샤드가 가진 청크의 개수 차이가 기준치(Threshold) 이하로 떨어질 때까지 청크를 이동해서 분산시킨다. 그리고 예외적인 케이스이긴 하지만 청크 이동에 실패하게 되면 밸런서 역시 멈추게 된다. 이렇게 밸런서가 청크의 불균형을 감지하여 청크 이동을 시작하고 끝날 때까지를 밸런싱 라운드(Balancing Round)라고 한다. MongoDB 3.2까지는 밸런서가 MongoDB 라우터에서 실행됐는데, MongoDB 클러스터에서 라우터 인스턴스는 매우 많이 있을 수 있다. 그래서 수많은 라우터 인스턴스들이 서로 청크 이동을 동시에 수행하지 않도록 라우터는 밸런싱 라운드를 시작하기 전에 먼저 config 데이터베이스의 locks 컬렉션에서 잠금을 획득해야 한다.

수많은 라우터 인스턴스가 config 데이터베이스의 locks 컬렉션 잠금을 획득하기 위해서 경합을 하게 되는데, 이로 인해서 컨피그 서버의 데이터가 동기화되지 못하는 문제도 자주 발생했었다. 실제 수많은 라우터가 청크 이동을 위해서 경합하는 아키텍처는 아래 관점에서 그다지 좋은 모델은 아니었다.

- 수많은 MongoDB 라우터 프로세서 중에서 잠금을 먼저 획득하는 라우터가 청크 밸런싱을 수행하므로 아주 랜덤하게 라우터가 선택되며, 그로 인해서 어떤 라우터가 청크 밸런싱을 수행하고 있는지 예측하기 어렵다. 그래서 MonogDB 라우터가 어떤 일을 수행하고 있는지, 이 MonogDB 라우터를 재시작해도 되는지 예측하기 어렵게 한다.

- 라우터는 MongoDB 샤드 클러스터를 구성하는 컴포넌트 중에서 아무런 상태를 가지지 않으며(Stateless), 관리상 그다지 중요하지 않은 프로세스에 속한다. 그래서 실제 MonogDB 라우터는 DBA가 아니라 개발자가 직접 관리하기도 한다. 그런데 MongoDB 라우터가 청크 밸런싱을 담당하게 되면 관리상의 어려움을 유발한다.

- MongoDB 라우터는 일반적으로 컨피그 서버와 완전히 분리된 서버에서 작동하며, 주로 응용 프로그램과 같은 서버에서 작동한다. 하지만 컨피그 서버와 샤드 서버는 주로 데이터베이스 전담 관리자에 의해서 관리되므로 MongoDB 라우터와 컨피그 서버(샤드 서버 포함)는 항상 또는 때로는 분리된 네트워크상에 존재할 가능성이 높다. 이는 MongoDB 라우터와 컨피그 서버 간의 통신상 신뢰성이 낮아질 가능성이 있음을 의미한다.

그래서 MongoDB 3.4 버전부터는 밸런서 프로세스를 컨피그 서버에서 수행하도록 아키텍처를 개선했다. 청크 밸런싱 작업을 MongoDB의 컨피그 서버가 전담(레플리카 셋으로 구축된 컨피그 서버에서는 프라이머리 멤버만 청크 분산을 담당하므로 청크의 이동을 하나의 멤버에서만 관장하게 됨)하므로써, 밸런스 잠금 획득을 위해서 서로 경합할 필요도 없어졌다. 그리고 컨피그 서버는 자기 자신이 메타 데이터를 가지고 있기 때문에 원격 데이터베이스의 데이터를 변경하는 게 아닌, 로컬 데이터를 변경하므로 가장 중요한 메타 데이터 변경 단계에서 실패할 가능성을 획기적으로 줄인 것이다. 또한 청크 밸런싱 작업에 대해서 MongoDB 라우터가 관여하는 부분이 없어졌으며 라우터는 오직 사용자 쿼리를 샤드로 전달하는 역할만 처리하므로 언제든지 큰 주의없이 재시작해도 되는 컴포넌트가 된 것이다.

> **(!) 주의**
>
> MongoDB 3.4부터 컨피그 서버는 3개의 멤버로 구성된 레플리카 셋(CSRS) 형태만 지원한다. 그런데 3개 멤버의 컨피그 서버 중에서 프라이머리 멤버가 항상 밸런서를 실행하게 된다. 그래서 컨피그 서버의 기존 프라이머리를 스텝 다운(Step down) 해야 한다면 밸런서가 실행 중인지 확인하도록 하자. 현재 밸런서가 실행 중이라면 밸런서를 먼저 멈추고 스텝 다운을 실행하는 것이 좋다. 청크 이동 중에 밸런서가 멈추면 크진 않지만 이동했던 청크가 무용지물이 될 것이다. 그뿐만 아니라 청크거 이동하는 중간에 실패하면 아무 청크에 속하지도 않는 고아 도큐먼트(Orphaned document)가 발생할 수도 있다.
>
> 계획된 작업이라면 가능한 한 안정적인 절차대로 작업할 것을 권장한다.

청크의 이동이 매우 고비용이라는 것은 둘째치고, MongoDB 3.2버전까지 청크 밸런싱에서 가장 치명적인 문제는 청크의 이동을 한 시점에 하나만 실행할 수 있다는 것이었다. 그래서 샤드가 너무 많은 대형 MongoDB 클러스터는 그다지 권장되지 않았다. 하지만 MongoDB 3.4부터는 그림 4-37의 왼쪽 그림과 같이 청크의 이동이 다중으로 실행될 수 있게 개선됐다. 물론 청크의 다중 이동이 허용된다 하더라도 그림 4-37의 오른쪽 그림과 같이 청크 이동에 참여하는 샤드 서버(청크를 보내는 원본 샤드와 청크를 받는 대상 샤드 서버)가 같다면 동시에 실행될 수 없다.

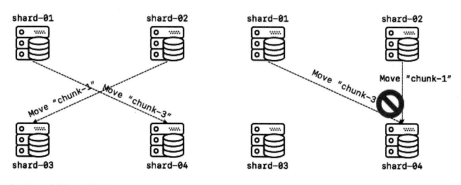

〈그림 4-37〉 청크의 다중 이동

그림 4-37의 왼쪽 그림과 같이 4개로 구성된 샤드 클러스터에서 서로 교차해서 청크가 이동하는 것이라면 다중으로 동시에 실행될 수 있다. 하지만 "shard-01"과 "shard-02"에서 "shard-04"로 청크를 이동하는 작업은 동시에 실행될 수 없다. 이는 청크 이동 자체가 샤드 서버에 많은 부하를 일으키기 때문에 하나의 샤드 서버는 한 시점에 하나의 청크 이동만 처리하게 하려고 제약을 둔 것이다. 각 청크 이동에 서로 중복되는 샤드 서버만 없다면 (샤드 클러스터의 샤드 수) / 2개의 청크 이동이 동시에 실행될 수 있다. 이렇게 동시에 여러 개의 청크가 이동할 수 있는 밸런서의 작동 방식을 병렬 청크 마이그레이션(Parallel Chunk Migration)이라고 하며, 컨피그 서버(config 데이터베이스)의 settings 컬렉션에서 밸런스의 모드가 "full"로 표시된다.

```
mongos> db.settings.find({_id: "balancer"})
{ "_id" : "balancer", "stopped" : false, "mode": "full" }
```

> **(!) 주의**
>
> MongoDB 샤드 클러스터에서 기존 샤드 서버의 디스크 공간이 부족하여 새로운 샤드를 추가하면 기존 샤드가 가진 청크들이 새로운 샤드로 이동되면서 기존 샤드 서버의 디스크 여유 공간을 확보할 수 있다. 하지만 MongoDB 3.2까지는 청크의 이동이 다중으로 실행되지 못해서 청크의 이동이 매우 느리게 진행됐고, 기존 샤드 서버에서 공간을 확보하는 것은 많은 시간이 필요했다.
>
> 하지만 MongoDB 3.4부터는 다중으로 청크 이동이 가능해져서 기존 샤드의 디스크 공간 확보를 더 빠르게 진행할 수 있게 됐다. 하지만 이미 살펴봤듯이 MongoDB 3.4의 다중 청크 이동에서도 각 청크 이동이 같은 샤드를 중복해서 사용할 수는 없다는 제약 사항이 있다. 그래서 기존 샤드의 디스크 공간을 빠르게 확보해야 한다면(새로운 샤드로 청크 밸런싱이 빠르게 진행돼야 한다면) 한 번에 2~3개 정도의 샤드 서버를 동시에 샤드 클러스터에 투입하는 방법을 고려해보자.

현재 밸런서의 상태를 확인하는 방법은 sh.isBalancerRunning() 명령과 sh.getBalancerState() 명령으로 확인할 수 있다. sh.isBalancerRunning()은 현재 밸런스가 청크 이동을 실행하고 있는지 여부를 확인하는 명령이며, sh.getBalancerState() 명령은 현재 밸런서 자체가 작동 중인지 확인하는 명령이다.

```
mongos> sh.isBalancerRunning()
true

mongos> sh.getBalancerState()
true
```

즉 sh.getBalancerState() 명령의 결과가 TRUE라면 현재 밸런서가 청크 이동을 실행하고 있는 도중일 수도 있지만 밸런서가 청크 이동이 필요한지 모니터링하고 있는 상태일 수도 있다. 그래서 sh.getBalancerState()의 결과가 TRUE라고 해서 반드시 sh.isBalancerRunning()이 TRUE인 것은 아니다. MongoDB 3.2 이하의 버전에서는 밸런서를 어떤 MongoDB 라우터가 실행하고 있는지 확인이 필요한 경우도 있다. 이런 경우에는 다음과 같이 sh.getBalancerHost() 명령으로 확인할 수 있다. 하지만 MongoDB 3.4 버전부터는 컨피그 서버의 프라이머리 멤버만 밸런서를 실행할 수 있기 때문에 이런 확인이 필요하지 않게 됐다. 그래서 이 명령은 MongoDB 3.4부터는 불필요한 명령 (Deprecated)이 됐다.

```
mongos> sh.getBalancerHost()
```

밸런서를 시작하고 멈추는 명령으로는 다음과 같은 명령이 있다. sh.setBalancerState() 명령은 밸런서를 켜고 끄는 명령이다. sh.setBalancerState(true) 명령은 밸런서를 켜고(enable), sh.setBalancerState(false) 명령은 밸런서를 끄는(disable) 명령이다. sh.setBalancerState(false) 명령으로 밸런서를 비활성화 하면 그 시점부터 청크 밸런스 작업은 절대 시작되지 않는다. 물론 이미 시작된 청크 이동 작업이 중간에 멈추지는 않고 완료될 때까지 실행될 것이다. 밸런스 작업을 다시 시작하려면 sh.setBalanserState(true) 명령으로 다시 켜야 한다. sh.startBalaner()와 sh.stopBalancer() 명령은 밸런서를 중지하거나 시작하는데, 밸런서가 완전히 멈추거나 시작할 때까지 기다린다. 그에 반해서 sh.setBalancerState() 명령은 밸런서를 활성화할지 비활성화할지 플래그만 변경한다.

```
mongos> sh.setBalancerState(true)
mongos> sh.setBalancerState(false)

mongos> sh.startBalancer(60000, 1000)
mongos> sh.stopBalancer(60000, 1000)
```

sh.startBalancer() 명령과 sh.stopBalaner() 명령은 타임아웃(timeout) 시간과 밸런서가 시작(active)됐는지 멈췄(inactive)는지 체크하는 시간(밀리초) 간격(interval)을 인자로 같이 사용할 수 있다.

밸런서의 청크 이동은 상당히 많은 시스템 자원을 사용하는데, 사용자 쿼리가 많은 MongoDB 샤드에서는 청크의 이동이 사용자 쿼리의 처리 시간에 영향을 미칠 수도 있다. 그래서 MongoDB에서는 청크의 밸런싱이 특정 시간대(Balancing window)에만 실행되도록 제어할 수 있는 기능이 있다. 밸런서의 작동 시간을 스케줄링하는 방법은 다음과 같다.

```
mongos> use config;
mongos> sh.setBalancerState( true );

mongos> db.settings.update(
    { _id: "balancer" },
    { $set: { activeWindow : { start : "02:00", stop : "06:00" } } },
    { upsert: true }
)
```

우선 config 데이터베이스로 이동한 다음 sh.getBalancerState() 명령으로 밸런서가 켜져 있는지 확인한다. 예제에서는 밸런서가 켜져있는지 확인하지 않고, 즉시 sh.setBalancerState(true) 명령으로 밸런서를 켰다. 그리고 밸런서가 켜진 것이 확인되면 config 데이터베이스의 settings 컬렉션에서 "balancer"와 관련된 도큐먼트의 정보를 UPDATE 명령으로 변경한다. 예제의 명령에서는 밸런서가 새벽 2시부터 새벽 6시까지만 작동하도록 설정했다. start와 stop 필드에는 시분까지의 시각을 명시할 수 있는데, stop 필드의 값이 start 필드의 값보다 큰 값이어야 한다는 제약은 없다. MongoDB 밸런서는 그냥 start 필드의 값에 명시된 시각에 밸런서를 시작하고 stop 필드에 명시된 시각에 밸런서의 작동을 멈춘다. 그래서 다음과 같이 밸런서의 작동 시간을 설정하면 MongoDB는 밤 10시에 밸런서를 시작해서 그 다음날 새벽 4시까지 청크 밸런싱을 실행한다.

```
mongos> db.settings.update(
    { _id: "balancer" },
    { $set: { activeWindow : { start : "22:00", stop : "04:00" } } },
    { upsert: true }
)
```

> **(!) 주의**
>
> MongoDB 밸런서의 작동 시간을 설정할 때에는 반드시 sh.getBalancerState() 명령으로 현재 밸런서가 켜져 있는지 확인하도록 하자. 그렇지 않고 밸런서가 꺼져 있는 상태에서는 작동 시간을 설정해도 해당 시간에 밸런서가 시작하지 않는다.
>
> 또한 MongoDB의 밸런서는 MongoDB 라우터나 프라이머리 컨피그 서버가 청크 이동 명령을 실행해서 시작(Trigger)하게 된다. 물론 실제 데이터를 옮기는 작업은 샤드 서버끼리 통신하면서 처리되지만, MongoDB 3.2 버전에서는 MongoDB 라우터가 청크의 이동을 샤드 서버에 지시하고, MongoDB 3.4 버전에서는 컨피그 서버(프라이머리 멤버)가 청크 이동을 지시한다. 그런데 여기에서 MongoDB 샤드 서버는 한국 시각(KST)을 사용하는데, MongoDB 라우터나 컨피그 서버는 한국 시각(KST)이 아닌 타임 존을 사용하게 되면 어떤 현상이 발생할까? 이렇게 여러 타임 존이 혼용되는 경우에는 밸런서가 작동하는 멤버의 타임 존을 기준으로 밸런서 윈도우가 작동한다.
>
> 만약 밸런서가 작동하는 컨피그 서버나 MongoDB 라우터가 UTC(세계 협정시) 타임 존을 사용하도록 설정돼 있다면 config 데이터베이스의 settings 컬렉션에 설정한 시각보다 9시간의 차이를 두고 실행될 것이다. 이렇게 되면 한국에서는 사용자가 많은 시간대에 청크 이동이 실행될 수도 있으니 MongoDB 샤드 클러스터에서 각 멤버의 타임 존은 반드시 통일시키는 것이 좋다.
>
> 이런 기본적인 사항을 당연히 맞춰야 한다는 것은 누구나 다 인지하고 있다. MongoDB 3.4에서는 컨피그 서버가 밸런서를 작동시키기 때문에 타임 존을 일치시켜야 하는 서버가 3대밖에 없다. 하지만 MongoDB 3.2에서는 연결된 모든 MongoDB 라우터가 같은 타임 존을 가지도록 설정해야 한다. MongoDB 라우터는 조금 큰 클러스터에서는 수백 대가 될 수도 있다. 이 수많은 서버를 모두 동시에 설치할 때는 타임 존을 동일하게 맞추기가 어렵지 않지만, 그 이후 조금씩 조금씩 추가 투입되는 서버에서는 미처 신경쓰지 못하는 사이에 타임 존이 다른 서버가 투입될 가능성이 높으므로 주의가 필요하다.

밸런서를 제어하는 스크립트를 개발하는 경우에는 현재 밸런서가 작동하고 있는지 멈췄는지에 따라서 후속 처리를 해야 하는 경우도 있을 수 있다. 이런 경우에는 sh.waitForBalancer() 명령을 사용한다.

```
mongos> sh.waitForBalancer(true)
mongos> sh.waitForBalancer(false)
```

sh.waitForBalancer() 명령은 기본적으로 TRUE나 FALSE 불리언 값을 파라미터로 사용하는데, TRUE는 밸런서가 작동하는 상태(active)가 되기를 기다릴 때 사용하며, FALSE는 밸런서가 멈춘 상태(inactive)가 되기를 기다릴 때 사용한다.

MongoDB 클러스터에서 많은 데이터베이스와 컬렉션이 있을 때, 그중에서 특정 컬렉션만 청크 마이그레이션되기를 원할 수도 있다. 이런 기능은 특정 컬렉션이 이미 충분히 샤딩된 상태에서 데이터가 거의 변경되지 않을 때 뿐만 아니라, 여러 컬렉션 중에서 특정 컬렉션이 가장 먼저 밸런싱되어야 할 때 필요하다. 이렇게 특정 컬렉션만 밸런싱을 실행하거나 특정 컬렉션만 밸런싱을 끄고자 할 때에는 sh.enableBalancing() 과 sh.disableBalancing() 명령을 사용한다.

```
mongos> sh.enableBalancing("mysns.users")
mongos> sh.disableBalancing("mysns.users")
```

샤드 간 균형을 위해서 청크를 다른 샤드로 옮기는 작업은 밸런서에 의해서 자동으로 옮겨질 수도 있지만, 데이터베이스 관리자가 직접 특정 청크를 다른 샤드로 옮기도록 수동으로 명령을 실행할 수도 있다. 밸런서에 의해서 청크가 옮겨지는 과정은 관리자가 수동으로 청크를 이동시키는 과정과 동일한 절차를 거쳐서 실행된다. 청크가 옮겨지는 자세한 과정은 "4.5.4 청크 이동" 절을 참조하자.

4.5.2 청크 스플릿(Chunk split)

MongoDB에서 청크는 샤드 간의 데이터 균형을 위해서 관리되는 가장 작은 데이터 조각(partition)이다. 그래서 청크는 샤드 간을 이동할 때 샤드 서버에 최소한의 영향을 미치도록 적절한 크기를 유지해야 한다. 물론 청크 사이즈를 관리자가 직접 조정할 수도 있지만, 실제 MongoDB 내부적으로는 각 청크의 크기뿐만 아니라 각 청크가 저장하고 있는 도큐먼트의 개수까지 균형을 이루도록 고려하고 있다. MongoDB의 청크는 자동 또는 수동으로 스플릿될 수 있는데, 자동 스플릿은 청크에 도큐먼트가 INSERT 되거나 UPDATE 될 때에만 해당 청크를 스플릿할지 결정한다. 이때 청크의 스플릿 기준은 다음과 같이 2가지다.

- 컨피그 서버의 settings 컬렉션에서 balancer에 설정된 청크 사이즈보다 현재 청크의 크기가 클 때
- 청크 이동의 최대 도큐먼트 건수보다 많은 도큐먼트를 현재 청크가 가지고 있을 때(자세한 내용은 4.5.4.4 청크 이동 실패 절을 참조하자)

> **(!) 주의**
>
> 청크의 사이즈가 증가하는 이유는 해당 청크에 도큐먼트가 INSERT 되거나 UPDATE 되면서 용량이 증가하기 때문이다. MongoDB 매뉴얼에서 명시하는 것과 같이 청크의 크기나 도큐먼트의 건수를 기준으로 INSERT 되거나 UPDATE 될 때마다 자동으로 스플릿할 것인지 판단한다면 항상 모든 청크는 청크 이동이 가능한 적정 크기를 유지해야 한다. 이는 동일한 샤드 키를 가지는 도큐먼트가 많지 않은 컬렉션에 대해서는 이론적으로 청크 이동이 청크의 크기나 도큐먼트 건수로 인해서 실패해서는 안된다는 의미다.
>
> 하지만 실제로 지금까지 MongoDB를 운영해 본 경험에 비추어볼 때, 청크의 크기나 도큐먼트의 개수가 많아서 청크 이동에 실패하는 경우를 수 없이 경험했다. 물론 MongoDB 코드에서 청크 스플릿과 관련된 부분을 검토할 필요가 있지만, MongoDB의 청크 스플릿에 대해서 간과하고 있는 부분이나 매뉴얼대로 작동하지 않는 부분이 있는 것으로 보인다. 어쨌거나 결론은 청크의 자동 스플릿만 믿고 있어서는 안 된다. 그래서 데이터가 아주 빨리 증가하는 컬렉션에 대해서는 각 청크의 크기를 주기적으로 모니터링할 필요가 있다.

일반적(디폴트 옵션)으로 MongoDB에서 하나의 청크는 64MB 정도의 데이터 조각으로 유지하려고 한다. 그런데 서비스별 특성이나 잘못된 샤드 키 등의 이유로 특정 청크에 데이터가 집중될 수도 있다. 이렇게 특정 청크가 커지면 MongoDB는 64MB(또는 관리자가 설정한 값) 이상으로 커진 청크를 쪼개서 2개 이상의 새로운 청크로 분리한다. 이렇게 하나의 청크를 여러 개의 새로운 청크로 쪼개는 작업을 스플릿(Split)이라고 하는데, MongoDB에서 스플릿은 splitVector와 splitChunk 두 단계로 나뉘어서 처리된다.

splitVector 명령은 특정 청크에서 스플릿이 필요한지 확인하고, 만약 스플릿해야 한다면 스플릿을 실행할 위치의 배열을 리턴한다. 다음은 splitVector 명령이 실행되는 대략적인 과정이다.

1. 컬렉션의 전체 크기와 도큐먼트 개수를 이용해서 도큐먼트의 평균 크기 계산
2. 최대 청크 크기의 절반 크기에 저장될 수 있는 도큐먼트의 개수 계산
3. 청크의 크기가 청크의 최대 크기보다 작으면 splitVector 명령 종료(강제 스플릿 옵션이 사용되면 리턴하지 않고 다음으로 진행)
4. 청크에 저장된 샤드 키의 최솟값부터 인덱스를 스캔하면서 인덱스 키의 개수를 카운트한다. 카운트를 수행하면서 2번에서 계산된 개수가 되는 지점의 샤드 키 값을 기록한다.
5. 샤드 키 스캔이 완료되면 4번에서 기록된 샤드 키 값들을 배열로 리턴한다.

즉 splitVector는 하나의 청크를 최대 청크 크기(64MB)의 절반 크기(32MB)로 나누기 위해서 위치를 찾는 과정이다. 그런데 그림 4-38과 같이 하나의 청크에 포함되는 샤드 키 값이 모두 "matt"이고, 동일한 키 값을 대략 10만 개 가지고 있다고 가정해보자. 이 컬렉션에 있는 도큐먼트 하나의 평균 크기가 1KB라고 가정하면 splitVector 명령은 32,768(32MB/1KB)개의 인덱스 키 단위로 스플릿 포인트를 기록할 것이다.

	샤드 키 (user_name)
1st key	matt
2nd key	matt
3rd key	matt
...	...
(n-2)th key	matt
(n-1)th key	matt
nth key	matt

〈그림 4-38〉 도큐먼트를 많이 가지는 샤드 키

그런데 샤드 키 인덱스를 스캔하면서 찾은 스플릿 포인트의 값이 모두 "matt"다. 하지만 splitVector 에서 이렇게 중복된 값들은 모두 무시가 된다. 이는 동일한 샤드 키 값을 2개 이상의 청크로 쪼갤 수 없기 때문에 기록할 필요가 없는 것이다. 만약 32,768번째 값이 "matt"라면 splitVector 명령은 다음 (32,769번째) 인덱스 키가 "matt"인지 비교하고, "matt"가 아니라면 그 값을 스플릿 포인트로 기록한 다. 그래서 splitVector 명령이 항상 지정된 도큐먼트 개수에 의해서만 스플릿 지점을 결정하는 것은 아니다. 이렇게 splitVector 명령이 해당 청크의 샤드 키를 처음부터 끝까지 스캔했지만, 값이 모두 하 나라면 이 청크는 스플릿을 할 수 없다. 이런 경우에는 다음과 같이 스플릿 포인트를 찾지 못했다는 메 시지가 MongoDB 라우터나 컨피그 서버의 로그 파일로 기록될 것이다.

```
Tue Aug 25 23:22:37.860 [conn85709] request split points lookup for chunk mysns.users { :
-4372791608761871857 } —>> { : -4341413813904342211 }
Tue Aug 25 23:22:37.979 [conn85709] warning: Finding the split vector for mysns.users over { _id:
"hashed" } keyCount: 36994 numSplits: 1 lookedAt: 33851 took 118ms
```

(!) 주의

MongoDB 라우터나 컨피그 서버의 로그 파일은 특별한 성능 이슈나 에러가 아니어도 가끔씩 로그를 확인하면서 밸런서와 관련된 작업에 문제가 없는지 확인하는 것이 좋다. 청크의 스플릿 포인트를 찾지 못하는 현상도 그 자체로는 특별히 문제 생 기는 것은 아니지만, 청크가 스플릿되지 못해서 청크 하나하나의 크기가 너무 비대해지면 샤드 간 부하 분산이 문제가 될 수 도 있다. 이렇게 샤드 키의 문제로 인해서 샤드에 불균형이 발생하면 정작 문제가 발생했을 때 그 문제를 해결하기가 쉽지 않 다. 항상 로그 파일을 살펴보면서 어떤 현상들이 발생하고 있는지 모니터링하고, 샤드 간의 밸런스에 문제가 있다면 미리미리 충분한 시간을 가지고 조치를 하는 것이 좋다.

혹시 주기적으로 로그를 확인하는 것이 어렵다면 각 컬렉션의 청크 사이즈를 체크하는 스크립트를 만들어서 주기적으로 사용 자 쿼리가 드문 시점에 스크립트를 수행하고 결과를 확인하는 것도 좋은 방법이다.

splitVector 명령의 리턴 값이 청크를 스플릿할 수 있는 유효한 포인터를 포함하고 있다면 해당 지점을 기준으로 청크를 스플릿하도록 splitChunk 명령이 실행된다. splitChunk 명령은 간략하게 다음과 같 은 과정으로 처리된다.

1. 컨피그 서버의 메타데이터 잠금 획득
2. 메타 데이터 변경을 위해서 배치 업데이트 명령 실행
3. 컨피그 서버의 변경 이력 저장(changelog 컬렉션)

splitVector 명령이 처리하는 내용은 의외로 간단하다. 실제 splitVector 명령을 수행하는 중에 샤드의 대상 청크 데이터를 읽는다거나 다른 샤드로 복사한다거나 하는 데이터 작업은 전혀 없다. 단순히 청크의 메타 정보를 새로운 청크 정보로 대체하는 작업이 전부라는 것을 알 수 있다. 이는 MongoDB의 청크가 물리적인 단위가 아니라 논리적인 단위이기 때문에 가능한 것이다. 만약 청크가 물리적인 단위였다면 splitChunk 명령이 실행될 때 기존의 청크를 복사해서 다른 위치로 복사하는 과정이 필요할 것이다. 하지만 MongoDB의 청크는 논리적인 개념이므로 청크가 다른 샤드로 옮겨지기 전까지는 도큐먼트가 하나의 샤드 내에서 디스크의 다른 물리적인 위치로 옮겨지지 않는다.

> ⓘ **주의**
>
> 청크를 스플릿할지 여부의 기준이 되는 청크의 크기에 샤드 키를 포함한 인덱스(프라이머리와 세컨드리 인덱스 모두) 크기는 포함되지 않는다. splitVector에서 샤드 키를 스캔하는 이유는 샤드 키 인덱스는 이미 샤드 키를 기준으로 정렬돼 있으며, 실제 도큐먼트를 저장하고 있는 데이터 파일보다 훨씬 크기가 작으므로 효율적으로 청크의 분할 지점을 선택할 수 있기 때문이다. 청크는 각 컬렉션의 샤드 키를 기준으로 컬렉션의 데이터가 논리적으로 파티션된 것이므로 인덱스는 청크 단위의 파티션 대상이 아니다. 청크는 도큐먼트가 저장되는 컬렉션에 대해서만 적용되며, 각 샤드의 인덱스는 그 샤드가 가진 컬렉션의 청크에 대해서만 유지 관리된다.

청크가 스플릿되는 과정에서 하나 더 기억해야 할 것은 splitVector 과정에서도 샤드 키 인덱스의 일부(분할 대상이 되는 청크의 시작 키 값과 끝나는 지점의 키 값까지)만 스캔한다는 것이다. 청크를 스플릿하기 위해서 데이터 파일을 모두 스캔하지는 않는다. 그래서 청크의 스플릿 과정은 상대적으로 가볍게 처리된다. 게다가 splitVector 명령은 샤드 키 인덱스를 스캔하는 과정 중에 빈번하게 Yield를 수행한다. MongoDB에서 Yield는 자기 자신이 가지고 있던 잠금을 모두 반납하고 잠시 실행을 멈추는 과정을 의미한다. 그래서 splitVector 명령이 장시간 실행되고 MongoDB의 로그 파일에 슬로우 쿼리(오랜 시간동안 실행돼서 로그 파일에 기록되는 쿼리)로 남는다고 하더라도 크게 튜닝 대상으로 고려할 필요는 없다. 설령 로그 파일에 남는다고 하더라도 splitVector 명령을 튜닝할 방법은 그다지 많지 않다. ^{실제}

^{청크 스플릿 위치를 스캔하는 과정은 서버의 사양이나 처리하는 서비스 쿼리량에 따라서 영향도가 다를 수 있어서 항상 무시하지는 못할 수도 있다. 청크 스플릿이 부담되는 정}

^{도의 처리를 수행하는 서버라면 미리 청크를 잘게 스플릿하거나, 사용량이 별로 없는 시간대에 강제로 미리 청크 스플릿을 실행할 것을 권장한다.}

청크 스플릿은 자동으로 실행되기도 하지만, 관리자가 직접 특정 청크를 스플릿할 수도 있다. 가끔은 MongoDB 샤드 클러스터가 적절히 비대해진 청크를 스플릿하지 못할 수도 있다. 그리고 대량의 데이터를 적재하기 전에 미리 청크를 잘게 쪼개서 분산할 수도 있다. 이런 경우에는 관리자가 직접 청크를 수동으로 스플릿하게 된다. 관리자가 청크를 직접 스플릿할 때는 다음과 같은 명령을 사용할 수 있다. 3개의 명령 모두 split 명령이지만 옵션(find, middle, bounds)에 따라서 조금씩 용도와 스플릿 결과가 달라질 수 있다.

```
mongos> db.adminCommand( { split: <database>.<collection>,
                find: <document> } )

mongos> db.adminCommand( { split: <database>.<collection>,
                middle: <document> } )

mongos> db.adminCommand( { split: <database>.<collection>,
                bounds: [ <lower>, <upper> ] } )
```

find 옵션을 사용한 스플릿 명령은 find 옵션에 주어진 조건을 이용해서 특정 청크를 찾은 다음, 그 청크를 크기가 같은 2개의 청크로 스플릿한다. find 옵션에 주어진 조건을 기준으로 청크를 2개로 나누는 것이 아니라는 것에 주의하자. 물론 find 옵션에 주어지는 조건은 반드시 샤드 키의 조건을 포함해야한다. 다음 명령은 users 컬렉션에서 user_id가 99인 도큐먼트를 포함하는 청크를 반으로 스플릿하는 예제다. find 옵션의 조건은 스플릿하고자 하는 청크를 식별하기 위한 조건이므로 스플릿 명령의 find 옵션에서 명시한 조건에 일치하는 도큐먼트가 반드시 있어야 하는 것은 아니다. sh.splitFind() 명령은 db.runCommand({split:"mysns.users", find:...}) 명령의 래퍼 명령이며, 내부적인 작동 방식이나 결과는 같다.

```
mongos> db.runCommand( { split : "mysns.users", find : { user_id : 99 } } )
mongos> sh.splitFind( "mysns.users", {user_id:99} )
```

middle 옵션을 사용하는 스플릿 명령은 middle 옵션에 주어진 조건을 이용해서 특정 청크를 찾은 다음, 그 청크를 2개의 청크로 스플릿한다. find 옵션을 사용한 스플릿과는 달리 middle 옵션에 주어진 샤드 키 값을 기준으로 청크를 스플릿한다. 다음 명령은 user_id가 99인 샤드 키를 포함하는 청크를 스플릿하는 예제다. 이때 만약 user_id가 99인 청크의 샤드 키 범위가 [50, 120)이었다면, 다음 명령은 이 청크를 [50, 99)와 [99, 120)의 샤드 범위를 가지는 2개의 청크로 분리한다. 즉 스플릿 명령에 사용된 middle 옵션의 샤드 키 조건이 스플릿의 기준값이 되는 것이다. sh.splitAt() 명령은 db.runCommand({split:"mysns.users", middle:...}) 명령의 래퍼 명령이다.

```
mongos> db.runCommand( { split : "mysns.users", middle : { user_id : 99 } } )
mongos> sh.splitAt( "mysns.users", {user_id:99} )
```

bounds 옵션을 사용하는 스플릿 명령은 해시 샤딩을 사용하는 컬렉션을 스플릿하기 위한 명령이다. 해시 샤딩의 경우 샤드 키가 해시돼서 청크의 범위가 결정되므로 middle 옵션을 사용하는 스플릿 명령과 같이 특정 샤드 키 값을 기준으로 스플릿하는 것이 불가능하다. 다음 예제는 bounds 옵션을 사용하는 스플릿 명령의 예제다. bounds 옵션은 샤드 키의 범위를 배열로 명시하면 되는데, 이 배열은 스플릿 대상 청크의 최솟값과 최댓값을 사용해야 한다. 또한 bounds 옵션에 사용되는 샤드 키 값은 해시되기 전의 원본 값이 아니라 해시된 값의 범위를 사용해야 한다. 해시 샤딩된 청크를 스플릿하고자 할 때에는 config 서버의 chunks 컬렉션에서 스플릿하고자 하는 청크의 최솟값과 최댓값(해시된 값의 범위)을 이용하면 된다.

```
mongos> db.runCommand( { split: "mysns.users ",
              bounds : [ { user_id: NumberLong("-5838464104018346494") },
                         { user_id: NumberLong("-5557153028469814163") } ]
          } )
```

복합 필드로 구성된 샤드 키를 사용할 때에는 반드시 샤드 키를 구성하는 모든 필드의 값을 조건으로 명시해야 한다.

```
mongos> db.adminCommand( { split : "mysns.comments",
              middle : {"article_id":1000, "comment_id" : 10000} } )
```

하지만 때로는 스플릿 명령을 실행할 때, 샤드 키를 구성하는 모든 필드를 나열하지 못하거나 첫 번째 이후의 필드는 크게 중요하지 않을 때도 있다. 이런 경우에는 다음과 같이 샤드 키의 뒤쪽 필드는 MaxKey나 MinKey로 대체해서 스플릿을 실행할 수도 있다.

```
mongos> db.adminCommand( { split : "mysns.comments",
              middle : { "article_id" : 10000, "comment_id" : MinKey } } )
mongos> db.adminCommand( { split : "mysns.comments",
              middle : { "article_id" : 10000, "comment_id" : MaxKey } } )
```

bounds 옵션과 find 옵션을 사용하는 스플릿 명령은 청크를 크기가 거의 균등한 2개의 샤드로 스플릿한다. 즉 스플릿 대상 청크를 찾아서 그 청크가 가진 샤드 키 값들의 중간(Median)값을 기준으로 청크를 스플릿하는 것이다. 그런데 비어 있는 청크는 중간값이 없으므로 bounds 옵션과 find 옵션을 사용하는 스플릿 명령은 도큐먼트를 하나도 가지지 않는 빈 청크에는 사용할 수 없다. 그래서 만약 빈 청크나 컬렉션의 청크를 미리 스플릿하고자 할 때에는 레인지 샤딩이라면 middle 옵션을 사용하는 스플릿 명령을 사용하고, 해시 샤딩이라면 컬렉션을 최초 샤딩(db.runCommand({shardCollection: "user. users",....}))할 때 numInitialChunks 옵션을 명시해서 컬렉션을 생성해야 한다.

> **참고** MongoDB 샤드 서버는 청크에 INSERT나 UPDATE가 실행되고 나면 항상 해당 청크를 스플릿해야 하는지 체크한다. 그런데 청크를 스플릿해야 한다고 판단해서 스플릿을 수행하려고 하는데, 다른 쓰레드에 의해서 컬렉션의 메타 데이터가 이미 잠겨 있으면 청크 스플릿을 수행하지 못하게 된다. 이런 현상으로 인해서 청크를 스플릿해야 하는데, 스플릿하지 못해서 청크가 비대해지는 경우도 가끔 발생할 수 있다.

MongoDB 서버의 청크 스플릿은 수동으로 실행할 수도 있지만, 기본적으로 청크의 스플릿은 자동으로 실행되는 작업이다. 청크 스플릿은 하나의 청크를 풀 스캔해서 스플릿 포인트를 찾아야 하므로 시간이 조금 걸릴 수 있다. 하지만 청크 스플릿 작업이 아주 가끔씩 발생하는 작업이라면 크게 서비스 쿼리를 지연시키지는 않을 것이다. 그런데 해시 샤딩과 같이 데이터의 분산이 너무 균등할 때에는 여러 청크가 동시에 스플릿 시점이 되곤 한다. 이런 경우에는 동시에 다수의 청크가 스플릿을 실행하면서 청크 스플릿이 서비스 쿼리의 성능을 느리게 만들 수도 있다. 그래서 MongoDB 서버에서는 청크 스플릿을 자동으로 실행하지 못하도록 비활성화할 수도 있다.

```
// 청크의 자동 스플릿 활성화
mongos> sh.enableAutoSplit();

// 청크의 자동 스플릿 비활성화
mongos> sh.disableAutoSplit();

// 청크의 자동 스플릿 활성화 여부는 컨피그 서버의 settings 컬렉션을 통해서도 확인할 수 있다.
mongos> db.settings.find({_id: "autosplit"})
{ "_id" : "autosplit", "enabled" : true }
```

4.5.3 청크 머지(Chunk merge)

MongoDB 샤드 클러스터의 밸런서는 샤드 간의 데이터를 균등하게 유지하기 위해서 샤드 간 청크를 이동시키는 작업을 수행한다. 이때 밸런서는 각 청크가 얼마나 많은 사용자 쿼리를 처리하는지 또는 각 청크가 얼마나 많은 도큐먼트를 가지고 있는지에 대해서는 아직 고려하지 않는다. 밸런서는 샤드 서버의 밸런스를 위해서 오로지 각 샤드 서버가 가진 청크의 개수만 균등하게 유지하려고 한다.

하지만 사용자의 데이터는 계속 변경되므로 각 청크가 가진 데이터는 계속 변경된다. 이로 인해서 어떤 청크는 많은 데이터가 삭제되면서 빈 청크가 되기도 한다. 때로는 컬렉션을 샤딩하면서 미리 청크를 스플릿해뒀는데, 의도한대로 데이터가 저장되지 않아서 계속 빈 청크 상태일 수도 있다. 하지만 이렇게 빈 청크는 샤드 서버 간의 부하를 균등하게 유지하기 어렵게 만들 것이다. 그래서 MongoDB에서는 이렇게 데이터를 전혀 가지지 않는 청크를 주위의 연속된 청크와 병합할 수 있도록 mergeChunks 명령을 제공한다. 하지만 청크를 스플릿할 때와는 달리 청크를 병합할 때는 다음과 같은 제약 사항이 있다.

- 병합하고자 하는 청크는 같은 샤드에 존재해야 한다.
- 병합되는 청크 중에서 최소한 하나의 청크는 비어 있어야 한다.
- 연속된 샤드 키 범위의 청크만 병합할 수 있다.

연속된 청크가 같은 샤드 서버에 있지 않을 때에는 비어 있는 청크를 병합하고자 하는 청크가 있는 샤드 서버로 옮기면 된다. 비어 있는 청크의 이동은 실제 샤드 서버 간의 데이터 이동은 필요 없고, 컨피그 서버의 메타 데이터만 변경하면 되므로 사용자의 쿼리에 영향을 미치지는 않을 것이다. 하지만 청크가 한 건이라도 데이터를 가지고 있다면 이런 청크는 다른 청크와 병합할 수 없다. 만약 이렇게 소량의 데이터를 가진 청크가 많다면 해당하는 청크 범위에 있는 데이터를 덤프하고 데이터를 삭제한 다음에 청크를 병합하는 방법도 생각해볼 수 있다. 물론 이렇게 덤프한 다음 삭제하는 방식은 사용자 쿼리가 해당 데이터에 접근하지 않아야 한다. 물론 청크의 병합을 위해서 별도의 점검 작업을 고려해볼 수도 있다.

청크가 비어 있는지 아닌지는 dateSize 명령을 이용해서 확인할 수 있다. dataSize 명령의 결괏값에서 size와 numObjects의 값이 모두 0이면 해당 청크는 비어있는 것이다.

```
mongos> use mysns;

mongos> db.runCommand({
    "dataSize": "mysns.users ",
    "keyPattern": { user_name: 1 },
    "min": { "user_name": "matt1234" },
    "max": { "user_name": "nexus95" }
})

{ "size" : 0, "numObjects" : 0, "millis" : 0, "ok" : 1 }
```

예를 들어, users 컬렉션이 현재 다음과 같은 청크를 가지고 있고 ["matt1234", "nexus95") 청크는 비어 있다고 가정해보자.

```
mongos> sh.status()

--- Sharding Status ---
shards:
    {  "_id" : "shard-01",  "host" : "shard01-mongo1.com:27017,shard01-mongo2.com:27017" }
    {  "_id" : "shard-02",  "host" : "shard02-mongo1.com:27017,shard02-mongo2.com:27017" }
  databases:
    {  "_id" : "mysns",  "partitioned" : true,  "primary" : "shard-01" }
          mysns.users
                  shard key: { "user_name" : 1 }
                  chunks:
                          shard-01       7
                          shard-02       7
          ...
                      { "user_name" : "matt1234" } ->> { "user_name" : "nexus95" } on : shard-01
Timestamp(4, 0)
                      { "user_name" : "nexus95"  } ->> { "user_name" : "nymp01"  } on : shard-01
Timestamp(5, 0)
                      { "user_name" : "nymp01"   } ->> { "user_name" : "opus"     } on : shard-02
Timestamp(6, 0)
          ...
```

이때 ["matt1234", "nexus95") 청크와 ["nexus95", "nymp01") 청크를 병합하려면 다음과 같이 두 청크의 연속된 범위를 이용해서 mergeChunks 명령을 실행하면 된다. 이 명령에서 주의해야 할 점은 bounds 옵션에 기존의 청크 2개를 합쳐서 만드는 새로운 청크의 범위(최솟값 ~ 최댓값)를 명시해야 한다는 것이다.

```
mongos> db.runCommand( { mergeChunks: "mysns.users ",
              bounds: [ { "user_name": "matt1234" },
                        { "user_name": "nymp01" } ]
          } )
```

MongoDB 샤드 클러스터에서 청크의 병합을 지원하기는 하지만, 이미 살펴본 것과 같이 청크의 병합은 제약 사항이 많은 편이다. 그리고 청크에 단 한 건이라도 데이터가 저장돼 있다면 청크를 병합할 수가 없다. 따라서 가능하다면 청크를 미리 스플릿하거나 많은 데이터를 삭제할 때는 이렇게 비어 있거나 아주 소량의 데이터를 가지게 될 청크에 대한 부분도 같이 고려하자.

4.5.4 청크 이동(Chunk migration)

밸런서는 각 샤드의 청크 개수를 비교해서 특정 샤드의 청크 개수가 다른 샤드에 비해서 많으면 샤드 간 청크 이동을 실행한다. 샤드 간 청크의 불균형을 감지하고 청크 이동을 시작하는 것은 밸런서(MongoDB 라우터나 컨피그 서버)지만, 청크 이동이 시작되면 청크를 가진 샤드와 청크를 전달받을 샤드 서버 간에 데이터 이동과 관련된 모든 작업이 처리된다. 실제 데이터의 이동 자체에 대해서 밸런서가 관여하는 부분은 없다.

청크가 이동하는 단계는 여러 단계로 나뉘어서 처리되는데, 청크를 보내는 샤드(From-Shard)에서 7단계 그리고 청크를 받는 샤드(To-Shard)에서 8단계의 과정을 거쳐서 처리된다. 여기에서 8단계는 공식적인 단계는 아니며, 청크의 이동 과정을 설명하기 위해서 예시로 8단계를 분리한 것이다. 실제 청크의 이동 단계는 해석하는 방식과 관점에 따라서 조금 다를 수 있다. 다음 표에 있는 단계는 config 데이터베이스의 changelog 컬렉션에 기록되는 각 단계를 기준으로 나열한 것이다. 다음 표에서 F1~F6은 청크를 전송하는 샤드(From-Shard)에서 실행되는 단계를 의미하며, T1~T5는 청크를 전송받는 샤드(To-Shard)에서 처리되는 단계를 의미한다.

단계	처리 샤드	단계별 처리 내용
F1	밸런서	From-Shard로 moveChunk 명령 실행
F2	From-Shard	이동 대상 청크의 상태와 moveChunk의 파라미터 오류 체크
F3	From-Shard	To-Shard에게 From-Shard로부터 청크를 복사하도록 지시
F4(T1~T2)	To-Shard	From-Shard와 인덱스를 비교한 다음 필요하다면 인덱스 생성
F4(T3)	To-Shard	From-Shard로부터 청크 데이터를 가져와서 저장
F4(T4)	To-Shard	5번 단계까지 실행하는 동안 변경된 데이터를 From-Shard로부터 가져와서 저장
F4(T5)	To-Shard	Steady 상태
F5	From-Shard	컨피그 서버의 청크 메타 데이터 변경
F6	From-Shard	To-Shard로 이동된 청크의 데이터 삭제 (MongoDB 2.6버전부터 삭제되는 데이터를 로컬 디스크에 백업 수행)

실제 MongoDB에서 청크의 이동 과정을 내부 상태별로 구분해보면 다음과 같이 나눌 수도 있다.

상태	상태 설명
CLONE	청크 데이터를 벌크로 가져와서 복사하는 단계
	이 상태에서는 아무런 잠금이 걸리지 않고, From-Shard에서 데이터의 읽기와 쓰기 모두 처리한다.
CATCHUP	CLONE 단계를 처리하는 중에 From-Shard로 유입된 변경 내역을 To-Shard로 복사하는 상태
	이 상태에서도 여전히 아무런 잠금은 없으며, 읽기와 쓰기 모두 From-Shard에서 처리한다.
STEADY	CATCHUP에서 COMMIT_START로 전이되는 상태
	STEADY 상태에서는 CATCHUP 상태처럼 From-Shard의 변경 내역을 계속 To-Shard로 전달받다가, From-Shard로부터 COMMIT_START 메시지가 오면 다음 단계로 상태를 전이하고, 마지막으로 한 번 더 From-Shard의 남은 변경 데이터를 To-Shard로 가져온다.
COMMIT_START	메타 정보 업데이트 상태
COMMIT	크리티컬 섹션(Critical section)으로써 From-Shard는 실제 변경된 샤드와 청크 정보를 컨피그 서버에 반영하는 작업을 수행한다. 이때 문제가 발생하면 MongoDB의 상태가 어떤 상태인지 예측하기 어려우며 자동으로 해결되지 않을 수도 있다.
DONE	청크의 이동이 완료된 상태
	청크 마이그레이션은 완료된 상태이며, From-Shard는 이동된 청크의 데이터를 삭제한다. 그리고 이 시점부터는 이미 이동된 청크의 데이터를 From-Chunk로 요청하면 샤드 서버가 StaleConfigException을 발생킨다.
FAIL, ABORT	청크 이동 실패 혹은 포기 상태

샤드 간 청크가 이동된다 하더라도 해당 청크의 데이터를 조회하거나 변경하는 쿼리는 여전히 잠금 대기없이 처리된다. 데이터가 옮겨지는 CLONE과 CATCHUP 상태에서도 From-Shard가 사용자의 데이터 조회 요청을 처리하고, 변경 요청은 From-Shard가 처리한 다음 변경 이력을 OpLog에 기록한다. STEADY 상태(F4, T5 단계)와 COMMIT 상태(F5 단계)가 되면 From-Shard는 해당 청크의 데이터가 변경되지 않도록 잠금을 획득하고 최종적으로 컨피그 서버의 메타 정보를 변경하는데, 이 상태는 아주 짧은 시간 내에 완료된다.

청크 이동이 완료된 직후에 From-Shard로 이동된 청크를 요청하는 쿼리나 업데이트를 요청하면 StaleConfigException이 발생하는데, 이 에러가 발생하면 MongoDB 라우터는 메타 정보를 다시 가져와서 샤딩 정보를 갱신한다. 그림 4-39는 MongoDB 라우터가 이 과정을 어떻게 처리하는지 보여주고 있다.

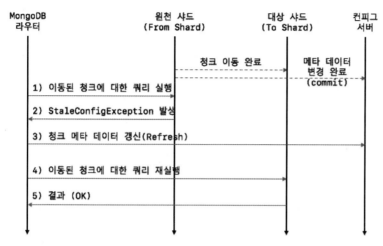

〈그림 4-39〉 MonogDB 라우터의 샤드 메타 정보 갱신 과정

청크가 원천 샤드(From-Shard)에서 대상 샤드(To-Shard)로 옮겨진 이후에 샤드 서버나 컨피그 서버 누구도 MongoDB 라우터에게 청크 이동에 대한 정보를 넘겨주지 않는다. 그래서 MongoDB 라우터는 해당 청크의 이동을 인지하지 못하고, 여전히 해당 청크의 데이터를 조회하거나 변경하기 위해서 원천 샤드(From-Shard)로 쿼리를 전달하게 된다. 하지만 그 청크는 이미 대상 샤드(To-Shard)로 옮겨져 버린 상태이므로 이 쿼리는 실패하게 된다. 이때 원천 샤드(From-Shard)는 StaleConfigException 에러를 반환하는데, MongoDB 라우터는 이 에러를 받게 되면 즉시 컨피그 서버로 접속하여 해당 청크가 어디로 이동했는지 확인하고, 대상 샤드(To-Shard)로 쿼리를 다시 전달한다. 이렇게 MongoDB 라우터가 쿼리를 다시 재시도하는 과정은 응용 프로그램이 알지 못하도록 투명하게 처리된다. 이렇게 청크의 이동 과정은 응용 프로그램에 최대한 영향을 미치지 않도록 처리된다.

청크 마이그레이션과 관련된 내용은 config 데이터베이스의 changelog 컬렉션에 다음과 같이 상세하게 기록된다.

```
mongos> db.changelog.find().sort({$natural:-1})
{
    "_id" : "shard-01.mongo1.com-2013-07-20T17:46:28-51eaccf40c5c5c12e0e451d5",
    "server" : "shard-01.mongo1.com",
    "clientAddr" : "127.0.0.1:50933",
    "time" : ISODate("2016-07-20T17:46:28.589Z"),
    "what" : "moveChunk.from",
    "ns" : "mysns.users",
```

```
    "details" : {
        "min" : {
            "user_id" : 151110
        },
        "max" : {
            "user_id" : 171315
        },
        "step1 of 6" : 0,
        "step2 of 6" : 1,
        "step3 of 6" : 60,
        "step4 of 6" : 1767,
        "step5 of 6" : 7,
        "step6 of 6" : 0
    }
},

{
    "_id" : "shard-01.mongo1.com-2013-07-20T17:46:31-51eaccf7d6a98a5663942b06",
    "server" : "shard-01.mongo1.com",
    "clientAddr" : ":27017",
    "time" : ISODate("2016-07-20T17:46:31.671Z"),
    "what" : "moveChunk.to",
    "ns" : "mysns.users",
    "details" : {
        "min" : {
            "user_id" : 171315
        },
        "max" : {
            "user_id" : 192199
        },
        "step1 of 5" : 0,
        "step2 of 5" : 0,
        "step3 of 5" : 1712,
        "step4 of 5" : 0,
        "step5 of 5" : 44
    }
}
```

config 데이터베이스의 changelog 컬렉션은 하나의 청크 이동의 처리 내용에 대해서 2개의 도큐먼트를 기록하는데, 하나는 청크를 전송하는 쪽의 단계별 처리 시간이며 다른 하나는 청크를 전송 받는쪽의 단계별 처리 시간이다. 이때 청크를 전송하는 쪽은 6단계를 거치며, 청크를 전송받는 쪽은 5단계를 거친다. changelog 컬렉션은 각 단계별로 소요된 시간을 밀리초 단위로 보여주며, 각 단계에서 처리되는 내용은 위의 표에서 F1~F6과 T1~T5 단계를 참조하자.

또한 config 데이터베이스의 changelog 컬렉션은 청크 이동이 시작될 때 "what" 필드가 "moveChunk.start"인 도큐먼트를 한 건 저장하고, 청크 이동이 완료돼서 config 데이터베이스의 메타 정보가 완전히 변경되면 "what" 필드가 "moveChunk.commit"인 도큐먼트를 한 건 저장한다. 그래서 청크가 완전히 이동된 건수는 "what" 필드의 값이 "moveChunk.commit"인 도큐먼트의 건수를 확인하면 된다. 또한 청크를 이동하는 중에 실패한 건수는 "moveChunk.commit" 건수와 "moveChunk.start" 건수의 차이를 확인해보면 된다.

> **(!) 주의**
>
> MongoDB 서버에서 청크의 이동은 도큐먼트를 가져와서(FIND) 다른 샤드에 저장(INSERT)하고, 원본 청크를 가진 샤드에서는 삭제(REMOVE)하는 작업을 수행한다. 그런데 WiredTiger 스토리지 엔진을 사용하는 컬렉션에서는 청크의 이동이 발생하면 원본 청크를 가진 샤드의 컬렉션 데이터 파일에 골고루 분산된 도큐먼트를 삭제하는 작업이 발생한다.
>
> WiredTiger 스토리지 엔진은 데이터 파일의 변경 내용을 체크 포인트 시점마다 스냅 샷 형태로 관리한다. 그리고 한 시점에는 반드시 두 개의 스냅 샷이 저장돼야 하므로 단순히 청크를 이동하면서 실행되는 도큐먼트 삭제(REMOVE)로 인해서 데이터 파일의 용량이 더 증가하는 현상도 발생할 수 있다. 그런데 샤딩된 클러스터에 너무 많은 컬렉션이 존재하는 경우에는 이 컬렉션들이 조금씩만 용량이 증가해도 쉽게 디스크 공간을 몇백 GB씩 소비해버릴 가능성이 높다. 그래서 샤딩된 클러스터에서는 하나의 컬렉션을 너무 잘게 분리해서 많은 컬렉션을 유지하는 형태는 불필요하게 디스크 공간을 낭비하는 결과를 초래할 수도 있다.

4.5.4.1 청크 아카이빙(Archiving moved chunks)

MongoDB 2.6 버전부터는 자동으로 이동된 청크 데이터를 "movedChunk"라는 디렉터리에 컬렉션과 청크의 식별자로 명명된 파일로 백업한다. 이는 청크 이동이 실패했을 때 데이터를 복구할 수 있도록 구현된 일회성 백업 기능인데, 청크를 이동하는 도중에 문제가 생기거나 중간에 실패해서 청크 이동이 불완전하게 종료됐다면 백업(아카이빙)된 청크 파일을 이용해서 수동으로 복구할 수 있다. MongoDB의 설정 파일에서 sharding.archiveMovedChunks 옵션을 이용해서 이동되는 청크의 백업을 수행할지 설정할 수 있다.

```
sharding:
   clusterRole: shardsvr
   archiveMovedChunks: true
```

MongoDB 2.6 버전부터는 sharding.archiveMovedChunks 옵션의 기본값이 TRUE로 설정돼 있어서 청크가 이동될 때마다 그 데이터는 MongoDB 샤드 서버(청크를 전송하는 From-Shard)에 아카이빙됐다. 그런데 이렇게 아카이빙된 청크 백업 데이터는 자동으로 삭제되지 않는다. 그래서 청크 이동이 많은 MongoDB에서는 이동하면서 백업된 청크 데이터 파일을 주기적으로 삭제해야 했다. 그런데 MongoDB 3.2부터는 이동된 청크를 로컬 디스크로 아카이빙하는 옵션의 기본값이 FALSE로 바뀌었다. 그래서 2.6버전부터 3.0버전의 MongoDB를 사용 중이라면 이동된 청크의 백업 데이터를 주기적으로 확인하고 삭제해서 디스크 공간을 확보해주는 것이 좋다.

아카이빙된 청크 데이터 파일은 청크 이동이 완료되면 언제든지 삭제해도 된다. 하지만 moveChunk 디렉터리에 이동된 청크별로 파일이 생성되므로 어떤 파일이 현재 이동 중인 파일이고, 어떤 파일이 청크 이동이 완료된 파일인지 식별하기가 조금 혼란스러울 수도 있다. 그래서 sh.isBalancerRunning() 명령을 이용해서 청크 마이그레이션 작업이 완전히 멈췄는지 확인한 다음 moveChunk 디렉터리의 백업 파일을 정리하는 것이 좋다.

> **참고** MongoDB 2.6 시점의 이력을 좀 확인하려고 했으나, MongoDB JIRA 사이트에서는 이 옵션의 기본값이 TRUE로 바뀐 이유에 대한 언급은 찾을 수가 없었다. 아마도 MongoDB 2.6 버전에서 이동되는 청크의 백업을 기록하도록 활성화한 것으로 보아 MongoDB 2.4 또는 2.6 버전에서의 청크 이동이 원자성을 보장하지 않았거나 문제가 발생할 소지가 있었던 것이 아닐까 추측된다. 그리고 MongoDB 3.0을 거치고 MongoDB 3.2로 오면서 이 옵션의 기본값이 FALSE로 바뀐 것을 보면 청크의 이동이 MongoDB 3.2에서 안정화됐고, 청크를 이동하는 도중에 장애나 서버 이상이 발생했을 때에도 데이터 자체의 손실은 없어진 것이 아닐까 생각된다.
>
> MongoDB 2.2 버전과 2.4 버전을 꽤 장시간 사용해본 경험에 비춰볼 때, 실제 청크 이동이 말썽을 일으킨 적은 없었다. 아마도 MongoDB 2.6에서 이동되는 청크의 백업이 활성화된 것은 아마도 조금 특수한 케이스(청크 이동 도중 서버 응답 불능이나 네트워크 문제 등)에 대비하기 위한 부분이 아니었을까 생각된다.

4.5.4.2 세컨드리 쓰로틀링(Throttling)과 청크 데이터의 비동기 삭제

청크의 이동 과정은 청크를 보내는 샤드에서는 청크의 전체 데이터를 읽어서 전송하고, 청크를 받는 샤드에서는 전송된 청크의 데이터를 자신의 컬렉션에 저장(INSERT)해야 한다. 이 과정이 완료되면 청크를 보내는 샤드에서는 해당 청크의 데이터를 모두 찾아서 삭제(DELETE)하게 된다. 이렇게 청크를 보내는 샤드에서 이동된 청크 데이터를 모두 찾아서 도큐먼트를 하나하나 삭제하는 작업은 컬렉션의 데이터뿐만 아니라, 그 컬렉션이 가진 모든 인덱스에서 삭제되는 도큐먼트와 연관된 키 엔트리를 찾아서 삭제해야 한다. 그리고 청크를 받는 샤드에서도 컬렉션에 데이터를 저장할뿐만 아니라 그 컬렉션의 모든 인덱스에 키 엔트리를 추가하는 작업이 필요하다.

> **(!) 주의**
>
> 청크 이동은 그 컬렉션이 얼마나 많은 인덱스를 가졌는지에 따라서 해야 할 작업의 양이 매우 많이 달라질 수도 있다. 그런데 이미 사용자의 요청을 처리하고 있는 샤드 서버에 이런 부하까지 가중된다면 때로는 청크 이동으로 인해서 사용자의 쿼리 처리 성능이 영향을 받을 수도 있다. 그래서 MongoDB 샤드 클러스터를 구축할 때는 청크를 이동하는 데 필요한 자원의 소모를 고려하여 적절하게 조금은 여유를 두고 서버를 구성하는 것이 좋다.
>
> 만약 샤딩이 매우 안정된 방식이어서 각 샤드의 데이터 크기와 사용자 요청이 거의 차이가 없을 것으로 예상된다면 그냥 청크 밸런서를 꺼둘 수도 있다. 이런 경우라면 청크 이동의 부하에 대해서 크게 고려하지 않아도 된다. 하지만 샤드 간 데이터 균형이 완전히 보장되지 않는다면 언젠가는 샤드 간 청크 이동이 필요한데, 이미 사용자 요청 처리로 인해서 샤드 서버가 청크 이동을 처리할 여유가 없다면 샤드 간 불균형은 갈수록 더 심해지고, 결국은 서비스를 멈춰야 할 수도 있다.

밸런서가 실행하는 청크 이동과 레플리카 셋의 데이터 복제는 무관해 보일 수도 있다. 사실 프라이머리에서는 청크 이동을 관장하는 쓰레드가 직접 도큐먼트를 읽고 저장하고 삭제하는 명령을 실행하지만, 이렇게 청크 이동 쓰레드에 의해서 변경된 데이터는 복제를 통해서 세컨드리 멤버로 전달된다. 그래서 프라이머리의 청크 이동과 관련된 데이터 변경은 모두 OpLog에 기록돼야 하고, 이로 인해서 과도한 청크 이동은 세컨드리에 상당한 영향을 미치게 된다.

그런데 프라이머리에서 청크 이동을 위한 INSERT와 DELETE가 너무 빠른 속도로 진행돼 버리면 레플리카 셋의 세컨드리 멤버들은 프라이머리의 변경을 따라가지 못할 수도 있다. 이런 현상은 MongoDB의 세컨드리 복제가 단일 쓰레드로 진행되던 MongoDB 2.0 이전에는 심각한 문제였다. 그래서 MongoDB에서는 복제 지연을 막기 위해서 프라이머리와 세컨드리의 동기화 상태를 확인하면서 청크 이동을 실행하도록 제한하는 기능을 추가했다. 이 기능을 세컨드리 쓰로틀링(Secondary Throttling)이라고 하는데, 세컨드리 쓰로틀링이 활성화되면 청크 이동을 위한 도큐먼트 복사 작업이 프라이머리와 세컨드리 멤버까지 동기화되도록 한다. 즉 세컨드리 쓰로틀링은 청크 이동을 위한 도큐먼트 복사를 위해서 "{w:2}" 이상 수준의 WriteConcern 모드를 사용하게 되는데, 이는 세컨드리 멤버의 복제 지연을 최소화하는 효과를 내게 된다. 세컨드리 쓰로틀링은 컨피그 서버의 밸런서 관련 설정과 _secondaryThrottle 옵션으로 함께 설정할 수 있다.

```
mongos> use config
mongos> db.settings.update( { "_id" : "balancer" },
                          { $set : { "_secondaryThrottle" : true },
                          { upsert : true } } )
```

MongoDB 2.0 버전부터는 세컨드리 멤버들의 복제 쓰레드가 멀티 쓰레드로 개선됐기 때문에 청크 이동으로 인해 복제 지연이 발생할 우려는 많이 없어졌다. 하지만 많은 청크의 이동은 여전히 복제 지연을 유발할 가능성이 있으며, 복제 지연이 발생하면 MongoDB 레플리카 셋의 가용성이 떨어진다. 이는 복제 지연이 심할 때에는 프라이머리 멤버가 응답 불능 상태가 되어 세컨드리 멤버가 프라이머리가 프로모션됐을 때 데이터의 손실이 발생할 수도 있다. 또한 복제 지연이 있을 때는 새로운 프라이머리 선출이 지연되거나 영향을 받을 수도 있다.

또한 응용 프로그램의 레플리카 셋에서 세컨드리 동기화 기능(WriteConcern)이 사용되면 아주 작은 복제 지연이라도 사용자 쿼리의 응답 시간에 영향을 미칠 수 있다. 이런 문제점을 막기 위해서 청크 이동의 세컨드리 쓰로틀링 기능은 여전히 필요한 기능일 수도 있다.

> **참고**
> 이렇게 여러 세컨드리 중에서 최소 N개의 세컨드리가 데이터를 동기화해야만 변경이 완료되는 옵션을 MongoDB에서는 WriteConcern이라고 한다. 여러 세컨드리 멤버 중에서 최소 1개는 동기화를 완료했을 때 요청이 완료되는 것을 "{w:2}"이라고 표현하는데, 여기에서 w 필드의 값에 명시된 2는 프라이머리 자신과 추가로 세컨드리 멤버 1대를 합쳐서 2개 멤버라고 표현한 것이다. 그리고 세컨드리 멤버 중에서 과반수는 동기화돼야 하는 것을 "{w: majority}"라고 표현한다. WriteConcern과 관련된 내용은 나중에 다시 자세히 살펴볼 것이므로 여기에서는 이 정도 수준으로만 이해하자.

사용자의 쿼리나 데이터 변경 요청이 없다면 청크 이동은 세컨드리 동기화와 전혀 무관하게 실행된다. 하지만 사용자의 데이터 변경 요청이 최소 1개 이상의 세컨드리에서 동기화되도록 WriteConcern을 설정하면 프라이머리는 사용자의 변경이 프라이머리 자신과 추가로 세컨드리 멤버 하나에서 쓰기가 완료될 때까지 기다려야 한다. 그런데 청크 이동을 위한 도큐먼트 변경(INSERT와 DELETE)이 아무런 제약없이 빠른 속도로 실행된다면 세컨드리는 OpLog에 기록된 순서대로 청크 이동을 먼저 다 실행하고 나서야 사용자 요청을 처리할 수 있을 것이다. 그림 4-40은 청크 이동을 위한 데이터 변경(INSERT & DELETE) 작업으로 인해서 "{w:2}" 이상의 WriteConcern으로 실행된 사용자 쿼리에 대한 응답 시간(A)이 길어지는 이유를 도식화한 것이다.

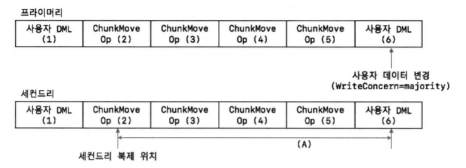

〈그림 4-40〉 청크 이동과 WriteConcern 설정으로 인한 성능 저하

세컨드리 쓰로틀링 기능은 전체적으로 청크의 이동 속도를 느리게 만들지만, 세컨드리 동기화를 필요로 하는 사용자 쿼리의 응답 시간을 최대한 평상시(청크 이동이 없을 때)와 비슷한 수준으로 유지할 수 있도록 해준다. 세컨드리 쓰로틀링 기능은 기본적으로 "{w:2}"로 작동하기 때문에 프라이머리와 세컨드리 멤버 중에서 하나만 데이터 변경을 처리하면 다음 도큐먼트 이동을 진행할 수 있다. 하지만 응용 프로그램에서 사용할 수 있는 세컨드리 동기화 옵션은 사용자가 설정하는 대로 다양하게 변경될 수 있다. 그래서 사용자의 쿼리가 "{w:majority}" 옵션을 사용한다면 세컨드리 쓰로틀링에서 보장하는 "{w:2}"는 사용자 쿼리의 빠른 응답 시간을 보장하는 데 도움이 되지 않을 수도 있다. 그래서 MongoDB 3.2부터는 세컨드리 쓰로틀링뿐만 아니라 청크 이동으로 발생하는 도큐먼트 저장 및 삭제 작업에도 세컨드리 동기화 옵션을 명시할 수 있도록 개선됐다.

```
mongos> use config
mongos> db.settings.update(
   { "_id" : "balancer" },
   { $set : { "_secondaryThrottle" : false ,
            "writeConcern": { "w": "majority" } } },
   { upsert : true }
)
```

세컨드리 쓰로틀링의 기본 WriteConcern 옵션은 2인데, 이를 변경하려면 _secondaryThrottle 옵션을 FALSE로 설정하고, WriteConcern 옵션을 별도로 명시하면 된다.

MongoDB 3.2까지는 청크 이동 시 세컨드리 쓰로틀링 기능이 활성화된 것이 기본 모드다. 하지만 MongoDB 3.4 버전부터는 WiredTiger 스토리지 엔진을 사용하는 경우에는 세컨드리 쓰로틀링 기능이 기본적으로 비활성화되어 있으며, MMAPv1 스토리지 엔진을 사용하는 경우에는 세컨드리 쓰로틀링이 활성화되어 있다. 그리고 수동으로 관리자가 직접 청크 이동을 실행할 수도 있는데, 이때는 moveChunk 명령과 함께 관리자가 직접 세컨드리 쓰로틀링 옵션을 명시할 수도 있다. 이때 사용되는 옵션의 이름도 _secondaryThrottle이며, 이렇게 청크 이동 명령과 함께 명시된 옵션은 컨피그 서버의 settings 컬렉션의 balancer 도큐먼트에 설정된 _secondaryThrottle 옵션을 무시하고 적용된다.

```
mongos> db.runCommand( { moveChunk : "mysns.users" ,
                find : {user_name: "matt"},
                to : "shard-02",
                _secondaryThrottle : true,
                writeConcern: {w: 2},
                _waitForDelete : true } )
```

moveChunk 명령을 실행할 때, _secondaryThrottle 옵션과 writeConcern 그리고 _waitForDelete 옵션은 모두 선택 옵션이므로 moveChunk 명령을 실행할 때 반드시 명시해야 하는 옵션은 아니다. 꼭 필요한 경우에만 해당 옵션을 명시하면 된다.

4.5.4.3 청크 마이그레이션 큐잉(Queueing)

청크 이동은 MongoDB 샤드 클러스터에서 샤드 간 부하 불균형을 해결할 수 있는 유일한 해결책이다. 하지만 MongoDB 3.2 버전까지 청크 이동은 클러스터 전체적으로 한 번에 하나의 청크만 이동이 허용됐고, 이러한 제한 때문에 MongoDB 3.2까지의 청크 재분산은 상당히 느리게 처리됐다. 그래서 MongoDB 3.4 버전부터는 청크의 이동에 참여하는 샤드 서버만 중복되지 않으면 동시에 여러 개의 청크를 한 번에 전송할 수 있도록 개선됐다. 하지만 MongoDB의 청크 이동은 도큐먼트 한건 한건 조회 및 저장 그리고 삭제 작업을 통해서 처리되므로 여전히 많은 시스템 자원과 시간을 필요로 한다.

그래서 MongoDB는 아주 긴급하게 청크의 이동을 처리해야 하는 경우를 위해서 청크 이동의 여러 가지 절차 중에서 마지막 단계인 데이터 삭제 단계를 미뤄서 처리할 수 있는 옵션을 제공한다. MongoDB의 청크 이동은 기본적으로 청크를 보내는 샤드(From-Shard)에서 데이터를 삭제하는 작업을 모두 완료해야 다음 청크 이동을 시작할 수 있다. 하지만 청크 마이그레이션 큐잉 기능은 청크가 일단 다른 청크로 모두 옮겨지면 불필요한 데이터를 삭제하는 작업은 즉시 수행하지 않고 큐에 담아둔 다음 천천히 삭제하는 작업을 수행하도록 한다. 그리고 샤드 서버는 삭제와 관련된 정보를 큐에 담는 즉시, 다른 청크 이동을 시작할 수 있다. 청크 이동에서 옮겨진 청크의 데이터를 삭제하는 작업을 지연해서 처리하는 방법은 세컨드리 쓰로틀링과 같이 컨피그 서버의 settings 컬렉션에서 변경하거나 관리자가 직접 moveChunk 명령을 실행하면서 그때그때 설정을 변경할 수도 있다.

```
## 컨피그 서버의 기본값 설정을 변경
mongos> use config
mongos> db.settings.update(
    { "_id" : "balancer" },
    { $set : { "_waitForDelete" : true } },
    { upsert : true }
)

## 청크 이동 명령별로 설정 변경
mongos> db.runCommand( { moveChunk : "mysns.users" ,
                    find : {user_name: "matt"},
                    to : "shard-02",
                    _secondaryThrottle : false,
                    _waitForDelete : true } )
```

물론 결국은 삭제하는 작업을 처리해야 하는데 이걸 미뤄서 뭘 얻을 수 있겠냐고 생각할 수도 있다. 하지만 청크가 제대로 분산되지 못한 상태에서 계속 데이터가 유입되는 상황을 고려해보자. 이런 상황에서는 청크를 많이 가지고 있는 샤드가 계속 유입되는 쿼리와 데이터 저장으로 인해서 과부하 상태가 유지될 것이다. 그러면 최대한 빨리 청크를 여러 개의 다른 샤드로 분산해야만 하나의 샤드로 집중되던 데이터 저장이나 쿼리를 다른 샤드로 넘길 수 있다. 이런 경우라면 샤드가 가진 청크의 데이터를 삭제하는 것(일단 청크 이동이 완료되면 더 이상 참조되지 않는 청크이므로 나중에 삭제해도 무방함)은 그다지 중요하지 않으며, 최대한 빨리 많은 청크를 다른 샤드로 넘기는 것이 중요하다. 그래서 이런 경우에는 청크 이동에 필요한 청크 데이터 삭제 작업은 우선 보류하고 계속 청크를 다른 샤드로 옮기는 작업에만 집중할 수 있도록 해주는 것이다.

하지만 이렇게 옮겨진 청크의 데이터를 삭제하는 작업이 너무 많이 지연돼서 큐잉된 삭제 작업이 너무 많이 남아있을 수도 있다. 이렇게 큐잉된 삭제 작업을 완료하지 못한 상태에서 레플리카 셋의 프라이머리가 응답 불능이 되거나 비정상 종료를 하게 되면 큐잉된 작업 정보들도 같이 잃어버리게 된다. 그러면 결국 MongoDB 샤드 서버는 자기 자신이 관리하는 청크가 아님에도 실제 데이터가 자기 자신에게 남게 되는 현상이 발생할 수도 있다. 이렇게 자기가 담당하는 청크가 아닌데도 남아있는 도큐먼트를 MongoDB 매뉴얼에서는 고아 도큐먼트(Orphaned Documents)라고 표현한다.

그리고 이렇게 데이터 삭제 작업을 뒤로 미루는 기능을 MongoDB 매뉴얼에서는 비동기 데이터 삭제 (Asynchronous Chunk Migration Cleanup)라고 표현한다.

4.5.4.4 청크 이동 실패

MongoDB 샤드 클러스터에서 모든 청크를 다른 샤드로 옮길 수 있는 것은 아니다. MongoDB의 청크 이동은 샤드의 시스템 자원을 많이 소모하므로 청크의 크기를 기준으로 일정 수준으로 유지하도록 하고, 하나의 청크가 기준 크기보다 커지면 청크를 자동으로 스플릿해서 작은 크기의 청크로 나눈다. 주로 청크의 크기는 용량으로 제한하는 것으로만 언급되는데, 사실 하나의 청크는 청크에 포함된 도큐먼트의 용량뿐만 아니라 청크의 도큐먼트 개수에 대한 제약도 똑같이 적용된다. 청크의 크기는 컨피그 서버의 settings 컬렉션을 통해서 변경할 수 있지만, 하나의 청크가 가질 수 있는 도큐먼트의 개수는 MongoDB 소스 코드에 고정돼 있어서 이는 동적으로 변경할 수 없다.

> ⓘ **주의**
>
> 여기에서 하나의 청크가 가질 수 있는 도큐먼트의 개수는 청크 이동이 가능한 수준의 도큐먼트 개수를 의미하는 것이지, 청크 이동을 고려하지 않는다면 그 청크는 얼마든지 많은 도큐먼트를 포함할 수 있다. 즉 하나의 청크가 제한 없이 도큐먼트를 가질 수 있지만, 일정 수준 이상의 도큐먼트를 가진 청크는 다른 샤드로 이동시킬 수 없다. 그래서 청크 이동이 필요한 경우에 이런 대형 청크는 먼저 스플릿해서 작은 청크로 분할해야 한다.

청크 이동이 실패하는 이유는 다음과 같이 다양하다. 첫 번째는 청크의 자체적인 원인이 아니며, 언제든지 다시 청크 이동을 실행하면 문제없이 처리되는 문제다. 그리고 두 번째와 세 번째는 청크의 자체적인 원인으로 인해서 청크 이동이 불가능한 경우인데, 두 번째 점보 청크에 대해서는 다시 살펴보겠다.

- 이미 다른 청크 이동이 실행되고 있는 경우
- 청크의 점보 청크 플래그가 활성화된 경우
- 청크가 너무 많은 도큐먼트를 가진 경우

마지막 세 번째는 청크가 너무 많은 도큐먼트를 가진 경우인데, 청크가 다른 샤드로 이동하려면 다음 2가지 조건을 만족해야 한다.

- 청크의 도큐먼트가 250,000건 이하

- 청크의 도큐먼트가 ("기본 청크 사이즈" / "평균 도큐먼트 크기") x 1.3건 이하

여기에서 "기본 청크 사이즈"는 컨피그 서버에서 settings 컬렉션의 balancer 항목에 설정된 청크 크기를 의미하며, "평균 도큐먼트 크기"는 db.collections.stats() 명령으로 확인할 수 있는 컬렉션에 저장된 도큐먼트의 평균 크기(avgObjSize 필드 값)를 의미한다. 이 조건을 만족하지 못하는 청크를 이동하려고 하면 "Chunk too big to move" 에러를 발생시키는데, 샤드 서버의 에러 로그를 확인하면 다음과 같은 메시지를 확인할 수 있다.

```
2017-01-05T20:48:45.721+0900 I SHARDING [conn354255] moveChunk request accepted at version
1|262||586db872af23d12771448fa6
2017-01-05T20:48:46.057+0900 W SHARDING [conn354255] cannot move chunk: the maximum number of
documents for a chunk is 250001 , the maximum chunk size is 134217728 , average document size is
171. Found 430165 documents in chunk  ns: mysns.users { user_uid: -1113771263462459749 } -> { user_
uid: -10454772699
13616572 }
2017-01-05T20:48:46.057+0900 W SHARDING [conn354255] chunk too big to move
```

결국, 이 두 조건은 모두 하나의 청크에 포함된 도큐먼트의 개수로 청크 이동이 실패할 수 있다는 것을 의미한다.

> ⓘ 주의
>
> 어떤 서비스에서는 청크의 이동이 거의 없을 거라고 예상해서 청크 스플릿도 최소화하고, 메타 정보도 최소화할 목적으로 컨피그 서버의 청크 사이즈를 256MB 이상으로 설정했던 적도 있었다. 때로는 샤드 서버의 성능이 좋아서 대용량의 청크가 이동해도 사용자의 요청에 거의 영향을 주지 않을 것으로 예상하고 청크 사이즈를 크게 설정했던 적도 있다. 하지만 일정 개수(250,000개) 이상의 도큐먼트를 가지는 청크에서는 청크 사이즈보다 청크의 도큐먼트 개수 때문에 청크 이동이 실패하게 된다는 것을 감안하면 이런 시도들은 잘못된 선택이다. 하지만 도큐먼트 한건 한건의 크기가 매우 커서 64MB 청크에 25만건 이상 저장되지 못하는 경우에 청크 사이즈를 더 크게 설정하는 것은 좋은 선택일 수 있다.

때로는 청크 사이즈를 64MB보다 큰 256MB로 설정하곤 하는데, 이는 사실 도큐먼트의 크기에 따라서 더 문젯거리가 될 수도 있다. 다음 표는 청크 사이즈가 64MB와 128MB 그리고 256MB일 때, 도큐먼트 크기에 따라서 하나의 청크가 가질 수 있는 최대 도큐먼트의 개수를 계산해본 것이다.

〈표 4-1〉 청크 크기별 도큐먼트 건수

청크 사이즈	평균 도큐먼트의 크기	(청크사이즈 / 평균 도큐먼트 크기) x 1.3	청크 이동 가능한 최대 도큐먼트 수
64MB	50바이트	1,744,830	250,000
	100바이트	872,415	250,000
	500바이트	174,483	174,483
	1000바이트	87,241	87,241
128MB	50바이트	3,489,660	250,000
	100바이트	1,744,830	250,000
	500바이트	348,966	250,000
	1000바이트	174,483	174,483
256MB	50바이트	6,979,321	250,000
	100바이트	3,489,660	250,000
	500바이트	697,932	250,000
	1000바이트	348,966	250,000
	2000바이트	174,483	174,483

표 4-1의 계산식에 의하면 결국 도큐먼트 하나하나의 평균 크기가 작을수록 청크의 크기를 64MB 이상으로 크게 설정하는 것은 무의미한 변경이라는 것을 확인할 수 있다.

> **(!) 주의**
>
> MongoDB 샤드 서버는 자동으로 INSERT를 실행한 다음 해당 청크의 크기를 확인해서 그 청크의 크기가 컨피그 서버에 설정된 청크 크기보다 크면 자동으로 스플릿을 실행한다. 그런데 컨피그 서버에 청크 사이즈를 너무 크게 설정하면 자동으로 청크 스플릿이 되지도 않고 청크 이동도 안 되는 청크를 대량으로 만들 수도 있다. 예를 들어, 청크 크기가 256MB인 샤드 클러스터에서 도큐먼트의 평균 사이즈가 100 바이트인 컬렉션을 가정해보자. 이 컬렉션에서 INSERT를 실행한 후에 청크의 크기가 200MB였다면 이 청크는 자동으로 스플릿되지 않을 것이다. 하지만 이 청크는 실제 도큐먼트는 대략 2,097,152(200MB / 100 x 1.3)건의 도큐먼트를 가지므로 청크 이동은 실패하게 된다.
>
> 이렇게 너무 청크 사이즈를 너무 크게 설정하면 청크가 적절한 크기로 자동으로 스플릿되지 못하고 그 결과 밸런서에 의해서 청크가 이동하지도 못한다. 그래서 결국 청크 사이즈를 잘못 설정하면 관리자가 수동으로 청크를 스플릿해야 하는 상황을 빈번하게 발생시킬 수 있다.

청크 사이즈는 샤드 서버 전체적으로 적용되는 옵션이므로 MongoDB 샤드 클러스터의 청크 사이즈를 설정할 때에는 반드시 도큐먼트 크기가 작으면서 전체 컬렉션의 용량이 큰 컬렉션을 기준으로 청크 사이즈를 설정하는 것이 좋다.

4.5.5 청크 사이즈 변경

MongoDB에서 청크 사이즈의 기본값은 64MB다. 이는 표 4-1에서 살펴봤듯이 일반적인 크기의 도큐먼트 사이즈에서는 일반적인 용도로 적절한 기본값이다. 청크 사이즈는 MongoDB 샤드 클러스터에서 부하 분산의 가장 기본이 되는 옵션이며, 다음 3가지를 결정하는 중요한 요소다.

- 유연한 청크 이동
- 샤드 간 청크 이동 시 발생하는 부하 조절
- 샤드 간 부하 분산의 정도

청크의 크기는 하나의 청크가 가지는 도큐먼트의 개수를 결정하게 되는데, 청크의 도큐먼트 개수는 샤드 간 청크 이동이 가능한지 불가능한지 판단하는 요소로 사용된다. 그래서 적절한 청크 사이즈는 유연한 청크 이동을 결정하는 요소인 것이다. 또한 하나의 청크는 여러 샤드에 걸쳐서 있을 수 없으므로 한번 이동이 시작된 청크는 샤드 서버의 부하에 상관없이 완료 또는 취소돼야 한다. 그래서 청크 사이즈가 너무 커지면 샤드 서버에 미치는 영향이 더 커지게 된다. 또한 청크의 크기가 크면 클수록 전체 클러스터에서 청크의 개수가 적어지지만, 샤드 서버 간 부하가 균등해지지 않을 수도 있다. 이는 밸런서가 청크 이동(밸런싱 작업)을 시작하는 임계치가 있기 때문에 샤드 간 청크의 개수가 항상 동일하게 유지되지는 않는다. 그래서 샤드 간의 청크 개수에 어느 정도의 차이는 있을 수 있는데, 청크의 크기가 커질수록 이로 인해서 각 샤드가 가지는 데이터의 차이는 좀 더 커질 수 있다.

MongoDB의 청크 사이즈는 1MB부터 1024MB까지 설정할 수 있는데, 필요에 따라서 청크 사이즈를 변경해야 할 수도 있다. 청크 사이즈는 다음과 같이 config 데이터베이스의 settings 컬렉션을 변경함으로써 조정할 수 있다.

```
mongos> use config
mongos> db.settings.save( { _id:"chunksize", value: 100 } )
```

위 예제는 청크 사이즈를 100MB로 변경하는 명령으로, 청크 사이즈를 변경할 때 자동 청크 스플릿은 다음과 같이 처리된다.

- 해당 청크에 INSERT와 UPDATE가 실행될 때만 자동 청크 스플릿이 실행된다.

- 청크 사이즈를 줄이는 경우 즉시 청크가 스플릿되는 것이 아니라, 각 청크에 INSERT와 UPDATE가 실행될 때 새로운 청크 사이즈를 기준으로 스플릿된다.

- 청크 사이즈가 늘리는 경우 각 청크는 새롭게 설정된 청크 사이즈만큼 커질 때까지 스플릿되지 않는다.

4.5.6 점보 청크(Jumbo Chunk)

단일 샤드 키 값으로만 구성된 청크의 크기가 컨피그 서버의 settings 컬렉션에 설정한 청크 크기보다 크거나 혹은 크기가 작더라도 청크의 도큐먼트 건수가 너무 많은 경우 MongoDB는 그 청크의 점보(Jumbo) 청크 플래그를 활성화한다. 이렇게 점보 플래그가 활성화되면 그 청크는 더는 스플릿할 수 없을뿐만 아니라 밸런서가 그 점보 청크를 다른 샤드로 옮기지도 못하게 된다. 이런 점보 청크가 많아지면 샤드 서버 간의 부하가 적절하게 분산되지 못할 수도 있다. 점보 청크는 sh.status() 명령이나 config 데이터베이스의 chunks 컬렉션을 직접 쿼리해서 확인할 수 있으며, sh.status() 명령은 샤드 클러스터의 전체적인 정보와 모든 컬렉션의 샤딩과 관련된 정보를 보여주므로 상당히 많은 정보를 출력하게 된다. 그래서 sh.status() 명령은 기본적으로 각 컬렉션의 청크는 20개 정도만 보여주고 나머지는 생략한다. 컬렉션의 모든 청크를 확인하려면 sh.status() 명령의 Verbose 모드를 true로 설정해서 실행해야 한다.

```
mongos> sh.status(true)

--- Sharding Status ---
  sharding version: {
    ...
  }
  shards:
    ...
  databases:
    ...
      mysns.users
        shard key: { "user_id" : 1 }
        chunks:
```

```
         shard-01   2
         shard-02   2
    { "user_id" : { "$minKey" : 1 } } —» { "user_id" : 1 } on : shard-02 Timestamp(2, 0)
    { "user_id" : 1 } —» { "user_id" : 2 } on : shard-01 Timestamp(3, 1)
    { "user_id" : 2 } —» { "user_id" : 4 } on : shard-01 Timestamp(2, 2) jumbo
    { "user_id" : 4 } —» { "user_id" : { "$maxKey" : 1 } } on : shard-02 Timestamp(3, 0)
```

또한 특정 컬렉션의 청크만 확인하고자 한다면 config 데이터베이스의 chunks 컬렉션에서 jumbo 필드가 true인 청크만 찾아서 확인할 수도 있다.

```
mongos> use config
mongos> db.chunks.find({ns: "mysns.users", jumbo:true})

{
    "_id" : "mysns.users-user_id_2",
    "lastmod" : Timestamp(2, 2),
    "lastmodEpoch" : ObjectId("56de9eac877fc817996f60fd"),
    "ns" : "mysns.users",
    "min" : {
        "user_id" : 2
    },
    "max" : {
        "user_id" : 4
    },
    "shard" : "shard-01",
    "jumbo" : true
}
```

이렇게 점보 플래그가 활성화된 청크는 적절한 크기로 스플릿해줘야만 향후 청크가 더 커졌을 때 자동으로 스플릿될 수 있으며, 밸런서가 필요할 때 청크를 다른 샤드로 이동할 수 있게 된다. 점보 청크가 되는 원인은 크게 2가지가 있는데, 이 원인에 따라서 점보 플래그를 없애고 다시 정상적인 청크로 전환하는 방법도 다르다.

4.5.6.1 스플릿이 가능한 점보 청크

청크가 가진 도큐먼트의 샤드 키는 다양한 키 값을 가지고 있지만, 청크가 적절한 시점에 스플릿되지 못하거나 청크가 가진 도큐먼트 건수가 너무 많으면(25만 건 이상) 점보 청크가 되기도 한다. 점보 청크이긴 하지만 그 청크가 포함하고 있는 샤드 키는 다양하므로 언제든지 청크를 스플릿할 수 있다.

이런 경우에는 sh.status(true) 명령이나 config 데이터베이스의 chunks 컬렉션에서 점보 청크를 검색한 다음 sh.splitAt()이나 sh.splitFind() 등의 청크 스플릿 명령으로 작은 청크들로 분리만 시켜두면 된다. 청크 스플릿이 성공하면 MongoDB는 자동으로 해당 청크의 점보 플래그를 제거하고 정상적인 청크로 취급하게 된다.

4.5.6.2 스플릿이 불가능한 점보 청크

MongoDB 샤드 클러스터에서 하나의 샤드 키는 두 개 이상의 청크에 포함될 수 없다. 즉, 하나의 샤드 키가 두 개의 청크로 스플릿 될 수는 없는 것이다. 그래서 샤드 키 값이 동일한 도큐먼트들이 많이 저장되면 MonogDB는 계속해서 해당 청크를 스플릿하려고 시도하지만, 결국 스플릿은 실패하게 된다. 이런 실패가 누적되면서 점보 청크가 되는 것이다. 이렇게 스플릿이 불가능한 점보 청크가 많으면 컬렉션의 샤드 키를 잘못 선택한 것일 가능성이 높다.

우선 점보 플래그가 활성화된 청크는 다른 샤드로 이동할 수 없다. 그래서 급하게 점보 청크를 다른 샤드로 옮겨서 샤드 간 부하를 분산해야 한다면 다음과 같이 컨피그 서버가 가진 메타 정보를 강제로 변경해야 한다.

```
## 1. 일시적으로 밸런서를 멈춤
mongos> sh.setBalancerState(false)

## 2. 점보 청크를 검색
mongos> sh.status(true)

## 3. config 데이터베이스의 chunks 컬렉션에서 jumbo 필드를 강제로 삭제
mongos> use config
mongos> db.chunks.update(
    { ns: "mysns.users", min: { user_id: 2 }, jumbo: true },
```

```
    { $unset: { jumbo: "" } }
)
```

4. 밸런서 재시작
```
mongos> sh.setBalancerState(true)
```

> ⚠ **주의**
>
> config 데이터베이스의 주요 메타 정보 컬렉션(shards, collections, chunks)을 이렇게 강제로 변경하는 경우에는 업데이트 명령을 주의해서 실행하는 것도 중요하지만 반드시 밸런서가 완전히 멈춘 상태에서 config 데이터베이스의 백업을 해두는 것이 좋다. 점보 플래그 변경 작업 등을 잘못해서 일부 도큐먼트가 삭제되거나 잘못된 변경 이력을 찾아서 복구하지 못한다면 샤드 클러스터가 가진 데이터가 무용지물이 될 수도 있다.
>
> ```
> $ mongodump --db config --port 27019 --out config_database.dump
> ```

일단 이렇게 강제로라도 청크의 점보 플래그를 삭제하면 청크 이동이 가능해질 것이다. 하지만 얼마 지나지 않아서 MongoDB는 다시 이 청크의 점보 플래그를 활성화할 것이다. 이렇게 스플릿되지 못하는 점보 청크의 근본적인 해결책은 샤드 키를 변경하는 것인데, MongoDB 서버에서 컬렉션의 샤드 키를 변경하는 명령은 제공하지 않는다. 샤드 키를 변경하려면 서비스를 멈추고 컬렉션의 데이터를 모두 덤프한 다음 새로운 샤드 키로 생성된 컬렉션에 다시 적재(Import)해야만 한다. 그러므로 처음 컬렉션을 설계할 때 샤딩 키에 대해서 많은 고려와 검토를 거쳐서 생성해야 한다.

4.5.7 고아 도큐먼트(Orphaned document) 삭제

MongoDB 샤드 클러스터에서 샤딩된 컬렉션은 수많은 청크로 구성되고, 각 청크는 여러 샤드 서버에 걸쳐 분산돼서 관리된다. 각 청크는 샤드 키를 기준으로 고유의 범위를 가지고, MongoDB 라우터는 각 청크의 샤드 범위를 기준으로 사용자의 요청을 처리한다. 컬렉션의 청크는 논리적인 구분이므로 실제 각 샤드가 담당하지 않는 청크의 데이터를 가지고 있을 수도 있다. user_id라는 필드 값을 기준으로 그림 4-41과 같이 샤딩된 컬렉션을 가정해보자.

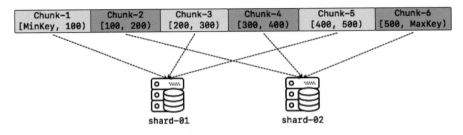

〈그림 4-41〉 user_id 필드를 기준으로 샤딩된 컬렉션

이 컬렉션은 6개의 청크를 가지고 있는데, 범위의 순서대로 두 개의 샤드에 골고루 분산돼 있다. 이때 user_id가 100보다 작은 도큐먼트를 관리하는 "Chunk-1" 청크는 "shard-01"에 저장된다. 그래서 MongoDB 라우터는 이 규칙에 맞게 100보다 작은 user_id의 요청이 오면 "shard-01" 샤드로 쿼리를 전달한다. 하지만 이 규칙이 user_id가 100보다 작은 도큐먼트가 "shard-02" 샤드 서버에는 절대 없다는 것을 보장하지는 않는다. 단지 MongoDB 샤드 서버와 MongoDB 라우터가 메타 정보(샤딩된 컬렉션의 청크 저장 정보)에 위배된 데이터까지 모두 필터링해서 결과를 반환하지 않는 것일 뿐이다.

이렇게 청크의 범위에 어긋나는 샤드 키를 가진 도큐먼트가 가끔 쓰레기 데이터로 남아있을 수도 있는데, 이는 청크 이동이 실행되는 도중에 비정상적으로 종료되거나 사용자가 MongoDB 라우터를 거치지 않고 직접 MongoDB 샤드 서버로 접속하는 경우에 발생할 수 있다. 이렇게 청크 범위에 어긋나는 도큐먼트를 고아 도큐먼트(Orphaned document)라고 하며, 이런 고아 도큐먼트의 건수가 많지 않을 때에는 크게 걱정하지 않아도 된다. MongoDB 라우터를 거쳐서 쿼리를 실행하고 데이터를 저장 및 변경하는 경우에는 MongoDB 라우터가 이런 고아 데이터를 막기 위한 보조 처리를 수행하기 때문이다.

하지만 만약 청크의 이동이 중간에 실패한다거나 하면 상당히 많은 도큐먼트가 고아 상태로 남게 되고, 이런 고아 도큐먼트가 많아지면 전체적으로 디스크의 데이터량이 커지고 시스템의 자원도 비효율적으로 사용하게 된다. 때로는 분석을 위해서 개별 MongoDB 샤드 서버로 직접 접속하여 쿼리를 실행하고 집계할 때도 있는데, 고아 도큐먼트는 이렇게 수동으로 집계 쿼리를 실행할 때 오차를 유발할 수도 있다. 그래서 고아 도큐먼트가 필요한 작업에 영향을 미칠 정도로 심하다면 다음과 같이 cleanupOrphaned 명령으로 청크에 속하지 않은 고아 도큐먼트들만 삭제할 수 있다.

```
mongos> use admin
mongos> db.runCommand( {
    "cleanupOrphaned": "mysns.users",
    "startingFromKey": { user_id: 150 },
```

```
    "secondaryThrottle": true
} )
```

cleanupOrphaned 명령은 인자로 주어진 startingFromKey 필드의 값부터 샤드 키를 스캔하면서 청크의 범위에 소속되지 않는 도큐먼트를 찾아서 삭제한다. cleanupOrphaned 명령은 고아 도큐먼트를 찾기 위해서 샤드 키의 전체 범위(MinKey ~ MaxKey)를 모두 스캔하는 것이 아니라, startingFromKey 필드에 주어진 샤드 키 값부터 샤드 서버 자신에 속한 다음 청크의 시작 부분까지 스캔한다. 그래서 위 명령을 "shard-02" 샤드 서버에서 실행한다면 다음과 같이 3개의 청크 범위를 검사한다.

- 샤드 키 범위 [150, 200)은 이미 "shard-02" 샤드 자신의 청크이므로 무시한다.
- 샤드 키 범위 [200, 300)에 속한 도큐먼트를 자신이 가지고 있는지 검색한 후 삭제한다.
- 그다음 청크의 샤드 키 범위는 [300, 400)인데, 이 청크는 "shard-02" 자신이 가진 범위이기 때문에 무시하고, cleanupOrphaned 명령을 종료한다.

그리고 cleanupOrphaned 명령은 자신이 가지지 않는 청크(검사 후 삭제를 실행한 청크)의 상위 값을 "cleanupOrphaned.stoppedAtKey" 필드의 리턴값으로 반환한다. cleanupOrphaned 명령의 "cleanupOrphaned.stoppedAtKey" 결괏값을 이용해서 다음 청크 구간에서도 고아 도큐먼트의 삭제를 반복해서 수행할 수 있다.

```
use admin
var nextKey = { };
var result;

while ( nextKey != null ) {
  result = db.runCommand( { cleanupOrphaned: "mysns.users",
  startingFromKey: nextKey } );

  if (result.ok != 1)
     print("Unable to complete at this time: failure or timeout.")

  printjson(result);

  nextKey = result.stoppedAtKey;
}
```

4.6 샤딩으로 인한 제약

MongoDB의 샤딩은 기존 단일 인스턴스 기준의 RDBMS들이 가지는 단점을 완벽하게 보완해주는 대체 솔루션임에 틀림이 없다. 하지만 MongoDB의 샤딩은 "공짜 점심"이 아니라는 것을 기억해야 한다. 기존 RDBMS에서 제공하는 많은 기능이 MongoDB에서는 샤딩을 위해 축소됐거나 샤드 클러스터를 제외한 일부 배포 형태에서만 사용 가능할 수 있는 기능이 됐기 때문이다. 그래서 MongoDB를 사용하는 경우에는 필요한 기능을 정확하게 정리하고 이러한 기능을 어떤 배포 형태에서 사용할 수 있는지 확인한 후에 꼭 필요한 기능들 위주로 데이터 셋을 적절하게 분리해서 관리하는 전략이 필요하다.

4.6.1 트랜잭션

일반적으로 트랜잭션의 속성으로 ACID(Atomicity, Consistency, Isolation, Durability)를 주로 언급한다. 하지만 많은 사람이 여러 문장으로 구성된 트랜잭션의 보장만을 생각하는데, 실제 트랜잭션 지원을 언급할 때는 하나의 쿼리로 구성되든지 여러 개의 쿼리로 구성되든지 모두를 포함해야 한다. 다음의 간단한 SQL 문장 블록은 단일 문장으로 구성된 트랜잭션과 여러 개의 INSERT/UPDATE 구문으로 구성된 트랜잭션을 보여주고 있다.

```
BEGIN;
UPDATE users SET user_name='Matt' WHERE user_id=1;
COMMIT;

BEGIN;
INSERT INTO comments (article_id, comment_id, ...) VALUES (1, 10, ...);
UPDATE article SET SET comment_count=comment_count+1 WHERE article_id=1;
COMMIT;
```

MongoDB에서 트랜잭션을 지원하지 않는다고 언급하는 부분은 여러 개의 INSERT/UPDATE/DELETE 문장으로 구성된 트랜잭션(또는 여러 도큐먼트를 변경하는 단일 문장의 트랜잭션)을 지원하지 않는다는 의미다. 실제 MongoDB에서 단일 도큐먼트(단일 문장이 아니라 단일 도튜먼트라는 것에 주의)에 대한 변경(INSERT/UPDATE/DELETE)은 모두 트랜잭션을 지원한다. 물론 데이터 변경을 의도적으로 롤백(Transaction Rollback)할 수 있는 방법은 없지만, 성공 또는 실패 둘 중 하나로 결정된다는 것이다. 즉 MongoDB의 단일 도큐먼트 변경은 원자성을 가지고 처리된다. 하지만 여러 도큐먼트를 변경하는 작업은 원자성을 가지지 않는다는 것에 주의하도록 하자.

MongoDB가 분산 처리를 위해서 가장 먼저 그리고 사용자에게 가장 큰 영향을 미치는 부분이 아마도 트랜잭션이 아닐까 생각된다. 그리고 안타깝게도 샤딩을 사용하지 않고 단일 인스턴스 MongoDB를 사용한다고 하더라도 트랜잭션 기능은 사용할 수 없다. 실제 MongoDB 서버와 MMAPv1 스토리지 엔진은 트랜잭션을 지원하지 않는다. 하지만 MongoDB에 플러그인되는 WiredTiger 스토리지 엔진은 트랜잭션을 지원할 수 있는 스토리지 엔진이다. 그런데도 트랜잭션을 사용할 수 없도록 WiredTiger 스토리지 엔진을 MongoDB에 플러그인시킨 이유는 샤딩때문이라고 볼 수 있다. 샤딩을 하게 되면 데이터 셋이 여러 서버로 분산되므로 분산 트랜잭션을 지원하지 않는 이상은 큰 의미가 없기 때문이다.

아마도 기존 RDBMS 사용자에게 트랜잭션은 MongoDB를 선택하는 데 있어서 가장 큰 장애물일 수도 있다. 하지만 MySQL 서버와 같은 RDBMS로 샤딩을 많이 구현해본 사용자에게 트랜잭션을 사용할 수 없다는 점은 그다지 대수롭지 않은 장애물일 것이다. 즉 트랜잭션을 사용할 수 없다는 것은 지금까지 응용 프로그램을 어떻게 구현해왔는지에 따라서, 때로는 응용 프로그램에서 적절히 보완책을 마련한다면 충분히 포기할 수 있는 부분이다. 물론 트랜잭션을 절대 포기할 수 없는 응용 프로그램도 있을 수 있는데, 대부분 이런 경우에는 샤딩을 하는 것보다는 서버의 사양을 올리는 스케일 업(Scale-up)으로 충분히 사용자 트래픽을 처리할 수 있을 것으로 보인다.

MongoDB에서 여러 도큐먼트의 변경을 원자적으로 처리하려면 트랜잭션을 지원해야 하는 데이터의 변경을 가능하면 하나의 도큐먼트로 묶어서 처리하라고 안내하고 있다. 물론 이렇게 하나의 도큐먼트로 묶어서 처리할 수 있다면 그렇게 하는 것이 가장 구현하기 쉬운 방법이겠지만, 그렇지 못할 수도 있다. 가능하다면 복잡한 트랜잭션을 구현할 필요가 없도록 MongoDB 서버를 활용하는 것이 가장 좋은 전략일 것이다. 다행히도 대부분 서비스에서 모든 데이터 셋(자주 묶여서 사용되는 테이블의 모음이나 데이터베이스 단위)에 대해서 샤딩과 트랜잭션이 동시에 필요한 경우는 흔치 않다. 대부분의 요건에서 대용량의 공간이나 처리를 필요로 하는 데이터는 전체 데이터 셋에서 아주 일부인 경우가 많다. 서비스의 요건을 정확히 분석해서 서비스의 요건에 맞게 RDBMS와 MongoDB를 적절히 활용하는 방안이 좋다.

4.6.2 샤딩과 유니크 인덱스

MongoDB에서 데이터가 샤딩되면 샤딩된 데이터 간의 유니크 인덱스 생성은 제약을 가지게 된다. 샤딩된 컬렉션에서 유니크 인덱스는 샤드 키를 포함하는 인덱스에 대해서만 적용할 수 있다. MongoDB의 프라이머리 키는 샤딩과 무관하게 항상 유니크해야 하며, 세컨드리 키 중에서도 유니크 옵션이 설정되는 경우에는 프라이머리 키와 동일하게 중복을 허용하지 않도록 처리돼야 한다.

4.6.2.1 프라이머리 키의 중복 체크 처리

MongoDB에서는 샤드 클러스터이든지 단일 인스턴스나 단일 레플리카 셋이든지 무관하게 모든 컬렉션의 "_id" 필드는 프라이머리 키 필드이며, 이 필드의 값은 샤드 키와 관계 없이 무조건 유니크해야 한다. 그렇다면 MongoDB는 샤드 키와 전혀 무관하게 설정된 프라이머리 키(_id 필드)에 대해서 어떻게 중복 체크를 실행하는 것일까? 결론부터 이야기하면 MongoDB에서 프라이머리 키 필드에 사용자가 직접 값을 설정하는 경우에는 프라이머리 키의 유니크함을 사용자가 직접 보장해야 한다.

응용 프로그램에서 _id 필드의 값을 설정하지 않으면 클라이언트 드라이버나 MongoDB 라우터 그리고 MongoDB 서버에서 자동으로 _id 필드의 값을 ObjectId 타입으로 만들어서 저장한다. 이렇게 MongoDB가 자동으로 저장하는 값은 UUID와 같이 서버와 프로세스 아이디 그리고 시간 정보를 이용해서 어떤 경우에도 중복되지 않는 값이 _id 필드에 할당된다. 즉 자동으로 설정된 ObjectId 값은 그 자체로 중복되지 않는다는 전제가 포함된 것이다. 하지만 _id 필드의 값은 사용자가 직접 선택한 값을 저장할 수도 있는데, 이때는 사용자가 직접 설정한 값이 전체 샤드에 걸쳐서 유니크하다는 것을 사용자가 직접 보장해야 한다. 실제 유니크 인덱스나 프라이머리 키의 중복 체크 기능은 샤드 단위로만 체크하고, MongoDB 서버가 전체 샤드에 대해서 체크를 수행하지는 않는다.

user_name 필드로 샤딩된 컬렉션에 동일한 프라이머리 키 값을 가지는 여러 개의 도큐먼트를 저장해 보면, 동일 샤드에 저장된 경우에는 중복 에러가 발생하지만, 동일 샤드가 아닌 경우에는 아무런 문제 없이 INSERT되는 것을 확인할 수 있다.

```
mongos> db.runCommand({
    shardCollection: "mysns.users",
    key: {user_name: "hashed"},
    unique: false,
    numInitialChunks: 2
};

mongos> db.users.insert({_id : 1, user_name : "matt1"});
mongos> db.users.insert({_id : 1, user_name : "matt2"});
mongos> db.users.insert({_id : 1, user_name : "matt3"});
mongos> db.users.insert({_id : 1, user_name : "matt4"});
```

프라이머리 키 값에 자동으로 생성되는 ObjectId 값을 사용하지 않고, 응용 프로그램에서 사용자가 직접 값을 설정하는 경우에는 반드시 프라이머리 키 값의 중복 발생 여부를 사용자가 검증해야 한다는 것을 잊지 않도록 하자.

4.6.2.2 세컨드리 키의 중복 체크 처리

우선 다음과 같이 해시 알고리즘과 레인지 알고리즘을 이용해서 샤딩된 users와 articles 컬렉션을 생각해보자.

컬렉션	샤딩 알고리즘(샤드 키)
users	HASH (user_id)
articles	RANGE (user_id, article_id)

users 컬렉션은 user_id로 샤딩됐기 때문에 user_id 필드로 시작하는 복합 인덱스에 대해서만 유니크 옵션을 설정할 수 있다. 이때 user_id 필드가 인덱스를 구성하는 필드의 중간이나 마지막에 있다면 유니크 인덱스 생성이 불가능하며, 반드시 user_id로 시작하는 복합 인덱스만 유니크 옵션을 설정할 수 있다. 그런데 MongoDB의 해시 인덱스는 유니크 옵션을 설정할 수 없다. 그래서 해시 샤딩을 적용한 users 컬렉션에서 user_id로만 유니크 옵션을 설정하려면 다음과 같이 해시 인덱스 이외에 별도로 B-Tree 인덱스(Ascending/Descending 인덱스)를 생성해서 유니크 옵션을 설정해야 한다.

```
## 샤드 키 인덱스 생성
mongos> db.users.createIndex({user_id: "hashed"});

## 유니크 인덱스 생성
mongos> db.users.createIndex({user_id: 1}, {unique: true});
```

articles 컬렉션의 샤드 키는 user_id 필드와 article_id 필드로 구성된 B-Tree 인덱스(Ascending/Descending 인덱스)이다. 이 경우는 해시 인덱스가 아니므로 샤드 키 자체에 대해서 유니크 인덱스를 설정할 수 있다. 또한 user_id와 article_id 필드로 시작되는 조합의 B-Tree 인덱스에 대해서도 유니크 옵션을 설정할 수 있다.

샤드 키 인덱스 생성
```
mongos> db.articles.createIndex({user_id: 1, article_id: 1}, {unique:true});
```

유니크 인덱스 생성
```
mongos> db.articles.createIndex({user_id: 1, article_id: 1, created_at: 1},
{unique: true});
```

> **(!) 주의**
>
> {user_id: 1, article_id: 1}을 샤드 키로 가지는 컬렉션에서 샤드 키로 시작되는 인덱스는 유니크 옵션을 설정할 수 있다는 것을 앞서 살펴봤다. 샤드 키를 포함하기만 하면 순서와 관계없이 유니크 인덱스를 생성할 수 있을 것으로 저자는 예상했다. 하지만 실제로는 그렇지 않고, 인덱스를 구성하는 필드의 순서까지 샤드 키와 맞춰야만 유니크 인덱스를 생성할 수 있다.
>
> ## 가능한 유니크 인덱스
> ```
> db.articles.createIndex({user_id: 1, article_id: 1}, {unique: true});
> db.articles.createIndex({user_id: 1, article_id: 1, created_at: 1},
>                         {unique: true});
> ```
>
> ## 불가능한 유니크 인덱스
> ```
> db.articles.createIndex({article_id: 1, user_id: 1}, {unique: true});
> db.articles.createIndex({article_id: 1, user_id: 1, created_at: 1},
>                         {unique: true});
> ```

인덱스를 구성하는 필드의 조합이 유니크한지 아닌지는 실제 필드 값의 순서와는 무관하다. 그런데 MongoDB 샤드 클러스터에서는 동일한 필드들을 샤드 키와 순서와 다르게 조합해서 인덱스를 생성하는 경우에는 유니크 인덱스를 생성할 수가 없다. 아마도 이런 제약은 MongoDB가 빠르게 기능이 추가되면서 생긴 제약일 가능성이 높다. 아마도 조만간 개선될 것으로 기대되므로 만약 이런 요건이 필요하다면 사용자가 직접 MongoDB 서버 버전에서 가능한지 여부를 확인해보도록 하자.

아래 2개 인덱스에서 첫 번째 인덱스는 유니크 옵션을 설정할 수 있지만, 두 번째 인덱스는 유니크 옵션을 사용할 수가 없다. 어떤 사용자는 어차피 순서와 관계없이 유니크만 보장되면 나머지 한 가지 경우는 유니크 인덱스를 생성할 수 없어도 괜찮다고 생각할 수도 있다.

```
db.articles.createIndex({user_id: 1, article_id: 1, created_at: 1},
                        {unique: true});
db.articles.createIndex({article_id: 1, user_id: 1, created_at: 1},
                        {unique: true});
```

그렇다면 결국 중복을 막기 위한 유니크 인덱스와 쿼리의 성능을 위해서 순서가 조금 변경된 인덱스를 별도로 생성해야 한다. 하지만 하나의 유니크 인덱스로 쿼리의 성능 향상과 데이터의 중복 제거를 같이 처리할 수 있다면 더 효율적으로 이용할 수 있게 되는 것이다.

4.6.3 조인과 그래프 쿼리

MongoDB에서도 3.2 버전부터 여러 컬렉션의 데이터를 조인해서 쿼리할수 있도록 $lookup 오퍼레이션을 제공하고 있으며, 3.4 버전부터 계층형 재귀 쿼리나 그래프 데이터를 쿼리할 수 있도록 $graphLookup 오퍼레이션을 지원하고 있다. $lookup 오퍼레이션과 $graphLookup 오퍼레이션의 간단한 사용법은 다음과 같다.

```
// 조인 쿼리
mongos> db.orders.aggregate([
    {
      $lookup:
       {
         from: "inventory",
         localField: "item",
         foreignField: "sku",
         as: "inventory_docs"
       }
    }
])


// 계층형 재귀 쿼리
mongos> db.employees.aggregate( [
    {
      $graphLookup: {
         from: "employees",
         startWith: "$reportsTo",
         connectFromField: "reportsTo",
         connectToField: "name",
         as: "reportingHierarchy"
       }
    }
] )
```

계층형 재귀 쿼리와 조인 쿼리 모두 하나 이상의 컬렉션을 대상으로 실행되는데, 결국 계층형 재귀 쿼리는 조인 쿼리의 또 다른 형태라고 생각할 수 있다. 이때 재귀 쿼리와 조인 쿼리 모두 시작 컬렉션은 Aggregation 대상 컬렉션이며, 룩업 컬렉션(Lookup, 조인 대상 컬렉션)은 Aggregation의 "from" 인자로 명시한다. 이때 $lookup과 $graphLookup 오퍼레이션 모두 "from" 인자에 주어지는 컬렉션은 샤딩된 컬렉션을 사용할 수 없다. 이는 $lookup과 $graphLookup 스테이지는 MongoDB 라우터가 아니라 MongoDB 샤드 서버(프라이머리 샤드)에서 실행되는데, MongoDB 샤드 서버는 데이터 처리를 위해서 다른 샤드의 데이터를 참조할 수 없기 때문이다.

4.6.4 기존 컬렉션에 샤딩 적용

샤딩되지 않은 상태로 데이터를 가지고 있는 컬렉션을 샤딩할 때에는 샤딩을 적용할 수 있는 컬렉션의 사이즈에 제한이 있다. 샤딩되지 않은 컬렉션에 대해서 샤딩을 적용하면 MongoDB 서버는 우선 그 컬렉션에 대해서 청크 스플릿을 실행한다. 이때 청크 스플릿을 위해서 splitVector 명령(이 명령은 MongoDB 클러스터 내부적으로 실행되는 명령이므로 사용자가 직접 실행하는 것은 아님)을 실행하는데, 이때 실행되는 splitVector 명령이 반환할 수 있는 결과는 하나의 BSON 도큐먼트로 반환된다. 문제는 splitVector 명령의 결과가 BSON 도큐먼트이기 때문에 이 결과는 16MB를 초과(BSON 도큐먼트의 제한 사항)할 수 없다.

MongoDB 3.0 버전의 MongoDB 매뉴얼에서는 256GB 이하의 컬렉션은 샤딩의 적용을 지원한다고 언급하고 있다. 하지만 여기에서 언급한 256GB라는 크기는 컬렉션 크기의 제한에서 시작된 것이 아니라, splitVector 명령의 결과로 리턴되는 BSON 도큐먼트의 결과 크기 때문에 생긴 제약 사항이다. splitVector 명령의 결과는 전체 컬렉션에서 청크 스플릿을 해야 할 지점(샤드 키 값)의 배열을 반환하므로 이 제한 사항은 실제 샤드 키 값의 길이에 따라서 상당한 차이를 보인다. 그뿐만 아니라 청크 사이즈의 설정에 따라서도 제한 사항이 크게 달라질 수 있다. 그래서 MongoDB 3.2 매뉴얼에서는 256GB라는 제한을 제거하고 조금 더 정확한 계산 방법을 소개하고 있다.

샤드 키 길이	최대 스플릿 개수	청크 사이즈(64MB)	청크 사이즈 (128MB)	청크 사이즈(256MB)
64바이트	262,144	8TB	16TB	32TB
128바이트	131,072	4TB	8TB	16TB
256바이트	65,536	2TB	4TB	8TB
512바이트	32,768	1TB	2TB	4TB

실제 샤드 키 길이가 64바이트인 경우에 splitVector 명령의 리턴값은 최대 262,144개의 스플릿 포인트(샤드 키 개수)를 저장할 수 있다. 그렇다면 스플릿 포인트 하나당 64MB의 청크를 맵핑할 수 있다면 최대 샤딩이 가능한 컬렉션의 크기는 실제 16TB다. 그런데 위 표에서는 실제 이 방식으로 계산된 값의 1/2 수준인 8TB로 표시됐다. 이는 splitVector 명령이 실제 설정된 청크 크기의 1/2 크기(청크 크기가 64MB인 경우, 실제 스플릿은 32MB로 실행)로 스플릿 포인트 값을 반환하기 때문이다. 그래서 대략적으로 초기 샤딩을 적용할 수 있는 최대 컬렉션의 크기를 계산하는 방법은 다음과 같다.

최대 샤딩 가능한 컬렉션 크기 = (16MB ÷ 샤드 키 길이 ÷ 2) × 청크 사이즈

만약 이보다 큰 컬렉션에 대해서 샤딩을 적용해야 한다면 청크 사이즈를 일시적으로 2배나 4배로 설정한 다음 컬렉션을 샤딩하면 된다. 그리고 컬렉션의 샤딩이 완료되면 다시 청크 사이즈를 원래대로 되돌려서 설정하면 된다. 실제 샤딩이 완료된다고 해서 청크가 모든 샤드로 이동되는 것은 아니므로 샤딩 적용 자체는 그다지 오랜 시간이 걸리지는 않는다. 그리고 너무 큰 청크 사이즈로 변경했다가 되돌리게 되면 샤딩된 컬렉션의 각 청크가 너무 커서 점보 플래그가 활성화될 수도 있으므로 주의하도록 하자. 만약 이런 이유로 각 청크가 점보 청크로 마킹됐다면 splitChunk 명령을 이용해 수동으로 다시 스플릿해서 쉽게 문제를 해결할 수 있다.

05

인덱스

데이터베이스 쿼리의 성능을 언급하면서 인덱스는 빠질 수 없는 부분이다. 이번 장에서는 MongoDB 쿼리의 개발이나 튜닝에 앞서서 MongoDB에서 사용할 수 있는 인덱스의 종류 및 인덱스와 관련해서 주로 언급되는 내용을 살펴보고자 한다. 각 인덱스들의 특성과 차이는 상당히 중요하며, 물리 수준의 모델링 및 성능에서 중요한 요소다. 또한 DBMS의 성능에서 빠질 수 없는 "랜덤(Random) I/O"와 "순차(Sequential) I/O"에 대해서 살펴보고 본 장의 주요 내용인 인덱스로 넘어가겠다.

5.1 디스크 읽기 방식

짧은 시간 동안 컴퓨터의 CPU나 메모리와 같은 전기적 특성을 가진 장치의 성능은 매우 빠른 속도로 발전했지만, 디스크와 같은 기계식 장치의 성능은 상당히 제한적인 편이다. 아마도 데이터베이스나 쿼리의 튜닝에 관한 지식이 어느 정도 있는 사용자라면 느끼고 있겠지만 데이터베이스와 관련된 성능의 튜닝은 어떻게 디스크 I/O를 줄이느냐가 관건인 것들이 상당히 많다.

5.1.1 디스크 저장 매체

대체로 각 장치의 성능을 본다면 항상 기계식 장치인 디스크가 가장 취약한 성능을 보이는 것이 일반적이다. 또한 하나의 시스템을 구성하는 여러 장치 중에서 가장 취약한 장치에 의해서 그 시스템의 전체적인 성능이 결정된다. 그래서인지 SAN(Storage Area Network) 장치와 같이 디스크를 100~200개씩 가득 담고 광케이블로 연결된 덩치가 큰 장비가 항상 IDC(데이터 센터)의 가장 중요한 자리를 차지하고 있으며, 가격 또한 비싼 것들이 일반적이다. 하지만 MongoDB를 사용하는 서버라면 이런 고가의 스토리지를 사용해 볼 기회가 사실 많지 않다. 중요한 것은 내장 디스크(Internal disk)이든지 DAS(Direct attached storage) 장비나 SAN 장비든지 관계없이 거의 모든 시스템에서 디스크가 가장 취약한 장치의 자리를 차지하고 있다는 것이며, 쿼리 튜닝의 가장 핵심은 이러한 디스크의 단점을 보완하기 위해서 쿼리의 작동 방식을 개선해야 하는 것이다.

〈그림 5-1〉 SSD 드라이브(Solid State Drive)

요즘은 기계식으로 작동하는 이런 디스크들을 상대적으로 빠른 전자식 장치로 교체하려는 움직임이 많이 보인다. 그 대표적인 예가 바로 그림 5-1의 SSD 드라이브(Solid state drive)다. SSD는 컴퓨터의 주 메모리에 사용되는 D-RAM과는 달리 전원 공급에 관계없이 한번 기록한 내용을 영구적으로 보존하는 플래시 메모리를 내장하고 있으며 D-램보다는 접근 속도가 떨어지지만, 기계식 디스크와 비교하면 월등하게 성능이 뛰어나다.

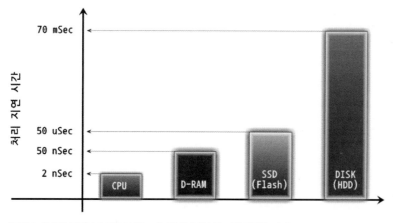

〈그림 5-2〉 주요 장치들과 SSD의 성능 비교(수치가 클수록 느린 장치를 의미)

그림 5-2에서 보는 것과 같이 메모리와 디스크의 처리 지연은 최대 100만 배 이상의 차이를 보인다. 그에 비해서 플래시 메모리를 사용하는 SSD는 1,000배 가량의 차이를 보인다. 최근에는 SATA 인터페이스를 사용하는 SSD와 PCI-E 타입(최근에는 PCI-E 타입을 조금 더 표준화하고 개선한 NVME 타입의

인터페이스가 많이 출시됨)의 고성능 SSD 등 다양한 형태의 인터페이스를 지원하고 있다. 또한 용량면에서도 기존의 HDD(여기에서 비교하는 HDD는 SATA 인터페이스의 디스크가 아닌, SAS 인터페이스의 기업용 HDD를 의미함)에 비해서 크게 떨어지지 않으며, 가격 또한 SAS 인터페이스의 디스크와 RAID 컨트롤러 대비 많이 저렴해진 것으로 보인다. SSD의 가장 큰 장점은 랜덤 I/O에 매우 적합하다는 것이다. 순차 I/O 성능 또한 기존의 HDD와 비교해서 떨어지지 않지만, 일반적으로 데이터베이스 시스템에서 순차 I/O는 그다지 중요한 요소는 아니라고 볼 수 있다. 그리고 기존의 HDD도 순차 I/O 성능은 크게 문제되지 않기 때문에 단순히 순차 I/O 성능을 위해서 값 비싼 SSD를 선택하는 것은 적절하지 않을 수 있다. 만약 더 높은 순차 I/O 성능이 필요하다면 SATA 인터페이스의 SSD보다는 PCI-E 타입이나 NVME 타입의 고사양 SSD를 선택하는 것이 좋다.

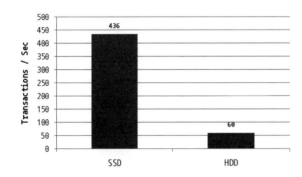

〈그림 5-3〉 SSD와 HDD의 성능 벤치마크

SSD와 HDD의 단순 쓰기 또는 읽기 등의 성능 차이는 벤치마크의 결과보다 훨씬 큰 차이가 나지만, 데이터베이스의 스토리지와 관련된 작업은 상당히 복합적인 특성을 가지고 있어서 시스템 차원에서 벤치마크한 결과보다는 성능 차이가 줄어드는 것이 일반적이다. 또한 장비의 구성이나 데이터의 특성에 상당히 많은 영향을 받게 된다. 그림 5-3의 결과도 수치는 의미가 없으며, SSD와 HDD의 성능 비율이 어느 정도인지만 이해하면 된다.

5.1.2 랜덤 I/O와 순차 I/O

지금까지 랜덤(Random) I/O와 순차(Sequential) I/O라는 말을 자주 사용했는데, 아마 앞으로는 더 많이 사용될 듯하여 이에 대해서 간단히 설명하고 넘어가겠다. 랜덤 I/O는 디스크의 원반을 돌려서 디스크 헤드를 읽어야 할 데이터가 저장된 위치로 이동시킨 다음 읽기를 하는 것을 의미하는데, 사실 순차 I/O 또한 이 작업은 동일하게 필요하다. 그렇다면 랜덤 I/O와 순차 I/O는 어떤 차이가 있을까 ?

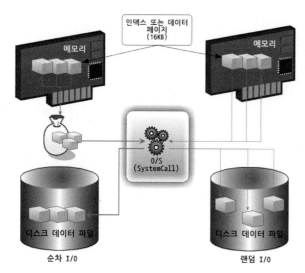

〈그림 5-4〉 순차 I/O와 랜덤 I/O 비교

그림 5-4는 순차 I/O와 랜덤 I/O의 차이를 보여주는데, 순차 I/O는 3개의 페이지(16 x 3KB)를 디스크에 기록하기 위해서 시스템 콜을 1번 요청한 반면 랜덤 I/O는 3개의 페이지를 디스크에 기록하기 위해서 시스템 콜을 3번 요청한 것을 볼 수 있다. 즉, 디스크에 기록해야 할 위치를 찾기 위해서 순차 I/O는 디스크의 헤드를 1번만 움직인 것이고, 랜덤 I/O는 디스크 헤드를 3번 움직인 것이다. 디스크의 부하는 얼마나 많은 데이터를 한 번에 기록하는지 보다는 얼마나 자주 디스크에 기록을 요청하는지에 의존적이다. 그래서 위 그림에서도 알 수 있듯이 여러 번 쓰기를 요청하거나 읽기를 요청하는 작업이 훨씬 작업의 부하가 크다.

쿼리를 튜닝한다는 것은 사실 랜덤 I/O를 순차 I/O로 바꾸는 것보다는 얼마나 랜덤 I/O의 회수를 줄이느냐 즉, 처리에 꼭 필요한 데이터만 읽도록 쿼리를 개선하는 것이다. 물론 인덱스 스캔을 풀 테이블 스캔으로 유도하는 것과 같이 랜덤 I/O를 순차 I/O로 개선하는 경우도 있지만 이런 형태로 개선하는 경우는 많지 않다.

5.2   인덱스란?

이미 이 질문에 대한 답은 모두 잘 알고 있을 것이다. 많은 사람이 인덱스를 언급할 때 항상 책의 제일 마지막에 있는 찾아보기(또는 "인덱스")로 설명을 하곤 한다. 책의 마지막에 있는 "찾아보기"를 인덱스에 비유한다면 책의 내용은 데이터 파일에 해당한다고 볼 수 있다. 책의 찾아보기에서 알아낼 수 있는 페이지 번호는 데이터 파일에서 해당 레코드의 주소에 비유할 수 있다. DBMS도 사람과 똑같이 데이터 베이스 테이블의 모든 데이터를 뒤져서 원하는 결과를 가져오는 데에는 시간이 걸리기 때문에 컬럼(또는 컬럼들)의 값과 해당 레코드가 저장된 위치를 키와 값의 쌍(key-Value pair)으로 관리한다. 그리고 책의 "찾아보기"와 DBMS 인덱스의 공통점 중에 중요한 것이 바로 정렬이다. 책의 찾아보기도 여러 페이지가 되면 우리가 원하는 검색어를 찾는데 시간이 걸릴 것이다. 그래서 최대한 빠르게 찾을 수 있게 "ㄱ", "ㄴ", "ㄷ", …의 순서대로 정렬돼 있는데, DBMS의 인덱스도 마찬가지로 컬럼의 값을 주어진 순서로 미리 정렬해서 가지고 있다.

인덱스의 또 다른 특성을 설명하기 위해서 프로그래밍 언어의 자료 구조로 인덱스와 데이터 파일을 비교해 가면서 살펴보자. 프로그래밍 언어별로 각 자료 구조의 이름이 조금씩 다르긴 하지만 SortedList와 ArrayList라는 자료 구조는 익숙할 정도로 많이 들어 봤을 것이다. SortedList는 DBMS의 인덱스와 동일한 자료 구조이며, ArrayList는 데이터 파일과 동일한 자료 구조를 사용한다. SortedList는 저장되는 값들을 항상 정렬된 상태로 유지하는 자료 구조이며, ArrayList는 값을 저장하는 순서대로 그대로 유지하는 자료 구조다. DBMS의 인덱스도 SortedList와 동일하게 저장되는 컬럼의 값을 이용해서 항상 정렬된 상태로 유지해야 하며, 데이터 파일은 ArrayList와 같이 저장된 순서대로 파일로 저장한다.

그러면 이제 SortedList의 장단점을 통해서 인덱스의 장단점을 살펴보자. SortedList 자료 구조는 데이터를 저장할 때마다 항상 값을 정렬해야 하므로 저장하는 과정이 복잡하고 느리지만, 이미 정렬돼 있기 때문에 원하는 값을 아주 빠르게 찾을 수 있다. DBMS의 인덱스도 동일하게 인덱스가 많은 테이블은 당연히 INSERT나 UPDATE 그리고 DELETE 문장의 처리가 느리다. 하지만 이미 정렬된 "찾아보기"용 표(인덱스)를 가지고 있기 때문에 FIND(SELECT) 쿼리는 매우 빠르게 처리할 수 있다.

결론적으로 DBMS에서 인덱스는 데이터의 저장 성능을 희생해서 상대적으로 데이터의 읽기 속도를 향상시키는 존재다. 이 말에서도 알 수 있듯이 테이블의 인덱스를 하나 더 추가할지 말지는 데이터의 저장 속도를 어디까지 희생할 수 있으며, 읽기 속도를 얼마나 더 빠르게 만들어야 하는지 조율하면서 결정해야 하는 것이지, 무조건 FIND 쿼리 문장의 조건절에 사용되는 필드라고 전부 인덱스로 생성해서는 안 된다.

인덱스는 데이터를 관리하는 방식(알고리즘)과 중복된 값의 허용 여부 등에 따라서 여러 가지로 나눌 수 있다. 여기에서 나눈 분류 기준은 각 인덱스를 좀 더 효율적으로 설명하기 위한 저자의 개인적인 생각이지 공식적인 인덱스의 분류가 아니라는 것을 잊지 말자. 이 책에서는 키(Key)라는 용어와 인덱스(Index)라는 용어는 같은 의미로 혼용해서 사용하겠다.

인덱스를 역할별로 구분해 보면 프라이머리 키(Primary key)와 보조 키(Secondary key)로 구분할 수 있다. 프라이머리 키는 이미 잘 알고 있는 것처럼 그 도큐먼트(레코드)를 대표하는 필드들의 값으로 만들어진 인덱스를 의미하며, 이 필드(때로는 필드의 조합)는 테이블에서 해당 도큐먼트를 식별할 수 있는 기준값이 되므로 식별자라고도 부른다. 프라이머리 키는 NULL 값을 허용하지 않으며, 중복이 허용되지 않는 것이 특징이다. 프라이머리 키를 제외한 나머지 모든 인덱스는 보조 인덱스(Secondary Index)로 분류된다.

데이터 저장 방식(알고리즘)별로 구분하면 상당히 다양하게 분류할 수 있겠지만, 대표적으로 B-Tree 인덱스와 해시 인덱스(Hash 인덱스)로 구분할 수 있다. MongoDB에서는 전문 인덱스나 공간 인덱스 등과 같은 알고리즘도 지원하며, 물론 이 이외에도 수많은 알고리즘이 존재할 것이다. 하지만 대표적으로 시중의 RDBMS에서 많이 사용하는 알고리즘은 이 정도다. 이 중에서도 거의 99%가 B-Tree 알고리즘을 사용하는 인덱스이며 해시 인덱스는 메모리 기반의 데이터베이스 또는 조금 특수한 용도로 사용되는 편이다.

데이터의 중복을 허용하는지 여부로 분류하면 유니크 인덱스(Unique)와 유니크하지 않은 인덱스(Non-Unique)로 구분할 수 있다. 인덱스가 유니크한지 아닌지는 단순하게 동일한 값이 1개만 존재하는지 1개 이상 존재할 수 있는지를 의미하지만, 실제 DBMS의 쿼리를 실행해야 하는 옵티마이져에게는 나름 중요한 문제다. 유니크 인덱스에 대해서 동등 조건(Equal, =)으로 검색한다는 것은 그 쿼리는 항상 1건의 레코드만 리턴한다는 것을 의미하며, 반대로 일치하는 레코드를 1건만 찾으면 더 찾지 않아도 된다는 것을 옵티마이져에게 알려 주는 효과를 내게 된다.

인덱스를 기능별로 분류해 본다면 전문 검색용 인덱스나 공간 검색용 인덱스 등을 예로 들 수 있을 것이다. 물론 이 외에도 수없이 많은 인덱스가 있지만, MongoDB를 사용하는 데 있어서는 이 두 가지만으로도 충분하다. 전문 검색이나 공간 검색용 인덱스는 뒤에서 조금 더 자세히 살펴보겠다.

5.3 MongoDB 인덱스의 개요

DBMS의 종류별로 아키텍처에 차이가 있기 때문에 이름이 같은 객체라 하더라도 구현되는 방식과 특성이 조금씩 다르기 마련이다. MongoDB의 인덱스도 다른 DBMS와 비교했을 때 내부적 구현 방식에 조금 차이가 있으며, 때로는 이런 작은 부분들이 엄청난 성능 차이를 만들어 내기도 한다. 즉 HBase 서버나 카산드라의 인덱스를 경험한 사람이 MongoDB의 인덱스도 동일한 성능으로 작동할 것이라고 기대하면 안 된다. DBMS별로 구조적인 장단점이 있으며, 그로 인해서 세부 기능의 구현 방법이 달라질 수밖에 없기 때문이다. 그래서 각 DBMS의 특성을 파악하고 특성에 맞게 활용하는 것이 중요하다.

5.3.1 클러스터링 인덱스

현재 최종 릴리즈 버전인 MongoDB 3.6 버전까지 MongoDB의 모든 스토리지 엔진에서 사용되는 인덱스는 클러스터링 인덱스를 지원하지 않는다. MongoDB에서 아직 지원하지도 않는 클러스터링 인덱스에 대한 설명을 이 책에 포함한 이유는 그만큼 클러스터링 인덱스가 성능에 미치는 영향도가 높기 때문이며, 다른 데이터베이스에서 클러스터링 인덱스의 효과를 경험했던 사용자가 이 기능을 MongoDB에서 찾기 위해서 낭비할 시간을 아껴 주기 위함이기도 하다. 또한 현재 MongoDB에서는 클러스터링 인덱스를 지원하고 있지 않지만, 클러스터링 인덱스의 기능 추가 요청은 많은 상태다. 현재 MongoDB 3.6 버전에서도 클러스터링 인덱스를 지원하지는 않고 있는데, 이는 MongoDB 스토리지 엔진 API의 한계 때문이다. 즉 실제 WiredTiger 스토리지 엔진은 충분히 클러스터링 인덱스를 구현할 준비가 돼 있다는 것이다. 아마도 머지않아 클러스터링 인덱스가 MongoDB에도 도입될 것으로 생각된다.

> **참고** 혹시 MongoDB에도 클러스터링 인덱스가 도입되기를 기대하는 독자라면 그냥 기다리지만 말고 아래 URL의 JIRA 사이트의 클러스터링 인덱스 추가 요청에 투표와 중요성에 대한 코멘트를 작성하도록 하자.
>
> https://jira.mongodb.org/browse/SERVER-3294

그림 5-5는 아주 간략한 클러스터링 인덱스의 B-Tree 구성도를 보여주고 있다. 이 그림은 emp_no라는 필드를 기준으로 레코드가 클러스터링 된 예제를 보여주고 있는데, 여기에서 가장 중요한 것은 하나의 페이지에 emp_no 값이 순서대로 정렬돼서 저장된다는 것이다.

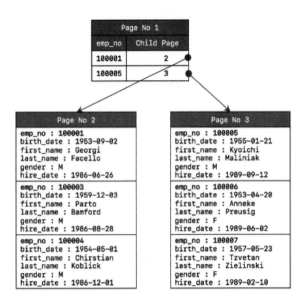

〈그림 5-5〉 클러스터링 인덱스 구조

일반적인 인덱스(클러스터링 되지 않은 인덱스, Non-Clustering 인덱스)는 레코드를 저장하는 시점에 임의의 빈 공간에 레코드를 저장한다. 하지만 클러스터링 인덱스는 인덱스 키 값 순서대로 데이터를 저장하는 인덱스 구조라서 INSERT가 느리게 처리된다. 하지만 클러스터링 키 값을 대상으로 범위 검색을 수행하는 경우에는 별도의 랜덤 액세스 없이 레코드를 읽기 때문에 매우 빠르게 레인지 스캔을 수행할 수 있다.

5.3.2 인덱스 내부

MongoDB 서버 또한 MySQL 서버처럼 MongoDB 엔진과 스토리지 엔진이 각각의 레이어(Layer)로 분리돼 있으며 플러그인 형태로 끼워 넣을 수 있어서 다양한 스토리지 엔진을 사용할 수 있다. 그런데 이런 스토리지 엔진들이 컬렉션과 인덱스를 구현하는 방법에는 조금씩 차이가 있다. 여기에서 이야기하는 차이는 B-Tree 알고리즘의 차이가 아니라, B-Tree에 존재하는 인덱스 키의 구성 방식에 대한 것이다. 우선 MMAPv1 스토리지 엔진과 WiredTiger 스토리지 엔진의 인덱스 키 구조를 살펴보자.

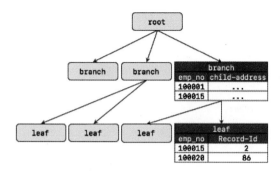

〈그림 5-6〉 MongoDB의 B-Tree 인덱스 구조

그림 5-6은 MongoDB의 전형적인 B-Tree 인덱스의 내부 구조를 보여주고 있다. MongoDB의 프라이머리 키는 클러스터링 인덱스가 아니므로 프라이머리 인덱스와 세컨드리 인덱스 간의 내부 구조에는 차이가 전혀 없다. B-Tree의 구조에서 브랜치 노드에 있는 인덱스 키 엔트리는 다음과 같이 키와 값의 쌍을 가진다. "인덱스 키 값"은 사용자가 인덱스를 생성할 때 선택한 필드의 값이며, 이 값은 1개 이상일 수도 있다. 그리고 "B-Tree의 자식 노드 주소"는 현재 B-Tree 상에서 자식 노드(브랜치이거나 리프 노드일 수 있다)의 주소를 저장한다.

[인덱스 키] --> [B-Tree의 자식 노드 주소]

그리고 B-Tree 리프 노드의 인덱스 키 엔트리는 다음과 같이 키와 값의 쌍을 가진다. 리프 노드에서도 "인덱스 키 값"은 사용자가 선택한 필드의 값이며, "Record-Id"는 MongoDB에서 내부적으로 키 값과 연결된 도큐먼트의 저장 주소를 의미한다. 여기에서 도큐먼트가 저장된 주소를 관리하는 "Record-Id"는 논리적인 주소일 수도 있지만 물리적인 주소일 수도 있다.

[인덱스 키] --> [Record-Id]

5.3.2.1 MMAPv1 스토리지 엔진의 Record-Id

초창기 MongoDB에서 많이 사용하던 MMAPv1 스토리지 엔진에서는 인덱스 키의 "Record-Id"에 실제 도큐먼트가 저장된 주소(물리적인 주소)를 저장한다. MMAPv1 스토리지 엔진에서 도큐먼트의 주소는 크게 "데이터 파일"과 "파일 내에서 도큐먼트의 저장 위치(offset)"로 구성되는데, MongoDB 2.4 버전까지는 이 값에 DiskLoc이라는 이름을 사용했다. MongoDB 3.2 버전에서 플러그인 스토리지 엔진 아키텍처로 업그레이드되면서 MMAPv1 스토리지 엔진의 물리 주소 표현 방법인 DiskLoc은 RecordId라는 이름의 객체로 통합됐다. 다음 예제는 MongoDB 3.2에서 RecordId를 도큐먼트와 같이 조회하는 방법을 보여주고 있다.

```
mongo> db.coll.find()._addSpecial("$showDiskLoc" , true)

{  "_id" : ObjectId("58a3e715d377fd494cd855fe"),
   "name" : "data1......",
   "$recordId" : NumberLong(20784)
}
{  "_id" : ObjectId("58a3e715d377fd494cd855ff"),
   "name" : "data2......",
   "$recordId" : NumberLong(20912)
}
...
{  "_id" : ObjectId("58a3e9b0d377fd494cf85f8d"),
   "name" : "dataN......",
   "$recordId" : NumberLong("8783271344")
}
```

MMAPv1 스토리지 엔진에서는 아직도 내부적으로 DiskLoc 객체를 사용하는데, DiskLoc은 도큐먼트가 저장된 파일의 아이디와 그 파일에서 도큐먼트가 저장된 위치(Offset)를 저장하고 있다. 그런데 이 값이 RecordId 객체로 바뀌면서 다음과 같이 변환돼서 보이는 것이다.

```
RecordId = uint64(data_file_id) << 32 | uint32(offset)
```

RecordId는 64비트 정숫값으로 표시되는데, MMAPv1 스토리지 엔진에서 컬렉션 단위로 제일 첫 번째 생성되는 데이터 파일의 아이디는 0이다. 그래서 처음 일부 도큐먼트의 RecordId는 상당히 작은 값이지만, 그다음 데이터 파일에 저장되는 도큐먼트의 RecordId는 상당히 큰 값을 보여준다. 세컨드리인덱스나 프라이머리 키 인덱스를 통해서 특정 키를 검색하면 MMAPv1 스토리지 엔진에서는 (인덱스 키의 주소 값이 실제 도큐먼트가 저장된 물리 주소이기 때문에) 그림 5-7에서 보이는 바와 같이 그 인덱스 키의 주소 값을 이용해서 즉시 데이터 파일의 도큐먼트를 찾을 수 있다.

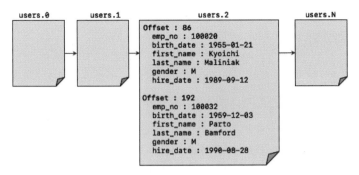

〈그림 5-7〉 MMAPv1 스토리지 엔진의 데이터 파일 구조

그런데 MMAPv1 스토리지 엔진에서 한 가지 재미있는 것은 Record-Id가 실제 도큐먼트의 물리 저장 주소이기 때문에 도큐먼트가 데이터 파일의 다른 위치로 옮겨지면 프라이머리 키를 포함해서 모든 인덱스의 엔트리를 변경해야 한다는 것이다.

```
mongo> db.mmapv1.insert({name:"matt"})
mongo> db.mmapv1.insert({name:"lara"})


mongo> db.mmapv1.find()._addSpecial("$showDiskLoc" , true)
{ "name" : "matt", "$recordId" : NumberLong(20656) }
{ "name" : "lara", "$recordId" : NumberLong(20720) }


mongo> db.mmapv1.update({name:"matt"}, {$set:{address:"서울시 광진구"}})
WriteResult({ "nMatched" : 1, "nUpserted" : 0, "nModified" : 1 })


mongo> db.mmapv1.find()._addSpecial("$showDiskLoc" , true)
{ "name" : "lara", "$recordId" : NumberLong(20720) }
{ "name" : "matt", "address" : "서울시 광진구", "$recordId" : NumberLong(20784) }
```

이 예제에서는 MMAPv1 스토리지 엔진을 사용하는 컬렉션 "mmapv1"에 데이터를 저장하고, 먼저 저장된 도큐먼트에 추가로 address라는 필드를 업데이트했다. 그 결과 name이 "matt"인 도큐먼트의 전체 크기가 증가했고, 이로 인해서 도큐먼트가 새로운 위치로 옮겨져야 했다. 그래서 처음에는 저장된 위치가 20656(Offset)이었는데, 데이터를 변경한 이후의 새로운 주소는 20784(Offset)이라는 것을 알 수 있다. MongoDB의 MMAPv1 스토리지 엔진에서는 도큐먼트의 크기가 증가하는 경우를 상당히 경계한다. 그래서 paddingFactor라는 옵션을 도입해서 도큐먼트를 저장할 때 일부러 도큐먼트 사이에 빈 공간을 할당해 뒀다가 도큐먼트의 크기가 증가하는 경우에는 그 빈 공간을 활용하여 도큐먼트의 위치가 최대한 옮겨지지 않도록 처리하고 있다.

MMAPv1 스토리지 엔진에서 이렇게까지 도큐먼트의 이동을 경계하는 이유는 바로 도큐먼트가 옮겨질 때마다 그 도큐먼트의 물리 주소를 가지고 있는 인덱스의 엔트리를 찾아서 모두 변경해줘야 하기 때문이다. MMAPv1 스토리지 엔진에서 모든 인덱스는 도큐먼트의 물리 주소를 가지기 때문에, 컬렉션에 인덱스가 10개가 있다면 10개의 인덱스를 모두 룩업해서 키의 주소 부분을 변경해야 하는 것이다. 이는 매우 많은 디스크 랜덤 액세스를 유발하므로 상당히 느리게 처리된다. 이것이 MMAPv1 스토리지 엔진의 업데이트 처리가 느린 이유이며, 이를 보완해서 위해서 도입된 paddingFactor라는 개념이 디스크의 데이터 파일 용량을 늘리는 주범이 됐다.

하지만 MMAPv1 스토리지 엔진은 인덱스에서 특정 키를 찾기만 하면 그 키의 엔트리가 가진 주소를 이용해 도큐먼트를 바로 찾을 수 있기 때문에 데이터를 읽는 속도는 매우 **빠르게** 처리된다. 그렇지만 **빠른** 쿼리 속도를 위해서 너무 많은 희생이 필요해져 버린 것이다.

5.3.2.2 WiredTiger 스토리지 엔진의 Record-Id

WiredTiger 스토리지 엔진은 MMAPv1 스토리지 엔진과 달리 인덱스 키 엔트리에 논리 주소를 사용한다. 사실 논리 주소라기보다는 도큐먼트마다 고유의 식별자를 할당해서 Record-Id로 부여한다. WiredTiger 스토리지 엔진에서 부여하는 도큐먼트의 고유 식별자는 우리가 흔히 알고 있는 자동 증가 값(Auto-Increment, 1씩 자동 증가하는 시퀀스) 방식을 사용한다.

WiredTiger의 Record-Id도 64비트 정수 타입을 사용하며, 이 값은 컬렉션 단위로 별도의 자동 증가 값을 사용한다. WiredTiger 스토리지 엔진을 사용하는 컬렉션에 예제 데이터를 저장하고, 저장된 도큐먼트의 Record-Id를 출력해보면 1부터 시작해서 1씩 증가하는 값이 할당되는 패턴을 확인할 수 있다.

```
mongo> db.wiredtiger.insert({name:"matt"})
mongo> db.wiredtiger.insert({name:"lara"})

mongo> db.wiredtiger.find()._addSpecial("$showDiskLoc" , true)
{ "name" : "matt", "$recordId" : NumberLong(1) }
{ "name" : "lara", "$recordId" : NumberLong(2) }
```

```
mongo> db.wiredtiger.update({name:"matt"}, {$set:{address:"서울시 광진구"}})
WriteResult({ "nMatched" : 1, "nUpserted" : 0, "nModified" : 1 })

monog> db.wiredtiger.find()._addSpecial("$showDiskLoc" , true)
{ "name" : "matt", "address" : "서울시 광진구", "$recordId" : NumberLong(1) }
{ "name" : "lara", "$recordId" : NumberLong(2) }
```

그리고 MMAPv1 스토리지 엔진과 달리 WiredTiger 스토리지 엔진의 Record-Id는 도큐먼트의 크기가 커져서 데이터 파일 내에서의 위치가 이동되더라도 처음 할당된 논리적인 주소 값은 변하지 않고 계속 유지되는 것을 확인할 수 있다. 그래서 WiredTiger 스토리지 엔진에서는 도큐먼트의 크기가 커져서 저장된 위치가 변경되더라도 크게 부하가 없기 때문에, paddingFactor와 같은 빈 공간을 준비해 둘 필요가 없다.

그렇다면 WiredTiger 스토리지 엔진에서는 이렇게 할당된 자동 증가 값 기반의 Record-Id로 어떻게 실제 데이터 파일의 도큐먼트를 찾는 것일까? 이를 위해서 WiredTiger 스토리지 엔진은 내부적으로 Record-Id 값을 인덱스 키로 가지는 내부 인덱스를 하나 더 가진다. 더 정확하게는 Record-Id 값을 키로 하는 클러스터링 인덱스를 가진다. 그림 5-8은 WiredTiger 스토리지 엔진에서 컬렉션당 하나씩 생성되는 숨어있는 클러스터링 인덱스의 구조를 보여주고 있다.

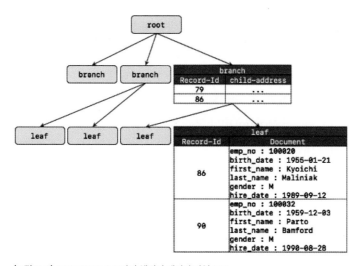

〈그림 5-8〉 WiredTiger 스토리지 엔진의 데이터 파일 구조

그래서 WiredTiger 스토리지 엔진에서는 프라이머리 키나 세컨드리 인덱스를 이용해 도큐먼트를 검색할 때 두 번의 인덱스 검색(사용자가 생성한 인덱스와 WiredTiger의 내부 Record-Id 인덱스)을 수행해야 최종 결과를 얻을 수 있다. 이렇게 함으로써 데이터 읽기는 MMAPv1 스토리지 엔진보다 느리지만, 데이터 변경은 훨씬 더 유연하게 처리할 수 있는 것이다.

> **⚠ 주의**
>
> WiredTiger 스토리지 엔진에서 숨겨진 필드(Hidden field)로 생성되는 Record-Id 인덱스는 클러스터링 인덱스다. 하지만 이 책에서는 MongoDB의 MMAPv1과 WiredTiger 스토리지 엔진은 클러스터링 인덱스를 지원하지 않는다고 설명하고 있다. 실제 두 설명은 서로 상충하지만, 사실 다 맞는 말이다. WiredTiger의 Record-Id는 클러스터링 인덱스로 생성되지만, 이 인덱스는 사용자가 임의로 변경하거나 사용할 수 있는 인덱스가 아니다. 그리고 사용자가 생성하거나 활용할 수 있는 인덱스는 클러스터링 인덱스로 생성할 수 없다. 단지 WiredTiger 스토리지 엔진이 내부적으로(Internal)만 사용할 수 있는 클러스터링 인덱스가 하나 있는 것인데, 여기에서는 WiredTiger 인덱스의 내부 구조를 설명하기 위해서 클러스터링 인덱스에 대해 언급한 것이다.
>
> 물론 WiredTiger의 클러스터링 인덱스 이야기는 언제든지 변경될 수 있는 부분이며, 현재 MongoDB 3.2와 3.4까지의 버전에서만 해당하는 설명이다. MongoDB 3.6에서는 클러스터링 인덱스가 도입될 수도 있고 아닐 수도 있다. 안타깝게도 현재로서는 MongoDB 3.4가 얼마 전에 배포됐으며, MongoDB 3.6 버전은 로드맵도 준비되지 않은 상태다.

5.3.3 로컬 인덱스(Local Index)

MongoDB는 다른 NoSQL DBMS(HBase와 같은)와는 달리 아주 다양한 형태의 세컨드리(Secondary Index) 인덱스를 지원한다. 사실 MongoDB가 지원하는 인덱스의 종류는 범용의 RDBMS보다 많아서 MongoDB를 온라인 트랜잭션(OLTP) 서비스에 사용하는 데 있어서 전혀 문제가 되지 않는다. MongoDB의 세컨드리 인덱스는 로컬(local) 인덱스로 관리되므로 각 샤드가 저장하고 있는 도큐먼트에 대한 인덱스만 가진다. 정확하게는 표현하면 MongoDB의 모든 인덱스(프라이머리와 세컨드리 인덱스 모두)는 샤드 단위로 로컬 데이터에 대한 인덱스를 관리한다. 그래서 프라이머리 인덱스나 유니크 인덱스는 샤드 키를 반드시 포함해야 하거나 응용 프로그램 수준에서 유니크함을 보장해야 한다.

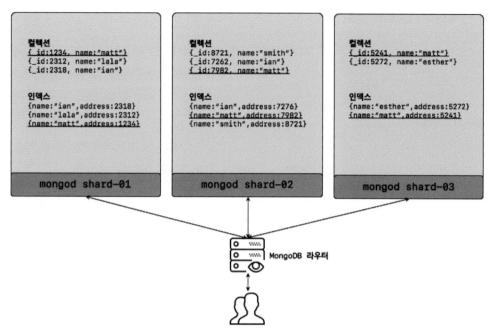

〈그림 5-9〉 MongoDB의 로컬 인덱스 구조

그림 5-9는 3개의 샤드를 가지는 클러스터를 보여주고 있으며, 여기에서 MongoDB 클러스터는 하나의 컬렉션과 하나의 인덱스를 가지고 있다. 여기에서 샤드 1번부터 샤드 3번까지의 컬렉션이 가진 데이터 중에서 "name" 필드의 값이 중복된 데이터가 여러 건 저장돼 있다. 하지만 각 샤드의 인덱스는 해당 샤드가 저장하고 있는 도큐먼트에 대해서만 인덱스를 저장하고 있다(그림 5-9에서 각 인덱스 엔트리의 주소 항목에 "_id" 필드의 값이 표시돼 있는데, 이는 이해를 돕기 위한 표현이며 실제와는 다르다는 것을 기억하자. 실제로 MongoDB에서는 클러스터링 인덱스를 지원하지 않기 때문에 각 인덱스 엔트리의 주소 필드에는 도큐먼트의 논리 또는 물리적 주소가 저장된다).

MongoDB의 인덱스도 다른 RDBMS의 인덱스와 동일하게 쿼리의 성능을 높이는 반면 도큐먼트의 생성 및 변경 처리 성능을 저하시킨다. RDBMS에서는 일반적으로 데이터의 생성 및 변경 작업을 유저의 요청에 따라 처리하지만, MongoDB에서는 각 샤드의 데이터를 균등하게 배치하기 위해서 밸런서(Balancer)가 백그라운드로 샤드 간 데이터를 자동으로 분산한다. 이때에도 밸런서는 데이터를 생성 및 삭제하는 작업을 수행하는데, 결국 인덱스가 많은 컬렉션은 그만큼 데이터 밸런싱 작업을 지연시키고 부하를 일으키는 원인이 될 수도 있다.

5.3.4 인덱스 키 엔트리 자료 구조

MongoDB가 모두 도큐먼트 데이터베이스라는 것은 익히 알고 있을 것이다. 그리고 이 도큐먼트들은 MongoDB 내부적으로 BSON이라는 형태의 JSON의 변형된 포맷으로 저장된다. MongoDB의 도큐먼트는 키-값(Key-Value) 쌍으로 된 JSON 포맷을 사용하므로 데이터 파일에 필드명과 필드 값이 같이 저장된다. 그래서 MongoDB 데이터는 기존 스키마를 가지는 RDBMS보다 디스크에 저장되는 데이터의 용량이 더 크다. 이렇게 키-값 쌍으로 구성된 도큐먼트는 MongoDB의 컬렉션에만 해당되는 이야기이지, 인덱스의 내부 저장 구조는 도큐먼트나 BSON 자료 구조를 사용하지 않는다.

일반적으로 MongoDB를 "스키마 프리(Schema-Free) 데이터베이스"로 많이들 생각한다. 이는 실제 데이터가 저장되는 컬렉션에는 맞는 이야기이지만, 인덱스에서는 맞지 않는 이야기다. MongoDB의 인덱스는 내부적으로 별도의 스키마를 가지고 있으며, 각 인덱스가 어떤 종류의 인덱스이고 그 인덱스들을 구성하는 필드가 어떤 것인지에 대한 메타 정보를 가지고 있다. 컬렉션에는 언제든지 원하는 필드를 가감하여 저장할 수 있지만, 인덱스를 다시 생성하지 않는 이상 user_name 필드로 생성된 인덱스에 새로운 필드를 추가할 수 없다.

이렇게 MongoDB의 인덱스는 이미 스키마를 가지고 있기 때문에 인덱스의 각 키 엔트리에 필드명을 굳이 저장할 필요가 없다. 인덱스는 컴팩트(용량을 작게 유지)하게 유지해야 하므로 굳이 인덱스 엔트리에 필드명을 추가해서 얻을 수 있는 것이 없기 때문이다. 그림 5-10은 title이라는 필드 값에 대해서 B-Tree (Ascending) 인덱스를 생성했을 때의 내부적인 구조를 나타낸 것이다.

```
mongo> db.access_log.createIndex( {title : 1} )
```

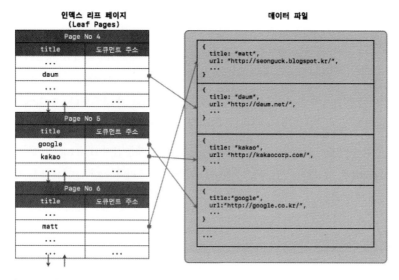

〈그림 5-10〉 B-Tree 인덱스의 내부 구조

실제 오른쪽의 컬렉션에는 키-값의 쌍을 가진 도큐먼트가 저장되지만, 왼쪽의 B-Tree 인덱스에는 키-값의 쌍이 아닌 title 필드의 값만 저장된 것을 볼 수 있다(이 책에서는 이런 이유 때문에 MongoDB 컬렉션의 각 로우(Row)는 도큐먼트라고 표현하지만, 인덱스의 각 로우(Row)는 도큐먼트라고 하지 않고 레코드 또는 인덱스 키 엔트리라고 표현하고 있다). 사실 인덱스라는 자료 구조 자체가 도큐먼트 형태로 비정규화된 형태를 가질 수 없기 때문에 이는 당연한 구현 방법이라고 볼 수 있다.

> **참고**
>
> MongoDB의 인덱스가 스키마 프리 자료 구조가 아니라는 것을 별로 중요하지 않게 생각할 수도 있다. 하지만 이런 특성들로 인해서 MongoDB의 다른 기능들이 달라진다. 대표적으로 MongoDB의 컬렉션 데이터 파일은 페이지 압축(Zip이나 Snappy 알고리즘을 이용한)을 할 수 있지만, 인덱스는 이런 형태의 페이지 압축이 기본적으로 적용되지 않는다. 그 이유는 동일 바이트 배열의 반복을 인코딩하는 압축 형태가 MongoDB 인덱스 자료 구조에서는 그다지 효과가 없기 때문이다.
>
> MongoDB의 내부적인 옵션(MongoDB 매뉴얼에서 언급하지 않는)을 조금 활용하면 인덱스 페이지도 압축을 적용할 수 있다. 하지만 그런 경우에도 MongoDB의 인덱스 자료 구조나 저장 방식을 알아야만 최적의 결정을 할 수 있다. 그래서 MongoDB의 내부 구조를 이해하는 것은 중요하다.

5.4 B-Tree 인덱스

B-Tree는 데이터베이스의 인덱싱 알고리즘으로 가장 일반적이고 오래된, 그러면서도 가장 데이터베이스의 범용적인 목적을 만족시키는 인덱스 알고리즘이다. 물론 B-Tree에는 여러 가지 변형된 형태의 알고리즘이 있는데, 일반적으로 DBMS에서는 주로 B⁺-Tree 또는 B*-Tree가 사용된다. 그 외에도 변형된 여러 형태의 알고리즘이 있지만, 각각 조금씩 차이가 있을 뿐이므로 하나하나 예를 들지는 않겠다. 단, 인터넷상에서 쉽게 접할 수 있는 B-Tree의 구조를 설명한 그림들 때문인지 B-Tree의 "B"가 바이너리(이진) 트리의 "B"라고 잘못 생각하는 사람들이 많은데, 바이너리 트리와 일반 DBMS에서 사용되는 B-Tree는 엄청난 차이가 있다.

> ⓘ **주의**
>
> 그림 5-11은 B-Tree를 소개하기 위해서 많은 자료에서 사용하고 있는 대표적인 그림이다. 그림 5-11에서 하나의 부모는 2개의 자식을 가지는 것으로 표현하고 있다.
>
>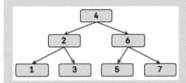
>
> 〈그림 5-11〉 일반적인 B-Tree 구조 설명에서 사용되는 그림
>
> 많은 사람이 B-Tree를 그림 5-11과 같은 예제로 배워서 그런지 DBMS의 B-Tree가 항상 2개의 자식 노드만 가진다고 생각하는 경우가 많다. 이는 이해를 돕기 위해서 B-Tree를 조금 단순화해서 표현한 것일 뿐이고, 실제 DBMS에서 사용하는 B-Tree가 항상 자식 노드를 2개만 가지는 바이너리 트리(Binary-Tree) 임을 의미하는 것은 아니다.
>
> 만약 B-Tree가 항상 2개의 자식 노드만 가질 수 있다면 인덱스를 구성하는 B-Tree의 깊이(depth)가 매우 깊어질 것이며 인덱스 키값의 길이가 짧더라도 성능상 이득이 되지 않게 된다.

B-Tree는 컬럼의 원래 값을 변형시키지 않고 (물론 값의 앞 부분만 잘라서 관리하기는 하지만) 인덱스 구조체 내에서 항상 정렬된 상태로 유지한다는 점이 가장 기본적으로 알고 있어야 할 부분이다. 전문 검색과 같은 특수 요건이 아닌 경우라면 대부분 인덱스는 거의 B-Tree를 적용할 정도로 일반적인 용도에 적합한 알고리즘이다.

5.4.1 구조 및 특성

일반적인 RDBMS와 같이 MongoDB에서도 범용적인 목적의 인덱스로는 B-Tree 인덱스가 많이 사용된다. 그림 5-12는 MongoDB의 인덱스 구조를 보여주고 있는데, 이 구조는 MongoDB뿐만 아니라 다른 RDBMS에서도 동일한 방식으로 사용된다.

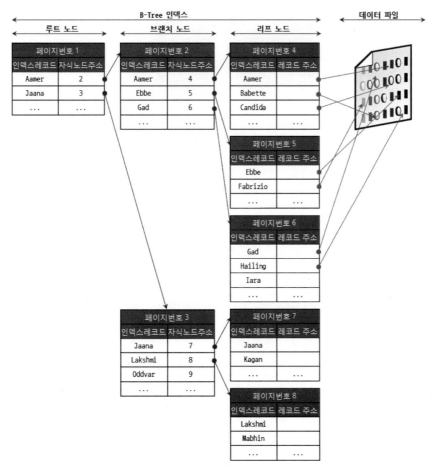

〈그림 5-12〉 B-Tree 인덱스의 구조

그림 5-12와 같이 인덱스 리프 노드의 각 키 값은 테이블의 데이터 레코드를 찾아가기 위한 물리적인 주소 값을 가지고 있다. 인덱스의 키 값들은 모두 정렬돼 있지만, 테이블의 데이터 레코드는 기본적으로 정렬돼 있지 않고 INSERT 된 순서대로 저장된다.

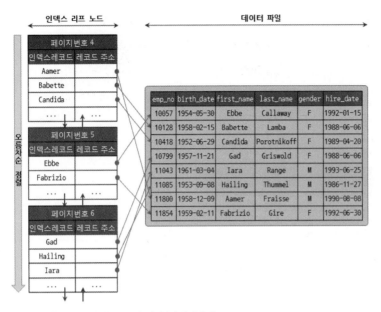

〈그림 5-13〉 B-Tree의 리프 노드와 테이블의 데이터 레코드

그림 5-13에서 "레코드 주소"란 도큐먼트의 물리적인 위치일 수도 있고 논리적인 시퀀스 값일 수도 있다. 이는 스토리지 엔진에 따라서 조금씩 의미가 다를 수 있는데, 이는 나중에 스토리지 엔진별 인덱스 특성에서 조금 더 자세히 살펴보겠다. 이번 장에서 인덱스를 표현하는 그림들은 개념적인 인덱스 구조로 이해하면 된다. 실제로 MongoDB 컬렉션의 인덱스에서는 항상 인덱스 필드의 값과 주소 값 (MongoDB 내부적으로는 RecordId라고 함)의 조합이 인덱스 레코드로 구성된다.

MongoDB는 RDBMS의 정규화된 자료 구조 대신 BSON 포맷의 도큐먼트를 저장하고 각 컬렉션이 컬럼 명세를 가지지 않기 때문에 NoSQL로 분류된다. 하지만 MongoDB 서버가 컬럼의 정의를 가지지 않는다는 것은 일부는 맞지만 일부는 틀린 설명이기도 하다. MongoDB 서버의 컬렉션은 별도의 컬럼 정의를 가지지 않지만, 컬렉션에 생성되는 인덱스는 반드시 컬럼의 명세를 가진다. 즉 컬렉션의 각 도큐먼트는 필드의 이름과 값의 쌍으로 BSON 도큐먼트가 구성되지만, 인덱스 데이터에는 필드 이름을 관리하지 않고 인덱스의 메타 정보에만 필드 이름이 관리된다. 그런데 여기에서 주의해야 할 점은 인덱스에는 필드의 값만 저장되지만, 한가지 예외 케이스가 있다. 다음 예제와 같이 name과 contact 라는 필드를 가지는 users 컬렉션을 가정해보자.

```
mongo> db.users.insert({
  userid: 1,
```

```
    name: "matt",
    contact:{
      phone_no: "010-000-0000",
      address: "서울시 광진구 ..."
    }
})
```

```
mongo> db.users.createIndex({name:1})
mongo> db.users.createIndex({contact:1})
```

users 컬렉션은 각각 name 필드와 contact 필드에 대해서 인덱스를 가지고 있는데, name 필드는 단일 값을 가지는 필드인 반면 contact 필드는 서브 도큐먼트를 가지는 필드다. 이 경우 name 필드의 인덱스는 필드명인 "name"을 인덱스 데이터로 저장하지 않고 name 필드의 값만 인덱스에 저장한다. 하지만 서브 도큐먼트를 값으로 가지는 contact 필드의 인덱스는 "phone_no"와 "address" 필드 명을 모두 포함한다. contact 필드는 필드 이름이 "contact"이고 필드의 값은 "{phone_no: '010-000-0000', address: '서울시 광진구 ... '}"이다. 그래서 contact 필드에 생성된 인덱스는 필드 명인 "contact"는 저장되지 않지만, contact 필드의 값인 서브 도큐먼트가 통째로 인덱스에 저장되므로 자식 필드의 이름인 "phone_no"와 "address"는 인덱스의 키 엔트리로 저장된다.

> **(!) 주의**
>
> 일반적으로 단일 값을 가지는 필드나 배열 값을 가지는 필드는 인덱스를 생성해도 필드의 이름이 인덱스에 저장되지 않으므로 필드 명이 길어도 인덱스의 크기에는 영향을 미치지 않는다. 하지만 서브 도큐먼트를 값으로 가지는 필드는 그 서브 도큐먼트의 자식 필드 이름이 모두 인덱스에 저장되므로 자식 필드의 이름이 길면 그만큼 인덱스의 크기에 영향을 미친다. MongoDB의 WiredTiger 스토리지 엔진에서 컬렉션의 데이터 파일은 기본적으로 압축을 적용하지만, 인덱스가 저장되는 데이터 파일은 압축을 하지 않는다. 그래서 서브 도큐먼트의 필드명이 길 때에는 이 값들이 인덱스의 크기를 훨씬 더 크게 만드는 역효과를 만들기도 한다.
>
> 그뿐만 아니라 서브 도큐먼트 필드에 대해서 생성되는 인덱스를 사용하려면 조건절이 서브 도큐먼트의 필드를 모두 가지고, 순서가 같을 때만 인덱스를 활용할 수 있다는 것도 기억하자.

5.4.2 B-Tree 인덱스 키 추가 및 삭제

B-Tree의 일반적인 특성은 인터넷을 통해서 쉽게 검색해 볼 수 있으므로 일반적인 특성에 관한 설명은 생략하고 오퍼레이션 별로 주의해서 알아 둬야 할 부분만 확인해 보자.

5.4.2.1 인덱스 키 추가

기본적으로 B-Tree는 트리 상의 키 값이 변경되는 즉시 그 내용을 반영하는데, 만약 키 값이 존재하지 않으면 B-Tree의 리프 노드에 인덱스 값을 추가하고 그 하위에 데이터 레코드가 저장된 위치를 저장한다. 만약 노드가 꽉 차게 되면 노드를 분리(Split)해야 하는데 이 경우에는 브랜치 노드의 변경이 필요할 수도 있고, 상위 연관 노드까지 변경해야 하는 경우도 있다. 이러한 작업들로 인해서 B-Tree는 상대적으로 쓰기 작업(새로운 키를 추가하는 작업)이 고비용인 것으로 알려져 있다. 또한 일반적으로 인덱스를 추가함에 따라서 INSERT 문장이나 UPDATE 등의 문장들이 성능상 얼마나 영향을 받는지 궁금해 하는 경우가 많다. 하지만 이 질문에 명확한 답변을 하려면 테이블의 필드 개수, 필드의 사이즈, 인덱스 필드의 특성 등을 확인해야 한다. 아주 대략적으로 계산하는 방법은 테이블에 레코드를 추가하는 작업의 비용을 1 이라고 가정하면, 그 테이블의 인덱스에 키를 추가하는 작업 비용을 1~1.5 정도로 예측하는 것이 일반적이다. 일반적으로 컬렉션에 인덱스가 하나도 없다면 작업 비용이 1이고, 컬렉션에 3개의 인덱스(컬렉션의 모든 인덱스가 B-Tree라고 가정)가 있다면 5.5 정도의 비용(1.5 * 3 + 1)이 든다고 예측해 볼 수 있다. 중요한 것은 이 비용의 대부분이 메모리와 CPU에서 처리하는 시간이 아니라 디스크로부터 인덱스 페이지를 읽어 오는 시간이 크다는 것이다.

5.4.2.2 인덱스 키 삭제

B-Tree의 키 값을 삭제할 때에는 상당히 간단하다. 해당 키 값을 찾아서 그냥 삭제 마크만 하면 작업이 완료된다. 이렇게 삭제 마킹된 인덱스 키 공간은 계속 그대로 방치되거나 재활용될 수 있다. 인덱스 키 삭제로 인한 마킹 작업 또한 디스크 쓰기가 필요하므로 이 작업 또한 자원이 소모되는 작업이다. 하지만 MongoDB에서는 내부적으로 캐시를 가지고 있기 때문에 변경된 데이터를 디스크에 기록하는 작업은 사용자의 데이터 변경 요청과는 비동기로 처리된다. 또한 Wiredtiger 스토리지 엔진은 캐시의 페이지를 디스크에 기록할 때 항상 페이지의 내용을 리빌드하므로 이렇게 삭제 표기된 채로 남아있는 키 엔트리는 디스크의 데이터 파일에는 없다.

5.4.2.3 인덱스 키 변경

인덱스의 키 값은 그 값에 의해서 위치가 결정되므로 B-Tree의 키 값을 변경하는 경우에는 (컬렉션의 도큐먼트와는 달리) 키 값을 찾아서 그 키 값을 변경하면 되는 것이 아니다. 그래서 B-Tree의 키 값을 변경하는 작업은 먼저 키 값을 삭제한 다음, 다시 새로운 키 값을 추가하는 형태로 처리된다. 키 값의 변경으로 인해서 발생하는 B-Tree 인덱스 키 값의 삭제와 추가 작업은 이미 위에서 설명한 절차대로 동일하게 처리된다.

5.4.2.4 인덱스 키 검색

INSERT, UPDATE, DELETE 작업 시에 인덱스 관리에 따르는 추가 비용을 감당하면서 인덱스를 구축하는 이유는 바로 빠른 검색을 위해서다. 인덱스를 검색하는 작업은 B-Tree의 루트 노드부터 시작해서 브랜치 노드를 거쳐 최종 리프 노드까지 비교하는 과정을 통해서 이동하는데, 이 과정을 트리 검색(Tree traversal)이라고 한다. 검색은 FIND 쿼리에서만 사용되는 것이 아니라 UPDATE나 DELETE를 처리할 때에도 항상 검색 작업을 먼저 해야 하는데, 이 경우에도 인덱스가 있으면 빠르게 검색할 수 있다. B-Tree 인덱스를 이용한 검색은 100% 일치 또는 값의 앞 부분(Left-most part)이 일치할 때만 사용할 수 있고, 부등호("〈〉") 비교에는 B-Tree 인덱스의 검색 기능을 이용할 수 없다. 또한 인덱스를 이용한 검색에서 중요한 사실은 인덱스의 컬럼 값에 변형이 가해진 후 비교 검색을 하면 절대 B-Tree의 빠른 기능을 사용할 수 없다는 것이다. 변형된 값은 B-Tree 인덱스에 존재하지 않기 때문에 함수나 어떤 연산을 적용한 결과로 정렬한다거나 검색하는 작업은 B-Tree의 특성을 이용할 수 없게 만들어 버리므로 주의해야 한다.

5.4.3 B-Tree 인덱스 사용에 영향을 미치는 요소

B-Tree 인덱스는 인덱스를 구성하는 필드들의 사이즈와 도큐먼트의 건수 그리고 해당 필드에서 유니크한 값의 개수 등에 따라서 검색이나 변경 작업의 성능이 영향을 받는다.

5.4.3.1 인덱스 키 값의 사이즈

다른 RDBMS처럼 MongoDB에서도 디스크에 데이터를 저장하는 가장 기본 단위를 페이지(Page) 또는 블록(Block)이라고 하며, 모든 디스크의 읽기 및 쓰기 작업의 최소 작업 단위다. 페이지는 디스크의 저장 및 읽기뿐만 아니라 MongoDB의 각 스토리지 엔진(대표적으로 WiredTiger 스토리지 엔진)이 데이터를 관리하는 기본 단위이기도 하다. 인덱스도 결국은 페이지 단위로 관리되며, 위의 B-Tree 그림에서 루트와 브랜치 그리고 리프(Leaf) 노드를 구분한 기준 또한 바로 페이지 단위다. B-Tree의 "B"가 이진(Binary)를 의미하는 것이 아니라고 이야기했었는데, 그러면 B-Tree는 자식 노드를 몇 개를 가지는 트리인지 궁금했던 적이 있을 것이다. 바로 그 정답이 인덱스의 페이지 크기와 키 값의 사이즈에 따라 결정된다. 예를 들어, Wiredtiger 스토리지 엔진에서 페이지 크기를 16KB로 사용하는 경우, 인덱스의 키가 16바이트라고 가정하면 다음과 같이 인덱스 페이지가 구성될 것이다. 여기에서 자식 노드 주소는 여러 가지 복합적인 정보를 가진 영역이며 페이지의 종류별로 대략 6바이트에서 12바이트까지 다양한 값을 가질 수 있다(여기에서는 대략 12바이트로 가정해보자).

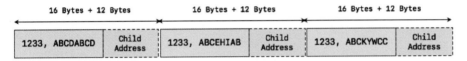

〈그림 5-14〉 인덱스 페이지의 구성

그림 5-14를 기준으로 본다면 하나의 인덱스 페이지(16KB)에 몇 개의 키를 저장할 수 있을까? 간단히 계산해 보면 16*1024/(16+12) = 585개를 저장할 수 있다. 그래서 최종적으로 이 경우에는 자식 노드를 585개 가질 수 있는 B-Tree가 되는 것이다. 그러면 인덱스 키의 값이 커지면 어떤 현상이 발생할까? 위와 똑같은 상황에서 키 값의 사이즈가 두 배인 32바이트로 늘어났다고 가정해 보면 한 페이지에 인덱스 키를 16*1024/(32+12) = 372개 저장할 수 있게 된다. 만약 여러분의 FIND 쿼리가 도큐먼트 500개를 읽어야 한다면 전자의 경우에는 인덱스 페이지를 한번 읽는 것으로 해결될 수도 있지만, 후자의 경우에는 최소한 2번 이상 디스크에서 읽어와야 한다는 것이며, 결국 디스크 I/O로 인해서 그만큼 느려진다는 것을 의미한다.

물론 내부적인 MongoDB의 각 스토리지 엔진은 메모리 캐시를 활용하기 때문에 이 결과가 정확하지 않을 수도 있지만, 기본적으로는 그렇다는 것이다. 어찌됐거나 여기서 결론은 인덱스 키 값의 사이즈가 작으면 작을수록 좋다는 것은 이러한 오버헤드를 최소화하자는 의미다. 인덱스 키 값의 사이즈가 커지면 밑에서 설명할 B-Tree의 깊이에도 영향을 미친다.

5.4.3.2 B-Tree 깊이(Depth)

사실 B-Tree의 깊이(Depth)는 상당히 중요하지만, 우리가 어떻게 직접 제어할 방법이 없다. 여기서 언급하고자 하는 것은 인덱스 키가 길어지면 추가로 어떤 현상이 발생하는지 알아보고자 한다. 위에서 잠깐 언급했던 예제를 다시 살펴보자. 인덱스 키가 16바이트일 때에는 하나의 인덱스 페이지에 585개의 키 값을 저장할 수 있으므로 B-Tree가 완전 균형 트리 상태이고, 트리의 깊이가 4까지 가면 최대 1천억 개 정도의 키 값을 담을 수 있다. 이에 반해서 인덱스 키 값이 32바이트가 되면 2백억 개 정도밖에 키 값을 담지 못한다. B-Tree의 깊이(Depth)는 MongoDB에서 값을 검색할 때 몇 번이나 랜덤하게 디스크를 읽어야 하는지와 직결되는 문제다. 결론적으로 인덱스 키 값의 사이즈가 커지면 커질수록 하나의 인덱스 페이지가 담을 수 있는 인덱스 키 값의 개수가 작아지고, 그로 인해서 동일한 레코드 건수라 하더라도 B-Tree의 깊이(Depth)가 깊어져서 디스크 읽기가 더 많이 필요해진다는 것을 의미한다.

여기서 언급한 내용은 사실 인덱스 키 값의 사이즈는 가능하면 작게 만드는 것이 좋다는 것을 강조하기 위함이고, 실제 서비스에서는 아무리 대용량의 데이터베이스라도 B-Tree의 깊이(Depth)가 5 이상까지 깊어지는 경우는 거의 없다. 따라서 B-Tree의 깊이(Depth)로 인해서 성능이 눈에 보일 정도로 저하되는 현상의 거의 없으므로 크게 걱정하지는 않아도 된다.

5.4.3.3 선택도(기수성)

인덱스에서 선택도(Selectivity) 또는 기수성(Cardinality)은 거의 같은 의미로 사용되며, 모든 인덱스 키 값 중에서 유니크한 값의 개수를 의미한다. 전체 인덱스 키 값이 100개인데 그중에서 유니크한 값의 수가 10개라면 기수성은 10으로 생각해 볼 수 있다. 인덱스 키 값 중에서 중복된 값이 많아지면 많아질수록 기수성은 낮아지고 동시에 선택도 또한 떨어진다. 일반적으로 주목적이 검색인 인덱스는 선택도가 높아야 좋고 그만큼 빠른 검색으로 연결된다. 물론 나중에 설명하겠지만, 선택도가 좋지 않아도 인덱스를 만드는 것이 훨씬 나은 경우도 많다. 예를 들어, 1만 개의 키를 가진 인덱스에서 유니크한 값(기수성)의 수가 10인 경우(A)와 5,000인 경우(B)에 다음과 같은 예제 쿼리를 실행한다고 가정해보자.

```
db.users.find({user_name : "Matt"})
```

위 쿼리를 실행하면 A의 경우에는 평균적으로 FIND되는 도큐먼트 건수가 1,000건, B의 경우에는 2건이 조회될 것임을 유니크한 값의 개수로 대략 예측할 수 있다. 처리하고자 하는 요건을 위해서 최소한의 레코드를 읽고(최소한의 디스크 읽기) 비교하도록 유도하는 것이 쿼리 튜닝의 가장 기본이다. 만약 A 케이스와 B 케이스 모두 실제 처리에 필요한 레코드는 최종적으로 1건이라면 A 케이스의 인덱스는 적합하지 않다고 볼 수 있다. A 케이스는 1건의 레코드를 위해서 쓸모 없는 레코드를 999건이나 더 읽은 것이며 그만큼 자원을 낭비한 것이지만, B 케이스는 1건을 위해서 1건만 더 읽은 것이기 때문이다 (물론 필요한 만큼만 정확하게 읽을 수 있다면 최상일 것이다).

5.4.3.4 읽어야 하는 레코드의 건수

조금 뒤에서 자세히 설명하겠지만, 인덱스를 통해서 컬렉션의 도큐먼트를 읽는 것은 인덱스를 거치지 않고 바로 컬렉션의 도큐먼트를 읽는 것보다 상당히 고비용의 작업이다. 컬렉션에 전체 100만 건이 저장돼 있는데, 그중에서 50만 건을 읽어야 하는 쿼리가 있다고 가정해 보자. 이 작업은 전체 컬렉션을 모두 읽어서 필요 없는 50만 건을 버리는 것이 효율적일지 인덱스를 통해서 필요한 50만 건만 읽어 오는 것이 효율적일지 판단해야 한다. 인덱스를 이용한 읽기의 손익 분기점을 판단해야 하는데, 일반적인 DBMS에서는 대부분 인덱스를 통한 도큐먼트 읽기 작업이 전체 컬렉션을 읽어 오는 작업(풀 테이블 스캔)보다 5~6배 정도 고비용의 작업이라고 판단하게 된다. 즉, 인덱스를 통해서 읽어야 할 레코드의 건수(물론 옵티마이저가 판단한 예상 건수)가 전체 컬렉션 도큐먼트의 15~20%를 넘어서면 인덱스를 이용하지 않고 컬렉션 스캔(풀 테이블 스캔)으로 필요한 레코드만 가려내는 방식(필터링)으로 처리한다.

위의 예에서 MongoDB 옵티마이저는 인덱스보다는 풀 테이블 스캔을 이용하도록 실행 계획을 유도할 것이다. 그래서 이렇게 많은 도큐먼트(전체 도큐먼트의 15~20% 이상)를 읽어야 할 때에는 강제로 인덱스를 사용하도록 힌트를 추가해도 성능적으로 얻을 수 있는 이득이 없다. 물론 이러한 작업은 MongoDB의 옵티마이저가 알아서 처리하겠지만 기본적으로는 알고 있어야 쿼리를 튜닝할 수 있다.

5.4.4 B-Tree 인덱스를 통한 데이터 읽기

어떤 쿼리를 인덱스를 사용해서 실행할지 아니면 인덱스를 사용하지 못하도록 할지 결정하려면 MongoDB(더 정확히는 MongoDB의 스토리지 엔진)가 어떻게 인덱스를 이용(경유)해서 실제 도큐먼트를 읽어 내는지를 알고 있어야 할 것이다. 여기서는 간단히 MongoDB가 대표적으로 인덱스를 이용하는 세 가지 방법을 살펴보고자 한다.

5.4.4.1 인덱스 레인지 스캔

인덱스 레인지 스캔은 인덱스의 접근 방법 중에서 가장 대표적인 접근 방식이고, 일반적으로 나머지 접근 방식(인덱스 풀 스캔)보다 빠른 접근 방식이다. 인덱스를 통해서 하나의 레코드만 읽든지 그 이상을 읽든지 여기에서는 모두 레인지 스캔으로 묶어서 설명하겠다. 여기에서 중요한 것은 인덱스 스캔을 시작할 위치를 어떻게 선택하고, 일치하는 건에 대해서 데이터 레코드를 읽기 위해서 어떤 작업이 필요한지만 이해할 수 있으면 충분할 것이다. 다음 쿼리를 예제로 살펴보자.

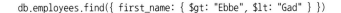

```
db.employees.find({ first_name: { $gt: "Ebbe", $lt: "Gad" } })
```

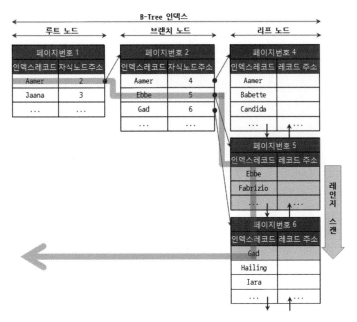

〈그림 5-15〉 인덱스를 이용한 레인지 스캔

인덱스 레인지 스캔은 검색해야 할 인덱스의 범위가 결정된 경우에 사용할 수 있는 방식으로, 검색하고자 하는 값의 수나 검색 결과 레코드의 건수와 관계없이 레인지 스캔이라고 표현한다. 인덱스 레인지 스캔을 통해서 레코드를 읽어 오는 과정은 그림 5-15와 같다. 실제 원하는 시작점을 찾기 위해서 루트 노드부터 비교를 시작해서 브랜치 노드를 거치며 최종적으로 리프 노드의 시작 지점을 찾는다. 리프 노트에서 시작해야 할 위치를 찾게 되면 그때부터는 리프 노드 간의 링크를 이용해서 리프 노드만 스캔하게 된다. 그리고 최종 스캔을 멈춰야 할 위치에서 사용자에게 결과를 반환하면 처리가 완료된다. 그림 5-16에서 두꺼운 화살표 선은 스캔해야 할 위치 검색을 위한 비교 작업을 의미하며, 바탕색이 있는 리프 노드의 레코드 구간은 실제 스캔하는 범위를 표현한 것이다.

대부분의 작업에서 B-Tree 인덱스의 리프 노드를 스캔하면서 실제 데이터 파일의 레코드를 읽어 오게 되는데 이 과정을 좀 더 자세히 살펴보자.

〈그림 5-16〉 인덱스 레인지 스캔을 통한 데이터 레코드 읽기

B-Tree 인덱스에서 루트와 브랜치 노드를 이용해서 특정 검색(스캔) 시작 값을 가지고 있는 리프 노드를 검색하고, 그 지점부터 필요한 방향(오름차순 또는 내림차순)으로 인덱스를 읽어 나가는 것(이런 작업을 스캔이라고 함)을 그림 5-16에서 확인할 수 있다. 가장 중요한 것은 어떤 방식으로 인덱스를 스캔하든지 가져오는 레코드의 순서는 해당 인덱스를 구성하고 있는 컬럼의 정순 또는 역순으로 정렬된 상태로 가져온다는 것이다. 이는 별도의 정렬 과정이 수반되는 것이 아니라 인덱스 자체가 정렬돼 있기 때문에 자동으로 그렇게 되는 것이다.

또 하나 그림 5-16에서 중요한 부분은 인덱스의 리프 노드에서 검색 조건과 일치하는 건들에 대해서 데이터 파일의 실제 데이터 레코드를 읽어오는 과정은 레코드 한 건 한 건별로 랜덤 I/O가 필요하다는 것이다. 위 그림에서 3건의 레코드가 검색 조건과 일치한다고 가정하면 데이터 레코드를 읽기 위해서 랜덤 I/O가 최대 3번 필요한 것이다. 그래서 인덱스를 통해서 데이터 레코드를 읽는 작업은 비용이 많이 드는 작업이라고 판단하는 것이며, 인덱스를 통해서 읽어야 할 데이터 레코드가 15~20%를 넘으면 인덱스를 통한 읽기보다 컬렉션(데이터 파일) 풀 스캔이 더 효율적인 처리가 된다.

5.4.4.2 인덱스 프리픽스(Prefix) 스캔

문자열 필드를 대상으로 일부만 일치하는 패턴을 검색하고자 할 때 사용하는 방법으로, MongoDB 서버에서는 정규 표현식을 이용해서 좌측 일치 문자열 검색을 수행할 수 있다.

```
db.users.find( { name: { $regex: /^Matt/ } } )
db.users.find( { name: /^Matt/} )
db.users.find( { name: { $in: [ /^Matt/, /^Lara/ ] } } )
```

문자열의 좌측 일치 검색을 수행하는 정규 표현식이 인덱스를 활용하려면 다음과 같이 3가지 조건을 갖춰야 한다.

- 반드시 문자열의 처음부터 일치하도록 문자열 시작 표시("^")로 정규 표현식이 시작돼야 한다.
- 검색 문자열이 "시작 표시(^)" 이외의 정규 표현식을 포함하지 않아야 한다.
- 문자열의 마지막을 표현하는 "$" 표시가 없어야 한다.

이 조건들은 SQL에서 자주 사용되는 좌측 일치 LIKE 연산자(name LIKE 'Matt%')와 같은 조건이다. 이렇게 정규 표현식이 나열되면 MongoDB 서버는 다음과 같이 동일하게 비교할 수 있따. 즉 "matt"보다 크거나 같고 "matu"("matt"로 시작하는 모든 문자열 바로 다음의 문자열)보다 작은 문자열을 검색하는 것이다.

```
db.users.createIndex( {name:1} )
db.users.find({name: {$gte:"matt", $lt:"matu"}})
```

MongoDB의 인덱스 프리픽스(Prefix) 스캔은 사실 일반적인 레인지 스캔(Range Scan)과 동일한 방식으로 작동한다. B-Tree 인덱스의 스캔은 필드 값 전체가 동등한지뿐만 아니라 좌측부터 일치하는지 비교 조건만 갖춰지면 언제든지 인덱스 레인지 스캔을 수행할 수 있다. 이 조건은 문자열뿐만 아니라 날짜 타입이나 숫자 타입의 필드에도 동일하게 적용된다. 그래서 다음 조건은 위의 문자열 프리픽스(좌측) 일치와 같은 케이스다.

```
db.users.createIndex( {score:1} )
db.users.find( {score: {$gte: 75, $lt:95} } )
```

5.4.4.3 커버링 인덱스

다른 RDBMS와 같이 MongoDB에서도 인덱스만으로 쿼리를 처리할 수 있는 경우에는 도큐먼트가 저장된 컬렉션 데이터 파일을 읽지 않고 쿼리를 처리한다. users 컬렉션에 score 필드와 name 필드로 이뤄진 컴파운드 인덱스를 가지고 있을 때 다음과 같은 쿼리가 어떻게 최적화되는지 한번 살펴보자.

```
db.users.createIndex( {score:1, name:1} )

db.users.find( {score: {$gte:90} } )
db.users.find( {score: {$gte:90} }, {_id:0, name:1, gender:1 } )

db.users.find( {score: {$gte:90} }, {_id:0, name:1} )
```

우선 첫 번째 쿼리는 score 필드가 90점 이상인 사용자를 조회하고 있는데, score가 90점 이상인 사용자를 찾는 조건은 {score:1, name:1} 인덱스를 이용해서 빠르게 검색할 것이다. 하지만 score 필드가 90점 이상인 사용자의 상세한 정보(도큐먼트)를 가져오려면 도큐먼트의 전체 정보가 저장된 컬렉션의 데이터 파일을 읽어야 한다. 두 번째 쿼리에서는 사용자 도큐먼트의 모든 필드를 필요로 하지는 않지만, 여전히 {score:1, name:1} 인덱스에 포함되지 않은 gender 필드를 읽어야 하므로 컬렉션의 데이터 파일을 읽어야 한다.

하지만 세 번째 쿼리는 score 필드로 90점 이상인 유저를 검색한 다음, 클라이언트로 name 필드만 반환하면 된다. 그런데 {score:1, name:1} 인덱스에 이미 name 필드의 값이 같이 저장돼 있으므로 name 필드의 값을 확인하기 위해서 별도로 컬렉션의 데이터 파일을 읽을 필요가 없다. 그래서 세 번째 쿼리는 {score:1, name:1} 인덱스만 읽어서 충분히 처리할 수 있다. 이렇게 컬렉션의 데이터 파일은 전혀 참조하지 않고 인덱스만 읽어서 쿼리가 처리되는 최적화를 커버링 인덱스라고 하며, 그 쿼리를 인덱스 커버 쿼리(Index Covered Query)라고 한다.

인덱스에서 원하는 키 엔트리를 찾은 다음 나머지 필드를 얻기 위해 나머지 정보가 저장된 도큐먼트를 읽는 작업은 서비스의 특성에 따라서 상당한 성능 저하를 유발할 수 있다. 그림 5-17은 score가 90점 이상이면서 95점 이하인 사용자의 정보를 조회하는 쿼리가 실행되는 과정을 보여주고 있다.

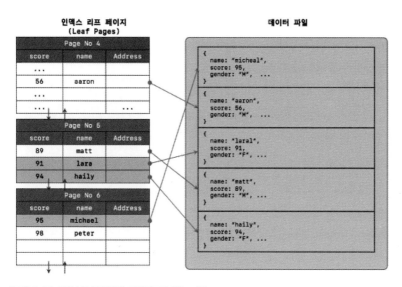

〈그림 5-17〉 인덱스를 검색해서 도큐먼트를 찾는 과정

그림 5-17에서 score 필드의 값이 90점과 95점 사이인 사용자는 모두 3명(lara, haily, michael)이다. 실제 {score:1, name:1} 인덱스의 특정 범위를 스캔(인덱스 레인지 스캔)하면서 이 3명의 사용자를 찾는 작업은 인덱스의 특정 위치에 커서(cursor)를 이동시킨 다음 그 위치부터 다음 인덱스 키 엔트리를 하나씩 읽으면 된다. 이 과정은 하나의 데이터 블록(데이터 페이지) 내에서 이뤄지므로 매우 빠르게 처리된다. 하지만 인덱스 검색에서 일치하는 3명의 사용자에 대해서 상세한 정보를 얻으려면 인덱스 키 엔트리에 같이 저장된 주소를 이용해서 데이터 파일을 검색해야 한다. 그런데 이 주소를 이용해서 데이터 파일을 검색하는 과정도 B-Tree를 따라가서 원하는 도큐먼트를 찾는 작업이 필요하다(위 그림에서는 데이터 파일을 그냥 평범한 파일로 표시했지만, 이는 설명을 간소화하기 위한 것이다. MMAPv1 스토리지 엔진에서는 이 그림과 동일하게 구성되지만, WiredTiger 스토리지 엔진은 데이터 파일도 B-Tree로 구성된다). 그래서 이 3명의 사용자를 찾는데 디스크의 랜덤 액세스가 2~4번 정도 필요하며, 각 사용자의 상세한 정보를 가져오기 위해서 1명당 2~4번 정도의 디스크 랜덤 액세스가 필요한 것이다. 그래서 총 8~16번의 랜덤 디스크 읽기가 필요하다.

그런데 이 쿼리를 커버링 인덱스로 최적화한다면 사용자별로 데이터 파일을 검색하는 작업이 필요하지 않게 된다. 그래서 디스크 랜덤 액세스는 2~4번만 수행하면 된다. 즉 이 예제에서 커버링 인덱스로 최적화한 경우와 그렇지 못한 경우의 성능 차이는 거의 4배라고 볼 수 있다. 더 많은 사용자가 조건과 일치해서 데이터 파일에서 읽어야 할 사용자 데이터가 더 많아진다면 그때는 커버링 인덱스 최적화가 엄청난 성능 차이를 보일 것이다. 무조건 모든 쿼리를 커버링 인덱스로 최적화할 필요는 없지만, 꼭 필요한 필드만 사용하도록 쿼리를 가능한 한 최적화해 둔다면 그중에서 커버링 인덱스로 최적화되는 쿼리가 많아지고, 성능도 그만큼 향상될 것이다.

> **참고** 위 설명에서는 이해를 돕기 위해서 MongoDB의 캐시 사용을 무시하고, 단순하게 디스크 랜덤 액세스 회수를 비교했다. 물론 MongoDB 서버는 캐시를 가지고 있기 때문에 자주 사용되는 데이터 페이지가 MongoDB의 캐시에 적재돼서 매번 디스크를 읽지는 않을 수도 있다.
>
> 하지만 주의해야 할 것은 디스크의 데이터 파일 크기가 커지면 MongoDB 캐시 메모리는 전체 작업을 위해서 필요한 데이터 셋(Working-set)을 캐시 메모리에 적재하지 못하고 계속 디스크를 읽어서 필요한 데이터를 가져와야 할 수도 있다. 이런 경우에는 정말 현저한 성능 저하를 보이게 될 수도 있다. 그리고 만약 실제 데이터가 MongoDB 캐시 메모리에 모두 적재돼 있다 하더라도 캐시의 페이지를 찾기 위해서 메모리에 그만큼 많이 접근해야 하므로 여전히 커버링 인덱스는 그렇지 못한 경우보다 월등히 빠른 성능을 보일 것이다.

5.4.4.4 인덱스 인터섹션(Intersection)

대부분의 DBMS에서 하나의 쿼리는 일반적으로 하나의 인덱스를 이용해서 처리된다. 물론 하나의 쿼리가 여러 개의 테이블(컬렉션)을 이용하는 경우라면 테이블별로 하나의 인덱스를 활용하게 된다. 그런데 인덱스 인터섹션 최적화를 사용하는 경우에는 2개 이상의 인덱스를 사용하게 되며, MongoDB 서버도 3.0 버전부터 인덱스 인터섹션 최적화를 지원하고 있다. 그림 5-18은 MongoDB 서버에서 하나의 컬렉션이 가진 두 개 이상의 인덱스를 검색하여 각 검색 결과를 만들고, 그 결과 집합의 교집합(Intersection)을 찾는 최적화 과정을 보여주고 있다.

> **(!) 주의**
>
> MongoDB에서 OR 조건이 많이 사용된 경우에도 여러 개의 인덱스를 이용해서 하나의 컬렉션을 조회하는 경우가 발생할 수 있다. 하지만 이 경우는 인덱스 인터섹션이라고 하진 않는다. 실제 OR 연산자로 연결된 각각의 하위 조건이 각각의 인덱스를 사용한 경우에는 두 결과 집합에 대해서 INTERSECT 연산을 수행하는 것이 아니라 UNION으로 병합하는 과정이 실행된다.

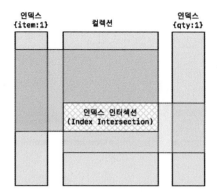

〈그림 5-18〉 여러 인덱스를 이용해서 검색(인덱스 인터섹션)

많은 사용자가 MongoDB 3.0 이전까지는 인덱스 인터섹션 최적화가 없어서 만족스럽지 못하다는 이야기를 자주 했었다. 하지만 인덱스 인터섹션 최적화는 웬만해서는 경험하기 어려운 최적화다. 그 이유는 인덱스 인터섹션 최적화가 그만큼 효율적인 경우가 별로 없기 때문이다. MongoDB 서버에서 인덱스 인터섹션 최적화가 사용됐는지는 실행 계획에서 "AND_SORTED"와 "AND_HASHED" 스테이지(Stage)가 있는지 확인하면 된다. AND_SORTED 스테이지와 AND_HASHED 스테이지 모두 인덱스 인터섹션 최적화의 방법인데, 둘의 가장 큰 차이는 각 인덱스 검색의 결과가 RecordId를 기준으로 정렬돼 있는지다. 예를 들어, 다음 3개의 인덱스를 한번 살펴보자.

```
db.orders.createIndex( {item:1} )
db.orders.createIndex( {qty:1} )

db.orders.createIndex( {item:1, qty:1} )
```

위 예제의 첫 번째 인덱스와 두 번째 인덱스는 item 필드와 qty 필드만으로 생성된 인덱스이며, 세 번째 인덱스는 item과 qty 필드가 복합적으로 혼합된 컴파운드 인덱스다. "5.3.2 인덱스 내부"에서 살펴본 바와 같이 MongoDB의 모든 인덱스는 내부적으로 주어진 필드 뒤에 RecordId 필드가 연결돼 있다. 그래서 실제 위 3개의 인덱스는 다음과 같이 구성돼 있다고 봐야 한다.

```
db.orders.createIndex( {item:1, RecordId:1} )
db.orders.createIndex( {qty:1, RecordId:1} )

db.orders.createIndex( {item:1, qty:1, RecordId:1} )
```

그래서 사용자가 item 필드가 "abc123"인 도큐먼트를 검색할 때 {item:1} 인덱스를 사용하면 그 결과는 당연히 RecordId 필드로 정렬된 결과를 얻게 된다. 하지만 item 필드를 범위로 검색하거나 세 번째 인덱스({item:1, qty:1})를 사용하면 RecordId가 정렬돼 있다는 보장을 할 수 없다. 그래서 다음과 같이 쿼리를 실행하면 MongoDB 서버는 인덱스 인터섹션 최적화를 사용할지 말지 검토한다(물론 세 번째의 {item:1, qty:1} 인덱스가 없을 때만 인덱스 인터섹션 최적화를 활용할 가능성이 높다).

```
// orders 컬렉션에 {item:1, qty:1} 인덱스가 없다고 가정
db.orders.find( {item: "abc123", qty:15} )
db.orders.find( {item: "abc123", qty: {$gt: 15} } )
```

첫 번째 쿼리를 위해서 MongoDB 서버는 item 필드의 값이 "abc123"인 도큐먼트들의 RecordId를 {item:1} 인덱스를 통해서 가져오고, qty 필드의 값이 15인 도큐먼트들의 RecordId를 {qty:1} 인덱스를 통해서 가져 온다. 이때 두 인덱스의 검색 결과에서 RecordId는 모두 정렬된 상태로 가져오는데, 이때는 AND_SORTED 스테이지가 사용된다. 이는 인터섹션 연산을 해야 하는 두 집합이 이미 RecordId를 기준으로 정렬돼 있다는 것을 가정하고 교집합만 뽑는 처리를 할 때 사용되는 스테이지다. 하지만 두 번째 쿼리에서는 item 필드 조건 검색의 결과는 RecordId로 정렬된 것을 보장할 수 있지만, qty 필드의 조건은 일치 비교(Equality)가 아니라 범위 비교이므로 RecordId 기준으로 정렬돼 있다고 보장할 수 없다. 그래서 이런 경우에는 AND_HASHED 스테이지가 사용되는데, 이는 두 집합의 교집합을 찾기 위해서 해시 조인을 하는 것과 비슷한 작업을 수행하는 스테이지다.

> **(!) 주의**
>
> 직접 인덱스 인터섹션 최적화를 유도해보기 위해서 데이터를 조작해 테스트를 해봐도 쉽게 인덱스 인터섹션 실행 계획을 의도적으로 만들기는 쉽지 않을 것이다. 이는 실제 그만큼 인덱스 인터섹션이 효율적인 최적화가 아니기 때문이다. 그리고 하나의 컬렉션에서 데이터를 검색하는 최적의 방법은 컬렉션별로 하나의 인덱스를 이용해서 최소의 범위를 검색하는 것이다. 인덱스 인터섹션이 최근에 도입된 최적화라고 해서 인덱스 인터섹션이 다른 방법보다 효율적이거나 최신의 알고리즘은 아니라는 것을 기억하자.
>
> 인덱스 인터섹션 최적화는 일반적으로 쿼리에 맞게 복합 필드 인덱스로 구성되지 않고, 필드마다 하나의 인덱스가 만들어진 경우에 자주 사용될 수 있다. 하지만 이렇게 각 인덱스가 필드를 하나씩만 가진 경우는 대부분 잘못 생성된 인덱스일 가능성이 높다. 즉 인덱스 인터섹션은 컬렉션의 인덱스가 최적으로 생성되지 못한 경우에 자주 사용될 수 있는 MongoDB의 최적화 방법 중 하나다.

쿼리가 인덱스 인터섹션 최적화를 사용하는 여부는 다음과 같이 쿼리의 실행 계획에서 AND_SORTED나 AND_HASHED 스테이지가 있는지 살펴보면 된다.

```
mongo> db.orders.find( { item: "abc123", qty: 16 } ).explain()
...
"inputStage" : {
    "stage" : "AND_SORTED",
    "inputStages" : [
      {
          "stage" : "IXSCAN",
          "keyPattern" : {
                  "qty" : 1
          },
          "indexName" : "qty_1",
          "isMultiKey" : false,
          "multiKeyPaths" : {
                  "qty" : [ ]
          },
          "isUnique" : false,
          "isSparse" : false,
          "isPartial" : false,
          "indexVersion" : 2,
          "direction" : "forward",
          "indexBounds" : {
                  "qty" : [
                          "[16.0, 16.0]"
                  ]
          }
      },
      {
          "stage" : "IXSCAN",
          "keyPattern" : {
                  "item" : 1
          },
          "indexName" : "item_1",
          "isMultiKey" : false,
          "multiKeyPaths" : {
                  "item" : [ ]
          },
          "isUnique" : false,
          "isSparse" : false,
          "isPartial" : false,
```

```
                "indexVersion" : 2,
                "direction" : "forward",
                "indexBounds" : {
                        "item" : [
                                "[\"abc123\", \"abc123\"]"
                        ]
                }
            }
        ]
    }
...
```

하지만 다음과 같이 각각 인덱스를 사용할 수 있는 조건이 OR 연산자로 결합된 경우에는 각각의 하위 조건들이 서브 플랜을 통해서 쿼리가 수행된다. 그리고 그 결과를 병합하는 과정을 거친다. 이 방법도 인덱스 인터섹션과 비슷하지만, MongoDB에서는 이를 인덱스 인터섹션이라고 하지는 않는다.

```
mongo> db.orders.find( { $or: [{item: "abc123"}, {qty: 16 }]} ).explain()
...
{
    "stage" : "SUBPLAN",
    "inputStage" : {
        "stage" : "FETCH",
        "inputStage" : {
            "stage" : "OR",
            "inputStages" : [
                {
                    "stage" : "IXSCAN",
                    "keyPattern" : {
                            "qty" : 1
                    },
                    "indexName" : "qty_1",
                    "isMultiKey" : false,
                    "multiKeyPaths" : {
                            "qty" : [ ]
                    },
                    "isUnique" : false,
                    "isSparse" : false,
                    "isPartial" : false,
```

```
                "indexVersion" : 2,
                "direction" : "forward",
                "indexBounds" : {
                        "qty" : [
                                "[16.0, 16.0]"
                        ]
                }
            },
            {
                "stage" : "IXSCAN",
                "keyPattern" : {
                        "item" : 1
                },
                "indexName" : "item_1",
                "isMultiKey" : false,
                "multiKeyPaths" : {
                        "item" : [ ]
                },
                "isUnique" : false,
                "isSparse" : false,
                "isPartial" : false,
                "indexVersion" : 2,
                "direction" : "forward",
                "indexBounds" : {
                        "item" : [
                                "[\"abc123\", \"abc123\"]"
                        ]
                }
            }
        }
    ]
}
    }
}
...
```

인덱스 인터섹션 최적화가 사용되는 경우는 어떤 인덱스로도 최적화하기가 어렵다고 판단되는 경우다.
대부분의 경우 쿼리가 가장 효율적으로 처리될 수 있는 방법은 여러 조건이 하나의 인덱스를 이용해서
검색 범위를 좁힐 수 있는 경우다. 그래서 사실은 인덱스 인터섹션을 믿고 필드를 하나씩만 가지는 인

덱스를 많이 만드는 것은 성능 향상에 별로 도움이 되지 않을 것이다. 항상 인덱스 인터섹션 최적화보다는 각 쿼리에 최적화된 복합 필드 인덱스를 먼저 고려하도록 하자.

5.4.4.5 인덱스 풀 스캔

인덱스 하나의 전체 사이즈는 테이블의 전체 사이즈보다 작은 것이 일반적이므로 가능하다면 컬렉션 풀 스캔을 하는 것보다는 인덱스만 풀 스캔하는 것이 효율적이다. 쿼리가 인덱스에 명시된 컬럼만으로 조건을 처리할 수 있거나 전체 쿼리를 처리할 수 있는 경우에 주로 이 방식이 사용되며, 컬렉션의 모든 데이터에 대해서 인덱스뿐만 아니라 데이터 레코드까지 읽어야 한다면 절대 이 방식으로 처리되지 않는다. 그림 5-19는 인덱스 풀 스캔의 처리 방식을 도식화한 것이다.

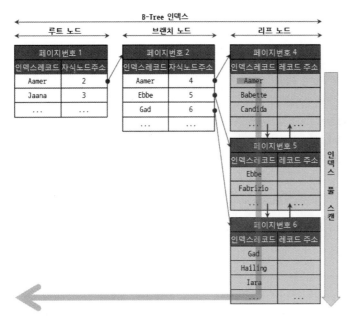

〈그림 5-19〉 인덱스 풀 스캔

그림 5-19에서도 알 수 있듯이 인덱스 리프 노드의 제일 앞 또는 제일 뒤로 이동한 다음 인덱스의 리프 노드를 연결하는 링크드 리스트(Linked list)를 따라서 처음부터 끝까지 스캔하는 방식을 인덱스 풀 스캔이라고 한다. 이 방식은 일반적으로 인덱스 레인지 스캔보다는 빠르지 않지만 컬렉션 풀 스캔을 하는 것보다는 효율적이다. 그 이유는 위에서도 언급했듯이 인덱스에 포함된 필드만으로 쿼리를 처리할 수 있을 때에는 컬렉션의 도큐먼트를 읽을 필요가 없으며, 인덱스의 전체 사이즈는 컬렉션 자체의 사이즈보다는 훨씬 작아서 디스크 I/O를 작게 유발하기 때문이다.

5.4.5 컴파운드 인덱스(Compound Index)

지금까지 예제 그림으로 살펴봤던 인덱스는 모두 필드를 1개만 가진 인덱스들이었다. 하지만 실제 서비스용 데이터베이스에서는 2개 이상의 필드를 가지는 인덱스가 더 일반적이다. 하지만 필드가 1개이든지 그 이상이든지 지금까지 이야기했던 내용의 차이는 전혀 없다. 컴파운드 인덱스는 2개 이상의 필드가 연결됐다고 해서 "Concatenated Index"라고도 불린다. 그림 5-20에서 간단하게 2개 이상의 필드를 가지는 인덱스를 잠깐 살펴보자.

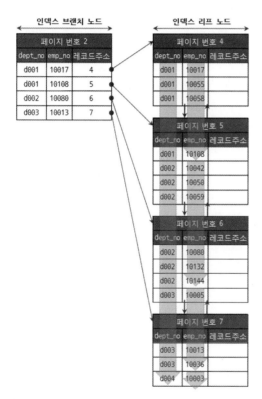

〈그림 5-20〉 컴파운드 인덱스

그림 5-20에서 루트 노드는 생략했으며, 실제로 데이터 건수가 작은 경우에는 브랜치 노드가 없는 경우도 있다. 하지만 루트 노드와 리프 노드는 항상 존재한다. 위 그림에서 설명하고자 하는 것은 컴파운드 인덱스인 경우에 각 인덱스 구성 필드 값들의 정렬 방식이다. 인덱스 키의 정렬에 대한 부분은 다시 뒤에서 자세히 언급하겠지만, 인덱스의 N번째 컬럼은 N-1번째 컬럼이 같은 레코드 내에서 다시 정렬된다. 즉, 위의 예제에서 emp_no 값이 아무리 정렬 순서가 빠르다 하더라도 dept_no 컬럼의 정렬 순

서가 늦다면 인덱스의 뒤쪽에 위치하게 된다. 그래서 위 그림에서 emp_no 값이 "10003"인 레코드가 인덱스 리프 노드의 제일 마지막(하단)에 위치하게 된 것이다. 별 것 아닌 것으로 보이지만, 컴파운드 인덱스에서는 인덱스 내에서 각 필드의 위치(순서)가 상당히 중요하며, 아주 신중하게 결정해야 하는 이유 또한 바로 이 때문이다.

5.4.5.1 MongoDB의 복합 필드 인덱스

MongoDB의 인덱스는 하나의 필드 또는 여러 필드를 복합적으로 연결해서 구성할 수도 있다. 하나의 필드로만 구성된 경우를 단일 필드 인덱스라고 하며, 여러 필드가 복합적으로 연결된 인덱스를 컴파운드 인덱스(Compound Index 또는 Composite Index)라고 한다. MongoDB의 해시 인덱스는 단일 필드로만 생성할 수 있으며, 나머지 인덱스 알고리즘은 대부분 여러 필드를 복합적으로 묶어서 생성할 수 있도록 지원하고 있다.

또한 MongoDB에서 여러 필드를 이용해서 컴파운드 인덱스를 생성하는 경우에 인덱스를 구성하는 각 필드가 서로 다른 정렬 방식을 가질 수도 있다. 이렇게 인덱스의 각 필드를 오름차순 또는 내림차순으로 혼합해서 생성하는 경우에는 쿼리에서 각 필드의 정렬 순서나 기준이 다른 요청이 와도 MongoDB 서버는 별도의 정렬 없이 인덱스를 읽는 것만으로 정렬 효과를 가질 수 있게 된다.

```
db.collection.createIndex( {field1: 1, field2: -1} )

// 컬렉션에서 field1은 오름차순으로, field2는 내림차순으로 정렬해서 조회
db.collection.find().sort({field: 1, field2: -1})
```

5.4.5.2 MongoDB의 단일 필드와 복합 필드의 기준

RDBMS에 익숙한 독자라면 MongoDB의 단일 필드 기준이 조금 혼동스러울 수 있는데, 다음 예제를 한번 살펴보자.

```
db.collection.insert( {
     field1: {field1_1: 123, field1_2: "ABC"},
     field2: "2017-01-23"} )

db.collection.insert( {
```

```
      field1: 123,
      field2: "ABC",
      field3: "2017-01-23"} )
```

첫 번째 INSERT 문장의 도큐먼트는 2개의 필드(field1과 field2)를 가지고 있으며, 두 번째 INSERT 문장의 도큐먼트는 3개의 필드(field1과 field2 그리고 field3)를 가지고 있다. 이때 첫 번째와 두 번째 도큐먼트에서 "field1"과 "field2" 그리고 "field3"는 각각 단일 필드다. 즉 첫 번째 INSERT 문장의 도큐먼트에서 서브 도큐먼트를 가지는 field1도 단일 필드로 취급된다. 그래서 3개 필드 모두 개별적으로 다음과 같이 단일 필드 인덱스를 생성할 수 있다. 물론 모두 단일 필드이므로 B-Tree 인덱스와 해시 인덱스 모두 사용할 수 있다.

```
db.collection.createIndex( {field1 : 1} )
db.collection.createIndex( {field2 : "hashed"} )
db.collection.createIndex( {field3 : 1} )
```

여러 필드를 묶어서 생성하는 컴파운드 인덱스는 조금 더 다양하게 조합할 수 있는데, 우선 다음과 같이 도큐먼트의 1 레벨 필드(field1과 field2 그리고 field3)만 묶어서 컴파운드 인덱스를 생성할 수 있다. 해시 인덱스는 복합 필드 인덱스에서 사용할 수 없으므로 모두 B-Tree 인덱스로 생성되며, 예제에서 "1"은 오름차순 정렬(Ascending)을 의미하고, "-1"은 내림차순 정렬(Descending)을 의미한다.

```
db.collection.createIndex( {field1 : 1, field2 : 1} )
db.collection.createIndex( {field2 : 1, field3 : 1} )
db.collection.createIndex( {field1 : 1, field2 : -1, field3 : -1} )
```

복합 필드 인덱스는 다음과 같이 도큐먼트의 1 레벨 필드뿐만 아니라 서브 도큐먼트의 필드도 포함할 수 있다. 복합 필드 인덱스에서 조합되는 필드는 도큐먼트의 레벨과 관계없이 다음과 같이 혼용해서 생성할 수 있다.

```
db.collection.createIndex( {"field1.field1_1" : 1, "field1.field1_2" : 1} )
db.collection.createIndex( {"field1.field1_1" : 1, field2 : 1} )
```

서브 도큐먼트를 가지는 필드에 인덱스를 생성할 수도 있지만, 서브 도큐먼트 각 필드의 조합으로 컴파운드 인덱스를 생성할 수도 있음을 살펴봤다. 그렇다면 field1이 다음과 같이 서브 도큐먼트를 가지고 있을 때, 실질적으로 같은 필드를 가지는 두 인덱스는 어떤 차이가 있을까?

```
mongo> db.collection.insert( {
        field1: {field1_1: 123, field1_2: "ABC"},
        field2: "2017-01-23"} )

mongo> db.collection.createIndex( {"field1.field1_1" : 1, "field1.field1_2" : 1},
                                  {name: "ix_field11_field12" } )
mongo> db.collection.createIndex( {"field1" : 1}, {name: "ix_field1"} )
```

ix_field1 인덱스는 field1 필드에 저장되는 값이 어떤 값이든지 관계없이 BSON으로 전환한 다음, 하나의 바이트 배열 값으로 판단한다. 그래서 field1 필드의 서브 도큐먼트에서 필드(field1_1과 field1_2)의 순서가 변경된다면 다른 바이트 배열이 되기 때문에 다른 값으로 인식한다. 즉 ix_field1 인덱스에서 다음 두 도큐먼트는 서로 다른 값으로 인식하므로 동일 검색 조건의 결과 값으로 조회할 수 없다.

```
mongo> db.collection.insert( {
        field1: {field1_2: "ABC", field1_1: 123},
        field2: "2017-01-23"} )

mongo> db.collection.insert( {
        field1: {field1_1: 123, field1_2: "ABC"},
        field2: "2017-01-23"} )


mongo> db.collection.find( {field1: {field1_1: 123, field1_2: "ABC"}} )
{
    field1: {field1_1: 123, field1_2: "ABC"},
    field2: "2017-01-23"
}
```

하지만 ix_field11_field12 인덱스는 두 개의 필드 값이 각각 인덱스 키 엔트리로 참여하므로 검색 조건에 주어지는 필드의 순서와 관계없이 같은 조건으로 두 도큐먼트 모두 검색할 수 있다.

```
mongo> db.collection.insert( {
        field1: {field1_2: "ABC", field1_1: 123},
        field2: "2017-01-23"} )

mongo> db.collection.insert( {
```

```
        field1: {field1_1: 123, field1_2: "ABC"},
        field2: "2017-01-23"} )


mongo> db.collection.find( {"field1.field1_1": 123, "field1.field1_2": "ABC"}} )
{
        field1: {field1_2: "ABC", field1_1: 123},
        field2: "2017-01-23"
}
{
        field1: {field1_1: 123, field1_2: "ABC"},
        field2: "2017-01-23"
}
```

ix_field1과 ix_field11_field12 두 인덱스의 또 다른 큰 차이는 ix_field1은 field1에 어떤 서브 도큐먼트가 저장되더라도 그 값을 모두 BSON으로 변환 다음 전체 BSON을 인덱스 키 엔트리로 사용하지만, ix_field11_field12는 field1 필드에 저장되는 서브 도큐먼트가 어떤 필드를 가지든지 관계없이 그중에서 field1_1과 field1_2 필드의 조합으로만 컴파운드 인덱스를 생성한다는 점이다.

```
mongo> db.collection.insert( {
        field1: {field1_1: 123, field1_2: "ABC"},
        field2: "2017-01-23"} )

mongo> db.collection.insert( {
        field1: {field1_1: 123, field1_2: "ABC", field1_3: "dummy"},
        field2: "2017-01-23"} )


// ix_field1 인덱스를 사용하는 경우, 첫 번째 도큐먼트만 검색됨
mongo> db.collection.find( {field1: {field1_1: 123, field1_2: "ABC"}} )
{
        field1: {field1_1: 123, field1_2: "ABC"},
        field2: "2017-01-23"
}

// ix_field11_field12 인덱스를 사용하는 경우 두 도큐먼트 모두 검색됨
mongo> db.collection.find( {"field1.field1_1": 123, "field1.field1_2": "ABC"}} )
```

```
{
        field1: {field1_1: 123, field1_2: "ABC"},
        field2: "2017-01-23"
}
{
        field1: {field1_1: 123, field1_2: "ABC", field1_3: "dummy"},
        field2: "2017-01-23"
}
```

5.4.5.3 복합 인덱스의 장점

일반적으로 RDBMS의 컴파운드 인덱스는 단일 값을 가지는 컬럼을 결합해서 B-Tree 인덱스를 생성하는 개념이다. 하지만 MongoDB의 컴파운드 인덱스는 여러 타입의 인덱스를 혼합해서 결합할 수도 있다. 대표적으로 이미 살펴본 바와 같이 전문 검색 인덱스를 일반 단일 값을 가지는 필드와 결합해서 컴파운드 인덱스를 생성할 수 있으며, 공간 인덱스와 단일 값을 가지는 필드를 결합할 수도 있다. 즉 MongoDB에서는 B-Tree 인덱스와 공간 인덱스를 결합해서 새로운 하나의 인덱스를 생성할 수 있고, B-Tree와 전문 인덱스를 결합해서 하나의 인덱스를 생성할 수 있다.

> **(!) 주의**
>
> 하지만 MongoDB의 복합 인덱스도 복잡한 형태의 인덱스끼리 모아서 결합된 인덱스를 생성할 수는 없다. 대표적으로 공간 인덱스와 텍스트 인덱스를 결합한다거나 나중에 살펴볼 멀티 키 인덱스를 공간 인덱스와 결합해서 컴파운드 인덱스를 생성할 수는 없다.

MongoDB의 컴파운드 인덱스는 결합된 필드 단위로 정렬 순서를 변경할 수 있다는 장점이 있다. 예를 들어, 사용자의 이름과 점수를 저장하는 필드로 인덱스를 구성하는데, 주로 이름은 오름차순(Ascending)으로 정렬하고 점수는 내림차순(Descending)으로 정렬해서 조회한다면 다음과 같이 필드별로 정렬 순서를 변경하는 것이 성능 향상에 많은 도움이 된다. 하지만 공간 인덱스나 전문 인덱스는 인덱스를 검색해서 나오는 결과가 정렬된 결과가 아니므로 정렬 순서를 설정하거나 변경하는 것 자체가 불가능하다.

```
db.users.createIndex( {user_name: 1, user_score: -1} )
```

5.4.6 B-Tree 인덱스의 정렬 및 스캔 방향

인덱스 내에서 각 필드를 어떻게 정렬할 것인지는 인덱스를 최초에 생성하는 시점에 결정되며, 그 인덱스를 어떤 방향으로 읽을지는 쿼리가 원하는 값에 따라 옵티마이저가 실시간으로 만드는 실행 계획에 의해 결정된다.

5.4.6.1 인덱스의 정렬

일반적인 상용 DBMS에서는 인덱스를 생성하는 시점에 인덱스를 구성하는 각 필드의 정렬을 오름차순 또는 내림차순으로 설정할 수 있다. 인덱스에서 각 필드의 정렬을 오름차순 또는 내림차순을 결정할 수 있는 것은 B-Tree 인덱스에서만 가능하다. B-Tree 인덱스를 생성할 때 인덱스 대상 필드를 1 또는 -1로 설정하는데, 이때 1은 오름차순 정렬이며 -1은 내림차순 정렬을 의미한다.

```
db.scores.createIndex( {team_name: 1, user_score: -1} )
```

이렇게 인덱스의 정렬 순서를 결정하는 것은 인덱스에 포함되는 필드를 결정하는 것만큼이나 중요하다. 다음과 같은 쿼리를 생각해보자.

```
db.scores.find( {team_name : "red"} ).sort({user_score: -1})
```

많은 사람이 위와 같이 user_score 필드에 대해서 내림차순 정렬이 필요하면 user_score 필드의 값은 내림차순으로 인덱스를 생성({team_name:1, user_score:-1})해야 한다고 생각한다. 하지만 이렇게 인덱스의 선행 필드가 상수로 고정된 경우(team_name='red' 조건 때문에 team_name은 항상 하나의 값만 결과에 포함됨)에는 그다음 필드는 (인덱스가 만들어질 때) 오름차순이든지 내림차순이든지 관계없이 옵티마이저가 아무 방향으로나 인덱스를 사용할 수 있다.

> **참고** 가끔 다음과 같이 단일 필드로 구성된 인덱스에서 내림차순으로 생성한 인덱스를 볼 수 있다.
>
> ```
> db.users.createIndex( {birth_year : -1} )
> db.users.createIndex( {score: -1} )
> ```
>
> 하지만 단일 필드로 구성된 인덱스에서는 해당 필드를 오름차순이나 내림차순으로 생성했다 하더라도 결국 그림 5-21처럼 같은 구조로 인덱스가 만들어진다. 오름차순으로 만들어진 인덱스는 B-Tree의 왼쪽에 작은 값이 위치하고 오른쪽에는 큰 값이 위치한다. 그리고 내림차순으로 만들어진 인덱스는 B-Tree의 왼쪽에 큰 값이 위치하고 오른쪽에는 작은 값이 위치한다.

〈그림 5-21〉 단일 필드를 사용하는 인덱스에서 오름차순 및 내림차순 인덱스의 구조

결국 이렇게 단일 필드로 구성된 인덱스에서 오름차순이나 내림차순 정렬의 차이는 단지 작은 값이 왼쪽으로 정렬되는지 오른쪽으로 정렬되는지의 차이만 있다. 따라서 오름차순으로 정렬된 인덱스에서 작은 값부터 가져오려면 B-Tree의 시작 부분(왼쪽)부터 스캔하면 되고, 큰 값부터 가져오려면 B-Tree의 마지막 부분(오른쪽)부터 스캔하면 된다. 반대로 내림차순으로 정렬된 인덱스에서도 마찬가지다.

그리고 MongoDB 옵티마이저는 필요에 따라서 이런 경우에 인덱스를 오름차순으로 읽을지 내림차순으로 읽을지를 적절하게 판단한다. 그래서 단일 필드 또는 컴파운드 인덱스라 하더라도 복잡하게 사용하는 쿼리의 SORT 옵션과 동일하게 인덱스를 정의해야 하는 것은 아니다. 또한 인덱스를 생성할 때에도 같은 필드에 대해서 오름차순과 내림차순 인덱스를 모두 생성할 필요는 없다.

그렇다면 컴파운드 인덱스에서 오름차순과 내림차순을 혼합해서 사용하는 경우는 어떤 경우일까? 다음 2개의 쿼리는 대표적으로 오름차순과 내림차순을 혼합해서 인덱스를 생성해야만 검색과 정렬에 모두 인덱스를 사용할 수 있는 경우다.

```
mongo> db.scores.find().sort( {team_name:1, user_score:-1} )

mongo> db.scores.find( {team_name: {$gt:"red", $lt:"yellow"}} )
            .sort( {team_name:1, user_score:-1} )
```

이 두 쿼리의 특징은 쿼리 결과에서 team_name 필드의 값이 상수가 아니라는 것(team_name 필드의 검색 조건이 동등 조건이 아니므로 team_name 필드에 여러 가지 값이 존재할 수 있음)과 결과를 team_name 필드에 대해서는 오름차순으로, user_score 필드에 대해서는 내림차순으로 정렬하는 조건을 가지고 있다는 것이다.

5.4.6.2 인덱스 스캔의 방향

MongoDB는 인덱스를 처음부터 오름차순 또는 내림차순으로 혼합해서 생성할 수도 있지만, 그와 무관하게 인덱스 자체를 오름차순 또는 내림차순으로 스캔할 수도 있다. 간단히 다음 2개의 쿼리를 위해서 인덱스를 어떻게 읽는지 살펴보자. 다음 예제에서 employees 컬렉션에 "{first_name:1, emp_no:1}" 필드로 컴파운드 인덱스가 생성돼 있다고 가정하자.

```
mongo> db.employees.find( {first_name: {$gte : "Anneke"}} )
                        .sort( {first_name:1}).limit(4);

mongo> db.employees.find( ).sort({first_name:-1}).limit(6);
```

그림 5-22에서 보이는 바와 같이 첫 번째 쿼리는 "{first_name:1, emp_no:1}" 인덱스에서 first_name
이 "Anneke"보다 큰 사원을 찾아서 그 위치부터 4개의 레코드만 스캔하면 된다. 그리고 두 번째 쿼리
는 아무런 조건이 없기 때문에 인덱스를 처음이나 마지막 부분부터 읽어야 한다. 그런데 정렬 조건이
"{first_name:-1}"이므로 MongoDB 옵티마이저는 인덱스를 오름차순이 아니라 거꾸로 읽으면서 6개
의 도큐먼트를 리턴하는 방식으로 실행 계획을 수립한다.

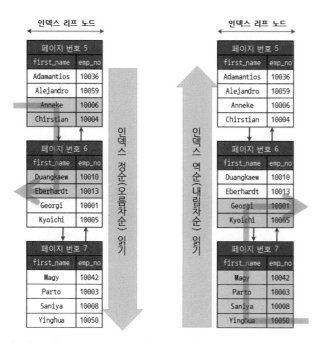

〈그림 5-22〉 인덱스의 오름차순(ASC)과 내림차순(DESC) 읽기

즉, 인덱스의 기본 정렬은 항상 오름차순으로 구현돼 있지만 이 인덱스를 읽는 방향에 따라서 오름차
순 또는 내림차순의 효과를 얻을 수 있다. 인덱스를 오름차순으로 읽으면 최종적으로 출력되는 결과 레
코드는 자동으로 오름차순으로 정렬된 결과이며, 내림차순으로 읽으면 그 결과는 내림차순으로 정렬된
상태의 결과를 받게 된다. 인덱스의 읽기 방향이 달라지는 것은 주로 쿼리 문장의 정렬 처리나 최댓값
또는 최소값 등의 최적화 처리가 수행되는 쿼리들이다. MongoDB에서 최솟값 또는 최댓값을 가져오
는 쿼리는 결국 다음과 같이 정렬한 다음 1건만 가져오는 형태로 작성될 수 있다.

```
// first_name이 가장 큰 값 쿼리
db.employees.find().sort({first_name:-1}).limit(1)

// first_name이 가장 작은 값 쿼리
db.employees.find().sort({first_name:1}).limit(1)
```

5.4.7 B-Tree 인덱스의 가용성과 효율성

쿼리의 조건이나 그룹핑 또는 정렬에 대한 요건 그리고 때로는 FIND에서 가져와야 하는 필드에 따라서 해당 쿼리가 인덱스를 사용할 수 있는지, 그리고 인덱스를 사용할 수 있다면 어떠한 비교 조건으로 사용 가능한지 식별할 수 있어야 쿼리의 조건을 최적화하거나 그 쿼리에 맞게 인덱스를 최적으로 생성할 수 있다. 여기에서는 어떤 조건에서 인덱스를 사용할 수 있고, 어떠한 경우에 사용할 수 없는지와 인덱스를 사용할 수 있다면 어떠한 비교 조건으로 사용할 수 있는지 분별하는 방법을 살펴보겠다.

5.4.7.1 비교 조건의 종류와 효율성

지금 설명하고자 하는 내용은 정식적인 명칭이 없기 때문에 그냥 비교 조건의 종류라고 표현을 했을 뿐이며, 전문 용어가 아니므로 용어보다는 설명하고자 하는 내용을 이해하는 것이 중요하다. 여러 필드로 구성된 컴파운드 인덱스에서 각 필드의 순서와 그 필드에 사용된 조건이 동등 비교("$eq")인지 아니면 크다("$gt") 또는 작다("$lt")와 같은 범위 조건인지에 따라서 각 인덱스 필드의 비교 형태가 달라지며, 그 효율 또한 달라진다. 다음 예제를 잠깐 살펴보자.

```
db.dept_emp.find( {dept_no: "d002", emp_no: {$gte:10144}} )
```

이 쿼리를 위해서 다음과 같이 각 필드의 순서만 변경하여 2가지 케이스(dept_no + emp_no와 emp_no + dept_no)로 인덱스를 생성했다고 가정하고, 각 인덱스에서 쿼리를 처리하는 동안 어떠한 차이가 있는지 살펴보자.

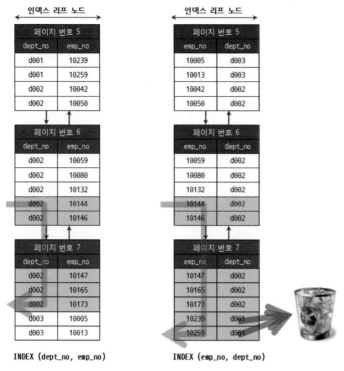

〈그림 5-23〉 인덱스의 컬럼 순서로 인한 작업량 차이

1번 케이스(INDEX (dept_no + emp_no))는 dept_no가 'd002'이고 emp_no가 10144보다 큰 레코드를 찾고, 그 이후에는 dept_no가 'd002'가 아닐 때까지 인덱스를 순서대로 읽기만 하면 된다. 또한 이 경우에는 읽은 레코드가 모두 사용자가 원하는 결과다. 즉 이 경우에는 5건의 레코드를 찾기 위해서 꼭 필요한 5번의 비교만 수행한 것이므로 상당히 효율적으로 인덱스를 이용했다. 하지만 2번 케이스는 우선 emp_no가 10144보다 크면서 dept_no가 'd002'인 레코드를 찾고, 그 이후 모든 레코드(이미 인덱스가 정렬돼 있으므로 찾은 레코드 이후의 모든 값은 emp_no가 10144보다 크다는 조건을 모두 만족하므로)에 대해서 dept_no가 'd002'인지 비교 과정을 거쳐야 하며, 최종적으로는 dept_no가 'd002'인 5건의 레코드를 가져오게 된다. 즉 이 경우에는 5건의 레코드를 찾기 위해서 7번의 비교 과정을 거친다. 그림 5-23은 이 두 쿼리의 작업 과정을 도식화한 것이다.

왜 이런 현상이 발생했을까? 그 이유는 "그림 5-20 컴파운드 인덱스"에서 설명했던 다중 필드 인덱스의 정렬 방식(인덱스의 N번째 키 값은 N-1번째 키 값에 대해서 다시 정렬) 때문이다. 여기에서 1번 인덱스의 두 번째 컬럼인 emp_no는 비교 작업의 범위를 좁히는 데 도움을 주고 있지만, 2번 인덱스의 두 번째 컬럼인 dept_no는 비교 작업의 범위를 좁히는 데 아무런 도움을 주지 못하고 있다.

공식적인 명칭은 아니지만 1번 케이스와 같이 작업의 범위를 결정하는 조건을 "작업 범위 결정 조건" 그리고 2번 케이스와 같이 비교 작업의 범위를 제한하지 못하고 단순히 걸러주는 역할만 하는 조건을 "필터링 조건" 또는 "체크 조건"이라고 표현한다. 결국, 1번 케이스에서 dept_no 컬럼과 emp_no 컬럼은 모두 "작업 범위 결정 조건"에 해당하지만, 2번 케이스에서는 emp_no 컬럼만 "작업 범위 결정 조건"이고, dept_no은 "필터링 조건"으로 사용된 것이다. 작업 범위 결정 조건은 많으면 많을수록 쿼리의 처리 성능을 높이지만, 체크 조건은 많으면 많을수록 (최종적으로 가져오는 레코드는 작게 만들지 몰라도) 쿼리의 처리 성능을 높이지는 못한다. 오히려 더 느리게 만드는 경우도 많다.

여기서 한 가지 더 중요한 사항은 컴파운드 인덱스에서는 인덱스를 구성하는 컬럼들의 순서와 그 순서에 맞춰서 어디까지 동등 조건("$eq")으로 검색됐는지에 따라서 인덱스 스캔의 대상 범위가 결정된다는 것이다.

5.4.7.2 인덱스의 가용성

B-Tree 인덱스의 특징은 왼쪽 값을 기준(Left-most)으로 오른쪽 값이 정렬돼 있다는 것이다. 여기서 왼쪽이라 함은 하나의 컬럼 안에서 뿐만 아니라 다중 컬럼 인덱스의 컬럼에 대해서도 동일하게 적용된다.

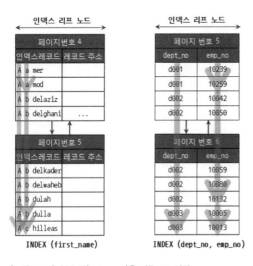

〈그림 5-24〉 왼쪽 값(Left-most)을 기준으로 정렬

그림 5-24에 표현된 내용은 정렬만 표현했지만, 사실은 이 정렬이 검색의 기준이다. 즉 하나의 컬럼에서도 왼쪽 값 없이는 인덱스 검색이 불가능하고, 다중 컬럼 인덱스에서도 왼쪽 컬럼 없이는 인덱스를 사용한 검색이 불가능하다. 이 쿼리는 first_name에 "mer"이라는 문자열을 포함한 사원을 검색하는 쿼리인데, 아마도 서비스 개발을 진행하다 보면 이런 패턴의 쿼리를 자주 접하게 될 것이다.

```
db.employees.find( {first_name: { $regex: 'mer' }} )
db.employees.find( {first_name: /mer/} )
```

이 쿼리는 first_name 필드 값이 "mer"로 시작하는 사원도 검색하지만, 어떤 문자열로 시작하든 중간에 "mer"이란 문자열을 포함하는 경우도 찾아서 반환해야 한다. 그래서 이 쿼리는 인덱스를 사용한 검색이 불가능하다. 즉 first_name 필드 값에 대해서 왼쪽의 값을 모르기 때문이다. 위 그림의 1번 케이스를 살펴보면 이름의 왼쪽 부분부터 정렬되면서 오른쪽 부분으로 갈수록 정렬의 우선 순위가 뒤로 밀리는 형태로 정렬돼 있다. 따라서 왼쪽 기준(Left-most) 정렬 기반의 인덱스에서 정렬의 우선 순위가 낮은 이름의 뒷부분만으로는 인덱스의 효과를 얻을 수 없다.

> **(!) 주의**
>
> MongoDB의 문자열 패턴 일치 검색에서 인덱스를 사용하려면 반드시 정규 표현식이 "^"로 시작해야 한다. 정규 표현식에서 "^"는 문자열의 시작을 의미하므로 결국 "^"로 시작하는 정규 표현식은 RDBMS에서 많이 사용하는 "LIKE '검색어%'"와 같은 형태의 검색이 되는 것이다. 또한 문자열의 좌측부터 일치하는 레코드를 검색하므로 (인덱스를 작업 범위 결정 조건으로 사용할 수 있는) 인덱스의 좌측(Left-most) 일치 검색이다.
>
> ```
> db.employees.find( {first_name: { $regex: '^mer' }} )
> db.employees.find( {first_name: /^mer/} )
> ```
>
> 그리고 다음 3개 쿼리는 모두 "mer"로 시작되는 문자열을 표현하는 정규식을 조금씩 다른 패턴으로 사용하고 있는데, 사실 3개 쿼리 모두 동일한 검색 결과를 반환한다.
>
> ```
> db.employees.find( {first_name: /^mer/} )
> db.employees.find( {first_name: /^mer.*/} )
> db.employees.find( {first_name: /^mer.*$/} )
> ```
>
> 3개 쿼리는 모두 first_name 필드의 인덱스를 이용해서 레인지 스캔을 수행하여 쿼리를 처리한다. 하지만 ".*"와 ".*$" 정규 표현식을 포함하고 있는 두 번째와 세 번째 쿼리는 인덱스 스캔을 통해서 검색된 결과에 대해서 정규 표현식 비교를 모두 수행하게 된다. 이는 first_name 필드의 값이 짧은 문자열인 경우에는 크게 성능 차이가 없겠지만, 문자열 값의 길이가 길다면 성능 차이가 발생할 것이다. 이는 쿼리의 실행 계획을 통해서도 쉽게 확인할 수 있다. 다음 예제는 "db.employees.find({first_name:/^mer/})" 쿼리와 "db.employees.find({first_name:/^mer.*/})" 쿼리의 실행 계획에서 중요한 부분만 발췌한 것이다.

```
mongo> db.employees.find({first_name:/^mer/}).explain()
    ...
    "winningPlan" : {
        "stage" : "FETCH",
        "inputStage" : {
            "stage" : "IXSCAN",
            ...
            "indexName" : "ix_firstname",
            ...
            "indexBounds" : {
                "first_name" : [
                    "[\"mer\", \"mes\")",
                    "[/^mer/, /^mer/]"
                ]
            }
        }
    }
    ...

mongo> db.employees.find({first_name:/^mer.*/}).explain()
    ...
    "winningPlan" : {
        "stage" : "FETCH",
        "inputStage" : {
            "stage" : "IXSCAN",
            "filter" : {
                "first_name" : {
                    "$regex" : "^mer.*"
                }
            },
            ...
            "indexName" : "ix_firstname",
            ...
            "indexBounds" : {
                "first_name" : [
                    "[\"mer\", \"mes\")",
                    "[/^mer.*/, /^mer.*/]"
                ]
```

```
            }
        }
    }
    ...
```

여기에서 두 쿼리 모두 stage가 IXSCAN이므로 인덱스 레인지 스캔으로 쿼리가 처리되고 있다는 것을 확인할 수 있다. 하지만 두 번째 "db.employees.find({first_name:/^mer.*/})" 쿼리는 "filter" 과정을 통해서 정규 표현식을 모두 비교하는 작업을 수행하고 있는 반면 첫 번째 "db.employees.find({first_name:/^mer/})" 쿼리는 "filter" 과정없이 인덱스 레인지 스캔을 통해서 가져온 결과를 클라이언트로 즉시 반환하는 것을 알 수 있다.

여러 필드로 구성된 컴파운드 인덱스에서 비슷한 경우를 한번 살펴보자. dept_no와 emp_no 필드로 구성된 컴파운드 인덱스를 가진 dept_emp 컬렉션에 대해서 다음 쿼리를 한번 생각해 보자.

```
db.detp_emp.find( {emp_no: {$gte: 10144}} )
```

이 쿼리도 인덱스의 왼쪽에 위치한 dept_no 값을 모르는 상태에서 emp_no만 가지고 검색할 때는 이 인덱스를 사용할 수 없다. 두 번째 케이스의 인덱스는 dept_no에 대해서 먼저 정렬 다음, 다시 emp_no 컬럼 값으로 정렬돼 있기 때문이다. 여기에서는 간단히 FIND 명령의 조건에 대한 내용만 언급했지만, 인덱스의 왼쪽 값 기준은 FIND 쿼리의 정렬 또는 Aggregation 쿼리의 그룹핑 스테이지에서도 동일하게 적용된다. 이 내용은 나중에 다시 자세히 살펴보겠다.

5.4.7.3 가용성과 효율성 판단

기본적으로 B-Tree 인덱스의 특성상 다음과 같은 조건을 위해서는 인덱스를 사용할 수 없다. 여기서 사용할 수 없다는 것은 작업 범위 결정 조건으로 사용할 수 없다는 의미이며, 경우에 따라서 인덱스의 체크 조건으로는 사용할 수 있다.

- NOT-EQUAL로 비교된 경우 ("$ne", "$nin")

    ```
    db.coll.find( {field: {$ne:"KEYWORD"}} )
    db.coll.find( {field: {$nin: [ 5, 15 ]}} )
    ```

- 문자열 패턴 검색에서 프리픽스 일치가 아닌 경우

    ```
    db.employees.find( {first_name: { $regex: 'mer' }} )
    db.employees.find( {first_name: /mer/} )
    ```

- 문자열 데이터 타입의 콜레이션이 컬렉션이나 인덱스의 콜레이션과 다른 경우

```
db.employees.find( {"first_name": "hopper" } )
            .collation( { locale: "en_US", strength: 1 } )
```

우선 다음과 같이 인덱스가 있다고 가정해 보자.

```
INDEX ix_test ( fd1, fd2, fd3, , .., fd(n) )
```

- 인덱스를 사용하지 못하는 경우

  fd1 컬럼에 대한 조건이 없는 경우

  fd1 컬럼의 비교 조건이 위의 인덱스 사용 불가 조건 중 하나인 경우

- 인덱스를 사용할 수 있는 경우(2 <= i <= n)

  fd1 ~ fd(i-1) 컬럼까지 동등 형태("$eq" 또는 "$in")로 비교되면서 fd(i) 컬럼에 대해서 다음 연산자 중 하나로 비교

  – 동등("$eq" 또는 "$in")

  – 크다 작다 형태("$gt" 또는 "$lt")

  – 문자열 패턴 좌측 일치(/^검색어/)

인덱스를 사용할 수 있는 경우의 두 가지 조건을 만족하는 쿼리는 fd1부터 fd(i)까지는 범위 결정 조건으로 사용되고, fd(i)부터 fd(n)까지의 조건은 체크 조건으로 사용된다. 몇 가지 예를 들어서 확인해 보자.

```
— // 다음 쿼리는 인덱스를 사용할 수 없음
db.coll.find( {fd1: {$ne: 2}} )

— // 다음 쿼리는 fd1과 fd2까지 범위 결정 조건으로 사용됨
db.coll.find( {fd1: 1, fd2: {$gt: 10}} )

— // 다음 쿼리는 fd1, fd2, fd3까지 범위 결정 조건으로 사용됨
db.coll.find( {fd1: {$in: [1, 2]}, fd2: 2, fd3: {$lte: 10}} )
```

```
— // 다음 쿼리는 fd1, fd2, fd3까지 범위 결정 조건, fd4는 체크 조건으로 사용됨
db.coll.find( {fd1: 1, fd2: 2, fd3: {$in: [10, 20, 30]}, fd4: {$ne: 100}} )


— // 다음 쿼리는 fd1, fd2, fd3, fd4까지 범위 결정 조건으로 사용됨
— // 좌측 패턴 일치 비교는 크다 또는 작다 비교와 동급으로 판단하면 됨
db.coll.find( {fd1: 1, fd2: {$in: [2, 4]}, fd3: 30, fd4: /^Mat/} )


— // 다음 쿼리는 fd1, fd2, fd3, fd4, fd5 컬럼까지 범위 결정 조건으로 사용됨
db.coll.find( {fd1: 1, fd2: 2, fd3: 30, fd4: "Matt", fd5: "Seoul"} )
```

지금까지의 설명에서 "인덱스를 사용할 수 없다"고 설명한 부분은 사실 "범위 결정 조건으로 인덱스를 사용할 수 없다"는 의미로 말한 것이다. 쿼리의 특성이나 인덱스의 특성에 따라서 조건이 전혀 없는 쿼리도 인덱스를 사용할 수 없을 때가 있는데, 이러한 경우는 비교 작업의 범위를 결정하지 못하기 때문에 모두 체크 조건과 동일하게 상대적으로 비효율적으로 사용되는 경우들이다.

5.5 해시(Hash) 인덱스

해시 인덱스는 B-Tree만큼 범용적이지 않지만, 고유의 특성이 있는 인덱스 중의 하나다. 해시 인덱스는 단일 건의 검색에는 최적화되어 있지만, 범위를 검색한다거나 정렬된 결과를 가져오는 목적으로는 사용할 수 없어서 범용적인 목적으로 사용되지는 않는다. 일반적인 DBMS에서 해시 인덱스는 메모리 기반의 테이블에 주로 구현돼 있으며 디스크 기반의 대용량 테이블용으로는 많이 사용되지 않는 편이지만, MongoDB에서는 B-Tree 인덱스와 동일하게 해시 인덱스도 지원한다. 실질적으로 MongoDB의 해시 인덱스는 쿼리의 검색 성능을 향상시키기 위한 인덱스의 목적보다는 해시 샤딩을 구현하기 위해서 꼭 필요한 인덱스다. 하지만 해시 인덱스 또한 그 나름의 장점이 있기 때문에 기본적으로 알고 있어야 할 내용만 언급하고자 한다.

5.5.1 해시 인덱스의 구조 및 특성

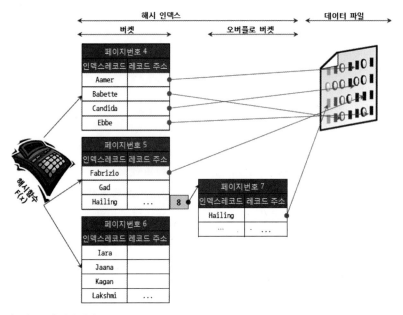

〈그림 5-25〉 해시 인덱스

해시 인덱스의 가장 큰 장점은 빠르다는 것이다. 그림 5-25에서 보는 것처럼 해시 인덱스는 트리 형태의 구조가 아니므로 검색하고자 하는 값이 주어지면 해시 함수를 거쳐서 바로 버켓의 주소를 알아낼 수 있으며, 그 버켓을 읽어서 즉시 해당 데이터의 레코드를 가져올 수 있기 때문이다. 일반적으로 버켓은 메모리에 로드돼 있고 해시 인덱스로 데이터 레코드를 읽는 것은 디스크를 한 번만 읽어서 데이터 레코드를 가져올 수 있음을 의미한다. 일반적으로 B-Tree 인덱스에서는 특정 값이 저장된 리프 페이지(Leaf Page)를 찾기 위해서 B-Tree를 구성하는 브랜치 노드를 검색하며 최종 리프 노드까지 이동해야 하는데, 이 과정을 인덱스 룩업(Index Lookup)이라고도 한다. 이 인덱스 룩업 과정이 부담스러운 이유는 B-Tree의 깊이(Depth)만큼 랜덤 액세스가 필요하기 때문이다. 그래서 B-Tree에서 인덱스 키를 룩업하는 작업이 아주 빈번하게 발생하면 시스템의 많은 자원을 소모하게 된다. 하지만 해시 인덱스에서 키를 찾는 과정은 B-Tree와 같은 복잡한 과정이 필요하지 않으며, 매우 빠르게 처리될 수 있다.

해시 인덱스에서 가장 중요한 것은 해시 함수인데, 해시 함수는 어떤 임의의 입력 값을 받아서 그 값을 고정된 계산식 또는 동적인 계산식을 통해서 지정된 범위의 숫자 값으로 변환하는 함수이기만 하면 된다. 해시 함수에서 결과값의 범위가 크면 그만큼 버켓(Bucket)이 많이 필요하므로 공간의 낭비가 커지고, 결과값의 범위가 너무 작으면 충돌하는 경우가 너무 많이 발생해서 해시 인덱스의 장점이 사라져 버리게 된다. 여기서 충돌이라 함은 입력 값은 다르지만 해시 함수의 결과값이 같은 경우를 의미하는데, 간단하게 다음 예제를 살펴보자.

```
해시 함수 F(value) = CRC16(value) % 10

F('Matt1') = 9
F('Matt2') = 2
F('Matt3') = 9

...
```

해시 함수를 CRC16이라는 함수^(실제 CRC16과 함수는 결과 값이 그다지 다양하지 않아서 해시 인덱스를 위한 해시 함수로 적합하지 않다. 단지 여기에서는 설명을 단순화하기 위해서 CRC16을 예시로 사용한 것이다)의 결과 값을 10으로 나눈 결과의 나머지 값을 취하는 것으로 정의했다고 가정해 보자. 그러면 이 해시 함수의 버켓은 1~10까지 10개만 있으면 되지만, 실제 입력되는 키 값의 수는 그보다 훨씬 많을 것이다. 따라서 그에 비례해서 입력 값은 다르지만 출력 값은 같은 결과를 만들어 내는 충돌의 경우는 높아지게 된다. 해시 인덱스의 또 하나의 특성은 인덱스 키 값 자체를 그대로 검색에 이용할 수 없고 반드시 해시 함수를 거쳐서 만들어진 값으로 검색을 실행한다는 것이다. 또한 해시 인덱스는 인덱스 키의 원본 값 자체로 만들어진 인덱스가 아니므로 B-Tree처럼 정렬을 보장하지 않는다.

5.5.2 해시 인덱스의 가용성 및 효율성

해시 인덱스의 특성에서 알아본 것처럼 해시 인덱스는 가장 빠르다는 장점이 있지만, 키 값 자체가 아니라 해시 함수의 결과값으로 접근해야 하고, 정렬이 보장되지 않는다는 단점이 있다. 따라서 단일 키 값을 검색하는 기능 이외에는 별로 쓸모가 없어서 B-Tree 인덱스의 (적절한 성능과) 범용성을 따라가지는 못한다. 그래서 해시 인덱스를 이용할 수 있는 형태는 오로지 해당 키 값을 일치(Equal)와 불일치(Not-Equal) 비교 연산자로 비교하는 경우뿐이다.

```
db.users.find( {user_name: "Matt1"} )
db.users.find( {user_name: {$in: ["Matt1", "Matt2"]}} )

db.users.find( {user_name: {$ne: "Matt1"}} )
db.users.find( {user_name: {$nin: ["Matt1", "Matt2"]}} )
```

그나마 이 두 가지 경우(일치와 불일치 비교) 중에서 불일치 비교는 해시 인덱스를 이용하는 것보다 풀 컬렉션 스캔으로 처리될 가능성이 높다. 즉 인덱스 된 필드만으로 쿼리를 처리할 수 있는 경우에만 불일치 비교 쿼리에 해시 인덱스를 사용하며, 그렇지 않은 경우에는 해시 인덱스를 통해서 데이터를 읽는 비용이 크기 때문에 실제 쿼리에서 사용될 가능성은 높지 않다.

다음과 같은 형태의 크다 또는 작다 기반의 검색은 해시 인덱스를 사용할 수 없다.

```
db.users.find( {user_name: {$gte: "Matt1"}} )
db.users.find( {user_name: {$gte: "Matt1", $lte:"Matt2"}} )
db.users.find( {user_name: /^Matt/} )
```

또 하나 일반적인 DBMS의 해시 인덱스에서 주의해야 할 사항은 복합 컬럼으로 생성된 해시 인덱스에서도 해시 인덱스의 모든 컬럼이 동등 조건으로 비교되는 경우에만 인덱스를 사용할 수 있다는 것이다. 다음과 같이 sessions 컬렉션에 member_id 컬럼과 session_id 필드가 결합된 해시 인덱스가 있을 때, 이 컬렉션의 member_id만 동등 조건으로 비교할 때에는 ix_memberid_sessionid 인덱스를 사용할 수 없다.

```
db.sessions.createIndex ({member_id: "hashed", session_id: "hashed"},
                         {name: "ix_memberid_sessionid"})

db.sessions.find( {member_id: "Matt1"} )
```

> **(!) 주의**
>
> 지금까지 출시된 MongoDB(MongoDB 3.4 포함)에서는 단일 필드에 대해서만 해시 인덱스를 생성할 수 있다. 그래서 위에서 살펴본 복합 컬럼 해시 인덱스 예제는 일반적인 해시 인덱스의 특성을 설명하기 위한 예제이며, 실제 지금 출시된 MongoDB 에서 사용할 수 있는 형태의 예제는 아니다. 단지 향후 MongoDB 서버에서 복합 필드에 대해 해시 인덱스를 지원할 경우에 복합 필드 인덱스와 해시 인덱스의 문제점을 설명하기 위한 예제였다.

5.5.3 MongoDB 해시 인덱스의 구조 및 특성

지금까지 살펴본 해시 인덱스의 구조와 특성은 일반적인 해시 인덱스의 구조이며, MongoDB 서버가 내부적으로 구현해서 사용하는 해시 인덱스는 일반적인 해시 인덱스의 구조와는 다르다. 실제 MongoDB의 소스 코드상에는 해시 인덱스를 구현한 클래스나 자료 구조체가 없으며, 단지 B-Tree

자료 구조만 사용된다. 일반적으로 해시 인덱스를 제공하지 않는 DBMS에서 해시 인덱스를 에뮬레이션하는 여러 가지 방법이 있는데, 그 중에서 대표적인 방법이 다음과 같이 B-Tree 인덱스에 해시 된 값을 저장하는 방법이다.

```
// 해시 인덱스가 아니라, B-Tree 인덱스를 생성
db.access_log.createIndex( {hashed_url: 1} )

// access_log 컬렉션에 값을 저장할 때는
// url 필드와 별도로 해시된 값을 hashed_url 필드에도 저장
db.access_log.insert ( {title: "Matt",
                hashed_url: "74a69595583c866375cb72ed3256b473",
                url: "http://seonguck.blogspot.kr/",
                ...} )
```

웹 서버의 access_log를 저장하는 컬렉션을 만들어서 url 필드에 인덱스를 생성하고자 한다면 url 값 자체보다는 url의 해시 값을 별도의 필드(hashed_url)에 저장하고 그 필드에 B-Tree 인덱스를 생성한다. 그리고 컬렉션에 도큐먼트를 저장할 때는 url 값뿐만 아니라 url의 해시 된 값을 같이 저장하고, access_log 컬렉션에서 url을 검색할 때는 url 필드 조건으로 검색하는 것이 아니라 hashed_url 필드의 값으로 검색한다.

```
db.access_log.find( {hashed_url: "74a69595583c866375cb72ed3256b473",
                url: "http://seonguck.blogspot.kr/"})
```

MongoDB의 해시 인덱스는 이 방법과 동일한 형태로 처리된다. 즉 응용 프로그램(MongoDB 외부)에서는 해시 인덱스처럼 보이고 해시 인덱스의 제한 사항을 그대로 가지지만, MongoDB 내부적으로는 B-Tree 자료 구조로 처리되는 것이다. 그래서 MongoDB 매뉴얼에서 B-Tree 인덱스를 해시 인덱스와 구분해서 표현해야 할 때는 "Ascending & Descending 인덱스"라고 표기하고 있다. 해시 인덱스도 내부적으로 B-Tree 인덱스 알고리즘을 사용하기 때문에 "B-Tree 인덱스"라는 단어로 해시 인덱스와 식별되지 않기 때문이다.

다음 예제는 실제 MongoDB에서 해시 인덱스를 사용하는 방법을 보여주고 있다. MongoDB에서 B-Tree(Ascending & Descending) 인덱스를 생성할 때에는 {"필드명": 1} 또는 {"필드명": 1}을 사용하며, 해시 인덱스 생성할 때에는 {"필드명": "hashed"}를 createIndex()의 인자로 명시하면 된다.

```
// url 필드에 해시 인덱스 생성
db.access_log.createIndex( {url: "hashed"} )

// access_log 컬렉션에 도큐먼트 저장
db.access_log.insert ( {title: "Matt",
                url: "http://seonguck.blogspot.kr/", ...} )

// 컬렉션에서 도큐먼트를 검색할 때는 해시된 값이 아니라 원본값으로 검색
db.access_log.find( {url: "http://seonguck.blogspot.kr/"})
```

MongoDB에서는 해시 인덱스 에뮬레이션처럼 별도로 hashed_url 필드를 생성하고 응용 프로그램에서 별도로 해시 함수를 실행해서 결과값을 MongoDB 컬렉션에 저장할 필요가 없다. 인덱스를 생성할 때 해시 인덱스({url: "hashed"})로 생성하기만 하면 된다. 그러면 MongoDB는 그림 5-26과 같이 해시 인덱스를 구성한다.

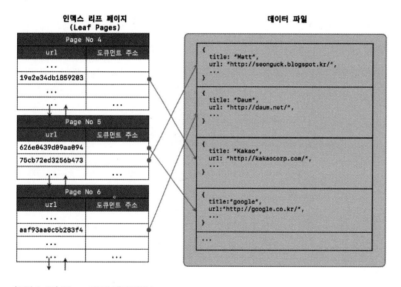

〈그림 5-26〉 MongoDB의 해시 인덱스

url 필드에 생성된 해시 인덱스의 키 엔트리에는 url 필드의 원본 값이 아닌 MD5 해시 된 결괏값의 하위 64비트(8바이트)만으로 구성된 정숫값이 저장된다. 실제 인덱스 자체에는 해시 함수로 가공되기 전의 원본 값은 전혀 관리되지 않는다. 그리고 도큐먼트 데이터가 저장되는 데이터 파일에는 해시 함수의 결괏값은 관리되지 않고, 사용자가 입력했던 도큐먼트의 url 필드 원본값만 관리된다. 그래서 사용자가

다음과 같이 url 값을 검색하면 MongoDB는 이 값을 검색하기 위해서 해시 함수를 실행하고, 그 결괏값을 인덱스 검색에 사용한다.

```
// 사용자가 실행하는 쿼리
db.access_log.find( {url: "http://seonguck.blogspot.kr/"} )

// MongoDB가 내부적으로 실행하는 쿼리(해시 인덱스를 사용할 때에만)
db.access_log.find( {url: "75cb72ed3256b473"} )
```

이제 MongoDB 서버에서 해시 인덱스의 장단점을 다시 한번 생각해보자. 우선 원본값을 그대로 인덱싱하는 것이 아니라 MD5 해시 함수의 결괏값을 인덱싱하므로 범위 검색을 처리하지 못한다. 해시 버킷을 사용하는 원래의 해시 인덱스 알고리즘은 B-Tree와 비교했을 때 빠른 검색 성능을 보장했다. 하지만 MongoDB의 해시 함수는 내부적으로 B-Tree 인덱스 알고리즘을 사용하므로 검색 성능이 B-Tree 인덱스와 비교해서 차이가 없다. 결국 MongoDB의 해시 인덱스는 B-Tree 알고리즘을 사용하는 인덱스 대비 장점보다 단점만 가지고 있다.

하지만 조금 특수한 경우에는 해시 인덱스가 도움이 될 때도 있다. B-Tree 인덱스와 달리 MongoDB의 해시 인덱스는 암호화 해시(MD5)를 통해서 생성된 값의 8바이트를 정수형으로 변환해서 인덱스 키를 생성하므로 인덱스를 구성하는 값들의 길이가 상대적으로 작다. 그래서 B-Tree로 생성된 인덱스보다 해시 인덱스가 디스크에 저장된 파일의 크기가 작다. 예를 들어, url의 평균 인덱스 키 하나가 100바이트 정도라고 가정하면 해시 인덱스는 8바이트이므로 해시 인덱스보다 B-Tree 인덱스의 크기가 12 배정도 더 크다. 인덱스 자체의 크기가 작아지면 그만큼 메모리를 효율적으로 사용할 수 있고, 디스크 읽기 쓰기도 줄어들 가능성이 높다.

만약 B-Tree와 해시 인덱스 중 아무 알고리즘이나 선택할 수 있을 때에는 인덱스의 크기를 고려해서 선택하는 것이 좋다. 인덱스 키 값이 8바이트 이하라면 해시 알고리즘 인덱스를 선택해서 얻을 수 있는 장점이 전혀 없다. 인덱스 키가 8바이트보다 작은 경우에는 오히려 해시 인덱스가 더 비효율적인 것이다. 그리고 인덱스 키가 8바이트를 넘어선다면 해시 인덱스의 장점을 기대할 수 있는데, URL 값과 같이 값이 아주 긴 경우에는 해시 인덱스를 선택하는 것이 나을 것이다. 하지만 해시 인덱스의 키 값(8바이트)보다 조금 큰 경우라면 사실 그다지 해시 인덱스를 선택할 필요가 없을 것으로 보인다.

> **(!) 주의**
>
> 이미 살펴본 바와 같이 해시 인덱스는 완전히 일치하는 값을 검색하는 용도로만 사용할 수 있다. 그래서 응용 프로그램에서 이런 요건만 필요한 경우에는 해시 인덱스를 고려하는 것이 좋다. 하지만 응용 프로그램에서 필요한 요건이라는 것이 계속 바뀐다는 것이 문제다. 그래서 지금은 범위 검색 요건이 없지만, 얼마 지나지 않아서 범위 검색이 필요한 쿼리가 사용될 수도 있다. 이럴 때마다 해시 인덱스를 삭제하고 B-Tree 인덱스를 다시 생성해야 할 것이다. 하지만 컬렉션이 크다면 인덱스를 새로 생성하는 것은 그렇게 손쉬운 일은 아니다.
>
> 그래서 해시 인덱스로 얻을 수 있는 디스크 공간 절약 효과가 크지 않다면 B-Tree 인덱스를 선택하는 것이 앞으로의 변화에 조금 더 유연하게 대응할 수 있는 전략일 것으로 보인다.

해시 인덱스가 도움이 되는 또 다른 경우가 있는데, 바로 인덱스 된 필드에 1KB 이상의 값이 저장되는 경우다. B-Tree 인덱스의 인덱스 키 값은 1KB를 넘어설 수 없다. url 필드에 B-Tree 인덱스를 생성하고, 1KB 이상의 url 값을 이 컬렉션에 저장해보자.

```
mongo> db.btree.createIndex( {url:1} )
mongo> db.btree.insert({url:"http://kakaocorp.com/?param=lo...ong_value"})
WriteResult({
        "nInserted" : 0,
        "writeError" : {
                "code" : 17280,
                "errmsg" : "WiredTigerIndex::insert: key too large to index, failing  2788 { :
\"http://kakaocorp.com/?param=lo...\" }"
        }
})
```

MongoDB 서버는 "WiredTigerIndex::insert: key too large to index, failing 2788" 에러가 발생하면서 저장에 실패할 것이다. 하지만 url 필드의 인덱스가 B-Tree 인덱스가 아닌 해시 인덱스라면 어떻게 될까?

```
mongo> db.hash.createIndex( {url:"hashed"} )
mongo> db.hash.insert({url:"http://kakaocorp.com/?param=lo...ong_value"})
WriteResult({ "nInserted" : 1 })
```

해시 인덱스는 원본값을 그대로 인덱스 키로 사용하지 않고 해시 된 값의 결과 중에서 8바이트만 인덱스 키로 사용하므로 인덱스 필드의 원본값이 아무리 길어도 인덱스 키 값이 길이 제한에 걸리지 않는다는 장점이 있다. 또한 원본 값이 아무리 길어도 해시 값으로 검색하므로 B-Tree 인덱스보다 더 적은 메모리와 디스크 읽기만으로도 처리할 수 있다. 아주 긴 문자열에 대해서 인덱스를 생성해야 하는데, 이 인덱스 키가 완전 일치 조건으로만 사용된다면 해시 인덱스가 의외의 해결책이 될 수도 있다.

> **(!) 주의**
>
> MongoDB의 해시 인덱스는 해시 샤딩을 위해서 도입된 인덱스다. 그래서 해시 인덱스는 해시 샤딩 알고리즘이 도입된 MongoDB 2.4 버전에 같이 도입됐다. 만약 MongoDB 해시 샤딩을 사용하는 경우라면 인덱스 키의 길이나 범위 검색의 요건과 관계없이 무조건 샤드 키에 대해서 해시 인덱스를 생성해야 한다. 컬렉션이 샤드 키에 대해서 해시 인덱스가 있어야만 MongoDB가 청크를 관리(청크 스플릿 및 청크 이동)할 수 있기 때문이다. 실제 사용자의 쿼리는 해시 된 값이 저장되는 인덱스에 대해서 범위로 검색하거나 정렬에 사용할 수 없다. 하지만 MongoDB 내부적으로는 해시 된 값을 기준으로 범위 검색을 실행하며, 청크 스플릿이나 이동 등을 처리한다.
>
> 만약 해시 샤딩을 사용하기 위해서 샤드 키에 대해서 해시 인덱스를 생성했지만, 여전히 범위 검색이 필요하다면 샤드 키에 대해서 해시 인덱스뿐만 아니라 B-Tree 인덱스까지 별도로 생성해야 한다.

5.5.4 MongoDB 해시 인덱스의 제한 사항

MongoDB에서는 단일 필드에 대해서만 해시 인덱스를 생성할 수 있다. 즉 다음 예제와 같이 2개 이상의 필드를 묶어서 해시 인덱스를 생성할 수는 없다.

```
db.sessions.createIndex ({member_id: "hashed", session_id: "hashed"},
                         {name: "ix_memberid_sessionid"})
```

그러나 응용 프로그램의 요건은 매우 다양하므로 이렇게 복합 필드에 대해서도 해시 인덱스를 생성해야 할 때도 있다. 이런 경우에는 다음과 같이 해시 인덱스를 생성할 필드에 서브 도큐먼트를 저장하는 방식으로 우회할 수 있다.

```
db.sessions.createIndex ({member_session_id: "hashed"},
                         {name: "ix_memberid_sessionid"})

var createdAt = new Date("2017-02-12T16:00:00Z");
var expiredAt = new Date("2017-03-12T16:00:00Z");

db.session.insert({member_session_id: {member_id: 123, session_id: "ABC"},
                   session_key: "ABCDEFG12345678",
```

```
                    created_at: createdAt,
                    expired_at: expiredAt,
                    ...})
```

이렇게 도큐먼트를 가지는 필드에 대해서 해시 인덱스를 생성할 때는 주의해야 할 사항이 있다. MongoDB는 필드의 값에 그대로 MD5 해시 함수를 실행해서 해시 값을 산출한다. 즉 member_session_id 필드의 서브 도큐먼트 전체의 바이트 값을 그대로 이용해서 해시값을 생성한다는 것이다. 그래서 다음과 같이 member_session_id 필드를 구성하는 서브 도큐먼트의 필드가 순서만 바뀌어도 서로 다른 해시값이 생성된다.

```
db.session.insert({member_session_id: {member_id:123, session_id: "ABC"},
                    ...})

db.session.insert({member_session_id: {session_id: "ABC", member_id:123},
                    ...})
```

그뿐만 아니라 서브 도큐먼트 필드의 해시 인덱스를 이용해서 검색을 수행할 때에도 같은 결과를 만들어낸다. 다음 쿼리는 해시 인덱스가 만들어진 member_session_id 필드의 검색 값에 도큐먼트가 사용됐는데, 이 도큐먼트 내의 필드 순서만 다른 경우다.

```
db.session.createIndex( {member_session_id: "hashed"} )
db.session.insert({member_session_id: {member_id:123, session_id: "ABC"}})

db.session.find({member_session_id: {member_id:123, session_id: "ABC"}})

db.session.find({member_session_id: {session_id: "ABC", member_id:123}})
```

이 예제에서 {member_id:123, session_id:"ABC"} 조건으로 검색하면 1건의 결과가 나오지만, 서브 도큐먼트의 필드 순서를 변경해서 {session_id: "ABC", member_id:123} 조건으로 검색하면 아무런 결과가 나오지 않는다. 이는 해시 인덱스 대상 필드의 값이 도큐먼트라서 도큐먼트를 구성하는 필드의 순서까지 해시값에 영향을 미치기 때문이다.

5.6 멀티 키 인덱스

MongoDB는 도큐먼트 기반의 데이터베이스다. 즉 기존의 RDBMS와는 달리 MongoDB는 비정규화된 데이터를 기본 저장 방식으로 채택하고 있다. 기존의 RDBMS에서 제공하던 방식의 인덱스 체계로는 이런 비정규화된 데이터에 대한 빠른 검색을 제공할 수 없다. 다음과 같이 기존의 RDBMS에서 사용하던 연락처라는 테이블을 생각해보자.

```
CREATE TABLE contacts (
  name VARCHAR(20) NOT NULL,
  address_idx INT NOT NULL,
  type ENUM('home', 'office') NOT NULL,
  address VARCHAR(100),
  PRIMARY KEY (name, address_idx)
);
```

name	address_idx	type	address
matt	1	office	경기도 성남시
matt	2	home	서울시 광진구

이렇게 정규화된 형태의 데이터를 저장하는 기존의 RDBMS에서는 손쉽게 address 컬럼에 인덱스를 생성하면 된다. 그러나 MongoDB에서는 이렇게 정규화된 형태의 데이터보다는 비정규화된 데이터가 더 많다.

> **참고**   사실 이렇게 단순화된 연락처 정보는 MongoDB에서도 손쉽게 정규화해서 사용해도 무방하다. 하지만 MongoDB에서 사용되는 도큐먼트의 데이터 포맷은 더 복잡하고, 배열 형태의 타입도 많이 활용된다. 여기에서 연락처라는 컬렉션을 예제로 든 이유는 설명의 용이성과 이해도를 높이기 위한 것일 뿐이다. 아마도 RDBMS를 사용하는 응용 프로그램을 개발해본 경험이 있다면 정규화로 인해서 수많은 자식 테이블이 생성되는 경우를 많이 봤을 것이다. MongoDB가 아무리 도큐먼트 기반의 데이터베이스라고 하더라도 모든 데이터를 하나의 컬렉션에 다 모아서 저장할 수는 없다.
>
> 일반적으로 MongoDB에서도 어느 정도 큰 레벨까지는 정규화하고, 컬렉션을 구분해서 생성 및 저장하지만, 하위에 저장되는 크게 중요치 않고 많은 정보(필드)를 가지지 않는 경우에는 비정규화해서 하나의 컬렉션에 모아서 저장하는 것이 일반적이다. 그래서 MongoDB에서는 의외로 비정규화된 데이터가 많으며, 이런 필드들에 대한 인덱스 기능은 필수적이다. 최근에는 비정규화된 데이터의 요건이 커지면서 일반 RDBMS 서버들도 JSON 정보를 저장할 수 있는 기능을 추가하고 있다. 하지만 RDBMS의 JSON은 결국 기존 RDBMS의 큰 틀 안에서 구현된 기능이므로 MongoDB와 같이 멀티 키 방식의 인덱스를 제공하지는 않는다. 즉 기존 RDBMS에서 JSON 타입의 컬럼을 사용한다 하더라도 MongoDB와 같이 다양하고 유연성 있게 기능을 활용하기는 어렵다.

위에서 예제로 살펴본 연락처를 MongoDB의 비정규화된 도큐먼트로 구현하면 다음과 같이 될 것이다. 이때 contacts 테이블의 도큐먼트는 사용자 단위로 하나의 도큐먼트가 할당되는 형태다. 일반적인 RDBMS 기반의 인덱스를 생각하면 하나의 레코드(도큐먼트)가 2개의 인덱스 키 엔트리를 가지기 때문에 contacts 테이블의 address 필드에는 인덱스를 추가할 수 없을 것이다.

```
db.contacts.insert( {
  name: "matt",
  addresses: [
    {
      type: "office",
      address: "경기도 성남시"
    },
    {
      type: "home",
      address: "서울시 광진구"
    }
  ]
})
```

하지만 MongoDB는 도큐먼트 기반의 비정규화된 데이터를 저장하는 데이터베이스이므로 이렇게 하나의 도큐먼트가 배열 형태의 데이터를 가지는 경우에 배열의 각 아이템을 검색할 수 있는 인덱스가 꼭 필요하다. 그래서 MongoDB에서는 멀티 키 인덱스(Multi-Key Index)가 존재하는 것이다. 멀티 키는 이름 그대로 하나의 도큐먼트가 여러 개의 인덱스 키를 가지는 형태다. 즉 반대로 표현하면 여러 개의 인덱스 키가 하나의 도큐먼트를 가리키는 구조를 의미한다. 다음은 addresses 필드의 하위 필드인 address 필드에 대해서 멀티 키 인덱스를 생성하는 예제다.

```
db.contacts.createIndex( {"addresses.address" : 1} )
```

멀티 인덱스는 일반 B-Tree 인덱스를 생성하는 구문과 아무런 차이가 없다. MongoDB는 하나의 도큐먼트에서 인덱스 된 필드가 여러 번 나타나는 경우에 자동으로 그 인덱스를 멀티 키 인덱스로 정의한다. 실제 MongoDB 내부적으로는 멀티 키 인덱스인지 그냥 단일 키 인덱스인지 구분하는 것이 거의 무의미하며, 단순히 플래그 수준으로만 관리된다. 인덱스를 생성하는 시점에는 배열 값이 없었는데, 서비스하는 도중에 응용 프로그램의 요건이 바뀌어서 배열이 저장될 수도 있기 때문이다. 이렇게 사용하는 도중에 배열이 저장되는 경우에는 MongoDB의 인덱스가 단일 키 인덱스로 사용되다가 배열 값이 저장되는 시점부터 멀티 키 인덱스로 변경된다.

멀티 키 인덱스는 다음과 같이 배열 타입의 값을 가지는 필드 자체에 대해서도 생성할 수 있다. ratings 필드는 여러 개의 숫자 값을 가지는 배열이라서 자동으로 멀티 키 인덱스로 정의된다.

```
db.survey.createIndex( {ratings: 1} )

db.survey.insert({ _id: 1, item: "ABC", ratings: [ 2, 5, 9 ] } )
```

5.6.1 멀티 키 인덱스의 주의 사항

멀티 키 인덱스는 여러 개의 인덱스 키 엔트리가 하나의 도큐먼트를 가리키고 있기 때문에 쿼리의 검색 조건으로 멀티 키 인덱스를 사용할 때는 검색 조건의 바운드(Bound)에 주의해야 한다. 검색 조건에서 바운드(Bound)는 쿼리의 조건이 원하는 결과를 얻기 위해서 인덱스를 스캔해야 하는 범위를 의미하는 데, 멀티 키 인덱스의 스캔 범위 결정 방식은 일반 인덱스와는 조금 다르게 결정된다. 다음과 같이 숫자 값 배열을 가지는 ratings 필드에 대해서 멀티 키 인덱스를 생성했다고 가정해 보자.

```
mongo> db.survey.insert({ _id: 1, item: "ABC", ratings: [ 2, 9 ] })
mongo> db.survey.insert({ _id: 2, item: "XYZ", ratings: [ 4, 3 ] })
mongo> db.survey.createIndex({ratings:1})
```

그리고 survey 테이블에 대해서 일반적으로 우리가 자주 사용하는 BETWEEN 조건(ratings BETWEEN 3 AND 6)을 한번 실행해보자. 실제 MongoDB에서는 BETWEEN 연산자가 없기 때문에 다음 예제와 같이 크다 비교와 작다 비교를 동시에 사용해서 쿼리를 작성하면 된다.

```
mongo> db.survey.find( { ratings : { $gte: 3, $lte: 6 } } )
{
    "_id" : 1,
    "item" : "ABC",
    "ratings" : [ 2, 9 ]
}
{
    "_id" : 2,
```

```
    "item" : "XYZ",
    "ratings" : [ 4, 3 ]
}
```

그런데 쿼리의 실행 결과에 원치 않는 결과도 같이 포함된 것을 알 수 있다. "ratings: [2,9]"는 "ratings BETWEEN 3 AND 6" 조건에 포함되지 않는데, 쿼리의 검색 결과에 포함돼 있다. 실제 MongoDB의 멀티 키 인덱스에 대한 조건은 기존 RDBMS의 BETWEEN과 동일하게 작동하지 않는다. MongoDB 는 다음과 같이 각 조건($gte와 $lte)을 따로 비교한 다음에, 두 개의 결과를 병합한다. 그래서 3보다 크 거나 같은 엘리먼트를 가진 도큐먼트와 6보다 작거나 같은 엘리먼트를 가진 도큐먼트의 합집합이 쿼리 결과로 리턴된 것이다.

```
1) ratings : {$gte : 3}
2) ratings : {$lte : 6}

최종 결과 = 1번 조건 결과와 2번 조건 결과의 합집합(Bounds Union)
```

그렇다면 우리가 일반적으로 알고 있는 BETWEEN 연산자와 같은 결과를 얻으려면 어떻게 해야 할까? 이런 경우에는 $elemMatch 연산자를 사용해야 한다.

```
mongo> db.survey.find( { ratings : { $elemMatch: { $gte: 3, $lte: 6 } } } )
{
  "_id" : 2,
  "item" : "XYZ",
  "ratings" : [ 4, 3 ]
}
```

이제 우리가 익히 알고 있는 BETWEEN 연산자와 동일한 결과를 가져왔다. 이렇게 $elemMatch 연산 자를 사용하는 경우에는 다음과 같은 방식으로 두 조건의 결과가 결합된다.

```
1) ratings : {$gte : 3}
2) ratings : {$lte : 6}

최종 결과 = 1번 조건 결과와 2번 조건 결과의 교집합(Bounds Intersection)
```

하지만 $elemMatch 연산자의 결과에서도 주의해야 할 점은 배열의 모든 요소가 "3 <= rating <= 6" 조건을 만족해야 하는 것은 아니라는 것이다. 두 조건 (($gte : 3)과 ($lte : 6))을 모두 만족하는 엘리먼트를 하나라도 가지고 있는 도큐먼트는 모두 결과로 반환된다. 예를 들어, survey 컬렉션에 예제 데이터를 한 건 더 저장하고 쿼리 결과를 테스트해보면 $elemMatch 연산자의 비교 규칙이 좀 더 명확해질 것이다.

```
mongo> db.survey.insert({ _id: 3, item: "MNQ", ratings: [ 2, 4 ] })

mongo> db.survey.find( { ratings : { $elemMatch: { $gte: 3, $lte: 6 } } } )
{
  "_id" : 2,
  "item" : "XYZ",
  "ratings" : [ 4, 3 ]
}
{
  "_id" : 3,
  "item" : "MNQ",
  "ratings" : [ 2, 4 ]
}
```

서브 도큐먼트의 배열을 가지는 경우 또한 멀티 키 인덱스를 이용해서 검색을 실행할 수 있다. 다음과 같이 items 필드가 배열을 가지고 있고, items 필드에 내장된 서브 도큐먼트의 rating 필드에 멀티 키 인덱스를 생성하는 경우를 가정해보자.

```
mongo> db.survey.insert({
  _id: 1,
  items: [{item: "ABC1", rating: 2}, {item: "ABC2", rating: 9}]
})

mongo> db.survey.insert({
  _id: 2,
  items: [{item: "XYZ1", rating: 4}, {item: "XYZ2", rating: 3}]
})

mongo> db.survey.insert({
  _id: 3,
```

```
    items: [{item: "MNQ1", rating: 2}, {item: "MNQ2", rating: 4}]
})
```

```
mongo> db.survey.createIndex( {"items.rating" : 1})
```

서브 도큐먼트의 필드에 대해서 멀티 키를 인덱스를 생성한 경우에도 $gte와 $lte 조건을 결합해서 실행하면 두 조건의 합집합 결과가 나오는 것을 확인할 수 있다.

```
mongo> db.survey.find( { "items.rating" : { $gte: 3, $lte: 6 } } )
{
  "_id" : 2,
  "items" : [ { "item" : "XYZ1", "rating" : 4 }, { "item" : "XYZ2", "rating" : 3 } ]
}
{
  "_id" : 3,
  "items" : [ { "item" : "MNQ1", "rating" : 2 }, { "item" : "MNQ2", "rating" : 4 } ]
}
{
  "_id" : 1,
  "items" : [{ "item" : "ABC1", "rating" : 2 }, { "item" : "ABC2", "rating" : 9 } ]
}
```

이제 $elemMatch 연산자를 이용해서 쿼리를 실행해보자. 그런데 단순 배열 필드에 멀티 키 인덱스를 생성했을 때와는 달리 아무런 결과가 나오지 않는다.

```
mongo> db.survey.find( { "items.rating" : { $elemMatch: { $gte: 3, $lte: 6 } } } )
    ⟹ Not-Found
```

실제 위 쿼리는 잘못된 문법으로 작성한 쿼리다. 위 예제는 쿼리 작성 시에 자주 범하는 오류인데, 주의를 위해서 잘못된 문법의 예제를 명시해본 것이다. 서브 도큐먼트의 필드를 이용해서 멀티 키 인덱스를 생성한 경우에 $elemMatch 연산자는 다음과 같이 JSON 경로를 분리해서 $elemMatch 조건을 기재해야 한다.

```
mongo> db.survey.find(
{ items: { $elemMatch: { rating: { $gte: 3, $lte: 6 } } } } )

{
  "_id" : 2,
  "items" : [ { "item" : "XYZ1", "rating" : 4 }, { "item" : "XYZ2", "rating" : 3 } ]
}
{
  "_id" : 3,
  "items" : [ { "item" : "MNQ1", "rating" : 2 }, { "item" : "MNQ2", "rating" : 4 } ]
}
```

> **(!) 주의**
>
> 위와 같이 잘못된 문법은 아무런 에러를 반환하지 않기 때문에 실수하기 쉽고, MongoDB가 잘못된 표기법이라고 알려주지도 않는다. 그래서 잘못된 쿼리 조건으로 응용 프로그램을 구현해서 잘못된 결과를 사용자에게 반환하는 형태가 지속될 수도 있다. 그러므로 서브 도큐먼트 필드의 멀티 키 인덱스를 사용할 때는 주의를 필요로 한다.
>
> 이렇게 BETWEEN이나 크다 또는 작다 비교와 같이 범위 비교가 아닌 단순한 일치 비교라면 크게 주의하지 않고 일반적인 다른 필드와 동일하게 사용해도 무방하다. 즉 다음과 같이 단일 조건으로 $elemMatch 연산자를 사용할 때에는 꼭 $elemMatch 연산자를 사용하지 않아도 된다. 그래서 다음의 두 쿼리는 같은 결과를 가져온다.
>
> ```
> mongo> db.survey.find( { items: { $elemMatch: { rating: 2 } } } )
> mongo> db.survey.find( { "items.rating": 2 })
>
> {
>   "_id" : 1,
>   "items" : [ { "item" : "ABC1", "rating" : 2 }, { "item" : "ABC2", "rating" : 9 } ]
> }
> {
>   "_id" : 3,
>   "items" : [ { "item" : "MNQ1", "rating" : 2 }, { "item" : "MNQ2", "rating" : 4 } ]
> }
> ```

5.6.2 멀티 키 인덱스의 성능

일반적으로 컬렉션의 도큐먼트를 변경(INSERT 하거나 UPDATE 그리고 DELETE)하는 작업의 성능은 그 컬렉션이 가진 인덱스의 개수에 큰 영향을 받는다. 인덱스가 많으면 그만큼 데이터의 변경 성능이 느려지게 된다. 그런데 멀티 키 인덱스는 다른 인덱스보다 더 많은 인덱스 키 엔트리를 추가하고 삭제하는 작업을 필요로 한다. 도큐먼트의 포맷에 따라서 달라지겠지만 멀티 키 엔트리를 수십 개씩 가지는 도큐먼트도 있을 수 있는데, 이렇게 인덱스에 추가하고 삭제해야 할 인덱스 키가 많을수록 데이터의 변경 성능은 큰 영향을 받는다. 다음과 같은 INSERT 문장 2개의 성능을 한번 생각해보자. 첫 번째 INSERT 문장은 apps 필드에 인덱싱해야 하는 3개의 엘리먼트를 가지고 있고, 두 번째 INSERT 문장은 단 1개만 가지고 있다.

```
mongo> db.installed_apps.createIndex( {apps:1} )

mongo> db.installed_apps.insert( {
        user_id:1,
        apps: ["Kakao-Talk", "Kakao-Story", "Kakao-Navigation"]} )

mongo> db.installed_apps.insert( {
        user_id:1,
        apps: ["Kakao-Talk"]} )
```

데이터의 특성이나 하드웨어의 성능에 따라서 영향도의 차이는 있겠지만, 첫 번째 INSERT 문장은 두 번째 INSERT 문장보다 2배에서 3배 정도 느리게 실행될 것이다. 실제 컬렉션에 도큐먼트를 저장하는 비용을 1이라고 가정한다면 인덱스 키 엔트리를 추가하고 삭제하는 작업은 1.5 정도의 비용이 필요하다. 그래서 위의 두 INSERT 문장의 비용은 다음과 같이 대략적으로 유추해볼 수 있다. 그런데 만약 변경해야 할 멀티 키 인덱스 영역이 MongoDB의 캐시 메모리에 로드돼 있지 않으면 두 INSERT 문장의 성능 차이는 더 벌어질 수도 있다.

```
첫 번째 INSERT 문장 = 1 + 1.5 x 3 = 5.5
두 번째 INSERT 문장 = 1 + 1.5 = 2.5
```

멀티 키 인덱스의 처리 지연 현상은 컬렉션이 만들어진 초기 시점에는 크게 느껴지지 않을 수도 있다. 하지만 데이터가 누적되고 멀티 키 인덱스가 커지면서 디스크 데이터가 MongoDB의 캐시 메모리보다 커지기 시작하면 INSERT의 영향도가 두드러지게 나타날 수 있다. 이런 현상은 대량으로 데이터를 적재하거나 삭제할 때에도 나타날 수 있으며, 인덱스를 리빌드할 때에도 멀티 키 인덱스인 경우라면 더 오랜 시간이 걸린다는 것을 기억해야 한다.

5.6.3 멀티 키 인덱스의 제한 사항

멀티 키 인덱스는 MongoDB의 도큐먼트와 같이 비정규화된 데이터 포맷을 위해서 꼭 필요한 인덱스이지만, 다음과 같은 몇 가지 제약 사항이 있다.

- 멀티 키 인덱스는 샤드 키로 사용될 수 없다.
- 해시 알고리즘을 사용하는 인덱스는 멀티 키 인덱스로 정의될 수 없다.
- 멀티 키 인덱스는 커버링 인덱스 처리가 불가능하다.

멀티 키 인덱스는 여러 개의 인덱스 엔트리가 같은 도큐먼트를 가리키므로 샤드 키로 사용할 수 없는 것은 당연하다. 샤드 키는 반드시 키 값의 범위에 따라서 하나의 타겟(청크)으로만 맵핑돼야 하기 때문이다. 마지막 제약 사항인 멀티 키 인덱스가 커버링 인덱스로 처리되지 못하는 것은 때로는 많은 성능 저하를 감수해야 한다. 다음과 같이 사용자의 단말기에 설치된 앱의 목록을 관리하는 컬렉션을 가정해보자.

```
db.installed_apps.insert( {
    user_id:1,
    apps: ["Kakao-Talk", "Kakao-Story", "Kakao-Navigation"]} )

db.installed_apps.insert({
    user_id:2,
    apps: ["Kakao-Talk", "Kakao-Taxi", "Kakao-Driver"]} )

db.installed_apps.insert({
    user_id:2,
    apps: ["Kakao-Talk", "Kakao-Story", "Kakao-Taxi"]} )


db.installed_apps.createIndex({apps:1});
```

이 컬렉션에서 사용자와 관계없이 가장 많이 설치된 애플리케이션 중에서 3개 이상의 단말기에 설치된 앱을 조회하기 위해 다음과 같이 쿼리를 작성했다. MongoDB의 Aggregation은 SQL의 GROUP BY와 동일한 처리를 하는 쿼리인데, Aggregation에 대한 자세한 내용은 나중에 다시 살펴보겠다.

```
mongo> db.installed_apps.aggregate([
    {'$unwind': '$apps'},
    {'$group': { _id: '$apps', sum: { '$sum': 1 } } },
    {'$match': { sum: { '$gte': 2 } } }
  ])

{ "_id" : "Kakao-Talk", "sum" : 3 }
{ "_id" : "Kakao-Story", "sum" : 2 }
{ "_id" : "Kakao-Taxi", "sum" : 2 }
```

이 쿼리는 apps 필드의 인덱스만으로도 충분히 처리할 수 있는 쿼리다. 하지만 MongoDB의 멀티 키 인덱스는 커버링 인덱스로 쿼리를 처리할 수 없기 때문에 컬렉션을 모두 읽은 다음에 apps 필드의 배열 엘리먼트를 그룹핑해서 최종 결과를 반환한다.

배열 필드에 생성된 멀티 키 인덱스만 이용해서 쿼리가 처리될 수 있도록 기능을 개선하는 요청은 다음 MongoDB JIRA를 참조하자.

https://jira.mongodb.org/browse/SERVER-27494

5.7 전문 검색 인덱스

MongoDB 전문 검색 인덱스는 2.4버전에 처음 도입됐으며, MongoDB 3.4까지 업그레이드되면서 전문 검색 인덱스 알고리즘도 조금씩 개선됐다. DBMS에서 일반적으로 전문 검색 엔진을 구축할 때 사용하는 알고리즘은 크게 형태소 분석(어근 분석, Stemming)과 N-Gram 2가지로 나눠볼 수 있다. 일반적으로 명사와 조사 사이에 구분 문자(공백)를 사용하는 서구권 언어에서는 형태소 분석 방법이 많이 사용된다. 하지만 아시아권 언어(주로 한국어와 일본어 그리고 중국어)에서는 명사와 조사 사이에 별도의 구분 문자가 없이 연결되므로 단어의 어근 분석이 까다로워서 N-Gram 방식이 자주 사용된다.

현재 커뮤니티 버전의 MongoDB에서는 형태소 분석만 지원하고 있지만, 아마도 아시아권 언어를 위해서 N-Gram도 지원될 것으로 보이며, "8.2.3.4 한글과 n-Gram 인덱스"에서도 MongoDB 서버에 N-Gram 인덱스를 간단히 구현하는 방법과 사용법을 살펴보겠다. 이번 절에서는 형태소 분석 방식을 살펴보고, 아직 MongoDB에서는 사용되지 않지만 N-Gram 방식의 검색 인덱스를 간단히 살펴보겠다.

5.7.1 형태소 분석 알고리즘

MongoDB의 전문 검색 인덱스는 다음과 같은 2가지 중요한 과정을 거쳐서 색인 작업이 수행된다.

- 불용어(Stop Word) 처리
- 형태소 분석(Stemming)

불용어 처리는 검색에서 별 가치가 없는 단어를 모두 필터링해서 제거하는 작업을 의미한다. 주로 불용어의 개수는 많지 않기 때문에 알고리즘을 구현한 코드에 모두 상수로 정의해서 사용하는 경우가 많고, 유연성을 위해 불용어 자체를 데이터베이스화해서 사용자가 추가하거나 삭제할 수 있게 구현하는 경우도 있다. 현재 MongoDB 서버는 불용어가 소스 코드에 정의돼 있기 때문에 아직 사용자가 직접 불용어를 추가하거나 삭제할 수는 없다. 이 책이 출판된 이후에 MongoDB의 전문 검색 기능이 개선될 여지가 있으므로 불용어의 추가 및 삭제 기능에 관심이 있다면 다음의 MongoDB JIRA 사이트를 참조하자.

```
https://jira.mongodb.org/browse/SERVER-10062
```

형태소 분석은 검색어로 선정된 단어의 어근을 찾는 작업이다. MongoDB의 형태소 분석은 Snowball(http://snowballstem.org/)이라는 오픈 소스를 이용해서 구현돼 있다. 현재 Snowball은 주로 서구권 언어에 대한 형태소 분석 기능을 가지고 있으며 안타깝게도 한국어에 대한 형태소 분석 기능은 구현돼 있지 않다. 최근 MongoDB 3.4에서는 중국어의 형태소 분석 기능이 추가됐는데, 더 안타까운 것은 주로 아시아권 언어의 형태소 분석은 외부 형태소 분석 라이브러리가 필요하며 MongoDB 엔터프라이즈 버전에서만 사용할 수 있는 상태다.

이제 간단한 문장을 이용해서 MongoDB의 불용어 처리와 형태소 분석이 어떻게 처리되는지 한번 살펴보자. 예를 들어, 다음과 같은 문장이 MongoDB의 전문 검색 인덱스 필드에 저장돼 있다고 가정해 보자.

```
"These are not the droids you are looking for"
```

MongoDB 서버는 우선 색인 작업이 필요한 텍스트를 구분자(공백 문자 또는 문장 기호 등)를 이용해서 토큰으로 분리한다.

These	are	not	the	droids	you	are	looking	for

구분된 토큰 단위로 불용어에 등록된 단어인지 검색한다. 주로 불용어는 대명사와 관사 그리고 전치사나 주요 동사들인데, 이 단어들은 텍스트에서 별로 검색 가치가 없는 단어인 경우가 많다. 위 토큰에서는 "These", "are", "not", "the", "you", "for"는 모두 불용어로 필터링되어 제거될 것이다. 그러면 다음과 같이 "droids"와 "looking"만 남을 것이다.

droids	looking

이렇게 불용어 필터링이 완료되면 남은 각 단어의 형태소 분석 작업이 시작된다. 형태소 분석은 간단히 이야기하면 단어의 복수형에는 마지막에 "s"나 "es" 등이 붙고, 동사의 시제에는 "ed"나 "ing" 등이 붙는데, 이런 접미사를 제거해서 단어의 원형을 찾는 작업이다. 이렇게 단어의 어근을 찾는 작업이 완료되면 최종적으로 다음과 같은 2개의 단어가 남는다.

droid	look

텍스트에서 검색어로 색인할 만한 가치가 있는 단어만 골라서 단어의 원형(Stem)을 찾았으므로 MongoDB는 마지막으로 이 단어들을 인덱스에 저장한다. 이때 전문 검색 인덱스이기는 하지만 MongoDB의 멀티 키 인덱스와 동일한 자료 구조로 저장한다. 이제 입력된 텍스트의 인덱싱 작업이 완료됐다.

이제 사용자가 관심 있는 단어를 검색하면 멀티 키 인덱스를 통해서 찾기만 하면 된다. 그런데 사용자가 입력한 검색어나 문장에도 동일하게 불용어가 포함돼 있을 수 있으며, 단어도 어근이 아닐 수 있다. 그래서 사용자가 전문 검색을 요청하면 MongoDB는 텍스트의 인덱싱 작업을 할 때와 동일하게 검색어에서 불용어를 제거하고 각 단어의 형태소를 찾는 작업을 수행한다. 그리고 검색어에서 최종적으로 남은 단어를 전문 검색 인덱스에서 찾아서 사용자에게 반환한다.

> **① 주의**
>
> 위 과정에서도 확인한 바와 같이 불용어 처리와 형태소 분석 알고리즘은 사용자 데이터를 저장하면서 인덱싱하는 단계와 사용자가 쿼리를 실행할 때 검색어를 필터링하는 단계에서 동일하게 사용된다. 그런데 사용자 데이터를 전문 검색 인덱스로 인덱싱할 때 사용한 불용어 및 형태소 분석 알고리즘이 검색 실행 시점과 다르다면 사용자 쿼리의 검색 결과에 오류가 발생할 수도 있다. 그래서 독자가 직접 불용어 처리나 형태소 분석을 위해서 소스 코드를 개선한다면 반드시 인덱스를 새로운 알고리즘으로 다시 생성(리빌드)해야 한다.

5.7.2 N-Gram 알고리즘

몇 개의 지정된 구분자로 전 세계 모든 언어에서 단어를 구분하기는 쉽지 않을 것이다. 이러한 부분을 보완하기 위해서 지정된 규칙이 없는 텍스트를 분석하거나 검색할 수 있게 하는 방법이 N-Gram 알고리즘이다. N-Gram이란 전문을 무조건으로 몇 글자씩 잘라서 인덱싱하는 방법이다. 구분자(Delimiter)에 의한 방법보다는 인덱싱 알고리즘이 복잡하고, 만들어진 인덱스의 사이즈도 상당히 큰 편이다. ElasticSearch나 Sphinx와 같은 솔루션도 N-Gram 알고리즘을 이용한 전문 검색 기능을 제공한다.

N-Gram에서 n은 인덱싱할 키워드의 최소 글자(또는 바이트) 수를 의미하는데, 일반적으로는 2글자 단위의 키워드로 쪼개서 인덱싱하는 2-Gram(Bi-Gram) 방식이 많이 사용된다. 여기에서도 2글자 키워드 방식의 2-Gram에 대해서 알아보겠다.

n-Gram 인덱싱 기법은 그림 5-27과 같이 일반적으로 2글자 단위의 최소 키워드에 대한 키를 관리하는 프론트-엔드(Front-end) 인덱스와 2글자 이상의 키워드 묶음(n-SubSequence Window)을 관리하는 백-엔드(Back-end) 인덱스로 구성된다. 인덱스의 생성 과정은 문서의 본문을 2글자보다 큰 사이즈로 블록을 구분해서 백-엔드 인덱스를 생성하고, 다시 백-엔드 인덱스의 키워드를 2글자씩 잘라서 프론트-엔드 인덱스를 구성하는 순서로 진행된다.

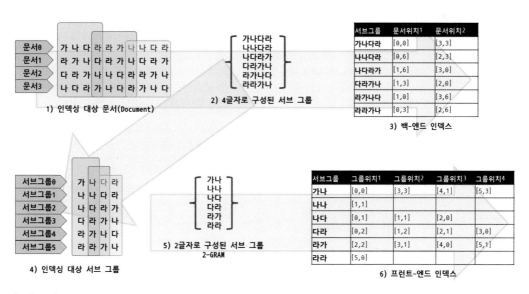

〈그림 5-27〉 2-Gram 전문 검색 인덱스의 생성 과정

인덱스의 검색 과정은 그림 5-27과 같은 정규화 과정을 거쳐서 만들어진 프론트-엔드 인덱스와 백-엔드 인덱스를 이용해서, 입력된 검색어를 2바이트 단위로 동일하게 잘라서 프론트-엔드 인덱스를 검색해 대상 후보를 선정하고, 백-엔드 인덱스를 통해서 최종 검증을 거쳐서 쿼리 결과를 만든다.

N-Gram 인덱스와 검색 과정을 구현하는 방법은 다양하다. 그림 5-27에서 소개한 방법과 같이 2개의 인덱스를 활용하는 방법도 있지만, 일반적인 B-Tree 하나만을 이용해서 간단하게 N-Gram 인덱스를 구현할 수도 있다. "8.2.3.4 한글과 n-Gram 인덱스" 절에서 소개할 N-Gram 인덱스는 단순히 하나의 멀티 키 인덱스(B-Tree)를 이용해서 한글 검색을 구현하는 예제다.

> **참고**
>
> MongoDB 3.4 버전까지는 n-Gram 인덱스를 지원하지 않는다. 하지만 형태소를 기계적으로 분석할 수 있는 서구권 언어는 지금 수준의 기능으로 적합할지 모르지만, 한글을 포함한 중국어나 일본어 검색에는 많은 문제점이 있다. 그래서 이 책에서는 MongoDB 서버에서 n-Gram 인덱스를 구현하는 방법을 간단하게 소개하고 있으니 혹시 MongoDB 서버에서 n-Gram 전문 검색이 꼭 필요하다면 "8.2.3.4 한글과 n-Gram 인덱스" 절을 참조하자.

5.7.3 형태소 분석과 N-Gram의 장단점

지금까지 형태소 분석과 N-Gram 알고리즘에 대해서 간단히 살펴봤는데, 이 두 알고리즘은 각각 상반되는 장단점이 있다.

	형태소 분석	N-Gram
언어 의존도	국가별로 언어가 다르므로 형태소 분석에 사용되는 알고리즘도 달라져야 한다. 또한 국가별 언어의 복잡도를 고려하면 단순히 알고리즘만으로 모든 단어의 어근을 찾기는 쉽지 않다.	검색 대상 문자열을 일정한 규칙(바이트 수)에 따라 문장을 분할해서 인덱싱하므로 언어의 특성과 무관하며 어근을 찾기 위한 알고리즘도 필요하지 않다.
인덱스 크기	검색 대상 문자열에서 검색어로서 가치가 없는 단어는 모두 필터링하고, 단어들의 어근에서 중복된 어근을 제외하고 유니크한 키워드만 인덱싱하므로 전문 인덱스의 크기가 작다.	검색 대상 문자열을 지정된 바이트 수로 잘라서 모든 부분을 인덱싱해야 하므로 검색어로서의 가치가 없는 부분까지 모두 인덱싱된다. 또한 2개 이상의 인덱스가 필요하기 때문에 전체적으로 인덱스의 용량이 크다.
성능	인덱스의 크기가 작다는 것은 그만큼 전문 인덱스에 추가해야 할 인덱스 키 엔트리의 개수가 적다는 의미이다. 이는 곧 도큐먼트의 저장이나 삭제 성능이 빠르다는 의미이기도 하다.	많은 인덱스 키를 관리해야 하므로 상대적으로 느리다.
검색 품질	형태소 분석 알고리즘에 따라서 검색 품질의 차이가 심하며, 형태소 분석 알고리즘에 많은 노력과 시간이 필요하다.	특별히 언어별 형태소 분석이 필요치 않으며, 부분 일치가 가능하므로 적은 노력과 시간으로 평균 이상의 검색 품질을 보장받을 수 있다.

이 이외에도 형태소 분석 알고리즘을 사용하는 경우에는 전문을 입력하는 사용자의 오타에 대해서 민감하게 반응한다는 치명적인 문제도 있다. 예를 들어, 사용자가 "blueberry"라고 입력해야 하는데 오타로 "blueverry"라고 입력했다면 MongoDB의 형태소 분석은 이를 완전히 다른 단어로 취급한다. 이로 인해서 형태소 분석 기반의 전문 검색 엔진은 "blueverry"라고 입력된 도큐먼트를 검색하지 못한다. 하지만 N-Gram 기반의 전문 검색 엔진은 검색어를 조금만 조정해서 "blue"나 "erry" 등으로 다시 검색하면 오타로 입력된 "blueverry"까지 검색할 수 있다.

그뿐만 아니라 N-Gram 기반의 전문 검색은 키워드의 어떤 부분이든지 검색해낼 수 있다. 예를 들어서 "starwars"를 전문 검색 인덱스에 등록하면 N-Gram 기반의 전문 검색에서는 "star" 또는 "wars"라는 검색어로도 "starwars" 항목을 검색할 수 있다. 하지만 형태소 분석에 기반을 둔 전문 인덱스는 반드시 완전히 일치된 단어로 검색해야만 결과를 얻을 수 있다. 형태소 분석을 거치면 "starwars"와 "star" 그리고 "wars"는 완전히 다른 형태소로 바뀌기 때문이다.

또 하나의 문제점은 언어는 시간이 지날수록 계속 변화한다는 것이다. 이런 변화를 거친 단어에 대해서도 모두 작동하는 "형태소 분석"은 거의 불가능에 가깝다. 실제 MongoDB 서버에 내장된 형태소 분석 기능은 조금 복잡한 형태의 명사에 대한 복수형도 처리하지 못하는 단점까지 가지고 있다. 다음 예제에서는 "leaf"의 복수형인 "leaves"라는 단어를 가진 도큐먼트를 검색하고자 한다. 이때 "leaves"라는 단어로는 검색이 가능하지만, 단수형인 "leaf"라는 단어로는 검색되지 않는 것을 볼 수 있다.

```
mongo> db.complex_word.createIndex({contents:"text"})
mongo> db.complex_word.insert({contents: "Many leaves are left on the tree"})

mongo> db.complex_word.find({$text:{$search:"leaves"}})
{ "contents" : "Many leaves are left on the tree" }

mongo> db.complex_word.find({$text:{$search:"leaf"}})
  ⇒ Not Found
```

5.7.4 전문 검색 인덱스의 활용

전문 검색 인덱스가 처음 도입된 MongoDB 2.4 버전에서는 전문 검색 기능이 기본적으로 비활성화된 상태로 출시됐다. 그래서 MongoDB 2.4 버전에서 전문 검색 인덱스를 사용하려면 다음과 같이 전문 검색 인덱스를 활성화하는 옵션과 함께 MongoDB를 시작해야 한다. 하지만 MongoDB 2.6 버전부터는 전문 검색 기능이 안정화돼서 기본적으로 아무런 옵션 없이 자동으로 활성화된 상태로 출시되고 있다.

```
$ mongod --setParameter textSearchEnabled=true
```

전문 검색 기능을 사용하려면 먼저 컬렉션에 전문 검색 인덱스를 생성해야 하는데, MongoDB의 전문 검색 인덱스는 필드 레벨 또는 컬렉션 레벨로 선택할 수 있다. 필드 레벨로 전문 검색 인덱스를 생성하는 경우에는 전문 검색을 원하는 필드만 선택해서 인덱싱할 수 있으며, 컬렉션 레벨로 전문 검색 인덱스를 생성하면 컬렉션의 모든 문자열 필드에 대해서 인덱싱이 수행된다.

```
// 필드 레벨의 전문 검색 인덱스 생성
db.articles.createIndex( {title: "text"} )
db.articles.createIndex( {title: "text", contents: "text"} )

// 컬렉션 레벨의 전문 검색 인덱스 생성
db.articles.createIndex( {"$**": "text"} )
```

그리고 전문 검색 인덱스를 삭제할 때는 인덱스의 필드 목록으로는 삭제할 수 없고, 인덱스의 이름을 사용해야 한다.

```
mongo> db.reviews.dropIndex({comments:"text"})
{
        "nIndexesWas" : 2,
        "ok" : 0,
        "errmsg" : "can't find index with key: { comments: \"text\" }",
        "code" : 27
}

mongo> db.reviews.dropIndex("comments_text")
{ "nIndexesWas" : 2, "ok" : 1 }
```

5.7.4.1 중요도(Weight) 할당

전문 검색 인덱스는 필드별로 중요도(Weight)를 설정할 수 있으며, 전문 검색 인덱스를 통해서 데이터를 조회할 때 중요도를 기준으로 정렬해서 결과를 가져갈 수도 있다. 인덱스를 생성할 때 특별히 중요도를 설정하지 않으면 모든 필드의 중요도는 1로 설정된다.

```
mongo> db.scripts.createIndex(
        {movie_name: "text", phrase: "text"},
        {weights: {movie_name: 2, phrase: 1}, name: "TextIndex"})
```

전문 검색 쿼리에서 중요도까지 같이 조회하거나, 중요도를 이용해서 정렬하고자 할 때는 다음과 같이 $meta 연산자를 이용한다.

```
mongo> db.scripts.createIndex(
      {movie_name:"text", phrase:"text"},
      {weights:{movie_name:2, phrase:1}} )

mongo> db.scripts.insert( {
      movie_name:"starwars",
      phrase:"These are not the droids you are looking for"})


// movie_name 필드 일치 시 score 값 확인
mongo> db.scripts.find({$text:{$search:"starwars"}},
                        {score: { $meta: "textScore" }})
{
  "movie_name" : "starwars",
  "phrase" : "These are not the droids you are looking for",
  "score" : 2
}

// phrase 필드 일치 시 score 값 확인
mongo> db.scripts.find({$text:{$search:"droids"}},
                        {score: { $meta: "textScore" }})
{
  "movie_name" : "starwars",
  "phrase" : "These are not the droids you are looking for",
```

```
    "score" : 0.75
 }
```

score 필드의 결과는 각 필드의 검색어 일치 정도와 중요도(Weight)의 곱으로 계산된 값이다. 여기에서 title 필드의 전문 검색 쿼리에서는 score 값이 2로 출력됐다. 그런데 phrase 필드의 전문 검색 쿼리에서는 score가 1이 아닌 0.75가 반환됐다. 이는 MongoDB의 중요도가 검색어와 검색되는 도큐먼트 필드 값의 전체 매칭률을 계산하기 때문에 0.75라는 값이 나온 것이다. 단일 키워드로 동등한 경우에는 중요도에 설정한 값이 반환되며, 일부가 매칭되는 경우에는 0.75 * N(일치하는 단어 수) 형태로 계산된다.

```
mongo> db.scripts.insert({
        movie_name : "starwars",
        phrase : "droids"})

mongo> db.scripts.insert( {
        movie_name:"starwars",
        phrase:"These are not the droids you are looking for"})

mongo> db.scripts.find({$text:{$search:"droids looking"}},
                       {score: { $meta: "textScore" }})
{
  "movie_name" : "starwars",
  "phrase" : "droids",
  "score" : 1
}
{
  "movie_name" : "starwars",
  "phrase" : "These are not the droids you are looking for",
  "score" : 1.5
}
```

5.7.4.2 컴파운드 인덱스와 인덱스 파티셔닝

MongoDB의 전문 검색 인덱스는 다른 단일 값을 가지는 필드(Scalar-Field)와 복합으로 컴파운드 인덱스를 생성할 수도 있는데, 현재 MongoDB 버전에서 전문 검색 인덱스는 B-Tree 인덱스(Ascending & descending Index)와만 결합해서 컴파운드 인덱스를 구성할 수 있다.

```
db.scripts.createIndex( {jenre: 1, movie_name: "text", phrase: "text"} )
```

전문 검색 인덱스가 다른 필드와 복합으로 컴파운드 인덱스를 구성하는 경우(단일 값을 가지는 필드가 선행 필드인 인덱스)에는 반드시 선행되는 필드의 조건이 있어야만 전문 검색 인덱스로 활용할 수 있다. 예를 들어, 다음과 같이 jenre 필드 없이 전문 검색만 실행하는 쿼리는 전문 검색 인덱스를 활용하지 못하기 때문에 쿼리가 오류를 발생시킨다.

```
mongo> db.scripts.find({$text:{$search:"starwars"}})

mongo> db.scripts.find({$text:{$search:"droids looking"}},
                       {score: { $meta: "textScore" }})

ERROR : failed to use text index to satisfy $text query (if text index is compound, are equality
predicates given for all prefix fields)
```

일반 B-Tree 인덱스 필드인 jenre와 전문 검색 인덱스를 혼합해서 컴파운드 인덱스로 생성하면 MongoDB는 그림 5-28과 같이 모든 전문 검색 인덱스 엔트리의 앞쪽에 jenre 필드의 값을 붙여서 인덱싱을 수행하기 때문이다.

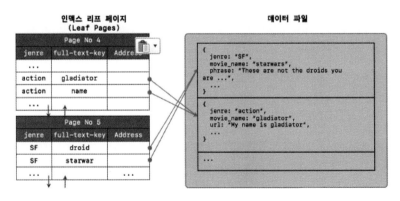

〈그림 5-28〉 복합 필드 인덱스로 구성된 전문 검색 인덱스(Compound text index)

B-Tree 인덱스의 좌측 기준 일치(Left-most match) 규칙에 따라서 반드시 jenre 필드를 조건으로 같이 명시해야만 전문 검색 인덱스를 이용할 수 있다.

```
mongo> db.scripts.find({jenre: "SF", $text:{$search:"starwars"}})
```

```
mongo> db.scripts.find({jenre: "SF", $text:{$search:"droids looking"}},
                       {score: { $meta: "textScore" }})
```

이렇게 전문 검색 인덱스를 일반 필드와 함께 컴파운드 인덱스로 묶는 것은 무심하게 넘기면 별다를 것 없는 일반적인 기능이라고 생각할 수 있다. 하지만 이렇게 컴파운드 인덱스를 생성함으로써 전문 검색 인덱스의 파티셔닝 효과를 얻을 수도 있다. 예를 들어, 다음과 같이 제목과 게시물의 내용에 전문 검색 인덱스를 가진 게시물 컬렉션을 생각해보자.

```
mongo> db.articles.insert( {
    title: "전문 검색 인덱스의 파티셔닝",
    author: "matt",
    created_at: "2017-01-13 15:23:00",
    contents: "MongoDB의 전문 검색 인덱스는 일반 필드와 함께...",
})
```

```
mongo> db.articles.createIndex( {title: "text", contents: "text"} )
```

전문 검색 인덱스는 게시물의 내용에 따라서 상당히 많은 인덱스 키 엔트리를 가지게 되는데, 특히 MongoDB의 전문 검색 인덱스는 도큐먼트당 유니크한 키워드(단어)를 모두 전문 검색 인덱스의 키 엔트리로 추가한다. 물론 불용어 필터링과 형태소 분석 과정을 거쳐서 유니크한 키워드의 개수를 최소화하겠지만, 한글에 대해서는 이런 처리가 키워드의 개수를 크게 줄이지 못할 것이다. 예를 들어, 다음과 같은 본문에서 전문 검색 인덱스에 등록하게 될 유니크한 단어를 추출해보자.

> 전문 검색 인덱스는 게시물의 내용에 따라서 상당히 많은 인덱스 키 엔트리를 가지게 되는데, 특히 MongoDB의 전문 검색 인덱스는 도큐먼트당 유니크한 키워드를 모두 전문 검색 인덱스의 키 엔트리로 추가한다.
>
> ⟹ 유니크한 단어 목록
> 전문, 검색, 인덱스는, 게시물의, 내용에, 따라서, 상당히, 많은, 인덱스, 키, 엔트리를, 가지게, 되는데, 특히, MongoDB의, 도큐먼트당, 유니크한, 키워드를, 모두, 인덱스의, 엔트리로, 추가한다

MongoDB는 아직 한국어에 대해서 형태소 분석을 못하기 때문에 거의 문장 기호와 띄어쓰기 단위로 모든 단어가 전문 검색 인덱스에 등록해야 하는 키워드가 된다. 그래서 전문 검색 인덱스는 상당히 많

은 키 엔트리를 저장해야 한다. 이런 게시물이 많이 저장되면 전문 검색 인덱스의 크기가 너무 커져서 MongoDB의 캐시 메모리 크기를 초과하게 되고, 쿼리의 성능이 상당히 떨어질 것이다.

그런데 다음과 같이 게시물 컬렉션의 도큐먼트 포맷과 전문 검색 인덱스를 변경해보자.

```
db.articles.insert( {
    created_yearmonth: "201701",
    title: "전문 검색 인덱스의 파티셔닝",
    author: "matt",
    created_at: "2017-01-13 15:23:00",
    contents: "MongoDB의 전문 검색 인덱스는 일반 필드와 함께...",
})

db.articles.createIndex( {created_yearmonth: 1,
                          title: "text", contents: "text"} )
```

이 예제에서는 도큐먼트에 created_yearmonth라는 필드를 추가하고, 전문 검색 인덱스의 제일 앞쪽에 created_yearmonth 필드를 추가했다. 전문 검색 인덱스에 추가된 created_yearmonth 필드로 인해서 월별로 게시물에 저장되는 도큐먼트의 인덱스 키는 지정된 범위 내에서만 추가 작업이 발생한다. 예제로 살펴본 두 가지 전문 검색 인덱스의 내부를 간단히 살펴보면 그림 5-29와 그림 5-30과 같이 비교해볼 수 있다.

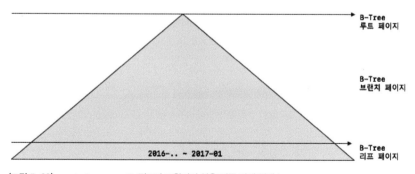

⟨그림 5-29⟩ created_yearmonth 필드가 포함되지 않은 전문 검색 인덱스

먼저 created_yearmonth 필드를 포함하지 않고 전문 검색 인덱스를 사용하는 컬렉션을 살펴보자. 그림 5-29와 같이 articles 컬렉션에 데이터를 저장할 때마다 추출된 키 엔트리들이 거대한 B-Tree의

전체 영역에 분산돼서 저장된다. 그래서 도큐먼트 INSERT가 실행될 때마다 전문 인덱스 B-Tree의 인덱스 페이지들이 계속 디스크에서 메모리로 로딩돼야 하므로 INSERT가 상당히 느리게 실행될 것이다. 그뿐만 아니라 데이터를 읽을 때도 다양한 검색어가 쿼리로 유입되므로 전문 인덱스의 전체 영역에서 다양한 페이지들이 매번 디스크에서 메모리로 로드해야 한다.

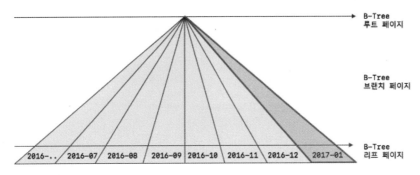

〈그림 5-30〉 created_yearmonth 필드가 포함된 전문 검색 인덱스

이번에는 created_yearmonth를 선행(prefix) 필드로 가지는 전문 검색 인덱스를 살펴보자. 그림 5-30과 같이 도큐먼트를 저장할 때는 전체 전문 인덱스에서 2017년 1월 데이터를 가진 영역의 페이지들만 메모리에 로딩하면 된다. 그래서 2017년 1월에 작성된 게시물들의 전문 검색 인덱스가 MongoDB의 캐시 메모리보다 용량이 적다면 아주 빠르게 게시물을 저장할 수 있다. 그뿐만 아니라 게시물을 검색할 때에도 월별로 최근 2~3개월치만 검색해서 사용자에게 결과를 보여준다면 전문 인덱스의 전체 페이지를 다 검색하지 않더라도 최근 2~3개월치의 인덱스 영역만 캐시 메모리에 적재하면 된다. 이 경우에는 MongoDB의 캐시 메모리가 적당한 용량만 된다면 디스크를 읽지 않고도 사용자의 쿼리나 도큐먼트 저장을 모두 처리할 수 있다.

> ⓘ 주의
>
> created_yearmonth 필드를 전문 인덱스의 선행 필드(prefix)로 설정하는 경우에 전문 검색 쿼리는 반드시 created_yearmonth 필드 조건을 가지고 있어야 한다. 그렇지 않은 경우에는 전문 검색 인덱스 자체를 사용하지 못하고 쿼리가 실패할 수 있다. 만약 응용 프로그램의 서비스 요건이 항상 전체 게시물을 검색해야 하는 경우라면 이렇게 created_yearmonth 필드와 전문 검색 인덱스를 묶어서 컴파운드 인덱스를 생성하는 것은 좋은 해결책이 될 수 없다.
>
> 하지만 게시물의 검색을 최근 2~3달 정도로 제한할 수 있다면 created_yearmonth 필드를 선행 필드로 컴파운드 인덱스를 생성하는 방법이 여전히 훌륭한 솔루션이 될 것이다. 대신 월별로 검색해야 하므로 다음과 같이 응용 프로그램 서버에서 2~3번 정도 쿼리를 실행한 다음 결과를 병합해서 클라이언트로 전송해야 하는 번거로운 작업이 필요하다.

```
db.articles.find( {created_yearmonth: "201701", $text: {$search: "검색어"}} )
db.articles.find( {created_yearmonth: "201612", $text: {$search: "검색어"}} )
db.articles.find( {created_yearmonth: "201611", $text: {$search: "검색어"}} )
```

이때 created_yearmonth 필드의 조건이 패턴 일치(SQL의 LIKE 검색과 같은)로 실행되면 created_yearmonth 필드 뒤에 있는 전문 검색이 인덱스를 사용할 수 없게 된다. 그래서 다음과 같이 created_yearmonth 필드의 조건에 정규 표현식 검색을 사용하면 안 된다. 다음 예제의 쿼리는 비록 정규 표현식 검색 자체는 인덱스를 사용할 수 있다 하더라도, 전문 검색 쿼리는 인덱스를 사용할 수 없기 때문이다.

```
db.articles.find( {created_yearmonth: /^2016/, $text: {$search: "검색어"}} )
```

5.7.4.3 언어 구분 및 대소문자 처리

MongoDB의 전문 검색 인덱스는 불용어(Stop Word)와 형태소 분석(Stemming)을 기반으로 하므로 국가별 언어에 따라서 전문 검색 인덱스 키를 추출하는 알고리즘이 달라진다. 그래서 전문 검색 인덱스를 생성할 때에는 인덱싱 대상 문자열이 어느 나라 언어인지 명시해야 정확한 불용어 처리 및 형태소 분석이 가능해진다. 전문 검색 인덱스를 생성할 때 특별히 언어를 지정하지 않으면 기본적으로 영어로 설정된다. 현재 MongoDB(버전 3.4)의 전문 검색 인덱스가 지원하는 언어는 주로 서구권 언어(영어, 독일어, 프랑스어, 러시아어, 터키어, 아라비아어)와 중국어 정도다. 특히 아라비아어와 중국어는 MongoDB 엔터프라이즈 버전에서만 사용할 수 있다. 한국어는 외부 라이브러리(Rosette Linguistics Platform, https://docs.mongodb.com/manual/tutorial/text-search-with-rlp/)를 활용해야 한다.

컬렉션에서 전문 검색 인덱스 대상 필드의 언어가 단순히 하나의 언어로만 저장된다면 다음과 같이 전문 검색 인덱스를 생성하는 시점에 default_language 옵션을 설정하면 된다.

```
db.quotes.createIndex(
   { content : "text" },
   { default_language: "english" }
)
```

하지만 도큐먼트별로 저장되는 언어가 다르다면 다음과 같이 도큐먼트 상의 다른 필드 값을 참조해서 그 언어별로 전문 검색 인덱스가 불용어 처리와 형태소 분석을 수행하도록 설정할 수도 있다.

```
db.quotes.insert({ _id: 1, idioma: "portuguese", quote: "A sorte protege os audazes" })
db.quotes.insert({ _id: 2, idioma: "spanish", quote: "Nada hay m s surrealista que la realidad." })
db.quotes.insert({ _id: 3, idioma: "english", quote: "is this a dagger which I see before me" })

db.quotes.createIndex( { quote : "text" },
                       { language_override: "idioma" } )
```

전문 검색 인덱스의 도입 초창기인 MongoDB 2.4와 2.6 그리고 3.0 버전에서는 대소문자 구분이 없는(Case-insensitive) 전문 검색 인덱스만 지원했으며, 이때는 영문 알파벳인 [A-Z]와 [a-z]까지만 대소문자 구분 없는 인덱싱 처리를 했다. 그리고 MongoDB 3.2 버전(전문 검색 인덱스 버전 3)으로 오면서 영문 알파벳의 대소문자뿐만 아니라 발음 기호(발음 차이를 나타내는 ê, ĕ, ẽ 등의 ^, ˘, ~의 부호)가 사용된 문자의 대소문자까지 처리할 수 있게 됐다. 즉 MongoDB 3.2부터는 "é, É, e 그리고 E"를 모두 같은 문자로 취급할 수 있다. 또한 MongoDB 3.2부터는 전문 검색 인덱스가 대소문자를 구분(Case-sensitive)해서 검색할 수 있도록 사용자가 쿼리에 옵션을 설정할 수 있다.

```
db.quotes.createIndex({
  $text:
    {
      $search: "dagger",
      $language: "english",
      $caseSensitive: true,
      $diacriticSensitive: true
    }
}
```

MongoDB의 전문 검색 인덱스는 기본적으로 대소문자를 구분하지 않고 검색을 실행한다. 하지만 대소문자와 발음 기호를 구분하고 싶을 때는 $caseSensitive 옵션과 $diacriticSensitive 옵션을 true로 설정하면 된다. 이 옵션들을 TRUE로 설정하면 MongoDB는 다음과 같은 과정을 거쳐서 대소문자와 발음 기호를 구분하여 처리한다.

1) 대소문자와 발음 기호 구분 없이 전문 검색 인덱스를 검색

2) 검색된 결과에서 대소문자 구분 및 발음 기호 구분이 일치하는 도큐먼트만 필터링해서 결과를 반환

> **참고**　　현재 MongoDB 3.4 버전까지는 한국어를 위한 전문 검색 인덱스의 불용어 및 형태소 분석이 지원되지 않는다. 그래서 MongoDB에서 한국어를 위한 전문 검색 인덱스를 사용하면 단순히 영어에서 사용되는 불용어 정도만 활용할 수 있는 상태다. 서구권 언어의 형태소 분석 알고리즘은 한국어에는 도움이 되지 않기 때문에 오히려 불필요한 처리만 수행하고 성능만 저하될 수도 있다.
>
> 현재 수준의 전문 검색 인덱스에서 한국어를 위해 선택할 수 있는 옵션은 MongoDB가 아주 기본적인 토큰 분리 작업 정도만 수행하는 것이다. 이를 위해서는 전문 검색 인덱스를 생성할 때 기본 언어 옵션을 "none"으로 설정하면 된다.
>
> ```
> db.quotes.createIndex(
>     { content : "text" },
>     { default_language: "none" }
> )
> ```
>
> default_language 옵션을 "none"으로 설정하면 MongoDB 서버는 국가별 불용어와 형태소 분석 처리를 수행하지 않고, 가장 기본적인 토큰 분리 작업만 수행한다. 이렇게 함으로써 불필요한 처리를 막을 수 있지만, 불용어에 대한 필터링이 없기 때문에 전문 검색 인덱스가 훨씬 더 커질 수도 있다는 점에 주의해야 한다. 가능하다면 MongoDB의 전문 검색 인덱스 필드에 문자열을 저장하기 전에 응용 프로그램에서 먼저 필요한 단어들만 필터링해서 별도의 필드에 저장하고, 그 필드에 대해서 전문 검색 인덱스를 생성하는 것도 좋은 방법이 될 수 있다.

5.7.4.4 전문 인덱스의 한계와 회피

MongoDB의 전문 검색 인덱스는 불용어와 형태소 분석이 어렵지 않은 서구권 언어에서는 좋은 솔루션이다. 하지만 한국어에 대한 형태소 분석은 지원하지 않기 때문에 한국어의 일반적인 조사가 인덱스키 엔트리로 포함될 수밖에 없다. 그로 인해서 한국어 문장에 대한 전문 검색 인덱스는 키워드로 원활하게 검색을 수행할 수 없다. 다음 예제는 contents 필드에 대해서 "배열"이라는 단어로 전문 검색 쿼리를 실행해본 것이다.

```
mongo> db.articles.insert( {
  "title" : "MongoDB 전문 검색 인덱스",
  "contents" : "조사를 모두 제거하고 문자열 배열에 담아서 멀티 키 인덱스를 생성하는 것이 더 도움이 될
수 있다."
})

mongo> db.articles.find({$text:{$search:"배열"}})
Not-Found
```

```
mongo> db.articles.find({$text:{$search:"배열에"}})
{
    "title" : "MongoDB 전문 검색 인덱스",
    "contents" : "조사를 모두 제거하고 문자열 배열에 담아서 멀티 키 인덱스를 생성하는 것이 더 도움이 될
수 있다.
}
```

이미 예측하고 있듯이 contents 필드에 "배열에"라는 단어가 포함돼 있는데, MongoDB 서버가 한국어에 대해서는 형태소 분석을 하지 못하고 토큰을 그대로 전문 인덱스에 저장한다. 하지만 MongoDB 서버의 전문 검색은 완전 일치하는 키워드에 대해서만 검색할 수 있기 때문에 "배열"이라는 키워드로는 이 도큐먼트를 검색할 수가 없다.

현재로서는 전문 검색 인덱스를 사용하면서 이런 문제를 회피할 방법이 없다. 그나마 가능한 방법은 응용 프로그램에서 contents의 내용을 직접 주요 키워드 단위로 잘라서 별도의 배열 필드에 저장하고, 이 필드를 멀티 키 인덱스로 생성하는 것이다.

```
mongo> db.articles.createIndex( {keywords:1} )

mongo> db.articles.insert({
    "title": "MongoDB 전문 검색 인덱스",
    "contents": "조사를 모두 제거하고 문자열 배열에 담아서 멀티 키 인덱스를 생성하는 것이 더 도움이 될
수 있다.",
    "keywords": ["조사를", "제거하고", "문자열", "배열에", "멀티", "키", "인덱스를", "생성하는", "도움
이"]
})


mongo> db.articles.find( {keywords:/^배열/} )
{
    "title" : "MongoDB 전문 검색 인덱스",
    "contents" : "조사를 모두 제거하고 문자열 배열에 담아서 멀티 키 인덱스를 생성하는 것이 더 도움이 될
수 있다.",
    "keywords" : ["조사를", "제거하고", "문자열", "배열에", "멀티", "키", "인덱스를", "생성하는", "도움
이" ]
}
```

articles 컬렉션을 검색할 때에는 정규 표현식을 이용해서 전방 일치 조건(/^배열/)을 사용하면 주요 명사 뒤에 붙은 조사는 무시하고 검색을 실행할 수 있다. 물론 조사를 모두 분리해서 주요 명사만 keywords 배열에 담을 수 있으면 더 좋겠지만, 이는 형태소 분석을 해야만 가능한 부분이므로 사실 쉽게 구현할 수 있는 부분은 아니다.

5.7.5 부정 비교와 문장 검색

MongoDB의 전문 검색은 여러 개의 검색어를 동시에 검색할 수 있는데, 이때는 다음 예제와 같이 검색어에 여러 개의 단어를 나열하면 된다.

```
mongo> db.scripts.createIndex( {phrase:"text"})

mongo> db.scripts.insert({
    "jenre": "action",
    "movie_name" : "gladiator",
    "phrase" : "My name is gladiator"
})

mongo> db.scripts.insert({
    "jenre": "SF",
    "movie_name" : "starwars",
    "phrase" : "These are not the droids you are looking for"
})


mongo> db.scripts.find( {$text: {$search: "gladiator droids"}})
{
    "jenre" : "SF",
    "movie_name" : "starwars",
    "phrase" : "These are not the droids you are looking for"
}
{
    "jenre" : "action",
    "movie_name" : "gladiator",
    "phrase" : "My name is gladiator"
}
```

위 결과를 보면 검색어에 나열한 단어들은 AND 조합이 아니라 OR 조합으로 연결돼서 검색된다는 것을 알 수 있다. 물론 OR 조합이 아니라 논리적인 AND 조합으로도 전문 검색을 수행할 수 있는데, 이때는 다음 예제의 두 번째 쿼리처럼 큰 따옴표로 검색어들을 묶어주면 된다. 전문 검색에서 검색어를 '\"'로 묶어주면 MongoDB는 내부적으로 구절(phrase)로 해석해서 전문 검색 비교를 한다. 이렇게 구절을 검색하는 방식을 "Phrase Text Search"라고 한다.

```
mongo> db.scripts.find({$text:{$search:"super droids"}})
{
    "jenre" : "SF",
    "movie_name" : "starwars",
    "phrase" : "These are not the droids you are looking for"
}
{
    "jenre" : "SF",
    "movie_name" : "captain america",
    "phrase" : "We are super-heros"
}

mongo> db.scripts.find({$text:{$search:" \"super\" \"droids\" "}})
Not-Found
```

MongoDB의 전문 검색에서 구절(Phrase)의 검색은 반드시 같은 문자열을 포함해야만 일치하는 것으로 판정한다. 다음 예제를 보면 어떤 경우에 일치하는지 명확히 이해할 수 있을 것이다. 첫 번째 쿼리는 일치하는 도큐먼트를 하나도 찾지 못했지만, 두 번째 쿼리에서는 검색어 구절(phrase)이 필드에 저장된 원본의 일부를 그대로 가지고 있기 때문에 1건의 일치된 결과를 반환한다.

```
mongo> db.scripts.find({$text:{$search:"\"droids looking\""}})
=> Not-Found

mongo> db.scripts.find({$text:{$search:"\"droids you are looking\""}})
{
    "jenre" : "SF",
    "movie_name" : "starwars",
    "phrase" : "These are not the droids you are looking for"
}
```

위 예제에서 살펴봤듯이 구절 검색(Phrase Search)에서 '\"'로 여러 단어를 묶으면 단어들이 순서대로 모두 포함돼 있어야만 일치하는 것으로 판정하지만, '\"'로 검색 단어를 하나씩 묶으면 각 검색어의 AND 조합이 된다. 이를 이용해서 전문 검색어의 논리적인 AND와 OR의 조합을 활용할 수 있다. 다음과 같은 검색어로 전문 검색을 하면 MongoDB 서버는 (("ssl" OR "certificate" OR "authority" OR "key") AND "ssl certificate")와 같이 논리적인 연산을 해서 최종 결과를 반환한다.

```
db.scripts.find( {$text:{$search: "\"ssl certificate\" authority key"}})
```

또한 전문 검색을 수행할 때 검색된 결과에서 특정 단어를 포함한 도큐먼트는 제외하고 가져오고자 할 때도 있는데, 이때에는 부정 비교 조건을 넣어주면 된다. 다음 예제는 전문 검색에서 부정 조건을 추가하는 방법을 보여주고 있는데, 단순히 "gladiator"로 검색할 때는 1건의 결과가 반환된다. 하지만 이 결과에서 "name"이라는 단어를 포함하지 않는 도큐먼트만 검색하고자 할 때는 검색어에 하이픈("–")을 붙여서 "–name" 키워드를 추가하면 된다.

```
mongo> db.scripts.find( {$text: {$search: "gladiator"}} )
{
    "jenre" : "action",
    "movie_name" : "gladiator",
    "phrase" : "My name is gladiator"
}

mongo> db.scripts.find( {$text: {$search: "gladiator -name"}})
Not-Found
```

부정 비교에서 한가지 주의해야 할 점은 단어 중간에 하이픈("–")을 사용한 경우인데, 실제 MongoDB는 문자열 중간에 위치한 하이픈("–")은 불리언 검색의 부정 식별자로 인식하지 않고 단순히 검색어의 일부로 인식한다. 그래서 하이픈을 포함한 단어를 정확히 검색할 수는 없다. 우선 "–"을 포함하는 문자열을 가진 도큐먼트를 INSERT하고, 전문 검색 쿼리를 실행해보자.

```
mongo> db.scripts.insert({
    jenre:"SF",
    movie_name:"captain america",
    phrase:"We are super-heros"})
```

다음 예제에서 2개의 전문 검색 쿼리는 하이픈을 가진 단어가 어떻게 인덱싱되고 검색되는지 보여주고 있다. 첫 번째 쿼리를 보면 "super-heros"라는 단어가 통째로 전문 검색 인덱스에 저장된 것처럼 보인다. 하지만 두 번째 쿼리를 보면 실제 전문 검색 인덱스에는 "super"와 "heros"가 개별로 인덱싱되어 있다는 것을 알 수 있다. 그리고 {$text:{$search:"super"}} 또는 {$text:{$search:"heros"}}로만 검색해도 두 번째 쿼리와 결과가 같다.

```
mongo> db.scripts.find({$text:{$search:"super-heros"}})
{
    "jenre" : "SF",
    "movie_name" : "captain america",
    "phrase" : "We are super-heros"
}

// 아래 3개의 전문 검색 쿼리는 같은 결과를 반환함
mongo> db.scripts.find({$text:{$search:"super heros"}})
mongo> db.scripts.find({$text:{$search:"super"}})
mongo> db.scripts.find({$text:{$search:"heros"}})
{
    "jenre" : "SF",
    "movie_name" : "captain america",
    "phrase" : "We are super-heros"
}
```

"super-heros"라는 단어는 저장될 때 전문 검색 인덱스에 "super"와 "hero"라는 2개의 단어가 인덱스 키로 저장된다. 그리고 전문 검색 쿼리에서 "super-heros"로 검색하면 MongoDB 서버는 먼저 토큰을 자르고 불용어를 제거한 뒤에 형태소 분석 결과로 "super"와 "hero"라는 2개의 검색어를 만들어서 전문 검색을 수행한다. 결국 검색어로 "super-heros"를 사용한 쿼리는 "super heros" 검색어를 사용한 쿼리와 동일하게 처리되는 것이다.

5.7.6 MongoDB 전문 검색 인덱스의 버전 호환성

MongoDB 버전별로 사용하는 전문 검색 인덱스의 버전은 다음과 같다. 대부분 데이터베이스와 마찬가지로 MongoDB도 하위 버전에 대한 호환성은 제공한다. 즉 MongoDB 3.2나 3.4 버전은 1~3 버전까지의 전문 검색 인덱스를 모두 읽을 수 있다. 하지만 MongoDB 2.6 버전이 전문 검색 인덱스 버전 3은 읽지 못한다.

MongoDB 버전	전문 인덱스 버전
2.4	1
2.6	2
3.2	3

MongoDB의 텍스트 인덱스 버전이 이렇게 바뀐 가장 큰 이유는 인덱스를 구성하는 키 값의 포맷이 달라졌기 때문이다. 전문 인덱스 버전 1인 MongoDB 2.4에서는 형태소 분석이 끝난 단어를 그대로 인덱싱했다. 하지만 전 세계적으로 사용하는 언어마다 많은 차이가 있다. 대표적으로 띄어쓰기나 문장 기호를 거의 사용하지 않는 언어는 단어의 토크나이징(Tokenizing)이 되지 않고 형태소 분석도 되지 않는다. 그리고 이런 경우에는 인덱스 키 값이 상당히 비대해지고 인덱스 키의 길이 제한(1024Byte)으로 인해서 인덱싱이 불가능한 경우도 발생할 수 있다.

그래서 텍스트 인덱스 버전 2를 사용하는 MongoDB 2.6에서는 형태소 분석이 완료된 단어를 그대로 인덱싱하는 것이 아니라 단어의 최대 길이를 64글자로 제한하도록 변경됐다. 그런데 64글자를 넘어서는 경우에는 나머지 부분을 버려야 하는데, 이 경우에는 검색의 결과가 달라질 수 있다. 그래서 텍스트 인덱스 버전 2부터는 단어의 일부를 잘라 내고 그 뒤에 해시 값을 추가하는 방법이 도입됐다.

```
if ( strlen(term) > 64 ){
    index_key = substring(term, 1, 32) + MurMur3_hash(term);
} else {
    index_key = term;
}
```

그리고 텍스트 인덱스 버전 3인 MongoDB 3.2에서는 텍스트 인덱스 키의 길이를 64글자에서 256글자로 확장한 포맷을 사용하도록 변경되면서 해시 알고리즘을 Murmur3에서 MD5로 변경했다.

```
if ( strlen(term) > 256 ){
    index_key = substring(term, 1, 224) + MD5_hash(term);
} else {
    index_key = term;
}
```

이런 이유로 MonogDB의 텍스트 버전 인덱스는 버전별로 전혀 호환되지 않지만, MongoDB 서버가 텍스트 인덱스 자체의 버전을 이용해서 이전 버전의 인덱스 포맷은 지원한다. 그렇지만 이전 버전의 MongoDB 서버가 이후 버전의 MongoDB 서버에서 생성된 텍스트 인덱스를 지원할 수는 없다.

MongoDB 2.4 버전에는 안정화되지 않은(실험적인) 전문 검색 인덱스(전문 검색 인덱스 버전 1)가 도입됐으며, MongoDB 2.4에서는 기본적으로 전문 검색 인덱스가 비활성화되어 있다. MongoDB 2.4에서 전문 검색 인덱스를 사용하려면 별도의 옵션을 이용해서 전문 검색 인덱스를 활성화해야 한다. MongoDB 2.6 버전에서는 처음으로 안정된 버전의 전문 검색 인덱스가 도입됐으며, 이때부터 MongoDB의 전문 검색 인덱스가 버전 2로 업그레이드됐다. 전문 검색 인덱스 버전 2부터는 전문 검색 인덱스의 포맷이 개선됐으며, $match와 $text 연산자를 쿼리에 사용할 수 있게 됐다. 그래서 MongoDB 2.6 버전에서 2.4 버전으로 다운그레이드(Downgrade)할 때, MongoDB 2.6 버전에서 생성된 전문 검색 인덱스를 다운그레이드된 MongoDB 2.4에서는 사용할 수 없다.

전문 검색 인덱스 버전 3부터는 발음 기호를 가진 문자(예를 들어, é, É, e, 그리고 E)를 모두 같은 문자로 검색(Diacritic insensitivity)할 수 있게 됐으며, 유니코드 8.0(http://www.unicode.org/Public/8.0.0/ucd/PropList.txt)에 정의된 구분 문자들(Dash, Hyphen, Pattern_Syntax, Quotation_Mark, Terminal_Punctuation, White_Space)이 모두 전문 검색 인덱스의 토큰 구분자로 채택됐다. 또한 전문 검색 인덱스 버전 3부터는 $text 검색 시에 $caseSensitive와 $diacriticSensitive 옵션을 사용하여 대소문자와 발음 기호에 대한 구분을 적용할 것인지 선택할 수 있게 됐다.

5.7.7 전문 검색 인덱스의 제약 사항

MongoDB의 전문 검색 인덱스는 다음과 같은 제약 사항이 있다.

- 전문 인덱스는 컬렉션당 최대 1개만 생성할 수 있다.
- 전문 검색 쿼리($text)가 사용된 쿼리에서는 쿼리 힌트를 사용할 수 없다.
- 쿼리 결과의 정렬은 전문 검색 인덱스를 이용해서 처리할 수 없다.
- 전문 검색 인덱스는 멀티 키 인덱스나 공간 검색 인덱스와 함께 컴파운드 인덱스로 생성할 수 없다.
- 전문 검색 인덱스의 검색은 접두어 일치(Prefix Matching)는 사용할 수 없으며, 항상 전체 일치 검색만 사용할 수 있다.

5.8 공간 검색 인덱스

MongoDB는 지구 공간 정보(Geospatial Information)를 저장하고 검색할 수 있는 공간 검색 인덱스와 쿼리 기능을 제공한다. MongoDB 2.2 버전에서는 유클리드 기하학에 기반을 둔 평면 좌표계(Euclidean plane)를 사용하는 "2d" 인덱스를 제공했으며, MongoDB 2.4 버전부터는 구면 기하학(Earth-like sphere geometry)에 기반을 둔 "2dsphere" 인덱스까지 지원하게 됐다. "2d" 인덱스는 GeoHash를 이용한 좌표 검색을 지원하며, "2dsphere" 인덱스는 "S2 Geometry" 라이브러리를 이용한 좌표 검색을 지원한다.

많은 사용자가 MongoDB는 상당히 풍부한 공간 정보 처리 기능을 제공한다고 생각하지만, 사실은 그렇지 않다. MySQL이나 오라클과 같은 RDBMS에서 제공하는 다양한 공간 정보 처리 기능과 비교해서 MongoDB가 제공하는 기능은 아주 일부분에 지나지 않는다. 하지만 MongoDB 서버는 꼭 필요한 기능에 집중해서 이 기능들의 안정성과 성능에 집중하고 있는 상태다.

MongoDB의 공간 검색 인덱스인 "2d" 인덱스와 "2dsphere" 인덱스를 이해하려면 우선 GeoHash와 S2 Geometry의 작동 원리를 이해하는 것이 중요하다. "2d" 인덱스는 MongoDB 2.2에 도입됐다가 최근의 MongoDB 3.2 또는 3.4 버전에서는 거의 사용되지 않는 인덱스이므로 여기에서는 GeoHash보다 S2 Geometry의 작동 방식과 "2dsphere" 인덱스의 사용 및 활용에 대해서 더 자세히 살펴보겠다.

> **참고** DBMS에서 공간 정보를 빠르게 검색하기 위한 인덱싱 알고리즘은 매우 다양하다. 대표적으로 Quad-Tree와 R-Tree(Rectangle Tree) 그리고 GeoHash와 힐버트 커브(Hilbert Curve) 등 다양한 알고리즘들이 있는데, DBMS별로 사용하는 알고리즘은 다음 표와 같다.
>
> | DBMS | 공간 인덱스 알고리즘 |
> | --- | --- |
> | MongoDB | GeoHash, S2 Geometry(Hilbert curve + Quad-Tree) |
> | MySQL | R-Tree |
> | Oracle RDBMS | Quad-Tree, R-Tree |
>
> Quad-Tree와 GeoHash 그리고 Hilbert-Curve는 모두 2차원 데이터(XY 좌표, 위도 경도 좌표)를 1차원 데이터로 변환하는 기술을 기반으로 하고 있는데, XY(또는 위도 경도) 2-차원 좌표를 단일 스칼라 값으로 변환해서 기존의 B-Tree를 그대로 활용할 수 있게 해준다. 그에 반해서 R-Tree 알고리즘은 2-차원 데이터 자체를 그대로 인덱싱할 수 있는 알고리즘으로 각 공간 데이터를 MBR(Minimum Bounding Rectangle)로 그룹핑한 다음, 이 MBR을 B-Tree와 동일한 알고리즘을 사용해서 인덱싱하는 알고리즘이다.

5.8.1 GeoHash 알고리즘

GeoHash 알고리즘은 그림 5-31과 같이 세계 지도를 세로로 한번 양분하고 다시 그림 5-32와 같이 가로로 양분하는 작업을 반복하면서 각 영역의 식별자를 0과 1로 연결해서 GeoHash 코드값을 생성하는 방식을 사용한다.

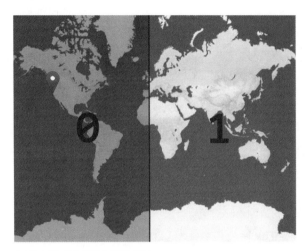

〈그림 5-31〉 세계 지도를 세로로 양분

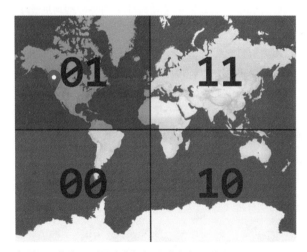

〈그림 5-32〉 세로로 양분된 세계 지도를 다시 가로로 양분

이렇게 양분하면서 할당되는 0과 1을 모두 연결해서 64비트 정수 타입으로 만들고, 이 정수 값을 BASE-32로 인코딩해서 문자열로 변환한 것이 GeoHash 값이다. 이론적으로는 세계 지도를 가로세

로 64번 양분하면서 세밀한 부분까지 구분할 수 있는데, BASE-32 인코딩은 5비트를 묶어서 하나의 글자로 인코딩하므로 최대 12개의 글자 즉, 64비트 정수에서 앞쪽 60비트까지만 사용할 수 있다. 그래서 GeoHash는 세계 전도를 60번까지 양분해서 표현할 수 있다. 하지만 GeoHash 값이 항상 세계 전도를 60번 양분한 값이어야 한다는 것을 의미하지는 않는다. 예를 들어서 GeoHash 값은 5비트가 한 글자로 인코딩되므로 세계 지도를 5번만 양분한 수준에서도 생성할 수 있고 10번 양분해서 GeoHash 값을 만들 수도 있다. 이렇게 몇 번을 양분했느냐에 따라서 영역의 정확도를 높일 수 있는데, 이를 GeoHash에서는 정밀도(Precision)라고 한다. BASE-32로 인코딩된 GeoHash는 전체 12글자까지 가질 수 있으므로 최대 정밀도는 12다.

GeoHash 값 자체는 특정 위치를 나타내는 값이 아니라 특정 구역(그리드, Grid)을 가리키는 값이라는 것에 주의해야 한다. 하지만 GeoHash의 정밀도가 12까지 되면 실제 GeoHash 그리드의 가로 세로 크기는 몇 cm 수준으로 줄어든다. 그래서 GeoHash의 정밀도가 낮을 때에는 지역을 구분하는 그리드 아이디로 사용할 수 있으며, 정밀도가 높을 때에는 특정 위치를 표현하는 아이디로 사용할 수 있다. 다음 표는 GeoHash의 정밀도에 따른 가로세로 영역(그리드)의 넓이를 km 단위로 보여주고 있다. 다음 표에서 "오차"는 각 GeoHash 값이 가리키는 영역(그리드)의 시작과 끝의 차이를 의미한다.

GeoHash 정밀도	위도(비트 수)	경도(비트 수)	오차(km)
1	2	3	±2500
2	5	5	±630
3	7	8	±78
4	10	10	±20
5	12	13	±2.4
6	15	15	±0.61
7	17	18	±0.076
8	20	20	±0.019

그럼 이제 GeoHash 값이 어떤 의미를 가지고 어떤 특성을 가지는지 자세히 살펴보자. 그림 5-33은 서울의 지도를 각 GeoHash 영역 단위로 구분해 본 것이다. 여기에서는 GeoHash 값이 5글자이므로 정밀도는 5 (25비트)인 것을 알 수 있다.

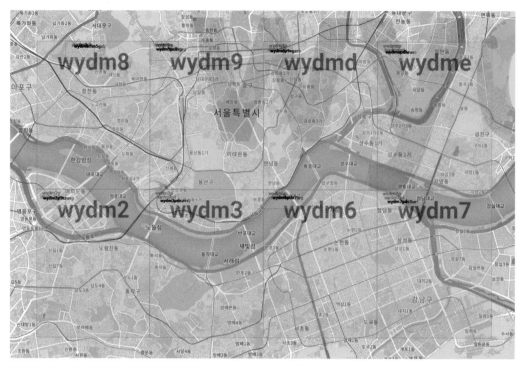

〈그림 5-33〉 GeoHash 영역으로 구분된 서울의 지도

> **참고**
>
> 위 그림의 지도와 GeoHash 그리드는 http://geohash.gofreerange.com/ 사이트에서 검색하고 참조한 것이다.
> GeoHash에 대해서 더 자세히 확인하고자 한다면 이 사이트의 지도를 참조하자.

5.8.1.1 GeoHash 인덱스의 내부 작동

그림 5-33에서 중요한 것은 근접한 지역별로 GeoHash의 값 자체도 근접하다는 것이다. 즉, 서울의 주요 구역 8개의 GeoHash 값이 모두 "wydm"으로 시작한다. 그래서 GeoHash로 인코딩된 값을 데이터베이스에 저장하고 이 값으로 문자열 패턴 일치 검색(LIKE 검색)을 실행하면 근접 지역의 GeoHash를 인덱스를 이용해서 검색할 수 있다. 이것이 GeoHash의 가장 큰 장점이며, 위치 검색에서 GeoHash를 사용하게 된 이유다. GeoHash는 구현도 쉬우며, 인덱스를 잘 활용할 수 있다는 특성 덕분에 초기 MongoDB뿐만 아니라 레디스 3.2 버전의 위치 검색에도 사용되고 있다.

```
db.poi.find( {geohash: /^wydm/} )
```

GeoHash의 또 다른 장점은 GeoHash 값을 이용해서 다시 위도 경도 좌표를 재현할 수 있다는 점이다. 위도 경도 좌표를 GeoHash로 변환하거나 GeoHash 값을 다시 위도 경도 좌표로 재현하는 부분은 이미 구현된 좋은 라이브러리들이 있으므로 쉽게 활용할 수 있다. 대표적으로 활용할 수 있는 라이브러리로 깃헙의 Geo 라이브러리(https://github.com/davidmoten/geo)가 있는데, 이 라이브러리는 위도 경도 좌표의 GeoHash 변환뿐만 아니라 특정 위치를 중심으로 반경 몇 km 내의 모든 GeoHash 값(그리드)을 찾는 기능도 포함하고 있다. 이렇게 찾은 그리드의 GeoHash 값을 이용해서 다음과 같이 POI(Point of Interest) 좌표를 검색할 수 있다. 우선 각 POI의 좌표를 GeoHash 값으로 변환해서 MongoDB에 저장하고, GeoHash 필드에 인덱스를 생성해보자.

```
// GeoHash 필드에 인덱스 생성
mongo> db.poi.createIndex( {geohash: 1} )

mongo> db.poi.insert( {name: "서울숲", geohash: "wydmdfg4q3gm"} )
mongo> db.poi.insert( {name: "뚝섬역", geohash: "wydme51pftzc"} )
mongo> db.poi.insert( {name: "남산", geohash: "wydm9gbh8ypv"} )
mongo> db.poi.insert( {name: "덕수궁", geohash: "wydm9qse7zzv"} )
```

이제 뚝섬역 근처의 POI(서울숲과 뚝섬역)를 검색하기 위해 그 근처 영역을 감싸는 GeoHash를 찾아서 검색하는 쿼리를 실행해보자.

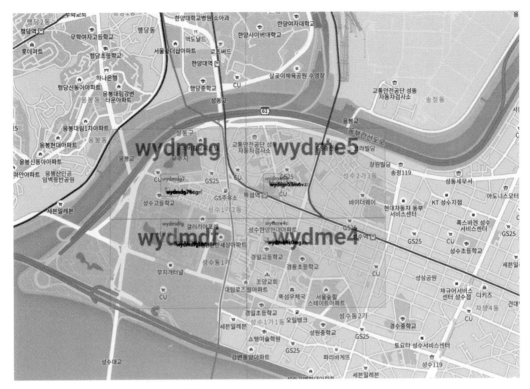

〈그림 5-34〉 뚝섬역 근처를 감싸는 GeoHash 영역

```
// 뚝섬역 근처의 POI(서울숲과 뚝섬역)를 검색하기 위한 쿼리 실행
mongo> db.poi.find( {geohash: {$regex: /^wydmdg¦^wydme5¦^wydmdf¦^wydme4/}})
{"name" : "서울숲", "geohash" : "wydmdfg4q3gm" }
{"name" : "뚝섬역", "geohash" : "wydme51pftzc" }
```

지금까지 GeoHash를 이용해서 어떻게 위치 검색을 할 수 있는지 살펴봤는데, 여기에서 살펴본 내용
은 모두 MongoDB의 공간 인덱스를 사용하지 않고 직접 사용자가 위치를 검색하는 방법을 살펴본 것
이다. 그런데 실제 MongoDB의 "2d" 인덱스가 지금까지 살펴본 방법과 동일한 기능을 MongoDB 내
부적으로 구현하고 있고, 검색 기능도 제공하므로 굳이 이렇게 복잡한 방법과 외부 라이브러리를 사용
하지 않아도 된다. 지금까지 설명한 방법은 MongoDB의 "2d" 인덱스가 어떻게 작동하는지 설명하기
위함이었다.

하지만 GeoHash를 이용한 방법은 큰 문제점이 있다. GeoHash 값은 5비트씩 묶어서 BASE-32
로 인코딩하기 때문에 GeoHash 정밀도별로 거리 차이가 매우 크다. GeoHash 정밀도가 6일 때는

GeoHash의 각 영역이 0.61km이며, 정밀도가 5일 때는 2.4km다. 그런데 일반적인 응용 프로그램에서는 자동차나 도보로 이동할 수 있는 수준의 거리를 검색하는 경우가 많다. 자동차로 검색할 때는 더 먼 거리를 검색해야 할 때도 있는데, 2.4km보다 더 먼 거리의 검색은 정밀도가 4인 20km 거리다. 그런데 이렇게 거리가 멀어지면 검색 대상이 너무 많아질 수 있고, 그로 인해서 쿼리의 성능이 더 느려질 수도 있다. 즉 검색 반경을 선택할 수 있는 폭이 너무 적다. 그리고 GeoHash에 기반한 "2d" 인덱스는 구체(Spherical)의 지구보다는 우리가 흔히 보는 지도처럼 평면도에 기반을 두고 있다는 것도 문제다.

그래서 MongoDB 2.4 버전부터는 S2 Geometry 알고리즘을 사용하는 "2dsphere" 인덱스가 도입됐다.

5.8.2 S2 Geometry 알고리즘

S2 Geometry는 구글에서 개발한 알고리즘으로 힐버트 커브(Hilbert Curve)와 쿼드 트리(Quad-Tree)를 근간으로 한다. S2 Geometry는 MongoDB뿐만 아니라 우버(Uber)와 아마존 오로라(Aurora) 데이터베이스 그리고 S2 Geometry를 개발했던 구글의 구글맵에서도 사용되고 있다. 힐버트 커브는 1981년 독일의 수학자에 의해서 소개됐으며, 하나의 선(Line)으로 2차원 공간의 모든 구역을 채울 수 있다는 이론이다. 힐버트 커브의 핵심은 그림 5-35에 있는 6개의 그림으로 쉽게 이해할 수 있다.

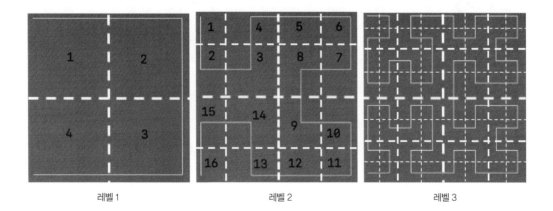

레벨 1   레벨 2   레벨 3

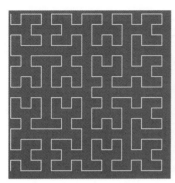  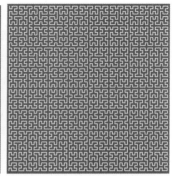

레벨 4   레벨 5   레벨 6

〈그림 5-35〉 레벨별로 힐버트 커브의 구성 방식

그림 5-35는 하나의 사각형 평면을 하나의 선으로 커버(Traversal)하는 과정이며, 6개의 그림 순서대로 하나의 평면을 레벨 1부터 레벨 6까지 힐버트 커브로 나누는 과정을 보여주고 있다. 그림 5-35의 레벨 1부터 레벨 3에 있는 점선은 큰 사각형을 사등분한 구분을 보여주고 있는데, 레벨 1부터 레벨 3까지의 사등분은 점선의 두께로 표시해뒀다. 레벨 1에서는 큰 평면 하나를 사등분해서 각 하위 영역(그리드)을 연결하는 선을 보여주고 있으며, 레벨 2에서는 레벨 1에서 나뉘어진 4개의 영역(그리드)를 다시 사등분하여 전체 16(4x4)개의 하위 영역을 연결하는 선을 보여준 것이다. 그리고 레벨 3은 레벨 2에서 나뉘어진 16개의 영역을 다시 사등분하여 64개의 하위 영역을 연결하는 선을 보여주는 것이다. 힐버트 커브가 이렇게 평면을 하나의 선으로 연결시키는 것이 중요한 것이 아니라 힐버트 커브에서 그어지는 선을 따라서 각 영역에 번호를 매기면(레벨 1과 레벨 2에 표시된 번호) 각 영역이 인접한 경우에는 그 영역의 번호도 근접하다는 것이 가장 중요한 부분이다. 이렇게 근접해 있다는 것은 DBMS의 인덱스가 정렬돼서 저장된다는 특성과 일치하는 부분이며, 힐버트 커브 방식을 사용하는 S2 Geometry는 거리 검색을 **빠르게** 수행할 수 있다.

지금까지 살펴본 힐버트 커브는 평면(2차원)을 인덱싱하는 알고리즘이다. 하지만 지구는 3차원의 구체이므로 아무런 변환을 하지 않고 지구의 좌표에 대해서 힐버트 커브를 적용할 수는 없다. 그래서 S2 Geometry는 구체 형태의 지구를 감싸는 가상의 육면체를 만들고, 구체의 1/6을 육면체의 각 면에 펼쳐서 육면체의 각 면에 힐버트 커브를 적용하는 방법을 적용한다. 그림 5-36은 S2 Geometry가 지구 구체를 육면체에 펼쳐서 각 면에 대해서 힐버트 커브를 표현한 것이다.

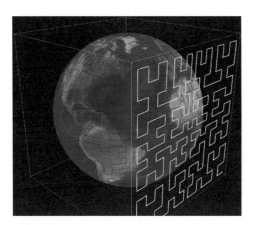

〈그림 5-36〉 S2 Geometry가 지구 구체를 커버하는 방식

참고

　　그림 5-36은 SideWalk Labs라는 회사의 "Planet View(https://s2.sidewalklabs.com/planetaryview/)" 사이트의
화면을 캡쳐한 것인데, 이 사이트를 참조하면 조금 더 입체적인 화면을 확인할 수 있다.

그림 5-37은 지구 구체를 정확히 옆에서 봤을 때, 지구와 지구를 감싸는 육면체를 그린 것이다(그림이
2차원이긴 하지만, 3차원인데 정확히 옆면이라 2차원으로 보인다고 가정하자). 힐버트 커브를 그리려
면 레벨별로 단위 구역을 자르기 위한 구분이 필요한데, 지구의 중심에서 같은 각도(Degree)로 동일하
게 자르면 육면체 면의 중심(B) 부분과 가장자리(A) 부분의 거리 차이가 크게 난다. 이는 구체를 평면
으로 펼쳤기 때문에 발생하는 오차다. 이렇게 발생하는 오차를 그대로 두면 S2 Geometry에서 육면체
의 각 평면에서 가장자리에 속하는 지역은 상대적으로 거리를 길게 계산하고, 중심부는 짧게 계산하는
문제가 발생한다.

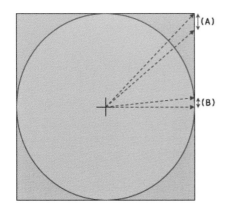

〈그림 5-37〉 지구 구체를 감싸는 육면체의 한 개 면

이런 오차를 해결하기 위해서 S2 Geometry에서는 힐버트 커브의 단위 영역을 같은 각도로 나누는 방법(Linear Transform)이 아니라, 오차를 반영한 단위 영역 구분 방법(Non-linear Transform)을 사용한다. 그림 5-38은 중심과 가장자리의 오차 보정이 보완된 방식의 모습이다.

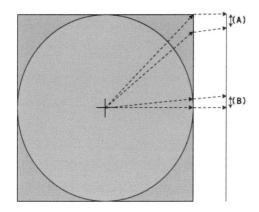

〈그림 5-38〉 중심과 가장자리의 거리 보정

이제 S2 Geometry에서 지구 구체의 정육면체 평면 맵핑과 힐버트 커브가 어떻게 인코딩되는지 살펴보자. S2 Geometry에서는 각 단위 구역을 셀(Cell)이라고 하고, GeoHash와 동일하게 여러 단계의 정밀도로 나누어서 구분할 수 있다. S2 Geometry의 정밀도는 GeoHash보다 2배 정도 많은 최대 30 레벨까지 가능하다. S2 Geometry도 GeoHash와 동일하게 각 단위 구역(Grid)을 지칭하는 아이디 값을 가지는데, 이를 S2 셀 아이디(Cell Id)라고 한다. S2 Geometry의 셀 아이디는 전체 64비트를 사용하며, 이 64비트 값은 특별히 BASE-32와 같은 인코딩을 거치지 않고 그냥 64비트 정수 타입으로 사용된다. 즉 S2 Geometry에서는 동일하게 8바이트(64 비트)를 사용하지만, GeoHash와 비교했을 때 2배 이상의 정밀도를 표현할 수 있다.

S2 Geometry 셀 아이디의 각 비트는 그림 5-39와 같이 구성된다.

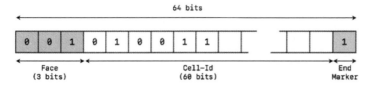

〈그림 5-39〉 S2 Geometry의 셀 아이디 구성

S2 Geometry의 셀 아이디는 크게 세 개의 영역(Face와 Cell-Id 그리고 End-Marker)으로 나누어진다.

- **Face**: S2 Geometry는 지구 구체를 육면체로 평면화해서 2차원 데이터를 1차원 데이터로 변환하는데, 이때 육면체의 각 면은 고유의 아이디를 가진다. 육면체이므로 6개의 면을 위해서 최상위 3비트를 사용한다.

- **Cell-Id**: S2 Geometry는 하나의 구역을 4개로 사 등분 하는데, 이때 각 4개 구역의 아이디를 위해서 2비트("00", "01", "10", "11")씩 사용한다. 여기에서 Cell-Id 영역이 60비트이므로 전체 사 등분한 구역을 30개 저장할 수 있다. Cell-Id의 처음 2비트는 1레벨 구역이며, 그다음 2비트는 2레벨 구역 그리고 마지막 2비트는 30레벨 구역의 비트가 저장된다.

- **End-Marker**: S2 Geometry의 셀 아이디는 1레벨 셀일 수도 있고 2레벨일 수도 있다. S2 Geometry에서 셀 아이디가 몇 레벨의 구역을 지칭하는지 알려면 64비트의 제일 마지막부터 스캔하면서 처음 만나는 "1"로 설정된 비트를 찾는다. 그리고 처음 만난 "1"로 설정된 비트는 버리고, 그 상위 비트까지가 유효한 구역의 비트를 저장하고 있는 것이다.

예를 들어, 셀 아이디가 27레벨이라면 그림 5-40과 같이 64비트 중에서 마지막 5비트는 "0"으로 세팅되고 마지막 6번째 비트는 "1"로 설정된다.

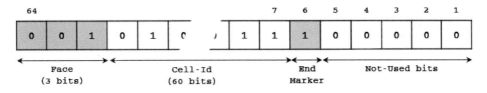

〈그림 5-40〉 셀 아이디가 27레벨인 경우 각 비트 사용 방식

> **참고** S2 Geometry 라이브러리(https://code.google.com/archive/p/s2-geometry-library/)는 더 이상 개발이 진행되지 않는 프로젝트다. 하지만 이미 필요한 기능이 모두 구현돼 있고, 많은 오픈 소스 개발자들이 이 프로젝트를 포크(Fork)하여 기능을 개선하거나 다른 프로그래밍 언어로 포팅하고 있다. 그래서 굳이 MongoDB나 C/C++ 언어를 사용하지 않는다 하더라도 자바나 파이썬 등 다양한 개발 언어로 포팅된 S2 Geometry 라이브러리를 쉽게 구할 수 있다.
>
> 만약 자체적으로 위치 검색을 지원하지 않는 데이터베이스나 메모리 캐시 솔루션에서 위치 검색을 사용하고자 한다면 S2 Geometry를 활용하는 것은 많은 도움이 될 것이다. 이렇게 직접 구현을 해야 하는 경우라면 S2 Geometry의 내부 작동 방식의 이해가 꼭 필요하다.

5.8.2.1 S2 Geometry 인덱스의 내부 작동

S2 Geometry의 셀 아이디에서 중요한 점은 하나의 영역을 다시 사 등분 해서 4개의 하위 레벨 영역이 만들어지는데, 모든 하위 레벨의 셀 아이디는 상위 레벨까지의 셀 아이디가 같다는 것이다. 그림 5-41(왼쪽 그림)은 "서울숲" 근처의 영역을 표현하는 S2 Geometry 셀 아이디 하나를 선택한 것이다. 이 셀의 레벨은 13레벨인데, 14레벨의 셀은 이 셀을 사 등분 하여 4개로 나누어진다. 이렇게 나눈 것이 그림 5-41(오른쪽 그림)이다. 그림 5-41은 SideWalk Labs의 블로그(https://s2.sidewalklabs.com/regioncoverer/)를 참조해서 만들었으며, 더 정확한 이해를 위해 각자 익숙한 지역에서 S2 셀들을 확인해보는 것도 많은 도움이 될 것이다.

〈그림 5-41〉 서울시 성동구 뚝섬역 주변의 S2 셀

이때 그림 5-41의 오른쪽 그림에서 4개 영역의 14레벨 셀 아이디는 모두 그림 5-41 왼쪽 그림의 13레벨 셀 아이디를 상속받는다.

```
// 13레벨 셀 아이디
001 1010101111100101001001001 1 00 000000000000000000000000000000000

// 14레벨 셀 4개의 셀 아이디
001 1010101111100101001001001100 1  0000000000000000000000000000000000
001 1010101111100101001001001101 1  0000000000000000000000000000000000
001 1010101111100101001001001110 1  0000000000000000000000000000000000
001 1010101111100101001001001111 1  0000000000000000000000000000000000
```

그래서 이 규칙을 이용하면 POI 정보를 정수 값 비교로 찾아낼 수 있다. 간단하게 서울의 위치 정보 몇 개를 S2 Geometry 라이브러리를 이용해 S2 셀 아이디를 계산한 다음 테스트 컬렉션에 저장해보자. 다음 예제에서 s2cellid는 64비트 셀 아이디 값을 정수로 변환해서 저장하는 것이다.

```
mongo> db.poi.createIndex( {s2cellid: 1} )

mongo> db.poi.insert( {name: "서울숲",
               s2cellid: NumberLong("3854135025217436119")} )
mongo> db.poi.insert( {name: "한양대학교",
               s2cellid: NumberLong("3854136393687277671")} )
mongo> db.poi.insert( {name: "덕수궁",
               s2cellid: NumberLong("3854134108430876897")} )
mongo> db.poi.insert( {name: "남산",
               s2cellid: NumberLong("3854133873284291329")} )
```

그리고 이제 서울 숲 근처의 반경 1km 정도를 커버하는 S2 셀들을 찾아서 검색 쿼리를 만들어보자.

```
// 서울숲 근처 반경 1km를 커버하는 S2 셀 아이디(정수 값) 목록
//    셀 아이디의 최소값 : 3854135020276940800, 셀 아이디의 최대값 : 3854135022424424447
//    셀 아이디의 최소값 : 3854135022424424448, 셀 아이디의 최대값 : 3854135031014359039
//    셀 아이디의 최소값 : 3854135138388541440, 셀 아이디의 최대값 : 3854135140536025087
//    셀 아이디의 최소값 : 3854136259375005696, 셀 아이디의 최대값 : 3854136267964940287
//    셀 아이디의 최소값 : 3854136353864286208, 셀 아이디의 최대값 : 3854136388224024575

// S2 셀에 포함되는 모든 POI 검색
mongo> db.poi.find( {$or: [
    {s2cellid: {$gte: NumberLong("3854135020276940800"),
$lte: NumberLong("3854135022424424447")}},
    {s2cellid: {$gte: NumberLong("3854135022424424448"),
$lte: NumberLong("3854135031014359039")}},
    {s2cellid: {$gte: NumberLong("3854135138388541440"),
$lte: NumberLong("3854135140536025087")}},
    {s2cellid: {$gte: NumberLong("3854136259375005696"),
$lte: NumberLong("3854136267964940287")}},
    {s2cellid: {$gte: NumberLong("3854136353864286208"),
$lte: NumberLong("3854136388224024575")}}
]} )

{"name" : "서울숲", "s2cellid" : NumberLong("3854135025217436119") }
```

물론 MongoDB에서 위치 검색을 위해서 이렇게 복잡한 과정을 직접 구현해야 하는 것은 아니다. 지
금까지 살펴본 내용은 MongoDB의 "2dsphere" 인덱스가 S2 Geometry 라이브러리를 어떻게 이용

하고, 어떻게 작동하는지 보여준 것이다. MongoDB에서는 단순히 "2dsphere" 인덱스를 생성하고 $near나 $within과 같은 명령을 실행하기만 하면 된다.

5.8.2.2 S2 Geometry의 검색 최적화

S2 Geometry의 레벨별로 셀의 넓이는 대체적으로 다음 표와 같다. 다음 표에서는 지면 관계상 짝수 레벨만 표시했는데, 홀수 레벨은 상위 짝수 레벨의 넓이를 4로 나눈 값이므로 필요하다면 직접 계산해서 사용할 수 있다.

셀 레벨	최소 넓이	최대 넓이
1	21,252,753 Km^2	21,252,753 Km^2
2	3,470,786 Km^2	6,689,914 Km^2
4	216,924 Km^2	418,119 Km^2
6	13,557 Km^2	26,132 Km^2
8	847 Km^2	1,633 Km^2
10	52 Km^2	102 Km^2
12	3.31 Km^2	6.38 Km^2
14	0.21 Km^2	0.40 Km^2
16	0.01 Km^2	0.02 Km^2
18	808 m^2	1,557 m^2
20	50 m^2	97 m^2
22	3.16 m^2	6.08 m^2
24	0.20 m^2	0.38 m^2
26	0.01 m^2	0.02 m^2
28	7.71 Cm^2	14.85 Cm^2
30	0.48 Cm^2	0.93 Cm^2

S2 Geometry가 내부적으로 특정 원(반경)이나 사각형 내의 위치 정보를 검색하려면 우선 그 반경이나 사각형 면적을 커버하는 S2 Geometry 셀들을 조사해야 한다. 일반적으로 이 셀은 1개 이상으로 구성되며, 각 셀은 같은 레벨일 수도 있지만, 여러 레벨의 셀이 조합되는 경우가 더 많다. 그래서 S2 Geometry를 이용하는 공간 인덱스에서는 쿼리의 성능에 영향을 미치는 중요한 2가지 요소가 있다.

- 검색 대상 셀의 최소 레벨과 최대 레벨

- 검색 대상 셀의 개수

이 두 개의 요소가 검색 성능과 결과에 어떤 영향을 미치는지 간단한 예제를 통해 살펴보자. 다음 두 개 그림은 동일한 반경 내의 위치 정보(POI)를 검색하는 예제다.

	최소 레벨	최대 레벨	최대 셀 개수
첫 번째 케이스(그림 5-42)	5	20	10
두 번째 케이스(그림 5-43)	1	20	100

첫 번째 케이스의 조건은 검색 반경의 원 구역을 커버하는 S2 Geometry 셀을 선택할 때, 셀의 최소 레벨이 5레벨 이상이어야 하며, 최대 레벨이 20레벨 이하여야 한다. 그리고 10개 이하의 셀로 반경 내의 원 구역을 커버해야 한다. 그림 5-42는 이 경우에 S2 Geometry 라이브러리가 리턴한 셀들을 지도상에 표현한 것이다.

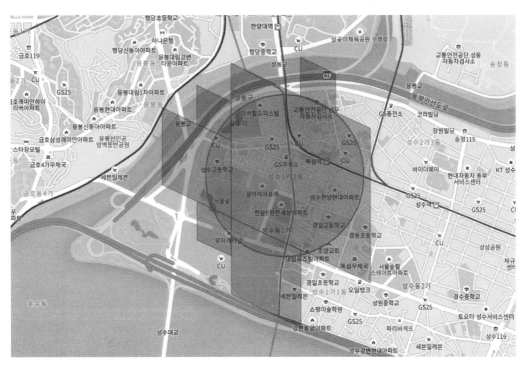

〈그림 5-42〉 S2 Geometry 라이브러리가 반환한 셀

이 경우에 S2 Geometry는 6개의 셀을 리턴했다. 각 셀의 면적이 다른 것으로 보아 레벨이 조금씩 섞여 있음을 알 수 있다. 이는 검색 조건에 주어진 최소 및 최대 셀 레벨과 셀의 개수 제한 내에서 최적의 검색 조건 조합을 반환한 것이다.

두 번째 케이스의 조건은 검색 반경의 원 구역을 커버하는 S2 Geometry 셀들을 선택할 때, 셀의 최소 레벨이 1레벨 이상이어야 하며, 최대 레벨이 20레벨 이하여야 한다. 그리고 100개 이하의 셀로 반경 내의 원 구역을 커버해야 한다. 다음 그림은 이 경우에 S2 Geometry 라이브러리가 리턴한 셀들을 지도 상에 표현한 것이다.

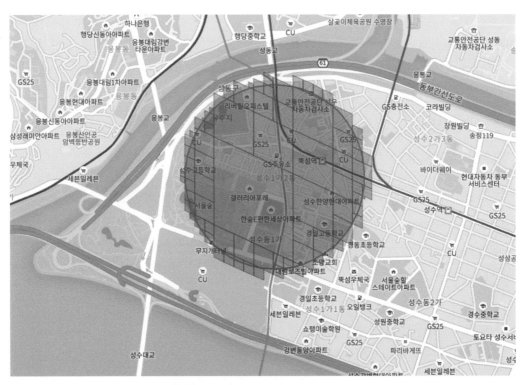

〈그림 5-43〉 S2 Geometry 라이브러리가 반환한 셀

이 경우에는 S2 Geometry는 67개의 셀을 리턴했다. 첫 번째 경우보다 각 셀의 면적이 다양하게 섞여 있으며, 셀의 개수도 훨씬 많아졌다. 이 결과 또한 검색 조건으로 주어진 최소 및 최대 셀 레벨과 셀의 개수 제한 내에서 최적의 검색 조건 조합을 반환한 것이다.

이제 첫 번째와 두 번째 경우에 대해서 S2 Geometry가 리턴한 셀들의 특징과 검색 성능의 영향도를 한번 비교해보자. 다음 표에서는 "검색 정확도"와 "검색 범위 개수"를 기준으로 비교하고 있는데, 검색 정확도는 S2 Geometry가 반환한 셀들이 얼마나 검색 반경을 오차 없이 잘 커버하는지를 의미한다. 즉 검색 정확도는 S2 Geometry로 공간 인덱스를 검색할 때 불필요한 데이터(검색 반경 대상이 아닌 데이터) 읽기를 줄였는지 판단하는 기준이 된다. 그리고 S2 Geometry가 공간 인덱스를 스캔하는 범위는 셀의 개수에 의해서 결정되는데, 이를 "검색 범위 개수"라고 표현했다. B-Tree에서 인덱스의 특정 영역을 스캔하려면 반드시 검색 범위에서 읽기를 시작할 위치를 찾아가야 하는데, 이때 B-Tree의 루트 노드부터 시작해서 브랜치 노드를 거쳐 최종 리프 노드까지 찾아가는 과정을 거치게 된다. 이렇게 특정 범위의 시작 위치를 찾아가는 작업은 인덱스 스캔에서 상당히 부하가 높은 작업에 속한다. 그래서 이 또한 스캔 범위가 많으면 많을수록 쿼리의 성능이 떨어지게 되는 것이다.

	검색 정확도	검색 범위 개수
첫 번째 경우	S2 Geometry가 반환한 셀들이 검색 반경보다 훨씬 커서 불필요한 데이터를 읽어야 할 가능성이 높음	검색 대상 셀이 6개밖에 되지 않으므로 B-Tree 인덱스에서 스캔 지점을 찾는 작업이 6번밖에 필요하지 않고, 부하가 적음
두 번째 경우	S2 Geometry가 반환한 셀들이 검색 대상 원 구역과 거의 비슷하게 조합됐으므로 불필요한 데이터를 읽어야 할 가능성이 작음	검색 대상 셀이 67개나 되므로 인덱스 스캔해야 할 구간이 많고 그만큼 범위의 시작점을 찾는 작업으로 인한 부하가 큼

이미 예상했겠지만, 대부분 공간 검색 쿼리에서 "검색 정확도"와 "검색 범위 개수"는 서로 상충되는 요소다. 즉 "검색 정확도"가 높아질수록 "검색 범위 개수"가 많아지고, "검색 범위 개수"가 적을수록 "검색 정확도"는 떨어진다. 이때 공간 검색 쿼리의 성능을 위해서 "검색 정확도"에 집중해야 할지 "검색 범위의 개수"에 집중해야 할지 판단해야 한다. 기본적인 판단 기준은 공간 검색 쿼리가 얼마나 많은 데이터를 읽게 되는 지이며, 이걸 얼마나 줄일 수 있는 지다. 좁은 지역에 위치 정보(POI)가 많이 집중돼 있는데, 그 지역에서 공간 검색을 자주 수행하는 경우에는 "검색 정확도"를 높일 수 있도록 옵션을 설정해야 한다. 만약 넓은 공간에 위치 정보가 잘 분산돼 있다면 S2 Geometry의 셀이 검색 대상 구역보다 조금 더 커진다고 해서 크게 무리가 되지는 않는다. 그래서 이런 경우에는 "검색 범위 개수"를 줄이는 쪽으로 집중해야 한다.

특정 위치를 중심으로 반경 검색을 실행할 때, S2 Geometry 라이브러리에서 최대 셀 개수에 따른 커버링 비율은 대략 다음과 같다. 여기에서 커버링 비율은 S2 Geometry 라이브러리가 찾은 검색 대상 셀의 면적을 실제 검색 범위(지정된 반경의 원)의 면적으로 나눈 값을 의미한다. 즉 커버링 비율이 높을

수록 불필요한 검색을 많이 실행한다는 의미다. 다음 표의 "최대 커버링 비율"은 S2 Geometry가 가장 비효율적으로 검색을 실행할 때 실제 검색 범위보다 몇 배를 더 검색하는지 의미하며, "평균 커버링 비율"은 평균적으로 실제 검색 범위보다 몇 배 더 큰 영역을 검색하는지 의미한다.

최대 셀 개수	평균 커버링 비율	최대 커버링 비율
4	3.31	15.83
8	1.98	4.03
20	1.42	1.94
100	1.11	1.19

MongoDB에서는 이 세 가지 옵션을 사용자가 직접 설정할 수 있게 3개의 인터널 옵션(Internal Options)을 제공한다. MongoDB 서버에서는 getParameter 명령으로 인터널 옵션을 확인할 수 있다.

```
mongo> db.adminCommand( {getParameter: "*"} )
{
    ...
    "internalQueryS2GeoCoarsestLevel" : 0,
    "internalQueryS2GeoFinestLevel" : 23,
    "internalQueryS2GeoMaxCells" : 20,
    ...
}
```

일반적으로 S2 Geometry와 관련된 3개의 옵션은 기본값으로도 충분히 최적의 서비스를 수행할 수 있다. internalQueryS2GeoCoarsestLevel 옵션은 S2 Geometry에서 인덱스 스캔을 실행할 셀의 최소 레벨에 대한 제한이며, internalQueryS2GeoFinestLevel 옵션은 셀의 최대 레벨에 대한 제한이다. 그리고 internalQueryS2GeoMaxCells 옵션은 S2 Geometry가 검색 대상 셀을 선정할 때 최대 몇개의 셀을 허용할 것인지 결정하는 옵션이다.

> ⓘ 주의
>
> 여기에서 최소 레벨과 최대 레벨에 대한 표현은 레벨의 수치 자체에 대한 값의 크고 작음을 의미한다. 즉 1레벨은 낮은 또는 작은 레벨이고 30레벨은 높은 또는 큰 레벨이라고 표현하고 있는 것이다. 실제 낮은 또는 작은 수치의 레벨일수록 더 넓은 면적을 커버하고, 높은 또는 큰 수치의 레벨일수록 더 작은 면적을 커버한다는 것에 주의하자.
>
> 그리고 지금까지는 S2 Geometry에서 레벨은 1레벨부터 30레벨까지 언급했는데, 실제 0레벨도 설정할 수 있다. S2 Geometry에서 0레벨은 육면체의 전체 면을 의미한다. MongoDB 서버의 internalQueryS2GeoCoarsestLevel 옵션의 기본값은 0이므로 기본적으로 육면체의 전체를 검색 대상에 포함하는 것도 가능하다.

S2 Geometry의 검색 대상 셀들에 대한 선정 알고리즘의 옵션을 변경하려면 MongoDB의 setParameter 명령을 사용한다.

```
mongo> db.adminCommand({setParameter:1, internalQueryS2GeoCoarsestLevel:1})
{ "was" : 0, "ok" : 1 }

// setParameter의 결과에서 "was"는 "is"의 과거형 동사로
// 이 옵션이 변경되기 이전의 값을 보여주는 필드다.

mongo> db.adminCommand( {getParameter: "*"} )
{
    ...
    "internalQueryS2GeoCoarsestLevel" : 1,
    "internalQueryS2GeoFinestLevel" : 23,
    "internalQueryS2GeoMaxCells" : 20,
    ...
}
```

> **(!) 주의**
>
> MongoDB 서버에서 "internal"로 시작하는 옵션은 모두 인터널 파라미터이며, 이 옵션들은 기능의 내부작동 방식에 대해서 정확한 이해 없이 변경하지 않도록 주의하자. 이 옵션들은 MongoDB 서버의 매뉴얼에서는 설명하거나 언급하지 않는 옵션이므로 옵션을 변경했을 때 발생할 수 있는 문제점이나 성능 저하 이슈에 대해서 사용자 본인이 인지하고 있어야 한다.

5.8.3 MongoDB의 공간 인덱스

모든 DBMS에서 그렇듯이 MongoDB에서도 공간 검색 인덱스를 사용하려면 공간 정보 형태의 포맷에 맞는 데이터를 저장해야 한다. MongoDB 2.4 버전부터는 공간 데이터를 위해서 GeoJSON(http://geojson.org/geojson-spec.html) 포맷을 사용하는데, GeoJSON 데이터 타입을 사용하는 쿼리는 항상 구체(Sphere) 기반의 계산을 사용한다. 물론 이제는 거의 사용하지 않겠지만, MongoDB 2.4 이전 버전에서는 단순히 좌표 데이터의 쌍(Coordinate pair)을 사용했으며, 이는 항상 평면(Flat) 기반의 계산을 사용했다.

MongoDB 2.4 버전의 "2dsphere" 인덱스는 버전 1이며, MongoDB 2.6 버전의 "2dsphere" 인덱스는 버전 2다. "2dsphere" 인덱스 버전 1은 Sparse 인덱스가 아니며, 공간 인덱스를 가진 GeoJSON 필

드는 NULL일 수가 없었다. 하지만 "2dsphere" 인덱스 버전 2는 기본적으로 Sparse 인덱스이므로, 공간 인덱스를 가진 필드의 값이 NULL이거나 존재하지 않아도 된다. 그리고 위치 정보 필드가 NULL이거나 존재하지 않으면 해당 도큐먼트는 공간 인덱스에 포함되지 않는다.

MongoDB에서 지원하는 GeoJSON 오브젝트는 다음과 같다.

- Point (MongoDB 2.4 이상)

- LineString (MongoDB 2.4 이상)

- Polygon (MongoDB 2.4 이상)

- MultiPoint (MongoDB 2.6 이상)

- MultiLineString (MongoDB 2.6 이상)

- MultiPolygon (MongoDB 2.6 이상)

- GeometryCollection (MongoDB 2.6 이상)

GeoJSON 포맷은 다음과 같이 서브 도큐먼트 형태이며, type과 coordinates 필드를 가진다. coordinates 필드는 배열 형태로 항상 경도(longitude)와 위도(latitude) 순서로 배치해야 한다.

```
{
  type: "<GeoJSON type>" ,
  coordinates: <coordinates>
}
```

간단하게 오브젝트의 종류별로 GeoJSON 데이터 예제를 살펴보자.

```
{
  type: "Point",
  coordinates: [-73.96943, 40.78519 ]
}

{
  type: "LineString",
  coordinates: [ [-73.96943, 40.78519], [-73.96082, 40.78095 ] ]
}
```

```
{
  type: "Polygon",
  coordinates: [ [ [ 0 , 0 ] , [ 3 , 6 ] , [ 6 , 1 ] , [ 0 , 0 ] ] ]
}


{
  type: "MultiPoint",
  coordinates: [
    [ -73.9580, 40.8003 ], [ -73.9498, 40.7968 ],
    [ -73.9737, 40.7648 ], [ -73.9814, 40.7681 ]
  ]
}


{
  type: "MultiLineString",
  coordinates: [
    [ [ -73.96943, 40.78519 ], [ -73.96082, 40.78095 ] ],
    [ [ -73.96415, 40.79229 ], [ -73.95544, 40.78854 ] ],
    [ [ -73.97162, 40.78205 ], [ -73.96374, 40.77715 ] ],
    [ [ -73.97880, 40.77247 ], [ -73.97036, 40.76811 ] ]
  ]
}


{
  type: "MultiPolygon",
  coordinates: [
    [ [ [ -73.958, 40.8003 ], [ -73.9498, 40.7968 ],
    [ -73.9737, 40.7648 ], [ -73.9814, 40.7681 ], [ -73.958, 40.8003 ] ] ],
    [ [ [ -73.958, 40.8003 ], [ -73.9498, 40.7968 ],
    [ -73.9737, 40.7648 ], [ -73.958, 40.8003 ] ] ]
  ]
}
```

참고

우리가 흔히 알고 있는 위치 정보는 대부분 GPS로부터 수신받는 위도와 경도 좌표로 구성된 데이터(WGS–84)인데, 사실 위치 정보는 WGS–84뿐만 아니라 국가별로 자국의 특성을 고려해서 설계된 여러 좌표 체계가 존재한다. 이런 좌표 체계를 SRS(Spatial Reference System) 또는 CRS(Coordinate Reference System)라고 하며, 특정 좌표계를 지칭하기 위한 식별자가 정의돼 있는데, 이를 SRID(Spatial Reference System Identifier)라고 한다.

현재 세계적으로 사용되고 있는 국가별 또는 세계 표준의 좌표 체계는 다음 사이트에서 확인할 수 있다. 현재 MongoDB 서버는 전 세계를 한 번에 나타낼 수 있는 WGS84 (EPSG:4326, CRS:84) 좌표계만 지원한다.

http://spatialreference.org/

MongoDB의 공간 인덱스를 생성하는 방법은 다음과 같이 인덱싱할 필드에 "2d" 또는 "2dsphere"를 할당하면 된다. MongoDB 서버에서 위치 검색을 위해서 지원하는 여러 가지 명령이 있는데, 여기에서는 간단한 테스트를 위해서 $nearSphere 명령만 확인해보자.

```
// 공간 검색 인덱스 생성
mongo> db.places.createIndex( {loc: "2dsphere"} )

// 예제 데이터 저장
mongo> db.places.insert({
  name: "서울숲",
  loc: {type:"Point",
       coordinates: [127.039074, 37.544738]}
})

mongo> db.places.insert({
  name: "한양대학교",
  loc: {type:"Point",
       coordinates: [127.044521, 37.555363]}
})

mongo> db.places.insert({
  name: "덕수궁",
  loc: {type:"Point",
       coordinates: [126.975164, 37.565922]}
})

mongo> db.places.insert({
  name: "남산",
```

```
    loc: {type:"Point",
          coordinates: [126.993945, 37.548930]}
})

// 뚝섬역 근처 1km 이내의 위치 정보 검색
mongo> db.places.find({
    loc: {$nearSphere: {
      $geometry: {
         type : "Point",
         coordinates : [ 127.047337, 37.547027 ]
      },
         $maxDistance: 1000
    }}
  })

{
  "name" : "서울숲",
  "loc" : { "type" : "Point", "coordinates" : [ 127.039074, 37.544738 ] }
}
{
  "name" : "한양대학교",
  "loc" : { "type" : "Point", "coordinates" : [ 127.044521, 37.555363 ] }
}
```

5.8.4 MongoDB의 컴파운드 공간 인덱스

R-Tree(Rectangle Tree)를 구현하고 있는 RDBMS에서는 일반 컬럼(1차원 데이터)과 R-Tree 인덱스를 묶어서 결합 인덱스(컴파운드 인덱스)를 생성할 수 없다. 하지만 MongoDB는 내부적으로 S2 Geometry 라이브러리를 이용해서 2차원 데이터를 1차원 데이터로 변환한 다음 인덱스를 생성하므로 결국 공간 인덱스도 B-Tree로 저장된다. 그래서 MongoDB에서는 일반 컬럼과 GeoJSON 필드의 공간 인덱스를 묶어서 결합 인덱스를 생성할 수 있다.

공간 인덱스를 다른 일반 컬럼과 결합해서 컴파운드 인덱스를 생성하는 것이 큰 의미가 없을 것으로 생각할 수도 있다. 하지만 이는 일반적인 서비스 요건에 비춰 보면 엄청난 성능 향상 효과를 기대할 수도 있다. 예를 들어, 음식점의 위치 정보를 관리하고 추천해주는 서비스를 개발한다고 가정해보자.

```
// 공간 검색 인덱스 생성
mongo> db.places.createIndex( {loc: "2dsphere"} )

// 예제 데이터 저장
mongo> db.places.insert({
  name: "A 커피",
  type: "coffee",
  loc: {type:"Point",
        coordinates: [127.039074, 37.544738]}
})

mongo> db.places.insert({
  name: "B 칼국수",
  type: "restaurant"
  loc: {type:"Point",
        coordinates: [127.044521, 37.555363]}
})

mongo> db.places.insert({
  name: "C 베이커리",
  type: "bakery"
  loc: {type:"Point",
        coordinates: [126.975164, 37.565922]}
})

mongo> db.places.insert({
  name: "D 스파게티",
  type: "restaurant",
  loc: {type:"Point",
        coordinates: [126.993945, 37.548930]}
})
```

places라는 컬렉션에 시내의 각 음식점에 대한 위치 정보를 저장하고, 위도 경도 좌표를 저장하는 loc 필드에 "2dsphere" 인덱스를 생성했다. 이제 음식점을 검색하는 사용자의 위치로부터 반경 1km 이내의 음식점을 검색하는 기능을 구현해보자.

```
mongo> db.places.find({
    loc: {$nearSphere: {
        $geometry: {
            type : "Point",
            coordinates : [ 127.047337, 37.547027 ]
        },
        $maxDistance: 1000
    }}
})
```

이 쿼리는 사용자의 위치를 중심으로 반경 1km 이내의 모든 음식점을 검색하고 있다. 하지만 대부분의 사용자는 검색하는 음식점의 종류를 선택하고 싶어 할 것이다. places 컬렉션에는 현재 식당이 2건 그리고 빵집과 커피 가게가 1건씩 저장돼 있다. 만약 사용자가 커피 가게를 찾고 있다면 위의 쿼리에 다음과 같이 type: "coffee" 조건을 추가해야 한다.

```
mongo> db.places.find({
    type: "coffee",
    loc: {$nearSphere: {
        $geometry: {
            type : "Point",
            coordinates : [ 127.047337, 37.547027 ]
        },
        $maxDistance: 1000
    }}
})
```

새로운 조건이 추가된 쿼리는 그림 5-44와 같은 과정을 거쳐서 사용자에게 최종 결과를 반환한다.

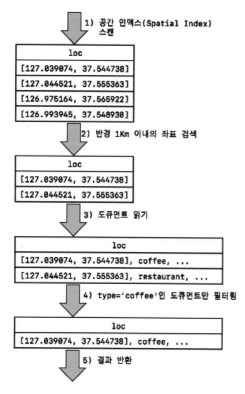

〈그림 5-44〉 type 필드의 조건이 인덱스를 활용하지 못하는 경우의 처리 방식

처음 공간 인덱스에서 특정 범위만 스캔하면서 반경 1km 이내의 모든 음식점을 검색한다. 그런데 스캔한 공간 인덱스에는 위치 정보만 저장돼 있다. 따라서 MongoDB 서버는 일치한 2건에 대해서 도큐먼트의 모든 정보를 가져오기 위해 도큐먼트가 저장된 컬렉션을 검색해서 나머지 데이터를 모두 읽어 들인다. 이때 도큐먼트를 읽는 과정은 매번 랜덤 디스크 I/O를 필요로 한다. 그리고 이렇게 읽어들인 도큐먼트에서 "type" 필드의 값이 "coffee"인 커피 가게만 필터링하는 과정을 거쳐서 최종 사용자에게는 커피 가게 1건의 위치 정보를 반환한다.

인덱스를 스캔하고 고비용의 랜덤 디스크 I/O까지 해서 도큐먼트 2건을 읽었지만, 실제 이 2건의 도큐먼트 중에서 사용자가 필요로 하는 데이터는 1건이었다. 결국 MongoDB 서버는 불필요하게 도큐먼트를 1건 더 읽은 것이다. 예제에서는 음식점의 위치 정보가 4건밖에 없었지만, 실제 서비스에는 가까운 거리에 매우 많은 음식점이 모여 있다. 이렇게 몇십만에서 몇백만 건의 위치 정보가 저장된 컬렉션에서 데이터를 검색한다고 가정해보자. 그러면 이 예제보다 훨씬 더 많은 음식점의 위치를 검색하게 될 것이다. 예를 들어, 공간 인덱스를 스캔해서 200개의 도큐먼트를 읽었는데, 그 200건 중에서 커피 가게는

20곳이었다고 가정해보자. 그렇다면 MongoDB 서버는 실제 필요한 데이터를 읽는 것보다 불필요한
작업을 9배나 더 실행한 것이다.

실제 쿼리에서 200건 정도의 도큐먼트를 읽는 것은 성능적으로 이슈가 되지 않을 것으로 생각할 수도
있는데, 이런 쿼리를 초당 2,000건 정도만 실행한다고 해도 MongoDB는 1초에 40만 건의 도큐먼트를
처리해야 한다. 더 불편한 진실은 이 40만 건 중에서 38만 건은 불필요한 읽기였다는 것이다. 일반 컬
럼과 공간 인덱스의 결합 인덱스는 이런 불필요한 작업을 모두 제거할 수 있다. 이제 공간 인덱스를 다
음과 같이 컴파운드 인덱스로 다시 생성해보자.

```
db.places.createIndex( {type: 1, loc: "2dsphere"} )
```

이렇게 type 필드와 loc 위치 정보 필드로 결합 인덱스를 생성하면 MongoDB 서버는 내부적으로 그
림 5-45와 같은 과정을 거쳐서 처리된다.

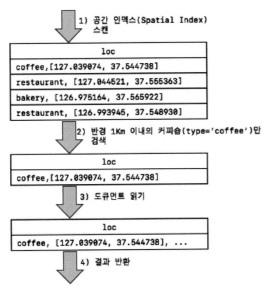

〈그림 5-45〉 loc 필드와 type 필드 조건이 모두 인덱스를 활용하는 경우의 처리 방식

그림 5-45에서 볼 수 있듯이 type 필드와 loc 필드를 묶어서 컴파운드 공간 인덱스를 생성한 경우에는
사용자가 원하는 한 건의 결과에 대해서만 도큐먼트의 데이터를 읽는 작업을 실행했다. 위에서 살펴봤
던 시나리오대로 공간 인덱스를 스캔해서 200개의 도큐먼트를 읽었는데, 그 200건 중에서 커피 가게
는 10곳이었다고 가정해보자. 하지만 이번 경우에는 MongoDB 서버가 실제 수행한 작업은 10개의 도

큐먼트만 읽게 되므로 전혀 불필요한 작업을 수행하지 않은 것이다. 만약 이런 쿼리를 초당 2,000번 실행한다면 이 서버는 단지 2만 건의 도큐먼트만 처리하면 된다. 이렇게 컴파운드 인덱스를 사용하는 서버는 그렇지 않은 서버의 5%만 처리를 수행하면 되는 것이다. 즉 MongoDB 서버의 CPU나 디스크 I/O 사용률을 95%로 줄일 수 있다.

이렇게 type 필드처럼 공간 검색 조건에 항상 같이 사용되는 필드는 컴파운드 인덱스로 생성하는 것이 좋다. 서비스의 특성에 따라서 다르겠지만, type 필드로 검색 범위를 제한할 수 있다면 다음 성능 그래프와 같이 훨씬 적은 CPU 사용량으로 더 많은 쿼리를 처리할 수도 있다.

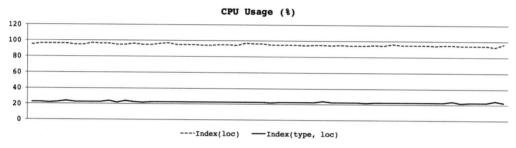

〈그림 5-46〉 단일 필드와 컴파운드 인덱스의 CPU 사용량 비교

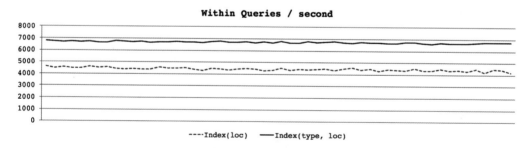

〈그림 5-47〉 단일 필드와 컴파운드 인덱스의 초당 쿼리($geoWithin 쿼리) 처리량 비교

그런데 이렇게 일반 필드와 공간 인덱스를 결합해서 컴파운드 인덱스를 생성할 때 한가지 주의해야 할 사항이 있다. 지금까지 살펴본 예제처럼 {type:1, loc: "2dsphere"} 순서로 결합 인덱스를 생성했다면 반드시 모든 공간 검색 쿼리는 "type" 필드의 조건을 가지고 있어야 한다. 만약 type 필드를 조건으로 가지지 않고 loc 필드에 대해서만 공간 검색을 실행하는 쿼리는 에러가 발생한다. places 컬렉션에 생성된 공간 인덱스는 type 필드가 선행 필드이므로 반드시 type 필드의 조건이 상수로 일치 조건을 가질 때에만 loc 필드에 대해서 공간 검색을 실행할 수 있기 때문이다.

```
error processing query: ns=test.placesTree: GEONEAR  field=loc maxdist=1000 isNearSphere=0 Sort: {}
Proj: {} planner returned error: unable to find index for $geoNear query",
```

그런데 만약 공간 검색 쿼리 중에서 일부는 type 필드를 포함하지만, 또 다른 일부 쿼리는 type 필드 조건이 없다면 어떻게 해야 할까? 이때는 다음 2가지 방법 중에서 하나를 선택할 수 있다.

- {type:1, loc:"2dsphere"} 인덱스와 {loc:"2dsphere"} 인덱스를 모두 생성
- 컴파운드 인덱스에서 type 필드와 loc 필드의 순서 변경 ({loc:"2dsphere", type:1})

만약 컬렉션의 위치 정보나 type 필드의 데이터가 자주 변경되지 않는다면 쿼리의 용도별로 각각 인덱스를 생성하는 것이 읽기 쿼리의 성능 향상에는 가장 좋은 방법이다. 하지만 위치 정보나 type 필드의 데이터가 아주 빈번하게 변경된다면 그때마다 2개의 인덱스를 유지하는 것은 MongoDB에게 부담스러울 수도 있다. 두 번째 방법은 type 필드가 있을 때나 없을 때나 관계 없이 공간 검색을 사용할 수 있도록 loc 필드를 선행 필드로 컴파운드 인덱스를 생성하는 것이다. 다행히 공간 인덱스와 일반 필드를 결합한 컴파운드 인덱스에서 일반 필드는 공간 인덱스의 앞쪽과 뒤쪽 모두 위치할 수 있다. 하지만 이렇게 type 필드가 결합 인덱스의 후행 필드가 된다면 공간 검색에서 type 필드 조건이 있다 하더라도 이 조건은 검색 범위를 좁혀 주는 기능보다는 필터링 조건으로 작동하게 된다. 즉 type 필드가 후행 필드가 되면 랜덤 I/O로 컬렉션에서 읽어야 할 도큐먼트의 개수는 줄일 수 있지만, 인덱스에서 스캔해야 하는 범위를 좁히지는 못한다.

5.9 인덱스 속성

MongoDB는 여타의 NoSQL DBMS보다 인덱스의 종류(알고리즘)도 다양하지만, 각각의 인덱스가 가질 수 있는 속성도 다양하게 제공한다. 일반적인 RDBMS가 제공하는 유니크 인덱스뿐만 아니라 인덱스 필드가 NULL이 아닌 경우나 지정된 조건을 만족하는 경우에만 인덱스에 추가하는 것도 가능하다. 그리고 MongoDB에서는 일반적으로 LSM 스토리지 엔진이 제공하는 TTL(Time To Live) 인덱스도 제공한다. 여타 RDBMS와 동일하게 MongoDB에서도 다양한 형태의 인덱스를 이용해서 쿼리의 성능 최적화나 응용 프로그램의 개발 생산성을 향상시킬 수 있으며, 이러한 튜닝을 위해서는 MongoDB가 제공하는 인덱스의 속성을 정확히 이해하고 적절히 활용하는 것이 중요하다.^{이 책에서 "인덱스(Index)"와 "키(Key)"는 동} ^{의어로 단어 조합에 따라서 인덱스 또는 키라는 단어를 같은 의미로 혼용하고 있다.}

5.9.1 프라이머리 키와 세컨드리 인덱스

RDBMS와 마찬가지로 MongoDB도 모든 컬렉션이 프라이머리 키를 가진다. RDBMS에서는 프라이머리 키를 가지지 않는 테이블을 생성할 수도 있지만, MongoDB의 컬렉션은 반드시 프라이머리 키를 가져야 한다. MongoDB의 프라이머리 키 필드는 사용자가 필드의 이름을 결정할 수 없다. MongoDB의 프라이머리 키 필드는 무조건 "_id"라는 이름으로 도큐먼트에 저장돼야 한다. 그렇지 않으면 MongoDB는 자동으로 그 도큐먼트에 "_id"라는 이름의 필드를 생성해서 추가한다.

MongoDB에서도 컬렉션마다 단 하나의 프라이머리 키만 가질 수 있으며, 그 이외의 인덱스는 모두 세컨드리 인덱스라고 한다. 프라이머리 키는 반드시 유일한 값을 가져야 하므로 유니크 인덱스를 생성할 수 없는 해시 인덱스는 프라이머리 키로 사용할 수 없다. 또한 하나의 샤드에서는 중복 값에 대한 체크를 MongoDB 서버가 처리하지만, 컬렉션이 샤딩 된 경우에는 각 샤드간 프라이머리 키 값의 중복 체크를 응용 프로그램에서 처리해야 한다.

MongoDB의 프라이머리 키는 _id 필드로 고정돼 있어서 컴파운드 인덱스(Compound Index)를 프라이머리 키로 선정할 수 없다. 하지만 일부 응용 프로그램에서는 여러 필드를 묶어서 프라이머리 키로 설정하고자 할 수도 있다. 이런 경우에는 서브 도큐먼트를 _id 필드에 저장하는 방법을 선택할 수 있다. 다음 INSERT 문장은 서브 도큐먼트를 _id 필드 값으로 가지는 도큐먼트를 users 컬렉션에 저장하는 예제다.

```
db.users.insert ( {_id: {name: "matt", birth_year: 1980},
    address: "서울시 광진구",
    contact: 010-000-0000",
    ...
 })
```

하지만 이렇게 하나의 필드에 도큐먼트를 저장하는 경우에는 검색 쿼리를 작성할 때 주의해야 할 점이 있다. 다음과 같이 name과 birth_date라는 필드를 가지는 도큐먼트를 _id 필드에 저장하고, 검색하는 쿼리를 살펴보자.

```
mongo> db.users.insert(
    { "_id" : { "name" : "matt", "birth_date" : "1980-01-01" },
    "address" : "서울시 광진구",
    "contact" : "010-000-0001" }
```

```
)

mongo> db.users.insert(
      { "_id" : { "birth_date" : "1980-01-01", "name" : "matt" },
      "address" : "서울시 성동구",
      "contact" : "010-000-0002" }
)
```

두 도큐먼트는 _id 필드의 birth_date와 name 필드의 값이 동일하지만, 단지 순서만 다르다. 이때 _
id 필드를 검색하는 쿼리를 실행해보자. 다음 쿼리를 살펴보면 쿼리 조건절에서 _id 필드의 값을 구성
하는 도큐먼트의 필드 순서가 달라지면 결과가 달라지는 것을 확인할 수 있다. 이렇게 서브 도큐먼트를
인덱스 키로 사용하는 경우에는 서브 도큐먼트의 필드 개수와 필드 이름 그리고 필드 값까지 같아야만
같은 값으로 판정한다.

```
mongo> db.users.find({_id:{"name" : "matt", "birth_date" : "1980-01-01"}})
{
  "_id" : { "name" : "matt", "birth_date" : "1980-01-01" },
  "address" : "서울시 광진구",
  "contact" : "010-000-0001"
}

mongo> db.users.find({_id:{"birth_date" : "1980-01-01", "name" : "matt"}})
{
  "_id" : { "birth_date" : "1980-01-01", "name" : "matt" },
  "address" : "서울시 성동구",
  "contact" : "010-000-0002"
}
```

물론 검색 조건에 사용된 도큐먼트의 필드 개수나 순서와 관계없이 검색하고자 한다면 다음과 같이 각
필드("_id.birth_date"와 "_id.name")를 조건에 명시하면 된다.

```
mongo> db.users.find({"_id.birth_date" : "1980-01-01", "_id.name" : "matt"})
{
  "_id" : { "name" : "matt", "birth_date" : "1980-01-01" },
  "address" : "서울시 광진구",
  "contact" : "010-000-0001"
```

```
}
{
  "_id" : { "birth_date" : "1980-01-01", "name" : "matt" },
  "address" : "서울시 성동구",
  "contact" : "010-000-0002"
}
```

하지만 이렇게 쿼리 조건에 각 필드를 나열하면 _id 필드에 생성된 프라이머리 키 인덱스를 사용하지
못하게 된다. 아래의 실행 계획에서 실행 계획이 풀 컬렉션 스캔(COLLSCAN)이라는 것을 확인할 수
있다.

```
mongo> db.users.find(
        {"_id.birth_date" : "1980-01-01", "_id.name" : "matt"}).explain()

{
            ...
            "winningPlan" : {
                    "stage" : "COLLSCAN",
                    "filter" : {
                            "$and" : [
                                    {
                                            "_id.birth_date" : {
                                                    "$eq" : "1980-01-01"
                                            }
                                    },
                                    {
                                            "_id.name" : {
                                                    "$eq" : "matt"
                                            }
                                    }
                            ]
                    },
                    "direction" : "forward"
            },
            "rejectedPlans" : [ ]
            ...
        "ok" : 1
}
```

5.9.2 유니크 인덱스

유니크란 사실 인덱스라기보다는 제약 조건에 가깝다고 볼 수 있다. 말 그대로 테이블이나 인덱스에 같은 값을 2개 이상 저장할 수 없음을 의미하는데, MongoDB에서는 인덱스 없이 유니크 제약을 설정하는 방법이 없다. 하지만 유니크 인덱스라고 해서 NULL 값이 제한되는 것은 아니며, 프라이머리 키는 기본적으로 유니크 속성이 부여된다. MonogDB의 유니크 인덱스는 NULL이나 존재하지 않는 값을 같은 값으로 취급하기 때문에 하나 이상의 도큐먼트가 NULL일 수 없다. 다음 예제에서는 age 필드에 유니크 인덱스를 생성하고, age 필드가 없는 도큐먼트와 age 필드가 NULL인 도큐먼트를 저장하려고 하면 중복 키 에러가 발생하는 것을 보여주고 있다.

```
mongo> db.unique.createIndex( { "age": 1 }, { unique: true } )
mongo> db.unique.insert( { name: "matt" } )

mongo> db.unique.insert( { name: "lara", age: null } )
WriteResult({
        "nInserted" : 0,
        "writeError" : {
                "code" : 11000,
                "errmsg" : "E11000 duplicate key error collection: test.unique index: age_1 dup key:
{ : null }"
        }
})

mongo> db.unique.insert( { name: "cathy" } )
WriteResult({
        "nInserted" : 0,
        "writeError" : {
                "code" : 11000,
                "errmsg" : "E11000 duplicate key error collection: test.unique index: age_1 dup key:
{ : null }"
        }
})
```

MongoDB의 유니크 인덱스는 도큐먼트 간의 중복된 값은 체크하지만, 하나의 도큐먼트내에서 중복된 값을 체크하지는 않는다. 다음 예제에서 contacts 필드는 서브 도큐먼트를 배열로 가지는데, 서브 도큐먼트의 "no" 필드에 유니크 인덱스가 있지만, 실제로 같은 번호를 저장해도 에러가 발생하지 않는 모습을 보여주고 있다.

```
mongo> db.users.createIndex( { "contacts.no": 1 }, { unique: true } )

mongo> db.users.insert({
  name: "matt",
  contacts: [
    {type:"office", no: "010-000-0000"},
    {type:"mobile", no: "010-000-0000"}
  ]
})

WriteResult({ "nInserted" : 1 })
```

샤딩을 적용하지 않은 MongoDB에서는 자유롭게 아무런 필드나 선택해서 유니크 인덱스를 생성할 수 있다. 하지만 샤딩을 적용한 경우에는 샤드키를 선행 필드로 가지는 인덱스에서만 유니크 인덱스를 생성할 수 있다. 다음 예제는 샤딩된 컬렉션에서 기본적으로 생성할 수 있는 패턴과 생성할 수 없는 패턴의 몇 가지 유니크 인덱스를 보여주고 있다.

```
// user_id 필드를 기준으로 컬렉션 샤딩
mongo> db.runCommand( { shardCollection: "users.user_detail_info",
        key: { "user_id": "hashed" }, numInitialChunks: 20 } )

mongo> use users

// 컬렉션의 샤드 키인 user_id가 선행되는 인덱스는 유니크 인덱스 생성 가능
mongo> db.user_detail_info.createIndex( {user_id: 1}, {unique: true} )
mongo> db.user_detail_info.createIndex( {user_id: 1, type:1}, {unique: true} )

// 컬렉션의 샤드 키가 선행되지 않거나, 샤드 키를 포함하지 않는 인덱스는 생성 불가능
mongo> db.user_detail_info.createIndex( {user_name: 1}, {unique: true} )
mongo> db.user_detail_info.createIndex( {type: 1, user_id: 1}, {unique: true} )
```

> **⚠ 주의**
>
> MongoDB의 해시 인덱스는 필드의 원본 값을 그대로 이용해서 인덱스를 구축하는 것이 아니라, MD5 암호화 해시 함수로 해시된 64비트 정숫값을 이용해서 인덱스를 구축한다. 그런데 MD5나 기타 암호화 해시 함수는 가능성은 높지 않지만, 원본값이 다르다 하더라도 해시 된 값의 충돌(Collision)이 종종 발생한다. 그래서 해시 인덱스는 기본적으로 유니크 옵션을 설정할 수 없다.
>
> 응용 프로그램에서 크게 필요하지 않은 요건이긴 하지만, MongoDB의 전문 인덱스나 공간 인덱스는 유니크하게 생성할 수 있다. 하지만 전문 인덱스나 공간 인덱스는 유니크 속성을 활성화하는 경우에 때때로 의도하지 않은 결과를 만들 수도 있으니 주의하도록 하자.

때로는 유니크 인덱스가 일반 인덱스보다 성능이 빠르다고 생각하는 사용자가 있는데, 이는 사실과 다를 때가 훨씬 많으며(DBMS의 구현이나 쿼리의 특성에 따라 미세한 차이는 있을 수 있음), INSERT나 UPDATE 그리고 DELETE와 같은 데이터 변경 문장의 처리 성능을 많이 떨어뜨린다. 필요하다면 유니크 인덱스를 생성하는 것은 당연하지만, 불필요하게 더 성능이 좋을 것으로 생각하고 유니크 인덱스를 많이 생성하지는 않는 것이 좋다. 그리고 가끔 하나의 테이블에서 동일한 컬럼에 유니크 인덱스와 일반 인덱스를 각각 중복해서 생성하는 경우가 있는데, MongoDB의 유니크 인덱스는 일반 다른 인덱스와 동일한 역할을 하므로 중복해서 인덱스를 생성할 필요가 없다.

MongoDB의 Partial 인덱스를 이용하면 Partial 인덱스의 필터 조건에 부합하는 도큐먼트에 대해서만 중복 체크를 수행한다.

5.9.3 Partial 인덱스와 Sparse 인덱스

NULL 값을 가지는 컬럼의 인덱스 관리 여부는 RDBMS에서도 벤더별로 차이가 있다. 대표적으로 MySQL 서버와 같은 RDBMS에서는 컬럼의 값이 NULL이어도 인덱스로 관리되므로 NULL로 검색하는 쿼리도 인덱스를 활용할 수 있다. 이렇게 인덱스에 NULL 컬럼을 추가할 수 있는 것은 장점이 되기도 하지만, 불필요하게 인덱스의 크기만 비대해지는 경우도 발생할 수 있다. 그래서 RDBMS별로 NULL 컬럼의 관리 여부를 선택할 수 있었으면 하는 요구 사항도 많았다. 또한 NULL 컬럼에 대해서뿐만 아니라 컬럼의 값이 특정 조건을 만족하는 경우에만 인덱싱하는 것도 자주 요구되는 사항이다. MongoDB에서는 NULL 값을 가지는 필드에 대해서 인덱싱할 것인지 선택할 수 있는 Sparse 인덱스와 특정 조건에 따라 인덱싱하는 Partial 인덱스 기능을 모두 제공한다.

Sparse 인덱스는 도큐먼트에 인덱스 대상 필드를 명시한 경우에만 인덱스에 키 엔트리를 저장한다. 여기에서 필드의 값이 NULL이라 하더라도 도큐먼트에 필드가 명시돼 있으면 인덱싱 대상이 된다. 또한 컴파운드 인덱스인 경우에는 인덱스를 구성하는 필드 중에서 하나라도 명시하면 인덱싱 대상이 된다. 즉 도큐먼트에 컴파운드 인덱스를 구성하는 모든 필드가 누락된 경우에만 인덱싱에서 제외되는 것이다.

> **(!) 주의**
>
> MongoDB에서는 필드의 값이 NULL인 경우와 도큐먼트가 해당 필드 자체를 가지지 않는 경우의 구분이 조금 혼란스러운 편이다. 어떤 기능에서는 NULL을 가지는 필드와 도큐먼트에 필드 자체가 없는 경우를 동일하게 취급하는 경우도 있지만, 이 두 가지 경우를 완전히 다르게 취급할 때도 있다. 참고로 MongoDB에서는 주요 키워드나 오브젝트의 이름이 대소문자를 구분해서 작동하므로 NULL도 대문자가 아니라 소문자(null)로 표기해야 한다.
>
> ```
> // 도큐먼트에 필드는 있지만, 그 필드의 값이 NULL인 경우
> //   ⇒ 이 경우는 Sparse 인덱스에 추가됨
> {
>   name: "matt",
>   address: "경기도 성남시",
>   birth_date: null
> }
>
> // 도큐먼트에 birth_date 필드 자체가 존재하지 않는 경우
> //   ⇒ 이 경우는 Sparse 인덱스에 추가되지 않음
> {
>   name: "lara",
>   address: "서울시 성동구"
> }
> ```

만약 컬렉션의 많은 도큐먼트가 특정 필드를 가지지 않는데, 이 필드를 가지는 도큐먼트만 검색을 실행해야 하는 경우에는 Sparse 인덱스가 많은 도움이 될 것이다. 예를 들어, 많은 사용자가 본인의 생일 정보를 입력하지 않지만, 생일을 입력한 사용자에게는 생일 전에 알림이나 이벤트 메시지를 보내고자 한다면 Sparse 인덱스가 좋은 선택이 될 것이다.

```
db.users.createIndex( {birth_date: 1}, {sparse: true} )

// 생일이 10월 21일인 사용자만 쿼리
db.users.find( {birth_date: "10-21"} )
```

만약 전체 사용자 중에서 생일을 입력한 사용자가 10% 수준이라면 birth_date 필드에 생성된 Sparse 인덱스는 일반 인덱스(Sparse하지 않은)보다 1/10 정도의 디스크 공간만 차지할 것이다. 물론 birth_date를 입력하지 않은 사용자의 정보(도큐먼트)에서 birth_date 필드 자체가 없을 때의 이야기다.

Sparse 인덱스에서 한가지 주의해야 할 사항은 다음과 같이 인덱스 필드가 없는 경우를 조회해야 하는 쿼리는 Sparse 인덱스를 사용하지 못한다는 것이다. 아래 예제 쿼리는 birth_date 필드가 존재하지 않는 경우만을 조회하는 쿼리다.

```
mongo> db.sparse.createIndex( {birth_date:1}, {sparse:true})

mongo> db.sparse.insert( { "name" : "matt" } )
mongo> db.sparse.insert( { "name" : "lara", "birth_date" : null } )
mongo> db.sparse.insert( { "name" : "cathy", "birth_date" : "10-21" } )

// 1) 이 쿼리는 birth_date 필드에 생성된 Sparse 인덱스를 사용하지 못함
mongo> db.sparse.find({ birth_date: {$exists: false} })
{ "name" : "matt" }

// 2) 이 쿼리는 birth_date 필드에 생성된 Sparse 인덱스를 사용할 수 있지만,
//    쿼리의 결과가 완전하지 않음
mongo> db.sparse.find({ birth_date: {$exists: false} }).hint( { birth_date: 1 } )
-> Not-Found
```

이 예제에서 1번 쿼리는 정확히 조건에 일치하는 1건의 도큐먼트를 반환했다. 하지만 birth_date 필드의 인덱스는 Sparse 인덱스이므로 필드가 존재하는 않는 도큐먼트는 인덱스 키 엔트리를 가지지 않고 있다. 그래서 이 쿼리는 birth_date 필드에 생성된 인덱스를 활용할 수 없다. 그런데 동일한 쿼리에 힌트를 추가하면 MongoDB는 birth_date 필드의 Sparse 인덱스를 이용해서 사용자의 쿼리를 수행하게 된다. 하지만 2번 쿼리는 당연히 아무런 결과를 반환하지 않는 것을 확인할 수 있다. MongoDB는 이렇게 Sparse 인덱스를 사용할 수 없는 쿼리인데도 Sparse 인덱스를 사용하도록 힌트를 사용하면 사용자가 이 부분을 인지하고 있다고 판단하고 불완전한 결과이지만 인덱스를 사용해서 쿼리를 실행한다.

다음 예제는 필드가 없는 경우가 아니라, 필드의 값이 NULL인 경우를 검색하는 쿼리다. 이 예제도 위에서 살펴본 경우와 비슷하게 힌트를 사용하면 불완전한 결과를 반환할 수도 있음을 보여주는데, 여기에서는 필드의 존재 여부가 아니라 필드의 값이 NULL인 경우를 검색하는 예제다. 이는 MongoDB에

서 존재하지 않는 필드의 비교와 NULL 비교가 상황에 따라서 때로는 다르게 때로는 같게 취급되는 것을 확인할 수 있다.

```
// 1) 이 쿼리는 birth_date 필드에 생성된 Sparse 인덱스를 사용하지 못함
mongo> db.sparse.find({birth_date: null})
{ "name" : "matt" }
{ "name" : "lara", "birth_date" : null }

// 2) 이 쿼리는 birth_date 필드에 생성된 Sparse 인덱스를 사용할 수 있지만,
//    쿼리의 결과가 완전하지 않음
mongo> db.sparse.find({birth_date: null}).hint( { birth_date: 1 } )
{ "name" : "lara", "birth_date" : null }
```

MongoDB 3.2부터는 Sparse 인덱스보다 다양한 기능을 활용할 수 있는 Partial 인덱스 기능이 추가됐다. 사실 Partial 인덱스는 Sparse 인덱스의 기능을 동일하게 구현할 수 있기 때문에 MongoDB 3.2부터는 더 이상 Sparse 인덱스 기능을 사용할 필요가 없어졌다. Partial 인덱스는 사용자가 인덱싱을 수행할 도큐먼트를 선택할 수 있다. Partial 인덱스는 사용자가 설정한 조건에 일치하는 도큐먼트에 대해서만 인덱스를 관리하므로 조건부 인덱스(Conditional Index)라고도 할 수 있다.

MongoDB의 Partial 인덱스는 다음과 같이 인덱스를 생성할 때 partialFilterExpression 옵션을 이용해서 생성한다.

```
db.restaurants.createIndex(
   { cuisine: 1, name: 1 },
   { partialFilterExpression: { rating: { $gt: 5 } } }
)
```

Partial 인덱스 생성에서 partialFilterExpression 조건에 사용할 수 있는 연산자는 일반적으로 다음과 같다. 이 중에서 두 번째의 "필드가 존재하는 경우"는 앞에서 살펴봤던 Sparse 인덱스와 같은 효과가 있는 조건이다.

- 일치 표현식($eq 연산자)
- 필드가 존재하는 경우({$exists: true})
- 크다 또는 작다 비교 표현식($gt, $gte, $lt, $lte 연산자)

- 필드 값의 데이터 타입 비교 표현식($type)

- 위 조건들을 AND로 결합하는 표현식($and)

Sparse 인덱스는 인덱스 대상 필드의 존재 여부에 대해서만 선택할 수 있지만, Partial 인덱스는 인
덱스 대상 필드와 무관한 필드에 대한 표현식도 조건으로 사용할 수 있다. 또한 Partial 인덱스에서도
Sparse 인덱스처럼 그 인덱스 커버할 수 없는 조건의 쿼리는 인덱스를 사용할 수 없다. Partial 인덱스
를 사용하려면 쿼리의 조건에 Partial 인덱스의 생성 조건과 일치 또는 부분 범위의 조건을 명시해야만
한다.

```
db.restaurants.createIndex(
    { cuisine: 1, name: 1 },
    { partialFilterExpression: { rating: { $gt: 5 } } }
)
```

여기에서 "Partial 인덱스의 생성 조건과 일치 또는 부분 범위 조건"이라고 표현한 것은 위 인덱스를 사
용하려면 반드시 쿼리에 "rating 필드가 5보다 크다"라는 조건이 포함되거나 "rating 필드가 '5보다 큰
어떤 값'보다 크다"라는 조건이 쿼리에 있어야 한다는 의미다. 그림 5-48에서 볼 수 있듯이 이 인덱
스는 rating 필드의 값이 5보다 큰 경우의 도큐먼트(그림 5-48의 점선 표시)에 대해서만 { cuisine:1,
name:1 } 인덱스에 키를 추가하게 된다.

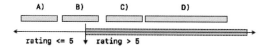

〈그림 5-48〉 인덱스에 키가 추가되는 데이터의 범위

그래서 쿼리의 조건에 rating 필드의 조건이 없거나 rating 필드의 값이 그림 5-48의 A 또는 B 영역의
조건일 때에는 이 인덱스를 사용하지 못하게 된다.

Partial 인덱스에서 partialFilterExpression 조건의 표현식에는 인덱스 되는 필드뿐만 아니라 인덱스
를 구성하는 필드와 전혀 무관한 필드도 사용할 수 있다. 그래서 위의 예제처럼 인덱스는 cuisine 필드
와 name 필드인데 partialFilterExpression 조건은 인덱스 필드와 무관한 rating 필드를 사용하는 경
우에는 쿼리의 조건이 인덱스 필드뿐만 아니라 partialFilterExpression 조건에 사용된 rating 필드도
같이 사용해야 한다는 것에 주의해야 한다.

Partial 인덱스와 Sparse 인덱스 모두 유니크 인덱스로 생성하면 조건에 만족해서 인덱싱되는 키 값에 대해서만 유니크 제약 사항이 적용된다. 즉 인덱스 되지 않는 필드에 동일한 인덱스 키 값이 여러 개 있다 하더라도 이는 유니크 제약 사항의 적용 대상이 아니다. Partial 인덱스도 Sparse 인덱스와 같이 결과가 불완전해질 수 있는 경우에는 MongoDB 서버가 Partial 인덱스를 활용하지 않는다. 다만 사용자 쿼리가 힌트를 가지고 있는 경우에는 Sparse 인덱스와 동일하게 불완전한 결과가 나온다 하더라도 인덱스를 이용해서 처리한다.

> **⊙ 주의**
>
> Partial 인덱스의 partialFilterExpression 표현식은 Sparse 인덱스 옵션과 동시에 사용할 수 없으며, 프라이머리 키인 _id 필드와 샤드 키에 대해서는 partialFilterExpression 표현식을 사용할 수 없다.

5.9.4 TTL 인덱스

TTL(Time To Live) 인덱스는 컬렉션의 도큐먼트가 언제까지 유효한지를 판단하여 더 이상 유효하지 않은 도큐먼트는 자동으로 삭제되게 하는 기능의 인덱스다. MongoDB 서버는 내부적으로 TTL Monitor라는 쓰레드가 지정된 시간 간격(기본 설정은 매 1분)으로 1회씩 깨어나서 지정된 시간보다 오래된 도큐먼트를 찾아서 삭제한다. 실제 TTL 인덱스는 쿼리의 검색 성능 향상을 위한 인덱스가 아니라 TTL Monitor 쓰레드가 삭제할 도큐먼트를 찾기 위한 인덱스다. 물론 TTL 인덱스를 사용자의 응용 프로그램에서 검색을 위해 사용하더라도 아무런 문제는 없다.

MongoDB의 TTL 인덱스를 생성하는 방법은 다음과 같이 다른 인덱스와 동일하게 createIndex 명령으로 인덱스를 생성하고 expireAfterSeconds 속성을 설정하면 된다. TTL 인덱스는 Date 타입 값이나 Date 타입의 값을 배열로 가지는 필드에 대해서만 자동 삭제가 실행된다.

```
db.eventlog.createIndex( { "lastModifiedDate": 1 }, { expireAfterSeconds: 3600 } )
```

다음 TTL 인덱스는 lastModifiedDate 필드의 날짜 값에서 3600초가 지난 값이 현재 시점보다 이전이면 자동으로 TTL Monitor 쓰레드가 삭제하도록 한다.

```
if ( lastModifiedDate + 3600 < NOW ) {
    delete()
}
```

또한 미래의 시각을 미리 설정해두고, 그 시각이 지나면 자동으로 삭제할 수도 있다.

```
db.sessions.createIndex( { "expireDate": 1 }, { expireAfterSeconds: 0 } )
```

다음 예제의 TTL 인덱스는 다음과 같이 expireDate에 설정한 시간이 현재 기준으로 과거 시점이 되면 자동으로 TTL Monitor 쓰레드가 삭제하도록 한다. 사실 이 예제는 위 예제와 동일한데, 단지 사용 예만 조금 다른 것일 뿐이다.

```
if ( expireDate < NOW ) {
    delete()
}
```

5.9.4.1 TTL Monitor 쓰레드의 삭제 주기 변경

기본적으로 MongoDB의 TTL Monitor는 1분 주기로 작동한다. 즉 TTL Monitor 쓰레드는 60초 동안 잠들어 있다가 60초가 경과하면 깨어나서 삭제할 도큐먼트를 검색하고, 해당 도큐먼트의 삭제를 실행한다. 그리고 다시 60초 동안 잠들게 된다. 그래서 MongoDB의 기본 설정을 사용하면 지정된 시간보다 59초는 더 도큐먼트가 삭제되지 않고 남아있을 수도 있다.

TTL Monitor 쓰레드를 얼마나 자주 실행할 것인지 설정하는 파라미터가 있는데, 이 파라미터의 현재 설정 값은 다음과 같이 확인할 수 있다.

```
mongo> db.adminCommand({getParameter:1, ttlMonitorSleepSecs: 1})
        { "ttlMonitorSleepSecs" : 60, "ok" : 1 }
```

만약 TTL Monitor 쓰레드의 실행 주기를 변경하고자 한다면 다음과 같이 ttlMonitorSleepSecs 파라미터 값을 조정하면 된다.

```
// TTL Monitor 쓰레드가 10분 단위로 실행되게 설정
mongo> db.adminCommand({setParameter:1, ttlMonitorSleepSecs: 600})
{ "was" : 60, "ok" : 1 }
```

MongoDB 서버를 재시작해도 새로 설정한 TTL Monitor 쓰레드의 삭제 주기를 적용하고 싶다면 다음과 같이 MongoDB 서버의 설정 파일에서 setParameter 옵션을 추가하면 된다.

```
...
setParameter:
   ttlMonitorSleepSecs: 30
```

5.9.4.2 TTL Monitor의 로그 확인

TTL Monitor 쓰레드가 깨어나서 작업하는 내용은 기본적으로 MongoDB 서버의 로그에 기록되지 않는다. 그런데 많은 도큐먼트를 삭제하거나 인덱스를 많이 가진 컬렉션에 대해서 도큐먼트를 삭제하는 경우에는 서버의 부하가 많이 높아질 수도 있다. 만약 서버의 부하가 주기적으로 높아진다면 TTL Monitor 쓰레드의 도큐먼트 삭제를 의심해볼 수 있는데, 이럴 때는 TTL Monitor 쓰레드의 로그를 활성화해서 서버의 부하가 높아지는 원인이 TTL Monitor 쓰레드인지 확인해볼 수 있다.

```
mongo> db.setLogLevel(1, "index")
```

MongoDB 서버의 로그는 다음과 같은 형태로 출력된다. 로그의 내용에는 언제 TTL Monitor 쓰레드가 깨어났는지와 얼마나 많은 도큐먼트를 삭제했는지가 출력된다. TTL Monitor 쓰레드가 깨어난 시각과 삭제된 도큐먼트의 수가 출력된 시점의 차이를 계산하면 대략 TTL Monitor 쓰레드가 expire된 도큐먼트들을 삭제하는 데 걸린 시간을 확인할 수도 있다.

```
2017-02-07T22:32:42.908+0000 D INDEX     [TTLMonitor] TTLMonitor thread awake
2017-02-07T22:32:42.908+0000 D INDEX     [TTLMonitor] TTL — ns: users.sessions key: { expired_at:
1.0 }
2017-02-07T22:32:42.908+0000 D INDEX     [TTLMonitor]    TTL deleted: 230

2017-02-07T22:33:42.908+0000 D INDEX     [TTLMonitor] TTLMonitor thread awake
2017-02-07T22:33:42.908+0000 D INDEX     [TTLMonitor] TTL — ns: users.sessions key: { expired_at:
1.0 }
2017-02-07T22:33:43.057+0000 D INDEX     [TTLMonitor]    TTL deleted: 10000
```

그리고 TTL Monitor 쓰레드가 MongoDB 서버가 시작하고 나서 지금까지 몇 번이나 실행됐고, 얼마나 많은 도큐먼트를 삭제했는지는 db.serverStatus() 결과로 확인할 수 있다. db.serverStatus()의 metrcis 서브 도큐먼트에 ttl 항목에서 "passes"는 지금까지 TTL monitor 쓰레드가 몇 번이나 깨어나서 삭제 작업을 실행했는지, 그리고 "deletedDocuments"는 그동안 몇 개의 도큐먼트를 삭제했는지 보여준다.

```
db.serverStatus().metrics.ttl
{
    "deletedDocuments": NumberLong(26000),
    "passes": NumberLong(26)
}
```

5.9.4.3 TTL Monitor 쓰레드 정지 및 시작

TTL Monitor 쓰레드를 멈추는 방법은 2가지가 있는데, 하나는 MongoDB 서버의 시작 옵션을 이용해서 MongoDB 서버가 시작될 때부터 비활성화하는 방법이고, 다른 하나는 실행 중인 MongoDB 서버의 TTL Monitor를 동적으로 중지시키는 방법이다.

```
// MongoDB의 시작 옵션으로 TTL Monitor 쓰레드 비활성화
$ mongod --setParameter ttlMonitorEnabled=false

// 실행 중인 MongoDB의 TTL Monitor 쓰레드 중지
mongo> db.adminCommand({setParameter:1, ttlMonitorEnabled:false});
```

만약 TTL Monitor 쓰레드를 영구적으로 중지하고자 한다면 MongoDB의 설정 파일에 다음 내용을 추가하면 된다. 설정 파일을 변경하면 매번 MongoDB 서버를 시작할 때마다 setParameter 옵션을 명시하지 않아도 TTL Monitor 쓰레드를 비활성화할 수 있다.

```
setParameter:
    ttlMonitorEnabled: false
```

MongoDB의 TTL Monitor 쓰레드를 활성화하고자 할 때에는 setParameter 명령을 이용한다.

```
mongo> db.adminCommand({setParameter:1, ttlMonitorEnabled:true});
```

TTL Monitor 쓰레드가 현재 실행 중인지 확인하고자 할 때는 getParameter 명령으로 ttlMonitor Enabled 설정값을 확인한다. true는 현재 TTL Monitor가 활성화돼 있음을 의미한다.

```
mongo> db.adminCommand({getParameter:1, ttlMonitorEnabled:1} )
{ "ttlMonitorEnabled" : true, "ok" : 1 }
```

5.9.4.4 TTL 인덱스와 Partial 인덱스

TTL 인덱스 또한 다른 인덱스처럼 Partial 인덱스로 생성할 수 있다. 다음 예제는 expired_at 필드를 가진 도큐먼트에 대해서만 TTL 인덱스를 생성하고, expired_at 필드를 가진 도큐먼트만 TTL Monitor 쓰레드가 삭제하도록 한다.

```
db.sessions.createIndex({expired_at: 1},
  {expireAfterSeconds: 0,
   partialFilterExpression: {expired_at: { $exists: true } }
})
```

물론 Partial 인덱스는 인덱스된 필드뿐만 아니라 도큐먼트의 다른 조건들을 partialFilterExpression 조건으로 가질 수 있다. 그래서 다음과 같이 관리자인지 아닌지에 대한 조건을 이용해서 TTL Monitor 쓰레드가 선별적으로 도큐먼트를 삭제하게 할 수도 있다.

```
db.sessions.createIndex({expired_at: 1},
  {expireAfterSeconds: 0,
   partialFilterExpression: {is_admin: false}
})
```

Partial 인덱스를 이용해서 TTL Monitor 쓰레드가 도큐먼트를 선별적으로 삭제하게 할 수도 있지만, 이는 처음 인덱스를 생성할 때부터 Partial 인덱스로 생성해야만 한다. 그런데 단순히 TTL 인덱스만 생성한 상태에서 인덱스의 변경 없이 도큐먼트의 삭제를 피하고자 하는 경우도 있을 수 있다. 이런 경우에는 TTL 인덱스 필드에 매우 큰 날짜를 저장하거나 값을 DATE 타입이 아닌 값을 저장하면 된다. TTL Monitor 쓰레드는 TTL 인덱스 필드 중에서도 데이터의 타입이 DATE 타입인 도큐먼트에 대해서만 자동 삭제 기능이 작동하기 때문이다.

```
mongo> db.sessions.update({is_admin:true},
       {$set: {expired_at: new Date("2099-12-30T00:00:00")}})

mongo> db.sessions.update({is_admin:true}, {$set: {expired_at: "NONE"}})
```

> **(!) 주의**
>
> MongoDB 서버는 데이터 타입에 그렇게 엄격하진 않지만, 가능하면 같은 필드에 같은 데이터 타입을 유지하는 것이 좋다. 같은 필드의 데이터 타입이 도큐먼트마다 다르다면 응용 프로그램에서 데이터를 읽어올 때마다 데이터 타입을 체크하거나 확인해야 하기 때문이다. 이는 응용 프로그램의 오류나 비정상 작동 가능성을 높이며, 프로그램 코드의 복잡도를 높일 수도 있다.

5.9.4.5 TTL 인덱스와 복제

TTL 인덱스를 이용해서 데이터를 삭제하는 TTL Monitor 쓰레드는 프라이머리와 세컨드리 멤버 모두 실행되지만, 실제 TTL Monitor 쓰레드가 도큐먼트를 삭제하는 작업은 레플리카 셋의 프라이머리 멤버에서만 실행된다. 다음은 동일 레플리카 셋에 속한 프라이머리와 세컨드리 멤버의 db.serverStatus() 결과 값이다. db.serverStatus() 결과에서 "passes" 필드의 값을 보면, 프라이머리 멤버와 세컨드리 멤버 모두 TTL Monitor 쓰레드가 실행됐음을 알 수 있다. 하지만 세컨드리 멤버에서는 실제 도큐먼트 삭제가 하나도 실행되지 않았다.

```
// 프라이머리 멤버의 db.serverStatus() 결과
"metrics": {
    "ttl": {
        "deletedDocuments": 921860,
        "passes": 25434
    }
}

// 세컨드리 멤버의 db.serverStatus() 결과
"metrics": {
    "ttl": {
        "deletedDocuments": 0,
        "passes": 25375
    }
}
```

TTL Monitor 쓰레드가 expireAfterSeconds 조건에 의해서 도큐먼트를 삭제하면 삭제된 도큐먼트 정보가 MongoDB 서버의 OpLog에 기록된다. 세컨드리 멤버는 프라이머리 멤버의 OpLog를 복제하므로 프라이머리 멤버에서 TTL 인덱스에 의해서 삭제된 도큐먼트를 자신도 동일하게 복제해서 삭제하게 된다. 그래서 세컨드리 멤버에서는 TTL Monitor 쓰레드가 작동될 필요가 없다. MongoDB 서버의 모니터링을 확인해보면 프라이머리 멤버에서는 아무런 삭제 작업이 없는데 세컨드리 멤버에서만 삭제 작업이 발생하는 것처럼 보이기도 한다.

time	Repl	insert	query	update	delete
2017-02-18T11:44:59+09:00	Primary	*0	*0	*0	*0
2017-02-18T11:45:00+09:00	Primary	*0	*0	*0	*0
2017-02-18T11:45:01+09:00	Primary	*0	*0	*0	*0
2017-02-18T11:45:02+09:00	Primary	*0	*0	*0	*0
2017-02-18T11:45:03+09:00	Primary	*0	*0	*0	*0
2017-02-18T11:45:04+09:00	Primary	*0	*0	*0	*0
2017-02-18T11:45:05+09:00	Primary	*0	*0	*0	*0
2017-02-18T11:45:06+09:00	Primary	*0	*0	*0	*0
2017-02-18T11:45:07+09:00	Primary	*0	*0	*0	*0
2017-02-18T11:45:08+09:00	Primary	*0	*0	*0	*0

time	Repl	insert	query	update	delete
2017-02-18T11:44:59+09:00	Secondary	*0	*0	*0	*0
2017-02-18T11:45:00+09:00	Secondary	*0	*0	*0	*0
2017-02-18T11:45:01+09:00	Secondary	*0	*0	*0	*0
2017-02-18T11:45:02+09:00	Secondary	*0	*0	*0	*0
2017-02-18T11:45:03+09:00	Secondary	*0	*0	*0	*0
2017-02-18T11:45:04+09:00	Secondary	*0	*0	*0	*0
2017-02-18T11:45:05+09:00	Secondary	*0	*0	*0	*2037
2017-02-18T11:45:06+09:00	Secondary	*0	*0	*0	*5805
2017-02-18T11:45:07+09:00	Secondary	*0	*0	*0	*513
2017-02-18T11:45:08+09:00	Secondary	*0	*0	*0	*0

5.9.4.6 TTL 인덱스의 주의 사항

MongoDB의 TTL Monitor 쓰레드가 도큐먼트를 삭제하는 작업은 뭔가 특별하고, 빠르게 처리될 것이라고 생각해서는 안 된다. TTL 인덱스를 통해서 TTL Monitor 쓰레드가 도큐먼트를 삭제하는 작업은 응용 프로그램에서 직접 DELETE 문장을 실행하는 것과 아무런 차이가 없다. 그래서 TTL Monitor 쓰레드가 한 번에 얼마나 많은 도큐먼트를 삭제하는지, 그리고 그 컬렉션이 얼마나 많은 인덱스를 가졌는지에 따라서 TTL Monitor 쓰레드가 발생시키는 부하에 많은 차이가 난다.

TTL 인덱스로 데이터를 삭제하는 작업은 주로 오래된 데이터가 삭제될 가능성이 높은데, 특히 디스크의 데이터가 큰 경우에는 TTL Monitor 쓰레드가 삭제하는 데이터들이 모두 메모리에 로드되지 않고 디스크를 읽어야만 처리할 수 있는 경우가 많다. 그런데 도큐먼트가 삭제될 때에는 그 컬렉션에 있는 모든 인덱스에서도 그 도큐먼트와 연결된 인덱스 키 엔트리를 삭제해야 하므로 많은 디스크 읽기를 유발하게 된다. 만약 TTL 인덱스를 이용해서 용량이 크거나 많은 인덱스를 가진 컬렉션에서 많은 도큐먼트가 삭제될 가능성이 있다면 SSD와 같은 디스크를 사용하여 처리가 지연되지 않게 고려하는 것이 좋다.

> **(!) 주의**
>
> TTL Monitor 쓰레드로 인한 처리 지연은 많은 디스크 읽고 쓰기를 유발하게 되고, 이런 과부하로 복제 지연이 발생할 수도 있다. 이렇게 복제 지연이 발생하면 프라이머리 서버의 장애가 있을 때 새로운 프라이머리 선출 과정이 많이 지연될 수도 있다. 결국, 이로 인해서 장애 시간이 더 길어지는 문제가 발생할 수도 있다. 그뿐만 아니라 계획된 프라이머리 스위칭(기존 프라이머리를 Step-Down하고, 새로운 프라이머리를 선출) 작업도 똑같이 영향을 받게 될 수 있으니 주의하도록 하자.
>
> 프라이머리 멤버의 장애로 인해서 세컨드리가 새로운 프라이머리로 선출되는 과정은 피할 수 없겠지만, 계획적으로 세컨드리를 새로운 프라이머리로 선출하는 경우에는 잠깐동안 TTL 인덱스의 삭제 기능을 멈추고 프라이머리의 Step-Down을 진행하는 것이 조금 더 빠르게 새로운 프라이머리를 선출할 수 있다. 그리고 프라이머리와 세컨드리 멤버의 스위치가 완료되면 다시 멈춰두었던 TTL 인덱스의 삭제 기능을 활성화하면 된다.

MongoDB 3.6 현재 버전까지 TTL 인덱스는 반드시 Date 타입의 단일 필드로만 인덱스를 생성할 수 있으며, 여러 필드를 묶어서 컴파운드 인덱스를 생성할 수 없다. 또한 타임스탬프 값을 내장하고 있는 ObjectId 값을 가지는 _id(프라이머리 키 필드) 필드에 대해서도 TTL 인덱스를 생성할 수 없다. 그래서 현재 버전(MongoDB 3.6)에서는 TTL Monitor 쓰레드를 위해서 전용의 인덱스가 꼭 필요한 것이다. 만약 이미 컬렉션에 TTL 인덱스를 생성할 필드로 시작하는 인덱스가 있는 경우에는 중첩되는 인덱스를 또 생성해야 하므로 낭비일 수도 있다. 그래서 현재 TTL 인덱스를 컴파운드 인덱스로 생성하거나 _id 필드의 타임스탬프 값을 이용해서 TTL Monitor 쓰레드가 작동할 수 있도록 하는 요청이

MongoDB JIRA에 대기 중인 상태다. 혹시 TTL 인덱스의 컴파운드 인덱스의 구현 여부에 대해서 관심 있는 사용자는 아래 JIRA 사이트를 참조하자.

```
https://jira.mongodb.org/browse/SERVER-9305
https://jira.mongodb.org/browse/SERVER-13938
```

5.9.5 인덱스 콜레이션(대소문자 구분 설정)

MongoDB 3.2 버전까지는 모든 문자열 비교가 대소문자를 구분하는 Case-Sensitive 방식이었다. 다음 예제는 MongoDB 3.2 버전에서 문자열 비교 테스트를 해본 것이다. 동일하게 소문자로만 검색하면 결과가 출력되지만, 하나라도 대문자로 입력하면 원하는 결과를 찾지 못하는 것을 확인할 수 있다.

```
mongo> db.users.insert({name:"matt"});

mongo> db.users.find({name:"matt"})
        { "_id" : ObjectId("58a7bd8cf42e0b863f706a93"), "name" : "matt" }

mongo> db.users.find({name:"Matt"})
 ⇒ Not-Found
```

그래서 MongoDB에서는 검색을 실행해야 하는 필드에 대해서는 대문자나 소문자로만 통일해서 저장해야 했다. 만약 사용자의 입력을 그대로 유지해야 하는 경우에는 사용자가 입력한 값과 대문자나 소문자로만 변환된 필드를 별도로 유지해야 했다. 이는 저장 공간의 낭비뿐만 아니라 개발 생산성도 떨어뜨리는 방법이었다. 그래서 MongoDB 3.4 버전부터는 문자열 값에 대해서 콜레이션이 도입됐다.

5.9.5.1 MongoDB 3.2에서 대소문자 검색

MongoDB 3.2 버전까지는 다음과 같이 사용자가 입력한 문자열과 검색이나 정렬을 위해서 대소문자를 모두 소문자로 통일한 문자열을 별도로 저장하곤 했었다. 예제에서는 name 필드가 서브 도큐먼트로 구성돼 있는데, 이 서브 도큐먼트는 사용자가 입력한 원래 값을 real 필드에 저장하고 검색을 위해서 소문자로 변환한 값을 search 필드에 저장했다. 그리고 검색이나 정렬을 수행할 때에는 사용자의 입력값이 아니라 소문자로 변환된 search 필드를 이용했다. 그리고 사용자에게 보이는 화면에서는 실제 사용자가 입력했던 원본 값인 real 필드의 값을 이용한다.

```
mongo> db.users.insert({_id: 1, name: {real: "Matt", search: "matt"}})
mongo> db.users.insert({_id: 2, name: {real: "Lara", search: "lara"}})
mongo> db.users.insert({_id: 3, name: {real: "Coffee", search: "coffee"}})

mongo> db.users.find({"name.search": "matt"})
{ "_id" : 1, "name" : { "real" : "Matt", "search" : "matt" } }

mongo> db.users.find().sort({"name.search":1})
{ "_id" : 3, "name" : { "real" : "Coffee", "search" : "coffee" } }
{ "_id" : 2, "name" : { "real" : "Lara", "search" : "lara" } }
{ "_id" : 1, "name" : { "real" : "Matt", "search" : "matt" } }
```

컬렉션에 검색이나 정렬 대상이 되는 필드가 1~2개라면 이런 방법으로 해결할 수 있다. 하지만 컬렉션에는 문자열로 저장되는 값이 상당히 많고 이를 검색해야 하는 경우도 많다. 이런 모든 필드를 위해서 서브 도큐먼트를 할당하는 것은 데이터의 저장 용량이나 개발 생산성 그리고 프로그램의 복잡도 차원에서 상당한 걸림돌이 됐다.

하지만 MongoDB 3.4 버전부터는 컬렉션과 인덱스에 대해서 콜레이션을 지정할 수 있게 됐다. 그래서 영어의 대소문자 비교 구분뿐만 아니라 국가별 언어에 맞는 정렬 및 비교 규칙을 사용자의 요구 사항에 맞게 적절히 선택할 수 있게 됐다. 한국어 로케일에 대해서 콜레이션을 변경하려면 다음과 같이 콜레이션을 명시하면 된다.

```
// 컬렉션이나 인덱스 생성 시 콜레이션 선택
db.createCollection("chars", {collation:{locale:"ko@collation=search"}})
db.createCollection("chars", {collation:{locale:"ko@collation=searchjl"}})
db.createCollection("chars", {collation:{locale:"ko@collation=unihan"}})

// 쿼리 실행 시 콜레이션 선택
db.chars.find().sort().collation({locale:"ko@collation=search"})
db.chars.find().sort().collation({locale:"ko@collation=searchjl"})
db.chars.find().sort().collation({locale:"ko@collation=unihan"})
```

콜레이션에 대한 더 자세한 설명은 "7.2.3 문자 셋과 콜레이션" 절을 참조하도록 하자.

5.9.5.2 콜레이션과 인덱스 사용

콜레이션은 문자열의 정렬과 비교 규칙을 결정한다. 그런데 컬렉션의 인덱스를 생성할 때 특정 콜레이션을 지정하면 이때 설정한 콜레이션은 인덱스를 새로 생성하지 않는 이상 다른 콜레이션으로 변경할수 없다. 또한 쿼리를 실행할 때에도 인덱스에 콜레이션과 다른 콜레이션을 이용해서 쿼리를 실행하면인덱스를 활용하지 못하게 된다.

다음과 같이 컬렉션과 인덱스에 대해서 선택적으로 콜레이션을 적용하고, 각 쿼리가 인덱스를 제대로활용할 수 있는지 확인해보자.

```
// CASE-1
// 컬렉션과 인덱스 모두 콜레이션 명시
db.createCollection("chars", {collation:{locale:"ko@collation=search", strength:2}})
db.chars.createIndex({letter:1}, {collation:{locale:"ko@collation=search", strength:2}})

// CASE-2
// 컬렉션에만 콜레이션 명시, 인덱스는 기본 콜레이션으로 생성
db.createCollection("chas2", {collation:{locale:"ko@collation=search", strength:2}})
db.chars.createIndex({letter:1})

// CASE-3
// 컬렉션은 기본 콜레이션으로 생성, 인덱스는 콜레이션을 명시해서 생성
db.createCollection("chars")
db.chars.createIndex({letter:1}, {collation:{locale:"ko@collation=search", strength:2}})
```

그리고 각 케이스에 대해서 다음과 같이 3종류의 쿼리를 실행하면서 실행 계획을 확인해보자.

```
// QUERY-1
// 아무런 콜레이션 옵션 없이 쿼리 실행
db.chars.find({letter:"가"}).explain()

// QUERY-2
// 컬렉션이나 인덱스 생성 시 사용했던 콜레이션을 명시해서 쿼리 실행
db.chars.find({letter:"가"}).collation({locale:"ko@collation=search", strength:2}).explain()
```

```
// QUERY-3
// 컬렉션이나 인덱스 생성 시 사용했던 콜레이션과 다른 콜레이션을 이용해서 쿼리 실행
db.chars.find({letter:"가"}).collation({locale:"ko@collation=searchjl", strength:2}).explain()
```

MongoDB에서 인덱스를 생성할 때 별도의 콜레이션을 명시하지 않으면 그 인덱스는 컬렉션의 기본 콜레이션을 상속받게 된다. 만약 인덱스를 생성할 때 별도의 콜레이션을 명시하면 인덱스는 컬렉션의 콜레이션을 무시하고 사용자가 입력한 콜레이션을 사용한다. 그래서 CASE 1번과 2번은 사실 동일한 경우다. 즉 CASE 2번에서는 컬렉션에서 locale:"ko@collation=search"를 명시했기 때문에 아무런 콜레이션 없이 인덱스를 생성하더라도 이 인덱스의 콜레이션은 자동으로 locale:"ko@collation=search"를 사용하게 된다. 그런데 CASE 3번의 경우 컬렉션은 아무런 콜레이션을 지정하지 않았기 때문에 별도의 콜레이션을 사용하지 않고 문자의 코드 값(locale:"simple")을 기준으로 정렬 및 비교를 수행하게 된다. 하지만 CASE 3번의 인덱스는 locale:"ko@collation=search"로 생성됐기 때문에 컬렉션과 인덱스가 서로 다른 콜레이션을 사용하고 있는 것이다. 그래서 케이스별로 컬렉션과 인덱스의 콜레이션은 다음과 같다.

	CASE-1 (컬렉션과 인덱스)	CASE-2 (컬렉션만)	CASE-3 (인덱스만)
컬렉션	locale:"ko@collation=search"	locale:"ko@collation=search"	locale:"simple"
인덱스	locale:"ko@collation=search"	locale:"ko@collation=search"	locale:"ko@collation=search"

각 케이스에 대해서 3종류의 쿼리 실행이 인덱스를 사용할 수 있는지 없는지 확인한 결과는 다음 표와 같다.

	CASE-1 (컬렉션과 인덱스)	CASE-2 (컬렉션만)	CASE-3 (인덱스만)
QUERY-1 (콜레이션 없음)	O	O	X
QUERY-2 (동일 콜레이션 사용)	O	O	O
QUERY-3 (다른 콜레이션 사용)	X	X	X

컬렉션이나 인덱스를 생성할 때 사용한 콜레이션과는 전혀 무관한 locale:"ko@collation=searchjl" 콜레이션을 사용하는 QUERY-3은 어떤 케이스에서도 인덱스를 사용하지 못하고 있다. 그리고 CASE-3에서 콜레이션을 전혀 명시하지 않은 QUERY-1에서도 인덱스를 사용하지 못하고 있다. 이는 쿼리에 콜레이션을 명시하지 않았기 때문에 컬렉션의 기본 콜레이션(locale:"simple")을 사용하여 쿼리를 실행하려고 하는데, 문제는 인덱스의 콜레이션이 컬렉션의 기본 콜레이션과 다르기 때문에 인덱스를 활용할 수 없는 것이다.

여기까지의 테스트로 결론을 정리해보면 인덱스의 콜레이션과 쿼리가 사용하는 콜레이션이 서로 다를 때에는 인덱스를 효율적으로 사용할 수 없다. 또한 인덱스가 컬렉션과 다른 콜레이션을 사용할 때에는 반드시 쿼리에 인덱스와 동일한 콜레이션을 명시한 경우에만 인덱스를 제대로 활용할 수 있다.

> **(!) 주의**
>
> 응용 프로그램이나 MongoDB 터미널에서 매번 쿼리를 실행할 때마다 쿼리에 콜레이션을 명시한다는 것은 여간 귀찮은 일이 아닐 것이며, 실수로 놓치거나 다른 콜레이션을 입력할 가능성도 높다. 그런데 이렇게 한번의 실수로 인해 수많은 도큐먼트를 가진 컬렉션에 대해서 풀 컬렉션 스캔을 실행하면서 서비스용 쿼리의 성능이 현저히 떨어질 가능성도 높다.
>
> 만약 MonogDB 서버의 기본 콜레이션이 아닌 다른 콜레이션을 사용해야 하는 경우라면 개별 인덱스의 콜레이션보다는 컬렉션의 콜레이션을 변경하는 것이 안정적인 운영에 도움이 될 것으로 보인다.

5.9.6 외래 키

MongoDB는 외래 키에 대한 제약 기능을 지원하지 않는다. 이는 MongoDB 서버가 기본적으로 컬렉션의 샤딩을 가정하고 구현됐기 때문에 외래 키(Foreign Key)에 대한 제약을 구현한다 하더라도 적절한 성능을 보장할 수 없기 때문이다. 예를 들어, 1번 샤드에 도큐먼트를 저장하고 변경할 때마다 1번 샤드 서버는 외래 키 관계의 데이터가 존재하는지 확인하기 위해서 리모트 서버인 2번 샤드에게 쿼리를 해야 하는 것이다. 그런데 사실은 이런 성능적인 문제뿐만 아니라 샤딩된 환경에서 외래 키의 일관성을 유지하려면 훨씬 더 복잡한 분산 트랜잭션(XA)을 지원해야 한다. 이는 결과적으로 DBMS의 성능을 떨어뜨리고 구현의 복잡도를 증가시키는 결과를 낳게 된다.

현재 출시된 MongoDB는 외래 키에 대한 지원이 없기 때문에 응용 프로그램에서 외래 키에 대한 일관된 처리가 꼭 필요하다면 응용 프로그램에서 직접 구현하는 것 외에는 방법이 없다.

06
잠금과 트랜잭션

6.1 잠금

MongoDB 서버에서도 멀티 쓰레드의 동시 처리 중에 발생할 수 있는 쓰레드 간의 충돌 문제를 막기 위해서 데이터베이스와 컬렉션 그리고 도큐먼트들의 잠금을 사용한다. MongoDB에서도 여러 계층의 데이터베이스 오브젝트들에 대한 동시 처리를 위해서 인텐션 락(Intention Lock)과 다중 레벨의 잠금 (Multiple granularity locking)을 활용하고 있다. 또한 MongoDB의 잠금은 MongoDB 서버 3.0 버전부터 스토리지 엔진 아키텍처를 채용하면서 MongoDB 서버 차원에서 처리되는 잠금과 각 스토리지 엔진에서 처리되는 잠금으로 나누어 볼 수 있다.

MMAPv1 스토리지 엔진만 사용할 수 있었던 MongoDB 2.6 버전까지는 MongoDB 서버 엔진과 스토리지 엔진의 구분이 없었으며, 이때까지 사용되던 MMAPv1 스토리지 엔진은 자체적인 잠금 없이 MongoDB 서버의 잠금(글로벌과 데이터베이스 그리고 컬렉션 수준의 잠금)에만 의존했었다. MMAPv1 스토리지 엔진만 사용되던 시점에는 단순히 데이터베이스의 각 오브젝트에 대해서 공유 잠금(Shared Lock)과 배타적 잠금(Exclusive Lock)만 존재했었다. 하지만 WiredTiger 스토리지 엔진이 도입되면서 데이터베이스와 컬렉션에 대한 공유 잠금과 배타적 잠금만으로는 동시성 처리 능력을 확장하는데 제한이 있고, WiredTiger 스토리지 엔진의 능력을 최대한 활용하기에 어려움이 있었다. 그래서 WiredTiger 스토리지 엔진이 도입된 MongoDB 3.2 버전부터는 오브젝트에 대한 인텐션 잠금이 도입됐다.

> **참고**
>
> "Shared Lock"과 "Exclusive Lock"은 여러 가지 이름이 동의어처럼 사용되곤 한다. "Shared Lock"은 공유 잠금 또는 읽기 잠금(Read Lock)이라고도 불리고, 줄여서 "S-Lock"이라고도 한다. "Exclusive Lock"은 배타적 잠금 또는 쓰기 잠금(Write Lock)이라고도 하며, 줄여서 "X-Lock"이라고도 한다.
>
> 일반적으로 Shared Lock은 현재 쓰레드가 참조하고 있는 데이터를 다른 쓰레드가 변경하지 못하도록 방어하는 것이 목적이므로 다른 쓰레드의 Shared Lock과는 호환이 된다. 즉 같은 데이터를 읽기만 하는 경우에는 여러 쓰레드가 동시에 읽을 수 있다. 하지만 Exclusive Lock은 주로 데이터의 변경을 목적으로 사용된다. 현재 쓰레드가 변경하려고 하는 데이터를 다른 쓰레드가 변경하지 못하도록 막는 것이 주목적이므로 변경 중인 데이터를 다른 쓰레드가 읽는 것도 허용하지 않는다.

이번 장에서는 MongoDB에 어떤 잠금이 있는지와 이 잠금들을 어떻게 진단하고, 서로 어떤 영향을 미치는지 살펴보겠다.

6.1.1 MongoDB 엔진의 잠금

MongoDB 서버에서 제공하는 잠금은 크게 명시적 잠금과 묵시적 잠금으로 나눠볼 수 있는데, MongoDB의 명시적 잠금은 글로벌 잠금뿐이며 나머지 모든 잠금은 묵시적 잠금이다. 데이터베이스 그리고 컬렉션에 대한 잠금은 모두 묵시적인 잠금이며, 이는 쿼리가 실행될 때 자동으로 획득됐다가 자동으로 해제되는 잠금이다. 여기에서는 글로벌 잠금과 오브젝트 잠금(데이터베이스와 컬렉션)으로 나누어서 간단하게 살펴보겠다.

6.1.1.1 글로벌 잠금

MongoDB 서버에서 유일하게 명시적으로 사용할 수 있는 잠금은 글로벌 잠금뿐이다. 현재 MongoDB 3.4 버전에서의 다른 모든 잠금은 전부 묵시적으로만 사용된다. 즉 쿼리나 데이터 변경 명령이 실행되면 묵시적으로 MongoDB 서버에서 잠금을 획득했다가 필요 없는 시점에 자동으로 해제된다. 글로벌 잠금은 MongoDB 서버 인스턴스에 단 하나만 있는 잠금이므로, 이를 인스턴스 잠금이라고도 한다. MongoDB 서버에서 인스턴스 잠금을 사용하는 방법은 다음과 같다.

```
mongo> db.fsyncLock({fsync:1, lock:true})
{
        "info" : "now locked against writes, use db.fsyncUnlock() to unlock",
        "lockCount" : NumberLong(1),
        "seeAlso" : "http://dochub.mongodb.org/core/fsynccommand",
        "ok" : 1
}
```

fsync 옵션을 1로 설정하면 MongoDB 서버는 디스크에 기록되지 못한 데이터를 모두 디스크로 플러시(기록)한다. 그리고 lock 옵션이 true로 설정되면 MongoDB 서버의 글로벌 잠금을 획득한다. 만약 lock 옵션이 false가 되면 MongoDB 서버의 데이터 파일만 디스크로 플러시하고, 잠금을 걸지는 않는다. db.fsyncLock() 명령은 내부적으로 쓰기 잠금이 아니라 읽기 잠금에 해당한다. 그래서 MongoDB 서버의 데이터가 변경되는 것을 막는 용도의 잠금이다. 그래서 글로벌 잠금이 다른 커넥션의 데이터 읽기를 막지는 않는다. 글로벌 잠금이 걸리면 db.currentOp() 명령으로 글로벌 잠금의 상태를 확인할 수 있다.

```
mongo> db.currentOp()
{
        "inprog" : [ ... ],
        "fsyncLock" : true,
        "info" : "use db.fsyncUnlock() to terminate the fsync write/snapshot lock",
        "ok" : 1
}
```

db.fsyncLock() 명령은 모든 컨넥션의 데이터 저장이나 변경을 막기 때문에 db.fsyncLock() 명령을 실행한 컨넥션에서도 데이터 저장이나 변경을 실행할 수 없다. 그리고 데이터 변경과 데이터 읽기가 동시에 실행되는 컨넥션의 경우에는 데이터 변경 명령이 블록킹되므로 다른 읽기 쿼리도 실행하지 못하게 된다. 예를 들어, 다음과 같은 작업을 수행하는 컨넥션에서 첫 번째 데이터 변경 명령(update나 insert 그리고 delete) 이전까지의 데이터 읽기는 가능하지만, 데이터 변경 쿼리가 응답을 받지 못하고 블록킹되기 때문에 그 이후에 있는 데이터 읽기나 변경이 모두 멈추게 된다. 그래서 db.fsyncLock() 명령은 주의해서 사용해야 한다.

```
mongo> db.users.find()
mongo> db.users.update( {_id:123}, {$set:{score:19}} )
mongo> db.users.find( {_id:123} )
```

글로벌 잠금은 db.fsyncUnlock() 명령으로 잠금을 풀 수 있다. MongoDB 메뉴얼에서는 db.fsyncLock() 명령을 실행한 컨넥션을 닫지 말고 그대로 유지했다가 db.fsyncLock() 명령을 실행했던 컨넥션에서 잠금 해제 명령(db.fsyncUnlock)을 실행할 것을 권고하고 있다. "db.fsyncLock() 명령을 실행한 컨넥션을 유지"해야 한다는 것은 조금 번거로운 제약 사항일 수 있는데, 실제 여러 번의 테스트에서 "db.fsyncLock() 명령을 실행했던 컨넥션"을 종료하고 다른 세션에서 "db.fsyncUnlock()" 명령을 실행해도 특별히 문제는 없었다. 하지만 MongoDB 개발자는 이에 대해서 "항상 문제가 되는 것이 아니라 문제가 생길 가능성도 있으므로 db.fsyncLock()을 실행했던 컨넥션을 닫지 말고 유지하라"는 내용을 매뉴얼에 포함하고 있다고 답변했다.

```
mongo> db.fsyncUnlock()
{ "info" : "fsyncUnlock completed", "lockCount" : NumberLong(0), "ok" : 1 }
```

하지만 실제로는 글로벌 잠금을 걸었던 컨넥션을 닫고, 다른 새로운 컨넥션을 열어서 db.fsync Unlock() 명령을 실행해도 문제없이 글로벌 잠금이 해제됐다. 아직까지는 저자도 왜 db.fsyncLock() 과 db.fsyncUnlock()을 동일 컨넥션에서 실행하라고 권고하는지, db.fsyncLock()을 실행했던 컨넥션을 닫고 새로운 컨넥션을 열어서 db.fsyncUnlock()을 실행했을 때의 문제점을 경험해보지 못했다.

> **(!) 주의**
>
> MongoDB 서버는 아직 쿼리를 처리할 수 있는 상태에서 수행되는 공식적인 온라인 백업 도구가 제공되지 않는다. 그래서 db.fsyncLock()으로 글로벌 잠금을 걸고 데이터 파일을 백업하는 형태의 백업이 그나마 가능한 백업 수단이기도 하다. 그런 데 db.fsyncLock()을 이용해서 글로벌 잠금을 걸게 되면 사용자의 데이터 변경만 블로킹되는 것이 아니라 레플리케이션으로 유입되는 데이터 변경 작업도 블로킹된다. 그래서 글로벌 잠금이 걸려있는 시간 동안은 복제가 멈추게 되는 것이다. 그래서 프라이머리 멤버에 장애가 발생했을 때 대체하기 위한 스탠바이(Stand-by) 세컨더리 멤버에서 글로벌 잠금을 걸고 백업을 수행하는 것은 좋은 선택이 아닐 수도 있다.

6.1.1.2 오브젝트 잠금

MongoDB 2.6 이하 버전의 MMAPv1 스토리지 엔진에서는 데이터베이스 수준의 잠금을 사용한다. 그래서 DML의 잠금 경합을 최소화하기 위해서 컬렉션 단위로 데이터베이스를 생성하는 것이 일반적인 튜닝 방법이었다. 다음과 같이 mongostat 모니터링 도구가 보여주는 내용 중에서 "locked db" 컬럼에 출력되는 값이 데이터베이스의 잠금 정보를 보여주는 항목이다. mongostat 도구는 여러 데이터베이스 중에서 잠금이 가장 심한 하나의 데이터베이스만 보여주므로 mongostat 도구의 결과에 보이지 않는다고 해서 나머지 데이터베이스의 잠금 경합이 전혀 없는 것은 아니다.

```
$ mongostat
insert  query  update  delete  ...  flushes  mapped  vsize    res  faults   locked db  ...
     7    497      18      15  ...        0   1110g   2222g  63.5g     228   users:6.8%  ...
     9    451      10       8  ...        1   1110g   2222g  63.5g     280   users:7.1%  ...
    11    522      11       7  ...        0   1110g   2222g  63.5g     290   users:6.7%  ...
     8    492      13      14  ...        1   1110g   2222g  63.5g     175   users:7.1%  ...
     4    467      13      11  ...        0   1110g   2222g  63.5g     521   users:6.8%  ...
```

MongoDB 3.0으로 업그레이드되면서 MMAPv1 스토리지 엔진은 컬렉션 수준의 잠금으로 조금 더 최적화됐다. 하지만 대부분 서비스에서는 한 두개의 컬렉션이 전체 데이터의 많은 부분을 차지하므로 컬렉션 수준의 잠금은 잠금 경합 감소에 그다지 도움이 되지 않는 경우가 많다. 컬렉션 단위의 잠금이 도입되면서 MongoDB 서버도 다른 RDBMS와 같이 계층형 오브젝트(데이터베이스와 컬렉션의 관계)에 대한 동시성 처리를 보장하기 위해서 다중 레벨의 잠금(Multiple granularity locking) 방식이 도입됐다. 이를 위해서 MongoDB 서버에서는 S 잠금(Shared Lock)과 X 잠금(Exclusive)에 더불어서 IS 잠금(Intent Shared lock)과 IX 잠금(Intent Exclusive Lock)을 제공한다. IS와 IX 잠금은 이름 그대로 의도(Intent)를 표현하는 잠금인데, 둘을 묶어서 인텐션 잠금(Intention Lock)이라고도 한다.

> ⓘ 주의
>
> 앞서 잠깐 언급한 것과 같이 MMAPv1 스토리지 엔진은 자체적인 잠금을 전혀 가지지 않고 MongoDB 엔진 자체가 가진 잠금에 전적으로 의존한다. 그래서 MMAPv1 스토리지 엔진을 사용하는 컬렉션에서 발생하는 오퍼레이션들의 잠금은 MongoDB 엔진 자체의 잠금인 것이다. 만약 WiredTiger 스토리지 엔진으로 설명한다면 WiredTiger 스토리지 엔진 자체가 가지는 잠금을 같이 언급해야 하므로 내용이 복잡해지고 길어지게 된다. 그래서 설명의 편의를 위해서 MongoDB 엔진의 잠금을 MMAPv1 스토리지 엔진으로 대체해서 설명했다.

MMAPv1 스토리지 엔진에서는 인스턴스(글로벌 잠금) 잠금과 데이터베이스 그리고 컬렉션 레벨의 3단계 오브젝트에 대해서 잠금을 지원한다. MongoDB 2.6 버전까지는 데이터베이스 수준의 잠금을 사용하므로 MongoDB 2.6 버전까지는 컬렉션 레벨의 잠금이 없으며, MongoDB 3.0부터는 컬렉션 레벨의 잠금도 도입됐다. 이 잠금들은 다음 표와 같은 상호 호환 관계를 가진다.

	Intent Shared	Intent Exclusive	Shared	Exclusive
Intent Shared	O	O	O	X
Intent Exclusive	O	O	X	X
Shared	O	X	O	X
Exclusive	X	X	X	X

위의 표를 이해하기 위해서 간단히 데이터를 읽는 컨넥션과 데이터를 변경하는 컨넥션이 각각 필요로 하는 잠금에 대해서 살펴보자.

```
session-1)
  use orders
  db.orders.update( {user_id:1}, {$set: {order_state:"done"} } )

session-2)
```

```
use orders
db.orders.update( {user_id:2}, {$set: {order_state:"prepare"} } )
```

session-1은 orders 컬렉션의 데이터를 변경하므로 orders 데이터베이스에 대해서 IX 잠금을 필요로 한다. 그리고 orders 컬렉션에는 X 잠금을 걸어야 한다. 그리고 session-2도 동일하게 orders 컬렉션의 데이터를 변경하므로 orders 데이터베이스에 대해서 IX 잠금을 걸고 orders 컬렉션에 대해서는 X 잠금을 필요로 한다. 그러므로 위의 잠금 호환성을 기준으로 생각해보면 orders 데이터베이스에 대한 IX 잠금은 두 컨넥션이 동시에 획득할 수 있지만, orders 컬렉션의 X 잠금은 두 컨넥션이 동시에 획득할 수 없다. 그래서 두 컨넥션은 동시에 업데이트를 처리할 수 없고, 세션 하나씩 업데이트를 처리할 수밖에 없다.

이제 데이터를 조회만 하는 두 컨넥션의 잠금 경합을 살펴보자.

```
session-1)
  use orders
  db.orders.find( {user_id:1} )


session-2)
  use orders
  db.orders.find( {user_id:2} )
```

두 컨넥션 모두 데이터를 조회하므로 orders 데이터베이스에 대해서는 IS 잠금을 필요로 하며, orders 컬렉션에 대해서는 S 잠금을 필요로 한다. 그런데 위 잠금의 호환 표에서도 알 수 있듯이 IS와 S 잠금은 서로 호환된다. 그래서 두 컨넥션은 동시에 데이터를 조회할 수 있다.

MongoDB는 여러 컨넥션에서 요청하는 잠금을 적절한 동시성을 유지하면서 서로 문제를 일으키지 않도록 각 오브젝트(데이터베이스나 컬렉션) 단위로 잠금 요청 큐(Queue)를 관리한다. 대부분의 DBMS에서 잠금 큐는 완전히 공평하게 처리된다. 즉 큐에 먼저 들어온 잠금 대기가 항상 먼저 잠금을 획득한다. 하지만 MongoDB의 잠금 큐는 항상 공평하게 처리되지는 않는다. 예를 들어, 다음과 같은 잠금 요청이 큐에 들어왔다고 가정해보자.

IS	IS	X	X	S	IS

일반적으로 잠금 요청이 공평하게 처리되는 경우에는 왼쪽에 있는 2개의 IS 잠금만 먼저 허용돼야 한다. IS 잠금은 서로 호환되므로 왼쪽에 있는 IS 잠금 2개는 동시에 처리될 수 있다. 하지만 왼쪽에서 세 번째의 X 잠금은 어떤 잠금과도 호환되지 않기 때문에 허용될 수 없다. 그리고 오른쪽의 S와 IS 잠금은 자기보다 앞선 X 잠금이 허용되지 못하기 때문에 잠금 획득을 기다려야 한다. 하지만 MongoDB 서버에서는 동시 처리 성능을 높이기 위해서 잠금 대기 큐에서 잠금이 허용될 때, 큐에 있는 호환되는 잠금을 모두 동시에 허용해준다. 즉 왼쪽에 있는 2개의 IS 잠금을 허용할 때 IS 잠금과 동시에 허용할 수 있는 잠금(호환되는 잠금)인 S와 IS 잠금(잠금 대기 큐의 마지막에 있는)까지 모두 허용해주는 방식을 사용한다. 하지만 큐의 중앙에 있는 X 잠금 2개는 제일 왼쪽의 IS 잠금과 호환되지 않으므로 마지막에 처리된다.

MongoDB의 MMAPv1 스토리지 엔진은 지금까지 살펴본 바와 같이 컬렉션 수준의 잠금을 사용하기 때문에 DML 문장이 많이 실행되면 그만큼 읽기 쿼리가 컬렉션을 사용할 수 있는 시간이 줄어든다. 그래서 컬렉션의 데이터를 변경하는 DML 문장이 많으면 많을수록 동시 처리 성능이 떨어진다. 그리고 만약 DML 문장이 최적으로 튜닝되지 못하는 경우에는 DML 문장이 컬렉션의 잠금을 오래 선점한 상태로 남아있기 때문에 더 급격한 성능 저하를 보이게 된다.

6.1.2 WiredTiger 스토리지 엔진의 잠금

WiredTiger 스토리지 엔진은 다른 RDBMS처럼 도큐먼트(레코드) 기반의 잠금을 사용한다. 하지만 여전히 다양한 레벨의 오브젝트(데이터베이스와 컬렉션)에 대한 잠금을 위해서 다중 레벨의 잠금 (Multiple granularity locking) 방식도 같이 사용한다. WiredTiger 스토리지 엔진은 글로벌(Global, 인스턴스 레벨) 그리고 데이터베이스와 컬렉션 레벨의 인텐션 잠금(Intention Lock)을 활용하며, 인텐션 잠금은 데이터베이스 레벨이나 컬렉션 레벨의 명령(컬렉션의 생성 및 삭제 그리고 인덱스 생성 및 삭제)과 도큐먼트 레벨의 명령(도큐먼트 저장 및 변경)이 최적의 동시성을 유지하면서 실행될 수 있게 해준다.

인텐션 잠금은 이름 그대로 특정 오브젝트에 대해서 배타적 또는 공유 잠금에 대한 의도를 가지고 있다는 것을 의미하는데, 이는 현재 쓰레드가 특정 오브젝트에 대해서 읽기뿐만 아니라 변경 의도를 가지고 있음에도 다른 변경 의도를 가진 쓰레드도 허용하는 형태의 잠금이다. 이런 형태의 요건은 주로 계층형 데이터 구조에서 사용되는데, 대표적으로 데이터베이스와 컬렉션 그리고 컬렉션 하위에 있는 도큐먼트 간의 관계다. MongoDB의 각 오브젝트는 그림 6-1과 같은 계층 구조를 가지는데, 각 계층 구조에서 하위 오브젝트에 대해 잠금을 획득하려면 상위 계층의 인텐션 잠금을 먼저 획득해야 한다.

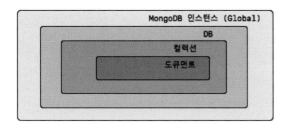

〈그림 6-1〉 MongoDB의 계층형 자료 구조

특정 도큐먼트를 변경하려면 해당 도큐먼트에 대해서 쓰기 잠금(Exclusive Lock)을 획득해야 하는
데, 이를 위해서는 먼저 글로벌 인텐션 잠금(Global Intention Exclusive Lock)과 데이터베이스 인
텐션 잠금(Database Intention Exclusive Lock) 그리고 컬렉션 인텐션 잠금(Collection Intention
Exclusive Lock)을 가져야 한다. 그리고 컬렉션의 도큐먼트를 읽기 위해서도 동일하게 글로벌 인텐
션 잠금과 데이터베이스 인텐션 잠금 그리고 컬렉션의 인텐션 잠금을 획득해야 하는데, 이때에는 도
큐먼트의 데이터를 변경하는 것이 아니고 읽는 것이므로 오브젝트 계층별로 읽기 인텐션 잠금(Global
Intention Shared Lock, Database Intention Shared Lock, Collection Intention Shared Lock)
을 획득하게 된다. 그런데 도큐먼트의 데이터를 변경할 때에는 해당 도큐먼트에 대해서 쓰기 잠금을 획
득해야 하지만, 도큐먼트를 읽기만 하는 경우에는 WiredTiger 스토리지 엔진에서 별도의 잠금을 이용
하지 않는다. 이를 MVCC(Multi Version Concurrency Control)라고 하는데, MVCC의 내부적인 작
동 방식은 "2.3 WiredTiger 스토리지 엔진" 절을 살펴보자.

> **참고**　실제 MongoDB 내부적으로 잠금의 관리 주체를 보면 글로벌과 데이터베이스 그리고 컬렉션 오브젝트들에 대한 잠
> 금은 MongoDB 서버가 할당 및 해제를 담당한다. 그리고 도큐먼트에 대한 잠금만 WiredTiger 스토리지 엔진이 담당한다.
>
> 그래서 도큐먼트 수준의 잠금을 가지지 않는 MMAPv1 스토리지 엔진에서는 별도의 잠금 처리가 전혀 없고, MongoDB 엔
> 진이 모두 관리해주는 것이며, RocksDB나 TokuDB 스토리지 엔진과 같은 전혀 다른 스토리지 엔진에서도 도큐먼트 수
> 준의 잠금은 각자 스토리지 엔진에서 구현하고 있다. 그래서 db.currentOp() 명령으로 잠금 상태를 확인해보면 인스턴스
> 와 데이터베이스 그리고 컬렉션에 대한 잠금 정보는 보이지만 실제 각 도큐먼트 수준의 잠금은 확인되지 않는다. 물론 이는
> MongoDB가 계속 버전 업그레이드되면서 나아질 것으로 보인다. 스토리지 엔진별로 잠금의 주체가 다르기 때문에 보이는
> 방식이나 문제가 발생했을 때 해결 방법이 달라져야 한다는 것이다.

이제 몇 가지 명령에 대해서 MongoDB 엔진과 WiredTiger 스토리지 엔진이 어떤 잠금을 필요로 하
는지 살펴보자.

```
db.fsyncLock( {fsync:1, lock:true} )
```

db.fsyncLock() 명령은 데이터 파일의 변경된 페이지를 디스크로 동기화하는 명령으로 lock 옵션이 true로 설정되면 데이터 파일의 더티 페이지를 디스크로 플러시하고 MongoDB 서버 전체적으로 쓰기를 막는 글로벌 잠금을 걸게 된다. 글로벌 잠금이 걸리면 다른 컨넥션은 물론이고 db.fsyncLock() 명령을 실행한 컨넥션에서도 데이터의 변경을 할 수 없게 된다는 것에 주의해야 한다.

```
db.users.createIndex( {user_id:1}, {background:false} )
```

db.users.createIndex()는 컬렉션의 인덱스를 생성하는 명령으로, 이는 컬렉션의 메타 정보를 변경하므로 컬렉션에 대해서 배타적 잠금을 걸게 된다. 그런데 컬렉션의 인덱스 생성은 그 컬렉션을 포함하고 있는 데이터베이스의 변경과 충돌이 발생할 수 있다. 예를 들어, users 컬렉션이 mysns라는 데이터베이스에 속해 있다고 가정해보자. 이때 1번 컨넥션에서 users 컬렉션의 인덱스를 생성하고 있는데, 2번 컨넥션에서 mysns 데이터베이스를 삭제하려고 한다면 2번 컨넥션의 데이터베이스 삭제 작업은 반드시 1번 컨넥션의 인덱스 생성 작업이 끝날 때까지 기다려야 할 것이다. 그래서 컬렉션의 인덱스 생성 작업은 그 컬렉션을 포함하는 데이터베이스에 대해서 IX 잠금(Intention Exclusive 잠금)을 먼저 획득해야 한다. 또한 MongoDB 서버의 글로벌 IX 잠금(Intention Exclusive 잠금)도 기본적으로 획득해야 한다. 그림 6-2는 이 시나리오를 간략하게 나타낸 그림이다.

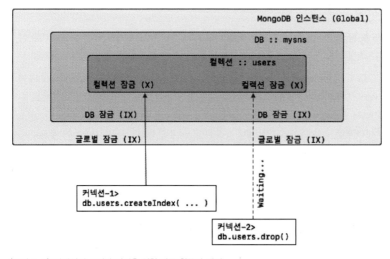

〈그림 6-2〉 컬렉션의 스키마 변경을 위한 잠금 획득과 대기

```
db.users.update( {user_id:"lara"}, {$set: {user_name:"Kim…"}} )
db.users.update( {user_id:"matt"}, {$set: {user_name:"Lee…"}} )
```

db.users.insert()와 db.users.update() 그리고 db.users.remove() 명령은 컬렉션의 개별 도큐먼트를 변경하므로 명령이 실행되는 동안 다른 컨넥션에서 users 컬렉션과 users 컬렉션을 포함한 데이터베이스를 변경하지 못하도록 막으려면 컬렉션과 데이터베이스 그리고 MongoDB의 글로벌에 대해서 IX 잠금(Intention Exclusive)을 획득해야 한다. 그리고 실제 insert나 update 명령이 변경하고자 하는 도큐먼트에는 X 잠금을 걸어야 한다. 이는 실제 변경하고자 하는 도큐먼트를 다른 컨넥션에서 변경하지 못하도록 막기 위함이다. 그리고 데이터베이스나 컬렉션에 대해서 X 잠금을 걸지 않고 IX 잠금을 거는 이유는 users 컬렉션의 도큐먼트를 변경하고자 하는 다른 컨넥션들도 처리를 수행할 수 있게 하기 위함이다. 그림 6-3은 2개의 컨넥션이 users 컬렉션의 서로 다른 도큐먼트를 변경하려고 할 때 어떤 잠금을 획득하게 되는지 보여주고 있다.

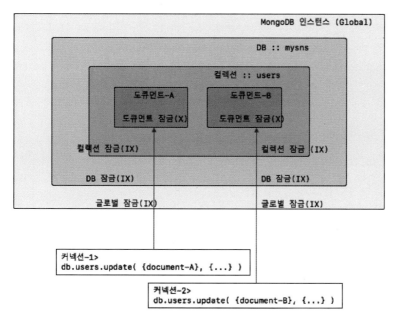

〈그림 6-3〉 도큐먼트 변경을 위한 잠금 획득과 대기

그림 6-3에서는 글로벌과 데이터베이스 그리고 컬렉션에 대해서 서로 IX 잠금을 획득하게 되고, IX 잠금은 서로 호환되므로 1번과 2번 컨넥션이 동시에 데이터 변경을 처리할 수 있음을 보여주고 있다. 만약 update() 명령이 글로벌이나 데이터베이스 그리고 컬렉션에 대해서 IX 잠금이 아니라 X 잠금을 걸

게 된다면 어떻게 될까? 만약 데이터베이스에 대해서 X 잠금이 필요하다면 1번 컨넥션이 데이터베이스에 대해서 X 잠금을 먼저 걸고 업데이트를 처리할 것이다. 그러나 1번 컨넥션이 업데이트를 끝내기 전까지 2번 컨넥션은 아무것도 하지 못하고 기다려야 한다. 인텐션 잠금(Intention Lock)은 이렇게 다른 컨넥션과의 동시 처리에서 서로에게 악영향을 미칠 만한 작업은 막고 서로에게 영향이 없는 작업은 동시에 처리될 수 있게 해준다.

db.users.update() 명령은 컬렉션의 도큐먼트를 변경하기 위해서 글로벌 그리고 데이터베이스와 컬렉션에 대해서 IX 잠금을 획득해야 한다. 그림 6-4는 1번 컨넥션에서 createIndex() 명령이 users 컬렉션의 X 잠금을 먼저 획득한 상태에서 2번 컨넥션이 users 컬렉션의 도큐먼트를 변경하기 위해 1번 컨넥션의 createIndex() 명령이 완료되고 컬렉션의 X 잠금이 해제될 때까지 기다리는 상황을 보여주고 있다.

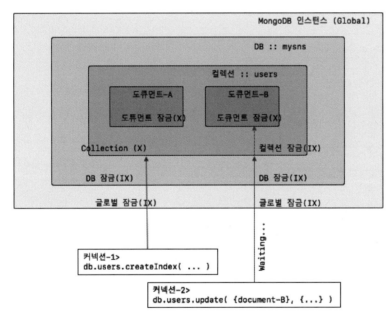

〈그림 6-4〉 스키마 변경과 도큐먼트 변경을 위한 잠금 획득과 대기

```
db.users.find( {user_id: "matt"} )
```

db.users.find() 쿼리도 insert()나 update()와 마찬가지로 쿼리가 실행되는 동안 데이터베이스나 컬렉션이 삭제된다거나 하면 안 된다. 그래서 반드시 글로벌 그리고 데이터베이스와 컬렉션에 대해서 인텐션 잠금을 걸어야 한다. 하지만 find() 명령은 데이터 변경이 아니므로 IS(Intention Shared) 잠금을 획득하게 된다. 그러나 WiredTiger 스토리지 엔진은 find() 쿼리가 조회하는 도큐먼트들에 대해서는 아무런 잠금을 걸지 않는다. 이는 MongoDB의 MVCC(Multi version concurrency control) 덕분에 가능한 것이다. WiredTiger 스토리지 엔진에서는 도큐먼트를 변경할 때 기존 버전은 그대로 두고 새로운 버전을 추가한다. 즉 변경되는 내역을 모두 관리한다. 그래서 find() 쿼리는 현재 트랜잭션에서 읽어야 할 도큐먼트의 버전을 찾아서 읽기만 하면 된다. 이렇게 MVCC를 이용해서 잠금 없이 도큐먼트를 읽는다고 해서 이를 "잠금없는 일관된 읽기(Consistent non-locking read)"라고도 한다. 특정 컨넥션에서 A라는 도큐먼트를 변경하고 있는 중에도 다른 컨넥션에서는 그 도큐먼트를 읽을 수 있다. 하지만 실제로는 그 도큐먼트가 변경되기 이전 버전을 읽는 것이기 때문에 별도의 잠금을 필요로 하지 않는 것이다.

6.1.3 잠금 Yield

대부분의 RDBMS에서는 쿼리를 처리하기 위해서 한번 잠금을 획득하면 쿼리의 처리가 완료(또는 실패)될 때까지 한번 획득한 잠금을 다시 해제하지는 않는다. 하지만 MongoDB 서버는 트랜잭션을 지원하지 않는 NoSQL DBMS로부터 시작했기 때문에 트랜잭션의 요건이 그다지 크지 않았을 뿐만 아니라 트랜잭션이 MongoDB의 주요 목표가 아니었다. MonogDB 서버는 트랜잭션보다는 높은 동시성 처리가 더 우선순위였는데, 이런 목표를 위해서 MongoDB 서버에서는 설정된 조건보다 오랜 시간 실행되거나 많은 자원을 소모하는 경우에는 잠깐 쉬었다가 다시 처리를 재개하도록 구현했다.

이렇게 쿼리를 실행하는 도중에 잠깐 쉬었다가 쿼리의 실행을 재개하는 것을 MongoDB 서버에서는 Yield(양보)라고 한다. MongoDB 서버의 Yield는 단순히 쿼리의 처리를 멈추고 잠깐 쉬는(Sleep) 것이 아니라, 처리 중인 쿼리를 위해서 획득했던 잠금까지 모두 해제하고 지정된 시간 동안 쉬게 된다. 예를 들어, 다음 쿼리를 한번 생각해보자. 다음 쿼리는 인덱스를 가지지 않은 필드에 대해서 검색을 수행하므로 전체 컬렉션을 처음부터 끝까지 읽어야만 원하는 결과를 찾을 수 있다.

```
db.users.find( {non_indexed_field:"value"} )
```

이 쿼리를 처리하는 컨넥션은 우선 글로벌과 데이터베이스 그리고 컬렉션에 대해서 IS 잠금을 걸게 된다. 그런데 쿼리를 처리하는 도중에 일정 규칙에 맞으면 쿼리를 처리하는 쓰레드는 가지고 있는 모든 잠금을 반납(해제)하고 일정 시간 동안 쉬게(Sleep) 된다. 이때 Yield를 수행하는 규칙은 다음 2가지다.

- 쿼리가 지정된 건수의 도큐먼트를 읽은 경우

- 쿼리가 지정된 시간 동안 수행된 경우

MongoDB 서버의 기본값은 128개의 도큐먼트를 읽었거나 10밀리초 이상 실행했을 때 Yield를 수행한다. 도큐먼트 건수나 수행 시간에 대한 설정은 MongoDB 서버의 내부 파라미터를 조정하면 된다. 우선 MongoDB 서버의 현재 Yield 기준은 다음과 같이 getParameter 명령으로 확인할 수 있다.

```
mongo> use admin
mongo> db.runCommand( { getParameter : '*' } )
{
    ...
    "internalQueryExecYieldIterations" : 128,
    "internalQueryExecYieldPeriodMS" : 10,
    ...
}
```

만약 Yield가 실행되는 기준을 변경하고자 한다면 다음과 같이 조정할 수 있다.

```
mongo> use admin
mongo> db.runCommand( { setParameter: 1,
                        "internalQueryExecYieldIterations" : 256 }
mongo> db.runCommand( { setParameter: 1,
                        "internalQueryExecYieldPeriodMS" : 20 }
```

MongoDB 2.4 이전 버전까지는 Yield 과정이 단순히 잠금을 해제하고 점유하고 있던 CPU를 놓고(리눅스의 pthread_yield 시스템 콜) 다시 CPU를 점유할 때까지 기다리는 형태였다. 그런데 MongoDB 2.4 초기 버전에서는 무조건 Yield 과정이 1밀리초만큼 Sleep하도록 구현됐는데, 이로 인해서 쿼리의 성능 저하가 많이 발생하게 됐다. 그래서 MongoDB 2.4 후반 버전에서 다시 이전처럼 CPU만 놓고 다시 쓰레드가 스케줄링되는 형태로 돌아왔다. 그래서 현재 많이 사용되는 MongoDB 3.2부터는 Yield 과정이 특정 시간 동안 쉬는(Sleep) 형태가 아니라 가지고 있던 잠금을 해제하고 가지고 있던 CPU 점유권을 놓고 다시 운영 체제의 쓰레드 스케줄을 기다리는 형태로 처리된다.

6.1.4 잠금 진단

MongoDB 서버에서는 db.currentOp() 명령으로 현재 실행 중인 명령들의 목록을 조회할 수 있다. 이때 각 프로세스의 목록은 클라이언트 정보 그리고 쿼리의 내용과 더불어서 잠금의 내용도 확인할 수 있다. MongoDB 서버의 잠금 표시에서 배타적 잠금은 "W(Write)"로 표시되며, 공유 잠금은 "R(Read)"로 표시된다. 그리고 잠금 표기에서 대소문자가 서로 다른 의미를 가지고 있는데, 다음 표는 2.2 버전부터 2.6 버전까지 MongoDB 서버에서 잠금 표시가 가지는 의미다.

소문자 "r"	데이터베이스 레벨의 Shared Lock
소문자 "w"	데이터베이스 레벨의 Exclusive Lock
대문자 "R"	글로벌 Shared Lock
대문자 "W"	글로벌 Exclusive Lock

하지만 MongoDB 3.0 버전부터는 대소문자가 가지는 의미가 조금 다르다. MongoDB 3.0 버전부터는 잠금이 효력을 미치는 범위(대상 오브젝트)별로 잠금을 별도로 표기하도록 변경됐다. 그리고 잠금 표기에서 대소문자는 인텐션 잠금 여부를 표시하기 위한 구분으로 사용된다.

소문자 "r"	Intention Shared Lock
소문자 "w"	Intention Exclusive Lock
대문자 "R"	Shared Lock
대문자 "W"	Exclusive Lock

이제 쿼리의 종류별로 간단히 어떤 잠금이 필요한지, 그리고 출력된 내용을 어떻게 해석하는지 간단히 살펴보자. 다음 예제는 db.currentOp() 명령으로 현재 실행 중인 프로세스의 목록을 조회해서 나온 결과 중에서 업데이트를 실행 중인 프로세스의 정보를 발췌한 것이다. 다음 내용은 MongoDB 3.2 버전에서 수집한 내용이므로 소문자 "w"와 "r"은 인텐션 잠금을 의미한다.

```
{
    ...
    "op" : "update",
    "ns" : "mysns.users",
    "query" : {
    },
```

```
            "planSummary" : "COLLSCAN",
            "numYields" : 1617,
            "locks" : {
                    "Global" : "w",
                    "Database" : "w",
                    "Collection" : "w"
            },
            "waitingForLock" : false,
            "lockStats" : {
                    "Global" : {
                            "acquireCount" : {
                                    "w" : NumberLong(1618)
                            }
                    },
                    "Database" : {
                            "acquireCount" : {
                                    "w" : NumberLong(1618)
                            }
                    },
                    "Collection" : {
                            "acquireCount" : {
                                    "w" : NumberLong(1618)
                            }
                    }
            }
    }
}
```

위 내용은 locks 필드가 업데이트 명령을 실행하기 위해서 어떤 잠금을 걸고 있는지 보여준다. "locks" 필드에서는 글로벌과 데이터베이스 그리고 컬렉션에 대해서 IX 잠금을 획득한 것을 보여주고 있다. 그리고 lockStats 필드에서는 글로벌 그리고 데이터베이스와 컬렉션별로 인텐션 잠금을 획득했던 횟수를 보여주고 있다. db.currentOp() 명령뿐만 아니라 쿼리가 설정된 시간 이상 실행된 경우에는 MongoDB 서버의 로그 파일에도 다음과 같이 명령이 어떤 잠금을 얼마나 획득했었는지 보여준다.

```
2017-02-28T14:48:19.728+0900 I WRITE     [conn2]
update mysns.users appName: "MongoDB Shell" planSummary: COLLSCAN
update: { $set: { name: "matt" } }
keysExamined:0
```

```
docsExamined:1000000
nMatched:1000000
nModified:999999
numYields:7928
locks:{
    Global: { acquireCount: { r: 7929, w: 7929 } },
    Database: { acquireCount: { w: 7929 } },
    Collection: { acquireCount: { w: 7929 } } } 9296ms
```

MongoDB의 잠금과 관련된 정보는 잠금을 기다린 시간(timeAcquiringMicros), 잠금을 획득한 횟수(acquireCount), 잠금을 기다린 횟수(acquireWaitCount), 잠금을 가지고 있었던 시간(timeLockedMicros) 등 다양한 정보가 출력된다. 하지만 이 중에서 값이 없는 경우(값이 0인 경우)에는 해당 내용이 출력되지 않는다. db.currentOp() 명령뿐만 아니라 MongoDB 서버의 로그 파일에서 볼 수 있듯이 잠금을 획득했던 횟수만 보이는데, 이는 나머지 정보가 거의 0이었다는 것을 의미한다.

다음 예제는 users 컬렉션을 검색하는 쿼리가 실행되는 상태를 db.currentOp() 명령으로 확인해본 것이다. 이 예제에서는 글로벌과 데이터베이스 그리고 컬렉션에 대해서 IS 잠금을 획득했는데, 글로벌 잠금은 지금까지 12,868번 잠금을 해제했다가 다시 점유한 것을 알 수 있다. 그리고 데이터베이스와 컬렉션은 6,434번 잠금을 획득하고 해제했음을 알 수 있는데, 이로 봐서 이 쿼리는 상당히 오랜 시간 동안 실행됐음을 예측할 수 있다. 쿼리의 실행 계획(planSummary 필드)을 보면 인덱스 스캔을 사용하지 못하고 풀 컬렉션 스캔을 수행하는 것도 확인할 수 있다.

```
mongo> db.users.find( {name: "lara"} )
{
        ...
        "op" : "query",
        "ns" : "mysns.users",
        "query" : {
                "find" : "users",
                "filter" : {
                        "name" : "lara"
                }
        },
        "planSummary" : "COLLSCAN",
        "numYields" : 6433,
```

```
        "locks" : {
                "Global" : "r",
                "Database" : "r",
                "Collection" : "r"
        },
        "waitingForLock" : false,
        "lockStats" : {
                "Global" : {
                        "acquireCount" : {
                                "r" : NumberLong(12868)
                        }
                },
                "Database" : {
                        "acquireCount" : {
                                "r" : NumberLong(6434)
                        }
                },
                "Collection" : {
                        "acquireCount" : {
                                "r" : NumberLong(6434)
                        }
                }
        }
}
```

다음 예제는 users 컬렉션에 대해서 인덱스를 생성하는 프로세스의 상태를 db.currentOp() 명령으로 확인해본 것이다. 이 명령은 글로벌에 대해서는 IX 잠금을 걸고 있지만, 데이터베이스에 대해서는 배타적 잠금(대문자 "W")인 것을 알 수 있다. 이는 컬렉션의 인덱스 생성이 그 컬렉션이 포함된 데이터베이스 레벨의 잠금을 획득한다는 것을 알 수 있다. 그래서 하나의 데이터베이스에 포함된 여러 컬렉션의 인덱스를 동시에 생성할 수 없다는 것도 예측할 수 있다. 정작 인덱스를 생성하는 컬렉션에 대해서는 IX 잠금(소문자 "w")인 것을 확인할 수 있는데, 사실 이미 상위 레벨의 데이터베이스에 대해서 배타적 잠금이 걸렸기 때문에 다른 컨넥션은 이 데이터베이스 하위의 오브젝트를 읽고 쓸 수 없는 상태가 된 것이다. 그래서 하위 레벨의 컬렉션 자체는 IX 잠금이라 하더라도 실제로는 배타적 잠금과 동일한 수준으로 취급된다.

```
mongo> db.users.createIndex( {name:1} )

// 다른 컨넥션으로 인덱스 생성중인 프로세스 확인
mongo> db.currentOp()
{
        "op" : "command",
        "ns" : "mysns.$cmd",
        "query" : {
                "createIndexes" : "users",
                "indexes" : [
                        {
                                "key" : {
                                        "name" : 1
                                },
                                "name" : "name_1"
                        }
                ]
        },
        "msg" : "Index Build Index Build: 178879/1000000 17%",
        "progress" : {
                "done" : 178881,
                "total" : 1000000
        },
        "numYields" : 0,
        "locks" : {
                "Global" : "w",
                "Database" : "W",
                "Collection" : "w"
        },
        "waitingForLock" : false,
        "lockStats" : {
                "Global" : {
                        "acquireCount" : {
                                "r" : NumberLong(1),
                                "w" : NumberLong(1)
                        }
                },
                "Database" : {
                        "acquireCount" : {
```

```
                    "W" : NumberLong(1)
                }
        },
        "Collection" : {
                "acquireCount" : {
                        "w" : NumberLong(1)
                }
        }
    }
  }
}
```

6.2 트랜잭션

MongoDB 서버에서 트랜잭션은 그다지 높은 우선순위가 아니었다. 그래서 MMAPv1 스토리지 엔진이 사용되던 MongoDB 2.6 버전까지는 트랜잭션이라고 할 만한 요소가 별로 없었다. 그런데 WiredTiger 스토리지 엔진을 MongoDB에서 사용할 수 있게 되면서부터 트랜잭션 처리에 대한 고려가 조금은 필요해졌다. 여기에서 설명하는 대부분의 트랜잭션과 관련된 설명은 WiredTiger 스토리지 엔진과 연관된 부분이며, MMAPv1 스토리지 엔진에 대한 부분은 그다지 많지 않다. 여기에서는 MMAPv1 스토리지 엔진과 연관된 부분은 별도로 언급하겠다.

> **① 주의**
>
> WiredTiger 스토리지 엔진은 처음부터 NoSQL DBMS를 위한 엔진으로 설계된 것이 아니다. 그래서 WiredTiger 스토리지 엔진은 NoSQL DBMS보다 기존 RDBMS 서버들이 가진 트랜잭션의 속성들을 대부분 가지고 있다. 하지만 WiredTiger 스토리지 엔진을 둘러싸고 있는 MongoDB 서버에서는 WiredTiger 스토리지 엔진이 가진 트랜잭션의 모든 기능을 활용하고 있지는 않다. 그래서 여기에서 설명하는 WiredTiger 스토리지 엔진의 설명들이 아직 MongoDB 서버에서는 적용되지 않는 부분처럼 보일 수도 있다.

WiredTiger 스토리지 엔진이 제공하는 트랜잭션의 ACID(Atomicity, Consistency, Isolation, Durability) 속성은 다음과 같은 특성이 있다.

- 최고 레벨의 격리 수준은 Snapshot(Repeatable-read)
- 트랜잭션의 커밋(Commit)과 체크포인트(Checkpoint) 2가지 형태로 영속성(Durability) 보장
- 커밋되지 않은 변경 데이터는 공유 캐시 크기보다 작아야 함

기존의 RDBMS에서는 일반적으로 READ-UNCOMMITTED와 READ-COMMITTED 그리고 REPEATABLE-READ와 SERIALIZABLE 4가지의 격리 수준을 제공한다. 하지만 WiredTiger 스토리지 엔진은 SERIALIZABLE 격리 수준은 제공하지 않으며, REPEATABLE-READ와 같은 수준인 Snapshot 격리 수준이 최고 수준이다. 또한 WiredTiger 스토리지 엔진은 트랜잭션 로그(저널 로그 또는 리두 로그)뿐만 아니라 체크포인트로도 영속성(Durability)이 보장된다. 즉 트랜잭션 로그가 없어도 마지막 체크포인트 시점의 데이터를 복구할 수 있다. 마지막으로 WiredTiger 스토리지 엔진의 트랜잭션 특성 중 중요한 것은 트랜잭션이 커밋되기 전에는 트랜잭션 로그를 디스크로 기록하지 않는다는 것이다. 그래서 하나의 트랜잭션이 변경할 수 있는 데이터의 크기는 WiredTiger 스토리지 엔진이 가진 공유 캐시의 크기로 제한된다. 이는 서비스의 특성에 따라서 문제가 될 수도 있고 아닐 수도 있다. 하지만 MongoDB 서버는 기본적으로 도큐먼트 기반의 트랜잭션만 지원하므로 MongoDB 서버에 내장된 WiredTiger 스토리지 엔진에서는 큰 문제가 되지 않는다.

WiredTiger 스토리지 엔진에서는 READ-UNCOMMITTED와 READ-COMMITTED 그리고 SNAPSHOT(REPEATABLE-READ) 격리 수준을 제공하지만, 실제 MongoDB 서버에 내장된 WiredTiger 스토리지 엔진의 격리 수준을 선택해서 사용할 수는 없다. 현재 MongoDB 서버에서는 WiredTiger 스토리지 엔진의 격리 수준을 SNAPSHOT 레벨로 고정해서 초기화하기 때문이다. 그렇다고 해서 MongoDB 서버가 WiredTiger 스토리지 엔진의 SNAPSHOT(REPEATABLE-READ) 격리 수준을 100% 보장하는 것은 아니다. MongoDB 서버에서 제공하는 SNAPSHOT 격리 수준의 특성과 튜닝 방법에 대해서는 다시 살펴보겠다.

6.2.1 쓰기 충돌(Write Conflict)

데이터를 변경하는 작업 도중에 MongoDB 서버는 다른 RDBMS와 달리 쓰기 충돌(Write Conflict)이 발생할 수도 있다. 그림 6-5는 기존의 RDBMS 서버에서 동일한 데이터를 변경하려고 할 때 처리되는 과정을 나타낸 그림이다. 아마도 많은 사용자가 그림 6-5와 같은 처리 과정에 상당히 익숙할 것이다.

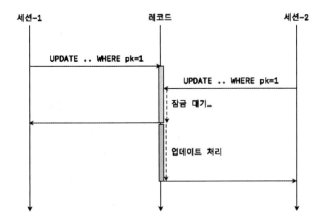

〈그림 6-5〉 같은 도큐먼트를 변경하기 위한 경합(RDBMS)

그림 6-5에서 볼 수 있듯이 RDBMS 서버에서 두 세션이 동시에 하나의 레코드를 변경하고자 할 때, 해당 레코드에 대해서 잠금을 먼저 획득한 세션이 데이터를 모두 변경하고 잠금을 해제할 때까지 나머지 세션은 기다리게 된다. 물론 기다리는 시간을 지정할 수는 있지만, 우선은 잠금이 해제될 때까지 기다리는 것을 기본으로 한다. 그리고 1번 세션의 업데이트가 완료되고 잠금이 해제되면 RDBMS 서버는 그 레코드의 잠금 큐를 확인해서 다음 잠금 요청을 허용한다. 그러면 2번 세션은 자신의 업데이트 문장을 처리한다.

하지만 MongoDB 서버는 이렇게 하나의 데이터(도큐먼트)를 동시에 변경하려고 하는 상황을 쓰기 충돌(Write Conflict)이라고 하는데, 그림 6-6은 MongoDB 서버가 이런 쓰기 충돌 상황을 어떻게 처리하는지 보여주고 있다.

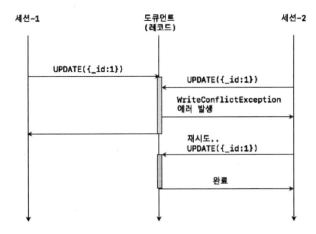

〈그림 6-6〉 같은 도큐먼트 변경을 위한 경합(MongoDB)

그림 6-6에서 볼 수 있듯이 MongoDB 서버는 기존의 RDBMS와는 조금 다르게 작동한다. Mongo DB 서버는 변경하고자 하는 도큐먼트가 이미 다른 컨넥션에 의해서 잠금이 걸려있으면 즉시 업데이트 실행을 취소한다. 이때 MongoDB 서버의 각 스토리지 엔진은 WriteConflict Exception을 반환한다. 그러면 업데이트 명령을 실행했던 세션은 WriteConflict Exeption을 받고, 같은 업데이트 문장을 재실행한다. 이러한 재처리(Retry) 과정은 MongoDB 서버 프로세스 내부에서만 실행되며, 실제 응용 프로그램에서는 이런 재처리 과정이 있었는지 알아채지 못한다. 즉 WriteConflict로 인한 재처리 과정은 응용 프로그램에는 투명하게 작동한다.

기존의 RDBMS에서도 마찬가지이지만 MongoDB 서버에서 하나의 도큐먼트를 많은 쓰레드가 동시에 변경하려고 하는 경우에는 심각한 문제가 될 수도 있다. 기존의 RDBMS에서는 잠금 대기를 하는 세션의 개수가 늘어나게 되지만, MongoDB 서버에서는 UPDATE 문장의 실행이 폭증하는 현상이 발생한다. 그래서 MongoDB서버는 이렇게 하나의 도큐먼트에 변경이 집중되면 쓰기 충돌과 재처리 과정이 반복 실행되면서 CPU의 사용량이 높아지지만 실제 사용자의 요청을 처리하는 성능은 떨어질 가능성이 높다. MongoDB 서버에서 WriteConflict Exception이 얼마나 발생했는지는 다음과 같이 db.serverStatus() 명령으로 확인할 수 있다. MongoDB 서버의 성능 모니터링에서 WriteConflict Exception이 내부적으로 얼마나 발생하고 있는지는 중요한 모니터링 포인트이며, WriteConflict가 빈번하게 발생한다면 컬렉션의 모델을 조금 변경해서 WriteConflict를 최소화하는 것이 좋다.

```
mongo> db.serverStatus()
{
    ...
    "metrics" : {
        ...
        "operation" : {
            "scanAndOrder" : NumberLong(0),
            "writeConflicts" : NumberLong(0)
        },
    ...
```

> ⊙ 주의
>
> WiredTiger 스토리지 엔진에서 도큐먼트를 읽는 쿼리(find 명령)는 WriteConflict와는 무관하다. 각 트랜잭션은 자기가 읽을 수 있는 데이터의 가시 범위가 정해져 있기 때문에 그 가시 범위의 이력을 참조하면 된다. 그리고 변경된 이력은 다른 컨넥션에서도 변경은 할 수 없기 때문에 WiredTiger 스토리지 엔진에서는 변경된 데이터의 이력(Undo History)을 잠금 없이 읽을 수 있다. 그래서 다른 컨넥션에서 잠금을 걸고 변경하고 있는 도큐먼트라 하더라도 WiredTiger 스토리지 엔진은 진행 중인 데이터 변경과는 무관하게 필요한 도큐먼트를 읽어갈 수 있다.

6.2.2 단일 도큐먼트 트랜잭션(Single Document transaction)

MongoDB 서버는 처음 시작부터 단일 도큐먼트의 트랜잭션만 지원하고 있다. 단일 도큐먼트의 변경에 대해서는 원자 단위의 처리가 보장된다는 것을 의미한다. 사실 이는 DBMS 서버의 아주 기본적인 요건에 속한다. 도큐먼트(레코드) 단위의 원자성도 보장되지 않는다면 컬렉션이 인덱스를 가질 수 없기 때문이다. MongoDB 서버에서 도큐먼트의 데이터를 변경하면 실제 이 작업들은 잘게 쪼개지고, WiredTiger 스토리지 엔진에는 여러 컬렉션을 변경하는 작업으로 나누어진다. 다음과 같이 하나의 인덱스를 가지는 users 컬렉션에 도큐먼트를 INSERT 하는 과정을 한번 생각해보자.

```
db.users.createIndex( {name:1} )
db.users.insert( {user_id: "matt", name:"matt"} )
```

MongoDB 서버는 db.users.insert() 명령 하나를 다음과 같이 여러 개의 INSERT로 나누어서 처리한다.

```
1. users collection INSERT
2. users({name:1}) index INSERT
3. OpLog collection INSERT
```

그리고 WiredTiger 스토리지 엔진은 당연히 3개의 INSERT 명령을 하나의 트랜잭션으로 실행한다. 실제 우리가 RDBMS에서 자주 사용하던 BEGIN~COMMIT 명령을 MongoDB 서버가 WiredTiger 스토리지 엔진을 대상으로 실행하는 것이다.

WiredTiger 스토리지 엔진은 실제 RDBMS와 같은 수준의 트랜잭션을 지원하고 있기 때문에 향후 버전의 MongoDB 서버에서는 여러 도큐먼트 처리에 대해서도 트랜잭션을 지원하게 될지도 모르겠다. 하지만 MongoDB 서버는 기본적으로 샤딩을 고려한 데이터베이스라서 단일 샤드에서만 지원되는 트랜잭션이 어떤 의미를 가지게 될지는 사용자별로, 서비스의 요건별로 달라질 것으로 보인다. 그런데 DBMS에서 트랜잭션은 매우 중요한 요소이며, 트랜잭션을 응용 프로그램에서 우회하기에는 개발 생산성이 너무 떨어지게 된다. 아마도 MongoDB 서버의 향후 로드맵에는 반드시 각 서버 단위의 트랜잭션을 포함해서 샤드 간 분산 트랜잭션이 포함되지 않을까 기대해본다.

MMAPv1 스토리지 엔진에서는 단일 도큐먼트의 트랜잭션을 보장하기 위해서 운영 체제의 페이지 캐시에 대한 "Shared & Private View" 기능을 활용한다. MongoDB 서버에서 UPDATE를 처리하는 쓰레드는 공유 메모리(운영 체제의 페이지 캐시)로부터 도큐먼트를 쓰레드를 자신만 볼 수 있는 메모리 공간에 복사한다. 그리고 도큐먼트 변경이 완료되면 변경 내용을 저널 로그로 기록하고 자신만 볼 수 있던 메모리 공간을 공유 메모리 공간으로 병합한다. 그림 6-7은 MMAPv1의 "Shared & Private View" 기능이 작동하는 방식을 나타낸 그림이다.

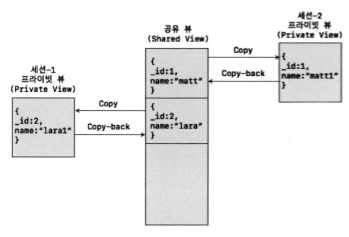

〈그림 6-7〉 리눅스 메모리 맵의 Shared & Private View 작동 방식

실제 이렇게 공유 메모리 공간(Shared View)과 쓰레드별 메모리 공간(Private View)을 위해서 데이터를 복사하고 병합하는 코드는 MongoDB 서버가 처리하는 것이 아니라 리눅스의 메모리 맵(MMAP)에서 제공하는 Shared Mapped 메모리와 Private Mapped 메모리 기능(https://en.wikipedia.org/wiki/Mmap)을 이용한 것이다. 결국 MMAPv1 스토리지 엔진은 도큐먼트 단위의 트랜잭션을 위해서 리눅스 커널의 기능을 활용하고 있다. 이런 이유로 MMAPv1 스토리지 엔진은 운영 체제의 시스템 콜에 상당히 의존하며, MongoDB 서버의 모니터링이나 튜닝을 위해서는 리눅스 커널의 지식이 필수적이다.

6.2.3 문장의 트랜잭션(Statement transaction) 처리

MongoDB 서버가 도큐먼트 단위의 트랜잭션만 지원한다는 것은 이미 살펴봤다. 그렇다면 다음과 같이 하나의 INSERT 문장에 여러 도큐먼트가 저장되는 배치 INSERT와 한 번에 여러 도큐먼트를 변경하는 업데이트 문장의 트랜잭션은 어떻게 처리될까?

```
db.users.insert( [
    {_id:1, name: "matt"},
    {_id:2, name: "lara"},
])

db.users.update( {name:"matt"}, {$set: {score:90}}, {multi:true} )
```

여러 도큐먼트를 변경하긴 하지만 하나의 문장으로 요청된 처리이므로 트랜잭션이 지원되지 않을까? 라고 생각할 수도 있지만, 실제 MongoDB 서버에서 위의 문장들은 다음과 같이 작은 트랜잭션으로 다시 쪼개져서 실행된다. 물론 users 컬렉션이 추가로 인덱스를 가지고 있다면 각 도큐먼트의 인덱스는 그 도큐먼트의 트랜잭션에 포함될 것이다.

```
BEGIN
    db.users.insert({_id:1, name:"matt"})
COMMIT

BEGIN
    db.users.insert({_id:2, name:"lara"})
COMMIT
```

그래서 하나의 명령으로 INSERT 또는 UPDATE 된다고 하더라도 결국 도큐먼트 기반의 작은 트랜잭션으로 나뉘어서 처리된다. {multi:true} 옵션을 명시한 UPDATE 문장도 동일하게 변경해야 할 도큐먼트 단위로 트랜잭션이 시작되고 커밋된다. 그래서 여러 도큐먼트를 한번에 INSERT하는 명령이나 배치로 데이터를 변경하는 명령(Bulk Write)으로 여러 도큐먼트를 한 번에 변경하는 경우, 업데이트 중간에 에러가 발생하면 에러가 발생한 시점부터는 모든 작업이 무시되지만 이전에 변경된 도큐먼트는 되돌려지지 않는다. 다음 예제는 INSERT를 처리하는 도중에 에러가 발생하도록 배치 INSERT를 실행해본 것이다.

```
mongo> db.dup.insert([{_id:1, name:"matt"}, {_id:1, name:"matt"}, {_id:2, name:"lara"}])
BulkWriteResult({
        "writeErrors" : [
                {
                        "index" : 1,
                        "code" : 11000,
```

```
                            "errmsg" : "E11000 duplicate key error collection: admin.dup index: _id_ dup
        key: { : 1.0 }",
                            "op" : {
                                    "_id" : 1,
                                    "name" : "matt"
                            }
                    }
            ],
            "writeConcernErrors" : [ ],
            "nInserted" : 1,
            "nUpserted" : 0,
            "nMatched" : 0,
            "nModified" : 0,
            "nRemoved" : 0,
            "upserted" : [ ]
})
```

```
mongo> db.dup.find()
{ "_id" : 1, "name" : "matt" }
```

예상했던 대로 중복 키 에러가 발생했다. 에러가 발생한 이후 컬렉션에 저장된 도큐먼트를 모두 검색해
보면 에러가 발생하기 직전까지 INSERT 된 도큐먼트는 롤백되지 않고 그대로 저장된 채로 남아있는
것을 확인할 수 있다. 그리고 배치 INSERT나 UPDATE에서 도큐먼트들의 순서를 보장하면서 실행하
는 경우에는 그래도 재처리가 상대적으로 쉽지만, 빠른 INSERT나 UPDATE 처리를 위해서 순서를 보
장하지 않고 실행(db.collection.bulkWrite([], {ordered:false}))할 수도 있는데, 이때에는 에러가 발
생한 도큐먼트의 위치와 처리된 위치가 달라진다. 이런 경우에는 배치 처리의 어느 위치에서부터 재처
리해야 할지 판단하기가 상대적으로 어렵게 된다.

단일 문장의 트랜잭션도 보장되지 않으므로 MongoDB 서버에서는 아직 다중 문장(Multi Statement)
의 트랜잭션은 기대하기 어려운 상황이다. 도큐먼트 단위의 트랜잭션 보장이 문장 단위의 트랜잭션 보
장과는 다른 의미라는 것은 기억해 두자.

6.3 격리 수준

일반적인 RDBMS 서버들은 다음과 같이 4가지 격리 수준을 기본적으로 제공하고 있으며, 주로 READ
-COMMITTED나 REPEATABLE-READ 격리 수준이 사용된다.

- SERIALIZABLE
- REPEATABLE-READ
- READ-COMMITTED
- READ-UNCOMMITTED

격리 수준 중에서 최하위 수준인 READ-UNCOMMITTED는 커밋되지 않은 데이터(Dirty Data)
를 다른 세션에서 읽을 수 있기 때문에 서비스 환경에서는 거의 사용되지 않으며, 최고 수준인
SERIALIZABLE은 멀티 쓰레드의 동시 처리 성능이 낮은 단점때문에 잘 사용되지 않는다.

MMAPv1 스토리지 엔진은 기본적으로 MMAP의 "Shared View"와 "Private View" 기능을 활
용하기 때문에 READ-COMMITTED 격리 수준과 비슷한 형태로만 작동하며, WiredTiger 스
토리지 엔진은 자체적으로 데이터의 변경 이력을 관리하기 때문에 READ-UNCOMMITTED와
READ-COMMITTED 그리고 SNAPSHOT(REPEATABLE-READ) 격리 수준을 지원한다. 하지만
MongoDB 서버에 내장되면서 MMAPv1 스토리지 엔진은 READ-COMMITTED만 사용할 수 있으
며, WiredTiger 스토리지 엔진은 SNAPSHOT(REPEATABLE-READ) 격리 수준만 사용할 수 있다.
여기에서는 MongoDB 서버에서 사용할 수 있는 격리 수준인 READ-COMMITTED와 SNAPSHOT
격리 수준과 MongoDB의 독특한 특성에 대해서 조금 더 자세히 살펴보자.

6.3.1 READ-COMMITTED

READ-COMMITTED 격리 수준은 이름 그대로 다른 세션의 변경 내용이 커밋된 경우에는 즉시 나의
세션에 영향을 미치게 된다. 그림 6-8은 트랜잭션이 지원되는 데이터베이스에서 READ-COMMITED
격리 수준의 작동 방식을 나타낸 그림이다.

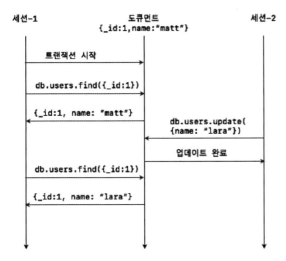

〈그림 6-8〉 트랜잭션이 지원되는 DBMS의 격리 수준

우리가 흔히 알고 있는 격리 수준은 반드시 하나의 트랜잭션 범위 내에서만 작동하는 기준이다. 하나의 컨넥션에서 여러 트랜잭션이 실행될 때에는 격리 수준이 적용되지 않는다. 그림 6-8에서 1번 세션은 트랜잭션을 시작하고, {_id:1}인 사용자의 정보를 읽었다. 이때에는 name 필드의 값이 "matt"인 것을 알 수 있다. 이때 2번 세션에서 이 토큐먼트의 name 필드를 "lara"로 변경하고 트랜잭션을 커밋한 후, 1번 세션에서 (이전 쿼리를 실행했던 트랜잭션에서) 다시 똑같은 쿼리를 실행하면 이번에는 결과에 2번 세션의 변경 내용이 적용돼서 name 필드가 "lara"로 보이게 된다.

이렇게 하나의 트랜잭션에서 같은 데이터를 여러 번 조회할 때, 다른 세션의 트랜잭션에서 변경하고 커밋한 데이터가 보이게 되는 격리 수준을 READ-COMMITTED 격리 수준이라고 한다.

6.3.2 SNAPSHOT(REPEATABLE-READ)

SNAPSHOT 격리 수준은 다른 RDBMS의 REPEATABLE-READ 격리 수준과 동일하며, MongoDB 서버에 내장된 WiredTiger 스토리지 엔진에서 사용하는 기본 격리 수준이다. 그림 6-9는 SNAPSHOT 격리 수준의 기본적인 작동 방식을 나타낸 그림이다.

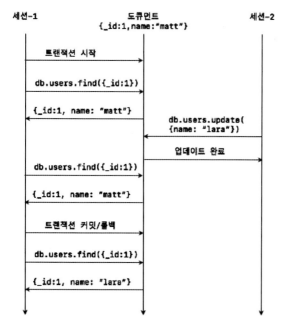

〈그림 6-9〉 SNAPSHOT(REPEATABLE-READ) 격리 수준

SNAPSHOT 격리 수준에서는 하나의 트랜잭션 내에서 하나의 쿼리는 항상 같은 결과를 반환해야 한다. 1번 세션에서 트랜잭션을 시작하고 {_id:1}인 사용자를 조회했을 때 name 필드 값은 "matt"인데, 다른 세션의 트랜잭션에서 이 데이터를 변경하고 커밋한다고 하더라도 1번 세션의 쿼리는 항상 처음과 같은 결과를 반환한다. 즉 하나의 트랜잭션에서는 반복된 읽기를 실행해도 항상 같은 결과가 나오는 것이다. 그래서 이 격리 수준의 이름이 REPEATABLE-READ(반복된 읽기)이다. 그런데 1번 세션의 트랜잭션이 종료되고 다시 새로운 트랜잭션을 시작한 다음 같은 데이터를 읽으면 이때는 name 필드의 값이 "matt"가 아니라 2번 세션에서 변경한 "lara"로 보이게 된다.

6.3.3 MongoDB 서버의 격리 수준

WiredTiger 스토리지 엔진이 아무리 여러 격리 수준을 지원한다고 해도 결국 MongoDB 서버가 WiredTiger 스토리지 엔진을 제어하기 때문에 MongoDB 서버의 처리 방법에 의존적일 수밖에 없다. MongoDB 서버는 단일 도큐먼트 단위의 트랜잭션만 지원한다. 또한 MongoDB 서버에서는 명시적으로 트랜잭션을 제어할 수 있는 기능도 없다. 그래서 MongoDB 서버에서는 여러 쿼리를 하나의 트랜잭션에서 실행할 방법이 없다. 그렇다면 MongoDB 서버는 격리 수준의 영향을 전혀 받지 않는 것일까?

MongoDB 서버에서는 하나의 명령으로 2건 이상의 도큐먼트를 처리하는 경우도 있으며, MongoDB 서버 내부적으로는 모든 처리가 도큐먼트 단위의 트랜잭션으로만 처리되는 것이 아니기 때문에 데이터의 읽기와 변경이 서로 다른 격리 수준 효과를 보여주게 된다. WiredTiger 스토리지 엔진이 지원하는 격리 수준과 무관하게 MongoDB 서버에서는 모든 데이터의 변경을 단일 도큐먼트 수준으로 트랜잭션을 제어한다. 예를 들어, 다음과 같이 하나의 업데이트 문장으로 여러 도큐먼트를 변경하는 경우를 살펴보자.

```
mongo> db.users.insert( [
  {_id:1, name:"matt", level:1},
  {_id:2, name:"lara", level:1},
  {_id:3, name:"mark", level:2},
] )

mongo> db.users.update({level:1}, {$set:{score:90}}, {multi:true})
WriteResult({ "nMatched" : 2, "nUpserted" : 0, "nModified" : 2 })
```

예제의 업데이트 명령은 {multi: true} 옵션을 가지고 있기 때문에 2건의 도큐먼트를 하나의 업데이트 명령으로 변경한다. 그런데 MongoDB 서버는 모든 데이터 변경이 도큐먼트 기반으로 트랜잭션을 생성하므로 다음과 같이 실행된다. 그래서 하나의 업데이트 명령으로 실행됐지만, MongoDB 내부적으로는 서로 다른 트랜잭션 범위 내에서 각 도큐먼트의 업데이트가 실행되는 것이다. 아래 예제는 이해를 돕기 위한 의사 코드(Pseudo code)일뿐, 실제 MongoDB 서버에서는 "start transaction"이나 "commit" 명령등은 아직 지원되지 않는다.

```
start transaction
db.users.update({_id:1}, {$set:{score:90}})
commit

start transaction
db.users.update({_id:2}, {$set:{score:90}})
commit
```

UPDATE뿐만 아니라 MongoDB의 모든 데이터 변경은 하나의 도큐먼트를 변경할 때마다 내부적으로 트랜잭션이 커밋된다. 그래서 배치로 실행되는 업데이트나 삭제 쿼리(BatchWrite)라 하더라도 MongoDB 내부적으로는 개별 트랜잭션으로 각 도큐먼트가 처리되고, 혹시 처리하는 도중에 에러가 발생하여 처리를 중단하는 경우에도 에러 직전까지 처리됐던 변경이 롤백 되지 못하는 것이다. MMAPv1 스토리지 엔진은 내부적으로 트랜잭션이 없지만, WiredTiger 스토리지 엔진은 내부적으로 트랜잭션을 가지고 있다. 그래서 MongoDB 서버가 WiredTiger 스토리지 엔진을 사용하는 경우에는 내부적으로 도큐먼트 단위로 트랜잭션을 시작하고 커밋하는 작업을 수행한다.

MongoDB 서버에서 사용자가 직접 트랜잭션을 제어할 수 없다는 것은 상당히 불편한 부분이다. 하지만 이렇게 자동으로 트랜잭션이 제어됨으로 인해서 얻는 이익도 있다. MongoDB 서버에서 WiredTiger 스토리지 엔진을 사용하는 경우에 도큐먼트 단위로 자동으로 커밋되므로 장시간 실행되는 트랜잭션이 존재할 수 없다. RDBMS에서 장시간 실행되는 트랜잭션으로 인해서 데이터의 변경 이력이 오랜 시간 동안 유지돼야 하고, 이로 인해서 성능 저하가 발생하는 현상이 자주 발생한다. 하지만 MongoDB 서버에서는 트랜잭션이 오래 유지되지 않으므로 WiredTiger 스토리지 엔진에서 변경 이력이 오래 유지될 필요가 없고, 이로 인한 성능 저하도 발생하지 않는다.

그러나 MongoDB 서버에서 데이터 읽기 쿼리는 데이터 변경 쿼리와는 다른 형태로 트랜잭션이 관리된다. 즉 데이터 읽기 쿼리에서는 도큐먼트를 한 건 읽을 때마다 트랜잭션이 시작되고 완료(커밋이나 롤백)되는 것은 아니다. 사실 도큐먼트를 한 건 읽을 때마다 트랜잭션을 시작하고 완료해야 한다면 이는 엄청난 성능 저하를 유발하게 될 것이다. 그래서 MongoDB 서버에서는 데이터 읽기는 데이터 변경과는 달리 일정 단위로 트랜잭션을 시작하고 완료하고 있다.

MMAPv1 스토리지 엔진을 사용하는 경우 MongoDB 서버에서는 트랜잭션이라는 개념이 없다. 하지만 MongoDB 서버에 내장된 WiredTiger 스토리지 엔진을 사용하는 경우에는 데이터를 읽을 때 트랜잭션을 사용해서 특정 시점의 데이터를 읽게 되는데, WiredTiger 스토리지 엔진에서는 이를 스냅샷(Snapshot)이라고 한다. WiredTiger의 스냅샷은 특정 시점의 데이터 상태를 그대로 유지할 수 있는 개념으로 원리는 특정 트랜잭션을 시작하고 그 트랜잭션에서 데이터를 읽는 것을 의미한다. WiredTiger 스토리지 엔진을 사용하는 MongoDB 서버에서는 데이터를 읽는 쿼리가 한번 시작되면 다음 2가지 조건을 만족할 때까지 스냅샷을 유지한다.

- 쿼리가 지정된 건수의 도큐먼트를 읽은 경우
- 쿼리가 지정된 시간 동안 수행된 경우

"6.1.3 잠금 Yield"에서 살펴봤듯이 이 두 가지 옵션은 internalQueryExecYieldIterations과 internalQueryExecYieldPeriodMS 인터널 파라미터로 조정할 수 있다. 이 두 옵션의 기본값은 다음과 같이 설정된다.

- internalQueryExecYieldIterations = 128

- internalQueryExecYieldPeriodMS = 10

MongoDB 서버에서 일정 시간 또는 일정 개수 이상의 도큐먼트를 읽은 후에는 "잠금 Yield"를 수행하게 되는데, 이때 가지고 있던 잠금뿐만 아니라 스냅샷까지 모두 해제하게 된다. 그래서 WiredTiger 스토리지 엔진을 사용하는 MongoDB 서버에서는 특정 쿼리가 128개 이상의 도큐먼트를 읽는 경우에는 기존의 스냅샷을 삭제하고 새로운 스냅샷을 열어서 다음 도큐먼트를 읽게 된다. 그뿐만 아니라 10밀리초 이상 쿼리가 실행되는 경우에도 자동으로 잠금을 해제하고 스냅샷도 삭제하게 된다. 그리고 다시 읽기 쿼리가 재개되는 시점에 필요한 잠금을 다시 획득하고 새로운 스냅샷을 생성하게 된다.

이 과정이 대수롭지 않게 보이겠지만, 사실 "잠금 Yield" 과정의 스냅샷 해제는 쿼리의 일관성에 심각한 문제가 될 수도 있다. 간단히 score라는 필드에 인덱스를 생성하고, 그 인덱스를 통해서 데이터를 조회하는 경우를 한번 가정해보자. 우선 그림 6-10과 같이 1번 세션(이때 데이터 읽기 쿼리의 트랜잭션 번호를 10으로 가정)에서 score 필드의 데이터를 순서대로 검색하다가 score가 40인 지점까지 읽고 internalQueryExecYieldIterations이나 internalQueryExecYieldPeriodMS 옵션에 의해서 1번 세션의 처리가 잠금 Yield를 실행했다고 해보자.

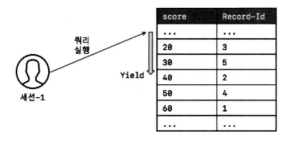

〈그림 6-10〉 쿼리 실행 중 Yield 실행

이렇게 1번 세션이 잠깐 잠금을 Yield 한 사이에 그림 6-11과 같이 2번 세션(이때 트랜잭션 번호가 11이라고 가정)의 사용자가 score가 60인 도큐먼트를 변경해서 score를 10으로 변경했다고 가정해보자. 그러면 데이터가 변경된 이후의 인덱스는 다음과 같은 상태가 될 것이다. 인덱스의 뒷부분에 위치해 있던 score=60 인덱스 엔트리가 인덱스의 앞부분으로 이동된 것이다.

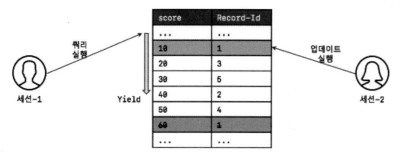

〈그림 6-11〉 Yield 수행 중 다른 세션의 데이터 변경

이제 1번 세션의 쿼리가 재개되면서 새로운 트랜잭션(이때 트랜잭션 번호는 12라고 가정)을 시작해서 Yield 이전에 검색하던 인덱스의 위치부터 다시 데이터를 읽게 될 것이다. 이때 1번 세션에서는 score 가 50인 인덱스 키부터 검색을 계속 진행하게 되는데, 이때 1번 세션이 50을 읽고 60을 읽으려고 할 때 이미 이 인덱스 키가 자신(트랜잭션 번호 12)보다 더 이전의 트랜잭션 번호(11번)에 의해서 삭제됐음을 확인하게 될 것이다. 그래서 score 필드의 값이 60인 인덱스 키는 무시하게 된다. 최초 1번 세션에서 기대했던 결과는 (..., 20, 30, 40, 50, 60)인데, 최종적인 쿼리의 결과는 (..., 20, 30, 40, 50)만 반환된 것이다. 분명히 쿼리가 실행되던 시점의 상황으로 보면 60도 결과에 포함돼야 하지만, MongoDB 서 버가 쿼리의 실행을 중간에 Yield(잠깐 멈추었다가 재개) 함으로 인해서 결과에서 60은 누락된 것이다.

> **(!) 주의**
>
> MongoDB 서버는 쿼리 결과 일부분을 미리 커서(Cursor)에 캐시해서 별도의 메모리 공간에 보관하므로 도큐먼트의 개수가 적을 때에는 그림 6-11에서 살펴본 Yield로 인한 데이터 일관성 문제가 나타나지 않을 수도 있다. 만약 직접 이런 테스트를 해 보고 싶다면 다음과 같이 수천 건 이상의 도큐먼트를 저장하고 테스트해보는 것이 좋다.
>
> | SESSION-1 | ```mongo> for(var idx=0; idx<10000; idx++){```
```   db.consistency.insert({fd:idx});```
```   }``` |
> | --- | --- |
> | SESSION-1 | ```mongo> db.consistency.find()``` |
> | SESSION-2 | ```mongo> db.consistency.remove({fd:1000})``` |
> | SESSION-1 | ```mongo> it```
```mongo> // 여기에서 적절히 Sleep 시간을 주는 것이 필요할 수도 있음```
```mongo> ...```
```mongo> it```
```   ...```
```   { "_id" : ObjectId("59b672cdff67dd59276829e0"), "fd" : 998 }```
```   { "_id" : ObjectId("59b672cdff67dd59276829e1"), "fd" : 999 }```
```   { "_id" : ObjectId("59b672cdff67dd59276829e3"), "fd" : 1001 }``` |

첫 번째 세션에서 find() 명령을 이용해서 consistency 컬렉션을 풀 스캔해서 조회했다. 이때 Mongo 셸에서는 커서를 반환하므로 처음 20건만 화면에 출력된다. 그리고 it 명령으로 남은 도큐먼트를 20건씩 화면에 출력할 수 있다. 첫 번째 세션에서 find() 명령을 실행해서 처음 20건의 도큐먼트를 출력하고, 두 번째 세션에서 fd 필드의 값이 1000인 도큐먼트를 삭제했다. 그리고 첫 번째 세션에서 it 명령으로 계속 다음 도큐먼트를 가져오다 보면 fd 필드의 값이 1000인 도큐먼트는 누락된 것을 확인할 수 있다.

MongoDB 서버에서는 일정한 규칙에 따라 주기적으로 잠금 Yield를 수행하므로 이런 쿼리 결과의 일관성 문제가 언제든지 발생할 수 있다. 물론 이런 현상은 서비스의 특성에 따라서 문제 되지 않을 수도 있다. 만약 이런 데이터 손실이 문젯거리가 될 수 있다면 internalQueryExecYieldIterations이나 internalQueryExecYieldPeriodMS 옵션을 조정해서 잠금 Yield 주기를 조금 더 뜸하게 설정하여 이런 현상의 발생 빈도를 낮추는 방법도 생각해볼 수 있다. 다음과 같이 옵션을 설정하면 MongoDB 서버가 잠금 Yield를 실행하는 주기를 20,000개의 도큐먼트를 읽을 때와 1초 이상으로 변경할 수 있다.

```
mongo> use admin
mongo> db.runCommand( { setParameter: 1,
                        "internalQueryExecYieldIterations" : 20000 }
mongo> db.runCommand( { setParameter: 1,
                        "internalQueryExecYieldPeriodMS" : 1000 }
```

이렇게 함으로써 잠금 Yield가 쿼리의 결과에 미치는 영향을 조금이라도 낮추는 것이다. 이렇게 옵션을 변경하는 것이 다른 부작용을 만들어내지 않을까 걱정스러울 수도 있다. 물론 잠금 Yield 주기를 더 늘리고자 한다면 반드시 성능을 테스트 한 후에 적용하는 것이 좋다. 하지만 이렇게 잠금 Yield의 주기를 늦추는 것은 WiredTiger 스토리지 엔진의 입장에서 보면 전혀 이상하지 않은 것이다. 이는 수동으로 트랜잭션을 제어하는 RDBMS보다 같거나 더 나은 상황이며, 더군다나 WiredTiger 스토리지 엔진은 일반 RDBMS와 같이 트랜잭션을 지원하기 위해서 만들어진 스토리지 엔진이기 때문이다.

> **참고**
>
> MongoDB 서버에 내장된 WiredTiger는 읽기 쿼리를 위해서 스냅샷을 생성한다. 그리고 각 스냅샷은 고유의 스냅샷 아이디를 이용해서 데이터의 가시 범위를 판단한다. 하지만 위 설명에서 스냅샷 아이디라고 하지 않고 트랜잭션 번호를 기준으로 설명한 이유는 스냅샷이라는 것 자체가 자신의 트랜잭션 번호에 의해서 제어되는 것이기 때문에 설명을 간소화하기 위해서 트랜잭션 번호로 설명을 한 것이다.

6.3.4 MongoDB 서버의 격리 수준과 정렬

MongoDB 서버에서 도큐먼트를 조회하는 쿼리는 일정 시간이나 읽은 도큐먼트 건수에 따라서 스냅샷(REPEATABLE-READ)이 초기화되며, 이로 인해서 쿼리 실행 시점 이후의 변경 내용이 보인다는 것을 살펴봤다. 그런데 만약 실행했던 쿼리가 정렬이 필요하다면 조금 다른 결과를 보여주게 된다. 우선 간단한 테스트를 위해서 10만건 정도의 도큐먼트를 가진 컬렉션을 생성해보자.

```
mongo> for(var idx=0; idx<100000; idx++){
        db.sorter.insert({fd:idx});
    }
```

이제 2개의 Mongo 셸을 이용해서 MongoDB 서버에 접속하고, 다음과 같은 순서대로 데이터 조회와 변경 작업을 실행해보자.

SESSION-1	mongo> db.sorter.find().sort({fd:1})

SESSION-1	mongo> it
	    ...
	    { "_id" : ObjectId("59b672ccff67dd5927682648"), "fd" : 998 }
	    { "_id" : ObjectId("59b672ccff67dd5927682649"), "fd" : 999 }
	    Type "it" for more

SESSION-2	mongo> db.sorter.find({"_id" : ObjectId("59b672ccff67dd592768264b")}) { "_id" : ObjectId("59b672ccff67dd592768264b"), "fd" : 1000 }
SESSION-2	mongo> db.sorter.remove({"_id" : ObjectId("59b672ccff67dd592768264b")}) WriteResult({ "nRemoved" : 1 })

SESSION-1	mongo> it
	    { "_id" : ObjectId("59b672ccff67dd592768264b"), "fd" : 1000}
	    { "_id" : ObjectId("59b672cdff67dd59276829fa"), "fd" : 1001}
	    { "_id" : ObjectId("59b672cdff67dd59276829fc"), "fd" : 1001}
	    ...
	    Type "it" for more

이 예제에서는 삭제된 도큐먼트(fd 필드의 값이 1001인 도큐먼트)가 정렬을 실행한 쿼리 결과에서 누락되지 않고 보이는 것을 확인할 수 있다. 같은 격리 수준을 사용하지만 MongoDB 서버의 처리 방식(정렬 여부)에 따라서 쿼리 결과가 달라지는 것이다. 이는 정렬이 수반되는 경우 MongoDB 서버가 컬렉션의 데이터를 모두 가져와서 메모리(정렬 버퍼)에 적재하고 정렬을 실행하여 그 결과를 클라이언트로

보내주기 때문이다. 실제 다른 세션에서 데이터를 삭제하거나 변경한다 하더라도 변경된 내용이 정렬 버퍼에 임시로 복사된 결과에는 적용되지 않기 때문에 일관된 결과를 보여주게 된다.

MongoDB의 기본 격리 수준이 스냅샷(REPEATABLE-READ)인 것을 감안하면 정렬이 포함된 경우와 같이 다른 컨넥션의 변경 내용이 보이지 않는 것이 정확한 결과라고 볼 수 있다. 하지만 정렬이 포함되지 않거나 정렬이 인덱스로 보장될(실제 MongoDB 내부적으로 정렬이 스킵되는) 때에는 스냅샷 격리 수준이 제한적으로만 보장되는 것으로 볼 수 있다.

> **① 주의**
>
> 인덱스를 이용한 정렬이 보장되지 않아서 명시적으로 정렬을 수행해야 하는 경우에 MongoDB 서버는 컬렉션에서 도큐먼트를 모두 복사한 다음 메모리(정렬 버퍼)에서 정렬을 수행하고, 그 결과를 클라이언트로 전달한다는 것을 살펴봤다. 그렇다면 이렇게 할당된 메모리는 언제 운영 체제에 반납되는지가 메모리 사용량을 결정하는 중요한 포인트가 될 것이다. 이미 예제에서 살펴봤듯이 쿼리가 완료될 때까지 MongoDB 서버는 임시로 도큐먼트가 복사 및 정렬된 메모리 공간을 반납하지 못한다. 즉 클라이언트가 쿼리의 결과를 모두 가져가기 전까지는 정렬을 위해서 할당된 메모리 공간이 운영 체제로 반납되지 못한다는 것을 의미한다. 그런데 만약 클라이언트에서 나머지 결과가 더 필요하지 않아서 커서에 도큐먼트가 남은 상태로 그대로 방치해버린다면 커서가 MongoDB 서버에 의해서 자동으로 닫힐 때까지 메모리 공간은 운영 체제로 반납되지 못하게 된다.
>
> 그래서 쿼리의 실행 결과로 전달받은 커서는 반드시 모든 도큐먼트를 클라이언트로 가져오거나, 그렇지 않고 더 이상 필요하지 않아서 도큐먼트 페치(Fetch)를 중간에 멈추는 경우에는 커서를 반드시 닫아주는 것이 좋다. 이는 정렬이 포함된 쿼리뿐만 아니라 그렇지 않은 쿼리(물론 메모리 사용량의 차이는 있겠지만)도 마찬가지다.

6.4 Read & Write Concern과 Read Preference

지금까지의 RDBMS는 대부분 분산 처리가 아니라 단일 노드로 작동하는 아키텍처를 기본으로 가지고 있기 때문에 단일 노드에서 트랜잭션 커밋(Commit) 여부에 따라서 디스크에 트랜잭션 로그를 동기화할지 여부만을 제어할 수 있다. 그뿐만 아니라 데이터를 읽을 때는 단일 노드에서 설정한 격리 수준에 맞게 커밋된 트랙잭션들 중에서 선별적으로 데이터를 반환하게 된다.

하지만 MongoDB 서버는 분산 처리를 기본 아키텍처로 선택하고 있기 때문에 단일 노드에서 단일 노드의 격리 수준뿐만 아니라 레플리카 셋을 구성하는 멤버들 간의 동기화까지 제어할 수 있어야 한다. 그래서 MongoDB 서버는 데이터를 읽고 쓸 때, 필요한 데이터의 동기화(ACID의 Durability 속성) 수준에 따라 데이터를 변경하거나 조회할 수 있도록 Read Concern과 Write Concern 옵션을 제공한다. 기존 RDBMS와 다른 MongoDB의 또다른 특성은 기존 RDBMS에서는 이런 디스크의 동기화 처리를 서버에서 일괄적으로 설정하지만 MongoDB 서버는 클라이언트 프로그램에서 쿼리 단위로 다르게 설정할 수 있다는 것이다.

그리고 Read Concern이나 Write Concern과는 조금 다른 성격이긴 하지만, MongoDB 서버에서는 레플리카 셋의 어떤 멤버에서 데이터를 읽을 것인지 설정할 수 있다. 이를 Read Preference라고 하는데, 이 옵션을 언제 왜 사용해야 하는지도 간단히 살펴보겠다.

6.4.1 Write Concern

MongoDB 서버에서는 RDBMS와 달리 트랜잭션의 시작과 종료(Commit)를 명시적으로 실행할 방법이 없다. 따라서 MongoDB 서버에서는 도큐먼트를 저장할 때 사용자의 데이터 변경 요청에 응답이 반환되는 시점이 트랜잭션의 커밋으로 간주되며, MongoDB 서버는 사용자가 요청한 변경 사항이 어떤 상태까지 완료되면 응답을 내려보낼지 신중하게 판단해야 한다. 이렇게 사용자의 변경 요청에 응답하는 시점을 결정하는 옵션을 MongoDB 서버에서는 WriteConcern이라고 한다. WriteConcern은 이름에서도 알 수 있지만, 데이터 읽기와는 무관하며 데이터의 INSERT와 UPDATE 그리고 DELETE 오퍼레이션에서만 설정할 수 있다.

MongoDB 서버의 WriteConcern은 단일 노드(MongoDB 인스턴스 내부)에서의 동기화 제어 수준과 레플리카 셋의 여러 노드(MongoDB 인스턴스 외부) 간 동기화 수준을 제어하는 두 개의 그룹으로 나눠볼 수 있다. 이 구분은 공식적인 구분은 아니며, 이렇게 그룹을 나눈 이유는 혼동을 막기 위해서 저자가 임의로 구분한 것이다. 물론 데이터의 동기화에서 두 그룹 중 하나는 명시해야 하는데, 특별히 명시하지 않으면 기본값(버전별로 조금씩 차이가 있지만, 최근 3.x 버전에서는 프라이머리 멤버의 저널 파일 동기화 수준)이 사용된다.

MongoDB 서버에 접속하는 프로그램에서는 클라이언트와 데이터베이스 그리고 컬렉션 레벨의 3가지 방법으로 WriteConcern을 설정할 수 있다.

클라이언트 레벨(MongoClient)의 WriteConcern 설정

```
// 1) MongoClientURI을 이용해서 WriteConcern 설정
MongoClient mongoClient = new MongoClient(
    new MongoClientURI("mongodb://host1:27017,host2:27017/?w=majority"));
```

```
// 2) MongoClientOptions을 이용해서 WriteConcern 설정
MongoClientOptions options =
 MongoClientOptions.builder().writeConcern(WriteConcern.MAJORITY).build();
      MongoClient mongoClient = new MongoClient(Arrays.asList(
      new ServerAddress("host1", 27017),
      new ServerAddress("host2", 27017)), options);
```

데이터베이스 레벨의 WriteConcern 설정

```
MongoDatabase database =
      mongoClient.getDatabase("mysns").withWriteConcern(WriteConcern.MAJORITY);
```

컬렉션 레벨의 WriteConcern 설정

```
MongoCollection<Document> collection =
      database.getCollection("users").withWriteConcern(WriteConcern.MAJORITY);
```

6.4.1.1 단일 노드 동기화 제어

단일 노드 동기화 제어는 MongoDB 서버 내부적으로 변경된 데이터가 어느 정도 디스크에 동기화됐을 때 사용자의 변경 요청에 "완료" 메시지를 보낼 것인지 판단하는 기준이다. 단일 노드 동기화 제어 옵션으로는 UNACKNOWLEDGED, ACKNOWLEDGED, JOURNALED, FSYNC 4가지가 있는데, FSYNC 옵션은 MMAPv1 스토리지 엔진에서 사용되던 옵션이며, WiredTiger 스토리지 엔진에서는 거의 의미가 없고 사용되지도 않는다.

UNACKNOWLEDGED

MongoDB 초창기 버전에서 자주 사용되던 WriteConcern 옵션이며, MongoDB 서버가 많은 사용자에게 실수나 오해를 낳게 만든 WriteConcern 옵션이기도 하다. UNACKNOWLEDGED는 그림 6-12에서 보이는 것과 같이 사용자가 데이터를 저장 변경하는 요청을 보내기만 하고, 실제 MongoDB 서버의 응답을 기다리지 않는다. 즉 UNACKNOWLEDGED 모드에서는 클라이언트가 MongoDB 서버로 전송된 명령이 정상적으로 처리됐는지 아니면 에러가 발생해서 중간에 작업이 멈췄는지 관심을 가지지 않는다.

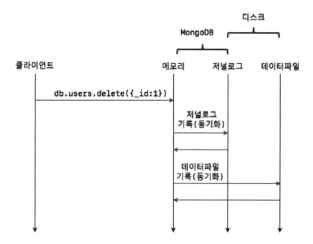

〈그림 6–12〉 UNACKNOWLEDGED 동기화 모드

MongoDB 서버 초창기 버전에서는 그림 6–13과 같이 클라이언트가 MongoDB 서버로 데이터 변경 요청을 전송하고, 전송된 요청이 정상적으로 처리됐는지 또는 실패했는지 결과를 확인하기 위해서 getLastError()라는 명령을 실행해야 했다. 그런데 UNACKNOWLEDGED 모드에서는 마지막의 getLastError() 명령을 실행하지 않고 무시하는 방식으로 작동한 것이다. 하지만 MongoDB 2.6 버전부터는 클라이언트와 MongoDB 서버 간의 통신 프로토콜이 개선되면서 그림 6–13과 같이 별도로 getLastError()라는 명령을 실행하지 않고도 데이터 변경 요청의 성공 및 실패 여부를 받는 형태로 변경됐다.

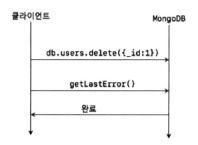

〈그림 6–13〉 쿼리 처리 결과를 확인하기 위해서 getLastError() 명령을 별도로 호출

UNACKNOWLEDGED 모드에서는 실제 데이터 변경 요청이 성공했는지 실패했는지 확인하지 않고 다음 쿼리를 실행할 수 있기 때문에 실제 데이터 변경이 적용되지도 않았는데 같은 세션에서 그 데이터를 조회하는 쿼리가 실행될 수도 있다. 그래서 클라이언트에서 변경한 데이터가 그 이후 실행된 조회 쿼리에서 보이지 않는 문제점이 많은 사용자를 혼란스럽게 했던 것이다. 데이터 조회

를 거의 사용하지 않거나 최근 데이터가 보이지 않아도 되는 로그 데이터의 저장 및 분석용으로는 UNACKNOWLEDGED 모드를 사용할 만한 가치가 있지만, 일반적인 서비스에서는 사용하지 말아야 할 동기화 모드다.

UNACKNOWLEDGED 모드는 다음과 같이 사용하면 된다. 다음 코드는 간략한 자바 프로그램 언어로 작동된 예제지만, 모든 MongoDB 클라이언트 드라이버가 이와 유사한 형태로 WriteConcern 설정 방법을 제공하고 있다.

```java
MongoClient connection = new MongoClient("mongodb.server",27017);
connection.setWriteConcern(WriteConcern.UNACKNOWLEDGED);
DBCollection collection = connection.getDB("mysns").getCollection("users");

...

collection.insert(newUserObject);
```

ACKNOWLEDGED

최근 버전의 MongoDB 서버에서 사용되는 WriteConcern 모드의 기본값으로, 클라이언트가 데이터 변경 요청을 전송하면 그림 6-14와 같이 MongoDB 서버는 변경 내용을 메모리상에서만 적용하고 바로 클라이언트로 성공 또는 실패 응답을 반환한다. ACKNOWLEDGED 모드에서는 일단 데이터 변경 요청이 성공하면 적어도 MongoDB 서버의 메모리상에는 적용된 상태다. 그래서 같은 컨넥션 또는 다른 컨넥션에서 즉시 변경된 데이터를 조회해도 변경된 내용이 반환된다.

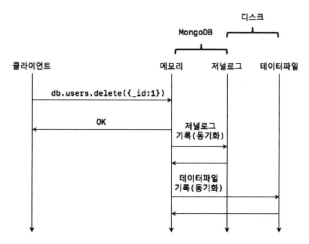

〈그림 6-14〉 ACKNOWLEDGED 동기화 모드

하지만 ACKNOWLEDGED 모드에서도 메모리상에서 변경된 데이터가 디스크로 동기화 되는 것을 보장하지는 않는다. 그래서 사용자의 데이터 변경 요청이 성공하더라도 메모리상의 변경 데이터가 디스크로 동기화 되기 전에 MongoDB 서버에 문제가 생기거나 운영 체제 또는 하드웨어 문제로 인해 비정상적으로 종료되면 변경된 데이터가 손실될 위험이 있다. 만약 데이터의 손실이 허용되지 않는 서비스라면 ACKNOWLEDGED 모드의 WriteConcern도 적절한 선택 사항은 아닐 것이다.

ACKNOWLEDGED 모드는 다음과 같이 사용하면 된다. 다음 코드는 간략한 자바 프로그램 언어로 작동된 예제지만, 모든 MongoDB 클라이언트 드라이버가 이와 유사한 형태로 WriteConcern 설정 방법을 제공하고 있다.

```
MongoClient connection = new MongoClient("mongodb.server",27017);
connection.setWriteConcern(WriteConcern.ACKNOWLEDGED);
DBCollection collection = connection.getDB("mysns").getCollection("users");

...

collection.insert(newUserObject);
```

JOURNALED

MongoDB 2.6 버전부터는 저널 로그가 도입됐는데, 저널 로그는 클라이언트가 변경한 데이터를 RDBMS의 트랜잭션 로그처럼 디스크로 먼저 동기화하여 서버의 비정상적인 종료로부터 데이터 손실을 막을 수 있게 됐다. ACKNOWLEDGED 모드의 WriteConcern이 서비스 요건을 만족하지 못한다면 JOURNALED 모드의 WriteConcern을 이용해서 클라이언트의 변경 요청이 완료(클라이언트로 성공 메시지가 반환되는 시점)되기 전에 변경 내용이 디스크의 저널 로그에 먼저 동기화되게 할 수 있다. 그림 6-15는 JOURNALED 모드의 WriteConcern이 작동하는 방식을 간단히 나타낸 그림이다.

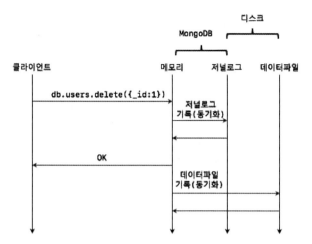

〈그림 6-15〉 JOURNALED 동기화 모드

JOURNALED 모드의 WriteConcern으로 변경된 데이터는 서버가 비정상적으로 종료되더라도 이미 저널 로그에 기록됐기 때문에 MongoDB 서버가 다시 재시작하면서 저널 로그의 데이터를 복구할 수 있다. 일반적으로는 JOURNALED 모드로 충분하지만, 그렇다고 이것이 최상의 데이터 일관성을 보장하는 것은 아니다. 레플리카 셋을 사용하는 경우에는 단일 MongoDB 서버를 사용할 때에는 발생하지 않는 새로운 문제가 발생하게 된다. 이 문제에 대해서는 "6.4.1.2 레플리카 셋 간의 동기화 제어"에서 자세히 살펴보겠다.

JOURNALED 모드는 다음과 같이 사용하면 된다. 다음 코드는 간략한 자바 프로그램 언어로 작동된 예제지만, 모든 MongoDB 클라이언트 드라이버가 이와 유사한 형태로 WriteConcern 설정 방법을 제공하고 있다.

```
MongoClient connection = new MongoClient("mongodb.server",27017);
connection.setWriteConcern(WriteConcern.JOURNALED);
DBCollection collection = connection.getDB("mysns").getCollection("users");

...

collection.insert(newUserObject);
```

> **(!) 주의**
>
> 응용 프로그램에서 쿼리를 실행할 때 ACKNOWLEDGED 모드와 JOURNALED 모드의 WriteConcern을 선택해서 명시할 수 있지만, ACKNOWLEDGED 모드와 JOURNALED 모드의 WriteConcern은 사실 MongoDB 서버의 저널 로그가 활성화되어 있는지 여부에 따라서 결정된다. 즉 MongoDB 서버의 저널 로그가 활성화되지 않은 경우에는, ACKNOWLEDGED 모드는 사용할 수 있지만 JOURNALED 모드의 WriteConcern은 사용할 수 없다. 그리고 저널 로그가 활성화된 MongoDB 3.0 이상 버전의 서버에서는 ACKNOWLEDGED 모드와 JOURNALED 모드의 WriteConcern이 동일하게 작동한다.
>
> MongoDB 3.4 버전까지는 MongoDB 서버의 저널 로그를 사용자가 활성화하거나 비활성화할 수 있었다. 그래서 MongoDB 3.4 버전까지는 ACKNOWLEDGED 모드와 JOURNALED 모드의 WriteConcern이 여기에서 설명한 차이점을 가지지만, MongoDB 3.6 버전부터는 저널 로그를 비활성화할 수 없고 항상 자동으로 활성화된다. 그래서 MongoDB 3.6 버전부터는 JOURNALED와 ACKNOWLEDGED 모드의 WriteConcern이 아무런 차이가 없고, 여기에서 설명하는 JOURNALED 모드의 WriteConcern 방식으로 작동하게 된다.

FSYNC

FSYNC 모드의 WriteConcern은 MongoDB 서버의 저널 로그뿐만 아니라 데이터 파일까지 모두 디스크로 동기화하고 난 이후에 클라이언트로 성공 및 실패 여부를 반환하는 방식으로 작동한다. 실제 FSYNC 모드는 MongoDB 서버가 저널 로그를 지원하지 않던 시점에 도입된 방식인데, 이렇게 저널 로그가 없던 시절에는 서버의 비정상적인 종료로부터 데이터를 보호할 방법이 데이터 파일 자체를 동기화하는 것뿐이었다. 그래서 이때는 FSYNC 모드로 데이터 파일 자체를 디스크로 동기화하고 난 이후에 클라이언트로 결과를 응답하도록 하는 것이 그만한 가치를 가지고 있었다. 그림 6-16은 FSYNC 모드의 작동 방식을 나타낸 그림이다.

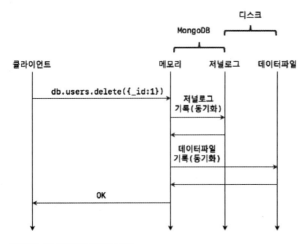

〈그림 6-16〉 FSYNC 동기화 모드

데이터 파일을 통째로 디스크로 동기화한다는 것은 상당히 높은 비용의 작업인데도, 저널 로그가 없던 시절에는 FSYNC 모드가 필요했다. 하지만 MongoDB 서버가 저널 로그를 가지게 되면서 실제 저널 로그만 동기화하면 서버의 비정상적인 종료로부터 데이터를 보호할 수 있게 됐다. 그래서 저널 로그를 가지게 된 이후의 MongoDB 서버에서는 FSYNC 모드는 거의 불필요하게 됐으며, 현재 대부분의 MongoDB 서버에 접속하는 클라이언트 드라이버에서는 지원하지 않거나 제거될 기능(Deprecated)이 된 WriteConcern 모드로 표시될 것이다.

또한 WiredTiger 스토리지 엔진이 도입되면서 FSYNC 모드는 필요하지도 않고 WiredTiger 스토리지 엔진 내부적으로 이렇게 데이터 파일의 내용 자체를 동기화하는 방식의 작동을 지원하지도 않는다. WiredTiger 스토리지 엔진이 사용되는 MongoDB 서버에서는 FSYNC 모드의 WriteConcern은 이제 거의 유물 수준의 옵션이 된 것이다.

6.4.1.2 레플리카 셋 간의 동기화 제어

지금까지 살펴본 단일 노드 수준의 동기화 제어 방식이 아무리 디스크 동기화까지 수행한다고 하더라도 이는 단일 노드로 작동하는 MongoDB 서버에서만 의미가 있는 경우가 많다. 즉, MongoDB 서버는 기본적으로 서비스에 사용되는 경우 레플리카 셋이나 클러스터 형태의 배포를 기본으로 채택하기 때문이다. 레플리카 셋으로 구축한 경우에 프라이머리 멤버가 비정상적으로 종료되거나 네트워크 연결이 되지 않으면 세컨드리 멤버가 즉시 새로운 프라이머리로 선출된다. 그런데 그림 6-17처럼 새롭게 프라이머리로 선출된 멤버가 기존 프라이머리의 모든 OpLog를 가져오지 못한다면 어떻게 될까?

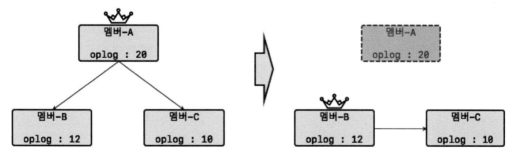

〈그림 6-17〉 복제 동기화가 완료되기 전에 프라이머리 멤버의 비정상 종료

이처럼 새롭게 프라이머리로 선출된 B 멤버가 기존 프라이머리의 모든 OpLog를 가져오지 못한 상태에서 기존 프라이머리인 A 멤버가 연결할 수 없는 상태가 되거나 서버가 비정상적으로 종료돼 버리면 MongoDB 서버는 별달리 선택할 수 있는 것이 없다. 즉 최종 데이터를 가지고 있지는 않지만, 그나마

레플리카 셋에서 살아남은 멤버 중에서 최신의 데이터를 가진 B 멤버가 새로운 프라이머리로 선출될 것이다. 그리고 프라이머리 멤버로 선출됨과 동시에 클라이언트로부터 새로운 변경 요청을 받아서 처리하게 된다.

이렇게 시간이 흘러서 기존 프라이머리였던 A 멤버가 다시 네트워크에 연결되고, 레플리카 셋에 다시 조인하면 A 멤버는 자신의 OpLog와 새로운 프라이머리인 B 멤버의 OpLog를 맞추는 작업을 하게 된다. 이때 A 멤버는 장애가 발생했던 시점을 기준으로 볼 때 자신이 B 멤버보다 더 많은 데이터를 가지고 있던 것을 알게 된다. 그러면 A 멤버는 자신이 더 많이 가지고 있던 데이터(OpLog 13~20)를 모두 롤백하고 B 멤버에 있는 12번 이후의 OpLog부터 동기화하게 된다. 그러면 결국 이 레플리카 셋에서 OpLog 13번부터 20번까지는 손실되는 것이다. 이 과정은 저널 로그를 동기화하고 있었는지 아니었는지와 무관하게 작동한다.

이런 문제를 막기 위해서 MongoDB 서버에서는 단순히 단일 노드의 WriteConcern뿐만 아니라 레플리카 셋 전체에 걸쳐서 작동하는 WriteConcern 모드가 필요해진 것이다. 레플리카 셋의 여러 노드에 대해서 WriteConcern을 설정하는 방법은 "{ w : ? }" 옵션을 설정하는 것이다. 이때 "w" 필드의 값은 숫자 또는 문자열을 설정할 수 있다.

숫자 값

숫자 값은 레플리카 셋에서 데이터를 동기화해야 할 멤버의 개수를 설정한다. 이 값을 2로 설정하면, 레플리카 셋 멤버 중에서 자신(변경 요청을 받은 프라이머리 멤버)을 포함해서 2개의 멤버가 사용자의 변경 요청을 필요한 수준까지 처리했을 때 클라이언트로 성공 또는 실패 메시지를 반환한다. 즉 프라이머리 멤버와 세컨드리 멤버 중에서 1대가 정상적으로 처리해야 "w:2" 조건을 만족하게 되는 것이다. 여기에서 "필요한 수준까지의 처리"는 무엇을 의미하는 것일까? 이는 앞서 "단일 노드 동기화 제어"에서 살펴봤던 4가지 WriteConcern 모드를 의미한다. 즉 단일 노드 동기화 옵션과 레플리카 셋 간의 동기화 옵션을 혼합해서 설정할 수 있다.

WriteConcern 조합	작동 방식
ACKNOWLEDGED + { w : 2 }	레플리카 셋에서 2대 이상의 멤버가 ACKNOWLEDGED 모드의 WriteConcern조건을 만족했을 때 MongoDB 서버가 클라이언트로 성공 또는 실패 결과 반환. 별도의 옵션 설정이 없으면 ACKNOWLEDGED가 기본 WriteConcern 옵션으로 사용됨
JOURNALED + { w : 2 }	레플리카 셋에서 2대 이상의 멤버가 JOURNALED 모드의 WriteConcern조건을 만족했을 때 MongoDB 서버가 클라이언트로 성공 또는 실패 결과 반환

물론 숫자 값은 2뿐만 아니라 다른 정수 값(레플리카 셋이 가진 멤버의 수 이하의 정수)으로 설정할 수 있다. 여기에서 w 옵션의 값으로 2만 설정해도 충분한 것처럼 보일 수도 있다. 즉 세컨드리 중에서 하나라도 프라이머리와 동일하게 최종 버전의 OpLog를 가진다면 프라이머리 멤버가 접속할 수 없는 상태가 됐을 때 데이터가 롤백 될 가능성은 없다. 하지만 이는 데이터를 변경하는 경우만 생각하면 그럴 듯하지만 데이터 읽기까지 고려하면 또 다른 문제점이 발생하게 된다. 이 새로운 문제는 "majority" 옵션에서 다시 살펴보자.

레플리카 셋의 데이터 동기화 멤버의 수는 다음과 같이 단일 노드 동기화 제어 옵션과 함께 설정하면 된다. 다음 코드는 간략한 자바 프로그램 언어로 작동된 예제지만, 모든 MongoDB 클라이언트 드라이버가 이와 유사한 형태로 WriteConcern 설정 방법을 제공하고 있다.

```
MongoClient connection = new MongoClient("mongodb.server",27017);
connection.setWriteConcern(WriteConcern.JOURNALED).setW(2);
DBCollection collection = connection.getDB("mysns").getCollection("users");

...

collection.insert(newUserObject);
```

"majority"

w 옵션에 명시적으로 동기화할 레플리카 셋의 멤버 수를 설정하면 레플리카 셋의 개수가 변경될 때마다 응용 프로그램의 코드를 변경해야 할 필요성을 유발할 수도 있다. 예를 들어, 레플리카 셋의 멤버가 7개로 구성돼 있고, w를 4로 설정해 개발했다고 가정해보자. 이때, 서비스 요건이 바뀌면서 레플리카 셋의 멤버가 3개로 줄어들면 응용 프로그램 코드에서 w로 설정된 값을 4에서 2로 변경해야 할 것이다. 이렇게 w 값을 명시적인 숫자로 설정하면 MongoDB 서버의 구성과 응용 프로그램의 코드가 커플링되면서 유지보수를 어렵게 만든다. 이런 문제점을 막기 위해서 w 옵션에 "majority"라는 키워드를 사용할 수 있다.

"majority"는 말 그대로 레플리카 셋을 몇 개의 멤버로 구성했는지와 관계없이 레플리카 셋의 멤버 중에서 과반수가 동기화되면 클라이언트로 데이터 변경 요청 결과를 반환하는 WriteConcern 옵션이다. 사실 롤백(Rollback)으로 인해서 변경이 완료된 데이터가 손실되는 것을 막기 위해서는 "{ w : 2 }" 옵션으로도 충분할 수 있다. 즉 하나의 레플리카 셋은 최소 3개 이상의 멤버를 가져야 안정적이므로 "{ w

: 2 }" 옵션은 레플리카 셋의 멤버 중에서 2개가 동시에 비정상적으로 종료되거나 연결할 수 없는 상황이 아니라면 데이터 손실은 발생하지 않는다. 그런데 왜 MongoDB는 "majority" 옵션을 가지고 있는 것일까?

그림 6-18과 같이 클라이언트가 name이 "matt"인 사용자의 정보를 먼저 변경하고, 다른 컨넥션에서 name이 "matt"인 사용자를 조회하는 시나리오를 한번 가정(1번의 변경이 OpLog 20번에 저장됐다고 가정)해보자.

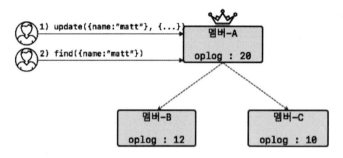

〈그림 6-18〉 복제가 진행 중인 레플리카 셋

이때 레플리카 셋의 세컨드리 멤버인 B와 C는 아직 변경된 데이터를 가지고 있지 않다. 그런데 사용자는 프라이머리 멤버로 접속해서 name이 "matt"인 사용자의 정보를 읽었기 때문에 직전에 변경된 내용(OpLog 20번의 변경 내용)을 반환 받게 될 것이다. 그런데 이 시점에 프라이머리 서버인 A 멤버가 연결이 끊어졌다고 가정해보자. 그러면 B 멤버가 새로운 프라이머리가 될 것이다. 그리고 응용 프로그램에서 name 필드가 "matt"인 사용자의 정보를 조회하게 되면 1번에서 변경한 정보가 아니라 이전의 정보가 반환된다. 그래서 최근에 실행했던 find 쿼리가 이전에 실행했던 find 쿼리보다 오래된 데이터를 반환하는 것이다.

MongoDB 서버에서는 이렇게 프라이머리 스위치(Step-down)로 인해서 롤백(Rollback) 될 가능성이 있는 데이터는 클라이언트로 보내지 않도록 ReadConcern을 설정할 수 있다. ReadConcern도 WriteConcern과 동일하게 읽기를 실행할 멤버의 개수를 설정할 수 있으며, "majority"로 설정할 수도 있다. 하지만 데이터의 변경이 롤백으로 손실되지 않을 정도가 보장됐을 때 클라이언트로 결과를 반환하고, 데이터 조회도 롤백되지 않을 데이터만 반환하도록 하려면 ReadConcern과 WriteConcern을 모두 "majority"로 설정해야 한다. 그림 6-19는 ReadConcern과 WriteConcern을 모두 "majority" 옵션으로 설정했을 때의 모습을 보여주고 있다.

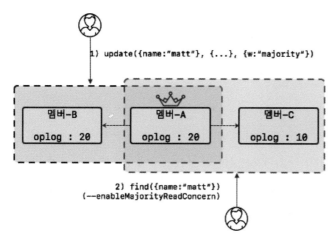

〈그림 6-19〉 MAJORITY 동기화 모드

WriteConcern이 "majority"이므로 3개의 멤버 중에서 2개의 멤버는 변경이 동기화되는 것을 보장한다. 그리고 ReadConcern이 "majority"이므로 읽기 쿼리가 실행됐을 때 이 쿼리는 3개의 레플리카 멤버 중에서 최소한 2개의 멤버는 동기화된 데이터를 가져가게 된다. 즉 두 명령 모두 "majority"(3개의 레플리카 셋 중에서 최소 2개 이상의 멤버는 동기화된 데이터) 데이터를 읽고 쓰기 때문에 레플리카 셋에서 어떤 멤버가 레플리카 셋에서 제거되더라도 읽었던 데이터나 변경된 데이터가 손실되지 않는 것이다.

> **(!) 주의**
>
> 그림 6-19에서 데이터 읽기(find 명령)는 멤버-A와 멤버-C로 쿼리를 전송하는 것처럼 보일 수도 있는데, 이 그림은 개념적인 표현이며, 실제로 사용자가 요청한 쿼리는 멤버-A와 멤버-B 그리고 멤버-C중 하나로만 전송된다. 하지만 레플리카 셋의 모든 멤버는 모든 다른 멤버들이 OpLog의 어디까지 적용했는지에 대한 정보를 가지고 있으며, 이 정보를 기준으로 레플리카 셋의 멤버들 중에서 다수(Majority) 멤버가 적용한 OpLog 위치까지의 데이터를 사용자에게 반환하게 된다.

레플리카 셋에서 "majority" 동기화 설정은 다음과 같이 단일 노드 동기화 제어 옵션과 함께 설정하면 된다. 다음 코드는 간략한 자바 프로그램 언어로 작동된 예제지만, 모든 MongoDB 클라이언트 드라이버가 이와 유사한 형태로 WriteConcern 설정 방법을 제공하고 있다.

```
MongoClient connection = new MongoClient("mongodb.server",27017);
connection.setWriteConcern(WriteConcern.JOURNALED).setW("majority");
DBCollection collection = connection.getDB("mysns").getCollection("users");
```

```
...

collection.insert(newUserObject);
```

"tag-set name"

레플리카 셋을 구성하는 멤버들이 여러 IDC에 걸쳐서 배포된 경우에는 각 IDC별로 레플리카 셋의 각 멤버에 태그(tag)를 할당할 수 있다. 다음 예제는 서울과 부산 IDC에 멤버를 가진 레플리카 셋에서 각 IDC별로 WriteConcern을 보장할 수 있도록 "MultiDataCenter"라는 이름의 사용자 정의 WriteConcern(Custom WriteConcern)을 생성하는 명령을 보여주고 있다.

```
// 레플리카 셋에 속한 각 멤버들의 IDC 위치를 tag로 설정
mongo> conf = rs.conf()
mongo> conf.members[0].tags = { "dc_seoul": "rack1"}
mongo> conf.members[1].tags = { "dc_seoul": "rack2"}
mongo> conf.members[2].tags = { "dc_busan": "rack1"}
mongo> conf.members[3].tags = { "dc_busan": "rack2"}
mongo> conf.members[4].tags = { "dc_seoul": "rack1"}
mongo> rs.reconfig(conf)

// 부산과 서울의 각 IDC별로 최소 1개 멤버는 쓰기가 완료되도록
// "MultiDataCenter"라는 이름의 WriteConcern을 생성
mongo> conf.settings = { getLastErrorModes: { MultiDataCenter : { "dc_seoul": 1, "dc_busan": 1 } }
}
mongo> rs.reconfig(conf)
```

그리고 생성한 "MultiDataCenter" WriteConcern을 사용하려면 다음과 같이 WriteConcern 옵션을 UPDATE나 DELETE 또는 INSERT 명령에 명시해주면 된다.

```
mongo> db.users.insert( { id: "matt", status: "A" },
                        { writeConcern: { w: "MultiDataCenter" } } )
```

6.4.1.3 WriteConcern에 따른 응답 시간 비교

WriteConcern의 선택이 단순히 레플리카 셋 간 또는 각 멤버에서 메모리와 디스크 데이터 동기화만의 문제라면 가장 강력한 동기화 옵션을 선택하면 될 것이다. 하지만 실제 WriteConcern 옵션은 쿼리의 응답 시간과 아주 밀접한 관계가 있다. 그림 6-20은 여러 가지 WriteConcern 모드에 따른 응답 시간의 보여주고 있는데, 이 테스트는 단일 쓰레드로 하나의 필드만 가지는 도큐먼트를 저장하는 테스트를 해본 것이다. 실제 그래프 상으로는 큰 차이가 나지 않는 것처럼 보일 수도 있지만, 그래프의 Y축이 지수 형태로 표시된 것에 주의하자.

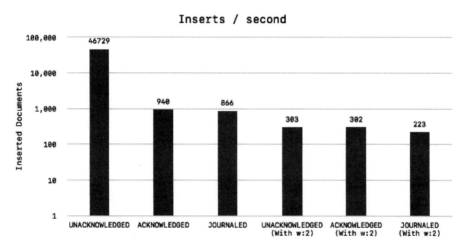

〈그림 6-20〉 동기화 모드(WriteConcern)에 따른 성능 차이

간단하게 생각해보더라도 요청에 대한 응답을 기다리지 않는 UNACKNOWLEDGED 모드는 매우 빠른 성능을 보여줄 것이다. 반면 MongoDB의 응답을 받아야 하는 모드들은 상당히 낮은 성능을 보여주고 있다. ACKNOWLEDGED와 JOURNALED 모드는 이 테스트에서는 크게 성능 차이를 보이지는 않았다. 그리고 레플리카 셋 간의 동기화 모드({w:2})를 추가하면 쿼리의 응답 시간은 더 길어지게 된다. 이 테스트에서 사용된 레플리카 셋은 안정적이고 최적화된 네트워크를 사용하는 상태였음에도 쿼리의 성능은 ACKNOWLEDGED나 JOURNAL과 비교했을 때 거의 절반으로 떨어지는 것을 확인할 수 있다.

그래프에서 Y축을 초당 INSERT 된 도큐먼트의 건수로 선택한 이유는 이해를 돕기 위함이지 MongoDB 서버의 성능을 표현한 것은 아니다. 이 테스트 결과는 해석하기에 따라 여러 가지 함정을 가지고 있는데, 가장 중요한 것은 이 테스트가 단일 쓰레드로 실행된 것이라는 점이다. 그래서 여기에서

WriteConcern 모드에 따른 "성능"이라는 표현을 하지 않았다. 이 테스트의 결과는 단순히 하나의 쿼리가 실행되는데 걸리는 시간 차이 정도로 해석하는 것이 더 좋을 것이다. 물론 WriteConcern 모드가 복잡해질수록 전체적으로 MongoDB 서버의 처리 능력은 떨어지게 된다. 하지만 이 성능 차이가 위의 그래프만큼 엄청난 차이를 보이지는 않을 것이다. 예를 들어, 이 테스트를 100개 쓰레드로 동시에 실행되게 했다면 초당 INSERT 된 도큐먼트의 건수는 어떤 결과가 나왔을까? 이 테스트 결과에 의하면 UNACKNOWLEDGED 모드에서 초당 46,729건이 INSERT 됐지만, 이것이 100개 쓰레드일 때는 초당 4,672,900(46729*100)건을 INSERT 할 수 있다는 것을 의미하지는 않는다.

결과적으로 UNACKNOWLEDGED 모드는 클라이언트의 테스트 쓰레드 개수를 늘려도 초당 INSERT 개수가 크게 증가하지 않겠지만, ACKNOWLEDGED나 JOURNALED 모드는 클라이언트의 테스트 쓰레드 개수가 늘어나면 그만큼 성능이 향상될 가능성이 높다. 이는 MongoDB 서버가 실행 중인 서버의 성능은 결국 하드웨어의 성능에 의존적이기 때문이다. 그렇다고 이것이 각 변경 요청의 응답 시간이 중요치 않다는 것을 의미하지는 않는다. 서비스의 특성에 따라서 응답 시간과 MongoDB 서버의 전체적인 처리 능력은 매우 중요한 요소가 될 것이다. 단지 서비스에서 필요로 하는 요건이 빠른 응답 시간인지 아니면 전체적인 처리 능력인지 구분해서 판단할 필요가 있다는 것이다.

참고   다음은 WriteConcern 종류별로 성능 테스트에 사용한 프로그램 코드다. 혹시 독자가 사용 중인 MongoDB 서버 환경에서 직접 테스트해보고자 한다면 다음 코드를 적절히 변경해서 실행해보면 MongoDB 서버 운영에 필요한 기본 정보를 확인할 수 있을 것이다.

```
package real.mongodb.writeconcern;

import java.net.UnknownHostException;
import java.util.logging.Logger;

import com.mongodb.BasicDBObject;
import com.mongodb.DBCollection;
import com.mongodb.DBObject;
import com.mongodb.MongoClient;
import com.mongodb.WriteConcern;

public class WriteConcernPerformanceTest {

    private static final Logger log = Logger.getAnonymousLogger();
    private static final int TEST_DOCS=50000;
```

```java
        public static void main(String[] args) throws UnknownHostException {
            WriteConcernPerformanceTest tester = new WriteConcernPerformanceTest();

            tester.unacknowledged();
            tester.acknowledged();
            tester.journaled();
            tester.unacknowledged_w2();
            tester.acknowledged_w2();
            tester.journaled_w2();
        }

        private void unacknowledged() throws UnknownHostException{
            DBCollection collection = getCollection("perftest", WriteConcern.UNACKNOWLEDGED );
            log.info(">>>>>>>>>>> UNACKNOWLEDGED Insertion Time —"+insertRecords(collection));
        }

        private void acknowledged() throws UnknownHostException{
            DBCollection collection = getCollection("perftest", WriteConcern.ACKNOWLEDGED );
            log.info(">>>>>>>>>>> ACKNOWLEDGED Insertion Time —"+insertRecords(collection));
        }

        private void journaled() throws UnknownHostException{
            DBCollection collection = getCollection("perftest", WriteConcern.JOURNALED );
            log.info(">>>>>>>>>>> JOURNALED Insertion Time —"+insertRecords(collection));
        }

        private void unacknowledged_w2() throws UnknownHostException{
            DBCollection collection = getCollection("perftest", WriteConcern.UNACKNOWLEDGED.
withW(2) );
            log.info(">>>>>>>>>>> UNACKNOWLEDGED W2 Insertion Time —"+
insertRecords(collection));
        }

        private void acknowledged_w2() throws UnknownHostException{
            DBCollection collection = getCollection("perftest", WriteConcern.ACKNOWLEDGED.
withW(2) );
            log.info(">>>>>>>>>>> ACKNOWLEDGED W2 Insertion Time —"+insertRecords(collection));
        }
```

```
    private void journaled_w2() throws UnknownHostException{
        DBCollection collection = getCollection("perftest", WriteConcern.JOURNALED.
withW(2) );
        log.info(">>>>>>>>>>>> JOURNALED W2 Insertion Time --"+insertRecords(collection));
    }

    private long insertRecords(DBCollection collection) {
        long startTime=System.currentTimeMillis();
        for(int i=0;i<TEST_DOCS;i++){
            DBObject myObject = new BasicDBObject();
            myObject.put("someKey", "someValue");
            collection.insert(myObject);
        }
        long endTime=System.currentTimeMillis();
        collection.drop();
        return (endTime-startTime);
    }

    private DBCollection getCollection(String databaseName,WriteConcern writeConcern)
throws UnknownHostException{
        MongoClient serverConnection = new MongoClient("mongo-test.com",27017);
        serverConnection.setWriteConcern(writeConcern);
        return serverConnection.getDB("perftest").getCollection("perftest");
    }
}
```

6.4.2 Read Concern

MongoDB 서버는 레플리카 셋으로 구축되며, 각 레플리카 셋 간의 데이터 동기화 여부는 Write Concern 옵션에 따라서 다양한 상태를 가질 수 있다. 즉 어떤 경우에는 변경된 데이터가 프라이머리 멤버에만 적용됐을 수도 있으며, 어떤 경우에는 프라이머리 멤버와 일부 세컨드리 멤버에만 적용됐을 수도 있다. 하지만 최종적으로 모든 세컨드리 멤버는 프라이머리와 동일한 데이터 셋을 가지게 된다. 그래서 MongoDB 서버의 레플리케이션을 "Eventual Consistency"(최종 동기화) 모델로 표현하기도 한다. 하지만 데이터를 읽어 가는 쿼리 입장에서는 "Eventual Consistency"가 수많은 문제점을 유발할 가능성이 있다.

그래서 이런 동기화 과정 중에 데이터 읽기를 일관성 있게 유지할 수 있도록 MongoDB 서버에서는 ReadConcern 옵션을 제공한다. MongoDB의 ReadConcern 옵션은 WriteConcern 옵션과는 달리 레플리카 셋 간의 동기화 이슈만 제어한다. MongoDB 서버에서 데이터가 메모리에서만 변경됐든 저널 로그까지 기록됐든 아니면 데이터 파일이 모두 디스크로 동기화됐든 읽어가는 데이터에는 차이가 없어서 단일 노드에서 읽는 데이터는 변수가 있을 수 없기 때문이다. MongoDB 서버의 ReadConcern 옵션은 다음 3가지 중에서 선택할 수 있다.

- **"local"**: local 모드의 ReadConcern에서는 쿼리가 실행되는 MongoDB 서버가 가진 최신의 데이터를 반환하는 방식으로 작동한다. 이는 MongoDB 서버의 디폴트 ReadConcern 옵션인데, local 모드에서는 레플리카 셋의 다른 멤버가 가진 데이터의 상태를 확인하지 않기 때문에 최신 데이터를 프라이머리 멤버만 가진 상태에서 프라이머리 멤버가 비정상적으로 종료되거나 연결이 끊어지면 그 데이터는 롤백 되어서 Phantom Read와 비슷한 상황이 발생할 수도 있다.

- **"majority"**: 레플리카 셋에서 다수의 멤버들이 최신의 데이터를 가졌을 때에만 읽기 결과가 반환된다. 레플리카 셋에서 다수의 멤버가 가진 데이터에 대해서 쿼리 결과가 반환되므로 클라이언트가 읽었던 데이터가 롤백으로 인해서 사라질 가능성은 상당히 낮다. 하지만 "majority" ReadConcern을 사용한다고 하더라도 일부 레플리카 셋의 멤버가 동시에 연결할 수 없는 상태가 되면 Phantom Read 현상이 발생할 수도 있다. majority ReadConcern은 MMAPv1 스토리지 엔진에서는 지원되지 않으며, WiredTiger 스토리지 엔진에서만 사용할 수 있다.

- **"linearizable"**: linearizable 모드의 ReadConcern은 레플리카 셋의 모든 멤버가 가진 변경 사항에 대해서만 쿼리 결과를 반환한다. 즉 클라이언트가 한번 읽어간 데이터는 이미 모든 레플리카 셋 멤버에 반영됐기 때문에 언제 프라이머리가 스위칭된다 하더라도 절대 롤백 되지 않는다. 그래서 레플리카 셋의 모든 멤버가 한 번에 비정상적으로 종료되지 않는 이상 절대 Phantom Read와 같은 상황은 발생하지 않는다. linearizable ReadConcern은 MongoDB 3.4부터 지원된다.

그림 6-21은 MongoDB 서버에서 Read Concern을 처리하기 위해서 레플리카 셋의 각 멤버들이 가진 OpLog 복제 상태 정보를 보여주고 있다.

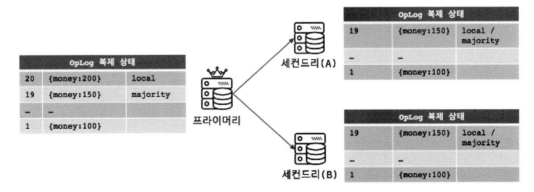

〈그림 6-21〉 레플리카 셋의 각 멤버들이 가진 OpLog 복제 상태

그림 6-21과 같은 복제 상태에서, 프라이머리 멤버에서 Read Conern별로 반환하게 되는 결과는 다음과 같다.

```
// ReadConcern이 "local"인 경우 (Default)
mongo> db.users.find( { name: "matt" }, {money: 1} )
=> {money: 200}

// ReadConcern이 "majority"인 경우
mongo> db.users.find( { name: "matt" }, {money: 1} ).readConcern("majority")
=> {money:150}

// ReadConcern이 " linearizable"인 경우
mongo> db.users.find( { name: "matt" }, {money: 1} ).readConcern("linearizable ")
=> {money: 200}
```

이 결과에서 프라이머리에서 생성된 OpLog가 모든 세컨드리로 아직 전파되지 않아서, ReadConcern이 "majority"인 경우에는 "local"인 경우보다는 오래된 데이터를 가져왔다. 그런데 예상과 달리 "linearizable"인 경우 "majority"보다 더 최신의 데이터가 반환된 것을 확인할 수 있다. 이는 "linearizable"와 "majority"는 작동 방식에서 매우 큰 차이가 있기 때문이다. ReadConcern이 "majority"인 경우 MongoDB 서버는 레플리카 셋 멤버들의 복제 상태 표만 참조해서 클라이언트로 반환할 데이터를 판단하고, 즉시 결과를 반환한다. 즉 "majority" ReadConcern에서는 특정 시점의 데이터(스냅샷)를 반환하게 되는 것이다. 하지만 ReadConcern이 "linearizable"인 경우 MongoDB 서버는 자신이 가진 최신의 OpLog까지 모든 세컨드리로 전파될 때까지 기다렸다가 결과를 반환하기 때문에 "linearizable" ReadConcern이 "majority"보다 더 최신의 결과를 반환한 것이다. 하지만 "linearizable" ReadConcern은 쿼리의 응답이 훨씬 더 느려지게 된다.

"linearizable" 모드의 ReadConcern은 프라이머리 멤버에서 쿼리를 실행할 때에만 사용할 수 있는데, 세컨드리 멤버들이 최신의 OpLog를 적용할 때까지 기다려야 하기 때문에 쿼리의 응답 시간이 많이 느려질 수 있다. 뿐만 아니라 만약 레플리카 셋에서 일부 멤버만 응답할 수 없는 상태가 돼 버리면 사용자의 쿼리가 무한정 기다리게 될 수도 있다. 그래서 linearizable 모드를 사용하는 경우에는 반드시 쿼리의 타임아웃 시간을 설정하는 것이 좋다. 다음 예제는 5초 내에 모든 레플리카 셋의 OpLog 동기화가 확인되지 않으면 쿼리를 실패 처리하게 된다.

```
mongo> db.users.find( { name: "matt" } )
       .readConcern("linearizable").maxTimeMS(5000)

mongo> db.runCommand( {
    find: "users",
    filter: { name: "matt" },
    readConcern: { level: "linearizable" },
    maxTimeMS: 5000
} )
```

"majority" 모드의 ReadConcern을 사용하려면 반드시 다음과 같이 MongoDB 서버의 enable MajorityReadConcern 옵션이 활성화된 상태로 시작해야 한다. 그리고 레플리카 셋이 프로토콜 버전 1(Protocol version 1) 이상을 사용(MongoDB 3.2 이상부터 지원)해야 하며, WiredTiger 스토리지 엔진을 사용하는 경우에만 사용할 수 있다.

```
$ mongod --enableMajorityReadConcern ...

또는 mongod.conf 설정 파일에 다음과 같이 설정
...
setParameter:
 enableMajorityReadConcern: true
```

> **(!) 주의**
>
> MongoDB 서버의 ReadConcern 모드로 쿼리를 실행하면 MongoDB 서버는 모든 레플리카 셋으로 쿼리를 실행해서 그 결과를 병합해서 결과를 반환하는 방식으로 작동하는 것으로 오해할 수도 있다. 하지만 실제 MongoDB 서버의 ReadConcern은 오로지 레플리카 셋 멤버들의 OpLog 동기화 여부에만 의존해서 쿼리의 ReadConcern을 처리한다. 그림 6-22는 MongoDB 서버의 레플리카 셋이 ReadConcern이나 WriteConcern을 처리하기 위한 OpLog 적용 상태를 관리하는 방식을 보여주고 있다.
>
>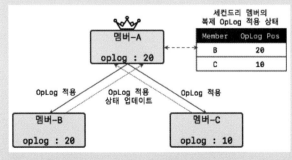
>
> 〈그림 6-22〉 레플리카 셋의 OpLog 적용 상태 업데이트

MongoDB 서버 레플리카 셋의 프라이머리 멤버는 레플리카 셋의 모든 세컨드리 멤버들이 OpLog의 어디까지 동기화하고 있는지 정보를 가지고 있으며, 각 세컨드리 멤버는 프라이머리 멤버의 OpLog정보를 조회할 때마다 자신이 어느 OpLog까지 동기화했는지 계속해서 프라이머리 멤버로 보고하는 방식으로 작동한다. 프라이머리 멤버는 클라이언트의 쿼리 요청이 오면 자신이 가진 세컨드리 멤버들의 OpLog 상태 정보를 참조해서 다수(majority) 또는 전체(linearizable) 멤버가 현재 자신의 OpLog와 동일한 위치를 가지고 있는지 확인해서 쿼리를 처리한다. 만약 다수 또는 전체 멤버가 프라이머리 자신의 최종 OpLog와 동일한 상태가 아니면 쿼리 실행을 멈추고, 세컨드리 멤버들이 OpLog를 원하는 수준까지 동기화될 때까지 기다린다.

이 방식은 세컨드리의 멤버로 직접 쿼리를 하지 않기 때문에 레플리카 셋의 세컨드리 멤버가 응답할 수 있는 상태인지 아닌지 판단하기가 취약하다. 따라서 MongoDB 매뉴얼에서는 ReadConcern이 "local"이 아닌 경우에는 반드시 쿼리에 maxTimeMS 옵션을 설정하기를 권장하고 있다. 또 한편으로는 MongoDB의 ReadConcern은 majority나 linearizable로 설정한다고 해서 세컨드리 멤버들이 프라이머리 멤버와 동일하게 쿼리 처리를 하는 것은 아니기 때문에 세컨드리 멤버의 부하가 늘어나는 것에 대해서는 크게 걱정하지 않아도 된다는 장점도 있다.

MongoDB 서버에 접속하는 프로그램에서는 클라이언트와 데이터베이스 그리고 컬렉션 레벨의 3가지 방법으로 ReadConcern을 설정할 수 있다.

클라이언트 레벨(MongoClient)의 ReadConcern 설정

```
// 1) MongoClientURI을 이용해서 WriteConcern 설정
MongoClient mongoClient = new MongoClient(new MongoClientURI(
        "mongodb://host1:27017,host2:27017/?readConcernLevel=majority"));


// 2) MongoClientOptions을 이용해서 WriteConcern 설정
MongoClientOptions options =
 MongoClientOptions.builder().readConcern(ReadConcern.DEFAULT).build();
        MongoClient mongoClient = new MongoClient(Arrays.asList(
                        new ServerAddress("host1", 27017),
                        new ServerAddress("host1", 27017)), options);
```

데이터베이스 레벨의 ReadConcern 설정

```
MongoDatabase database = mongoClient.getDatabase("mysns")
                                .withReadConcern(ReadConcern.DEFAULT);
```

컬렉션 레벨의 ReadConcern 설정

```
MongoCollection<Document> collection = database.getCollection("users")
                            .withReadConcern(ReadConcern.DEFAULT);
```

6.4.3 Read Preference

MongoDB 서버에서 Read Concern과 Read Preference는 조금 혼란스러울 수 있는 부분이다. 하지만 두 옵션의 의미를 명확히 이해하면 Read Concern과 Read Preference는 MongoDB를 사용하는 데 있어서 상당히 논리적인 구분이라는 것을 알 수 있을 것이다. Read Concern은 MongoDB 레플리카 셋에서 어떤 데이터를 읽어서 클라이언트로 반환할 것인지 결정하는 옵션인 반면, Read Preference는 클라이언트의 쿼리를 어떤 MongoDB 서버로 요청해서 실행할 것인지 결정하는 옵션이다. 또한 Read Concern은 데이터 읽기의 일관성을 목적으로 하고 있지만, Read Preference는 데이터 읽기로 인한 부하의 분산이 주목적인 경우가 많다.

> **(!) 주의**
>
> 일부 프로그램 언어를 위한 드라이버나 클라이언트 프로그램에서의 Read Preference는 클라이언트가 MongoDB 서버에 접속하는 시점에 설정돼야 한다. 즉 쿼리를 실행하던 컨넥션에 대해서 Read Preference를 변경하는 것은 효과가 없을 수도 있다. 또한 상대적으로 오래된 버전의 MongoDB 서버나 클라이언트 드라이버에서는 이런 제약이 더 영향을 미칠 수도 있으므로 Read Preference 설정이 제대로 작동하지 않는 경우에는 컨넥션을 생성하는 즉시 Read Preference 옵션을 설정하도록 확인해보자.

일반적으로 MongoDB 클라이언트 드라이버는 다음과 같이 5개의 Read Preference모드를 지원하며, Read Preference는 데이터를 조회하는 쿼리에만 영향을 미치고 데이터를 변경하는 INSERT나 UPDATE 그리고 DELETE 명령은 프라이머리 멤버로만 실행된다.

- **primary**: 클라이언트 드라이버는 MongoDB 레플리카 셋 멤버 중에서 프라이머리 멤버로만 쿼리를 요청한다. Read Preference를 primary로 설정한 경우 레플리카 셋에서 프라이머리 멤버가 없으면 쿼리 실행은 실패하게 된다.

- **primaryPreferred**: 클라이언트 드라이버는 가능하면 프라이머리 멤버로 쿼리를 전송한다. 하지만 레플리카 셋에 프라이머리 멤버가 없는 경우에는 세컨드리 멤버로 쿼리를 요청한다. primary 옵션을 사용하면 관리를 위해서 기존 프라이머리를 잠깐 스텝 다운(Step down)하는 경우 데이터의 변경뿐만 아니라 데이터 읽기 쿼리도 실패하게 된다. 만약 이렇게 관리 작업이 있어도 데이터 읽기는 가능하게 하고 싶다면 primaryPreferred가 좋은 대안이 될 것이다.

- **secondary**: 쿼리를 레플리카 셋의 세컨드리 멤버로만 전송하며, 프라이머리 멤버로는 쿼리를 요청하지 않는다. 만약 세컨드리 멤버가 2개 이상일 때는 쿼리를 적절히 분산하여 각 세컨드리로 요청한다. 만약 쿼리를 요청할 수 있는 세컨드리 멤버가 없으면 에러가 발생한다.

- **secondaryPreferred**: Read Preference가 secondary인 경우와 동일하게 작동하지만, 쿼리를 요청할 수 있는 세컨드리 멤버가 없으면 프라이머리 멤버로 쿼리를 요청한다.

- **nearest**: MongoDB 드라이버나 MongoDB 라우터(Mongos)는 쿼리의 요청에 대한 응답 시간을 수집하고 있는데, Read Preference를 nearest로 설정하면 MongoDB 드라이버는 레플리카 셋에서 쿼리의 응답 시간이 빠른 멤버로 쿼리를 요청한다. 쿼리를 요청하는 멤버가 프라이머리인지 세컨드리인지는 고려하지 않는다. Read Preference를 nearest로 설정하는 것은 하나의 IDC 내부에만 레플리카 셋이 실행 중인 경우에는 사실 큰 의미가 없으며, 레플리카 셋의 멤버들이 글로벌하게 분산되어 멤버별로 쿼리의 응답 시간에 많은 차이가 있을 때 적절한 옵션이다.

> **참고**   Read Preference를 primaryPreferred나 secondaryPreferred를 사용하는 경우에 일시적으로 레플리카 셋의 프라이머리나 세컨드리 멤버가 사용할 수 없는 상황이 되면 자동으로 다른 멤버로 쿼리가 전송된다. 하지만 이렇게 한번 쿼리를 실행하는 멤버가 변경되면 문제 있었던 멤버가 다시 서비스에 투입된다 하더라도 즉시 쿼리가 그 멤버로 유입되는 것은 아니다. 한번 쿼리의 전송 방향이 바뀌면, 그 컨넥션들이 종료되고 다시 새로 연결을 맺을 때까지는 바뀐 멤버로 계속해서 쿼리가 요청된다.

별도로 Read Preference를 설정하지 않으면 MongoDB 드라이버는 primary를 디폴트 모드로 선택한다. 그리고 primary 이외의 Read Preference를 사용하는 경우에 데이터 읽기는 세컨드리에서 실행될 수도 있으며, 이로 인해서 프라이머리에서 변경된 데이터가 적용되지 않은 이전 상태의 데이터(Stale data)를 읽을 가능성도 있다. MongoDB 서버의 세컨드리 멤버는 특별히 성능적인 이슈가 아니라면 거의 순간적으로 프라이머리의 OpLog를 세컨드리 멤버로 복제할 것이다. 하지만 MongoDB의 세컨드리는 OpLog를 적용할 때 글로벌 잠금을 걸고 멀티 쓰레드로 OpLog의 내용을 재실행한다. 이때 레플리케이션 쓰레드는 세컨드리 MongoDB 서버에서 글로벌 잠금을 걸기 때문에 데이터 조회 쿼리를 실행하지 못하게 된다. 만약 무거운 쿼리가 세컨드리에서 실행되거나 OpLog의 데이터 변경이 무거운 경우에는 서로 영향을 미친다. 즉 세컨드리 멤버의 복제 지연은 사용자의 쿼리로 인해서 언제든지 발생할 수 있다. 그래서 세컨드리 읽기는 충분히 복제 지연에 대해 검토한 후에 적용하는 것이 좋다. 세컨드리 멤버의 글로벌 잠금에 대해서는 "3.4 복제 아키텍처" 부분을 다시 참조하자.

레플리카 셋의 모든 멤버가 읽고 쓰기를 위해서 사용되는 경우에는 적절히 처리 용량에 제한을 두어야 한다. 레플리카 셋의 모든 멤버가 읽고 쓰기를 위해서 가능한 자원을 사용하고 있다면 하나의 멤버가 하드웨어나 소프트웨어 문제로 응답 불능 상태가 되면 그 쿼리가 다른 멤버로 전달되고 이로 인해서 다른 레플리카 셋의 멤버들이 모두 과부하를 일으킬 수 있기 때문이다. 항상 레플리카 셋은 충분히 하나의 멤버가 응답할 수 없는 상태가 됐을 때 처리를 분산할 수 있을 만큼의 여유는 고려해야 한다.

MonogDB 메뉴얼에서는 세컨드리 읽기를 가능하면 사용하지 않는 것을 권장하고 있다. 프라이머리 멤버만으로 충분히 처리할 수 있는 부하라면 굳이 세컨드리를 사용하지 않는 것이 좋다. 그뿐만 아니라 하드웨어나 소프트웨어의 업그레이드 작업 등을 고려하면 세컨드리를 서비스에서 사용하지 않는 것이 좋다. 하지만 무거운 배치 작업이나 통계성 작업들은 복제 지연에 민감하지 않으므로 세컨드리 멤버를 사용해도 무방하다. 또한 복제 지연에 민감하지 않을 때에는 세컨드리를 활용하는 것이 좋은 전략이다. 그런데 세컨드리 멤버를 서비스에서 사용하는 경우에는 반드시 일부 멤버의 처리 불능 상태에 대비해서 적절히 처리 용량의 여유를 고려하는 것은 중요하다.

다음 예제는 자바 프로그램 언어에서 Read Preference를 설정하는 예제인데, 대부분 프로그래밍 언어의 클라이언트 드라이버에서는 비슷한 형태의 Read Preference 설정 방법을 제공하고 있다. 다음 예제는 MongoClient 레벨에서 Read Preference를 설정하는 방법이다.

```
// 1) MongoClientOptions 를 이용한 Read Preference 설정
MongoClientOptions options = MongoClientOptions.builder().readPreference(
                            ReadPreference.secondary()).build();
MongoClient mongoClient = new MongoClient(Arrays.asList(
                            new ServerAddress("host1", 27017),
                            new ServerAddress("host2", 27017)), options);

// 2) MongoClientURI를 이용한 Read Preference 설정
MongoClient mongoClient = new MongoClient(new MongoClientURI(
        "mongodb://host1:27017,host2:27017/?readPreference=secondary"));
```

다음 예제는 데이터베이스와 컬렉션 레벨에서 Read Preference를 설정하는 방법이다.

```
// 데이터베이스 레벨의 Read Preference 설정
MongoDatabase database = mongoClient.getDatabase("mysns")
                    .withReadPreference(ReadPreference.secondary());

// 컬렉션 레벨의 Read Preference 설정
MongoCollection<Document> collection = database.getCollection("users")
                    .withReadPreference(ReadPreference.secondary());
```

Mongo 셸에서 Read Preference를 설정하는 방법은 다음과 같이 setReadPref() 옵션을 사용하면 된다.

```
// 1) 데이터베이스 레벨의 Read Preference 설정
mongo> db.getMongo().setReadPref('primaryPreferred')

// 2) 커서(Cursor) 레벨의 Read Preference 설정
mongo> db.users.find({name:"matt"}).readPref('primaryPreferred')
```

6.4.4 maxStalenessSeconds 설정

MongoDB의 복제 방식은 MySQL 서버와 매우 비슷하며, 실제 프라이머리와 세컨드리 멤버의 활용 사례도 매우 비슷한 편이다. 그래서 MongoDB 서버에서도 읽기 전용 세컨드리 멤버를 구축해서 사용하는 경우도 많다. 때로는 세컨드리 멤버에서 대량의 데이터를 읽어서 통계를 수집하거나 분석 작업을 수행하는 경우도 있다. 하지만 MongoDB의 복제는 기본적으로 비동기 방식으로 처리되므로 세컨드리의 하드웨어 성능이 부족하거나 네트워크 이슈 또는 세컨드리 멤버에서 과도한 부하를 유발하는 쿼리 등의 이유로 언제든지 세컨드리 멤버의 복제 지연은 발생할 수 있다.

일 단위 또는 시간 단위의 배치나 통계 등의 작업이라면 일시적인 복제 지연이 특별히 문제가 되지는 않을 것이다. 하지만 서비스 사용자의 쿼리를 처리하기 위해서 세컨드리 멤버를 사용하는 경우에는 일정 수준 이상의 복제 지연은 예상치 못한 문제를 유발할 수도 있다. 하지만 응용 프로그램에서 MongoDB 서버로 쿼리를 실행할 때마다 복제 지연을 체크하는 것은 그렇게 간단하지도 않고, 쿼리 처리에 더 많은 시간이 필요할 것이다. 세컨드리 멤버를 사용하는 데 있어서 복제 지연에 대한 안전 장치가 없는 것이다.

그래서 MongoDB 3.4 버전부터는 Read Preference 옵션을 설정할 때 최대 허용 가능한 복제 지연 시간(maxStalenessSeconds)을 설정할 수 있게 개선됐다. maxStalenessSeconds 옵션을 설정하면 MongoDB 드라이버나 Mongo 라우터(Mongos)가 지정된 시간보다 복제 지연이 심한 경우에 해당 세컨드리 멤버를 접속 가능한 대상 서버 목록에서 제거하고 접속하지 못하도록 차단한다. maxStalenessSeconds 옵션은 모든 레플리카 셋 멤버가 MongoDB 3.4인 경우에만 사용할 수 있으며, 그렇지 않은 경우에는 에러가 발생한다.

maxStalenessSeconds 옵션은 주기적으로 각 세컨드리 멤버의 마지막 쓰기 시점을 이용해서 복제 지연을 측정하고, 복제 지연이 maxStalenessSeconds보다 큰 경우에 해당 멤버로의 연결을 사용하지 못하게 한다. 각 세컨드리 멤버의 복제 지연은 레플리카 셋의 모든 멤버에 접속해서 현재 opLog의 최

종 시각을 확인한 다음 프라이머리와 세컨드리 멤버 간의 시간 차이를 확인하는 방식으로 측정한다. 만약 프라이머리 멤버가 없다면 세컨드리 멤버들 간의 최종 opLog 시각을 비교한다. 그래서 각 세컨드리 멤버의 복제 지연 시간이 초 단위나 밀리초 단위로 갱신되지 못한다. 현재 MongoDB 서버에서 maxStalenessSeconds 옵션은 최소 90초 이상으로 설정해야 하며, 만약 90초 미만의 값을 설정하면 에러가 발생한다. 90초면 매우 큰 시간이긴 하지만 그래도 몇십 분씩 복제가 지연된 세컨드리 멤버를 피할 수 있다는 것만으로도 상당한 도움이 될 것으로 보인다.

6.4.5 샤딩 환경의 중복 도큐먼트 처리

샤딩이 적용된 MongoDB 서버는 내부적으로 데이터의 균등 분산을 위해서 밸런서가 각 샤드의 청크를 이동시키는 과정이 반복된다. 또한 샤드 간 청크 이동은 순간적으로 완료되는 작업이 아니어서 장시간 실행되는 것이 일반적인데, 이런 밸런싱 작업으로 인해서 동일 도큐먼트가 2개의 샤드에 동시에 존재할 수도 있다. MongoDB는 여러 도큐먼트 처리에 대해서 트랜잭션을 지원하지 않기 때문에 청크의 이동을 트랜잭션으로 처리할 수가 없다. 그래서 청크 이동 도중에 복사된 도큐먼트는 사용자에게 모두 노출될 수밖에 없다. 즉 청크의 이동이 실행되는 도중에 해당 청크의 도큐먼트를 조회하면 한 건이 아니라 두 건의 도큐먼트가 결과로 나올 수 있다는 의미다.

두 개 이상의 샤드에 같은 도큐먼트가 존재하는 경우는 청크 이동과 같은 일시적인 상황뿐만 아니라 밸런서에 의해서 청크가 이동되는 도중에 알 수 없는 오류로 인해서 청크 이동이 실패하거나 사용자의 실수로 Mongo 라우터(mongos)를 거치지 않고 직접 MongoDB 서버에 데이터를 저장하는 경우에도 발생할 수 있다. 이런 경우에는 중복된 도큐먼트가 영구적으로 MongoDB 샤드 서버에 남아있게 된다. 이런 도큐먼트들을 우리는 고아 도큐먼트(Orphaned document)라고 부른다는 것을 이미 "04. 샤딩" 장에서 살펴봤다.

하지만 실제 여러 샤드 서버가 같은 도큐먼트를 가진 상태라고 하더라도 실제 쿼리를 실행해보면 중복된 도큐먼트가 사용자에게 보이지는 않는다. 이는 MongoDB 서버가 쿼리를 처리하면서 사용자에게 결과를 반환할 때, 그 도큐먼트가 자기 자신이 가진 청크 목록에 소속된 도큐먼트인지 먼저 검증하기 때문이다. 즉 MongoDB 서버는 결과를 자기 자신이 담당하는 청크에 소속된 도큐먼트인지 검사해서 자기 자신의 청크 범위에 소속된 도큐먼트일 때에는 정상적인 결과로 간주하고 반환하지만, 그렇지 않을 때에는 그냥 버리고 무시하게 된다.

그런데 문제는 MongoDB 서버가 항상 이런 체크를 수행하지는 않는다는 것이다. 샤딩된 MongoDB 클러스터는 다음과 같은 2가지 경우에만 이런 도큐먼트의 샤드의 소유권(Ownership)을 체크한다.

- 쿼리에 샤드의 메타 정보 버전이 포함된 경우
- 쿼리의 조건에 샤드 키가 포함된 경우

샤딩이 적용된 MongoDB 서버에서는 청크가 이동될 때마다 컨피그 서버의 메타 정보가 변경되는데, 이때마다 메타 정보의 버전이 1씩 증가한다. 즉 한 시점의 청크 분배 상태는 하나의 버전을 가지게 되는 것이다. MongoDB 클라이언트 드라이버나 MongoDB 라우터는 MongoDB 서버로 쿼리를 요청할 때 이 버전을 같이 전송하는데, 이런 형태의 쿼리가 위에서 언급한 2가지 중 첫 번째 경우다. 이렇게 버전이 포함된 쿼리를 MongoDB에서는 "Versioned Query"라고 한다. 그러면 MongoDB 서버는 그 버전의 청크 분배 상태에 맞게 자기 자신의 처리 결과를 필터링해서 결과를 반환한다. 이렇게 함으로써 샤딩된 MongoDB 클러스터는 내부적으로 청크의 이동이 실행 중이라 하더라도 한 시점의 일괄된 데이터를 보장한다. MongoDB에서는 프라이머리 멤버에서 쿼리를 실행할 때에만 "Versioned Query"를 사용하며, 세컨드리 멤버에서 쿼리를 실행할 때에는 별도로 청크의 메타 데이터 버전을 포함하지 않는다(이를 "Unversioned Query"라고 한다).

두 번째 경우는 사실 각 도큐먼트에 대해서 소유권을 체크해서 필터링을 하는 것은 아니지만, 특정 샤드로만 쿼리가 전달되므로 결과적으로 소유권을 체크하는 과정이 자연적으로 포함된다. 그래서 해당 샤드가 가진 청크에 포함된 도큐먼트만 반환받게 되는 것이다.

결국 첫 번째와 두 번째 경우를 종합해보면 쿼리가 샤드 키를 포함하지 않으면서 세컨드리 멤버에서 쿼리를 실행하는 경우에는 결과에 중복된 도큐먼트가 포함될 수 있다. 다음 예제는 "shardkey"라는 필드의 값으로 샤딩된 컬렉션에 같은 도큐먼트 2건을 강제로 저장(각각 다른 샤드에 저장)하고, Mongo 라우터를 통해서 쿼리한 결과다.

```
// 세컨드리 멤버에서 쿼리를 실행하도록 설정
mongos> rs.slaveOk(true)
mongos> db.coll.find({shardkey:1})
{ "_id" : ObjectId("5966d25cb51c7e42d1e6141c"), "shardkey" : 1, "fd" : 1 }

mongos> db.coll.find({fd:1})
{ "_id" : ObjectId("5966d25cb51c7e42d1e6141c"), "shardkey" : 1, "fd" : 1 }
```

```
{ "_id" : ObjectId("5966d25cb51c7e42d1e6141c"), "shardkey" : 1, "fd" : 1 }

// 프라이머리 멤버에서 쿼리를 실행하도록 설정
mongos> rs.slaveOk(false)
mongos> db.coll.find({shardkey:1})
{ "_id" : ObjectId("5966d25cb51c7e42d1e6141c"), "shardkey" : 1, "fd" : 1 }

mongos> db.coll.find({fd:1})
{ "_id" : ObjectId("5966d25cb51c7e42d1e6141c"), "shardkey" : 1, "fd" : 1 }
```

세컨드리 멤버에서 쿼리를 실행하도록 설정한 다음, 샤드 키(shardkey 필드) 조건을 사용했을 때와 사용하지 않았을 때의 쿼리를 실행해봤다. 위 예제에서 볼 수 있듯이 샤드 키를 포함했을 때는 1건의 도큐먼트만 반환됐지만 샤드 키를 포함하지 않았을 때는 2건의 도큐먼트가 반환됐다. 이 경우는 세컨드리 멤버로 실행하여 "Unversioned Query"로 실행됐기 때문에 청크 범위의 소유권 체크가 수행되지 않고 결과가 바로 반환된 것이다.

그런데 프라이머리 멤버에서 쿼리를 실행하면 쿼리가 샤드 키 조건을 포함하든지 그렇지 않든지 똑같이 1건의 도큐먼트만 반환했다. 즉 프라이머리 멤버에서 쿼리를 실행하는 경우에는 메타 정보의 버전이 쿼리에 포함돼서 MongoDB가 도큐먼트의 오너쉽을 체크하고, 통과한 최종 결과만 반환한 것이다.

같은 원인이지만 다른 형태의 결과를 보여주는 경우가 있는데 바로 도큐먼트의 건수를 확인하는 count() 명령이다. 위와 동일하게 중복된 도큐먼트가 2개의 샤드에 저장된 상태에서 count() 쿼리를 실행한 결과다.

```
mongos> db.coll.find({fd:1}).count()
⟹ 2

mongos> db.coll.count({fd:1})
⟹ 2
```

이 예제에서는 Read Preference를 프라이머리나 세컨드리로 설정하지 않고, 그냥 프라이머리 멤버에서 실행되게 했다. 사실 위의 두 명령은 내부적으로 동일하게 작동하므로 같은 결과를 보여주는 것은 이상하지 않다. 프라이머리 멤버에서 쿼리를 실행했지만, 결과는 모두 2건으로 표시됐다. 이는 MongoDB 서버에서 도큐먼트의 오너쉽을 체크하기 이전 단계에서 카운터를 증가시키는 처리 방식때문에 "Versioned Query"가 효과가 없는 것이다. MongoDB의 버그인 것처럼 보이지만, MongoDB 에서는 특별히 버그는 아니지만 개선해야 할 기능으로 마킹돼 있는 상태다.

MongoDB에서는 이 문제를 회피하기 위해서 다음과 같이 itcount()를 사용하는 것을 가이드 해주고 있다. itcount() 기능은 Mongo 클라이언트에서 사용할 수 있는 기능으로, 각 프로그래밍 언어의 Mongo 드라이버에서는 실제 도큐먼트를 클라이언트로 가져와서 카운트를 실행하는 방식으로 처리하면 된다. 즉 itcount()는 find()를 실행하는 것과 동일하게 MongoDB 서버에서 검색 결과를 모두 가져와서 도큐먼트의 건수를 클라이언트가 확인하는 것이므로 "Versioned Query"가 도큐먼트의 소유권을 정상적으로 체크할 수 있는 것이다.

```
mongos> db.coll.find({fd:1}).itcount()
⇒ 1
```

> **(!) 주의**
>
> 대부분 프라이머리에서 쿼리를 실행하거나 세컨드리 멤버에서 실행하는 경우에도 샤드 키를 포함해서 쿼리를 사용한다면 같은 도큐먼트가 여러 샤드에 걸쳐서 중복 저장돼 있는 것 자체는 사실 문제가 되지 않는다. 이런 현상은 이미 MongoDB 메뉴얼에서도 언급하고 있고, 또한 MongoDB를 사용함에 있어서 이런 현상이 발생할 수 있다는 것은 반드시 인지하고 있어야 한다. 그런데도 이렇게 같은 도큐먼트가 중복해서 여러 샤드에 저장돼 있는 것이 문제가 된다면 다음과 같이 컬렉션을 풀 스캔하면서 고아 도큐먼트를 정리해주는 것이 좋다.
>
> ```
> use admin
> var nextKey = { };
> var result;
>
> while ( nextKey != null ) {
>   result = db.runCommand( { cleanupOrphaned: "db.collection", startingFromKey: nextKey } );
>
>   if (result.ok != 1)
>     print("Unable to complete at this time: failure or timeout.")
>
>   printjson(result);
>
>   nextKey = result.stoppedAtKey;
> }
> ```

07
데이터 모델링

7.1 데이터베이스와 컬렉션

MongoDB 서버에서도 다른 RDBMS와 동일하게 하나의 MongoDB 인스턴스는 여러 개의 데이터베이스(scheme)를 가질 수 있으며, 각 데이터베이스는 다시 여러 개의 테이블을 가질 수 있다. MongoDB에서는 NoSQL을 지향하므로 테이블이라는 이름보다는 컬렉션이라는 이름을 공식적으로 사용하고 있다. 서비스의 특성에 맞게 데이터베이스와 컬렉션은 얼마든지 분리하거나 통합해서 사용할 수 있는데, 경우에 따라서 데이터베이스나 컬렉션의 잘못된 분리는 성능이나 관리의 편의성을 해칠 수도 있으므로 MongoDB 서버의 특성을 잘 파악해서 적절한 설계를 해야 한다.

7.1.1 네임스페이스

MongoDB에서는 데이터베이스 이름과 컬렉션의 이름 조합을 네임스페이스(Namespace)라고 한다. 예를 들어, "blog.articles"는 "blog" 데이터베이스의 "articles" 컬렉션을 지칭하는 네임스페이스다. 네임스페이스에서 데이터베이스 이름과 컬렉션의 이름 사이는 반드시 "."으로 구분해야 한다. 컬렉션뿐만 아니라 인덱스도 자신만의 네임스페이스를 가지는데, 인덱스의 네임스페이스는 컬렉션의 네임스페이스에 추가로 인덱스 이름을 붙인 형태다. 그래서 articles 컬렉션에 이름이 "ix_articles_userid"인 인덱스가 있다면 이 인덱스의 네임스페이스는 "blog.articles.$ix_articles_userid"와 같이 부여된다. 네임스페이스가 중요한 이유는 MongoDB 내부적으로 데이터베이스 이름이나 컬렉션 이름이 단독으로 사용되지 않고 항상 네임스페이스로 각 객체가 관리 참조되기 때문이다. 또한 MongoDB에서는 네임스페이스에 관련된 여러 가지 제한 사항들이 있다.

MMAPv1 스토리지 엔진에서는 데이터베이스별로 네임스페이스의 목록을 저장하는 네임스페이스 파일(*.ns)이 생성되는데, 이 파일의 최대 크기는 2,047MB다. 그리고 각 네임스페이스는 120바이트를 넘어설 수 없는데, 이는 데이터베이스 이름과 컬렉션 이름의 합이 120바이트 이상의 문자열로 생성될 수 없다는 의미다. 그리고 인덱스에 대한 네임스페이스는 최대 길이가 128바이트를 넘어설 수 없다. 물론 2,047MB의 네임스페이스 파일에는 상당히 많은 네임스페이스를 저장할 수 있다. 하지만 네임스페이스와 관련된 옵션(nsSize 옵션)이 주어지지 않으면 MongoDB가 기본적으로 생성하는 네임스페이스 파일의 크기는 16MB다. 그래서 16MB의 네임스페이스 파일에서는 대략 최대 24,000개(네임스페이스 파일에서 하나의 네임스페이스가 사용할 수 있는 최대 공간의 크기는 628 바이트)의 네임스페이스만 생성할 수 있다. 여기서 최대 24,000은 하나의 데이터베이스에서 모든 컬렉션과 인덱스를 합친 개수를 의미한다.

WiredTiger 스토리지 엔진에서는 별도의 네임스페이스 파일을 사용하지 않기 때문에 WiredTiger 스토리지 엔진을 사용하는 MongoDB에서는 MMAPv1 스토리지 엔진과 달리 최대로 생성할 수 있는 컬렉션이나 인덱스의 개수에 제약이 없다.

7.1.2 데이터베이스

데이터베이스 시스템에서 DB는 주로 서비스나 데이터의 그룹을 만들기 위해서 사용하는 물리적인 개념이다. MySQL과 같은 RDBMS에서 DB를 분리할지 통합할지는 성능과 관련된 내용은 아니며, 주로 샤딩이나 서비스 통합과 관련해서 많이 고려하는 부분이기도 하다. 하지만 초기 버전의 MongoDB에서는 데이터베이스 자원의 잠금이 DB와 연결되면서 주로 성능적인 관점에서 DB를 설계하곤 했다. MongoDB의 초창기 버전에서는 하나의 도큐먼트를 변경하기 위해서 MongoDB의 인스턴스 잠금(글로벌 락이라고도 함)을 사용했었다. 즉 이 시절에는 한 번에 하나의 데이터 변경 쿼리만 실행할 수 있었다. 그리고 MongoDB 2.2 버전으로 업그레이드되면서 글로벌 락은 데이터베이스 수준의 잠금으로 개선됐다. 하지만 데이터베이스 단위의 잠금은 여전히 MongoDB의 동시성 처리 성능에 심각한 장애물이었다.

MongoDB 2.8부터는 스토리지 엔진 모델이 도입되면서 MongoDB 서버가 여러 개의 스토리지 엔진을 사용할 수 있게 됐다. 또한 이때 WiredTiger 임베디드 데이터베이스가 MongoDB로 인수됐고, WiredTiger도 MongoDB의 스토리지 엔진으로 도입되기 시작했다. 그리고 이전 버전까지 MongoDB가 기본적으로 사용하던 스토리지 엔진을 MMAPv1으로 명명하기 시작했다. MongoDB에서는 2.8 버전에 도입된 스토리지 엔진 모델을 매우 큰 변화로 인식하고, 버전 2.8은 건너뛰고 메이저 버전을 바꾸어서 3.0으로 버전을 부여했다. 그래서 MongoDB 2.8 버전은 릴리즈 버전이 없는 것이다. 사실 MongoDB 2.8과 3.0은 같은 버전으로 인식되기도 한다. MongoDB 3.0부터 MMAPv1 스토리지 엔진은 데이터베이스 수준의 잠금을 조금 더 세분화해서 컬렉션 수준의 잠금으로 개선했으며, 새로 추가된 WiredTiger 스토리지 엔진은 MySQL이나 오라클 RDBMS와 동등한 수준인 도큐먼트(레코드) 수준의 잠금을 제공(서드 파티에서 개발되는 TokuDB나 RocksDB 스토리지 엔진 또한 도큐먼트 레벨의 잠금 제공)한다.

이렇게 MongoDB의 데이터베이스는 동시 처리 성능과 연관되기 때문에 MongoDB 2.6 또는 그 이전 버전에서 MMAPv1 스토리지 엔진을 사용 중이라면 컬렉션 단위로 데이터베이스를 생성할 것을 권장한다. 하지만 MongoDB 2.8 이상의 버전에서는 일반적인 사용자 요청의 동시성 처리를 위해서 더 이상 데이터베이스를 억지로 분리할 필요는 없다. 그러나 여전히 데이터베이스에 새로운 컬렉션이나 인덱스를 추가 또는 변경하는 경우에는 데이터베이스 수준의 잠금을 필요로 한다. 이는 최신 버전인 MongoDB 3.2에서도 동일하게 적용되는 제한 사항이다. 또한 MongoDB의 맵 리듀스 작업도 마지막 단계에서 데이터베이스 수준의 잠금을 필요로 한다.

또한 일부 관리자용 명령은 하나 또는 그 이상의 데이터베이스 잠금을 필요로 한다. 아래 관리자 명령은 MongoDB 3.2 매뉴얼에 명시된 데이터베이스 잠금을 필요로 하는 명령 중에서 데이터의 크기에 따라서 아주 장시간의 잠금을 필요로 할 수도 있는 명령이다.

- db.collection.createIndex() "background:true" 옵션 없이 포그라운드로 인덱스 생성 시
- db.runCommand({ reIndex: "collection" })
- db.runCommand({ compact: "collection" })
- db.createCollection() 명령으로 대용량의 Capped Collection 생성 시
- db.collection.validate()
- db.repairDatabase()와 db.copyDatabase() 명령은 MongoDB의 글로벌 쓰기 잠금(Global Write Lock)과 작업 대상 DB의 잠금을 필요로 한다.

아래의 관리자 명령은 동일하게 데이터베이스의 잠금을 필요로 하지만, 아주 짧은 시간 동안만 잠금을 필요로 하는 명령이다.

- db.collection.dropIndex()
- db.getLastError()
- db.isMaster()
- rs.status()
- db.serverStatus()
- db.auth()
- db.addUser()

결국 MongoDB 3.2 이상의 버전에서 데이터베이스의 통합은 스키마 변경을 포함한 관리자 명령이나 맵 리듀스 작업의 빈도를 기준으로 판단해야 할 것으로 보인다. 하지만 데이터베이스를 너무 잘게 분리하는 것은 관리의 편의성을 떨어뜨리고, 분리된 데이터베이스 때문에 MongoDB 컬렉션의 개수가 늘

어난다면 MongoDB 컨피그 서버가 관리해야 할 메타 정보가 그만큼 늘어나게 된다. 물론 데이터베이스로 분리되는 것을 걱정할 필요는 없지만, 몇백 개에서 몇천 개의 데이터베이스가 발생하는 상황은 피하는 것이 좋다.

7.1.3 컬렉션

RDBMS에서 주로 테이블이라고 부르는 객체를 MongoDB에서는 컬렉션이라고 표현한다. MongoDB에서 테이블이라는 이름보다 컬렉션이라는 이름을 붙인 이유는 아마도 저장되는 데이터가 정규화된 데이터가 아니라 응용 프로그램으로부터 직렬화(Serialized)되고 비정규화된 객체를 저장하며 RDBMS보다는 NoSQL DBMS를 지향하기 때문일 것으로 보인다. 하지만 이름이 컬렉션이든 테이블이든지 MongoDB의 컬렉션은 RDBMS의 테이블과 거의 동일한 역할을 하며, 실제 MongoDB나 하위 스토리지 엔진 내부적으로는 (또는 소스 코드상으로는) 테이블과 컬렉션이라는 표현을 혼용해서 사용한다.

MongoDB의 매뉴얼을 중심으로 많은 블로그나 소개글에서 MongoDB는 조인(MongoDB 3.2 이전까지는 지원하지 않았지만, MongoDB 3.2 버전부터는 제한적인 형태의 조인을 지원하고 있다. 하지만 이는 범용적으로 사용할 수 있는 조인은 아니다)을 지원하지 않기 때문에 MongoDB의 컬렉션은 가능하면 많은 데이터를 내장(Embed)할 것을 권장하고 있다. 하지만 이는 모델링적인 측면에서는 맞는 이야기일지 모르지만 성능적인 측면에서는 그렇지 않을 수도 있다. 대표적으로 많은 데이터를 하나의 도큐먼트(컬렉션)에 내장할수록 도큐먼트 하나하나의 크기가 커지고, 그로 인해서 더 많은 디스크 읽기 오퍼레이션이 필요하며, 같은 쿼리를 위해서 더 많은 데이터를 읽었기 때문에 메모리의 캐시 효율이 떨어진다. 더구나 일반적으로 컬렉션에서 읽은 데이터를 한 번에 가져가는 형태의 프로그램에서는 네트워크 사용량까지 많이 증가하게 된다.

MongoDB에서 MMAPv1 스토리지 엔진을 사용한다면 MongoDB는 쓰기 작업을 위해서 데이터베이스 단위의 잠금(MongoDB 2.6 또는 그 이전 버전)이나 컬렉션 단위의 잠금(MongoDB 2.8 이후 버전)을 사용한다. 그래서 MongoDB 버전과 관계없이 단일 컬렉션에 쓰기 작업이 많을 것으로 예상된다면 컬렉션을 분리해서 설계하는 것이 좋다. MongoDB 2.6 또는 그 이전 버전을 사용한다면 컬렉션뿐만 아니라 데이터베이스까지 분리해서 설계해야 할 것이다. 하지만 WiredTiger나 RocksDB 스토리지 엔진을 사용한다면 동시성 처리를 위해서 데이터베이스나 컬렉션을 물리적으로 분리할 필요는 없다.

MongoDB는 내부적으로 이미 샤딩 기능을 가지고 있기 때문에 컬렉션 단위의 샤딩은 별도로 크게 고려하지 않아도 된다(MongoDB 3.0 또는 그 이후의 버전에서 WiredTiger나 RocksDB 스토리지 엔진을 사용하는 경우). 하지만 정기적으로 대량의 데이터를 삭제해야 하는 요건이 있다면, 그리고 그 삭제 작업이 온라인(서비스 중인 상태) 중에 실행돼야 한다면 이때는 삭제 단위로 컬렉션을 분리하는 방법이 좋은 선택이 될 것이다. MongoDB도 내부적으로는 MySQL 서버와 동일한 형태의 스토리지 엔진(대표적으로 WiredTiger)을 사용한다. WiredTiger는 실제 트랜잭션을 지원하는 B-Tree 기반의 스토리지 엔진이기 때문에 결론적으로 MySQL 서버의 InnoDB 스토리지 엔진이나 다른 RDBMS의 작동 방식과 유사한 최적화가 MongoDB에서도 도움이 되는 경우가 많다. 또한 하나의 컬렉션에 저장되는 도큐먼트들의 액세스 패턴이 많이 다를 때에도 컬렉션을 물리적으로 분리하고, 자주 읽히는 데이터 위주로 메모리 캐시를 활용하도록 유도하면 성능상 이점을 기대할 수 있을 것으로 보인다.

만약 한번 저장된 데이터가 도큐먼트의 생성 시간이나 데이터의 타입 기반으로 한 번에 삭제된다거나 액세스 되는 경우가 없다면 굳이 하나의 논리적인 컬렉션을 여러 개의 물리 컬렉션으로 구성할 필요는 없다. 이미 MongoDB 3.0부터 도입된 WiredTiger 스토리지 엔진에서는 도큐먼트 기반의 잠금을 지원하고 있기 때문에 하나의 컬렉션에 많은 도큐먼트가 저장된다고 해서 동시 처리 성능 저하가 발생하지는 않는다. 또한 이미 MongoDB에서는 컬렉션 단위의 샤딩을 지원하므로 컬렉션를 잘게 쪼개서 얻을 수 있는 이점은 제한적일 것이다. WiredTiger 스토리지 엔진을 사용하는 컬렉션에서는 청크 이동이 발생하는 경우 원본 청크가 저장된 샤드에서는 도큐먼트 삭제 작업이 실행되는데, 이때 WiredTiger 스토리지 엔진의 특성상 오히려 데이터 파일의 용량이 증가할 수도 있다. 그런데 컬렉션이 너무 잘게 쪼개져 있어서 모든 컬렉션에서 청크 이동이 발생하면, 조금씩 데이터 파일의 용량이 늘어나고 그 결과 전체적으로 상당히 많은 디스크 공간을 소비할 가능성도 높다. 그래서 가능하다면 컬렉션을 너무 잘게 쪼개지 않는 것이 좋다.

무엇보다 컬렉션의 설계에서 중요한 것은 샤드 키의 선정이다. 샤드 키를 잘못 선정하면 MongoDB의 데이터 분산 효과를 무효로 만들어 버릴 정도로 많은 영향을 미친다. 샤드 키를 선정하는 방법은 "4.3 샤딩 알고리즘"을 참조하자.

7.1.4 뷰(View)

일반적인 RDBMS에서는 테이블의 데이터를 가공해서 보여주는 뷰(View)라는 객체를 제공하는데, 뷰는 대표적으로 다음과 같은 목적으로 자주 사용된다.

- 복잡한 형태의 데이터 가공 로직을 캡슐화해서 사용자의 접근 용이성 향상

- 테이블의 일부 데이터에 대해서만 접근 권한을 허용하여 보안 강화

MongoDB 서버에서도 3.4 버전부터 기존 RDBMS와 동일한 목적으로 뷰(View)를 사용할 수 있도록 기능이 지원되고 있다. 하지만 아직 MongoDB 서버의 뷰는 RDBMS에서 제공하는 구체화 뷰(Materialized View)나 업데이트 가능 뷰(Updatable View)와 같은 다양한 기능을 제공하지는 않는다. 하지만 여전히 위에서 언급했던 주요 2가지 목적으로는 충분히 활용할 수 있다. MongoDB의 뷰는 일단 생성되면 "show collections" 명령으로 기존 컬렉션과 동일하게 목록을 확인할 수 있고(실제 컬렉션과 뷰가 별도로 구분돼서 표기되지 않음), 기존의 FIND 나 Aggregation 명령을 사용해서 데이터를 조회할 수 있다. 뷰를 초기 생성할 때는 db.createView() 명령을 사용하지만, 일단 한번 생성되면 컬렉션과 같이 취급하면 된다. 뷰를 삭제할 때도 컬렉션을 삭제할 때처럼 db.my_view.drop() 명령을 사용하면 된다. 그리고 뷰는 생성되면 뷰에 대한 메타 정보는 system.views 컬렉션에 저장되므로 뷰의 목록만 확인하고자 할 때는 db.system.views.find() 명령으로 확인할 수 있다. 물론 뷰는 실제 데이터를 가지지 않기 때문에 뷰를 삭제한다고 해서 참조하던 컬렉션의 데이터가 같이 삭제되거나 하지 않는다.

MongoDB의 뷰는 아직 초기 수준의 기능이라 매우 간단하지만, 몇 가지 주의해야 할 사항이 있다.

- 뷰 쿼리는 항상 Aggregation으로 처리되므로 FIND에서 사용하는 조건에 일치하는 인덱스가 있어야 상대적으로 빠른 결과를 얻을 수 있다. 그렇지 않으면 풀 컬렉션 스캔을 하게 된다.

- 중첩된 뷰(뷰를 기반으로 생성된 새로운 뷰)는 중첩된 Aggregation 쿼리가 실행되는 것과 동일하기 때문에 외부의 뷰 쿼리는 인덱스가 없는 상태의 컬렉션에 대해서 쿼리를 실행하는 것과 같다. 그래서 처리해야 할 도큐먼트가 많은 뷰의 경우에는 빠른 성능을 보장하기 어렵다.

- MongoDB의 뷰는 구체화된 데이터를 별도의 저장소에 저장하지 않기 때문에 항상 쿼리가 실행될 때마다 뷰를 생성할 때 사용했던 가공 작업이 실행된다. 만약 뷰의 정의에서 무거운 가공 작업이 많다면 뷰 쿼리는 그만큼 성능이 떨어지게 된다.

뷰를 생성하는 명령은 다음과 같이 3개의 인자를 필요로 한다. 첫 번째 인자는 생성될 뷰의 이름이며 두 번째 인자는 생성될 뷰가 참조할 컬렉션의 이름이다. 그리고 마지막으로 세 번째 인자에는 Aggregation 명령에서 사용하는 파이프라인을 명시하면 된다. 이 파이프라인으로 원본 컬렉션에서 조회할 도큐먼트를 선별하거나 도큐먼트들이 가져올 필드들을 가공하는 작업을 수행할 수 있다. createView() 명령의 세 번째 인자인 파이프라인에는 Aggregation 쿼리에서 사용하는 대부분의 파이프라인 스테이지($text와 $geoNear 등 일부 제외)를 사용할 수 있다.

```
mongo> db.createView("view_name", "collection_name", "pipeline")
```

이제 간단히 뷰를 생성하고 사용하는 방법을 한번 살펴보자.

```
mongo> db.employee.insert({FirstName: 'John', LastName: 'Lee', position : 'CFO'})
mongo> db.employee.insert({FirstName: 'John', LastName: 'Jung', position : 'CTO'})
mongo> db.employee.insert({FirstName: 'Johnny', LastName: 'Kim', position : 'COO'})


mongo> db.createView('v_employee', 'employee',
  [{ $project : {
      _id : 0,
      "fullname" : {$concat : ["$FirstName", " ", "$LastName"]}
    }
  }]
)
```

뷰를 사용하는 방법은 일반 컬렉션과 동일하게 FIND 명령이나 Aggregation 명령을 사용할 수 있다. 그뿐만 아니라 뷰를 삭제할 때에는 컬렉션의 삭제와 동일하게 db.view.drop() 명령을 사용하면 된다.

```
mongo> db.v_employee.find()
{ "fullname" : "John Lee" }
{ "fullname" : "John Jung" }
{ "fullname" : "Johnny Kim" }

mongo> db.v_employee.drop()
```

샤딩된 클러스터 환경의 MongoDB 서버에서 뷰의 샤딩 여부는 뷰가 참조하는 컬렉션이 샤딩된 컬렉션인지 아닌지에 의존적이다. 즉 뷰가 참조하는 컬렉션이 샤딩된 컬렉션이면 이 컬렉션을 기반으로 하는 뷰도 동일하게 샤딩된 뷰로 처리된다. 그렇지 않은 경우에는 뷰도 샤딩되지 않은 컬렉션과 동일한 방식으로 처리된다. 아직 MongoDB의 뷰는 별도로 도큐먼트를 가지지 않기 때문에(Materialized View는 아직 지원되지 않음) 결국 뷰가 참조하는 컬렉션의 특성을 따라가는 것일 뿐이며 이는 당연한 처리 방식이라고 볼 수 있다.

7.1.5 BSON 도큐먼트

BSON(http://bsonspec.org/)은 Binary JSON(JavaScript Object Notation)의 약자로 JSON 형태의 도큐먼트를 바이너리 포맷으로 인코딩한 도큐먼트를 의미한다. BSON은 JSON과 비교했을 때 다음과 같은 장점이 있다.

- Lightweight

  BSON은 각 필드의 값을 단순히 문자열만으로 저장하는 것이 아니라, 정수와 부동 소수점 그리고 날짜 등과 같이 이진(Binary) 데이터 타입을 이용해서 데이터를 저장한다. 즉 숫자 값 "12345678"을 텍스트로 저장하면 8바이트가 필요하지만, INTEGER 타입으로 저장하면 4바이트면 충분하다. 그뿐만 아니라 "2016-07-23 12:01:12"와 같은 날짜시간 정보는 19바이트 대신 8바이트 정도로 저장할 수 있다. 이런 공간적인 절약은 데이터를 디스크 파일로 저장하거나 네트워크로 전송할 때 상당히 가볍고 효율적으로 처리할 수 있다.

- Traversable

  BSON 도큐먼트의 각 필드는 항상 필드 값의 데이터 타입과 필드 값의 길이(바이트 수)가 먼저 저장돼 있기 때문에 복잡한 파싱 처리 과정 없이 불필요한 필드는 건너뛰고 필요한 필드만 빠르게 찾아갈 수 있게 만들어졌다.

- Efficient

  BSON은 기본 데이터 타입으로 C 언어의 프리미티브(원시) 타입을 사용하고 있기 때문에 어떤 개발 언어에서도 매우 빠르게 인코딩 및 디코딩 처리를 할 수 있다.

BSON은 아래 4종류의 기본 데이터 타입을 사용한다.

- BYTE

  일반적인 문자열 데이터를 저장하기 위한 저장 공간으로 BSON에서는 주로 바이트의 배열로 사용되며 BSON 홈페이지에서는 (BYTE*)로 표시돼 있다.

- INT32

  32비트(4바이트)의 부호를 가지는 정수(Signed Integer)

- INT64

  64비트(8바이트)의 부호를 가지는 정수(Signed Long Long Integer)

- DOUBLE

  8바이트 부동 소수점

BSON 도큐먼트는 이 4가지 기본 타입을 이용해서 만들어지는 파생된 Boolean이나 String 그리고 Timestamp 등의 데이터 타입을 사용할 수 있도록 지원한다. 그뿐만 아니라 BSON 도큐먼트는 배열이나 서브-도큐먼트와 같은 또 다른 도큐먼트를 중첩해서 가질 수도 있다. 그림 7-1은 BSON 도큐먼트의 포맷을 대표적인 몇 개의 데이터 타입만으로 표현해 본 것이다.

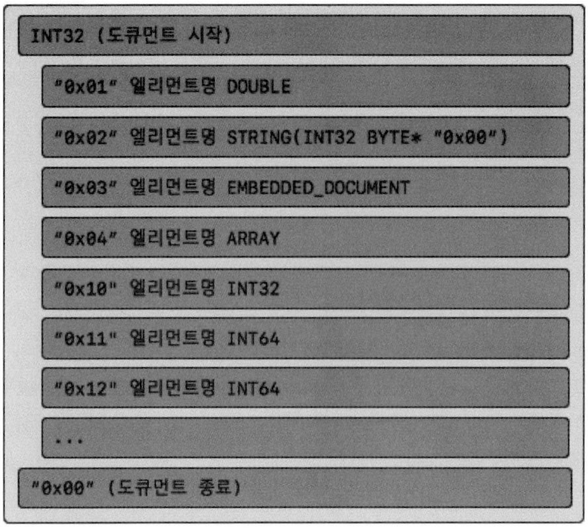

INT32 (도큐먼트 시작)

"0x01" 엘리먼트명 DOUBLE

"0x02" 엘리먼트명 STRING(INT32 BYTE* "0x00")

"0x03" 엘리먼트명 EMBEDDED_DOCUMENT

"0x04" 엘리먼트명 ARRAY

"0x10" 엘리먼트명 INT32

"0x11" 엘리먼트명 INT64

"0x12" 엘리먼트명 INT64

...

"0x00" (도큐먼트 종료)

〈그림 7-1〉 BSON 도큐먼트의 구성

위 그림에서 볼 수 있듯이 모든 BSON 도큐먼트는 4바이트 정수로 시작하고, 항상 도큐먼트의 마지막은 "0x00"으로 끝난다. BSON 도큐먼트의 시작 4바이트는 전체 도큐먼트의 크기를 저장하는데, 4바이트 정수이기 때문에 BSON 도큐먼트의 전체 크기에 대한 제한(Hard Limit)은 $2^{(32-1)}$이다. 하지만 MongoDB에서는 BSON 도큐먼트의 최대 크기를 16MB로 제한(Soft Limit)하고 있다. MongoDB 1.7 이전 버전에서는 BSON 도큐먼트의 최대 크기가 4MB였는데, 그 이후 버전에서 16MB로 확장됐다. MongoDB의 전체 크기를 16MB로 제한한 가장 큰 이유는 너무 큰 도큐먼트로 인한 성능 저하를 막기 위해서다. 최대 크기 제한이 16MB일 뿐이지, MongoDB가 이 정도 크기의 도큐먼트 처리에 최적화되어 있다는 의미는 아니다. 일반적인 RDBMS에서 BLOB(Binary Large OBject) 데이터 타입도 아주 큰 데이터를 저장할 수 있지만, 컬럼 하나에 몇 MB씩 저장하는 것은 일반적이지 않은 것과 같은 이야기다.

BSON 도큐먼트의 실제 데이터 영역은 각 엘리먼트(BSON 필드) 단위로 "데이터 타입"과 "엘리먼트 이름" 그리고 "값" 순서로 저장된다. 엘리먼트의 이름은 NULL(0x00)로 끝나는 문자열이며, "값"은 "데이터 타입"에 따라서 저장되는 포맷이 조금씩 차이가 있다. 여기에서는 몇 가지 대표적인 데이터 타입에 대해서만 살펴보겠다.

- DOUBLE (0x01)

  | 0x01 | 필드명(BYTE*) | 0x00 | 필드값(DOUBLE) |

- STRING (0x02)

  ¦ 0x02 ¦ 필드명(BYTE*) ¦ 0x00 ¦ 필드길이(INT32) ¦ 필드값(BYTE*) ¦ 0x00 ¦

- BOOLEAN (0x08)

  ¦ 0x05 ¦ 필드명(BYTE*) ¦ 0x00 ¦ 필드값(0x00, FALSE) ¦

  ¦ 0x05 ¦ 필드명(BYTE*) ¦ 0x00 ¦ 필드값(0x01, TRUE) ¦

- INT32 (0x10)

  ¦ 0x10 ¦ 필드명(BYTE*) ¦ 0x00 ¦ 필드값(INT32) ¦

- TIMESTAMP (0x11)

  ¦ 0x11 ¦ 필드명(BYTE*) ¦ 0x00 ¦ 필드값(INT64) ¦

- INT64 (0x12)

  ¦ 0x12 ¦ 필드명(BYTE*) ¦ 0x00 ¦ 필드값(INT64) ¦

EMBED_DOCUMENT와 EMBED_ARRAY는 BSON 도큐먼트 포맷을 재귀적으로 사용한다. BSON 포맷에 대한 더욱 자세한 내용은 BSON의 스펙을 정의해둔 BSON 홈페이지(http://bsonspec.org/)를 참조하도록 하자. 이제 JSON 도큐먼트가 어떻게 BSON로 변환되는지 예제를 살펴보자.

JSON 도큐먼트	BSON 도큐먼트	
{"hello": "world"}	0x16 0x00 0x00 0x00	// 전체 도큐먼트 크기(22바이트)
	0x02	// 필드 값 타입 (0x02 = STRING)
	hello	// 필드명
	0x00	// 필드명 종료 표시
	0x06 0x00 0x00 0x00	// 필드 값 문자열의 길이
	world	// 필드 값
	0x00	// 필드 값 문자열의 종료 표시
	0x00	// 도큐먼트 종료 표시
{"BSON":	0x31 0x00 0x00 0x00	// 전체 도큐먼트 크기(49바이트)
["awesome",	0x04	// 필드 값 타입 (0x05 = ARRAY)
5.05,	BSON	// 필드명
1986]	0x00	// 필드명 종료 표시
}	0x26 0x00 0x00 0x00	// 서브-도큐먼트(ARRAY) 크기(38바이트)
	0x02	// 필드 값 타입 (0x02 = STRING)
	0x30	// 필드명 ("0")
	0x00	// 필드명 종료 표시
	0x08 0x00 0x00 0x00	// 필드 값 문자열의 길이 (8바이트)
	awesome	// 필드 값
	0x00	// 필드 값 종료 표시
	0x01	// 필드 값 타입 (0x01 = DOUBLE)

JSON 도큐먼트	BSON 도큐먼트
	0x31 // 필드명 ("1")
	0x00 // 필드명 종료 표시
	0x33 0x33 0x33 0x33 0x33 0x33 0x14 0x40 // 필드 값
	0x10 // 필드 값 타입 (0x10 = INT32)
	0x32 // 필드명 ("2")
	0x00 // 필드명 종료 표시
	0xc2 0x07 0x00 0x00 // 필드 값
	0x00 // 서브-도큐먼트(ARRAY) 종료 표시
	0x00 // 도큐먼트 종료 표시

두 번째 예제는 ARRAY 타입의 값을 가지고 있는데, BSON 포맷에서는 ARRAY 타입의 값을 EMBED _DOCUMENT로 관리한다. 그래서 실제 BSON 스펙 포맷으로 "{"BSON": ["awesome", 5.05, 1986]}"은 "{"BSON": {"0":awesome", "1":5.05, "2":1986}}"과 동일하게 바이너리로 인코딩된다. 그리고 ARRAY 타입은 실제 JSON 포맷에서는 명시되지 않지만, BSON 포맷에서는 배열의 인덱스가 "0"부터 시작해서 1씩 증가하면서 자동으로 부여된다.

아마도 MongoDB의 내부적인 부분을 왜 알아야 하는지 궁금해하는 독자도 있을 것으로 생각된다. 하지만 데이터베이스에서 데이터 포맷은 매우 자주 처리되는 부분 중 하나다. 내부적으로 데이터를 저장하고 읽을 때마다 어떤 처리가 발생하는지 알고 있는 것은 MongoDB의 성능을 판단할 때 중요한 요소다. 여기에서 기억해야 할 것은 BSON 도큐먼트는 반드시 필드를 하나씩 읽고 지나가야만 원하는 엘리먼트를 읽을 수 있다는 것이며, 또 하나는 EMBED_DOCUMENT(서브 도큐먼트와 ARRAY)는 제일 앞쪽에 길이가 저장되므로 불필요하면 한번에 건너뛸 수 있다는 것이다. 간단한 성능을 테스트하는 방법과 결과는 "7.3.3 서브 도큐먼트" 절을 참조하자.

7.1.6 제한 사항

Mongo 셸이나 프로그램 언어를 이용해서 MongoDB와 통신하는 경우 저장하고자 하는 도큐먼트 또는 검색 조건을 표현하는 도큐먼트는 JSON으로 표시되는 경우가 많다. 하지만 Mongo 셸이나 프로그램 언어별 드라이버는 모두 내부적으로 JSON을 BSON으로 변환해서 MongoDB 서버와 통신한다. 그래서 MongoDB에서 사용되는 모든 JSON은 BSON 포맷과 호환돼야 한다. MongoDB에서 만든 BSON 도큐먼트 포맷의 규칙은 BSON 홈페이지(http://bsonspec.org/spec.html)에서 참조할 수 있다. 그 중에서도 꼭 기억해야 할 MongoDB의 BSON 도큐먼트 포맷의 대표적인 특성은 다음과 같다.

- 하나의 도큐먼트는 반드시 "{"로 시작해서 "}"로 종료

- 도큐먼트의 모든 원소는 반드시 키와 값의 쌍으로 구성돼야 함

- 중첩된 도큐먼트의 깊이는 100레벨까지만 지원

- 도큐먼트의 전체 크기는 16MB까지만 지원

그래서 MongoDB의 다음 예제와 같은 도큐먼트는 MongoDB 서버에서 사용될 수 없다. 다음 예제의 도큐먼트는 "{..}"로 감싸지지 않았고, 배열("[..]")이 최상위 레벨에 있기 때문이다.

```
[
    {name: "matt"},
    {name: "lara"}
]
```

그러면 다음과 같이 배열을 "{..}"로 감싸면 어떻게 될까? 하지만 이 예제도 MongoDB에서는 인식되지 않는다. 다음 예제의 배열이 필드의 이름인지 필드의 값인지 식별되지 않기 때문이다. 즉 키와 값의 쌍으로 구성되지 않았기 때문이다.

```
{
  [
    {name: "matt"},
    {name: "lara"}
  ]
}
```

그래서 이 예제는 최종적으로 다음과 같이 바꿔야 MongoDB가 인식할 수 있는 유효한 BSON 호환 JSON 도큐먼트가 된다. 다음 예제는 "friends" 필드의 값으로 서브 도큐먼트의 배열을 가지는 도큐먼트가 되는 것이다.

```
{
  friends: [
    {name: "matt"},
    {name: "lara"}
  ]
}
```

실제 사용되는 JSON 도큐먼트의 포맷은 다양하다. 대표적으로 주소록을 관리하는 JSON 포맷의 vCard 예제를 한번 살펴보자. 물론 vCard의 표준 JSON 포맷은 아니지만 많이 사용되는 형태인데, 이 JSON은 앞서 설명했던 두 가지 이유를 모두 만족하지 못하기 때문에 MongoDB에서 사용할 수 없는 포맷이다. 그래서 기존 JSON 포맷으로 관리되던 다양한 데이터를 그대로 MongoDB로 가져올 수 있는 것은 아니므로 기존 데이터와 MongoDB 도큐먼트의 호환성 테스트는 필수다.

```
["vcard",
  [
    ["version", {}, "text", "4.0"],
    ["n", {}, "text", ["Gump", "Forrest", "", "Mr.", ""]],
    ["fn", {}, "text", "Forrest Gump"],
    ["org", {}, "text", "Bubba Gump Shrimp Co."],
    ["title", {} ,"text", "Shrimp Man"],
    ["photo", {"mediatype":"image/gif"}],
    ["email", {}, "text", "forrestgump@example.com"],
    ["rev", {}, "timestamp", "2008-04-24T19:52:43Z"]
  ]
]
```

MongoDB에서는 다음 예제와 같이 중첩된 구조에서 서브 도큐먼트의 중첩은 100레벨까지만 지원한다. 하지만 실제 이 제약은 서비스나 응용 프로그램의 개발에 미치는 영향은 매우 미미할 것으로 보인다.

```
{
  title: "Real MongoDB",
  chapter : {              ## Depth-1
    chapters : {           ## Depth-2
      chapters : {         ## Depth-3
        chapters : {       ## Depth-4
          ...              ## Depth-N
        }
      }
    }
  }
  ...
}
```

마지막으로 MongoDB의 BSON에서는 도큐먼트 하나의 크기가 16MB를 넘어설 수 없도록 제한하고 있다. 여기에서 16MB라는 수치는 MongoDB의 기술적인 제한 사항이 아니라, 도큐먼트 하나의 크기가 너무 비대해지면 서버의 CPU나 네트워크 사용량을 과도하게 높일 수 있기 때문에 MongoDB에서 제한하고 있다. 물론 레코드 하나하나의 크기가 매우 큰 경우에는 이 제한 사항에 영향을 받을 수 있겠지만, 웬만큼의 일반적인 서비스에서는 그다지 문제 되지 않을 것으로 보인다. 주로 이 제한 사항이 문제 되는 경우는 배열 타입의 필드가 많은 엘리먼트를 가질 때인데, 사실 배열 타입의 필드에 너무 많은 엘리먼트를 저장하는 것은 16MB 제한보다 먼저 다른 성능 이슈를 발생시킨다. 그래서 가능하면 컬렉션을 설계할 때 하나의 도큐먼트가 무한대로 커질 가능성은 배제하는 것이 좋다.

7.2 데이터 타입

MongoDB 서버는 최종적으로 데이터를 BSON으로 인코딩해서 디스크에 저장하므로 결국 BSON이 지원하는 데이터 타입만 사용할 수 있다. 현재 BSON이 지원하는 아래 데이터 타입은 모두 MongoDB에서 사용할 수 있다. 하지만 프로그램 언어별 MongoDB 드라이버(MongoDB Connector)가 이 모든 타입을 지원하는지는 별도의 문제다. 그래서 만약 DBPointer나 DBRefs와 같이 활용도가 높지 않거나 사용이 중단(Deprecated)된 데이터 타입은 클라이언트 드라이버가 지원하는지 확인한 후에 사용하는 것이 좋다.

데이터 타입 이름	데이터 타입 아이디(id)	데이터 타입 별명(alias)
Double	1	"double"
String	2	"string"
Object	3	"object"
Array	4	"array"
Binary Data	5	"binData"
ObjectId	7	"objectId"
Boolean	8	"bool"
Date	9	"date"
Null	10	"null"
Regular Expression	11	"regex"
JavaScript	13	"javascript"

데이터 타입 이름	데이터 타입 아이디(id)	데이터 타입 별명(alias)
Symbol	14	"symbol"
JavaScript (with scope)	15	"javascriptWithScope"
32bit Integer	16	"int"
Timestamp	17	"timestamp"
64bit Integer	18	"long"
Decimal 128	19	"decimal"
Min Key	−1	"minKey"
Max Key	127	"maxKey"

이제 MongoDB에서 자주 사용되는 데이터 타입에 대해서 조금 살펴보자.

ObjectId

ObjectId는 12바이트의 Binary Data 타입을 원시(Primitive) 타입으로 사용하는 데이터 타입이다. ObjectId 타입은 주로 MongoDB의 프라이머리 키인 "_id" 필드의 값으로 자주 사용된다. ObjectId 값의 12바이트는 다음과 같이 생성된다.

4바이트	유닉스 타임스탬프 값 (초 단위의 타임스탬프)
3바이트	서버 아이디 (Machine identifier)
2바이트	프로세스 아이디 (리눅스의 ps −ef로 확인할 수 있는 pid 값)
3바이트	랜덤 값부터 시작되는 카운터 (단순 증가)

ObjectId는 반드시 "_id" 프라이머리 키를 위한 값으로만 사용해야 하는 것은 아니며, 사용자 필드에 랜덤한 UUID 값을 할당해야 하는 경우에도 사용할 수 있다. 또한 ObjectId는 멀티 쓰레드나 분산 시스템에서도 고유한 값을 보장해주도록 설계됐기 때문에 일반적으로 샤딩이 적용된 MongoDB에서도 유니크한 값을 생성하는 목적으로 활용할 수 있다. MongoDB에서 INSERT가 실행될 때, INSERT 하고자 하는 도큐먼트에 프라이머리 키(_id 필드)가 없을 때에는 MongoDB 클라이언트 드라이버나 MongoDB 라우터(mongos) 때로는 MongoDB 서버에서 ObjectId를 자동으로 생성하여 추가하도록 작동한다.

ObjectId 값에서 한가지 주의해야 할 점은 초 단위 이상까지는 ObjectId의 생성 시점과 ObjectId 값의 순서가 보장된다는 것이다(물론 분산 시스템에서 각 시스템이 시간의 차이를 가진다면 초 단위 이상의 정렬 순서도 보장하기 어려울 것이다). 하지만 같은 초(Single second)에 생성된 ObjectId 값은 반드시 순서가 보장되지는 않는다. ObjectId의 마지막 3바이트 카운터(Counter) 값은 처음 한 번 랜덤 값으로 생성된 후, 계속 단조 증가만 한다. 카운터의 초기 랜덤 값이 (MAX-10)이었다면 처음 생성된 10개의 ObjectId는 단조 증가된 카운터 값을 받게 되지만, 그 이후의 카운터 값은 0으로 다시 초기화된 상태에서 증가하는 값을 받게 될 것이다.

ObjectId 값은 단순히 유일성을 보장해주는 아이디 값으로서의 목적뿐만 아니라, ObjectId를 가진 도큐먼트가 언제 생성됐는지 또는 (ObjectId 값을 가진 필드에 인덱스가 있다면) 도큐먼트의 생성 시각별 정렬을 위한 용도로도 사용될 수 있다. 이는 ObjectId의 12바이트 값 중에서 제일 앞쪽의 4바이트가 타임스탬프로 구성돼 있기 때문이다. 또한 ObjectId 값을 16진수 문자열 포맷이나 타임스탬프 값으로 쉽게 변환할 수 있도록 다음과 같은 함수들을 제공하고 있다.

```
// 새로운 ObjectId 값 생성
mongo> var oid=ObjectId()

// 생성된 ObjectId의 HexString 출력
mongo> print(oid.str);
57c25b51008ab77e59312082

mongo> print(oid.valueOf());
57c25b51008ab77e59312082

// 생성된 ObjectId의 문자 포맷 출력
mongo> print(oid.toString());
ObjectId("57c25b51008ab77e59312082")

// 생성된 ObjectId에서 Timestamp 부분 출력
mongo> print(oid.getTimestamp());
Sun Aug 28 2016 12:32:33 GMT+0900
```

Integer & Double

MongoDB의 정수형 타입은 저장 공간의 크기에 따라서 32비트와 64비트 정수로 나누어진다. 이 두 가지 정수형 타입은 C/C++ 언어의 원시 타입(Primitive type)과 같이 내부적으로는 저장 공간의 크기가 고정된 이진 정수 타입이다. 하지만 MongoDB는 부호 없는 정수(Unsigned Integer) 타입을 별도로 지원하지는 않는다.

MongoDB에서 지원하는 Numeric 타입으로는 Double과 32비트 정수 그리고 64비트 정수가 있는데, 이들은 모두 비교할 때 Double 타입으로 전환된 후에 비교된다. 이는 다음과 같이 Mongo 셸에서 비교해 볼 수 있다.

```
mongo> NumberLong(10) >= 10.1
False

mongo> 10.1 > NumberLong(10)
true
```

> (!) **주의**
>
> Mongo 셸에서는 숫자 값을 명시할 때 별도의 타입을 지정하지 않으면 Double 타입으로 인식되므로 64비트나 32비트 정수를 명시하고자 할 때는 NumberLong이나 NumberInt 함수를 사용하자. 또한 NumberLong이나 NumberInt 함수를 사용할 때는 반드시 숫자 값을 큰따옴표(")로 감싸서 사용하자. 큰따옴표로 감싼 경우와 그렇지 않은 경우의 차이는 직접 한 번씩 꼭 확인(특히 큰 숫자 값에 대해서)해보자.
>
> ```
> mongo> var myLong = NumberLong("1234567890123456")
> ```

Decimal

MongoDB 3.2 버전까지는 소수점 데이터 타입에 대해서 "Double" 데이터 타입을 이용한 부동 소수점만 저장할 수 있었다. 하지만 환율이나 금액과 같이 민감한 데이터를 저장하기에는 부동 소수점 데이터 타입은 적합하지 않다. 그래서 MongoDB 3.4 버전부터는 "Decimal" 데이터 타입을 이용해서 고정 소수점 데이터를 저장할 수 있게 됐다. "Double" 타입으로 9.99를 저장하면 실제로는 근삿값인 9.9900000000000002131628…이 저장되지만, "Decimal" 타입으로 저장하면 정확하게 9.99로 소수점 값이 저장된다.

```
mongo> var decimalValue=NumberDecimal("9.99")
```

Decimal 데이터 타입으로 저장된 고정 소수점은 다른 숫자 타입들과 함께 인덱스를 이용해서 검색될
수 있으므로 NumberLong이나 NumberInt 그리고 기본 Double 타입과 함께 Decimal 타입을 사용
해도 인덱스만 있다면 빠른 쿼리 성능을 보장할 수 있다.

String

MongoDB의 문자열은 UTF-8 문자셋을 사용한다. 만약 응용 프로그램의 코드에서 UTF-8 문자
셋이 아닌 문자열을 MongoDB 서버로 저장하게 되면 MongoDB 드라이버가 이를 UTF-8로 전환
한 후에 BSON 도큐먼트를 생성한다. 그리고 MongoDB에서 지원하는 정규 표현식 연산자($regex)
도 UTF-8 문자셋을 인식하도록 구현됐다. MongoDB 3.2 버전까지는 문자열 데이터에 대한 콜레이
션(Collation)이 지원되지 않았기 때문에 MongoDB 서버는 문자열 정렬을 위해서 C++ 개발 언어의
strcmp() API 함수를 이용했으며, 국가별 언어나 콜레이션과 관계없이 문자의 이진 코드 값을 기준으
로 비교를 수행했다. 하지만 MongoDB 3.4 버전부터는 문자열 데이터에 대해서 콜레이션을 관리할
수 있도록 개선됐다. 그래서 대소문자 비교나 국가별 언어에 적합한 고유의 정렬 및 비교 방식을 활용
할 수 있다.

> **(!) 주의**
>
> MongoDB 3.4의 콜레이션을 활용하는 경우에는 컬렉션의 문자열 필드와 인덱스 그리고 쿼리에서 사용하는 콜레이션에 따라
> 서 쿼리가 인덱스를 활용하지 못할 수도 있다. 그러므로 MongoDB 서버의 기본 콜레이션을 사용하지 않는 경우에는 반드시
> 콜레이션의 적절한 활용법을 숙지하도록 하자.

Timestamp

MongoDB의 Timestamp 타입은 8바이트 저장 공간에 저장되는데, 처음 4바이트는 유닉스 타임스탬
프(Unix epoch)이며 마지막 4바이트는 자동으로 증가하는 시퀀스 값을 저장한다. 마지막 4바이트의
자동 증가 시퀀스는 초단위로 초기화되며, 같은 유닉스 타임스탬프 내에서만 증가하는 값을 가지게
된다.

```
mongo> var ts1 = new Timestamp();
mongo> var ts2 = new Timestamp();
mongo> db.test.insert({"ts":ts1});
```

```
mongo> db.test.insert({"ts":ts2});

mongo> db.test.find();
{ "_id" : ObjectId("57c2b02d008ab77e59312088"), "ts" : Timestamp(1472376877, 2) }
{ "_id" : ObjectId("57c2b02d008ab77e59312089"), "ts" : Timestamp(1472376877, 3) }
{ "_id" : ObjectId("57c2b02d008ab77e5931208a"), "ts" : Timestamp(1472376877, 4) }
{ "_id" : ObjectId("57c2b02e008ab77e5931208b"), "ts" : Timestamp(1472376878, 1) }
{ "_id" : ObjectId("57c2b02e008ab77e5931208c"), "ts" : Timestamp(1472376878, 2) }
```

Timestamp 타입은 클라이언트에서 Timestamp 객체가 만들어진 시점이 아니라, 실제 MongoDB 서버에서 저장되는 시점의 시각 정보를 저장한다. 즉 클라이언트에서 만들어진 Timestamp 객체는 껍데기만 가지고 있게 된다.

```
mongo> var ts1 = new Timestamp();
mongo> print(ts1);
Timestamp(0, 0)
```

그래서 Timestamp는 하나의 서버에서 반드시 유일한 값을 보장하게 되는데, Timestamp는 일반 사용자를 위한 데이터 타입이 아니라 MongoDB 내부적인 용도로 사용하기 위해서 만든 데이터 타입이다. MongoDB에서 Timestamp가 사용되는 가장 대표적인 곳은 oplog의 "ts" 필드다. MongoDB는 oplog의 유일한 아이디 값을 위해서 Timestamp 타입을 사용한다.

Date

MongoDB의 Date 타입은 내부적(BSON)으로 밀리초 단위의 유닉스 타임스탬프 값을 64비트 정수로 저장한다. Date 타입은 부호를 가지는 정수인데, 양의 정수는 유닉스 타임스탬프 시작 시점(1970년 1월 1일) 이후를 의미하며, 음의 정수는 유닉스 타임스탬프 시작 시점 이전의 시각을 의미한다.

```
mongo> var date1 = new Date();
mongo> var date2 = ISODate();

mongo> print(date1);
Sun Aug 28 2016 22:34:59 GMT+0900

mongo> print(date2);
Sun Aug 28 2016 22:35:12 GMT+0900
```

Mongo 셸에서 Date 타입은 다음과 같이 ISO-8601 포맷(https://ko.wikipedia.org/wiki/ISO _8601)을 사용한다. 아래 표기에서 날짜 영역의 마지막 문자인 "T"는 시간 영역의 시작을 표기하는 상수 문자다. "mm"은 시각의 분을 의미하며, "SS"는 초, 그리고 "mmm"은 밀리초를 의미한다.

- YYYY-MM-DD 또는 YYYYMMDD

- YYYY-MM-DDTHH:mm:SS 또는 YYYYMMDDTHHmmSS

- YYYY-MM-DDTHH:mm:SS.mmm 또는 YYYYMMDDTHHmmSS.mmm

- YYYY-MM-DDTHH:mm:SS.mmm±hh:mm 또는 YYYYMMDDTHHmmSS.mmm±hh:mm

마지막 표기법에서 "±hh:mm"은 타임존 표기를 의미하는데, UTC일 때는 줄여서 "Z"으로 표시한다. 일반적으로 MongoDB의 mongoexport 도구는 데이터를 덤프할 때, "±hh:mm" 타임존 표기보다 "Z"로 UTC 표기를 사용한다. Mongo 셸에서는 ISODate()와 new Date()를 이용해서 날짜와 시각을 생성할 수 있으며, ISODate() 함수는 ISO-8601 표기법을 모두 지원하는 반면 new Date()는 ISO-8601 표기법의 일부만 해석할 수 있다. 다음 표는 간단하게 ISODate()와 new Date()로 날짜와 시각 객체를 생성하는 예제다.

날짜	`ISODate("2016-09-04")` `ISODate("20160904")`
	`new Date("2016-09-04")`
날짜 + 시각	`ISODate("2016-09-04T11:14:00")` `ISODate("20160904T111400")`
	`new Date("2016-09-04T11:14:00")`
날짜 + 시각(밀리초)	`ISODate("2016-09-04T11:14:00.111")` `ISODate("20160904T111400.111")`
	`new Date("2016-09-04T11:14:00.111")`
날짜 + 시각 + 타임존(KST)	`ISODate("2016-09-04T11:14:00.111+09:00")` `ISODate("20160904T111400.111+0900")`
	`new Date("2016-09-04T11:14:00.111+09:00")`
날짜 + 시각 + 타임존(UTC)	`ISODate("2016-09-04T11:14:00.111Z")` `ISODate("20160904T111400.111Z")`
	`new Date("2016-09-04T11:14:00.111Z")`

Mongo 셸에서는 ISODate()나 new Date() 두 개 모두에서 사용할 수 있는 "YYYY-MM-DDTHH:mm:SS.mmm" 포맷을 사용하는 것이 실수를 줄일 수 있을 것으로 보인다. 그리고 Mongo 셸에서 한가지 주의해야 할 점은 타임존을 특별히 명시하지 않을 때 ISODate()와 new Date()가 각각 타임존을 다르게 해석한다는 것이다. 아래 예제에서도 알 수 있듯이 별도의 타임존을 명시하지 않으면 ISODate()는 UTC로 해석하는 반면 new Date()는 현재 컴퓨터의 타임존을 참조한다는 것을 알 수 있다.

```
mongo> db.test.insert({datetime:ISODate("2016-09-04T02:14:00")})
mongo> db.test.insert({datetime:new Date("2016-09-04T02:14:00")})

mongo> db.test.find().pretty()
{
        "_id" : ObjectId("57cb86c1022477c43c761aae"),
        "datetime" : ISODate("2016-09-04T02:14:00Z")
}
{
        "_id" : ObjectId("57cb86c7022477c43c761aaf"),
        "datetime" : ISODate("2016-09-03T17:14:00Z")
}
```

> **(!) 주의**
>
> MongoDB 서버는 시각 값을 항상 UTC로 변환해서 저장한다. 그리고 저장되는 데이터 타입의 값에 대해서 해당 값만을 위한 타임존을 별도로 관리하지 않는다. 각 컬럼마다 타임존을 별도로 관리하는 오라클 RDBMS에 익숙한 사용자에게는 조금 이상할 수도 있지만, 그렇지 않고 DBMS 서버의 타임존에 맞게 단일 타임존으로 시각을 저장하는 MySQL 서버에 익숙한 사용자에게는 MongoDB의 날짜 타입 저장 방식이 전혀 이상하지 않을 것이다. 어떤 방식이 좋고 나쁘고를 떠나서 MongoDB 서버에서는 MySQL 서버와 같은 방식으로 응용 프로그램에서 타임존에 대한 핸들링이 필요하다는 것을 기억하자.

Mongo 셸의 현재 타임존을 확인하고자 한다면 다음과 같이 자바스크립트로 타임존 Offset을 확인해 보면 된다.

```
mongo> var offset = new Date().getTimezoneOffset();

mongo> print(offset)
-540
```

getTimezoneOffset() 함수는 Mongo 셸이 실행 중인 컴퓨터의 로컬 타임존과 UTC 타임존의 시간 차이를 분으로 변환한 값을 반환하는데, 이때 차이는 UTC보다 시각이 빠른 지역일 때는 음수를, UTC 보다 느린 시각을 사용하는 지역에서는 양수를 반환한다. 즉, 위 예제에서 출력된 −540는 UTC와 9시 간의 차이가 있는데, UTC보다 9시간 빠른 시간대(+09:00)를 사용한다는 것을 알 수 있다.

MongoDB 서버의 Date 타입은 내부적으로 BSON 64비트 정수로 저장하므로 별도의 타임존 정보를 관리하지 못한다. 그래서 MongoDB 서버에서는 모든 날짜 타입의 값을 UTC 타임스탬프 값으로 변환 해서 디스크에 저장한다. 이렇게 UTC로 저장한다고 해서 글로벌 날짜와 시각을 저장하지 못하는 것은 아니다. 응용 프로그램에서 데이터를 저장할 때는 로컬 시각을 UTC로 변환하고, 서버에서 가져올 때 는 UTC를 다시 로컬 시각으로 변환하면 되는데, 이미 이런 처리는 응용 프로그램의 개발 언어에서 날 짜 타입 객체의 타임존을 인식해서 자동으로 변환되게 구현된 경우가 많다. 그런데도 만약 MongoDB 서버에 지역별 로컬 시각을 그대로 저장해야 한다면 다음 예제와 같이 로컬 타임존의 타임스탬프 값과 타임존 정보를 같이 저장하는 방식으로 구현하면 된다. getTimezoneOffset()은 로컬 서버의 시각과 UTC 시각의 차이를 분 단위로 반환하는 함수이므로 결국 offset 필드에 타임존 정보를 저장하는 것과 같은 효과를 얻을 수 있다.

```
// 날짜 시각 값 저장
var now = new Date();
db.data.save( { date: now, offset: now.getTimezoneOffset() } );

// 날짜 시각 값 조회
var doc = db.data.findOne();
var localNow = new Date( doc.date.getTime() - ( doc.offset * 60000 ) );
```

7.2.1 데이터 타입 비교

MongoDB에서는 필드 값의 데이터 타입을 검색할 수도 있는데, 이때는 "$type" 연산자와 함께 데이 터 타입의 별명(alias)이나 데이터 타입 아이디(id)를 사용하면 된다.

```
{ "_id" : 1, phone_number: "82-010-0000-0000"}
{ "_id" : 2, phone_number: 821000000000}
{ "_id" : 3, phone_number: NumberLong(82100000000)}
```

위의 같이 3개의 도큐먼트를 가진 phone_book 컬렉션에서 phone_number 필드의 값이 문자열 타입인 도큐먼트만 조회하고자 할 때는 다음과 같이 데이터 타입의 별명이나 아이디를 사용하면 된다.

```
db.phone_book.find( { "phone_number" : { $type : 2 } } );
db.phone_book.find( { "phone_number" : { $type : "string" } } );

{ "_id" : 1, phone_number: "82-010-0000-0000"}
```

7.2.2 필드 값의 비교 및 정렬

타입이 엄격한 RDBMS에서는 하나의 컬럼에 여러 타입의 데이터를 저장할 수 없다. 하지만 MongoDB에서는 한 컬렉션에 있는 각 도큐먼트 필드가 서로 다른 데이터 타입의 값을 가질 수 있다. 그래서 MongoDB에서는 이렇게 타입이 다른 필드를 비교 정렬할 수 있는 기준이 필요하다. 사실 이렇게 타입이 서로 다른 경우 정렬이 큰 의미를 가지진 않지만, MongoDB와 같이 세컨드리 인덱스를 지원하는 NoSQL 솔루션에서는 아키텍처적으로 필요한 부분이다. MongoDB 서버는 도큐먼트 필드의 데이터 타입이 다른 경우 다음의 데이터 타입 순서로 정렬을 수행한다. 만약 하나의 필드가 여러 데이터 타입을 혼용해서 사용하는 곳에서 정렬이 필요하다면 다음 순서가 서비스 요건에 부합하는지 검토한 후에 적용하도록 하자.

1. MinKey(MongoDB 내부 타입)

2. Null

3. Numbers(32bits, 64bits Integer와 Double)

4. Symbol, String

5. Object

6. Array

7. BinData

8. ObjectId

9. Boolean

10. Date

11. Timestamp

12. Regular Expression

13. MaxKey(MongoDB 내부 타입)

이 기준을 살펴보면 MongoDB 서버는 서로 다른 타입의 필드 값을 비교할 때 데이터 타입을 통일시키지 않는다. 이렇게 타입이 서로 다른 경우 MongoDB 서버는 단순히 필드 값의 타입만으로 정렬을 수행하게 된다. 그래서 우리가 상식적으로 알고 있는 비교 정렬을 수행하려면 반드시 필드의 데이터 타입을 일치시켜야 한다. 물론 예외적으로 Number 타입의 계열인 32bit와 64bit Integer 그리고 Double 타입은 서로 비교할 수 있다.

> **(!) 주의**
>
> 문자열 타입에 저장된 숫자 값과 숫자 타입에 저장된 숫자를 비교할 때는 RDBMS에서 주로 문자열의 값을 숫자 타입으로 변환한 후에 비교를 수행하곤 한다. 물론 이런 경우 인덱스를 제대로 활용하지 못한다거나 하는 문제가 있지만, 어쨌거나 비교는 할 수 있다.
>
> 하지만 MongoDB에서는 이런 형태의 변환은 수행하지 않는다. 즉, String 타입에 저장된 "123"과 32bit Integer 타입에 저장된 123 값은 데이터 타입이 다르기 때문에 둘이 같은 값이라고 판단하는 것이 아니라 Numbers 타입 계열인 32bit Integer가 더 작은 값이라고 판단하게 된다.

7.2.3 문자셋과 콜레이션

MongoDB 서버는 기본적으로 문자열 저장을 위해서 UTF-8 문자셋을 지원하고 있다. 더 정확하게는 UTF-8 문자셋만 사용할 수 있다. 하지만 MongoDB 3.2 버전까지는 문자열 간의 비교를 위한 콜레이션을 지정할 수 없었다. 한글의 경우에는 이미 각 문자의 코드 값이 "가나다" 순서대로 할당돼 있기 때문에 사실 그다지 큰 불편함이 느껴지지 않을 수도 있다.

```
mongo> db.hanchars.insert({letter:"김"})
mongo> db.hanchars.insert({letter:"이"})
mongo> db.hanchars.insert({letter:"박"})

mongo> db.hanchars.find().sort({letter:1})
{ "letter" : "김" }
{ "letter" : "박" }
{ "letter" : "이" }
```

하지만 대소문자를 가지는 영문이나 악센트 문자가 있는 서구권 언어는 상황이 많이 다르다. 간단하게 MongoDB 3.2 버전에서 악센트와 대소문자의 비교를 한번 살펴보자.

```
mongo> db.chars.insert({ "letter" : "A" })
mongo> db.chars.insert({ "letter" : "B" })
mongo> db.chars.insert({ "letter" : "a" })
mongo> db.chars.insert({ "letter" : "b" })
mongo> db.chars.insert({ "letter" : "c" })
mongo> db.chars.insert({ "letter" : "á" })

mongo> db.chars.find().sort({letter:1})
{ "letter" : "A" }
{ "letter" : "B" }
{ "letter" : "a" }
{ "letter" : "b" }
{ "letter" : "c" }
{ "letter" : "á" }
```

이 결과는 기본적으로 각 문자가 가진 문자의 코드(Unicode Code Point) 값을 기준으로만 정렬을 수행한 것이다. 하지만 이 문제는 단순히 영어권 국가나 서구 유럽 국가만의 문제는 아니다. 우리나라에서도 영어나 악센트가 있는 유럽권 단어를 표기해야 하는 경우가 있을 뿐만 아니라, 요즘은 응용 프로그램을 개발하면 단순히 국내 사용자만을 대상으로 하지 않기 때문이다. 어떤 사용자는 대소문자를 구분한 정렬이 당연한 것으로 느낄 수도 있지만, 실제 우리가 관리하는 많은 데이터가 대소문자를 가리지 않고 비교해야 하는 경우가 더 많은 편이다.

또한 이러한 문자열 비교는 단순히 데이터를 정렬하는 기준으로만 사용되는 것이 아니라 쿼리의 검색 조건에서 일치 비교에도 동일하게 사용된다. 그래서 MongoDB에서는 기본적으로 쿼리의 검색 조건도 대소문자를 구분해서 비교한다는 것에 주의해야 한다. MongoDB 3.2 버전까지 또는 콜레이션을 지원하는 MongoDB 3.4 이상 버전에서도 별도로 콜레이션을 지정하지 않는 경우에 이렇게 문자열의 이진 바이트 값을 기준으로 비교하게 된다.

7.2.3.1 콜레이션 (MongoDB 3.4 이상)

콜레이션(Collation)은 문자열 비교에서 사용자가 원하는 언어에 의존적인 규칙을 적용할 수 있게 해준다. MongoDB에서는 컬렉션이나 뷰(View) 그리고 콜레이션을 지원하는 오퍼레이션 단위로 콜레이션 옵션을 명시해서 사용할 수 있다. 콜레이션을 명시하려면 MongoDB의 지정된 콜레이션 도큐먼트의 포맷을 사용해야 한다. 다음 예제는 MongoDB의 콜레이션 도큐먼트의 포맷이다.

```
{
  locale: <string>,
  caseLevel: <boolean>,
  caseFirst: <string>,
  strength: <int>,
  numericOrdering: <boolean>,
  alternate: <string>,
  maxVariable: <string>,
  backwards: <boolean>,
  normalization: <boolean>
}
```

콜레이션을 사용하는 것이 다른 DBMS보다 나름 복잡한 형태라는 생각이 들 것으로 보이는데, 사실 이 많은 내용을 매번 사용하지는 않아도 되므로 먼저 걱정부터 할 필요는 없다. 위의 콜레이션 도큐먼트 포맷에서 "locale" 필드만 필수 항목이고, 나머지 항목은 모두 선택 사항이므로 콜레이션을 명시할 때 반드시 모든 항목이 필요한 것은 아니다. 간단히 각 필드들의 의미를 한번 살펴보자.

- **locale**: 컬렉션이나 인덱스에서 사용할 로케일을 설정한다. MongoDB 서버에서 현재 지원하는 모든 언어와 로케일은 MongoDB 매뉴얼(https://docs.mongodb.com/manual/reference/collation-locales-defaults/)에서 확인할 수 있다. 대표적으로 한중일 그리고 인도의 힌두어를 포함해서 아시아와 서구권 대부분의 언어를 지원하고 있다. MongoDB에서 locale 필드는 ICU(http://site.icu-project.org/)에서 지정한 표준 로케일 표기에서 언어 부분(English -> en, Korean -> ko, Japanese -> ja)만 명시하면 된다.

- **strength**: 문자열의 비교를 어떤 강도(strength)로 비교할 것인지 설정하는 필드로, strength 필드는 숫자 값으로 1부터 5까지 명시할 수 있다. 이 숫자 값은 ICU의 Comparision Level(http://userguide.icu-project.org/collation/concepts#TOC-Comparison-Levels)을 참조한 값이며, 숫자 값이 낮을수록 느슨한 비교를 하며 숫자 값이 높을수록 비교 규칙이 더 엄격해진다. 1부터 5까지 숫자 값의 의미는 다시 살펴보겠다.

- **caseLevel**: 대소문자와 발음 기호(악센트 문자 등)의 비교를 포함할 것인지 추가로 설정하는 필드인데, 이 옵션은 strength가 1 또는 2일 때에만 적용할 수 있다.

- **caseFirst**: 정렬에서 대문자와 소문자 중에서 어떤 문자를 앞쪽으로 정렬할 것인지 결정하는 옵션이다. caseFirst에는 "upper"와 "lower" 그리고 "off"를 설정할 수 있는데, "upper"는 대문자를 소문자보다 앞쪽에 배치하고 "lower"는 소문자를 대문자보다 앞쪽에 배치하는 규칙이다. "off"는 "lower"와 거의 비슷한 규칙으로 작동한다.

- **numericOrdering**: 숫자 값으로 구성된 문자열의 정렬 규칙을 숫자처럼 비교할 것인지 문자로만 비교할 것인지 결정한다. numericOrdering을 true로 설정하면 문자열이지만 숫자처럼 비교하게 된다. 즉, numericOrdering이 true일 때는 "10"보다 "2"가 작은 값(먼저 배치)으로 비교된다. 그리고 numericOrdering이 false일 때는 일반적인 문자열로 비교돼서 "10"보다 "2"가 큰 값으로 비교된다.

- **alternate**: 공백이나 구두점 문자(마침표나 따옴표 및 물음표와 같은 문장 부호)를 비교 대상에 포함할 것인지 결정한다. alternate를 "non-ignorable"로 설정하면 공백 문자나 구두점 문자도 모두 하나의 문자(Base-Character)로 간주하고 비교를 수행한다. 하지만 "shifted"로 설정하면 비교 대상 문자가 아닌 것으로 처리되며, strength 설정값(strength 설정값이 3 이상인 경우)에 맞게 비교된다.

- **maxVariable**: "punct" 또는 "space" 값을 설정할 수 있는데, 문장 부호만 비교 문자에서 제외할 것인지 공백 문자만 비교 문자에서 제외할 것인지 결정한다. 이 옵션은 alternate: "shifted"로 설정할 경우에만 효력이 있다.

- **backwards**: 악센트가 있는 문자의 정렬 규칙을 거꾸로 수행할 것인지 결정한다. 이는 일부 지역(캐나다)의 프랑스어에서만 적용되는 규칙인데, 더 자세한 내용은 ICU 홈페이지(http://userguide.icu-project.org/collation/concepts#TOC-Backward-Secondary-Sorting)를 참조하도록 하자.

- **normalization**: 한국어를 포함해서 아랍이나 힌두어 그리고 히브루어와 같은 언어에서는 정규화 과정이 선행돼야 할 수도 있다. normalization을 true로 설정하면 문자열 비교를 위해서 먼저 정규화 과정을 거치게 된다. normalization의 기본값은 false다.

> **참고**
> 한글은 여러 개의 자음과 모음이 합쳐져서 하나의 문자를 구성한다. 유니코드에서는 하나의 음절을 표현하는 2가지 형식이 있는데, 모든 자음과 모음이 합쳐진 형태로 코드 포인트를 할당하는 방식(예: U+AC00 —→ "가")과 자음과 모음을 모두 분리해서 각각의 코드 포인트를 할당하는 방식(예: U+1100 —→ "ㄱ" + U+1161 —→ "ㅏ")이다. 이로 인해서 "search"와 "searchjl" 콜레이션에서는 먼저 정규화 과정을 거친 후에 정렬 및 비교가 수행되기도 한다.

MongoDB의 콜레이션 옵션을 간단히 살펴봤는데, 사실 상당히 복잡하며 다양한 기능을 제공하고 있다는 것을 알 수 있다. 이 중에서 특별히 관심을 가져야 할 부분은 strength 옵션으로 이 값은 1부터 5까지의 값을 선택할 수 있다.

설정값	레벨명	설명
1	Primary Level	기본 문자(Base Character)만 비교 대상으로 포함(대소문자와 발음 부호 등은 모두 같은 문자로 비교 수행). 예) "a"와 "A"는 같으며, "a"와 "b"는 다름
2	Secondary Level	기본 문자(Base Character)와 발음 부호만 비교 대상으로 포함(대소문자 비교는 같은 문자로 비교 수행) 예) "A"와 "a"는 같으며, "as"와 "às"는 다름

설정값	레벨명	설명
3	Tertiary Level	MongoDB의 기본값으로 기본 문자(Base Character)와 발음 부호 그리고 대소문자까지 비교 대상으로 포함. 또한 이 레벨에서 일본어의 히라가나와 가타카나 구분이 적용됨. 예) "A"와 "a"는 다름
4	Quaternary Level	발음 부호 등을 고려한 비교를 수행 예) "ab" 〈 "a–b" 〈 "aB"
5	Identical Level	유니코드의 코드 값(코드 포인트)을 이용한 비교 수행

MongoDB 3.4 이상 버전에서 콜레이션은 컬렉션과 뷰(View) 그리고 인덱스를 생성할 때 설정할 수 있으며, 대부분의 쿼리나 DML에서도 콜레이션을 지정해서 오퍼레이션을 수행할 수 있다. 간단히 한국어 로케일을 설정해서 정렬 및 검색 테스트를 한번 실행해보자.

```
// 한국어 로케일(ko)을 이용해서 컬렉션 생성
mongo> db.createCollection("chars", {collation:{locale:"ko"}})
mongo> db.chars.createIndex( {letter:1} )

mongo> db.chars.insert({ "letter" : "A" })
mongo> db.chars.insert({ "letter" : "B" })
mongo> db.chars.insert({ "letter" : "a" })
mongo> db.chars.insert({ "letter" : "b" })
mongo> db.chars.insert({ "letter" : "c" })
mongo> db.chars.insert({ "letter" : "á" })

mongo> db.chars.find().sort({letter:1})
{ "letter" : "a" }
{ "letter" : "A" }
{ "letter" : "á" }
{ "letter" : "b" }
{ "letter" : "B" }
{ "letter" : "c" }

mongo> db.chars.find({letter:"A"})
{ "letter" : "A" }
```

이제 일반적인 정렬 규칙에 맞게 대소문자와 악센트 문자 데이터가 나열된 모습을 확인할 수 있다. 그런데 {letter:"A"}인 쿼리를 실행하면 여전히 대소문자를 구분해서 쿼리를 수행하고 있다는 것을 확인할 수 있다. MongoDB에서 인덱스를 생성할 때 별도의 콜레이션 옵션을 설정하지 않으면 기본적으로 컬렉션에 정의된 콜레이션 옵션을 상속받아서 사용한다. 먼저 chars 컬렉션의 letter 필드에 생성된 인덱스가 어떤 콜레이션 옵션으로 설정됐는지 확인해보자.

```
mongo> db.chars.getIndexes()
[
    {
        "v" : 2,
        "key" : {
            "letter" : 1
        },
        "name" : "letter_1",
        "ns" : "local.chars",
        "collation" : {
            "locale" : "ko",
            "caseLevel" : false,
            "caseFirst" : "off",
            "strength" : 3,
            "numericOrdering" : false,
            "alternate" : "non-ignorable",
            "maxVariable" : "punct",
            "normalization" : false,
            "backwards" : false,
            "version" : "57.1"
        }
    }
]
```

letter 필드에 생성된 인덱스의 콜레이션 옵션에서 strength 필드의 값이 3인 것을 확인할 수 있는데, strength 옵션을 3으로 설정하면 대소문자를 구분해서 정렬한다. 그래서 이 필드의 값을 대소문자 구분없이 검색할 수 있게 하려면 컬렉션이나 인덱스를 생성할 때 strength 옵션을 1또는 2로 변경해서 생성해야 한다. 대소문자를 구분하지 않도록 strength를 2로 설정하여 컬렉션을 생성한 다음 동일하게 letter 필드의 값이 "A"인 도큐먼트를 검색해보자.

```
// 한국어 로케일(ko)과 strength는 대소문자를 구분하지 않도록 2로 설정하여 컬렉션 생성
mongo> db.createCollection("chars", {collation:{locale:"ko", strength:2}})
mongo> db.chars.createIndex( {letter:1} )

mongo> db.chars.insert({ "letter" : "A" })
mongo> db.chars.insert({ "letter" : "B" })
mongo> db.chars.insert({ "letter" : "a" })
mongo> db.chars.insert({ "letter" : "b" })
mongo> db.chars.insert({ "letter" : "c" })
mongo> db.chars.insert({ "letter" : "á" })

mongo> db.chars.find().sort({letter:1})
{"letter" : "A" }
{"letter" : "a" }
{"letter" : "á" }
{"letter" : "B" }
{"letter" : "b" }
{"letter" : "c" }

mongo> db.chars.find({letter:"A"})
{"letter" : "A" }
{"letter" : "a" }
```

이번 결과에서는 대문자 "A"와 소문자 "a"가 모두 검색된 것을 확인할 수 있다. 하지만 악센트를 가진 "á"는 검색 결과에서 누락됐다. strength를 2로 설정하면 대소문자는 구분하지 않지만 여전히 발음 기호를가진 악센트 문자는 구분하기 때문이다. 만약 발음 부호를 가진 문자도 동일하게 비교하고자 한다면 strength를 1로 설정해서 컬렉션을 생성하면 된다.

```
// 한국어 로케일(ko)과 strength는 대소문자를 구분하지 않도록 1로 설정하여 컬렉션 생성
mongo> db.createCollection("chars", {collation:{locale:"ko", strength:2}})
mongo> db.chars.createIndex( {letter:1} )

mongo> db.chars.find({letter:"A"})
{ "letter" : "A" }
{ "letter" : "a" }
{ "letter" : "á" }
```

이미 생성된 컬렉션과 인덱스가 어떤 콜레이션으로 생성됐는지 확인하고자 할 때는 다음과 같이 db.getCollectionInfos() 명령을 이용하면 된다.

```
mongo> db.getCollectionInfos({name: 'chars'})
[
    {
        "name" : "chars",
        "type" : "collection",
        "options" : {
            "collation" : {
                "locale" : "ko",
                "caseLevel" : false,
                "caseFirst" : "off",
                "strength" : 2,
                "numericOrdering" : false,
                "alternate" : "non-ignorable",
                "maxVariable" : "punct",
                "normalization" : false,
                "backwards" : false,
                "version" : "57.1"
            }
        },
        "info" : {
            "readOnly" : false
        },
        "idIndex" : {
            "v" : 2,
            "key" : {
                "_id" : 1
            },
            "name" : "_id_",
            "ns" : "test.chars",
            "collation" : {
                "locale" : "ko",
                "caseLevel" : false,
                "caseFirst" : "off",
                "strength" : 2,
                "numericOrdering" : false,
                "alternate" : "non-ignorable",
```

```
                "maxVariable" : "punct",
                "normalization" : false,
                "backwards" : false,
                "version" : "57.1"
            }
        }
    }
]
```

7.2.3.2 한글 콜레이션

MongoDB 3.4에서 한글과 관련된 콜레이션도 지원하고 있는데, 한국어와 관련된 콜레이션은 3개의 변형을 지원하고 있다.

- search: 범용적인 검색을 위해서 지원하는 콜레이션

- searchjl: 한글의 자음 순서를 우선해서 정렬하는 콜레이션이며, 이름의 "jl" 접미어는 "초성(Jamo Leading consonant)"을 의미한다.

- unihan: 한중일 언어의 유니코드 통합 콜레이션으로 한자의 획순을 기준으로 정렬을 수행한다. "unihan"이란 이름 은 통합 한자(Han Unification)를 줄인 것이며, "han"은 "한글"을 의미하는 것이 아니라 "한자(漢字)"의 "한(漢)"을 의 미한다. 이는 한중일 세 나라의 언어에 한자가 포함되어 사용되기 때문에 유래됐다.

한국어 로케일에 대해서 콜레이션을 변경하려면 다음과 같이 콜레이션을 명시하면 된다.

```
// 컬렉션이나 인덱스 생성 시 콜레이션 선택
db.createCollection("chars", {collation:{locale:"ko@collation=search"}})
db.createCollection("chars", {collation:{locale:"ko@collation=searchjl"}})
db.createCollection("chars", {collation:{locale:"ko@collation=unihan"}})

// 쿼리 실행 시 콜레이션 선택
db.chars.find().sort().collation({locale:"ko@collation=search"})
db.chars.find().sort().collation({locale:"ko@collation=searchjl"})
db.chars.find().sort().collation({locale:"ko@collation=unihan"})
```

범용적인 목적으로는 "search" 콜레이션으로도 충분하다. 하지만 기본 자음과 쌍자음의 정렬 순서에 대해서 민감할 때에는 "search" 콜레이션과 "searchjl" 콜레이션의 차이를 먼저 확인하고 요건에 부합 하는 콜레이션을 선택하는 것이 좋다. 간단하게 각 콜레이션의 정렬 순서를 확인해보자.

```
mongo> db.chars.insert( { "letter" : "ㄱ" } )
mongo> db.chars.insert( { "letter" : "ㄲ" } )
mongo> db.chars.insert( { "letter" : "ㄷ" } )
mongo> db.chars.insert( { "letter" : "ㄸ" } )
mongo> db.chars.insert( { "letter" : "가" } )
mongo> db.chars.insert( { "letter" : "각" } )
mongo> db.chars.insert( { "letter" : "까" } )
mongo> db.chars.insert( { "letter" : "깎" } )
mongo> db.chars.insert( { "letter" : "다" } )
mongo> db.chars.insert( { "letter" : "닫" } )
mongo> db.chars.insert( { "letter" : "따" } )
mongo> db.chars.insert( { "letter" : "딱" } )

mongo> db.chars.find().sort({letter:1})
                        .collation({locale:"ko@collation=search"})

mongo> db.chars.find().sort({letter:1})
                        .collation({locale:"ko@collation=searchjl"})

mongo> db.chars.find().sort({letter:1})
                        .collation({locale:"ko@collation=unihan"})

mongo> db.chars.find().sort({letter:1}).collation({locale:"simple"})
```

다음 표는 콜레이션별로 정렬된 결과를 비교하기 쉽게 정리해본 것이다.

정렬 순서	locale:"ko" collation=search	locale:"ko" collation=searchjl	locale:"ko" collation=unihan	locale:"simple"
1	ㄱ	ㄱ	ㄱ	ㄱ
2	까	ㄲ	가	ㄲ
3	깎	까	각	ㄷ
4	가	깎	ㄲ	ㄸ
5	각	가	까	가
6	ㄲ	각	깎	각
7	ㄷ	ㄷ	ㄷ	까
8	따	ㄸ	다	깎

정렬 순서	locale: "ko" collation=search	locale: "ko" collation=searchjl	locale: "ko" collation=unihan	locale: "simple"
9	딱	따	닫	다
10	다	딱	ㄸ	닫
11	닫	다	따	따
12	ㄸ	닫	딱	딱

만약 한글을 위한 3개 콜레이션(search, searchjl, unihan)의 정렬 규칙이 요건에 맞지 않는다면 한국어 콜레이션 없이 문자 코드(코드 포인트)를 기준으로 정렬을 선택할 수도 있다.

컬렉션의 콜레이션을 별도로 명시하지 않으면 UTF8 문자셋의 인코딩에 기반해서 자동으로 정렬이 수행된다. 그런데 이 기본 정렬 방식에서는 한글보다 항상 영문이 우선순위를 가진다. 그런데 영문보다 한글을 먼저 정렬하고자 할 때는 다음과 같이 컬렉션을 생성할 때 한글 콜레이션을 사용하면 된다. 하지만 위에서도 언급했듯이 MongoDB 서버에서 개별적으로 콜레이션을 변경할 때는 인덱스 단위보다는 컬렉션 단위로 콜레이션을 설정하는 것이 인덱스의 사용성을 떨어뜨리는 문제를 막을 수 있다.

```
— // UTF-8 인코딩의 기본 정렬 순서
mongo> db.createCollection("users")
mongo> db.users.insert([{name:"이성욱"}, {name:"matt"}])
mongo> db.users.find().sort({name:1})
{ "name" : "matt" }
{ "name" : "이성욱" }

— // 한글 콜레이션의 정렬 순서
mongo> db.createCollection("users", {collation:{locale:"ko", strength:2}})
mongo> db.users.insert([{name:"이성욱"}, {name:"matt"}])
mongo> db.users.find().sort({name:1})
{ "name" : "이성욱" }
{ "name" : "matt" }
```

또한 한글 콜레이션을 사용하면 기본적으로 문자열의 정렬에서 영문보다 한글이 먼저 정렬된다는 차이점도 있다.

```
// 한글 콜레이션를 사용하는 컬렉션의 정렬
mongo> db.createCollection("users", {collation:{locale:"ko"}})
```

```
mongo> db.users.insert({name:"Matt"})
mongo> db.users.insert({name:"이성욱"})

// 한글이 정렬 우선순위를 가지는 것을 확인
mongo> db.users.find().sort({name:1})
{ "name" : "이성욱" }
{ "name" : "Matt" }

// 영문 콜레이션을 사용하는 컬렉션의 정렬
mongo> db.createCollection("users", {collation:{locale:"en"}})
mongo> db.users.insert({name:"Matt"})
mongo> db.users.insert({name:"이성욱"})

// 영문이 정렬 우선순위를 가지는 것을 확인
mongo> db.users.find().sort({name:1})
{ "name" : "Matt" }
{ "name" : "이성욱" }
```

> ⓘ **주의**
>
> 콜레이션 기능은 MongoDB 3.4 버전에 도입됐는데, 기본적으로 MongoDB 3.4 버전에서도 MongoDB 3.2 버전과의 호환성
> 을 위해서 3.4에 새롭게 도입된 기능이 모두 비활성화된 상태로 실행된다. 그래서 MongoDB 3.4 버전에서도 콜레이션을 사
> 용하는 컬렉션을 생성하고자 한다면 다음과 같이 에러가 발생할 것이다.
>
> ```
> mongo> db.createCollection("users", {collation:{locale:"ko", strength:2}})
> {
>     "ok" : 0,
>     "errmsg" : "The featureCompatibilityVersion must be 3.4 to create a collection or view with
> a default collation. See http://dochub.mongodb.org/core/3.4-feature-compatibility.",
>     "code" : 72,
>     "codeName" : "InvalidOptions"
> }
> ```
>
> 이를 위해서는 MongoDB 서버가 3.4 버전의 기능을 모두 활용할 수 있게 setFeatureCompatibilityVersion 옵션을 "3.4"
> 로 변경해야 한다. 이렇게 한번 "3.4" 버전으로 변경하면 다시 "3.2" 버전과의 호환성을 유지할 수 없게 되므로 서비스용
> MongoDB 서버에서는 주의해서 변경하도록 하자.
>
> ```
> mongo> db.adminCommand( { setFeatureCompatibilityVersion: "3.4" } )
> { "ok" : 1 }
> ```

7.2.4 MongoDB 확장 JSON(Extended JSON)

JSON은 MongoDB 서버에서 사용하는 BSON의 일부 타입만 지원한다. 그래서 MongoDB 서버로부터 생성된 JSON 도큐먼트를 JSON과 관련된 다른 도구들이 인식하지 못하는 경우가 있을 수 있다. MongoDB에서는 JSON 도큐먼트를 STRICT 모드와 Mongo 셸 모드 두 종류의 모드로 구분해서 사용할 수 있다. STRICT 모드는 MongoDB 도구뿐만 아니라 외부의 모든 JSON 도구들이 JSON 도큐먼트를 파싱할 수 있다. 하지만 여전히 JSON이 지원하지 않는 Binary나 ObjectId와 같은 데이터 타입은 인식하지 못한다. 그리고 Mongo 셸 모드는 Mongo 셸이나 mongoimport와 같은 MongoDB의 도구들만 인식할 수 있는 포맷을 의미한다.

	STRICT 모드	Mongo 셸 모드
바이너리 타입	{ "$binary": "⟨bindata⟩", "$type": "⟨t⟩" }	BinData (⟨t⟩, ⟨bindata⟩)
날짜 타입	{ "$date": "⟨date⟩" }	new Date (⟨date⟩) ISODate (⟨date⟩)
타임스탬프 타입	{ "$timestamp": { "t": ⟨t⟩, "i": ⟨i⟩ } }	Timestamp(⟨t⟩, ⟨i⟩)

바이너리 타입의 ⟨bindata⟩는 바이너리 값을 Base64로 인코딩한 문자열이고, ⟨t⟩는 한 바이트의 데이터 타입을 의미하며, 날짜 타입에서 ⟨date⟩는 날짜와 시각을 ISO-8601 포맷의 문자열로 입력하면 된다. 타임스탬프 타입의 ⟨t⟩는 초 단위의 유닉스 타임스탬프 값이며 ⟨i⟩는 자동으로 증가되는 인크리먼트 값을 사용한다.

mongoimport와 mongoexport 도구 그리고 REST 인터페이스는 STRICT 모드의 JSON을 지원하며, bsondump와 mongoimport 그리고 Mongo 셸은 Mongo 셸 모드를 지원한다. Mongo 셸 모드를 지원하지 않는 Mongodump나 mongoexport 등에서 Mongo 셸 모드의 JSON 표기법을 사용하면 다음과 같은 에러가 발생한다.

```
$ mongodump --db db_test --collection=coll_test \
    --query='{created:{$lt:ISODate("2016-08-29T00:00:00.000Z")}}' --out=dump

2016-08-29T03:14:45.198+0000    Failed: error parsing query as json: unexpected ISODate format
```

그래서 Mongo 셸 모드를 지원하지 않는 도구에서는 날짜나 바이너리 등의 확장 JSON 포맷을 사용해야 한다.

```
$ mongodump --db db_test --collection=coll_test \
    --query='{created:{$lt:{ "$date": "2016-08-29T00:00:00.000Z" }}}' --out=dump
```

JSON이 지원하지 못하는 MongoDB BSON 데이터 타입에 대한 STRICT 모드 표기법에 대한 상세한 내용은 MongoDB 확장 JSON 타입에 대한 매뉴얼(https://docs.mongodb.com/manual/reference/mongodb-extended-json/)을 참조하도록 하자.

7.3 모델링 고려 사항

일반적으로 MongoDB는 주로 NoSQL의 범주에 포함해서 언급하고 있으며, NoSQL에서는 데이터 모델링은 그다지 중요하지 않게 생각되곤 한다. MongoDB가 NoSQL이라는 것이 틀린 것은 아니지만, 데이터 모델링이 중요하지 않다는 것은 사실과 전혀 다르다. 개인적인 경험으로 볼 때 MongoDB의 데이터 모델링은 RDBMS만큼이나 중요하다. NoSQL이기 때문에 RDBMS만큼 모델링이 중요하지 않은 것이 아니다. 데이터베이스 서버가 처리하는 사용자 요청의 패턴과 데이터 특성에 따라서 데이터 모델이 달라져야 하는 것이다. 데이터가 크지 않고 쿼리가 빈번하지 않은 서비스에서는 어떻게 모델링을 해도 성능에 미치는 영향이 크지 않기 때문에 중요하지 않게 보일 수도 있다. 이건 MongoDB를 포함한 NoSQL뿐만 아니라 RDBMS에서도 똑같이 적용되는 이야기다. 반대로 아주 큰 데이터(워킹 셋이 물리적인 메모리 크기보다 큰 경우)를 빈번하게 처리해야 하는 MongoDB 서버라면 RDBMS와 똑같이 데이터 모델링에 많은 시간을 투자해야 한다.

7.3.1 도큐먼트의 크기

일반적으로 MongoDB에 저장되는 도큐먼트 데이터는 RDBMS의 레코드보다 큰 경향이 있다. 이것은 필드의 이름과 같은 메타 성격의 정보까지 데이터로 저장되는 MongoDB의 특성이기도 하지만, 아마도 많은 사용자가 도큐먼트 데이터베이스라는 생각으로 많은 정보를 하나의 도큐먼트에 모아서 저장하는 경향도 있는 것으로 보인다. 때로는 하나의 도큐먼트가 큰 경우는 4~50KB를 넘고 평균 도큐먼트의 크기가 6KB인 서비스도 있었다. 온라인 트랜잭션 처리용 데이터베이스인데도 말이다. 실제 도큐먼트 하나하나의 크기가 이 정도까지 되면 체감을 하고 있든 아니든 간에 이런저런 문제를 유발하고 있을 가능성이 높다. 만약 도큐먼트 하나하나의 크기가 작지 않은데도 서비스에 미치는 악영향이 없다면 이는 아마도 서비스에서 그 컬렉션을 그다지 자주 참조하지 않거나 변경하지 않아서 그럴 가능성이 높다.

단일 도큐먼트의 크기로 인해서 발생할 수 있는 문제점을 간단한 예제로 살펴보자. 예를 들어, 게시물이라는 컬렉션에 대략 1억 건 정도가 저장돼 있는데, 게시물 한 건의 평균 크기가 1KB 정도라고 가정해보자. 이런 게시판 서비스에서 사용자가 게시물을 조회할 때마다 조회수를 업데이트하는 기능을 만들려고 한다. 조회수를 저장하는 필드를 기존 게시물 컬렉션에 저장하는 것이 좋을지, 아니면 별도의 분리 된 카운터 컬렉션을 생성하는 것이 좋을지에 대해서 고민해보자.

기존 게시물 컬렉션에 저장

- 게시물과 조회수를 하나의 쿼리로 동시에 가져올 수 있기 때문에 응용 프로그램의 코드가 간단해지고 그만큼 페이지 조회도 빨라진다.

- 일반적인 온라인 트랜잭션 서비스의 특성상 게시물을 작성하는 것보다 조회하는 경우가 월등히 많다. 그래서 사용자들이 게시물을 조회할 때마다 게시물 테이블의 도큐먼트가 변경되고 저장돼야 한다. 그런데 카운터 필드 하나만 변경됐지만 카운터 필드가 게시물 컬렉션에 저장돼 있으므로 게시물 도큐먼트를 통째로 변경해야 한다.

조회수를 별도의 카운터 컬렉션으로 분리해서 저장하는 경우의 장점과 단점은 통합해서 저장하는(기존 게시물 컬렉션에 같이 저장) 경우의 반대가 될 것이다. 이제 단순한 방법(디스크 데이터의 압축이나 BSON 저장의 오버헤드 이런 부분은 제외하고)으로 각 컬렉션의 데이터 전체 크기를 한번 계산해보자. 참고로 이 계산에서 조회수를 저장하는 컬렉션은 각각 8바이트 "게시물 아이디"와 4바이트 "조회수"만 저장한다고 가정했다. 그리고 조회수를 저장하는 별도 컬렉션에는 프라이머리 키가 필요하므로 프라이머리 인덱스의 사이즈를 대략 1.5GB로 예측했다.

A) 게시물 컬렉션	1KB x 1억 = 95.37GB
B) 게시물(+조회수) 컬렉션	(1KB + 4) x 1억 = 95.74GB
C) 조회수 컬렉션	12Byte x 1억 + 1.5GB = 2.62GB

이제 조회수가 통합된 경우(B 컬렉션만 조회 및 변경)와 조회수가 별도의 컬렉션으로 만들어진 경우(A와 C 컬렉션을 동시에 조회하고 C 컬렉션만 변경)의 성능 테스트를 해보자. 대략적으로 초당 3000 정도의 게시물 조회 요청 그리고 초당 1500 정도의 게시물 변경 요청 수준으로 부하 테스트를 해봤다.

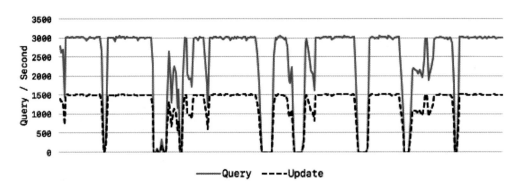

〈그림 7-2〉 통합된 컬렉션의 쿼리 처리량

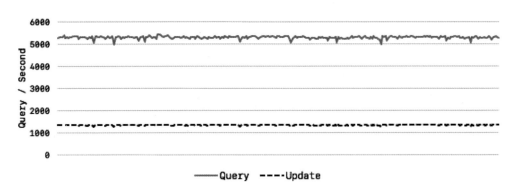

〈그림 7-3〉 분리된 컬렉션의 쿼리 처리량

그림 7-2와 그림 7-3에서 확인할 수 있듯이 통합된 컬렉션보다 분리된 컬렉션이 더 많은 쿼리를 처리하고 있는데, 이것이 더 나은 성능을 내는 것은 아니다. 이렇게 쿼리 수의 차이가 나는 이유는 분리된 컬렉션은 쿼리를 2번씩 실행(1개의 컬렉션이 2개로 분리됐으므로)해야 하기 때문인데, 피크 시점의 쿼리 실행 수만 보면 통합된 컬렉션에서 사실은 더 많은 처리를 하고 있다는 것을 알 수 있다. 하지만 통합된 컬렉션을 사용하는 경우에는 주기적인 성능 저하(실제 성능 저하가 아니라 쿼리 실행이 멈춘 경우임)를 보이고 있다. 이 시점에 무슨 일이 발생하는지 서버의 디스크 성능 관련 도구로 살펴봤다.

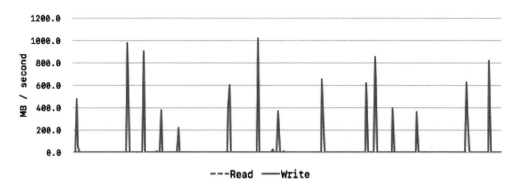

〈그림 7-4〉 통합된 컬렉션의 디스크 읽기/쓰기량

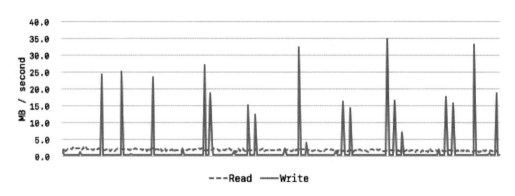

〈그림 7-5〉 분리된 컬렉션의 디스크 읽기/쓰기량

그림 7-4와 그림 7-5의 그래프를 보면 통합된 컬렉션에서는 주기적으로 엄청난 양의 디스크 쓰기가 발생한다는 것을 알 수 있다. 그리고 그림 7-4의 "통합된 컬렉션의 디스크 읽기/쓰기량" 그래프에서는 디스크 읽기량이 거의 보이지 않는데, 이는 디스크 쓰기량이 너무 높아서 그래프에 보이지 않는 것이다. 실제 통합된 컬렉션에서는 분리된 컬렉션보다 2배 이상의 디스크 읽기량을 보였다. 한가지 주의해야 할 점은 두 그래프의 패턴이 크게 다르지 않다는 것이다. 하지만 그래프의 Y축 값에 아주 큰 차이가 있다는 것을 주의해서 비교해 보자. MongoDB의 WiredTiger 스토리지 엔진은 MySQL이나 오라클과 같은 RDBMS와는 달리 샤프 체크포인트(Sharp-Checkpoint) 방식을 사용하는데, 이렇게 체크포인트가 발생할 때마다 WiredTiger 스토리지 엔진은 캐시의 변경된 페이지(Dirty Page)를 일괄적으로 디스크에 동기화해야 한다. 이때마다 WiredTiger가 엄청난 양의 디스크 쓰기를 유발하면서 읽기 쿼리를 실행하지 못하는 것이다. 실제 이 테스트에 사용된 디스크는 SAS나 SATA와 같은 HDD가 아니라 NVME 타입의 SSD가 사용됐다. 그런데도 디스크 사용량 때문에 MongoDB 서버가 사용자의 쿼리를

처리하지 못하는 현상이 발생한 것이다. 이 상황은 그림 7–6의 디스크 사용률 그래프로도 쉽게 알 수 있다. 물론 이런 상황은 리눅스의 커널 파라미터를 튜닝해서 어느 정도 완화할 수는 있다. 하지만 2~3초 만에 몇백 MB씩 쓰기가 발생한다면 완전한 튜닝은 어려워 보인다.

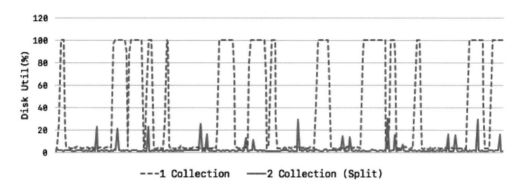

〈그림 7–6〉 통합된 컬렉션과 분리된 컬렉션에서의 디스크 사용률 비교

조회수가 통합된 컬렉션에서는 왜 이런 현상이 발생한 것일까? 조회수를 별도로 저장하는 경우에는 조회수만 저장하는 컬렉션의 크기가 크지 않아서 많은 변경 쿼리가 유입되더라도 실제 WiredTiger 스토리지 엔진의 캐시에 변경이 가해지는 블록(페이지)의 수가 통합된 컬렉션의 경우보다 훨씬 적기 때문이다. 그래서 디스크로 동기화해야 할 데이터 크기도 그만큼 줄어들고, 디스크 부하를 덜 일으킨다. 사실 지금 비교해본 두 케이스는 상당히 극적인 상황이므로 두 경우의 디스크 데이터 쓰기량이 엄청난 차이를 보이는 것이다.

여기에서는 MongoDB 데이터 모델링을 위해서 단순히 조회수를 저장하는 케이스를 살펴봤지만, 실제 서비스에서는 단순 조회수가 아니라 하더라도 큰 컬렉션에서 아주 빈번하게 변경되는 데이터만 별도의 컬렉션으로 분리하는 것은 안정적인 서비스를 위해서 고려해볼 만한 부분이다. 또한 아주 빈번하게 변경되는 경우뿐만 아니라 하나의 컬렉션에서 기능별로 조회되는 부분이 완전히 다르다면(액세스 패턴이 완전히 다르다면) 그 데이터들은 다른 컬렉션으로 분리하는 것도 좋은 방법이다. 하나의 도큐먼트가 20~30KB 정도만 되더라도, 초당 6000~7000개의 쿼리가 실행된다면 네트워크 사용량이 1Gbps를 훌쩍 넘어 버릴 수 있다. 컬렉션 하나하나를 모델링 할 때는 데이터를 읽어가는 방법과 시스템의 제한 사항 등을 함께 고려하자.

MongoDB를 선택하는 이유는 다양하겠지만, 그중에서 도큐먼트 포맷의 자율성도 상당한 부분을 차지할 것이다. 이런 이유로 일반적으로 MongoDB 도큐먼트 하나의 크기가 상당히 비대해지는 경우가 많다. 그런데 하나의 도큐먼트가 많은 필드를 가지면 가질수록 도큐먼트의 크기가 커질뿐더러 그 도큐먼트를 필요로 하는 응용 프로그램의 위치도 많아진다. 그래서 결국 그 도큐먼트를 자주 읽게 되는데, 문제는 응용 프로그램의 각 위치에서 꼭 필요로 하는 필드만 선택해서 가져가도록 개발하지 않는다는 것이다. 이로 인해서 MongoDB 서버에서는 네트워크 전송량 제한이 자주 병목 지점이 되곤 한다. 도큐먼트에 많은 데이터가 저장된다면 각 필드를 그룹핑해서 서브 도큐먼트로 구분해 두고, 응용 프로그램에서는 서브 도큐먼트 단위로 필드를 선별해서 가져가는 것이 네트워크 사용량을 줄이는 데 도움이 될 것이다.

이를 위해서 MongoDB 3.4 버전부터는 네트워크로 전송되는 데이터의 압축을 부분적으로 지원하기 시작했으며, MongoDB 3.6 버전부터는 완전하게 네트워트 전송 데이터의 압축을 지원한다. 여기에서 "부분적"이라는 표현을 사용했는데, 이는 MongoDB 3.4 버전에서는 샤드 서버와 MongoDB 라우터 (Mongos)까지 구간의 데이터 전송에 대해서만 데이터가 압축되기 때문이다. 이렇게 부분적으로 데이터 압축을 적용한 이유는 일반적으로 쿼리를 처리하는 샤드 서버가 데이터 전송량이 많고 병목 지점이 되기 때문이다. 실제 Mongo 라우터는 응용 프로그램이 실행되는 서버마다 배포되므로 단일 Mongo 라우터는 그다지 네트워크 사용량이 과다하지 않다고 볼 수 있다. 그뿐만 아니라 응용 프로그램 레벨의 MongoDB 드라이버까지 데이터를 압축하려면 프로그램 언어별로 MongoDB 드라이버의 코드와 프로토콜이 변경돼야 하는데, 이는 기존 서비스들의 많은 변화가 필요하기 때문에 한번에 모든 네트워크 구간의 압축을 지원하기 어려웠다. 그리고 MongoDB 3.6 버전에서는 MongoDB와 라우터간의 데이터 전송뿐만 아니라 클라이언트 드라이버까지의 전송 데이터도 압축이 가능하도록 개선되었다.

> **(!) 주의**
>
> 세상에는 아주 다양한 서비스가 있고, 그 서비스가 다루는 데이터 또한 예측하기 어렵다. 그래서 여기에서 언급한 내용이 항상 옳지 않을 수도 있다. 그래서 서비스의 패턴에 맞게 최적의 모델을 선택했다면 반드시 최대한 서비스의 워크로드에 맞게 테스트를 진행해볼 것을 권장한다. 특히 MongoDB 서버는 현재 빠르게 진화해가고 있기 때문에 잘 처리할 수 있는 워크로드의 패턴도 계속 바뀔 것이다. 또한 테스트 할 때는 최종적으로 서비스에서 사용할 MongoDB 버전으로 진행해보는 것도 중요하다.

7.3.2 정규화와 역정규화(Document Referencing vs. Embedding)

MongoDB 매뉴얼이나 기술 문서에서 자주 언급하는 MongoDB의 JSON 도큐먼트 모델링 예제를 한번 살펴보자. 그림 7-7은 블로그 서비스를 위한 RDBMS의 간단한 데이터 모델인데, 명료한 설명을 위해서 사용자(user)와 사용자가 작성하는 게시물(article) 그리고 댓글(comment)을 위한 테이블만 가지고 있다.

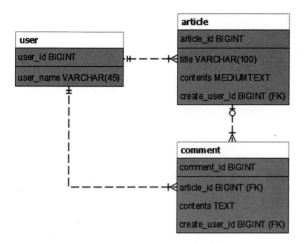

〈그림 7-7〉 블로그 서비스를 위한 RDBMS 모델

이 블로그 서비스용 RDBMS 데이터베이스를 MongoDB로 전환한다고 했을 때, 일반적으로 MongoDB 에서는 다음 데이터 모델과 같이 게시물 컬렉션(article)이 해당 게시물의 댓글(comment)을 포 함(Embed)하도록 설계하는 방식을 제시하고 있다. 그림 7-8에서 게시물(article) 컬렉션의 "comments[ ] DOCUMENT"는 댓글을 저장하는 서브 도큐먼트를 배열 형태로 가진다는 의미다.

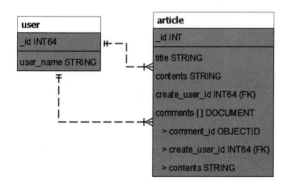

〈그림 7-8〉 블로그 서비스를 위한 MongoDB 모델

> **⊙ 주의**
>
> NoSQL이나 MongoDB에서는 공식적으로 사용되는 데이터 모델링 표기법이나 도구가 없다. 그래서 "comments [ ]
> DOCUMENT"와 같은 표기는 저자의 개인적인 표기 방법일 뿐 NoSQL이나 MongoDB의 표준 표기법은 아니다.

주로 MongoDB에서 이렇게 종속적인 정보를 부모 컬렉션에 포함(Embed)하도록 설계하는 이유로 크게 2가지를 언급하고 있다.

- MongoDB는 조인을 지원하지 않음
- MongoDB는 트랜잭션을 지원하지 않음

첫 번째로 MongoDB에서는 여러 컬렉션의 조인을 지원하지 않는다. 그래서 RDBMS에서 조인으로 여러 컬렉션을 동시에 읽는 형태의 쿼리가 필요하다면 MongoDB에서는 여러 컬렉션의 데이터를 하나의 도큐먼트로 생성하라고 가이드하고 있다. 이렇게 서브 도큐먼트로 내장하면 MongoDB에서는 하나의 Find() 오퍼레이션으로 게시물과 그에 딸린 댓글들을 모두 한 번에 가져갈 수 있기 때문이다. 두 번째로 MongoDB에서는 트랜잭션을 지원하지 않고, 하나의 도큐먼트 처리에 대해서만 원자적(Atomic)인 오퍼레이션을 보장한다. 그래서 2개 이상의 도큐먼트를 원자적으로 저장하거나 삭제해야 한다면 MongoDB에서는 그 도큐먼트를 하나의 도큐먼트로 묶어서 저장하는 방법을 추천하는 것이다.

MongoDB에서 추천하는 이 두 가지 방법이 완전히 잘못된 것은 아니지만, 잘못된 모델링 습관을 만들 수도 있다. 이렇게 종속적인 컬렉션의 데이터를 부모 컬렉션에 내장(Embed)할 경우에 발생할 수 있는 성능적인 문제점을 한번 살펴보자. 조인을 지원하지 않아서 그림 7-8과 같이 게시물(article) 컬렉션에 모든 댓글(comment)을 서브 도큐먼트의 배열 형태로 내장하도록 모델링했다고 가정해보자. 그러면 다음과 같이 크게 3가지 문제점을 고려해야 한다.

- 도큐먼트의 크기가 계속 증가하는 문제
- 도큐먼트의 일부 정보에 접근하기 위해서 전체 도큐먼트를 읽고 써야 하는 문제
- 도큐먼트에 포함된 게시물과 댓글을 동시에 읽고 쓰는 데 제한되는 문제점

게시물 컬렉션은 일반적으로 계속해서 댓글이 작성되므로 게시물 컬렉션의 모든 도큐먼트는 계속해서 크기가 증가할 것이다. 이렇게 도큐먼트의 크기가 계속 증가하면 MMAPv1 스토리지 엔진에서는 계속해서 도큐먼트의 저장 위치가 변경돼야 하며 이로 인해서 데이터 파일의 프레그멘테이션(Fragmentation)은 심해질 것이다. 그뿐만 아니라 MMAPv1 스토리지 엔진에서는 도큐먼트가 이동될 때마다 컬렉션의 모든 인덱스들이 가지고 있는 도큐먼트의 주소 정보가 매번 업데이트돼야 한다. 이런 현상은 MongoDB 서버의 심각한 성능 저하를 유발한다. 그나마 WiredTiger 스토리지 엔진에서는 이렇게 도큐먼트 이동으로 인한 데이터 파일의 프레그멘테이션은 심각하지 않을 수 있다. 또한 WiredTiger 스토리지 엔진에서는 설령 도큐먼트의 위치가 변경된다 하더라도 세컨드리 인덱스

가 도큐먼트의 물리적인 주소를 가지지 않기 때문에 모든 인덱스의 주소 값을 변경할 필요는 없다. 하지만 WiredTiger에서는 내장된 캐시 메모리에서 변경된 데이터들을 디스크로 기록하기 위해서 기존 데이터와 변경된 데이터의 병합 작업(이 작업을 WiredTiger 스토리지 엔진에서는 리컨실리에이션(Reconciliation)이라고 함)이 발생한다. 이때 하나의 도큐먼트가 내장된 서브 도큐먼트를 많이 가지면 가질수록 병합해야 하는 데이터가 커지고 캐시 메모리 효율이 떨어진다.

MMAPv1 스토리지 엔진은 디스크의 데이터 캐시를 위해서 리눅스의 페이지 캐시를 활용하며, WiredTiger 스토리지 엔진은 자체 내장된 캐시를 활용한다. 하지만 MongoDB에서는 하나의 도큐먼트를 읽으려면 그 도큐먼트가 포함된 데이터 블록(Data Block 또는 Data Page)을 먼저 읽어야 한다. 그런데 하나의 도큐먼트가 데이터 블록의 크기보다 커지면 WiredTiger나 MMAPv1 스토리지 엔진은 모두 오버플로우 데이터 블록을 가지게 되는데, 하나의 도큐먼트를 읽기 위해서 이 블록들을 모두 읽어야 한다. 물론 MMAPv1 스토리지 엔진에서는 별도로 오버 플로우 데이터 블록이라는 개념이 없지만, 내부적으로 필요로 하는 작업은 WiredTiger 스토리지 엔진과 크게 다르지 않다. 또한 하나의 거대한 도큐먼트에서 필요로 하는 것이 게시물의 제목(title)과 작성자(create_user_id) 필드뿐이라면 문제는 더 심각해질 수 있다. 게시물의 제목과 작성자 정보는 단지 수십 바이트에 불과하지만, 이 데이터를 읽기 위해서 MongoDB가 수 킬로바이트에서 수십 킬로바이트짜리 도큐먼트를 매번 읽어야 한다. 그뿐만 아니라 게시물의 목록을 조회해야 한다면 댓글을 포함하지 않은 경우에는 1~2개의 데이터 블록만 읽어도 되지만, 댓글을 포함해서 도큐먼트 크기가 비대해지면 몇 배의 데이터 블록을 읽어야 하므로 그만큼 디스크 읽고 쓰기도 많이 필요해진다.

마지막으로 MongoDB의 MMAPv1 스토리지 엔진은 컬렉션 레벨의 잠금을 사용하며, WiredTiger 스토리지 엔진은 도큐먼트 레벨의 잠금을 사용한다. 즉 MMAPv1 스토리지 엔진에서는 도큐먼트가 많이 내장되면 내장될수록 그들의 동시 접근(데이터 변경)이 제한될 것이다. 그리고 WiredTiger 스토리지 엔진은 도큐먼트 레벨의 잠금을 사용하지만, 내부적으로는 동시 변경 요청이 들어오면 둘 중 하나의 요청은 "처리 실패(이를 MongoDB 서버에서는 WriteConflict이라고 함)"가 반환될 것이다. 이는 MongoDB의 처리 특성인데, 실제 Mongo 라우터나 클라이언트 드라이버는 "처리 실패"된 요청을 자동으로 다시 MongoDB 서버로 요청한다. 그래서 실제 사용자나 응용 프로그램은 이런 실패 현상을 느끼지 못한다. 하지만 요청의 응답 시간은 지연되며, MongoDB 서버는 그만큼 더 많은 요청을 받게 된다. 게시물과 댓글을 별도 컬렉션으로 분리한다면 게시물과 개별 댓글들의 저장 및 변경은 충분히 동시에 처리될 수 있지만, 게시물 컬렉션에 댓글의 내용을 내장하면 한 시점에 MongoDB 서버는 하나의 게시물 또는 하나의 댓글만 저장 및 변경할 수 있게 되는 것이다.

결론적으로 하나의 컬렉션을 다른 부모 컬렉션의 서브 도큐먼트로 내장할지 말지는 응용 프로그램에서 데이터를 어떻게 읽어 가느냐에 따라 달라진다. 아주 인기 있는 게시물이 올라와서 댓글이 수천에서 수만 개가 작성될 때, 최근 댓글 10개를 클라이언트로 내려 주기 위해서 MongoDB 서버는 수만 개의 댓글을 모두 읽어서 파싱하고 있을 수도 있다. 저자의 경험과 생각으로는 MongoDB에서도 RDBMS와 같이 정규화된 컬렉션 설계를 권장하고 싶다. 요즘 개발되는 응용 프로그램은 대부분 한 번에 수백 개 이상의 레코드를 필요로 하는 경우가 많지 않다. 또한 MongoDB의 BSON 도큐먼트는 최대 16MB까지의 데이터만 저장할 수 있는데, 이 제약으로 인해서 응용 프로그램의 기능이 제한될 수도 있다.

실제 응용 프로그램 개발에서 컬렉션 간의 조인은 MongoDB에서 정규화하는데 그다지 큰 영향을 미치는 요소는 아닐 것(컬렉션별 개별 쿼리로 충분히 해결 가능)이다. 하지만 트랜잭션은 MongoDB를 사용하더라도 여전히 중요한 요소일 수 있다. 이런 요소들을 냉정하게 판단해서 RDBMS와 MongoDB를 역할별로 활용하는 방안도 좋은 해결책이 될 수 있다.

> **(!) 주의**
>
> MongoDB에서는 정규화된 컬렉션간의 관계(Foreign Key)를 위해서 DBPointer나 DBRefs 타입을 제공하고 있다. 하지만 이 타입들이 RDBMS에서와 같은 무결성까지 검증하지는 않는다. 단순히 외부 컬렉션의 프라이머리 키 값을 저장할 수 있도록 구조체를 제공하는 수준이다. 그런데 이러한 데이터 타입들은 모든 MongoDB 클라이언트 드라이버가 지원하는 것은 아니다. 또한 DBPointer 타입은 MongoDB 3.2에서는 이미 지원이 중단(Deprecated)됐으며, MongoDB 매뉴얼에서도 가능하면 DBRefs 타입보다는 응용 프로그램에서 매뉴얼한 방법으로 관계를 관리하는 방법을 권장하고 있다. 참고로 일부 MongoDB 클라이언트 드라이버는 DBRefs와 같은 특수한 데이터 타입은 지원하지 않을 수도 있으니 클라이언트의 드라이버가 공식적으로 지원하는 타입인지 확인한 후에 사용하도록 하자.

7.3.3 서브 도큐먼트(Sub Document)

MongoDB에서 동일한 데이터를 저장하더라도 다음과 같이 여러 가지 방법으로 BSON 도큐먼트의 포맷을 선택할 수 있다. 간단하게 필드를 나열한 방법과 각 필드를 성격별로 그룹핑해서 서브 도큐먼트로 구성한 방법을 예제로 살펴보자.

서브 도큐먼트없이 일반 필드로만 구성

```
{
    _id : 1,
    user_name : "matt.lee",
```

```
    user_real_name : "SeongUck Lee",

    contact_office_number : "010-xxxx-xxxx",
    contact_house_number : "02-xxx-xxxx",

    address_zip_code : "00000",
    address_detail : "ABC Apt Seongsu-1ga",
    address_city : "Seoul",
    address_country : "Korea",
    ...
}
```

서브 도큐먼트로 필드 그룹

```
{
  _id : 1,
  user_name : "matt.lee",
  user_real_name : "SeongUck Lee",

  contact : {
    office_number : "010-xxxx-xxxx",
    house_number : "02-xxx-xxxx"
  },

  address : {
    zip_code : "00000",
    detail : "ABC Apt Seongsu-1ga",
    city : "Seoul",
    country : "Korea"
  },
  ...
}
```

일반적으로는 첫 번째 예제와 같이 필드를 나열하는 방법을 많이 사용할 것으로 보인다. 이 방법은 각 필드를 성격별로 나누고 그룹별로 다시 묶는 귀찮은 과정을 거치지 않아도 된다. 두 번째 방법과 같이 각 필드의 성격별로 그룹을 만들어서 서브 도큐먼트를 만들 수도 있는데, 실제로 첫 번째 방법과 두 번째 방법 모두 인덱스 생성이나 검색에서 기능적인 차이는 전혀 없다.

> **(!) 주의**
>
> 위의 두 예제는 단순히 필드를 그룹핑해서 서브 도큐먼트로 만들었을 뿐이며, 도큐먼트의 배열을 생성하지 않았다는 것에 주의하자. 만약 도큐먼트의 배열을 내장(Embed)하는 경우에는 앞서 살펴본 "7.3.2 정규화와 역정규화" 절도 반드시 참조하자.

오히려 각 필드를 성격별로 묶어서 서브 도큐먼트로 생성하는 방법은 도큐먼트의 가독성과 식별성을 높여 주고, 필드의 이름에서 반복된 단어를 생략할 수도 있다. 필드의 이름 몇 글자를 줄이는 것이 무슨 영향을 미치느냐고 생각할 수 있지만, 데이터베이스에서는 뭐든지 줄이고 제거해서 단순화하는 것이 좋은 튜닝 습관이라고 생각된다. 설령 데이터 파일이 압축된다고 하더라도 이 압축은 데이터 블록 단위로만 의미가 있을 뿐이다. 하지만 그것마저도 메모리에 적재되는 순간 효과는 없어진다.

필드를 성격별로 묶어서 서브 도큐먼트를 만들면 미세하지만 성능적인 장점도 얻을 수 있다. 다음과 같이 100개의 필드를 가지는 JSON 도큐먼트로 간단한 테스트를 한번 실행해 봤다.

flat_document.json

필드 100개를 아무런 서브 도큐먼트없이 모두 나열하고 마지막에 "important_field"를 추가했다.

```json
{
  field1: "test data1",
  field2: 12345,
  field3: "test data 3",
  ..
  field99: "test data 99",
  important_field: 12345
}
```

sub_document.json

필드를 20개씩 서브 도큐먼트로 묶어서 그룹핑했으며 마지막에 첫 예제와 동일하게 "important_field"를 추가했다.

```json
{
  field_group1: {
    field1: "test data1",
```

```
    field2: 12345,
    field3: "test data 3",
  ..
  },
  field_group2: {
    field21: "test data21",
    field22: 12345,
  ..
  },
  field_group5: {
    ..,
    field99: "test data 99"
  },
  important_field: 12345
}
```

이제 다음과 같이 간단히 JSON 도큐먼트를 읽어서 BSON 도큐먼트로 변환한 다음 BSON 도큐먼트의 마지막에 저장된 "important_field"의 값을 찾는 테스트를 100만 번 실행하는 예제 프로그램을 작성해 서 실행해 봤다.

```c
#include <bson.h>
#include <stdlib.h>
#include <stdio.h>
#include <time.h>
#include <sys/time.h>

/**
 * gcc -o bson_perf bson_perf.c $(pkg-config —cflags —libs libbson-1.0)
 *
 * USAGE
 * ./bson_perf ./flat.json
 */
int main (int argc, char *argv[]){
    bson_json_reader_t *reader;
    bson_error_t error;
    const char *filename;
    bson_t doc = BSON_INITIALIZER;
    int i;
```

```c
    int b;

    bson_iter_t iter, field_iter;

    int loop;
    struct timeval start, end;

    /* 적절한 파라미터가 없으면 사용법 출력 */
    if (argc == 1) {
        fprintf (stderr, "USAGE: %s FILE...\n", argv[0]);
        return 1;
    }

    /* 첫 번째 파라미터로 JSON 파일 */
    filename = argv[1];

    /* JSON 파일 오픈 */
    if (!(reader = bson_json_reader_new_from_file (filename, &error))){
        fprintf (stderr, "Failed to open \"%s\": %s\n", filename, error.message);
        exit (1);
    }

    /* JSON 파일의 내용을 BSON 도큐먼트로 읽어 들임 */
    while ((b = bson_json_reader_read (reader, &doc, &error))) {
        if (b < 0) {
            fprintf (stderr, "Error in json parsing:\n%s\n", error.message);
            abort ();
        }
    }

    /* BSON 도큐먼트 읽기 성능 테스트 */
    gettimeofday(&start, NULL);
    for(loop=0; loop<1000000; loop++){
            if (bson_iter_init (&iter, &doc) && bson_iter_find_descendant (&iter, "important_field",
&field_iter) && BSON_ITER_HOLDS_INT32 (&field_iter)){
            // important_field 필드를 찾음
            // printf ("FOUND important_field = %d\n", bson_iter_int32 (&field_iter));
        }
    }
```

```
    gettimeofday(&end, NULL);
    printf("Loop elapsed time (us) : %ld\n", ((end.tv_sec * 1000000 + end.tv_usec) - (start.tv_sec *
1000000 + start.tv_usec)));

    /* 테스트 종료 */
    bson_json_reader_destroy (reader);
    bson_destroy (&doc);

    return 0;
}
```

다음과 같이 테스트 결과는 대략 19배 정도의 성능 차이를 확인할 수 있다. flat_document.json 예제에서는 "important_field" 필드의 값을 가져오는 데에만 2.7 마이크로초가 걸린 것을 확인할 수 있다.

```
$ ./bson_perf flat_document.json
Loop elapsed time(us) : 2715058

$ ./bson_perf sub_document.json
Loop elapsed time(us) :  141706
```

이 수치가 빠른 것인지 느린 것인지는 업무 요건에 따라서 다르게 해석해야 한다. 만약 메모리상에 로딩된 수 천만 건의 도큐먼트에서 특정 필드를 읽는 쿼리를 작성했다고 생각해보자. 그 프로그램에서는 2.7 마이크로초가 크게 느껴질 것이다.

7.3.4 배열(Array)

복잡한 형태의 데이터 모델을 구현할 수 있다는 것은 기존의 RDBMS가 가지지 못한 MongoDB의 큰 장점 중 하나다. 이런 복잡한 형태의 데이터 모델을 가능하게 해주는 것이 바로 MongoDB의 배열 타입이라고 할 수 있다. 즉 MongoDB의 배열을 이용하면 RDBMS에서는 불가능한 데이터 모델을 생성할 수 있다.

다음 예제는 게시판 서비스에서 사용하는 사용자와 게시물 컬렉션을 보여주고 있다. 사용자 컬렉션에서 취미(interests) 필드는 단순한 문자열을 배열 타입으로 저장하고 있으며, 게시물 컬렉션은 게시물의 댓글을 도큐먼트의 배열 형태로 내장하고 있다. 물론 이는 정규화된 RDBMS에서는 상상할 수 없는 모델일 것이다.

```
mongo> db.users.find()
{
    "_id" : 1,
    "user_id" : "matt",
    "user_name" : "이 성욱",
    "birth_date" : "2000-01-01",
    "interests" : ["컴퓨터", "게임", "MongoDB"],
    ...
}


mongo> db.articles.find()
{
    "_id" : 1
    "title" : "배열 타입 쓸만한가요 ?"
    "contents" : "..."
    "user_id" : "matt"
    "comments" : [
        {
            "contents": "빠른 개발에 도움이 되는 듯…",
            "user_id" : "user1"
        },
        {
            "contents" : "도큐먼트 크기가 계속 늘어나게 돼서 문제점이 좀…",
            "user_id": "user2"
        },
        {
            "contents" : "배열 관련 연산자가 많아서 편해요",
            "user_id" : "user3"
        },
        ...
    ]
}
```

배열을 사용하게 되면 여러 개의 컬렉션으로 분리돼야 할 데이터가 하나의 컬렉션에 모두 저장되므로
한 번의 쿼리로 조회하거나 변경할 수 있고, 컬렉션이 여러 개일 때보다 빠르게 개발할 수 있다. 또한
MongoDB에서는 이러한 배열 타입에 인덱스(이런 인덱스를 멀티-키(Multi-key) 인덱스하고 하는
데, 이는 인덱스 장에서 자세히 살펴보겠다)까지 생성할 수 있기 때문에 배열을 사용하는 데 있어서 큰

제약이 없으며, 배열로 생성된 필드의 값을 응용 프로그램으로 읽어오지 않고도 다양한 형태의 변경을
MongoDB 쿼리로 변경할 수 있다.

```
// 취미 필드 배열에 "tennis" 추가
db.users.update(
    {"_id":1},
    {$push : {
        "interests" : "tennis"
    }}
)

// 취미 필드 배열에서 "tennis" 삭제
db.users.update(
    {"_id":1},
    {$pull : {
        "interests" : "tennis"
    }}
)

// 댓글 필드 배열에 새로운 댓글 추가
db.articles.update(
    {"_id":1},
    {$push : {
        "comments" : {
            "contents" : "아마도 단점도 꽤 있어 보이는데요.",
            "user_id" : "user4"
        }
    }}
)

// 댓글 필드 배열에서 "user4"가 작성한 댓글 삭제
db.articles.update(
    {"_id":1},
    {$pull : {
        "comments" : { "user_id" : "user4" }
    }}
)
```

> **참고**　MongoDB에서 배열과 관련된 기능(연산자)은 이 이외에도 아주 다양한 것들이 제공된다. 그 기능이 너무 많아서 때로는 오히려 복잡하고 어렵게 보이기도 한다. MongoDB 배열에 대한 자세한 내용은 "8장 쿼리 개발과 튜닝" 장에서 다시 자세히 살펴보겠다.

단일 도큐먼트에 대해서만 원자 처리(Atomic Operation)를 지원하는 MongoDB에서 배열 타입은 트랜잭션이 지원되지 않는 단점을 보완해줄 수 있는 좋은 해결책이다. 하지만 배열의 데이터가 많아지면 MongoDB 서버의 성능적인 문제점을 유발할 수 있으므로 데이터 모델링을 할 때 주의해서 활용해야 한다.

7.3.4.1 도큐먼트의 크기 증가

앞서 살펴봤던 게시물 컬렉션과 같이 댓글이 배열 타입으로 계속 추가되는 경우를 생각해보자. 댓글 하나하나의 크기도 작지 않은데, 이런 댓글이 계속 하나의 도큐먼트에 추가된다면 도큐먼트의 크기가 계속해서 증가할 것이다. 이런 구현 방법은 MongoDB 서버가 가지는 제한 사항(하나의 도큐먼트는 최대 16MB의 데이터를 저장할 수 있다) 때문에 응용 프로그램의 기능이 제한될 수 있다. 이는 응용 프로그램 구현에 있어서 매우 치명적인 부분이므로 만약 배열의 아이템이 특정 제한 없이 증가할 수 있다면 배열 타입의 사용을 피하는 것이 좋다.

도큐먼트의 크기가 계속 증가하면서 발생할 수 있는 문제는 이뿐만이 아니다. MMAPv1 스토리지 엔진을 사용한다면 새로운 댓글이 저장될 때마다 도큐먼트의 크기가 증가하고, 그때마다 해당 도큐먼트를 새로운 디스크 공간으로 이동시켜야 할 수도 있다. 이렇게 되면 해당 도큐먼트를 가리키고 있는 인덱스의 주소 정보를 모두 변경해야 하는데, 이는 OLTP(온라인 트랜잭션 처리) 서비스에서는 매우 치명적인 성능 저하를 초래할 것이다. WiredTiger 스토리지 엔진을 사용하는 컬렉션이라면 MMAPv1에서 나타나는 도큐먼트의 저장 위치 변경으로 인한 인덱스 유지보수 비용을 고려할 필요가 없다. 그렇다고 WiredTiger 스토리지 엔진에서는 배열 타입이 아무 문제가 없다는 의미는 아니다.

하나의 게시물에 대해서 댓글이 100개가 저장됐다고 가정해보자. 그리고 각 댓글이 대략 500 바이트 정도로 구성된다고 가정해보면 대략 이 도큐먼트의 크기는 50KB 정도의 크기를 차지할 것이다. 그런데 게시판 서비스에서 모든 댓글을 한 번에 보여주는 것이 아니라 10개씩 페이지로 잘라서 부분마다 보여준다고(일반적으로 모바일 환경은 PC 환경보다 제한적이라서 100개의 댓글을 한 화면에 표현하는 것은 스마트폰의 데이터 사용량이나 처리 속도 등 여러 가지 이유로 좋은 선택이 아닐 것이다. 그래서 이렇게 페이지 단위로 나눠서 보여주는 것이 더 일반적이다) 하더라도 MongoDB 서버는 우선 하나의 도큐먼트는 무조건 디스크에서 읽어와야 한다. 도큐먼트에서 일부 필드만 필요하다고 해서 MongoDB가 50KB중에서 1KB만 읽어서 처리할 방법은 없다. 결국 하나의 도큐먼트 크기가 커질수록 디스크나 메모리 그리고 서버의 CPU 자원 낭비가 심해질 수 있다(물론 50KB 도큐먼트 전체가 항상 필요한 서비스라면 이런 낭비는 발생하지 않을 것이다).

WiredTiger 스토리지 엔진은 트랜잭션을 처리할 수 있는 데이터베이스 엔진으로 설계됐다. 그래서 WiredTiger는 여타 RDBMS와 같이 트랜잭션을 지원하며, 이를 위해서 WAL 로그뿐만 아니라 Undo 로그도 가지고 있다. 그래서 50KB 크기의 도큐먼트에 새로운 댓글이 추가되거나 다른 변경이 발생하면 WiredTiger 스토리지 엔진은 기존 50KB 도큐먼트를 읽어서 변경한 다음 새로운 메모리 공간을 할당받아서 변경된 버전을 저장한다. 이렇게 도큐먼트가 계속 변경되면 변경 히스토리를 위한 메모리 공간의 낭비가 심해지고 WiredTiger 스토리지 엔진은 메모리 낭비를 줄이기 위해서 그만큼 자주 변경 히스토리를 병합하는 작업(Reconciliation이라고 함)을 수행해야 하므로 시스템은 더 바빠질 것이다.

7.3.4.2 배열 관련 연산자 선택

MongoDB 배열 타입은 아이템을 추가하거나 삭제할 때 다음과 같은 연산자를 사용해야 한다.

- $push와 $pop
- $addToSet과 $pull (또는 $pullAll)

$push는 배열의 마지막에 새로운 아이템을 추가하고, $pop은 배열의 제일 첫 번째 아이템을 삭제하는 연산자다. 이 두 기능은 배열 타입에 저장된 모든 아이템을 비교하지 않아도 되므로 배열이 많은 아이템이 있다고 하더라도 빠르게 처리될 것이다. 하지만 $addToSet이나 $pull은 새로 추가하거나 삭제하는 아이템이 기존 배열에 있는지 없는지 확인해야 하므로 배열의 모든 아이템과 비교 작업을 수행해야 한다. 그래서 이런 $addToSet이나 $pull 연산자가 아주 빈번하게 사용되는 형태의 데이터 모델에서는 배열 타입을 선택하지 않는 것이 좋다.

7.3.4.3 배열과 복제

MongoDB는 가용성을 높이기 위해서 자신과 동일한 데이터를 가지는 복제본을 1개 이상 가진다. 이렇게 원본과 복제본을 가지는 구성을 MongoDB에서는 레플리카-셋(Replica-set)이라고 한다. 이렇게 레플리카 셋을 이용해 가용성을 높이는 방법은 최근 오픈소스 데이터베이스에서는 상당히 일반화된

방법 중 하나다. 하지만 레플리카-셋을 유지하려면 MongoDB는 사용자로부터 유입된 데이터 변경
내용을 모두 oplog 컬렉션에 기록하고, 이 oplog 컬렉션의 내용을 다른 복제본으로 전달해야 한다.

MongoDB의 복제용 로그(oplog)는 다른 DBMS와는 조금 달리 멱등(Idempotent)의 원칙을 지켜
야 한다. 이는 MongoDB의 복제 로그가 여러 번 수행되더라도 동일한 결과를 보장할 수 있도록 하기
위함이다. 그런데 이런 멱등의 원칙을 준수하기 위해서 MongoDB는 복제 로그에 사용자로부터 유입
된 쿼리를 그대로 기록하지 않고, 사용자의 요청과 원본 데이터를 조금 가공해서 복제 로그에 기록한
다. 멱등(Idempotent)의 원칙을 준수하기 위해서 배열 값의 변경이 MongoDB의 복제 로그에는 어
떻게 기록되는지 간단하게 살펴보자. 우선 다음과 같이 array라는 컬렉션에 도큐먼트를 INSERT하고
$push 오퍼레이션으로 배열의 마지막에 값을 2개 추가해보자.

```
monog> use test
mongo> db.array.insert( { "_id" : 1, "arr" : [ 1, 2, 3 ] } )
mongo> db.array.update( {_id: 1}, {$push: {arr: { $each: [4, 5] }}} )

mongo> db.array.find()
{ "_id" : 1, "arr" : [ 1, 2, 3, 4, 5 ] }
```

이제 UPDATE 명령으로 변경된 배열의 값이 복제 로그에 어떻게 기록됐는지 살펴보자.

```
mongo> use local

mongo> db.oplog.rs.find().sort({$natural: -1}).limit(1)
{
    "ts" : Timestamp(1466021602, 1),
    "h" : NumberLong("1234567890"),
    "v" : 2,
    "op" : "u",
    "ns" : "test.array",
    "o2" : { "_id" : 1 },
    "o" : { "$set" : { "arr.3" : 4, "arr.4" : 5 } }
}
```

복제 로그에 기록된 내용에서 "o" 필드의 값이 실제 변경되는 내용을 저장하는 곳인데, 이 필드를 보면
실제 UPDATE 명령은 단순히 $push로 배열의 마지막에 추가만 했지만, 복제 로그에는 배열의 위치

(arr.3과 arr.4)와 값이 맵핑돼 있음을 알 수 있다. 이는 이 복제 로그가 아무리 많이 반복적으로 실행되더라도 같은 결과를 보장하도록 MongoDB가 로그를 변형해서 저장한 것이다. 사실 이런 경우(배열의 마지막에 값을 추가)는 별로 문제 되지 않는다.

이제 배열 필드에 위치를 지정해서 값을 추가하는 예제를 한번 살펴보자. 다음 예제에서는 $position 옵션을 이용해서 배열의 제일 앞쪽에 2개의 원소를 추가하고 있다.

```
mongo> db.array.update({_id: 1},
                       {$push: {arr: { $each: [6, 7], $position: 0 }}})

mongo> db.array.find()
{ "_id" : 1, "arr" : [ 6, 7, 1, 2, 3, 4, 5 ] }
```

위의 명령 결과로 생성된 복제 로그는 어떤 모양일까?

```
mongo> use local

mongo> db.oplog.rs.find().sort({$natural: -1}).limit(1)
{
  "ts" : Timestamp(1464082056, 1),
  "h" : NumberLong("1234567890"),
  "v" : 2,
  "op" : "u",
  "ns" : "test.array",
  "o2" : { "_id" : 1 },
  "o" : { "$set" : { "arr" : [ 6, 7, 1, 2, 3, 4, 5 ] } }
}
```

배열 필드에 2개의 값을 추가했을 뿐인데 MongoDB가 생성한 복제 로그에는 배열의 모든 값이 나열돼 있다. 이 또한 MongoDB의 복제 로그가 멱등이어야 하는 이유 때문이다. 배열의 요소가 많지 않고 값들이 크지 않을 때에는 이런 방식이 아무런 문제가 되지 않는다. 그런데 만약 배열에 1,000개의 값이 나열돼 있고, 각 값들이 작지 않은 문자열로 구성돼 있다고 가정해보자. 그러면 배열의 제일 앞쪽에 값을 추가할 때마다 MongoDB는 몇십 KB의 배열 목록을 매번 복제 로그에 기록해야 할 것이다. 복제 로그는 MongoDB 서버로 요청되는 모든 변경이 공유하는 공간이라서 복제 로그의 기록이 지연될수록 모든 변경 요청 처리가 지연된다. 이렇게 배열의 잘못된 사용이나 배열의 요소를 과도하게 저장하면

MongoDB의 처리 성능에 상당한 걸림돌로 작용하게 된다. 또한 복제 로그가 커지면 커질수록 레플리카-셋 간의 네트워크 사용량이 높아지고 복제 로그를 재실행해야 하는 세컨드리 멤버들의 성능 저하를 유발하므로 복제 지연을 경험하게 될 가능성이 높다.

7.3.4.4 배열과 관련된 성능 테스트

도큐먼트의 배열 필드가 가지는 아이템 개수가 증가할수록 배열에 아이템을 추가하는 쿼리의 성능이 얼마나 영향을 받는지 간단히 살펴보자. 우선 다음과 같이 단 한 건의 도큐먼트만 가지는 array_perf 컬렉션을 생성했다.

```
// 컬렉션을 생성하고, 도큐먼트를 한 건만 저장
db.array_perf.insert({_id: ObjectId('5221959beea8e9e67cbb857e'), counter:0});
```

그림 7-9부터 그림 7-11은 다음과 같이 간단한 Mongo 셸 코드(자바스크립트)로 컬렉션의 배열 타입 필드에 아이템을 추가하는 프로그램의 성능 테스트 결과를 스토리지 엔진별로 비교한 그래프다.

```
var start, end;
for(var x=0; x<=10000; x++){
  if(x==10 || x==100 || x==1000 || x==2000 || x==3000 || x==4000 ||
    x==5000 || x==6000 || x==7000 || x==8000 || x==9000 || x==10000){
    start = new Date();
  }

  db.array_perf.update({ _id: ObjectId('5221959beea8e9e67cbb857e')},
    {
      $inc: { counter: 1 },
      $push: {
        arr: {
          id: ObjectId('5221959beea8e9e67cbb857a'),
          fd1:"1234567890",
          fd2: ObjectId('569c8e258a5a40b140874ef7')
        }
      }
    }
  );
```

```
if(x==10 || x==100 || x==1000 || x==2000 || x==3000 || x==4000 ||
    x==5000 || x==6000 || x==7000 || x==8000 || x==9000 || x==10000){
  end = new Date();
  print("Loop " + x + "th elapsed time : " + (end.getTime() - start.getTime()));
  }
}
```

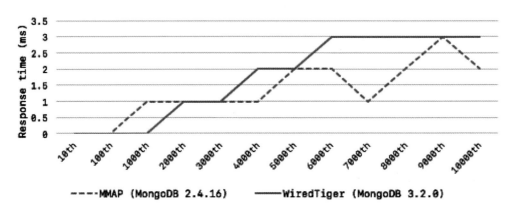

〈그림 7-9〉 배열 아이템의 크기가 100Bytes인 경우

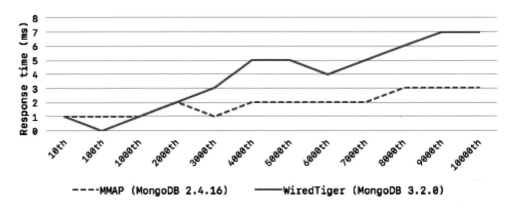

〈그림 7-10〉 배열 아이템의 크기가 500Bytes인 경우

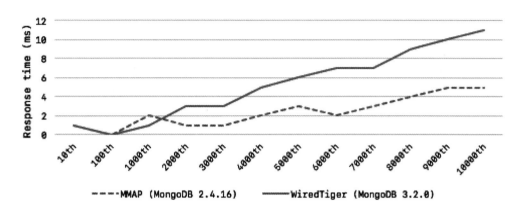

〈그림 7-11〉 배열 아이템의 크기가 1,000Bytes인 경우

$push 오퍼레이션으로 배열에 단순히 아이템을 추가하기만 하는데도 도큐먼트의 배열 아이템이 많을
수록 성능이 떨어지는 것을 확인할 수 있다. 이는 테스트 시간이 지날수록 도큐먼트가 커지게 되고, 그
만큼 도큐먼트 파싱이나 메모리 복사 작업이 느려지기 때문이라고 볼 수 있다. 각 배열 아이템의 데이
터 크기가 클수록 성능 저하가 더 심해지는 것도 확인할 수 있다.

이제 배열 필드의 값에 대해서 인덱스(Multi-key)를 생성하고 동일한 성능 테스트를 한번 진행해보자.

```
// 배열 엘리먼트의 특정 필드에 대해서 멀티 키 인덱스를 생성
db.array_perf.createIndex({"arr.id" : 1});
```

그림 7-12는 MongoDB 2.4와 3.2의 MMAP 스토리지 엔진 그리고 MongoDB 3.2의 WiredTiger
스토리지 엔진을 대상으로 확인한 결과다.

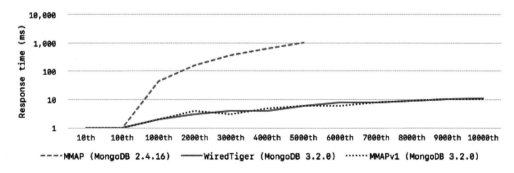

〈그림 7-12〉 멀티 키 인덱스를 가지는 필드의 INSERT 처리 성능

멀티 키를 가지는 배열에 엘리먼트를 추가하는 이번 테스트에서는 MongoDB 2.4 MMAPv1 스토리지 엔진에서 심각한 성능 저하 현상을 확인할 수 있다(참고로 이 그래프에서 Y축이 Log10으로 표시돼 있다는 것에 주의하자). MongoDB 2.4 버전(2.6 포함)에서는 배열 필드가 인덱스(Multi-Key)를 가진 경우에는 도큐먼트의 배열 필드에 아이템 하나를 추가($push)하는데 1초 이상이 걸리는 것을 확인할 수 있다. MongoDB 2.4 테스트에서 그래프가 끊어진 이유는 너무 시간이 오래 걸려서 중간에 종료했기 때문이다. 하지만 스토리지 엔진과 관계없이 MongoDB 3.2 버전부터는 이런 성능 저하 현상이 없어진 것을 확인할 수 있다.

만약 MongoDB 2.4 버전에서 인덱싱된 배열 필드를 가진 서비스가 있다면 MongoDB 3.2 버전으로 업그레이드하거나 배열 필드를 별도의 컬렉션으로 정규화하는 방안도 고려하는 것이 좋을 듯하다. 여기에서 살펴본 간단한 테스트를 통해서 MongoDB의 배열 타입은 적절한 개수의 아이템을 저장하고 관리하는 용도로 사용해야 하며, 도큐먼트의 변경이 얼마나 빈번한지 그리고 데이터를 읽을 때 배열 전체 아이템이 필요한지 일부만 필요한지에 따라서 적절하게 설계해야 한다는 것을 알 수 있다.

7.3.5 필드 이름

MongoDB를 포함한 NoSQL DBMS는 모두 정해진 스키마를 가지지 않는다. 그래서 컬럼의 이름이나 컬럼의 타입이 별도의 메타 정보로 관리되지 않으며, 이로 인해서 컬렉션에 새로운 필드를 추가하거나 타입을 변경하는 데 컬렉션 구조의 변경 작업(RDBMS의 ALTER TABLE과 같은 DDL 명령)이 필요하지 않은 것이다. 하지만 이런 장점은 그냥 얻어진 것이 아니라 MongoDB 서버에서 "필드명=필드값"과 같은 키-값(Key-Value) 쌍으로 데이터를 저장하기 때문이다. 이 때문에 기존 RDBMS에서는 주의 대상이 아니었던 컬럼 이름의 길이가 MongoDB에서는 새로운 튜닝 포인트가 됐다.

MongoDB 매뉴얼과 많은 사용자가 필드명의 길이가 어떻게 되든지 문제 될 수준은 아니라고 이야기한다. 이는 데이터가 많지 않거나 쿼리가 많지 않은 MongoDB에서는 맞는 이야기일 수 있지만, 데이터가 많아서 디스크를 아주 빈번히 읽어야 하거나 쿼리 처리량이 아주 많은 MongoDB 서버에서는 중요한 튜닝 포인트가 될 수 있다. 다음 예제는 실제 서비스에서 사용 중인 컬렉션의 예제 데이터 일부를 캡쳐한 것이다.

```
{
  ...
  "notifications_can_be_empty" : false,
```

```
    "notifications_new_post_email" : true,
    "notifications_new_post_push" : true,
    "notifications_service_sharing_email" : true,
    "notifications_service_sharing_push" : true,
    "notifications_post_tagged_with_emotion_email" : false,
    "notifications_post_tagged_with_emotion_push" : true,
    "notifications_someone_comments_email" : true,
    "notifications_someone_comments_push" : true,
    "notifications_tagged_in_post_email" : true,
    "notifications_tagged_in_post_push" : true,
    ...
}
```

캡쳐된 내용만 봐도 실제 데이터는 11바이트(불리언 타입의 필드 11개)이지만, 필드명까지 포함하면 대략 369바이트다. 물론 필드명도 데이터의 일부라는 것에는 동의하지만, 그렇다 하더라도 필드의 이름이 차지하는 공간이 매우 크다는 느낌이 든다. 이런 데이터가 몇십만 건에서 몇백만 건 정도라면 그다지 크게 걱정하지 않아도 될 것이다. 하지만 이런 데이터를 가진 도큐먼트가 1억 건이라고 가정해보자. 그러면 필드 이름이 차지하는 공간만 34.4GB 정도 수준이며, 필드 값이 차지하는 공간은 1GB정도다. 만약 필드 이름을 조금 더 짧게 지어서 5~6GB 수준으로 만들었다고 가정해보자. 5~6GB 정도면 MongoDB 서버의 메모리가 엄청나게 빠르게 처리할 수 있을 것이다. 하지만 지금은 전체 디스크의 데이터 크기가 35.4GB이므로 동일한 성능을 보장하려면 최소 35GB 이상의 메모리가 필요한 것이다.

MongoDB는 데이터 파일을 압축할 수 있기 때문에 실제 디스크의 데이터가 차지하는 공간은 크지 않을 것으로 예측할 수도 있다. 실제로 데이터 블록(페이지) 단위로 중복된 필드 이름은 압축으로 최소화돼서 실제 필드명의 길이가 데이터 파일의 크기에 크게 영향을 미치지 않을 것이다. WiredTiger 스토리지 엔진의 디폴트 데이터 블록이 32KB인 것을 감안하면 1억 건의 도큐먼트가 압축되어서 저장된 컬렉션에서 필드명이 차지하는 공간은 4~500MB 수준(단순 계산으로 예측한 값이므로 정확하지 않을 수 있음)으로 줄어들 것으로 예측할 수 있다. 그렇다면 필드명의 길이가 MongoDB의 처리 성능에 영향을 미치지 않을 것으로 보이지만, 사실은 전혀 그렇지 않다. MongoDB가 사용하는 메모리 캐시는 그림 7-13과 같이 L1(Level-1)과 L2(Level-2) 캐시 2종류로 나누어서 생각할 수 있다.

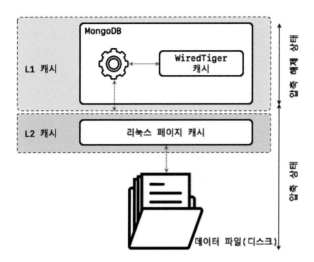

〈그림 7-13〉 MongoDB L1 & L2 캐시

MongoDB 서버의 MMAPv1 스토리지 엔진은 자체적인 내장 캐시를 가지고 있지 않고, 운영 체제가 제공하는 페이지 캐시를 활용한다. 하지만 WiredTiger 스토리지 엔진은 운영 체제의 페이지 캐시를 2차 캐시(L2)로 활용하며, WiredTiger 스토리지 엔진에 자체 내장된 1차 캐시(L1)를 먼저 활용한다. 그런데 2차 캐시로 활용하는 운영 체제의 페이지 캐시는 디스크의 데이터 파일을 그대로 복사해서 캐시하므로 압축된 상태를 유지하지만, WiredTiger 스토리지 엔진의 페이지 캐시는 압축되지 않은 상태로 데이터를 풀어서 메모리에 관리하게 된다. 그래서 필드 이름의 길이 때문에 아주 빈번하게 활용하는 1차 캐시의 공간에 낭비가 발생하는 것이다.

자체 내장된 1차 캐시를 활용하지 않는 MongoDB의 MMAPv1 스토리지 엔진은 더 심각한 문제를 가지고 있다. 우선 현재 MongoDB 서버의 MMAPv1 스토리지 엔진은 압축을 지원하지 않는다는 것이 가장 큰 문제다. 혹시나 향후 출시하는 버전에서 MMAPv1 스토리지 엔진이 압축을 지원하지 않을까라는 기대는 하지 않는 것이 좋다. MMAPv1 스토리지 엔진의 데이터 파일이 압축된다면 지금의 아키텍처상으로는 서버가 매번 데이터를 읽고 변경할 때마다 데이터 파일의 압축과 해제 작업을 해야 하므로 CPU 사용량이 과도하게 높아질 것이며, 기존의 데이터 블록 관리 메커니즘을 모두 변경해야 하므로 쉽게 지원할 수 있는 부분이 아니다. 또한 MMAPv1 스토리지 엔진이 압축을 지원한다 하더라도 도큐먼트 레벨의 잠금을 지원하지 않는 문제점을 무시하고 MMAPv1 스토리지 엔진을 누가 선택하겠는가?

> **참고** 필드명의 길이가 길어졌을 때 성능 저하가 발생하는지 확인하고 싶을 수도 있다. 실제 필드명의 길이가 길어져서 데
> 이터 파일의 크기(압축 전 크기)가 커지고 이로 인해서 전체적인 워킹 셋(Working-set Size)이 커지는 부분은 나름 상당한
> 시간과 주의를 필요로 한다. 또한 이런 벤치마킹은 워크로드에 따라서 잘못된 해석을 유도하는 결과를 보일 수도 있다.
>
> 이런 종류의 테스트는 사실 의심의 여지가 없는 테스트에 속한다고 보인다. 예를 들어, 다음과 같은 2개의 함수를 만들었다
> 고 가정해보자.
>
> ```
> // 함수 1
> int sum1(int a, int b){
>   return a+b;
> }
>
>
> // 함수 2
> int sum2(int a, int b){
>   int a1 = a;
>   int b1 = b;
>   return a1 + b1;
> }
> ```
>
> 위 두 함수의 차이는 아주 명백하다. sum1 함수는 인자로 주어진 a와 b 변수를 더해서 바로 반환하지만, sum2 함수는 새로
> 운 로컬 변수에 할당하고 새로운 변수들의 합을 반환하도록 작성됐다. 차이는 미세하겠지만, sum2 함수가 sum1 함수보다
> 느릴 것이라는 점은 명백해 보인다(비교를 위한 예시이며, 당연히 컴파일러가 가진 최적화와 같은 부분은 고려하지 않았다).
> 필드명의 길이가 길어져서 전체 데이터 파일의 크기가 커짐에 따라 캐시 효율성이 떨어지고 전체적인 성능이 떨어지는 문제
> 는 위에서 살펴본 함수 2개의 성능 차이처럼 명백한 문제다. 사실 필드명의 길이가 많이 길어지는 경우와 저장되는 도큐먼트
> 건수가 많아지면 많아질수록 발생하는 성능 차이는 이 예제보다 훨씬 더 심각한 결과를 가져올 수도 있다.

7.3.6 프레그멘테이션(Fragmentation)과 패딩(Padding)

MongoDB 서버를 1.x나 2.x 버전부터 사용해왔던 많은 사용자는 도큐먼트가 변경되면서 도큐먼트의
크기가 커지는 현상이 상당히 주의해야 할 부분이라는 것을 오랜 경험으로부터 알고 있을 것이다. 그림
7-14는 하나의 인덱스를 가진 컬렉션의 데이터 파일 구조를 간단하게 나타낸 그림이다.

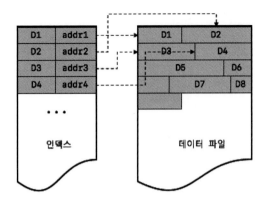

〈그림 7-14〉 하나의 인덱스를 가진 컬렉션의 디스크 저장 상태

MongoDB 서버는 도큐먼트를 저장할 때 데이터 파일에서 저장하고자 하는 도큐먼트의 사이즈와 같거나 조금 큰 빈 공간을 찾는다. 만약 그런 공간을 찾을 수가 없다면 MongoDB 서버는 데이터 파일의 마지막에 추가 공간을 생성한 후에 도큐먼트를 저장할 것이다. 만약 처음 컬렉션을 생성하고 계속 INSERT만 수행했다면 위 그림과 같이 저장한 순서대로 데이터 파일에 전혀 공간의 낭비 없이 차곡차곡 데이터를 저장할 것이다. 이때 "D4" 도큐먼트의 내용이 변경되면서 기존보다 도큐먼트의 크기가 더 늘어났다고 가정해보자. MongoDB 서버는 D4 도큐먼트 다음에 D5가 바로 저장돼 있기 때문에 D4를 위한 추가 공간을 확보할 수 없으므로 도큐먼트 D4를 새로운 크기에 맞는 빈 공간으로 옮기게 된다.

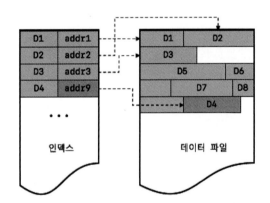

〈그림 7-15〉 변경된 도큐먼트가 이동된 이후의 디스크 저장 상태

이렇게 데이터 파일에서 도큐먼트가 이동하면 그림 7-15와 같이 MongoDB 서버는 인덱스에서 D4 도큐먼트를 가리키고 있던 주소 "addr4"를 새로운 주소인 "addr9"로 변경해야 한다. 이 작업은 절대 가벼운 작업이 아니다. 만약 이 컬렉션에 5개의 인덱스가 있었다면 5개의 인덱스에서 "D5" 도큐먼트를

가리키는 엔트리를 찾아서 모두 주소를 변경해야 한다. 이 작업은 인덱싱된 필드의 값이 변경됐는지 아 닌지에 상관없이 필요한 작업이다.

이렇게 도큐먼트가 이동하는 작업으로 인해서 처음에 도큐먼트 D4가 사용하던 공간은 빈 상태가 됐다. 물론 나중에 새로운 도큐먼트가 이 공간을 활용할 수도 있지만, 문제는 원래 D4가 사용하던 공간을 남 김없이 100% 활용할 가능성은 상당히 낮다는 것이다. 그래서 이런 도큐먼트 이동 과정이 반복되면 결 국 다음과 같이 데이터 파일에서 도큐먼트 사이에 빈 공간이 남게 되는데, 이런 빈 공간을 프레그멘테 이션(Fragmentation)이라고 한다.

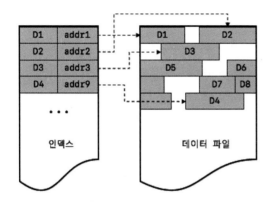

〈그림 7-16〉 프레그멘테이션이 많은 데이터 파일

이렇게 데이터 파일의 프레그멘테이션이 심해지면 자연스럽게 컬렉션을 스캔하는 쿼리의 성능이 떨어 진다. 즉 똑같이 20건의 도큐먼트를 읽는 쿼리라 하더라도 프레그멘테이션이 전혀 없을 때에는 데이터 블록을 하나만 읽어도 됐는데, 프레그멘테이션이 심해지면서 2개 이상의 데이터 블록을 읽어야 할 수 도 있는 것이다. 그뿐만 아니라 자연스럽게 데이터 파일의 크기가 필요 이상으로 커지고, 메모리의 캐 시 효율성이 떨어지며, 그로 인해서 디스크 읽고 쓰기가 많이 필요해진다.

> **⚠ 주의**
>
> 그림 7-16에서는 데이터 파일에서만 프레그멘테이션이 발생하는 것으로 표현했지만, 이는 설명의 편의를 위한 것일 뿐이며 도큐먼트를 저장하는 데이터 파일뿐만 아니라 인덱스를 저장하는 파일에서도 프레그멘테이션은 발생한다. 실제로는 인덱스 키가 변경되는 경우도 빈번하기 때문에 데이터 파일보다는 인덱스를 저장하는 파일의 프레그멘테이션이 성능 저하를 일으 킬 가능성이 더 높다. 이렇게 인덱스의 프레그멘테이션이 심해지면 자연스럽게 인덱스의 레인지 스캔 효율이 떨어진다.

MongoDB 서버는 프레그멘테이션의 문제점을 보완하기 위해서 패딩(Padding)이라는 기능을 도입했다. 패딩은 MongoDB가 가진 자동 패딩 기능을 활용할 수도 있으며, 사용자가 수동으로 의미없는 데이터를 덧붙여서 패딩을 할 수도 있다. MongoDB 서버는 내부적으로 데이터 파일의 도큐먼트가 변경될 때마다 도큐먼트가 이동할 확률을 계산해서 컬렉션 단위로 paddingFactor라는 값을 관리한다. 그리고 새로운 도큐먼트가 저장될 때마다 MongoDB 서버가 paddingFactor 값에 준하는 여분의 공간을 미리 데이터 파일에 준비한다. 즉 앞으로 도큐먼트의 크기가 증가할 것을 대비해서 빈 공간을 미리 만들어서 저장하는 것이다. 만약 이렇게 여분의 공간을 준비해 뒀는데 이 도큐먼트의 크기가 변경되지 않으면 이는 순수하게 공간 낭비로 이어진다. 때로는 이 paddingFactor가 너무 커져서 실제 100바이트 도큐먼트를 저장했는데, 실제 데이터 파일은 두 배인 200바이트를 할당하게 될 수도 있다. 즉 공간 낭비가 너무 심해질 수도 있다.

그래서 MongoDB 서버는 기존의 자동 패딩을 대체할 "Power of 2 Size"라는 새로운 형태의 공간 할당 전략을 구현했다. 이 새로운 공간 할당 전략은 이름에서도 알 수 있듯이 무조건 2^n바이트 단위(32, 64, 128, 256, 512 ... 2 MB)로 도큐먼트의 저장 공간을 할당한다. 컬렉션에 저장되는 사용자 도큐먼트의 사이즈는 제각각이라서 이런 도큐먼트가 사용하던 공간을 다른 도큐먼트가 재사용하기가 어렵다. 그래서 도큐먼트의 크기를 2^n바이트로 규격화함으로써 재활용성을 높인 것이다. "Power of 2 Size" 공간 할당 전략으로 인해서 도큐먼트의 크기가 늘어나더라도 실제 데이터 파일에서 위치를 이동해야 하는 경우는 줄어들고, 그로 인해서 프레그멘테이션은 최소화될 것을 기대할 수 있다.

어떤 서비스에서는 지금 당장은 필요하지 않지만 앞으로 몇 개의 필드가 확실하게 추가되는 경우도 있다. 이럴 때는 미리 필드를 추가해서 앞으로 공간이 더 늘어나지 않게 유도할 수도 있다. 하지만 이런 경우에도 필드의 값이 고정 길이가 아닌 문자열이나 이진 데이터라면 미리 길이를 예측할 수 없으므로 큰 도움이 안 될 수도 있다. 만약 정수나 날짜 타입과 같이 길이가 고정인 값을 저장할 때는 미리 필드를 추가해 두는 것이 도움이 될 수 있다. 하지만 고정 길이 값이라 하더라도 초깃값을 NULL로 초기화해두는 것은 도움이 되지 않을 것으로 보인다.

> **⚠ 주의**
>
> 지금까지 설명했던 도큐먼트의 이동으로 인한 프레그멘테이션의 발생과 이로 인한 성능 저하는 모두 MongoDB의 MMAPv1 스토리지 엔진을 사용하는 컬렉션에서만 발생하는 문제점이다. WiredTiger 스토리지 엔진이나 RocksDB 스토리지 엔진을 사용하는 컬렉션에서는 이러한 도큐먼트 이동이 발생하지 않는다. WiredTiger와 RocksDB 스토리지 엔진에서는 도큐먼트가 변경돼서 크기가 늘어난다 하더라도 데이터 블록 단위로 디스크에 기록하기 전에 매번 새로 정렬해서 기록하므로 도큐먼트와 도큐먼트 사이의 프레그멘테이션은 발생할 수 없다.
>
> MongoDB 3.2부터는 WiredTiger 스토리지 엔진이 디폴트 스토리지 엔진으로 바뀌었기 때문에 MMAPv1 스토리지 엔진을 사용할 가능성이 작아졌다. 게다가 MMAPv1 스토리지 엔진과 비교했을 때 WiredTiger 스토리지 엔진이 가진 장점이 많아서 앞으로는 더더욱 MMAPv1 스토리지 엔진을 사용할 가능성은 작아 보인다. 즉 MongoDB 2.6 버전까지 많은 화두가 됐던 도큐먼트 이동과 프레그멘테이션 문제는 이제는 조금씩 모델링 고려 대상에서 제외해도 좋을 듯하다. 만약 WiredTiger나 RocksDB 스토리지 엔진을 사용한다면, 굳이 수동으로 패딩을 붙인다거나 앞으로 사용할 필드라고 해서 미리 추가해두는 것과 같이 도큐먼트의 크기 변경에 대한 대비를 할 필요가 없다.

7.3.7 도큐먼트 유효성 체크

모든 NoSQL 데이터베이스의 서버가 그러하듯이 MongoDB도 컬렉션에 속한 필드 값에 대해서는 어떠한 제약도 가지지 않는다. MongoDB는 컬렉션의 특정 필드가 반드시 존재해야 한다거나 특정 타입의 값을 가져야 하는 등의 제약이 없기 때문에 사용자는 필요한 필드만 나열해서 도큐먼트를 생성하고 저장하면 그만인 것이다. 이런 특성으로 인해서 MongoDB에서는 필드를 추가하기 위해 서비스를 멈추고 ALTER 명령과 같은 DDL을 실행할 필요가 없어졌다.

하지만 때로는 NoSQL에서도 RDBMS에서와 같은 정규화된 제약이 필요할 수도 있다. 물론 데이터의 특성에 따라서 RDBMS와 NoSQL을 같이 활용할 수도 있지만, 서비스에서 한두 개의 컬렉션만 이러한 요건이 필요하다면 이를 위해서 RDBMS를 별도로 구축한다는 것은 비용이나 관리 측면에서 고민이 될 것이다. 이런 고민을 해결해주기 위해서 MongoDB에서도 저장되는 도큐먼트의 규칙을 설정할 수 있는 기능을 제공한다. MonogDB는 RDBMS의 데이터 타입이나 NOT NULL 속성을 명시하는 것과 같이 정규화된 방법이 아니라, 쿼리의 조건절에 사용할 수 있는 대부분의 표현식을 다양하게 필드 단위로 명시할 수 있다.

다음은 contacts 컬렉션에 몇 가지 유효성 체크 규칙을 설정하는 예제다. 일반적으로 MongoDB 서버에서 서비스 계정을 위한 권한은 "readWrite" 역할이 사용되는데, "collMod" 명령으로 컬렉션의 옵션(유효성 규칙 변경 포함)을 변경하기 위해서는 "dbAdmin" 역할이 필요하다.

```
## 컬렉션 생성과 함께 유효성 체크 규칙 설정
mongo> db.createCollection( "contacts",
    {
        validator: { $or:
            [
                { phone: { $type: "string" } },
                { email: { $regex: /@real\.com$/ } },
                { status: { $in: [ "Complete", "Incomplete" ] } }
            ]
        },
        validationLevel: "moderate",
        validationAction: "warn"
    }
)

## 기존 컬렉션에 유효성 체크 규칙 추가
mongo> db.runCommand( {
    collMod: "contacts",
    validator: { $or: [
            { phone: { $exists: true } },
            { email: { $exists: true } }
        ] },
    validationLevel: "moderate",
    validationAction: "warn"
} )
```

도큐먼트의 유효성 체크 규칙은 컬렉션을 생성할 때 뿐만 아니라 이미 사용되고 있는 컬렉션에 대해서 새로운 규칙을 추가하거나 설정할 수도 있다. 그리고 MongoDB의 도큐먼트 유효성 체크에는 MongoDB의 쿼리 문장에 사용할 수 있는 대부분의 "TRUE | FALSE" 표현식을 사용할 수 있어서 아주 다양하고 복잡한 형태의 체크도 수행할 수 있다. 또한 각 필드의 유효성 체크 결과를 AND나 OR로 연산해서 도큐먼트의 유효성 결과를 판단하게 할 수도 있다. 하지만 유효성 체크는 컬렉션의 도큐먼트 단위로 설정되고 실행되기 때문에 특정 필드의 유효성 체크에 다른 도큐먼트 또는 다른 컬렉션의 도큐먼트에 있는 필드 값을 참조해서 비교할 수는 없다.

도큐먼트의 유효성 체크에는 두 개의 추가 옵션이 있는데, validationLevel 옵션을 이용해서 유효성 체크의 강도를 설정하고 validationAction 옵션을 이용해서 유효성 체크에 실패했을 때의 작동 방식을 결정할 수 있다.

validationLevel

- moderate

  MongoDB 서버는 INSERT와 이미 유효성 체크를 만족하는 도큐먼트의 UPDATE에 대해서만 유효성을 체크하고, 유효성 체크를 만족하지 못했던 도큐먼트의 UPDATE에 대해서는 규칙에 어긋나더라도 별도의 조치를 취하지 않고 무시한다.

- strict

  validationLevel의 기본값이며, INSERT나 UPDATE로 변경되는 모든 도큐먼트에 대해서 유효성 체크 규칙에 위배되면 validationAction에 명시된 대로 작동한다.

validationAction

- warn

  도큐먼트에 INSERT 하거나 UPDATE 할 때, 유효성 체크 규칙에 위배되면 MongoDB 서버는 단순히 유효성 체크 규칙에 위배됐다는 메시지만 로그 파일로 기록하고 사용자의 요청을 성공으로 완료한다.

- error

  validationAction의 기본값이며, 새롭게 저장되거나 변경되는 도큐먼트가 유효성 규칙에 위배되면 사용자의 요청을 실패 처리로 반환한다.

7.3.8 조인

대부분의 NoSQL DBMS가 그러하듯이 MongoDB 서버도 조인을 지원하지 않았다. 그래서 MonogDB 에서는 조인이 필요하다고 생각되면 하나의 도큐먼트에 조인 대상 데이터를 내장(Embed)할 것을 권장하고 있다. 하지만 이렇게 도큐먼트를 통합하는 방식은 모든 유즈케이스에 대한 해답이 될 수는 없을 것이다. 다행히 MongoDB 3.2 버전부터는 "$lookup"이라는 보조적인 조인 기능을 제공하고 있다. 초기 MongoDB에서는 이 기능을 유료 버전(엔터프라이즈 버전)의 MongoDB에만 적용할 것이라고 발표했지만, 커뮤니티의 반발로 인해서 무료 버전(커뮤니티 버전)에도 같이 포함돼서 배포되고 있다.

Lookup 기능은 Aggregation 기능의 일부로 제공되고 있으며, Lookup 쿼리는 다음과 같이 사용할 수 있다.

```
mongo> db.orders.find()
{"order_id":999, "order_user":"matt", "product_id":123, "order_date":…}

mongo> db.products.find()
{"product_id":122, "product_name":"Computer", "price":670000, …}
```

```
{"product_id":123, "product_name":"Mouse", "price":30000, …}
{"product_id":124, "product_name":"Keyboard", "price":50000, …}
```

```
mongo> db.orders.aggregate([
    {
      $lookup:
        {
          from: "products",
          localField: "product_id",
          foreignField: "product_id",
          as: "order_product"
        }
    }
])
```

위의 쿼리 예제는 주문 컬렉션(orders)의 목록을 조회하면서 주문 대상 상품의 상세 정보를 상품 컬렉션(products)에서 같이 조회하는 쿼리다. 이때 두 컬렉션을 조인하는 필드명을 "localField"와 "foreignField" 필드에 명시해서 조인을 수행하게 되며, 조인된 상품 컬렉션의 정보는 "as" 필드에 명시한 "order_product" 필드에 서브 도큐먼트로 반환된다. 재미있는 것은 MongoDB의 Aggregation은 여러 개의 스테이지(Stage)를 가질 수 있기 때문에 다음과 같이 "$lookup" 스테이지를 여러 번 나열하여 여러 컬렉션을 한 번에 조인할 수도 있다.

```
mongo> db.orders.aggregate([
    {
      $lookup:
        {
          from: "products",
          localField: "product_id",
          foreignField: "product_id",
          as: "order_product"
        }
    },
    {
      $lookup:
        {
          from: "users",
```

```
            localField: "order_user",
            foreignField: "user_id",
            as: "order_user"
        }
    }
])
```

MongoDB의 "$lookup" 기능은 기존의 RDBMS와 비교했을 때 몇 가지 차이점과 제약사항이 있다.

- INNER JOIN은 지원하지 않으며, OUTER JOIN만 지원한다.
- 조인되는 대상 컬렉션은 같은 데이터베이스(DB)에 있어야 한다.
- 샤딩되지 않은 컬렉션만 "$lookup" 오퍼레이션을 사용할 수 있다.

첫 번째 제약 조건은 MongoDB의 Aggregation에 필터링 스테이지를 추가해서 드리븐 컬렉션에서 일치하는 도큐먼트를 찾지 못한 경우에는 제거할 수 있다. 그리고 두 번째 제약 사항은 모델링 시점에 충분히 피할 수 있다. 문제는 세 번째 제약 사항다. 이는 샤딩되지 않은 컬렉션만 $lookup의 대상 컬렉션으로 지정할 수 있다는 제약 사항인데, 만약 단일 레플리카 셋으로 MongoDB를 사용한다면 걱정할 바는 아니다. 하지만 일반적으로 MongoDB를 사용하는 이유가 샤딩인 것을 감안하면 치명적인 제약 사항이다. 샤딩된 컬렉션을 "$lookup"의 대상 컬렉션으로 사용하지 못하는 이유는 $lookup 오퍼레이션이 Mongo 라우터에서 처리되는 것이 아니라 MongoDB 샤드 서버 단위로 처리되기 때문이다. 이 제약 사항은 같은 샤드 키로 샤딩된 컬렉션이라 하더라도 피할 수 없다. 같은 샤드 키로 샤딩됐다 하더라도 컬렉션이 다르다면 청크가 서로 다르게 분산되기 때문이다.

$lookup 스테이지는 MongoDB 샤드에서 해당 DB의 프라이머리 샤드로 요청되며, 프라이머리 샤드는 우선 드라이빙 컬렉션 검색을 각 샤드로 전송하여 그 결과를 수집한다. 그리고 프라이머리 샤드는 수집된 결과와 드리븐 컬렉션을 조인하게 되는데, 이때 드리븐 컬렉션은 프라이머리 샤드에 저장돼 있기 때문에 로컬 샤드에서 조인 처리를 수행할 수 있는 것이다. 그래서 $lookup을 사용한 조인 쿼리가 많아지면 해당 DB의 프라이머리 샤드 서버만 많은 처리를 담당하게 되므로 부하의 불균형이 심해질 수 있다는 점을 주의하자.

08

쿼리 개발과 튜닝

8.1 기본 CRUD 쿼리

기존 RDBMS와 MongoDB의 차이점 중에서 실제 사용자 입장에서 가장 크게 실감하는 부분은 아무래도 쿼리 작성일 것이다. 프로그램 언어로 MongoDB 쿼리를 작성하는 것은 쿼리 빌더와 같은 래퍼(Wrapper) 클래스의 도움을 받으면 되기 때문에 그다지 어렵지 않다. 하지만 BSON 쿼리를 직접 손으로 입력해야 하는 경우(Mongo 셸이나 쿼리 도구 사용)에는 괄호 쌍을 맞추는 것이 여간 귀찮은 일이 아닐 수 없다. 이런 어려움을 해결하기 위해서 SQL을 MongoDB BSON 쿼리로 변환해주는 웹 사이트들이 있지만, 상당히 부족한 상태다. 지금은 BSON 쿼리를 자주 접하면서 문법에 익숙해지는 것밖에는 방법이 없을 것으로 보인다.

MongoDB의 BSON 쿼리는 기존 RDBMS의 SQL과 문법과 오퍼레이터만 다를 뿐, 실제 RDBMS의 SQL이 제공하던 대부분의 기능을 제공하고 있다. 일반적으로 RDBMS의 SQL을 대체하는 MongoDB의 BSON 쿼리는 다음과 같다.

SQL	MongoDB BSON 쿼리
INSERT	db.collection.insert()
Batched DML(배치 INSERT, UPDATE, DELETE)	db.collection.bulkWrite()
UPDATE REPLACE (INSERT .. ON DUPLICATE KEY UPDATE..)	db.collection.update() db.collection.update({}, {$set:{}}, {upsert:true})
DELETE	db.collection.remove()
SELECT	db.collection.find()
SELECT .. GROUP BY ..	db.collection.aggregate() MapReduce

만약 MongoDB를 처음 사용한다면 MongoDB 쿼리 사용법에 대한 기본적인 내용은 MongoDB의 매뉴얼(https://docs.mongodb.com/manual/crud/)을 먼저 간단히 살펴볼 것을 권장한다. 그리고 이미 SQL에 익숙한 독자는 SQL과 MongoDB의 BSON 쿼리를 비교한 맵(https://docs.mongodb.com/manual/reference/sql-comparison/)으로 MongoDB의 BSON 쿼리를 살펴보면 쉽게 익숙해질 수 있을 것으로 보인다. MongoDB 서버를 설치해서 쿼리를 확인하는 것도 좋지만, 적절히 테스트해볼 수 있는 서버가 없는 상태에서 간단히 MongoDB의 쿼리를 확인해보고자 한다면 MongoDB Web Shell(https://mws.mongodb.com/)을 이용해보는 것도 좋다.

8.1.1 쿼리 작성

MongoDB의 매뉴얼을 보면 Mongo 셸에서 사용할 수 있는 INSERT나 UPDATE 그리고 DELETE의 매우 다양한 변형들이 소개돼 있는 것을 확인할 수 있다. INSERT만 해도 db.collection.insert()와 db.collection.save() 그리고 MongoDB 3.4로 오면서 db.collection.insertOne()과 db.collection.insertMany()라는 명령까지 추가된 것을 확인할 수 있다. 하지만 이들을 모두 기억할 필요는 없다. 대부분 명령은 내부적으로 BulkWrite를 이용하면서 옵션만 조금씩 다르게 사용하고 있기 때문에 대표적인 명령의 사용법을 익히면 나머지 명령도 쉽게 익숙해질 수 있다. 프로그래밍 언어를 이용해서 데이터를 핸들링하는 경우(언어별로 드라이버가 지원하는 API의 차이는 있겠지만)에는 insert() 함수나 update() 그리고 delete() 함수(프로그램 언어에 따라서 delete 대신 remove 함수)는 하나만 제공하고 있다. 그래서 다양한 함수를 많이 알면 좋겠지만, 복잡하다면 각 INSERT와 UPDATE 그리고 DELETE의 원형만 기억해 두어도 실제 운영이나 개발에서는 그다지 불편함이 없을 것이다.

여기에서는 각 오퍼레이션의 기본 명령의 사용법과 옵션 위주로만 살펴보겠다. 각 명령의 자세한 사용법이 더 궁금하다면 MongoDB 서버의 매뉴얼을 참조하도록 하자.

8.1.1.1 INSERT

INSERT 명령은 일반적으로 두 개의 명령 인자를 사용하는데, 첫 번째 인자는 저장하고자 하는 도큐먼트다. 이때 도큐먼트는 저장하고자 하는 단일 도큐먼트일 수도 있지만, 저장하고자 하는 여러 도큐먼트의 배열일 수도 있다. 다음은 하나의 도큐먼트를 저장하는 예제다.

```
mongo> db.users.insert({name:"matt"})
WriteResult({ "nInserted" : 1 })

mongo> db.users.find()
{ "_id" : ObjectId("58d2066010f8591716bd6815"), "name" : "matt" }
```

다음 예제는 여러 도큐먼트를 한번에 저장하는 예제다. insert()의 인자는 두 개의 원소(도큐먼트)를 가지는 배열이라서 이 예제는 두 개의 도큐먼트를 저장하게 된다.

```
mongo> db.users.insert([{name:"matt"}, {name:"lara"}])
BulkWriteResult({
```

```
        "writeErrors" : [ ],
        "writeConcernErrors" : [ ],
        "nInserted" : 2,
        "nUpserted" : 0,
        "nMatched" : 0,
        "nModified" : 0,
        "nRemoved" : 0,
        "upserted" : [ ]
})

mongo> db.users.find()
{ "_id" : ObjectId("58d2065910f8591716bd6813"), "name" : "matt" }
{ "_id" : ObjectId("58d2065910f8591716bd6814"), "name" : "lara" }
```

여기에서 db.users.insert()의 인자로 사용된 '[{name:"matt"}, {name:"lara"}]'는 2가지로 해석될 수 있다.

1. name이라는 필드를 가지는 도큐먼트 2개

2. 2개의 서브 도큐먼트를 배열로 가지는 도큐먼트 1개

이 예제에서 MongoDB 서버는 '[{name:"matt"}, {name:"lara"}]'를 1번으로 해석했고, 그래서 2개의 도큐먼트를 users 컬렉션에 저장했다. 왜 MongoDB 서버는 2번으로 해석하지 않았을까? 그리고 MongoDB에서 이 예제가 2번으로도 해석될 수 있는 것일까? Mongo 셸이 JSON 포맷을 사용해서 MongoDB 서버와 통신(물론 내부적으로는 JSON을 BSON으로 변환)하지만, 그렇다고 해서 JSON의 모든 포맷을 허용하는 것은 아니다. MongoDB 서버는 최상위 레벨 배열을 허용하지 않기 때문에 MongoDB 서버는 '[{name:"matt"}, {name:"lara"}]'를 1번(name 필드를 가지는 2개의 도큐먼트)으로 해석한다. MongoDB 서버에서 허용하지 않는 대표적인 JSON 포맷은 "7.1.6 제한 사항" 절을 참고하도록 하자.

그리고 INSERT 명령의 두 번째 인자에는 INSERT를 처리할 때 사용할 여러 가지 옵션을 명시할 수 있다. INSERT 명령의 두 번째 인자에 사용할 수 있는 옵션으로는 다음과 같이 2가지가 있다. 또한 두 번째 인자는 모두 필수가 아니기 때문에 두 번째 옵션을 생략하고 디폴트 모드로 INSERT를 실행할 수도 있다.

- **writeConcern**: INSERT 명령이 어떤 조건에서 "완료" 응답을 반환할지 결정할 수 있도록 WriteConcern을 설정한다. 이때 writeConcern 필드는 도큐먼트 포맷으로 명시해야 한다.

- **ordered**: db.collection.insert() 명령의 첫 번째 인자가 도큐먼트의 배열일 때, MongoDB 서버는 INSERT 명령을 배치(WriteBatch) 명령으로 처리한다. ordered 필드는 true 또는 false의 불리언 값으로 설정하는데, ordered 필드의 값을 true로 설정하면 MongoDB 서버는 배열에 나열된 도큐먼트를 순서대로 저장하기 위해서 단일 쓰레드로 하나씩 INSERT를 실행한다. ordered 필드의 값을 false로 설정하면 MongoDB 서버는 도큐먼트 배열을 멀티 쓰레드로 배분해서 동시에 INSERT를 실행한다. 별도로 옵션을 설정하지 않으면 ordered 옵션의 기본값은 true이며, 단일 쓰레드로 INSERT된다.

다음은 INSERT 명령에서 writeConcern이나 ordered 옵션을 사용한 예제다.

```
mongo> db.users.insert({name:"lara", score:90}, {writeConcern:{w:1, j:true}})
WriteResult({ "nInserted" : 1 })

mongo> db.users.insert([{name:"lara", score:90}, {name:"matt"}], {ordered:false})
BulkWriteResult({
        "writeErrors" : [ ],
        "writeConcernErrors" : [ ],
        "nInserted" : 2,
        "nUpserted" : 0,
        "nMatched" : 0,
        "nModified" : 0,
        "nRemoved" : 0,
        "upserted" : [ ]
})
```

아마도 ordered 옵션은 디폴트로 false를 사용해야 하는 게 아닐까 생각할 수도 있다. 하지만 INSERT 명령에 ordered 옵션을 false로 설정하면 실제 컬렉션에 도큐먼트가 저장되는 순서가 사용자가 명시한 순서와 다르게 저장되므로 중간에 INSERT에 실패했을 때 재처리를 어렵게 만들거나 불필요한 작업을 하게 될 수도 있다. 하지만 ordered 옵션을 true로 설정하면 사용자가 INSERT 명령에 명시한 순서대로 단일 쓰레드에 의해서 도큐먼트가 저장되므로 에러가 발생한 지점부터 INSERT가 멈추게 된다. 다음 예제는 ordered 옵션이 true이고, 여러 도큐먼트를 INSERT하는 작업에서 유니크 인덱스의 중복 에러를 만났을 때 어떤 메시지가 출력되고 컬렉션의 데이터는 어떤 상태가 되는지 보여주고 있다.

```
mongo> db.users.createIndex({name:1}, {unique:true});
mongo> db.users.insert({name:"matt"});
mongo> db.users.insert([
            {name:"lara"}, {name:"matt"}, {name:"kimberly"}], {ordered:true})
BulkWriteResult({
      "writeErrors" : [
            {
                  "index" : 1,
                  "code" : 11000,
                   "errmsg" : "E11000 duplicate key error collection: test.users index: name_1
dup key: { : \"matt\" }",
                  "op" : {
                        "_id" : ObjectId("58d2224210f8591716bd682d"),
                        "name" : "matt"
                  }
            }
      ],
      "writeConcernErrors" : [ ],
      "nInserted" : 1,
      "nUpserted" : 0,
      "nMatched" : 0,
      "nModified" : 0,
      "nRemoved" : 0,
      "upserted" : [ ]
})

mongo> db.users.find()
{ "_id" : ObjectId("58d2221310f8591716bd682b"), "name" : "matt" }
{ "_id" : ObjectId("58d2224210f8591716bd682c"), "name" : "lara" }
```

하지만 같은 테스트를 ordered 옵션을 false로 변경해서 확인해보자. ordered 옵션을 false로 설정하면 여러 도큐먼트가 멀티 쓰레드로 분산돼서 처리되는데, 그중에서 에러가 발생한 경우는 그냥 무시하고 나머지 도큐먼트를 모두 INSERT 한다. 만약 배열의 하나라도 INSERT에 실패했을 때 즉시 작업을 취소해야 한다면 ordered 옵션을 true로 설정해서 INSERT를 수행하는 것이 좋다.

```
mongo> db.users.createIndex({name:1}, {unique:true});
mongo> db.users.insert({name:"matt"});
```

```
mongo> db.users.insert([
              {name:"lara"}, {name:"matt"}, {name:"kimberly"}], {ordered:false})
BulkWriteResult({
     "writeErrors" : [
            {
                    "index" : 1,
                    "code" : 11000,
                    "errmsg" : "E11000 duplicate key error collection: test.users index: name_1
dup key: { : \"matt\" }",
                    "op" : {
                            "_id" : ObjectId("58d2236a10f8591716bd6831"),
                            "name" : "matt"
                    }
            }
     ],
     "writeConcernErrors" : [ ],
     "nInserted" : 2,
     "nUpserted" : 0,
     "nMatched" : 0,
     "nModified" : 0,
     "nRemoved" : 0,
     "upserted" : [ ]
})

mongo> db.users.find()
{ "_id" : ObjectId("58d2236310f8591716bd682f"), "name" : "matt" }
{ "_id" : ObjectId("58d2236a10f8591716bd6830"), "name" : "lara" }
{ "_id" : ObjectId("58d2236a10f8591716bd6832"), "name" : "kimberly" }
```

물론 INSERT할 때 조그마한 실패는 무시하고 최대한 빨리 데이터를 저장하고자 한다면 ordered 옵션을 false로 설정해서 여러 쓰레드를 사용해 INSERT 하는 것이 좋다.

> ⚠ **주의**
>
> MongoDB의 INSERT나 UPDATE 그리고 DELETE 등의 명령에서는 그 명령에 적합하지 않은 옵션을 사용한 경우에도 에러가 발생하지 않을 수 있다. 물론 때로는 에러를 발생시키기도 하지만, 그렇지 않은 경우도 많다. 다음 예제에서는 INSERT 명령의 두 번째 인자로 MongoDB 서버가 인식하지 못하는 옵션을 일부러 넣어서 실행했다. 하지만 MongoDB 서버는 아무런 문제 없이 INSERT를 정상적으로 완료한 것을 확인할 수 있다.

```
mongo> db.users.insert({name:"matt1", score:90}, {unknown_option:true})
WriteResult({ "nInserted" : 1 })
```

이는 MongoDB 서버가 클라이언트가 제공한 옵션 중에서 자신이 필요로 하는 옵션만 선택해서 뽑아 사용하기 때문이다. 그래서 필요하지 않거나 맞지 않는 옵션이 있어도 MongoDB 서버는 에러를 발생시키지 않는 것이다. 별문제 없어 보이지만, 다음과 같은 명령에서는 사용자에게 큰 실수나 오해를 낳게끔 할 수도 있다.

```
mongo> db.users.createIndex({name:1}, {unique:true})
mongo> db.users.insert({name:"matt", score:90}, {upsert:true})
WriteResult({ "nInserted" : 1 })

mongo> db.users.insert({name:"matt", score:90}, {upsert:true})
WriteResult({
        "nInserted" : 0,
        "writeError" : {
                "code" : 11000,
                "errmsg" : "E11000 duplicate key error collection: test.users index: name_1 dup
key: { : \"matt\" }"
        }
```

위 예제에서는 users 컬렉션의 name 필드에 대해서 유니크 인덱스를 생성했다. 그리고 users 컬렉션에 upsert 옵션이 true인 상태로 INSERT를 실행했다. 아마도 사용자는 name 필드의 값이 "matt"인 도큐먼트가 있으면 그 도큐먼트가 변경되는 것으로 오해할 수도 있을 것이다. 하지만 INSERT 명령의 두 번째 인자에 있는 upsert 옵션은 MongoDB가 참조하지 않는 옵션이기 때문에 upsert 옵션은 그냥 조용히 무시돼 버린다.

8.1.1.1.1 INSERT 도큐먼트의 ObjectId 조회

많은 RDBMS 서버가 AUTO_INCREMENT 또는 시퀀스와 같이 자동으로 아이디 값이 증가되는 기능을 제공하고 있다. 값의 포맷은 조금 다르긴 하지만 MongoDB 서버도 12바이트로 구성된 ObjectId라는 AUTO_INCREMENT 아이디 값을 제공하고 있다. 물론 MongoDB 서버에서는 샤딩 환경을 고려해야 하므로 유일한 값을 구성하는 자체가 기존 RDBMS와는 조금 다르긴 하지만, 기본적인 용도는 다른 RDBMS와 동일하게 사용할 수 있다.

다른 RDBMS에서는 이렇게 AUTO_INCREMENT 또는 시퀀스를 이용해서 INSERT를 실행한 다음, INSERT된 값을 확인할 수 있는 기능을 제공하고 있다. MongoDB 서버에서도 동일한 방식은 아니지만, 다음과 같이 프로그램 언어별로 MongoDB 드라이버에서 미리 "_id" 필드에 ObjectId를 생성해서 할당하는 방식으로 INSERT될 _id 필드의 값을 미리 확인할 수 있다.

```
mongo> var newId = new ObjectId()
mongo> print(newId)
ObjectId("59872148bd86f1457a65b816")

mongo> db.users.insert({_id: newId, name: "matt"})

mongo> db.users.find()
{ "_id" : ObjectId("59872148bd86f1457a65b816"), "name" : "matt" }
```

이 예제에서 _id 필드의 값은 실제 MongoDB 서버가 할당한 값이 아니라 MongoDB 드라이버에서 할당한 값이지만, 이 값을 MongoDB 서버가 값 자체를 변경하는 것은 아니기 때문에 아무런 차이가 없다. 실제 MongoDB 서버에서 유니크한 시퀀스 값을 발급해주는 기능은 없다. 그리고 MongoDB의 ObjectId는 어느 서버에서 생성하든지 유일성이 보장되는 구조라서 굳이 단일 서버에서 발급해야 하는 제약 사항이 없으며 기존 RDBMS보다 더 유연하게 사용할 수 있다.

8.1.1.2 UPDATE

UPDATE 명령에 대해서도 Mongo 셸에서는 다음과 같이 4가지 형태의 명령을 제공한다. 하지만 대부분 사용법이 비슷하므로 대표적으로 db.collection.update() 명령을 자세히 살펴보겠다.

- db.collection.update()
- db.collection.updateOne()
- db.collection.updateMany()
- db.collection.replaceOne()

UPDATE 명령은 INSERT와는 달리 3개의 인자를 사용하는데, 세 번째 인자는 선택 옵션이라서 "업데이트 대상 도큐먼트 검색 조건"과 "업데이트 내용"만 사용할 수도 있다.

```
db.collection.update(
  {name: "matt"},          // 업데이트 대상 도큐먼트 검색 조건
```

```
    {$set: {score:100}},             // 업데이트 내용
    {upsert:true}                    // 도큐먼트 업데이트 옵션
)
```

UPDATE 명령의 첫 번째 인자에는 변경할 도큐먼트를 검색하는 조건을 사용한다. UPDATE 명령은 먼저 변경할 도큐먼트를 검색해야 하므로 UPDATE 조건은 반드시 인덱스를 사용할 수 있도록 구현하는 것이 좋다. 그리고 두 번째 인자는 변경할 내용을 기술하는데, "$set" 옵션이 없으면 기존 도큐먼트를 통째로 덮어써 버리기 때문에 주의해야 한다. 다음 예제에서는 UPDATE 명령에서 "$set"을 사용하지 않았을 때, 기존 도큐먼트의 모든 필드를 삭제하고 새로운 필드(score:100)만 저장한다는 것을 확인할 수 있다.

```
mysql> db.users.insert({name:"matt", score:90})
WriteResult({ "nInserted" : 1 })

mongo> db.users.find()
{ "_id" : ObjectId("58d2065910f8591716bd6813"), "name": "matt", "score" : 100 }

mongo> db.users.update({name:"matt"}, {score:100})
WriteResult({ "nMatched" : 1, "nUpserted" : 0, "nModified" : 1 })

// 다시 결과를 검색해보면, name 필드는 없어지고 score 필드만 남아 있게 된다.
mongo> db.users.find()
{ "_id" : ObjectId("58d2065910f8591716bd6813"), "score" : 100 }
```

> **⚠ 주의**
>
> UPDATE 명령의 두 번째 인자에는 도큐먼트를 변경할 내용을 명시한다. 그런데 RDBMS와는 달리 MongoDB에서는 도큐먼트의 다른 필드 값을 가공해서 필드의 값을 저장하는 것이 허용되지 않는다. 즉 RDBMS에서 자주 사용되는 아래와 같은 업데이트를 실행하려면 MongoDB에서는 도큐먼트를 먼저 find() 명령으로 읽어서 가공한 후 update() 명령으로 처리해야 한다.
>
> ```
> sql> UPDATE scores SET score = score + 65 WHERE user_id=1;
> ```
>
> 도큐먼트의 기존 필드를 참조해서 저장될 필드 값을 가공할 수 있는 기능에 대한 요청은 아래 JIRA 요청으로 이미 등록돼 있지만, 아직 언제 기능이 구현될지는 답변이 없는 상태다.
>
> https://jira.mongodb.org/browse/SERVER-11345

UPDATE 명령의 두 번째 인자로는 "$set"뿐만 아니라 "$currentDate" 등의 오퍼레이터(연산자)를 이용해서 RDBMS의 타임스탬프 컬럼처럼 업데이트하는 것도 가능하다.

```
mongo> db.users.insert({name:"matt", score:90})
WriteResult({ "nInserted" : 1 })

mongo> db.users.update({name:"matt"},
               {$set:{score:100}, $currentDate: { lastModified: true }})
WriteResult({ "nMatched" : 1, "nUpserted" : 0, "nModified" : 1 })

mongo> db.users.find()
{  "_id" : ObjectId("58d219ab10f8591716bd6819"),
   "name" : "matt", "score" : 100,
   "lastModified" : ISODate("2017-03-22T06:29:24.367Z")
}
```

UPDATE 명령의 두 번째 인자에는 다양한 오퍼레이터를 사용할 수 있는데, 간단한 예제와 함께 각 오퍼레이터의 용도를 살펴보자.

오터레이터	설명

$inc	필드의 값을 주어진 값만큼 증가시켜서 저장하는데, 하나의 도큐먼트 내에서도 값의 조회와 저장은 원자적(Atomic)으로 처리된다.
	
	`db.products.update(`
	`    { sku: "abc123" },`
	`    { $inc: { quantity: -2, "metrics.orders": 1 } }`
	`)`

$mul	필드의 값을 주어진 값만큼 배수로 저장하는데, 하나의 도큐먼트 내에서도 값의 조회와 저장은 원자적(Atomic)으로 처리된다.
	
	`db.products.update(`
	`    { _id: 1 },`
	`    { $mul: { price: 1.25 } }`
	`)`

$rename	필드의 이름을 변경한다. 예를 들어, 필드의 이름을 잘못 입력해서 다른 이름으로 변경하고자 할 때에는 다음과 같이 $rename 연산자를 사용하면 된다. 특정 도큐먼트의 필드명만 변경할 수도 있으며, 전체 도큐먼트의 필드명을 변경할 수도 있다. 하지만 전체 도큐먼트 변경은 서비스에 상당한 영향을 미칠 수 있으니 주의가 필요하다.
	
	`db.students.update( {_id:1}, { $rename: { "nmae": "name" } } )`
	`db.students.updateMany( {}, { $rename: { "nmae": "name" } } )`

오터레이터	설명

$setOnInsert	$setOnInsert는 $set과 동일한 방식으로 사용하지만, upsert 옵션이 true인 UPDATE 명령이 업데이트해야 할 도큐먼트를 찾지 못해서 INSERT를 실행해야 할 때에만 $setOnInsert의 내용이 적용된다.
	
	다음 명령에서 $setOnInsert의 defaultQty 필드의 값은 products 컬렉션에 도큐먼트를 INSERT 할 때에만 저장된다. 만약 _id 필드의 값이 1인 도큐먼트가 있다면 UPDATE가 실행되고 이때는 $setOnInsert 옵션이 무시된다.
	
	``javascript
	db.products.update(
	  { _id: 1 },
	  {
	    $set: { item: "apple" },
	    $setOnInsert: { defaultQty: 100 }
	  },
	  { upsert: true }
	)
	``

$set	도큐먼트의 필드 값을 변경한다.
	
	``javascript
	db.products.update(
	  { _id: 1 },
	  {
	    $set: { item: "apple" },
	  },
	  { upsert: true }
	)
	``

$unset	도큐먼트의 필드를 삭제한다.
	
	``javascript
	db.products.update(
	  { sku: "unknown" },
	  { $unset: { quantity: "", instock: "" } }
	)
	``
	
	$unset 명령은 도큐먼트의 필드 자체를 삭제하는 명령이라서 $unset 옵션에 사용한 빈 문자열("")은 큰 의미를 가지지 않는다. "" 대신 1을 사용해도 결과는 같다(하지만 매뉴얼에서는 삭제할 필드에 대해서 ""를 사용하도록 가이드하고 있으니 $unset은 위의 방식으로 사용하도록 하자).
	
	``javascript
	db.products.update(
	  { sku: "unknown" },
	  { $unset: { quantity: 1, instock: 1 } }
	)
	``

오터레이터	설명
$currentDate	필드의 값을 현재 시각으로 변경한다.

도큐먼트의 status 필드 값을 "D"로 변경하고, lastModified 필드와 cancellation.date 필드는 현재 시각으로 설정한다. 이때 lastModified 필드는 Date 타입으로 설정하고, cancellation.date 필드는 타임스탬프 타입으로 값을 설정하도록 하고 있다.

```
db.users.update(
  { _id: 1 },
  {
    $currentDate: {
      lastModified: true,
      "cancellation.date": { $type: "timestamp" }
    },
    $set: {
      status: "D",
    }
  }
)
```

마지막으로 UPDATE 명령의 세 번째 인자에는 UPDATE 명령을 실행할 때 적용할 여러 가지 옵션을 설정할 수 있는데, 대표적으로 다음과 같은 옵션을 사용할 수 있다.

- upsert: upsert 옵션은 INSERT 명령에서는 효과가 없으며, UPDATE 명령에서만 사용할 수 있다. upsert 옵션의 디폴트 값은 false이며, upsert 옵션을 false로 설정하면 UPDATE 명령이 조건에 맞는 도큐먼트를 찾지 못하더라도 UPDATE 명령이 어떤 변경도 발생시키지 않는다. 반대로 upsert 옵션을 true로 설정하면 UPDATE 명령이 조건에 맞는 도큐먼트를 찾지 못했을 때 자동으로 UPDATE할 내용으로 새로운 도큐먼트를 INSERT 한다.

- multi: 기본적으로 MongoDB의 UPDATE 명령은 단일 도큐먼트의 업데이트만 수행한다. 즉 검색 조건에 일치하는 도큐먼트가 2개 이상이더라도 그중에서 하나만 변경된다. 그런데 UPDATE 명령에 multi 옵션을 true로 설정하면 조건에 일치하는 모든 도큐먼트를 변경한다. UPDATE 명령에서 multi 옵션의 디폴트 값은 false인데, 이는 무조건 하나의 도큐먼트만 업데이트한다. 일반적으로 RDBMS에서 UPDATE 쿼리는 조건에 부합하는 모든 도큐먼트를 변경하는 것이 디폴트 모드인데 MongoDB 서버에서는 단 한 건만 업데이트하는 것이 디폴트 모드라는 점을 기억하자.

- writeConcern: UPDATE 명령이 어떤 조건에서 "완료" 응답을 반환할지 결정할 수 있도록 WriteConcern을 설정한다. 이때 writeConcern 필드는 도큐먼트 포맷으로 명시해야 한다.

- collation: UPDATE 명령이 변경할 대상 도큐먼트를 검색할 때 사용할 문자 셋과 콜레이션을 명시한다. 별도로 콜레이션을 명시하지 않으면 컬렉션에 정의된 콜레이션을 디폴트로 사용한다. 콜레이션을 명시하는 방법은 "7.2.3 문자셋과 콜레이션"을 참조하자.

> **(!) 주의**
>
> MongoDB 서버에서는 가능하면 인덱스나 쿼리별로 콜레이션을 설정하지 않는 것이 좋다. 될 수 있으면 컬렉션에 기본 콜레이션을 설정하고, 그 컬렉션의 인덱스나 쿼리는 모두 컬렉션에 기본 설정된 콜레이션을 참조하도록 하는 것이 좋다. 컬렉션을 최초 생성할 때 콜레이션을 설정하고, 그 컬렉션의 인덱스나 쿼리에서는 별도로 콜레이션을 지정하지 않으면 MongoDB 서버는 컬렉션의 인덱스 생성이나 쿼리를 실행할 때 컬렉션에 설정된 콜레이션을 활용한다.
>
> 컬렉션과 인덱스 그리고 쿼리마다 제각각 콜레이션을 재설정(오버라이드)하면 쿼리의 인덱스 사용이 많은 제약을 받게 되고, 그 결과 쿼리의 최적화된 실행이 저해될 수도 있다.

다음 예제는 UPDATE 명령에서 조건에 일치하는 도큐먼트가 없을 때, upsert 옵션의 값에 따라서 새로운 도큐먼트를 INSERT 할지 아니면 UPDATE를 무시하는지 보여주고 있다.

```
mongo> db.users.drop()

// upsert=false모드에서는 name="matt"인 도큐먼트가 없으므로 아무런 변경도 실행되지 않음
mongo> db.users.update({name:"matt"}, {$set:{score:90}}, {upsert:false})
WriteResult({ "nMatched" : 0, "nUpserted" : 0, "nModified" : 0 })


// upsert=true 모드에서는 name="matt"인 도큐먼트가 없으면 새로운 도큐먼트를 INSERT
mongo> db.users.update({name:"matt"}, {$set:{score:90}}, {upsert:true})
WriteResult({
        "nMatched" : 0,
        "nUpserted" : 1,
        "nModified" : 0,
        "_id" : ObjectId("58d238ee9d5228d0855f9608")
})

// UPDATE 결과 INSERT된 도큐먼트 확인
mongo> db.users.find()
{  "_id" : ObjectId("58d238ee9d5228d0855f9608"),
   "name" : "matt", "score" : 90 }

// 다시 upsert=true 모드로 UPDATE 실행하면 일치하는 도큐먼트를 업데이트 함
mongo> db.users.update({name:"matt"}, {$set:{score:100}}, {upsert:true})
WriteResult({ "nMatched" : 1, "nUpserted" : 0, "nModified" : 1 })
```

```
mongo> db.users.find()
{ "_id" : ObjectId("58d238ee9d5228d0855f9608"),
  "name" : "matt", "score" : 100 }
```

> **참고**
>
> UPDATE 명령은 multi 옵션의 설정값에 따라서 검색 결과에 일치하는 도큐먼트 하나 또는 전부를 변경할 수 있다. multi 옵션을 false로 설정하면 MongoDB 서버는 검색 조건에 일치하는 첫 번째 도큐먼트를 변경하고, multi 옵션을 true로 설정하면 검색 조건에 일치하는 모든 도큐먼트를 변경한다. 하지만 검색 조건에 일치하는 여러 도큐먼트 중에서 특정 도큐먼트만 지정해서 변경하는 것은 불가능하다.
>
> 만약 검색 조건에 일치하는 여러 도큐먼트 중에서 특정 필드를 기준으로 정렬해서 특정 도큐먼트만 변경하고자 한다면 FindAndModify 명령을 활용할 수 있다. FindAndModify 명령의 자세한 설명은 "8.1.1.7 FindAndModify" 절을 참조하자.

8.1.1.2.1 배열 필드 업데이트

MongoDB 서버에서는 배열 필드에 대한 많은 오퍼레이션을 제공하고 있다. 따라서 배열 필드의 데이터를 변경하기 위해 도큐먼트를 클라이언트로 가져온 다음 가공해서 다시 변경하는 형태로 업데이트하지 않고도 특정 위치의 배열 엘리먼트를 수정할 수 있다. 예를 들어, 다음과 같이 주문 내역을 관리하는 order_status 컬렉션을 가정해보자.

```
mongo> db.order_status.insert(
  {
    "_id" : ObjectId("591ea3d546dc618585c479eb"),
    "account_id" : 999,
    "order_id" : "1",
    "items" : [
      {
        "item_id" : "1",
        "update_time" : ISODate("2017-08-06T06:55:09.034Z"),
        "status" : "COMPLETE"
      },
      {
        "item_id" : "2",
        "update_time" : ISODate("2017-08-06T06:55:09.034Z"),
        "status" : "DELIVERY"
      },
      {
```

```
        "item_id" : "3",
        "update_time" : ISODate("2017-08-06T06:55:09.034Z"),
        "status" : "COMPLETE"
      }
    ]
  }
)
```

items 필드에 저장된 배열에 새로운 엘리먼트를 추가하고자 하는 경우에는 $push 명령을 이용해서 새로운 배열 엘리먼트를 쉽게 추가할 수 있다.

```
mongo> db.order_status.update(
    {"_id" : ObjectId("591ea3d546dc618585c479eb")},
    {"$push" : {
        "items" : {
                "item_id" : "4",
                "update_time" : ISODate("2017-08-06T09:24:11.234Z"),
                "status" : "COMPLETE"
              }
        }
    }
)
```

그뿐만 아니라 배열 엘리먼트 중에서 item_id가 "1"인 엘리먼트만 새로운 값으로 대체하는 작업도 MongoDB 서버의 배열 오퍼레이션을 이용하면 쉽게 처리할 수 있다. 다음 예제의 $set 명령에서 "items.$"의 "$" 표시는 배열 엘리먼트 중에서 검색 조건("item_id":1)에 일치하는 엘리먼트를 지칭하는 예약어다.

```
mongo> db.order_status.update(
    {"_id" : ObjectId("591ea3d546dc618585c479eb"), "item_id" : "2"},
    {"$set" : {
        "items.$" : {
                "item_id" : "2",
                "update_time" : ISODate("2017-08-06T09:24:11.234Z"),
                "status" : "COMPLETE"
              }
```

```
      }
    }
  )
```

그런데 배열 타입의 값을 가지는 필드에서 한가지 제약 사항은 유일성(Unique)이 보장이 되지 않는다는 것이다. 위 예제에서 items 필드에 저장된 item_id가 유니크해야 한다고 가정해보자. 하지만 MongoDB의 배열은 배열 엘리먼트 간의 유일성을 보장해주지 않는다. 게다가 order_status 컬렉션에서 "items" 배열 필드의 자식 필드인 item_id에 대해서 별도의 유니크 인덱스를 생성할 방법도 없다. MongoDB의 유니크 인덱스는 도큐먼트 간의 중복만 방지할 수 있기 때문이다.

만약 이렇게 하나의 도큐먼트 내에서 배열 필드의 유일성을 보장해야 하는 경우에는 다음과 같이 배열을 다시 새로운 서브 도큐먼트로 처리하면 데이터를 변경할 때 유일성을 보장받을 수도 있다.

```
// 배열 필드에서 item_id 필드의 값이 1인 경우
// 이를 "item_id-1"이라는 이름의 새로운 자식 필드(서브 도큐먼트)로 저장
mongo> db.order_status.insert(
  {
    "_id" : ObjectId("591ea3d546dc618585c479eb"),
    "account_id" : 999,
    "order_id" : "1",
    "items" : {
      "item_id-1" : {
        "update_time" : ISODate("2017-08-06T06:55:09.034Z"),
        "status" : "READY"
      },
      "item_id-2" : {
        "update_time" : ISODate("2017-08-06T06:55:09.034Z"),
        "status" : "COMPLETE"
      }
    ]
  }
)



// 배열 필드에서 item_id 필드의 값이 1인 엘리먼트를 변경하고자 할 때는
// "items.item_id-1" 필드의 서브 도큐먼트를 변경
mongo> db.order_status.update(
```

```
    { "_id" : ObjectId("591ea3d546dc618585c479eb")},
    { $set: { "items.item_id-1": {
            "update_time":ISODate("2017-08-06T07:19:09.034Z"),
            "status":"COMPLETED"
        }
      }
    }
)
```

8.1.1.3 REMOVE(DELETE)

컬렉션의 도큐먼트를 삭제하는 명령으로는 다음과 같이 3가지 형태의 명령을 제공한다. 대표적으로
db.collection.remove() 명령과 옵션에 대해서 살펴보겠다.

- db.collection.remove()

- db.collection.deleteOne()

- db.collection.deleteMany()

REMOVE 명령은 다음과 같이 2개의 JSON 도큐먼트 인자를 필요로 한다. 하지만 두 번째 인자는 선
택 옵션이므로 첫 번째 인자인 "삭제 대상 도큐먼트 검색 조건"만으로 REMOVE 명령을 사용할 수도
있다.

```
db.collection.remove(
  {name: "matt"},         // 삭제 대상 도큐먼트 검색 조건
  {justOne:true}           // 도큐먼트 삭제 옵션
)
```

REMOVE 명령의 첫 번째 인자에는 삭제할 도큐먼트를 검색하는 조건을 명시한다. REMOVE 명령도
UPDATE 명령과 같이 먼저 삭제할 도큐먼트를 검색해야 하므로 REMOVE 조건은 반드시 인덱스를
사용할 수 있도록 구현하는 것이 좋다. REMOVE 명령의 두 번째 인자로는 도큐먼트를 삭제하기 위한
옵션을 설정할 수 있는데, 대표적으로 다음과 같은 옵션을 사용할 수 있다.

- justOne: MongoDB의 REMOVE 명령은 UPDATE 명령과는 달리 여러 도큐먼트가 삭제되는 것이 디폴트 모드다. 만약 justOne 옵션을 명시하지 않으면 기본적으로 RDBMS와 같이 조건에 일치하는 모든 도큐먼트를 삭제하는 방식으로 작동한다. 하지만 조건에 일치하는 첫 번째 도큐먼트만 삭제하고자 한다면 justOne 옵션을 true로 설정하면 된다.

- writeConcern: REMOVE 명령이 어떤 조건에서 "완료" 응답을 반환할지 결정할 수 있도록 WriteConcern을 설정한다. 이때 writeConcern 필드는 도큐먼트 포맷으로 명시해야 한다.

- collation: REMOVE 명령이 삭제할 대상 도큐먼트를 검색할 때 사용할 문자 셋과 콜레이션을 명시한다. 별도로 콜레이션이 명시되지 않으면 컬렉션에 정의된 콜레이션을 디폴트로 사용한다. 콜레이션을 명시하는 방법은 "7.2.3 문자셋과 콜레이션" 절을 참조하자.

컬렉션의 모든 도큐먼트를 삭제하고자 할 때는 다음과 같이 조건 없이 REMOVE 명령을 사용한다. REMOVE 명령은 컬렉션의 도큐먼트를 하나씩 삭제하기 때문에 컬렉션의 도큐먼트 건수가 많다면 삭제 작업에 상당히 오랜 시간이 걸릴 것이다. 하지만 MongoDB는 TRUNCATE 명령을 지원하지 않는다. 그래서 현재로서는 컬렉션 자체를 삭제(db.collection.drop() 명령)하고 직접 생성하는 것이 가장 빠른 방법이다.

```
mongo> db.users.remove( {} )
WriteResult({ "nRemoved" : 121 })
```

특정 조건에 일치하는 도큐먼트만 삭제하고자 할 때는 다음과 같이 REMOVE 명령의 첫 번째 인자로 조건을 도큐먼트로 입력한다. 만약 조건에 일치하는 도큐먼트 중에서 첫 번째로 검색된 도큐먼트만 삭제하고자 한다면 justOne 옵션을 사용한다.

```
// 조건에 일치하는 모든 도큐먼트 삭제
mongo> db.users.remove( {name: "matt"} )
WriteResult({ "nRemoved" : 2 })

// 조건에 일치하는 도큐먼트 중에서 첫 번째 도큐먼트만 삭제
mongo> db.users.remove( {name: "matt"}, {justOne:true} )
WriteResult({ "nRemoved" : 1 })
```

> **참고**   REMOVE 명령은 justOne 옵션의 설정값에 따라서 검색 결과에 일치하는 도큐먼트 하나 또는 전부를 삭제할 수 있다. justOne 옵션을 true로 설정하면 MongoDB 서버는 검색 조건에 일치하는 첫 번째 도큐먼트만 삭제하고, justOne 옵션을 false로 설정하면 검색 조건에 일치하는 모든 도큐먼트를 삭제한다. 하지만 검색 조건에 일치하는 여러 도큐먼트 중에서 특정 도큐먼트만 삭제하는 것은 불가능하다. 만약 검색 조건에 일치하는 여러 도큐먼트 중에서 특정 필드를 기준으로 정렬해서 특정 도큐먼트만 삭제하고자 한다면 FindAndModify 명령을 활용할 수 있다. FindAndModify 명령의 자세한 설명은 "8.1.1.7 FindAndModify" 절을 참조하자.
>
> 그리고 RDBMS에서는 DELETE를 LIMIT 조건과 결합해서 사용하는 경우가 많다. 하지만 MongoDB 3.6 버전까지는 조건에 일치하는 도큐먼트 중에서 일부 N건만 삭제한다거나 하는 기능은 제공하고 있지 않다. 실제 불필요한 데이터를 통째로 삭제하는 경우에는 MongoDB 서버에 과부하가 발생할 수 있는데, 서비스 쿼리가 실행 중인 MongoDB 서버에서는 이런 과도한 삭제는 문제가 될 수 있다. 이렇게 대량으로 삭제해야 할 때에는 삭제 대상을 찾아서 IN 조건이나 동등 조건으로 도큐먼트를 하나씩 삭제하는 방법밖에 없는데, 이런 방식은 Mongo 셸에서 단순히 처리하기에는 조금 어려움이 있을 수 있다. 그래서 데이터를 삭제하기 위해서 프로그램을 개발해야 할 필요도 있다. 현재 LIMIT 기능을 지원하는 remove 명령에 대한 요청은 MongoDB JIRA에 올려져 있는 상태인데, 아직은 기능이 구현되지 않았다. 만약 이 기능의 구현 상태가 궁금하다면 아래 JIRA 사이트를 참조하도록 하자.
>
> https://jira.mongodb.org/browse/SERVER-4796

8.1.1.4 격리된($isolated) UPDATE와 REMOVE

MongoDB의 쓰기(UPDATE와 DELETE) 오퍼레이션은 도큐먼트 단위의 원자성(Atomicity)만 제공한다. 하나의 쓰기 오퍼레이션으로 여러 도큐먼트를 변경하거나 삭제하더라도 MongoDB 서버는 내부적으로 하나의 트랜잭션으로 하나의 도큐먼트만 처리하는 방식으로 작동한다. 그래서 MongoDB 서버에서 일반적인 쓰기 오퍼레이션으로 여러 도큐먼트를 변경하면 오퍼레이션이 완료되기도 전에 먼저 변경된 데이터들은 다른 컨넥션에서 즉시 조회를 할 수 있게 된다.

만약 하나의 UPDATE나 DELETE 명령이 완료되기 전까지는 다른 컨넥션에서 변경 내용을 확인하지 못하게 하려면 격리된 UPDATE 또는 REMOVE 명령을 사용해야 한다. 다음 예제는 격리된 UPDATE와 REMOVE 명령을 사용하는 방법을 보여주고 있다. UPDATE 명령과 REMOVE 명령 모두 업데이트 대상 도큐먼트를 검색하는 조건과 함께 "$isolated: 1" 옵션을 사용하면 된다.

```
mongo> db.users.remove( { score: { $lt: 50 }, $isolated: 1 } )

mongo> db.users.update(
    { score : {$gt: 90} , $isolated : 1 },
```

```
    { $set : { grade : "A" } },
    { multi: true }
)
```

MongoDB 서버는 UPDATE나 REMOVE 명령에 $isolated 옵션을 사용하면 데이터 변경 작업이 완료될 때까지 다른 컨넥션이 변경 중인 데이터를 조회할 수 없다. 하지만 $isolated 옵션이 업데이트 명령의 트랜잭션을 보장하는 것은 아니다. 즉 REMOVE나 UPDATE 명령이 10건의 도큐먼트를 변경해야 하는데, 작업 도중 에러가 발생하면 MongoDB 서버가 이미 처리된 도큐먼트에 대해서 롤백을 수행하거나 하지는 않는다. $isolated 옵션은 명령이 정상적으로 처리될 때에만 필요한 격리 수준을 보장해준다.

> **⚠ 주의**
>
> MongoDB의 $isolated 옵션은 꼭 필요한 경우에만 제한적으로 사용할 것을 권장한다. MongoDB 서버는 $isolated 옵션을 사용한 업데이트 명령의 격리 수준을 보장하기 위해서 업데이트 대상 컬렉션에 대해서 쓰기 잠금(Exclusive Lock)을 걸고 처리를 한다. 이는 MongoDB 엔진이 컬렉션 레벨의 잠금을 걸기 때문에 MMAPv1 스토리지 엔진뿐만 아니라 도큐먼트 레벨의 잠금을 지원하는 WiredTiger 스토리지 엔진에서도 동일하게 작동한다. 즉 $isolated 옵션을 설정한 UPDATE나 REMOVE 명령이 수행되는 동안에는 다른 컨넥션에서 어떤 쿼리나 데이터 변경 명령을 실행하지 못한다. 만약 읽고 쓰기가 빈번하게 실행되는 컬렉션에 대해서 $isolated 옵션을 설정한 UPDATE나 DELETE 명령이 실행되면 다른 컨넥션의 수많은 쿼리나 업데이트 명령들이 일시적으로 처리를 멈추게 되고, 응용 프로그램은 데이터베이스의 응답을 받지 못해서 더 많은 쓰레드나 컨넥션을 생성하면서 처리 불가 상태로 빠지게 될 가능성이 높다.

8.1.1.5 BulkWrite

BulkWrite는 지금까지 살펴본 데이터 변경 명령을 모아서 한 번에 실행할 수 있는 명령이다. Bulk Write 명령은 다음과 같이 다양한 명령을 한 번에 모아서 실행할 수 있는데, 반드시 하나의 컬렉션에 대해서만 데이터를 변경할 수 있다.

- insertOne
- updateOne
- updateMany
- replaceOne
- deleteOne
- deleteMany

간단히 BulkWrite 명령의 예제를 한번 살펴보자. 다음 예제는 characters 컬렉션의 데이터를 변경하는 여러 가지 명령을 한 번에 모아서 실행하는 방법을 보여주고 있다.

```
mongo> db.characters.bulkWrite(
  [
    { insertOne :
      {
        "document" :
        {
          "_id" : 4, "char" : "Dithras", "class" : "barbarian", "lvl" : 4
        }
      }
    },
    { insertOne :
      {
        "document" :
        {
          "_id" : 5, "char" : "Taeln", "class" : "fighter", "lvl" : 3
        }
      }
    },
    { updateOne :
      {
        "filter" : { "char" : "Eldon" },
        "update" : { $set : { "status" : "Critical Injury" } }
      }
    },
    { deleteOne :
      { "filter" : { "char" : "Brisbane"} }
    },
    { replaceOne :
      {
        "filter" : { "char" : "Meldane" },
        "replacement" : { "char" : "Tanys", "class" : "oracle", "lvl" : 4 }
      }
    }
  ]
)
```

```
{
  "acknowledged" : true,
  "deletedCount" : 1,
  "insertedCount" : 2,
  "matchedCount" : 2,
  "upsertedCount" : 0,
  "insertedIds" : {
        "0" : 4,
        "1" : 5
  },
  "upsertedIds" : {
  }
}
```

BulkWrite 명령의 결과는 INSERT와 UPDATE 그리고 DELETE 등의 명령 단위로 정리해서 적용된 건수를 보여준다. 처리 결과의 insertedIds 서브 도큐먼트에는 INSERT 된 도큐먼트들의 프라이머리 키(_id) 값을 반환하며, upsertedIds 서브 도큐먼트에는 UPDATE 명령의 upsert 플래그가 true일 때 INSERT 된 도큐먼트들의 프라이머리 키(_id)를 반환한다. 위 예제처럼 직접 사용자가 프라이머리 키를 설정하는 경우에는 크게 중요하지 않지만, MongoDB 드라이버나 MongoDB 라우터가 ObjectId를 생성해서 프라이머리 키를 설정하는 경우에는 저장된 도큐먼트를 다시 쿼리하지 않고 알아낼 수 있다. BulkWrite 명령에 입력하는 각 하위 명령은 각자의 도큐먼트 포맷을 가지는데, 이는 MongoDB 매뉴얼(https://docs.mongodb.com/manual/reference/method/db.collection.bulkWrite)에서 자세히 확인할 수 있다.

BulkWrite 명령을 실행하는 도중에 에러가 발생하면 다음과 같이 BulkWriteError가 반환된다.

```
BulkWriteError({
      "writeErrors" : [
            {
                  "index" : 2,
                  "code" : 11000,
                   "errmsg" : "E11000 duplicate key error collection: test.characters index: _
id_ dup key: { : 4.0 }",
                  "op" : {
                        "_id" : 4,
                        "char" : "Dithras",
```

```
                            "class" : "barbarian",
                            "lvl" : 4
                        }
                    }
                ],
                "writeConcernErrors" : [ ],
                "nInserted" : 0,
                "nUpserted" : 0,
                "nMatched" : 1,
                "nModified" : 1,
                "nRemoved" : 1,
                "upserted" : [ ]
})
```

위 결과에서는 INSERT 하는 도큐먼트가 이미 존재해서 INSERT에 실패했다는 것을 알 수 있다. 그리고 삭제된 도큐먼트가 1건이며 새롭게 INSERT 된 도큐먼트도 1건이라는 것도 확인할 수 있다. 즉 BulkWrite 명령의 실행 결과로 UPDATE와 DELETE가 각각 1건씩 실행됐으며, 그 이후 INSERT가 실행됐는데 실행 도중 중복 키 에러가 발생하면서 BulkWrite가 실패했다는 것을 알 수 있다.

BulkWrite 명령도 다른 CRUD 명령과 같이 ordered 옵션을 사용할 수 있다. 이때 ordered 옵션이 true이면 BulkWrite 명령에 주어진 각 하위 명령이 순차적으로 실행되며, 중간에 실패 도큐먼트가 발생하면 지금까지 변경된 도큐먼트는 그대로 유지하고 남은 작업은 모두 포기하고 멈춘다. 즉 RDBMS의 롤백과 같은 작업은 없다. ordered 옵션을 false로 설정하면 MongoDB 서버는 BulkWrite의 각 단위 작업을 여러 쓰레드로 나누어서 병렬로 처리하게 되며, 중간에 에러가 발생해도 나머지 작업을 멈추지 않고 모두 처리한다.

```
mongo> db.characters.bulkWrite(
    [
        { insertOne :
            {
                "document" :
                {
                    "_id" : 5, "char" : "Taeln", "class" : "fighter", "lvl" : 3
                }
            }
        },
```

```
    { updateOne :
      {
        "filter" : { "char" : "Eldon" },
        "update" : { $set : { "status" : "Critical Injury" } }
      }
    }
  ],
  { ordered : false }
)
```

ordered 옵션은 단순히 각 하위 명령의 실행 순서만 결정하는 것이 아니라, 멀티 쓰레드로 병렬 처리를 할 수 있는지까지 결정한다. 만약 MongoDB 라우터를 사용해야 하는 샤드 클러스터 환경이라면 ordered 옵션으로 인한 성능 차이는 더 크게 나타날 것이다. 샤드 클러스터 환경에서 ordered 옵션을 true로 설정하면 MongoDB 라우터는 샤드의 개수와 무관하게 BulkWrite의 하위 명령을 하나씩 하나씩 차례대로 실행할 수밖에 없다. 하지만 ordered 옵션을 false로 설정하면 MongoDB 라우터는 BulkWrite의 하위 명령을 멀티 쓰레드로 여러 샤드에서 동시에 실행되게 한다.

또한 BulkWrite 명령도 다른 데이터 변경 명령처럼 WriteConcern 옵션도 같이 설정할 수 있다.

```
mongo> db.characters.bulkWrite(
  [
    { insertOne :
      {
        "document" :
        {
          "_id" : 5, "char" : "Taeln", "class" : "fighter", "lvl" : 3
        }
      }
    }
  ],
  { ordered : false, writeConcern : { w : "majority", wtimeout : 100 } }
)
```

8.1.1.6 FIND

FIND는 MongoDB에서 데이터를 조회하는 명령으로, MongoDB에서 사용되는 명령 중에서도 가장 다양한 조건이나 옵션을 사용할 수 있는 명령이다. 여기에서 FIND 명령의 옵션이나 조건을 전부 살펴보기는 어려우므로 가장 많이 사용하는 FIND 명령의 검색 조건과 FIND 명령의 결과로 반환되는 커서 옵션을 위주로 살펴보겠다. 다음 예제는 FIND 명령의 가장 기본적인 형태다.

```
mongo> db.users.find(
  {name: "matt"},
  {_id:0, name:1, score:1}
)
```

FIND 명령은 2개의 인자를 사용하는데, 첫 번째 인자에는 도큐먼트를 검색할 때 사용할 조건을 명시하며, 두 번째 인자에는 클라이언트로 반환할 필드들을 명시한다. 이 두 인자는 모두 선택 옵션이므로 다음과 같이 아무런 인자 없이 FIND 명령을 사용할 수 있다. 또는 첫 번째 인자의 검색 조건을 빈 도큐먼트로 전달할 수도 있다.

```
mongo> db.users.find()
mongo> db.users.find( {} )

mongo> db.users.find( {}, {_id:0, name:1, score:1} )
```

위의 첫 번째와 두 번째 FIND 명령은 users 컬렉션의 모든 도큐먼트를 반환하는 명령인데, 반환할 필드를 아무것도 설정하지 않았기 때문에 디폴트 모드로 도큐먼트의 모든 필드가 반환된다. 이렇게 FIND 명령의 검색 조건이 주어지지 않으면 MongoDB 서버는 컬렉션을 풀 스캔한 결과를 반환한다. 만약 컬렉션의 모든 도큐먼트를 가져오지만 도큐먼트의 지정된 필드들만 가져오고자 한다면 세 번째 예제처럼 검색 조건은 빈 도큐먼트로 설정하고, 두 번째 인자에 원하는 필드만 선택(값을 1로 설정)하면 된다.

FIND 명령에서 사용하는 두 번째 인자에는 쿼리가 반환할 필드들의 목록을 선택하는데, 이를 SQL이나 MongoDB의 BSON 쿼리에서는 프로젝션(Projection)이라고 한다. MongoDB의 프로젝션에서 가져오고자 하는 필드는 1로 표시하며, 가져오고 싶지 않은 필드는 0으로 표시한다. 그런데 프로젝션에서 0과 1을 같이 사용할 수는 없다. 즉 다음과 같이 name 필드는 0이고, score 필드는 1로 설정하는 형태는 사용할 수 없다.

```
mongo> db.users.find( {}, {_name:0, score:1} )
```

MongoDB 서버에서 일부 필드에 대해 프로젝션 옵션을 명시하면 나머지 명시되지 않은 필드는 그 반대로 자동으로 설정돼서 프로젝션할 필드가 결정된다.

```
mongo> db.users.find({})
{ "_id" : ObjectId("58d642321b361e5d77018848"), "name" : "matt", "score" : 90 }

mongo> db.users.find({}, {name:0})
{ "_id" : ObjectId("58d642321b361e5d77018848"), "score" : 90 }
mongo> db.users.find({}, {name:1})
{ "_id" : ObjectId("58d642321b361e5d77018848"), "name" : "matt" }
```

예제에서 두 번째 쿼리는 name 필드를 빼고 반환하도록 실행했기 때문에 _id 필드와 score 필드만 쿼리 결과로 반환됐다. 그리고 세 번째 쿼리는 name 필드를 반환하도록 프로젝션을 설정했기 때문에 name 필드가 반환됐다. 그런데 세 번째 쿼리에서 score 필드는 반환되지 않은 것에 주의해야 한다. 그래서 MongoDB의 FIND 쿼리 프로젝션에는 포함(1)과 배제(0) 옵션을 같이 명시할 수 없는 것이다. 그런데 _id 필드에 대해서는 이 제한이 예외로 적용된다. 두 번째 예제의 프로젝션에서 name 필드만 가져오도록 했는데, 쿼리의 결과에는 name 필드와 함께 _id 필드가 같이 반환된 것을 확인할 수 있다. 즉 모든 쿼리가 _id 필드는 기본적으로 포함해서 반환한다. 그런데 _id 필드까지 빼고 가져오고자 한다면 다음과 같이 포함(1)과 배제(0) 옵션을 혼합해서 사용할 수 있다.

```
mongo> db.users.find({}, {_id:0, name:1})
{ "name" : "matt" }
```

FIND 명령의 프로젝션 옵션에는 단순히 도큐먼트의 필드 출력 여부뿐만 아니라 도큐먼트가 포함하고 있지 않은 메타 필드나 서브 도큐먼트의 배열에 대해서 특정 서브 도큐먼트만 출력하는 등의 옵션을 선택할 수도 있다. 이렇게 프로젝션의 조금 더 복잡한 예제는 각 기능을 설명하면서 간단히 다시 살펴보겠다.

> **⚠ 주의**
>
> MongoDB에서 장시간 실행되는 find()와 Aggregate() 명령의 경우 다음과 같이 MongoCursorNotFound Exception이 발생할 수도 있다.
>
> ```
> com.mongodb.MongoCursorNotFoundException: Query failed with error code -5 and error message
> 'Cursor 99999 not found on server mongod-server.com:27017' on server mongod-server.com:27017.
> ```
>
> 이는 find()와 Aggregate() 명령이 커서(Cursor)를 반환하는데, 이 커서는 일정 시간이 지나면 자동으로 타임아웃(Timeout)되어 자동으로 MongoDB 서버에서 삭제된다. 문제는 커서의 생성이 완료된 시점이 아니라, 최초 생성된 시점으로부터 지정된 시간이 지나면 자동으로 삭제된다는 것이다. 그래서 쿼리가 디폴트 타임아웃(10분) 이상 실행되는 경우에는 결과 도큐먼트를 읽어보기도 전에 MongoDB 서버로부터 커서가 제거되는 것이다.
>
> 이 문제를 해결하기 위해서는 다음과 같이 간단히 find() 명령을 실행할 때 noCursorTimeout() 옵션을 설정하면 된다.
>
> ```
> mongo> db.collection.find().noCursorTimeout()
> ```
>
> 하지만 noCursorTimeout() 옵션을 Aggregate() 쿼리에는 사용할 수가 없다. 그래서 Aggregate()의 커서 타임아웃을 막기 위해서는 다음과 같이 MongoDB 서버의 파라미터를 조정해야 한다.
>
> ```
> ## MongoDB나 MongoDB 라우터(Mongos) 재시작 시
> $ mongod --setParameter cursorTimeoutMillis=<num>
> $ mongos --setParameter cursorTimeoutMillis=<num>
>
> ## MongoDB가 실행 중인 상태에서 커서 타임아웃 조정
> mongo> use admin
> mongo> db.runCommand({setParameter:1, cursorTimeoutMillis: <num>})
> ```

8.1.1.6.1 FIND 연산자

MongoDB FIND 명령의 검색 조건에 사용할 수 있는 오퍼레이터(연산자)를 MongoDB 매뉴얼에서는 크게 다음과 같이 7가지 정도로 나눠서 구분하고 있다. 하지만 굳이 FIND 명령의 검색 조건을 사용하면서 사용하는 오퍼레이터가 어떤 그룹의 오퍼레이터인지 식별할 필요는 없다. 이 책에서도 설명의 편의를 위해서 다음과 같이 7개 그룹으로 나눠서 살펴보겠다.

- 비교 오퍼레이터

- 논리 결합 오퍼레이터

- 필드 메타 오퍼레이터

- 평가 오퍼레이터

- 공간 오퍼레이터("8.2.4 공간 검색" 절에서 설명)

- 배열 오퍼레이터

- 비트 오퍼레이터

MongoDB의 FIND 쿼리가 사용하는 검색 조건은 모두 JSON 포맷으로 표시해야 하므로 RDBMS의 SQL 문법에서 사용되는 기본 집합 및 비교 연산자(=, 〉, 〈, IN, NOT IN, …)는 그대로 사용할 수 없다. 그래서 MongoDB 서버에서는 이를 모두 "$"로 시작하는 오퍼레이터로 새로 만들고, 이를 JSON 문법에서 사용하도록 하고 있다. 사실 표기법만 새로울 뿐이지 기존의 RDBMS 비교 연산과 동일하므로 간단하게 예제만 하나씩 살펴보겠다.

> ⓘ 주의
>
> MongoDB의 모든 오퍼레이터는 대소문자를 구분해서 표기해야 한다. 예를 들어, $elemMatch 오퍼레이터는 배열의 엘리먼트와 일치하는 것이 있는지 확인하는 오퍼레이터인데, 이를 $elemmatch나 $ELEMMATCH로 대소문자 구분 없이 표기하면 MongoDB는 이를 인식하지 못한다. 가능하면 MongoDB의 오퍼레이터와 모든 예약어는 대소문자를 구분해서 표기하도록 하자.

〈표 8-1〉 비교 오퍼레이터

연산자	설명
$eq	SQL 표기 : = "Equal"의 약자로 값이 동등(일치)한지 비교하는데, 일반적으로 $eq 연산자는 생략하고, 두 번째 예제와 같이 간단하게 표기하는 경우가 많다. db.users.find({name: {$eq: "matt"}}) db.users.find({name: "matt"})
$gt	SQL 표기 : 〉 "Greater Than"의 약자로 좌항의 값이 더 큰지 비교한다. db.users.find({name: {$gt: "matt"}}) db.users.find({score: {$gt: 85}})

연산자	설명
$gte	SQL 표기 : >= "Greater Than or Equal"의 약자로 좌항의 값이 더 크거나 같은지 비교한다. db.users.find({name: {$gte: "matt"}}) db.users.find({score: {$gte: 85}})
$lt	SQL 표기 : < "Less Than"의 약자로 좌항의 값이 더 작은지 비교한다. db.users.find({name: {$lt: "matt"}}) db.users.find({score: {$lt: 85}})
$lte	SQL 표기 : <= "Less Than or Equal"의 약자로 좌항의 값이 더 작거나 같은지 비교한다. db.users.find({name: {$lte: "matt"}}) db.users.find({score: {$lte: 85}})
$ne	SQL 표기 : <> 또는 != "Not Equal"의 약자로 좌항과 우항의 값이 같지 않은지 비교한다. db.users.find({name: {$ne: "matt"}}) db.users.find({score: {$ne: 85}})
$in	SQL 표기 : IN 좌항이 우항의 배열 값 중 하나와 일치하는지 비교한다. db.users.find({name: {$in: ["matt", "lara"]}}) db.users.find({score: {$in: [85, 90]}}) MongoDB의 $in 오퍼레이터는 다음과 같이 정규 표현식 비교에도 사용할 수 있다. db.users.find({ name: { $in: [/^matt/, /^lara/] } })
$nin	SQL 표기 : NOT IN "NOT IN"의 약자로 좌항이 우항의 배열 값 중 어떤 값과도 일치하지 않는지 비교한다. db.users.find({name: {$nin: ["matt", "lara"]}}) db.users.find({score: {$nin: [85, 90]}})

〈표 8-2〉 논리 결합 오퍼레이터

연산자	설명
$or	두 개의 표현식을 OR로 연결한다. 다음 예제는 name이 "matt"이거나 score 필드의 값이 90보다 큰 사용자를 반환한다. db.users.find({ $or: [{name: "matt"}, {score: { $gt: 90 } }] })
$and	두 개의 표현식을 AND로 연결한다. 다음 예제는 name이 "matt"이고, score 필드의 값이 90보다 큰 사용자를 반환한다. db.users.find({ $and: [{name: "matt"}, {score: { $gt: 90 } }] })

연산자	설명
$not	표현식의 부정 연산을 수행한다.
	다음 예제는 score 필드가 90점 이하인 도큐먼트를 반환한다.
	`db.users.find( { score: { $not: { $gt: 90 } } } )`
$nor	배열로 주어진 모든 표현식에 일치하지 않는지 비교한다.
	다음 예제는 name이 "matt"도 아니고 score 필드의 값이 90도 아닌 도큐먼트를 반환한다. 이때 name 필드나 score 필드가 존재하지 않는 경우도 TRUE로 연산된다. 그래서 name 필드가 "lara"이고 score 필드가 존재하지 않는 경우도 결과로 반환한다.
	`db.users.find( { $nor: [ { name: "matt" }, { score: 90 } ] } )`

MongoDB의 FIND 쿼리에 사용되는 검색 조건은 기본적으로 AND 연산으로 해석된다. 그래서 다음 예제는 name 필드가 "matt"이고 score 필드의 값이 90보다 큰 도큐먼트를 검색하는 쿼리로 해석되며, $and 오퍼레이터를 이용해서 두 조건을 AND로 결합한 쿼리와 동일하게 취급된다. 또한 $and나 $or 논리 결합 연산자는 여러 표현식을 배열 형태로 나열하면 된다.

```
db.users.find({name: "matt", score: { $gt: 90 }} )
db.users.find( { $and: [ {name: "matt"}, {score: { $gt: 90 } } ] } )
```

만약 여러 검색 조건을 OR로 결합하려면 다음 예제처럼 $or 오퍼레이터를 명시적으로 사용해야 한다. 그리고 $and와 $or 연산자를 이용해서 AND와 OR로 여러 조건을 결합해서 필요한 조건을 작성할 수 있다.

```
db.users.find( { $or: [ {name: "matt"}, {score: { $gt: 90 } } ] } )

// SELECT * FROM inventory WHERE status = "A" AND (qty<30 OR item LIKE "p%")
db.inventory.find( {
    status: "A",
    $or: [ { qty: { $lt: 30 } }, { item: /^p/ } ]
} )
```

〈표 8-3〉 필드 메타 오퍼레이터

연산자	설명
$exists	도큐먼트가 필드를 가졌는지 확인한다. 다음 예제는 name 필드를 가진 도큐먼트를 반환한다. `db.users.find( { name: { $exists: true } } )`

$type	필드의 데이터 타입을 비교한다.
	필드의 타입별로 숫자 코드값과 이름은 MongoDB 매뉴얼(https://docs.mongodb.com/manual/reference/operator/query/type/)에서 확인할 수 있다.
	다음 예제는 name 필드의 데이터 타입이 문자열 타입(타입 코드는 2)인 도큐먼트를 반환한다.
	`db.users.find( { "name" : { $type : 2 } } );`
	`db.users.find( { "name" : { $type : "string" } } );`

〈표 8-4〉 평가 오퍼레이터

연산자	설명
$mod	모듈러(%) 연산의 수행 결과값을 비교한다. 다음 예제는 score 필드의 값을 10으로 나눈 나머지 값이 0인 도큐먼트를 반환한다. `db.users.find( { { score: { $mod: [ 10, 0 ] } } } )`

$regex	정규 표현식 비교를 수행한다. 정규 표현식의 사용법은 조금 설명이 필요하므로 자세한 내용은 바로 뒤에서 다시 살펴보겠다.
	`db.users.find( { name: {$regex: '^matt'} } )`
	`db.users.find( { name: /^matt/ } )`

$text	MongoDB의 전문 검색 비교를 수행한다. 이는 전문 검색 쿼리에서 자세히 살펴보겠다. 전문 검색 쿼리는 전문 검색 인덱스를 가진 컬렉션에 대해서만 실행할 수 있다. `db.users.find( { $text: { $search: "matt" } } )`

$where	주어진 자바스크립트 표현식에 일치하는 도큐먼트만 필터링해서 클라이언트로 반환한다. 자바스크립트를 이용해서 표현식을 작성할 수 있기 때문에 매우 유연한 패턴의 비교를 수행할 수 있다. 하지만 $where절에 주어진 조건은 인덱스를 사용하지 못하고 컬렉션을 풀스캔하기 때문에 상당히 처리 성능이 느리다.
	자바스크립트 표현식에서 다음 예제처럼 도큐먼트의 각 필드는 "obj" 또는 "this" 키워드로 접근할 수 있다.
	`db.users.find( { $where: "obj.low_score > obj.high_score" } );`
	`db.users.find( { $where: function() { return (this.low_score > this.high_score) } } );`

〈표 8-5〉 배열 오퍼레이터

연산자	설명
$all	배열 타입의 필드가 파라미터로 주어진 배열의 모든 엘리먼트를 가졌는지 비교한다. 다음 쿼리는 'book'과 'music'을 태그로 가진 모든 user 도큐먼트를 검색한다. 물론 'book'과 'music' 이외의 다른 태그를 가지고 있든 아니든 $all의 파라미터로 주어진 태그 2개를 포함하고 있는지만 비교한다. db.users.find({tags:{$all: ['book', 'music']}})
$elemMatch	$elemMatch의 모든 조건에 일치하는 엘리먼트를 하나라도 가진 도큐먼트를 검색한다. $elemMatch 예제는 배열에서 자주 사용되므로 뒤에서 자세하게 살펴보겠다.
$size	배열의 엘리먼트 개수를 비교한다. mongo> db.users.find({scores:{$size:2}}) { "name" : "lara", "scores" : [91, 63] } mongo> db.users.find({scores:{$size:3}}) { "name" : "matt", "scores" : [79, 85, 93] }

다음과 같이 3개의 점수를 가진 두 명의 사용자가 있는 컬렉션을 가정해보자.

```
mongo> db.users.find()
{ "name" : "matt", "scores" : [ 79, 85, 93 ] }
{ "name" : "lara", "scores" : [ 91, 74, 63 ] }
```

여기에서 80보다 크고 90보다 작은 범위의 점수를 하나라도 가진 사용자를 검색하고자 한다면 아마도 MongoDB를 처음 사용하는 사용자는 다음과 같은 쿼리를 생각할 것이다.

```
mongo> db.users.find({scores:{$gt:80, $lt:90}})
{ "name" : "matt", "scores" : [ 79, 85, 93 ] }
{ "name" : "lara", "scores" : [ 91, 74, 63 ] }
```

80점과 90점 사이의 점수는 "matt" 사용자의 85점밖에 없기 때문에 이 도큐먼트만 쿼리 결과에 나타날 것을 기대할 것이다. 하지만 실제 쿼리 결과에는 "matt"과 "lara" 모두 출력된 것을 확인할 수 있다. 이는 MongoDB의 배열 오퍼레이션이 기대와는 조금 다른 방식으로 작동하기 때문이다. MongoDB 서버에서는 "{scores:{$gt:80, $lt:90}}"와 같이 검색 조건을 사용하면 우선 scores 필드의 배열 엘리먼트 중에서 하나라도 "80점보다 크다" 조건에 일치하는 도큐먼트를 찾는다. 그리고 다시 scores 필드의 배열 엘리먼트 중에서 하나라도 "90점보다 작다" 조건에 일치하는 도큐먼트를 필터링한다. MongoDB

에서는 scores 필드 자체를 하나의 비교 기준으로 보기 때문에 80점보다 큰 배열의 엘리먼트가 반드시 다시 90점보다 큰 조건을 적용한 것이 아니다. 그래서 MongoDB에서 배열 필드의 조건은 AND가 아니라 OR처럼 작동하는 것처럼 보이기(하지만 엄밀하게 두 조건의 OR 연산은 아니다)도 한다.

MongoDB에서 배열 필드에 대해서 우리가 기대하는 결과를 얻으려면 $elemMatch 오퍼레이터를 사용해야 한다. $elemMatch 연산자는 배열 필드가 가진 엘리먼트 하나가 $elemMatch의 모든 조건을 만족할 때에만 결과로 반환된다. 다음 쿼리의 결과에서는 80점과 90점 사이의 점수인 85점을 가진 matt만 반환된 것을 확인할 수 있다.

```
mongo> db.users.find({scores:{$elemMatch:{$gt:80, $lt:90}}})
{ "name" : "matt", "scores" : [ 79, 85, 93 ] }
```

> **참고** 배열 타입의 필드에 대한 값의 범위 검색에서는 $elemMatch 사용이 중요한 의미를 가진다. 하지만 필드의 배열 엘리먼트에 대해서 범위 검색이 아니라 일치 비교를 실행할 때에는 $elemMatch 사용이 그다지 중요하지 않다. 값의 일치 비교를 할 때는 검색 대상 필드의 타입이 배열이든 아니든 관계없이, 검색 대상 값과 일치하는 값을 엘리먼트로 가진 배열의 도큐먼트를 반환한다. 다음 예제는 배열로 저장된 scores 필드의 엘리먼트 중에서 85가 있으면 결과를 반환한다.
>
> ```
> mongo> db.users.find({scores:{$elemMatch:{$eq:85}}})
> { "name" : "matt", "scores" : [ 79, 85, 93 ] }
> ```
>
> ```
> mongo> db.users.find({scores:85})
> { "name" : "matt", "scores" : [ 79, 85, 93 ] }
> ```

MongoDB의 BSON 쿼리를 작성하다 보면 느끼겠지만, BSON 쿼리는 의외로 SQL 문장보다는 가독성이 떨어진다는 생각을 하게 될 것이다. 더불어 $elemMatch와 같이 괄호가 계속 중첩되는 조건이 많아질수록 쿼리의 가독성은 더 떨어지고 복잡해진다. 그래서 쿼리를 단순화할 수 있을 때에는 가능한 한 단순화해서 사용하는 것이 좋다.

〈표 8-6〉 비트 오퍼레이터

연산자	설명
$bitAllSet	필드 값의 각 비트가 파라미터로 주어진 값의 각 비트처럼 1로 Set되어 있는지 비교한다.
$bitsAnySet	필드 값의 비트 중 하나라도 파라미터로 주어진 값의 비트처럼 1로 Set되어 있는지 비교한다.
$bitsAllClear	필드 값의 각 비트가 파라미터로 주어진 값의 각 비트처럼 0으로 Clear되어 있는지 비교한다 ($bitAllSet 오퍼레이터의 반대).
$bitsAnyClear	필드 값의 비트 중 하나라도 파라미터로 주어진 값의 비트처럼 0으로 Clear되어 있는지 비교한다 ($bitAnySet 오퍼레이터의 반대).

쿼리에 사용된 상숫값과 같은 위치의 비트가 1로 셋(set)되어 있는 도큐먼트만 검색하는 쿼리는 다음과 같다. 소개된 4개의 비트 오퍼레이터를 이용하면 필요에 따라서 모든 비트가 설정돼 있는지 또는 일부 비트만 설정돼 있는지 등의 비교를 수행할 수 있다.

```
mongo> db.bits.save({ _id: 1, a: 54, binaryValueofA: "00110110" })
mongo> db.bits.save({ _id: 2, a: 20, binaryValueofA: "00010100" })
mongo> db.bits.save({ _id: 3, a: 20.0, binaryValueofA: "00010100" })
mongo> db.bits.save({ _id: 4, a: BinData(0, "Zg=="), binaryValueofA: "01100110" })

mongo> db.bits.find()
{ "_id" : 1, "a" : 54, "binaryValueofA" : "00110110" }
{ "_id" : 2, "a" : 20, "binaryValueofA" : "00010100" }
{ "_id" : 3, "a" : 20, "binaryValueofA" : "00010100" }
{ "_id" : 4, "a" : BinData(0,"Zg=="), "binaryValueofA" : "01100110" }

mongo> db.bits.find( { a: { $bitsAllSet: [ 1, 5 ] } } )
{ "_id" : 1, "a" : 54, "binaryValueofA" : "00110110" }
{ "_id" : 4, "a" : BinData(0,"Zg=="), "binaryValueofA" : "01100110" }

mongo> db.bits.find( { a: { $bitsAllSet: 35 } } )

mongo> db.bits.find( { a: { $bitsAllSet: 20 } } )
{ "_id" : 1, "a" : 54, "binaryValueofA" : "00110110" }
{ "_id" : 2, "a" : 20, "binaryValueofA" : "00010100" }
{ "_id" : 3, "a" : 20, "binaryValueofA" : "00010100" }

mongo> db.bits.find( { a: { $bitsAllSet: BinData(0, "MC==") } } )
{ "_id" : 1, "a" : 54, "binaryValueofA" : "00110110" }
```

8.1.1.6.2 FIND 조건

FIND 쿼리로 데이터를 검색할 때 가장 중요한 것은 검색 대상을 걸러내는 조건일 것이다. MongoDB 에서는 도큐먼트의 데이터 포맷이 RDMBS와 같이 정형화되어 있지 않기 때문에 다양한 형태의 도큐먼트를 검색할 수 있도록 배열이나 서브 도큐먼트 조건을 활용할 수 있게 지원하고 있다. 그런데 이런 다양한 형태의 포맷을 지원하기 때문에 쿼리의 작성이 까다롭고 복잡해지는 문제도 있다. 도큐먼트의 포맷이 복잡해질수록 쿼리도 복잡해지고, 그로 인해서 각 쿼리가 어떤 인덱스를 사용하게 될지, 때로는 인덱스를 사용할 수 있을지 없을지가 명확히 보이지 않는 경우도 많이 있다. 이는 사용자에게만 그런 것이 아니라 MongoDB 서버의 옵티마이저에게도 마찬가지다. 그래서 MongoDB의 데이터 모델을 설계할 때는 도큐먼트의 포맷을 단순화하는 것이 좋다.

MongoDB 서버에서 쿼리를 작성할 때 우선 가장 중요한 점은 하나의 필드에 대한 조건은 반드시 하나의 서브 도큐먼트로 작성해야 한다는 것이다. 예를 들어, users 컬렉션의 name 필드를 범위로 검색하는 쿼리를 작성해보자. 다음 쿼리는 name 필드의 값이 "m"보다 크거나 같고 "u"보다 작거나 같은 도큐먼트를 검색하는 쿼리다. 누가 봐도 전혀 이상하지 않아 보이지만 출력된 결과는 의도와는 다르게 보일 것이다.

```
mongo> db.users.find({name:{$gte:"m"}, name:{$lte:"u"}})
{ "name" : "matt", "scores" : [ 79, 85, 93 ] }
{ "name" : "lara", "scores" : [ 91, 63 ] }
```

이렇게 쿼리의 조건을 작성해 본 사용자라면 이미 알겠지만, 이 쿼리의 두 개 조건 중 하나는 버려진다. 이 쿼리의 실행 계획을 간단히 살펴보자.

```
mongo> db.users.find({name:{$gte:"m"}, name:{$lte:"u"}}).explain()
{
        "queryPlanner" : {
                "plannerVersion" : 1,
                "namespace" : "test.users",
                "indexFilterSet" : false,
                "parsedQuery" : {
                        "name" : {
                                "$lte" : "u"
                        }
                },
                "winningPlan" : {
                        "stage" : "COLLSCAN",
                        "filter" : {
                                "name" : {
                                        "$lte" : "u"
                                }
                        },
```

```
                    "direction" : "forward"
                },
                "rejectedPlans" : [ ]
            }
    }
}
```

쿼리의 실행 계획을 살펴보면 parsedQuery 필드에 MongoDB 서버 옵티마이저가 해석한 쿼리의 조건이 표시된다. 그런데 parsedQuery 필드에 name 필드가 "u"보다 작은 조건만 표시되는 것을 확인할 수 있다. 즉 MongoDB 서버는 주어진 두 개의 조건 중에서 두 번째 조건만 인식하고 첫 번째 조건은 그냥 버린 것을 알 수 있다. 여기에서 이 쿼리가 컬렉션을 풀 스캔하고 있는데, 이는 중요한 사항은 아니므로 그냥 넘어가겠다. 그렇다면 MongoDB 서버에서 두 개의 조건을 모두 적용하려면 쿼리를 어떻게 작성해야 할까? MongoDB 서버에서 쿼리를 작성할 때, 하나의 필드에 대한 조건은 항상 하나의 서브 도큐먼트에 전부 포함돼야 한다. 다음 예제의 쿼리는 name 필드에 대해서 서브 도큐먼트를 만들고, 그 서브 도큐먼트에 name 필드가 "m"보다 크거나 같고 "u"보다 작거나 같다는 조건이 모두 작성됐다.

```
mongo> db.users.find({name:{$gte:"m", $lte:"u"}})
{ "name" : "matt", "scores" : [ 79, 85, 93 ] }
```

이제 원하는 결과만 출력된 것을 확인할 수 있다. 이 쿼리의 실행 계획을 살펴보자.

```
mongo> db.users.find({name:{$gte:"m", $lte:"u"}}).explain()
{
        "queryPlanner" : {
                "plannerVersion" : 1,
                "namespace" : "test.users",
                "indexFilterSet" : false,
                "parsedQuery" : {
                        "$and" : [
                                {
                                        "name" : {
                                                "$lte" : "u"
                                        }
                                },
                                {
```

```
                                    "name" : {
                                            "$gte" : "m"
                                    }
                            }
                    ]
            },
            "winningPlan" : {
                    "stage" : "COLLSCAN",
                    "filter" : {
                            "$and" : [
                                    {
                                            "name" : {
                                                    "$lte" : "u"
                                            }
                                    },
                                    {
                                            "name" : {
                                                    "$gte" : "m"
                                            }
                                    }
                            ]
                    },
                    "direction" : "forward"
            },
            "rejectedPlans" : [ ]
        }
}
```

쿼리의 실행 계획에서도 확인할 수 있듯이 name 필드가 "m"보다 크거나 같고 "u"보다 작거나 같다라는 2개의 조건이 모두 parsedQuery 필드에 표시됐다. 그래서 최종적으로 쿼리의 실행 계획상 "filter" 조건에도 두 개의 조건이 AND로 적용된 것을 확인할 수 있다. 그다지 대수롭지 않을 수도 있지만, MongoDB 서버에서 쿼리를 작성할 때는 반드시 이 규칙을 지켜서 작성해야 한다. 하나의 필드에 대한 조건은 하나의 서브 도큐먼트로 모두 모아서 작성해야 한다는 것을 반드시 기억하자.

주의

앞서 예제로 살펴봤던 쿼리처럼 하나의 필드에 대한 조건을 분리해서 나열하고자 할 때에는 다음과 같이 하나의 필드에 대한
조건이라 하더라도 AND 오퍼레이터로 결합해주면 된다.

```
mongo> db.users.find({$and: [{name:{$gte:"m"}}, {name:{$lte:"u"}}]})
{ "name" : "matt", "scores" : [ 79, 85, 93 ] }
```

이 쿼리의 실행 계획을 확인해보면 "{name:{$gte:"m", $lte:"u"}}"으로 조건을 사용했을 때처럼 2개의 조건이 모두
parsedQuery에 나열된 것을 확인할 수 있다.

```
mongo> db.users.find({$and: [{name:{$gte:"m"}}, {name:{$lte:"u"}}]}).explain()
{
        "queryPlanner" : {
                "plannerVersion" : 1,
                "namespace" : "test.users",
                "indexFilterSet" : false,
                "parsedQuery" : {
                        "$and" : [
                                {
                                        "name" : {
                                                "$lte" : "u"
                                        }
                                },
                                {
                                        "name" : {
                                                "$gte" : "m"
                                        }
                                }
                        ]
                },
        ...
}
```

MongoDB의 BSON 쿼리에서 또 하나 기억해야 할 점은 별도의 논리 연산을 포함하지 않으면 AND
연산을 수행한다는 것이다. 다음 쿼리를 살펴보자.

```
mongo> db.users.find( {name:"matt", scores:85} )
```

위 쿼리는 name 필드가 "matt"인 검색 조건과 score 필드가 85인 검색 조건을 가지고 있다. MongoDB 서버의 옵티마이저는 이를 기본적으로 AND 조건 결합으로 해석한다. 사실 더 정확하게 하려면 위 쿼리는 다음과 같이 $and 오퍼레이터로 각 조건을 AND로 결합해서 작성해야 한다. 하지만 이런 작성은 쿼리의 조건을 복잡하게 하고 가독성을 떨어뜨리기도 하므로 일반적으로 AND로 연결되는 조건은 모두 별도의 연산자 없이 나열하는 형태로 많이 사용한다.

```
mongo> db.users.find( {$and: [{name:"matt"}, {score:85}]} )
```

이제 도큐먼트의 포맷별(단순 스칼라 필드, 서브 도큐먼트 필드, 배열 필드)로 FIND 명령의 조건을 사용하는 예제를 간단하게 하나씩 살펴보자. 여기에서 "스칼라 필드(Scalar field)"는 배열이나 도큐먼트가 아닌 단순히 정수나 문자열 등과 같이 하나의 값만 가지는 필드를 의미한다.

단순 스칼라 필드 검색 쿼리

다음 예제는 도큐먼트의 최상위 필드가 단순히 하나의 값만 가지는 경우에 대한 일치 및 범위 검색 예제를 보여주고 있다. 이 예제는 기본적인 예제이며 쉽게 이해할 수 있으므로 간단히 예제만 살펴 보겠다.

```
// users 컬렉션의 모든 도큐먼트를 조건 없이 조회
mongo> db.users.find()
mongo> db.users.find( {} )

// users 컬렉션에서 name 필드의 값이 "matt"인 도큐먼트 검색
mongo> db.users.find({name: "matt"})

// users 컬렉션에서 score 필드의 값이 90보다 크거나 같은 도큐먼트 검색
mongo> db.users.find({score: {$gte: 90}})

// users 컬렉션에서 score 필드의 값이 80보다 크거나 같고, 90보다 작거나 같은 도큐먼트 검색
mongo> db.users.find({score: {$gte: 80, $lte: 90}})

// users 컬렉션에서 score가 90보다 크거나 같고 name 필드의 값이 "matt"인 도큐먼트 검색
mongo> db.users.find({name: "matt", score: {$gte: 90}})
mongo> db.users.find({ $and: [{name: "matt"}, {score: {$gte: 90}}] })
```

서브 도큐먼트 필드 검색 쿼리

이제 서브 도큐먼트의 검색 예제를 살펴보자. 우선 다음과 같은 도큐먼트를 가진 컬렉션을 가정해보자.
contact 필드는 서브 도큐먼트를 가진 필드다.

```
{
  name: "matt",
  contact: {
    type: "office",
    phone: "031-000-0000"
  }
}
```

이제 이 도큐먼트를 검색하기 위한 쿼리를 작성해보자. 다음 두 개의 쿼리는 검색 조건은 다르지만 동
일한 결과를 가져온 것을 확인할 수 있다.

```
// 예제 데이터 INSERT
monog> db.users.insert({name:"matt", contact:{type:"office", phone:"031-000-0000"}})

// 데이터 조회 쿼리
mongo> db.users.find({contact:{type:"office", phone:"031-000-0000"}})
{ "name" : "matt", "contact" : { "type" : "office", "phone" : "031-000-0000" } }

mongo> db.users.find({"contact.type": "office", "contact.phone": "031-000-0000"})
{ "name" : "matt", "contact" : { "type" : "office", "phone" : "031-000-0000" } }
```

데이터 조회 예제의 첫 번째 쿼리는 contact 필드의 검색 조건으로 서브 도큐먼트를 사용했으며, 두 번
째 쿼리는 서브 도큐먼트의 필드를 "." 표기법(Dot Notation)을 이용해서 각 필드 값을 비교하고 있다.
어쨌거나 이 예제에서는 두 쿼리의 결과가 아무런 차이가 없다. 이는 서브 도큐먼트의 모든 필드를 검
색 조건에서 사용하고 있기 때문이다. 이제 다음과 같이 서브 도큐먼트에 몇 개의 필드가 더 있는 도큐
먼트를 검색하는 쿼리를 고려해보자.

```
// 예제 데이터 INSERT
mongo> db.users.insert({name:"matt",
    contact:{type:"office", phone:"031-000-0000", extension_no: 122 }})
```

위 예제에서는 "matt"의 연락처가 내선 번호(extension_no) 필드를 추가로 가지고 있다. 이제 이 도큐먼트를 검색하기 위해서 앞서 사용했던 쿼리와 동일한 쿼리를 실행해보자.

```
// 데이터 조회 쿼리
mongo> db.users.find({contact:{type:"office", phone:"031-000-0000"}})
=> Not found

mongo> db.users.find({"contact.type": "office", "contact.phone": "031-000-0000"})
{ "name" : "matt", "contact" : {
  "type" : "office", "phone" : "031-000-0000", "extension_no" : 122 } }
```

서브 도큐먼트를 통째로 검색 조건에 사용하는 첫 번째 쿼리는 아무런 결과를 가져오지 못했다. 하지만 서브 도큐먼트의 각 필드를 검색 조건으로 사용하고 있는 두 번째 쿼리는 1건의 결과를 출력했다. 이 결과가 두 쿼리의 차이점을 보여주는 것이다. 서브 도큐먼트를 통째로 검색 조건에 사용하면 MongoDB 서버는 해당 필드의 서브 도큐먼트가 동일한 도큐먼트만 찾아서 검색 결과로 반환한다. 그런데 이 예제에서 검색 조건의 contact 필드는 type과 phone 필드만 가지고 있지만, 실제 도큐먼트는 type과 phone 그리고 extension_no 필드를 가지고 있기 때문에 일치하지 않은 것이다. 즉 첫 번째 쿼리처럼 서브 도큐먼트를 통째로 검색 조건의 값으로 사용하면 MongoDB 서버는 서브 도큐먼트를 통째로 BSON 문서로 변환해서 BSON 문서의 일치 여부를 판단한다. 하지만 두 번째 쿼리는 서브 도큐먼트의 포맷과 상관없이 서브 도큐먼트가 가진 필드를 하나씩 비교하기 때문에 실제 서브 도큐먼트가 가진 필드가 다르다 하더라도 검색 조건에 있는 필드만 비교해서 결과를 반환한다.

위에서 설명한 이유로 인해서 서브 도큐먼트를 통째로 검색 조건에 이용하는 경우에는 다음과 같은 쿼리 결과가 발생하기도 한다.

```
// 예제 데이터 INSERT
mongo> db.users.insert({name:"matt",
contact:{type:"office", phone:"031-000-0000"}})

mogo> db.users.find({contact:{type:"office", phone:"031-000-0000"}})
{ "name" : "matt", "contact" : { "type" : "office", "phone" : "031-000-0000" } }

mongo> db.users.find({contact:{phone:"031-000-0000", type:"office"}})
=> Not Found
```

첫 번째 쿼리 예제는 INSERT 때와 동일하게 contact 서브 도큐먼트를 조건으로 사용했다. 하지만 두 번째 쿼리는 검색 조건의 contact 서브 도큐먼트의 필드를 거꾸로 명시했다. 검색 조건이 서브 도큐먼트 자체일 때는 서브 도큐먼트를 구성하는 필드의 순서까지 영향을 미친다. 이는 사실 서브 도큐먼트를 통째로 BSON으로 변환한 다음에 비교하므로 당연한 결과이기도 하다.

> **(!) 주의**
>
> 이번 예제에서 살펴본 도큐먼트 전체 비교와 도큐먼트의 특정 필드 비교는 인덱스에서 매우 중요한 차이를 만들어 낸다. 즉 다음과 같이 2종류의 인덱스를 생성했다고 가정해보자.
>
> ```
> db.users.createIndex( {contact:1} )
> db.users.createIndex( {"contact.type":1, "contact.phone":1} )
> ```
>
> 이미 검색 쿼리의 조건에서 살펴본 규칙이 인덱스를 생성할 때도 동일하게 적용된다. 그래서 첫 번째 인덱스는 contact 필드에 저장되는 서브 도큐먼트를 BSON 도큐먼트로 변환해서 그 값을 그대로 인덱스 엔트리로 사용한다. 그리고 두 번째 인덱스는 contact 필드의 서브 도큐먼트에서 각 필드를 뽑아서 복합 인덱스를 생성한다. 그래서 첫 번째 인덱스와 두 번째 인덱스를 적절히 활용하려면 쿼리의 조건도 다르게 사용해야 한다.
>
> ```
> // {contact:1} 인덱스 활용을 위한 쿼리
> mongo> db.users.find({contact:{type:"office", phone:"031-000-0000"}})
>
> // {"contact.type":1, "contact.phone":1} 인덱스 활용을 위한 쿼리
> mongo> db.users.find({"contact.type": "office", "contact.phone": "031-000-0000"})
> ```
>
> 이는 인덱스 설계나 쿼리의 최적화에서 상당한 차이를 보이므로 반드시 주의하도록 하자.

배열 필드 검색 쿼리

필드의 데이터 타입이 엘리먼트의 배열이거나 서브 도큐먼트의 배열이 되면 쿼리의 조건 사용법은 더 복잡해진다. MongoDB 매뉴얼에서는 다음 예제의 첫 번째 배열처럼 점수와 같이 단순한 값의 배열인 경우를 엘리먼트 배열(Array Of Element)이라고 하고, 두 번째 예제와 같이 배열의 요소가 서브 도큐먼트인 경우를 도큐먼트 배열(Array Of Sub-Document)이라고 구분하고 있다.

```
// 엘리먼트 배열 사용 예제
{
  name: "matt",
```

```
    scores: [85, 90, 75]
}

// 도큐먼트 배열 사용 예제
{
  name: "matt",
  contacts: [
    {type: "office", phone: "031-000-0000"},
    {type: "home", phone: "02-000-0000"}
  ]
}
```

이렇게 필드의 데이터 타입이 배열이 되면 FIND 명령의 검색 조건은 조금씩 복잡해지기 시작한다. 첫 번째 예제는 scores 필드에 저장된 배열 값 중에서 80보다 크고 90보다 작은 값을 가진 도큐먼트를 검색하는 쿼리다. 그리고 두 번째 쿼리는 서브 도큐먼트의 배열에 대해서 "office" 연락처이면서 "031"보다 큰 전화번호를 가진 도큐먼트를 검색하는 쿼리다.

```
mongo> db.users.find( {scores: {$elemMatch: {$gt: 80, $lt:90}}} )

mongo> db.users.find( {
  contacts: {
    $elemMatch: {type: "office", phone: {$gt: "031"}}
  }
})
```

첫 번째 예제는 배열 오퍼레이터에서 자세히 살펴봤으므로 이미 잘 알고 있을 것이다. 그런데 두 번째 예제는 contacts 필드가 배열 타입의 필드인데 배열의 요소가 서브 도큐먼트인 경우다. 이런 경우 범위 검색을 하고자 한다면 $elemMatch 오퍼레이터를 사용해야 한다. 다음 예제를 잠깐 살펴보자.

```
mongo> db.users.find({  contacts: { type: "office", phone: {$gt: "031"}}  } )
=> Not Found

mongo> db.users.find({  contacts: {
    $elemMatch: {type: "office", phone: {$gt: "031"}}   } })
{ "name" : "matt", "contacts" : [
  { "type" : "office", "phone" : "031-000-0000" },
```

```
  { "type" : "home", "phone" : "02-000-0000" } ]
}

mongo> db.users.find({ contacts: {type: "office", phone: "031-000-0000"} } )
{ "name" : "matt", "contacts" : [
  { "type" : "office", "phone" : "031-000-0000" },
  { "type" : "home", "phone" : "02-000-0000" } ]
}
```

첫 번째 예제에서는 $gt 오퍼레이터를 이용해서 contacts 필드를 검색했지만, 결과는 아무것도 나오지
않았다. 그런데 $elemMatch 오퍼레이터와 함께 $gt를 사용한 두 번째 쿼리는 원하는 결과가 출력됐
다. 이 두 개의 쿼리는 뭐가 다르길래 이렇게 다른 결과를 만든 것일까? 첫 번째 쿼리가 원하는 결과를
찾지 못한 원인은 실행 계획을 이용해서 MongoDB가 쿼리를 어떻게 해석했는지 비교해보면 된다.

```
mongo> db.users.find({ contacts: {type: "office", phone: "031-000-0000"} } )
{
        "queryPlanner" : {
                "plannerVersion" : 1,
                "namespace" : "test.users",
                "indexFilterSet" : false,
                "parsedQuery" : {
                        "contacts" : {
                                "$eq" : {
                                        "type" : "office",
                                        "phone" : {
                                                "$gt" : "031"
                                        }
                                }
                        }
                },
        ...

mongo> db.users.find({
contacts: { $elemMatch: { type: "office", phone: {$gt: "031"}} } }).explain()
{
        "queryPlanner" : {
                "plannerVersion" : 1,
```

```
            "namespace" : "test.users",
            "indexFilterSet" : false,
            "parsedQuery" : {
                    "contacts" : {
                            "$elemMatch" : {
                                    "$and" : [
                                            {
                                                    "type" : {
                                                            "$eq" : "office"
                                                    }
                                            },
                                            {
                                                    "phone" : {
                                                            "$gt" : "031"
                                                    }
                                            }
                                    ]
                            }
                    }
            },
...

mongo> db.users.find({ contacts: { type: "office", phone: "031-000-0000"} } ).explain()
{
    "queryPlanner" : {
        "plannerVersion" : 1,
        "namespace" : "test.users",
        "indexFilterSet" : false,
        "parsedQuery" : {
            "contacts" : {
                "$eq" : {
                    "type" : "office",
                    "phone" : "031-000-0000"
                }
            }
        },
...
```

위 실행 계획에서 볼 수 있듯이 $gt만 사용한 첫 번째 쿼리는 "$eq" 조건이 추가된 것을 볼 수 있다. 그래서 MongoDB 옵티마이저는 첫 번째 쿼리를 일치 비교를 수행한 것이다. 하지만 두 번째 쿼리에 대해서는 contacts 필드에 대해서 일치 비교가 아니라, $elemMatch 오퍼레이터를 사용한 것을 확인할수 있다. 그래서 $gt 오퍼레이터를 사용하지 않은 세 번째 쿼리는 $elemMatch를 사용하지 않아도 원하는 결과가 출력됐다. 즉 세 번째 쿼리는 처음부터 범위가 아니라 일치하는 도큐먼트를 검색한 것이므로 옵티마이저가 "$eq"로 해석한 것이 쿼리의 의도와 맞아 떨어진 것이다.

8.1.1.6.3 커서 옵션 및 명령

MongoDB의 FIND 쿼리는 항상 커서(Cursor)를 반환하는데, 커서를 통해서 쿼리 결과 도큐먼트를 하나씩 읽을 수 있다. 커서는 단순히 검색 결과 도큐먼트를 읽는 수단으로만 사용되는 것은 아니며, FIND 쿼리의 검색 결과를 정렬하거나 지정된 건수의 도큐먼트를 건너뛰거나 제한하는 등의 기능도 제공한다. 여기에서는 FIND 쿼리의 결과 커서를 이용해서 데이터의 정렬이나 도큐먼트 건수를 제한하는 옵션에 대해서 살펴보자. FIND 쿼리의 결과로 반환되는 커서는 여러 옵션을 설정하여 쿼리 실행 또는 쿼리 결과를 가져오는 방법 등을 제어할 수 있다. 여기에서는 주요 커서 옵션들을 살펴보겠다.

혹시 여기에 언급되지 않은 추가적인 기능을 살펴보고자 한다면 자세한 내용은 MongoDB 매뉴얼의 커서 옵션(https://docs.mongodb.com/manual/reference/method/js-cursor/)을 살펴보도록 하자. 매뉴얼의 내용은 Mongo 셸에서 사용할 수 있는 커서 옵션이지만, 실제 대부분의 프로그램 언어별 MongoDB 드라이버에서도 꼭 필요한 옵션을 제공하고 있으니 프로그램 언어별로 드라이버 API도 같이 참조하도록 하자.

자주 사용되는 커서 옵션을 먼저 예제와 함께 자세히 살펴보고, 사용 빈도가 높지 않거나 용도를 잘못 생각할 수 있는 옵션은 나중에 살펴보겠다. 우선 자주 사용되는 커서의 옵션으로는 정렬이나 인덱스 힌트 그리고 데이터의 일관성 관련된 내용 등이 있다.

데이터 정렬(cursor.sort())

FIND 쿼리의 결과 데이터를 정렬하려면 sort() 커서 옵션을 사용해야 한다. 일부 커서 옵션은 데이터를 가져오는 도중에 설정할 수도 있지만, 정렬 옵션은 반드시 쿼리를 실행하는 시점에 같이 명시해야한다. 정렬 옵션에 따라서 쿼리의 실행 계획이 달라지고 쿼리의 실행 절차가 달라지므로 이는 당연한 것이다. 다음은 users 컬렉션의 데이터를 score 필드 값의 역순으로, 그리고 score 필드가 동점일 때는 name 필드의 정순으로 정렬하는 예제다.

```
db.users.find().sort( {score:-1, name: 1} )
```

sort() 옵션은 하나의 인자를 사용하는데, 인자로는 정렬할 필드의 목록을 나열하면 된다. 이때 필드별로 정렬할 기준을 다르게 설정할 수 있으며, 역순으로 정렬하고자 하는 필드는 "-1", 정순 정렬하고자 하는 필드는 "1"로 설정하면 된다.

> **참고**
>
> 커서의 sort() 옵션이 인덱스를 이용해서 정렬을 수행할 수 있을 때는 데이터 크기나 정렬을 위한 메모리 크기에 관계없이 정렬된 결과를 가져올 수 있다. 하지만 sort() 옵션이 인덱스를 사용할 수 없을 때는 MongoDB 서버가 쿼리를 실행하는 도중에 정렬 알고리즘(Quicksort 알고리즘)을 실행해서 FIND 명령의 결과 도큐먼트를 정렬한 다음 클라이언트로 응답해야 한다. 이때 정렬을 위해서는 추가로 큰 메모리 공간이 필요하다. MongoDB 서버는 이렇게 정렬을 수행해야 할 때 사용할 수 있는 최대 메모리 크기가 인터널 파라미터로 설정(기본값은 32MB)돼 있다.
>
> ```
> mongo> use admin
> mongo> db.runCommand( { getParameter : '*' } )
> {
>         ....
>         "internalQueryExecMaxBlockingSortBytes" : 33554432,
> ```
>
> 만약 쿼리의 정렬을 수행하는 데 필요한 메모리 공간이 32MB를 넘어선다면 다음과 같은 에러를 발생시키고 쿼리는 실패하게 된다.
>
> ```
> mongo> db.users.find().sort({name:1})
> Error: error: {
>       "ok" : 0,
>       "errmsg" : "Executor error during find command: OperationFailed: Sort operation used
> more than the maximum 33554432 bytes of RAM. Add an index, or specify a smaller limit.",
>       "code" : 96,
>       "codeName" : "OperationFailed"
> }
> ```
>
> 이렇게 메모리 공간이 부족해서 정렬을 수행하지 못하는 경우에 이를 위한 해결 방법으로 다음과 같이 3가지 우회 방법을 생각해 볼 수 있다. 첫 번째는 다음 예제처럼 정렬 작업이 인덱스를 활용할 수 있게 하는 방법이고, 두 번째는 정렬을 위한 메모리 공간을 더 크게 설정하는 것이다. 그리고 마지막 세 번째 방법은 FIND() 명령 대신 Aggregate() 명령을 사용하고, allowDiskUse 옵션을 true로 설정하는 것이다.

```
// 인덱스 생성
mongo> db.users.createIndex({name:1})

// 정렬을 위한 메모리 크기 변경
mongo> use admin
mongo> db.runCommand({setParameter:1,
internalQueryExecMaxBlockingSortBytes:1024*1024*1024})
                    { "was" : 33554432, "ok" : 1 }

// Aggregation을 사용하는 방법
mongo> db.users.aggregate([
        { $sort : { name: 1 } }
    ], {allowDiskUse:true})
```

물론 인덱스를 이용해서 정렬을 처리할 수 있게 하는 것이 좋은 튜닝 방법이지만, 응용 프로그램에서 필요로 하는 모든 쿼리의 정렬이 인덱스를 이용하게 할 수는 없다. 그런 경우에는 두 번째 방법으로 정렬 작업이 사용할 수 있는 메모리 공간의 크기를 더 크게 설정하는 것이다. 물론 서비스 요건에 따라서 불가능한 방법일 수도 있지만, FIND 쿼리에 limit() 커서 옵션을 설정해서 정렬해야 하는 도큐먼트의 건수를 소량으로 제한함으로써 이 문제를 회피할 수도 있다.

> **(!) 주의**
>
> 정렬을 위해서 할당된 메모리는 쿼리가 완전히 완료되기 전까지는 운영 체제로 반납되지 않는다. 즉 클라이언트가 쿼리의 결과를 모두 가져가기 전까지는 정렬을 위해서 할당된 메모리 공간이 운영 체제로 반납되지 못한다는 것을 의미한다. 그런데 만약 클라이언트에서 나머지 결과가 더 필요하지 않아서 커서에 도큐먼트가 남은 상태로 그대로 방치해버린다면 MongoDB 서버에 의해서 커서가 자동으로 닫힐 때까지 메모리 공간은 운영 체제로 반납되지 못하게 된다. 그래서 쿼리의 실행 결과로 전달받은 커서는 반드시 모든 도큐먼트를 클라이언트로 가져오거나, 그렇지 않고 더 이상 필요하지 않아서 도큐먼트 패치(Fetch)를 중간에 멈추는 경우에는 커서를 반드시 닫아주는 게 좋다.

커서의 sort 옵션에서는 "$natural" 키워드를 사용할 수 있는데, 이는 데이터 파일에 저장된 도큐먼트의 순서를 의미한다. 다음은 "$natural" 키워드를 이용해서 정순 또는 역순으로 정렬해서 데이터를 조회하는 예제다.

```
db.users.find().sort( {$natural: 1} )
db.users.find().sort( {$natural: -1} )
```

여기에서 한가지 주의해야 할 사항은 데이터 파일에 저장된 레코드의 순서가 항상 INSERT 된 순서와 일치하지 않는다는 것이다. 또한 특수한 경우에는 데이터 파일에 저장된 순서가 INSERT 된 순서와 같을 수도 있다. 다음 예제는 MMAPv1 스토리지 엔진을 사용하는 컬렉션에 대해서 도큐먼트 DELETE와 INSERT가 반복될 때 $natural 정렬의 결과를 살펴본 것이다.

```
// 1KB 크기의 문자열 생성
var dummy="";
for(var idx=0; idx<100; idx++){
  dummy = dummy + "0123456789";
}

// data 컬렉션에 10개의 도큐먼트 INSERT
for(var idx=1; idx<=10; idx++){
  db.data.insert({no:idx, dummy:dummy});
}

// INSERT 된 순서대로 출력되는 결과 확인
mongo> db.data.find({}, {_id:0,no:1}).sort({$natural:1}).limit(5)
{ "no" : 1 }
{ "no" : 2 }
{ "no" : 3 }
{ "no" : 4 }
{ "no" : 5 }

// 제일 먼저 INSERT 된 no=1 도큐먼트 삭제
mongo> db.data.remove({no:1})

// 새로운 도큐먼트 INSERT
mongo> db.data.insert({no:11, dummy:dummy})

// $natural 정렬로 다시 데이터 조회
mongo> db.data.find({}, {_id:0,no:1}).sort({$natural:1}).limit(5)
{ "no" : 2 }
{ "no" : 3 }
{ "no" : 11 }
{ "no" : 4 }
{ "no" : 5 }
```

위 예제에서 볼 수 있듯이 도큐먼트가 하나도 삭제되지 않고 INSERT만 실행된다면 $natural 정렬은 도큐먼트가 INSERT 된 순서와 같다. 하지만 도큐먼트가 삭제된 후에 새로운 도큐먼트가 저장되면 $natural 정렬은 INSERT 된 순서와 달라진다. 실제 $natural 정렬은 데이터 파일에서 데이터 페이지 (Page, Data Block)를 읽는 순서와 같다 물론 하나의 페이지 내에서의 도큐먼트들은 INSERT 된 순서대로 링크드 리스트(Linked List) 구조로 저장되므로 삭제와 관계없이 INSERT 순서를 유지한다. 하지만 이 내용은 MongoDB의 너무 세세한 부분이므로 자세한 설명은 생략하겠다.

하지만 WiredTiger 스토리지 엔진은 MMAPv1 스토리지 엔진과는 조금 다른 결과를 보여준다. 다음 예제는 WiredTiger 스토리지 엔진을 사용하는 컬렉션에서 동일한 테스트를 해본 것이다.

```
// 1KB 크기의 문자열 생성
var dummy="";
for(var idx=0; idx<100; idx++){
  dummy = dummy + "0123456789";
}


// data 컬렉션에 10개의 도큐먼트 INSERT
for(var idx=1; idx<=10; idx++){
  db.data.insert({no:idx, dummy:dummy});
}
// INSERT 된 순서대로 출력되는 결과 확인
mongo> db.data.find({}, {_id:0,no:1}).sort({$natural:1}).limit(5)
{ "no" : 1 }
{ "no" : 2 }
{ "no" : 3 }
{ "no" : 4 }
{ "no" : 5 }


// 제일 먼저 INSERT 된 no=1 도큐먼트 삭제
mongo> db.data.remove({no:1})


// 새로운 도큐먼트 INSERT
mongo> db.data.insert({no:11, dummy:dummy})


// $natural 정렬로 다시 데이터 조회
mongo> db.data.find({}, {_id:0,no:1}).sort({$natural:1})
{ "no" : 2}
{ "no" : 3}
```

```
{ "no" : 4 }
{ "no" : 5 }
{ "no" : 6 }
{ "no" : 7 }
{ "no" : 8 }
{ "no" : 9 }
{ "no" : 10 }
{ "no" : 11 }
```

WiredTiger 스토리지 엔진에서는 도큐먼트를 삭제하고 다시 새로운 도큐먼트를 INSERT 한 다음에 동일하게 $natural 정렬로 쿼리를 실행해봐도 실행 결과는 INSERT 된 순서와 같다는 것을 확인할 수 있다. WiredTiger 스토리지 엔진을 사용하는 컬렉션은 내부적으로 자동 증가(Auto-Increment)하는 값을 이용해서 RecordId를 생성하고, 이 RecordId 값을 기준으로 클러스터링 되기 때문이다. 즉 데이터 파일의 도큐먼트 순서는 RecordId로 정렬돼 있어서 기존 도큐먼트를 삭제하고 새로운 도큐먼트를 INSERT 해도 이때 새롭게 INSERT 되는 도큐먼트는 가장 큰 RecordId를 갖게 되기 때문이다. 실제 WiredTiger 스토리지 엔진을 사용하는 컬렉션의 데이터를 RecordId와 함께 확인해보면 결과가 RecordId 순서대로 정렬된 것을 확인할 수 있다.

```
mongo> db.data.find({}, {_id:0,no:1}).sort({$natural:1}).showRecordId()
{ "no" : 2, "$recordId" : NumberLong(1) }
{ "no" : 3, "$recordId" : NumberLong(3) }
{ "no" : 4, "$recordId" : NumberLong(4) }
{ "no" : 5, "$recordId" : NumberLong(5) }
{ "no" : 6, "$recordId" : NumberLong(6) }
{ "no" : 7, "$recordId" : NumberLong(7) }
{ "no" : 8, "$recordId" : NumberLong(8) }
{ "no" : 9, "$recordId" : NumberLong(9) }
{ "no" : 10, "$recordId" : NumberLong(10) }
{ "no" : 11, "$recordId" : NumberLong(11) }
```

> **참고** 이미 WiredTiger 스토리지 엔진과 MMAPv1 스토리지 엔진의 인덱스 구조나 RecordId 발급 방법에 대해서 자세히 살펴봤으니 여기에서 더 자세한 설명은 생략하겠다. WiredTiger 스토리지 엔진과 MMAPv1 스토리지 엔진의 RecordId 차이가 궁금하다면 "5.3.2.2 WiredTiger 스토리지 엔진의 Record-Id" 절과 "5.3.2.1 MMAPv1 스토리지 엔진의 Record-Id" 절의 내용을 참조하자.

MMAPv1 스토리지 엔진에서는 $natural 정렬이 INSERT 순서와 달라질 수 있는 이유가 또 있다. 다음은 기존에 존재하던 도큐먼트를 업데이트하면서 원래 도큐먼트 크기보다 더 큰 크기의 데이터로 업데이트하는 예제다.

```
mongo> db.users.insert( { _id: 1, name:"matt" } )
mongo> db.users.insert( { _id: 2, name:"lara" } )
mongo> db.users.insert( { _id: 3, name:"todd" } )

mongo> db.users.find().sort({$natural:1})
{ "_id" : 1, "name" : "matt" }
{ "_id" : 2, "name" : "lara" }
{ "_id" : 3, "name" : "todd" }

mongo> db.users.update(
        { _id: 1 },
        { $set: { name: "Very Loooooooooooooooooooooooooooooooooooooong Name" } }
    )

mongo> db.users.find().sort({$natural:1})
{ "_id" : 2, "name" : "lara" }
{ "_id" : 3, "name" : "todd" }
{ "_id" : 1, "name" : "Very Loooooooooooooooooooooooooooooooooooooong Name" }
```

위 예제에서는 이미 존재하던 도큐먼트의 내용을 좀 더 큰 크기의 필드값으로 변경했다. 그리고 다시 $natural 정렬로 데이터를 조회하면 결과가 처음과는 다른 것을 확인할 수 있다. 이는 사실 처음에 확인했던 경우와 같은 이유 때문이다. 즉 도큐먼트의 크기가 커지면서 MMAPv1 스토리지 엔진 내부적으로는 해당 도큐먼트를 삭제하고 새로이 업데이트된 내용의 도큐먼트를 새로운 위치에 기록하기 때문에 실제 내부적으로는 기존 도큐먼트를 삭제하고 새로운 도큐먼트를 INSERT하는 것과 같은 효과를 내는 것이며 그와 동시에 RecordId도 바뀌게 된다. MMAPv1 스토리지 엔진에서는 이런 현상을 도큐먼트 이동(Document Move)이라고 한다. 하지만 WiredTiger 스토리지 엔진에서는 이런 도큐먼트 이동이라는 개념이 없으며, RecordId가 바뀌는 경우도 발생하지 않는다. 그래서 도큐먼트의 크기가 커진다고 해도 $natural 정렬 순서가 변경되거나 하는 현상은 발생하지 않는다. 물론 이는 매뉴얼에 명시적으로 언급된 내용은 아니라서 언제든지 기존 버전과의 호환성을 고려하지 않고 MongoDB 내부적으로 변경될 수는 있다는 것을 기억하자.

그런데 MongoDB 서버에서 Capped 컬렉션은 $natural 옵션이 항상 정확한 INSERT 순서를 보장한다. Capped 컬렉션은 큐처럼 작동하는 컬렉션인데, 항상 INSERT는 데이터 파일의 제일 마지막에 추가되고 그와 동시에 가장 오래된 도큐먼트(데이터 파일의 시작 부분)는 용량이 차면 자동으로 삭제된다. 그렇기 때문에 Capped 컬렉션에서는 $natural 정렬 옵션이 항상 도큐먼트의 INSERT 된 순서를 보장하는 것이다.

MongoDB 서버를 사용하면서 사실 $natural 정렬 옵션을 그렇게 빈번하게 사용하지는 않지만, 이렇게 자세하게 설명한 이유는 MMAPv1 스토리지 엔진과 WiredTiger 스토리지 엔진의 내부 저장 방식을 다른 관점으로 살펴볼 수 있는 예제이기 때문이다. 물론 일반 컬렉션(Capped Collection이 아닌)에서 $natural 정렬 순서는 100% 정확한 정렬 순서는 아니어도 대략 최근 데이터 또는 가장 오래된 데이터를 확인한다거나 할 때는 충분히 활용할 수 있다.

> **(!) 주의**
>
> 가끔 MongoDB 서버를 사용하면서 느끼는 불안감 중의 하나는 오타에 대한 대비책이 전혀 없다는 것이다. 예를 들어, "$natural"로 타이핑해야 하는데 실수로 "$"를 빼고 "natural"로 써서 정렬을 수행하면 검색된 데이터를 모두 정렬하게 된다. 즉 일단 모든 도큐먼트를 메모리로 읽어서 퀵 소트 알고리즘으로 모든 도큐먼트를 정렬하는데, 사실은 natural이라는 실제 컬렉션에는 존재하지 않는 필드가 되는 것이다. "$" 키워드를 사용하지 않았기 때문에 MongoDB 옵티마이저는 "natural"을 실제 컬렉션의 필드 이름으로 해석하는 것이다. 그뿐만 아니라 존재하지 않는 필드를 정렬 조건 또는 검색 조건에 사용하는 것도 컬렉션 풀 스캔을 유도할 가능성이 상당히 높다.
>
> MongoDB는 컬렉션에 대해서 스키마 정보가 없기 때문에 어떤 컬렉션이 어떤 필드를 가졌는지 메타 정보가 없다. 그래서 사용자가 "field1"이라는 이름의 필드를 조건으로 사용하면 실제 "field1"이라는 필드가 있는지 없는지는 도큐먼트를 모두 읽어봐야 알 수 있다. 즉 MongoDB 서버에서는 SQL에서 수행하는 시맨틱 체크가 불가능하다.

콜레이션 변경(cursor.collation())

FIND 쿼리에서 검색 조건을 이용해서 검색할 때, 사용할 문자열 콜레이션을 지정한다. 별도의 콜레이션의 명시하지 않으면 FIND 쿼리의 검색 조건은 컬렉션의 콜레이션을 사용한다. 만약 컬렉션의 콜레이션과 FIND 쿼리가 사용할 인덱스의 콜레이션이 다르다면 옵티마이저는 이 인덱스를 사용하지 못하게 된다. 그래서 이렇게 컬렉션과 인덱스의 콜레이션이 다른 경우에는 FIND 쿼리에 콜레이션을 명시해주는 것이 좋다. 다음은 name 필드의 검색 조건을 한국어 콜레이션을 이용해서 검색하는 예제다.

```
mongo> db.users.find({name:"matt"}).collation({locale:"ko", strength:2})
```

하지만 이렇게 쿼리에 콜레이션을 명시하는 방식은 그다지 추천할 만한 방식은 아니다. 실수를 할 가능성이 높아지며, 쿼리를 실행할 때마다 인덱스의 콜레이션을 확인해야 하므로 가독성뿐만 아니라 생산성도 떨어진다. 그래서 가능하면 컬렉션과 인덱스의 콜레이션은 동일하게 적용하는 것이 좋다.

> **(!) 주의**
>
> 하나의 명령에서 여러 콜레이션 옵션을 섞어서 사용할 수는 없다. 즉 다음과 같은 인덱스(region과 grade 필드는 모두 문자열 필드임)를 사용하는 쿼리를 가정해보자.
>
> ```
> db.users.createIndex( {region: 1, grade:1} )
>
> db.users.find({region:"경남", grade:"A"})
> db.users.find({region:"경남"}).sort({grade:1})
> ```
>
> 위의 두 쿼리는 모두 region과 grade 필드에 생성된 인덱스를 이용해서 검색과 정렬을 수행할 수 있다. 하지만 region 필드와 grade 필드에 대해서 각각 다른 콜레이션을 적용할 수는 없다. MongoDB의 FIND 쿼리에서는 하나의 콜레이션만 설정할 수 있기 때문이다. 그래서 가능하면 하나의 표준화된 콜레이션만 컬렉션 레벨로 설정하는 것이 좋다.

콜레이션에 대한 자세한 설명은 "7.2.3.1 MongoDB 3.4의 콜레이션" 절을 참조하자.

Read Concern(cursor.readConcern())

MongoDB 서버는 분산 처리 구조로 되어 있기 때문에 여러 레플리카 멤버 중에서 어떤 멤버를 선택하는지에 따라서 FIND 쿼리의 결과가 달라질 수도 있다. 특히 MongoDB의 데이터 복제는 일반적으로 비동기 모드이며, 최종 일관성(Eventual Consistency) 모델을 채택하고 있기 때문이다. 즉 프라이머리와 세컨드리 멤버에서 동시에 데이터를 읽었을 때, 프라이머리 멤버에서는 최신의 데이터가 있지만 세컨드리에서는 최신의 데이터가 조회되지 않을 수도 있다. 현재 MongoDB 3.4 버전에서 사용할 수 있는 Read Concern 레벨(또는 Read Concern 모드)은 "local"과 "majority" 그리고 "linearizable"이 있다. Read Concern에 대한 자세한 설명은 "6.4.2 Read Concern" 절을 참조하자.

다음은 "majority" 레벨의 Read Concern을 이용해서 users 컬렉션을 조회하는 예제다.

```
mongo> db.users.find( { name: "matt" } ).readConcern("majority")
```

FIND 쿼리의 디폴트 Read Concern 레벨은 "local"이므로 FIND 쿼리에 별도의 Read Concern을 명시하지 않으면 "local" 레벨의 Read Concern이 적용된다. 따라서 레플리카 셋 멤버 중에서 접속된 멤버의 로컬 데이터를 기준으로 데이터를 조회한다. 또한 레플리카 셋이 아닌 MongoDB 구성에서는 "majority"나 "linearizable" 레벨의 Read Concern을 사용하면 다음과 같이 쿼리가 실패하게 된다.

```
mongo> db.users.find( { name: "matt" } )
             .readConcern("majority")
             .maxTimeMS(2000)
Error: error: {
      "ok" : 0,
      "errmsg" : "Majority read concern requested, but server was not started with
--enableMajorityReadConcern.",
      "code" : 148,
      "codeName" : "ReadConcernMajorityNotEnabled"
}
```

또한 Read Concern을 "majority"나 "linearizable" 레벨을 사용하는 경우에 FIND 쿼리는 레플리카 셋의 다른 멤버들의 복제 동기화 상태에 따라서 쿼리의 결과가 상당히 지연될 수도 있다. 그래서 주어진 쿼리 시간의 요건에 맞게 maxTimeMS() 커서 옵션도 꼭 포함하도록 하자.

Read Preference(cursor.readPref())

FIND 쿼리의 요건에 따라서 때로는 세컨드리 멤버의 복제가 조금 지연됐다 하더라도 세컨드리 멤버에서 처리해도 무방한 경우가 자주 있다. 대표적으로 통계용 쿼리처럼 최신의 데이터가 아니어도 괜찮지만, 상당히 많은 도큐먼트를 처리해야 하는 쿼리는 프라이머리 멤버를 사용하기 부담스러운 경우다. 이런 경우에는 커서의 Read Preference 옵션을 이용해서 FIND 쿼리가 프라이머리가 아닌 세컨드리 멤버로 접속해서 쿼리를 실행하게 할 수도 있다. 다음 예제는 세컨드리 멤버에서 우선적으로 쿼리를 실행하도록 Read Preference를 설정하고 있다.

```
mongo> db.uses.find( {name:"matt"} ).readPref("secondaryPreferred")
```

Read Preference의 작동 방식과 사용할 수 있는 Read Preference 모드에 대해서는 "6.4.3 Read Preference" 절에서 자세히 설명하고 있으니 필요하면 해당 절을 참조하도록 하자.

쿼리 코멘트(cursor.comment())

많은 개발자가 SQL 문장이 프로그램의 어느 코드 블록에서 실행된 것인지 확인하기 위해서 쿼리의 아이디를 주석으로 추가하는 경우가 자주 있다. 하지만 MongoDB의 쿼리는 BSON 포맷을 사용하므로 SQL 문법과 같이 주석(Comment)이 허용되지 않는다. 그래서 MongoDB 서버에서는 다음과 같이 FIND 쿼리의 커서 옵션으로 코멘트를 추가해 두면 슬로우 쿼리 로그에 기록된 쿼리가 프로그램의 어느 모듈에서 실행된 것인지 쿼리 코멘트로 추적할 수 있게 해준다.

```
// "FindByName"이라는 쿼리 아이디를 코멘트로 추가해서 쿼리 실행
mongo> db.users.find( { "name" : "matt" } ).comment("FindByName")

// system.profile 컬렉션에 기록된 로그의 코멘트 표시
mongo> db.system.profile.find()
{
   "op" : "query",
   "ns" : "mysns.users",
   "query" : {
      "find" : "users",
      "filter" : {
         "name" : "matt"
      },
      "comment" : "FindByName"
   },
   ...
}

// MongoDB Log 파일의 코멘트 표시
2017-02-23T13:09:16 I COMMAND  [conn1]   command mysns.users command: find {
    find: "users",
    filter: { "name" : "matt" },
    comment: "FindByName"
  }
  ...

// db.currentOp() 명령 결과의 코멘트 표시
mongo> db.currentOp()
{
```

```
    "inprog" : [
      {
         "desc" : "conn5",
         "threadId" : "0x10772e000",
         "connectionId" : 5,
         "client" : "127.0.0.1:62560",
         "active" : true,
         "opid" : 2249279,
         "secs_running" : 0,
         "microsecs_running" : NumberLong(258562),
         "op" : "query",
         "ns" : "mysns.users",
         "query" : {
            "find" : "users",
            "filter" : { "name" : "matt" },
            "comment" : "FindByName"
         },
         ...
      },
      ...
   ],
   "ok" : 1
}
```

지금까지는 중요하고 빈번하게 사용되는 커서 옵션을 살펴봤다. 모든 커서 옵션을 다 언급하기에는 옵션이 너무 많은 관계로 비교적 자주 사용되지 않는 옵션은 따로 모아서 간단하게 설명하겠다. 혹시 관련된 옵션이 꼭 필요한 사용자는 매뉴얼에서 자세한 예제를 더 참조하도록 하자.

커서 명령 및 옵션	설명
cursor.explain()	FIND 쿼리의 실행 계획을 확인하는 커서 명령으로 자세한 설명과 예제는 나중에 다시 별도로 살펴보겠다.
cursor.hint()	FIND 쿼리가 적절한 인덱스를 선택하지 못할 경우에 옵티마이저가 특정 인덱스를 사용하도록 사용자가 직접 힌트를 제공할 수 있다. 자세한 설명과 예제는 나중에 다시 별도로 살펴보겠다.
cursor.batchSize()	FIND 쿼리의 결과를 몇 건 단위로 잘라서 가져올지 결정한다. Mongo 셸에서는 일반적으로 20건 단위로 가져오며, MongoDB 드라이버는 프로그램 언어별로 차이는 있지만 20건에서 100건 정도 수준으로 설정된다. 아주 특수한 상황이 아니라면 실제 커서의 batchSize를 변경해서 크게 성능이 달라지지는 않는다.

커서 명령 및 옵션	설명
cursor.close()	MongoDB의 커서는 도큐먼트를 모두 읽어가면(즉 커서가 더 이상 읽을 데이터가 없으면) 자동으로 닫힌다. 하지만 읽을 데이터를 남겨둔 상태면 MongoDB 서버가 즉시 커서를 종료하지 않고 남아있게 된다. 이렇게 사용하지 않고 남은 커서들은 나중에 MongoDB 서버가 일괄 정리를 하게 된다. 만약 데이터를 가진 커서를 강제로 종료하고자 한다면 cursor.close() 명령을 이용하면 된다.
cursor.count()	커서가 가진 도큐먼트의 개수를 반환한다. 이는 MongoDB 서버로부터 데이터를 모두 가져온 다음 그 도큐먼트의 개수를 반환하는 명령이다. 만약 데이터를 가져오지 않고 조건에 일치하는 도큐먼트의 개수만 확인하고자 한다면 다음과 같이 db.collection.count() 명령을 이용하도록 하자. `db.users.count({name:"matt"})`
cursor.skip() cursor.limit()	FIND 쿼리의 결과에서 일정 건수를 버리고 결과를 가져오고자 할 때에는 skip() 옵션을 이용한다. 일반적으로 skip()은 limit() 옵션과 같이 자주 사용된다. limit() 옵션은 FIND 쿼리의 결과로 가져올 도큐먼트의 개수를 제한하는 용도로 사용한다. `db.users.find().skip(20).limit(100)`
cursor.maxScan()	FIND 쿼리가 컬렉션이나 인덱스 스캔을 실행하는 횟수를 제한할 때 사용하는 옵션으로, 어떤 이유로 인해서 FIND 쿼리가 과도하게 많은 도큐먼트를 읽거나 인덱스 스캔을 수행한다면 이를 막기 위해서 사용할 수 있다. 또한 쿼리가 얼마나 많은 도큐먼트를 읽게 될지 예측하기 어려운 상황에서 최대한 서비스 쿼리에 영향을 주지 않도록 처리량을 제한하기 위한 용도로도 사용할 수도 있다. `db.users.find().maxScan(10)`
cursor.maxTimeMS()	cursor.maxScan() 옵션과 비슷한 용도로 사용할 수 있으며, 쿼리의 실행 시간을 제한할 수 있다. maxTimeMS() 옵션은 응용 프로그램의 SLA(Service Level Agreement)를 유지하기 위해서 최대 쿼리 실행 시간을 설정하는 용도로도 사용할 수 있다. 즉 쿼리가 성공하든 실패하든 관계없이 클라이언트로 응답이 5초 이내에 반환되도록 하고자 한다면 커서의 maxTimeMS() 옵션을 활용해서 기능을 구현할 수 있다.
cursor.max() cursor.min()	커서의 min()과 max() 옵션은 쿼리가 실행될 때 인덱스 바운드 옵션을 설정한다. 예를 들어, 다음과 같이 FIND 쿼리에 min() 또는 max()를 설정하면 FIND 쿼리는 주어진 인덱스 바운드를 활용해서 쿼리를 실행한다. 그리고 min()과 max() 커서 옵션은 쿼리의 조건이 적절한 인덱스를 사용하지 못하게 방해할 수도 있다. 예를 들어, 다음 쿼리는 _id 인덱스를 사용하는 것이 좋지만, score 필드의 인덱스를 사용하도록 강제할 수도 있다. `db.users.find( { _id: 7 } ).max( { score: 70 } )` MongoDB 커서의 min()과 max() 옵션은 SQL의 MIN()과 MAX() 함수와는 전혀 다른 기능이며, 인덱스를 제대로 활용하지 못하게 될 수도 있으니 주의가 필요하다. min() 또는 max() 커서 옵션보다는 그냥 $lt나 $gt 오퍼레이터를 이용해서 쿼리 조건을 추가하는 것이 좋다.
cursor.noCursorTimeout()	FIND 쿼리의 결과 커서는 일정 시간 동안 사용되지 않으면 MongoDB 서버가 자동으로 커서를 종료시킨다. 만약 처리가 오래 걸려서 커서를 장시간 사용해야 한다면 noCursorTimeout() 옵션을 이용해서 자동으로 커서가 타임아웃 되지 않게 한다. 하지만 커서가 자동 타임아웃 되지 않게 설정하는 경우에는 데이터를 끝까지 패치(Fetch)하거나 직접 cursor.close() 명령을 실행하는 것을 잊지 않도록 하자.
cursor.showRecordId()	FIND 명령의 결과 데이터 출력에 RecordId 필드를 자동 추가해서 보여준다.

마지막으로 커서에 사용할 수 있는 기능 하나를 잠깐 살펴보겠다. Mongo 셸은 자바스크립트 엔진을 장착하고 있다. 사실 MongoDB 셸은 그 자체가 자바스크립트 번역 처리기처럼 작동한다. 그래서 웬만한 자바스크립트 기능은 모두 Mongo 셸에서 활용할 수 있다. 일반적인 RDBMS 클라이언트 도구에서는 포맷팅이나 데이터 표시 방식에 대한 다양한 기능이 이미 준비돼 있어서 기존 RDBMS의 클라이언트 프로그램에 익숙했던 사용자라면 MongoDB의 셸(shell)이 다소 투박해 보일 수도 있다. 하지만 Mongo 셸은 자바스크립트로 얼마든지 원하는 기능을 구현하고 공유할 수 있기 때문에 기존 RDBMS의 클라이언트 프로그램보다 훨씬 더 유연하고 다양한 기능을 구현하고 사용할 수 있다. 그중에서 가장 일반적으로 사용되는 기능이 cursor.forEach()와 같은 기능이다.

```
mongo> db.users.find().forEach(function(doc){
        print(">> NAME : " + doc.name);
});

>> NAME : lara
>> NAME : todd
>> NAME : Very Loooooooooooooooooooooooooooooooooooooooong Name
```

이 예제는 단순히 forEach() 명령이 어떤 것인지를 보여주는 예제일 뿐이지만, 실제 MongoDB 서버에서 쿼리 결과는 JSON 포맷으로 보여지므로 가독성이 많이 떨어지는 편이다. 하지만 자바스크립트를 이용하면 RDBMS의 클라이언트 도구와 같이 고정 길이 포맷의 표로 출력하는 것도 크게 어렵지 않게 구현할 수 있다.

8.1.1.7 FindAndModify

MongoDB에서는 여러 명령을 하나의 트랜잭션으로 묶어서 사용할 수 없기 때문에, 변경 직전이나 직후의 도큐먼트 데이터를 확인하기가 쉽지 않다. 사실 일반적으로 응용 프로그램에서 변경 직후의 데이터는 (자신이 직접 변경한 데이터를 확인하는 것이므로) 크게 필요하지 않지만, 변경 직전의 데이터를 확인하는 기능은 필요할 수도 있다. 이를 위해서 MongoDB 서버에서는 FindAndModify 명령을 제공한다. FindAndModify 명령은 검색 조건에 일치하는 도큐먼트를 검색하고, 그 도큐먼트를 변경하거나 삭제하는 후속 오퍼레이션을 설정할 수 있다. 다음 예제는 FindAndModify 명령의 사용법을 보여주고 있다.

```
db.collection.findAndModify({
    query: <document>,
    sort: <document>,
    remove: <boolean>,
    update: <document>,
    new: <boolean>,
    fields: <document>,
    upsert: <boolean>,
    bypassDocumentValidation: <boolean>,
    writeConcern: <document>,
    collation: <document>
});
```

> **(!) 주의**
>
> FindAndModify 명령의 조건에 일치하는 도큐먼트는 여러 건일 수도 있다. 하지만 FindAndModify 명령은 반드시 하나의 도큐먼트만 변경하고, 변경된 또는 변경되기 전의 도큐먼트를 반환한다. 만약 FindAndModify 명령의 조건에 일치하는 도큐먼트 중에서 특정 도큐먼트만 변경하거나 삭제하고자 한다면 sort 옵션을 사용하면 된다.

- **query**: 변경하고자 하는 도큐먼트를 검색할 조건을 명시한다. 주어진 조건에 일치하는 도큐먼트가 여러 개라 하더라도 FindAndModify 명령은 그 중에서 첫 번째로 검색된 도큐먼트에 대해서만 변경 또는 삭제 작업을 수행한다.

- **sort**: 검색된 도큐먼트가 여러 개일 때, 실제 MongoDB 서버가 어떤 도큐먼트를 변경했는지 명확히 판단하기 어렵다. 그래서 검색 조건에 일치하는 도큐먼트가 여러 개일 것이라고 예상되는 경우에는 sort 옵션을 이용해서 변경 또는 삭제할 도큐먼트를 조정할 수 있다.

- **remove**: 검색된 도큐먼트 결과를 삭제한다. 디폴트 값은 false이며, 이 값을 true로 설정하면 MongoDB 서버는 검색 결과를 삭제한다. 만약 update 옵션을 설정하면 remove 옵션은 설정되지 않거나 false로 설정해야 한다. 하나의 findAndModify 명령이 UPDATE와 REMOVE를 동시에 수행할 수는 없다.

- **update**: 검색된 도큐먼트를 어떻게 변경할지 설정한다. update 옵션은 UPDATE 명령의 두 번째 인자와 동일하게 $inc 또는 $set 등의 옵션을 사용하여 검색된 도큐먼트의 내용을 변경할 수 있다.

- **new**: findAndModify 명령은 검색된 도큐먼트를 변경하거나 삭제하고, 변경하거나 삭제된 도큐먼트를 반환한다. 이때 삭제 또는 변경되기 직전의 도큐먼트를 반환할지 아니면 변경 또는 삭제된 이후의 도큐먼트를 반환할 것인지 new 옵션으로 결정한다. new 옵션의 디폴트 값은 false이며, true로 설정하여 변경 직후의 도큐먼트가 반환된다.

- **fields**: findAndModify 명령의 실행 결과로는 변경된 도큐먼트가 반환되는데, 이때 fields 옵션을 설정해서 변경된 도큐먼트에서 특정 필드만 선별하여 반환할 수 있다. fields 옵션은 FIND 명령의 두 번째 인자와 동일하게 프로젝션(projection)을 설정한다.

- **upsert**: findAndModify 명령은 컬렉션에서 도큐먼트를 검색하고, 검색된 결과를 변경하거나 삭제할 수 있다. 이때 검색된 도큐먼트가 없다면 upsert 옵션을 true로 설정해서 데이터의 변경 대신 INSERT를 수행하게 한다.

- **bypassDocumentValidation**: 도큐먼트를 변경할 때, 도큐먼트의 유효성 체크(Validation Check)를 건너 뛰게 설정한다.

- **writeConcern**: 검색된 도큐먼트를 삭제하거나 변경하게 되는데, 이때 변경 또는 삭제 작업의 writeConcern을 조정할 수 있다.

- **maxTimeMS**: findAndModify 명령이 실행될 최대 시간을 밀리초 단위로 설정한다.

- **collation**: findAndModify 명령이 도큐먼트를 검색할 때 사용할 콜레이션을 지정한다. 콜레이션 변경에 대한 자세한 내용은 "8.1.1.6.3 커서 옵션 및 명령" 절을 참조하자.

findAndModify 명령은 변경되거나 삭제된 도큐먼트를 결과로 반환하는데, 이때 new 옵션과 upsert 옵션에 따라 반환되는 도큐먼트가 달라질 수 있다.

	new=false	new=true
upsert=false	변경되기 전 도큐먼트 반환 검색 결과가 없으면 NULL	검색된 결과가 있으면 변경된 직후의 도큐먼트 검색된 결과가 없으면 NULL
upsert=true	변경되기 전 도큐먼트 반환 검색 결과가 없으면 NULL	검색된 결과가 있으면 변경된 직후의 도큐먼트 검색된 결과가 없으면 INSERT된 도큐먼트

FindAndModify 명령의 검색 조건이 유니크 인덱스를 사용하지 않는 경우에 upsert 옵션이 true인 FindAndMoidfy 명령이 동시에 실행되면 중복된 도큐먼트를 INSERT 할 수 있다. 만약 FindAndModify 명령의 조건이 유니크 인덱스를 사용한다면 upsert를 true로 설정하더라도 중복된 도큐먼트가 INSERT 되지 않는다. 물론 이 경우에는 FindAndModify 명령이 실패할 수도 있다. 하지만 이 경우에는 MongoDB 서버가 다시 FindAndModify를 실행해서 재처리할 수 있다.

upsert 옵션이 true인 FindAndModify 명령은 upsert 옵션이 true인 UPDATE 명령과 많이 유사하게 작동한다. 하지만 다음과 같이 몇 가지 차이점이 있다.

- 디폴트 옵션에서는 findAndModify 명령과 UPDATE 명령은 모두 하나의 도큐먼트만 변경할 수 있다. 하지만 UPDATE 명령은 multi 옵션을 true로 설정해서 여러 도큐먼트를 한 번에 변경할 수 있다. 그러나 findAndModify 명령은 단 하나의 도큐먼트만 변경할 수 있다.

- UPDATE 명령은 multi 옵션을 false로 설정하면 단 하나의 도큐먼트만 변경하지만, 실제 어떤 도큐먼트를 변경할지 선택할 수 없다. 그러나 FindAndModify 명령은 sort 옵션을 이용해 특정 도큐먼트를 정렬한 다음 첫 번째 도큐먼트만 변경할 수 있다.

- UPDATE 명령은 처리 결과(WriteResult)를 반환하지만, FindAndModify 명령은 변경되기 직전 또는 직후의 도큐먼트를 반환한다.

MongoDB 3.0 이하의 버전에서는 "Linearizable ReadConcern"을 위해서 FindAndModify 명령을 사용하기도 했다. MongoDB에서 프라이머리 멤버의 문제로 페일 오버(프라이머리 스위치, StepDown)가 되면 데이터의 롤백이 발생할 수 있는데, MongoDB 서버에서 LinearizableRead Concern은 이러한 롤백이 발생해도 사라지지 않는 데이터를 조회할 수 있는 ReadConcern을 의미한다. Linearizable ReadConcern을 사용하는 FindAndModify 명령은 다음과 같은 전제 조건이 필요했었다.

- FindAndModify 명령이 유니크 인덱스를 조건으로 사용
- FindAndModify 명령이 이미 존재하던 도큐먼트를 변경
- FindAndModify 명령이 majority 레벨의 WriteConcern 사용

그래서 MongoDB 3.0 이하 버전에서는 이를 만족시키기 위해서 다음과 같이 응용 프로그램에서는 사용하지 않는 필드를 추가하는 방법을 사용했다. MongoDB 서버 매뉴얼에서 "FindAndModify를 활용한 Linearizable Read" 예제(https://docs.mongodb.com/manual/tutorial/perform-findAndModify-linearizable-reads/)는 이 과정을 설명하고 있다.

```
mongo> var updatedDocument = db.users.findAndModify(
    {
        query: { _id: 12345 },
        update: { $inc: { _dummy_field: 1 } },
        new: true,
        writeConcern: { w: "majority", wtimeout: 5000 }
    }
);
```

물론 MongoDB에서 롤백 되지 않는 데이터(즉 레플리카 셋 멤버 대부분에 전파된 데이터)를 읽는 것은 중요할 수 있는데, MongoDB 3.0 버전까지는 이를 위한 준비가 되어 있지 않았다. ReadConcern은 3.2 버전부터 도입됐으며, Linearizable ReadConcern은 MongoDB 3.4 버전에서야 도입됐기 때문에 이런 방법으로 읽기를 구현해야 했었다. 하지만 이렇게 FindAndModify를 사용하는 방법은 "majority" 레벨의 WriteConcern이 설정돼야 하므로 "majority" 레벨의 ReadConcern을 설정하는 것보다는 훨씬 높은 비용이 든다. 만약 MongoDB 3.2 이상의 버전을 사용한다면 굳이 FindAndModify를 사용하기보다는 ReadConcern 옵션을 활용하는 방법을 고려하도록 하자.

8.2 확장 검색 쿼리

MongoDB 서버는 기본적인 CRUD 처리뿐만 아니라 다양한 형태의 확장 검색 기능도 제공한다. 대표적으로 대용량 데이터 분석 및 통계 작업을 위한 맵 리듀스(MapReduce)와 Aggregation 기능을 제공하고 있으며, 전문 검색 인덱스 및 공간 검색 기능도 제공한다.

8.2.1 맵리듀스(Map Reduce)

MongoDB 서버에서도 다른 대용량 분산 NoSQL DBMS처럼 맵리듀스 기능을 제공한다. 하지만 MongoDB의 맵리듀스 기능은 몇가지 문제점이 있는데, MongoDB 2.2 버전부터는 맵리듀스의 문제점을 개선하기 위해서 Aggregation 기능이 도입됐다. Aggregation 기능은 맵리듀스가 가지는 여러 문제점을 해결했으며 빠른 성능을 보이지만, 그렇다고 맵리듀스가 전혀 쓸모 없는 기능은 아니다. RDBMS의 GROUP BY 문장에 한계가 있는 것처럼 MongoDB의 Aggregation 기능도 일반화된 패턴의 분석은 가능하지만, 모든 요건을 만족할 수는 없다. 그래서 아주 복잡하거나 독특한 형태의 요건을 처리하려면 여전히 맵리듀스 기능이 필요할 수도 있다.

맵리듀스는 자바스크립트 언어의 문법을 이용해서 구현할 수 있으며, MongoDB 서버는 자바스크립트 엔진을 기동해서 맵리듀스를 실행한다. MongoDB 2.4 이전 버전까지는 SpiderMonkey 스크립트 엔진이 사용됐고, 그 이후부터 MongoDB 3.0 버전까지는 V8 스크립트 엔진이 사용됐다. 그리고 MongoDB 3.2 버전부터는 다시 SpiderMonkey 스크립트 엔진으로 되돌아왔다. SpiderMonkey는 파이어폭스 웹 브라우저가 사용하는 자바스크립트 엔진이며, V8은 구글의 크롬 브라우저에서 사용하는 스크립트 엔진이다. 이 둘의 가장 큰 차이점은 V8 엔진은 멀티 프로세스 방식이며, SpiderMonkey는 단일 프로세스 내에서 멀티 쓰레드 방식으로 작동한다는 것이다. 지금까지 MongoDB 서버는 이 두 엔진 사이에서 계속 왔다 갔다 했으나, 최근에 SpiderMonkey의 단일 프로세스내에서 멀티 쓰레드로 작동하는 방식이 MongoDB 서버의 작동 방식과 잘 맞는다는 이유로 SpiderMonkey 엔진을 다시 채택했다.

MongoDB 서버에서 자바스크립트 엔진이 중요한 이유는 성능 때문이다. MongoDB의 Map Reduce는 아키텍처 특성상 도큐먼트의 데이터를 자바스크립트 엔진의 변수로 할당하고, 자바스크립트 엔진의 처리가 완료되면 결과를 다시 도큐먼트로 변환하는 작업이 매우 빈번하게 실행되는데, 이로 인한 성능 손실이 매우 크기 때문이다. MongoDB 서버에서 SpiderMonkey를 선택한 또 다른 이유 중 하나는 V8 엔진 대비 SpiderMonkey는 상대적으로 빠른 성능을 보이기 때문이기도 하다. 그림 8-1은 MongoDB 서버와 자바스크립트 엔진 간의 데이터 교환 과정을 나타낸 그림이다.

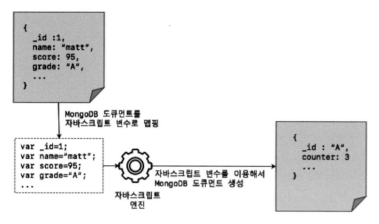

〈그림 8-1〉 MongoDB 서버와 자바스크립트 엔진 간의 데이터 교환

8.2.1.1 Map 함수와 Reduce 함수

우선 간략하게 예제를 통해서 맵리듀스의 작동 방식을 살펴보자. 다음 예제는 사용자의 등급별 점수 합계를 계산하는 맵리듀스 예제다.

```
mongo> db.users.insert({name:"matt", score:95, grade: "A"})
mongo> db.users.insert({name:"lara", score:83, grade: "B"})
mongo> db.users.insert({name:"todd", score:89, grade: "B"})
mongo> db.users.insert({name:"ammy", score:99, grade: "A"})

mongo> var mapper = function() {
    emit(this.grade, {score: this.score});
};

mongo> var reducer = function(key, values) {
    var sum = 0;
    values.forEach(function(doc) {
        sum += doc.score;
    });
```

```
        return {score: sum};
};

mongo> db.users.mapReduce( mapper, reducer, {out: { inline: 1 }} );
{
        "results" : [
                {
                        "_id" : "A",
                        "value" : {
                                "score" : 194
                        }
                },
                {
                        "_id" : "B",
                        "value" : {
                                "score" : 172
                        }
                }
        ],
        "timeMillis" : 13,
        "counts" : {
                "input" : 4,
                "emit" : 4,
                "reduce" : 2,
                "output" : 2
        },
        "ok" : 1
}
```

MongoDB의 맵리듀스는 Map 단계와 Reduce 단계로 나누어지는데, 사용자는 Map 단계를 위한 함수와 Reduce 단계를 위한 함수를 자바스크립트로 개발해서 맵리듀스 명령을 호출해야 한다. Map 함수는 별도로 리턴 값을 가지지 않으며, emit() 함수를 호출해서 Key와 Value 값을 맵리듀스 엔진으로 전달해야 한다. Key와 Value는 모두 스칼라 값일 수도 있고, 도큐먼트일 수도 있다. 또한 Map 함수는 맵리듀스 엔진에 의해서 도큐먼트마다 한 번씩 호출되는데, Map 함수가 도큐먼트별로 한 번씩 emit() 함수를 호출해야 하는 것은 아니다. Map 함수는 하나의 도큐먼트에 대해서 emit() 함수를 한 번도 호출하지 않을 수도 있으며 2번 이상 호출할 수도 있다.

맵리듀스 엔진은 Map 함수의 결과(Key와 Value의 쌍)를 Key로 그룹핑해서 Value의 배열을 Reduce 함수로 전달한다. Reduce 함수는 Key 단위로 전달된 Value의 배열을 풀어서 적당한 형태로 가공(일반적으로 합계나 카운트 등)하고 그 결과를 리턴하도록 개발하면 된다. 그림 8-2는 맵리듀스 예제 프로그램의 처리 과정별로 데이터가 어떤 과정을 거치는지 간단하게 도식화한 것이다.

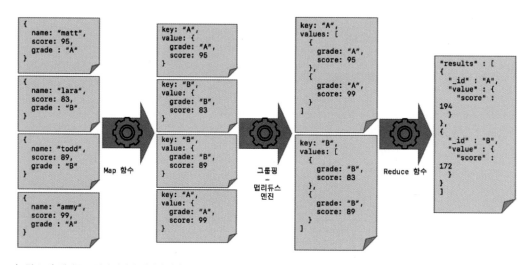

〈그림 8-2〉 맵리듀스 처리 단계별 데이터 변화

그림 8-2에서 주의 깊게 살펴볼 부분은 Map 함수를 호출하고 나서 Reduce 함수를 호출하기 전에 맵리듀스 엔진이 먼저 Key 필드의 값으로 그룹핑을 실행하고, 그 결과 Key 단위로 Value들의 배열을 만들어서 Reduce 함수를 호출하는 부분이다. 나중에 다시 자세히 설명하겠지만 Map 함수의 결과를 그룹핑하고 Reduce 함수가 호출되는 과정이 한 번만 실행되는 것이 아니라는 것을 꼭 기억해야 한다.

8.2.1.2 맵리듀스 명령의 사용법과 옵션

맵리듀스 명령의 사용법은 다음과 같은데, Map 함수와 Reduce 함수의 설정 이외에도 다음과 같이 다양한 추가 옵션을 설정할 수 있다.

```
db.collection.mapReduce(
              <map>,
              <reduce>,
              {
                out: <collection>,
```

```
        query: <document>,
        sort: <document>,
        limit: <number>,
        finalize: <function>,
        scope: <document>,
        jsMode: <boolean>,
        verbose: <boolean>
    }
)
```

- **out**: 맵리듀스 명령의 결과를 저장하거나 출력할 위치를 명시하는데, out 인자에는 문자열 또는 도큐먼트를 설정할 수 있다. out 옵션을 설정하는 자세한 예제는 다시 살펴보겠다.

- **query**: 맵리듀스 명령을 실행할 대상 도큐먼트를 검색하는 조건을 명시한다. query 옵션에는 일반적인 FIND 명령의 검색 조건과 동일한 오퍼레이터를 활용할 수 있으며, 쿼리의 검색 성능이나 인덱스 활용도 FIND 쿼리와 동일한 방식으로 작동한다.

- **sort**: 맵리듀스 명령을 실행할 대상 도큐먼트를 먼저 정렬해서 맵리듀스 엔진으로 전달하고자 할 때에는 sort 옵션을 사용한다. 맵리듀스 엔진은 Key 필드의 값으로 정렬을 수행하는데, sort 옵션을 사용하여 인덱스를 활용한 정렬을 수행할 수 있다면 맵리듀스 엔진의 정렬 부하를 줄일 수 있다.

- **limit**: 맵리듀스 엔진으로 전달할 도큐먼트의 개수를 설정한다.

- **finalize**: 일반적으로 맵리듀스는 Map 함수와 Reduce 함수로 구성되지만, Reduce 함수의 결과를 변경하거나 보완해서 최종 결과를 만들고자 할 때는 finalize 함수도 추가로 등록할 수 있다. Finalize 함수의 사용법도 다시 자세히 살펴보겠다.

- **scope**: Map 함수와 Reduce 함수 그리고 Finalize 함수에서 접근할 수 있는 글로벌 변수를 정의한다. 사용자가 개발하는 Map 함수나 Reduce 함수는 도큐먼트나 키 단위로만 호출되므로 맵리듀스 전체 과정에서 사용할 수 있는 글로벌 변수를 함수 내에서 별도로 정의할 수가 없다. 그런데 만약 단순히 함수만으로 구현할 수 없는 맵리듀스 과정이라면 별도의 글로벌 변수를 할당해서 사용할 수 있다.

- **jsMode**: MongoDB 맵리듀스 엔진은 컬렉션의 도큐먼트를 읽어서 Map 함수를 호출하고, Map 함수의 결과를 받아서 그룹핑을 수행한 다음 다시 Reduce 함수를 호출한다. 이 과정에서 매번 Map이나 Reduce 함수로 전달되는 도큐먼트는 계속 MongoDB 서버와 자바스크립트 엔진 사이에서 변환이 발생한다. 이는 맵리듀스 처리에 상당한 성능 저하를 유발하는데, 이런 데이터의 변환 과정을 막으려면 jsMode를 true로 설정하면 된다. jsMode를 true로 설정하면 그만큼 빠른 처리가 가능하지만, 문제는 중간 과정의 데이터를 메모리에 모두 보관해야 하므로 많은 메모리를 사용하게 된다. 그리고 처리하는 도큐먼트의 건수가 50만 건을 초과하게 되면 jsMode를 true로 설정할 수 없다. jsMode는 디폴트로 false다.

- **verbose**: 맵리듀스의 처리 결과에 단계별 처리 과정 및 소요 시간에 대한 정보를 포함할 것인지 결정한다. verbose 옵션은 디폴트로 true로 설정된다.

맵리듀스 명령은 결과를 단순히 클라이언트에게 즉시 전달할 수도 있지만, 다른 컬렉션에 저장하거나 다른 컬렉션의 결과와 병합하는 등 다양한 옵션을 설정할 수도 있다.

```
// 맵리듀스의 결과를 화면으로 또는 클라이언트의 명령 결과로 전달한다.
mongo> db.users.mapReduce( mapper, reducer, {out: { inline: 1 }} );

// 맵리듀스의 결과를 새로운 컬렉션으로 저장한다(mr_result 컬렉션은 존재하지 않아야 함).
mongo> db.users.mapReduce( mapper, reducer, {out: "mr_result"} );

// mr_result 컬렉션이 이미 존재한다면 내용을 모두 삭제하고,
// 맵리듀스 명령의 결과를 mr_result 컬렉션에 저장한다.
mongo> db.users.mapReduce( mapper, reducer, {out: {replace: "mr_result"}} );

// mr_result 컬렉션이 이미 존재하고, 프라이머리 키가 동일한 도큐먼트가 존재한다면
// 맵리듀스의 결과로 그 도큐먼트를 덮어 쓰기 한다.
mongo> db.users.mapReduce( mapper, reducer, {out: {merge: "mr_result"}} );


// mr_result 컬렉션이 이미 존재하고, 프라이머리 키가 동일한 도큐먼트가 존재한다면
// 맵리듀스의 결과와 기존 도큐먼트를 이용해서 다시 맵리듀스를 실행해서 결과를 저장한다.
// reduce 타입의 out 옵션은 Incremental(증분) 맵리듀스를 실행할 때 사용한다.
mongo> db.users.mapReduce( mapper, reducer, {out: {reduce: "mr_result"}} );

// 맵리듀스의 결과를 새로운 mysns 데이터베이스의 mr_result 컬렉션에 저장한다.
// 기본적으로 맵리듀스의 결과는 맵리듀스를 실행하는 대상 컬렉션과
// 같은 데이터베이스에 저장된다.
mongo> db.users.mapReduce( mapper, reducer,
                     {out: {replace: "mr_result", db: mysns}} );

// 맵리듀스의 결과를 mr_result 컬렉션에 저장한다.
// 이때 mr_result 컬렉션을 _id 필드를 기준으로 샤딩한 다음 맵리듀스 결과를 저장한다.
mongo> db.users.mapReduce( mapper, reducer,
                     {out: {replace: "mr_result", sharded: true}} );

// 맵리듀스의 결과를 mr_result 컬렉션에 저장할 때 원자 단위로 처리할지 결정한다.
mongo> db.users.mapReduce( mapper, reducer,
                     {out: {merge: "mr_result", nonAtomic: true}} );
```

out 옵션의 마지막 예제에 있는 nonAtomic 옵션은 merge나 reduce 방식에서만 설정할 수 있는데, 디폴트 값은 false다. nonAtomic 옵션을 false로 설정하면 맵리듀스의 포스트 프로세싱(post-processing) 과정 동안 데이터베이스 잠금을 걸게 된다. 맵리듀스 작업에서 포스트 프로세싱(Post-processing)은 맵리듀스 처리 결과를 컬렉션에 저장하는 단계를 의미한다. nonAtomic 옵션을 true로 설정하면 맵리듀스 엔진은 데이터베이스 잠금을 걸지만, 적절히 데이터베이스 잠금을 해제(Yield)했다가 다시 잠금을 걸면서 처리한다. 또한 데이터베이스 잠금에 대해서 Yield를 실행하므로 다른 컨넥션에서 데이터베이스의 컬렉션을 조회하거나 변경할 수 있고, 맵리듀스 결과를 저장하는 컬렉션에 대해서도 사용자가 동일하게 데이터를 조회하거나 변경할 수 있게 된다는 것에 주의해야 한다.

작은 데이터에 대해서 맵리듀스를 실행하는 경우에는 화면에 결과를 출력(inline)할 수 있다. 하지만 맵리듀스 명령의 결과는 16MB까지만 지원되므로 맵리듀스의 결과 데이터가 클 때에는 다른 컬렉션에 결과를 저장해야만 한다. 그런데 맵리듀스의 결과를 컬렉션에 저장하려면 맵리듀스를 세컨드리가 아닌 프라이머리 멤버에서 실행해야 하며, 프라이머리 멤버에서 데이터베이스 잠금이 걸리게 되면 다른 컬렉션의 쿼리까지 모두 실행이 멈추게 된다. 그래서 서비스 용도의 MongoDB 서버에서 맵리듀스를 실행할 때에는 nonAtomic 옵션을 true로 설정하는 것을 고려해보도록 하자.

맵리듀스의 결과는 맵리듀스 작업에 소요된 시간과 Map 함수 그리고 Reduce 함수의 처리 횟수를 같이 반환한다.

```
mongo> db.users.mapReduce( mapper, reducer, {out: { inline: 1 }} );
{
        "results" : [
                ...
        ],
        "timeMillis" : 17,
        "counts" : {
                "input" : 4,
                "emit" : 4,
                "reduce" : 2,
                "output" : 2
        },
        "ok" : 1
}
```

- **timeMillis**: 맵리듀스 처리에 걸린 시간(밀리초)

- **counts.input**: 맵리듀스 작업 처리에 사용된 도큐먼트 건수

- **counts.emit**: Map 함수에 의해서 emit() 함수가 호출된 횟수

- **counts.reduce**: Reduce 함수가 호출된 횟수. 맵리듀스 처리 대상 건수가 많지 않으면 Reduce 함수는 Key의 개수만큼 호출되지만, 처리 대상 건수가 많을 때는 2번 이상 호출될 수도 있다.

- **counts.output**: 맵리듀스 처리의 최종 결과 도큐먼트 건수

- **ok**: 맵리듀스의 처리 결과(결과값 "1"은 처리가 문제없이 완료됐음을 의미)

8.2.1.3 Finalizer 함수

맵리듀스 작업에서는 Map 함수와 Reduce 함수뿐만 아니라 처리의 마지막에 실행되는 Finalizer 함수를 사용할 수 있다. Finalize 함수는 일반적으로 잘 사용하지 않지만, 맵리듀스의 최종 결과에 추가적인 처리를 더하거나 최종 결과를 변경하고자 한다면 Finalize 함수를 사용한다. Finalize 함수는 다음과 같은 형식으로 정의해야 한다. Finalize 함수도 Map이나 Reduce 함수와 같이 데이터베이스에 접근해서는 안되며, 주어진 도큐먼트와 scope에 명시된 글로벌 변수만 활용해야 한다.

```
function(key, reducedValue) {
   ...
   return modifiedObject;
}
```

Finalize 함수는 두 개의 인자를 사용하는데, 두 개의 인자 모두 Reduce 함수의 리턴 값이 주어지게 된다. 다음 예제는 사용자의 등급별 점수 합계를 맵리듀스로 계산한 다음, 마지막 단계에서 평균을 계산하는 작업을 Finalizer 함수로 처리하는 과정을 보여주고 있다.

```
mongo> var mapper = function() {
    emit(this.grade, {count: 1, score: this.score});
};

mongo> var reducer = function(key, values) {
    var sum = 0;
    var cnt = 0;
    values.forEach(function(doc) {
        cnt += doc.count;
        sum += doc.score;
```

```
    });

    return {count: cnt, score: sum};
};

mongo> var Finalizer = function (key, value) {
    value.avg = value.score / value.count;
    return value;
};



mongo> db.users.mapReduce( mapper, reducer,
            {out: { inline: 1 }, finalize: Finalizer} );

{
    "results" : [
            {
                    "_id" : "A",
                    "value" : {
                            "count" : 2,
                            "score" : 194,
                            "avg" : 97
                    }
            },
            {
                    "_id" : "B",
                    "value" : {
                            "count" : 2,
                            "score" : 172,
                            "avg" : 86
                    }
            }
    ],
    "timeMillis" : 14,
    "counts" : {
            "input" : 4,
            "emit" : 4,
            "reduce" : 2,
            "output" : 2
    },
    "ok" : 1
}
```

Finalizer 함수에서는 등급별 사용자 점수 합계(score)와 사용자 수(count)를 이용해서 평균 점수를 계산한 다음 avg 필드에 할당했다. Finalizer 함수의 입력은 Reduce 함수의 리턴 값과 같은 포맷의 Key와 Value를 사용하도록 구현해야 한다는 것에 주의하자.

8.2.1.4 증분 맵리듀스(Incremental MapReduce) 작업

특정 컬렉션의 도큐먼트가 계속 증가할 때, 매일 전체 데이터에 대해서 맵리듀스를 수행하는 것이 아니라 증가한 만큼의 도큐먼트만 맵리듀스를 수행해서 그 결과를 기존의 맵리듀스 결과와 병합하는 방식으로 작업을 수행할 수 있다. 이를 MongoDB에서는 증분(Incremental) 맵리듀스라고 한다. 그림 8-3은 증분 맵리듀스의 작동 방식을 보여주고 있다.

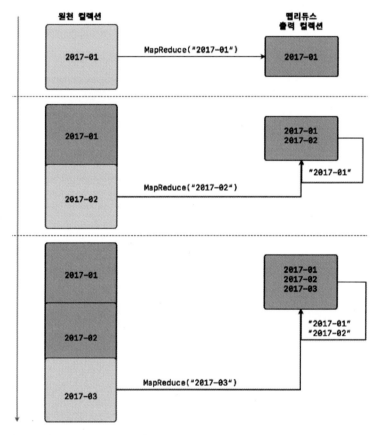

〈그림 8-3〉 증분 맵리듀스 작동 방식

먼저 2017년 1월까지의 모든 데이터를 이용해서 맵리듀스를 실행하고, 그 결과를 다른 컬렉션에 저장한다. 그리고 2017년 2월달에는 컬렉션의 모든 도큐먼트를 대상으로 맵리듀스를 실행하는 것이 아니라 마지막 맵리듀스 (2017년 1월)이후에 저장된 도큐먼트와 2017년 1월까지의 맵리듀스 결과 컬렉션의 도큐먼트를 모아서 맵리듀스를 실행한다. 그리고 이 결과를 맵리듀스 결과 컬렉션에 다시 덮어쓰기 하는 것이다. 그리고 2017년 3월에는 2017년 2월 이후의 도큐먼트만 가져와서 맵리듀스 결과 컬렉션과 함께 맵리듀스를 실행해서 결과를 만들어내는 방식이다.

이제 간단한 예제를 통해 증분 맵리듀스를 사용하는 방법을 살펴보자. 우선 다음 예제는 사용자의 로그인 이력이 저장되는 login_history 컬렉션에서 2017년 1월까지 누적된 전체 데이터에 대해서 맵리듀스를 실행하는 예제다.

```
// login_history 컬렉션의 2017년 1월까지의 예제 데이터
mongo> db.login_history.insert({name:"matt", login_date: ISODate('2017-01-03 14:17:00') })
mongo> db.login_history.insert({name:"lara", login_date: ISODate('2017-01-09 10:07:00') })
mongo> db.login_history.insert({name:"todd", login_date: ISODate('2017-01-12 23:21:00') })
mongo> db.login_history.insert({name:"matt", login_date: ISODate('2017-01-22 02:54:00') })

// 2017년 1월까지의 맵리듀스 실행
mongo> var mapper = function() {
    emit(this.name, {login_count: 1});
};

mongo> var reducer = function(key, values) {
    var count = 0;
    values.forEach(function(doc) {
        count += doc.login_count;
    });

    return {login_count: count};
};

// 맵리듀스 실행 결과를 login_count 컬렉션으로 저장
mongo> db.login_history.mapReduce( mapper, reducer, {out: "login_count" } );

// 맵리듀스 실행 결과 확인
mongo> db.login_count.find()
```

```
{ "_id" : "lara", "value" : { "login_count" : 1 } }
{ "_id" : "matt", "value" : { "login_count" : 2 } }
{ "_id" : "todd", "value" : { "login_count" : 1 } }
```

이제 2017년 2월의 데이터가 login_history 컬렉션에 모두 수집돼서 2017년 2월까지의 로그인 횟수를 맵리듀스로 구현한다고 가정해보자. 이때 Map 함수와 Reduce 함수는 내용에 변화가 없기 때문에 2017년 1월에 사용했던 함수를 그대로 사용하면 된다.

```
// login_history 컬렉션의 2017년 2월치 예제 데이터
mongo> db.login_history.insert({name:"lara", login_date: ISODate('2017-02-07 20:00:00') })
mongo> db.login_history.insert({name:"todd", login_date: ISODate('2017-02-09 20:37:00') })
mongo> db.login_history.insert({name:"matt", login_date: ISODate('2017-02-27 12:10:00') })
mongo> db.login_history.insert({name:"todd", login_date: ISODate('2017-02-27 12:24:00') })

// login_history 컬렉션의 2017년 2월치 데이터만 맵리듀스를 실행
// 이때 out 옵션을 reduce 타입으로 설정해야 증분 맵리듀스가 실행된다.
mongo> db.login_history.mapReduce( mapper, reducer, {
           query: { login_date: { $gte: ISODate('2017-02-01 00:00:00') } },
           out: { reduce: "login_count" }} );

// 증분 맵리듀스의 실행 결과 확인
mongo> db.login_count.find()
{ "_id" : "lara", "value" : { "login_count" : 2 } }
{ "_id" : "matt", "value" : { "login_count" : 3 } }
{ "_id" : "todd", "value" : { "login_count" : 3 } }
```

증분 맵리듀스를 사용할 때 주의할 사항은 다음과 같다.

- 이전 맵리듀스 결과가 저장된 컬렉션의 데이터가 임의로 변경되면 증분 맵리듀스의 결과에도 영향을 미친다.
- 처음 전체 데이터에 대해서 맵리듀스를 실행할 때에는 out 컬렉션만 지정한다.
- 두 번째 맵리듀스 작업부터는 증분으로 실행해야 한다. 즉 out 옵션을 reduce 타입으로 지정해야 하며, 맵리듀스 명령에서 query 옵션을 이용해서 맵리듀스를 실행할 원천(소스) 데이터의 범위를 증분된 도큐먼트(마지막 맵리듀스 작업 이후 새롭게 INSERT된 도큐먼트)만 처리하도록 해야 한다.

예제에서도 알 수 있듯이 증분 맵리듀스 작업은 원본 컬렉션에 새로운 도큐먼트가 INSERT만 되는 경우에 적용할 수 있으며, 새롭게 INSERT되는 도큐먼트는 INSERT된 날짜와 시각 정보를 가지고 있어

야 증분 작업 대상 범위를 지정할 수 있다. 그런데 도큐먼트가 INSERT 될 뿐만 아니라 한번 INSERT 된 도큐먼트가 계속 변경(UPDATE와 DELETE)되는 경우에는 증분 작업의 범위를 한정하기가 쉽지 않다. 그래서 증분 맵리듀스를 적용할 때에는 먼저 컬렉션이 가진 데이터의 특성을 정확히 파악해서 증분 작업이 가능한지부터 판단해야 한다.

8.2.1.5 맵리듀스 함수 개발 시 주의 사항 및 디버깅

MongoDB의 맵리듀스를 여러 번 개발해 본 사용자도 맵리듀스의 작동 방식을 잘못 이해하고 있는 경우가 많다. 우선 MongoDB의 맵리듀스 함수를 개발할 때, 꼭 기억해야 할 2가지 주의 사항이 있다.

- Map 함수에서 호출하는 emit() 함수의 두 번째 인자와 Reduce 함수의 리턴 값은 같은 포맷이어야 한다.
- Reduce 함수의 연산 작업은 멱등(Idempotent)이어야 한다.

우선 첫 번째 emit() 함수 인자와 Reduce 함수의 리턴 값의 포맷이 일치하지 않으면 어떤 문제가 발생하는지 간단하게 예제를 통해 살펴보자.

```
// 예제 데이터 INSERT
mongo> db.users.insert({name:"matt", score:95, grade: "A"})
mongo> db.users.insert({name:"lara", score:83, grade: "B"})
mongo> db.users.insert({name:"todd", score:89, grade: "B"})


mongo> var mapper = function() {
    // emit() 의 두 번째 인자는 grade와 score 2개의 필드를 가진다.
    emit(this.grade, {grade: this.grade, score: this.score});
};

mongo> var reducer = function(key, values) {
    var sum = 0;
    values.forEach(function(doc) {
        sum += doc.score;
    });

    // reducer()의 리턴 값이 score 필드만 가진다.
    return {score: sum};
};
```

위 예제에서는 일부러 문제를 발생시키기 위해서 Map() 함수의 emit() 함수를 호출하는 시점에 사용한 파라미터와 Reduce() 함수의 반환 값의 도큐먼트 구조를 조금 다르게 해두었다.

- Map() 함수 : {grade: ..., score: ...}

- Reduce() 함수 : {score: ...}

이제 맵리듀스 명령을 실행해서 출력되는 결과를 확인해보자.

```
// 맵리듀스 명령 실행
mongo> db.users.mapReduce( mapper, reducer, {out: { inline: 1 }} );
{
        "results" : [
                {
                        "_id" : "A",
                        "value" : {
                                "grade" : "A",
                                "score" : 95
                        }
                },
                {
                        "_id" : "B",
                        "value" : {
                                "score" : 172
                        }
                }
        ]
        "ok" : 1
}
```

맵리듀스 명령의 실행 결과를 보면 grade가 "A"일 때는 value 필드의 도큐먼트가 grade와 score 2개의 필드를 가지고 있는 반면, grade가 "B"일 때는 value 필드의 도큐먼트가 score 필드만 가지고 있는 것을 확인할 수 있다. 왜 이런 현상이 발생한 것일까? 그 이유는 바로 MongoDB의 맵리듀스가 그림 8-4와 같은 과정을 거쳐서 실행되기 때문이다.

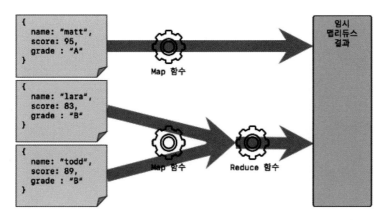

〈그림 8-4〉 Map과 Reduce 함수의 호출 방식

맵리듀스가 실행되는 users 컬렉션에서 grade 필드의 값이 "A"인 도큐먼트는 1건이며, grade가 "B" 인 도큐먼트는 2건 이상(2건)이라는 것이 grade별 처리 방식을 다르게 만든 것이다. grade가 "A"일 때 는 이미 1건으로 유니크하기 때문에 Reduce 함수를 거칠 필요가 없다. 그래서 MongoDB의 맵리듀 스 엔진은 grade가 "A"인 도큐먼트는 Map 함수만 실행하고, Reduce 함수는 호출하지 않고 바로 결 과로 전달했다. 하지만 grade가 "B"일 때는 도큐먼트가 2건 이상이므로 반드시 Map 함수뿐만 아니라 Reduce 함수까지 호출해서 여러 도큐먼트를 하나의 도큐먼트로 만드는 Reduce 과정을 거쳐야 한다. 그래서 맵리듀스 명령의 결과에서 grade 필드가 "A"일 때는 Map 함수의 emit() 함수가 반환한 결과가 그대로 표시됐으며, grade 필드가 "B"일 때는 Reduce 함수의 리턴 값이 표시됐다.

이런 실수는 최종적으로 생성되는 도큐먼트의 포맷을 다르게 만들고, 복잡한 맵리듀스 작업에서는 사소한 차이가 완전히 다른 결과를 만든다. 그래서 Map() 함수 내의 emit() 함수가 반환하는 결과와 Reduce() 함수가 반환하는 결과의 도큐먼트 포맷은 반드시 일치시켜야 한다.

두 번째 주의 사항은 Reduce 함수의 멱등 원칙이다. 여기에서 멱등(Idempotent)은 동일한 데이터 셋 이라면 이 데이터를 몇 번에 쪼개서 Reduce() 함수를 호출하더라도 항상 같은 결과를 만들어야 한다 는 것을 의미한다. 간단히 멱등인 경우와 그렇지 않은 경우의 예제를 살펴보자. 다음 예제에서는 8개 의 값으로 Reduce() 함수를 호출해야 하는데, 값을 4개씩 나눠서 Reduce() 함수를 2번 호출하는 경우 (CASE-1)와 6개의 값으로 먼저 Reduce() 함수를 호출하고 나머지 2개의 값으로 Reduce() 함수를 다 시 호출하는 경우(CASE-2)를 비교해보고자 한다.

```
데이터 집합 = {95, 73, 91, 84, 80, 99, 89, 70}

CASE-1> Call Reduce({95, 73, 91, 84})
CASE-1> Call Reduce({80, 99, 89, 70})

CASE-2> Call Reduce({95, 73, 91, 84, 80, 99})
CASE-2> Call Reduce({89, 70})
```

이와 같이 2번으로 나눠서 Reduce() 함수가 호출되는 상황에서 평균을 구하는 Reduce() 함수와 합계를 구하는 Reduce() 함수를 생각해보자. 참고로 다음 코드는 단순히 의사 코드(Pseudo code)이므로 직접 실행해볼 수 있는 예제는 아니다.

```
// 합계를 계산하는 Reduce 함수
function Sum(values){
  var sum = 0;
  values.forEach(function(doc) {
    sum += doc.score;
  });

  return sum;
}

// 평균을 계산하는 Reduce 함수
function Avg(values){
  var cnt = 0;
  var sum = 0;
  values.forEach(function(doc) {
    cnt += 1;
    sum += doc.score;
  });

  return sum/cnt;
}
```

이제 각각 Sum 함수와 Avg 함수를 실행해서 2가지 경우의 결과가 같은지 한번 비교해보자. 집계 호출은 2번의 결과를 최종 집계하기 위해서 호출하는 것을 의미한다.

		Sum 함수	Avg 함수
CASE-1	첫 번째 호출	343	85.75
	두 번째 호출	338	84.5
	집계 호출	343 + 338 = 681	(85.75 + 84.5) / 2 = 85.125
CASE-2	첫 번째 호출	522	87
	두 번째 호출	159	79.5
	집계 호출	522 + 159 = 681	(87 + 79.5) / 2 = 83.25

위의 결과표를 보면 Sum 함수의 결과는 CASE-1번과 CASE-2번의 결과 값이 681로 동일하지만, Avg 함수의 결과는 CASE-1과 CASE-2의 결과 값이 다른 것을 확인할 수 있다. 이렇게 입력 값이 같을 때 Reduce() 함수의 호출 횟수가 다르더라도 그 결과가 항상 같은 경우를 멱등이라고 한다. 그래서 이 예제에서 Avg 함수는 멱등이 아니다. 실제 이 예제에서 사용한 평균 계산은 정확한 평균값을 계산하는 방식은 아니며, 단순히 멱등이 아닌 연산의 예제를 보여주기 위해서 평균 계산을 예제로 살펴본 것이다.

이 예제에서 데이터 셋을 2번으로 나누어서 Reduce() 함수를 호출하는 경우를 예제로 살펴본 이유는 실제 MongoDB의 맵리듀스 엔진이 항상 하나의 키(Key)에 대해서 Reduce() 함수를 단 한 번만 호출하는 것이 아니기 때문이다. 많은 사용자가 하나의 키에 대해서 Reduce() 함수는 단 한 번만 호출된다고 알고 있는데, 이는 MongoDB 서버의 맵리듀스 엔진이 일정 크기의 데이터를 잘라서 맵리듀스 과정을 호출하는데 이때 꽤 많은 도큐먼트를 한 번에 맵리듀스 엔진으로 전달하기 때문이다. 실제 맵리듀스를 수행하는 컬렉션의 데이터가 매우 많을 때는 MongoDB 서버의 맵리듀스 엔진이 그림 8-5와 같이 데이터를 일정 크기의 조각(Chunk, MongoDB 샤딩의 청크와는 다른 의미임) 단위로 Map() 함수를 호출하고, 그 결과를 수집해서 Reduce() 함수를 호출한다. 그리고 Reduce() 함수의 결과를 임시 저장소에 저장했다가 나중에 다시 Reduce() 함수가 호출될 때 동일 키(Key)를 가진 중간 결과가 있으면 같이 모아서 Reduce() 함수를 호출한다.

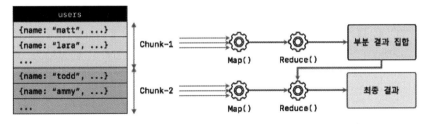

〈그림 8-5〉 도큐먼트 묶음 단위로 Map & Reduce 함수 호출

이제 실제 MongoDB의 맵리듀스 작업에서 멱등이 아닌 경우에 어떤 문제점을 유발할 수 있는지 살펴보자.

```
// 예제 데이터 INSERT(모든 도큐먼트의 name 필드는 "matt"이며, score는 랜덤으로 설정)
mongo> for(var idx=1; idx<=1000000; idx++){
        db.user_scores.insert({_id:idx, name:"matt",
                              score: Math.floor((Math.random() * 99) + 1)});
    }



mongo> var mapper = function() {
    emit(this.name, {count: 1, score:this.score});
};


mongo> var reducer = function(key, values) {
    var sum = 0;
    var cnt = 0;
    values.forEach(function(doc) {
        // 도큐먼트 개수는 단순히 +1로 증가시킴
        cnt += 1;
        // 총 점수는 document의 score 필드 값의 합계로 계산
        sum += doc.score;
    });

    return {count: cnt, score: sum};
};


mongo> db.user_scores.mapReduce( mapper, reducer, {out: {inline:1}} );
{
        "results" : [
                {
                        "_id" : "matt",
                        "value" : {
                                "count" : 101,
                                "score" : 49993890
                        }
```

```
            }
        ],
        "ok" : 1
}
```

마지막 맵리듀스 명령의 결과를 살펴보면 count 값은 101이라는 값이 출력됐다. 그런데 처음에 예제 데이터를 생성할 때, 100만 건의 도큐먼트를 INSERT 했으므로 101건이라는 결과는 잘못된 것이라는 것을 알 수 있다. 실제 도큐먼트의 건수와 총 점수 합계를 한번 계산해보면 아래와 같이 전체 100만 건 그리고 총 점수는 49993890라는 것을 확인할 수 있다. 그런데 왜 전체 점수 합계는 정확한데, 왜 도큐먼트의 건수는 잘못된 것일까?

```
// 전체 도큐먼트 건수와 전체 점수 합계 계산
mongo> var sum=0;
mongo> var cnt=0;
mongo> db.user_scores.find().forEach(function(d){
        cnt++;
        sum+=d.score;
    });

mongo> print("Total count : " + cnt + ", Total sum : " + sum);
Total count : 1000000, Total sum : 49993890
```

그 이유는 Reduce() 함수의 처리에서 인자로 넘어온 doc 도큐먼트의 count 필드 값이 항상 1일 것으로 가정했기 때문이다. 실제 이 예제에서 MongoDB 맵리듀스 엔진은 user_scores 컬렉션에서 100여 건 정도씩 잘라서 Reduce() 함수를 호출했던 것이다. 즉 user_scores 컬렉션에서 읽은 100건의 도큐먼트와 맵리듀스 중간 결과로 만들어져 있던 1건을 모아서 101건을 Reduce() 함수로 넘긴 것이다. 그래서 최종 맵리듀스 결과에서 count 값이 101이 됐다.

> **① 주의**
>
> 예제에서 맵리듀스 엔진이 100건 단위로 잘라서 Reduce() 함수를 호출했다고 해서 모든 MongoDB 서버에서 100건씩 잘라서 Reduce() 함수를 호출하는 것은 아니다. 그래서 Reduce() 함수가 멱등의 원칙을 준수하고 있는지 확인하기 위해서 단순히 100건의 도큐먼트로 테스트 및 결과를 확인하는 것이 좋은 방법은 아니다. 만약 Reduce() 함수의 코드로 멱등 원칙을 준수하고 있는지 확인하기 어렵다면 가능한 한 작은 개수의 키로 많은 도큐먼트를 저장하고 결과를 비교하는 것이 좋다.

이제 count 계산의 오류를 수정해서 맵리듀스 명령을 다시 실행해보자.

```
mongo> var mapper = function() {
    emit(this.name, {count: 1, score:this.score});
};

mongo> var reducer = function(key, values) {
    var sum = 0;
    var cnt = 0;
    values.forEach(function(doc) {
        // 도큐먼트 개수를 doc.count만큼 증가하도록 변경
        cnt += doc.count;
        // 총 점수는 document의 score 필드 값의 합계로 계산
        sum += doc.score;
    });

    return {count: cnt, score: sum};
};


mongo> db.user_scores.mapReduce( mapper, reducer, {out: {inline:1}} );
{
    "results" : [
        {
            "_id" : "matt",
            "value" : {
                "count" : 1000000,
                "score" : 49993890
            }
        }
    ],
    "ok" : 1
}
```

이제 정확하게 100만 건이 카운트된 것을 확인할 수 있다. 실제 Reduce() 함수가 멱등의 원칙에 어긋나는 경우는 이 뿐만 아니라 다양한 형태의 실수가 있을 수 있다. 가능하면 Reduce() 함수의 코드를 자세히 확인하고, 다양한 데이터로 맵리듀스 테스트를 수행하는 것이 좋다.

Map() 함수와 Reduce() 함수 개발에서 각 함수의 로컬 변수만으로 원하는 기능을 구현하기 어려울 때는 다음과 같이 맵리듀스 명령의 scope 옵션을 이용해서 글로벌 변수를 정의하고 사용할 수 있다.

```
// KEYS라는 외부 변수 정의
var KEYS = {STATS: "stats"};

function map() {
    // Map 함수에서 외부 변수를 사용
    emit(KEYS.STATS, 1);
}

function reduce(key, values) {
    return sumValues(values);
}

// 글로벌 범위의 함수 정의
function sumValues(values) {
    var result = 0;
    values.forEach(function(value) {
        result += value;
    });
    return value;
}

mongo> db.something.mapReduce(
    map, reduce,
    {
        out: {inline: 1},
        // 맵리듀스에서 사용할 외부 변수 전달
        scope: {
            KEYS: KEYS,
            sumValues: sumValues // 외부 변수뿐만 아니라 함수까지 전달할수 있음
        }
    }
);
```

만약 아직도 맵리듀스 엔진에 의해서 Map() 함수와 Reduce() 함수가 어떤 방식으로 호출되는지 이해하기 어렵다면 다음과 같이 디버깅 코드를 Map()과 Reduce() 함수에 넣어서 실행해보는 것도 좋은 방법이다. 디버깅 용도로 추가한 print() 함수의 출력 결과는 MongoDB 서버의 로그 파일로 기록되므로 MongoDB 서버의 로그 파일을 tail과 같은 명령으로 출력하면서 맵리듀스를 실행해보면 아마도 쉽게 맵리듀스의 작동 방식을 이해할 수 있을 것이다. 그뿐만 아니라 개발해둔 Map()과 Reduce() 함수가 의도대로 작동하지 않는 경우에도 print()를 이용한 디버깅은 많은 도움이 될 것이다.

```
var reducer = function(key, values) {
    print(">> Reduce is called with : " + key);
    var cnt = 0;
    var sum = 0;
    values.forEach(function(doc) {
        print(">> Reduce-array is called with : " + key);
        cnt += doc.count;
        sum += doc.score;
    });

    return {count: cnt, score: sum};
};


// MongoDB 서버의 로그 파일에 출력된 내용
2017-02-19T11:49:36.024+0900 I - [conn2] >> Reduce is called with : matt
2017-02-19T11:49:36.032+0900 I - [conn2] >> Reduce-array is called with : matt
2017-02-19T11:49:36.032+0900 I - [conn2] >> Reduce-array is called with : matt
2017-02-19T11:49:36.032+0900 I - [conn2] >> Reduce-array is called with : matt
...
```

8.2.1.6 맵리듀스 성능 튜닝

맵리듀스 작업을 컬렉션의 모든 데이터가 아니라, 일부 조건에 일치하는 도큐먼트들에 대해서만 처리해야 하는 경우라면 맵리듀스 명령의 query 옵션을 사용하면 된다. 이때 query 옵션의 검색 조건을 위한 인덱스를 준비하는 것이 좋다. 예를 들어, score 필드의 값이 60보다 크고 70보다 작은 사용자에 대해서만 맵리듀스 작업을 수행하는 경우를 고려해보자. 이런 경우에는 조건에 일치하는 데이터만 먼저 검색해서 맵리듀스 작업을 처리할 수 있게 score 필드에 인덱스를 생성해주는 것이 좋다.

```
mongo> var mapper = ...;
mongo> var reducer = ...;
mongo> db.users.mapReduce( mapper, reducer,
          {query: {score: {$gt:60, $lt:70}},
           out: {inline:1}}
      );


mongo> db.users.createIndex( {score:1} );
```

또한 맵리듀스 엔진은 조건에 일치하는 도큐먼트를 무조건 지정된 개수씩 모아서 청크 단위로 Map() 함수와 Reduce() 함수를 호출한다. 이때 Map() 함수는 도큐먼트의 건수만큼 호출되지만, Reduce() 함수는 그 청크에서 유니크한 키(Key)의 개수만큼 호출된다. 즉, 맵리듀스 작업이 100개의 도큐먼트를 처리해야 한다고 했을 때, Map() 함수는 무조건 100번 호출된다. 하지만 Reduce() 함수는 100개의 도큐먼트에서 키의 유니크한 개수만큼 호출되므로 100개의 도큐먼트가 모두 키가 같다면 Reduce() 함수는 단 한 번만 호출된다. 그러나 100개의 도큐먼트가 모두 다른 키로 구성돼 있다면 Reduce() 함수는 100번 호출된다. 맵리듀스 엔진은 Reduce() 함수를 호출하기 전에 임시 중간 저장소에서 이미 동일한 키의 중간 결과가 있는지 확인해야 하고, Reduce() 함수의 결과를 받으면 다시 임시 중간 저장소에서 동일한 키를 찾아서 덮어쓰기를 하는 과정이 필요하다.

이러한 일련의 작업은 많은 데이터를 처리하는 맵리듀스 작업에서는 상당히 부담스러운 작업이 될 것이다. 그래서 이런 Reduce() 함수의 호출 횟수를 줄일 수 있도록 맵리듀스 명령에는 sort 옵션을 사용할 수 있다. 맵리듀스 명령의 sort 옵션에 키(Key)를 이용해서 먼저 정렬을 수행하도록 하면 Reduce() 함수의 호출 횟수가 줄어들고 그만큼 임시 저장소를 찾는 작업이 줄어들게 된다. 그리고 sort 옵션에 명시한 정렬이 컬렉션에 이미 준비된 인덱스를 사용해서 처리할 수 있다면 MongoDB 서버는 별도의 정렬 과정을 거치지 않고 인덱스를 통해서 데이터를 읽어서 맵리듀스 엔진으로 넘겨주기만 하면 되므로 훨씬 나은 성능 개선 효과를 얻을 수 있다. 간단히 다음 예제를 통해서 정렬된 도큐먼트와 정렬되지 않은 도큐먼트에 대해서 맵리듀스를 실행하는 과정의 성능 차이를 비교해보자.

```
// 예제 컬렉션에 인덱스 생성
mongo> db.test.createIndex({name:1});

// 예제 컬렉션에 데이터 INSERT
mongo> for(var idx=1; idx<2000000; idx++){
          var randId=Math.floor((Math.random() * 90000) + 1);
```

```
        var randScore=Math.floor((Math.random() * 99) + 1);
        db.test.insert({_id: idx, name: "matt" + randId, score: randScore});
    }

mongo> var mapper=function(){
        emit(this.name, 1);
    };

mongo> var reducer=function(key, values){
        return Array.sum(values);
    };

// A) 정렬 과정 없이 맵리듀스 실행
mongo> db.test.mapReduce(mapper, reducer, { out:"mr_result_1"})

// B) name 필드의 값으로 먼저 정렬한 다음 맵리듀스 실행
mongo> db.test.mapReduce(mapper, reducer, {sort:{name:1}, out:"mr_result_2"})
```

실제 이 두 맵리듀스 명령이 처리되는 데 걸린 시간을 비교해보면 그림 8-6과 같다. 그림 8-6의 그래프에서 볼 수 있듯이 정렬을 수행하지 않은 경우에는 40여 초가 걸렸지만, 정렬을 먼저 수행한 맵리듀스에서는 20여 초가 걸린 것을 확인할 수 있다.

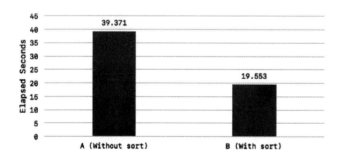

〈그림 8-6〉 맵리듀스 처리 소요 시간

맵리듀스 호출에서 먼저 정렬을 수행한 경우에 성능이 나아진 이유는 최대한 데이터를 미리 정렬했기 때문에 Reduce 함수의 호출 횟수가 줄어들었기 때문이다. 그림 8-7의 그래프는 이 테스트에서 Reduce 함수의 호출 횟수를 이용해서 그래프를 그려본 것인데, 성능 향상과 비슷한 비율로 Reduce 함수의 호출도 줄어든 것을 확인할 수 있다.

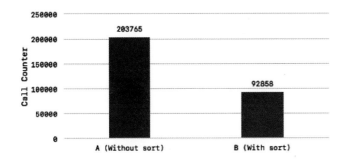

〈그림 8-7〉 Map과 Reduce 함수 호출 횟수

이렇게 맵리듀스 호출에서 정렬을 먼저 수행하는 것이 성능상 도움이 될 수도 있으며, 때로는 데이터 특성에 따라서 도움이 되지 않을 수도 있다. 하지만 적절히 사용할 수 있는 인덱스가 있다면 정렬을 먼저 실행해서 손해 볼 것은 없을 것으로 보인다.

> **(!) 주의**
>
> 일반적으로 맵리듀스 작업의 키(Key) 필드의 값이 매우 다양한 경우에 맵리듀스 명령에 sort 옵션을 활용해서 성능 향상을 유도할 수 있다. 키 필드의 값이 다양하지 않을 때에는 굳이 sort 옵션을 활용해서 얻을 수 있는 성능 향상 효과는 그다지 크지 않다. 오히려 정렬하지 않은 경우보다 더 느린 결과를 낼 수도 있다. 그래서 맵리듀스 작업의 키 필드 값이 얼마나 다양한 값을 가지는지에 따라서 맵리듀스의 sort 옵션을 활용할 것인지 결정해야 한다.

맵리듀스 처리는 하나의 샤드 서버 내에서는 병렬로 처리되지 못한다. 즉 샤드가 2개로 구성된 MongoDB 클러스터에서는 하나의 맵리듀스 처리를 샤드 서버에서 각각 1개의 쓰레드를 할당하여 처리한다. 맵리듀스 처리는 샤드 서버가 많으면 많을수록 동시 처리 성능이 높아지는 것이다. 하지만 맵리듀스 처리를 위해서 샤드 서버를 늘리는 것은 너무 큰 비용을 필요로 한다. 만약 한 번에 많은 데이터를 대상으로 맵리듀스 처리를 해야 한다면 응용 프로그램에서 맵리듀스 작업을 동시에 여러 쓰레드에서 실행하되, 각 쓰레드가 처리해야 할 데이터 영역을 맵리듀스 작업의 범위(조건)로 설정하는 방식을 사용하는 것이 좋다. 만약 Mongo 셸을 이용해서 맵리듀스를 병렬로 실행하고자 한다면 Mongo 셸의 ScopedThread 객체를 다음과 같이 활용할 수도 있다.

```
var mapReduceCaller = function(min, max){
    return db.runCommand({ mapreduce: "random",
            map: mapper
            reduce: reducer
            out: "mrout" + min,
```

```
                    sort: {shard_key: 1},
                    query: {shard_key: {$gte: min, $lt: max} } }
            );
}


var numThreads = 4;
var threads = [];
var keys = [{shard_key:0}, {shard_key:100}, {shard_key:200}, {shard_key:300}];
var inc = Math.floor(keys.length / numThreads) + 1

for(var i=0; i<numThreads; ++i){
    var min = (i == 0) ? 0 : keys[i * inc].shard_keys;
    var max = (i * inc + inc >= keys.length) ?  MaxKey : keys[i * inc + inc].shard_keys;

    print ("Start Map Reduce for [min:" + min + ", max:" + max +"]");
    var t = new ScopedThread(mapReduceCaller, min, max);
    threads.push(t);
    t.start()
}

for(var i in threads){
    threads[i].join();
    printjson(threads[i].returnData());
}
```

8.2.2 Aggregation

앞서 살펴본 MongoDB의 FIND 명령으로는 데이터를 그룹핑해서 특정 조건에 일치하는 도큐먼트의 개수를 확인한다거나 하는 복잡한 처리는 수행할 수 없었다. MongoDB의 Aggregation은 FIND 명령으로는 처리할 수 없는 복잡한 데이터 분석 기능들을 제공하는데, 일반적으로 SQL에서 GROUP BY 절로 처리할 수 있는 기능들을 샤딩된 환경에서 실행할 수 있게 해준다.

8.2.2.1 Aggregation의 목적

MongoDB 서버는 이미 맵리듀스라는 분석 기능을 가지고 있는데, MongoDB에서 새롭게 Aggregation 기능을 도입한 데에는 대표적으로 두 가지 이유를 생각할 수 있다. 첫 번째는 간단한 분석 쿼리에도 자바스크립트를 이용해서 맵리듀스 프로그램을 작성해야 한다. 자바스크립트 기반의 맵리듀스는 많은 제약을 가지고 있으며, 자바스크립트 언어를 알고 있어야 한다. 두 번째는 자바스크립트로 작성된 맵리듀스 작업은 자바스크립트 엔진과 MongoDB 엔진 간의 빈번한 데이터 맵핑으로 인해서 성능적인 제약이 심했다. 그림 8-8의 그래프는 jsMode가 false일 때와 true일 때의 맵리듀스 그리고 (참고를 위해서) 같은 기능을 Aggregation으로 작성했을 때의 성능을 테스트해본 것이다.

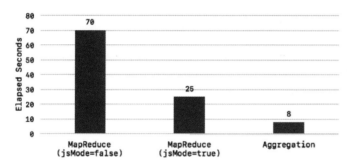

〈그림 8-8〉 jsMode 옵션에 따른 맵리듀스 처리 시간

이 테스트는 백만 건의 도큐먼트를 가진 컬렉션에서 유니크한 키의 개수를 확인하는 분석 쿼리로 간단하게 성능을 테스트해본 것이다. 이 테스트 결과를 보면 jsMode가 ture일 때와 false일 때 3배 정도의 성능 차이가 발생한 것을 확인할 수 있다. 즉 jsMode가 true일 때 MongoDB 엔진과 자바스크립트 엔진 간의 변수 맵핑 과정이 사라지면서 성능이 매우 빨라졌다. 하지만 jsMode는 처리해야 할 도큐먼트의 개수가 소규모일 때만 사용할 수 있다. 그래서 데이터가 많은 경우에는 결국 느린 모드 (jsMode=false)의 맵리듀스를 사용해야 한다.

하지만 Aggregation은 jsMode가 true일 때보다 3배 정도 더 빠르게 실행되는 것을 확인할 수 있다. Aggregation은 순수하게 C++로 개발돼서 MongoDB 엔진의 일부로 내장된 기능이다. 그래서 별도의 자바스크립트 언어 엔진이 필요하지 않으며, 변수 맵핑 과정도 필요 없다. 또한 C++ 언어로 Aggregation의 각 처리 과정을 구현했기 때문에 훨씬 빠르게 데이터를 처리할 수 있다. 그래서 Aggregation은 맵리듀스가 가지고 있던 2가지 큰 문제점을 한 번에 해결해준 것이다.

MongoDB의 Aggregation은 2.2 버전부터 도입됐으며, 지금까지 많은 문제점과 기능을 보완해 왔다. 물론 세상의 모든 서비스 요건을 Aggregation이 처리해줄 수는 없겠지만, 우리가 필요로 하는 대부분 기능은 Aggregation으로 처리할 수 있게 됐다. 그래서 항상 분석 처리가 필요한 경우에는 Aggregation으로 처리할 수 있는지 먼저 확인한 다음에 원하는 요건을 Aggregation으로 처리할 수 없을 때 맵리듀스를 활용한 방법으로 개발을 진행하는 것이 좋다.

8.2.2.2 Aggregation의 작동 방식

샤딩되지 않은 MongoDB 서버에서의 Aggregation 실행은 다른 오퍼레이션과 비교했을 때 별다른 차이는 없다. 하나의 샤드만 사용할 수 있기 때문에 단순한 FIND 쿼리나 복잡한 Aggregation 쿼리 모두 단일 샤드에서 실행되고 결과가 클라이언트로 전송될 것이다. 하지만 샤딩된 환경의 MongoDB에서는 Aggregation 파이프라인의 각 스테이지가 어떤 샤드에서 실행되는지가 부하 분산 차원에서 상당히 중요한 문제가 된다. 대표적으로 여러 샤드에 걸쳐서 분산된 데이터를 읽어서 그룹핑한 다음 정렬하는 경우의 쿼리를 한번 생각해보자.

```
mongo> db.login_history.aggregate([
  {$match: {status: 'SUCCEED'}},
  {$group: {_id: "$name", total_count: {$sum:1}}},
  {$sort : {total_count:-1}}
])
```

예제 쿼리는 모든 샤드로부터 status 필드가 "SUCCEED"인 도큐먼트를 조회해서 name 필드를 기준으로 그룹핑해야 한다. status와 name 필드가 샤드 키가 아니라면 이 작업을 위해서 각 샤드에서 검색된 결과를 하나의 샤드로 모두 모아야만 name 필드를 기준으로 그룹핑하고 도큐먼트의 건수를 확인할 수 있다. 그 뒤에 total_count 필드로 정렬하는 작업도 그룹핑 작업을 완료해야만 수행할 수 있기 때문에 단일 샤드에서만 처리할 수 있다. MongoDB 서버는 이렇게 여러 샤드에서 데이터를 수집해야 하는 처리를 위해서 프라이머리 샤드를 활용한다. 임의의 샤드 서버를 "대표 샤드"로 선택한다. 이때 대표 샤드는 MongoDB 클러스터내의 모든 샤드 서버중에서 임의의 샤드 서버가 대표 샤드로 선택될 수 있다. 그림 8-9는 Aggregation 쿼리 실행에 있어서 대표 샤드의 역할을 보여주고 있다.

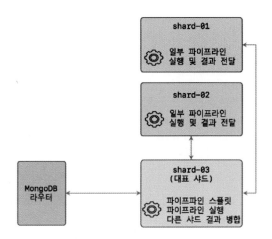

〈그림 8-9〉 Aggregation 처리에서 프라이머리 샤드의 역할

MongoDB 라우터(Mongos)는 사용자로부터 Aggregation 쿼리를 전달받으면 우선 요청된 Aggregation 쿼리의 파이프라인 선두에 "$match" 스테이지가 있는지와 $match 스테이지의 검색 조건이 샤드 키를 포함하는지 비교한다. 만약 검색 조건이 필요로 하는 도큐먼트가 단일 샤드에만 있다면 MongoDB 라우터는 해당 샤드로만 Aggregation 쿼리를 전송한다. 만약 그렇지 않다면 MongoDB 라우터는 Aggregation 쿼리를 대표 샤드로 전달한다. 대표 샤드는 Aggregation 쿼리를 전달받으면 필요한 나머지 샤드로 쿼리(Aggregation 파이프라인에서 필요한 일부 스테이지만)를 전송한다. 그리고 요청을 전달받은 샤드들이 쿼리 결과를 반환하면 대표 샤드는 그 결과를 병합하고 정렬하는 작업을 수행해서 MongoDB 라우터로 최종 결과를 전달한다.

MongoDB 서버는 Aggregation 파이프라인을 각 샤드가 실행할 수 있는 부분과 그렇지 않은 부분으로 나눠서 처리를 수행한다. 대표적으로 $match나 $project와 같은 스테이지는 각 샤드가 개별로 실행할 수 있는 부분에 속하며, $sort 또는 $group 스테이지는 각 샤드가 개별로 실행하지 못하는 부분($match 조건이 2개 이상의 샤드를 참조해야 하는 경우)에 속한다고 볼 수 있다. 그리고 $out 이나 $lookup 그리고 $graphLookup 등과 같은 스테이지도 각 샤드가 개별로 실행하지 못하는 부분이다. 그런데 $out과 $graph 그리고 $graphLookup 스테이지는 반드시 프라이머리 샤드만 실행할 수 있는 스테이지이기도 하다.

참고 　 $out 스테이지는 Aggregation의 결과를 클라이언트로 전송하는 것이 아니라 데이터베이스의 컬렉션($out 스테이지에 명시되는 출력 컬렉션은 샤딩이 지원되지 않기 때문에 프라이머리 샤드에만 저장될 수 있음)으로 저장하므로 반드시 프라이머리 샤드만 처리할 수 있다. $lookup과 $graphLookup은 나중에 다시 자세히 살펴보겠다.

여기에서 각 샤드가 개별적으로 실행하지 못하는 부분은 누군가(MongoDB 라우터나 MongoDB 서버)가 모아서 처리해야 하는데, 이 부분은 MongoDB에서 최적화를 위해서 자주 변경하고 있는 부분이기도 하다. 다음 표는 MongoDB 버전별로 이 부분이 어떻게 개선돼 왔는지 보여주고 있다.

버전	처리 방식
2.4	검색 조건($match)을 기준으로 MongoDB 라우터는 필요한 모든 샤드로 쿼리를 전송한다. MongoDB 라우터는 각 샤드로부터 결과를 전달받으면 MongoDB 라우터가 직접 결과를 정렬하고 그룹핑하는 작업을 수행해서 최종 결과를 클라이언트로 반환한다.
2.6	검색 조건($match)을 기준으로 MongoDB 라우터는 필요한 모든 샤드로 쿼리를 전송한다. 그리고 결과를 정렬하고 그룹핑하는 작업이 필요한 경우에는 프라이머리 샤드가 다른 샤드로부터 결과를 전달받아서 정렬 및 그룹핑하는 작업을 수행하고, 최종 결과를 MongoDB 라우터를 통해서 클라이언트로 반환한다.
3.2	검색 조건($match)을 기준으로 MongoDB 라우터는 필요한 모든 샤드로 쿼리를 전송한다. 그리고 결과를 정렬하고 그룹핑하는 작업이 필요할 때에는 대표 샤드가 다른 샤드로부터 결과를 전달받아서 정렬 및 그룹핑하는 작업을 수행한다. 이때 대표 샤드는 프라이머리 샤드일 수도 있지만, 프라이머리 샤드가 아닐 수도 있다. 단순히 정렬 및 그룹핑만 수행한다면 MongoDB는 랜덤하게 대표 샤드를 선정해서 대표 샤드가 이런 작업을 수행하도록 할 것이다. 하지만 $out이나 $lookup과 같은 스테이지가 포함돼 있다면 MongoDB는 프라이머리 샤드로만 이런 병합과 정렬 작업을 수행하도록 할 것이다.

일반적으로 Aggregation은 대용량의 처리를 수행하는데, MongoDB 2.4에서는 이런 대용량 정렬 및 그룹핑 작업을 MongoDB 라우터가 처리하도록 구현했다. 하지만 MongoDB 라우터는 가볍게 프록시의 역할만을 하도록 만들어진 컴포넌트여서 이런 대용량의 처리는 적합하지 않았다. 그리고 MongoDB 라우터는 어플리케이션 서버(Application Server)와 같은 하드웨어를 사용하는 것이 일반적이기 때문에 더욱 MongoDB 라우터의 대용량 처리는 문제가 됐다. 그래서 MongoDB 2.6에서는 이런 작업을 프라이머리 샤드가 처리하도록 개선했다. 그런데 각 샤드의 처리 결과를 정렬 및 그룹핑해야 하는 Aggregation 쿼리가 실행될 때마다 프라이머리 샤드가 많은 일을 하게 되고, 이로 인해서 각 샤드의 처리에 불균형이 생기게 됐다. 이런 문제를 개선하기 위해서 MongoDB 3.2부터는 Aggregation 쿼리가 실행될 때마다 각 샤드가 개별적으로 처리하지 못하는 스테이지를 처리할 대표 샤드를 랜덤하게 선정하도록 개선했다. 그래서 MongoDB 3.2부터는 Aggregation 쿼리로 인해서 특정 샤드가 과부하를 받게 되는 현상은 많이 줄어들었다. 하지만 여전히 $out이나 $lookup과 같은 스테이지를 사용하는 Aggregation 쿼리는 프라이머리 샤드에 의존할 수밖에 없다.

MongoDB의 $lookup이나 $graphLookup 등과 같은 조인을 수행하는 Aggregation 쿼리는 샤딩이 되지 않은 컬렉션만 조인을 수행할 수 있기 때문에 $lookup이나 $graphLookup과 같은 기능을 사용하려면 조인되는 컬렉션을 샤딩할 수가 없다. 즉 $lookup이나 $graphLookup과 같은 Aggregation

쿼리를 사용하려면 프라이머리 샤드를 사용할 수밖에 없다. 이 경우에는 MongoDB 라우터가 랜덤하게 샤드를 선택할 수가 없고, 그림 8-10과 같이 데이터베이스별로 프라이머리 샤드로만 Aggregation 쿼리를 전송한다.

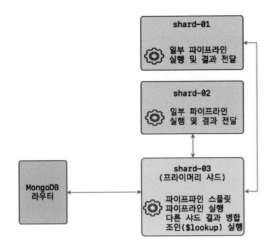

〈그림 8-10〉 프라이머리 샤드의 $lookup 및 $graphLookup 처리

그래서 $lookup이나 $graphLookup과 같은 기능이 많이 사용되는 경우에는 컬렉션 단위로 데이터베이스를 분산하고 각 데이터베이스의 프라이머리 샤드를 적절히 분산해 두는 것이 좋다.

8.2.2.3 단일 목적의 Aggregation

MongoDB 서버에서는 Aggregate와 같이 집계 처리를 수행하는 3개의 명령이 있는데, 일반적인 Aggregate 보다는 조금 단순하지만 더 사용 빈도가 높아서 쉽게 Aggregate 기능을 사용할 수 있도록 별도의 명령을 지원하는 것이다. 이렇게 전용의 명령이 제공되는 Aggregate를 "단일 목적의 Aggregate"라고 한다. MongoDB 서버는 이런 형태의 Aggregate 명령을 3개 지원했는데, 그중에서 group() 명령은 최근부터 지원하지 않게 되면서 현재는 count()와 distinct() 2개가 지원되고 있다.

count() 명령은 특정 조건에 부합하는 도큐먼트의 건수를 확인하는 Aggregate 명령이며, 다음과 같은 옵션을 사용할 수 있다. query 조건은 FIND 명령에서 사용했던 것처럼 일치하는 도큐먼트를 검색할 조건을 사용할 수 있다.

```
db.collection.count(query, options)
```

count() 명령은 선택적으로 options라는 두 번째 인자를 사용할 수 있는데, options 필드에는 다음과 같은 선택 사항을 설정할 수 있다.

- limit: 조건에 일치하는 도큐먼트의 최대 개수를 설정한다.

- skip: 조건에 일치하는 도큐먼트의 개수를 확인할 때, 먼저 건너뛸 도큐먼트의 개수를 설정한다.

- hint: count() 명령이 사용하도록 유도할 인덱스의 이름이나 스펙을 설정한다.

- maxTimeMS: count() 명령이 실행될 최대 시간을 설정한다.

- readConcern: count() 명령이 도큐먼트의 개수를 확인할 때 사용할 readConcern 옵션을 설정한다. 아무런 readConcern 옵션을 설정하지 않으면 "local" readConcern이 사용된다.

MongoDB 매뉴얼에서는 db.collection.count(query) 명령은 db.collection.find(query).count() 와 같다고 언급하고 있다. 하지만 이 둘은 skip과 limit 옵션이 사용되면 다음과 같은 차이가 발생한다.

```
mongo> db.users.count({name:"matt"}, {limit:5})
5


mongo> db.users.find({name:"matt"}).limit(5).count()
24
```

실제 count() 명령은 skip과 limit 옵션을 활용해서 도큐먼트의 건수를 확인하는 반면, find().count() 명령은 limit나 skip 옵션을 무시하기 때문이다. 만약 find().count() 명령을 사용할 때 skip이나 limit 가 적용되게 하고자 한다면 다음 예제처럼 applySkipLimit 옵션을 true로 설정해야 한다.

```
mongo> db.users.count({name:"matt"}, {limit:5})
5


mongo> db.users.find({name:"matt"}).limit(5).count({applySkipLimit:true})
5
```

> **참고**   count() 쿼리에서 skip이나 limit가 무슨 의미가 있겠냐고 생각할 수도 있다. 하지만 특정 조건에 일치하는 도큐먼트의 개수를 확인하고자 하는데, 전체 개수가 100건 이상이면 더 이상 카운트를 하지 않도록 하는 이런 요건은 의외로 꼭 필요한 경우가 있다. 특정 조건에 일치하는 count() 쿼리는 실제 도큐먼트를 찾아서 건수를 카운트해야 한다. 그런데 예를 들어, 특정 사용자가 작성한 글의 개수가 몇십만 개를 넘어서는 경우가 있다고 가정해보자. 이때 서비스의 요건은 사용자가 작성한 글의 개수가 100개 미만이면 정확한 개수를 그리고 100개 이상이면 "100+"라고 표현하고자 한다면 count() 쿼리에 limit 옵션을 사용하는 것이 MongoDB 서버의 부하 감소에 상당한 도움이 될 수도 있다.

MongoDB의 조건없이 컬렉션의 모든 도큐먼트 개수를 확인하는 db.collection.count() 명령은 실제 컬렉션의 도큐먼트를 일일이 확인해서 최종 건수를 반환하는 것이 아니다. MongoDB는 모든 컬렉션의 메타 정보에 전체 도큐먼트의 건수를 관리하고 있는데, 조건이 없는 db.collection.count() 명령은 단순히 메타 정보의 도큐먼트 건수만 반환하도록 작동한다. 그래서 조건 없이 컬렉션의 도큐먼트 건수를 확인하는 명령은 전혀 MongoDB 서버의 부하를 유발하지 않는다. 이는 조건 없이 find() 명령과 count() 명령이 결합된 db.collection.find().count()에서도 동일하다.

> ⓘ **주의**
>
> 샤딩된 MongoDB 서버에서 count() 명령은 때로는 정확하지 않은 결과를 반환할 수도 있다. 이는 MongoDB 샤드 간 청크가 이동되고 있거나 때로는 청크 이동이 중간에 실패했을 때 발생하는 고아 도큐먼트(Orphaned documents)가 있을 때 발생할 수 있다. 그래서 만약 이런 오차가 발생하지 않도록 도큐먼트의 건수를 확인하고자 한다면 다음과 같이 aggregate 명령을 이용해서 도큐먼트의 건수를 확인할 것을 권장한다.
>
> ```
> mongo> db.users.aggregate(
>    [
>       { $group: { _id: null, count: { $sum: 1 } } }
>    ]
> )
>
> mongo> db.users.aggregate(
>    [
>       { $match: {name: "matt"} },
>       { $group: { _id: null, count: { $sum: 1 } } }
>    ]
> )
> ```

단일 목적의 Aggregate 명령은 distinct()이다. distinct() 명령은 다음과 같은 옵션을 사용할 수 있다. field 옵션은 유니크한 값을 확인할 필드의 이름이며, query 옵션은 특정 조건에 일치하는 도큐먼트에 대해서만 유니크한 값을 확인할 수 있도록 검색 조건을 사용할 수 있다. options 필드에는 query 필드에 명시되는 검색 조건이 사용할 콜레이션을 명시할 수 있다.

```
db.collection.distinct(field, query, options)
```

distinct() 명령은 지정된 필드의 유니크한 값들을 배열로 반환하는데, 만약 유니크한 값의 개수를 확인하고자 한다면 Mongo 셸에서 간단히 distinct() 명령의 결과에 length(배열의 길이를 확인하는 속성)를 출력해보면 된다.

```
mongo> db.users.distinct("name")
[ "matt", "lara", "todd" ]

mongo> db.users.distinct("name").length
3
```

MongoDB의 distinct()와 count() 명령은 모두 query 필드가 적절히 사용할 수 있는 인덱스가 있다면
그 인덱스를 이용해서 쿼리의 처리를 최적화할 수 있으며, 커버링 인덱스로 최적화도 가능하므로 인덱
스만을 이용해서 쿼리가 완료될 수 있다. 예를 들어, 이 예제에서 users 컬렉션의 name 필드에 인덱스
가 있다면 다음과 같은 쿼리의 실행 계획이 커버링 인덱스가 될 수 있다.

```
mongo> db.users.explain().distinct("name")
{
    "queryPlanner" : {
        "winningPlan" : {
            "stage" : "PROJECTION",
            "transformBy" : {
                    "_id" : 0,
                    "name" : 1
            },
            "inputStage" : {
                    "stage" : "DISTINCT_SCAN",
                    "keyPattern" : {
                            "name" : 1
                    },
                    "indexName" : "name_1",
                    "isMultiKey" : false,
                    "multiKeyPaths" : {
                            "name" : [ ]
                    },
                    ...
        },
        "ok" : 1
}
```

8.2.2.4 범용 Aggregation

MongoDB의 Aggregation은 단일 목적뿐만 아니라 다양한 서비스 요건을 위해서 사용자가 직접 작업 내용을 구현할 수 있도록 일반적인 Aggregation 기능도 제공하고 있다. 이를 범용 Aggregation이라고 하는데, 범용 Aggregation은 사용자가 필요한 데이터 가공 작업을 직접 작성해야 한다. 이때 데이터를 가공하는 작업은 스테이지(Stage)라는 단위 작업들로 구성되며, 데이터는 이렇게 작성된 스테이지들을 하나의 관(Pipeline)처럼 흘러가면서 원하는 형태의 데이터로 변환된다. 그래서 스테이지를 파이프라인(Pipeline)이라고도 한다. MongoDB 서버의 각 스테이지는 입력과 출력을 가지며, 사용자가 정의한 각 스테이지는 출력과 입력이 서로 파이프로 연결돼서 실행되는 형태를 가지기 때문에 이를 파이프라인이라고 지칭하는 것이다.

Aggregate 명령은 다음과 같이 pipeline과 options 두 개의 파라미터를 사용한다.

```
db.collection.aggregate(pipeline, options)
```

다음 예제는 간단히 user_scores 컬렉션에서 점수가 50점 이상인 경우의 사용자별 평균을 계산하는 Aggregation 명령이다.

```
mongo> db.user_scores.aggregate([
        {$match: {score: {$gt:50}}},
        {$group: {_id: "$name", avg: {$avg: "$score"}}}
    ], {allowDiskUse:true})
```

이 예제에서는 aggregate() 명령이 2개의 인자를 사용하는데, 첫 번째 pipeline 인자는 2개의 스테이지를 가지는 배열로 구성돼 있다. 그리고 두 번째 options 인자에는 allowDiskUse 옵션이 true로 설정된 것을 확인할 수 있다. Aggregate() 명령의 파이프라인은 여러 개의 스테이지를 가질 수 있는데, 이 파이프라인은 얼마든지 사용자의 의도대로 구성할 수 있지만, 반드시 MongoDB의 Aggregation 프레임워크가 인식할 수 있도록 미리 정의된 스테이지로만 구성해야 한다. 그리고 두 번째 파라미터는 다음과 같이 다양한 설정을 가질 수 있다.

- explain: Aggregation 명령의 실행 계획을 확인할 수 있는 옵션이다. 기본값은 false이며, Aggregate() 명령이 어떤 실행 계획으로 실행될지 확인하고자 한다면 explain 필드를 true로 설정하면 된다.

- **allowDiskUse**: MongoDB의 Aggregate() 명령은 기본적으로 정렬을 위해서 100MB의 메모리까지 사용할 수 있다. 하지만 100MB 이상의 데이터를 정렬해야 하는 경우라면 Aggregate() 명령은 실패하게 된다. 이런 경우에는 allowDiskUse 옵션을 true로 설정해서 Aggregate() 처리가 디스크를 이용해서 정렬을 처리할 수 있게 한다. allowDiskUse 옵션을 true로 설정하면 MongoDB 서버는 MongoDB의 데이터 디렉터리 하위에 "_tmp"라는 디렉터리를 만들어서 임시 가공용 데이터 파일을 저장한다.

- **cursor**: Aggregate() 명령의 결과로 반환되는 커서의 배치 사이즈를 설정할 수 있다.

- **maxTimeMS**: Aggregate() 명령이 실행될 최대 시간을 설정한다.

- **readConcern**: Aggregate() 명령이 도큐먼트의 개수를 확인할 때, 사용할 readConcern 옵션을 설정한다. 아무런 readConcern 옵션도 설정하지 않으면 "local" readConcern이 사용된다.

- **bypassDocumentValidation**: Aggregate() 명령의 결과를 다른 컬렉션으로 저장하는 경우에 저장되는 컬렉션의 도큐먼트 유효성 체크를 무시할 것인지 설정할 수 있다.

- **collation**: Aggregate() 명령이 필요한 도큐먼트를 검색할 쿼리에서 사용할 콜레이션을 설정할 수 있다.

> **(!) 주의**
>
> FIND 쿼리의 sort() 명령이나 Aggregation 명령에서 정렬을 위한 메모리 버퍼는 32MB(기본값)와 100MB 크기로 제한돼 있다. 그런데 MongoDB 서버는 이 메모리 공간을 단순히 정렬을 위한 키만 저장하는 용도로 사용하는 것이 아니라 도큐먼트의 모든 정보를 담는 용도로 사용한다. 그래서 실제 예상보다 훨씬 적은 도큐먼트로도 제한된 정렬 버퍼의 공간을 훌쩍 넘어버릴 수 있다.

MongoDB 2.4 버전까지의 aggregate() 명령은 하나의 단일 도큐먼트를 반환했다. 그래서 aggregate() 명령의 결과는 16MB를 초과할 수 없었다. 하지만 MongoDB 2.6 버전부터는 aggregate() 의 결과가 커서로 반환되도록 개선되면서 16MB 용량 제한이 없어졌을 뿐만 아니라 Aggregation() 명령에 커서 옵션을 설정할 수 있게 지원한다. 그뿐만 아니라 aggregate() 명령의 "$out" 스테이지를 이용하면 aggregate()의 결과를 별도의 컬렉션에 저장하도록 설정할 수도 있다. 만약 aggregate() 명령의 결과가 매우 클 때에는 $out 스테이지를 이용하는 것이 대용량 처리에 도움될 것이다.

```
mongo> db.user_scores.aggregate([
  {$match: {score: {$gt:50}}},
  {$group: {_id: "$name", avg: {$avg: "$score"}}},
  {$out: "user_score_result"}
])
```

지금까지 살펴본 aggregate() 명령의 사용법은 크게 복잡하지 않지만, Aggregation 프레임워크의 파이프라인을 코드를 작성하는 것은 그렇게 간단하지 않다. 무엇보다 Aggregation 쿼리 작성에 친숙해지려면 파이프라인의 스테이지와 각 스테이지 처리에서 사용할 수 있는 연산자에 익숙해져야 한다. 여기에서는 간단하게 SQL 문장에서 일반적으로 자주 사용하는 GROUP BY에 해당하는 Aggregate() 쿼리 예제를 살펴보고, 나중에 파이프라인을 구성하는 각 스테이지에서 사용할 수 있는 명령을 살펴보겠다.

사용자의 이름별로 도큐먼트 건수 쿼리

```
SQL> SELECT name, COUNT(*) FROM users GROUP BY name;

mongo> db.users.aggregate([
          {$group:{_id:"$name", counter:{$sum:1}}} ])

{ "_id" : "lara", "counter" : 1 }
{ "_id" : "todd", "counter" : 1 }
{ "_id" : "matt", "counter" : 1 }
```

score 필드의 값이 50 이상인 도큐먼트만 조회해서 사용자의 이름으로 그룹핑하고, score 평균값 쿼리

```
SQL> SELECT name, AVG(score) FROM users WHERE score>50 GROUP BY name;

mongo> db.users.aggregate([
          {$match: {score: {$gt:50}}},
          {$group: {_id: "$name", avg: {$avg: "$score"}}} ])

{ "_id" : "lara", "avg" : 83 }
{ "_id" : "todd", "avg" : 89 }
{ "_id" : "matt", "avg" : 95 }
```

사용자의 이름별로 그룹핑하여 도큐먼트의 건수와 score 필드 평균값 계산

```
SQL> SELECT name, COUNT(*), AVG(score) FROM users GROUP BY name;

mongo> db.users.aggregate([
          {$group:{_id:"$name", counter:{$sum:1}, average:{$avg: "$score"}}}
    ])
```

```
{ "_id" : "lara", "counter" : 1, "average" : 83 }
{ "_id" : "todd", "counter" : 1, "average" : 89 }
{ "_id" : "matt", "counter" : 1, "average" : 95 }
```

사용자의 생일에서 연도만 분리해서 도큐먼트 건수 조회 쿼리(출생 연도별 사용자 수)

```
SQL> SELECT SUBSTRING(birthday, 1,4), COUNT(*)
     FROM users GROUP BY SUBSTRING(birthday, 1, 4);


mongo> db.users.aggregate(
    [
        {$project : { year : {$substr: ["$birthday", 0, 4] }}},
        {$group   : { _id : "$year",  number : { $sum : 1 }}}
    ]
)
```

사용자의 이름으로 그룹핑해서 건수가 많은 순서대로 정렬한 다음 상위 20건만 쿼리

```
SQL> SELECT name, COUNT(*)
     FROM users GROUP BY name
     ORDER BY COUNT(*) DESC LIMIT 20;

mongo> db.users.aggregate([
    {$group: {_id: '$name', cnt: {$sum: 1}}},
    {$sort: {cnt: -1}},
    {$limit: 20}
]);
```

유니크한 사용자 이름의 수 쿼리

```
SQL> SELECT COUNT(DISTINCT name) FROM users;

mongo> db.users.aggregate([
        {$group: {_id: "$name"}},
        {$group: {_id:1, cnt: {$sum: 1}}}
]);
```

위 예제에서 Aggregate() 명령의 두 번째 "$group"에서는 그룹핑 키에 상수로 숫자 "1"이 사용되고 있는데, 이는 별도의 그룹핑 키 없이 이전 파이프 라인의 모든 결과를 하나의 그룹으로 만드는 효과를 낸다. 그래서 이 쿼리는 첫 번째 "$group"에서 유니크한 사용자의 이름 목록을 만들고 두 번째 "$group"에서는 유니크한 사용자의 이름 개수를 카운트하는 쿼리가 되는 것이다. 물론 유니크한 값의 건수는 db.users.distinct() 명령을 이용할 수도 있지만, Aggregate() 명령에서 여러 단계의 처리 과정 중에 유니크한 값의 개수를 확인하는 과정이 필요하기도 하다. 그런 경우에는 위와 같이 "$group" 스테이지를 여러 번 실행해야 하므로 이런 방식도 기억해두면 나중에 많이 응용할 수 있을 것으로 보인다.

사용자의 로그인 이력 컬렉션에서 전체 50번 이상 로그인했었는데 최근(2017년 1월 1일 이후)에는 한 번도 로그인한 적이 없는 사용자의 목록 조회

```
mongo> db.login_histories.aggregate(
    [
        {$group: {_id: "$user_id",
                count: {$sum: 1}, last_date: {$max: "$login_date"} } },
        {$match: {count:{$gte:50},
                last_date: {$lt:ISODate("2017-01-01T00:00:00")}} },
        {$group: {_id: 1, count: { $sum: 1 } } }
    ],
{allowDiskUse: true})
```

위의 쿼리는 조금 요건이 복잡하긴 하지만, 마케팅이나 홍보를 위해서 자주 사용되는 형태의 쿼리다. 즉 2017년 1월 1일 이전까지 사용했지만, 그 이후로는 로그인하고 있지 않은 사용자 중에서 조금 자주 사용했던(즉 50번 이상 로그인했던) 사용자만 조사하는 쿼리다. 대상자를 조회해서 홍보나 이벤트 메일을 발송하는 방식으로 자주 사용될 수 있다.

필드의 값이 NOT NULL인지 그리고 필드의 존재 여부를 기준으로 그룹핑

```
// 예제 데이터
mongo> db.users.find()
{ "name" : "matt", "phone" : "010-000-0000" }
{ "name" : "lara", "phone" : null }
{ "name" : "todd" }

// 값이 NULL인지 아닌지 판단
mongo> db.users.aggregate(
```

```
    [
      {
        $project: {
          _id:0,
          name:1,
          has_phone:{"$cond": [ { "$ifNull": ["$phone", false] }, true, false ]}
        }
      }
    ]
)


{ "name" : "matt", "has_phone" : true }
{ "name" : "lara", "has_phone" : false }
{ "name" : "todd", "has_phone" : false }


// 값이 NULL인지 아닌지 그리고 필드가 존재하는지 아닌지 판단
mongo> db.users.aggregate(
    [
      {
        $project: {
          _id:0,
          name:1,
          has_phone:{ $concat:[
            {$cond: [ {$gt:["$phone", null]}, "NOT-NULL", ""]},
            {$cond: [ {$eq:["$phone", null]}, "NULL", ""]},
            {$cond: [ {$eq:['$phone', undefined]}, "NOT-EXIST", ""]}
          ] }
        }
      }
    ]
)


{ "name" : "matt", "has_phone" : "NOT-NULL" }
{ "name" : "lara", "has_phone" : "NULL" }
{ "name" : "todd", "has_phone" : "NOT-EXIST" }
```

MongoDB 서버에서는 도큐먼트의 특정 필드 값이 NULL 또는 NOT NULL일 수도 있지만, 필드 자체가 없을 수도 있다. 때로는 필드의 존재 여부에 따라서 비교 방식이 조금 혼란스럽기도 하다. 위 예제는 MongoDB에서 필드의 값이 NULL인지 아닌지 판단하거나, 필드의 존재 여부를 판단하는 방법을 보여주고 있다. 첫 번째 예제는 $ifNull 연산자를 이용해서 필드의 값이 NULL인지 아닌지만 판단한다. 이때 $ifNull 연산자는 필드의 값이 NULL이거나 필드 자체가 존재하지 않으면 TRUE를 반환한다. 하지만 첫 번째 예제에서 사용한 $ifNull은 필드의 값이 NULL인 경우와 필드 자체가 존재하지 않는 경우를 식별하지는 못한다. 만약 필드의 값이 NULL인 경우와 필드 자체가 존재하지 않는 경우를 구별하고자 한다면 두 번째 예제처럼 "undefined"로 비교해서 체크하면 된다.

이렇게 필드의 값이 NULL인 경우와 필드가 존재하지 않는 경우를 식별해서 값을 구분할 수만 있다면 이 결과 값을 이용해서 그룹핑 작업을 다음과 같이 실행할 수 있다.

```
// NULL인지 아닌지만 구분해서 그룹핑
mongo> db.users.aggregate(
    [
        {
            $project: {
                _id:0,
                name:1,
                has_phone:{"$cond": [ { "$ifNull": ["$phone", false] }, true, false ]}
            }
        },
        {$group:{_id:"$has_phone", count:{$sum:1}}}
    ]
)


{ "_id" : false, "count" : 2 }
{ "_id" : true, "count" : 1 }



// NULL이 아닌 경우 그리고 필드의 존재 여부까지 구분해서 그룹핑
mongo> db.users.aggregate(
    [
        {
            $project: {
```

```
            _id:0,
            name:1,
            has_phone:{ $concat:[
                {$cond: [ {$gt:["$phone", null]}, "NOT-NULL", ""]},
                {$cond: [ {$eq:["$phone", null]}, "NULL", ""]},
                {$cond: [ {$eq:['$phone', undefined]}, "NOT-EXIST", ""]}
            ] }
        }
    },
    {$group:{_id:"$has_phone", count:{$sum:1}}}
  ]
)


{ "_id" : "NOT-EXIST", "count" : 1 }
{ "_id" : "NULL", "count" : 1 }
{ "_id" : "NOT-NULL", "count" : 1 }
```

8.2.2.5 Aggregation 파이프라인 스테이지(Pipeline Stage)와 표현식

Aggregation의 파이프라인은 스테이지의 배열로 작성되며, MongoDB 서버가 지원하는 스테이지는 다음과 같이 다양한 연산 과정들이 있다.

스테이지	설명
$project	입력으로 주어진 도큐먼트에서 필요한 필드만 선별해서 다음 스테이지로 넘겨주는 작업을 처리한다. 물론 기존의 필드 이름을 변경하거나 필드를 제거하는 처리도 가능하다.
$addFields	입력으로 주어진 도큐먼트에 새로운 필드를 추가한다.
$replaceRoot	입력으로 주어진 도큐먼트에서 특정 필드를 최상위 도큐먼트로 만들고, 나머지는 버린다.
$match	컬렉션 또는 직전 스테이지에서 넘어온 도큐먼트에서 조건에 일치하는 도큐먼트만 다음 스테이지로 전달한다.
$redact	도큐먼트의 각 필드 또는 서브 도큐먼트의 포맷이 다양한 경우에 지정된 형태의 포맷과 일치하는 서브 도큐먼트 또는 필드만으로 도큐먼트를 재구성한다.
$limit	입력으로 주어진 도큐먼트에서 처음 몇 건의 도큐먼트만 다음 스테이지로 전달한다.
$skip	입력으로 주어진 도큐먼트에서 처음 몇 건의 도큐먼트는 버리고 나머지 도큐먼트만 다음 스테이지로 전달한다.
$out	처리의 결과를 컬렉션으로 저장하거나 클라이언트로 직접 전달한다.
$unwind	입력 도큐먼트가 배열로 구성된 필드를 가지고 있으면 이를 여러 도큐먼트로 풀어서 다음 스테이지로 전달한다. 즉, 입력 도큐먼트가 10개의 엘리먼트를 가진 배열로 구성된 필드를 가진다면 $unwind 스테이지는 이를 10개의 도큐먼트로 만들어서 다음 스테이지로 전달한다.

스테이지	설명
$group	입력으로 주어진 도큐먼트를 지정된 조건에 맞게 그룹핑해서 카운트나 합계 또는 평균 등의 계산을 처리한다.
$sample	주어진 입력 도큐먼트 중에서 임의로 몇 개의 도큐먼트만 샘플링해서 다음 스테이지로 전달한다.
$sort	주어진 입력 도큐먼트를 정렬해서 다음 스테이지로 전달한다.
$count	주어진 입력 도큐먼트의 개수를 세어서 다음 스테이지로 전달한다.
$geoNear	주어진 위치를 기준으로 위치 기반의 검색을 수행해서 일정 반경 이내의 결과만 다음 스테이지로 전달한다.
$lookup	주어진 입력 도큐먼트와 다른 컬렉션(동일 데이터베이스 내의 컬렉션)과 레프트 아우터(LEFT OUTER) 조인을 실행해서 결과를 다음 스테이지로 전달한다.
$facet	하나의 스테이지로 다양한 차원의 그룹핑 작업을 수행한다. $facet 스테이지는 $bucket과 $bucketAuto 그리고 $sortByCount 등의 서브 스테이지를 가진다.
$bucket	입력 도큐먼트를 여러 범위로 그룹핑한다. $group 스테이지는 유니크한 모든 값에 대해서 그룹을 생성하지만, $bucket은 사용자가 임의로 각 그룹의 범위를 설정할 수 있다.
$bucketAuto	$bucket 스테이지와 동일하지만, $bucketAuto는 사용자가 아닌 MongoDB 서버가 자동으로 그룹의 범위를 설정한다.
$sortByCount	주어진 도큐먼트의 필드를 기준으로 그룹핑해서 개수의 역순으로 정렬한 결과를 다음 스테이지로 전달한다.
$graphLookup	주어진 입력 도큐먼트와 다른 컬렉션(동일 데이터베이스 내의 컬렉션)과 그래프 쿼리(재귀 쿼리)를 실행한다.
$collStats	컬렉션의 상태 정보를 조회해서 다음 스테이지로 전달한다.
$indexStats	인덱스의 상태 정보를 조회해서 다음 스테이지로 전달한다.

각 스테이지를 조합해서 이용하면 매우 다양한 Aggregation 파이프라인을 작성할 수 있는데, 모든 케이스를 살펴보기는 어려울 것이다. 그래서 여기에서는 각 스테이지를 사용하는 간단한 예제를 살펴보겠다. 그리고 여기에서 언급하지 않은 스테이지에 대한 상세한 설명은 매뉴얼(https://docs.mongodb.com/manual/meta/aggregation-quick-reference/)을 참고하도록 하자. 아래에 소개하는 스테이지 중에서도 $match, $group, $project, $sort, $limit, $unwind, $out은 필수로 사용되는 경우가 많으니 한 번씩 예제를 직접 만들어서 작동 방식을 확인해볼 것을 권장한다.

$project

$project 스테이지는 입력 도큐먼트에서 필요한 필드들을 선별해서 다음 스테이지로 넘겨주는 처리를 수행한다. 다음 스테이지로 전달하고자 하는 필드에 대해서 "1" 또는 true를 설정하면 된다.

```
// 입력 도큐먼트
{
```

```
  "_id" : 1,
  title: "abc123",
  isbn: "0001122223334",
  author: { last: "zzz", first: "aaa" },
  copies: 5
}

// Aggregation 파이프라인 예제
mongo> db.books.aggregate( [ { $project : { title : 1 , author : 1 } } ] )

// Aggregation 결과
{ "_id" : 1, "title" : "abc123", "author" : { "last" : "zzz", "first" : "aaa" } }
```

$project 스테이지는 단순히 필드를 필터링하는 역할뿐만 아니라 기존의 필드들을 조합하거나 상숫값으로 새로운 필드를 만들어서 다음 스테이지로 전달하는 처리도 할 수 있다. 다음 예제는 books 컬렉션의 isbn 필드에 저장된 문자열을 잘라서 publisher와 title 그리고 checkDigit 필드를 새로 만들고, isbn이라는 새로운 서브 도큐먼트를 추가했다. 그리고 price와 copies 필드의 곱으로 totalPrices라는 전체 금액 필드를 새로 추가했다.

```
mongo> db.books.insert({
  "_id" : 1,
  title: "MongoDB Applied Design Patterns",
  isbn: "9781449340049",
  author: { last: "Copeland", first: "Rick" },
  price: 19.68,
  copies: 5
})

mongo> db.books.aggregate([
  {
    $project: {
      title: 1,
      isbn: {
        publisher: { $substr: [ "$isbn", 5, 4 ] },
        title: { $substr: [ "$isbn", 9, 3 ] },
        checkDigit: { $substr: [ "$isbn", 12, 1] }
      },
```

```
      lastName: "$author.last",
      copiesSold: "$copies",
      totalPrice: { $multiply: [ "$price", "$copies" ] }
    }
  }
])
```

```
{
  "_id" : 1,
  "title" : "MongoDB Applied Design Patterns",
  "isbn" : {
    "publisher" : "4934",
    "title" : "004",
    "checkDigit" : "9"
  },
  "lastName" : "Copeland",
  "copiesSold" : 5,
  "totalPrice" : 98.4
}
```

또한 기존 필드의 값을 이용해서 새로운 서브 도큐먼트나 배열 필드를 생성할 수도 있다. 다음 예제는 도큐먼트에 저장된 위도 값과 경도 값을 이용해서 도큐먼트에 배열 필드를 새로 생성하고 다음 스테이지로 전달하도록 $project를 작성하는 방법을 보여주고 있다.

```
mongo> db.example.insert({"longitude" : 126.98955, "latitude" : 37.56511 })

mongo> db.example.aggregate( [
        { $project: { location: [ "$latitude", "$longitude" ] } }
    ] )

{ "location" : [ 37.56511, 126.98955 ] }
```

$match

$match 스테이지는 입력 컬렉션이나 도큐먼트에서 조건에 일치하는 도큐먼트만 필터링해서 다음 스테이지로 전달하는 처리를 수행한다.

```
// 입력 도큐먼트
{ "_id" : ObjectId("512bc95fe835e68f199c8686"), "author" : "dave", "score" : 80, "views" : 100 }
{ "_id" : ObjectId("55f5a192d4bede9ac365b257"), "author" : "ahn", "score" : 60, "views" : 1000 }
{ "_id" : ObjectId("55f5a192d4bede9ac365b258"), "author" : "li", "score" : 55, "views" : 5000 }

// Aggregation 파이프라인 예제
mongo> db.articles.aggregate(
    [ { $match : { author : "dave" } } ]
);

// Aggregation 결과
{ "_id" : ObjectId("512bc95fe835e68f199c8686"), "author" : "dave", "score" : 80, "views" : 100 }
```

$unwind

$unwind 스테이지는 하나의 도큐먼트에서 배열로 구성된 필드를 펼쳐서 여러 도큐먼트로 변환하는
처리를 수행한다. 그래서 $unwind 스테이지로 입력되는 도큐먼트 하나가 여러 도큐먼트로 변환돼서
출력되는 것이다.

```
// 입력 도큐먼트
{ "_id" : 1, "item" : "ABC1", sizes: [ "S", "M", "L"] }

// Aggregation 파이프라인 예제
mongo> db.inventory.aggregate( [ { $unwind : "$sizes" } ] )

// Aggregation 결과
{ "_id" : 1, "item" : "ABC1", "sizes" : "S" }
{ "_id" : 1, "item" : "ABC1", "sizes" : "M" }
{ "_id" : 1, "item" : "ABC1", "sizes" : "L" }
```

$unwind 스테이지는 path와 includeArrayIndex 옵션을 이용해서 배열의 인덱스를 출력 도큐먼트
에 포함할 수도 있다.

```
// 입력 도큐먼트
{ "_id" : 1, "item" : "ABC1", sizes: [ "S", "M", "L"] }
```

```
// Aggregation 파이프라인 예제
mongo> db.inventory.aggregate( [ { $unwind:
        { path: "$sizes", includeArrayIndex: "arrayIndex" } } ] )

// Aggregation 결과
{ "_id" : 1, "item" : "ABC", "sizes" : "S", "arrayIndex" : NumberLong(0) }
{ "_id" : 1, "item" : "ABC", "sizes" : "M", "arrayIndex" : NumberLong(1) }
{ "_id" : 1, "item" : "ABC", "sizes" : "L", "arrayIndex" : NumberLong(2) }
```

$group

$group 스테이지는 SQL에서 자주 사용하던 GROUP BY와 같은 처리를 수행할 수 있는데, MongoDB 의 $group 스테이지에서는 다음과 같은 집계 연산이 가능하다.

집계 연산자	설명
$sum	숫자 타입의 필드 합계를 계산한다. 만약 도큐먼트의 개수가 필요하다면 필드의 값 대신 1을 사용하면 된다.
$avg	숫자 타입의 필드 평균을 계산한다.
$first	각 그룹의 첫 번째 값을 반환한다.
$last	각 그룹의 마지막 값을 반환한다.
$max	각 그룹의 최댓값을 반환한다.
$min	각 그룹의 최솟값을 반환한다.
$push	각 그룹에 속한 모든 도큐먼트의 필드 값을 배열로 반환한다.
$addToSet	각 그룹에 속한 모든 도큐먼트의 필드 값 중에서 유니크한 값을 배열로 반환한다.
$stdDevPop	각 그룹의 표준 편차를 반환한다.
$stdDevSamp	각 그룹의 표본 표준 편차(sample standard deviation)를 반환한다.

다음 예제는 판매 일자를 일별(더 정확히는 년/월/일)로 그룹핑해서 총 판매 실적과 평균 판매 수량 그리고 판매 건수를 구하는 예제다. 판매 실적을 위해서 그룹별 아이템의 가격과 판매 수량을 곱한 값의 합($sum)을 totalPrice 필드로 할당했으며, 판매 수량 필드의 값에 대해서 평균($avg) 값을 averageQuantity 필드에 할당했다. 그리고 마지막으로 그룹별로 상수 값 1의 합($sum)을 계산해서 count 필드에 할당했다.

```
// 입력 도큐먼트
{ "_id" : 1, "item" : "abc", "price" : 10, "quantity" : 2, "date" : ISODate("2014-03-01T08:00:00Z") }
{ "_id" : 2, "item" : "jkl", "price" : 20, "quantity" : 1, "date" : ISODate("2014-03-01T09:00:00Z") }
{ "_id" : 3, "item" : "xyz", "price" : 5, "quantity" : 10, "date" : ISODate("2014-03-15T09:00:00Z") }
{ "_id" : 4, "item" : "xyz", "price" : 5, "quantity" : 20, "date" : ISODate("2014-04-04T11:21:39.736Z") }
{ "_id" : 5, "item" : "abc", "price" : 10, "quantity" : 10, "date" : ISODate("2014-04-04T21:23:13.331Z") }

// Aggregation 파이프라인 예제
mongo> db.sales.aggregate(
   [
      {
        $group : {
           _id : { month: { $month: "$date" }, day: { $dayOfMonth: "$date" }, year: { $year: "$date" }
},
           totalPrice: { $sum: { $multiply: [ "$price", "$quantity" ] } },
           averageQuantity: { $avg: "$quantity" },
           count: { $sum: 1 }
        }
      }
   ]
)


// Aggregation 결과
{ "_id" : { "month" : 3, "day" : 15, "year" : 2014 }, "totalPrice" : 50, "averageQuantity" : 10,
"count" : 1 }
{ "_id" : { "month" : 4, "day" : 4, "year" : 2014 }, "totalPrice" : 200, "averageQuantity" : 15,
"count" : 2 }
{ "_id" : { "month" : 3, "day" : 1, "year" : 2014 }, "totalPrice" : 40, "averageQuantity" : 1.5,
"count" : 2 }
```

$group 스테이지 명령으로 특정 필드를 이용한 그룹핑이 일반적이지만, 그룹 없이 전체 합계나 평균을 계산하고자 할 때도 있다. 이런 경우에는 다음과 같이 $group 스테이지의 "_id" 필드를 null(또는 값이 변하지 않는 상수 값)로 설정하면 된다.

```
// Aggregation 파이프라인 예제
mongo> db.sales.aggregate(
   [
```

```
    {
      $group : {
        _id : null,
        totalPrice: { $sum: { $multiply: [ "$price", "$quantity" ] } },
        averageQuantity: { $avg: "$quantity" },
        count: { $sum: 1 }
      }
    }
  ]
)
```

```
// Aggregation 결과
{ "_id" : null, "totalPrice" : 290, "averageQuantity" : 8.6, "count" : 5 }
```

$group 스테이지로 유니크한 값만 추출하는 처리(DISTINCT)도 할 수 있다.

```
// Aggregation 파이프라인 예제
mongo> db.sales.aggregate( [ { $group : { _id : "$item" } } ] )
```

```
// Aggregation 결과
{ "_id" : "xyz" }
{ "_id" : "jkl" }
{ "_id" : "abc" }
```

$sample

$sample 스테이지는 입력 도큐먼트에서 랜덤하게 지정된 건수의 도큐먼트만 다음 스테이지로 전달한다.

```
// 입력 도큐먼트
{ "_id" : 1, "name" : "dave123", "q1" : true, "q2" : true }
{ "_id" : 2, "name" : "dave2", "q1" : false, "q2" : false }
{ "_id" : 3, "name" : "ahn", "q1" : true, "q2" : true }
{ "_id" : 4, "name" : "li", "q1" : true, "q2" : false }
{ "_id" : 5, "name" : "annT", "q1" : false, "q2" : true }
{ "_id" : 6, "name" : "li", "q1" : true, "q2" : true }
{ "_id" : 7, "name" : "ty", "q1" : false, "q2" : true }
```

```
// Aggregation 파이프라인 예제
db.users.aggregate(
   [ { $sample: { size: 3 } } ]
)

// Aggregation 결과
{ "_id" : 2, "name" : "dave2", "q1" : false, "q2" : false }
{ "_id" : 3, "name" : "ahn", "q1" : true, "q2" : true }
{ "_id" : 7, "name" : "ty", "q1" : false, "q2" : true }
```

$sample 스테이지는 어떤 형태로 사용하느냐에 따라서 매우 큰 성능 차이를 보인다. $sample 스테이지가 다음 3가지 조건을 만족하는 경우에는 랜덤 커서(Pseudo Random Cursor)를 이용해서 도큐먼트를 조회한다. MongoDB 서버의 랜덤 커서는 별도의 정렬이나 컬렉션의 풀 스캔 없이 입력 컬렉션으로부터 임의의 도큐먼트를 빠르게 가져올 수 있다.

- $sample이 파이프라인의 첫 스테이지로 사용된 경우

- 샘플링하고자 하는 도큐먼트가 컬렉션의 전체 도큐먼트의 5% 미만인 경우

- 컬렉션이 100개 이상의 도큐먼트를 가진 경우

만약 위의 3가지 조건을 만족하지 못한다면 $sample 스테이지는 입력된 도큐먼트에 랜덤 값의 필드(Pseudo random number)를 부여한 다음 그 필드를 기준으로 정렬을 수행하고, 지정된 건수의 도큐먼트만 다음 스테이지로 전달한다. 그래서 이렇게 정렬이 수행되는 경우에는 입력 도큐먼트 건수가 많다면 정렬 과정이 상당한 성능 저하를 유발한다.

> **(!) 주의**
>
> 결국 $sample이 파이프라인의 첫 스테이지가 아닌 경우에는 SQL에서 다음과 같은 처리를 수행하게 된다.
>
> ```
> SELECT * FROM tab ORDER BY RAND() LIMIT N;
> ```
>
> 만약 $sample 스테이지로 입력되는 도큐먼트 건수가 많다면 별도의 정렬 작업이 필요해서 Aggregation의 전체 처리 성능을 떨어뜨린다. 그뿐만 아니라 입력 도큐먼트가 많다면 MongoDB 서버는 정렬을 위해서 추가 메모리를 할당해야 하는데 Aggregation은 100MB의 메모리만 사용할 수 있기 때문에 Aggregation 쿼리가 실패(Aggregation의 allowDiskUse 옵션이 false인 경우)하거나 정렬을 위해서 디스크를 사용(Aggregation의 allowDiskUse 옵션이 true인 경우)하게 된다. 쿼리에 실패하는 경우도 문제지만, Aggregation의 allowDiskUse 옵션을 true로 설정해서 쿼리는 실패하지 않는다 하더라도 정렬을 위해서 디스크를 사용하므로 쿼리의 성능이 현저하게 떨어질 것이다.

$out

$out 스테이지는 Aggregation 처리 결과를 클라이언트로 즉시 전송하지 않고, 별도의 컬렉션에 저장하도록 한다. $out 옵션은 Aggregation 처리의 결과가 매우 큰 경우에 사용할 수 있으며, $out 옵션에 샤딩된 컬렉션이나 Capped 컬렉션을 지정할 수는 없다. 다음 예제는 books 컬렉션이 위치한 데이터베이스에 authors 라는 컬렉션으로 Aggregation 처리 결과를 저장한다.

```
// Aggregation 파이프라인 예제
mongo> db.books.aggregate( [
                 { $group : { _id : "$author", books: { $push: "$title" } } },
                 { $out : "authors" }
             ] )
```

이때 만약 authors 컬렉션이 존재하지 않는다면 Aggregation 처리는 자동으로 authors 컬렉션을 생성해서 데이터를 저장하며, 이렇게 자동으로 컬렉션을 생성하는 경우에는 _id 인덱스(프라이머리 키)만 자동 생성한다. 그런데 Aggregation이 실행되기 전부터 authors 컬렉션이 있었다면 MongoDB는 authors 컬렉션의 데이터를 모두 삭제하고 새롭게 데이터를 저장한다. 만약 authors 컬렉션에 도큐먼트 유효성 체크 제약 사항이 있다면 Aggregation 실행 시 bypassDocumentValidation 옵션을 true로 설정해서 이를 무시하도록 할 수 있다.

$addFields

$addFields 스테이지는 입력 도큐먼트에 새로운 필드를 추가할 수 있게 해준다. 새롭게 추가되는 필드는 기존 필드를 이용해서 연산된 새로운 값일 수도 있으며, 단순히 상수 값을 가지는 필드일 수도 있다. 다음 예제는 $addFields 스테이지가 2번 사용됐는데, 첫 번째 스테이지에서는 totalHomework와 totalQuiz 필드를 새롭게 추가했으며 두 번째 스테이지에서는 totalScore 필드를 새롭게 추가했다.

```
// 입력 도큐먼트
{
  _id: 1,
  student: "Maya",
  homework: [ 10, 5, 10 ],
  quiz: [ 10, 8 ],
  extraCredit: 0
}
```

```
// Aggregation 파이프라인 예제
mongo> db.scores.aggregate( [
   {
     $addFields: {
       totalHomework: { $sum: "$homework" } ,
       totalQuiz: { $sum: "$quiz" }
     }
   },
   {
     $addFields: { totalScore:
       { $add: [ "$totalHomework", "$totalQuiz", "$extraCredit" ] } }
   }
] )


// Aggregation 결과
{
  "_id" : 1,
  "student" : "Maya",
  "homework" : [ 10, 5, 10 ],
  "quiz" : [ 10, 8 ],
  "extraCredit" : 0,
  "totalHomework" : 25,
  "totalQuiz" : 18,
  "totalScore" : 43
}
```

$addFields 스테이지에서 기존 도큐먼트가 가지고 있던 필드와 동일한 필드명를 새롭게 추가하면 기존 필드의 값은 사라지고 새로운 값으로 덮어써진다.

```
// Aggregation 파이프라인 예제
mongo> db.scores.aggregate( [
   {
     $addFields: { "extraCredit": 20 }
   }
] )


// Aggregation 결과
{
```

```
  _id: 1,
  student: "Maya",
  homework: [ 10, 5, 10 ],
  quiz: [ 10, 8 ],
  extraCredit: 20
}
```

$addFields 스테이지는 기존 도큐먼트의 서브 도큐먼트에 새로운 필드를 추가할 수도 있다.

```
// 입력 데이터
{ _id: 1, type: "car", specs: { doors: 4, wheels: 4 } }

// Aggregation 파이프라인 예제
mongo> db.scores.aggregate( [
   {
     $addFields: { "specs.fuel_type": "unleaded" }
   }
] )

// Aggregation 결과
{ _id: 1, type: "car",
    specs: { doors: 4, wheels: 4, fuel_type: "unleaded" } }
```

$replaceRoot

$replaceRoot 스테이지는 입력된 도큐먼트에서 특정 필드를 출력 도큐먼트의 새로운 루트 도큐먼트로 대체한다.

```
// 입력 도큐먼트
{
    "_id" : 1,
    "fruit" : [ "apples", "oranges" ],
    "in_stock" : { "oranges" : 20, "apples" : 60 },
    "on_order" : { "oranges" : 35, "apples" : 75 }
}
{
    "_id" : 2,
    "vegetables" : [ "beets", "yams" ],
```

```
    "in_stock" : { "beets" : 130, "yams" : 200 },
    "on_order" : { "beets" : 90, "yams" : 145 }
}

// Aggregation 파이프라인 예제
mongo> db.produce.aggregate( [
    {
      $replaceRoot: { newRoot: "$in_stock" }
    }
] )

// Aggregation 결과
{ "oranges" : 20, "apples" : 60 }
{ "beets" : 130, "yams" : 200 }
```

$replaceRoot 스테이지를 이용해서 입력 도큐먼트의 필드를 새로운 도큐먼트로 설정하는 경우, $match 스테이지를 이용해서 기존 필드가 존재하는 도큐먼트만 $replaceRoot 스테이지가 처리되게 할 수도 있다.

```
mongo> db.produce.aggregate( [
    {
      $match: { in_stock : { $exists: true } }
    },
    {
      $replaceRoot: { newRoot: "$in_stock" }
    }
] )
```

$count

$count 스테이지는 입력 도큐먼트의 개수를 다음 스테이지로 전달한다.

```
// 입력 도큐먼트
{ "_id" : 1, "subject" : "History", "score" : 88 }
{ "_id" : 2, "subject" : "History", "score" : 92 }
{ "_id" : 3, "subject" : "History", "score" : 97 }
{ "_id" : 4, "subject" : "History", "score" : 71 }
```

```
{ "_id" : 5, "subject" : "History", "score" : 79 }
{ "_id" : 6, "subject" : "History", "score" : 83 }

// Aggregation 파이프라인 예제
mongo> db.scores.aggregate(
  [
    {
      $match: {
        score: {
          $gt: 80
        }
      }
    },
    {
      $count: "passing_scores"
    }
  ]
)

// Aggregation 결과
{ "passing_scores" : 4 }
```

지금까지 몇 가지 자주 사용되면서 추가 설명이 필요한 스테이지를 살펴봤다. 여기에서 언급한 예제들의 더 자세한 설명과 다양한 응용 형태는 MongoDB의 매뉴얼이나 검색 엔진을 통한 예제들을 참조하도록 하자. 그리고 이번 절에서 언급하지 않은 $lookup과 $graphLookup 그리고 $facet 스테이지는 "8.2.2.7 $lookup 과 $graphLookup" 절과 "8.2.2.8 $facet" 절에서 자세히 살펴보겠다.

파이프라인의 각 스테이지에서는 연산을 수행하거나 그룹핑을 수행하는 등의 내용을 작성해야 하는데, 이때 Aggregation 연산자(Operator)가 사용된다. MongoDB Aggregation에서는 일반적으로 사용되는 사칙연산 연산자(+, -, *, /)를 그대로 사용할 수 없다. 이것이 MongoDB의 Aggregation 개발이 SQL보다는 조금 더 어려운 이유이기도 하다. 실제 사칙 연산자 대신 지정된 연산자를 대체해서 사용해야 하는데, 이는 문장의 복잡도를 높이기도 한다. 파이프라인에서 사용할 수 있는 연산자를 종류별로 나눠서 구분해 보면 다음 표와 같다.

숫자 연산	그룹 연산	날짜 연산	비교 연산	불리언 연산
$abs	$sum	$dayOfYear	$cmp	$and
$add	$avg	$dayOfMonth	$eq	$or
$ceil	$first	$dayOfWeek	$gt	$not
$divide	$last	$year	$gte	
$exp	$max	$month	$lt	
$floor	$min	$week	$lte	
$ln	$push	$hour	$ne	
$log	$addToSet	$minute		
$log10	$stdDevPop	$second		
$mod	$stdDevSamp	$millisecond		
$multiply		$dateToString		
$pow		$isoDayOfWeek		
$sqrt		$isoWeek		
$subtract		$isoWeekYear		
$truc				

집합 연산	문자열 연산	배열 연산	조건 연산
$setEquals	$concat	$arrayElemAt	$cond
$setIntersection	$indexOfBytes	$concatArrays	$ifNull
$setUnion	$indexOfCP	$filter	$switch
$setDifference	$split	$indexOfArray	
$setIsSubset	$strLenBytes	$isArray	
$$anyElementTrue	$strLenCP	$range	
$allElementsTrue	$strcasecmp	$reverseArray	
	$substr	$reduce	
	$substrBytes	$size	
	$substrCP	$slice	
	$toLower	$zip	
	$toUpper	$in	

나열된 연산자는 MongoDB 3.4에서 지원되고 있는 것이며, 일부 연산자는 MongoDB 3.2 이하 버전에서는 지원되지 않을 수도 있다. 그리고 더 중요한 점은 모든 스테이지에서 여기 나열된 연산자를 모두 사용할 수 있는 것이 아니라는 점이다. 즉 스테이지에 맞게 그 스테이지에서 사용할 수 있는 연산자를 취사선택해서 사용해야 한다. 예를 들어, 그룹 연산자인 $avg나 $sum 등의 연산자는 $group 스테이지에서만 사용할 수 있다. 각 연산자의 이름을 보면 대략 이 연산자가 어떤 용도인지 예측할 수 있으므로 이 책에서 모든 연산자의 설명과 사용 예제를 살펴보는 것은 생략하겠다. 그리고 각 연산자의 기능은 예측할 수 있지만, 실제 각 연산자의 사용 포맷이나 파라미터의 의미는 MongoDB의 매뉴얼을 참조하는 것이 좋다. Aggregation 스테이지와 연산자에 대한 소개는 "Aggregation Pipeline Quick Reference(https://docs.mongodb.com/manual/meta/aggregation-quick-reference/)"를 참조하도록 하자.

> **참고** 만약 SQL 작성에 익숙한 사용자라면 SQL과 MongoDB의 Aggregation의 맵핑을 정리해둔 MongoDB 매뉴얼("SQL to Aggregation Mapping Chart(https://docs.mongodb.com/manual/reference/sql-aggregation-comparison/)")이 쉽게 Aggregation을 익힐 방법이 될 것이다. 모든 Aggregation 연산자의 사용법을 확인하기는 어렵지만, MongoDB의 Aggregation을 작성하기 위한 기본 틀은 참조할 수 있을 것이다. 또한 MongoDB에서 배포하고 있는 "Quick Reference Cards(https://www.mongodb.com/collateral/quick-reference-cards)"도 Aggregation을 자주 접하는 사용자에게는 도움이 될 것이다.

8.2.2.6 Aggregation 파이프라인 최적화

MongoDB의 Aggregation은 각 스테이지가 순차적으로 처리되며, 그 결과를 다음 스테이지로 전달하면서 사용자의 요청을 처리한다. 그래서 각 스테이지들의 배열 순서는 처리 성능에 많은 영향을 미친다. 예를 들어, 필요한 도큐먼트만 필터링하는 스테이지는 데이터를 그룹핑하는 스테이지보다 앞쪽에 위치해야 그룹핑해야 할 도큐먼트의 건수를 줄일 수 있고, Aggregation의 성능을 높일 수 있다. MongoDB 서버도 내부적으로 이런 형태의 기본적인 최적화 기능을 내장하고 있는데, 여기에서는 MongoDB가 어떤 최적화를 자동으로 처리할 수 있는지와 어떤 최적화가 불가능한지 살펴보겠다. 또한 MongoDB 서버가 Aggregation의 최적화를 해준다고 하더라도 Aggregation의 스테이지 구성에 따라서 자동 최적화가 불가능할 수도 있고 매뉴얼에 명시된 대로 작동하지 않을 수도 있다. 그러므로 가능하면 Aggregation을 작성할 때, 이런 부분을 미리 적용해 둔다면 성능 이슈가 많이 줄어들 것이다.

$project 스테이지

다음 예제는 휴면 상태의 사용자들을 조회한 다음 마지막으로 로그인한 날짜별로 서비스를 사용한 시간의 평균을 조회하는 Aggregation 쿼리다.

```
mongo> db.users.aggregate([
    {$match   : { type : "idle" }},
    {$sort    : { last_login_dt : 1 }},
    {$project : { last_login_dt : 1, seconds : 1, _id : 0} },
    {$group   : { _id: "$last_login_dt", avgUsingTime: {$avg: "$seconds"} } }
]);
```

$project 스테이지는 전체 도큐먼트에서 필요한 필드만 뽑아서 다음 스테이지로 전달하는 역할을 한다. 그래서 이 예제에서 $project 스테이지는 전달받은 도큐먼트의 필드 중에서 last_login_dt와 seconds 필드만 뽑아서 그룹 스테이지로 데이터를 전달한다. 이렇게 작업에 꼭 필요한 필드만 뽑아서 처리하면 MongoDB 서버의 Aggregation 처리에서 CPU 사용량이나 메모리 사용량을 많이 낮출 수 있다. 하지만 MongoDB 서버는 파이프라인을 실행하기 전에 먼저 각 스테이지를 스캔해서 사용되는 필드를 먼저 확인하고, 원본 도큐먼트에서 필요한 필드만 뽑아서 처리한다. 그래서 단순히 다음 스테이지로 전달할 필드를 필터링해서 처리해야 할 도큐먼트의 크기를 줄이기 위한 용도라면 굳이 $project 스테이지를 명시하지 않아도 된다.

즉 기존 도큐먼트의 필드들을 조합해서 새로운 서브 도큐먼트나 배열 필드 또는 가공된 값을 생성하는 경우가 아니라면 $project 스테이지는 사용하지 않아도 된다.

스테이지 순서 최적화($match와 $sort 그리고 $project와 $skip)

$sort 스테이지와 $match 스테이지가 순서대로 연결된 경우에는 MongoDB 서버가 $match와 $sort 스테이지의 순서를 바꿔서 실행하도록 최적화한다. 먼저 $match 조건에 일치하는 도큐먼트만 필터링한 다음, 남은 도큐먼트만 정렬하도록 최적화한다.

```
mongo> db.example.aggregate([
  { $sort: { age : -1 } },
  { $match: { status: 'A' } }
])
```

```
// 다음과 같이 $match와 $sort 스테이지의 순서를 자동으로 변경해서 실행
mongo> db.example.aggregate([
  { $match: { status: 'A' } },
  { $sort: { age : -1 } }
])
```

$project 스테이지 뒤에 바로 $skip 스테이지(또는 $skip + $limit 스테이지)가 사용되면 MongoDB 서버는 $skip 스테이지를 $project 스테이지 앞쪽으로 옮겨서 실행한다. 이렇게 함으로써 다음 스테이지에서 버려질 도큐먼트를 불필요하게 가공하는 일을 줄여줄 수 있다. 그뿐만 아니라 다음과 같이 단순한 형태의 $project와 $match가 사용되는 경우 MongoDB 서버는 $project보다는 $match를 먼저 처리해서 꼭 필요한 결과에 대해서만 $project 처리를 수행하도록 최적화한다.

```
// 1) $project 스테이지에서 새롭게 가공된 필드가 추가된 것이 아니라면
mongo> db.users.aggregate([
  {$project: {name:1, phone:1}},
  {$match: {name:"matt"}}
])

// 2) MongoDB 서버는 아래와 예제와 같이, $project 스테이지보다 $match를 먼저 실행해서
//     꼭 필요한 도큐먼트에 대해서만 $project 처리를 수행하도록 최적화한다.
mongo> db.users.aggregate([
  {$match: {name:"matt"}},
  {$project: {name:1, phone:1}},
])
```

스테이지 결합

MongoDB 서버는 처리 성능을 향상시키기 위해서 Aggregation 파이프라인에서 2개 이상의 스테이지를 하나의 스테이지로 결합해서 처리하기도 한다. 기본적으로는 같은 스테이지가 여러 번 반복해서 사용되는 경우에는 이를 하나의 스테이지로 결합해서 처리한다.

```
// $limit 스테이지가 반복해서 사용되는 경우
mongo> db.example.aggregate([
  { $limit: 100 },
  { $limit: 10 }
```

```
])
// $limit 스테이지를 결합해서 10개의 도큐먼트만 반환하도록 하나의 $limit 스테이지로 결합
mongo> db.example.aggregate([
  { $limit: 10 }
])


// $skip 스테이지가 반복해서 사용되는 경우
mongo> db.example.aggregate([
  { $skip: 5 },
  { $skip: 2 },
  { $limit: 10 }
])
// $skip 스테이지를 결합해서 하나의 $skip 스테이지로 처리
mongo> db.example.aggregate([
  { $skip: 7 },
  { $limit: 10 }
])


// $match 스테이지가 반복해서 사용되는 경우
mongo> db.example.aggregate([
  { $match: { year: 2014 } },
  { $match: { status: "A" } }
])
// $match 스테이지를 결합해서 (가용 인덱스가 있다면) 모든 조건이 인덱스를 이용하도록 최적화

mongo> db.example.aggregate([
  { $match: { $and: [ { "year" : 2014 }, { "status" : "A" } ] } }
])
```

그뿐만 아니라 $sort와 $limit 스테이지가 연속으로 사용되는 경우에는 하나의 스테이지로 결합해서 $limit에 지정된 도큐먼트 건수만큼 정렬이 수행되면 중간에 정렬을 멈출 수 있게 해준다.

```
// $sort와 $limit가 연속으로 사용되면 두 스테이지를 결합
// MongoDB 서버는 정렬 작업에서 상위 10개가 준비되면 정렬 작업을 멈추도록 최적화한다.
mongo> db.example.aggregate([
  { $sort: { year: 1 } },
  { $limit: { 10 } }
])
```

인덱스 사용

Aggregation의 각 스테이지도 가능하다면 인덱스를 활용할 수 있는 형태로 최적화된다. 하지만 Aggregation의 각 스테이지는 이전 스테이지의 가공된 결과를 전달받기 때문에 파이프라인의 앞쪽 스테이지 한두 개만 인덱스를 활용해서 최적화할 수 있는 경우가 대부분이다. 그리고 Aggregation 처리 과정에서 한번 데이터를 가공하면 그 데이터는 컬렉션이 아니라 메모리나 디스크의 임시 버퍼 공간에 저장되므로 인덱스를 사용할 수 없게 된다. 다음 두 예제를 비교해보자.

```
// $project에서 단순히 필드를 필터링(다음 스테이지로 전달할 것인지 여부만 선택)
mongo> db.users.aggregate([
  {$project: {name:1, phone:1}},
  {$match: {name:"matt"}}
])

// $project에서 원래 도큐먼트의 필드를 가공(문자열 일부만 다음 스테이지로 전달)
mongo> db.users.aggregate([
  {$project: {name:{$substr: ["$name", 0, 4] }, phone:1}},
  {$match: {name:"matt"}}
])
```

첫 번째 예제에서는 MongoDB가 $project에 의해서 필드 데이터의 변경이 전혀 발생하지 않고, 단순히 필드를 다음 스테이지로 전달할 것인지 아닌지만 결정한다는 것을 알아채고, $project와 $match 스테이지의 순서를 서로 변경해서 실행한다. 하지만 두 번째 예제는 name 필드의 값이 substr 함수에 의해서 변경됐기 때문에 MongoDB 서버가 $project와 $match 스테이지의 실행 순서를 변경하면 결과가 달라진다는 것을 알고 스테이지의 순서를 변경하지 못한다.

만약 users 컬렉션의 name 필드에 인덱스가 있었다면 첫 번째 쿼리는 인덱스를 이용해서 먼저 필요한 도큐먼트만 가져온 다음 $project 스테이지를 처리하게 된다. 하지만 두 번째 쿼리는 $match 스테이지보다 $project 스테이지를 먼저 처리해야 할 뿐만 아니라 $project 스테이지가 인덱스 필드인 name 필드의 값을 변경하므로 인덱스를 사용할 수 없다. MongoDB의 Aggregation은 가능하다면 컬렉션의 인덱스를 사용하려고 노력할 것이다. 하지만 이는 컬렉션의 필드나 도큐먼트가 변경되지 않은 상태에서만 가능하므로 실질적으로 Aggregation 파이프라인의 앞쪽에 위치한 1~2개의 스테이지만 인덱스를 사용하게 된다.

MongoDB 서버에서 Aggregation 쿼리가 인덱스를 최대한 활용해서 최적화할 수 있는 일반적인 형태는 다음과 같이 $match와 $sort 스테이지가 연속으로 파이프라인의 앞쪽에 위치한 경우다.

```
// name 필드에 인덱스가 있는 경우
mongo> db.users.createIndex({name:1})
mongo> db.users.aggregate([
  {$match: {name:"matt"}},
  {$sort: {name:1}}
])

// name + score 필드로 인덱스가 있는 경우
mongo> db.users.createIndex({name:1, score:1})
mongo> db.users.aggregate([
  {$match: {name:"matt"}},
  {$sort: {score:1}}
])
```

하지만 MongoDB 3.6 버전까지는 아직 도큐먼트를 그룹핑하는 $group 스테이지는 인덱스를 이용하지 못한다. 다음 Aggregation은 name 필드를 기준으로 그룹핑해서 도큐먼트의 건수를 카운트하는 기능만 수행한다. 충분히 name 필드의 인덱스만으로 처리될 수 있지만, 여전히 MongoDB 3.4 버전까지는 인덱스를 사용하지 못하고 users 컬렉션을 풀 스캔해서 그 결과를 정렬한 다음 그룹핑을 수행한다.

```
// name 필드의 인덱스 생성
mongo> db.users.createIndex({name:1})
mongo> db.users.aggregate([
  {$group: {_id:"$name", count:{$sum:1}}}
])
```

> **참고** MongoDB의 Aggregation에서 $group 스테이지가 인덱스를 활용하지 못하는 문제는 이미 오래전부터 버그 리포트로 올려져 있었다. 하지만 아래 JIRA 사이트에 올려진 코멘트처럼 샤딩된 MongoDB 환경에서 $group 스테이지가 인덱스를 효율적으로 사용하도록 유도하는 것은 상당히 복잡한 문제인 것으로 보인다.
>
> https://jira.mongodb.org/browse/SERVER-4507

그래서 MongoDB에서는 인덱스 힌트를 명시하는 경우에는 $group 스테이지가 인덱스를 사용할 수 있도록 유도하는 형태를 우선적으로 구현하고 있으며, 이는 MongoDB 3.6에 적용될 것으로 보인다. 혹시 이 기능이 언제쯤 릴리즈될지 궁금하다면 아래 JIRA 리포트를 참조해보자.

https://jira.mongodb.org/browse/SERVER-27848

메모리 사용

Aggregate() 명령은 내부적으로 그룹핑 작업을 처리하기 위해서 메모리를 사용하는데, 이때 메모리 사용량은 100MB로 제한돼 있다. 쿼리 결과의 정렬 작업에 사용되는 메모리 공간과 그룹핑 작업에 사용되는 메모리 공간의 크기 제한은 서로 다르게 적용된다. 정렬 작업을 위한 메모리 공간의 크기는 "8.1.1.6.3 커서 옵션 및 명령"에서 살펴본 것과 같이 internalQueryExecMaxBlockingSortBytes 파라미터를 이용해서 조정할 수 있다. 하지만 Aggregate() 명령의 그룹핑의 정렬을 위한 메모리 공간은 소스 코드에 100MB로 고정돼 있기 때문에 파라미터로 조정할 수가 없다.

그래서 만약 다음과 같이 그룹핑을 위한 메모리 공간이 부족하다는 에러 메시지가 발생하면 Aggregate() 명령의 옵션에 "{allowDiskUse:true}"를 사용하여 Aggregate() 명령을 실행하는 것이 좋다. allowDiskUse 옵션을 true로 설정하면 MongoDB 서버는 MongoDB의 데이터 디렉터리 하위에 "_tmp"라는 디렉터리를 만들어서 임시 가공용 데이터 파일을 저장한다.

```
mongo> db.users.aggregate([
... {$group: {_id: "$name", cnt:{$sum:1}}}
... ]);

assert: command failed: {
     "ok" : 0,
     "errmsg" : "Exceeded memory limit for $group, but didn't allow external sort. Pass allowDiskUse:true to opt in.",
     "code" : 16945,
     "codeName" : "Location16945"
} : aggregate failed
```

여기에서 한가지 주의해야 할 점은 그룹핑해야 할 도큐먼트의 전체 크기가 100MB를 넘어서는 경우 에러가 발생하는 것이 아니라, 그룹핑된 임시 결과가 100MB를 넘어서는 경우 위 에러가 발생하는 것이다. 즉 다음과 같이 동일한 상수 값("1")으로 그룹핑하는 경우와 같이 그룹핑된 결과가 많지 않을 때는 처리해야 할 도큐먼트의 건수가 많아도 메모리 부족 에러 없이 쿼리가 실행되기도 한다.

```
mongo> db.users.aggregate([ {$group: {_id: 1, cnt:{$sum:1}}} ]);
{ "_id" : 1, "cnt" : 5000000 }
```

8.2.2.7 $lookup과 $graphLookup

$lookup과 $graphLookup 스테이지는 Aggregation 쿼리의 파이프라인에서 사용할 수 있는 조인 기능이다. $lookup과 $graphLookup 스테이지는 FIND 쿼리에서는 사용할 수 없으며, Aggregation에서만 사용할 수 있다. 그림 8-11과 같이 컬렉션이 샤딩돼 있지 않다면 $lookup과 $graphLookup 스테이지를 조인의 용도로 사용하는 데 있어서 어떤 제약 사항도 없다.

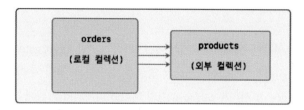

〈그림 8-11〉 샤딩되지 않은 컬렉션의 $lookup 처리

하지만 샤딩된 클러스터에서는 조인으로 연결되는 컬렉션이 샤딩되지 않은 경우에만 $lookup과 $graphLookup 스테이지를 사용할 수 있다. 즉 로컬 컬렉션(조인의 드라이빙 테이블)은 샤딩 여부와 관계없지만, 외래 컬렉션(조인의 드리븐 테이블)은 샤딩되지 않은 컬렉션만 사용할 수 있다. 그런데 문제는 일반적으로 샤드 클러스트 환경의 MongoDB에서는 그림 8-12와 같이 샤딩되지 않은 컬렉션은 샤드 중에서 특정 샤드(프라이머리 샤드)에만 저장된다.

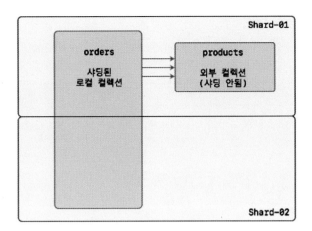

〈그림 8-12〉 샤딩된 컬렉션의 $lookup 처리

그래서 샤드 1번에서는 orders 컬렉션과 products 컬렉션을 $lookup 스테이지로 조인하는 것이 가능하지만, 샤드 2번에서는 orders 컬렉션과 products 컬렉션을 조인하는 것이 불가능하다. 그래서 MongoDB에서 $lookup과 $graphLookup 스테이지는 반드시 프라이머리 샤드에서만 실행될 수 있는 것이다. 만약 $lookup이나 $graphLookup을 포함하는 Aggregation이 매우 빈번하게 실행된다면 조인되는 컬렉션을 가진 데이터베이스의 프라이머리 샤드는 다른 샤드에 비해서 훨씬 많은 처리를 수행할 수밖에 없다. 만약 $lookup이나 $graphLookup 스테이지를 사용하는 Aggregation 쿼리를 사용해야 한다면 프라이머리 샤드의 과부하를 반드시 고려하는 것이 좋다.

Aggregation 쿼리의 $lookup 스테이지는 아우터 조인을 수행할 컬렉션(from)과 그 컬렉션의 조인 필드(foreignField) 그리고 Aggregation 컬렉션의 조인 필드(localField)가 필요하다. 그리고 아우터 조인된 외부 컬렉션의 도큐먼트는 서브 도큐먼트로 포함되는데, 이때 포함되는 서브 도큐먼트의 필드 이름(as)도 명시할 수 있다. 다음은 간단히 상품(products)과 주문(orders) 컬렉션을 조인하는 예제를 보여주고 있는데, 여기에서 Aggregation은 orders 컬렉션에 대해서 실행되고 있기 때문에 orders 컬렉션을 기준으로 products 컬렉션이 아우터 조인으로 연결되는 것이다.

```
// 예제 데이터 저장
mongo> db.orders.insert({_id:1, product_id:1, order_count:1, order_price:200})
mongo> db.orders.insert({_id:2, product_id:2, order_count:1, order_price:210})
mongo> db.orders.insert({_id:3, product_id:1, order_count:1, order_price:220})

mongo> db.products.insert({_id:1, name:"computer"})
```

```
mongo> db.products.insert({_id:2, name:"air conditioner"})

// $lookup Aggregation 쿼리 실행
mongo> db.orders.aggregate([
    {
      $lookup:
        {
          from: "products",
          localField: "product_id",
          foreignField: "_id",
          as: "product_info"
        }
    }
])

// 조인의 결과
{
        "_id" : 1,
        "product_id" : 1,
        "order_count" : 1,
        "order_price" : 200,
        "product_info" : [
                {
                        "_id" : 1,
                        "name" : "computer"
                }
        ]
}
{
        "_id" : 2,
        "product_id" : 2,
        "order_count" : 1,
        "order_price" : 210,
        "product_info" : [
                {
                        "_id" : 2,
                        "name" : "air conditioner"
                }
        ]
```

```
    }
    {
            "_id" : 3,
            "product_id" : 1,
            "order_count" : 1,
            "order_price" : 220,
            "product_info" : [
                    {
                            "_id" : 1,
                            "name" : "computer"
                    }
            ]
    }
```

> **(!) 주의**
>
> orders 컬렉션과 products 컬렉션의 조인 예제에서 orders 컬렉션은 조인의 첫 번째 컬렉션(드라이빙 컬렉션)이며 products 컬렉션은 조인의 두 번째 컬렉션(드리븐 컬렉션)이다. 이때 드리븐 컬렉션의 조인 필드에는 인덱스가 있어야 빠른 조인을 실행할 수 있다. 그래서 이 경우에는 다음과 같이 products 컬렉션에 인덱스가 필요하다.
>
> ```
> mongo> db.products.createIndex({_id:1})
> ```
>
> 물론 products 컬렉션의 _id 필드는 프라이머리 키이므로 이미 인덱스가 생성돼 있었을 것이다. 만약 _id를 ObjectId로 자동 생성되게 하고, product_id 라는 필드에 별도로 저장했다면 이 경우에는 products 컬렉션의 product_id 필드에 인덱스를 생성해 두는 것이 좋다.
>
> ```
> mongo> db.products.createIndex({product_id:1})
> ```
>
> 만약 드리븐 컬렉션의 조인 조건이 되는 필드에 적절히 사용할 수 있는 인덱스가 없다면 드라이빙 컬렉션에서 읽은 도큐먼트 수만큼 드리븐 컬렉션을 풀 스캔해야 한다. 이때 드리븐 컬렉션의 도큐먼트 건수가 많다면 쿼리를 처리하기 위해서 상당히 많은 시간과 컴퓨터 자원을 사용하게 될 것이다.

만약 조인으로 연결되는 필드가 배열 타입이라면 $unwind 스테이지를 이용해서 배열을 단일 값 필드로 변환한 다음 $lookup 스테이지를 이용해서 조인해야 한다.

```
mongo> db.orders.aggregate([
    {
```

```
      $unwind: "$product_id"
    },
    {
      $lookup:
        {
          from: "products",
          localField: "product_id",
          foreignField: "_id",
          as: "product_info"
        }
    }
])
```

$graphLookup 스테이지는 MongoDB 3.4 버전부터 지원되는데, 주로 RDBMS에서는 재귀 쿼리 (CONNECT BY .. START WITH 또는 CTE) 형태의 셀프 조인(Self-Join)을 처리할 수 있는 기능이다. $graphLookup 기능도 $lookup과 동일하게 Aggregation 쿼리에서만 사용할 수 있으며, 아우터 조인으로 연결되는 외래 컬렉션은 샤딩돼 있으면 조인을 실행할 수 없다. 다음 예제는 공항에서 다른 공항으로 연결되는 항공 노선 정보를 가진 컬렉션(airports)과 여행자(travelers)의 출발지(nearest Airport) 정보를 $graphLookup 스테이지를 이용해서 조인한 것이다. $graphLookup 스테이지에는 조인을 수행할 외래 컬렉션(from)과 재귀 쿼리를 실행할 조건(connectFromField와 connectToField)을 설정한다. 이때 connectFromField와 connectToField는 외래 컬렉션(from)에 정의된 필드를 입력해야 한다. 그리고 재귀 쿼리의 최초 시작 필드(startWith)는 Aggregation이 실행되는 컬렉션에 정의된 필드를 설정한다.

```
// 예제 데이터 저장
mongo> db.airports.insert([
    { "_id" : 0, "airport" : "JFK", "connects" : [ "BOS", "ORD" ] },
    { "_id" : 1, "airport" : "BOS", "connects" : [ "JFK", "PWM" ] },
    { "_id" : 2, "airport" : "ORD", "connects" : [ "JFK" ] },
    { "_id" : 3, "airport" : "PWM", "connects" : [ "BOS", "LHR" ] },
    { "_id" : 4, "airport" : "LHR", "connects" : [ "PWM" ] }
])

mongo> db.travelers.insert([
    { "_id" : 1, "name" : "Dev", "nearestAirport" : "JFK" },
    { "_id" : 2, "name" : "Eliot", "nearestAirport" : "JFK" }
```

```
])

// $lookup Aggregation 쿼리 실행
mongo> db.travelers.aggregate( [
    {
        $graphLookup: {
            from: "airports",
            startWith: "$nearestAirport",
            connectFromField: "connects",
            connectToField: "airport",
            maxDepth: 2,
            depthField: "numConnections",
            as: "destinations"
        }
    }
] )

// 조인 결과
{
        "_id" : 1,
        "name" : "Dev",
        "nearestAirport" : "JFK",
        "destinations" : [
                {
                        "_id" : 2,
                        "airport" : "ORD",
                        "connects" : [
                                "JFK"
                        ],
                        "numConnections" : NumberLong(1)
                },
                {
                        "_id" : 1,
                        "airport" : "BOS",
                        "connects" : [
                                "JFK",
                                "PWM"
                        ],
                        "numConnections" : NumberLong(1)
```

```
                },
                {
                        "_id" : 3,
                        "airport" : "PWM",
                        "connects" : [
                                "BOS",
                                "LHR"
                        ],
                        "numConnections" : NumberLong(2)
                },
                {
                        "_id" : 0,
                        "airport" : "JFK",
                        "connects" : [
                                "BOS",
                                "ORD"
                        ],
                        "numConnections" : NumberLong(0)
                }
        ]
}
{
        "_id" : 2,
        "name" : "Eliot",
        "nearestAirport" : "JFK",
        "destinations" : [
                {
                        "_id" : 2,
                        "airport" : "ORD",
                        "connects" : [
                                "JFK"
                        ],
                        "numConnections" : NumberLong(1)
                },
                {
                        "_id" : 1,
                        "airport" : "BOS",
                        "connects" : [
                                "JFK",
```

```
                                        "PWM"
                        ],
                        "numConnections" : NumberLong(1)
                },
                {
                        "_id" : 3,
                        "airport" : "PWM",
                        "connects" : [
                                "BOS",
                                "LHR"
                        ],
                        "numConnections" : NumberLong(2)
                },
                {
                        "_id" : 0,
                        "airport" : "JFK",
                        "connects" : [
                                "BOS",
                                "ORD"
                        ],
                        "numConnections" : NumberLong(0)
                }
        ]
}
```

그리고 이 예제에서는 재귀 조인을 실행하면, "JFK" –> "BOS" –> "JFK" –> "BOS" … 과 같이 무한 반복될 수도 있다. 그래서 maxDepth 옵션을 2로 설정해서, 재귀 조인이 최대 2번만 실행되게 제한을 둔 것이다. 예제의 재귀 조인이 실행되는 과정을 간단히 정리해 보면 다음과 같다.

1. travelers 컬렉션의 도큐먼트 조회

2. 1번의 travelers 도큐먼트에 있는 nearestAirport 필드와 airports 컬렉션의 airport 필드를 조인해서 일치하는 airports 도큐먼트 조회

3. 2번의 airports 도큐먼트에 있는 connects 필드와 airports 컬렉션의 airport 필드를 조인해서 일치하는 airports 도큐먼트 조회(airport 도큐먼트의 connects 필드가 배열이라면 배열의 엘리먼트 수만큼 조인 실행)

4. 3번의 airports 도큐먼트에 있는 connects 필드와 apirports 컬렉션의 airport 필드를 조인해서 일치하는 airports 도큐먼트 조회(airport 도큐먼트의 connects 필드가 배열이라면 배열의 엘리먼트 수만큼 조인 실행)

5. maxDepth가 2이므로 완료

> **(!) 주의**
>
> travelers 컬렉션과 airports 컬렉션의 조인 예제에서 travelers 컬렉션은 조인의 첫 번째 컬렉션(드라이빙 컬렉션)이며 airports 컬렉션은 조인의 두 번째 컬렉션(드리븐 컬렉션)이 된다. 그런데 $graphLookup은 재귀 쿼리이므로 airports 컬렉션은 그다음 조인에서는 드라이빙 컬렉션임과 동시에 드리븐 컬렉션이 되는 것이다. 하지만 매번 조인에서 airports 컬렉션의 도큐먼트를 검색하는 기준 필드는 connectToField(airport 필드)이므로 빠른 조인 처리를 위해서 airports 컬렉션의 airport 필드에는 인덱스를 생성해주는 것이 좋다.
>
> ```
> mongo> db.airports.createIndex({airport: 1})
> ```

이번 예제에서는 Aggregation을 실행하는 컬렉션(startWith 필드의 컬렉션)과 재귀 쿼리가 실행되는 컬렉션이 서로 다른 경우이지만, 실제 다음과 같이 사원의 정보에 저장된 상사(팀장)의 정보를 이용해서 단일 컬렉션에 대한 재귀 쿼리를 실행할 수도 있다.

```
mongo> db.employees.insert({ "_id" : 1, "name" : "Lara" })
mongo> db.employees.insert({ "_id" : 2, "name" : "Eliot", "reportsTo" : "Lara" })
mongo> db.employees.insert({ "_id" : 3, "name" : "Ron", "reportsTo" : "Eliot" })
mongo> db.employees.insert({ "_id" : 4, "name" : "Andrew", "reportsTo" : "Eliot" })


mongo> db.employees.aggregate( [
   {
      $graphLookup: {
         from: "employees",
         startWith: "$reportsTo",
         connectFromField: "reportsTo",
         connectToField: "name",
         as: "reportingHierarchy",
         depthField: "reportingLevel"
      }
   }
] )
```

$graphLookup 스테이지의 결과는 임시로 메모리에 저장되는데, 이 메모리 공간은 Aggregation 쿼리의 제한 사항인 100MB가 똑같이 적용된다. 그래서 만약 재귀 쿼리로 대용량의 결과를 처리하고자 한다면 조인의 결과를 임시로 디스크에 저장할 수 있게 "allowDiskUse: true" 옵션을 활성화해야 한다.

8.2.2.8 $facet

쇼핑몰처럼 많은 상품을 판매하는 사이트를 경험해본 개발자라면 다양한 기준(가격대별로 또는 제품의 특성)별로 상품의 개수를 그룹핑해서 보여주고, 특정 그룹을 선택하면 다시 하위의 다른 기준으로 상품을 그룹핑해서 보여주는 기능을 개발해본 적이 있을 것이다. 아마도 이 기능을 구현하기 위해서 여러 개의 쿼리를 작성하고 그 결과를 응용 프로그램에서 조합해서 화면에 출력하도록 하는 작업을 많이 했을 것이다. 이런 기능을 "Facet Query"라고 하는데, 일반적인 RDBMS에서는 하나의 쿼리로 다양한 기준의 그룹핑 쿼리를 수행할 수 없다. 하지만 MongoDB 3.4 버전부터는 $facet 스테이지를 이용해서 상품을 가격대별 그리고 카테고리별로 한 번에 그룹핑해서 개수를 가져올 수 있다.

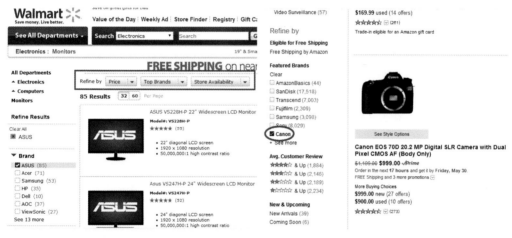

〈그림 8-13〉 월마트와 아마존의 Facet 내비게이션

Facet Aggregation 쿼리는 다음과 같이 하나의 쿼리에 여러 개의 파이프라인을 나열해서 한 번에 여러 기준의 그룹핑 기능을 수행할 수 있다. outputField1과 outputField2에는 기준별 그룹핑 결과를 담을 필드명을 명시하는데, 배열로 주어진 스테이지를 서브 파이프라인이라고 한다.

```
db.collection.aggregate([
  { $facet:
    {
      <outputField1>: [ <stage1>, <stage2>, ... ],
      <outputField2>: [ <stage1>, <stage2>, ... ],
      ...
    }
  }
])
```

Facet Aggregation 쿼리의 각 서브 파이프라인은 다음 3개 중 하나의 Facet 서브 스테이지를 반드시 가져야 한다. 그리고 각 서브 스테이지는 서로의 결과를 다른 서브 스테이지와 공유하거나 참조할 수 없으며, 각 서브 스테이지는 Aggregation 쿼리에서 사용되던 다른 스테이지($unwind, $project 등) 들을 같이 사용할 수도 있다.

- **$bucket**

  사용자가 지정한 범위(boundaries)별로 특정 필드(groupBy) 값의 건수나 합계 산출

- **$bucketAuto**

  특정 필드(groupBy) 값을 사용자가 지정한 개수(buckets)만큼 MongoDB 서버가 자동으로 범위를 나누어서 그룹핑하고, 그룹별로 건수나 합계를 산출

- **$sortByCount**

  특정 필드나 표현식(sortByCount)의 값으로 그룹을 만들어서 그룹별 건수를 산출

간단하게 3건의 영화 정보를 가진 movies 컬렉션에 대해서 $bucket과 $bucketAuto 그리고 $sortByCount 서브 파이프라인을 가지는 Facet 쿼리를 살펴보자.

```
// 예제 데이터 저장
mongo> db.movies.insert([
  {_id:1, title: "Terminator 2", year:1991, price:100, category:["SF", "ACTION"]},
  {_id:2, title: "Salt", year:2010, price:150, category:["ACTION", "CRIME"]},
  {_id:3, title: "Dirty Dancing", year:1987, price:70, category:["DRAMA", "MUSIC", "ROMANCE"]}
])

// $facet Aggregation 쿼리
mongo> db.movies.aggregate( [
  {
    $facet: {
      "byCategory": [
        { $unwind: "$category" },
        { $sortByCount: "$category" }
      ],
      "byPrice": [
        { $bucket: {
            groupBy: "$price",
            boundaries: [ 0, 50, 100, 150, 200 ],
```

```
          default: "Other",
          output: {
            "count": { $sum: 1 },
            "titles": { $push: "$title" }
          }
        }
      }
    ],
    "byYear(Auto)": [
      {
        $bucketAuto: {
          groupBy: "$year",
          buckets: 4
        }
      }
    ]
  }
}
])
```

위의 Facet 쿼리는 $sortByCount Facet 스테이지를 가지는 "byCategory" 서브 파이프라인과 $bucket 과 $bucketAuto Facet 스테이지를 각각 가지는 "byPrice"와 "byYear(Auto)" 서브 파이프라인 3개를 사용하고 있다. 첫 번째 byCategory 서브 파이프라인은 movies 컬렉션의 category 필드의 배열 값을 $unwind 스테이지를 이용해서 도큐먼트 단위로 풀고, $sortByCount 스테이지를 이용해서 영화의 카테고리별로 정렬된 결과를 출력한다. 그리고 두 번째 byPrice 서브 파이프라인은 movies 컬렉션의 price 필드 값을 0부터 200까지 50단위로 4개의 그룹(0~50, 50~100, 100~150, 150~200) 그리고 디폴트 그룹("Other")으로 나눈 다음 개수를 결과로 출력한다. 마지막으로 세 번째 byYear 서브 파이프라인은 movies 컬렉션의 year 필드 값을 자동으로 4개의 그룹으로 나눠서 개수를 반환한다.

Aggregation 쿼리의 결과는 다음과 같이 byCategory와 byPrice 그리고 byYear 3개 서브 도큐먼트로 나눠진 결과를 반환한다.

```
// 쿼리 결과
{
    "byCategory" : [
        {
```

```
                    "_id" : "ACTION",
                    "count" : 2
            },
            {

                    "_id" : "MUSIC",
                    "count" : 1
            },
            {

                    "_id" : "DRAMA",
                    "count" : 1
            },
            {

                    "_id" : "CRIME",
                    "count" : 1
            },
            {

                    "_id" : "ROMANCE",
                    "count" : 1
            },
            {

                    "_id" : "SF",
                    "count" : 1
            }
    ],
    "byPrice" : [
            {

                    "_id" : 50,
                    "count" : 1,
                    "titles" : [
                            "Dirty Dancing"
                    ]
            },
            {

                    "_id" : 100,
                    "count" : 1,
                    "titles" : [
                            "Terminator 2"
                    ]
            },
```

```
        {
                "_id" : 150,
                "count" : 1,
                "titles" : [
                        "Salt"
                ]
        }
    ],
    "byYear(Auto)" : [
        {
                "_id" : {
                        "min" : 1987,
                        "max" : 1991
                },
                "count" : 1
        },
        {
                "_id" : {
                        "min" : 1991,
                        "max" : 2010
                },
                "count" : 1
        },
        {
                "_id" : {
                        "min" : 2010,
                        "max" : 2010
                },
                "count" : 1
        }
    ]
}
```

Facet 쿼리는 내부적으로 몇 개의 서브 스테이지를 가지고 있는지와 관계없이, 컬렉션의 도큐먼트는 단 1번만 읽어서 처리된다. 그래서 서브 스테이지의 개수가 많아져도 컬렉션의 도큐먼트를 여러 번 참조하지는 않기 때문에 효율적으로 처리된다.

8.2.3 Fulltext Search

RDBMS처럼 MongoDB 서버도 전문 검색을 위해서 전문 검색 인덱스와 전문 검색을 위한 쿼리 문법을 제공하고 있다. 우선 MongoDB의 전문 검색을 사용하는 방법을 간단히 살펴보자.

```
// 전문 검색 예제 데이터 저장
mongo> db.stores.insert(
    [
        { _id: 1, name: "Java Hut", description: "Coffee and cakes" },
        { _id: 2, name: "Burger Buns", description: "Gourmet hamburgers" },
        { _id: 3, name: "Coffee Shop", description: "Just coffee" },
    ]
)

// 전문 검색을 위한 인덱스 생성
mongo> db.stores.createIndex( { name: "text" } )

// 전문 검색 쿼리 실행
mongo> db.stores.find( { $text: { $search: "java coffee" } } )

{ "_id" : 1, "name" : "Java Hut", "description" : "Coffee and cakes" }
{ "_id" : 3, "name" : "Coffee Shop", "description" : "Just coffee" }
```

위 예제에서 stores 컬렉션에 전문 검색을 위한 데이터를 저장하고, 컬렉션의 name 필드에 전문 검색을 위한 인덱스를 추가했다. 전문 검색 인덱스를 생성할 때는 인덱스를 생성할 필드의 이름 뒤에 전문 검색 인덱스를 의미하는 키워드인 "text"를 입력하면 된다. 그리고 마지막으로 전문 검색 쿼리를 작성할 때에는 "$text" 연산자를 이용해서 검색어를 입력하면 된다. 사실 전문 검색 인덱스의 생성과 쿼리 사용 자체는 매우 단순하다.

> (!) 주의
>
> MongoDB의 전문 검색 인덱스는 컬렉션당 하나만 생성할 수 있다. 만약 2개 이상의 필드에 대해서 검색할 수 있는 전문 검색 인덱스를 생성하고자 한다면 다음과 같이 인덱스를 생성할 때 필요한 필드들을 모두 나열하면 된다. 다음 예제는 name 필드의 값과 description 필드 값에 대해서 전문 검색이 가능한 인덱스를 생성한 것이다.
>
> ```
> mongo> db.stores.createIndex( { name: "text", description: "text" } )
> ```

> 만약 컬렉션의 모든 필드에 대해서 전문 검색이 가능한 인덱스를 생성하고자 한다면 다음과 같이 필드명 대신 "$**"를 명시하
> 면 된다.
>
> ```
> mongo> db.stores.createIndex( { "$**": "text" } )
> ```

8.2.3.1 불리언 검색

일반적으로 전문 검색 기능에서 많이 사용되는 기능은 검색어에 대한 불리언 연산과 필드별 중요도
설정일 것이다. MongoDB의 전문 검색 기능에서도 이러한 기능은 동일하게 사용할 수 있다. 우선
MongoDB의 전문 검색 엔진에서 불리언 연산은 다음과 같이 "−" 부호를 이용해서 검색 대상에서 제
외할 수 있다.

```
mongo> db.stores.find( { $text: { $search: "java coffee shop" } } )
{ "_id" : 1, "name" : "Java Hut", "description" : "Coffee and cakes" }
{ "_id" : 3, "name" : "Coffee Shop", "description" : "Just coffee" }

mongo> db.stores.find( { $text: { $search: "java coffee -shop" } } )
{ "_id" : 1, "name" : "Java Hut", "description" : "Coffee and cakes" }
```

예제의 첫 번째 쿼리에서는 "java"나 "coffee" 그리고 "shop" 단어를 포함하는 모든 결과를 반환할 것
이다. 이때 특별히 불리언 연산자 없이 검색을 실행하면 나열된 모든 단어의 OR 연산을 수행한다. 그
런데 두 번째 쿼리처럼 특정 단어 앞에 "−" 부호를 넣어서 검색하면 다른 단어는 포함하지만 해당 단어
("−" 부호를 가진 단어)는 포함하지 않는 결과를 검색할 수 있다. 이때 부정 검색을 위해서는 "−" 부호
앞에 반드시 공백을 추가해야 한다. 예를 들어, "coffee−shop"이란 검색어로 검색하면 부정 검색이 아
니라 "coffee−shop"이란 단어가 포함된 도큐먼트를 검색한다. 그리고 OR 연산이 아니라 AND 연산
을 수행하고자 한다면 다음과 같이 문장 검색(phrase search)을 실행한다. MongoDB에서 문장 검색
을 위해서는 이중 따옴표(")로 검색어를 감싸주면 된다. 그런데 이미 따옴표가 사용됐으므로 이를 회피
(Escape character)하기 위해서 \"를 사용한다.

```
mongo> db.stores.find( { $text: { $search: "\"coffee\" \"shop\"" } } )
{ "_id" : 3, "name" : "Coffee Shop", "description" : "Just coffee" }
```

그런데 문장 검색과 단어 검색을 조합하면 일반적으로 생각할 수 있는 형태가 아닌 조금 복잡한 형태로 검색이 이뤄진다. 예를 들어, 다음과 같이 "coffee shop"과 alegria 그리고 starbucks라는 단어를 검색하면 "coffee shop" AND ("alegria" OR "starbucks" OR "coffee" OR "shop")의 조합으로 검색이 수행된다. 그래서 아래 쿼리의 결과는 "coffee shop"이란 구절은 무조건 포함하고, 거기에 추가로 starbucks나 alegria란 단어를 포함한 결과만 가져온다.

```
mongo> db.stores.find(
{ $text: { $search: { "\"coffee shop\" alegria starbucks" }})
```

> **(!) 주의**
>
> MongoDB 매뉴얼의 어떤 페이지에서는 단순 단어 검색과 문장 검색(phrase search)을 섞어서 사용하면 문장의 검색 결과와 단어의 검색 결과가 OR로 연결된다고 소개하고 있다. 하지만 실제 MongoDB 3.4.4에서는 여전히 문장 검색의 결과만 반환됐다.
>
> ```
> // 전문 검색 인덱스 생성
> mongo> db.stores.createIndex( { name: "text", description: "text" } )
>
> mongo> db.stores.find( { $text: { $search: "java coffee shop" } } )
> { "_id" : 5, "name" : "Java Shopping", "description" : "Indonesian goods" }
> { "_id" : 1, "name" : "Java Hut", "description" : "Coffee and cakes" }
> { "_id" : 3, "name" : "Coffee Shop", "description" : "Just coffee" }
>
> mongo> db.stores.find( { $text: { $search: "java \"coffee shop\"" } } )
> { "_id" : 3, "name" : "Coffee Shop", "description" : "Just coffee" }
> ```
>
> 인덱스를 생성하고, 전문 검색 쿼리 2개를 실행해 봤다. 첫 번째 전문 검색 쿼리는 정상적으로 3개의 검색어 결과가 OR로 연결돼 반환됐다. 그런데 두 번째 전문 검색 쿼리는 "java"와 "coffee shop"의 검색 결과가 OR로 연결됐다면, 3개의 도큐먼트가 결과로 반환돼야 하는데 실제로는 그렇지 않다는 것을 확인할 수 있다. 현재 이는 매뉴얼의 오류이며 조만간 수정될 것으로 보인다. 아래 URL은 전문 검색에서 단어 검색과 문장 검색을 함께 사용할 때, 검색 결과의 오류와 관련된 버그 리포트다.
>
> https://jira.mongodb.org/browse/SERVER-29551
>
> 이 이슈는 MongoDB 서버의 작동 방식 오류가 아니라 매뉴얼의 오류로 확인되었으며, 현재 MongoDB 매뉴얼에서는 "OR 연산"이라고 표시되었던 설명이 "AND 연산"으로 정정되었다.

8.2.3.2 중요도(Weight) 설정

MongoDB에서 전문 검색 쿼리를 수행할 때, 일치하는 검색어가 어떤 필드에 저장된 값인지에 따라
서 중요도(Weight)를 설정할 수도 있다. name 필드는 중요도가 2이며, description 필드는 중요도
를 1로 설정했다. 이렇게 하면 검색어가 name 필드에서 일치하는 경우 description 필드보다 2배의
영향도를 미치게 된다. 즉 중요도가 높을수록 검색 일치 영향도가 높다. 필드 별로 설정된 중요도는
db.stores.getIndexes() 명령으로도 확인해 볼 수 있다.

```
mongo> db.stores.createIndex( { name: "text", description: "text" },
                    { weights: { name:2, description:1 }} )


monog> db.stores.getIndexes()
[
    ...
    {
            "v" : 2,
            "key" : {
                    "_fts" : "text",
                    "_ftsx" : 1
            },
            "name" : "name_text_description_text",
            "ns" : "test.stores",
            "weights" : {
                    "description" : 1,
                    "name" : 2
            },
            "default_language" : "english",
            "language_override" : "language",
            "textIndexVersion" : 3
    }
]
```

이제 중요도가 서로 다르게 설정된 전문 인덱스를 이용해서 검색할 때, 검색 스코어(Score)를 확인하는
방법을 살펴보자.

```
mongo> db.stores.find(
        { $text: { $search: "coffee" } },
        { score: { $meta: "textScore" } } )
    .sort( { score: { $meta: "textScore" } } )

{ "_id" : 3, "name" : "Coffee Shop", "description" : "Just coffee", "score" : 2.25 }
{ "_id" : 1, "name" : "Java Hut", "description" : "Coffee and cakes", "score" : 0.75 }
```

MongoDB에서 전문 검색의 일치 스코어는 "{ $meta: "textScore" }"로 확인할 수 있는데, 위의 예제에서는 일치 스코어 값을 "score"라는 필드로 결과에 포함시켰다. 그리고 일치 스코어 값으로 정렬하기 위해서 "{ score: { $meta: "textScore" } }"로 정렬해서 결과를 가져오게 했다. 쿼리의 결과 프라이머리 키가 3인 도큐먼트는 일치 스코어가 2.25라는 값이 나왔다. 이는 name 필드에서 "coffee" 단어가 일치됐기 때문에 name 필드의 중요도(Weight) 2와 description 필드의 중요도 1이 MongoDB 내부적인 스코어링 알고리즘을 거쳐서 일치 스코어 2.245가 된 것이다.

> **⚠ 주의**
>
> MongoDB에서 중요도(Weight) 값은 쿼리를 실행할 때 설정하는 것이 아니라, 인덱스를 생성할 때 필드별로 설정하는 값이다. 그래서 중요도 값이 적절하지 않을 때에는 인덱스를 삭제하고 새로 생성해야 한다. 이는 컬렉션의 크기에 따라서 다르겠지만, 상당히 긴 시간이 필요한 작업이 될 수도 있다. 그래서 중요도 값은 신중히 판단하는 것이 좋다.

8.2.3.3 한글과 전문 검색

전문 검색을 수행하기 위한 쿼리의 기능도 중요하지만, 전문 인덱스를 어떻게 구성하는지도 매우 중요하다. 도큐먼트가 저장될 때, 각 필드의 값을 분석해서 전문 인덱스를 구성하는 부분을 일반적으로 전문 파서(Parser)라고 한다. 전문 파서가 문장을 어떻게 검색 단위의 단어로 분리하고 가공하는지에 따라서 검색 결과가 천차만별이 될 수도 있다. 이미 "05. 인덱스" 장의 전문 검색 인덱스에서 소개했듯이 MongoDB 서버의 전문 인덱스는 주요 언어에 대해서는 형태소 분석(Stemming) 작업을 거쳐서 각 단어의 원형을 인덱스에 저장한다.

하지만 안타깝게도 한국어나 중국어 그리고 일본어 등에 대한 형태소 분석 기능은 제공하지 않는다. MongoDB가 사용하는 형태소 분석기(Snowball, http://snowball.tartarus.org/) 자체가 영어를 포함한 주요 서구권 언어를 기준으로 개발되기도 했지만, 실제 한국어나 중국어 그리고 일본어에 대한 형태소 분석은 영어와 같이 단순한 규칙으로 형태소를 찾을 수가 없다. 그뿐만 아니라 한국어에 대한 형태소 분석기를 생성한다고 하더라도 배포판의 용량과 시시각각 생성되고 변경되는 신조어를 따라가기는 매우 어려운 일이 될 것이다. 아마도 MongoDB뿐만 아니라 다른 오픈소스 데이터베이스에서도 한국어나 중국어 그리고 일본어 등에 대한 형태소 분석 기능을 지원하기는 상당히 어려울 것이다.

결국, MongoDB 서버에서 한글을 위한 전문 검색 기능은 n-Gram 형태의 전문 파서가 도입되지 않는 이상은 어려울 것처럼 보일 수도 있다. 하지만 n-Gram 전문 파서는 언어의 특성과 전혀 관계없이 전문 검색을 가능하게 해주는 장점이 있지만, 지금 MongoDB 서버가 제공하고 있는 구분자 기준의 전문 파서보다 훨씬 많은 인덱스 키를 만들어내기 때문에 성능적인 이슈가 문제 될 수도 있다. 그뿐만 아니라 n-Gram 파서를 언제 MongoDB 서버가 지원하게 될지도 모를 일이다.

그렇다면 MongoDB 서버에서 전문 검색을 포기해야 하는 것일까? 그나마 한글을 위한 조그마한 돌파구는 있는 듯하다. 간단하게 다음 예제를 살펴보자.

```
mongo> db.stores.createIndex( { name: "text", description: "text" } )

mongo> db.stores.insert({name:"알레그리아",
        description:"원두 로스팅을 주로 하다가, 지금은 직영 커피숍까지 운영한다"})

mongo> db.stores.find({$text: {$search: "로스팅"}})
⟹ Not Found

mongo> db.stores.find({$text: {$search: "로스팅을"}})
{ "name" : "알레그리아",
  "description" : "원두 로스팅을 주로 하다가, 지금은 직영 커피숍까지 운영한다" }
```

MongoDB 서버는 한글 데이터를 저장하면 내장된 형태소 분석기를 거친다 하더라도 실제 한글의 형태소 분석 기능을 가지고 있지 않기 때문에 결국 입력된 문자열을 공백 문자를 기준으로 잘라서 각 단어를 인덱스에 저장하는 역할만 수행한다. 그래서 결국 위의 예제 데이터는 다음과 같은 단어를 인덱스에 저장하는 수준의 처리만 한다.

```
알레그리아, 원두, 로스팅을, 주로, 하다가, 지금은, 직영, 커피숍까지, 운영한다
```

그런데 이 예제에서 확인할 수 있듯이 MongoDB의 전문 검색은 완전히 일치하는 인덱스 엔트리만 찾아서 결과를 반환한다. 그래서 "로스팅"이란 단어로 전문 검색을 실행했을 때 아무런 결과가 반환되지

못한 것이다. 하지만 한글의 조사인 "을"까지 포함해서 "로스팅을"로 검색하면 완전히 일치하는 경우이므로 원하는 결과를 가져올 수 있다. 지금까지 결과만 놓고 보면 MongoDB 서버 자체적인 기능으로는 한글을 위한 전문 검색을 사용할 수가 없다. 하지만 실제 MongoDB의 전문 검색이 검색어를 기준으로 범위 검색을 수행하게 된다면 한글을 위한 MongoDB의 전문 검색 기능의 사용성은 많이 높아진다.

> ▪ 기존 MongoDB의 검색 일치 기준 : 검색어와 일치 (index-entry == "로스팅")
>
> ▪ 개선된 MongoDB의 검색 일치 기준 : 범위 일치 ("로스팅" <= index-entry < "로스팈")

MongoDB가 이렇게 검색어에 대해서 일정 범위 검색을 수행할 수 있다면 한글에서 사용되는 조사가 어떤 것이라 하더라도 일치된 결과를 가져올 수도 있다. 그리고 운 좋게도 주로 단어의 후미에 조사만 사용하는 한글에서는 이 정도만 지원되더라도 사실 대부분의 경우 별다른 어려움 없이 사용할 수 있을 것이다. 물론 이로 인해서 일부 원하지 않는 검색 결과가 나올 수도 있다. 하지만 이 정도의 오차는 기존 형태소 분석을 수행하는 경우라 하더라도 충분히 나타날 수 있는 수준의 오차다.

> **⚠ 주의**
>
> 현재 MongoDB 서버에서 이런 기능을 제공하고 있지는 않아서 기능 추가 요청을 해둔 상태다. 자세한 요청 내용은 아래 JIRA 사이트를 참조하자.
>
> https://jira.mongodb.org/browse/SERVER-29598
>
> 아마도 이렇게 범위 검색을 수행한다 하더라도 일본이나 중국어에는 도움이 되지 않을 것이다. 즉 이런 기능 개선은 한글을 포함한 일부 소수 언어에 대해서만 의미 있는 기능이 될 것이다. 그래서 위의 기능 추가 요청이 얼마나 MongoDB 개발자들에게 긴급한 건으로 보일지는 조금 의문스럽긴 하지만, 어쨌거나 기대해볼 만한 부분이다. 이 책을 집필하고 있는 현재 MongoDB의 전문 인덱스를 검색하는 방법은 멀티 키 인덱스와 동일한 소스 코드 기능을 사용하고 있어서, SERVER-29598의 풀 리퀘스트(Pull Request) 내용처럼 변경해서 사용하면 다른 오작동이 있을 수 있다. 풀 리퀘스트의 내용은 단지 한글에 대한 전문 검색을 어떻게 구현할 수 있는지 예시만 보여준 것으로 이대로 직접 소스 코드를 변경해서 사용하는 것은 주의하도록 하자.

만약 MongoDB에 한글을 위한 전문 검색 기능이 추가되기 전에 한글 전문 검색 기능이 필요하다면 다음 예제와 같이 전문 검색 필드의 값을 배열 타입의 값으로 변환해서 정규 표현식 검색을 적용하는 것도 방법일 수 있다.

```
mongo> db.articles.insert({
  article_id:1,
```

```
    title: "MongoDB는 괜찮은 데이터베이스 서버입니다.",
    body: "...",
    keywords: ["MongoDB는", "괜찮은", "데이터베이스", "서버입니다"]
})

mongo> db.articles.createIndex({keywords: 1});

mongo> db.articles.find({keywords: /^MongoDB/}).pretty()
{
        "_id" : ObjectId("595727684fdcb4ec817d6dd0"),
        "article_id" : 1,
        "title" : "MongoDB는 괜찮은 데이터베이스 서버입니다.",
        "body" : "...",
        "keywords" : [
                "MongoDB는",
                "괜찮은",
                "데이터베이스",
                "서버입니다"
        ]
}
```

위 예제는 title 필드의 내용에 대해서 전문 검색을 실행하고자 하는 경우인데, 만약 title 필드에 대
해서 이렇게 정규 표현식 조건을 사용하면 인덱스를 사용하지 못하거나 일치하는 도큐먼트를 조회할
수 없게 된다. 이런 경우 title 필드의 문자열을 공백이나 다른 문장 기호 단위로 잘라서 문자열 배열
로 keywords라는 필드에 별도로 저장하고, keywords 필드에는 멀티 키 인덱스를 생성한 다음 검
색은 정규 표현식 조건을 이용해서 검색하면 된다. 이때 정규 표현식은 반드시 프리픽스 일치(Prefix
Match) 형태를 사용해야 인덱스를 정상적으로 사용할 수 있다. 그래서 정규 표현식 조건은 "^"로 시작
하고 검색어 다음에는 아무런 정규 표현식이 없어야 한다.

8.2.3.4 한글과 n-Gram 인덱스

지금까지 살펴본 이유로 인해서 MongoDB 서버가 가진 형태소 분석 기반의 전문 검색 기능은 한글을
포함한 중국어나 일본어에는 적합하지 않다. 물론 우회할 방법은 있지만, 완전한 해결책은 아닐 것으로
보인다. 그래서 여기에서는 MongoDB 서버의 코드에 한글을 위한 n-Gram 전문 인덱스를 위한 기능
을 직접 추가해서 사용하는 방법을 간단히 살펴보겠다.

우선 전문 검색 인덱스를 관리하기 위해서는 구분자와 토크나이저가 적절히 입력된 문자열에서 단위 문자열(Term)을 분리하는 과정을 거친다. 이렇게 분리된 단위 문자열(Term)을 전문 인덱스에 저장하고, 사용자가 검색어를 입력하면 그 검색어 또한 같은 과정을 거쳐서 단위 문자열로 분리되고, 검색을 수행하게 된다. 간단히 "This is MongoDB books"라는 문장이 구분자(Delimiter) 기반으로 토크나이징 되는 경우(기존 MongoDB의 인덱싱 방식)와 bi-Gram(2글자씩 토크나이징 하는 n-Gram 방식)으로 토크나이징 되는 경우의 차이를 그림으로 살펴보자.

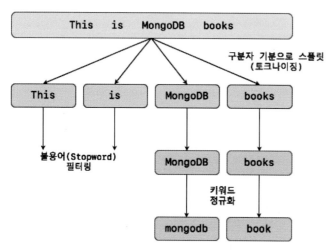

〈그림 8-14〉 구분자 기반의 토크나이징

그림 8-14는 기존 MongoDB 서버에서 사용하고 있는 방식으로, 지정된 구분 문자(Delimiter) 단위로 단어를 잘라서 불용어(Stopword)를 버리고 형태소 분석 과정을 거쳐서 최종 인덱싱될 단위 문자열(Term)을 만드는 과정을 보여주고 있다. 여기에서 정규화(Normalize) 과정은 형태소 분석뿐만 아니라 대소문자나 액센트 문자 등에 대한 정규화 과정까지 포함한다.

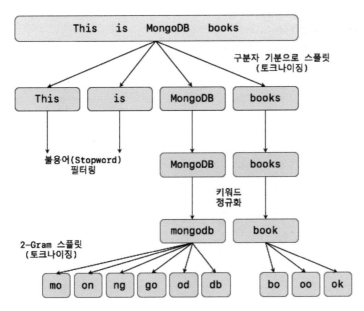

〈그림 8-15〉 구분자와 bi-Gram 기반의 토크나이징

그림 8-15는 2글자씩 잘라서 n-Gram 인덱스를 생성하는 bi-Gram 방식을 보여주고 있는데, n-Gram 방식의 토크나이징과 인덱싱 방식은 기존 MongoDB 서버에서 처리하는 구분자 기반의 토크나이징 과정과 불용어 필터링 과정을 모두 거친다. 이렇게 필터링해서 남은 문자열("MongoDB"와 "books")에 대해서 bi-Gram 토크나이징 처리가 실행되며, 최종적으로 생성된 2글자 단위 문자열(Term)을 전문 인덱스에 추가하게 된다. 그림 8-15는 이상적인 형태의 n-Gram 인덱싱 과정을 보여주고 있으며, 이 책에서 소개할 n-Gram 인덱스가 실제 작동하는 방식은 그림 8-16과 같이 불용어 처리 과정이 포함돼 있지 않다. 그래서 이 책에서 소개하는 구현 방식은 이상적인 그림 8-15 방식의 토크나이징보다는 최종 단위 문자열 개수가 많으며, 그만큼 인덱스 엔트리의 개수가 많아질 수 있다. 하지만 이 차이가 사용성을 저해할 만큼의 엄청난 차이가 있는 것은 아니다. 단지 이 책의 예제를 이용해서 더 최적화된 n-Gram 전문 인덱스를 구현하고자 할 때 추가로 고려해야 할 사항으로 생각하자.

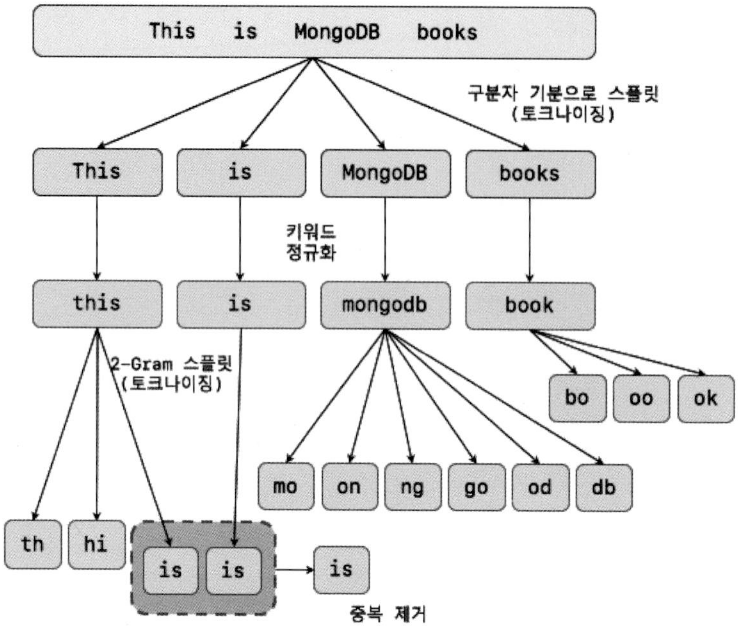

〈그림 8-16〉 구분자와 bi-Gram 기반의 토크나이징(구현 예제)

그림 8-16에서 볼 수 있듯이 n-Gram 토크나이징의 결과에서 중복된 단위 문자열(Term)은 중복이 제거되고, 하나의 유니크한 단위 문자열만 전문 인덱스에 추가된다는 것도 기억하자.

최종적으로 그림 8-16과 같은 방식의 n-Gram 전문 인덱스를 구현하는 소스 코드는 아래의 깃헙을 참조하자. n-Gram 인덱스 기능을 가진 MongoDB 서버를 빌드하는 방법은 기존 MongoDB 서버의 빌드 과정과 동일하며, 별도로 공유 라이브러리를 활성화하거나 플러그인을 등록하는 과정이 필요하지 않다. 아래의 깃헙 코드를 포함하는 MongoDB를 빌드하면 이미 빌드된 MongoDB 서버에 n-Gram 전문 인덱스 기능이 내장돼 있기 때문이다.

```
https://github.com/SunguckLee/Real-MongoDB/commit/bd994fcb2e8b7846ea16389dab3593aebe3c50ac
```

이제 빌드된 MongoDB 서버에서 n-Gram 인덱스를 생성하고 활용하는 과정을 살펴보자. 우선 n-Gram 인덱스를 사용하려면 다음 예제처럼 전문 인덱스를 생성할 때 "default_language" 옵션을 "ngram"으로 명시해야 한다. "default_language" 옵션을 별도로 설정하지 않으면 "english"가 기본값으로 설정되는데, 이 경우에는 영어를 위한 토크나이징과 형태소 분석 과정을 거쳐서 전문 인덱스가 처리된다.

```
// n-Gram 전문 인덱스 생성
//    n-Gram 인덱스는 반드시 "default_language:'ngram'" 옵션을 명시해야 한다.
mongo> db.ngram.createIndex( { content : "text" }, { default_language: "ngram" })

// 테스트 데이터 저장
mongo> db.ngram.insert({ "content" : "MongoDB는 좋은 비관계형 데이터베이스 서버입니다." })
mongo> db.ngram.insert({ "content" : "MySQL도 좋은 관계형 데이터베이스 서버입니다." })
```

getIndexes() 명령으로 컬렉션의 인덱스 목록을 확인해보면 전문 검색 인덱스의 "default_language"
옵션이 "ngram"으로 설정된 것을 확인할 수 있다.

```
mongo> db.ngram.getIndexes()
[
    {
        "v" : 2,
        "key" : {
            "_id" : 1
        },
        "name" : "_id_",
        "ns" : "mysns.ngram"
    },
    {
        "v" : 2,
        "key" : {
            "_fts" : "text",
            "_ftsx" : 1
        },
        "name" : "content_text",
        "ns" : "mysns.ngram",
        "default_language" : "ngram",
        "weights" : {
            "content" : 1
        },
        "language_override" : "language",
        "textIndexVersion" : 3
    }
]
```

이제 n-Gram 전문 인덱스를 가진 ngram 컬렉션에 예제 데이터를 저장하고 간단한 검색을 테스트해보자.

```
// 2개의 도큐먼트가 모두 일치하는 검색
mongo> db.ngram.find({$text:{$search:"관계"}})
{ "content" : "MongoDB는 좋은 비관계형 데이터베이스 서버입니다." }
{ "content" : "MySQL도 좋은 관계형 데이터베이스 서버입니다." }

// 1개의 도큐먼트만 일치하는 검색
mongo> db.ngram.find({$text:{$search:"비관계"}})
{ "content" : "MongoDB는 좋은 비관계형 데이터베이스 서버입니다." }

// 문자열의 일부(Suffix)만 일치하는 검색
mongo> db.ngram.find({$text:{$search:"베이스"}})
{ "content" : "MongoDB는 좋은 비관계형 데이터베이스 서버입니다." }
{ "content" : "MySQL도 좋은 관계형 데이터베이스 서버입니다." }
```

물론 n-Gram 인덱스를 사용하는 경우에도 불리언 검색을 수행할 수 있다.

```
// 불리언 연산자로 1건의 도큐먼트만 일치하는 검색
mongo> db.ngram.find({$text:{$search:"베이스 -비관계"}})
{ "content" : "MySQL도 좋은 관계형 데이터베이스 서버입니다." }

// 불리언 연산자로 일치하는 도큐먼트가 없는 검색
mongo> db.ngram.find({$text:{$search:"베이스 -관계"}})
        ⟹ Not Found
```

이미 설명했듯이 여기에서 소개하는 n-Gram 인덱스는 2글자씩 잘라서 인덱싱하는 bi-Gram 토크나이저를 사용한다. 그래서 한 글자로 구성된 검색어는 어떤 경우에도 일치된 결과를 가져오지 못한다. n-Gram 인덱스의 특성상 토크나이저가 사용하는 문자열의 길이보다 짧은 길이의 문자열은 검색할 수 없다. 그래서 bi-Gram으로 만들어진 전문 인덱스에 대해서는 1글자 키워드의 검색은 도큐먼트를 찾을 수 없지만, 2글자 이상의 검색어에 대해서는 일치하는 도큐먼트를 찾을 수 있는 것이다.

```
// 단일 문자 키워드 검색
mongo> db.ngram.find({$text:{$search:"관"}})
        ⟹ Not Found
```

이 책에서 소개하는 n-Gram 인덱스는 내부적으로 bi-Gram을 사용하도록 소스 코드에 고정돼 있다.

```
https://github.com/SunguckLee/Real-MongoDB
/blob/master/src/mongo/db/fts/fts_unicode_tokenizer.cpp#L47

/**
 * NGram token size is always 2
 *   If ngram_token_size is greater than 3, mongodb ngram can't search 2-character term.
 *   So, ngram_token_size=2 is best choice for general purpose.
 */
#define NGRAM_TOKEN_SIZE 2
```

만약 1글자 키워드로 검색할 수 있게 하고자 한다면 NGRAM_TOKEN_SIZE를 1로 변경해서 다시 컴파일하면 된다. 물론 n-Gram 토크나이저가 사용하는 토큰의 길이를 인덱스별로 다르게 설정하도록 소스 코드를 변경해서 사용하는 것도 좋은 방법이다. 하지만 토큰 사이즈가 줄어들수록 인덱스의 크기는 조금 더 작아질 수 있지만, 검색어에 일치하는 결과가 많아져서 MongoDB 서버의 내부적인 필터링 시간이 오래 걸리게 된다. 반대로 토큰 사이즈가 클수록 인덱스의 크기는 조금 더 커지겠지만, 좀 더 정확한 결과를 찾아서 MongoDB 서버의 내부적인 필터링 시간을 급격하게 줄여줄 수 있다. 그래서 서비스의 요건이 3글자 이상의 키워드만 검색한다면 n-Gram 토큰의 크기를 3으로 변경해서 인덱스를 사용하는 것이 훨씬 효율적이고, 빠르게 검색될 것이다. 이 책에서 토큰 크기를 2로 선택한 이유는 한국어에서 가장 일반적으로 사용할 수 있는 토큰의 크기가 2글자이기 때문이다.

8.2.3.5 전문 인덱스 성능

전문 인덱스는 입력된 도큐먼트에서 검색 대상이 되는 필드의 값들을 파싱하고 형태소 분석을 거친 다음 유니크한 키워드(단어)만 모아서 인덱스 엔트리로 저장한다. 물론 하나의 도큐먼트에서 반복된 단어가 많이 사용되면 그만큼 인덱스의 크기를 줄일 수 있다. 하지만 전문 인덱스는 주로 크기가 큰 도큐먼트를 파싱하여 인덱싱하므로 인덱스가 매우 커지고 처리 시간이 많이 소요될 수도 있다. 예를 들어, 인터넷 웹 페이지를 저장하는 컬렉션에 대해서 전문 인덱스를 생성한다면 이 컬렉션의 도큐먼트 하나하나는 상당히 큰 값을 가질 것이다. 대략 하나의 도큐먼트가 1,000개 정도의 단어를 가지고 있다고 가정하면 이 컬렉션의 도큐먼트가 100만 건이면 전문 인덱스는 전체 10억 개의 인덱스 엔트리를 관리해야 한다. 그뿐만 아니라 도큐먼트 하나가 저장되고 삭제될 때마다 전문 인덱스에서 인덱스 키를 1,000개씩 저장하거나 삭제해야 한다. 이는 일반 컬렉션에 도큐먼트 1,000건을 저장하고 삭제하는 것과 거의 동일한 부하를 만들게 된다.

MongoDB 서버를 일반적인 서비스용 데이터베이스로 사용하면서 보조적인 기능으로 전문 검색 기능을 사용하는 경우라면 이런 대용량의 전문 검색 기능은 피하는 것이 좋다. 즉 전용의 전문 검색용 데이터베이스를 별도로 구성하는 것이 좋을수도 있다. 물론 전문 검색을 위한 별도의 솔루션을 사용하는 것도 방법일 수도 있다. 더구나 MongoDB 서버는 전문 인덱스를 샤드 키로 선택할 수 없기 때문에, 전문 인덱스 기능만을 분산 처리하기는 쉽지 않을 수 있다. 이런 요건은 MongoDB뿐만 아니라 MySQL과 오라클과 같은 온라인 트랜잭션을 주목적으로 하는 데이터베이스에 모두 해당하는 이야기일 것이다. MongoDB의 전문 검색은 크지 않은 도큐먼트에 대해서 전문 검색을 사용해야 하는데, 별도의 전문 검색 솔루션이나 장비를 투입하는 것이 부담스러운 경우 보조적인 용도로 고려하는 것이 좋다. 이는 MongoDB 서버가 전문 검색 처리 전용으로 개발된 데이터베이스가 아닐뿐만 아니라, 온라인 트랜잭션을 처리하는 데이터베이스는 주로 고성능의 장비를 사용하므로 서버 자원(주로 높은 사양의 디스크)의 낭비가 심해질 수도 있기 때문이다.

MongoDB 쿼리에서 "$text" 명령을 사용하면 전문 검색이 사용되므로 별도로 인덱스 사용에 대한 힌트를 사용할 필요가 없다. 즉 쿼리 문장의 문법을 기준으로 전문 검색 인덱스가 사용될 것인지 아닌지가 판단되는 것이다. 그리고 전문 검색 인덱스를 검색한 결과는 어떤 형태로든지 정렬이 보장되지 않는다. 그래서 다음 쿼리처럼 전문 검색을 수행하면서 정렬이 필요한 경우, MongoDB는 별도의 정렬 처리를 수행한 후에야 결과를 반환할 수 있다.

```
mongo> db.stores.find({$text: {$search: "로스팅"}}).sort({name:1})
```

MongoDB의 전문 인덱스는 다른 일반 필드와 함께 복합 필드 인덱스를 생성할 수도 있다. 예를 들어, 주제별 게시판을 서비스한다고 가정해보자. 이때 전문 검색을 주제별로만 수행한다면 다음과 같이 게시판의 주제와 게시물의 내용을 같이 묶어서 전문 인덱스를 생성할 수도 있다.

```
mongo> db.articles.createIndex({category:1, title: "text"})

mongo> db.articles.insert({category:"MongoDB", title:"Query tuning"})
mongo> db.articles.insert({category:"MySQL", title:"Query tuning"})
```

이렇게 일반 B-Tree 인덱스(Ascending Descending Index) 필드인 주제(category) 필드와 묶어서 전문 인덱스를 생성하면 주제 단위로 검색하는 쿼리는 다른 주제에 속한 게시물과는 완전히 구분된 인덱스 범위를 검색하면 된다. 즉 실제 물리적으로는 하나의 인덱스이지만 논리적으로는 주제별로 서로 다른 인덱스가 관리되는 것처럼 작동하는 것이다. 다음과 같이 category가 "MongoDB"인 경우를 검색하면 전문 인덱스의 전체 크기에 상관없이 MongoDB 주제의 게시물들과 연관된 인덱스에서만 "Query"라는 단어를 검색하면 되므로 검색 성능을 획기적으로 향상시킬 수 있다.

```
mongo> db.articles.find({category:"MongoDB", $text: {$search: "Query"}})
{ "category" : "MongoDB", "title" : "Query tuning" }

mongo> db.articles.find({category:"MySQL", $text: {$search: "Query"}})
{ "category" : "MySQL", "title" : "Query tuning" }
```

하지만 이렇게 B-Tree 인덱스 필드를 전문 인덱스보다 앞쪽에 위치시켜서 인덱스를 생성하면 전문 검색 쿼리에서 반드시 선행 필드의 조건을 포함해야만 전문 인덱스를 이용할 수 있게 된다. 즉 category 필드를 선행 필드로 포함시켜서 전문 인덱스를 생성한 경우에 다음과 같은 쿼리는 전문 인덱스를 사용할 수 없다. 이 경우 쿼리의 성능이 떨어지는 것이 아니라, 다음과 같이 쿼리 자체가 실패하게 된다는 것에 주의하자.

```
mongo> db.articles.find({$text: {$search: "Query"}})
Error: error: {
        "ok" : 0,
        "errmsg" : "error processing query: ns=test.articlesTree: TEXT : query=Query,
language=english, caseSensitive=0, diacriticSensitive=0, tag=NULL\nSort: {}\nProj: {}\n planner
returned error: failed to use text index to satisfy $text query (if text index is compound, are
equality predicates given for all prefix fields?)",
        "code" : 2,
        "codeName" : "BadValue"
}
```

8.2.4 공간 검색

MongoDB의 공간 검색 기능은 크게 평면 좌표 기반과 구체 좌표 기반 2가지로 나눠서 생각할 수 있다. 평면 좌표는 지구가 둥글다는 것을 무시하고 데이터를 저장하고, 거리나 공간 객체들의 관계를 검색하는 방식을 의미한다. 물론 지구는 타원형이므로 이런 평면 기반의 계산은 상대적으로 큰 오차를 만들어낼 수도 있다. 하지만 지구의 전체 크기에 대비하여 사람들의 생활권은 상당히 좁기 때문에 서비스의 특성에 따라서 평면 기반의 계산이 문제되지 않을 수도 있다. 하지만 지구의 더 넓은 부분을 고려하고 더 정확한 계산이 필요한 경우라면 구체 기반의 계산을 사용하는 것이 좋다. 그렇다고 평면 좌표 기반의 인덱스나 계산이 불필요한 것은 아니다. 예를 들어, 장기나 바둑 또는 거리나 포함 관계 등의 계산 등이 필요한 게임에서는 구체가 아니기 때문에 평면 좌표 체계가 오히려 더 적합할 수도 있다.

8.2.4.1 데이터 저장 방식

MongoDB 서버에는 2가지 종류의 좌표 데이터를 저장할 수 있다. 그런데 한번 저장된 좌표 데이터는 서로 호환돼서 변환되지 않으므로 데이터를 저장하기 전에 2종류의 좌표 데이터 중에서 어떤 형태로 저장할 것인지 결정해야 한다.

- 구면 좌표 데이터(Spherical)
- 평면 좌표 데이터(Flat)

구면 좌표 데이터는 GeoJSON 포맷으로 저장되는데, GeoJSON 포맷은 위성으로부터 수신받는 위경도 좌표(WGS84)를 저장한다. GeoJSON 포맷으로 저장된 필드에 대해서만 2dsphere 인덱스를 생성할 수 있다. 평면 좌표 데이터는 단순히 위경도 좌표를 (X,Y) 좌표 형태(MongoDB 매뉴얼에서는 이 방식을 "레거시 좌표"라고 함)로 저장하는 것을 의미하는데, 이때 좌표는 단순히 배열 형태로 저장할 수도 있지만 서브 도큐먼트 형태로 저장할 수도 있다. 평면 좌표로 저장하는 경우에는 굳이 이 좌표가 위경도 좌표일 필요는 없다. 예를 들어, 바둑 게임을 만드는 데 각 바둑알의 좌표를 평면 좌표로 저장한다면 평면 좌표 데이터로 바둑판의 각 좌표를 (1,2) 또는 (12,20)과 같은 형태로 저장할 수 있다.

```
// GeoJSON 포맷의 구면 좌표 데이터
{
  loc : {
      type: "Point",
      coordinates: [ -73.97, 40.77 ]
  },
  name: "Central Park",
  category : "Parks"
}

// 단순 X,Y 좌표 형식의 평면 좌표 데이터(X,Y 좌표를 배열로 저장)
{
```

```
    loc : [ -73.97, 40.77 ],
    name: "Central Park",
    category : "Parks"
}

// 단순 X,Y 좌표 형식의 평면 좌표 데이터(X,Y 좌표를 서브 도큐먼트 형태로 저장)
{
    loc : {
        lng: -73.97,
        lat: 40.77 },
    name: "Central Park",
    category : "Parks"
}
```

구면 좌표 데이터는 MongoDB에서 제공하는 여러 가지 오퍼레이션 중에서 지구 구면체를 감안한 결과를 반환하는 오퍼레이션과 그 오퍼레이션을 위한 인덱스(2dsphere)를 활용할 수 있다. 물론 평면 좌표 데이터에 대해서도 인덱스(2d)를 생성할 수 있지만, 이 경우 지구 구면체를 감안한 거리 계산이나 반경 검색 등의 오퍼레이션에 대해서 제한적일 수 있다. MongoDB 매뉴얼에서는 지구 구면체 데이터를 저장하기 위한 GeoJSON 포맷이라고 하며, 평면 좌표 데이터를 저장하기 위한 데이터 포맷을 "레거시 좌표(Legacy Coordinate Pairs)"라고 설명하고 있다.

> **참고** 예제에서는 GeoJSON 데이터 포맷에서 type이 "Point"인 경우를 보여주고 있지만, 실제 GeoJSON 포맷에서 지원하는 객체의 타입은 점(Point, MultiPoint)과 선(LineString, MultiLineString) 그리고 다면체(Polygon, MultiPolygon, GeometryCollection) 등을 지원한다. 물론 일반적인 경우 주로 점(Point) 데이터를 많이 사용하겠지만, 더 복잡한 형태의 공간 검색이 필요하다면 MongoDB 매뉴얼(https://docs.mongodb.com/manual/reference/geojson/)을 참조하도록 하자.

8.2.4.2 데이터 검색 방식

MongoDB 서버에서 제공하는 좌표 기반 데이터 검색으로는 다음과 같이 3가지 형태의 오퍼레이션을 제공하고 있다.

- 포함(Inclusion) – $geoWithin
- 교차(Intersection) – $geoIntersects
- 근접(Proximity) – $near, $nearSphere

포함(Inclusion) 관계 검색은 $geoWithin 오퍼레이션을 이용하면 되는데, $geoWithin 오퍼레이션은 구면 좌표 데이터(2dsphere 인덱스)와 평면 좌표 데이터(2d 인덱스)에 대해서 모두 사용할 수 있다. 일반적으로 식당이나 각종 위치 정보(POI)를 저장해 두고 현재 사용자의 위치에서 반경 1Km 이내의 식당이나 호텔 등을 검색하는 용도로 사용한다. 그림 8-17은 샌프란시스코의 특정 영역(사각 영역)에 있는 호텔(그림 8-17에서 별표)을 검색하는 과정이다. $geoWithin 오퍼레이션을 위해서 2d 또는 2dsphere 인덱스가 필요한 것은 아니지만, 쿼리의 성능을 향상시키려면 2d나 2dsphere 인덱스를 준비하는 것이 좋다.

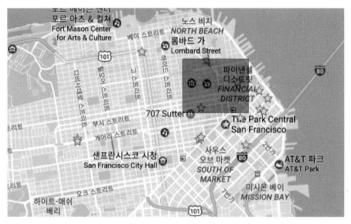

〈그림 8-17〉 특정 영역 내의 POI 검색

교차(Intersection) 관계는 $geoIntersects 오퍼레이션을 이용하며, 교차 관계는 $geoWithin의 포함 관계뿐만 아니라 2개 이상의 다면체 또는 선이 서로 마주치는 교집합이 있는지 검색한다. 그림 8-18은 서울의 어느 행정 동을 표현하는 다면체(Polygon)와 사각 영역이 서로 교집합(실선으로 표시된 행정 동과 직사각형 영역)을 가지는 관계인지 비교하는 예제다. 물론 이렇게 두 다면체의 교집합뿐만 아니라 사각 영역에 속한 특정 위치(POI)를 검색하는 용도로도 $geoIntersects 오퍼레이션을 사용할 수 있다.

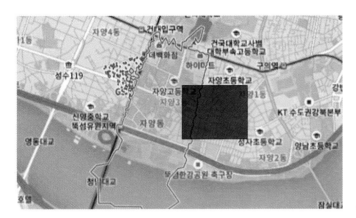

〈그림 8-18〉 두 다면체의 교집합 여부

근접(Proximity) 관계는 $near 또는 $geoNear 오퍼레이션을 이용하는데, 지정된 위치에서 반경 몇 Km 이내에 있는 위치 정보를 검색한다. 그림 8-19는 지정된 위치를 기준으로 반경 1Km 이내의 호텔을 검색하는 과정을 보여주고 있다. 교차($geoIntersects)나 포함($geoWithin) 관계 검색과는 달리 $near나 $geoNear 오퍼레이션을 이용한 근접(Proximity) 검색은 검색 중앙 지점으로부터의 거리를 기반으로 가까운 위치부터 정렬된 결과를 반환한다.

〈그림 8-19〉 특정 지점으로부터 반경 1Km 이내의 POI 검색

포함 관계를 검색하는 $geoWithin 오퍼레이터는 다음과 같은 문법으로 쿼리를 작성한다. 구면 좌표 데이터에 대해서 $geoWithin 검색을 수행하는 경우에는 "Polygon"이나 "MultiPolygon" GeoJSON 객체를 이용해서 지정된 영역 내의 위치나 라인 또는 다면체 등을 검색할 수 있다. 그리고 평면 좌표 데이터를 검색하고자 하는 경우에는 $box나 $polygon 등과 같은 오퍼레이터를 이용해야 한다.

```
// 평면 좌표 데이터에 대해서 $geoWithin 검색 쿼리
db.places.find({
  <location field>: {
    $geoWithin: { <shape operator>: <coordinates> }
  }
})

// 구면 좌표 데이터에 대해서 $geoWithin 검색 쿼리
db.places.find({
  <location field>: {
    $geoWithin: {
      $geometry: {
        type: <"Polygon" or "MultiPolygon"> ,
        coordinates: [ <coordinates> ]
      }
    }
  }
})
```

> **(!) 주의**
>
> MongoDB의 지구 좌표는 −180부터 180 사이의 경도(Longitude)값과 −90에서 90 사이의 위도(Latitude) 값을 사용해야 하며, 좌표 정보는 항상 경도(Longitude) 값을 먼저 기술하고 그 뒤에 위도(Latitude) 값을 기술해야 한다. 또한 MongoDB의 구체 기반의 공간 검색 쿼리는 극점(남극 북극)이나 −180과 180이 전환되는 지점을 포함하는 경우 에러가 발생한다.

$geoWithin 오퍼레이터를 이용해서 구면 좌표 데이터를 검색하는 예제는 다음과 같다. $geometry로 GeoJSON 객체를 생성하고, 그 다면체 내에 포함되는 모든 좌표 데이터를 조회하게 된다. 이때 Polygon의 각 좌표는 경도(Longitude) 그리고 위도(Latitude) 순서로 각 점(Point)를 명시해야 한다. 그리고 Polygon은 여러 개의 점(Point) 좌표로 표현되는데, 이때 시작과 끝의 점(Point) 좌표는 동일(즉 점들을 연결했을 때 닫혀있어야 Polygon이 됨)해야 한다.

```
mongo> db.places.find({
  location: {
    $geoWithin: {
      $geometry: {
        type : "Polygon" ,
        coordinates: [ [ [ 127.03626, 37.53793 ], [ 127.04364, 37.53793 ],
```

```
                [ 127.04364, 37.54375 ], [ 127.03626, 37.53793 ] ] ]
        }
      }
    }
})
```

평면 좌표 검색 쿼리에서는 GeoJSON 객체 대신 $box와 $polygon 그리고 $center와 $centerSphere를 사용할 수 있다.

```
// $box 오퍼레이터 사용
mongo> db.places.find( {
   location: { $geoWithin: { $box: [ [ 127.03626, 37.53793 ],
                                      [ 127.04364, 37.54375 ] ] } }
} )


// $polygon 오퍼레이터 사용
mongo> db.places.find(
  {
    location: {
      $geoWithin: { $polygon: [ [ 127.04367, 37.53795 ],
                                [ 127.04188, 37.54186 ],
                                [ 127.03987, 37.54235 ],
                                [ 127.04109, 37.54502 ],
                                [ 127.03418, 37.54702 ] ] }
    }
  }
)


// $center 오퍼레이터 사용(반경 10Km 이내의 공간 정보 검색)
mongo> db.places.find(
  { location: { $geoWithin: { $center: [ [ 127.03922, 37.54130 ], 10/6378 ] } } }
)


// $centerSphere 오퍼레이터 사용(반경 10Km 이내의 공간 정보 검색)
mongo> db.places.find( {
  loc: { $geoWithin: { $centerSphere: [ [ 127.03922, 37.54130 ], 10/6378 ] } }
} )
```

> **참고**
>
> 위 예제에서 $center나 $centerSphere의 두 번째 인자에는 검색하고자 하는 반경이 그리는 원의 라디안(Radian)을 설정하는데, 10/6378은 10Km의 라디안을 설정한 것이다. 지구의 반지름은 대략 6378.2Km(3963.2마일) 정도다. 라디안은 원의 전체 둘레 길이 대비 특정 길이의 비례 값이므로 특별히 단위가 없는 숫자 값이다. 그래서 만약 Km 단위를 원의 반경으로 사용하고자 한다면 6378.2Km로 나눈 값을 인자로 사용해야 하며, 마일(mile) 단위를 원의 반경으로 사용하고자 한다면 3963.2 마일로 나눈 값을 인자로 사용해야 한다. 만약 미터 단위를 원의 반경으로 사용하고자 한다면 6378.2Km x 1000으로 나눈 값을 인자로 사용하면 된다.
>
> 예제에서 살펴봤듯이 라디안 값을 계산하는 공식은 단순하다. 여기에서 주의해야 할 점은 제수와 피제수(즉, 거리와 원의 반경)는 같은 단위를 사용해야 한다.
>
> 라디안(Radian) = 거리 / 원의 반경(Radius)
>
> 원래 라디안 값은 원형의 바퀴나 측정 도구들을 이용해서 거리 계산을 하는 용도로 자주 사용되는 값이다. 예를 들어, 반지름(r)이 1m인 바퀴를 가진 자동차가 있는데, 이 자동차의 바퀴가 10번 회전했을 때 이동 거리를 계산하려면 바퀴의 둘레($2\pi r$)에 회전 수(10)를 곱하면 된다. 결괏값은 $20 \times \pi$미터가 된다. 이때 우리는 π 값을 곱해야 비로소 정확한 거리를 알 수 있다. 하지만 라디안을 사용하면 훨씬 계산이 쉬워진다. 예를 들어, 자동차 바퀴가 21라디안만큼 회전했다고 하면 자동차가 이동한 거리는 21×1미터가 된다.

그림 8-20부터 그림 8-22는 위 예제에서 사용된 각 오퍼레이터가 표시하는 지점을 간단하게 그림으로 표시한 것이다. 이때 $box와 $polygon은 각 점(Point)을 표시하는 순서를 그림의 화살표 방향으로 기술해야 한다.

$box

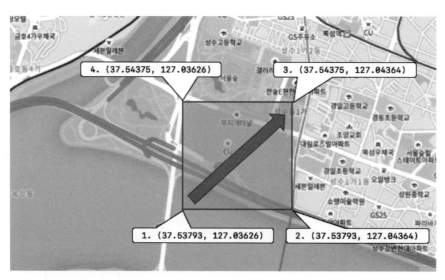

〈그림 8-20〉 사각 영역 검색

$polygon

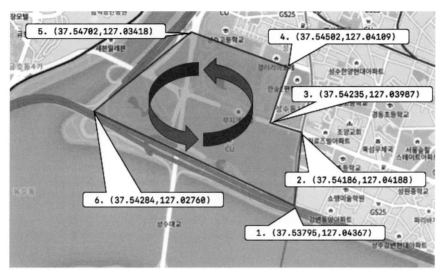

〈그림 8-21〉 다면체 영역 검색

$center와 $centerSphere

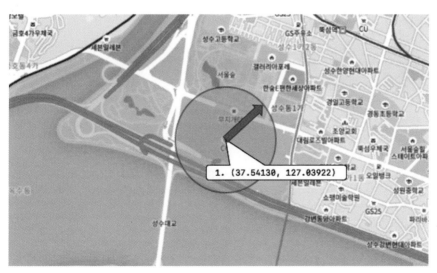

〈그림 8-22〉 반경 검색

$box와 $polygon 그리고 $center는 GeoJSON을 지원하지 않으므로 2d 인덱스에 대해서만 사용할 수 있으며, $centerSphere는 레거시 좌표를 저장하는 필드의 2d 인덱스뿐만 아니라 GeoJSON도 지원하므로 2dsphere 인덱스에서도 사용할 수 있다.

(!) 주의

공간 정보의 근접 검색 쿼리는 $near와 $nearSphere 두 개의 오퍼레이션이 있는데, 이 두 오퍼레이션은 거의 같은 검색 결과를 보여줄 때도 있지만, 그렇지 않을 때도 있다. 2dsphere 인덱스에 대해서 $near와 $nearSphere 검색은 같은 결과를 보여줄 것이다. 하지만 2d 인덱스의 경우에는 $near 검색은 평면 좌표 거리 계산을 수행하며, $nearSphere 검색은 구체 좌표의 거리 계산을 수행한다. 이때 $near와 $nearSphere 검색은 모두 거리가 가까운 좌표 순서대로 정렬해서 보여주는데, 이 거리 순서의 차이가 발생할 수도 있다.

```
// 2dsphere 인덱스에 대한 $near와 $nearSphere 검색 결과 비교
mongo> db.map.createIndex({"location": "2dsphere"});
mongo> db.map.insert({ "_id": "Place A", "location": [ -0.221570, 51.507176 ] });
mongo> db.map.insert({ "_id": "Place B", "location": [ -0.098092, 51.576198 ] });

mongo> db.map.find({"location":{"$nearSphere":
        {"$geometry":{"type":"Point", "coordinates":[ -0.127748, 51.507333 ] }}}});
{ "_id" : "Place A", "location" : [ -0.221570, 51.507176 ] }
{ "_id" : "Place B", "location" : [ -0.098092, 51.576198 ] }

mongo> db.map.find({"location":{"$near":
        {"$geometry":{"type":"Point", "coordinates":[ -0.127748, 51.507333 ]}}}});
{ "_id" : "Place A", "location" : [ -0.221570, 51.507176 ] }
{ "_id" : "Place B", "location" : [ -0.098092, 51.576198 ] }


// 두 인덱스에 대한 $near와 $nearSphere 검색 결과 비교
// 2dsphere 인덱스의 쿼리 결과와 다른 순서로 조회됨
mongo> db.map.createIndex({"location": "2d"});
mongo> db.map.insert({ "_id": "Place A", "location": [ -0.221570, 51.507176 ] });
mongo> db.map.insert({ "_id": "Place B", "location": [ -0.098092, 51.576198 ] });

mongo> db.map.find({"location":{"$nearSphere":[ -0.127748, 51.507333 ]}});
{ "_id" : "Place A", "location" : [ -0.221570, 51.507176 ] }
{ "_id" : "Place B", "location" : [ -0.098092, 51.576198 ] }

mongo> db.map.find({"location":{"$near":[ -0.127748, 51.507333 ]}});
{ "_id" : "Place B", "location" : [ -0.098092, 51.576198 ] }
{ "_id" : "Place A", "location" : [ -0.221570, 51.507176 ] }
```

8.3 스키마 변경(DDL)

RDBMS보다는 많이 자유롭지만, 여전히 MongoDB에서도 스키마 변경 작업은 필요하다. 특히 MongoDB 서버에서는 컬렉션의 샤딩이나 보조 인덱스 생성 및 삭제 작업이 있기 때문에 DDL 작업은 많은 주의를 필요로 한다. 여기에서는 RDBMS에서 자주 사용되는 DDL 위주로 MongoDB에서 할 수 없는 작업과 특별히 더 신경써야 할 DDL 작업에 대해서 살펴보겠다.

8.3.1 데이터베이스 관리

MongoDB에서는 데이터베이스를 생성하는 명령은 별도로 제공되지 않는다. 사실 MongoDB에서는 데이터베이스를 별도로 생성하지 않아도 된다. 또한 존재하지도 않는 데이터베이스에 대해서 권한을 부여할 수도 있다. MongoDB는 데이터베이스에 컬렉션이 생성되거나, 컬렉션에 데이터가 저장되는 시점에 데이터베이스가 자동 생성된다. 하지만 이렇게 생성된 데이터베이스는 샤딩 관련 옵션이 모두 꺼진 상태이므로 별도로 샤딩을 활성화하거나 권한을 부여하는 작업이 필요하다. 물론 클러스터가 아닌 단일 레플리카 셋에서는 샤딩에 대한 고려 자체가 필요 없을 것이다.

8.3.1.1 데이터베이스 생성 및 삭제

MongoDB에서는 명시적으로 데이터베이스를 생성하는 명령은 지원하지 않는다. 해당 데이터베이스에서 컬렉션을 생성하거나 도큐먼트를 INSERT하면 자동으로 데이터베이스가 생성된다. 데이터베이스의 삭제는 명시적으로 dropDatabase() 명령을 실행하면 된다.

```
// 데이터베이스 생성
mongo> use mysns
mongo> db.createCollection("articles")
mongo> db.articles.insert({title:"MongoDB는 괜찮은 DBMS입니다.", body:"..."})

// 데이터베이스 삭제
mongo> use mysns
mongo> db.dropDatabase()
{ "dropped" : "mysns", "ok" : 1 }
```

8.3.1.2 데이터베이스 복사

MongoDB 서버는 데이터베이스를 통째로 복사할 수 있는 copyDatabase() 명령을 지원한다. copyDatabase() 명령은 하나의 MongoDB 서버에서뿐만 아니라 다른 MongoDB 서버의 데이터베이스도 복사할 수 있다. copyDatabase() 명령의 사용 방법은 다음과 같다.

```
db.copyDatabase(fromdb, todb)
db.copyDatabase(fromdb, todb, fromhost, username, password, mechanism)
```

첫 번째 예제처럼 fromhost 옵션이 누락되면 같은 MongoDB 인스턴스에서 데이터베이스를 복제한다. 그리고 fromhost 옵션을 사용하면 MongoDB 서버는 외부(리모트)의 MongoDB 서버로 접속하여 데이터를 복사한다. username과 password 그리고 mechanism 옵션에는 외부 MongoDB 서버의 로그인 정보를 명시하는데, mechanism은 외부 MongoDB 서버에 로그인 할 때 사용할 인증 방식으로 "MONGODB-CR"과 "SCRAM-SHA-1" 중 하나를 사용하면 된다. MongoDB 3.0 버전부터는 일반적으로 "SCRAM-SHA-1"을 사용하고 MongoDB 2.6 버전까지는 "MONGODB-CR" 방식이 일반적이다. 만약 인증 방식을 명확히 모른다면 mechanism 옵션을 명시하지 않고 명령을 실행해보면 된다. MongoDB 서버는 fromhost에 명시된 MongoDB 서버로 로그인하면서 통신 프로토콜(Wire Protocol)의 버전을 보고 그에 맞는 기본 인증 방식을 사용한다. 만약 mechanism을 누락했을 때 인증에 실패한다면 "MONGODB-CR"을 mechanism으로 설정해서 다시 실행해보는 것이 좋다.

copyDatabase() 명령은 fromdb와 todb의 데이터베이스와 컬렉션에 별도의 잠금을 획득하지 않는다. 그래서 데이터베이스가 복사되는 도중에 fromdb나 todb의 컬렉션에 데이터를 저장하거나 변경할 수 있는데, 복사 도중에 변경되는 데이터에 대해서는 모두 무시하게 된다. 즉, 복사 도중 변경되는 데이터가 있다면 fromdb와 todb의 최종 데이터 상태는 달라진다. 그리고 copyDatabase() 명령은 fromdb에서 todb로 컬렉션의 데이터를 모두 복사하고, 마지막에 인덱스를 생성한다. todb에서 마지막 인덱스를 생성하는 과정은 백그라운드 모드가 아닌 포그라운드 모드로 인덱스를 생성하므로 인덱스 생성하는 동안에는 todb의 데이터를 변경하거나 조회할 수 없다.

8.3.1.3 샤딩 활성화

샤드 클러스터 MongoDB에서는 데이터베이스가 최초 생성되면 파티션이 활성화되지 않은 상태다. 데이터베이스가 파티션되어 있는지 아닌지는 다음 예제처럼 MongoDB 라우터로 접속한 다음 config 데이터베이스에서 databases 컬렉션을 확인해보면 된다.

```
mongo> db.databases.find()
{_id : "mysns", "primary" : "shard01", "partitioned" : false}
```

이렇게 partitioned 필드가 없거나 false로 설정돼 있다면 이 데이터베이스내에 생성되는 컬렉션은 샤딩을 적용할 수가 없다. 그래서 다음과 같이 데이터베이스에 샤딩을 적용해주면 된다.

```
mongos> sh.enableSharding("mysns")
```

> **① 주의**
>
> sh.enableSharding() 명령으로 mysns 데이터베이스의 샤딩을 활성화했다고 해서 mysns 데이터베이스에 생성하는 모든 컬렉션이 자동으로 샤딩되는 것은 아니다. 샤딩이 활성화된 데이터베이스에서 컬렉션을 생성하고 반드시 "8.3.2.5 컬렉션 샤딩" 절의 설명과 같이 shardCollection 명령을 이용해서 컬렉션을 샤딩해야 한다. 만약 컬렉션의 샤딩을 실행하지 않으면 이 컬렉션은 샤딩이 적용되지 않은 상태로 프라이머리 샤드에만 존재(저장)하게 된다. 즉 컬렉션을 샤딩하려면 데이터베이스의 샤딩을 활성화해야 한다. 하지만 데이터베이스의 샤딩이 활성화됐다고 모든 컬렉션이 자동으로 샤딩되는 것은 아니다.

8.3.1.4 데이터베이스 컴팩션

다른 DBMS 서버와 동일하게 MongoDB 서버의 컬렉션에서 대량의 데이터를 삭제하는 경우에 WiredTiger 스토리지 엔진을 사용하는 컬렉션의 도큐먼트가 디스크 파일의 각 위치에 골고루 분포돼 있으면 용량이 자동으로 줄지 않는다. 즉 데이터 파일의 프레그멘테이션이 매우 많아진다. 그리고 MMAPv1 스토리지 엔진을 사용하는 컬렉션에서는 단순히 데이터를 삭제만 하면 절대 데이터 파일의 크기가 줄지 않는다. 이렇게 주기적인 데이터 삭제로 인해서 데이터 파일의 크기가 커진 경우에는 데이터베이스 또는 컬렉션 단위로 컴팩션을 수행할 수 있다.

MongoDB에서는 데이터베이스 단위로 컴팩션을 수행할 수 있는데, 다음 예제에서는 "mysns" 데이터베이스의 모든 컬렉션을 리빌드하여 프레그멘테이션을 제거하고, 데이터 파일의 크기를 줄였다 .

```
mongo> use mysns
mongo> db.repairDatabase()
```

repairDatabase() 명령은 MongoDB 서버의 글로벌 쓰기 잠금(Global write lock)을 획득하고, 데이터베이스의 컬렉션을 임시 공간에 복사하는 방식으로 실행된다. 그래서 repairDatabase() 명령을 실행하는 동안에는 다른 처리가 실행되지 못하고 모두 대기하게 되므로 서비스 쿼리를 실행하는

MongoDB 서버에서는 주의해야 한다. 다행히 MongoDB 2.6 버전부터 repairDatabase() 명령은 세컨드리에서도 실행할 수 있게 됐다. 그래서 세컨드리 서버에서 repairDatabase() 명령을 실행해서 컴팩션을 수행하고 다시 다른 세컨드리 멤버를 repairDatabase()하는 방식(Rolling repairDatabase)으로 실행하는 것이 좋다. 모든 세컨드리가 컴팩션이 완료되면 프라이머리와 세컨드리를 스위칭하여 기존의 프라이머리 멤버를 세컨드리 멤버로 전환해서 똑같이 작업하면 된다.

만약 repairDatabase() 명령을 실행하고자 하는 데이터베이스가 매우 크다면 repairDatabase() 명령은 오랜 시간 동안 수행될 것이다. 그래서 처음 세컨드리 멤버에서 repairDatabase()를 실행하고, 그 이후에는 컴팩션된 데이터 파일을 그대로 다른 세컨드리 멤버로 복사하여 사용하면 나머지 레플리카 셋의 멤버들은 빠르게 컴팩션 효과를 얻을 수 있다.

> **(!) 주의**
>
> repairDatabase() 명령의 이름 때문에 repairDatabase() 명령이 데이터 파일의 손상된 도큐먼트(레코드)를 복구할 수 있을 것으로 기대할 수도 있다. 하지만 repairDatabase() 명령은 데이터 파일의 도큐먼트를 읽어서 새로운 컬렉션으로 저장하는데, 도중에 손상된 도큐먼트를 만나면 그냥 무시하고 다음 도큐먼트로 넘어간다. 그래서 손상된 도큐먼트를 복구하는 처리를 수행하지는 않는다. 단지 데이터 파일이 손상된 도큐먼트를 가진 경우 MongoDB 서버가 중간에 멈출 수 있는데, repairDatabase() 명령으로 손상된 도큐먼트를 제거해줌으로써 MongoDB 서버가 멈추는 현상은 막을 수 있다.
>
> 또한 WiredTiger 스토리지 엔진을 사용하는 MongoDB에서 데이터를 복구해야 하는 경우에는 repairDatabase() 명령은 도움이 되지 않는다. 이미 WiredTiger 스토리지 엔진은 내부적으로 체크포인트 레벨의 데이터 정합성을 보장하고 있기 때문이며, 저널 로그(Journal log)가 활성화된 WiredTiger 스토리지 엔진에서 repairDatabase() 명령은 더더욱 도움이 되지 않을 것이다.ㅍ

repaireDatabase() 명령은 현재 컴팩션되는 데이터베이스에 대해서 잠금을 걸고 그 데이터베이스의 컬렉션을 리빌드하는 작업을 수행한다. 그래서 세컨드리 멤버에서 repairDatabase() 명령의 데이터베이스 잠금 때문에 OpLog를 처리하지 못하고 잠금 대기를 하게 된다. 그런데 만약 이 시간이 길어지면 복제 지연이 심해지고, 그로 인해서 세컨드리 멤버의 상태가 "SECONDARY"가 아니라 "RECOVERY" 상태로 전환될 수도 있다. 물론 RECOVERY 상태가 된다고 해서 프라이머리 멤버를 선출하는 투표에 참여하지 못하는 것은 아니지만, 유일한 세컨드리 멤버에서 repairDatabase() 명령으로 복제 지연이 발생하면 새로운 프라이머리 선출이 늦어질 수도 있다는 것을 기억해야 한다.

8.3.2 컬렉션 관리

MongoDB의 컬렉션은 RDBMS의 테이블과는 달리 도큐먼트가 저장되는 시점에 자동으로 생성된다. 이는 RDBMS와 같이 명시적으로 생성만 할 수 있도록 제어할 수 없는 기본 작동 방식이다. 물론 MongoDB에서는 테이블을 명시적으로 생성할 수 있는 명령도 제공하고 있다. 컬렉션의 목록은 다음과 같이 show tables 명령으로 확인할 수 있다.

```
mongo> use mysns
mongo> show tables;
articles
users
```

8.3.2.1 컬렉션 생성과 삭제 그리고 변경

MongoDB 컬렉션은 도큐먼트가 저장되거나 인덱스가 생성될 때, 컬렉션이 생성돼 있지 않으면 자동으로 컬렉션을 생성한다. 때로는 이렇게 자동으로 데이터베이스와 컬렉션이 생성되는 부분은 상당히 귀찮은 일들을 만들어 낸다. RDBMS에 익숙한 사용자에게는 그다지 편의성이 느껴지지 않고, 다음과 같이 쓰레기 데이터베이스나 컬렉션을 정리하는 작업만 유발하기도 한다. 아마도 MongoDB를 조금이라도 경험한 사용자라면 다음과 같이 비슷한 이름의 데이터베이스와 컬렉션이 널려 있는 상황을 경험해봤을 것이다.

```
mongo> show dbs
mysns
my_sns
msns

mongo> show tables
article
articles
user
users
```

MongoDB에서는 이름을 잘못 입력한 채로 INSERT가 실행되면 데이터베이스와 컬렉션이 새로 만들어지기 때문에 이런 경우가 허다하게 발생한다. 하지만 서비스에서 사용되는 MongoDB 서버에서 한

번 생성된 데이터베이스나 컬렉션을 삭제한다는 것은 상당히 신경이 곤두서는 일이다. 그래서 삭제하지 못하고 그냥 내버려 두는 경우가 많다. 어쨌거나 아직까지는 데이터베이스와 컬렉션의 자동 생성이 MongoDB의 기본 기능이며, 이런 묵시적인 객체 생성을 MongoDB에서 포기하지는 않을 듯하니 주의하는 것이 좋을 듯하다.

MongoDB에서 명시적으로 컬렉션을 생성하고자 할 때는 createCollection() 명령을 사용한다. 다음 예제는 컬렉션을 명시적으로 생성할 때 사용할 수 있는 옵션을 보여주고 있다. MongoDB 서버가 컬렉션을 자동으로 생성하면 모두 디폴트 값으로 컬렉션을 생성하므로, 각 옵션이 디폴트 값이 아닌 컬렉션을 생성하고자 할 때는 명시적으로 createCollection() 명령을 사용해야 한다.

```
db.createCollection(<name>, { capped: <boolean>,
                              size: <number>,
                              max: <number>,
                              storageEngine: <document>,
                              validator: <document>,
                              validationLevel: <string>,
                              validationAction: <string>,
                              indexOptionDefaults: <document>,
                              viewOn: <string>,
                              pipeline: <pipeline>,
                              collation: <document> } )
```

capped 옵션은 Capped 컬렉션을 생성할 것인지 결정하는데, Capped 컬렉션을 생성하는 경우에는 size(컬렉션의 최대 데이터 파일 크기)와 max(컬렉션이 가질 수 있는 최대 도큐먼트 건수) 옵션을 이용해서 최대 사이즈를 지정할 수 있다. validator와 validationLevel 그리고 validationAction에는 도큐먼트의 유효성 체크를 위한 옵션을 설정할 수 있다. 뷰(View)를 생성할 때는 viewOn 옵션에 원본 컬렉션이나 뷰의 이름을 명시하면 되는데, 이때는 Aggregation() 쿼리에서 사용하던 파이프라인을 이용해서 뷰의 조건을 설정할 수 있다.

마지막으로 컬렉션 생성 명령에서 중요한 것은 storageEngine과 indexOptionDefaults 옵션인데, 여기에는 WiredTiger 스토리지 엔진을 사용하는 컬렉션과 이 컬렉션에 생성될 인덱스들이 사용할 옵션 값들을 설정한다. 현재 MongoDB 서버에서 많이 사용되는 WiredTiger 스토리지 엔진에서는 브랜치 노드와 리프 노드의 페이지 사이즈를 컬렉션별로 설정할 수 있는데, 다음 예제는 users 컬렉션과 인덱스의 브랜치 노드의 페이지 크기를 4KB 그리고 리프 노드의 페이지 크기를 16KB로 설정해본 것이다.

```
mongo> db.createCollection("users",
    { storageEngine: { wiredTiger: { configString:
                    "internal_page_max=4KB,leaf_page_max=16KB" } } }
)

mongo> db.createCollection("users",
    { indexOptionDefaults : { wiredTiger: { configString:
                    "internal_page_max=4KB,leaf_page_max=16KB" } } }
)
```

이미 존재하는 컬렉션의 옵션을 변경하려면 collMod 관리자 명령을 이용하면 되는데, 안타깝게도 변경할 수 있는 옵션이 제한적이다. 현재 collMod 명령으로 변경할 수 있는 옵션은 TTL 인덱스의 도큐먼트 만료 시간 변경이나 도큐먼트의 유효성 체크를 위한 validator 옵션 정도다.

```
mongo> db.runCommand( { collMod: "sessions",
                index: { keyPattern: { lastAccess: 1 },
                        expireAfterSeconds: 3600
                    }
})

mongo> db.runCommand( { collMod: "contacts",
                validator: { $or:
                  [
                    { phone: { $type: "string" } },
                    { email: { $regex: /@mongodb\.com$/ } }
                  ]
                },
                validationLevel: "moderate",
                validationAction: "warn"

} )
```

컬렉션의 삭제는 쉽게 예측할 수 있는 drop() 명령을 사용하면 된다.

```
mongo> db.articles.drop()
```

> **(!) 주의**
>
> 이미 MongoDB의 컬렉션은 도큐먼트가 저장되는 시점에 자동으로 생성된다는 것을 살펴봤다. 그런데 사용자의 실수로 사용 중인 컬렉션을 잘못 삭제했는데, 삭제된 컬렉션에 INSERT가 실행되면 자동으로 컬렉션을 생성해서 INSERT를 실행하게 된다. 그래서 실제 사용자는 컬렉션이 잘못 삭제됐다는 것을 눈치채지 못하고 넘어갈 수도 있다. 또는, 한참 뒤에야 잘못된 컬렉션이 삭제됐다는 것을 눈치채는 경우도 있다. 항상 데이터베이스나 컬렉션의 삭제는 주의하도록 하자.

8.3.2.2 컬렉션 복사 및 이름 변경

MongoDB에는 컬렉션을 복사할 수 있도록 다음과 같은 명령이 제공되고 있다.

- db.collection.copyTo()
- db.cloneCollection()
- db.cloneCollectionAsCapped()

하지만 안타깝게도 copyTo 명령은 내부적으로 eval() 함수를 사용하므로 copyTo() 명령이 실행되는 도중에는 MongoDB 서버의 다른 오퍼레이션이 모두 멈춘다. 그리고 이런 이유로 인해서 copyTo() 명령은 MongoDB 3.0부터 없어진 기능(Deprecated)이다. 그리고 cloneCollection() 명령은 다음과 같이 외부 MongoDB 서버로부터 컬렉션을 복사하는 기능만 지원한다. cloneCollection() 명령은 첫 번째 인자에 복사할 원본 컬렉션이 저장된 MongoDB 서버의 경로를 입력해야 한다. 그런데 이 기능마저도 MongoDB 유저가 비밀번호 인증이 필요한 경우에는 사용할 수 없다.

```
mongo> db.cloneCollection('source_mongodb.example.net:27017',
               'mysns.users', { 'active' : true } )
```

cloneCollectionAsCapped() 명령은 cloneCollection() 명령과 동일한데, 복사하는 대상 컬렉션을 일반 컬렉션이 아니라 Capped 컬렉션으로 생성한다는 점만 다르다. 결국 하나의 MongoDB 서버에서 컬렉션의 데이터를 복사할 수 있는 직접적인 기능은 제공하지 않는다. 그래서 다음과 같이 우회하여 데이터를 복사해야 한다.

```
// MongoDB의 export와 import 기능을 활용
$ mongoexport -d mysns -c users | mongoimport -d mysns -c users_copied

// MongoDB 셸에서 find와 insert 기능을 활용
mongo> use mysns
mongo> db.users.find().forEach( function(d){db.users_copied.insert(d)} );
```

하지만 안타깝게도 두 방법 모두 MongoDB 서버에서 클라이언트로 데이터를 다운로드하고 업로드하는 과정이 필요하다. 물론 MongoDB 서버에서 직접 Mongo 셸을 이용해서 실행한다면 네트워크 전송에 따른 지연 시간은 줄일 수 있지만, 많은 도큐먼트를 가진 컬렉션의 복사를 위한 비용으로는 여전히 부담스럽다. 그래서 이런 경우에는 다음과 같이 Aggregation을 이용해서 MongoDB 서버의 메모리에서 복사 과정이 실행되게 유도할 수 있다.

```
// Aggregation을 이용해서 컬렉션 데이터 복사
mongo> use mysns
mongo> db.users.aggregate([ { $match: {} }, { $out: "users_copied" } ])
```

Aggregation을 이용하면 $match 스테이지를 이용해서 원하는 도큐먼트만 선별하여 users_copied 컬렉션으로 복사할 수 있다. 그뿐만 아니라 필드 값의 변환이나 특정 필드만 선별하는 등 Aggregation에서 할 수 있는 수많은 기능을 이용해서 복사할 수도 있다. Aggregation 명령은 $out 스테이지에 명시된 컬렉션이 없다면 지정된 이름의 컬렉션을 새로 생성해서 결과를 저장한다. 그런데 이미 "users_copied"라는 컬렉션이 존재한다면 MongoDB의 Aggregation은 기존 컬렉션의 모든 도큐먼트를 삭제하고 새롭게 도큐먼트를 저장한다. 이때, 도큐먼트를 삭제하고 Aggregation의 결과를 저장하지만, 기존 컬렉션이 가지고 있던 인덱스는 그대로 유지한다. 즉 기존 컬렉션의 도큐먼트는 삭제되지만, 스키마는 유지되는 것이다.

```
// 기존 컬렉션에 저장된 도큐먼트와 인덱스 확인
mongo> db.users_copied.getIndexKeys()
[ { "_id" : 1 }, { "name" : 1 } ]

mongo> db.users_copied.find()
{ "_id": 1, "name" : "Matt" }

// Aggregation을 이용해서 users 컬렉션의 모든 도큐먼트를 users_copied 컬렉션으로 복사
mongo> db.users.aggregate([{$match:{}}, {$out:"users_copied"}])
```

```
// 기존 도큐먼트는 삭제되고, users 컬렉션의 도큐먼트만 저장돼 있음
mongo> db.users_copied.find()
{ "_id": 2, "name" : "Lara" }
{ "_id": 3, "name" : "John" }

// 인덱스는 기존 컬렉션과 동일하게 유지됨
mongo> db.dest.getIndexKeys()
[ { "_id" : 1 }, { "title" : 1 } ]
```

MongoDB 서버에서도 컬렉션의 이름을 변경하는 작업은 다음과 같이 간단하게 처리할 수 있다.

```
mongo> use mysns
mongo> db.users_copied.renameCollection("users")

mongo> use admin
mongo> db.runCommand( { renameCollection: "mysns.users_copied",
                        to: "mysns.users" } )
```

하지만 컬렉션의 이름을 변경하는 작업은 MongoDB 서버 내부적으로 명령처럼 간단하게 처리되지는 않는다. 우선 같은 데이터베이스 내에서 컬렉션의 이름만 변경하는 작업은 MMAPv1이나 WiredTiger 스토리지 엔진의 메타 정보만 변경하면 되므로 매우 빠르게 처리된다. 하지만 데이터베이스가 달라지면 MongoDB가 최적으로 처리하지 못한다. 이 경우 MongoDB 서버는 대상 데이터베이스에 새로운 컬렉션을 생성하고, 원본 컬렉션에서 도큐먼트를 한 건씩 복사한다. 도큐먼트 복사 작업이 완료되면 원본 컬렉션을 삭제하고 컬렉션 이름 변경 작업을 완료하게 된다. 그런데 더 큰 문제는 이 모든 과정 동안 MongoDB 서버가 글로벌 쓰기 잠금을 걸고 데이터 복사 작업을 진행한다는 것이다. 그래서 컬렉션을 다른 데이터베이스로 이동하기 위해서 renameCollection 명령을 사용하는 경우에는 주의가 필요하다.

> **참고** MMAPv1 스토리지 엔진은 일반적으로 데이터베이스 단위로 데이터 파일(도큐먼트가 저장되는 테이블 스페이스 공간)을 공용으로 사용하므로 renameCollection 명령의 원본과 대상 데이터베이스가 다른 경우에는 도큐먼트의 복사 이외에는 방법이 없다. 하지만 실제 WiredTiger 스토리지 엔진은 컬렉션 단위로 데이터 파일을 유지하므로 메타 정보와 데이터 파일의 이동(파일 시스템 수준의 데이터 파일 이동)으로 충분히 처리될 수 있을 것으로 보인다. 즉 현재 MongoDB 3.4 버전에서 renameCollection 명령이 이렇게 (다른 데이터베이스로 이동할 때) 최적화되지 못한 상태로 작동하는 부분은 급하게 구현해서 그렇지 필요하다면 데이터 파일의 이동으로 쉽게 최적화될 수 있을 것으로 보인다.

확인된 버전은 MongoDB 3.4.4이며, 만약 이후의 버전을 사용한다면 이미 renameCollection() 기능의 작동 방식이 개선됐을 수도 있다. 직접 renameCollection() 명령의 실행 시간이 오래 걸리는지 확인 후에 실제 서비스용 MongoDB에서 명령을 사용할 것을 권장한다.

8.3.2.3 컬렉션 상태 및 메타 정보

MongoDB 컬렉션에 관련된 상세 정보는 db.collection.stats() 명령을 이용해서 확인할 수 있다. db.collection.stats() 명령은 데이터 파일의 크기나 도큐먼트의 크기와 같은 기본적인 정보를 먼저 표시하고, 그 밑에는 각 스토리지 엔진이 가진 상세한 메타 정보를 보여준다.

MMAPv1 스토리지 엔진을 사용하는 컬렉션에서는 그다지 많진 않지만, 그래도 컬렉션의 상태를 분석하는데 꼭 필요한 정보들을 보여준다.

```
mongo> db.users.stats()
{
        "ns" : "mysns.users",
        "count" : 3,
        "size" : 208,
        "avgObjSize" : 69,
        "numExtents" : 1,
        "storageSize" : 8192,
        "lastExtentSize" : 8192,
        "paddingFactor" : 1,
        "paddingFactorNote" : "paddingFactor is unused and unmaintained in 3.0. It remains hard
coded to 1.0 for compatibility only.",
        "userFlags" : 1,
        "capped" : false,
        "nindexes" : 1,
        "totalIndexSize" : 8176,
        "indexSizes" : {
                "_id_" : 8176
        },
        "ok" : 1
}
```

- count: 현재 컬렉션이 가진 도큐먼트의 수

- size: 도큐먼트가 사용하고 있는 공간의 바이트 수

- avgObjSize: 평균적으로 하나의 도큐먼트가 사용 중인 공간의 크기(바이트)

- storageSize: 실제 파일 시스템에 저장된 데이터 파일의 크기(바이트)

- numExtents: MMAP 스토리지 엔진이 데이터 파일이 확장될 때에는 익스텐트(Extent)라는 단위로 확장되는데, 현재 컬렉션이 사용 중인 데이터 파일의 익스텐트 개수

- lastExtentSize: 마지막 추가된 익스텐트의 크기 (바이트)

- paddingFactor: 도큐먼트가 변경될 때, 데이터 파일 내에서 도큐먼트의 이동을 최소화하기 위해 도큐먼트마다 추가로 붙여두는 빈 공간의 크기 비율(1이면 추가 빈공간이 없음을 의미하며, 1.1 이면 도큐먼트 크기의 10%만큼 빈 공간을 추가해두는 것을 의미)

- totalIndexSize: 전체 인덱스가 사용 중인 디스크 공간의 크기 (바이트)

- indexSizes: 인덱스별로 사용 중인 디스크 공간의 크기

WiredTiger 스토리지 엔진에서도 도큐먼트의 건수나 데이터 파일의 크기 그리고 인덱스의 크기는 기본적으로 출력된다. 그리고 MMAPv1 스토리지 엔진과 비교했을 때 훨씬 더 상세하게 캐시나 블록 매니저 등이 이 컬렉션을 위해서 처리한 내용을 보여준다.

```
mongo> db.users.stats()
{
        "ns" : "mysns.users",
        "size" : 368,
        "count" : 5,
        "avgObjSize" : 73,
        "storageSize" : 16384,
        "capped" : false,
        "wiredTiger" : {
                "metadata" : {
                        "formatVersion" : 1
                },
                "creationString" : "..,leaf_page_max=32KB,leaf_value_max=64MB,...
                "type" : "file",
                "uri" : "statistics:table:mysns/20-2210201183603583384",
                "LSM" : {...},
                "block-manager" : {...},
```

```
        "btree" : {
                "btree checkpoint generation" : 17,
                ...
                "maximum tree depth" : 3,
                "number of key/value pairs" : 0,
                "overflow pages" : 0,
                "pages rewritten by compaction" : 0,
                ...
        },
        "cache" : {
                "bytes currently in the cache" : 1501,
                "bytes read into cache" : 0,
                "bytes written from cache" : 479,
                "checkpoint blocked page eviction" : 0,
                "data source pages selected for eviction unable to be evicted" : 0,
                "hazard pointer blocked page eviction" : 0,
                "in-memory page passed criteria to be split" : 0,
                "in-memory page splits" : 0,
                "internal pages evicted" : 0,
                "internal pages split during eviction" : 0,
                "leaf pages split during eviction" : 0,
                "modified pages evicted" : 0,
                "overflow pages read into cache" : 0,
                "overflow values cached in memory" : 0,
                "page split during eviction deepened the tree" : 0,
                "page written requiring lookaside records" : 0,
                "pages read into cache" : 0,
                "pages read into cache requiring lookaside entries" : 0,
                "pages requested from the cache" : 5,
                "pages written from cache" : 2,
                "pages written requiring in-memory restoration" : 0,
                "unmodified pages evicted" : 0
        },
        "cache_walk" : {...},
        "compression" : {...},
        "cursor" : {...},
        "reconciliation" : {...},
        "session" : {...},
        "transaction" : {
```

```
                    "update conflicts" : 0
                }
        },
        "nindexes" : 2,
        "totalIndexSize" : 32768,
        "indexSizes" : {
                "_id_" : 16384,
                "title_1" : 16384
        },
        "ok" : 1
}
```

WiredTiger 스토리지 엔진을 사용하는 컬렉션에서는 출력되는 정보가 매우 많은데, 이 모든 상태 값을 설명하기보다는 각 섹션이 어떤 작업에 대한 정보인지 위주로 살펴보겠다.

- creationString: WiredTiger 스토리지 엔진이 이 컬렉션을 생성할 때 사용했던 옵션의 상세한 내용을 보여준다. 여기에서는 일반적으로 데이터 파일이나 인덱스의 페이지 크기 그리고 데이터 파일의 공간 확장 시 할당된 사이즈 등을 확인할 수 있다.

- type: 일반적으로 이 항목에는 "file"이 나타나지만, 엔터프라이즈 버전의 MongoDB에서는 메모리와 같은 형태의 컬렉션도 확인할 수 있다.

- uri: 이 컬렉션이 사용 중인 데이터 파일의 이름을 확인할 수 있다.

- LSM: 현재 릴리즈된 버전의 MongoDB(3.4 버전)에서는 아직 WiredTiger 스토리지 엔진에서 LSM 저장 방식을 사용할 수 없다. 그래서 LSM 항목의 내용은 현재 컬렉션의 상태 정보와 관련이 없다.

- block-manager: WiredTiger 스토리지 엔진에서는 WiredTiger 컬렉션의 도큐먼트를 변경하거나 조회할 때 블록 매니저(block-manager)가 파일 시스템에서 데이터 파일의 블록을 읽고 쓰는 작업을 담당한다. 이때 블록 매니저가 수행했던 처리 내용을 보여준다.

- btree: WiredTiger 스토리지 엔진에서는 데이터 파일을 B-Tree 형태로 저장하는데, 이때 도큐먼트를 저장하기 위한 B-Tree의 정보(페이지의 크기나 B-Tree의 depth 등)를 보여준다.

- cache: WiredTiger 스토리지 엔진은 데이터 파일에서 읽어온 데이터(페이지)를 메모리에 캐시하고, 동일한 데이터를 요청하는 경우에는 캐시된 메모리에서 읽어서 빠르게 응답을 내려준다. 이렇게 WiredTiger의 캐시가 운영 체제의 데이터 파일로부터 읽어 들인 페이지의 개수나 다시 데이터 파일로 기록한 횟수 그리고 메모리의 캐시에서 참조된 횟수 등을 보여준다.

- cache-walk: WiredTiger 스토리지 엔진의 캐시에 각 컬렉션의 브랜치 노드나 리프 노드가 얼마나 상주하고 있는지, 그리고 페이지가 얼마나 생성되고 스플릿됐으며 데이터 파일로 기록됐는지 등을 보여준다.

- **compression**: 데이터 파일의 압축이 적용된 경우에 압축된 페이지가 얼마나 데이터 파일로부터 읽혔는지 그리고 다시 얼마나 데이터 파일로 기록됐는지 또는 페이지 크기로 인해서 압축이 스킵(skip)됐는지 등의 정보를 보여준다.

- **cursor**: WiredTiger 스토리지 엔진에서는 모든 도큐먼트 읽고 쓰기가 커서를 통해서 이뤄진다. 이때 컬렉션별로 커서 오퍼레이션(커서 열고 닫기, 커서 검색, 커서 정순 읽기, 역순 읽기 등)이 얼마나 수행됐는지 등의 정보를 보여준다.

- **reconciliation**: WiredTiger 스토리지 엔진은 컬렉션의 도큐먼트가 변경되면 변경된 내용을 스킵 리스트(SkipList)에 이력 형태로 저장해둔다. 그래서 컬렉션의 데이터 페이지를 데이터 파일로 기록하기 전에는 반드시 최종 버전의 변경 내용을 병합해야 하는데, 이렇게 변경 내용을 원본 이미지에 병합하는 과정을 "reconciliation"이라고 한다. 이 과정 동안 발생하는 작업 내용을 보여준다.

> **(!) 주의**
>
> WiredTiger 스토리지 엔진을 사용하는 컬렉션에 대해서 db.collection.stats()의 출력 항목 대부분은 db.serverStatus() 명령 결과의 "wirdTiger" 섹션에 보여지는 항목과 거의 흡사한 항목을 보여준다. 하지만 db.serverStatus() 명령 결과의 wiredTiger 섹션에 있는 내용은 MongoDB 서버의 전체적인 상태 값을 보여주는 것이지만, db.collection.stats() 명령의 결과로 나오는 항목은 그 컬렉션을 위해서 처리한 상태 정보만 보여준다.
>
> 그래서 db.serverStatus() 명령의 결과에서 "cache" 섹션과 db.collection.stats() 명령의 결과에서 "cache" 섹션을 비교해보면 실제 해당 컬렉션이 WiredTiger 스토리지 엔진의 캐시 영역을 얼마나 사용하고 있는지 판단할 수 있다. 이외에도 db.collection.stats() 명령의 결과로 출력되는 정보를 잘 활용하면 컬렉션별로 얼마나 많은 일을 WiredTiger 스토리지 엔진이 처리하고 있는지 분석할 수 있다.

위 예제에서는 컬렉션의 데이터 파일 위주로 상태 정보가 출력됐지만, 인덱스별로 상태 정보가 필요할 수도 있다. 이런 경우에는 다음과 같이 "indexDetails" 옵션을 같이 사용하면 현재 컬렉션에 생성된 인덱스에 대해서도 상세한 상태 정보를 확인할 수 있다.

```
mongo> db.users.stats({"indexDetails":true})
{
        "ns" : "mysns.users",
        "size" : 271,
        "count" : 7,
        "avgObjSize" : 38,
        "storageSize" : 16384,
        "capped" : false,
        "wiredTiger" : {...}
        "nindexes" : 2,
        "indexDetails" : {
                "_id_" : {
                        "metadata" : {...},
```

```
                        "creationString" : "...",
                        "type" : "file",
                        "uri" : "statistics:table:mysns/13—1989993923343546196",
                        "LSM" : {...},
                        "block-manager" : {...},
                        "btree" : {...},
                        "cache" : {...},
                        "cache_walk" : {...},
                        "compression" : {...},
                        "cursor" : {...},
                        "reconciliation" : {...},
                        ...
            }
    ...
```

8.3.2.4 컬렉션의 프레그멘테이션과 컴팩션

MongoDB뿐만 아니라 대부분의 DBMS는 데이터가 저장된 데이터 파일에서 사용되지 않는 빈 공간
(프레그멘테이션)이 많아져서 디스크의 공간이 낭비되는 경우가 발생하곤 한다. 이렇게 발생한 프레그
멘테이션은 단순히 디스크의 공간만 낭비하는 것이 아니라, 메모리의 효율까지 떨어뜨린다. 다음 그림
은 데이터 파일에 도큐먼트가 저장된 상태를 보여주고 있는데, 그림 8-23은 데이터 블록에서 빈 공간
이 별로 없이 도큐먼트가 꽉 채워진 상태인 반면 그림 8-24는 도큐먼트가 듬성 듬성 채워져 있어서 사
용하지 않는 빈공간이 많이 있다.

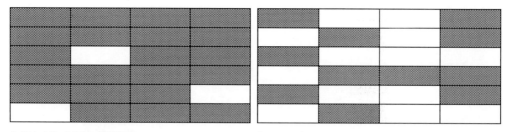

〈그림 8-23〉 데이터로 채워진 블록   〈그림 8-24〉 빈 공간을 많이 가진 블록

만약 컬렉션을 풀 스캔하면서 도큐먼트를 읽는다고 가정하면 왼쪽의 블록에서는 하나의 데이터 블록을 읽어서 21개의 도큐먼트를 읽을 수 있다. 하지만 오른쪽의 블록에서는 하나의 데이터 블록을 읽어도 11건의 도큐먼트밖에 가져오지 못한다. 결국, 두 개의 블록에서는 데이터를 읽는 속도가 2배 이상 차이나게 된다. 이때 두 개의 컬렉션이 각각 동일한 건수의 도큐먼트를 가지고 있다면 결과적으로 데이터 파일의 크기도 매우 큰 차이를 보일 것이다. 데이터 블록에 저장된 도큐먼트의 건수가 거의 2배 정도이니 데이터 파일의 전체 크기도 거의 2배가 된다. 만약 데이터 파일의 모든 도큐먼트가 골고루 사용되는 서비스 패턴을 가진 응용 프로그램에서 동일한 성능을 내려면 오른쪽의 컬렉션이 왼쪽보다 2배 이상의 메모리를 가져야만 비슷한 성능을 낼 수 있다.

이렇게 데이터 파일에서 사용되지 않는 빈 공간을 최소화하기 위해서 DBMS별로 데이터 파일을 최적화하기 위한 기능을 제공하고 있는데, 이를 일반적으로 컴팩션(Compaction)이라고 한다. MongoDB에서도 다른 DBMS와 동일하게 컴팩션 기능을 제공하고 있는데, 컴팩션은 다음 2가지 관점에서 사용하는 것이 좋다. 물론 데이터 파일에서 프레그멘테이션이 많지 않다면 컴팩션의 효율이 그다지 크지 않을 수도 있다.

- 데이터 파일의 크기가 커져서 디스크의 여유 공간이 부족한 경우
- 장착된 메모리보다 데이터 파일이 커져서 쿼리 실행 시 디스크 읽기가 많이 발생하는 경우

데이터 파일 스토리지 엔진에 따라서 저장 방식과 패턴이 다르므로 그에 맞게 적절한 컴팩션 기능을 활용하는 것이 좋다.

MongoDB의 컬렉션은 MMAPv1과 WiredTiger 스토리지 엔진을 이용해서 데이터 파일이 저장된다. MMAPv1 스토리지 엔진을 사용하는 컬렉션은 도큐먼트의 이동을 최소화하기 위해서 내부적으로 패딩(Padding) 공간을 자동으로 추가한다. 그뿐만 아니라 도큐먼트가 변경되면서 도큐먼트의 이동이 빈번해지면 데이터 파일 내부적으로 프레그멘테이션이 심해지고 디스크의 공간 낭비가 심해진다. WiredTiger 스토리지 엔진을 사용하는 경우에는 내부적으로 도큐먼트의 이동이 필요하지 않기 때문에 패딩 공간이 추가되지는 않는다. 그래서 WiredTiger 스토리지 엔진을 사용하는 컬렉션에서는 일반적으로 컬렉션을 컴팩션할 필요성이 많지 않다. 하지만 대량으로 컬렉션의 도큐먼트가 삭제되는 경우에는 빈 공간이 자동으로 운영 체제로 반납되거나 하지는 않는다. 이렇게 대량으로 도큐먼트가 삭제되는 경우는 샤드가 새로 추가돼서 많은 청크가 다른 샤드로 이동할 때에도 발생한다.

WiredTiger 스토리지 엔진은 변경된 데이터를 메모리의 캐시 영역에 보관하고 있다가 체크포인트가 발생하면 그때 메모리의 변경된 데이터를 데이터 파일에 일괄적으로 기록한다. 그런데 이때 WiredTiger는 변경된 데이터 페이지의 내용을 원본 데이터 페이지가 저장돼 있던 위치에 덮어쓰지 않는다. 이는 WiredTiger 스토리지 엔진에서 트랜잭션 로그(저널 로그)가 활성화돼 있지 않다고 하더라도 가장 마지막 체크포인트 시점의 데이터를 복구할 수 있게 해준다.

일반적인 DBMS에서는 레코드를 삭제했을 때 실제 디스크의 데이터 파일 용량이 증가하지는 않는다. 그런데 WiredTiger 스토리지 엔진에서는 도큐먼트를 삭제하는 작업으로 인해서 용량이 늘어나기도 한다. 예를 들어, 그림 8-25와 같이 4개의 페이지로 구성된 컬렉션을 가정해보자.

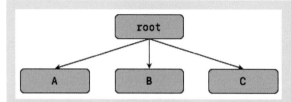

〈그림 8-25〉 4개의 블록으로 구성된 컬렉션

이 상태에서 컬렉션의 도큐먼트 3건을 삭제했는데, 각각 A와 B 그리고 C 데이터 페이지에서 한 건씩 삭제됐다고 가정해보자. 그러면 WiredTiger 스토리지 엔진은 각 데이터 페이지에서 도큐먼트 삭제 내용을 메모리 캐시에서만 변경해두고, 체크포인트가 발생하면 이때 디스크의 데이터 파일에 한꺼번에 적용한다. 그래서 WiredTiger 스토리지 엔진이 체크포인트를 발생시키면 B-Tree는 그림 8-26과 같은 구조로 저장될 것이다.

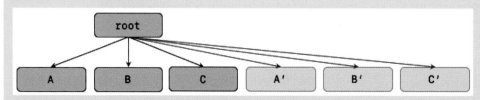

〈그림 8-26〉 데이터 변경 후 컬렉션의 블록 구조

이때 변경된 페이지 A'와 B' 그리고 C'를 모두 디스크에 기록한 이후에 체크포인트가 완료되면 비로소 이전 버전의 페이지를 데이터 파일에서 수집하고 다음 체크포인트에 재활용할 수 있게 한다. 즉 하나의 컬렉션에서 모든 페이지의 데이터가 조금씩이라도 변경돼서 동일한 체크포인트에서 디스크에 기록되면 이 데이터 파일은 실제 가진 도큐먼트 데이터의 크기보다 2배 큰 데이터 파일이 필요해진다. 그런데 이 변경이 꼭 도큐먼트를 INSERT하거나 UPDATE하는 것이 아니라, 도큐먼트를 삭제(DELETE)하는 경우에도 데이터 파일의 크기를 더 크게 만들 수 있다는 것을 기억하자.

MongoDB에서는 컬렉션의 프레그멘테이션을 제거할 수 있도록 compact 명령을 제공하고 있다. compact 명령은 패딩(padding)에 관련된 여러 옵션을 추가로 설정할 수 있는데, 도큐먼트의 패딩은

MMAPv1 스토리지 엔진에서만 사용되는 옵션이며 최근 많이 사용되는 WiredTiger 스토리지 엔진에 서는 효과가 없고, 사용할 수 없는 옵션이므로 별도의 설명은 생략하겠다.

```
db.runCommand ( { compact: '<collection>', force: false } )
```

compact 명령은 데이터베이스의 쓰기 잠금을 획득하므로 컴팩션이 실행되는 동안 같은 데이터베이스의 컬렉션에 대한 쿼리는 처리할 수 없다. 그래서 기본적으로는 compact 명령은 프라이머리 멤버에서는 실행할 수 없다. 그런데도 프라이머리 멤버에서 compact를 실행하고자 한다면 force 옵션을 true로 사용하면 된다.

MongoDB에서는 컬렉션별 컴팩션 기능뿐만 아니라 데이터베이스 단위를 통째로 컴팩션할 수 있는 명령도 제공하고 있다. 데이터 파일의 프레그멘테이션을 제거하기 위해서 반드시 compact 명령을 사용해야 하는 것은 아니다. 사실 compact 명령이 하는 일은 새로운 컬렉션을 만들고 그 컬렉션에 도큐먼트를 복사하는 작업을 MongoDB 서버가 자동으로 처리해주는 것뿐이다. 그래서 MongoDB의 레플리카 셋에서는 기존 레플리카 셋 멤버나 새로운 멤버를 추가해서 프라이머리나 다른 세컨드리 멤버로부터 데이터를 처음부터 동기화(Initial Sync)시키면 프레그멘테이션이 최소화된 데이터 파일을 얻을 수도 있다. 즉 새롭게 데이터를 동기화하면서 컴팩션 효과를 얻을 수도 있다는 것이다. 물론 이렇게 다른 레플리카 셋 멤버로부터 데이터를 동기화하는 경우에는 OpLog가 동기화를 수행하는 시간 동안 데이터를 저장할 수 있을 만큼 충분한 크기여야 한다.

8.3.2.5 컬렉션 샤딩

MongoDB에서 샤딩은 컬렉션 단위로 적용된다. 즉 하나의 데이터베이스에 여러 개의 컬렉션이 있다고 해서 모든 컬렉션을 동일한 샤드 키로 샤딩해야 하는 것은 아니다. 또한 하나의 데이터베이스에서 일부 컬렉션은 샤딩돼 있더라도 일부는 샤딩되지 않은 상태로 프라이머리 샤드에만 저장할 수도 있다. MongoDB에서 샤딩된 컬렉션은 다시 샤드 키를 변경해서 샤딩할 수 없다. 그래서 컬렉션의 샤드 키를 선정하는 작업과 샤딩은 매우 신중하게 결정해야 한다.

MongoDB에서 샤딩을 할 것인지 여부는 아래 두 가지 측면을 고려해야 한다.

- 쿼리의 빈도나 패턴
- 데이터의 크기

일반적으로 컬렉션의 도큐먼트 건수가 너무 많을 때는 디스크의 가용 용량으로 인해서 샤딩을 하고 데이터를 여러 샤드로 분산해야 한다. 일반적으로는 컬렉션의 크기가 커질수록 쿼리 사용도 빈번해지며, 자동으로 쿼리 처리량까지 분산된다. 하지만 때로는 컬렉션의 도큐먼트 건수는 많지 않지 않지만, 쿼리나 데이터 변경이 매우 빈번한 경우도 있다. 일반적으로 DBMS 서버가 동시에 처리할 수 있는 쿼리의 수는 제한적이므로 이렇게 컬렉션의 데이터 파일 크기가 크지 않다 하더라도 동시에 처리할 수 있는 쿼리 수를 여러 샤드로 분산하기 위해서 컬렉션을 샤딩해야 할 때도 있다.

그리고 MongoDB의 쿼리를 샤딩하면 쿼리의 조건이 샤드 키를 가지고 있는지 아닌지에 따라서 MongoDB 라우터가 특정 샤드로 쿼리를 전송하거나 아니면 모든 샤드로 전송하게 된다. 이렇게 쿼리의 조건이 샤드 키를 가지고 있어서 특정 샤드로 쿼리를 전송해도 되는 경우의 쿼리를 타겟 쿼리(Targetted Query)라고 하고, 그렇지 못한 경우를 브로드캐스트 쿼리(Broadcast Query)라고 한다. 많은 사람이 항상 쿼리는 특정 샤드로만 전송되는 타겟 쿼리 방식으로 처리되는 것이 MongoDB 서버에 도움이 된다고 생각한다. 이는 대부분 맞는 생각이지만, 항상 그런 것은 아니다. 일반적으로 사용자의 요청을 처리하기 위해서 실행되는 온라인 트랜잭션용 쿼리(OLTP 쿼리)는 데이터 처리량이 적고 쿼리의 빈도수가 매우 높기 때문에 이런 경우에는 타겟 쿼리로 처리되는 것이 부하 분산이나 성능 측면에서 더 좋다. 하지만 대용량 분석을 처리해야 하는 경우에는 한두 개의 샤드로만 쿼리를 전송하기보다는 모든 샤드로 쿼리를 전송해서 한 번에 많은 샤드가 동시에 작업을 처리할 수 있는 형태가 좋다. 컬렉션의 샤딩에서 샤드 키는 쿼리의 처리 패턴과 관련된 모든 것을 결정하므로 샤드 키를 결정하기 전에 모든 쿼리의 패턴을 먼저 명확히 분석하는 것이 좋다.

MongoDB의 샤딩은 비어있는 컬렉션뿐만 아니라 이미 많은 도큐먼트를 가진 컬렉션에도 적용할 수 있다. 하지만 이미 도큐먼트를 가진 컬렉션을 샤딩하는 경우에는 몇 가지 제약 사항이 있으므로 가능하면 컬렉션이 비어있을 때 샤딩을 적용하는 것이 좋다. 또한 MongoDB에서 자주 사용되는 두 가지 샤딩 방식(레인지 샤딩과 해시 샤딩) 중에서 레인지 샤딩은 청크를 미리 스플릿해두는 것이 자동으로 처리되지 않는다. 해시 샤딩은 MongoDB 서버가 MD5 해시 함수를 이용해서 샤드 키 값의 해시 키(8바이트 정수)를 생성하기 때문에 이미 해시 함수의 결과 값에 대한 범위가 결정돼 있다. 그래서 MongoDB 서버가 지정된 개수만큼 청크를 미리 스플릿하는 것이 가능하다.

MongoDB에서 컬렉션을 샤딩하기 위해서는 shardCollection 명령을 이용하는데, shardCollection 명령은 다음과 같이 사용한다.

```
use admin
db.runCommand({shardCollection: "<database>.<collection>",
       key: <shardkey>,
       unique: <boolean>,
       numInitialChunks: <integer>,
       collation: { locale: "simple"}
    );
```

key 옵션 필드에는 컬렉션의 샤드 키를 설정하며, unique 옵션 필드는 샤드 키를 위한 인덱스를 유니크 인덱스로 생성할 것인지 유니크하지 않은 인덱스로 생성할 것인지 판단하기 위한 옵션이다. 실제 샤드 키가 항상 유니크할 필요는 없으며, 단지 샤드 키는 반드시 컬렉션의 인덱스로 존재해야 한다. 그런데 MongoDB 서버가 샤딩을 적용하는 시점에 인덱스가 없으면 자동으로 필요한 인덱스를 생성하는데, 이때 그 인덱스의 유니크 옵션을 설정하기 위한 것일 뿐이다. numInitialChunks 옵션은 해시 샤딩인 경우에만 사용할 수 있으며, 샤딩을 적용함과 동시에 미리 청크를 스플릿해 둘 수 있는데 몇 개의 청크를 미리 생성할 것인지 설정한다. 다음 예제는 mysns 데이터베이스의 users 컬렉션을 샤딩하는데, users 컬렉션의 user_id 필드를 샤드 키로 해시 샤딩을 적용하는 예제다. 해시 샤딩이므로 numInitialChunks 옵션을 이용해서 초기 100개의 청크로 미리 스플릿까지 처리한다.

```
mongos> use admin
mongos> db.runCommand({shardCollection: "mysns.users",
       key: {user_id : "hashed"},
       unique: false,
       numInitialChunks: 100})
```

shardCollection 명령에 numInitialChunks 옵션을 함께 사용하면 MongoDB 서버는 컬렉션을 샤딩하고, 청크를 미리 스플릿해서 만들어진 청크를 각 샤드로 골고루 분산하는 처리까지 자동으로 처리한다. 그런데 가끔 청크가 100개로 미리 스플릿되어서 생성은 되지만, 각 샤드로 분산되지 못하고 일부 샤드에만 청크가 몰려 있는 경우가 발생할 수도 있다. 주로 이런 현상은 shardCollection 명령을 실행하는 MongoDB 샤드 클러스터에서 이미 다른 컨넥션에서 청크 이동을 실행하고 있어서 밸런서 잠금을 획득하지 못한 경우에 발생한다. 그래서 컬렉션을 샤딩함과 동시에 청크를 미리 스플릿해서 각 샤드로 분산할 때는 반드시 밸런서를 중지시켜서 청크 이동이 없는 상태에서 생성하는 것이 좋다. 즉 컬렉션을 생성하기 전에 다음 명령으로 청크 밸런서가 실행 중인지 확인하고, 밸런서를 멈춘 다음에 shardCollection 명령을 실행해야 미리 스플릿된 청크가 각 샤드로 골고루 분산될 수 있다.

```
mongos> sh.getBalancerState()
false

mongos> sh.isBalancerRunning()
false
```

> **(!) 주의**
>
> shardCollection 명령에서 numInitialChunks 옵션으로 청크를 미리 스플릿할 때에는 적절한 청크의 개수를 확인하는 과정
> 이 필요하다. 만약 컬렉션을 생성한 이후에 대량으로 초기 데이터를 적재해야 할 때는 반드시 적재할 데이터의 크기에 맞게
> 청크의 개수를 미리 스플릿해두는 것이 중요하다. 이때 필요한 청크의 개수는 다음과 같이 대략 계산해볼 수 있다.
>
> 청크 개수 = 도큐먼트 건수 * 도큐먼트 크기 / 64MB
>
> 물론 이 계산으로 정확한 청크의 개수를 계산하기는 어렵다. 하지만 대략 필요한 청크의 개수는 예측할 수 있다. 대용량 적재
> 시점 이전에 청크를 미리 스플릿하는 이유는 대용량 적재 시점에는 자동 스플릿이 적절히 수행되지 못하는 경우도 있고, 미리
> 청크의 개수를 적절히 분산해서 각 샤드에서 청크가 스플릿되어도 모든 샤드에 골고루 도큐먼트가 분산되어 청크의 이동이
> 필요하지 않게 하기 위함이다. 그래서 해시 샤딩을 적용하는 경우라면 각 샤드가 균등하게 하나씩의 청크만 가지도록 해도 대
> 량으로 적재되는 데이터는 각 샤드에 골고루 저장될 가능성이 높다. 물론 청크 스플릿은 매우 빈번하게 실행돼서 대량으로 적
> 재하는 속도는 조금 느려질 수는 있으므로, 대략 초기 데이터나 몇달 정도의 데이터 크기를 고려해서 청크를 미리 준비할 것
> 을 권장한다.

만약 해시 샤딩이 아니라 레인지 샤딩을 해야 하는 경우라면 샤드 키 필드가 저장하는 데이터의 특성에 따라서 청크 스플릿이 조금 귀찮은 작업이 될 수도 있다. 레인지 샤딩은 컬렉션 생성과 동시에 numInitial Chunks 옵션을 사용할 수 없기 때문이다. 다음 예제는 users 컬렉션을 user_name 필드의 값으로 레인지 샤딩을 적용한 후에 영문 알파벳으로 두 글자를 조합해서 청크를 스플릿한 예제다.

```
mongos> use admin
mongos> db.runCommand({shardCollection: "mysns.users", key: {user_name : 1}})

mongos> for ( var x=97; x<97+26; x++ ){
        for( var y=97; y<97+26; y++ ) {
          var prefix = String.fromCharCode(x) + String.fromCharCode(y);
          db.runCommand( { split : "mysns.users" , middle : { user_name : prefix } } );
        }
      }
```

그래서 위의 예제로 청크를 스플릿하면 users 컬렉션은 다음과 같이 앞 두글자를 기준으로 스플릿된 27 * 27개의 청크가 생성될 것이다.

```
MinKey ~ 'AA'
'AA' ~ 'AB'
'AB' ~ 'AC'
...
'BA' ~ 'BB'
'BB' ~ 'BC'
...
'ZY' ~ 'ZZ'
'ZZ' ~ MaxKey
```

그런데 사실 청크를 미리 스플릿하는 작업보다 이렇게 스플릿된 청크를 전체 샤드로 골고루 분산하는 작업이 더 귀찮은 작업이다. 다음 예제는 스플릿된 청크를 이동시키는 예제다.

그래서 미리 청크를 모두 스플릿하기보다는 여러 개의 큰 그룹으로 청크를 스플릿해서 먼저 여러 샤드로 분산하고, 다시 각 청크를 스플릿하는 형태가 귀찮은 청크 이동 작업을 줄일 수 있다. 물론 이렇게 처리하면 각 샤드가 연속된 범위(레인지)의 청크를 처리하게 되므로 상대적으로 샤드 간 불균형이 발생할 가능성은 높아질 수도 있다.

```
// 1. 먼저 청크를 26개만 생성
mongos> for ( var x=97; x<97+26; x++ ){
        var prefix = String.fromCharCode(x);
        db.runCommand( { split : "mysns.users" , middle : { user_name : prefix } } );
    }

// 2. 26개의 청크를 각 샤드로 먼저 분산
//      청크의 이동은 "4.5.3 청크 이동(Chunk migration)" 절을 참조

// 3. 26개의 청크를 다시 26개씩 스플릿
mongos> for ( var x=97; x<97+26; x++ ){
      for( var y=97; y<97+26; y++ ) {
        var prefix = String.fromCharCode(x) + String.fromCharCode(y);
        db.runCommand( { split : "mysns.users",
                        middle : { user_name : prefix } } );
      }
    }
```

어쨌거나 해시 샤딩과 비교했을 때 레인지 샤딩은 샤드 간 데이터 불균형이 심해질 수 있으며, 별도로 샤드를 추가하고 제거하는 작업이 아니어도 샤드 간 청크 이동이 심해질 수 있다. 그래서 가능하면 레인지 샤딩보다는 해시 샤딩을 사용하는 것이 좋은데, 어쩔 수 없이 레인지 샤딩을 사용해야 한다면 샤드 간 청크의 균등 분산에 대해서 더 많은 관심을 가지는 것이 좋다.

이미 데이터를 가진 컬렉션을 샤딩하는 방법도 빈 컬렉션과 동일하게 shardCollection 명령을 사용한다. 하지만 이미 도큐먼트를 가진 컬렉션에 대해서 해시 샤딩을 적용하는 경우에는 numInitialChunks 옵션을 이용할 수 없다. 컬렉션이 이미 도큐먼트를 가지고 있을 때는 레인지 샤딩과 해시 샤딩 모두 컬렉션을 풀 스캔해서 스플릿하는 방법만 가능하다. 이미 데이터를 가진 컬렉션을 샤딩할 때는 다음과 같은 과정을 거쳐야 한다.

- 청크 스플릿 실행
- 청크 밸런싱(마이그레이션)

shardCollection 명령은 이 두 개의 과정 중에서 첫 번째 과정인 청크의 스플릿만 실행한다. 실제 하나의 샤드에만 집중된 청크를 전체 샤드로 분산해서 밸런싱하는 작업은 샤딩이 적용(shardCollection 명령 실행)된 이후 아주 천천히 실행되는 작업이다. 이미 많은 데이터를 가진 컬렉션을 샤딩하는 경우에는 다음과 같은 제약 사항도 고려해야 한다.

- 청크 스플릿을 위해서 컬렉션의 풀 스캔 실행
- 컬렉션의 데이터 파일이 매우 큰 경우 청크 스플릿이 실패할 수 있음

이미 데이터를 가진 컬렉션을 shardCollection 명령으로 샤딩할 때, MongoDB 서버는 해당 컬렉션에 저장된 도큐먼트를 일정 크기 기준으로 청크를 스플릿할 지점(스플릿 포인트, Split point)을 찾아야 한다. 이때 MongoDB 서버는 해당 컬렉션을 풀 스캔하면서 스플릿할 지점을 검색하고, 검색된 결과에 대해서 split 명령을 실행함으로써 MongoDB 컨피그 서버에 저장한다. 이렇게 컨피그 서버에 청크 정보가 저장되면 비로소 샤딩이 적용된다. 하지만 지금 이 상태는 컬렉션이 샤딩된 것으로 표시되고 청크는 스플릿 됐지만, 실제 컬렉션의 모든 도큐먼트는 하나의 샤드 서버에만 저장돼 있기 때문에 샤딩을 적용하기 전과 아무런 차이가 없는 상태다. 실제 부하를 분산하려면 청크를 다른 샤드로 분산해야 하는데, 이렇게 청크가 이동되는 과정은 상당히 오랜 시간이 필요하다.

> **(!) 주의**
>
> MongoDB에서 청크의 분산(이동)은 단순히 메타 정보만 변경하는 형태로 처리될 수 없다. 단순히 샤딩을 적용하는 것은 shardCollection 명령으로 가능하지만, 실제 청크를 다른 샤드로 분산하려면 MongoDB 샤드 서버 간의 데이터 복사 작업과 기존 샤드에서 삭제하는 작업이 필요하다. 하지만 이런 도큐먼트 복사와 삭제 작업은 상당히 많은 부하를 일으키는 작업이며, 이미 서비스용으로 사용자의 쿼리를 처리하는 샤드 서버가 도큐먼트의 복사와 삭제를 처리하려면 적절히 부하를 조절하면서 분산해야 하므로 생각보다 훨씬 많은 시간이 필요할 수도 있다.
>
> 이러한 이유로 MongoDB의 샤드간 부하 불균형이나 향후 용량 산정에 대해서는 미리미리 준비해두는 것이 좋다.

MongoDB의 매뉴얼(https://docs.mongodb.com/manual/reference/limits/#Sharding-Existing-Collection-Data-Size)에 따르면 이미 데이터를 가진 컬렉션에 대해서 샤딩을 적용하는 경우 컬렉션의 데이터 파일 크기에 따라서 shardCollection 명령이 실패할 수 있다는 제한 사항을 확인할 수 있다. 이 제약 사항에 관련된 자세한 설명은 "4.6.4 기존 컬렉션에 샤딩 적용" 절을 참조하자.

8.3.3 인덱스 관리

MongoDB 서버는 다른 NoSQL DBMS와는 달리 기존 RDBMS의 인덱스와 동일한 기능을 제공한다. 성능적으로나 내부 아키텍처적으로 기존의 RDBMS와 동일하게 작동하며, 이런 특성으로 인해서 MongoDB 서버는 RDBMS에서의 쿼리 튜닝 및 실행 계획 분석이 동일하게 수행된다. MongoDB 서버의 실행 계획을 분석하는 방법은 "09. 실행 계획 및 쿼리 최적화" 장에서 자세히 살펴보도록 하고, 여기에서는 인덱스를 생성 및 삭제 그리고 컬렉션이 가진 인덱스를 확인하는 등의 관리 명령을 살펴보자.

> **참고**   MongoDB 서버에서 세컨드리 인덱스를 사용할 수 있다는 것을 많은 사용자가 당연하다고 생각할지 모른다. 하지만 MongoDB 서버에서 세컨드리 인덱스를 지원하기 위해서 포기한 것은 상당히 치명적인 부분이다. "8.3.2.5 컬렉션 샤딩"에서 이미 살펴봤듯이 MongoDB 서버의 청크 밸런싱은 상당히 오랜 시간이 필요하다. 이는 MongoDB 서버가 청크를 다른 샤드로 이동시키기 위해서 실제 FIND(SELECT)와 INSERT 그리고 DELETE를 도큐먼트 단위로 한건한건 실행하기 때문이다. 결국 샤드 간 청크 이동이 이렇게밖에 실행되지 못하는 이유는 MongoDB의 청크가 물리적인 데이터 파일로 나누어져 있지 않고 논리적인 개념이기 때문이다.
>
> 만약 MongoDB의 청크가 64MB 크기의 물리 파일로 구분돼 있다면 MongoDB에서 청크 이동은 2~3초만에 완료되는 아주 가벼운 작업일 것이다. 그런데 만약 청크가 이렇게 물리적인 파일로 구분돼 있다면 세컨드리 인덱스를 지원하지 못하게 될 것이다. 예를 들어, 1번 청크에 40만 건의 도큐먼트가 저장돼 있다면 이 40만 건의 세컨드리 인덱스 엔트리들은 또 별도의 파일로 저장돼야 한다. 즉 하나의 청크에 소속된 도큐먼트끼리 모아서 B-Tree를 만들어야 하는 것이다. 그래서 만약 하나의 샤드에 10,000개의 청크가 있다면 이 컬렉션을 위한 B-Tree 인덱스는 수만 개가 돼야 한다. 세컨드리 인덱스가 이렇게 아주 잘게 쪼개어져 있다면 인덱스로써의 효용 가치가 없어지게 되는 것이다.

그러니 이제부터는 HBase에서는 리전(MongoDB의 청크와 동일한 개념)이 아주 빠르게 이동되는데, 왜 MonogDB는 청크 이동이 이렇게밖에 처리되지 못하는지, MongoDB의 기술력 상대적으로 떨어진다고 생각하지 않도록 하자. 현재 우리가 사용하는 대부분의 DBMS가 가진 기능은 주로 장단점을 동시에 가지는 기술 중에서 하나를 선택(Trade-off)한 경우다. 즉 어느 쪽을 선택하든지 장단점을 동시에 가진다는 것을 기억하자.

8.3.3.1 인덱스 생성 및 삭제

MongoDB 서버는 백그라운드(Background)와 포그라운드(Foreground) 두 가지 방식의 인덱스 생성 방식을 제공한다. MongoDB에서 인덱스 생성은 createIndex() 명령을 사용하는데, 백그라운드와 포그라운드 인덱스 생성 방식은 background 옵션에 따라 결정된다. background 옵션의 디폴트 값은 false이므로 별도로 옵션을 설정하지 않으면 MongoDB는 포그라운드로 인덱스를 생성한다.

```
// 포그라운드 인덱스 생성
mongo> db.users.createIndex( {user_name: 1} )

// 백그라운드 인덱스 생성
mongo> db.users.createIndex( {user_name: 1}, {background: true} )
```

ⓘ 주의

RDBMS의 SQL과 달리 MongoDB의 명령은 문법 체크 과정을 거치지 않는다. 그래서 명령이 MongoDB 서버가 인식하는 형태가 아니면 별도의 에러를 발생시키지는 않지만, 원하는 형태로 작업이 실행되지 않을 수도 있다. 예를 들어, MongoDB의 백그라운드 인덱스 명령은 2개의 파라미터를 사용한다. 그런데 만약 이 명령의 문법을 제대로 인지하지 못해서 다음과 같이 실행한다면 MongoDB는 백그라운드 모드로 인덱스를 생성하지 않고 모든 사용자의 쿼리를 막은 다음 포그라운드 모드로 생성하게 된다.

```
// 잘못된 문법 사용 예시
mongo> db.users.createIndex( {user_id: 1}, {unique: true}, {background: true} )
```

아마도 MongoDB에 익숙한 사용자라 하더라도 위 명령에서 어느 부분이 잘못됐는지 찾기가 쉽지 않을 것이다. MongoDB의 createIndex() 명령은 2개의 파라미터가 필요하고, unique 옵션과 background 옵션은 모두 두 번째 파라미터에 명시해야 한다. 그런데 여기에서는 3개의 파라미터를 사용했고, background 옵션을 세 번째 파라미터로 명시했다. MongoDB 서버는 이렇게 잘못된 사용을 검증하지 않고 세 번째 파라미터는 그냥 버리게 된다. 그래서 실제 MongoDB 서버는 유니크 인덱스를 생성하지만, 백그라운드 모드는 무시하고 포그라운드 모드로 생성한다. 실제 서비스 중인 MongoDB 서버에서 이런 실수를 하게 된다면 엄청난 장애 상황이 발생하게 되므로 주의하도록 하자.

포그라운드와 백그라운드 인덱스 생성의 가장 큰 차이는 인덱스를 생성하는 도중에 다른 컨넥션의 쿼리를 실행할 수 있는지 여부다. 포그라운드 인덱스 생성은 다른 컨넥션의 쿼리 실행을 모두 막고 데이터가 변경되지 않는 상태에서 인덱스를 빌드한다. 그래서 매우 빠르게 인덱스를 생성할 수 있다. 반대로 백그라운드는 인덱스를 생성하는 과정 중에도 다른 컨넥션에서 데이터를 변경하거나 삭제 또는 조회할 수 있다. 그림 8-27은 MongoDB의 인덱스가 백그라운드로 생성되는 과정을 나타낸 그림이다.

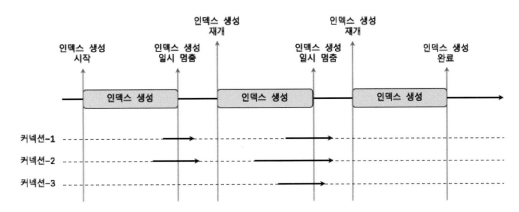

〈그림 8-27〉 백그라운드 인덱스 생성

MongoDB에서 백그라운드로 인덱스 생성이 시작되면 MongoDB 서버는 내부적으로 컬렉션이 소속된 데이터베이스에 잠금을 걸고 컬렉션의 부분 데이터를 읽어서 인덱스를 빌드하는 작업을 진행한다. 그리고 잠금을 해제하여 다른 컨넥션들이 쿼리를 실행할 수 있도록 여유 시간을 만들어준다. 이렇게 백그라운드 인덱스 빌드를 실행하는 쓰레드가 잠금을 잠깐 해제하는 과정을 Yield라고 한다는 것은 이미 잘 알고 있을 것이다. 결국, MongoDB의 백그라운드 인덱스는 순수하게 사용자 쿼리와 인덱스 작업이 동시에 진행되는 개념은 아니고, 단지 시간을 조금씩 잘라서 서로 처리 시간을 나눠 가지는 개념이다. 그래서 백그라운드 인덱스 생성 방식은 다른 컨넥션이 쿼리를 처리하기 위한 여유 시간을 만들어줘야 하므로 인덱스 생성 시간이 매우 길어지게 된다. 만약 인덱스를 생성하는 컬렉션이 아주 많은 도큐먼트를 가지고 있다면 백그라운드 인덱스 생성 과정은 포그라운드 인덱스 생성보다 훨씬 더 많은 시간이 필요할 것이다. 그런데 MongoDB 서버로 유입되는 쿼리가 많다면 백그라운드 인덱스 생성 과정은 잠깐 해제했던 잠금을 다시 획득하기 위해서 더 많은 시간을 기다려야 하므로 더 느려질 것이다.

> **(!) 주의**
>
> 복제가 구축된 MongoDB 서버에서 백그라운드 모드로 인덱스를 생성하는 경우에는 주의해야 할 부분이 있다. 백그라운드
> 모드를 포함한 MongoDB 인덱스 생성은 프라이머리 멤버에서 생성을 완료해야 비로소 인덱스 생성 명령이 OpLog에 기록
> 되고 세컨드리 멤버로 전달된다. 즉, 프라이머리 멤버의 인덱스 생성이 완료되면 그때부터 세컨드리 멤버가 인덱스 생성을 시
> 작한다는 것이다. 물론 프라이머리 멤버에서 백그라운드 모드로 인덱스를 생성했다면 세컨드리 멤버에서도 백그라운드 모드
> 로 인덱스가 생성되므로 특별히 문제 될 것은 없다. MongoDB 2.4 버전에서는 프라이머리의 백그라운드 인덱스 생성이 세컨
> 드리에서는 포그라운드 모드로 생성되는 버그가 있어서 세컨드리 멤버를 서비스에서 사용하는 경우에는 서비스 장애를 유발
> 할 수 있으니 MongoDB 2.4에서는 주의하도록 하자. 그런데 프라이머리 멤버든 세컨드리 멤버든 백그라운드 인덱스 생성이
> 시작되면 db.collection.getIndexes() 명령으로 인덱스 목록을 조회했을 때 모두 표시된다. 즉, 인덱스 생성이 완료되지 않아
> 서 사용할 수 없는 상태인데도 인덱스가 목록에 표시된다는 것이다. 실제로 기존 인덱스를 대체하기 위해서 새로운 인덱스를
> 생성하는 경우 다음과 같은 절차로 대체 인덱스가 생성된다.
>
> // 기존 인덱스 idx_name (name)를 idx_name_birthdate (name, birth_date)로 변경
>
> 1) 백그라운드 모드로 idx_name_birthdate (name, birth_date) 인덱스 생성
>
> 2) 프라이머리 생성 완료
>
> 3) 불필요해진 기존 인덱스 idx_name (name) 삭제
>
> 이 과정에서 사실 한가지 문제점이 있다. 2번 시점에 프라이머리에서는 인덱스 생성이 완료됐지만, 나머지 세컨드리 멤버에서
> 는 이제서야 비로소 인덱스 생성이 백그라운드 모드로 시작됐을 것이다. 세컨드리 멤버에서 인덱스 생성이 완료되려면 충분
> 한 시간이 필요한데, 세컨드리 인덱스가 생성되기 전에 3번의 기존 인덱스를 삭제해버리면 세컨드리 멤버에서는 당장 사용할
> 수 있는 인덱스가 없어져 버리는 것이다. 만약 세컨드리 멤버를 서비스에서 쿼리 용도로 사용하고 있었다면 이는 심각한 장애
> 상황이 된다. 그래서 백그라운드 모드로 인덱스를 생성하여 기존에 사용 중이던 인덱스를 대체하는 경우에는 반드시 프라이
> 머리뿐만 아니라 모든 세컨드리 멤버에서도 인덱스 생성이 완료됐는지 확인하는 것을 잊지 말도록 하자. 이와 관련해서 자세
> 한 내용은 "8.3.3.2 인덱스 목록 조회"에서 더 살펴보겠다.

이런 이유로 인해서 컬렉션의 도큐먼트가 매우 많을 때에는 백그라운드 인덱스를 생성하는 방식이 별로 도움이 되지 않을 수도 있다. 그래서 이러한 경우에는 포그라운드 방식으로 인덱스를 생성해야 하는데, 포그라운드로 인덱스를 생성하면 해당 데이터베이스의 모든 쿼리를 기다리게 만들 것이다. 그래서 사용자의 쿼리가 실행되는 MongoDB 서버에서는 세컨드리 멤버를 레플리카 셋에서 제거하여 단일 MongoDB 모드로 기동한 다음 인덱스를 생성하고, 다시 레플리카 셋에 투입하는 방식으로 인덱스를 생성해야 한다. 이렇게 개별 멤버에서 돌아가면서 인덱스를 생성하는 과정(Rolling Index Creation)은 다음과 같다.

1. 인덱스를 빌드할 세컨드리 멤버의 MongoDB 중지

2. 레플리케이션과 관련된 옵션을 제거하여 단일 노드로 MongoDB 재시작

3. 포그라운드 방식으로 인덱스 생성

4. 레플리케이션 관련 옵션을 다시 설정해서 재시작(자동으로 레플리카 셋에 투입됨)

5. 나머지 세컨드리 멤버들도 같은 과정(1~4번 과정)으로 인덱스 생성

6. 기존 프라이머리 멤버와 세컨드리 멤버의 역할 스위치(프라이머리 멤버 스텝 다운)

7. 세컨드리가 된 기존 프라이머리 멤버에 대해서 같은 과정(1~4번 과정)으로 인덱스 생성

만약 단일 모드로 실행된 MongoDB 서버에서 포그라운드 방식으로 인덱스를 빌드하는 과정도 오랜 시간이 걸린다면 인덱스가 준비된 레플리카 셋 멤버의 데이터 파일을 그대로 복사해서 부트 스트랩(Bootstrap) 방식으로 세컨드리 멤버를 시작하는 것도 인덱스를 빠르게 생성할 수 있는 방법이다.

> **참고**   MongoDB의 백그라운드 인덱스 생성과 다른 RDBMS의 온라인 인덱스 생성은 같은 목적으로 제공되는 기능이지만, 실제 내부 구현 방식에는 많은 차이가 있다. 물론 MongoDB의 백그라운드 인덱스 생성 방식은 다른 RDBMS와 비교해볼 때 성숙한 방식은 아니지만, 대신 단순한 방식으로 구현됐기 때문에 백그라운드 인덱스 빌드 작업이 아주 장시간 실행 중이라고 해서 문제 되지는 않는다. 다른 RDBMS의 온라인 인덱스 빌드 과정은 별도의 버퍼 공간을 사용하는데, 이 버퍼 공간이 모두 소진되면 인덱스 빌드 과정이 실패하지만, MongoDB에서는 이런 부가적인 버퍼 공간을 사용하지 않으며 별도의 트랜잭션 로그(Undo Log)를 사용하지도 않는다는 장점이 있다. 물론 백그라운드 인덱스 생성 프로세스가 인덱스를 빌드하는 속도보다 사용자가 새롭게 도큐먼트를 저장하는 속도가 더 빠르다면 백그라운드 인덱스 빌드는 성공하지 못할 것이다.

MongoDB에서 인덱스를 생성하는 작업은 오랜 시간이 걸리며, 컬렉션이 포함된 DB에 쓰기 잠금을 걸기 때문에 사용자 쿼리가 없는 시간대나 세컨드리 멤버를 돌아가면서 롤링(Rolling) 방식으로 인덱스를 생성해야 한다. 인덱스를 삭제하는 작업도 동일하게 데이터베이스에 대해서 쓰기 잠금이 필요하다. 하지만 인덱스를 삭제하는 작업은 메타 정보를 변경하고 인덱스와 연관된 데이터 파일만 삭제하면 되므로 매우 빠르게 처리된다. 그래서 인덱스를 삭제하는 작업은 순간적으로 완료되는 작업이며, 인덱스를 삭제하기 위해서 서비스 점검이나 사용자의 쿼리를 막고 실행할 필요는 없다. 그래도 여전히 한순간 데이터베이스 잠금을 필요로 하므로 쿼리 처리량이 낮은 시점을 골라서 인덱스를 삭제하는 것이 좋다. 인덱스 삭제는 다음 예제와 같이 dropIndex() 명령으로 삭제할 수 있다.

```
mongo> db.users.dropIndex( { "user_name": 1 } )
```

MMAPv1 스토리지 엔진에서는 데이터베이스 단위로 저장 공간(테이블 스페이스)이 공유되므로 인덱스를 삭제해도 그 공간이 운영 체제로 반환되지 않는다. 즉 MMAPv1 스토리지 엔진에서는 인덱스를 삭제해도 디스크의 여유 공간이 늘어나지 않는다. 하지만 WiredTiger 스토리지 엔진에서는 컬렉션과 인덱스별로 데이터 파일을 별도로 사용하므로 인덱스가 삭제되면 해당 인덱스가 사용하던 디스크 공간은 운영 체제로 즉시 반납된다.

> **⚠ 주의**
>
> MongoDB에서도 다른 RDBMS와 동일하게 쿼리가 실행되기 전에 쿼리의 실행 계획이 수립되고, 그 실행 계획에 따라서 쿼리가 처리된다. 그런데 이런 실행 계획 수립 과정이 항상 최적의 실행 계획을 선택하는 것은 아니다. 이런 경우 MongoDB에서도 쿼리의 힌트를 사용할 수 있는데, 일반적으로 필드의 이름을 나열하는 방식과 인덱스의 이름을 명시하는 방식이 사용된다. 필드의 이름을 나열하는 방식보다 인덱스의 이름을 명시하는 방식이 프로그램 변경이나 인덱스 변경에 대해서 더 유연하게 대처할 수 있는 방식이므로 인덱스를 생성할 때는 다음 예제와 같이 인덱스의 이름을 적절히 명시하는 것이 좋다.
>
> ```
> // 인덱스의 이름을 "ix_username"이라고 설정
> mongo> db.users.createIndex( {user_name: 1}, {name: "ix_username"} )
> ```

백그라운드 모드와 포그라운드 인덱스가 생성되는 도중에 인덱스 빌드 프로세스를 강제 종료한다거나 MongoDB 서버가 강제 종료되면 MongoDB 서버가 새로 시작되면서 강제 종료된 인덱스 빌드 작업을 재시작하게 된다. 그런데 이렇게 MongoDB 서버가 재시작돼서 인덱스 빌드가 새로 시작되는 경우에는 백그라운드 모드가 아니라 포그라운드 모드로 인덱스 빌드가 실행된다. 이렇게 포그라운드 인덱스 생성이 실행되면 데이터베이스에 잠금을 걸기 때문에 인덱스 빌드가 완료될 때까지 사용자 쿼리가 처리되지 못한다는 것도 주의하도록 하자. 만약 실패한 인덱스 생성이 작업이 자동으로 재시작되는 것을 막으려면 indexBulidRetry 옵션을 false로 설정해서 MongoDB를 시작하면 된다.

```
...
storage:
    dbPath: /data/
    indexBuildRetry: false
    journal:
        enabled: true
        commitIntervalMs: 100
...
```

MongoDB에서 인덱스 생성은 아직 병렬로 여러 인덱스를 동시에 생성하는 기능은 지원하지 않고 있다. 그래서 인덱스 생성은 한 번에 하나씩만 가능하므로 많은 인덱스를 생성할 때는 백그라운드 인덱스 생성 방식보다는 세컨드리 멤버를 복제에서 제거하여 포그라운드로 빠르게 인덱스를 생성한 다음 다시 복제에 투입하는 방식을 고려해보자.

8.3.3.2 인덱스 목록 조회

MongoDB에서 컬렉션이 가진 인덱스는 getIndexes() 명령이나 getIndexKeys() 명령으로 확인할 수 있다. getIndexes() 명령은 인덱스의 인덱스의 버전과 인덱스를 구성하는 필드 그리고 인덱스의 이름 등 상세한 정보를 표시해준다. 일반적으로 인덱스의 목록을 확인할 때는 getIndexes() 명령으로 상세한 정보를 확인하지만, 쿼리의 튜닝을 위해서 각 인덱스가 어떤 필드로 구성됐는지 간략한 정보를 확인하고자 할 때는 인덱스를 구성하는 필드들만 출력해주는 getIndexKeys() 명령이 편리하다.

```
// 인덱스의 상세한 내역 조회
mongo> db.users.getIndexes()
[
    {
        "v" : 2,
        "key" : {
            "_id" : 1
        },
        "name" : "_id_",
        "ns" : "test.users"
    },
    {
        "v" : 2,
        "key" : {
            "name" : 1
        },
        "name" : "name_1",
        "ns" : "test.users"
    },
    {
        "v" : 2,
        "key" : {
            "name" : 1,
            "score" : 1
```

```
        },
            "name" : "name_1_score_1",
            "ns" : "test.users"
    }
]
```

```
// 인덱스의 간략한 정보만 조회
mongo> db.users.getIndexKeys()
[ { "_id" : 1 }, { "name" : 1 }, { "name" : 1, "score" : 1 } ]
```

만약 각 인덱스가 저장된 데이터 파일이나 인덱스의 상세한 정보가 필요하다면 다음과 같이 indexDetails
옵션을 true로 설정해서 db.collection.stats() 명령을 이용한다.

```
mongo> db.users.stats({"indexDetails":true})
{
        "ns" : "mysns.users",
        "size" : 271,
        "count" : 7,
        "avgObjSize" : 38,
        "storageSize" : 16384,
        "capped" : false,
        "wiredTiger" : {...}
        "nindexes" : 2,
        "indexDetails" : {
                "_id_" : {
                        "metadata" : {...},
                        "creationString" : "...",
                        "type" : "file",
                        "uri" : "statistics:table:mysns/13—1989993923343546196",
                        "LSM" : {...},
                        "block-manager" : {...},
                        "btree" : {...},
                        "cache" : {...},
                        "cache_walk" : {...},
                        "compression" : {...},
                        "cursor" : {...},
                        "reconciliation" : {...},
                        ...
                }
...
```

> **⚠ 주의**
>
> MongoDB 서버에서 인덱스를 생성하는 경우에는 해당 컬렉션뿐만 아니라 데이터베이스의 잠금을 걸기 때문에 사용자 쿼리
> 가 블로킹된다. 그래서 MongoDB에서는 온라인으로 인덱스 생성할 수 있도록 백그라운드 모드의 인덱스 생성 기능을 지원
> 하고 있다. 그런데 db.collection.getIndexes() 명령으로 보이는 인덱스는 항상 생성이 완료된 인덱스만 보여주는 것이 아니
> 다. 즉, 아래 예제처럼 users 컬렉션에 인덱스가 2개가 보인다고 해서 이 2개의 인덱스가 모두 생성이 완료된 인덱스가 아닐
> 수도 있다는 것이다.

```
mongo> db.users.getIndexes()
[
        {
                "v" : 2,
                "key" : {
                        "_id" : 1
                },
                "name" : "_id_",
                "ns" : "mysns.users"
        },
        {
                "v" : 2,
                "key" : {
                        "name" : 1
                },
                "name" : "name_1",
                "ns" : "mysns.users"
        }
]
```

실제 인덱스가 백그라운드 모드로 생성 중인 경우에도 db.collection.getIndexes() 명령은 다른 완료된 인덱스와 아무런 구
분 없이 보여준다. 그래서 만약 백그라운드 모드로 인덱스를 생성하는 경우에는 db.currentOp() 명령이나 MongoDB 서버의
로그를 이용해서 인덱스 생성이 완료됐는지 확인하는 것이 좋다.

사실 이는 사용자에게 오해나 실수를 초래할 가능성이 높다. 그래서 현재 생성 중인 인덱스는 db.collection.getIndexes() 명
령의 결과에 보이지 않거나, 별도의 마크(생성 중이라는 플래그)를 표시하도록 JIRA 요청이 진행 중인 상태다. 현재 사용 중인
MongoDB 서버에서 이 기능이 구현됐는지 확인하고자 한다면 아래 기능 요청 사항을 참조하도록 하자.

https://jira.mongodb.org/browse/SERVER-30224

MongoDB 3.6 버전부터는 빌드중인 인덱스는 db.getIndexes() 명령의 결과에 표시되지 않도록 개선되었다.

09

실행 계획 및
쿼리 최적화

MongoDB 서버도 세컨드리 인덱스를 지원하므로 하나의 컬렉션은 최소 1개 이상의 인덱스를 가질 수 있다. 이렇게 컬렉션이 여러 개의 인덱스를 가지고 있을 때는 각 쿼리를 실행할 때 어떤 인덱스를 사용하는 것이 최적인지 확인하고 사용할 인덱스를 선별하는 작업이 필요하다. 그뿐만 아니라 정렬이나 그룹핑 작업에 인덱스를 이용할 것인지 아니면 MongoDB 서버가 쿼리 실행 시점에 수행할 것인지 등의 쿼리 처리 절차를 수립하는 과정이 필요하다. DBMS에서는 이런 전체적인 과정을 쿼리의 실행 계획이라고 하는데, MongoDB에서는 같은 패턴의 쿼리는 같은 실행 계획을 재활용할 수 있도록 실행 계획을 캐시하는 기능이 있다.

9.1 실행 계획

기존 RDBMS와 비교하면 아직은 옵티마이저의 최적화가 조금 부족할 수 있지만, MongoDB 서버도 일반적인 RDBMS에서 가지고 있는 대부분 기능을 가지고 있다. 그렇지만 모든 DBMS가 그렇듯이 MongoDB 서버도 이런 공통된 최적화 기능에 대해서 다른 이름 또는 다른 방식으로 실행 계획을 보여주게 된다. MongoDB 서버에서 쿼리의 실행 계획을 수립하는 과정과 수립된 실행 계획을 읽고 이해하는 방법을 살펴보자.

9.1.1 쿼리의 처리 과정

MongoDB 서버는 쿼리를 처리하기 위해서 실행 계획을 사용하는데, 이 실행 계획은 트리 구조의 스테이지(Stage)로 구성된다. 그림 9-1은 일반적으로 간단한 쿼리들이 사용하는 4개의 실행 계획을 트리 구조로 표현해본 것이다.

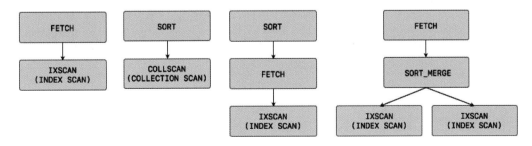

〈그림 9-1〉 간단하면서 자주 사용되는 형태의 실행 계획

그림 9-1은 간단한 형태의 실행 계획들을 보여주고 있는데, 각 실행 계획은 다음과 같은 작업을 수행하는 과정을 표현한 것이다.

- FETCH → IXSCAN

  인덱스 레인지 스캔을 실행한 다음 컬렉션 데이터 파일에서 도큐먼트를 읽는 실행 계획

- SORT → COLLSCAN

  컬렉션 풀 스캔으로 조건에 일치하는 도큐먼트를 읽은 다음 정렬을 수행하는 실행 계획

- SORT → FETCH → IXSCAN

  인덱스 레인지 스캔을 실행한 다음 컬렉션 데이터 파일에서 도큐먼트를 읽고, 그 결과를 정렬하는 실행 계획

- FETCH → SORT_MERGE → (IXSCAN, IXSCAN)

  인덱스 인터섹션(2개의 서로 다른 인덱스에 대해서 레인지 스캔을 실행한 다음 결과를 병합)으로 레인지 스캔을 실행한 다음 컬렉션 데이터 파일에서 도큐먼트를 읽는 실행 계획

물론 MongoDB 서버에 쿼리를 실행하기 위해 사용하는 스테이지가 IXSCAN이나 COLLSCAN 그리고 FETCH만 있는 것은 아니다. MongoDB 3.4에서는 다음과 같이 다양한 형태의 스테이지를 지원하며, 앞으로도 이런 스테이지는 계속 추가될 것으로 보인다. MongoDB 3.4에서 사용되는 스테이지에 대해서는 "9.1.5 실행 계획 스테이지" 절에서 간단히 살펴보겠다.

- AND_HASH

- AND_SORTED

- CACHED_PLAN

- COLLSCAN

- COUNT

- COUNT_SCAN

- DISTINCT_SCAN

- ENSURE_SORTED

- GROUP

- IDHACK

- INDEX_ITERATOR

- IXSCAN

- KEEP_MUTATIONS

- LIMIT

- SORT_MERGE

- MULTI_ITERATOR

- MULTI_PLAN

- OPLOG_START

- OR

- PIPELINE_PROXY

- PROJECTION

- QUEUED_DATA

- SHARDING_FILTER

- SKIP

- SORT

- SORT_KEY_GENERATOR

- TEXT

- TEXT_MATCH

- TEXT_OR

- SUBPLAN

- UPDATE

- DELETE

- EOF

- FETCH

참고   여기에서 IXSCAN이나 COLLSCAN을 포함한 QUEUED_DATA와 같은 일부 스테이지는 항상 실행 계획 트리에서 가장 하위에 위치하므로 이를 리프 스테이지라고도 한다. 결국, 쿼리는 데이터베이스의 컬렉션에서 데이터를 읽어서 처리한 결과를 사용자에게 반환하는 것이 목적이다. 그러므로 실행 계획의 각 트리에서 가장 하위에 위치한 스테이지가 가장 먼저 실행되는데, 이들은 주로 데이터베이스의 컬렉션에 접근(Access)하는 스테이지다. 데이터베이스의 실행 계획에서 성능을 결정하는 가장 첫 번째 요소가 컬렉션의 도큐먼트를 어떤 방법으로 읽는지에 대한 것이다. 그래서 실행 계획상의 가장 마지막 스테이지인 리프 스테이지는 주의 깊게 살펴봐야 한다.

실행 계획의 트리는 최상위의 스테이지를 루트(Root) 스테이지라고 하며, 쿼리 실행이 시작되면 루트 스테이지는 자신의 자식 스테이지를 호출한다. 이때 각 스테이지를 호출하는 API의 이름이 work()인데, MongoDB의 실행 계획에서는 이를 "works"라는 단어로 표현한다. 즉 MongoDB의 쿼리는 그림 9-2와 같이 각 스테이지들이 자신의 자식 스테이지의 work() 함수를 호출하면서 쿼리를 처리한다.

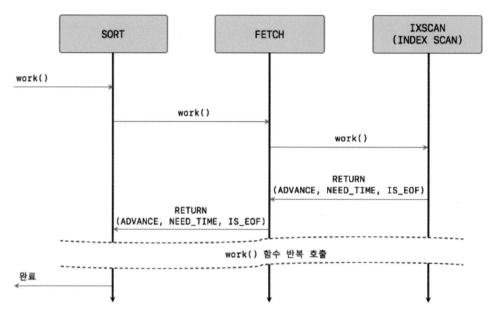

〈그림 9-2〉 실행 계획에서 자식 스테이지의 호출 및 리턴

각 스테이지의 work() 함수 호출은 대표적으로 다음 3종류의 리턴 값을 반환한다.

- ADVANCE: 스테이지의 처리 결과 한 건의 도큐먼트 또는 ID(프라이머리 키) 값을 반환.
- NEED_TIME: 스테이지의 처리는 완료됐지만, 결과 도큐먼트나 ID(프라이머리 키) 값은 반환되지 않음. work() 함수의 호출 결과가 ADVANCE가 아닌 NEED_TIME이 반환되는 경우는 주로 블록킹 스테이지(Blocking stage)일 때 발생하는데, 대표적인 블록킹 스테이지로는 인덱스를 사용하지 못하는 정렬이나 그룹핑 스테이지가 있다. NEED_TIME을 반환하는 또 다른 경우는 인덱스를 사용하지 못하는 필터링 스테이지에서 발생할 수 있다. 예를 들어, 인덱스를 이용해서 도큐먼트 한 건을 읽었는데, 이 도큐먼트가 다른 조건(인덱스를 사용하지 못하는)에 의해서 버려지는 경우다.
- IS_EOF: 스테이지의 처리는 완료됐으며, 더 이상 읽을 도큐먼트나 ID(프라이머리 키) 값이 없음

상위 스테이지에서 하위 스테이지의 work() 함수를 호출하는 것은 하나의 단위 작업인데, work() 함수의 호출은 주로 도큐먼트 단위로 호출이 이뤄진다. 예를 들어, 다음과 같이 쿼리의 실행 결과가 나왔

다면 이는 work() 함수의 호출이 11번 실행됐으며, ADVANCE 반환은 4번, NEED_TIME 반환은 6번 그리고 IS_EOF 반환은 1번 있었음을 의미한다. 이 결과는 db.collection.explain("executionStats") 를 실행할 때에만 표시되며, 실행 계획상 표시되는 모든 스테이지에 대해서 이런 내용들이 출력된다. 이 결과를 간단히 풀어보면 SORT 스테이지는 자식 스테이지를 통해서 4건의 도큐먼트를 가져왔으나 정렬 작업(스테이지)은 인덱스를 사용하지 못하고 정렬을 직접 수행해서 결과를 만든 것으로 이해할 수 있다.

```
mongo> db.users.find({name:"6094"}).sort({score:1}).explain("executionStats")
...
"executionStats" : {
            "executionSuccess" : true,
            "nReturned" : 4,
...
            "executionStages" : {
                "stage" : "SORT",
                "nReturned" : 4,
                "executionTimeMillisEstimate" : 0,
                "works" : 11,
                "advanced" : 4,
                "needTime" : 6,
                "needYield" : 0,
                "saveState" : 0,
                "restoreState" : 0,
                "isEOF" : 1,
    ...
```

실행 계획 결과에서 works와 advanced 그리고 needTime 값은 실행 계획상 각 스테이지의 어떤 단계에서 얼마나 도큐먼트를 읽고 버렸는지, 그리고 얼마나 정렬을 수행했는지 등을 확인할 수 있는 중요한 정보다.

9.1.2 실행 계획 수립

MongoDB 서버는 한번 실행됐던 쿼리의 실행 계획은 캐시에 저장해두고, 만약 같은 패턴의 쿼리가 다시 요청되면 캐시된 실행 계획을 재사용한다. MongoDB 서버는 요청된 쿼리가 캐시에 저장된 실행 계획과 같은 패턴인지 비교하기 위해서 아래 3가지 정보를 사용한다.

- 쿼리 조건(Query predicate)

- 정렬 조건(Sort)

- 조회 필드(프로젝션, Projection)

이 3가지 내용을 묶어서 MongoDB에서는 "Query Shape"라고 하는데, 다음과 같이 검색과 정렬 조건에 사용된 필드가 같고 조회하는 필드가 같다면 같은 "Query Shape"로 판단한다. LIMIT나 SKIP 조건은 "Query Shape"에 포함되지 않으므로 모두 같은 패턴의 쿼리로 판단하고 같은 실행 계획을 사용하게 된다.

```
db.users.find({user_id:100}).sort({name:1})
db.users.find({user_id:121}).sort({name:1})
db.users.find({user_id:121}).sort({name:1}).limit(10)
```

하지만 다음과 같이 조회하는 필드가 다르거나 정렬 또는 검색 조건에 사용된 필드가 다르면 다른 "Query Shape"로 판단한다.

```
db.users.find({user_id:100})
db.users.find({user_id:100}).sort({name:1})
db.users.find({user_id:100}).sort({age:1})
db.users.find({user_id:100}, {_id:1, age:1}).sort({age:1})
```

그림 9-3은 MongoDB 서버의 쿼리 실행 계획이 저장된 캐시(플랜 캐시)가 사용되는 방법을 나타낸 그림이다.

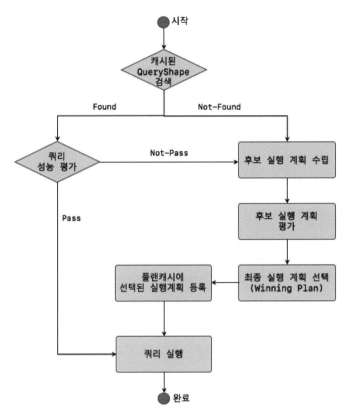

〈그림 9-3〉 실행 계획 수립 및 재활용

쿼리가 요청되면 MongoDB 서버의 옵티마이저는 플랜 캐시에서 같은 패턴의 쿼리가 이미 캐시돼 있는지 확인하고, 일치하는 쿼리 패턴의 실행 계획이 없으면 새롭게 쿼리의 실행 계획을 수립한다. 이때 MongoDB 서버는 성능과 관계없이 가능한 모든 실행 계획을 준비하고, 실제로 각 후보 실행 계획들을 이용해서 쿼리를 실행한다. 이때 제일 먼저 쿼리가 실행 완료되거나 지정된 도큐먼트 건수를 가장 먼저 반환하는 실행 계획을 선택하게 된다. 이렇게 선택된 실행 계획을 "Winning Plan"이라고 하며, 버려진 실행 계획들을 "Rejected Plan"이라고 한다. 선택된 실행 계획은 이후 같은 패턴의 쿼리 실행을 위해서 플랜 캐시에 저장되고, MongoDB는 선택된 실행 계획을 이용해서 쿼리를 실행한다.

만약 실행하고자 하는 쿼리와 일치하는 쿼리 패턴의 실행 계획이 있으면 MongoDB 서버는 캐시된 실행 계획의 성능을 재확인하는 과정을 거친다. 만약 성능을 재확인하는 과정을 통과하면 MongoDB 서버는 그 실행 계획을 이용해서 쿼리 실행 단계로 바로 넘어간다. 하지만 실패하게 되면 캐시된 실행 계획이 없을 때와 동일하게 가능한 실행 계획을 준비하고 최종 실행 계획을 선택해서 쿼리를 실행하는 과정을 거친다.

또한 컬렉션이 삭제되거나 해당 컬렉션의 인덱스가 추가 생성 또는 삭제되는 경우, 해당 컬렉션의 캐시된 실행 계획은 모두 삭제되고 이후 실행되는 쿼리에 대해서는 실행 계획이 다시 수립되어서 캐시되는 과정을 거친다는 것도 기억하도록 하자. 플랜 캐시에 대한 더 자세한 내용은 "9.1.4 플랜 캐시"를 참조하도록 하자.

9.1.3 옵티마이저 옵션

다른 RDBMS와 비교했을 때 MongoDB 서버는 각 컬렉션에 대한 통계 정보가 거의 없다. 그나마 유일한 통계 정보가 컬렉션의 전체 도큐먼트 건수 정도인데, 이 수치는 실제 쿼리 실행을 위해서 효율적인 인덱스를 선택하는 데에는 큰 도움이 되지 않는다. 그래서 MongoDB 서버는 쿼리의 검색과 정렬 조건 그리고 조회하고자 하는 필드를 이용해서 거의 기계적으로 사용 가능한 실행 계획을 생성한다. 여기에서 "기계적"이라는 표현은 규칙 기반의 옵티마이저(Rule-Based Optimizer)를 의미한다. 하지만 규칙 기반의 실행 계획은 허점이 많아서 요즘에는 RDBMS에서 거의 사용하지 않는 최적화 방법인데, MongoDB 서버는 준비된 실행 계획 후보들을 모두 동시에 실행(쿼리의 일부만 실행)해보는 형태로 규칙 기반의 실행 계획의 단점을 보완하고 있다.

예를 들어, 하나의 쿼리 패턴에 대해서 사용할 수 있는 실행 계획이 3개가 있다고 하면 MongoDB 옵티마이저는 실행 계획 수립 단계에서 실행 계획대로 쿼리를 실행해본다. 이때의 쿼리 실행은 클라이언트로 반환할 도큐먼트를 검색하기 위한 것이 아니라, 더 나은 실행 계획을 선택하기 위한 것이다. 이때 MongoDB 옵티마이저는 3개의 실행 계획대로 동시에 쿼리를 실행하는데, 3개의 실행 계획 중에서 어느 하나라도 먼저 실행이 완료되거나 101건의 도큐먼트를 먼저 검색하는 경우에 멈추게 된다. 그리고 MongoDB 옵티마이저는 제일 먼저 결과를 가져온 실행 계획을 앞으로 사용할 실행 계획(Winning Plan)으로 선택하고 캐시에 저장한 다음 비로소 선택된 실행 계획을 이용해서 쿼리 실행을 시작한다.

MongoDB 옵티마이저가 최적의 실행 계획을 찾는 과정에서 다음과 같은 내부 설정값을 사용한다. 그리고 괄호 안의 값은 MongoDB 3.6 옵티마이저가 사용하는 기본값이다.

- internalQueryPlanEvaluationCollFraction (0.3)

- internalQueryPlanEvaluationMaxResults (101)

- internalQueryPlanEvaluationWorks (10000)

- internalQueryPlanOrChildrenIndependently (true)

- internalQueryPlannerEnableHashIntersection (false)

- internalQueryPlannerEnableIndexIntersection (true)

- internalQueryPlannerMaxIndexedSolutions (64)

"9.1.1 쿼리 처리 과정"에서 살펴봤듯이 MongoDB의 쿼리 처리는 각 스테이지를 통해서 이뤄진다. 이 때 각 부모 스테이지는 자식 스테이지의 work() 함수를 호출하면서 처리되는데, MongoDB 서버의 실행 계획은 works 상태 값과 advance 상태 값의 비율을 이용해서 최적의 실행 계획을 수립한다. 우선 MongoDB 서버는 internalQueryPlanEvaluationCollFraction과 internalQueryPlanEvaluation Works 옵션을 이용해서 실행 계획 수립 과정에서 사용할 수 있는 최대 works(work() 함수 호출 수) 의 횟수를 결정한다. 그리고 지정된 work() 함수 호출 횟수 내에 internalQueryPlanEvaluationMax Results 옵션에 명시된 건수만큼 도큐먼트를 먼저 반환(advance 횟수)하는 실행 계획을 최적 실행 계 획으로 판단한다. 아직 이 옵션 값들을 변경하는 것이 쿼리의 실행 계획 수립에 어떤 영향을 미칠지 광 범위하게 테스트 되거나 확인된 사항이 없으므로 가능하다면 기본값을 그대로 유지하는 것이 좋다.

internalQueryPlanEvaluationMaxResults 옵션은 옵티마이저가 최적의 실행 계획을 선택할 때 얼 마나 많은 도큐먼트가 반환될 때까지 실행할 것인지 결정하는 옵션이다. 이 옵션의 기본값은 101로, MongoDB 옵티마이저는 여러 개의 예비 실행 계획 중에서 101건을 먼저 반환하는 실행 계획을 최적 의 실행 계획으로 선택한다. 물론 101건이 반환되지 않아도 그 전에 쿼리의 실행이 완료되면 그 실행 계 획을 최적으로 선택한다. 만약 101건이 많다고 생각된다면 다음과 같이 옵션의 기본값을 변경할 수 있 다. internalQueryPlanEvaluationMaxResults 옵션을 변경하고자 한다면 internalQueryPlanEval uationCollFraction과 internalQueryPlanEvaluationWorks 옵션도 같이 조정하는 것이 좋다.

```
db.runCommand( { setParameter: 1, internalQueryPlanEvaluationMaxResults: 51 } )
```

internalQueryPlannerEnableIndexIntersection과 internalQueryPlannerEnableHashIntersecti on 옵션은 인덱스 인터섹션 최적화를 사용할 것인지 설정한다. MongoDB 서버는 인덱스 인터섹션은 활성화되어 있지만, 해시 인터섹션은 비활성화되어 있다. 일반적으로 인덱스 인터섹션 방식의 최적화 는 그다지 효율적이지 않은 실행 계획이다. 즉 하나의 인덱스로 최적화가 어려운 경우에 2개 이상의 인 덱스를 이용해서 쿼리를 실행하는 방식인데, 이는 여러 인덱스를 핸들링해서 결과를 병합해야 하므로 성능이 좋지 않다. 이 옵션들은 아주 특수한 형태의 쿼리를 빈번하게 사용하는 경우에만 기본값을 변경 하는 것이 성능 향상에 도움될 것으로 보인다.

9.1.4 플랜 캐시

MongoDB 서버에서는 최적의 쿼리 실행 계획을 수립하기 위해서 사용할 수 있는 실행 계획을 모두 직접 실행해보고 그중에서 최적의 계획을 선택한다는 것을 살펴봤다. 그래서 쿼리가 느리다면 실제 실행 계획을 수립하는 과정도 많은 시간이 걸리기도 하며, 이러한 이유로 선택된 실행 계획은 플랜 캐시에 저장하고, 이후의 쿼리들이 재사용할 수 있게 하고 있다. 이렇게 플랜 캐시에 저장된 실행 계획은 아래 조건의 이벤트가 발생하면 플랜 캐시에서 해당 컬렉션과 관련된 실행 계획이 모두 제거되고, 다시 최적의 실행 계획을 찾는 과정을 반복한다.

- 컬렉션의 인덱스가 생성되거나 삭제되는 경우
- 컬렉션의 reIndex() 명령이 실행되는 경우
- MongoDB 서버가 재시작되는 경우

MongoDB 2.6 버전까지는 컬렉션이 쓰기 오퍼레이션을 1,000번 처리하면 자동으로 플랜 캐시의 실행 계획이 삭제되고, 새로 실행 계획을 수립하도록 작동했었다. 이는 컬렉션의 도큐먼트가 늘어나면서 인덱스의 분포도가 달라지기 때문에 1,000번의 쓰기를 처리하면 실행 계획을 새로 수립하도록 했던 것이다. 하지만 쓰기가 많이 발생하는 컬렉션에서는 너무 자주 실행 계획을 새로 수립하게 되며, 문제는 해당 컬렉션의 모든 실행 계획이 삭제되기 때문에 사용자 쿼리에 미치는 영향이 적지 않았다. 그래서 MongoDB 3.0 버전부터는 컬렉션의 쓰기 횟수에 관계없이 플랜 캐시의 실행 계획은 그대로 유지하도록 개선됐다. 하지만 많은 쓰기 오퍼레이션 이후에 데이터 분포도가 변경될 때를 대비해서 쿼리가 실행될 때마다 플랜 캐시의 실행 계획에 대해서 간단히 평가하는 단계를 구현했다. 이렇게 매번 쿼리가 플랜 캐시의 실행 계획을 평가하고, 성능이 나쁜 경우에는 해당 실행 계획을 처음부터 다시 수집해서 최적의 계획을 선택하는 과정을 수행하고 있다.

쿼리가 실행될 때마다 플랜 캐시에서 가져온 실행 계획은 재평가 과정을 거치는데, 이때 재평가 과정은 통과(Pass) 또는 실패(Not pass)로 결정된다. 실행 계획의 재평가는 지정된 만큼의 도큐먼트만 읽어서 internalQueryPlanEvaluationMaxResults 옵션에 정의한 수만큼 도큐먼트를 가져올 수 있는지 판단하는 형태로 진행되는데, 여기에서 최대 읽을 수 있는 "지정된 만큼의 도큐먼트"는 아래 수식으로 결정된다.

```
(최초 실행 계획을 수립할 때 work() 함수의 호출 횟수) x internalQueryCacheEvictionRatio
```

만약 지정된 도큐먼트 건수만큼 읽었는데도, internalQueryCacheEvictionRatio에 설정된 건수만큼
의 도큐먼트를 가져오지 못하면 MongoDB 서버는 현재 실행 계획을 버리고 새롭게 실행 계획 후보를
뽑아서 그중 최적의 실행 계획을 선택하는 과정을 밟게 된다.

MongoDB 3.6 버전의 플랜 캐시는 최대 5,000개의 실행 계획을 저장할 수 있도록 초기 설정돼 있으
며, 실행 계획을 캐시해야 하는 쿼리 패턴(Query Shape)이 5,000개가 넘는 경우에는 사용되지 않는
쿼리의 실행 계획이 플랜 캐시에서 삭제되고 새로운 실행 계획이 캐시에 저장된다. 만약 쿼리의 패턴이
5,000개를 훨씬 넘는다면 다음과 같이 플랜 캐시에 저장할 수 있는 실행 계획의 수를 늘릴 수 있다.

```
db.runCommand( { setParameter: 1, internalQueryCacheSize: 6000 } )
```

> **참고**
>
> MongoDB 2.6 버전까지는 컬렉션의 도큐먼트가 1,000건 저장되기 전까지는 한번 수립된 실행 계획을 계속 사
> 용했지만, MongoDB 3.0 버전부터는 도큐먼트 저장 건수와 관계없이 무한정 재사용할 수 있게 개선됐다. 하지만 실제
> MongoDB 3.0 버전부터는 쿼리가 실행될 때마다 실행 계획이 재사용되지만, 재사용 전에 반드시 재평가 과정을 거친다. 그
> 런데 실행 계획의 재평가 과정이 결국 쿼리의 일부를 실행해보는 과정이므로 쿼리 하나하나의 실행에는 더 많은 절차가 들
> 어간 것으로 보인다.
>
> 만약 MongoDB 서버의 실행 계획 수립 과정이 쿼리 처리 성능에 미치는 영향이 큰 서비스라면 internalQueryPlanEvaluati
> onMaxResults 내부 옵션을 좀 더 낮은 수치로 조정해서 성능 테스트를 해보는 것도 좋을 듯하다.

MongoDB에서는 관리자가 플랜 캐시의 내용을 확인할 수 있도록 PlanCache 객체와 관련된 기능을
제공하고 있다. PlanCache 객체는 컬렉션 단위로 캐시된 실행 계획을 확인할 수 있도록 해준다.

```
mongo> db.users.find({name:"matt"})
{ "_id" : ObjectId("58fc6742ce5014112dcb19b7"), "name" : "matt", "phone" : "010-000-0000" }

mongo> db.users.getPlanCache().listQueryShapes()
[
        {
                "query" : {
                        "name" : "matt"
                },
                "sort" : {},
                "projection" : {}
        }
]
```

> **(!) 주의**
>
> 쿼리의 실행 계획이 PlanCache에 저장되며, PlanCache 객체를 통해 listQueryShapes() 명령을 이용해서 캐시된 쿼리 목록을 확인할 수 있다. 그런데 한번이라도 실행됐다고 해서 모든 쿼리의 실행 계획이 PlanCache에 저장되는 것은 아니다. 예를 들어, 다음과 같이 실행 계획이 단 하나밖에 없는 경우(풀 컬렉션 스캔 실행 계획 제외)에는 PlanCache에 저장되지 않는다.

```
// name 필드 인덱스 생성
mongo> db.users.createIndex({name:1}, {name:"ix_name"})

// name 필드의 인덱스를 이용하는 쿼리 실행
mongo> db.users.find({name:"matt"})

// users 컬렉션의 캐시된 실행 계획 확인
mongo> db.users.getPlanCache().listQueryShapes()
[ ] ⟹ Empty
```

이 예제에서 users 컬렉션에 대해서 캐시된 실행 계획이 하나도 없는 것으로 출력됐다. 이는 name 필드를 검색하는 쿼리가 사용할 수 있는 실행 계획이 "{name:1}" 인덱스뿐이기 때문에 MongoDB 서버가 실행 계획을 별도로 캐시해두지 않은 것이다. 이제 name 필드로 검색하는 쿼리가 사용할만한 인덱스를 하나 더 추가하고 실행 계획 캐시를 한번 확인해보자.

```
// name 필드 인덱스 생성
mongo> db.users.createIndex({name:1}, {name:"ix_name"})
mongo> db.users.createIndex({name:1, score:1}, {name:"ix_name_score"})

// name 필드의 인덱스를 이용하는 쿼리 실행
mongo> db.users.find({name:"matt"})

// users 컬렉션의 캐시된 실행 계획 확인
mongo> db.users.getPlanCache().listQueryShapes()
[
    {
        "query" : {
            "name" : "matt"
        },
        "sort" : {

        },
```

```
        "projection" : {

        }
    }
]
```

플랜 캐시에 저장된 실행 계획 중에서 특정 쿼리 패턴으로 상세한 실행 계획 내용을 확인할 수 있다. getPlansByQuery() 명령은 해당 실행 계획의 상세한 내용과 더불어서 해당 실행 계획이 선택된 이유 등을 자세히 확인할 수 있다.

```
mongo> db.users.getPlanCache().getPlansByQuery({name:"Lara"}, {}, {})
[
    {
        "details" : {
            "solution" : "(index-tagged expression tree: tree=Leaf { name: 1.0 }, pos: 0,
can combine? 1\n)"
        },
        "reason" : {
            "score" : 1.5003000000000002,
            "stats" : {
                "stage" : "FETCH",
                "nReturned" : 1,
                "executionTimeMillisEstimate" : 0,
                "works" : 2,
                "advanced" : 1,
                "needTime" : 0,
                "needYield" : 0,
                "saveState" : 0,
                "restoreState" : 0,
                "isEOF" : 1,
                "invalidates" : 0,
                "docsExamined" : 1,
                "alreadyHasObj" : 0,
                "inputStage" : {
                    "stage" : "IXSCAN",
                    "nReturned" : 1,
                    "executionTimeMillisEstimate" : 0,
                    "works" : 2,
```

```
                              "advanced" : 1,
                              "needTime" : 0,
                              "needYield" : 0,
                              "saveState" : 0,
                              "restoreState" : 0,
                              "isEOF" : 1,
                              "invalidates" : 0,
                              "keyPattern" : {
                                     "name" : 1
                              },
                              "indexName" : "name_1",
                              "isMultiKey" : false,
                              "multiKeyPaths" : {
                                     "name" : [ ]
                              },
                              "isUnique" : false,
                              "isSparse" : false,
                              "isPartial" : false,
                              "indexVersion" : 2,
                              "direction" : "forward",
                              "indexBounds" : {
                                     "name" : [
                                            "[\"matt\", \"matt\"]"
                                     ]
                              },
                              "keysExamined" : 1,
                              "seeks" : 1,
                              "dupsTested" : 0,
                              "dupsDropped" : 0,
                              "seenInvalidated" : 0
                       }
               }
        },
        "feedback" : {
               "nfeedback" : 0,
               "scores" : [ ]
        },
        "filterSet" : false
}, ...
```

플랜 캐시에서 특정 실행 계획을 삭제하고자 한다면 다음과 같이 clear() 명령이나 clearPlans ByQuery() 명령을 이용하면 된다. clearPlansByQuery() 명령은 쿼리의 패턴(Query Shape)으로 특정 실행 계획만 삭제하지만, clear() 명령은 현재 컬렉션의 모든 실행 계획을 삭제하므로 많은 쿼리를 처리하고 있는 MongoDB 서버에서는 사용을 주의해야 한다.

```
mongo> db.users.getPlanCache().clearPlansByQuery({name:"Lara"}, {}, {})
mongo> db.users.getPlanCache().listQueryShapes()
[ ]  ⟹ Empty


mongo> db.users.getPlanCache().clear()
mongo> db.users.getPlanCache().listQueryShapes()
[ ]  ⟹ Empty
```

또한 컬렉션이 삭제되거나 해당 컬렉션의 인덱스가 추가 생성 또는 삭제되는 경우, 해당 컬렉션의 캐시된 실행 계획은 모두 삭제되고 이후 실행되는 쿼리에 대해서는 실행 계획이 다시 수립돼서 캐시되는 과정을 거친다는 것도 기억하도록 하자.

9.1.5 실행 계획 스테이지

MongoDB의 실행 계획은 여러 스테이지가 트리 형태로 구성된다는 것을 살펴봤다. 이는 마치 벽돌을 이용해서 건물을 짓는 것과 비교할 수 있는데, 쿼리가 처리되는 전체 과정(실행 계획)을 건물을 짓는 것에 비유한다면 스테이지는 벽돌에 비유할 수 있다. 벽돌을 어떻게 쌓느냐에 따라서 건물의 모양이 달라지듯, 요청된 쿼리의 특성에 맞게 스테이지가 트리 형태로 구성되는 것이다. 그뿐만 아니라 어떤 스테이지가 사용되고, 이 스테이지들이 어떻게 구성되느냐에 따라서 쿼리의 성능이 결정된다. 그래서 실행 계획을 이용해서 쿼리의 성능을 가늠하려면 각 스테이지가 어떤 역할을 수행하는지에 대해서 기본적인 지식이 필요하다.

- **COLLSCAN**: 컬렉션 풀 스캔 스테이지다. 대부분 스테이지는 입력을 받아서 가공한 다음 출력을 만드는 스테이지이지만, COLLSCAN과 IXSCAN은 별도의 입력 없이 주어진 컬렉션으로부터 데이터를 읽어서 출력만 만들어내는 스테이지다. 이런 형태의 스테이지를 실행 계획에서 주로 "리프 스테이지"라고 한다.
- **IXSCAN**: COLLSCAN 스테이지와 비슷하지만, 컬렉션의 인덱스를 이용해서 인덱스 레인지 스캔 접근 방식으로 데이터를 읽는 스테이지다.

- **QUEUED_DATA**: COLLSCAN 그리고 IXSCAN과 같이 입력 데이터 없이 데이터를 생성해내는 스테이지 중 하나인데, COLLSCAN과 IXSCAN은 컬렉션으로부터 데이터를 읽는 반면 QUEUED_DATA는 컬렉션 없이 자체적으로 임시 데이터를 만드는 스테이지다.

- **FETCH**: 인덱스 레인지 스캔으로 읽은 인덱스 키와 RecordId를 이용해서 컬렉션의 도큐먼트를 읽는 스테이지다. 실제 컬렉션의 데이터를 읽는 스테이지이긴 하지만 IXSCAN이나 COLLSCAN 스테이지와는 달리 FETCH 스테이지는 IXSCAN으로부터 입력(RecordId)을 받아서 도큐먼트를 출력으로 반환하는 스테이지다.

- **KEEP_MUTATIONS**: 인덱스 인터섹션과 같은 실행 계획을 사용하면서 버퍼링된 도큐먼트가 다른 컨넥션에 의해서 변경되는 경우, 이렇게 변경된 도큐먼트 정보를 전달받기 위한 스테이지다. KEEP_MUTATIONS 스테이지는 MMAPv1 스토리지 엔진을 사용하는 컬렉션에 대해서만 필요한 스테이지이며, WiredTiger 스토리지 엔진에서는 사용되지 않는다.

- **AND_SORTED**: 인덱스 인터섹션 실행 계획을 사용할 때, 각 인덱스를 통해서 읽은 도큐먼트의 교집합을 찾는 스테이지다. 이때 각 인덱스를 통해서 읽은 결과는 모두 RecordId로 정렬된 경우에만 AND_SORTED 스테이지를 사용할 수 있다. 예를 들어, "{name:1}"과 "{userid:1}" 인덱스를 가진 컬렉션에서 find({name:"matt", userid:100}) 쿼리를 인덱스 인터섹션 실행 계획으로 처리할 때, {name:1} 인덱스를 이용해서 찾은 결과도 RecordId로 정렬돼 있으며 "{userid:1}" 인덱스를 이용해서 찾은 결과도 RecordId로 정렬돼 있기 때문에 AND_SORTED를 사용할 수 있다. 만약 "{name:1}" 이 아니라 "{name:1, birthdate:1}" 인덱스를 사용하게 된다면 이 결과는 RecordId로 정렬돼 있지 않은 결과를 반환하므로 AND_SORTED를 사용하지 못한다.

- **AND_HASH**: 인덱스 인터섹션 실행 계획을 사용할 때, 각 인덱스를 통해서 읽은 도큐먼트의 교집합을 찾는 스테이지다. 이때 각 인덱스를 통해서 읽은 결과는 모두 RecordId로 정렬된 경우에만 AND_SORTED 스테이지를 사용할 수 있다. 하지만 각 인덱스를 통해서 읽은 결과가 RecordId를 기준으로 정렬돼 있지 않다면 결국 두 결과의 교집합을 찾기 위해 두 결과 집합을 각각 정렬해서 병합하거나, 한쪽 결과를 이용해서 해시 인덱스를 생성하고, 나머지 한쪽의 결과를 이용해서 해시 검색을 수행하면서 교집합 관계를 찾아야 한다. AND_HASH는 후자의 방법으로 별도의 정렬 작업 없이 두 결과의 RecordId를 이용해 해시 인덱스 생성 및 검색 작업을 거쳐서 교집합을 찾는다.

- **SORT_KEY_GENERATOR**: MongoDB의 정렬 작업은 인덱스를 이용해서 쿼리 실행 시점에 정렬 처리 없이 처리하거나 적절한 인덱스가 없어서 조회된 도큐먼트를 쿼리 실행 시점에 직접 정렬을 수행하여 처리하는 경우 두 가지다. 이때 인덱스를 사용하지 못하면 MongoDB 서버는 정렬 기준 필드를 먼저 추출(필요하면 가공 작업 수행)해야 하는데, 이 과정을 처리하는 스테이지가 SORT_KEY_GENERATOR다. 일반적으로 SORT_KEY_GENERATOR 스테이지는 배열 값을 가지는 필드에서 정렬 기준이 될 값을 추출하거나 문자열 필드의 콜레이션(Collation) 가공 작업을 위해서 필요하다.

- **COUNT**: 자식 스테이지에서 반환한 도큐먼트의 건수를 누적하는 스테이지인데, COUNT 스테이지는 실행 계획상 최상위 스테이지에 존재하게 된다.

- **COUNT_SCAN**: db.collection.count() 명령이 인덱스를 사용할 수 있을 때, 사용되는 스테이지다.

- **DISTINCT_SCAN**: 인덱스 레인지 스캔의 변형된 형태의 스테이지인데, 인덱스 키를 순차적으로 읽으면서 유니크한 값이 나타날 때에만 부모 스테이지로 결과를 반환한다. DISTINCT_SCAN 스테이지는 db.collection.distinct() 명령을 위해서 사용된다.

- **ENSURE_SORTED**: 자식 스테이지에서 반환된 결과에서 정렬 기준에 어긋나는 도큐먼트가 나타나면 버리는 처리를 수행하는 스테이지다. 즉 쿼리의 정렬 조건이 "{userid:1}"일 때, 자식 스테이지에서 "{userid:1}, {userid:3}, {userid:10}, {userid:8}" 결과를 순차적으로 반환했다면 "{userid:10}"은 요청된 정렬 조건에 어긋난 결과다. 이런 경우 ENSURE_SORTED 스테이지는 "{userid:10}"이라는 결과를 필터링해서 버리는 처리를 한다. 이런 처리가 필요한 이유는 MongoDB 서버에서 특정 사용자가 커서를 통해서 정렬된 결과를 읽는 도중에 다른 사용자가 정렬 기준이 되는 값을 변경하면 잘못된 순서의 결과가 반환될 수 있기 때문이다. ENSURE_SORTED 스테이지는 이를 막기 위해서 사용된다(자세한 내용은 아래 예제를 참조하도록 하자).

- **GROUP**: db.collection.group() 명령이나 Aggregation의 "$group" 파이프라인을 위해서 사용되는 스테이지인데, GROUP 스테이지는 그룹핑 필드별로 전체 결과를 모아서 한 번에 부모 스테이지로 넘겨주는 역할을 한다.

- **IDHACK**: MongoDB 서버에서 "_id" 필드를 동등 비교로 검색하는 쿼리는 빠른 경로로 쿼리를 처리하는 최적화를 수행하는데, 이를 IDHACK 스테이지라고 한다. "_id" 필드는 컬렉션의 기본 콜레이션과 동일한 콜레이션을 사용하기 때문에, "_id" 필드를 동등 비교하는 경우에도 컬렉션과 다른 콜레이션을 명시해서 쿼리를 사용하는 경우에는 IDHACK 스테이지의 빠른 검색 기능을 활용하지 못하게 되므로 주의가 필요하다.

- **INDEX_ITERATOR**: 인덱스 스캔을 이용하는 커서를 이용해서 끝까지 인덱스 키를 읽는 스테이지다.

- **LIMIT**: 쿼리에서 .limit(N)이 사용된 경우에 지정된 N건의 도큐먼트만 반환하는 스테이지다.

- **SKIP**: 쿼리에서 .skip(M)이 사용된 경우에 지정된 M건의 도큐먼트를 버리고 나머지를 반환하는 스테이지다.

- **SORT_MERGE**: 두 개 이상의 자식 노드(스테이지)에서 반환된 결과 집합을 병합하는 스테이지다. SORT_MERGE 스테이지는 "{name:1, userid:1}"와 "{birthdate:1, userid:1}" 인덱스를 가진 컬렉션에 대해서 "db.user.find({$or:[{name:'matt'}, {birthdate:'2000-10-10'}]})"과 같이 각 인덱스를 사용할 수 있는 조건이 OR로 연결된 쿼리를 실행할 때, name 필드의 조건과 birthdate 필드 조건의 결과에서 중복을 제거하고 병합 작업을 최적화하는 스테이지다. 이때 두 결과 집합은 모두 userid 필드로 정렬돼 있기 때문에 별도의 추가 정렬 과정 없이 중복을 제거할 수 있다.

- **MULTI_ITERATOR**: 일반적인 쿼리에서는 사용되지 않지만, 병렬 컬렉션 쿼리(ParallelCollectionScan)나 RepairCursor 명령을 위해서 사용되는 스테이지다.

- **SHARDING_FILTER**: 샤딩이 적용된 MongoDB 클러스터에서는 각 샤드가 반드시 자기가 담당하는 청크 범위의 데이터만 가지고 있는 것은 아니다. 여러 이유로 인해서 고아 도큐먼트(Orphaned)를 가질 수 있는데, 이런 고아 도큐먼트를 필터링해서 버리는 역할을 처리하는 스테이지다.

- **SORT**: 인덱스를 이용하지 못하는 정렬 처리를 위해서 MongoDB 서버가 쿼리 실행 시점에 도큐먼트의 정렬을 수행하는 스테이지다.

- **TEXT, TEXT_MATCH, TEXT_OR**: 쿼리의 전문 검색 조건은 항상 TEXT 스테이지로 시작해서 하위에 TEXT_MATCH 그리고 그 하위에 다시 TEXT_OR 스테이지로 구성된다. 여기에서 TEXT와 TEXT_OR 두 개의 스테이지는 블로킹 스테이지(정렬 작업과 같이 처리가 완료돼야만 첫 번째 결과 도큐먼트를 반환하는 스테이지)다. TEXT_OR 스테이지는 하위에 검색하고자 하는 키워드가 하나이든 두 개 이상이든 항상 TEXT_OR 스테이지에 의해서 결과가 병합돼서 부모 스테이지로 전문 검색 결과(RecordId)를 반환한다. TEXT_MATCH 스테이지는 자식 스테이지로부터 전달받은 RecordId를 이용해 실제 컬렉션의 도큐먼트를 읽고, 부모 스테이지로 반환하는 역할을 처리한다.

- **UPDATE**: UPDATE 명령을 처리하는 스테이지로, 실질적으로 도큐먼트의 데이터를 변경하는 작업을 처리하는 스테이지다.

- **DELETE**: DELETE 명령을 처리하는 스테이지로, 실질적으로 컬렉션의 도큐먼트를 삭제하는 작업을 처리하는 스테이지다.

> **참고**   ENSURE_SORTED 스테이지가 없다면 다음과 같은 상황에서 잘못된 순서의 결과가 사용자에게 반환될 수 있다. 다음 예제는 ENSURE_SORTED 스테이지가 없을 때 발생하게 되는 가상 시나리오이므로 현재 릴리즈되는 MongoDB 서버에서는 발생할 수 없는 케이스다. 단지 이 예제는 ENSURE_SORTED 스테이지가 왜 필요한지 그리고 어떤 역할을 하는지 보여주기 위한 예제다.

```
// 예제 데이터 준비
mongo> db.coll.createIndex({a: 1, b: 1});

mongo> db.coll.insert({a: 1, b: 3});
mongo> db.coll.insert({a: 2, b: 2});
mongo> db.coll.insert({a: 3, b: 1});

// 사용자-1에서 "b" 필드로 정렬된 결과 쿼리 중
// 일정 개수의 BatchSize를 설정하고 데이터를 가져감
mongo> var cur = db.coll.find({a: {$lt: 4}}).sort({b: -1}).batchSize(2);
mongo> printjson(cur.next()); // 첫번째 결과는 {a:1, b:3}
mongo> printjson(cur.next()); // 두번째 결과는 {a:2, b:2}

// 사용자-2에서 도큐먼트의 내용 중 "사용자-1"이
// 이미 가져간 도큐먼트의 "b" 필드를 더 큰 값인 4로 변경
mongo> db.coll.update({b: 1}, {$set: {b: 4}});

// 사용자-1에서 다음으로 가져가게 되는 도큐먼트는 {a:3, b:4}인 결과를 가져가게 됨
// 하지만 이 결과는 이미 가져간 2개 도큐먼트보다 b 필드의 값이 더 크므로
// 정렬 기준에 맞지 않는 결과를 발생시킴
mongo> printjson(cur.next());
```

지금까지 MongoDB 3.6 버전에서 사용되는 주요 스테이지를 간단히 살펴봤으며, 앞으로도 MongoDB가 발전하면서 더 많은 스테이지가 추가될 것이다. 물론 모든 스테이지가 어떤 역할을 하는지 상세하게 알고 있을 필요는 없다. 어떤 스테이지는 사실 크게 신경 쓰지 않아도 될 수도 있다. 하지

만 기본적으로 SORT나 GROUP 그리고 IXSCAN이나 COLLSCAN 등과 같이 성능에 많은 영향을 미치는 스테이지에 대해서 조금 더 자세히 알아두면 쿼리의 성능을 이해하는 데 많은 도움이 될 것이다.

9.1.6 쿼리 실행 계획 해석

MongoDB의 실행 계획은 cursor.explain() 명령으로 확인할 수 있는데, 크게 다음과 같이 3가지 모드를 지원한다.

- **queryPlanner**: cursor.explain() 명령은 아무런 옵션이 없으면 디폴트 모드로 queryPlanner로 작동한다. queryPlanner 모드에서는 해당 쿼리를 위해서 선택된 최적의 실행 계획만 보여주는데, 3가지 모드 중에서 가장 단순한 실행 계획 결과를 보여준다. queryPlanner 모드의 cursor.explain() 명령으로는 아래의 튜닝 정보를 분석할 수 있다.

  – 쿼리가 의도했던 인덱스를 제대로 활용했는가?

  – 쿼리가 정렬 작업을 인덱스를 활용해서 처리하는가? 아니면 별도의 정렬 작업을 수행하는가?

  – 쿼리의 프로젝션이 인덱스를 이용해서 처리되는가?(커버링 인덱스 처리 여부)

- **executionStats**: executionStats 모드에서는 queryPlanner 모드의 모든 내용을 포함하고, 더불어서 선택된 최적 실행 계획을 실행하고 실행된 내역을 상세히 보여주는 실행 계획 모드다. executionStats 모드의 cursor.explain() 명령으로는 아래의 튜닝 정보를 분석할 수 있다.

  – 인덱스의 선택도(Selectivity)가 좋은가? 나쁜가?

  – 실행 계획의 각 처리 단계에서 어떤 스테이지가 가장 느린가?

- **allPlansExecution**: 옵티마이저가 최적으로 선택한 실행 계획과 그 실행 계획의 상세 내역을 포함하며, 더불어서 옵티마이저가 최적의 실행 계획을 선택하기 위해서 평가했던 나머지 후보 실행 계획들의 내용도 모두 포함해서 보여준다. allPlansExecution 모드의 cursor.explain() 명령으로는 아래의 튜닝 정보를 살펴볼 수 있다.

  – 옵티마이저가 어떤 실행 계획들을 검토했는가?

  – 여러 실행 계획 중에서 왜 최적 실행 계획이 선택됐는가?

즉 queryPlanner 모드는 선택된 최적의 실행 계획을 보여주며, executionStats는 queryPlanner의 내용과 함께 선택된 최적 실행 계획의 실행 결과 상태 정보를 보여준다. allPlansExecution은 executionStats 모드의 모든 내용과 더불어서 후보 실행 계획들의 상세한 정보를 포함해서 보여준다. 이제 각 cursor.explain() 모드별로 출력되는 내용의 샘플을 간단히 살펴보자.

queryPlanner

queryPlanner 모드에서는 queryPlanner 필드가 최상위에 나타나며 그 하위에 winningPlan 필드가 표시되는데, winningPlan 하위의 내용이 최적으로 선택된 실행 계획의 내용을 보여준다. winningPlan 하위에는 트리 형태의 스테이지 구성이 표시되는데, 트리의 스테이지가 현재 쿼리를 실행하기 위해서 사용되는 각 단계(스테이지)를 보여주는 것이다. 그리고 마지막에서는 rejectedPlans 필드가 배열로 표시되는데, 만약 후보 실행 계획이 2개 이상이었다면 버려진 실행 계획의 내용을 rejectedPlans 필드에 배열로 표시한다.

```
mongo> db.users.find({name:"6094"}).sort({score:1}).explain("queryPlanner")
{
  "queryPlanner" : {
    "winningPlan" : {
      "stage" : "SORT",
      "inputStage" : {
        "stage" : "SORT_KEY_GENERATOR",
        "inputStage" : {
          "stage" : "FETCH",
          "inputStage" : {
            "stage" : "IXSCAN",
          }
        }
      }
    },
    "rejectedPlans" : [...]
  }
}
```

executionStats

executionStats 모드의 실행 계획에서는 queryPlanner 필드와 더불어서 executionStats 필드의 값이 포함되는데, executionStats 필드는 executionStages 하위 필드를 가지고 여기에는 queryPlanner에 표시됐던 것과 동일한 스테이지들이 표시된다. queryPlanner 하위에 있는 스테이지는 그왜 인덱스를 사용하는지 또는 왜 정렬을 사용하는지 등의 내용이 표시되지만, executionStages 필드에 표시되는 스테이지는 각 스테이지를 처리하기 위해서 work() 함수가 몇 번 호출됐는지 그리고 그 응답으로 ADVANCE나 NEED_TIME 등이 몇 번 반환됐는지 등의 상세한 정보를 보여준다.

```
mongo> db.users.find({name:"6094"}).sort({score:1}).explain("executionStats")
{
  "queryPlanner" : {
    "winningPlan" : {
      "stage" : "SORT",
      "inputStage" : {
        "stage" : "SORT_KEY_GENERATOR",
        "inputStage" : {
          "stage" : "FETCH",
          "inputStage" : {
            "stage" : "IXSCAN",
          }
        }
      }
    },
    "rejectedPlans" : [...]
  },
  "executionStats" : {
    "executionStages" : {
      "stage" : "SORT",
      "inputStage" : {
        "stage" : "SORT_KEY_GENERATOR",
        "inputStage" : {
          "stage" : "FETCH",
          "inputStage" : {
            "stage" : "IXSCAN",
          }
        }
      }
    }
  }
}
```

allPlansExecution

allPlansExecution 모드에서는 executionStats 모드에서 출력되던 queryPlanner와 executionStats
에 더불어서 allPlansExecution 필드가 표시되며, 이 필드 하위에는 executionStages 필드가 후보
실행 계획별로 하나씩 배열로 표시된다. allPlansExecution 필드 하위에는 각 후보 실행 계획들의 실

행 상태 정보(executionStats) 출력되는데, 이 정보를 서로 비교해보면 여러 실행 계획 중에서 왜 특정
실행 계획이 최적으로 선정됐는지 확인할 수 있다. 그리고 allPlansExecution 필드에는 최적으로 선택
된 실행 계획의 실행 상태 정보도 같이 표시된다.

```
mongo> db.users.find({name:"6094"}).sort({score:1}).explain("allPlansExecution")
{
  "queryPlanner" : {
    "winningPlan" : {
      "stage" : "SORT",
      "inputStage" : {
        "stage" : "SORT_KEY_GENERATOR",
        "inputStage" : {
          "stage" : "FETCH",
          "inputStage" : {
            "stage" : "IXSCAN",
          }
        }
      }
    },
    "rejectedPlans" : [...]
  },
  "executionStats" : {
    "executionStages" : {
      "stage" : "SORT",
      "inputStage" : {
        "stage" : "SORT_KEY_GENERATOR",
        "inputStage" : {
          "stage" : "FETCH",
          "inputStage" : {
            "stage" : "IXSCAN",
          }
        }
      }
    }
  },
  "allPlansExecution" : [
    {
      "executionStages" : {
```

```
        "stage" : "FETCH",
        "inputStage" : {
                "stage" : "IXSCAN",
        }
      }
    },
    {
      "executionStages" : {
        "stage" : "SORT",
        "inputStage" : {
          "stage" : "SORT_KEY_GENERATOR",
          "inputStage" : {
            "stage" : "FETCH",
            "inputStage" : {
              "stage" : "IXSCAN",
            }
          }
        }
      }
    }
  ]
}
```

9.1.6.1 queryPlanner 모드의 출력

다음과 같은 인덱스를 가진 users 컬렉션에 예제 데이터를 저장하고, 간단한 쿼리의 실행 계획을 예제로 한번 살펴보자.

```
mongo> db.users.createIndex( {"name" : 1} )
mongo> db.users.createIndex( {"score": 1, "name" : 1} )

mongo> for(var idx=0; idx<500000; idx++){
  // 예제 데이터를 위해서 랜덤한 숫자로 구성된 문자열을 name 필드에 저장
  var name=""+Math.floor(Math.random()*100000);
  var score=Math.floor(Math.random()*100);
  db.users.insert({name:name, score:score});
}
```

```
// 예제로 준비된 데이터는 다음과 같은 형태로 저장돼 있다.
mongo> db.users.find().limit(5)
{ "_id" : ObjectId("596a00c5044116879478095c"), "name" : "6094", "score" : 33 }
{ "_id" : ObjectId("596a00c5044116879478095d"), "name" : "14297", "score" : 31 }
{ "_id" : ObjectId("596a00c5044116879478095e"), "name" : "56591", "score" : 42 }
{ "_id" : ObjectId("596a00c5044116879478095f"), "name" : "19714", "score" : 5 }
{ "_id" : ObjectId("596a00c50441168794780960"), "name" : "47227", "score" : 64 }
```

이제 name 필드로 검색한 결과를 score 필드로 정렬하는 쿼리에 대해서 queryPlanner 모드로 실행 계획을 한번 확인해보자. 내용이 길어서 winningPlan과 rejectedPlans를 나눠서 살펴보겠다.

```
mongo> db.users.find({name:"6094"}).sort({score:1}).explain("queryPlanner")
{
  "queryPlanner" : {
  "plannerVersion" : 1,
  "namespace" : "test.users",
  "indexFilterSet" : false,
  "parsedQuery" : {
    "name" : {
      "$eq" : "6094"
    }
  },
  "winningPlan" : {
    "stage" : "SORT",
    "sortPattern" : {
      "score" : 1
    },
    "inputStage" : {
      "stage" : "SORT_KEY_GENERATOR",
      "inputStage" : {
        "stage" : "FETCH",
        "inputStage" : {
          "stage" : "IXSCAN",
          "keyPattern" : {
            "name" : 1
          },
          "indexName" : "name_1",
          "isMultiKey" : false,
```

```
          "multiKeyPaths" : {
            "name" : [ ]
          },
          "isUnique" : false,
          "isSparse" : false,
          "isPartial" : false,
          "indexVersion" : 2,
          "direction" : "forward",
          "indexBounds" : {
            "name" : [
              "[\"6094\", \"6094\"]"
            ]
          }
        }
      }
    }
  },
```

위의 cursor.explain() 명령 실행 결과를 보면 최상단에 간단하게 컬렉션과 파싱된 쿼리의 기본적인 내용을 보여주고 있다. 그 하위에는 winningPlan 필드가 표시되는데, winningPlan은 여러 개의 후보 실행 계획 중에서 최적의 실행 계획을 보여주는 항목이다. winningPlan 필드에는 스테이지가 트리 형태로 표시되는데, 이는 최적의 실행 계획이 사용하는 스테이지별로 인덱스 스캔을 사용하는지 또는 컬렉션 스캔을 사용하는지, 그리고 인덱스 스캔이면 어떤 인덱스를 사용하는지 또는 별도의 정렬 작업을 수행하는지 등의 상세한 정보를 보여주고 있다.

예제의 실행 계획을 보면 SORT → SORT_KEY_GENERATOR → FETCH → IXSCAN 스테이지가 트리 형태로 구성된 것을 확인할 수 있다. 즉 SORT 스테이지는 SORT_KEY_GENERATOR 스테이지를 포함하고 있으므로 SORT 스테이지가 부모 스테이지이며, SORT_KEY_GENERATOR는 자식 스테이지다. MongoDB 서버가 쿼리를 실행할 때 호출 순서는 부모에서 자식 스테이지로 흘러가지만, 실제로 처리되는 순서는 반대로 자식 스테이지가 제일 먼저 실행되고, 그 다음에 부모 스테이지가 실행되는 순서라고 보면 된다.

그래서 이 실행 계획은 실제 IXSCAN이 가장 먼저 실행되고, 그 결과로 검색된 도큐먼트의 ID가 반환되는데, FETCH 스테이지에서는 도큐먼트 ID를 이용해서 실제 컬렉션 데이터 파일에서 도큐먼트를 가져오는 작업을 수행한다. 그리고 읽어온 도큐먼트에 대해서 SORT_KEY_GENERATOR 스테이지가 정렬 조건을 이용해 정렬 키를 생성한다. 마지막으로 최상위의 SORT 스테이지는 정렬 키를 이용해서 정렬을 수행하고, 최종 정렬된 결과를 클라이언트로 반환한다.

IXSCAN 스테이지의 상세 내용에서는 현재 IXSCAN을 위해서 "{name:1}" 인덱스를 이용하고 있으며, 이 인덱스가 유니크한지 그리고 멀티 키 인덱스인지 등의 정보를 보여주고 있다. 그리고 실행 계획의 direction 필드를 보면 이 인덱스를 정순으로 읽고 있는지 역순으로 읽고 있는지도 확인할 수 있다. 또한 가장 하단에 표시되는 indexBounds 필드에는 인덱스 레인지 스캔을 위한 범위를 보여주는데, 이 범위는 실제 인덱스를 어디에서부터 어디까지 읽는지 확인할 수 있다. 그뿐만 아니라 여러 필드로 구성된 컴파운드 인덱스인 경우에는 인덱스의 몇 번째 필드까지 인덱스 레인지 스캔용으로 사용하고 있는지도 indexBounds 필드의 값으로 식별할 수 있다.

예를 들어, indexBounds 필드에 표시된 다음 2가지 경우를 살펴보자. 우선 다음 두 예제는 모두 indexBounds 필드에 score와 name 필드 2개가 표시돼 있는데, 이를 통해 score 필드와 name 필드로 구성된 인덱스의 범위 검색에 대한 내용임을 알 수 있다. "CASE-1"에서는 score 필드와 name 필드의 범위가 모두 MinKey부터 MaxKey까지 검색하고 있으므로 인덱스를 처음부터 끝까지 읽는 인덱스 풀 스캔 계획이라는 것을 알 수 있다. 하지만 "CASE-2"에서는 score 필드는 80보다 크고 90보다 작은 인덱스 엔트리를 검색하는데, name 필드는 여전히 MinKey부터 MaxKey까지 전체를 검색하고 있다. 이는 인덱스는 score와 name 필드로 구성돼 있지만, 인덱스의 2개 필드를 모두 사용하는 것이 아니라 첫 번째 필드인 score 필드만 범위 검색하기 위한 조건으로 사용되고 있다는 것을 알 수 있다.

```
// CASE-1
    "indexBounds" : {
      "score" : [
        "[MinKey, MaxKey]"
      ],
      "name" : [
        "[MinKey, MaxKey]"
      ]
    }

// CASE-2
    "indexBounds" : {
      "score" : [
        "[80, 90]"
      ],
```

```
    "name" : [
      "[MinKey, MaxKey]"
    ]
  }
```

이제 실행 계획의 rejectedPlans 필드의 값을 한번 살펴보자. 다음 예제에서는 rejectedPlans에 하나의 값만 표시됐지만, 만약 여러 개의 다양한 실행 계획이 가능한 경우라면 모든 계획이 배열로 표시될 것이다. 그리고 하나의 실행 계획만 존재하는 경우라면 rejectedPlans 필드에는 아무런 내용이 표시되지 않는다.

```
"rejectedPlans" : [
  {
    "stage" : "FETCH",
    "filter" : {
      "name" : {
        "$eq" : "6094"
      }
    },
    "inputStage" : {
      "stage" : "IXSCAN",
      "keyPattern" : {
        "score" : 1,
        "name" : 1
      },
      "indexName" : "score_1_name_1",
      "isMultiKey" : false,
      "multiKeyPaths" : {
        "score" : [ ],
        "name" : [ ]
      },
      "isUnique" : false,
      "isSparse" : false,
      "isPartial" : false,
      "indexVersion" : 2,
      "direction" : "forward",
      "indexBounds" : {
        "score" : [
```

```
                "[MinKey, MaxKey]"
            ],
            "name" : [
                "[MinKey, MaxKey]"
            ]
        }
      }
    }
  ]
}
```

rejectedPlans의 실행 계획에서는 FETCH → IXSCAN 두 개의 스테이지로 구성된 것을 확인할 수 있다. 즉 IXSCAN 스테이지에서 score 필드와 name 필드로 구성된 인덱스를 읽어서 도큐먼트의 ID를 가져오면 FETCH 스테이지에서 실제 도큐먼트의 모든 내용을 읽어서 클라이언트로 반환하는 실행 계획이다. 이 실행 계획에서는 score 필드와 name 필드로 구성된 인덱스를 정순(direction : "forward")으로 읽었기 때문에 MongoDB 옵티마이저가 이미 score 필드의 값으로 정렬된 결과라는 것을 알고, 별도의 정렬이 필요 없다는 것을 알게 된다. 그래서 rejectedPlan 실행 계획에서는 별도의 SORT 스테이지가 나타나지 않은 것이다.

그렇다면 최적으로 선택된 실행 계획(winningPlan)과 버려진 실행 계획(rejectedPlan)의 차이는 인덱스를 조금 많이 읽더라도 정렬을 피하는 실행 계획과 정렬을 하더라도 인덱스를 조금 덜 읽는 실행 계획의 선택이라는 것을 알 수 있다. 그런데 왜 MongoDB 서버는 정렬을 수행하더라도 인덱스를 덜 읽는 실행 계획을 선택했을까? 실제 이 결과로는 MongoDB가 정렬을 수행하는 실행 계획을 선택한 이유를 정확히는 말할 수 없다. 단지 인덱스 전체를 모두 스캔하는 것은 너무 많은 도큐먼트를 가져와야 하기 때문에 정렬보다 더 불리했을 것으로 판단했다고 예측만 할 수 있을 뿐이다. 물론 조금 더 상세한 실행 계획(executionStats 모드나 allPlansExecution 모드의 실행 계획)을 확인할 수 있다면 MongoDB 옵티마이저의 선택을 조금 더 자세히 이해할 수 있을 것이다.

9.1.6.2 executionStats 모드의 출력

앞서 살펴본 queryPlanner 모드에서는 어떤 실행 계획이 최적으로 선택됐고, 어떤 실행 계획이 버려졌는지는 알 수 있었다. 하지만 왜 그 실행 계획이 최적으로 선택됐는지 판단하기는 어려웠다. 그래서 MongoDB의 cursor.explain() 명령은 사용자가 조금 더 상세한 정보를 확인할 수 있도록

executionStats 모드를 지원한다. 앞서 살펴 봤던 쿼리에 대해서 executionStats 모드의 실행 계획을 한번 살펴보자. 내용이 많이 길어서 이미 살펴본 winningPlan과 rejectedPlans 부분은 생략하고, executionStats 필드의 내용만 조금씩 잘라서 살펴보겠다.

executionStats 모드의 cursor.explain() 명령은 queryPlanner와 rejectedPlans 필드 뒤에 executionStats 필드를 추가로 보여주는데, 우선 executionStats 필드의 정보는 실제 쿼리를 실행한 결과를 보여주는 것이므로 실제 현재 컬렉션이 가지고 있는 도큐먼트와 인덱스 상태에서 정확한 결과를 보여주는 것이다. 아래 결과에서 볼 수 있듯이 executionStats는 우선 nReturned와 executionTimeMillis 그리고 totalKesyExamined와 totalDocsExamined 필드를 보여준다.

```
mongo> db.users.find({name:"6094"}).sort({score:1}).explain("executionStats")
{
  "queryPlanner" : { ... },
  "rejectedPlans" : [ ... ],
  "executionStats" : {
    "executionSuccess" : true,
    "nReturned" : 4,
    "executionTimeMillis" : 0,
    "totalKeysExamined" : 4,
    "totalDocsExamined" : 4,
```

나중에 각 스테이지의 실행 상태 정보에도 실제 이 필드들(nReturned, executionTimeMillis, totalKeysExamined, totalDocsExamined)은 똑같이 표시되는데, executionStats 필드 바로 하위에 있는 이 필드들은 쿼리의 전체적인 실행 결과 상태 정보를 보여주는 것이므로 하위의 각 스테이지에 표시되는 상태 값들의 합계로 생각하면 된다.

- nReturned: 실제 클라이언트로 반환된 도큐먼트의 건수

- executionTimeMillis: 전체 쿼리의 실행 시간(밀리초)

- totalKeysExamined: 쿼리를 처리하기 위해서 인덱스에서 읽은 인덱스 키의 개수

- totalDocsExamined: 쿼리를 처리하기 위해서 컬렉션의 데이터 파일에서 읽은 도큐먼트의 건수

다음으로 executionStats 필드 하위에 executionStages 필드가 표시되는데, 여기에는 쿼리의 실행 계획에 표시됐던 각 스테이지들이 실행되는 동안 처리한 상세한 내용이 표시된다. 우선 executionStages 하위에는 스테이지들이 트리 구조로 표시되며, 쿼리의 실행 계획에서 확인했던 것과 동일한 순

서로 SORT → SORT_KEY_GENERATOR → FETCH → IXSCAN 스테이지가 표시된 것을 확인할
수 있다.

```
"executionStages" : {
  "stage" : "SORT",
  "nReturned" : 4,
  "executionTimeMillisEstimate" : 13,
  "works" : 12,
  "advanced" : 4,
  "needTime" : 6,
  "needYield" : 0,
  "saveState" : 0,
  "restoreState" : 0,
  "isEOF" : 1,
  "invalidates" : 0,
  "sortPattern" : {
    "score" : 1
  },
  "memUsage" : 240,
  "memLimit" : 33554432,
  "inputStage" : {
    "stage" : "SORT_KEY_GENERATOR",
    "nReturned" : 4,
    "executionTimeMillisEstimate" : 7,
    "works" : 6,
    "advanced" : 4,
    "needTime" : 1,
    "needYield" : 0,
    "saveState" : 0,
    "restoreState" : 0,
    "isEOF" : 1,
    "invalidates" : 0,
    "inputStage" : {
      "stage" : "FETCH",
      "nReturned" : 4,
      "executionTimeMillisEstimate" : 6,
      "works" : 5,
      "advanced" : 4,
```

```
"needTime" : 0,
"needYield" : 0,
"saveState" : 0,
"restoreState" : 0,
"isEOF" : 1,
"invalidates" : 0,
"docsExamined" : 4,
"alreadyHasObj" : 0,
"inputStage" : {
  "stage" : "IXSCAN",
  "nReturned" : 4,
  "executionTimeMillisEstimate" : 2,
  "works" : 5,
  "advanced" : 4,
  "needTime" : 0,
  "needYield" : 0,
  "saveState" : 0,
  "restoreState" : 0,
  "isEOF" : 1,
  "invalidates" : 0,
  "keyPattern" : {
    "name" : 1
  },
  "indexName" : "name_1",
  "isMultiKey" : false,
  "multiKeyPaths" : {
    "name" : [ ]
  },
  "isUnique" : false,
  "isSparse" : false,
  "isPartial" : false,
  "indexVersion" : 2,
  "direction" : "forward",
  "indexBounds" : {
    "name" : [
      "[\"6094\", \"6094\"]"
    ]
  },
  "keysExamined" : 4,
```

```
                    "seeks" : 1,
                    "dupsTested" : 0,
                    "dupsDropped" : 0,
                    "seenInvalidated" : 0
                }
            }
        }
      }
    }
  }
}
```

각 스테이지에서 공통으로 아래와 같은 필드들이 표시되며, 각 필드의 의미는 다음과 같다. 물론 여기에 언급되지 않은 saveState나 restoreState 등의 정보도 있지만, 크게 중요하지 않으므로 생략하겠다.

- stage: 현재 스테이지의 타입

- nReturned: 현재 스테이지의 처리 결과 상위 스테이지로 반환된 도큐먼트 건수

- executionTimeMillisEstimate: 현재 스테이지(자식 스테이지 포함)를 처리하는데 걸린 시간(밀리초)

- works: 현재 스테이지의 work() 함수가 호출된 횟수

- advanced: 현재 스테이지가 도큐먼트를 반환한 횟수(ADVANCED를 반환한 횟수)

- needTime: 현재 스테이지가 도큐먼트를 반환하지 못한 횟수(NEED_TIME을 반환한 횟수)

- needYield: 현재 스테이지가 처리되면서 Yield를 실행한 횟수

- isEOF: 현재 스테이지가 EOF를 반환한 횟수(이는 거의 항상 0 또는 1만 가짐)

- executionTimeMillisEstimated: 현재 스테이지를 처리하는 데 걸린 시간(밀리초)

그림 9-4는 위 실행 계획의 executionStages 내용들을 간단한 시퀀스 다이어그램으로 표현해본 것이다. 그림 9-4를 보면 쿼리를 실행하기 위해서 4개의 스테이지를 거쳐서 실행됐는데, SORT_KEY_GENERATOR와 FETCH 그리고 IXSCAN 스테이지는 5~6번만 호출됐으며, 이 스테이지들의 work() 함수 리턴 값은 대부분 ADVANCED였다는 것을 알 수 있다. 즉 이 스테이지들은 대부분 work() 함수가 호출될 때마다 도큐먼트 결과를 한 건씩 리턴했다는 것을 알 수 있다. 하지만 제일 앞쪽의 SORT 스테이지는 12번이나 호출됐으며, 그중에서 6번은 NEED_TIME을 리턴한 것을 알 수 있다. 그러면서도 실제 리턴된 도큐먼트 건수는 4건(ADVANCED 반환 횟수)밖에 안 되는 것을 확인할 수 있다.

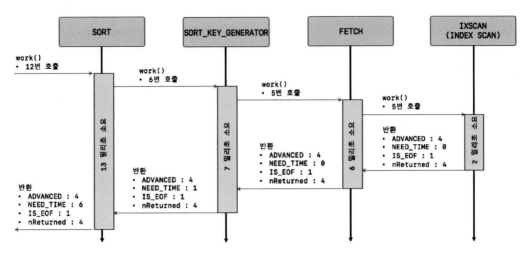

〈그림 9-4〉 실행 계획 스테이지의 호출 및 리턴

단순히 work() 함수의 호출 횟수가 성능을 결정하는 것은 아니지만, 내부적으로 각 스테이지에서 어떤 작업을 얼마나 반복해서 많이 수행했는지 판단할 수는 있다. 물론 디스크가 매우 느리고 메모리가 데이터 파일의 크기에 비해서 매우 적은 서버에서는 FETCH 스테이지나 IXSCAN 스테이지가 상대적으로 더 느리게 작동할 수도 있지만, 이렇게 서버의 특수성까지 여기에서 언급하지는 않겠다. 하지만 MongoDB 서버의 실행 계획에서 어느 스테이지가 가장 느리게 작동했는지는 각 스테이지의 executionTimeMillisEstimated 필드에 표시된 시간으로 확인할 수 있다. 물론 각 스테이지의 executionTimeMillisEstimated 필드 값은 자식 스테이지의 처리 시간까지 모두 포함하므로 적절히 뺄셈을 해서 순수하게 각 스테이지가 소비한 시간을 계산할 수 있다. 그래서 이 쿼리의 처리에서는 SORT 스테이지가 가장 많은 시간을 소모하고 있는 것을 확인할 수 있다.

- IXSCAN: 2밀리초
- FETCH: 4밀리초
- SORT_KEY_GENERATOR: 1밀리초
- SORT: 6밀리초

> **⊙ 주의**
>
> 위 예제에서 각 스테이지가 순수하게 사용한 시간은 위와 같다. 참고로 이번 예제에서 출력된 executionTime MillisEstimated 값은 저자가 독자의 이해를 돕기 위해서 임의로 설정한 값이므로 이 소요 시간 자체에 대해서는 신뢰하지 않도록 하자. 실제 대량의 도큐먼트를 처리하는 쿼리의 실행 계획에 대해서는 신뢰할 만한 소요 시간이 출력되므로 직접 실행 계획의 각 스테이지 성능을 분석할 때에는 executionTimeMillisEstimated 필드 값을 참조하도록 하자.

그리고 executionStats 모드의 cursor.explain() 결과에서는 스테이지별로 작업의 특성에 따라 추가로 표시되는 내용도 확인할 수 있다.

```
"executionStages" : {
    "stage" : "SORT",
    ...
    "memUsage" : 240,
    "memLimit" : 33554432,
    "inputStage" : {
      "stage" : "SORT_KEY_GENERATOR",
       ...
      "inputStage" : {
        "stage" : "FETCH",
        ...
        "docsExamined" : 4,
        "inputStage" : {
          "stage" : "IXSCAN",
          ...
          "keysExamined" : 4,
          "seeks" : 1,
          "dupsTested" : 0,
          "dupsDropped" : 0,
          "seenInvalidated" : 0
        }
      }
    }
  }
}
```

SORT 스테이지에서는 memUsage와 memLimit 필드가 출력됐는데, MongoDB 서버에서 FIND 쿼리의 정렬을 처리하기 위해서 사용할 수 있는 최대 메모리 버퍼 크기(디폴트 32MB)가 memLimit 필드에 표시됐으며, 실제 이 쿼리의 처리를 위해서 사용한 정렬용 메모리 버퍼의 크기는 240바이트라는 것을 의미한다. SORT_KEY_GENERATOR는 별도의 필드를 가지지 않으며, FETCH 스테이지는 docsExamined 필드가 표시됐고, IXSCAN 스테이지는 keysExamined 상태 값 필드가 표시됐다. 그리고 IXSCAN 스테이지는 seeks 상태 값 필드가 표시됐는데, 이는 IXSCAN 스테이지를 처리하기 위해서 인덱스에서 스캔을 시작할 위치를 찾는 작업(seek)을 몇 번 수행했는지 보여준다.

> **참고** 일반적인 DBMS의 인덱스 읽기는 Seek과 Scan 오퍼레이션으로 나누어 볼 수 있는데, Seek 오퍼레이션은 B-Tree를 루트 노드부터 리프 노드까지 찾아가는 작업이며 Scan은 Seek로 찾은 인덱스 엔트리부터 다음 엔트리를 하나씩 읽는 작업이다. 이때 Seek 오퍼레이션은 Scan에 비해서 랜덤하게 인덱스 페이지(B-Tree의 노드)를 읽어야 하는 작업이므로 큰 비용을 필요로 한다. 그래서 IXSCAN 스테이지의 seeks가 높을수록 인덱스 스캔의 성능이 떨어지는 것으로 예측할 수 있다.

9.1.6.3 allPlansExecution 모드의 출력

allPlansExecution 모드의 cursor.explain() 명령은 executionStats 모드에서 출력됐던 모든 내용(queryPlanner와 executionStats 모드의 출력 내용)을 포함하며, 추가로 allPlansExecution 필드를 출력한다. allPlansExecution 필드는 옵티마이저가 검토했던 모든 예비 실행 계획 후보들을 실행한 후, 각 실행 계획별로 실행 상태 정보를 알려준다. 앞서 executionStats 모드의 실행 계획에서 예제로 살펴봤던 쿼리와 같은 쿼리에 대해서 allPlansExecution 모드의 실행 계획을 한번 살펴보자. allPlansExecution 모드의 실행 계획도 출력되는 내용이 많아서 이미 살펴본 queryPlanner와 executionStats 영역은 모두 제거하고, allPlansExecution 필드의 내용만 살펴보겠다. 예제의 쿼리는 users 컬렉션의 두 인덱스를 가지고 있는데, 두 인덱스 모두 예비 실행 계획 후보로 선정됐다는 것은 이미 살펴봤다. allPlansExecution 필드는 배열로 2개가 표시되는데, "{name:1}" 인덱스를 사용하는 실행 계획과 "{score:1, name:1}" 인덱스를 사용하는 계획을 나눠서 살펴보자.

다음은 "{score:1, name:1}" 인덱스를 이용해서 FETCH → IXSCAN 두 개의 스테이지를 이용하는 실행 계획의 실행 결과다. 이 경우에는 totalKeysExamined와 totalDocsExamined 필드의 값이 11이며, 루트 스테이지의 works 필드는 11이고, advanced 필드는 0 그리고 needTime 필드의 값은 11이다. 그리고 마지막으로 isEOF 값은 0으로 표시됐다.

```
mongo> db.users.find({name:"6094"}).sort({score:1}).explain("allPlansExecution")
{
  "queryPlanner" : { ... },
  "executionStats" : {
    "executionStages" : { ... },
    "allPlansExecution" : [
      {
        "nReturned" : 0,
        "executionTimeMillisEstimate" : 0,
        "totalKeysExamined" : 11,
        "totalDocsExamined" : 11,
        "executionStages" : {
          "stage" : "FETCH",
          "filter" : {
            "name" : {
              "$eq" : "6094"
            }
          },
          "nReturned" : 0,
          "executionTimeMillisEstimate" : 0,
          "works" : 11,
          "advanced" : 0,
          "needTime" : 11,
          "needYield" : 0,
          "saveState" : 0,
          "restoreState" : 0,
          "isEOF" : 0,
          "invalidates" : 0,
          "docsExamined" : 11,
          "alreadyHasObj" : 0,
          "inputStage" : {
            "stage" : "IXSCAN",
            "nReturned" : 11,
            "executionTimeMillisEstimate" : 0,
            "works" : 11,
            "advanced" : 11,
            "needTime" : 0,
            "needYield" : 0,
            "saveState" : 0,
```

```
        "restoreState" : 0,
        "isEOF" : 0,
        "invalidates" : 0,
        "keyPattern" : {
          "score" : 1,
          "name" : 1
        },
        "indexName" : "score_1_name_1",
        "isMultiKey" : false,
        "multiKeyPaths" : {
          "score" : [ ],
          "name" : [ ]
        },
        "isUnique" : false,
        "isSparse" : false,
        "isPartial" : false,
        "indexVersion" : 2,
        "direction" : "forward",
        "indexBounds" : {
          "score" : [
            "[MinKey, MaxKey]"
          ],
          "name" : [
            "[MinKey, MaxKey]"
          ]
        },
        "keysExamined" : 11,
        "seeks" : 1,
        "dupsTested" : 0,
        "dupsDropped" : 0,
        "seenInvalidated" : 0
      }
    }
  },
```

다음 결과는 "{name:1}" 인덱스를 사용하는 실행 계획의 실행 상태 정보인데, 이 결과에서 totalKeys Examined와 totalDocsExamined 값은 4이며, 루트 스테이지의 works 필드 값은 11이고 advanced 는 4 그리고 needTime은 6이다. 그리고 가장 중요한 isEOF는 1로 표시됐다.

```
{
  "nReturned" : 4,
  "executionTimeMillisEstimate" : 0,
  "totalKeysExamined" : 4,
  "totalDocsExamined" : 4,
  "executionStages" : {
    "stage" : "SORT",
    "nReturned" : 4,
    "executionTimeMillisEstimate" : 0,
    "works" : 11,
    "advanced" : 4,
    "needTime" : 6,
    "needYield" : 0,
    "saveState" : 0,
    "restoreState" : 0,
    "isEOF" : 1,
    "invalidates" : 0,
    "sortPattern" : {
      "score" : 1
    },
    "memUsage" : 240,
    "memLimit" : 33554432,
    "inputStage" : {
      "stage" : "SORT_KEY_GENERATOR",
      "nReturned" : 4,
      "executionTimeMillisEstimate" : 0,
      "works" : 6,
      "advanced" : 4,
      "needTime" : 1,
      "needYield" : 0,
      "saveState" : 0,
      "restoreState" : 0,
      "isEOF" : 1,
      "invalidates" : 0,
      "inputStage" : {
        "stage" : "FETCH",
        "nReturned" : 4,
        "executionTimeMillisEstimate" : 0,
        "works" : 5,
        "advanced" : 4,
```

```
"needTime" : 0,
"needYield" : 0,
"saveState" : 0,
"restoreState" : 0,
"isEOF" : 1,
"invalidates" : 0,
"docsExamined" : 4,
"alreadyHasObj" : 0,
"inputStage" : {
  "stage" : "IXSCAN",
  "nReturned" : 4,
  "executionTimeMillisEstimate" : 0,
  "works" : 5,
  "advanced" : 4,
  "needTime" : 0,
  "needYield" : 0,
  "saveState" : 0,
  "restoreState" : 0,
  "isEOF" : 1,
  "invalidates" : 0,
  "keyPattern" : {
    "name" : 1
  },
  "indexName" : "name_1",
  "isMultiKey" : false,
  "multiKeyPaths" : {
    "name" : [ ]
  },
  "isUnique" : false,
  "isSparse" : false,
  "isPartial" : false,
  "indexVersion" : 2,
  "direction" : "forward",
  "indexBounds" : {
    "name" : [
      "[\"6094\", \"6094\"]"
    ]
  },
  "keysExamined" : 4,
  "seeks" : 1,
```

```
                    "dupsTested" : 0,
                    "dupsDropped" : 0,
                    "seenInvalidated" : 0
                }
            }
          }
        }
      }
    ]
  }
}
```

다른 값들도 나름대로 중요하지만, 우선 위에서 짚어봤던 몇 가지 중요한 필드 값만 모아서 두 실행 계획을 비교해보자.

	{score:1, name:1} 인덱스 실행 계획	{name:1} 인덱스 실행 계획
totalKeysExamined	11	4
totalDocsExamined	11	4
works	11	11
advanced	0	4
needTime	11	6
isEOF	0	1

우선 두 개의 실행 계획에 대해서 실행해본 결과 상태 값을 비교해보면 totalKeysExamined와 totalDocsExamined 값은 {name:1} 인덱스를 사용한 실행 계획이 각 4로 {score:1, name:1} 인덱스의 11보다 훨씬 작은 값을 보여줬다. 즉 쿼리를 처리하는 데 있어서 {name:1} 인덱스를 사용한 실행 계획은 인덱스 키 엔트리를 단지 4개만 읽고, 컬렉션의 데이터 파일에서도 4개의 도큐먼트만 읽어서 쿼리를 종료했다는 것을 알 수 있다. 하지만 {score:1, name:1} 인덱스를 사용한 실행 계획에서는 각각 11건씩 읽었다. 실제 루트 스테이지의 work() 함수 호출 횟수는 두 실행 계획 모두 11이라는 값을 보여주고 있다. 두 실행 계획 모두 11번의 work() 함수가 호출됐는데 왜 MongoDB 옵티마이저는 {name:1} 인덱스를 사용하는 실행 계획이 효율적이라고 판단한 것일까?

이 물음에 대한 답은 MongoDB의 실행 계획 수립 과정에 있다. MongoDB 옵티마이저는 최적의 실행 계획을 선택하기 위해서 가능한 모든 실행 계획 후보(이 예제에서는 2개)를 동시에 병렬로 실행한다. 그리고 돌아가면서 각 실행 계획의 루트 스테이지에 대해서 work() 함수를 균등하게 한 번씩 호출한다. 이렇게 반복해서 실행 계획의 work() 함수를 호출하면서 아래 2개 조건 중 하나라도 충족되는 실행 계획이 나올 때까지 실행한다.

- 특정 실행 계획의 처리가 완료(쿼리 완료)
- 특정 실행 계획이 101건(internalQueryPlanEvaluationMaxResults 옵션)의 도큐먼트를 반환

이 예제에서는 {name:1} 인덱스를 사용하는 실행 계획이 11번의 work() 함수 호출에 실행 계획의 처리가 완료됐다. 그래서 MongoDB 옵티마이저는 더 이상 실행 계획을 평가해보지 않고도 {score:1, name:1} 인덱스를 사용하는 실행 계획보다 {name:1} 인덱스를 사용하는 실행 계획이 효율적이라고 판단한 것이다. 실행 계획의 실행 상태 정보에서 isEOF 필드는 실행 계획의 처리가 완료됐는지 나타내는데, 이렇게 후보 실행 계획 중에서 먼저 완료된 실행 계획이 있는 경우에는 isEOF 필드의 값이 1인 경우가 있는지 확인해보면 된다.

만약 두 후보 실행 계획이 101건의 도큐먼트를 반환할 때까지 완료되지 않았다면 두 개의 후보 실행 계획 중에서 먼저 101건을 반환한 실행 계획이 최적의 실행 계획으로 선택된다. 실제 쿼리가 무겁고 많은 도큐먼트를 처리해야 하는 쿼리일수록 실행 계획을 선정하는 작업이 시간이 오래 걸릴 수밖에 없는 이유가 이 때문이다. 또한 쿼리의 실행 계획을 처음 수립하는 과정에서는 가능한 모든 후보 실행 계획을 동시에 실행해야 하므로 MongoDB 서버는 조금 더 부담스러울 수 있다.

> **(!) 주의**
>
> MongoDB 서버를 포함한 대부분의 DBMS는 쿼리를 실행할 때마다 통계 정보를 활용해서 실행 계획을 수립한다. 이때마다 가능한 모든 실행 계획 후보군을 준비하고, 각 실행 계획의 효율성을 따져봐야 하는데, 이때 효율성을 코스트(Cost)라고 표현한다. 아무튼 DBMS는 가능한 후보 실행 계획이 많을수록 DBMS의 옵티마이저가 더 많은 비교를 해야 한다. 결국 컬렉션에 비슷한 모양의 인덱스가 많을수록 옵티마이저는 더 복잡한 연산을 하게 되는 것이다. 그래서 가능하다면 하나의 컬렉션내에서 인덱스는 최대한 유니크한 모양(유니크 인덱스가 아니라, 인덱스 필드들의 순서가 중첩되지 않도록)으로 생성하는 것이 좋다.
>
> 즉 다음과 같이 인덱스를 생성하는 것은 MongoDB의 옵티마이저를 더 힘들게 하는 것이다. 게다가 다음 예제에 있는 4개의 인덱스는 대부분 중첩된 인덱스로, 불필요하게 인덱스가 많이 만들어졌을 가능성이 높으니 이런 형태와 비슷한 형태의 여러 인덱스는 주의하도록 하자.
>
> ```
> db.users.createIndex( {name:1} )
> db.users.createIndex( {name:1, score:1} )
> db.users.createIndex( {name:1, score:1, class:1} )
> db.users.createIndex( {name:1, score:1, class:1, created:1} )
> ```

9.1.6.4 UPDATE와 REMOVE 그리고 AGGREGATION 쿼리의 실행 계획

MongoDB 서버에서 실행 계획을 확인하는 방법은 다양한데, 지금까지 살펴본 db.collection. find().explain() 문법은 초기 MongoDB 버전부터 지원하는 형태다. explain() 명령은 커서에 대해서만 사용할 수 있기 때문에 UPDATE나 REMOVE 명령에 대해서는 이런 문법을 사용할 수 없다. 그래서 UPDATE나 REMOVE 명령에 대해서는 다음과 같이 db.collection.explain().update() 와 db.collection.explain().delete() 형태로 실행 계획을 확인할 수 있는 문법을 지원하고 있으며, explain() 명령에는 "queryPlanner"나 "executionStats" 그리고 "allPlansExecution" 모드를 설정할 수 있다.

```
mongo> db.users.explain("queryPlanner").update({name:"6094"},{$set:{fd:1}})
{
  "queryPlanner" : {
    "plannerVersion" : 1,
    "namespace" : "test.users",
    "indexFilterSet" : false,
    "parsedQuery" : {
      "name" : {
        "$eq" : "6094"
      }
    },
    "winningPlan" : {
      "stage" : "UPDATE",
      "inputStage" : {
        "stage" : "FETCH",
        "inputStage" : {
          "stage" : "IXSCAN",
          "keyPattern" : {
            "name" : 1
          },...

mongo> db.users.explain("queryPlanner").remove({name:"6094"})
{
  "queryPlanner" : {
    "plannerVersion" : 1,
    "namespace" : "test.users",
    "indexFilterSet" : false,
```

```
      "parsedQuery" : {
        "name" : {
          "$eq" : "6094"
        }
      },
      "winningPlan" : {
        "stage" : "DELETE",
        "inputStage" : {
          "stage" : "FETCH",
          "inputStage" : {
            "stage" : "IXSCAN",
            "keyPattern" : {
              "name" : 1
            },...
```

db.collection.explain().update() 문법으로 실행 계획을 확인하는 방법은 UPDATE와 REMOVE 명령뿐만 아니라 FIND 명령도 같은 문법으로 실행 계획을 확인할 수 있다. 그뿐만 아니라 aggregate() 나 count() 그리고 distinct()나 group() 등의 명령도 동일하게 실행 계획을 확인할 수 있다.

```
mongo> db.users.explain().find({name:"6094"})
{
  "queryPlanner" : {
    "plannerVersion" : 1,
    "namespace" : "test.users",
    "indexFilterSet" : false,
    "parsedQuery" : {
      "name" : {
        "$eq" : "6094"
      }
    },
    "winningPlan" : {
      "stage" : "FETCH",
      "inputStage" : {
        "stage" : "IXSCAN",
        "keyPattern" : {
          "name" : 1
        },...
```

```
mongo> db.users.find({name:"6094"}).explain("queryPlanner")
{
  "queryPlanner" : {
    "plannerVersion" : 1,
    "namespace" : "test.users",
    "indexFilterSet" : false,
    "parsedQuery" : {
      "name" : {
        "$eq" : "6094"
      }
    },
    "winningPlan" : {
      "stage" : "FETCH",
      "inputStage" : {
        "stage" : "IXSCAN",
        "keyPattern" : {
          "name" : 1
        },...
```

Aggregation 쿼리도 db.collection.explain().aggregate() 문법뿐만 아니라 db.collection.aggregate ([], {explain:true}) 문법으로 실행 계획을 확인할 수 있다.

```
mongo> db.users.explain().aggregate([{$match:{name:"6094"}}])
{
"stages" : [
  {
    "$cursor" : {
      "query" : {
        "name" : "6094"
      },
      "queryPlanner" : {
        "plannerVersion" : 1,
        "namespace" : "test.users",
        "indexFilterSet" : false,
        "parsedQuery" : {
          "name" : {
            "$eq" : "6094"
          }
```

```
          },
        "winningPlan" : {
          "stage" : "FETCH",
          "inputStage" : {
            "stage" : "IXSCAN",
            "keyPattern" : {
              "name" : 1
            },...

mongo> db.users.aggregate([{$match:{name:"6094"}}], {explain:true})
{
    "stages" : [
        {
            "$cursor" : {
                "query" : {
                    "name" : "6094"
                },
                "queryPlanner" : {
                    "plannerVersion" : 1,
                    "namespace" : "test.users",
                    "indexFilterSet" : false,
                    "parsedQuery" : {
                        "name" : {
                            "$eq" : "6094"
                        }
                    },
                    "winningPlan" : {
                        "stage" : "FETCH",
                        "inputStage" : {
                            "stage" : "IXSCAN",
                            "keyPattern" : {
                                "name" : 1
                            },...
```

9.2 쿼리 최적화

지금까지 MongoDB의 실행 계획을 읽고 이해하는 방법을 살펴봤는데, 상당히 많은 내용이 출력되므로 모든 것을 기억하기는 조금 어려울 수 있다. 여기에서는 MongoDB의 쿼리 튜닝에서 주의 깊게 살펴봐야 할 부분과 성능 튜닝이 필요한 쿼리를 수집하는 방법을 살펴보겠다.

9.2.1 실행 계획의 쿼리 튜닝 포인트

우선 MongoDB의 실행 계획에 출력되는 실행 상태 정보들을 이용해서 쿼리를 튜닝할 때, 주의 깊게 살펴봐야 할 몇 가지 사항을 되짚어 보자.

- **쿼리가 인덱스를 사용하는가?**

  쿼리의 실행 계획에서 IXSCAN 스테이지가 최하위에 있다면 이는 인덱스 레인지 스캔을 사용하는 것이다. 하지만 쿼리를 실행하기 위해서 반드시 하나의 인덱스만 읽는 것은 아니므로 하나의 실행 계획에서 IXSCAN 스테이지가 여러 번 나타날 수도 있다. 쿼리에 $lookup 쿼리가 사용되지 않은 경우에 일반적으로 하나의 컬렉션만 사용하게 되는데, 이 경우에는 인덱스 레인지 스캔(IXSCAN)과 컬렉션 풀 스캔(COLLSCAN) 스테이지가 동시에 나타나지는 않는다. 하지만 $lookup을 이용한 조인의 경우에는 IXSCAN과 COLLSCAN 스테이지가 모두 나타날 수도 있으므로 실행 계획 전체를 확인해서 COLLSCAN 스테이지가 나타나지 않는지 확인하는 것이 좋다. 물론 실행 계획에서 무조건 IXSCAN 스테이지가 사용된다고 해서 최적이라고 판단하면 안되지만, 일단 최소한 IXSCAN을 사용하는지 여부를 판단하는 것은 최적화의 기본이다.

- **도큐먼트 정렬이 인덱스를 사용하는가?**

  대부분의 RDBMS에서와 같이 MongoDB 서버에서도 인덱스의 정렬 순서가 쿼리에서 필요로 하는 정렬 순서와 같다면 인덱스 순서대로 데이터를 반환함으로써 별도의 정렬 처리를 회피할 수 있다. 만약 그렇지 않을 때에는 MongoDB 서버가 쿼리를 처리하는 시점에 도큐먼트를 직접 정렬해야 하는데, 이 경우에는 실행 계획에 SORT 스테이지가 사용된다. 즉 실행 계획에서 SORT 스테이지가 사용되고 있다면 이 쿼리는 실행 시점에 정렬 작업을 필요로 한다고 판단할 수 있다. 물론 정렬 작업이 필요하다 하더라도 서비스 특성에 따라서 수십 또는 수백 건 정도의 정렬 작업은 문제 되지 않을 수도 있다. 정렬 작업이 필요한 쿼리에서 주의해야 할 점은 쿼리에 사용되는 조건에 따라서 어떤 경우에는 수십 건의 정렬만 수행하면 되지만 다른 조건에서는 수천 또는 수만 건의 도큐먼트를 정렬해야 할 수도 있다는 것이다. 게다가 MongoDB에서는 정렬 대상 도큐먼트가 32MB를 넘어서면 메모리 부족으로 쿼리가 실패하게 되므로 SORT 스테이지에 대해서는 주의가 필요하다.

- **필드 프로젝션이 인덱스를 사용(커버링 인덱스)하는가?**

  다른 RDBMS와 동일하게 MongoDB 서버에서도 커버링 인덱스(Covered Query) 방식으로 쿼리를 최적화하기도 한다. 예를 들어, 쿼리가 처리되는데 필요한 필드(조건 및 프로젝션 그리고 정렬 조건에 사용된 필드)가 하나의 인덱스에 모두 포함된 경우에는 MongoDB 옵티마이저가 컬렉션의 도큐먼트를 읽지 않고 처리한다. 인덱스를 통해서 RecordId를 검색하고, 실제 컬렉션 데이터 파일에서 해당 도큐먼트를 찾는 작업은 랜덤 액세스 방식(B-Tree를 룩업해서 하나의 도큐먼트를 찾는 방식)으로 처리된다. 그래서 많은 도큐먼트에 대해서 컬렉션 데이터 파일을 검색하면서 한 건씩 읽는 작업이 수행된다면 이는 서버의 부하를 많이 일으키는 작업이다. 이런 경우에 필요한 모든 필드가 인덱스에 포함돼 있다면 컬렉션 파일의 랜덤 액세스가 필요 없기 때문에 매우 빠르게 쿼리를 처리할 수 있다. 쿼리의 실행 계획이 커버링 인덱스 방식으로 처리되는지는 FETCH 스테이지가 있는지 없는지로 판단해볼 수 있다. 만약 실행 계획 트리에서 IXSCAN 스테이지의 상위에 FETCH 스테이지가 표시돼 있다면 이는 커버링 인덱스로 쿼리가 처리되지 못함을 의미한다.

- **인덱스 키 엔트리와 도큐먼트를 얼마나 읽었는가?**

  쿼리의 실행 계획 최상단에 표시되는 totalKeysExamined와 totalDocsExamined 필드 값은 쿼리가 처리되면서 읽은 인덱스 키의 개수와 도큐먼트의 개수를 의미한다. 일반적인 쿼리에서 인덱스 레인지 스캔은 랜덤 액세스가 아니므로 totalKeysExamined 필드의 값이 조금 높은 수치이더라도 필요한 만큼의 성능을 보일 때가 많다. 하지만 인덱스를 통해서 RecordId를 찾고, 그 RecordId를 이용해서 도큐먼트를 가져오는 작업은 모두 랜덤 액세스로 처리되므로 totalKeysExamined 수치가 높은 경우에는 쿼리의 성능이 현저히 떨어지는 경우가 많다. 물론 totalKeysExamined와 totalDocsExamined 값이 모두 낮은 수치이면 최적이겠지만, 그렇지 않다면 totalDocsExamined 수치를 낮추기 위해서 인덱스를 조정하는 튜닝이 필요할 수도 있다. 주로 이를 위해서는 인덱스를 더 최적화된 형태로 변경하는 작업이 필요하다.

- **인덱스의 선택도는 얼마나 좋은가?**

  실행 계획상에서 사용되는 인덱스가 쿼리에 사용된 조건을 얼마나 커버하는지는 성능상 매우 중요한 요소다. 예를 들어, db.users.find({birth_year:1990, user_type:"p"})라는 쿼리가 있을 때, 인덱스가 birth_year 필드로만 준비돼 있다면 user_type 필드의 조건은 한건 한건씩 도큐먼트를 읽어서 비교해야 한다. 이런 경우 birth_year 필드와 user_type 필드를 묶어서 복합 인덱스를 준비한다면 이 쿼리는 꼭 필요한 도큐먼트만 인덱스를 통해서 읽게 되기 때문에 더 빠른 성능을 보일 것이다. 이때 users 컬렉션의 대부분 도큐먼트가 user_type="P"라면 birth_year와 user_type 필드의 복합 인덱스는 크게 도움이 되지 않을 수도 있다. 그래서 인덱스의 각 필드가 얼마나 쿼리의 작업 범위를 줄일 수 있는지에 대한 고려가 필요한 것이다. 각 필드의 선택도가 낮은 인덱스는 오히려 인덱스의 크기를 키워서 메모리의 효율만 떨어뜨리고 데이터 변경 쿼리의 성능만 떨어뜨리므로 FIND와 UPDATE 그리고 REMOVE 쿼리 전체를 고려해서 설계한 적절한 인덱스가 중요하다.

- **어떤 스테이지가 가장 많은 시간을 소모하는가?**

  실행 계획(executionStats 모드)의 각 스테이지는 자식 스테이지를 포함해서 자신이 실행되는 데 소요된 시간(executionTimeMillis, 밀리초)을 보여준다. 현재 스테이지의 처리 시간과 자식 스테이지의 처리 시간의 차이는 순수하게 현재 스테이지의 수행 시간을 의미한다. 그래서 쿼리의 처리 시간이 긴 경우에는 각 스테이지가 처리되는 데 걸린 시간을 계산해서 시간이 가장 많이 걸린 스테이지를 집중적으로 최적화할 수 있다.

9.2.2 슬로우 쿼리 로그 분석 및 튜닝

MongoDB 서버에서 실행된 쿼리 중에서 100밀리초가 넘게 걸린 쿼리는 MongoDB 서버의 로그 파일에 모두 로깅된다. 100밀리초는 MongoDB 서버에 설정된 기본값이며, MongoDB 서버의 설정 파일에서 slowMs 옵션을 조정하면 로깅 기준 시간을 조정할 수 있다. 다음은 MongoDB 서버의 로그 파일에 기록된 슬로우 쿼리 로그의 예제다.

```
2017-05-25T10:01:58.917-0400 I COMMAND   [conn7] command mysns.users appName: "MongoDB Shell"
command: find { find: "users", filter: { nFavorites: { $gte: 10000.0 } }, limit: 20.0, singleBatch:
false, sort: { nFavorites: -1.0, username: 1.0 }, projection: { _id: 0.0, nFavorites: 1.0,
username: 1.0 } } planSummary: IXSCAN { nFavorites: -1 } keysExamined:359907 docsExamined:359907
hasSortStage:1 cursorExhausted:1 numYields: 2871 nreturned:20 reslen:1087 locks:{ Global: {
acquireCount: { r: 5744 } }, Database: { acquireCount: { r: 2872 } }, Collection: { acquireCount: {
r: 2872 } } } protocol:op_command 1493ms
```

아마도 MongoDB 서버의 로그 파일에 익숙하지 않은 경우에는 암호문처럼 보일 수도 있다. 우선 이 로그의 내용을 조금 가공해서 보기 쉽게 만든 다음 각 필드의 의미를 한번 살펴보자.

- 2017-05-25T10:01:58.917+0900
  로그가 발생한 시각

- I
  로그 레벨 (I는 정보성 메시지를 의미함)

- COMMAND
  로그의 모듈명을 의미

- [conn7]
  슬로우 쿼리 로그를 발생시킨 컨넥션

- command mysns.users
  컬렉션의 네임스페이스

- appName: "MongoDB Shell"
  MongoDB 서버에 접속한 클라이언트 프로그램 이름

- command: find { find: "users", filter: { nFavorites: { $gte: 10000.0 } } }
  실행한 쿼리의 상세 정보

- limit: 20.0
  쿼리의 LIMIT 조건

- singleBatch: false

  배치 옵션

- sort: { nFavorites: −1.0, username: 1.0 }

  쿼리의 정렬 옵션

- projection: { _id: 0.0, nFavorites: 1.0, username: 1.0 } }

  쿼리의 프로젝션 옵션

- planSummary: IXSCAN { nFavorites: −1 }

  쿼리의 실행 계획(도큐먼트를 읽을 때 사용한 액세스 방법)

- keysExamined:359907 docsExamined:359907

  쿼리 실행을 위해서 읽은 인덱스 키와 도큐먼트 건수

- hasSortStage:1

  쿼리의 실행 계획상 SORT 스테이지가 있었는지 여부

- cursorExhausted:1

  커서를 끝까지 읽었는지 여부

- numYields: 2871

  쿼리 실행 도중 Yield가 실행된 횟수

- nreturned:20

  클라이언트로 반환된 도큐먼트 건수

- reslen:1087

  반환된 결과의 크기(바이트 수)

- locks:{ Global: { acquireCount: { r: 5744 } }, Database: { acquireCount: { r: 2872 } }, Collection: { acquireCount: { r: 2872 } } }

  쿼리를 실행하는 동안 잠금을 획득한 횟수

- protocol:op_command

  클라이언트가 쿼리 실행을 위해서 전송한 패킷의 프로토콜

- 1493ms

  쿼리 실행에 소요된 시간(밀리초)

MongoDB 서버의 로그 파일에 기록된 슬로우 쿼리 로그에서 주로 성능과 관련해서 살펴봐야 할 부분은 planSummary와 keysExamined 그리고 docsExamined와 numYields 값 정도다. planSummary 는 일반적으로 인덱스 레인지 스캔(IXSCAN)을 실행했는지 또는 컬렉션 풀 스캔(COLLSCAN)을 사용 했는지 보여준다. 그리고 keysExamined와 docsExamined 필드는 쿼리를 처리하기 위해서 읽은 인 덱스 키의 개수와 도큐먼트의 건수를 보여주는데, 이 두 값의 차이를 비교해보면 사용한 인덱스가 얼마 나 효율적인지와 실제 랜덤 액세스 방식으로 도큐먼트를 얼마나 읽었는지 확인할 수 있다. 그리고 마 지막으로 numYields 값은 쿼리가 장시간 실행되면서 다른 컨넥션들이 쿼리를 실행할 수 있도록 잠금 을 해제했다가 다시 잠금을 획득하는 과정을 얼마나 자주 반복했는지 알 수 있다. numYields 수치와 locks 필드에 출력되는 잠금 획득 횟수는 비슷한 의미로 이해하면 된다.

실제 이 쿼리를 누가 실행했는지 확인하고자 한다면 로그를 발생시킨 컨넥션 정보(이 예제에서는 "[conn7]") 를 이용해서 이 컨넥션이 접속된 정보를 MongoDB 서버의 로그에서 찾아볼 수 있다. 컨넥션이 접속되 거나 종료되면 MongoDB 서버는 관련 정보를 로그 파일로 기록한다. 이때 "conn7"은 "컨넥션 7번"을 의미하는데, 연결이 생성된 시점의 로그를 보면 "#7"을 통해서 접속된 정보를 확인할 수 있다. 여기에 서 이 컨넥션은 로컬 서버에서 55338 포트를 사용하는 프로그램에서 접속했다는 것을 알 수 있다. 그리 고 13시 정각쯤에 연결이 종료된 것도 확인할 수 있다.

```
2017-05-25T09:27:11.921+0900 I NETWORK   [thread7] connection accepted from 127.0.0.1:55338 #7 (1
connection now open)
...
2017-05-25T13:00:58.281+0900 I -         [conn7] end connection 127.0.0.1: 55338 (1 connection now
open)
```

버전에 따라서 출력되는 내용에 차이가 있을 수 있는데, 최신 MongoDB 서버(예시는 3.4.4 버전)에서 는 다음과 같이 최초 접속 이력을 출력하기도 한다.

```
2017-05-25T09:27:11.921+0900 I NETWORK   [conn7] received client metadata from 127.0.0.1:55338
conn7: { application: { name: "MongoDB Shell" }, driver: { name: "MongoDB Internal Client",
version: "3.4.4" }, os: { type: "Linux", name: "CentOS Linux release 7.2.1511 (Core) ",
architecture: "x86_64", version: "Kernel 3.10.0-514.26.2.el7.x86_64" } }
```

만약 MongoDB 서버의 로그 레벨을 디폴트 값보다 더 자세히 또는 더 단순하게 변경하고자 한다면 다 음과 같이 db.setLogLevel() 명령을 이용해 서브 모듈별로 로그 레벨을 조정할 수 있다. 로그 레벨 조정이나 로그 레벨 조정을 위한 컴포넌트(서브 모듈)의 목록은 매뉴얼(https://docs.mongodb.com/
manual/reference/log-messages/, https://docs.mongodb.com/manual/reference/method/
db.setLogLevel/)을 참조하도록 하자.

```
mongo> db.setLogLevel(1);
mongo> db.setLogLevel(1, "storage.journal" );
```

9.2.3 쿼리 프로파일링

MongoDB 서버의 로그 파일에는 매우 많은 정보가 기록되며, 때로는 MongoDB 서버의 로그 파일로
슬로우 쿼리 로그 정보를 수집하는 것이 어려울 수도 있다. 이런 경우에는 데이터베이스별로 저장되는
쿼리 프로파일링 정보를 확인하는 것이 좋다. MongoDB는 데이터베이스별로 50~100밀리초 이상 수
행된 쿼리들에 대해서 슬로우 쿼리 정보와 함께 쿼리의 프로파일링 정보를 동시에 저장한다.

> **(!) 주의**
>
> MongoDB 서버는 50~100밀리초(버전에 따라서 조금씩 차이가 있지만, 최근 버전은 모두 100밀리초) 이상 걸린 쿼리는
> MongoDB 로그 파일과 쿼리가 사용하는 컬렉션이 포함된 DB의 system.profile 컬렉션에 기록한다. MongoDB 서버에서는
> 쿼리를 로깅할 시간을 다음과 같이 조정할 수 있다. 이때 슬로우 쿼리 로깅 설정은 DB 단위로 적용되므로 반드시 슬로우 쿼
> 리 로그를 수집하고자 하는 DB로 이동 후, setProfilingLevel() 명령을 실행해야 한다.
>
> ```
> // 실행 시간이 100ms 이상 걸린 쿼리만 로깅
> mongo> use mysns
> mongo> db.setProfilingLevel(1, 100)
>
> // 실행 시간과 관계 없이 모든 쿼리를 로깅
> mongo> use mysns
> mongo> db.setProfilingLevel(2)
> ```
>
> 하지만 이렇게 프로파일링 레벨을 조정해서 슬로우 쿼리를 로깅하는 기능은 MongoDB의 로그 파일에는 적용되지 않고,
> system.profile 컬렉션에 기록되는 슬로우 쿼리 로깅에만 적용된다. 즉 "db.setProfilingLevel(2)" 명령으로 모든 쿼리를 로깅
> 하도록 설정을 변경해도 MongoDB 로그 파일에는 여전히 50~100밀리초 이상의 쿼리만 기록될 것이다.

다음 예제는 쿼리 프로파일링 컬렉션(system.profile)에 저장된 슬로우 쿼리 로그의 프로파일링 정보
를 샘플링 해본 것이다.

```
mongo> db.system.profile.find().sort({$natural:-1}).pretty()
{
        "op" : "query",
        "ns" : "db.coll",
        "query" : {
                "find" : "coll",
                "filter" : {
                        "date" : 20160702,
                        "cnt" : {
                                "$gte" : 1
                        },
                        "groupid" : 5,
                        "time" : {
                                "$lte" : "0500",
                                "$gte" : "0000"
                        }
                },
                "shardVersion" : [
                        Timestamp(5, 401),
                        ObjectId("5848c68a7091dfccfbe641b8")
                ]
        },
        "cursorid" : 202946475957,
        "keysExamined" : 4316,
        "docsExamined" : 4316,
        "numYield" : 33,
        "locks" : {...}
        },
        "nreturned" : 101,
        "responseLength" : 11613,
        "protocol" : "op_command",
        "millis" : 134,
        "planSummary" : "IXSCAN { date: 1, groupid: 1 }",
        "execStats" : {
                "stage" : "SHARDING_FILTER",
                "nReturned" : 101,
                "executionTimeMillisEstimate" : 131,
                "works" : 4316,
                "advanced" : 101,
```

```
"needTime" : 4215,
"needYield" : 0,
"saveState" : 34,
"restoreState" : 33,
"isEOF" : 0,
"invalidates" : 0,
"chunkSkips" : 0,
"inputStage" : {
        "stage" : "FETCH",
        "filter" : {
                "$and" : [
                        {
                                "time" : {
                                        "$lte" : "0500"
                                }
                        },
                        {
                                "cnt" : {
                                        "$gte" : 1
                                }
                        },
                        {
                                "time" : {
                                        "$gte" : "0000"
                                }
                        }
                ]
        },
        "nReturned" : 101,
        "executionTimeMillisEstimate" : 121,
        "works" : 4316,
        "advanced" : 101,
        "needTime" : 4215,
        "needYield" : 0,
        "saveState" : 34,
        "restoreState" : 33,
        "isEOF" : 0,
        "invalidates" : 0,
        "docsExamined" : 4316,
```

```
                             "alreadyHasObj" : 0,
                             "inputStage" : {
                                     "stage" : "IXSCAN",
                                     "nReturned" : 4316,
                                     "executionTimeMillisEstimate" : 0,
                                     "works" : 4316,
                                     "advanced" : 4316,
                                     "needTime" : 0,
                                     "needYield" : 0,
                                     "saveState" : 34,
                                     "restoreState" : 33,
                                     "isEOF" : 0,
                                     ...
                             }
                     }
             },
             "ts" : ISODate("2017-06-08T18:35:50.140Z"),
             "client" : "127.0.0.1",
             "allUsers" : [
                     {
                             "user" : "__system",
                             "db" : "local"
                     }
             ],
             "user" : "__system@local"
     }
```

이 로그를 보면 사용자가 실행한 쿼리와 그 쿼리를 실행하기 위해서 MongoDB 옵티마이저가 사용한 실행 계획의 정보 그리고 실행 상태 정보를 포함하고 있다. 예제의 쿼리는 인덱스 레인지 스캔으로 컬렉션을 읽긴 했지만, 인덱스나 컬렉션에서 읽은 도큐먼트의 건수가 4,316으로 꽤 많은 편이어서 쿼리는 전체 131밀리초가 소요됐다. 실행 계획을 보면 IXSCAN 스테이지에서 인덱스 레인지 스캔을 통해서 4,316건의 인덱스 키가 반환되어서 FETCH 스테이지에서도 4,316건의 도큐먼트를 읽었다. 하지만 FETCH 스테이지에서 읽은 도큐먼트가 필터 조건(cnt 필드의 값이 1보다 큰 도큐먼트만 조회)에 의해서 필터링 되면서 최종 101건이 사용자에게 반환됐다.

system.profile 컬렉션은 Cap 컬렉션으로 1MB 정도의 슬로우 쿼리만 저장할 수 있다. 그리고 1MB를 넘어서면 오래된 로그는 삭제하고 새로 발생한 슬로우 쿼리 로그를 저장한다. 그래서 system.profile 컬렉션의 슬로우 쿼리 로그를 확인할 때는 다음과 같이 역순으로 정렬해야 시간순으로 볼 수 있다. 또한 system.profile은 컬렉션이나 커맨드의 종류별로 필터링해서 슬로우 쿼리 로그를 확인할 수 있는 장점도 제공하고 있다.

```
mongo> db.system.profile.find({ns:"db.coll", millis:{$gt:1000}})
                     .sort({$natural:-1})
```

9.2.4 인덱스 힌트

MongoDB 서버도 다른 RDBMS와 같이 세컨드리 인덱스를 지원하고 있으며, 쿼리를 처리하기 위해서 세컨드리 인덱스와 프라이머리 키 중에서 최적 인덱스를 선정하는 옵티마이저의 실행 계획 수립 단계를 가진다. 대부분의 경우 옵티마이저가 최적의 인덱스를 이용해서 쿼리를 처리하지만, 항상 그런 것은 아니다. 가끔씩 쿼리의 검색 조건이나 정렬 조건을 만족할 수 있는 다양한 인덱스의 컬렉션에서는 옵티마이저가 좋지 않은 않은 인덱스를 사용해서 쿼리를 실행하는 경우도 있다. 이렇게 옵티마이저가 오작동을 하는 경우에는 인덱스 힌트를 이용해서 쿼리의 실행 계획을 다른 방향으로 유도할 수 있다.

다음 쿼리는 "{name:1}" 인덱스를 이용해서 필요한 도큐먼트를 찾고, 그 결과를 정렬해서 결과를 사용자에게 반환하는 실행 계획이다. 하지만 이 쿼리는 name 필드의 값이 "matt"인 도큐먼트가 많다면 너무 많은 도큐먼트를 정렬해야 하므로 효율적이지 못할 수도 있다.

```
mongo> db.users.find({name:"matt"}).sort({score:1}).explain()
{
        "queryPlanner" : {
                "plannerVersion" : 1,
                "namespace" : "test.users",
                "indexFilterSet" : false,
                "parsedQuery" : {
                        "name" : {
                                "$eq" : "matt"
                        }
                },
```

```
            "winningPlan" : {
                    "stage" : "SORT",
                    "sortPattern" : {
                            "score" : 1
                    },
                    "inputStage" : {
                            "stage" : "SORT_KEY_GENERATOR",
                            "inputStage" : {
                                    "stage" : "FETCH",
                                    "inputStage" : {
                                            "stage" : "IXSCAN",
                                            "keyPattern" : {
                                                    "name" : 1
                                            },
                                            ...
                                            "direction" : "forward",
                                            "indexBounds" : {
                                                    "name" : [
                                                            "[\"matt\", \"matt\"]"
                                                    ]
                                            }
                                    }
                            }
                    }
            }
    }
}
```

이런 경우 "{name:1}" 인덱스를 사용하지 않고, 인덱스 힌트를 사용해서 다음과 같이 "{score:1, name:1}" 인덱스를 사용하도록 실행 계획을 변경시킬 수 있다.

```
mongo> db.users.find({name:"matt"})
            .sort({score:1}).hint({score:1, name:1}).explain()
{
      "queryPlanner" : {
              "plannerVersion" : 1,
              "namespace" : "test.users",
              "indexFilterSet" : false,
```

```
        "parsedQuery" : {
                "name" : {
                        "$eq" : "matt"
                }
        },
        "winningPlan" : {
                "stage" : "FETCH",
                "filter" : {
                        "name" : {
                                "$eq" : "matt"
                        }
                },
                "inputStage" : {
                        "stage" : "IXSCAN",
                        "keyPattern" : {
                                "score" : 1,
                                "name" : 1
                        },
                        "indexName" : "score_1_name_1",
                        ...
                        "direction" : "forward",
                        "indexBounds" : {
                                "score" : [
                                        "[MinKey, MaxKey]"
                                ],
                                "name" : [
                                        "[MinKey, MaxKey]"
                                ]
                        }
                }
        }
    }
}
```

MongoDB의 인덱스 힌트는 인덱스의 이름을 직접 사용할 수도 있고 인덱스의 형태를 명시할 수도 있다.

```
mongo> db.user.find({name:"matt"}).hint("ix_score_name")
mongo> db.user.find({name:"matt"}).hint({score:1, name:1})
```

쿼리 힌트에 인덱스의 구조를 사용하는 방법은 인덱스가 변경되면 응용 프로그램에서 사용되는 쿼리 문장의 인덱스 힌트도 항상 같이 변경되어서 배포돼야 한다. 하지만 MongoDB 서버에서는 아직 인덱스의 이름을 빠르게 변경할 수 있는 방법이 없기 때문에 인덱스의 이름을 사용하는 방법도 아직은 그다지 유연하지 않다. 하나의 컬렉션에서 인덱스의 이름은 유니크해야 하므로 기존 응용 프로그램이 코드를 변경하지 않고 사용할 수 있도록 인덱스를 새롭게 생성할 방법이 없다.

> **참고**   MongoDB에서는 아직(3.6 버전) 인덱스의 이름을 변경(rename)할 수 있는 기능을 제공하고 있지는 않다. 그래서 인덱스의 이름을 변경하려면 세컨드리 멤버를 복제에서 제거하고, 기존 인덱스를 삭제한 다음 새로운 인덱스를 생성할 때 기존 인덱스와 동일한 이름의 인덱스를 생성해서 다시 복제 투입하고 프라이머리로 프로모션하는 방식을 사용해야 한다. 만약 이렇게 인덱스를 재생성하는 경우라면 응용 프로그램에서 인덱스의 구조보다는 이름을 사용하는 방법이 더 유연하다고 볼 수 있다. 이 경우에는 응용 프로그램의 배포가 별도로 필요하지 않기 때문이다. 하지만 모든 인덱스를 이런 방식으로 생성하지는 않기 때문에 아직은 인덱스의 이름을 사용하는 것이 그다지 응용 프로그램의 유연성 확보에 큰 도움이 되지 않을 수도 있다.
>
> 향후 인덱스의 메타 정보만 변경하여 인덱스의 이름을 변경할 수 있는 방법이 제공된다면 인덱스의 구조보다는 인덱스의 이름을 힌트에 사용하는 것이 훨씬 더 유연한 방법이 될 것으로 보인다.

인덱스를 통해서 많은 도큐먼트를 랜덤 액세스 방식으로 찾는 것은 상당히 고비용의 작업이기 때문에 때로는 인덱스를 사용하지 않고 컬렉션을 풀 스캔하는 것이 더 빠른 처리 방법이 될 수도 있다. 이런 현상은 주로 배치 작업이나 통계성 작업의 무거운 쿼리에서 자주 발생하는데, 이런 경우에는 다음과 같이 "$natural" 힌트를 명시해주면 된다.

```
mongo> db.users.find({name:"matt"}).hint({$natural:1}).explain()
{
        "queryPlanner" : {
                "plannerVersion" : 1,
                "namespace" : "test.users",
                "indexFilterSet" : false,
                "parsedQuery" : {
                        "name" : {
                                "$eq" : "matt"
                        }
                },
                "winningPlan" : {
                        "stage" : "COLLSCAN",
                        "filter" : {
```

```
                    "name" : {
                            "$eq" : "matt"
                    }
            },
            "direction" : "forward"
        }
    }
}
```

10

보안

모든 데이터베이스 서버에서 보안은 아무리 강조해도 부족하지 않은 부분 중에 하나일 것이다. 그런데도 많은 사용자가 보안에 대해서 많은 시간을 투자하지 못하는 것도 사실이다. 2017년 상반기에 있었던 랜섬웨어 사건(https://www.google.com/search?q=mongodb+ransomware+attacks)으로 아마도 MongoDB 서버의 보안이 상당히 문제인 것으로 알려지지 않았나 생각된다. 하지만 랜섬웨어 사건의 가장 큰 문제는 사용자 인증이 제공되지 않는 초기 버전의 MongoDB 서버를 아직도 그대로 사용하거나 최신 MongoDB 서버에서 사용자 인증을 활성화하지 않고 사용하고 있었다는 것이었다. 물론 2017년 상반기 랜섬웨어 사건이 MongoDB 서버만 대상이었던 것은 아니다. 하지만 MongoDB 서버가 많이 이슈가 된 이유는 MongoDB 서버를 그만큼 많은 사용자가 1차 데이터 저장소로 사용하고 있었기 때문이기도 하다.

MongoDB 서버는 보안을 위해서 크게 다음과 같이 5가지 형태의 코어 기능을 제공하고 있다.

- 인증(Authentication)
- 권한(Authorization)
- 암호화(Encryption)
- 감사(Auditing)
- 데이터 관리(Data Governance)

암호화(Encryption)는 데이터 필드(컬럼) 단위의 암호화와 데이터 파일(테이블 스페이스)을 DBMS 서버 하단에서 처리해주는 TDE(Transparent Data Encryption)로 나누어 볼 수 있는데, 일반적으로 DBMS에서 지원하는 방식은 응용 프로그램뿐만 아니라 데이터베이스 서버 내부 로직상으로도 투명하게 작동하는 TDE 방식이 많이 사용된다. 현재 MongoDB 서버에서 TDE 기능은 엔터프라이즈 버전에서만 지원되는데, 이 책에서는 MongoDB 엔터프라이즈 버전의 TDE가 아닌 WiredTiger 스토리지 엔진의 플러그인 모듈로 직접 개발해서 사용할 수 있는 방법을 간단히 살펴보겠다.

감사(Auditing)는 어떤 사용자가 어떤 쿼리를 언제 실행했는지 모두 로그로 기록하여 DBMS의 데이터에 문제가 발생했을 때, 언제 누가 실행한 쿼리때문에 문제가 발생했는지 확인할 수 있는 기능을 의미한다. MonogDB 서버에서는 감사 기능 또한 엔터프라이즈 버전의 MongoDB 서버에서만 지원된다. 하지만 다행히도 Percona(https://www.percona.com)에서 배포하고 있는 Percona MongoDB 서버에는 감사 기능이 지원되고 있다. 때로는 감사 기능이 서비스 요건보다는 국가 표준의 보안 준수(Security Compliance) 사항이기도 한데, 이런 경우에는 Percona에서 배포되는 MongoDB 서버 버전을 고려해보는 것도 좋은 방법이 될 것이다. Percona MongoDB 서버의 감사(Auditing) 기능은 이미 Percona

서버의 매뉴얼(https://www.percona.com/software/mongo-database/percona-server-for-mongodb)에 자세히 설명돼 있으므로 이 책에서 별도로 언급하지는 않겠다.

데이터 관리(Data Governance)는 보안적인 관점보다는 데이터의 일관성을 유지하기 위해서 사용하는 도큐먼트 체크 기능(Document Validation)을 의미하는데, 도큐먼트 체크 기능에 대해서는 "07. 데이터 모델링" 장을 참조하도록 하자.

10.1 인증(Authentication)

MongoDB 서버의 인증은 크게 MongoDB 자체 인증 방식과 외부 인증 방식 2개로 나누어 볼 수 있다. 외부 인증은 MongoDB 서버 외부의 LDAP나 액티브 디렉터리(AD, Active Directory)를 이용해서 사용자 인증을 받는 방식을 의미하는데, 이런 외부 인증 방식 또한 MongoDB의 엔터프라이즈 버전에서만 제공된다. 물론 DBMS 서버에서 외부 인증 방식은 별도의 솔루션이 필요하고 장애의 범위가 넓어지기 때문에 그다지 자주 사용되지는 않지만, 그래도 LDAP나 액티브 디렉터리 서비스를 통해서 사용자 인증이 꼭 필요하다면 Percona에서 배포되는 Percona Server for MongoDB를 고려해보는 것도 좋은 방법이 될 것이다. Percona Server for MongoDB에서는 SASL(Simple Authentication and Security Layer)을 이용한 OpenLDAP 또는 액티브 디렉터리 서비스를 통한 사용자 인증 플러그인을 지원하고 있다.

이 책에서는 MongoDB 서버 자체적으로 지원하는 사용자 인증 방식을 중심으로 살펴보겠다. MongoDB 서버의 인증은 다시 내부 인증과 사용자 인증 2가지로 나누어 볼 수 있다. 내부 인증은 MongoDB와 MongoDB 라우터(Mongos) 서버 간의 통신을 위해서 사용되는 인증을 의미하며, 사용자 인증은 MongoDB 서버 외부의 응용 프로그램이 MongoDB 클라이언트 드라이버를 이용해서 MongoDB 서버에 접속할 때 사용하는 인증을 의미한다.

10.1.1 내부 인증

샤딩된 클러스터나 레플리카 셋에서 각 멤버는 데이터 동기화나 멤버들의 상태를 체크하기 위해 서로 통신이 필요하다. 이때 각 멤버가 서로를 인증하는 방식을 내부 인증이라고 표현한다. MongoDB 서버에서 내부 인증은 키 파일과 x.509 인증서 두 가지 방식을 선택해서 사용할 수 있다. MongoDB 서버에서 인증을 활성화하려면 MongoDB 서버의 설정 파일에서 인증과 관련된 옵션을 활성화해야 한다.

```
security:
  authorization: enabled
  clusterAuthMode : keyFile
  keyFile : /etc/mongod.key
```

"security.authorization" 옵션을 "enabled"로 설정하면 MonogDB 서버 간의 통신을 위한 내부 인증뿐만 아니라 사용자의 로그인을 위한 인증까지 모두 같이 활성화된다. 이는 결국 내부 통신을 위한 인증과 사용자 인증을 개별로 설정할 수 없다는 의미다. 일단 "security.authorization"을 "enabled"로 설정하면 클러스터 멤버 간 통신을 위해 내부 인증과 관련된 clusterAuthMode 옵션과 keyFile 옵션이 필요하다. clusterAuthMode는 "keyFile"과 "x.509" 둘로 나누어 볼 수 있는데, keyFile은 평문(암호화되지 않은)의 단순 문자열로 구성된 비밀번호 파일을 MongoDB 서버가 내부 인증으로 사용하도록 하는 방식이다. 그리고 x.509는 CA(Certificate Authority)의 인증을 받는 인증서를 이용해서 클러스터 멤버 간 통신을 인증하는 방식이다. x.509 인증에 대해서는 MongoDB 매뉴얼(https://docs.mongodb.com/manual/tutorial/configure-x509-member-authentication/)을 참조하도록 하자. 그리고 MongoDB 3.4부터는 clusterAuthMode에 sendKeyFile과 sendX509 옵션도 사용할 수 있는데, 이는 keyFile의 내부 인증 방식을 x.509로 변경하고자 할 때 필요한 옵션이다.

clusterAuthMode를 keyFile로 설정하면 keyFile의 경로를 설정해야 하며, keyFile을 생성할 때 주의해야 할 점으로 다음과 같이 4가지 사항이 있다.

- keyFile은 MongoDB 서버 프로세스가 읽을 수 있어야 한다.
- keyFile의 접근 권한은 반드시 600 또는 700으로 파일의 소유주만 접근할 수 있어야 한다(유닉스 시스템에서만 접근 권한 체크가 수행되며, 윈도우 시스템에서는 권한 체크 없음).
- keyFile의 내용에서 공백 문자(space, newline 등)는 자동으로 무시된다.
- keyFile은 6개 이상 1,024개 이하의 문자로 구성돼야 하며, BASE-64 셋에 포함되는 문자만 사용할 수 있다.

키 파일의 내용에서 공백 문자는 무시되므로 다음과 같이 만들어진 4개의 키 파일은 실제 내용은 다르지만, MongoDB 서버에서는 같은 키로 인식된다.

```
$ echo -e "my secret key" > key1
$ echo -e "my secret key\n" > key2
$ echo -e "my     secret     key" > key3
$ echo -e "my\r\nsecret\r\nkey\r\n" > key4
```

이렇게 준비된 키 파일은 클러스터에 참여하는 모든 MonogDB 서버와 MongoDB 라우터(Mongos) 서버가 공유해야 한다. 즉 같은 내용의 키 파일을 모든 멤버의 서버에 복사해서 사용해야 한다.

10.1.2 사용자 인증

MongoDB 서버 자체적으로 지원하는 사용자 인증은 다른 DBMS와 같이 아이디/패스워드 기반의 인증을 사용하는데, MongoDB 서버는 인증 데이터베이스 정보를 추가로 더 필요로 한다. MongoDB 서버에서는 사용자를 생성할 때 반드시 특정 데이터베이스로 이동해서 생성해야 하는데, 이때 데이터베이스를 인증 데이터베이스(Authentication Database)라고 한다. 물론 하나의 사용자 계정이 여러 다른 데이터베이스에 대해서 권한을 가질 수는 있지만, 인증 데이터베이스는 사용자 계정으로 로그인할 때 인증을 위한 데이터베이스이므로 하나만 가질 수 있다.

MongoDB 서버의 사용자 인증을 사용하려면 MongoDB 설정 파일에 아래의 내용을 활성화해야 한다. 물론 클러스터 멤버 간 통신의 인증을 위해서 clusterAuthMode나 keyFile 옵션을 추가로 더 사용할 수도 있다.

```
security:
  authorization: enabled
```

> **(!) 주의**
>
> "security.authorization" 옵션을 enabled로 설정한 상태로 MongoDB 서버를 시작하면 MongoDB 서버는 아무런 관리자나 사용자 계정을 가지지 않은 상태로 시작된다. 이렇게 사용자 계정 정보(admin 데이터베이스의 system.users 컬렉션)가 비어 있는 상태에서는 MongoDB 서버에 익명으로 로그인해서 단 하나의 사용자 계정을 생성할 수 있도록 구현돼 있다. 그래서 MongoDB 서버가 처음 시작되면 제일 먼저 익명으로 로그인한 후에 아래 예제와 같이 관리자 계정을 생성해야 한다. 그렇지 않으면 다른 서비스용 계정이나 관리용 사용자 계정을 더 이상 생성할 수 없게 된다. 예제에서 사용한 "root"라는 역할(role)은 모든 권한을 가지는 DBA 용도의 역할이다.
>
> ```
> mongo> use admin
> mongo> db.createUser({ user: "dba", pwd: "dbapassword", roles: [ "root" ] })
> ```

MongoDB 서버에서 사용자 계정을 생성할 때는 다음과 같이 특정 데이터베이스로 이동(use mysns)하여 계정을 생성한다. 다음 예제에서 "user" 사용자 계정의 인증 데이터베이스는 mysns 데이터베이스가 되는 것이다.

```
use mysns
db.createUser({user:"user", pwd:"mypassword", roles:[ "readWrite" ]})
```

db.createUser() 명령으로 사용자 계정을 생성하는데, roles 필드에는 user 계정이 mysns 데이터베이스에 대해서 어떤 권한을 부여할 것인지 설정한다. MongoDB 서버의 사용자 계정은 인증 데이터가달라지면 다른 계정으로 인식된다. 즉 다음 예제와 같이 2개의 사용자 계정을 생성했다면 사용자 계정의 이름과 비밀번호가 같다 하더라도 MongoDB 서버는 서로 다른 계정으로 인식한다.

```
use mysns
db.createUser({user:"user", pwd:"mypassword", roles:[ "readWrite" ]})

use myblog
db.createUser({user:"user", pwd:"mypassword", roles:[ "readWrite" ]})
```

만약 하나의 사용자 계정이 여러 데이터베이스에 대해서 권한을 가지도록 하고자 한다면 다음과 같이db.createUser() 명령에 다른 데이터베이스에 대한 권한을 같이 설정하거나 db.grantRolesToUser()명령으로 권한을 추가해줘야 한다. 다음 예제는 mysns 데이터베이스에 대해서 readWrite(읽고 쓰기)권한을 부여하고, 추가로 myblog 데이터베이스에 대해서도 readWrite 권한을 부여하는 2가지 방식을 보여주고 있다.

```
## db.createUser() 명령으로 여러 데이터베이스에 권한 부여
use mysns
db.createUser({user:"user", pwd:"mypassword",
              roles:[ "readWrite", {role:"readWrite", db:"myblog"} ]})

## db.grantRolesToUser() 명령으로 추가 데이터베이스에 권한 부여
use mysns
db.createUser({user:"user", pwd:"mypassword", roles:[ "readWrite" ]})
db.grantRolesToUser("user", [{role:"readWrite", db:"myblogblog"}])
```

이렇게 생성된 사용자 계정의 비밀번호와 권한 정보는 인증 데이터베이스와 무관하게 admin 데이터베이스에 저장된다. admin 데이터베이스의 내용을 살펴보면 위 예제로 생성된 사용자 계정의 정보가 다음과 같이 저장된 것을 확인할 수 있다.

```
mongo> use admin
mongo> db.system.users.find().pretty()
{
        "_id" : "mysns.user",
        "user" : "user",
        "db" : "mysns",
        "credentials" : {
                "SCRAM-SHA-1" : {
                        "iterationCount" : 10000,
                        "salt" : "MPlJVxM6q215NRWdFU3SQg==",
                        "storedKey" : "I3dCLqOs8gpMyjWahA/khxW2WJQ=",
                        "serverKey" : "aYRTuvfyEwpM81iY9meGFBMHe04="
                }
        },
        "roles" : [
                {
                        "role" : "readWrite",
                        "db" : "mysns"
                },
                {
                        "role" : "readWrite",
                        "db" : "myblog"
                }
        ]
}
```

admin 데이터베이스의 system.users 컬렉션에 저장된 도큐먼트에 "db" 필드가 명시돼 있는데, "db" 필드가 사용자 계정의 인증 데이터베이스를 의미한다. 그리고 roles 필드에는 이 사용자 계정이 가진 권한이 명시된 것을 확인할 수 있다.

system.users 컬렉션의 사용자 계정 정보에서 "credentials" 필드에는 사용자 계정이 사용할 인증 방식(Authentication Mechanism)과 암호화된 비밀번호가 저장된 것을 확인할 수 있다. "credentials" 필드에는 "SCRAM-SHA-1"이 저장돼 있는데, 이는 MongoDB 서버가 해당 사용자 계정을 인증할 방식을 나타낸다. MongoDB 서버가 자체적으로 지원하는 인증 방식을 사용하는 경우에는 다음 3가지 메커니즘을 사용할 수 있다.

- SCRAM-SHA-1

- MONGODB-CR(MongoDB Challenge and Response)

- x.509 Certificate Authentication.

"MONGODB-CR" 메커니즘은 MongoDB 2.6 버전까지 사용되던 사용자 인증 메커니즘이며, MongoDB 3.0 버전부터는 사용되지 않고 "SCRAM-SHA-1" 사용자 인증 메커니즘이 디폴트로 사용된다. MongoDB 드라이버를 이용해서 MongoDB 서버에 로그인할 때 별도로 인증 메커니즘을 설정할 수도 있지만, 최신 버전의 MongoDB 드라이버라면 기본적으로 "SCRAM-SHA-1" 메커니즘이 사용된다. 만약 응용 프로그램과 MongoDB 서버의 연결에 암호화된 컨넥션(TLS/SSL, Secure Socket Layer)을 사용하고자 한다면 x.509 인증서를 이용한 사용자 계정 인증 방식을 사용할 수 있다.

> ### ⚠ 주의
>
> MongoDB 라우터(mongos)를 통해서 사용자 계정을 생성하는 경우에 이 인증(아이디/패스워드) 정보는 모두 컨피그 서버의 admin 데이터베이스에만 저장된다. 그래서 MongoDB 라우터를 통해서 생성된 사용자 계정을 이용해서 MongoDB 샤드 서버로 직접 로그인하려고 하면 로그인에 실패하게 된다. 일반적으로 샤딩된 클러스터 환경에서는 MongoDB 라우터를 통해서 확인해야 할 사항도 있지만, MongoDB 샤드 서버로 직접 로그인해서 해야 할 관리 작업도 많다. 그래서 샤딩된 클러스터 환경으로 MongoDB 서버를 구축하는 경우에는 모든 샤드와 레플리카 셋 멤버에 대해서 관리자 계정을 같은 아이디와 비밀번호로 생성하는 것이 관리 작업을 쉽게 해줄 것이다.
>
> 물론 응용 프로그램을 서비스용으로 사용하는 사용자 계정은 반드시 MongoDB 라우터를 통해서 쿼리를 해야 하므로 MongoDB 라우터를 통해서 생성한 사용자 계정으로도 충분할 것이다.

10.2 권한(Authorization)

기존 RDBMS 서버의 권한은 각 실행 명령어 단위(SELECT, INSERT, UPDATE, DELETE, ALTER, ...)로 권한이 부여되는 경우가 많다. 즉 SELECT를 실행할 수 있는 권한과 ALTER를 실행할 수 있는 권한 등 SQL 문장의 형태와 권한이 1:1의 관계여서 이해하기 쉽다. 하지만 MongoDB 서버의 권한은 명령과 권한이 1:1의 관계가 아니다. 사용자가 실행할 수 있는 명령과는 별개로 액션(Action)이 정의되고, 이런 액션을 묶어서 역할을 정의하고 있다. 그래서 실제 사용자가 사용하는 명령이 어떤 액션들로 구성되는지 이해해야만 정확히 실행하고자 하는 명령을 위해서 어떤 역할이 필요한지 식별할 수 있다.

10.2.1 액션(Action)

MongoDB 서버에서는 역할(Role) 기반의 권한 부여 방식을 사용하는데, 역할은 특정 리소스에 대해서 액션을 미리 매핑해 둔 것이다. MongoDB 서버에서는 다음과 같은 액션이 이미 정의돼 있다. MongoDB 서버에서 미리 정의해 둔 액션의 종류는 매우 다양하고 개수도 많은데, MongoDB 서버의 버전에 따라서 추가/제거되는 명령도 많기 때문에 현재 사용하는 MongoDB 버전별로 정확한 액션과 그 액션을 필요로 하는 명령들의 목록은 해당 버전의 매뉴얼(https://docs.mongodb.com/manual/reference/privilege-actions/)을 참조하도록 하자.

액션(Action)	MongoDB 명령
find	aggregate, checkShardingIndex, count, dataSize, distinct, filemd5, find, geoNear, geoSearch, getLastError, getMore, getPrevError, group, killCursors, listCollections, listIndexes, mapReduce with the {out: inline} option., parallelCollectionScan, repairCursor, resetError
insert	insert, create, clone, cloneCollection, cloneCollectionAsCapped, copydb, renameCollection
remove	delete
update	update
bypassDocumentValidation	aggregate, applyOps, cloneCollection, clone, copydb, findAndModify, insert, mapReduce, update

MongoDB 서버에서 정의한 액션을 이해하는데 있어서, 한 가지 주의해야 할 사항은 액션이 MongoDB 서버 명령들의 묶음이 아니라는 것이다. MongoDB의 액션은 명령이 처리되는 동안 발생하는 각 단위 작업을 나누어서 MongoDB의 명령들이 하나 이상의 단위 액션들의 집합으로 처리되는 개념이다. 그림 10-1은 MongoDB의 명령과 액션의 관계를 보여주고 있는데, 이 다이어그램에서도 확인할 수 있듯이 하나의 MongoDB 명령은 여러 개의 액션을 필요로 한다. 예를 들어, Aggregate 명령은 bypassDocumentValidation과 FIND 그리고 INSERT 액션이 필요하다는 것을 확인할 수 있다.

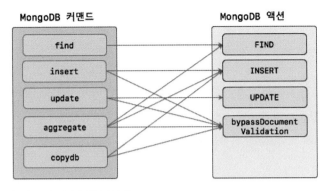

〈그림 10-1〉 명령과 액션의 관계

10.2.2 내장(Built-in)된 역할(Role)

MongoDB 서버의 역할은 이렇게 정의된 액션을 묶어서 하나의 그룹으로 만든 것으로 볼 수 있다. MongoDB 서버에서 미리 정의해 둔 역할을 몇 개 살펴보면 다음과 같다. 물론 MongoDB 서버에서 미리 정의해 둔 역할은 훨씬 더 많고, 이 또한 버전별로 조금씩 다를 수 있으므로 자세하고 정확한 내용은 해당 버전의 매뉴얼(https://docs.mongodb.com/manual/reference/built-in-roles/)을 참고하도록 하자.

역할(Role)	액션(Action)
read	collStats, dbHash, dbStats, find, killCursors, listIndexes, listCollections
readWrite	collStats, convertToCapped, createCollection, dbHash, dbStats, dropCollection, createIndex, dropIndex, find, insert, killCursors, listIndexes, listCollections, remove, renameCollectionSameDB, update
dbAdmin	collStats, dbHash, dbStats, find, killCursors, listIndexes, listCollections, dropCollection(system.profile), createCollection(system.profile)
...	...

MongoDB 서버에서 사용자 계정을 생성하고, 사용자별로 권한을 할당할 때는 다음 예제와 같이 액션의 모음인 역할(Role)을 설정해야 한다. 다음 예제는 mysns 데이터베이스에 대해서 readWrite 역할을 가지고 myblog 데이터베이스에 대해서 read 역할만 가지는 사용자 계정인 "mysns_user"를 생성하는 명령이다.

```
mongo> use mysns
mongo> db.createUser({user:"mysns_user", pwd:"mypassword",
              roles:[ "readWrite", {role:"read", db:"myblog"} ]})
```

MongoDB 서버에서 미리 정의된 역할로는 위에서 살펴본 단순한 데이터 읽고 쓰기뿐만 아니라, 관리자나 클러스터 관리자와 같은 다양한 역할을 미리 정의하고 있다. 만약 보안을 위해서 역할별로 사용자 계정을 별도로 관리하고자 한다면 매뉴얼의 역할(Role) 목록을 한 번씩 확인해 볼 것을 권장한다.

10.2.3 사용자 정의 역할(Role)

MongoDB 서버는 이미 많은 역할을 미리 정의해서 사용자가 쉽게 선택해서 사용할 수 있도록 준비해 뒀다. 하지만 MongoDB를 사용하는 많은 서비스 요건을 100% 만족할 수는 없을 것이다. 이런 경우를 위해서 사용자가 자신의 서비스나 요건에 맞게 새로운 역할(Role)을 정의해서 사용할 수 있도록 기능을 제공하고 있다.

MongoDB 서버에서 사용자가 직접 정의하는 역할은 크게 다음과 같이 2가지 범위(Scope)를 가진다.

- 전역 역할(Global Role)
- 데이터베이스 단위 역할(Database Role)

실제 "전역 역할"이나 "데이터베이스 단위 역할"이라는 표현은 MongoDB 매뉴얼에 명시된 용어는 아니지만, 설명의 편의를 위해서 전역 역할과 데이터베이스 단위의 역할로 구분해 본 것이다. 이 둘의 가장 큰 차이는 사용자가 역할을 어느 데이터베이스에서 생성했느냐에 따라 구분된다. 우선 "admin" 데이터베이스에서 생성한 역할은 전역적으로 모든 데이터베이스의 오브젝트에 대한 권한을 포함할 수 있지만, admin 이외의 데이터베이스에서 생성된 역할은 해당 데이터베이스의 오브젝트에 대한 권한만 설정할 수 있다.

역할은 db.createRole() 명령으로 생성하며, 생성된 사용자 역할에 새로운 액션을 추가하고 제거하는 작업은 db.grantPrivilegesToRole() 명령과 db.revokePrivilegesFromRole() 명령을 사용한다. 또한, 역할은 다른 역할의 일부로 참여할 수도 있다. 그래서 MongoDB 서버에서 역할에 이미 정의된 역할을 추가하고 제거할 수도 있는데, 이때는 db.grantRolesToRole() 명령과 db.revokeRolesFromRole() 명령을 사용한다. 다음 예제는 mysns 데이터베이스에 대해서 find와

update 그리고 insert와 delete 액션이 가능하고 myblog 데이터베이스에 대해서 find 액션이 가능한 "dev_mysns"라는 역할을 생성하는 방법을 보여주고 있다.

```
mongo> use admin
mongo> db.createRole({
    role: "dev_mysns",
    privileges: [
      { resource: { db: "mysns",  collection: "" }, actions: [ "find", "update", "insert", "remove"
] },
      { resource: { db: "myblog", collection: "" }, actions: [ "find" ] }
    ],
    roles: []
  }
)
```

다음 예제는 위 예제와 비슷한 권한을 가지지만, 이번에는 MongoDB 서버에 이미 내장된 역할을 이용해서 mysns 데이터베이스에 대해 읽고 쓰기가 가능하며, myblog 데이터베이스에 대해 읽기 권한을 가지는 "dev_mysns"라는 역할을 생성하는 방법을 보여주고 있다.

```
mongo> use admin
mongo> db.createRole({
    role: "dev_mysns",
    privileges: [],
    roles: [
      { role: "readWrite", db: "mysns" },
      { role: "read", db: "myblog" }
    ]
  }
)
```

이렇게 생성된 사용자 정의 역할은 admin 데이터베이스의 system.roles 컬렉션을 통해서 확인할 수 있다.

```
mongo> use admin
mongo> db.system.roles.find().pretty()
  {
```

```
        "_id" : "admin.dev_mysns",
        "role" : "dev_mysns",
        "db" : "admin",
        "privileges" : [
                {
                        "resource" : {
                                "db" : "mysns",
                                "collection" : ""
                        },
                        "actions" : [
                                "find",
                                "insert",
                                "remove",
                                "update"
                        ]
                },
                {
                        "resource" : {
                                "db" : "myblog",
                                "collection" : ""
                        },
                        "actions" : [
                                "find"
                        ]
                }
        ],
        "roles" : [ ]
}
{
        "_id" : "admin.dev_mysns2",
        "role" : "dev_mysns2",
        "db" : "admin",
        "privileges" : [ ],
        "roles" : [
                {
                        "role" : "readWrite",
                        "db" : "mysns"
                },
                {
```

```
                    "role" : "read",
                    "db" : "myblog"
            }
        ]
}
```

사용자 정의 역할은 다음과 같이 다른 내장 역할과 동일한 방식으로 사용자에게 부여될 수 있다. 이미 전역 역할과 데이터베이스 단위의 역할에서 살펴본 바와 같이 "dev_mysns" 역할은 여러 데이터베이스에 대해서 읽고 쓰기 권한을 포함하고 있다. 그래서 "dev_mysns" 역할은 admin 데이터베이스에서 정의될 수밖에 없으며, 또한 이 역할을 부여하고자 하는 사용자 계정도 admin 데이터베이스에서 생성해야 한다.

```
mongo> use admin
mongo> db.createUser({ user: "user", pwd: "mypassword", roles: [ "dev_mysns" ] })
```

MongoDB 서버의 사용자 정의 역할은 항상 데이터베이스와 연관이 있기 때문에 여러 데이터베이스에 대해서 권한을 가지거나 데이터베이스가 자주 생성되고 삭제되는 경우에는 조금 복잡하고 부가적인 작업이 필요할 수도 있다. 가능하면 MongoDB 서버의 내장 역할을 최대한 활용하되 내장 역할로 부족한 경우에는 사용자 정의 역할을 생성해서 사용하는 방안을 고려하도록 하자.

10.3 암호화(Encryption)

데이터베이스 서버의 보안은 아무리 강조해도 부족함이 없을 것이다. 데이터의 보안에서 상당히 중요한 부분을 차지하는 것이 DBMS 서버의 데이터 암호화 기능일 것이다. 물론 암호화 기능을 구현하면서 암호화 키나 백업된 데이터 파일의 보안에 신중하지 못하다면 이런 암호화 기능이 무용지물이 될 수도 있으니 관련된 데이터의 보안까지 중요한 것은 당연한 일이다. 데이터 암호화를 구현하는 방법은 여러 가지가 있지만, 용도나 목적 또는 요건에 따라서 사용할 수 있는 최적의 암호화 방법은 달라질 수 있다. 여기에서는 MongoDB 서버에서 사용할 수 있는 데이터 암호화 방식을 간단히 살펴보고, 더불어서 데이터 파일 암호화를 지원하지 않는 MonogDB 커뮤니티 버전에서 TDE(Transparent Data Encryption)를 구현하는 방법도 살펴보겠다.

10.3.1 데이터 암호화 방식

DBMS 서버에서 데이터 암호화는 크게 응용 프로그램 수준의 암호화(그림 10-2)와 데이터베이스 서버 수준의 암호화(그림 10-3)로 나눠 볼 수 있다.

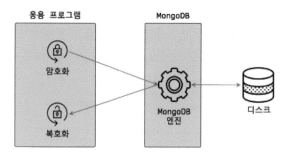

〈그림 10-2〉 응용 프로그램 수준의 암호화

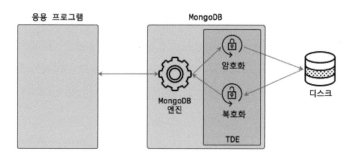

〈그림 10-3〉 데이터베이스 수준의 암호화

응용 프로그램 수준의 암호화는 응용 프로그램을 개발하는 개발자가 직접 프로그램의 코드상에서 데이터를 암호화하고 복호화하는 작업을 수행하므로 암호화와 관련된 지식이 필요할 수 있다. 하지만 한번 익숙해지면 데이터베이스에 의존하지 않고 암호화하고 복호화할 수 있기 때문에 개발 생산성이 더 높아질 수도 있다. 따라서 DBMS 수준에서 복호화가 필요한 것이 아니라면(DBMS 서버가 암호화된 데이터의 내용을 알아야 할 필요가 없다면) 응용 프로그램에서 암호화하는 것이 훨씬 손쉬운 방법일 수 있다. 하지만 암호화된 데이터는 인덱스를 이용한 범위 검색을 수행할 수 없다는 문제가 있다.

암호화하기 전의 평문에 대해서 범위 검색을 수행해야 한다면 DBMS 서버가 암호화된 데이터를 다시 복호화해서 정렬해야만 한다. 이렇게 인덱스로 검색이나 정렬 작업을 필요로 하는 경우를 위해서 많은 DBMS 서버들이 TDE(Transparent Data Encryption) 기능을 제공하고 있다. TDE 기능은 응용 프로그램 코드로부터 투명하게 작동할 뿐만 아니라 실제 DBMS 서버의 내부적인 처리에서도 투명하게 작동한다. MongoDB 서버의 TDE는 WiredTiger 스토리지 엔진의 블록 캐시에서 디스크로 데이터 블록이 기록될 때 암호화해서 저장하고, 블록 캐시가 디스크의 데이터 블록을 읽을 때 암호화를 해제해서 블록 캐시에 적재해둔다. 그래서 MongoDB 서버가 메모리상의 데이터를 읽고 변경할 때는 암호화와 관련된 작업이 전혀 필요하지 않은 것이다.

MongoDB의 WiredTiger 스토리지 엔진은 엔터프라이즈 버전에서만 암호화 기능을 제공한다. 하지만 MongoDB 커뮤니티 버전에서도 어렵지 않게 TDE 방식의 암호화 기능을 구현해서 플러그인 방식으로 추가할 수 있다.

> **(!) 주의**
>
> 응용 프로그램에서 구현된 암호화 기능이나 MongoDB 서버에서 구현되는 TDE와 같은 기능을 이용해서 데이터 보안을 적용한다 하더라도 악의적인 의도를 가진 사용자가 응용 프로그램 앞쪽에서 데이터를 가로채 가는 경우에는 아무런 보안 대책이 되지 못한다. 또한, MongoDB 서버의 TDE를 적용한 경우에는 실제 MongoDB 서버에서 쿼리로 데이터를 조회하는 경우에도 아무런 데이터 보안 대책이 되지 못한다. 조금 더 엄밀하게 생각해보면 MongoDB의 TDE 기능은 데이터 파일이나 백업 파일을 물리적으로 복사하는 형태의 탈취로부터만 데이터 보안을 유지할 수 있다. 그러므로 TDE를 적용했다 하더라도 악의적인 사용자가 MongoDB 서버로 로그인할 수 없도록 사용자 계정과 비밀번호의 보안도 매우 중요하다고 볼 수 있다.

10.3.2 MongoDB TDE 구현

커뮤니티 버전의 MongoDB 서버에서는 데이터 파일 암호화 기능을 사용할 수가 없으며, 데이터 파일 암호화 기능을 위해서는 MongoDB 엔터프라이즈 버전을 사용해야 한다. 하지만 다행히도 커뮤니티 버전의 MongoDB 서버에 내장된 WiredTiger 스토리지 엔진은 데이터 파일 암호화를 위한 인터페이스가 제공되고 있으며, 이 기능은 커뮤니티 버전에서도 여전히 활용할 수 있다. 그래서 간단히 데이터 페이지의 암호화와 복호화 기능만 구현하면 커뮤니티 버전의 MongoDB 서버에 플러그인으로 장착하여 데이터 파일을 암호화할 수 있다.

우선 Real MongoDB 깃헙(Github) 사이트에서 "TDE for WiredTiger storage engine"라는 제목으로 커밋된 내용을 한번 살펴보자. Real MonogDB 깃헙의 커밋 내용은 MongoDB 3.4.7 버전을 기반으로 하고 있는데, 데이터 파일 암호화 기능은 플러그인 형태로 작동하므로 MongoDB 서버의 버전이나 변경 내용에는 크게 영향을 받지 않을 것으로 보인다.

https://github.com/SunguckLee/Real-MongoDB/commit/caec5378445ed43be39f838bc8a70b56950c3d95

우선 Real MongoDB 깃헙에 커밋된 코드는 MongoDB 서버를 빌드할 때 같이 컴파일되지 않는다. 단지 TDE 플러그인을 컴파일하려면 MongoDB 서버의 소스 코드가 필요하므로 MongoDB 서버의 소스 코드와 함께 커밋해 둔 것이다. 우선 Real MongoDB 깃헙의 소스 코드를 내려받고, 다음과 같이 TDE 플러그인을 컴파일한다. TDE 플러그인의 컴파일이 완료되면 "tde_encrypt.so"라는 공유 라이브러리 파일이 생성된 것을 확인할 수 있다.

```
$ cd real-mongodb/src/third_party/tde
$ make

## 빌드된 TDE 라이브러리를 모든 프로그램이 참조할 수 있는 공용 라이브러리 디렉터리로 복사
$ cp tde_encrypt.so /usr/lib64/
```

"tde_encrypt.so" 플러그인은 데이터 파일의 암복호화를 위해서 2개의 암호화 키가 있어야 하는데, 하나는 암복호화를 위한 초기화 벡터(Initial Vector, IV)이고 나머지 하나는 암호화 키다. 이 2개의 키는 별도의 설정 파일에 기록해두면 "tde_encrypt.so" 파일이 초기화되면서 메모리로 읽어 들인다. log_file 옵션은 TDE 플러그인이 작동하면서 발생하는 이벤트를 기록하는 로그 파일의 경로다.

```
[tde]
## Do not use these sample key as production key
init_vector = 1D1D1D1D1D1D1D1D1D1D1D1D1D1D1D1F
encrypt_key = 1D1D1D1D1D1D1D1D1D1D1D1D1D1D1D1D
log_file = /var/log/mongod-enc.log
```

> **(!) 주의**
>
> 이 책과 깃헙에 올려진 암호화 키와 초기화 벡터는 예제이며, 모든 사람이 볼 수 있는 값이다. 그래서 "tde_encrypt.so" 플러그인을 사용하는 경우 초기화 벡터와 암호화 키 그리고 깃헙에 설정된 내용을 그대로 사용하지 않도록 주의하자.

이제 MongoDB 서버의 설정 파일 옵션을 변경해서 "tde_encrypt.so" 공유 라이브러리가 로딩될 수 있게 해주기만 하면 된다. 이때 "tde_encrypt.so" 파일은 MongoDB 서버가 접근할 수 있는 라이브러리 디렉터리에 존재해야 한다. 만약 "tde_encrypt.so" 파일이 공용 라이브러리 디렉터리 이외의 디렉

터리에 있다면 리눅스의 LD_LIBRARY_PATH 환경 변수를 먼저 설정하고 MongoDB 서버를 시작해
야 한다.

```
...
storage:
    dbPath: /data
    journal:
        enabled: true

    engine: wiredTiger

    wiredTiger:
        engineConfig:
            cacheSizeGB: 20
            journalCompressor: none
            configString: "extensions=[tde_encrypt.so=(entry=register_tde_encryptors)], encryption=
(name=kencrypt,keyid=/etc/encryption.key,secretkey=)"
        collectionConfig:
            blockCompressor: none
        indexConfig:
            prefixCompression: false
...
```

"entensions"는 WiredTiger의 확장 기능을 활성화하는 옵션인데, 우선 확장 기능을 구현한 공유 라이
브러리의 이름인 "tde_encrypt.so" 파일을 명시하고 "tde_encrypt.so" 공유 라이브러리의 시작 함수
(플러그인 등록 함수, https://github.com/SunguckLee/Real-MongoDB/blob/master/src/third_
party/tde/encrypt.c#L367)의 이름을 설정한다. 그리고 암호화 키와 초기화 벡터가 저장된 설정 파일
의 경로를 "keyid" 필드에 설정한다. 물론 TDE 플러그인을 위한 암호화 키가 저장된 설정 파일과 로
그 파일은 MongoDB 서버를 실행하는 운영 체제 유저가 읽고 쓸 수 있는 권한을 가지고 있어야 한다.
configString 옵션에서 keyid 필드의 값 이외에는 변경해서는 안 되며, keyid 필드의 이름 또한 예약
된 키워드이고 단순히 keyid 필드에 암호화 관련 설정 파일의 경로만 명시해야 한다. "name" 필드는
플러그인의 고유한 이름을 설정하는데, 이 이름도 플러그인의 실제 이름(소스 코드에 명시된 이름)과
일치해야 하므로 변경해서는 안 된다. "secretkey" 필드는 별도로 사용되지 않으니 아무런 값도 설정
하지 말고 비워두도록 하자.

> ⚠️ **주의**
>
> WiredTiger 스토리지 엔진의 암호화와 관련된 확장 기능(encryption)은 이미 WiredTiger 스토리지 엔진에서 지정된 파라미터만 인식하도록 설계됐다. 그래서 WiredTiger 스토리지 엔진에서 암호화 플러그인의 "encryption" 인자로는 "name"과 "keyid" 그리고 "secretkey"만 인식된다. 따라서 파라미터의 이름이 적절하지 않지만, "keyid" 필드를 암복호화 키가 저장된 옵션 파일의 경로로 사용한 것이다.
>
> ```
> encryption=(name=kencrypt,keyid=/etc/encryption.key,secretkey=)"
> ```

"tde_encrypt.so" 공유 라이브러리가 정상적으로 초기화되면 설정된 로그 파일이 생성되고 다음과 같은 내용이 기록된 것을 확인할 수 있다.

```
...
2017-09-04 10:40:51 TDE for WiredTiger engine is initialized.
...
```

TDE가 활성화된 상태에서 MongoDB 서버가 시작되면 이때부터 저장되는 모든 데이터는 암호화돼서 저장되는데, 저장된 데이터가 암호화됐는지는 간단히 hexdump 명령으로 데이터 파일의 내용을 직접 살펴보는 것으로도 확인할 수 있다. 우선 암호화를 적용하지 않은 MongoDB 서버에서 다음과 같이 문자열을 저장하고, MongoDB 서버를 정상적으로 종료해보자. 물론 암호화를 적용하지 않은 데이터 파일의 텍스트를 hexdump로 확인하고자 하는 것이므로 압축 또한 비활성화되게 MongoDB의 서버 설정 파일을 변경한다.

```
mongo> use test
mongo> db.test.insert({"NAME" : "MATT" });
```

암호화와 압축을 적용하지 않은 MongoDB 서버에서 저장된 데이터 파일의 내용을 hexdump로 간단히 확인해보자. "NAME"과 "MATT"라는 텍스트 내용이 그대로 저장된 모습을 확인할 수 있다.

```
$ hexdump -C collection-0-7297339168588318440.wt

00000000  41 d8 01 00 01 00 00 00  d8 08 23 b7 00 00 00 00  |A.........#......|
00000010  00 00 00 00 00 00 00 00  00 00 00 00 00 00 00 00  |................|
*
00001000  00 00 00 00 00 00 00 00  01 00 00 00 00 00 00 00  |................|
```

```
00001010  50 00 00 00 02 00 00 00  07 04 00 00 00 10 00 00  |P...............|
00001020  a7 58 8f 91 01 00 00 00  05 81 97 25 00 00 00 07  |.X.........%.....|
00001030  5f 69 64 00 59 ad 58 58  f8 9b 10 50 72 17 66 f5  |_id.Y.XX...Pr.f.|
00001040  02 4e 41 4d 45 00 05 00  00 00 4d 41 54 54 00 00  |.NAME.....MATT...|
00001050  00 00 00 00 00 00 00 00  00 00 00 00 00 00 00 00  |................|
```

이제 암호화가 적용된 데이터 파일을 한번 확인해보자. 물론 이 경우에도 압축이 활성화되지 않게 주의하자. 이번에는 "NAME"이나 "MATT"과 같은 사용자 데이터 문자열이 보이지 않는 것을 확인할 수 있다.

```
$ hexdump -C collection-2--1437783097595884469.wt
```

```
00000000  41 d8 01 00 01 00 00 00  d8 08 23 b7 00 00 00 00  |A.........#......|
00000010  00 00 00 00 00 00 00 00  00 00 00 00 00 00 00 00  |................|
*
00001000  00 00 00 00 00 00 00 00  01 00 00 00 00 00 00 00  |................|
00001010  50 00 00 00 02 00 00 00  07 0c 00 00 00 10 00 00  |P...............|
00001020  88 1c d1 4d 01 00 00 00  5c 00 00 00 b2 33 b2 05  |...M....\....3...|
00001030  d1 a1 33 b3 80 47 5a 49  7e 62 62 54 3e d9 2a ae  |..3..GZI~bbT>.*..|
00001040  99 78 27 ee fd 3e 0c b5  41 6c b6 eb 32 86 19 49  |.x'..>..Al..2..I|
00001050  9c 69 c6 4d 90 ca be 93  1d 7d 99 2c 00 00 00 00  |.i.M.....}.,.....|
00001060  00 00 00 00 00 00 00 00  00 00 00 00 00 00 00 00  |................|
```

부록 A

백업 및 복구

MongoDB 서버는 단일 레플리카 셋뿐만 아니라 샤딩된 클러스터 구성으로도 구축할 수 있다. 단일 레플리카 셋일 때는 다른 RDBMS와 동일하게 단일 서버의 백업만 고려하면 된다. 하지만 샤딩된 클러스터 구성일 때는 여러 샤드 간의 데이터 저장 시점을 동기화해야 하는 어려움이 있다. 그뿐만 아니라 컨피그 서버와 샤드 서버의 동기화 문제(동일 시점 백업)도 샤딩된 클러스터의 백업에 있어서 상당히 까다로운 문제일 것이다. 여기에서는 완벽한 백업 및 복구 방법은 아니지만, 가능한 몇 가지 방법을 살펴보겠다.

A.1 mongodump와 mongorestore를 이용한 논리 백업 및 복구

A.1.1 백업

mongodump는 MongoDB에서 공식적으로 제공되는 유일한 백업 도구인데, 안타깝게도 mongodump는 논리적인 수준의 백업을 실행하는 도구다. 즉, mongodump는 MongoDB 서버의 데이터 파일을 물리적으로 복사하는 것이 아니라 MongoDB 서버에 로그인한 다음 도큐먼트를 한건 한건씩 덤프해서 bson 파일로 저장하는 방식이다. 그래서 mongodump 도구는 백업 시간뿐만 아니라 복구 시간도 상당히 오래 걸린다. 긴급하게 데이터 파일을 복구해야 하는 상황에서 큰 데이터 파일을 모두 적재해서 복구해야 할 데이터를 가져온다는 것은 복구 시간을 상당히 지연시킬 것이다.

서비스 요건상 백업이나 복구 시간이 문제되지 않는다면 mongodump는 훌륭한 백업 도구가 될 것이다. mongodump는 기본적으로 특정 시점의 스냅샷을 덤프하지는 않는다. 즉, mongodump 도구가 데이터를 덤프하는 동안 변경되는 데이터에 대해서는 백업이 일관된 상태를 유지하지 못한다. 컬렉션을 덤프하는 시점에 따라서 최근 변경이 포함될 수도 있지만 그렇지 못할 수도 있기 때문이다. 그래서 mongodump를 이용해서 백업하는 경우에는 --oplog 옵션을 이용해서 mongodump 명령을 실행해야만 덤프가 실행 중인 동안 변경되는 데이터의 OpLog 이벤트를 같이 백업할 수 있다. 데이터를 복구할 때에는 mongodump가 실행되는 동안 수집된 OpLog를 모두 재생해서 백업이 완료된 시점의 데이터베이스 상태를 만든다.

특정 시점의 일관된 상태를 백업하려면 --oplog 옵션을 사용해야 하지만, MongoDB 라우터(mongos)를 통해서 mongodump 백업을 수행하는 경우 --oplog 옵션을 사용할 수 없다. 그래서 --oplog 옵션으로 스냅샷 백업을 실행할 때는 MongoDB 서버에 직접 로그인해서 백업을 수행해야

하며, 당연히 해당 MongoDB 서버의 OpLog가 활성화돼 있어야만 스냅샷을 백업할 수 있다는 것도
기억해 두자. 다음 명령은 OpLog까지 동시에 백업하도록 mongodump를 실행하는 명령이다. 이때
"--username" 옵션으로 인해 인증을 위한 비밀번호를 확인하는 과정을 거치므로 "--password" 옵
션은 포함하지 않아도 된다. 혹시 다음 명령으로 실행했을 때 파라미터가 적절하지 않다고 에러 메시지
가 발생하는 경우에는 "--password" 옵션을 제거하고 실행하도록 하자.

```
$ mongodump --authenticationDatabase admin --username userid --password \
      --oplog --out /data/backup/

2017-10-07T17:04:46.723+0900        error parsing command line options: expected argument for flag
`-p, --password', but got option `--oplog'

## 에러 발생 시 "--password" 옵션 제거 후 재실행
$ mongodump --authenticationDatabase admin --username userid \
      --oplog --out /data/backup/
```

> **참고** 기본적으로 mongodump는 4개의 쓰레드를 이용해서 데이터를 덤프한다. 그런데 서버의 CPU나 디스크 자원이 충분하다면 "--numParallelCollections" 옵션을 CPU 코어 개수의 1~2배 정도로 설정해서 mongodump를 실행하면 빠른 속도로 데이터를 덤프할 수 있다.

백업이 실행되면 mongodump는 "--out" 파라미터에 지정한 디렉터리로 덤프한 BSON 도큐먼트를
기록하고, 덤프가 실행되는 동안 OpLog 이벤트를 덤프해서 "oplog.bson"이라는 덤프 파일을 출력
디렉터리에 기록한다. 백업이 완료되면 다음과 같이 각 데이터베이스의 컬렉션이 디렉터리 단위로 저
장되고, OpLog의 내용이 덤프돼서 oplog.bson 파일로 저장된 것을 확인할 수 있다.

```
$ ls -alh /data/backup
drwxr-xr-x  7 mongod mongod  101 Oct  7 17:04 .
drwxr-xr-x  6 mongod mongod   59 Oct  7 17:04 ..
drwxr-xr-x  2 mongod mongod  128 Oct  7 17:04 admin
drwxr-xr-x  2 mongod mongod  249 Oct  7 17:04 mysns
drwxr-xr-x  2 mongod mongod 4.0K Oct  7 17:04 myblog
-rw-r--r--  1 mongod mongod 246K Oct  7 17:05 oplog.bson
```

A.1.2 복구

mongodump를 이용해서 백업된 데이터 파일을 복구하는 방법은 매우 간단하다. "--oplogReplay" 옵션은 덤프된 데이터 파일을 모두 적재한 후에 백업 디렉터리의 "oplog.bson" 파일을 적재하도록 해주는 옵션인데, "oplog.bson" 파일은 "--oplog" 옵션을 사용해서 mongodump를 실행한 경우에만 생성되는 파일이다. 그래서 만약 mongodump로 백업하면서 "--oplog" 옵션 없이 백업을 실행했다면 "--oplogReplay" 옵션은 사용하면 안 된다.

```
$ mongorestore --oplogReplay /data/backup
```

mongorestore 명령이 완료되면 백업된 시점의 데이터베이스 상태로 복구시켜준다. 물론 mongodump 명령은 local 데이터베이스의 컬렉션은 별도로 백업하지 않기 때문에 local 데이터베이스는 원래 백업을 수행했던 MongoDB 서버와 다른 상태일 수도 있다. 하지만 local 데이터베이스는 사용자 데이터를 저장하는 데이터베이스가 아니며, MongoDB 서버가 시작되는 데 있어서 아무런 문제가 없으니 무시하도록 하자.

Mongodump로 백업된 데이터로부터 일부 데이터베이스나 컬렉션만 적재하고자 한다면 "--nsInclude"나 "--nsExclude" 옵션을 이용한다. 그리고 백업 디렉터리에서 특정 데이터베이스의 데이터를 다른 데이터베이스나 컬렉션으로 적재하고자 한다면 "--nsFrom"와 "--nsTo" 옵션을 활용하도록 하자. 또한, mongorestore 적재를 빠르게 실행하고자 한다면 "--numParallelCollections" 옵션을 활용하면 된다. "--numParallelCollections" 옵션의 기본값은 4인데, 이는 4개의 쓰레드를 이용해서 데이터를 적재한다. 만약 서버의 CPU나 디스크 가용량이 충분하다면 "--numParallelCollections" 옵션을 CPU 코어 개수의 1~2배 정도로 설정해서 적재하면 빠르게 데이터를 적재할 수 있다. 그런데 "--numParallelCollections" 옵션을 2 이상으로 설정해서 데이터를 적재한다 하더라도 하나의 컬렉션이 매우 큰 경우에는 이 옵션은 적재 속도를 그다지 향상시키지 못할 수도 있다. 이런 경우에는 "--numInsertionWorkersPerCollection" 옵션을 적절히 조절하면 더 빠른 속도로 데이터를 적재할 수 있다.

A.2 물리 백업 및 복구

MongoDB 서버에서 공식적으로 물리 백업이나 복구에 대한 도구는 제공하지 않고 있다. 하지만 조금 원시적인 방법을 활용하면 mongodump나 mongorestore와 같은 논리적인 백업 및 복구 방식보다는 훨씬 빠른 방법으로 데이터를 백업하고 복구할 수 있다. 물리적으로 데이터를 백업하는 방법으로는 여러 가지 다른 방법을 생각할 수 있지만, 복구는 동일한 방법으로 수행하게 된다. 우선 물리 백업을 수행하는 몇 가지 방법을 살펴보자.

A.2.1 셧다운 상태의 백업

mongodump 도구는 데이터베이스의 모든 컬렉션 도큐먼트를 읽어서 덤프하므로 MongoDB 서버의 부하를 유발함과 동시에 상당히 오랜 시간이 필요하다. 그래서 데이터가 큰 경우에는 덤프 시간이 하루 이틀을 넘어서 버릴 수도 있다. 그래서 이를 막기 위해서 물리적인 백업 방법을 고려해야 하는데, 가장 간단한 방법은 서비스에 투입되지 않은 세컨드리 멤버의 MongoDB 서버를 셧다운하고 데이터 파일을 복사하는 방법이다.

```
## MongoDB 서버 종료
$ systemctl stop mongod.service

## MongoDB 서버의 데이터 디렉터리를 백업 디렉터리로 복사
$ cp -r /mongodb_data /data/backup/
```

매우 간단한 방법이지만, 이렇게 세컨드리 멤버를 셧다운 하는 경우에는 MongoDB 레플리카 셋의 고가용성을 고려해야 한다. 즉, 백업을 위해서 세컨드리 멤버가 셧다운 된 상태이므로 백업을 실행하는 동안에 다른 멤버에서 장애가 발생했을 때 새로운 프라이머리 멤버가 선출되지 못하면서 서비스 할 수 없는 상태가 될 수 있다는 것이다. 그래서 만약 이렇게 멤버를 셧다운 한 후에 백업을 수행하고자 한다면 백업 전용의 새로운 멤버를 추가해서 진행할 것을 권장한다.

A.2.2 복제 중지 상태의 백업

MongoDB 레플리카 셋에서 세컨드리 멤버는 복제를 통해서만 데이터가 변경된다. 그래서 세컨드리 멤버의 복제 동기화를 멈추면 해당 세컨드리 멤버의 데이터 변경은 발생하지 않는다. 안타깝게도

MongoDB 서버에서는 공식적으로 복제를 멈추는 명령이 없다. 그래서 다음과 같이 db.fsyncLock() 명령을 이용해서 데이터 파일을 동기화하고, 글로벌 잠금을 거는 방법을 복제 동기화를 멈추는 방법으로 사용할 수 있다.

```
## 글로벌 잠금 획득(복제 쓰기 멈춤)
mongo> db.fsyncLock({ fsync: 1, lock: true })

## MongoDB 서버의 데이터 디렉터리를 백업 디렉터리로 복사
$ cp -r /mongodb_data /data/backup/

## 데이터 디렉터리 복사가 완료되면 글로벌 잠금 해제
mongo> db.fsyncUnlock()
```

db.fsyncLock() 명령을 사용하는 경우에는 데이터 디렉터리의 복사가 완료될 때까지 db.fsyncLock() 명령을 실행했던 컨넥션을 닫지 않고 유지해야 한다는 것을 기억해야 한다. 그리고 데이터 파일 복사가 완료되면 db.fsyncLock()을 실행했던 컨넥션에서 db.fsyncUnLock() 명령을 실행해서 글로벌 잠금을 해제하는 것도 잊지 않도록 하자. db.fsyncLock() 명령에 대해서 주의해야 할 사항은 "6.1.1.1 글로벌 잠금" 절을 참조하자.

db.fsyncLock() 명령을 이용하는 경우에도 "A.1.1 셧다운 상태의 백업" 방법과 같이 MongoDB 레플리카 셋의 고가용성에 영향을 미친다. 우선 db.fsyncLock() 명령이 실행 중인 상태에서도 레플리카 셋의 멤버들 간의 하트비트(Heartbeat)나 새로운 프라이머리 멤버 선출에 참여할 수는 있다. 하지만 db.fsyncLock() 명령을 실행한 시점부터 복제가 동기화되지 않으므로 복제는 지연된 상태이며, 백업이 실행되는 동안 지연된 복제로 인해서 새로운 프라이머리 멤버로 선출되지 못하거나 복제 동기화를 위해서 매우 오랜 시간이 소요될 수도 있다는 것에 주의하자.

A.2.3 파일시스템 스냅샷 백업

리눅스의 LVM과 같이 파일 시스템 레벨에서 지원하는 스냅샷 기능을 이용해서 물리 백업을 수행할 수도 있다. 물론 LVM뿐만 아니라 아마존 AWS의 EBS(Elastic Block Store) 볼륨 백업 기능도 동일한 방법으로 사용할 수 있을 것이다. LVM이나 아마존 EBS 볼륨 스냅샷 백업은 리눅스나 아마존 AWS의 메뉴얼을 참조하자.

A.2.4 Percona 온라인 백업

MongoDB 서버를 셧다운 하거나 db.fsyncLock()을 사용하는 백업 방법은 MongoDB 레플리카 셋의 고가용성에 영향을 미친다. 또한, 파일 시스템 스냅샷 백업은 별도의 파일 시스템 소프트웨어를 설치해야만 사용할 수 있다. 그래서 Percona에서는 이런 번거로움과 어려움을 해결하기 위해서 MongoDB 서버에 온라인 백업 기능을 구현했다. 그래서 Percona에서 구현한 온라인 백업 기능을 사용하려면 Percona에서 배포하는 "Percona Server for MongoDB" 배포판을 사용해야 한다.

```
mongo> use admin
mongo> db.runCommand({createBackup: 1, backupDir: "/data/backup"})
{ "ok" : 1 }
```

백업이 정상적으로 완료되면 결과로 "{ok:1}"이 반환되며, 지정된 디렉터리에 데이터베이스의 컬렉션들이 백업된 것을 확인할 수 있다. Percona MongoDB 서버가 구현한 온라인 백업 기능은 WiredTiger 스토리지 엔진의 체크포인트 기능을 활용한 것인데, WiredTiger 스토리지 엔진에서 백업용 체크포인트를 실행하고 데이터 파일의 복사가 완료될 때까지 백업 체크포인트를 종료하지 않는 형태로 구현한 것이다. 그래서 백업해야 할 데이터 디렉터리가 큰 경우에는 파일 복사 시간이 오래 걸리고, 파일 복사 시간 동안 데이터 변경이 많아지면 (최악의 경우) 각 컬렉션의 데이터 파일 크기가 몇 배로 커질 수도 있다. 그런데 문제는 이렇게 한번 커져 버린 데이터 파일은 컴팩션이나 컬렉션 리빌드를 수행하지 않고서는 다시 원래대로 크기를 줄일 수 없다는 것이다.

만약 데이터 파일이 매우 크고 데이터 변경도 많다면 Percona MongoDB의 온라인 백업 기능을 먼저 테스트해보고 서비스용 MongoDB 서버에 적용하도록 하자.

A.2.5 물리 백업 복구

물리적으로 백업된 데이터 파일은 운영 중인 MongoDB 서버의 데이터 디렉터리 구조와 컬렉션의 데이터 파일을 그대로 가지고 있기 때문에 복구가 매우 간단하다. 복구하고자 하는 MongoDB 서버의 데이터 디렉터리에 백업된 데이터 파일을 그대로 복사하기만 하면 된다. 물론 백업된 MongoDB 서버가 가지고 있던 설정 파일에서 데이터 파일의 구조나 내용에 연관된 옵션(데이터 파일의 페이지 크기와 압축 여부 등)은 모두 동일하게 해줄 것을 권장한다.

만약 샤딩된 MongoDB 클러스터에서 백업된 데이터 파일을 이용해서 복구하는 경우에는 백업된 데이터 파일을 사용해서 시작되는 MongoDB 서버가 아무런 응답도 없이 무한정 대기 상태로 빠지는 경우도 있는데, 이는 백업을 실행했던 원본 MongoDB 서버가 소속된 클러스터의 구조를 확인하기 위해서 컨피그 서버로 접속하려고 하기 때문이다. 그런데 만약 기존 컨피그 서버가 이미 존재하지 않는 상태라면 무한정 대기 상태로 빠져버리게 된다. 그래서 기존 샤드 클러스터와 무관하게 백업된 데이터 파일을 이용해서 새로운 MongoDB 서버를 시작하거나 기존 컨피그 서버가 없어진 경우에는 MongoDB 서버의 시작 옵션에서 다음과 같이 recoverShardingState 옵션을 false로 설정하면 기존 샤드 클러스터의 컨피그 서버 정보를 무시하고 MongoDB 서버를 시작하게 된다. recoverShardingState 옵션은 MongoDB 3.4에서만 사용 가능하며, MongoDB 3.6에서는 지원되지 않는 옵션이다. 대신 MongoDB 3.6 버전에서는 MongoDB 서버 시작시 레플리케이션 관련 옵션을 모두 제거하고 실행하면, MongoDB 3.4 버전에서 recoverShardingState를 false로 설정한 것과 동일한 효과를 얻을 수 있다.

```
## MongoDB 서버 시작 시 옵션 사용
$ mongod --setParameter=recoverShardingState=false -f mongod.conf

## MongoDB 설정 파일에 옵션 적용
...
setParameter:
  recoverShardingState: false
```

A.3 PIT(Point-In-Time) 복구

일반적으로 RDBMS는 단일 인스턴스로 구축되는 경우가 많은데, 이렇게 단일 인스턴스로 구성되는 경우에 서버가 이상 증상을 보이거나 하드웨어 폴트(Fault)가 발생하면 모든 데이터를 잃게 될 가능성이 높다. 그래서 이렇게 데이터가 손실된 경우 백업된 데이터를 이용해서 복구하게 된다. 하지만 MongoDB 서버는 일반적으로 레플리카 셋으로 구축하기 때문에 운영 체제나 하드웨어 폴트로 인해서 데이터가 손실된다 하더라도 레플리카 셋이 새로운 프라이머리로 대체되므로 백업이 없어도 복구할 수 있는 경우가 많다. 하지만 MongoDB 서버의 백업이 필요하지 않다는 것은 아니다. 기존 RDBMS뿐만 아니라 MongoDB 서버에서도 사용자나 운영자의 실수로 데이터가 삭제되는 경우에 복구를 하려면 백업된 데이터가 필수이다.

이렇게 사용자나 운영자의 실수로 데이터가 삭제된 경우에는 백업을 이용해서 데이터가 삭제되기 전까지의 데이터 복구가 필수라고 볼 수 있다. 이렇게 잘못 실행된 명령 직전까지의 데이터를 복구하는 것을 PIT(Point-In-Time) 복구라고 한다. MongoDB에서 PIT 복구는 물리(데이터 파일 복사) 또는 논리(MongoDB 덤프) 풀 백업에 최근의 OpLog를 복구하는 방식으로 진행된다. 우선 PIT 복구를 수행하는 일반적인 과정을 간단히 살펴보자.

1. 물리 백업 복구

2. 복구된 백업 시점부터 가장 최근 시점까지의 OpLog 백업(가용한 레플리카 셋 멤버로부터)

3. 실수로 실행된 명령의 OpLog 이벤트의 타임스탬프 위치 확인

4. 물리 백업 복구된 서버에 백업 시점부터 실수로 실행된 명령 직전까지의 OpLog 적용

이 절차의 2번 OpLog 백업은 레플리카 셋 중에서 마지막 백업(1번에서 복구한 백업의 시점) 시점부터의 OpLog를 가진 멤버가 있어야만 가능하다. 만약 마지막 백업이 일주일 전에 실행됐는데, 레플리카 셋이 보관 중인 OpLog가 최근 3일뿐이라면 PIT 복구는 불가능하다. 그래서 가능하면 OpLog의 용량을 크게 해서 OpLog의 보관 주기를 길게 해두면 데이터 복구의 가능성이나 백업 주기를 길게 설정할 수 있다.

우선 복구한 백업의 OpLog 시점을 확인하기 위해서 백업을 복구한 MongoDB 서버에 로그인해서 local 데이터베이스의 oplog.rs 컬렉션의 가장 마지막 이벤트를 확인해보자. OpLog의 이벤트별로 시점은 "ts" 필드에 저장된 Timestamp 값을 기준으로 한다. 다음 명령은 oplog.rs 컬렉션의 가장 최근 이벤트 하나를 조회해서 "ts" 필드의 값을 출력해보는 것이다. 이 예제에서는 oplog.rs 컬렉션의 마지막 이벤트가 "Timestamp(1459850401, 11)"라는 것을 알 수 있다. 예제의 명령은 "ts" 필드를 역순으로 정렬해서 한 건만 조회하고 있는데, 실제 이 쿼리는 "ts" 필드로 정렬을 해야 하므로 상당히 느리게 실행될 것이다. 그런데 oplog.rs 컬렉션은 Capped 컬렉션이므로 컬렉션을 역순으로 정렬해서 한 건만 가져와도 같은 결과를 얻을 수 있다.

```
mongo> db.oplog.rs.find({}, {ts: 1,}).sort({ts: -1}).limit(1)
{"ts" : Timestamp(1459850401, 11)}

mongo> db.oplog.rs.find({}, {ts: 1,}).sort({$natural: -1}).limit(1)
{"ts" : Timestamp(1459850401, 11)}
```

이제 가장 최근까지의 OpLog를 가진 다른 MongoDB 서버(동일 레플리카 셋에 포함된 MongoDB 서버)에서 OpLog를 덤프하면 된다. 이때 전체 OpLog를 덤프하는 것이 아니라, 백업의 마지막 OpLog 이벤트 "Timestamp(1459850401, 11)"부터 덤프하도록 한다. 물론 MongoDB의 OpLog는 멱등(Idempotent) 특성이 있기 때문에 "Timestamp(1459850401, 11)" 이벤트 이전부터 덤프해도 무관하다.

```
$ mongodump --db local --collection oplog.rs \
  --query '{"ts": { "$gt": { "$timestamp": {"t": 1459850401, "i": 11}}}}' \
  --out backup_oplog
```

이제 덤프된 OpLog에서 실수로 데이터를 삭제한 이벤트의 시점을 찾아야 하는데, 덤프된 OpLog는 BSON 파일이므로 사람의 눈으로 확인할 수가 없다. 그래서 우선 OpLog 덤프 파일을 JSON 파일로 변환하도록 하자.

```
$ bsondump backup_oplog/local/oplog.rs.bson > oplog.json
```

이제 oplog.json 파일을 텍스트 편집기를 이용해서 실수로 실행된 삭제 명령의 위치(OpLog 이벤트의 "ts" 필드 값)를 검색해보자. 물론 덤프된 OpLog 파일이 클 때는 "grep"과 같은 운영 체제의 유틸리티를 이용해서 이벤트를 검색할 수도 있다. 그런데 실수로 삭제를 실행한 명령의 위치를 찾는 것은 그렇게 쉬운 작업이 아니다. 우선 MongoDB 서버의 OpLog가 가지는 2가지 특성을 이해해야 한다.

- OpLog는 명령 단위로 묶여서 기록되지 않는다
- OpLog는 사용자가 실행한 명령을 로깅하는 것이 아니라 변경된 데이터의 결과를 저장한다.

예를 들어, 사용자가 다음과 같은 명령을 실행했다고 가정해보자.

```
mongo> use mysns
mongo> db.users.remove({name:"matt"})
```

"name" 필드가 "matt"인 사용자를 삭제했을 때, MongoDB 서버의 OpLog는 이 삭제 명령을 기록하는 것이 아니라 삭제 명령으로 인해서 삭제된 도큐먼트의 프라이머리 키("_id")를 기록한다. 그리고 만약 "name" 필드가 "matt"인 사용자가 10건이 있었다면 MongoDB의 OpLog는 한 건이 아니라 10건의 도큐먼트를 기록하게 된다. 그래서 삭제 명령에 사용했던 조건("{name:"matt"}")으로 OpLog 이벤트를 검색해도 아무런 결과가 보이지 않으므로 사용자가 삭제 명령을 실행한 이벤트의 위치를 찾기는 쉽지 않다. 그런데 한 가지 더 삭제 지점의 OpLog 이벤트를 찾기 어렵게 만드는 것은 트랜잭션이 없다는 것이다. 예를 들어, "name" 필드가 "matt"인 도큐먼트가 10건이라면 MongoDB는 10건의 OpLog 이벤트를 기록할 것이다. 그런데 10건의 도큐먼트가 삭제되는 동안 다른 데이터 변경이 실행됐다면 10건의 도큐먼트 삭제와 다른 컨넥션의 데이터 변경이 순서가 섞여서 OpLog에 기록된다. 그래서 단순히 "grep"과 같은 문자열 검색 유틸리티로는 문제의 OpLog 이벤트를 검색하는 것이 불가능할 수도 있다. 이는 직접 눈으로 확인하면서 수동으로 찾아야 하는 작업인데, 예를 들어 다음과 같이 삭제된 이벤트를 찾았다고 가정해보자.

```
mongo> db.oplog.rs.find().sort({$natural:-1}).limit(100).pretty()
...
{
  "ts" : Timestamp(1459852199, 1),
  "t" : NumberLong(1),
  "h" : NumberLong("-5720026190256829571"),
  "v" : 2,
  "op" : "d",
  "ns" : "mysns.users",
  "o" : {
    "_id" : ObjectId("59d8b826204c044d631b78de")
  }
}
...
```

이제 OpLog 이벤트를 재생해야 할 위치를 모두 찾았다. OpLog의 재생 시작 지점은 "Timestamp(1459850401, 11)"이며 재생을 멈춰야 할 시점은 "Timestamp(1459852199, 1)" 직전까지다. "Timestamp(1459852199, 1)" 이벤트는 실수로 삭제된 명령이므로 이 명령은 재생되면 안 된다는 것에 주의하자. OpLog의 재생을 위해서 mongorestore 명령을 사용하는데, 이때 백업 데이터 파일이 저장된 디렉터리(backup_oplog 디렉터리)에는 덤프 받은 oplog.bson 파일만 있어야 한다. 그렇지 않고 다른 데이터베이스의 컬렉션 덤프 파일이 있으면 이 데이터 파일들도 기존 컬렉션에 다시 적재돼서 데이터가 이중으로 적재될 수도 있다. 또한, mongorestore 명령으로 OpLog를 재실행할 때에는 "--oplogReplay" 옵션을 사용해야 하며, 덤프된 OpLog에서 재생을 멈춰야 할 OpLog 이벤트 지점("Timestamp(1459852199, 1)")을 "--oplogLimit" 옵션에 같이 지정해야 한다. "--oplogLimit" 옵션에는 다음 예제처럼 "타임스탬프:시퀀스" 형식으로 타임스탬프 지점을 지정하면 해당 이벤트 지점 직전까지 OpLog를 재생하고 mongorestore 명령이 멈춘다.

```
## mongorestore 명령이 OpLog 덤프 파일을 인식할 수 있도록 디렉터리 경로와 파일명 변경
$ mv backup_oplog/local/oplog.rs.bson backup_oplog/oplog.bson

// mongorestore 명령을 이용해서 OpLog 이벤트 재생
$ mongorestore --oplogReplay --oplogLimit 1459852199:1 backup_oplog
```

지금까지의 과정을 거쳐서 삭제 명령이 실행된 지점("Timestamp(1459852199, 1)") 직전까지 데이터의 복구가 완료됐다. 이제 삭제된 데이터를 덤프 받아서 서비스용 MongoDB 서버의 데이터를 복구하거나 복구된 MongoDB 서버를 레플리카 셋으로 투입해주면 도큐먼트가 삭제되기 직전의 상태로 서비스할 수 있다.

> **(!) 주의**
>
> 잠깐 언급했던 것처럼 MongoDB에서 데이터 변경 명령은 트랜잭션이 지원되지 않기 때문에 다른 컨넥션의 데이터 변경 명령과 삭제 명령의 OpLog가 순서가 섞여서 oplog.rs 컬렉션에 기록될 수 있다. 예를 들어, 다음과 같이 실수로 실행된 REMOVE 명령(컨넥션 1번)으로 인한 도큐먼트 변경과 다른 컨넥션의 도큐먼트 변경 이벤트가 섞여서 OpLog에 기록될 수 있다.
>
> ```
> Timestamp(1459852199,5) → 컨넥션 1번의 REMOVE로 인한 도큐먼트 변경
> Timestamp(1459852199,4) → 컨넥션 3번의 INSERT로 인한 도큐먼트 변경
> Timestamp(1459852199,3) → 컨넥션 1번의 REMOVE로 인한 도큐먼트 변경
> Timestamp(1459852199,2) → 컨넥션 2번의 UPDATE로 인한 도큐먼트 변경
> Timestamp(1459852199,1) → 컨넥션 1번의 REMOVE로 인한 도큐먼트 변경
> ```
>
> 이렇게 OpLog 이벤트가 섞여 있을 때는 실수로 실행된 REMOVE 명령의 첫 번째 변경 직전까지만 mongorestore 명령으로 PIT 복구를 실행하고, 그 이후는 oplog.json 파일을 참조하면서 수동으로 명령을 만들어서 직접 하나씩 복구를 수행하는 것이 좋다. mongorestore 명령은 OpLog 덤프 파일의 어디까지 실행할 것인지 옵션을 설정할 수는 있지만, 어디부터 재실행을 시작할지 설정할 수 있는 기능의 옵션이 없다. 그래서 중간에 띄엄띄엄 OpLog를 재생하려면 OpLog 덤프를 매번 실행해야 하므로 매우 번거롭고 오랜 시간이 걸리는 작업이 될 것이다.

찾·아·보·기